石林年鉴

SHILIN YEARBOOK

2011（总第13卷）

石林彝族自治县人民政府 主办

◆汇集区域信息

◆关注国计民生

◆聚焦科学发展

■石林彝族自治县史志办公室 编

云南民族出版社

石林彝族自治县地方志编纂委员会

顾　问：张淑静（云南省年鉴研究会名誉会长）
　　　　杨福泉（云南省社会科学院副院长）
　　　　李一是（云南省地方志编纂委员会办公室主任）
　　　　严宏纲（昆明市地方志编纂委员会办公室主任）
　　　　罗朝峰（中共石林彝族自治县委书记）

主　任：张勤勋（县委副书记、县人民政府县长）
副主任：汪明涛（县委常委、县委宣传部部长）
　　　　李　燕（县委常委、县委统战部部长）
　　　　朱玉和（县人大常委会副主任）
　　　　潘华光（县人民政府副县长）
　　　　周兴荣（县政协副主席）
委　员：苏云波（县政协副主席、县财政局局长）
　　　　周林春（石林风景名胜区管理局局长、县委办公室主任）
　　　　李劲松（县人民政府办公室副主任）
　　　　董建平（县委党史研究室主任）
　　　　陈永宁（县发改局局长）
　　　　毕卫华（县民宗局局长）
　　　　苏健康（县旅游文化广播电视体育局局长）
　　　　李建民（县统计局局长）
　　　　刘世生（县史志办公室主任）
　　　　李　学（县国家保密局局长）
　　　　张雪刚（县外宣办副主任）
　　　　高风玉（县档案局局长）
编委会办公室主任：刘世生（县史志办公室主任）

《石林年鉴》编辑部

主　　编：刘世生
副 主 编：毕晓冬
编　　辑：刘世生　毕晓冬　鲁建宏　蒋云明
图片摄影：刘世生　杨新民　李兰英　王丽梅　许　华　薛春华　张雪刚　韩福云
　　　　　陈文玲　张继文　李俊英　黄　俊　部分图片由有关单位提供
封面摄影：刘世生
图片编辑：刘世生
英文翻译：毕晓红

编辑说明

一、《石林年鉴》创刊于1999年，是石林彝族自治县人民政府主办的综合性地方年鉴，是系统反映石林县情的大型年刊，是集知识、信息、资料为一体的具有公报性、资料性、权威性的工具书。

二、《石林年鉴》的编辑出版，旨在逐年全面系统地记载石林县社会主义现代化建设的历史进程，为海内外了解石林、建设石林提供信息，也为编纂与续修地方志书积累资料。

三、本年鉴全面系统地反映了2010年石林彝族自治县广大干部群众进一步解放思想、深化改革、扩大开放的历史足迹，国民经济和社会发展各项事业的主要成绩和存在的不足，以及其他方面的情况。

四、全书设27个部类：专文、特载、大事记、概况、中共石林彝族自治县委员会、石林彝族自治县人大常委会、石林彝族自治县人民政府、政协石林彝族自治县委员会、群团组织、军事、法制、经济管理、农业、烟草业、工商企业、旅游业、财税审计、金融、交通邮电、城乡建设、科教卫生、文化体育、社会生活、政策法规、艺文、人物、附录。

五、本年鉴采用分类编辑法，以条目为主体，分一、二、三级目。一级目为部类，如特载、军事等，二级目排在一级目与条目之间，三级目为撰写单元（条目），用黑体字加【 】号做标题。

六、因篇幅及表述的需要，本年鉴部分部类出现了一些简写和第一人称写法，“石林县”、“我县”等同于“石林彝族自治县”。

七、“艺文”部类中出现的对县域各事物特性的描述，具有一定的文学色彩和作者的主观意志，如有引用，请与县志及相关权威部门（专家）的表述核对后使用。

八、本年鉴采用的稿件均由县属各乡镇、各有关单位专人撰写，并经各单位主管领导审核。所用数据以县统计局公布的为准，未列入国家统计的数据使用部门统计资料。

九、本年鉴的编纂得到各级领导和社会各界的大力支持，在此谨表谢忱。

《石林年鉴》编辑部

石林彝族自治县第十一次党代会

2011年5月15日上午8时，中国共产党石林彝族自治县第十一次代表大会在石林会议中心隆重召开。审议通过县委、县纪委工作报告，选举产生第十一届县委委员27名、县委候补委员5名、县纪委委员25名、石林县出席昆明市第十次党代会的代表15名。在17日下午召开的县委十一届一次全会和县纪委一次全会上，选举产生了新的县委领导集体。罗朝峰、张勤勋、裴演兵、李正平、王昆、张忠贵、李福军、周美英、汪明涛、李燕、李凌当选为中国共产党石林彝族自治县第十一届委员会常委，罗朝峰当选中国共产党石林彝族自治县第十一届委员会书记，张勤勋、裴演兵当选副书记，周美英当选县纪委书记。在下午4点半召开的石林县干部大会上，新的县委常委班子集体与全县干部见面，罗朝峰书记向与会者介绍了常委的分工情况，并代表新班子作简短的表态发言。

石林县第十一次党代会是在“十二五”开局之时召开的重要会议。大会认真总结了过去五年的工作，提出了今后五年和今后一个时期的奋斗目标及主要任务，使得本次党代会成为石林实现跨越发展的新起点。本版《石林年鉴》除以专版彩图介绍外，还特设“专文”部类收录县委工作报告全文和县委十届七次全体（扩大）会议通过的“十二五”规划建议，作为各个方面学习研究的重要参考资料。

5月15日上午，大会开幕

罗朝峰书记代表第十届县委作报告

5月15日下午，
各代表团审议大会报告和酝酿候选人员

5月16日下午，
各代表团开展预选

5月17日上午，
大会进行正式选举

5月17日下午，召开第十一届县委第一次全体会议

5月17日下午，召开县纪委一次全会

县委全会后接着召开第一次常委会

5月17日下午4点30分，召开全县干部大会，县委常委集体亮相

新当选的县委书记罗朝峰（中）、副书记张勤勋（右）、副书记裴演兵（左）合影

新当选的县委常委合影（从左至右：李　凌、汪明涛、李福军、王　昆、裴演兵、罗朝峰、张勤勋、李正平、张忠贵、周美英、李　燕）

新当选的县委委员、候补委员合影

新当选的县纪委委员合影

石林彝族第一村建设

石林彝族第一村建设工程为石林风景区内五棵树村搬迁安置建设项目，位于石林大道旁，距离景区1公里，规划建设用地426亩，预算总投资3.9652亿元，定位为石林城乡一体化的示范区、文化产业发展的实验区、新农村建设的示范区和民族生态旅游的示范村。2010年10月，主体工程建设完成，建成安置住房423套80297.07平方米，预计安置原五棵树所有村民421户1079人。村内建有停车场2个、公厕4个、休闲广场2个，幼儿园、文化站、彝族撒尼村公祠、卫生所、老人公寓、公园等各类公共设施6286.28平方米，绿化面积达10万平方米，水景面积10016平方米，5条市政道路及场地建设6.9万平方米。为了村民的长远发展，村内还配套了商业步行街，为村民提供商业铺面59幢400间2.4万平方米，通过招商引资建设的斗牛城项目也已建成投入使用。

A户型（设计效果图）

B户型（设计效果图）

C户型（设计效果图）

鸟瞰（设计效果图）

2007年8月6日，举行奠基典礼

2008年9月27日，建设工程正式动工

2009年2月6日，召开搬迁工作动员会

2009年7月2日，召开搬迁工作推进会

2010年10月14日，进行搬迁工作培训

2010年12月5日，进行选房抽签，随后开始装修和入住

选房看房

有序抽签

现场登记

现场公示

村门

中心广场

新村实景

地方名特产品巡礼：

石林圭山山羊

石林圭山山羊产于云南省石林县境内，是一个优良的乳肉兼用型地方山羊品种，因主产于圭山一带而得名，1986年被云南省畜牧局列为地方优良品种保护项目，2006年被国家农业部列为国家级畜禽遗传资源保护品种名录，2011年被评为云南“六大名羊”榜首。

石林圭山山羊又名路南奶山羊。石林彝族人饲养圭山山羊历史悠久。在当地特定的自然气候和生产方式下，经过长期自然选择和人工选育，而培育成的具有对多变的高原亚热带丘陵适应性强、发病少、耐粗饲、能攀食灌木嫩叶、枝芽，既产奶又产肉的云南省优良山羊品种。其基本特征为体格中等，体质结实，胸宽长，躯体丰满，成年羯羊屠宰率47.79%，成年母羊屠宰率45.13%；母羊泌乳期5～7个月，年产鲜奶150～200千克。2010年全县产羊肉2322吨、鲜羊奶11436吨。

圭山山羊肉质细嫩，每100克羊肉蛋白质含量高于17毫克，粗脂肪低于10毫克，氨基酸高于16毫克。羊奶多做成乳饼销售，鲜羊奶中蛋白质含量达4.3%，脂肪含量2.07%，并含有9种脂肪酸、17种氨基酸和7种人体必需的氨基酸。圭山羊肉和乳饼，早已成为地方名特优产品，深受消费者亲睐。

2009年9月29日，石林县获得国家农业部圭山山羊农产品地理标志登记证书

2011年10月17日，云南省农业厅召开“五个六”评选活动新闻发布会，根据评选结果，石林圭山山羊位居云南省“六大名羊”之首

石林圭山山羊原产地——老圭山

圭山山羊（种公羊）

圭山山羊（奶山羊）

放牧的羊群

石林乳饼

油煎乳饼

全羊汤锅

石林彝族自治县史志办公室

石林彝族自治县史志办公室成立于1987年4月，是石林彝族自治县人民政府直属的正科级事业单位，办公地点在石林县行政中心B区109室至103室，2010年底共有干部职工4名。

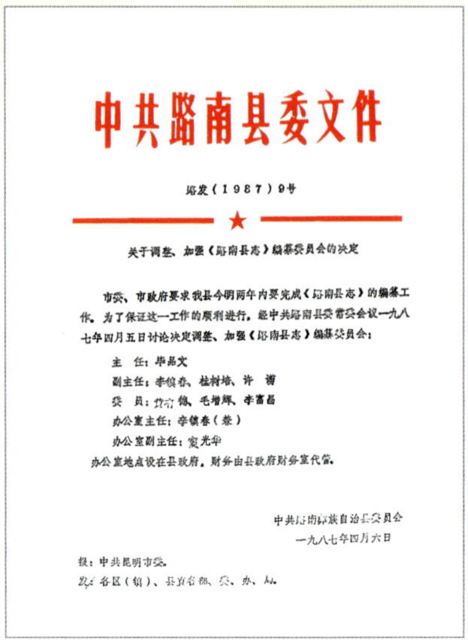
中共路南县委文件

路发（1987）9号

关于调整、加强《路南县志》编纂委员会的决定

市委、市政府要求我县今明两年内要完成《路南县志》的编纂工作。为了保证这一工作的顺利进行，经中共路南县委常委会议一九八七年四月五日讨论决定调整、加强《路南县志》编纂委员会：

主　任：毕品文

副主任：李镇春、桂树培、许　谢

委　员：[illegible]锦、毛增辉、李富昌

办公室主任：李镇春（兼）

办公室副主任：窦光华

办公室地点设在县政府，财务由县政府财务室代管。

中共路南彝族自治县委员会

一九八七年四月六日

报：中共昆明市委。

发：各区（镇）、县直各部、委、办、局。

1987年4月，县志编委会办公室作为政府常设机构正式成立

近年来，石林县史志办公室以贯彻国务院《地方志工作条例》为抓手，依法开展各项制度建设，不断完善“党委领导、政府主持”的体制，形成了“党委领导、政府主持、专家参与、社会支持”的石林地方志工作格局。2006年初，将石林方志馆建设写入了新修订的《云南省石林彝族自治县自治条例》。2007年1月，结合国务院《地方志工作条例》的贯彻，制定实施《石林彝族自治县地方志编纂行文规范》，11月又制定出台了《石林彝族自治县地方志事业发展规划（2007～2010）》。2010年5月，由石林县人民政府颁布实施了《石林彝族自治县地方志工作管理规定》，成为云南省第一家县级制定出台地方志管理规定的县区。

石林县史志办全体人员合影（从左至右：鲁建宏、毕晓冬、刘世生、蒋云明）

二十余年来，石林县史志办公室坚决执行各级党委、政府和上级地方志工作机构的决策部署，按时、高质量完成志鉴编修和出版任务，不断推进地方志事业全面发展。完成两轮县级地方志书的编修工作，其中第二轮志书于2006年完成了出版任务，获得云南省二轮修志先进集体称号；完成中国国情丛书《百县市经济社会调查路南卷》和中国少数民族自治地方概况丛书《石林彝族自治县概况》的编纂出版，其中《石林彝族自治县概况》获得国家民委的好评，被省民委列为云南编修的范本；创刊于1999年的《石林年鉴》连续公开出

1996年5月，召开石林首部社会主义新县志《路南彝族自治县志》评审会

2005年11月，续修《石林彝族自治县志》定稿，次年出版发行，在全省率先完成县志续修工作

版，编纂质量日渐提高，多次获得国家级和省级奖项，并入选清华大学主办的中国知网年鉴全文数据库；指导完成了近百部部门志、乡镇志、专业志、村志的编纂出版工作；与高校等科研院所合作，采用新方法新视角，整理出版《云南石林旧志集成》，获得云南省社科优秀成果奖；启动《云南石林史志丛书》编纂工作，受到国内外读者广泛关注；在全省地方志系统率先完成方志馆建设，实现了对社会的开放。上述成果和项目的完成，形成了历代旧志、新编县志、年鉴、县情、概况、史志丛书等多位一体的地方志资源开发利用新格局，基本满足了各界人士查阅县情资料的需求，为石林地方志事业的发展奠定了坚实的基础。

历年来编纂成果

近年获得的部分奖杯证书

县史志办获全国先进集体匾牌

县史志办原主任昂智灵获国家人事部和地方志指导小组的联合表彰

新建成的方志馆资料室

新建成的石林方志馆阅览室

阿诗玛文化联展：

彝族摔跤申报成为国家级非物质文化遗产

摔跤是石林彝族的传统竞技体育项目，深受彝汉各族人民的喜爱，在国内具有较大的影响，石林因而被誉为“摔跤之乡”。但最近20多年来，随着社会文化的转型发展，摔跤活动不断萎缩，并逐步成为濒危的文化遗产。为保护和传承好这项优秀的民族传统文化，石林县在千方百计进行保护传承的同时，积极申报各级非物质文化遗产。2011年5月23日，国务院发出《关于公布第三批国家级非物质文化遗产名录的通知》，石林县申报的彝族摔跤被列入国家级非物质文化遗产名录，成为石林彝族自治县拥有的第四项国家级非物质文化遗产。本年鉴除在“文选”部类登载本项目的申报文本外，特在此征选刊发部分摔跤摄影作品，以飨读者，并志其盛。

1979年的一场摔跤（李玉龙／摄）

摔跤盛会（韩维成／摄）

石林丛中的跤场（李兰英／摄）

开跤场仪式：老人摔跤（刘世生／摄）

五棵树村摔跤比赛（许　华／摄）

乐尔村摔跤比赛（许　华/摄）

石林火把节摔跤（昂继忠/摄）

男子摔跤之一（李兰英/摄）

男子摔跤之二（李兰英/摄）

女子摔跤（李兰英/摄）

石林摔跤（赵一民/摄）

女子摔跤（董石玉/摄）

收跤场挂红（刘世生/摄）

阿诗玛文化联展：

毛旭辉圭山绘画作品选

毛旭辉 2009 年于圭山

毛旭辉 笔名大毛，1956 年 6 月 2 日出生在四川省重庆市，同年 9 月随父母移居昆明，1982 年毕业于云南艺术学院美术系油画专业，现任云南大学艺术与设计学院美术系第二工作室主任、硕士生导师，云南油画艺术委员会主任，云南油画学会副主任。

毛旭辉从学生时代起就与石林结下不解之缘，30 多年来始终将圭山糯黑村作为其艺术创作的圣地，创作了大量高水平的绘画作品。1997 年在新加坡斯民艺苑举办“红土之梦·毛旭辉圭山系列作品”个展，2007 年又继续在新加坡斯民艺苑举办“回到圭山”群展，2008 年受联合国开发计划署邀请在北京举办“再度圭山——联合国成立 63 周年邀请展”。现在的毛旭辉已是公认的中国“西南艺术研究群体”、中国“八五新潮美术运动”及“新具象”艺术运动的发起人，跻身中国当代著名艺术家之列，在国内外学术声誉卓著。他在《红土的恩赐》(见本年鉴“文选”部分)一文中将自己的成就主要归功于圭山红土地的恩赐，对糯黑村的红土、松林、蓝天、撒尼人、包谷地、牛车、牧羊女、石头及石头房子等田园牧歌式的宁静生活场景充满了深深的感激。

应年鉴编辑部邀请，画家从他历年的画作中挑选了 16 幅作品，我们如数刊登在这里。如果读者从这些画作及作者的成长历程中，能够感知到传统文化的意义和价值，并激发起一些保护、继承和发展民族文化的积极性和主动性，毛旭辉的坚持和努力就会多添一层艺术之外的社会意义，达至艺术和艺术创作的终极目的。

圭山妇女（布上油画　85.5x128.5cm 1984）

圭山组画·红土路（布上油画　80x90cm　1984）

圭山·女人与马（布上油画　86x90.5cm　1985）

圭山组画·山村黄昏（布上油画　90x110cm　1984）

圭山组画·红土上的相遇（80x100cm　布上油画 1985）

圭山组画·遥远（布上油画　110x87.5cm 1985）

圭山三月（纤维板上油画　90×100cm 1986）

圭山写生（纸本油画　43x52.5cm 1986）

圭山组画·三月（布面油画　56x59.5cm 1986）

牧羊女与白山羊（布上油画　86x90.5cm 1986）

春天里的黑牛和白山羊（纸上油画　53x76cm 1987）

圭山组画 · 夕阳下的四只羊（布面油画　70x100cm 1987）

红土的恩赐 · 春天的绿枝 （1987）

母亲和儿子之二（纸本油画　51.5x70.5cm　1987）

圭山写生·红树（布上油画　50×50cm　2006）

圭山写生·核桃树（布面油画　54x65cm　2009）

阿诗玛文化联展：

昂继忠书画作品选

昂继忠 男，彝族撒尼人，云南美协会员、昆明美协理事、昆明书协理事、石林美协一至五届主席。

1951年3月出生在石林县大老挖村，1975年8月毕业于昆明师范学院艺术系美术专业，以后一直在石林县文化馆从事美术创作辅导工作，1982年曾到中央民族学院美术系进修中国画人物创作，2004年被评为副研究馆员，2011年3月退休。

他长期从事中国工笔人物画、彝汉文书法的创作，有多件作品获国内举办的各种赛事奖励。酷爱彝族斗牛摄影艺术，出版有《石林斗牛》摄影作品专辑。在创建“路南现代民间绘画画乡”工作中作出了重要贡献，1990年被国家文化部表彰为“中国现代民间绘画优秀辅导员”，1996年被云南省文化厅授予“云南省民族民间美术工作开拓者”荣誉称号。

好好跟党走（彝文书法）

阿诗玛（黑白画）

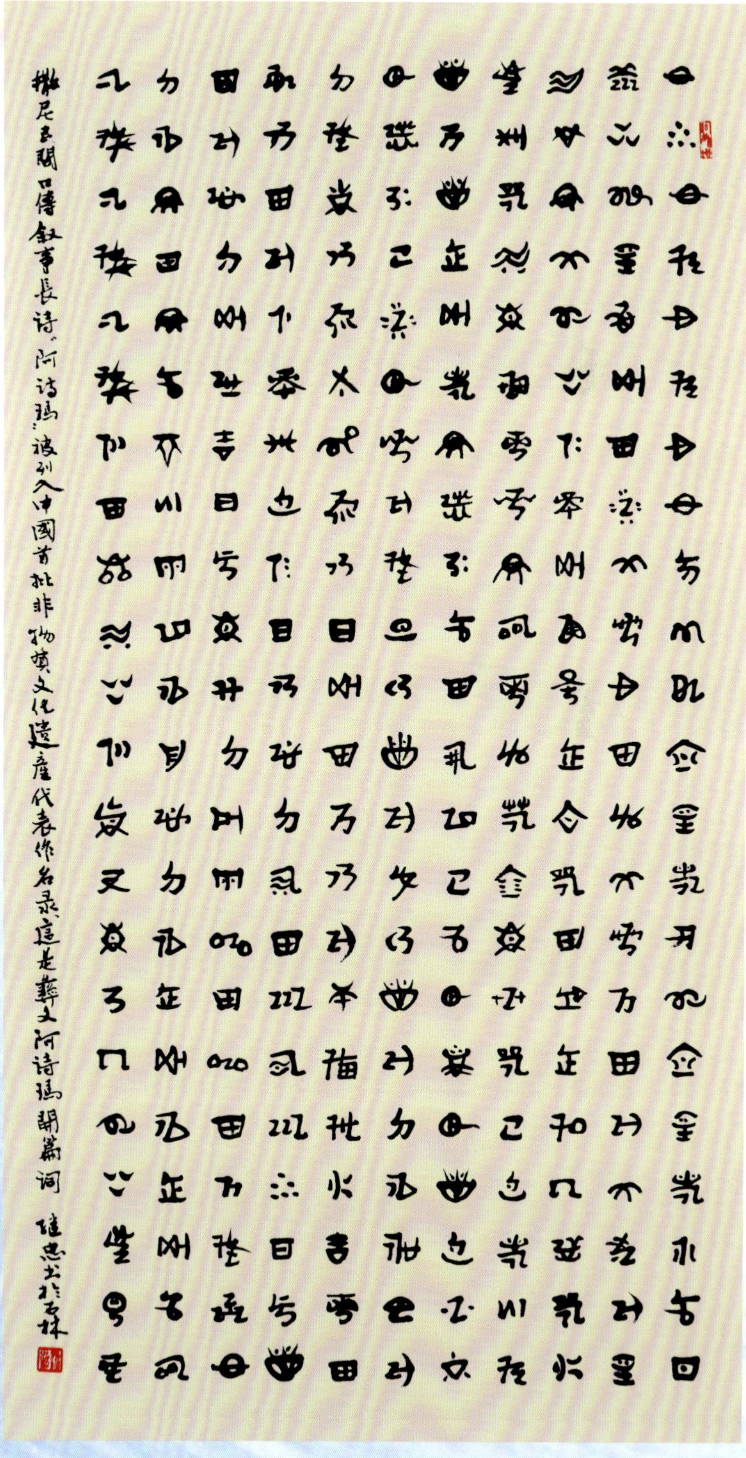

阿诗玛长诗彝文开篇词（彝文书法）

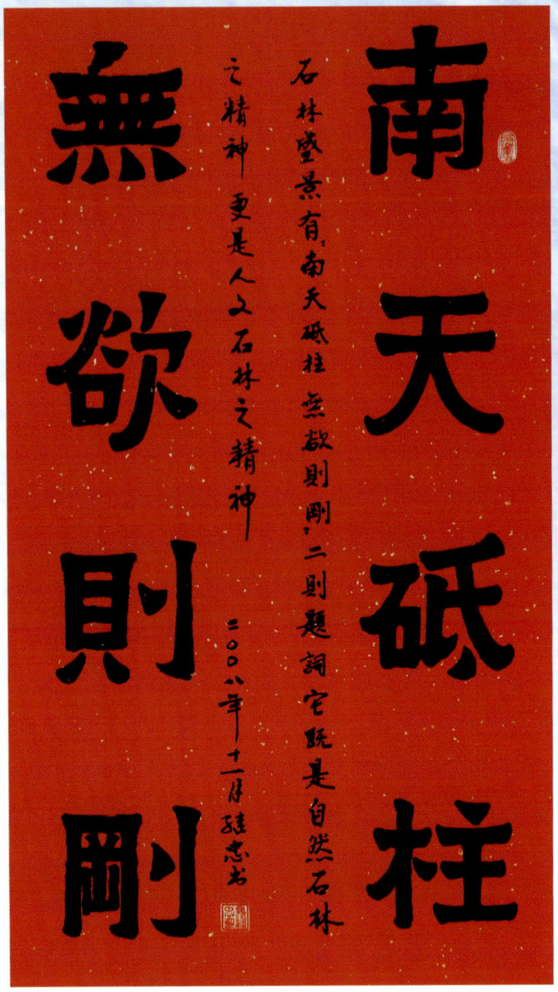

无欲则刚（汉文书法）

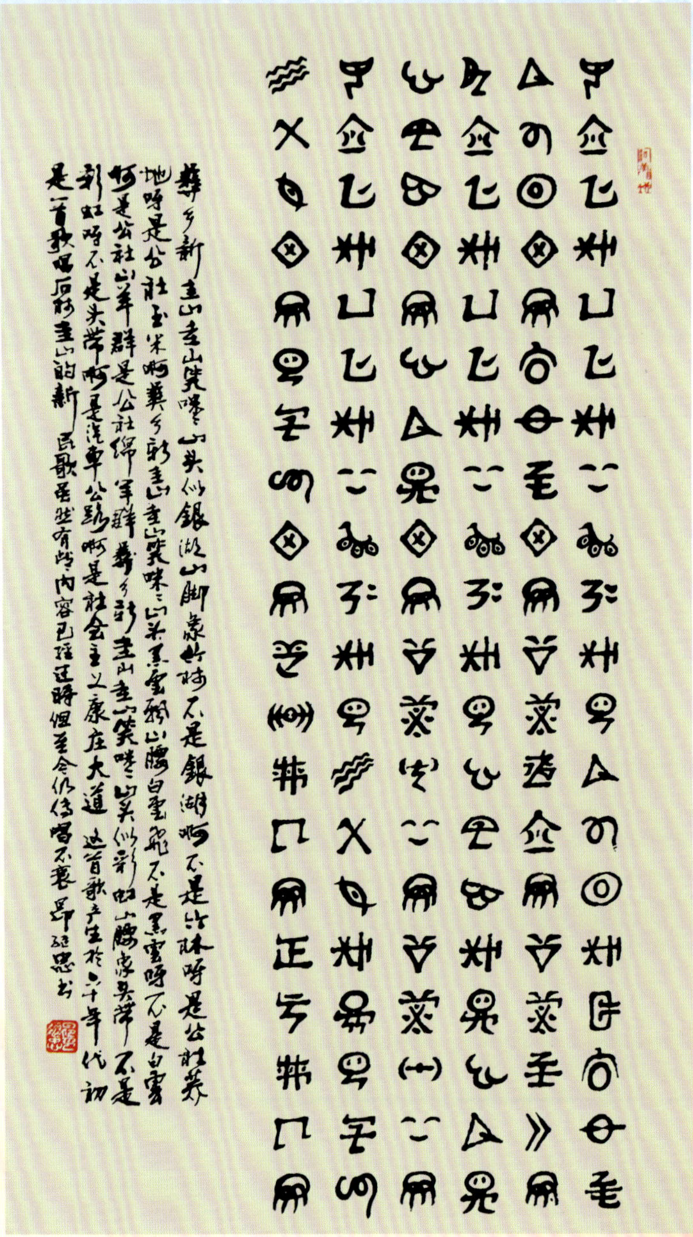

歌唱新圭山（彝文书法）

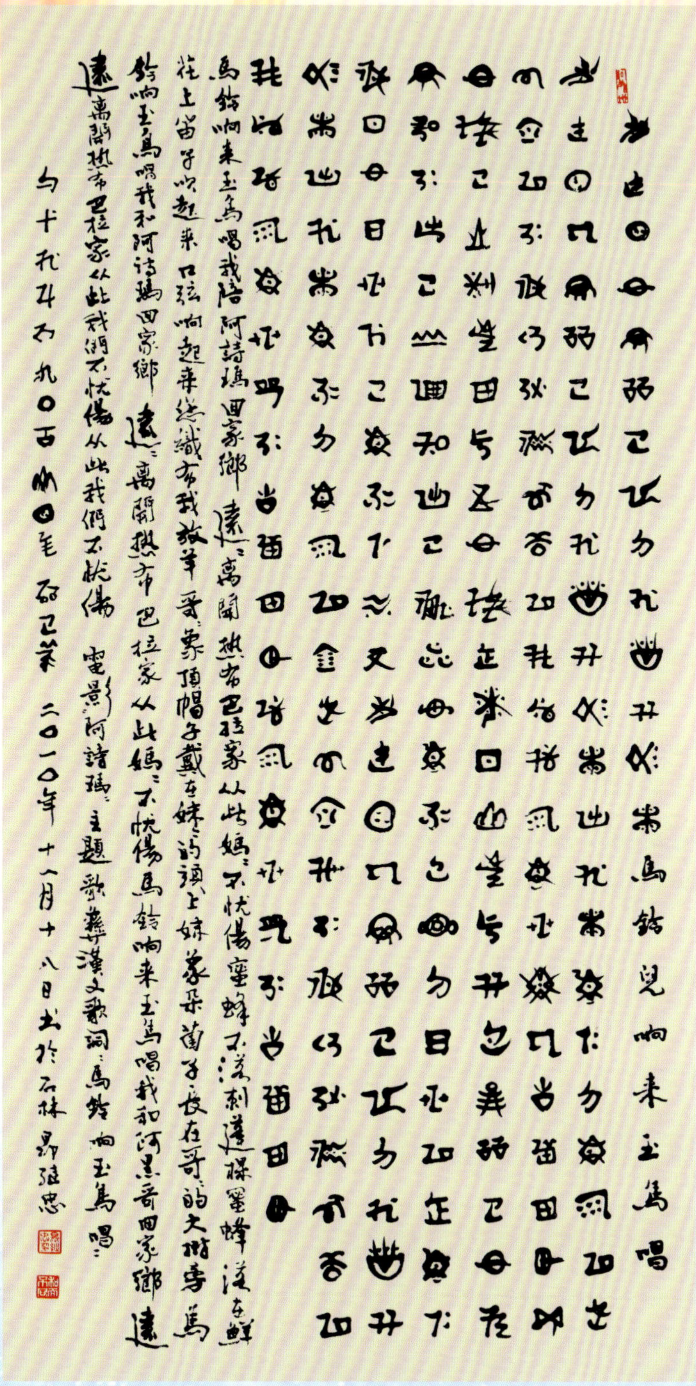

马铃儿响来玉鸟唱（彝文书法）

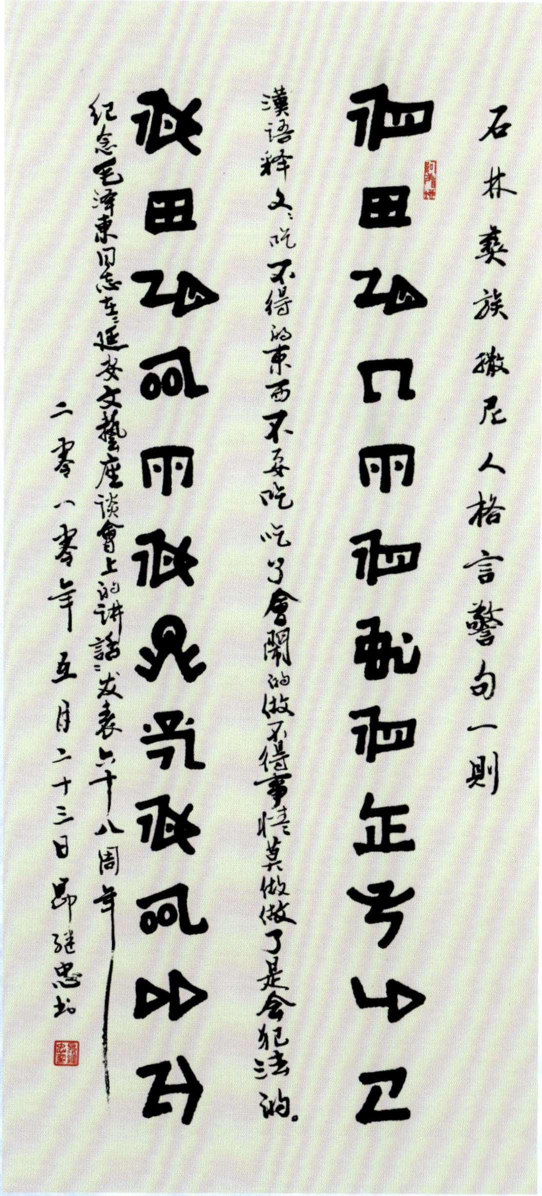

吃不得的不吃　做不得的不做（彝文书法）

秋韵（油印绝版木刻）

打伞的撒尼姑娘（中国画）

石林牧歌（油印绝版木刻）

黄金岁月（油印绝版木刻）

石林之春（油印绝版木刻）

火把节（装饰画）

中外嘉宾在石林

1月6日，参加昆明市委九届六次全体（扩大）会议的500多位领导干部到石林县观摩乃古石林景前区、云南昆明石林台湾农民创业园、100兆瓦太阳能光伏发电等重点工程项目

1月19日，全国人大常委、全国人大常委会农业与农村委员会副主任委员刘振伟到石林县调研农业与农村工作

1月21日，昆明市副市长赵德光到石林调研安全生产工作

1月26日，昆明市委副书记李邑飞到石林调研重点工程建设情况

1月28日，台北市政府和议会考察交流代表团一行32人到云南昆明石林台湾农民创业园考察

2月5日，云南省水利厅厅长周运龙到石林县查看抗旱供水情况

2月6日，国家水利部副部长刘宁率国家防总、国家减灾委等相关部门组成的联合工作组到石林县检查旱情

2月9日，昆明市委副书记、市长张祖林到石林县走访慰问农村五保户、重灾户、低保户、老党员、老村干部和老复退军人，同时对石林县的抗旱供水情况进行调研

2月14日，中国银行股份有限公司董事长肖钢一行考察石林

2月17日，中共中央政治局委员、中央书记处书记、中组部部长李源潮在石林考察

2月25日，国务院副总理回良玉到石林视察旱情

3月4日，成都军区副参谋长苏巍少将带领抗旱工作组，到石林了解旱情并指导抗旱救灾工作

3月4日，昆明市副市长周小琪一行到石林专题调研“十二五”规划编制工作

3月5日，昆明市副市长王道兴及省、市相关部门、四川汉隆集团董事长刘汉一行30余人到石林，对石林投资环境进行调研

3月9日，由国家林业局调研员彭华福任组长的国家林业局森林防火检查组一行6人，到石林县检查森林防火工作

3月12日，昆明市委常委、常务副市长李文荣率市有关部门领导，到石林调研督促抗旱救灾和工业园区建设等工作

3月14日，昆明市人大常委会副主任张显忠、副市长李喜一行深入石林天生关，就加快推进滇东现代烟草农业综合示范区项目建设步伐进行现场办公

3月15日，云南省烟草专卖局（公司）党组书记、局长（总经理）余云东一行到石林县调研滇东现代烟草农业示范区建设

3月16日，昆明市委常委、组织部部长郭红波一行到石林县督查抗旱工作

3月16日，云南省政协主席王学仁到石林调研滇东现代烟草农业综合示范区项目建设

3月18～19日，江苏省洪泽县党政代表团到石林考察旅游发展、城市建设及园区建设等情况

3月20日，共青团云南省委书记饶南湖到石林看望青年抗旱志愿者

3月20日，云南省委常委、常务副省长罗正富深入石林县查看抗旱应急工程，调研抗旱救灾工作

3月22日，国家科技部李树辉博士等7名专家会同云南省科技厅专家一行14人，到石林调研旱情，为石林的抗旱救灾工作把脉会诊

3月23日，德国企业家考察团一行13人到石林县考察昆明石林大型太阳能并网光伏发电试验示范项目，并参观游览了石林风景名胜区

3月24日，中种集团总经理张伟一行到石林县查看中种云南玉米种子加工中心项目进展情况

3 月 29 日，中国、加拿大法律援助代表团到石林考察法律援助工作

3 月 31 日，大理州南涧县人民政府考察团一行 15 人，到石林考察城市规划、管理及开发建设情况

4 月 14 日，云南省委副书记李纪恒、省军区副司令员崔毅等领导到石林县慰问北京军区给水工程团官兵

4 月 16 日，以云南省文联副主席黄映玲为组长的省委“文化昆明”调研组一行到石林调研文化产业发展情况

4 月 17 日，武警云南省总队总队长周军少将到石林县看望慰问奋战在抗旱一线的武警官兵

4 月 19 日，团中央书记处第一书记陆昊在石林看望青年抗旱志愿者

4月26日，美国库恩基金会主席、国际投资银行家、企业战略家、作家罗伯特·劳伦斯·库恩博士和迪斯尼公司执行副总裁兼大中华区行政总裁张志忠等一行5人，到石林县考察旅游和文化产业

5月7日，广东省惠州市委书记黄业斌一行到石林考察

5月23日，中国人民解放军总政治部副主任童世平一行5人考察石林

6月24日，昆明市副市长廖晓珊到石林督查“四中心两店”项目建设推进工作

6月28日，广西凌云县政府考察团到石林考察“创园”工作

7月2日，老挝旅游官员及企业高管培训班一行30余人到石林参观学习

7月2日，云南省委党校中青班学员一行40余人到石林调研

7月3～4日，昆明市委常委、副市长刘光溪到石林县调研农村金融机构服务“三农”工作情况

7月6日，在昆参加全国烟叶收购暨现代烟草农业建设现场会的268名代表，到石林观摩石林山区现代烟草农业发展模式

7月7日，云南省台办主任岩庄一行9人，到石林调研台创园建设发展工作

7月9日，以国家住建部稽查办巡视员焦占栓任组长的国务院督查组一行8人，到石林督查保障性安居工程建设

7月13日，云南省“三部委”挂职干部一行28人到石林考察

7月24日，发展中国家新闻部长研讨班成员到石林考察参观世界自然遗产、世界地质公园——石林风景名胜区和小箐村

7月26日，江苏省纪委副书记、监察厅厅长解畅一行到石林考察

7月27日，参加“滇池泛亚合作”（DCOA）系列高峰会议的100余名中国侨联委员会的青年委员到石林考察

8月1日，台湾中南部记者联合采访团一行32人，到石林采访旅游、文化和经济社会发展情况

8月4～5日，澳大利亚纳兰德拉市市长wesley Hall（卫斯理·豪）一行4人到石林考察，并参加石林火把节活动

8月11日，云南省委常委、昆明市委书记仇和一行深入石林县7个乡镇，走访调研乡镇为民服务中心建设、小集镇建设和城镇化发展等情况

8月12日，原云南省主席龙云的女儿龙国璧女士，带领她的11位儿孙、女婿，从美国波士顿到石林旅游

8月29日，由中国规划设计院王景慧教授、上海同济大学阮仪三教授等专家组成的国家历史文化名城保护专家组，到石林指导历史文化名城保护工作

8月31日，中国烟叶公司总经理赵振山一行到石林调研烤烟收购工作

9月5日，尼泊尔副总理兼外交部长苏加塔·柯伊拉腊一行4人，到石林风景名胜区参观考察

9月7日，昆明市人大常委会副主任王俊斌任组长的市人大检查组一行到石林检查闲置土地利用情况

9月11日，泰国旅行商及新闻媒体考察团一行26人到石林考察采访

9月17日，美国旅行商考察团一行13人到石林考察

9月26日，泰国、老挝旅游考察促销团到石林考察

9月26日，昆明市委副书记、市长张祖林和副市长陈勇一行到石林县调研城乡公交一体化工作情况

9月26日，云南省委党校2010年厅级领导培训班一行40余人考察石林

10月15日，昆明市副市长何波带领相关部门主要负责人，到石林调研云贵铁路石林隧道建设工作

10月22日，日本青年友好使者代表团一行163人到石林考察

10月30日，东盟10+3文化人力资源开发合作研讨班成员到石林考察民族文化工作

10月30日，江苏省政协副主席任彦申一行考察石林

10月31日，国务院机关事务管理局副局长李宝荣一行8人到石林考察

10月31日，美国旅行商一行30人到石林风景名胜区考察

11月10日，当年在抗日战争中搏击长空的华裔“飞虎队”队员及家眷一行14人到石林参观访问

11月14日，俄罗斯联邦驻华大使拉佐夫及其夫人在石林观光

11月14日，中国国电集团公司乔保平书记一行到石林考察

11月22～23日，砚山县到石林实地考察学习煤炭矿山综合治理工作，并进行工作交流座谈

11月23日，晋宁县考察团一行20余人，专程到石林考察学习城乡公交一体化工作

11月23日，省长秦光荣到石林视察在石林投资的中央企业项目落地进展情况

12月6日，台湾屏东县原住民部落大学代表团一行19人到石林民族小学参观访问

12月13日，全国政协副主席李金华到石林考察

12月20日，工业和信息化部原部长李毅中到石林考察

2010年大事图录

1月1日，概算总投资2400余万元的维则供水复线工程正式动工，1.4万山区彝族群众有望喝上安全洁净的自来水

1月7日，“省级先进平安县”考核检查组对石林县创建工作进行全方位考核检查

1月8日，为期4天的中国人民政治协商会议石林彝族自治县第八届委员会第三次会议开幕

1月8日上午，中共石林彝族自治县委召开十届六次全体（扩大）会议

1月9日，为期5天的石林彝族自治县第十五届人民代表大会第三次会议开幕

1月11日，石林县召开家电下乡流通网络建设工作会，深入推进家电下乡配送体系、销售网点和服务体系建设

1月14日，石林县人民政府召开殡葬改革推进会，要求确保年内在鹿阜镇、石林镇、板桥镇范围内和其余4个乡镇政府所在地实现100%遗体火化目标

1月16日，经过两天紧张、激烈的角逐，石林县首届进城务工人员迎新春运动会圆满闭幕

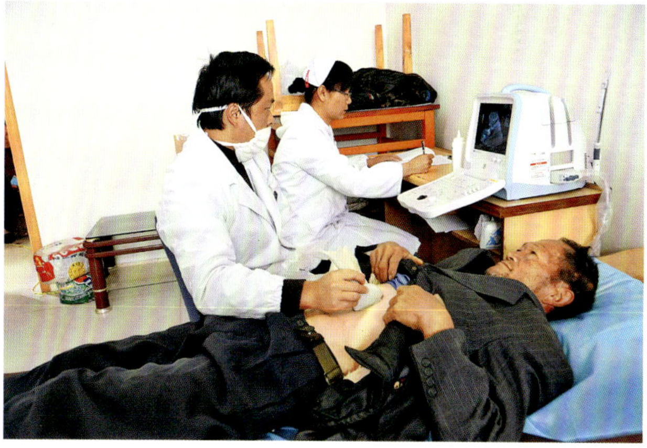

1月17日，石林县人民医院“深入农村，送健康上门”活动在堡子村委会拉开帷幕。堡子村委会1038位老年人不出村就在自家门口享受健康体检

1月19日，全国人大农业与农村工作调研组一行6人，到石林县调研农业与农村工作

1月22日，石林县乡镇集镇建设工作现场会在西街口镇召开，要求加快集镇建设步伐，会前观摩了石林、西街口两镇的集镇建设推进情况

1月22日，作为国内第一家麻制品运动服饰开发企业的石林山河投资有限公司在板桥镇挂牌开业

1月25日，石林县委组织部在北大村村委会举行仪式，向县内北大村、北山、豆黑、小圭山、威黑5个率先在全市完成村级活动场所建设目标任务的村委会配赠桌椅和书柜250套

1月26日，石林县召开企业家春节座谈会，四班子领导与130余名企业家及商会代表同商良策，共谋发展

1月27日，石林老年大学在石林双龙广场举办文艺展演活动，拉开了石林县新春文艺活动序幕

1月28日，石林县环城东路道路建设二期工程、石林喀斯特地质科研博物馆、滇东现代烟草农业石林综合示范区、云烟印象科技园、云南昆明石林台湾农民创业园环道工程等5个总投资7.5亿元的项目开工

1月28日，石林县在圭山镇举行“红十字博爱进万家”活动启动仪式，将价值13480元的救灾物资捐赠给圭山镇50户困难群众

2月1～7日，昆明市青少年校园足球冬令营暨昆明市小学生“奋进杯”足球赛在石林举行，来自昆明、成都两地的50支少儿足球队参加比赛

2月2日，在新春佳节即将来临之际，石林县四班子领导到全县六镇一乡慰问困难群众、残疾户、离退休老干部、独生子女家庭、“三属”和驻石部队

2月3日，石林县举行春节座谈会，鼓励大学生村官们立志有所作为，为石林经济社会发展作出积极努力

2月3日，中国共产党石林县第十届纪律检查委员会召开第五次全体会议

2月4日，石林县召开政法工作暨打黑除恶动员大会

2月6日，石林县法制文艺展演活动在石林双龙广场举行，来自全县各乡镇的11支农村文艺队用歌舞、方言小品、花灯说唱等文艺形式诠释法律知识，教育广大群众

2月7日，石林杨梅山发生山林火灾，火线延绵长达10千米，大火整整蔓延燃烧了64个小时才被扑灭，参与扑救的人近5000人，造成直接经济损失196万余元

2月11日，石林县为每个乡镇发放一辆载水量达15吨的供水车，用于旱情最严重的地区解决人畜饮水困难

2月11日，石林县在“2·7”火灾现场十字场老寨召开森林防火和安全生产工作会

2月12日上午10点，参与石林“2·7”山林火灾扑救的驻滇某部1500名官兵分批从火场撤出

2月14日，石林县在大年初一召开春节回乡人士座谈会，县主要领导与回乡过节的各界人士同叙友谊，共谋发展

2月20日，石林县春节收假的第一天召开2010年四级干部大会，动员组织全县各级各部门和广大干部群众全力攻坚2010

2月21日，石林县召开2010年招商引资工作会，将原来的21个招商分局整合为7个产业招商分局，要求加强领导、整合资源、突出重点、严格考核，确保招商引资各项任务的超额完成

2月21日下午，石林县委托昆明市测绘研究院建设的“石林县三维数字城市信息系统”首次在规委会上使用，石林成为了昆明首家采用三维技术进行规划审批的县区

2月26日，石林县召开村级党组织和第四届村民委员会换届选举工作动员会

2月27日，参加云南省幼儿教育改革与发展工作会议的80余名幼儿教育专家和领导到石林观摩农村幼儿教育工作

3月5日，石林县举办庆祝“三八”国际妇女节100周年表彰大会暨文艺晚会

3月6日，石林第一次市场化运作的中国石林“赫石杯”中国业余篮球联赛（CBO）在石林县体育场鸣笛开赛，参赛的23支男女篮球队将进行为期近两个月的126场激烈角逐

3月9日，县委书记罗朝峰、县长毕春华、县委副书记裴演兵带领相关部门负责人，到天生关现场办公，加快推进滇东现代烟草农业综合示范区项目建设

3月10日，石林县开展“携手相助·抗旱救灾”现场捐赠活动，现场共筹集到抗旱资金60.62万元

3月11日，石林县干旱受灾地区的首批37位农民工赴江苏洪泽县务工，洪泽县为此特提供了1000个就业岗位，并提供了免费培训、购买保险、工作餐、住宿等就业优惠待遇

3月12日，石林县委召开2010年农村工作暨抗旱救灾保民生促发展再动员大会，要求一手抓抗旱保民生，一手抓发展保增长，全力打赢抗旱救灾保民生促发展攻坚战

3月12日，中豪置业有限责任公司捐资60万元援建石林镇林口铺小学教学楼

3月16日，由于受到长期干旱影响，石林最大的河流巴江下游的大叠水出现断流

3月17日，石林县召开2010病媒生物防制工作会，布置开展全县2010年开展以灭鼠为重点的春季病媒生物防制工作

3月18～19日，石林县组织炸封私挖盗采小煤窑行动，两天炸封、捣毁私挖盗采小煤窑64个

3月18日，昆明市副市长赵德光深入石林县圭山镇下部龙产煤区，督查私挖盗采非法小煤窑整治工作

3月18日下午，石林县召开新闻发布会，通报3月16日泸西县酒恒村部分村民到石林县圭山镇下部龙村非法盗采原煤时发生瓦斯爆炸，造成5死7伤安全事故的相关情况

3月19日下午，“共产党员抗旱救灾特别捐献活动”在石林县委大院内启动，党员领导带头捐出自己一个月工资的全部或三分之二以上，为石林抗旱救灾筹集资金

3月22日，石林县再次开展联合执法行动，炸封非法盗采小煤窑（井）27口

3月25日，参加全市水源工程建设推进会的200余名县（市）区、部门领导，到石林县观摩水源工程和抗旱应急工程建设情况

3月26日，石林县第十五届人民政府召开第五次全体会议暨廉政工作会，讨论修改《县人民政府工作规则》，安排部署廉政建设工作

3月26日，成都军区驻滇某高炮旅的15辆大卡车为石林农村学生送来农夫山泉股份有限公司捐助的6000件矿泉水

3月27日，滇东现代烟草农业示范区石林县天生关片区6个烤烟种植专业合作社和1个烤烟技术服务专业合作社正式挂牌成立

3月27日，副省长孔垂柱带领中央电视台记者到石林采访抗旱救灾工作

3月29日，由云南省妇联、省少年儿童基金会组织的云南省“甘露——为旱区孩子送水公益活动”，在石林县板桥镇龙溪春蕾小学启动

3月31日，石林县委书记罗朝峰、县长毕春华一行到长湖镇长湖景区、圭山镇当甸村看望慰问到石林支援抗旱救灾工作的武警和二炮部队官兵

4月1日，经过4年生态环境修复改造的乃古石林重新开放

4月1日，中国华能集团向石林县捐赠抗旱救灾款20万元，并为石林镇老挖村委会和小学捐赠办公及教学用品

4月2日，北京军区给水工程团进驻石林县板桥镇小屯村委会小官庄村开展抗旱打井作业

4月5日，石林县四班子领导，县直各部委办局、人民团体、企事业单位主要领导，以及驻石部队全体官兵在双龙山革命烈士纪念塔前开展清明祭扫活动

4月12日，云南苏宁旅游投资股份有限公司为石林抗旱救灾捐赠500万元

4月13日，石林“2·7”杨梅山山林火灾纵火犯罗叶芬，经公诉机关公诉，法庭公开审理，被判处有期徒刑六年零六个月

4月16日，省地质工程勘察总公司在长湖镇戈衣黑村井下180米处打出日均流量300立方的地下水，这是石林县自抗旱以来打出的第一个地下水源点，可满足1万多人口和大牲畜的饮水需求

4月20日，中央财政小型农田水利项目石林县月湖灌区一期工程正式通水，项目改善灌溉农田1.32万亩，惠及4个村委会9879人

4月23日，石林县召开“效能石林”建设活动动员暨“效能政府四项制度”工作推进会

4月25日，名流置业集团股份有限公司向石林县西街口镇糯衣村委会捐资26.054万元，支持抗旱救灾

4月26日，中央扩大内需促经济增长政策落实暨治理工程领域突出问题检查组一行5人，到石林检查中央扩大内需资金项目落实建设情况

4月27～28日，由云南省煤矿安全监察局局长邹立生带队的煤矿安全生产工作督查组一行9人，到石林督查煤矿安全生产工作

5月3日，2010年中国昆明国际文化旅游节“相约石林 狂欢彝乡”——巴西桑巴歌舞及石林民族民间歌舞展演在石林风景区日月广场举行

5月7日，石林县召开“两基”迎国检工作动员会，全面启动“两基”迎国检工作

5月10日晚，石林县召开2010年防汛保蓄工作会议，全面总结抗旱工作，安排部署防汛、蓄水、保安全工作

5月18日，云南省交通运输厅到石林县开展国道324线、326线石林段道路安全隐患专项检查

5月19日，石林县94名“小老板”走进课堂，接受2010年创业培训

5月19日，石林县委书记罗朝峰主持召开鹿阜旧城改造推进会，督促各相关部门扎实推进鹿阜旧城改造

5月19日，石林县在全市首家举行小额担保贷款发放签字仪式，111名具备享受小额担保贷款条件的创业人员领到了总计555万元的小额担保贷款

5月21日，石林县开展打击非法彩票等赌博活动专项治理行动，进一步整顿石林县彩票市场秩序

5月24日，石林县召开深入开展创先争优活动工作部署会议，动员安排全县开展创先争优活动

6月1日，300名少年儿童挥动画笔，参加石林县第二届“万城杯美丽家园”少儿墙体绘画大赛

6月2日，石林县举办土地利用总体规划专题培训，国家土地督察成都局三处处长陈志刚受邀作“土地利用总体规划”专题讲座

6月2日，石林县为期3个月的城市环境综合整治专项行动全面启动

6月4日，石林县在双龙广场举行仪式，启动“低碳石林　绿色家园”共建活动

6月6日，石林县成功引进的上海张江石林旅游项目等4个招商引资项目，参加了第十八届中国昆明进出口商品交易会签约仪式，协议投资44.5亿元

6月23日，昆明市政协副主席、民建昆明市委主委傅汝林带领市政协视察组，到石林县视察供销系统“二次创业”情况

6月23日，石林县组织领导干部100余人现场观摩了全县生态文明建设情况，并及时召开工作会议，全面推进生态文明建设

6月28日，昆明市农村改厕工作推进会在石林县召开

6月29日，石林县“民族团结宣传周”书法绘画作品展在县文化馆开幕，共展出美术作品15幅，书法作品45幅

7月1日上午8时，石林县在行政中心举行升国旗仪式，县行政中心正式投入使用

7月8日，石林县召开政府机构改革工作会，石林县新一轮政府机构改革工作正式实施

7月12日，“德国赠款石林县彝族地区艾滋病预防干预探索项目”在石林县正式启动

7月16日，由国家水利部、国家发改委、国家环境保护部等领导组成的桥头堡建设国务院调研水利专题组到石林调研

7月17日，国家桥头堡建设农业调研组到石林调研农业园区建设发展工作

7 月 17 日，云南省政协调研组到石林实地调研光伏发电、污水处理和节能减排工作

7 月 22 日，由云南省委组织部副部长崔茂虎，昆明市委组织部部长郭红波带队的省、市委组织部领导到石林调研创先争优活动开展情况

7 月 22 日上午，石林县红十字会启动第三批“春雨行动”礼包发放活动，全县 1767 户困难群众领到中国红十字会援助的 50 千克大米和 1 桶 2.5 升食用油

7 月 22 日下午，云南省暨昆明市 2010 年道德模范巡讲启动仪式在石林县民族中学礼堂举行，并开展了李新萍、毕惠仙两位道德模范和抗洪救灾模范梅阳林的先进事迹报告

7 月 25 日，石林县启动重点库塘提水入库保蓄水工作，按照先蓄后防的原则，未雨绸缪，确保有条件的水库坝塘蓄水

7 月 27 日，石林县圭山镇和大可乡中心学校的金祖鑫健华图书馆建成开馆

7月30日，石林县70余名党政领导干部观摩步兵118团的正规化建设，参观团史和部队后勤建设并组织实弹射击

8月1日晚上8时30分，2010年中国石林国际火把狂欢节广场演出活动在万城阿诗玛旅游小镇正式拉开序幕

8月2日上午，市“四创两争”督查组一行到石林，对石林县“四创两争”工作推进情况进行督促检查

8月5日，2010年中国石林国际火把狂欢节长湖分会场民歌暨摔跤比赛在长湖镇维则村开幕

8月9日，石林县人民政府与云南苏宁旅游投资股份有限公司和云南阿诗玛文化产业投资有限公司签订协议，协议投资103.2亿元人民币

8月13日，石林县组织领导干部对经多次依法整治后的西河、巴江河进行徒步巡查，现场督促整改存在问题

8月16日，“我们的节日·七夕节”在石林风景区日月广场举行

8月24日，公安部督查组到石林督查预防重特大道路交通事故工作

8月31日，石林县组建的一支由80名民兵组成的民兵多样化任务分队正式揭牌成立，并进行森林灭火、抗旱救灾、抗洪抢险、处突维稳等多样化技战术演练

9月4日，共青团石林县委举行“爱心助你上大学”助学金发放仪式，资助当年考取大学的13名石林贫困学子

9月5日，海南省财政投资评审中心到石林评估核查城镇污水处理设施配套管网建设专项资金使用情况

9月8日，昆明市蓄水工作会在石林召开

9月15日，国家人力资源和社会保障部检查组到石林县检查指导全国第二批新农保试点筹备工作情况

9月15日中午，石林县2010年全国科普日活动在双龙广场启动，27家相关单位、3家企业、4个协会及110名科普宣传志愿者参加当天的宣传活动

10月11日晚，石林县第十五届人民政府召开第十次常务会，专题研究鹿阜镇、石林镇、板桥镇区划调整方案和建设昆明石林经济一体化先行区实施意见

10月12日上午，昆明市副市长赵德光深入石林，对石林县作为市级社会管理创新综合试点县工作进行调研指导

10月12～13日，石林县人大常委会组织部分人民代表和有关部门领导，对县人民政府承诺办理的10件实事落实情况进行视察

10月13日，昆明市老工会工作者协会石林县分会正式成立，县人大副主任、县总工会主席朱玉和当选会长

10月15日，石林县人大常委会组织部分人大代表和有关部门负责人，对人大代表议案、建议办理情况进行检查

10月21日，石林县2010年农村劳动力创业培训正式开班，来自全县50名农民学员免费接受为期17天的创业培训

10月26日，石林县举行听证会，邀请20名听证代表就《昆明石林城乡一体化先行区实施意见（征求意见稿）》充分发表意见、建议

10月29日，中共石林县委召开人大工作会议

10月29日，中共石林县委召开政协工作会议

10月30日，云南省人大常委会视察组组织部分省人大常委会委员和部分省人大代表，到石林县视察中低产田地改造工作

11月4日，石林县第二十一届中小学生篮球运动会开幕，17个中小学代表队380名运动员参赛

11月8日，由中国文联、云南省文联主办，石林县承办的全国文联外事干部研修班在石林开班

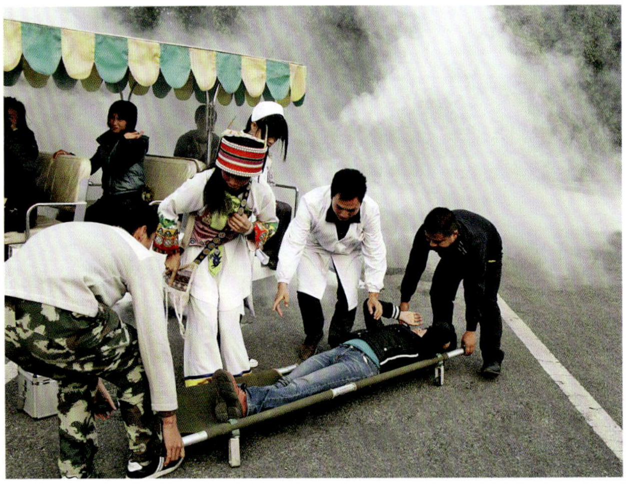

11月9日，石林风景区在消防日举行由多家单位和部门协同参与的石林景区火灾事故、烧伤处置应急演练

11月16日，由于石林县农机总站送教送考下乡，长湖镇大海子村民小组的107名农机驾驶员在家门口全部通过农机驾驶员的操作考试

11月22日下午，石林抢花炮队获得省第九届民运会抢花炮比赛冠军，实现了石林抢花炮在省民运会上的五连冠

11 月 23 日，昆明市人大常委会组织昆明市部分全国及省人大代表视察组一行 24 人，到石林视察水利设施建设工作

11 月 26 日，石林县在高石哨村南面空地举行 2011 年森林火灾火场挂牌指挥实战演练

11 月 27 日，石林风景区和九乡风景区签订整合营销协议

11 月 29 日，美国 WRP 制片公司和北京更好共和文化传播有限公司在石林拍摄电视系列片《极速前进》

12 月 2 日，云南艺术学院文华学院师生一行，到长湖镇蓑衣山村委会举行教学实践基地挂牌仪式暨“多背一公斤”爱心捐赠活动

12 月 4 日，石林县组织各乡镇人民政府、县城乡绿化责任单位前往晋宁和呈贡县观摩城乡园林绿化及中低产林改造

12月5日，五棵树村进行整体搬迁户安置住房选房抽签

12月7日，现代新昆明建设宣讲团赴石林举行报告会，为全县乡镇基层干部宣讲现代新昆明建设情况

12月9日，国土资源部地质环境司副司长田大佑一行到石林检查地质遗迹保护项目

12月9日晚上，县工商业联合会主办的“倡导诚信经营，共建和谐石林”晚会在县民族中学礼堂举行

12月14日，石林县国土资源局电子政务系统通过验收，成为继安宁之后全市第二家土地行政审批实现电子化的县区

12月17日，石林县召开第十五届人民代表大会第四次会议第二次全会，选举出席昆明市第十三届人民代表大会代表23名

12 月 18 日，搬迁新建、占地 54 亩的中共昆明市委党校石林分校正式落成和揭牌

12 月 20 日，石林县残联第五次代表大会闭幕

12 月 21 日上午，石林县住房和城乡规划建设局举行《石林彝族自治县城市管理办法（征求意见稿）》听证会

12 月 23 日，共青团石林县委第十三次代表大会闭幕

12 月 28 日，占地 40 亩的石林县新建看守所正式落成启用

12 月 29 日，《石林彝族自治县政协志》出版发行

12月29日，昆明泛亚联合产权交易所石林分公司正式成立，昆明市副市长张锐、石林县县长毕春华为公司揭牌

12月29日，石林县组织观摩圭山镇、长湖镇集镇建设工作，并在长湖镇召开现场推进会，要求全县迅速掀起新一轮集镇建设高潮

12月30日，石林风景名胜区管理局召开长湖景区修建性详细规划评审

12月30日，位于三家村的上海张江石林旅游项目举行开工典礼

12月30日晚，石林县在双龙广场举办元旦联欢暨道德模范颁奖晚会

总　目

1. 为方便阅读检索，根据年鉴内容编排顺序，编制此总目，作为全书的辅助性目录。
2. 本总目只列部类标题名称，以及本年鉴其他重要组成部分名目。
3. 标题后第一个括号内的数字为本标题内容所在目录页的位置，第二个括号内的数字为所在正文起始页号。

目　录
CONTENTS

专　文
Report by Shilin County Committee of the CPC

特　载
Special Carriers

大事记
Major Events

概　况
An Overview

西街口镇
Xijiekou Town

大可乡
Dake Township

中共石林彝族自治县委员会

Shilin Yi Autonomous County Committee of the CPC

领导成员
Leading Members

重要文件目录
A List of Significant Documents

重要会议
Important Meetings

县委办公室
The General Office of the County Committee

组织工作
Organization Work

宣传工作
Propaganda Work

统战工作
The Work of the United Front

党校教育
The Education of the party school

县直机关党委工作
Party Committees of the Government Organs

老干部工作
The Work Concerning Veteran Cadres

党史研究
Party History Research

纪检监察
Party Discipline Inspection and Supervision

软环境建设
Construction of Soft Environment

石林彝族自治县人大常委会
The Standing Committee of the People's Congress of Shilin Yi Autonomous County

领导成员
Leading Members

重要会议
Important Sessions

主要工作

Chief Work

石林彝族自治县人民政府

The People's Government of Shilin Yi Autonomous County

领导成员

Leading Members

重要文件目录

A List of Significant Documents

重要会议

Important Sessions

县人民政府办公室

The General Office of the People's Governmet of Shilin County

人事劳动工作

Personnel and Labor

机构编制工作

Establishment of Organizations

民政工作

Civil Affairs

民族宗教工作

Ethnic and Religious Affairs

政协石林彝族自治县委员会

Shilin Yi Autonomous County Committee of the CPPCC

群团组织

People's Organizations and Associations

经济管理
Economic Management

农 业
Agriculture

气 象
Meteorology

水 利
Water Conservancy

农 牧
Agriculture and Animal Husbandry

现代农业
Modern Agriculture

林 业
Forestry

云南昆明石林台湾农民创业园
Taiwan Peasant's Garden in Shilin, Kunming,Yunnan

新农村建设
Construction of New Socialist Countryside

烟草业
Tobacco

烟草管理
Administration of Tobacco

烤烟种植
Planting of Tobacco

烟叶收购
Purchase

烟叶复烤
Re-Curing of the Tobacco Leaves

彝族第一村建设与五棵树搬迁
Construction of the First Yi Village and the Relocation of Wukeshu Village

财税审计
Finance,Tax and Auditing

财　政
Finance

国　税
State Tax

地　税
Local Tax

审　计
Auditing

金　融
Banking

金融综述
An Overview

人行石林县支行
Shilin Branch of People's Bank of China

银行业监督管理
Administration and Supervision of Banking

工行石林支行
Industrial and Commercial Bank of China

农行石林县支行
Agricultural Bank of China

建行石林支行
China Construction Bank

县农村信用合作联社
Rural Credit Cooperative Union of Shilin County

财产保险
Property Insurance

交通邮电
Transport,Post and Telecommunications

城乡建设
Construction in Towns and Country

社会生活
Social Life

音　像

Audiovisual Products

人　物
Personages

新任县级领导简介

Profiles of Newly-Appointed County Leaders

乡土艺人

Folk Artists

昆明市非物质文化遗产传承人简介

Profiles of In-tangibie Cultural Heritage Inheritants in Kunming

人物表

A List of People with Senior Titles

附　录
Appendix

索　引
Index

专　文

坚持科学发展　推进富民强县　为建设国际旅游胜地和滇中经济区的东南新城而努力奋斗

——在中国共产党石林彝族自治县第十一次代表大会上的报告

（2011年5月15日）

罗朝峰

同志们：

现在，我代表中国共产党石林彝族自治县第十届委员会向大会报告工作，请予审议。

中国共产党石林彝族自治县第十一次代表大会，是在我县全面建设小康社会，实施“十二五”规划开局之年召开的一次重要会议。会议的主要任务是：以邓小平理论和“三个代表”重要思想为指导，深入贯彻落实科学发展观，总结第十次党代会以来的工作，部署“十二五”期间全县经济社会发展和党的建设的主要任务，选举产生中国共产党石林彝族自治县第十一届委员会、纪律检查委员会和石林县出席市第十次党代会代表，动员全县广大党员干部和各族人民，站在新起点，开启新征程，再创新辉煌，全面完成“十二五”各项任务，努力开创石林发展新局面。

一、过去五年的工作回顾和基本经验

过去五年，十届县委在省委、省政府和市委、市政府的正确领导下，始终以邓小平理论和“三个代表”重要思想为指导，深入贯彻落实科学发展观，开拓进取，扎实工作，全力实施“33553”发展战略和“543”倍增计划，抓发展、抓民生、抓稳定、抓党建，强势推进旅游产业提升、工业发展突破、农业产业化推进、城乡建设加速、文化产业培育和社会事业加强六项重点工作，全面完成了第十次党代会确定的目标任务，全县呈现出经济快速发展、社会明显进步、民族团结和谐、人民生活水平不断提高的良好局面。

（一）经济持续快速发展，综合实力显著提高

全县地区生产总值从“十五”末的16.48亿元增加到“十一五”末的36.81亿元，年均增12.8%；地方财政一般预算收入从“十五”末的1.14亿元增加到“十一五”末的3.51亿元，年均增25.1%；全社会固定资产投资从“十五”末的6.82亿元增加到“十一五”末的43.3亿元，年均增44.7%；社会消费品零售总额从“十五”末的6.48亿元增加到“十一五”末的15.2亿元，年均增18.6%；城镇居民人均可支配收入从“十五”末的9760元增加到“十一五”末的17883元，年均增12.8%；农民人均纯收入从“十五”末的3089元增加到“十一五”末的5704元，年均增13.1%。

农业稳步提升，总产值从“十五”末的9.14亿元增加到“十一五”末的18.7亿元，年均增15.4%；云南昆明石林台湾农民创业园成功获批，成为云南省首个国家级农业产业园区，园区基础设施建设扎实推进，入驻企业21家，投产企业6家。工业取得实质性突破，总产值从“十五”末的11.22亿元增加到“十一五”末的33.66亿元，年均增24.6%；工业固定资产投资从“十五”末的0.91亿元增加到“十一五”末的10.9亿元，年均增67.4%；生态工业集中区从无到有，并申报为省级特色工业园区，完成基础设施投资3.93亿元，引进项目38个，园区被命名为云南省首批新能源产业示范基地。以旅游业为龙头的第三产业不断发展壮大，第三产业增加值从“十五”末的7.25亿元增加到“十一五”末的15.97亿元，年均增17.1%。全县接待游客数从“十五”末的260万人次增加到“十一五”末的350万人次，年均增6.13%；旅游直接收入从“十五”末的1.84亿元增加到“十一五”末的4.3亿元，年均增19.1%；旅游综合收入从“十五”末的5.2亿元增加到“十一五”末的20亿元，年均增30.9%；大小石林景区游览面积从4.12平方公里扩大到12平方公里，乃古石林8平方公里的世界自然遗产展示地正式对外开放。文化产业培育初见成效，文化产业增加值从“十五”末的1.7亿元增加到“十一五”末的3.69亿元。三次产业结构由“十五”末的29.8∶25.5∶44.7调整为“十一五”末的28.2∶28.4∶43.4。

（二）基础设施明显改善，城乡面貌焕然一新

坚持并完善“1313”城市发展战略，突出规划先导，完成了县城总体规划、乡镇总体规划和所有村庄发展规划。以项目为抓手，聚焦石林大道城市经济带、巴江生态休闲经济带和九石阿旅游专线特色经济带建设，先后实施了彝族第一村、园博园、上海恒联新天地、万城阿诗玛旅游小镇、职教中心、巴江中学等重大项目，县城建成区面积从“十五”末的3.89平方公里扩大到“十一五”末的9.41平方公里，完成石林大道等14个市政道路新（扩）建项目，改造、新增道路面积114万平方米，县城建成区绿地率达40.51%，绿化覆盖率达45.5%，人均公共绿地面积19.32平方米。全面实施乡镇集镇建设“1+4”工程，新增集镇市政道路11.98万平方米、集镇面积59.06万平方米。全县公路硬化里程从“十五”末的231公里增加到“十一五”末的967公里，建制村公路通达率100%，硬化率达90%以上。大力推进新农村建设，完成新农村建设项目69个，实施省市扶贫“整村推进”建设项目82个，减少贫困人口2万余人；大力推进“四个集中”工程，城镇化率从2006年的26.7%提高到2010年的31.7%。大力发展城乡公交事业，乡镇和行政村公交覆盖率均达100%，居民出行公交分担率达35%。加快农田水利建设，全县蓄水库容从“十五”末的10062万方增加到“十一五”末的10491万方，有效灌溉面积从“十五”末的15179公顷增加到“十一五”末的18676公顷。高度重视城乡居民用水安全，解决了55666人、23000头大牲畜的饮水问题，农村安全饮用水覆盖率达82.6%。生态建设扎实推进，完成三期巴江综合治理、大山沟到巴江截污廊道工程，污水处理厂及配套管网建设项目建成投入使用；5个乡镇创建为“国家环境优美乡镇”，2个国家级生态示范村已上报国家环保部审批，市级生态村创建全面启动。全县森林覆盖率达42%。

（三）改革开放步伐加快，发展活力不断增强

深化行政审批制度改革，行政审批事项由443项精简为35项，行政事业性收费项目由118项减为63项。完成乡镇机构改革及新一轮政府机构改革，扩权强县试点工作稳步推进。机构编制有效精简，行政效能明显提升。大力推进制度创新，建立完善了差别化综合考核评价体系，科学发展的体制机制逐步健全。积极探索农村土地承包经营权流转机制。完成集体林权制度主体改革，配套改革稳步推进。全面推行国库集中支付、财政投资项目评审、乡镇财政预算管理和村级会计委托代理服务。积极推进教育、卫生等各项社会事业改革，组建了石林幼儿教育集团，民办幼儿教育比重达90.27%，民办高中教育比重达40.47%，民营医疗资产比重达53.96%。建立昆明泛亚联合产权交易所有限公司石林分公司，搭建了公共资源交易平台。组建了农水投、工投、石投等公司，政府运作资本能力进一步增强。非公经济进一步发展，非公经济增加值从“十五”末的3.8亿元增加到“十一五”末的14.5亿元，年均增28.3%。优化投资环境，创新招商举措，招商引资工作取得重大突破，累计引进项目424个，实际到位国内市外资金62.6亿元，外资2046万美元，华能集团、国电集团、中种集团、广东温氏、苏宁环球、上海张江等一批国内知名企业入驻石林。

（四）社会事业全面进步，发展成果普惠于民

科技推广和科普示范基地建设力度加大，科技对经济增长的贡献率明显提高。城乡教育资源不断优化，义务教育阶段学生集中到县城和乡镇政府所在地就读人数占84.6%。完成18所中小学标准化建设，校舍安全工程扎实推进，“两基”工作通过国家复检。群众性精神文明建设有效推进。群众文化活动丰富多彩，文化事业繁荣，建成4个乡镇文化站、85个村文化室、24个农民体育健身工程。完成城区有线电视数字化整体转换，全面推进广播电视“村村通”工程。完成7个乡镇卫生院国债资金改扩建项目和3个乡镇卫生院拉动内需项目，新建村卫生室72个，三级医疗卫生服务体系不断健全，新农合参合率达99.97%。就业和再就业工作力度加大，完成农村富余劳动力转移输出52727人次，城镇新增就业4580人，城镇登记失业率控制在3.5%以内，我县被评为省级劳务输出示范先进县。全面推进殡葬改革，火化率达80.5%。全面启动新型农村社会养老保险试点工作，参保率达91%。城镇基本养老、城镇基本医疗、企业职工工伤、生育和失业保险参保率分别达70.73%、99%、85.69%、77.21%、85%。建成廉租住房544套，使低收入群体住有所居。审计、统计、气象、工商等工作力度加大，民族、宗教、史志、档案和老龄等各项社会事业全面推进。

（五）社会建设稳步推进，依法治县成效明显

高度重视人大、政协工作，人大督政、政协议政富有成效。统战、工商联、工青妇、科协、残联等职能作用进一步发挥。推进政务公开、厂务公开、村务公开和村民自治，基层民主不断扩大。“五五”普法与“四五”依法治县工作圆满完成，30个村（社区）创建为省、市级民主法治村（社区）。国防教育扎实开展，国防后备力量建设进一步加强。严格落实维护社会稳定和平安建设责任制，深入推进社会矛盾化解、社会管理创新、公正廉洁执法。建立健全县—乡镇—村—组四级排查网络，完善领导包案责任制，坚持矛盾纠纷排查调处工作例会制和“县委书记、县长大接访”、“干部大下访”制度，落实综治信访维稳工作“一岗双责”责任制。加强民主法制建设，依法治县进程不断加快。高度重视安全生产，强化安全隐患排查，安全生产形势总体平稳，公共突发事件应急处理机制日趋完善。人民群众满意度、安全感显著提升，社会更加和谐稳定。2006年以来一直保持云南省

“无毒县”称号，连续9年实现了“三零”指标，先后创建为省级平安县和省级先进平安县。

（六）党的建设全面加强，执政能力不断提高

认真学习党的十七大精神，坚持用科学理论武装头脑、指导实践、推动工作。采取中心组学习、专题讲座、党校轮训、异地培训等多种形式，大规模培训干部，各级领导干部抓发展、抓民生、抓稳定、抓党建的能力进一步提升。实施“云岭先锋”工程，深入开展保持共产党员先进性教育、科学发展观、“三个一”主题实践和“创先争优”活动，集中解决了一批制约和影响全县经济社会发展的突出问题，健全完善了一系列保障科学发展的制度。全面推行“四制”，认真抓好党员发展工作。深化“村（社区）书记论坛”，“村（社区）务面对面”活动，推行“四议两公开”工作法，健全县—乡镇—村—组“四级联动、相互配合、纵向到底、横向到边”的为民服务体系。实行农村党员星级动态管理、无职党员设岗定责，在机关、学校、企业中推广“双岗双责两考核”党员管理模式。优化基层组织设置，采取“村企联建”、“区域共建”、“行业（协会）统建”等形式，大力推进组织共建、党员共管、资源共享、活动共搞，不断扩大党的工作覆盖面，规模以上企业党组织覆盖率达100%。按照“四有”标准，加强村级组织活动场所建设。积极推进网络党建和农村现代远程教育，在全省率先实现“电信模式”100%覆盖。扎实开展全省“科学规范和有效监督县（市）委书记用人行为”调研试点和“改进干部选拔任用工作监督检查办法”试点工作，采取“一分析两推荐”提名干部，推行竞争上岗、公推公选、公开招考、“四差额”等方式选拔干部，实行干部选拔任用工作全程记实，干部履职跟踪问效，县委书记、组织部长约谈等制度，选人用人的公信度和群众满意度进一步提高，被列为全省“提高选人用人公信度示范县”。加大妇女、少数民族、年轻干部和非党干部的培养、选拔力度，领导班子结构得到进一步优化。五年来，共选拔任免干部524人。认真做好大学生“村官”的选聘、管理和服务工作。圆满完成村级组织换届选举，加强村“两委”班子建设，采取“两推一票决”方式产生村小组长。组织开展“共产党员抗旱先锋行动”和城乡结对抗旱“心连心”活动。重视人才工作，推进人才队伍建设。开展经济社会发展软环境建设、“效能石林”和“行政效能提升年”、“干部作风改进年”活动，大力践行“五办”作风、“一线工作法”，实施严格的目标倒逼、交办跟进、现场会办、观摩激励和监督检查制，有效推进了工作的落实。重视纪检监察工作，新成立5个纪工委监察分局。坚持“标本兼治、综合治理、惩防并举、注重预防”的方针，认真贯彻《廉政准则》，全面落实党风廉政建设责任制，强化督促检查，狠抓案件查办，严格问责问效，扎实推进以教育、制度、监督并重的惩治和预防腐败体系建设。推行领导干部勤政廉政公示制度，对领导干部实行严格管理，严格监督。五年来，初核违纪案件线索89件，党、政纪立案查处39件45人，办理问责件25起78人。

总之，过去的五年，是县域经济加快发展，综合实力快速提升的五年；是项目建设快速突破，城乡面貌明显改善的五年；是社会事业全面发展，城乡居民受益较多的五年；是全县上下团结奋进，取得丰硕成果的五年。五年来，石林风景名胜区先后被列为世界自然遗产、国家5A级旅游景区和全国文明风景旅游区，石林县先后被列入云南省加快县域经济发展试点县、文化产业发展特色县、云南省旅游经济强县建设试点、云南省扩权强县试点，被评为云南省2009年度县域经济发展先进县，先后荣获全国农田水利基本建设先进单位、全国村务公开民主管理示范县、全国计划生育优质服务先进单位、全国粮食生产先进单位、全国家电下乡工作先进县、全省烟叶工作先进单位、云南省教育工作先进县等称号，成功创建为国家卫生县城、国家园林县城。争先进位取得实质性进展，2008年、2009年和2010年，在昆明市十四个县（市）区目标管理考核中分别名列第五、第四和第一。

总结五年来的工作，主要经验有：一是必须坚决贯彻执行党的路线、方针、政策，确保政令畅通，同时要结合石林县情，解放思想，更新观念，不断完善发展思路，突出工作重点，走差别竞争、特色取胜之路。二是必须把产业发展作为突破口，以园区为平台，以招商引资为抓手，以项目为载体，以市场需求为导向，推进三次产业协调发展。三是必须处理好经济建设与生态环境建设的关系，在坚持经济持续快速发展的同时注重环境保护，构建山清水秀、天蓝地绿的生态环境。四是必须高度关注民生，统筹城乡产业布局和社会事业发展，以城带乡，城乡互动，实现城乡共建共繁荣。着力解决人民群众关心的就业、就学、就医、住房、饮水、行路、社会保障等问题，使经济发展成果让人民共享。五是必须牢固树立稳定压倒一切的思想，全力维护社会政治稳定，全力打造平安石林，为我县经济社会发展创造良好的法治环境。六是必须加强党的建设，不断增强各级党组织的创造力、凝聚力、战斗力，营造风清气正的干事环境，为全县经济社会发展提供组织保障。

回顾过去，成绩来之不易，奋斗充满艰辛。这些成绩的取得，是省委、省政府和市委、市政府正确领导的结果，是历届县委不懈努力的结果，是全县各级党组织、广大共产党员和干部群众团结拼搏、开拓创新、辛勤工作的结果。在此，我谨代表十届县委，向在座的各位代表、各位同志，并通过你们向奋战在全县各条战线的全体共产党员、广大干部群众，向所有关心和支持石林建设的同志们、朋友们，表示衷心的感谢和崇高的敬意！

在充分肯定成绩的同时，必须清醒地认识到，发展不快仍然是我们最大的县情，前进中还存在一些突出的矛盾和问题。主要有：一是经济总量小，产业支撑力不强，工业基础薄弱的问题还没有从根本上解决；二是二、三产业发展不充分，城镇化水平低，城镇化率仅为31.7%，城乡一体化发展任务艰巨；三是缺乏大项目带动、大投资拉动，产业类项目偏少，财政增收后劲不足；四是人才结构不合理，工业、金融、城建等方面的党政人才、企业经营管理人才、专业技术人才紧缺；五是部分党员干部的责任感、紧迫感不强，缺乏干事创业的激情和攻坚克难的韧性，学习能力、组织能力、协调能力、执行能力、群众工作能力和与媒体打交道的能力有待进一步提高。这些问题我们务必高度重视，采取有力措施认真加以解决。

二、今后五年的奋斗目标和主要任务

抚今追昔，我们豪情满怀；展望未来，我们信心百倍。今后五年，是石林全面落实科学发展观，推动经济发展方式转变的关键五年；也是全县各级领导干部奋发进取、开拓创新，为全面实现小康社会而奋斗的关键五年。这一时期，世情和国情发生深刻变化，但和平、发展、合作仍是时代潮流，我国发展仍处于可以大有作为的重要战略机遇期，国内经济发展长期向好的趋势没有改变，中国一东盟自由贸易区的全面建设，新一轮西部大开发战略的实施，云南建设“两强一堡”步伐的加快，滇中经济圈的逐步形成，昆明建设中国面向西南开放的区域性国际城市的推进，石林自身发展的积累，我们迎来了新一轮大发展的历史机遇。同时，我们面对全市开发区、各县(市)区百舸争流、竞相发展的新态势，面对不进则退、慢进也退的新竞争，我们只能迎难而上，抢抓机遇，把发展的目标定得更高，使发展的步子迈得更快；我们必须强化招商引资、项目带动、投资拉动，加强基础建设、产业支撑，做大经济总量，提升经济实力，在新一轮竞争中抢占先机，在新一轮较量中赢得主动，在新一轮发展中实现新跨越。

今后五年全县经济社会发展的总体要求是：坚持以邓小平理论和“三个代表”重要思想为指导，以科学发展观统揽全局，把握新一轮西部大开发、现代新昆明建设等重大机遇，以加快发展为主题，以转变经济发展方式为主线，以改善民生为重点，围绕富民强县两大目标，继续实施“33553”发展战略，强力推进旅游产业提升、工业发展突破、现代农业推进、城乡一体化加速、文化繁荣发展和社会事业加强，着力打造富强石林、生态石林、文化石林、活力石林、和谐石林，全面提高石林的综合竞争力和可持续发展能力。通过全县上下的共同努力，把石林打造成为县域经济繁荣、生态环境良好、民族团结和谐、人民安居乐业的国际旅游胜地和滇中经济区的东南新城。

打造国际旅游胜地，是我县全面落实科学发展观，主动融入昆明建设中国面向西南开放的区域性国际城市，把石林建成特色功能承载区的具体行动。打造国际旅游胜地，就是在石林风景名胜区获得世界自然遗产、世界地质公园、国家5A级旅游景区和全国文明风景旅游区称号，基本实现“创建世界一流景区”的基础上，与昆明市建设中国面向西南开放的区域性国际城市相同步，利用20年左右的时间，分三个阶段，加快旅游产品开发和配套服务设施建设，强化营销和管理，推进旅游转型升级，实现旅游从观光型向复合型、从景区型向全域型转变。第一阶段夯实基础（2011～2015年），目标是建成云南领先的休闲度假旅游胜地；第二阶段基本达标（2016～2020年），目标是建成全国闻名的休闲度假旅游目的地；第三阶段为全面实现期（2021～2030年），就是建成旅游产品国际化、旅游设施国际化、旅游服务国际化、旅游客源国际化的国际旅游胜地。

打造滇中经济区的东南新城，是我县全面融入“桥头堡”战略和昆明建设中国面向西南开放的区域性国际城市，把石林建成地区性发展中心的具体举措。打造滇中经济区的东南新城，就是要充分利用石林处于曲靖、红河、文山三州市进入昆明和滇中的要冲，处于中国—东盟自由贸易区、滇池泛亚合作区和泛珠经济合作区域等经济圈的区位条件，地处滇中经济区昆明核心城市群1小时经济圈的有利优势，坚定不移地加快发展，千方百计促进社会和谐，举全县之力、汇全民之智，推进城乡基础设施配套建设、优化产业结构、完善园区功能、健全市场体系、完善交通路网，将石林建设成为县域经济繁荣、生态环境良好、民族团结和谐、人民安居乐业的东南新城。

“十二五”时期是石林全面建设小康社会的决战期、发展方式的转型期、城乡一体化的加速期和综合实力的提升期，“十二五”时期的奋斗目标为：地区生产总值年均增长14%以上；地方一般预算收入年均增长15%以上；全社会固定资产投资年均增长30%以上；社会消费品零售总额年均增长18%以上；城镇居民人均可支配收入年均增长10%以上；农民人均纯收入年均增长10.5%以上；三次产业结构调整为21：29：50；城镇化率达到50%以上；人口自然增长率控制在6.5‰以内。到2015年，与全市同步实现全面建设小康社会目标，为打造国际旅游胜地和滇中经济区的东南新城打下坚实的基础。

要实现上述目标，全体共产党员，特别是党员领导干部，必须始终站在构建社会主义和谐社会的高度，着眼于全面建设小康石林的需要，一心一意谋发展，聚精会神搞建设，全力建设富强石林、生态石林、文化石林、活力石林、和谐石林。

（一）坚持科学发展，建设富强石林

建设富强石林，必须加快产业发展，增强经济实力，提升我县的综合竞争力。

1. 加快发展以旅游业为龙头的现代服务业，强力推进旅游产业提升。围绕建设国际旅游胜地的目标，按照大旅游、大产业、大发展的思路，加快旅游与工业、农业、文化的融合，大力发展与旅游相关联的服务业，延伸旅游产业链，增加旅游综合收入。到2015年，石林景区接待游客达到400万人次，旅游直接收入6.2亿元；全县接待游客突破646万人次，旅游综合收入42亿元。

提升景区品质，优化旅游环境。按照世界自然遗产保护公约的要求，全面拆除大小石林景区有碍遗产保护的建筑物并进行生态恢复，完成大小石林景区改造提升工程。编制完成乃古石林、长湖、大叠水景区控制性详细规划，完善相关配套设施，保护性开发长湖、大叠水景区，努力打造我县新的旅游增长极。积极开发新能源科普示范，台创园休闲度假，康体运动，月湖、圭山、长湖、大叠水片区乡村旅游等新景点，形成以大小石林景区为龙头，多景点联动的全域旅游网，做大做强旅游业。创新营销方式，构建国际国内市场营销体系，积极扩大国内市场，全力开拓国际市场。全面推进景区标准化建设，争创全国旅游标准化示范单位。

以项目为依托，加速旅游产业提升。全面完成“四中心两店”，新游客接待中心交通网络等工程，加快推进苏宁环球石林旅游文化区、上海张江石林旅游项目、云林度假酒店、银瑞林大酒店等在建工程。围绕旅游“吃、住、行、游、购、娱”六要素，精心筛选、策划、包装旅游服务区开发项目，重点引进游客参与型娱乐项目，力促旅游从单一观光型向复合型转变。

2．培育以生态工业为龙头的新型工业，全力推进工业发展突破。以工业强县为目标，实施工业集中区“三年倍增、六年跨越”行动计划，推进工业集群发展，促进工业突破。到2015年，工业总产值达89亿元以上，规模以上工业增加值达14.7亿元以上，工业固定资产投资年均增30%以上，规模以上工业企业增加到60户以上，新增国家、省、市三级名牌产品10个以上。

加快园区基础设施建设，推进工业集聚发展。园区是新型工业的集聚区，是招商引资和项目推进的承载区。要完善生态工业集中区“一园五片”基础设施建设，到2015年园区新增建成区面积2平方公里、新增基础设施配套面积2平方公里。加大招商引资力度，注重引进产业带动力强、技术含量高、发展前景广的项目。以项目为支撑，全面实现工业园区“经济规模、开发建设、招商引资、产业培育、体制机制、进位争先”六大跨越。到2015年，累计引进内资50亿元，外资1000万美元，亿元以上开工项目6个、竣工3个，培育1个产值过50亿元的产业集群。

改造提升传统产业，大力发展新型工业。引导企业实施技术改造和产业升级，提升烟草、石材、煤炭等传统工业，提高资源利用率和产品竞争力，不断巩固工业存量。把培育新兴产业作为转变发展方式、调整结构的重大举措，大力发展以旅游商品制造、农特产品加工、先进制造业、新型建材业、新能源产业为主的新型工业，迅速扩大工业增量。

3．以园区为平台，积极发展以台创园为龙头的现代农业。以粮烟稳县为目标，以“三化”化“三农”、带“三农”、服务“三农”，以石林台湾农民创业园为主平台，加快推进农业规模化、产业化、特色化，提升农业综合效益。到2015年，全县实现农业总产值33.8亿元以上，农业增加值年均增9%以上，农民人均纯收入年均增10.5%以上。

加快推进台创园开发建设。按照整体规划、分步实施、滚动发展的原则，全面完成台创园“一园多区”产业布局规划，完善园区道路、给排水、通讯和绿化等配套设施建设，提升园区承载力和吸引力。完成圣火杏林国际养生度假村、春喜科技孵化园、石林王府酒店、云烟印象科技园、石林万家欢生态养生园等项目建设。引进园区配套服务项目和现代农业科技、休闲文化体验、农产品加工等项目，培育产业集群，把台创园打造成带动全市，辐射全省乃至东南亚、南亚的现代农业生产示范基地、特色鲜明的休闲观光农业基地。到2015年，引进内资15亿元，外资500万美元，引进带动型企业20家，台资企业5家，园区农业增加值达5亿元以上、农村人均纯收入达1万元以上。

大力发展特色农业。紧扣昆明“4210”都市型现代农业发展思路，主动承接市区农业产业转移，优化农业产业布局，巩固提升优势产业，发展粮烟畜果菜花林七大产业。大力推进优质水稻、优质高产玉米及特色杂粮生产基地建设，稳定粮食生产。推进现代烟草农业建设，巩固烤烟支柱地位。巩固生猪生产，稳步发展羊产业，加快禽类发展，扩大肉牛奶牛生产，提升畜牧业产业化水平。区域化布局，规模化种植，发展具有市场竞争力的特色优质水果、无公害蔬菜、外销型花卉生产等特色产业。发展特色经济林种植、野生动物驯养、林下产业和森林旅游业，拓宽农民增收渠道。依托省会城市人才、科技和经济优势，健全农业服务体系，推进以农业机械化、生产基地化为主的基础建设，推广农业设施智能控制、精准农业等先进生产方式，发展设施农业。

培育引进农业龙头企业。加大外引内培力度，引进一批实力强、产业链长的龙头企业；扶持一批产业基础好、有竞争优势、带动力强的农业龙头企业。推广“公司＋基地＋农户”模式，走“扶龙头、建基地、带农户”的农业产业化发展路子。把基地建设与农业龙头企业的发展结合起来，与农业基础设施建设结合起来，规划建设粮烟畜果菜花林等生产基地。强化龙头企业带动，引导龙头企业与农户建立稳定的产销协作关系和多种形式的利益分配机制，带动农民增收致富。坚持和完善农村基本经营制度，鼓励和支持农民以转包、出租、互换、转让、置换、股份合作等形式流转土地承包经营权，促进土地向种养能手、专业大户和龙头企业集中，实现规模化经营、专业化生产。大力发展农民专业合作组织，健全农业社会化服务体系，提高农业经营组织化程度。

4．以先行区为抓手，加速城乡一体化。将鹿阜镇、石林镇、板桥镇三镇合一，建设昆明石林城乡一体化先行区，按照“一心三带三园区”的发展格局，以先行区建设，推动城乡一体化发展。到2015年，县城建成区面积达到15平方公里以上，城镇常住人口达13万人以上，城镇化率达50%以上。

龙头带动，实施县城规模扩张行动。把县城规划做细，规模做大，实力做强，功能做全，产业做优，环境做美，强力推进“一心三带三园区”的开发建设。县城核心区要改造提升鹿阜旧城、财富中心片区、民族中学片区、万仙阁片区。石林大道城市经济带、巴江生态休闲经济带和九石阿旅游专线特色经济带“三带”并进，加快桃源水乡片区、狮山路周边片区、巴江商贸城片区、南城区片区建设，推进文体中心、园博园片区、生态工业集中区核心片区、职教中心片区开发建设。按照园区城市化的思路，“三园”并举，以旅游度假区、生态工业集中区、石林台湾农民创业园的开发，做大县城建成区规模、产业规模和人口规模。加快道路、通讯、给排水、污水处理等市政基础设施建设，推进电信网、广播电视网、互联网三网融合。加快城乡交通网络建设，着力打造县城环城路以内15分钟交通圈，环城路以外30分钟交通圈。坚持建管并重，健全联动机制，加强城市管理，提升城市品质。

节点支撑，推进乡镇集镇建设。继续推进小城镇开发提升工程，把中心集镇作为加速城乡一体化的关键节点和重要支撑，全面实施圭山、西街口、长湖、大可小集镇建设行动。按照“政府引导、市场运作、多元投资、共同开发”的思路，充分发挥1000万元集镇建设专项资金的杠杆作用，不断拓宽融资渠道，强力推进小集镇“1+4”工程，切实加大商业街、集贸市场、居住小区、产业集聚区建设力度。大力推进城乡道路、给排水、排污、垃圾处理、供电、通讯等基础设施建设，进一步增强城镇集聚功能和辐射效应，形成连接城乡、承载产业、驱动发展、服务群众的新型集镇。

示范带动，全力推进重点村建设。结合新农村建设，集中力量打造一批重点村、示范村、特色村，促进城镇化和新农村建设齐头并进、良性互动。探索新型社区、新型村庄建设路子，以集中居住区建设为抓手，加大“撤村并居、迁村并点、生态移民、统规统建”力度，促进农民生产生活方式的转变。积极推行“三重三置换”试点，加快推进城乡一体化。

5. 加快规划建设，发展以现代物流为龙头的商贸流通业。坚持规划先行，启动县城中心商圈建设。利用旅游、文化品牌的影响力，依托铁路、高速公路、环城路等综合交通运输网络和产业园区，规划建设专业市场，形成布局合理、总量适度、功能齐全、各具特色的商品市场体系，努力构建昆明、曲靖、红河交汇面的物流服务基地。加快推进市场培育，充分发挥市场对经济增长的引导力、牵引力和拉动力，逐步构建以城区骨干流通企业为龙头，以专业批发市场为支撑，以农村、社区连锁店、专卖店、便民超市为基础的市场流通体系。继续实施万村千乡市场工程，有效整合农村商业经营网点资源，逐步建立以城区店为龙头、乡镇店为骨干、村级店为基础的集生活消费品、农资销售和农副产品收购为一体的农村经营网络。建立健全市场管理办法，进一步规范市场秩序，注重行业布局和经营业态，整合现有市场，合理布局新增市场，彻底解决有市无场和市场功能不完善的问题。

（二）坚持可持续发展，打造生态石林

以生态美县为目标，以国家生态县创建为抓手，不断优化城乡生态环境，努力构建天蓝地绿、山清水秀、适宜人居的生态体系。到2015年，全县森林覆盖率达到48%以上，城镇生活污水集中处理率85%以上，城镇生活垃圾无害化处理率90%以上。

1. 加强生态体系建设，不断提高环境质量。全面实施城市园林化、城郊森林化、道路林荫化、水域林湿化、农田林网化、村镇林果化、县域全绿化、国土生态化“八化”工程，扩大绿化空间、增加绿化总量、提升绿化质量，全力打造绿色宜居石林。加强森林、土地、水资源、矿产资源的保护和合理开发，严厉打击私挖乱采、乱砍滥伐和毁林开荒等破坏生态的行为。加大石漠化治理，继续实施“五采区”综合整治工作，大力开展土地复垦，提高矿山生态环境的恢复治理率、土地复垦率。大力实施林业生态体系建设，加快防护林、生态公益林和封山育林建设，积极推进低效林改造，发展特色经济林和碳汇林。到2015年，完成防护林体系营造林工程1万亩、管护生态公益林建设面积85万亩、封山育林建设4万亩、低效林改造2.8万亩，发展特色经济林8.6万亩，逐步建立林业生态体系、林业产业体系和生态文化体系。

2. 大力发展新能源，建设“低碳石林”。以太阳能、风能、生物质能的开发利用为重点，调整能源结构，推广清洁能源，加大新能源的应用。完善再生资源回收体系，创新适用低碳技术，推动传统产业低碳化改造，降低资源消耗，提高资源综合利用水平。加大节能减排力度，抓好工业、建筑、交通运输等重点领域节能减排。加强环境监测、预警和应急能力建设，健全重大环境事件和污染事故责任追究制度，严格落实环境保护目标责任制。倡导绿色消费，推行低碳生活、办公方式，创建“低碳社区”和“生态村”，促进人与自然和谐发展。

3. 加大环境综合整治，营造良好人居环境。认真落实“河库长”责任制，加强巴江、黑龙潭水库、团结水库、杨溪水库、月湖等水源地生态保护，保障人畜饮水安全。开展城市环境综合整治，做到全面覆盖、长效管理、不留死角、永久保洁。构建“组保洁、村收集、乡运转、县处理”垃圾处置模式，实行城乡垃圾分类回收，实现资源有效利用。杜绝工业污染，规模以上工业万元增加值能耗年均下降4%以上。加大环保执法力度，严查重处违规排放、偷排偷放等违法行为。以“六清六建”为抓手，扎实开展市级生态村、国家生态乡镇和国家生态县创建活动。

（三）坚持特色发展，打造文化石林

以“文化活县”为目标，推动文化繁荣发展。到2015年，文化产业增加值11.67亿元以上，占GDP比重15%以上，年均增28%以上。

1. 繁荣文化事业。加强农村文化设施建设，积极开展群众性文艺演出活动和全民健身运动。加快村文化室建设，继续推进有线电视数字化整体转换工作。实施“数字乡村”工程，城乡数字电视用户达2万户以上，宽带网络覆盖率达100%。传承《阿诗玛》口传叙事长诗、彝族撒尼大三弦舞、撒尼挑花等国家非物质文化遗产，完成口传叙事长诗《阿诗玛》申报世界非物质文化遗产工作。加强人才队伍建设，充分调动广大文化工作者的积极性、主动性和创造性，促进文化事业繁荣。依托阿诗玛文化品牌，充分挖掘阿诗玛文化内涵，精心策划一批以阿诗玛文化为题材的电影、电视、歌舞、动漫产品，策划、包装和推介以火把节为代表的民族节庆活动，加快在地文化向在场文化、在版文化和在线文化提升。

2. 大力发展文化产业。以市场为导向，以品牌为带动，以重大项目为支撑，促进文化产业做大规模，增强实力。实施文化产业倍增战略，大力发展文化旅游、民族工艺、歌舞演艺、娱乐休闲、节庆会展、影视动漫、康体健身等文化产业。实现火把节、斗牛等活动常态化，推进节庆娱乐商业化运作、产业化发展。借助万城阿诗玛旅游小镇、彝族第一村、上海张江石林旅游项目和苏宁环球石林旅游文化区等平台，培育一批骨干文化企业，推出一批文化精品，打造一批具有核心竞争力的文化品牌。到2015年，形成3个年销售收入过亿元的骨干文化企业。

3．创新机制，增强文化发展活力。按照政府引导、面向市场、增强活力的要求，构筑市场载体，培育市场主体，增强文化发展活力。加快投资主体多元化改革，县委、政府继续扶持文化产业发展，广泛吸引各类社会资本投向文化产业。深化文化体制机制创新、文化艺术创新和运作方式创新，不断提升公共文化服务的质量和水平。

（四）坚持创新发展，打造活力石林

改革创新是转变经济发展方式的根本动力，以改革的办法破解难题、用创新的思路推动发展。

1．创新行政管理体制机制。建立岗位职责规范和任期目标责任制，形成促进干部成长的激励机制。不断完善绩效考核办法，建立健全业绩考核与长远发展目标相结合的考核机制。深化行政审批制度改革，加强为民服务中心建设，精简工作流程，优化发展软环境。坚持政务公开，健全科学决策、民主决策、依法决策机制，完善决策权、执行权、监督权相互制约又相互协调的行政运行机制，进一步提高政府工作的开放度、透明度和公信力。

2．加快重点领域改革步伐。严格执行公共资源公开交易，推进政府配置资源向市场配置资源转变，实现资源的效益最大化。整合政府资源，推进旅游集团、农水投、工投三个投资公司实体化运作，加强投资公司与金融机构、企业之间的合作，提高政府运作资本的能力。高度重视人才工作，加大招才引智工作力度，建立健全培养开发、评价发现、选拔任用、流动配置和激励保障的用人机制，提高党委、政府运作人才的能力。加快社会事业改革，坚持“四个分开”，政府着力办好存量，依靠市场和社会扩大增量，大力发展民办教育、民营医院等社会事业，形成多元化公共服务供给机制。规范农村“三资”管理，完善村务公开。

3．全力推进招商引资。围绕“5+1”工程，建立结构合理、数量充足、论证科学、包装到位的项目库，增强招商的针对性和实效性。突出产业招商，推动招商引资由部门招商、政府招商向社会招商、市场主体招商转变，由数量扩张型向质量提升型转变。加强落地项目的跟踪服务，建立协调联动机制，突破土地、基础设施等瓶颈，全力推进项目落地，促进项目早日投产达效。完善招商引资考核办法，更加注重招商实效。“十二五”期间，确保引进国内市外资金和实际利用外资分别年均增30%。

4．发展壮大非公经济。鼓励和引导民间资本进入基础产业和基础设施、社会事业、金融服务等领域，推动民营企业加强自主创新和转型升级。鼓励和支持民间资本重组联合，加强对民间投资的服务、指导和规范管理，促进社会投资稳定增长和结构优化。加大对非公经济暨中小企业发展扶持力度，鼓励非公企业创品牌、扩规模、强活力。到2015年，非公经济增加值达35亿元以上。

（五）坚持以人为本，打造和谐石林

坚持发展为了人民，发展依靠人民，发展成果惠及人民。

1．大力发展社会事业。重视科技工作，鼓励科技创新，进一步巩固国家科普示范县成果，不断提高科技成果转换率和科技贡献率。坚持教育公平，优化教育结构，促进义务教育均衡发展，加快普及高中教育，重视学前教育，大力发展职业教育和民办教育。到2015年，基本普及学前3年教育，幼儿入园（班）率达95%以上，小学、初中辍学率分别控制在1%、2%以内，普通高中教育毛入学率达90%以上，普高优质率达80%以上，普职比达1∶1.22。积极推进公共卫生、医疗服务、医疗保障、药品供应四大体系建设，完成县人民医院搬迁新建工作，支持天奇医院发展，完善县、乡、村三级医疗卫生服务网络，改善人民就医条件。健全疫情信息网络、突发公共卫生事件应急体系，加强卫生监督和疾病预防控制体系建设。加强食品药品监督管理，切实保障人民群众身体健康和生命安全。加快经营性公墓、农村公益性公墓建设，积极推进殡葬改革。加强人口与计划生育工作，大力发展老龄事业。进一步加强和改进统战、工商联工作，切实抓好统计、审计、气象、史志、档案、民政、残疾人事业等各项工作。

2．健全社会保障体系。按照“广覆盖、保基本、多层次、可持续”的原则，完善民生保障制度。大力发展二、三产业，把促进充分就业作为经济社会发展的优先目标，以项目扩大就业、创业带动就业、政策扶持就业、服务保障就业，保障劳动者合法权益，构建和谐劳动关系。继续实施“两后双百”、“三就三百”工程，加大劳动力培训转移力度，重视大学生就业创业基地建设。每年培训农村劳动力1万人次以上、转移就业9000人以上。完善城镇基本养老保险、医疗保险、失业保险、工伤保险、生育保险、最低生活保障和新型农村社会养老保险制度，不断扩大城乡社会保障覆盖面。健全优抚保障机制和社会救助体系，开展社会救助活动，提高老年人、残疾人和孤儿的福利保障水平。实施安全饮水工程，加强饮用水监测和管理，确保城乡安全饮用水达标率达85%以上。全力推进扶贫攻坚，着力解决农村1.35万绝对贫困人口的温饱问题，提高2.55万低收入人口的生活水平。加快廉租房和公共租赁房建设，解决低收入群体的住房问题。

3．完善公共安全保障体系。继续开展社会矛盾化解、社会管理创新、公正廉洁执法三项重点工作。完善以预防为主，预防、处置、救援相衔接，统一指挥、反应灵敏、协作有序、运转高效的预警和应急指挥管理体系，提高政府应对突发公共事件的能力。严格落实安全生产、维护社会稳定“一岗双责”和平安建设责任制。强化社会治安综合治理，完善多警联动、专群结合、齐抓共管的社会治安防控体系。突出打黑除恶，持续开展严打专项整治，始终保持对各种严重违法犯罪行为的高压态势。继续开展禁毒防艾工作，巩固无毒县创建成果。健全综治维稳信访工作机制，高度重视新形势下的群众工作，积极预防和化解各种矛盾纠纷。

4. 推进民主法制和精神文明建设。支持人大督政，政协议政，充分发挥人大、政协的监督作用。支持法院、检察院依法行使审判权、检察权。加强国防后备力量建设。支持工会、共青团、妇联、科协等人民团体依照法律和各自章程开展工作。贯彻党的民族宗教政策，全面落实民族区域自治条例。加强基层民主建设，强化民主意识教育，完善民主制度体系，推进政务、村务、厂务公开，保障群众的知情权、参与权和监督权。继续深化法治石林建设和民主法治村（社区）创建活动，推进“六五”普法和“五五”依法治县工作，不断提高依法治县水平。深入开展创建文明社区、文明村镇、文明单位等群众性精神文明创建活动，争创全国文明县城。

5. 全面提升社会管理水平。坚持以人为本，寓管理于服务，以服务促管理，构建党委领导、政府负责、社会协同、公众参与的社会管理格局，健全政府、社会和自治组织互联互补的管理体系。充分发挥工青妇、社团组织、自治组织、企事业组织等群团组织协同作用。创新农村社会管理模式，整合社会资源，增加公共服务投入，提高群众自我管理、自我教育、自我服务的能力，加强农村社会公共事务的管理。

三、全面加强党的建设，为“十二五”跨越发展提供坚强政治保障

打造国际旅游胜地和滇中经济区的东南新城，关键在党，关键在人。必须坚持党要管党、从严治党，不断提高党的建设科学化水平，把党的政治优势和组织优势转化为推动科学发展、促进社会和谐的强大力量。

（一）强化思想理论武装，提高贯彻落实科学发展观的能力

坚持解放思想，以新的思想解放引领新的发展。围绕“十二五”规划的实施，开展有针对性的干部培训。巩固扩大先进性教育、科学发展观实践活动成果，切实增强贯彻落实科学发展观的自觉性和坚定性。继续深化创先争优活动，深入开展向杨善洲同志学习活动，注重示范带动，加强分类指导，创新活动载体，推动党组织履职尽责创先进、党员立足岗位争优秀、干部示范引领做表率，在全县营造争科学发展之先、创和谐社会之优的良好氛围，形成加快发展的强大合力。

（二）加强基层组织建设，增强党组织的凝聚力和战斗力

按照“五好五带头”要求，坚持不懈抓基层、打基础，加强基层党组织的组织体系、骨干队伍、活动载体、工作制度、场所阵地建设，整体推进农村、企业、社区、机关、学校、非公经济、新社会组织等基层组织建设，做到哪里有群众哪里就有党员，哪里有党员哪里就有党组织，哪里有党组织哪里就有党组织在活动。以深化“三级联创”活动为载体，以开展创先争优活动为抓手，把基层党组织建设成为推动发展、服务群众、凝聚人心、促进和谐的坚强战斗堡垒。狠抓以村党总支书记为核心的村组干部队伍建设，培养造就守信念、讲奉献、有本领、重品行的高素质基层党组织书记队伍。不断创新发展党员模式，提高发展党员质量，优化党员队伍结构。认真做好选聘大学生“村官”工作，加强跟踪管理和服务。大力实施党员创业致富工程，着力破解村级集体经济发展难题，不断提高基层党组织服务群众的能力。管好用活村级活动场所和远程教育网络，积极探索网络党建的有效方法，拓宽党建工作渠道。健全完善城乡党建工作结对共建制度，积极探索区域化党建模式，通过组织共建、人才互动、党员联管、活动互助等方式，整合区域党建资源，形成基层党建合力。

（三）加强制度建设，激发各级党组织的活力

完善县委常委会议事决策机制，确保“三重一大”均由集体讨论决定。建立常委联系委员，委员联系党代表，代表联系党员制度。充分发挥县委全委会在民主推荐重要干部，讨论决定重大问题等方面的作用。全面推行“村（社区）书记论坛”、“村（社区）务面对面”和“四议两公开”，健全教育、管理和服务党员长效机制，完善党内激励、关怀、帮扶机制。推进党务公开，落实党内情况通报制度，保障党员的知情权、参与权、选举权和监督权，不断加强党内民主建设。

（四）深化干部人事制度改革，努力建设高素质的干部队伍

坚持干部队伍“四化”方针和德才兼备、以德为先的用人标准。深化拓展“科学规范和有效监督县（市）区委书记用人行为调研试点县”、“提高选人用人公信度示范县”和“改进干部选拔任用工作监督检查办法试点县”创建成果，继续推行竞争上岗、公推公选、公开招考和“四差额”等方式选拔干部，让想干事的有机会，能干事的有舞台，干成事的有地位；让不干事的有压力，干不好事的没市场，干不成事的挪位置。加强对干部选拔任用全过程的监督，提高选人用人的公信度。加大干部交流力度，注重培养选拔年轻干部、少数民族干部、妇女干部、党外干部，合理使用各年龄层次的干部。建立健全促进科学发展的领导班子和领导干部考核评价体系，完善干部退出机制，拓宽干部能上能下、能进能出渠道。大力实施人才强县战略，统筹抓好六支人才队伍建设，以招才引智服务科学发展。

（五）切实加强作风建设，不断提升行政效能

大兴求真务实之风、密切联系群众之风、批评和自我批评之风、狠抓落实之风，以优良的党风促政风、带民风、树新风。以执行力提升为抓手，大力推行“一线工作法”，置身一线，靠前指挥，提高执行力，做到决策在一线落实、问题在一线解决、创新在一线体现、成效在一线检验。各级领导干部要牢固树立群众观点，坚持群众路线，重心下移，走进基层，深入群众，破解做好新形势下群众工作的难题，不断提高做好群众工作的能力和水平。实施严格的目标倒逼、交办跟进、现场会办、观摩激励和监督检查五大机制，坚持问责制、限时办结制、服务承诺制，推进党委、政府决策的落实。

（六）加强反腐倡廉建设，营造风清气正的发展环境

坚持标本兼治、综合治理、惩防并举、注重预防的方针，全面落实党风廉政建设责任制，深入推进教育、制度、监督并重的惩治和预防腐败体系建设。加强反腐倡廉宣传教育，有针对性地开展示范教育、警示教育和岗位廉政教育，促使广大党员干部严格执行《廉政准则》，提高拒腐防变能力。强化党内监督，加大监察力度，有效防止权力失控、决策失误和行为失范。强化制度建设，进一步规范从政行为，形成按制度办事、靠制度管人的长效机制。加强对工程招投标、土地出让、产权交易、政府采购等领域的监督，强化对群众普遍关心的村组财务管理、农村集体“三资”管理、村组干部教育监督等工作。加大惩处力度，坚决纠正损害群众利益的不正之风，坚决查处违纪违法案件，坚决依法严惩腐败分子，以党风廉政建设的实际成果取信于民，以风清气正的干事环境促进发展。

同志们，美好蓝图鼓舞人心，声声号角催人奋进，伟大的时代召唤我们开创历史伟业，人民的期盼鞭策我们再谱辉煌篇章。让我们在上级党委的正确领导下，团结和带领全县各族人民，深入贯彻落实科学发展观，开拓进取，求真务实，奋勇当先，为建设国际旅游胜地和滇中经济区的东南新城而努力奋斗！

名词解释：

1.“33553”发展战略：发挥旅游资源、阿诗玛文化、交通区位三大优势，实施外引内培、科教兴县、城镇化发展三大战略，加快以旅游业为龙头的现代服务业、以生态工业为龙头的新型工业、以台创园为龙头的现代农业、以阿诗玛文化为龙头的文化产业、以现代物流为龙头的商贸流通业五个重点产业发展，实现旅游立县、工业强县、农业稳县、文化活县、生态美县五个目标，形成三条经济带——石林大道城市经济带、九石阿旅游专线特色经济带和巴江生态休闲经济带。

2.“543”倍增计划：以2007年为基数，县城建成区城镇常住人口5年倍增；地区生产总值4年倍增；地方财政一般预算收入3年倍增。

3.“1313”城市发展战略：以石林大道为主轴，加快县城新区、石林旅游度假区、生态工业集中区建设，加速形成“一路三区”石林大道城市经济带；以巴江为绿色主轴，东扩西进，北上南下，加快石林片、路美邑片、板桥片建设，逐步形成“一河三片”巴江休闲生态经济带，2015年建成优秀旅游城市，2030年建成与国际接轨的现代化生态旅游城市。

4.“1+4”工程：一张规划图纸加一个新型市场、一个商业街区、一个新型住宅小区、一个产业集中区。

5.“四个集中”工程：促进工业企业向园区集中，人口向县城或中心镇集中，农民居住向农村新社区集中，农地经营向农业大户集中。

6.“两基”：基本普及九年义务教育、基本扫除青壮年文盲。

7.“三个一”：个人形象一面旗、工作热情一团火、谋事布局一盘棋。

8.“四议两公开”：党支部会提议、“两委”会商议、党员大会审议、村民代表会议或村民会议决议，决议公开和实施结果公开。

9.“四差额”：差额推荐、差额考察、差额酝酿、差额票决。

10.“五办”作风：对基层、企业、群众亟待解决的问题“立即办”，对老大难问题“主动办”，对带普遍性的问题“上门办”，对条件暂不具备、一时难以解决的问题“跟踪办”，对涉及面广、政策性强的问题“公开办”。

11.“两强一堡”：建设绿色经济强省、民族文化强省和中国面向西南开放的桥头堡。

12.“4210”都市型现代农业发展思路：通过5年努力，把昆明初步打造成全省、辐射西南、沟通全国、面向东南亚和南亚的农产品信息流通中心、农产品精深加工中心、农业博览会展中心、农业科技研发推广中心“四大中心”，构建城乡一体化发展平台、最适宜“三农”发展的体制机制平台“两个平台”。围绕以上目标，实施农业信息物流工程、农业园区工程、城乡一体化推进工程、农业生态工程、农业产业招商工程、农民素质提升工程、农业投融资系统工程、农村社会化服务系统建设工程、农业科技研发转化工程、“三农”干部思想解放工程等“十大工程”。

13.“三重三置换”：实施农地重整、村镇重建、要素重组，以土地承包经营权置换城镇社区保障，以分散的农村宅基地和农民住房置换城镇产权住房，以集体资产所有权置换股份合作社股权。

14.“五采区”：进行采石、采沙、采矿、采土和有砖瓦窑地的区域。

15.“六清六建”：一清垃圾，建立固体废弃物管理制度；二清粪便，建立生活污水管理制度；三清秸秆，建立秸秆综合利用制度；四清河道，建立水面管护制度；五清工业污染源，建立长期稳定达标制度；六清违法建设，建立村容村貌管理制度。

16.“三资”：农村集体经济中的资金、资产、资源。

17.“5+1”工程：旅游产业提升、工业发展突破、现代农业推进、城乡一体化加速、文化繁荣发展和社会事业加强。

18.“两后双百”：对未能升学的初中、高中毕业生毕业后有培训和就业愿望的本县户籍学生进行100%的职业技能培训；100%推荐就业。

19.“三就三百”工程：对城郊和农村失地、失居的贫困农民，百分之百地提供大病就医帮助，对其子女百分之百地提供义务教育帮助，对适龄劳动力百分之百地提供就业培训和就业帮助。

20.“五好五带头”：基层党组织做到领导班子好、党员队伍好、工作机制好、工作业绩好、群众反映好；党员做到带头学习提高、带头争创佳绩、带头服务群众、带头遵纪守法、带头弘扬正气。

21.2005年地区生产总值、三次产业结构等数据已按第二次全国经济普查数据作了修订。

中共石林彝族自治县委关于制定石林彝族自治县国民经济和社会发展第十二个五年规划的建议

（2011年1月8日中国共产党石林彝族自治县第十届委员会第七次全体会议通过）

中共石林彝族自治县委十届七次全体会议，根据党的十七届五中全会、省委八届十次全会和市委九届七次全会精神，结合石林实际，就制定全县国民经济和社会发展第十二个五年规划（2011～2015年），提出以下建议。

一、“十二五”时期是石林全面建设小康社会的决战期

（一）“十一五”时期经济社会发展取得显著成效

“十一五”时期是石林经济社会跨越式发展迈出坚实步伐的五年。五年来，在市委、市人民政府的坚强领导下，县委、县人民政府团结带领全县各族人民，坚持以邓小平理论和“三个代表”重要思想为指导，认真贯彻落实科学发展观，深入实施“33553”发展战略，全面落实“543”倍增计划，强力推进旅游产业提升、工业发展突破、城镇建设加速、农业产业化推进、文化产业培育和社会事业加强“5+1”工程，圆满完成了“十一五”规划确定的目标任务。预计，全县地区生产总值从“十五”末的16.27亿元增加到“十一五”末的36.8亿元，年均增12.8%；地方一般预算收入从1.14亿元增加到3.51亿元，年均增25.1%；全社会固定资产投资从6.82亿元增加到43亿元，年均增44.5%；社会消费品零售总额从6.48亿元增加到14亿元，年均增16.6%；城镇居民人均可支配收入从9760元增加到18300元，年均增13.4%；农民人均纯收入从3089元增加到5748元，年均增13.2%。三次产业结构由29.8∶25.6∶44.6调整为28.5∶28.2∶43.3。通过五年的努力，县域经济快速发展，综合实力明显增强，基础设施不断完善，城乡面貌焕然一新，社会事业全面进步，人民生活水平不断提高，为“十二五”规划实施和全面建成小康社会奠定了坚实的基础。

（二）“十一五”时期经济和社会发展积累的宝贵经验

一是必须坚持发展第一要务，以招商引资为抓手，以项目为载体，加快发展速度，优化产业结构，做大经济总量，全力推进石林科学发展新跨越。二是必须高度关注民生，着力解决人民群众关心的就业、就学、就医、住房、饮水、行路、社会保障等方面的问题，让科学发展成果惠及广大人民。三是必须全力维护社会稳定，打造平安石林，让人民群众安居乐业。四是必须全面加强党的建设，不断增强各级党组织的创造力、凝聚力、战斗力，为全县经济社会发展提供强有力的保障。

（三）“十二五”时期经济社会发展面临的新机遇

“十二五”时期是石林全面建设小康社会的决战期、发展方式的转型期、城乡一体化的加速期和综合实力的提升期。从国内形势来看，经济发展长期向好的趋势没有改变，我国加快实施沿边开放、向西开放战略，中国—东盟自由贸易区的全面建成，新一轮西部大开发战略的实施，云南“两强一堡”建设的加快，滇中经济区的培育，昆明建设引领中国面向西南开放的区域性国际城市的推进，为石林发展提供了前所未有的良好环境。从自身来看，石林综合实力稳步提升，基础设施日趋完善，投资环境逐步优化，全县上下干事创业的氛围更加浓厚，随着云桂高速铁路的建设、石锁高速公路的通车，石林的交通区位优势更加明显，石林正成为投资的热土，将迎来新一轮的大发展。

二、以科学发展观为指导，制定“十二五”目标任务

（一）“十二五”时期经济社会发展的指导思想

坚持以邓小平理论和“三个代表”重要思想为指导，以科学发展观统揽全局，把握新一轮西部大开发、现代新昆明建设等重大机遇，以加快发展为主题，以转变经济发展方式为主线，以改善民生为重点，围绕富民强县两大目标，继续实施“33553”发展战略，强力推进旅游产业提升、工业发展突破、现代农业推进、城乡一体化加速、文化繁荣发展和社会事业加强，着力打造富强石林、生态石林、文化石林、活

力石林、和谐石林，全面提高石林的综合竞争力和可持续发展能力。通过全县上下的共同努力，把石林打造成为县域经济繁荣、生态环境良好、民族团结和谐、人民安居乐业的国际旅游胜地和滇中经济区的东南新城。

（二）“十二五”时期经济社会发展的主要目标

地区生产总值年均增长14%以上，地方一般预算收入年均增长15%以上，全社会固定资产投资年均增长30%以上，社会消费品零售总额年均增长18%以上，城镇居民人均可支配收入年均增长10%以上，农民人均纯收入年均增长10.5%以上，三次产业结构调整为21∶29∶50，城镇化率达到50%以上，人口自然增长率控制在6.5‰以内。到2015年，与全市同步实现全面建设小康社会目标，为打造国际旅游胜地和滇中经济区的东南新城打下坚实的基础。

（三）“十二五”时期经济社会发展战略

深入实施“33553”发展战略。即发挥旅游资源、阿诗玛文化、交通区位三大优势，实施外引内培、科教兴县、城镇化发展三大战略，加快以旅游业为龙头的现代服务业、以生态工业为龙头的新型工业、以台创园为龙头的现代农业、以阿诗玛文化为龙头的文化产业、以现代物流为龙头的商贸流通业五个重点产业发展，实现旅游立县、工业强县、粮烟稳县、文化活县、生态美县五个目标，形成三条经济带——石林大道城市经济带、九石阿旅游专线阿诗玛文化旅游特色经济带和巴江生态休闲经济带。

（四）“十二五”时期必须把握的发展原则

紧扣加快发展这一主题，突出加快转变经济发展方式这一主线。始终坚持加快发展、统筹城乡发展、可持续发展、科技创新、深化改革、扩大开放、以人为本，始终把加快转变经济发展方式贯穿于推动石林科学发展、富民强县的全过程，全力推进全县经济社会又好又快发展。

（五）制定“十二五”规划必须突出的工作重点

一要突出构建结构优化的产业体系。调整优化产业结构，加快以旅游业为龙头的现代服务业、以生态工业为龙头的新型工业、以台创园为龙头的现代农业、以阿诗玛文化为龙头的文化产业、以现代物流为龙头的商贸流通业五个重点产业发展，促进三次产业协调发展。二要突出构建布局合理的园区体系。统筹园区产业布局，明确园区功能分区，按照产业园区化、园区城市化、布局专业化、机制市场化的要求，以现代化、规模化、集约化、专业化、特色化为发展方向，加快建设昆明石林台湾农民创业园、生态工业集中区、石林旅游服务区，促进产业向园区集聚集群集约发展，把园区建设成为发展环境最优、投资回报最高、综合实力最强的科学发展示范基地。三要突出构建城乡一体的城镇体系。优化城市空间布局，拓展城镇发展空间，完善核心区—先行区—辐射区“三个圈层”规划体系，构筑县城—集镇—重点村三级城镇体系。四要突出构建通达便捷的交通体系。把交通网络建设作为基础设施建设的重中之重，全面打开对外通道，加快环城路建设，改造提升县内路网，着力构建环射连接、纵横通联、主次配套的对内、对外交通体系。五要突出构建天蓝地绿的生态体系。坚持“七个优先”，按照“八化”要求，围绕创建国家生态县目标，巩固国家卫生县城、园林县城创建成果，扎实推进生态美县建设，努力构建天蓝地绿、山清水秀、适宜人居的生态体系。六要突出构建保障有力的民生体系。坚持以人为本，围绕学有所教、劳有所得、病有所医、老有所养、住有所居“五有”目标，建立完善覆盖城乡的教育、就业、医疗、养老、住房、社会救助等民生保障体系。

三、坚持科学发展，打造富强石林

坚持发展第一要务，在提速发展，做强优势产业，做大经济总量的基础上，提升传统产业，培育新型产业，调整优化产业结构，促进一、二、三产业协调发展。

（一）实施旅游二次创业，打造国际旅游胜地

全面实施“12345”石林旅游国际化发展战略，做大做强观光旅游，全面提速旅游转型升级，促进旅游从观光型向复合型、从景区型向全域型转变，建成世界一流自然观光景区、世界自然遗产模范展示地、初具规模的国际旅游胜地和旅游目的地。

科学规划旅游布局。按照建设全域型、大旅游的思路，整合提升旅游资源，全面规划350公里范围内的旅游公路网络，完善旅游配套设施，着力构建“一心三带四片一环”旅游空间布局。以石林主景区和石林旅游小镇（含旅游服务区）为核心，着力打造成为集喀斯特游览观光、休闲度假、文化体验、娱乐购物等功能为一体的石林旅游核心区域。以石林大道为轴线，着力打造城市休闲经济带；以巴江为景观轴，着力打造观光休闲、文化体验经济带；以九石阿旅游专线为轴线，着力打造民族文化旅游经济带。推进景区景点保护性开发，着力打造乃古石林自然遗产展示地—生态农业观光区、大叠水户外体验区、长湖休闲康体度假区、月湖民族生态文化观光区、圭山红色生态旅游区。以石林主景区为中心，辐射四周，依托九石阿旅游专线和县内公路，串连各景区、景点、村寨，形成石林喀斯特自然风光和阿诗玛文化风情自驾车旅游环线。

加速旅游转型升级。加快老景区改造提升步伐，拆迁搬迁有碍遗产保护的建筑物，并进行生态恢复。全面推进景区标准化建设，不断提升景区品质。整合旅游宣传资源，创新宣传营销模式，不断开拓旅游客源市场，做大做强观光型旅游。加快旅游服务区建设，完善“吃、住、行、游、购、娱”旅游配套设施，推动旅游从单一观光型向复合型转变。

强化旅游主导地位。按照大旅游、大产业、大发展的思路，又好又快地发展旅游大产业，以旅游业的大发展带动经济结构的大调整。加快旅游与文化融合，深度挖掘阿诗玛文化资源，精心策划创编一批具有民族特色、高水平的演艺节目，建设高水准、具有相当规模的演艺中心，展示灿烂的阿诗玛文化，丰富石林文化旅游内涵。加强旅游与农业、工业的融合，积极发展乡村旅游、观光农业，大力发展旅游商品加工和工业旅游，扩展旅游业态，不断延伸旅游产业链，增强旅游的辐射能力和带动作用。注重引进和培育旅游知名企业。

（二）加快工业园区建设，强势推进工业突破

深入实施“11236”工业突破战略，优化工业布局，推进工业集群发展，做大工业总量，加快工业化与信息化融合，走一条科技含量高、经济效益好、资源消耗低、环境污染少的新型工业化路子，不断提高工业经济在全县经济中的比重。

科学规划工业布局，推进工业集聚发展。按照科学规划、合理布局、因地制宜、突出特色的原则，优化工业产业空间布局，加快实施石林生态工业集中区“一园五片”规划，推进工业向园区集中，提高工业经济的集约化、集群化发展水平。实施工业集中区“三年倍增、六年跨越”行动计划，创新开发模式，加大投资力度，完善园区交通、水利、电力、通讯、供气、环保、绿化等配套基础设施。加大招商引资力度，强力推进工业项目建设，全面实现工业园区“经济规模、开发建设、招商引资、产业培育、体制机制、进位争先”六大跨越，将石林生态工业集中区建成省级重点特色产业园区。

改造提升传统产业，巩固工业发展基础。引导支持传统产业应用新技术、先进适用技术进行升级改造，增强新产品开发能力和品牌创建能力，提高企业市场竞争力。整合提升石林烟叶复烤优势，实施规模扩张和效益提升，带动产业整体发展，做大做强烟叶复烤产业，打造昆明石林烟叶复烤基地。以西街口工业片区为主，加快基础设施建设，推进全县石材企业搬迁入园集群发展，引导企业技改和产业升级，提高资源利用率和产品市场占有率，打造昆明石林新兴石材产业基地。加快煤炭资源整合，推进煤炭生产企业技改，提高产煤能力和产煤质量。引导农产品加工企业上规模、创品牌，提高市场竞争力，重点抓好卤腐、乳饼、面条、白酒、饲料等传统农产品加工企业整合壮大。

着力培育新兴产业，增强工业发展后劲。把培育新兴产业作为转变方式调整结构的重大举措，立足我县资源禀赋、产业基础和发展潜力，集中优势资源，培育发展旅游商品加工、新能源、新型建材业。以珠宝玉石加工、服饰刺绣、创意动漫等项目为重点，着力引进和培育一批旅游商品加工企业。抓好太阳能、风能、生物质能、洁净煤技术的研发利用和培育发展新能源装备制造产业，提高石林开发利用新能源的能力。以昆明石林太阳能光伏并网发电166兆瓦试验示范项目为基础，打造昆明石林太阳能生产基地和太阳能先进技术实验示范基地，形成太阳能光伏、光热产业集群。以圭山杨梅山风能带开发为主，打造昆明石林风能生产示范基地。鼓励以秸秆为主要原料的生物质能开发。支持县内煤炭加工企业应用洁净煤技术，不断提高资源利用率。依托重大项目，以电力线路塔架、电缆桥架、新型管材等为重点，大力发展新型建材产业。发展和提升信息产业，推广信息技术应用，鼓励扶持工业企业利用现代信息技术，提升企业综合竞争力。

（三）加速台创园建设，推进现代农业发展

坚持以“三化”化“三农”、带“三农”、服务“三农”，按照“建平台、强基础、立支柱、促增收”的发展思路，以市场需求为导向，以结构调整为核心，以科技为支撑，以台湾农民创业园为主平台，大力发展优势特色农业，加快推进农业规模化、产业化、特色化，促进农业提质增效和农民持续增收。

加快园区规划建设，打造现代农业品牌。发挥台湾农民创业园辐射带动作用，按照一园多区模式，科学合理规划特色优势农业生产基地。加大台湾农民创业园基础设施建设力度，完善园区道路、给排水、供电、通讯、排污、绿化等配套设施，提升园区承载力和吸引力。大力开展招商引资，包装引进园区配套服务、现代农业科技、休闲文化体验、农产品加工等项目，加快推进石林王府酒店、圣火杏林国际养生度假村、云烟印象科技园等签约项目建设，培育产业集群，把台湾农民创业园打造成带动全市，辐射全省以及东南亚、南亚地区的现代农业生产示范基地、特色鲜明的休闲观光农业基地。

调整优化农业结构，大力发展特色优势农业。巩固粮、烟支柱产业，发展壮大蔬菜、花卉、畜牧、林果产业，积极培育新兴特色产业，努力提高农业综合生产能力，不断增加农民收入。加快中低产田改造，建设优质水稻生产基地，优质高产玉米及特色杂粮生产基地，稳定粮食生产。调整烤烟种植布局，发挥滇东现代烟草农业综合示范区示范作用，推进烤烟规模化种植、集约化经营、专业化生产、信息化管理，发展现代烟草农业，巩固烤烟支柱产业地位。推进以圭山山羊、生猪、奶牛为重点的规模化、标准化养殖，全面提升畜牧业产业化水平。区域化布局，规模化种植，发展具有市场竞争力的特色优质果品、无公害蔬菜、外销型花卉生产等特色产业，大力发展冬季农业。发展特色经济林种植、野生动物驯养繁殖、林下产业和森林旅游业，拓宽农民增收渠道。

培育壮大农业龙头企业，大力推进农业产业化。加大外引内培力度，引进一批实力强、产业链长、辐射面广的龙头企业，扶持一批产业基础好、有竞争优势、带动力强的农业龙头企业。推广“公司＋基地＋农户”模式，走“扶龙头、建基地、带农户”的农业产业化发展路子。把基地建设与农业龙头企业的发展结合起来，与农业基础设施建设结合起来，规划建设粮烟畜果菜花林苗等生产基地。强化龙头企业带动，引导龙头企业与农户建立稳定的产销协作关系和多种形式的利益分配机制，带动农民增收致富。坚持和完善农村基本经营制度，鼓励和支持农民以转包、出租、互换、转让、置换、股份合作等形式流转土地承包经营权，促进土地向种养能手、专业大户和龙头企业集中，实现规模化经营、专业化生产。大力发展农民专业合作组织，健全农业社会化服务体系，提高农业经营组织化程度。

改善农业生产条件，夯实“三农”发展基础。健全和完善“以旅哺农，以农促旅”长效机制，全力推进公共财政向农村倾斜、公共设施向农村延伸，切实改善农村生产生活条件。大力开展农田水利基本建设，积极争取上级支持，实施一批新建项目，改造提升一批老旧设施，稳步提高农业抗灾减灾能力。保护基本农田，推进中低产田改造，加快农村土地整理和复垦开发，建设高标准农田。加快新农村建设步伐，实施水、电、路、气等基础设施建设。做好村庄规划，实施迁村并点，优化居民点布局。加强农村污水、垃圾处理，改善村容村貌。提高农村信息网络覆盖率，实现自然村通讯信号全覆盖和网络信息资源共享。

（四）坚持统筹发展，加速城乡一体化

坚持统筹城乡，以城带乡，突出重点，分步实施，梯度推进，加快城乡一体化进程。

合理构建城乡一体的城镇体系。以县城88.9平方公里的城市规划区为核心区，以鹿阜镇为中心、北上石林镇、南下板桥镇形成的663.94平方公里“带状”区域为先行区，以总面积为1719平方公里的全县国土面积为辐射区，完善核心区—先行区—辐射区“三个圈层”规划体系。实行统规统建、极点开发，加速昆明石林城乡一体化先行区建设，加快小集镇建设，推动重点村建设，着力构建以鹿阜、石林、板桥“三镇合一”的城乡一体化先行区为一级，圭山、长湖、西街口、大可集镇为二级，重点村、中心村、特色村为三级的城镇体系。

聚力打造先行区，统筹推进城乡一体化。建设昆明石林城乡一体化先行区，变鹿阜镇、石林镇、板桥镇“三足鼎立”为三镇合一，统筹发展石林台湾农民创业园、石林生态工业集中区、石林旅游服务区，加快极点开发、城镇带动，轴线开发、交通带动，打造新的经济增长极。按照“总体规划、道路硬化、植树绿化、水体净化、路灯亮化、环境美化、特色文化”的工作思路，实施小集镇“1+4”工程，推进乡镇集镇建设。加快新农村建设行动，集中力量打造一批重点村、示范村、特色村，促进城镇化和新农村建设齐头并进、良性互动。探索新型社区、新型村庄建设路子，加大“撤村并居、迁村并点、生态移民、统规统建”力度，让先富裕起来的农民进重点村、进集镇、进县城。

加强基础设施建设，打牢城乡发展基础。统筹城乡发展，加快城乡道路、蓄水、供水、排水、排污、垃圾处理、供电、通讯等基础设施建设。积极配合国家和省、市有关部门，加快云桂高速铁路、石锁高速公路等项目建设，加强对外交通网络建设。改造提升县内交通路网，加强县内交通网络建设。着力打造县城环城路以内15分钟交通圈，环城路以外县境内30分钟交通圈。推进电信网、广播电视网、互联网三网融合，加快宽带互联网、3G网络等通讯基础设施建设。加快电力设施建设，改善城乡电网结构。实施县城、园区、集镇供水设施及管网建设，满足城镇扩展用水需求。加快县城雨污分流、污水处理、天然气管网、集镇排污、垃圾处理设施建设。

提高城市管理水平，努力提升城市形象。深化城市管理体制改革，推行城市管理综合执法，坚持建管并重，健全联动机制，加强城市管理。实现县城建成区“数字城管”全覆盖。推动城市管理重心下移和事权下移，发挥社区在城市管理中的基础作用，加强小区物业管理，加强市政设施管护。把“四创两争”作为提升城市管理水平的重要载体，确保工作有序推进，取得实效。

大力发展城镇经济，提升城市综合实力。强化消费服务市场体系建设，大力发展连锁经营、娱乐健身、餐饮服务、物流配送、商贸流通等服务业。科学合理规划建设农资、花卉、苗木、汽配、粮食、木材、再生资源、建材等专业市场。以现代综合交通运输和网络信息为平台，推进台创园物流园区、生态工业集中区物流中心、云桂高铁仓储物流园区等项目建设。加快发展现代物流业，以区域物流、城市物流为支撑，发展采购中心、物流配送中心、批发代理市场和连锁商业，形成现代综合物流体系。加快旅游服务业发展，加速推进旅游配套项目建设，大力发展餐饮酒店业，着力打造以石林本土饮食文化为主的多元餐饮中心，引进国际知名酒店经营管理模式或连锁经营模式，建成一批星级度假酒店。

四、坚持可持续发展，打造生态石林

扎实推进生态文明建设，不断优化城乡生态环境，努力构建天蓝地绿、山清水秀、适宜人居的生态体系，创建成为国家生态县和全省生态文明建设示范区。

（一）加强生态体系建设，不断提高环境质量

巩固退耕还林和珠江防护林等重点林业生态建设工程的成果，加快公路沿线绿化带、农田和河堤防护林带、城市面山、景点、景区绿化等生态工程的建设，构建起“城市森林化和乡村园林化”的城乡绿化新格局。实施绿色屏障工程，突出县城沿路、沿河、城郊接合部等重点地段，把其打造成为具有保持水土、防灾减灾、美化环境等多功能的绿色屏障。积极开展碳汇造林，发展碳汇林业。大力实施林业生态体系建设，加快防护林、生态公益林、封山育林建设，推进低效林改造，发展特色经济林。加大石漠化治理，继续实施“五采区”综合整治工作，大力开展土地复垦，提高矿山生态环境的恢复治理率、土地复垦率。加快建立地质灾害易发区调查评价体系、监测预警体系、防治体系、应急体系。

（二）大力发展低碳经济，建设“低碳石林”

以太阳能、风能、生物质能的开发利用为重点，调整能源结构，在城镇建成区内禁烧原煤和散煤，发展以气代煤和以电代煤，推广清洁能源，加大新能源在县城、乡镇、农村的应用。推动煤炭、建材等传统产业实施低碳化改造，发展工业循环经济。精心培育旅游、文化产业等低碳产业集群，将台湾农民创业园打造成为具有石林特色的低碳生态农业示范园区。推进建筑节能，打造低碳建筑。大力发展公共交通，提高公交出行分担率，构建低碳交通。倡导绿色消费，推行低碳生活、办公方式，创建“低碳社区”和“生态村”，促进人与自然和谐发展。

（三）加大环境综合整治，营造良好人居环境

加强城镇污水处理管网配套设施建设，提高城镇污水收集处理能力。抓好城市生活垃圾和危险废弃物的收储和安全处置，加快城镇生活垃圾分类收集、储运和处理系统的建设。

加强城乡居民饮用水源保护，坚决取缔影响饮用水源的污染源，保障居民饮水安全。建立多元环保投融资机制，大力发展环保产业。加强工业污染防治，严格控制工业固体废物的产生及排放。加强农村面源污染治理，继续实施农村环境“六清六建”综合整治。

五、坚持特色发展，打造文化石林

以“文化活县”为目标，一手抓文化事业繁荣，一手抓文化产业发展，增强石林文化软实力和竞争力，提升文化对经济社会发展的贡献力和带动力。

（一）注重文化资源保护

依托丰富的民族文化资源，保护开发一批传统文化保护区，培养一批阿诗玛文化传承人，建设阿诗玛文化博物馆、阿诗玛文化传习馆，积极把《阿诗玛》申报成为世界非物质文化遗产，打造“阿诗玛”文化国际品牌。进一步加强地方志工作，开展地方志馆建设和阿诗玛文化研究，突出乡镇和特色村寨志的编纂，形成一批地方民族特色文献精品。

（二）大力发展以阿诗玛文化为龙头的文化产业

实施文化产业发展规划，依托旅游产业，深入挖掘阿诗玛文化资源，培育发展文化创意产业，强化文化产业与旅游产业的互动，大力发展文化旅游、民族工艺、歌舞演艺、娱乐休闲、节庆会展、影视拍摄、康体健身、文化创意、餐饮等特色文化产业。充分利用《阿诗玛秘地》、《阿诗玛新传》等民族文化精品，打造一台大型实景民族歌舞剧。策划一批以彝族火把节、斗牛、摔跤、密枝节为载体的多样性旅游文化衍生产品，并引导和鼓励社会资金、民间资本进入，打造石林知名节庆活动品牌。科学规划石林阿诗玛特色文化产业园，完善基础设施，借助省市文化产业引导资金和推介平台，吸引国内外文化产业集团参与园区开发，重点引进一批带动性强、具有竞争力的龙头项目。主动融入昆明文化消费圈，培育一批能满足旅游消费需求，具有活力、自主创业和以民营资本为支撑的中小文化产业项目，形成多样化的文化产品与不同层次的生产主体，完善文化产业结构，带动石林文化产业的多元发展。

（三）创新体制机制，增强文化产业发展活力

进一步完善加快文化产业发展的政策措施，鼓励和引导社会资金进入文化市场，培育一批文化企业。深化文化体制改革，加强行业协会组织建设；把文化产业统计纳入地方统计调查范畴，实现文化产业统计的制度化、规范化。

六、坚持创新发展，打造活力石林

改革创新是发展的强大动力，是县域经济发展的生命线和灵魂。要以更大的决心和勇气推进改革，创新体制机制，努力在重要领域和关键环节改革上取得新进展，努力在扩大招商引资规模和提升招商引资质量上取得新突破，切实增强发展活力，推动县域经济发展。

（一）创新政府管理体制机制

加快政府职能向经济调节、市场监管、社会管理和公共服务方面转变，推进政企分开、政事分开、政资分开、政府与市场中介组织分开和社会事业领域的管办分离。优化行政管理工作流程，建立健全县、乡镇、村（社区）三级政务服务体系，提高市场监管水平，加强诚信体系建设。明确界定部门分工和权限，理顺部门职责关系，建立健全决策权、执行权和监督权既适度分离又有机统一的制度。推进政务公开，健全科学决策、民主决策、依法决策机制，增强公共政策制定透明度和公众参与度。继续推行法治政府、责任政府、阳光政府和效能政府四项制度建设，着力打造“三最四低”的发展软环境。

（二）加快重点领域改革步伐

深入推进投融资体制改革，规范政府投资行为和投融资公司管理，整合政府性融资资源，提高融资能力，保障重点项目建设。鼓励和引导社会资本参与城市基础设施、公益事业和社会事业建设。按照“一保三放开”的原则，保障义务教育均衡发展，放开放活学前教育、高中教育和职业教育，突破性发展民办教育，加快教育改革步伐。引导社会资本兴办民营医院，落实民营医院享受平等待遇，扩大医疗资源总量。深入推进农村综合改革、社会事业改革和户籍制度改革，激活经济社会发展活力。

（三）全力推进招商引资

突出产业招商，着力引进产业链长、环境影响小、关联度高、税收贡献大、就业带动强的项目，调整引资结构，促进招商引资由数量扩张型向质量效益型转变，提升招商引资质量。加强招商引资项目库建设，创新策划包装模式，拓宽招商渠道，整合招商资源，形成招商合力。积极探索市场化招商机制，努力形成市场运作、企业为主、政府推动的招商引资格局。增强招商力量，打造一支熟悉招商业务、擅长项目策划、精于商务谈判、善于交际公关的招商引资专业队伍。

（四）发展壮大非公经济

加快非公经济发展，强化企业主体作用，提高自主创新能力。落实好中央、省、市有关发展非公经济的政策措施，降低市场准入门槛，拓宽非公经济投资领域。鼓励扩大民间投资，支持民间资本进入基础产业、基础设施、市政公用事业、社会事业、金融服务等领域。继续实施非公经济暨中小企业发展专项扶持鼓励政策，鼓励非公企业创品牌、扩规模、强活力。

七、坚持以人为本，打造和谐石林

坚持发展为了人民、发展依靠人民、发展成果由人民共享。更加注重以人为本，更加注重全面协调可持续发展，更加注重统筹兼顾，把改善民生贯穿于经济社会发展始终，不断增强全县人民群众的安全感、幸福感和满意度。

（一）大力发展社会事业

加大科技推广和普及力度，提高全社会科技创新力，提升全民科学素质。大力发展学前教育，均衡发展义务教育，加强发展普高教育，突破发展职业教育，稳步发展民办教育，统筹发展继续教育，支持民族教育、特殊教育发展。巩固“两基”成果，全面提高教育质量。推进公共卫生、医疗服务、医疗保障、药品供应四大体系建设，完善县、乡、村三级医疗卫生服务网络。加强疾病防控体系建设，健全疫情信息网络、突发公共卫生事件应急体系。加强食品药品安全监督检查，扩大监测覆盖面。重视人口与计划生育工作，切实维护和保障好妇女儿童合法权益。大力发展老龄事业。重视统战、工商联工作，加强统计、审计、气象、通信、史志、档案等各项事业建设。

（二）全面提升社会管理水平

构建党委领导、政府负责、社会协同、公众参与的社会管理格局。充分发挥社团组织、行业组织、社会中介组织和工青妇等群团组织提供服务、反映诉求、规范行为的作用，提高群众自我管理、自我教育、自我服务的能力。以自治好、管理好、服务好、治安好、环境好、风尚好“六好”为目标，加强社区建设，整合社会资源，增加公共服务投入，改善公共服务质量。

（三）健全社会保障体系

坚持以人为本，改善民生，着力解决人民群众增加收入、促进就业、社会保障等问题，让人民群众得到实惠，让科学发展成果惠及人民。高度重视促进就业工作，以项目扩大就业、创业带动就业、政策扶持就业、服务保障就业，建立城乡统一的人力资源市场，完善城乡公共就业服务体系，切实保障劳动者权益，构建和谐劳动关系。继续实施“两后双百”工程，加大城乡劳动力就业、技能、创业培训。加快社会保障体系建设，不断扩大社会保险覆盖面。高度关注社会弱势群体，健全优抚保障机制和社会救助体系，支持社会慈善、社会捐赠、群众互助等社会救助活动。深入实施“三就三百”工程，解决困难群体的生产生活问题。重视保障性住房建设，扩大廉租房和公共租赁住房建设规模，加大扶贫力度，全面解决绝对贫困人口的温饱问题。

（四）推进民主法制和精神文明建设

坚持和完善人民代表大会制度和政治协商制度，积极推进人大的法律监督和政协的民主监督。加强基层民主建设，深化政务、村务、厂务公开，拓宽人民群众参与管理经济社会事务的渠道。建立健全重大事项集体决策制度、法律论证和专家咨询制度、社会公示和公开听证制度、新闻发布制度、决策跟踪反馈制度。坚持依法行政，推行行政权力透明运行机制，转变行政执法方式，严格执法、公正执法、文明执法，建设法治政府。推进“六五”普法和“五五”依法治县工作，不断提高依法治县水平。贯彻党的民族宗教政策，全面落实民族区域自治法律法规。深入开展“双拥”活动，巩固和发展军政军民团结。以提高公民文明素质和城乡文明程度为目标，深入实施《公民道德建设实施纲要》，加强未成年人思想道德建设，强化舆论宣传引导，深入开展创建文明县城、文明行业、文明社区、文明村镇、文明单位等群众性精神文明创建活动，形成积极向上、干事创业、平等友爱、团结稳定的社会氛围。

（五）健全公共安全保障体系

深化社会矛盾化解、社会管理创新、公正廉洁执法三项重点工作，建立和完善以预防为主，预防、处置、救援相衔接，统一指挥、反应灵敏、协作有序、运转高效的预警和应急指挥管理体系，提高政府应对突发事件和风险的能力。完善灾害救助机制，提高防火、防洪、地质等灾害紧急救助能力，构建多层次的公共安全体系。严格落实安全生产责任制，强化法人安全生产主体责任，提高安全生产水平。严格落实维护社会稳定和平安建设责任制，强化社会治安综合治理，完善多警联动、专群结合、齐抓共管的社会治安防控体系。突出打黑除恶，持续开展严打专项整治，始终保持对各种严重违法犯罪行为的高压态势。继续开展禁毒防艾工作，巩固无毒县、平安县创建成果。完善信访工作机制，积极预防和妥善处理群体性事件。

八、全县人民团结起来，为实现“十二五”规划而努力奋斗

（一）充分发挥各级党委的领导核心作用

实现“十二五”时期的目标任务，关键在党，关键在人。各级党委要充分发挥总揽全局、协调各方的作用，准确把握发展趋势，科学谋划发展蓝图，努力创新发展模式，加强对发展的统筹协调，切实提高发展质量。要加强党的思想建设，坚持立党为公、执政为民，进一步加强党的执政能力建设和先进性建设，形成积极向上、奋发有为的氛围，不断提高党领导经济社会发展的能力和水平。要加强党的组织建设，加强和改进干部教育培训，深化干部人事制度改革，创新和完善干部选拔任用机制，形成有利于科学发展的用人导向。要加强党的作风建设，大兴密切联系群众之风、求真务实之风、艰苦奋斗之风、批评与自我批评之风，努力营造风清气正的环境。全县各级党组织和广大共产党员要充分发挥先锋模范作用，深入开展创先争优活动和“三个一”主题实践活动，努力做出经得起实践、人民、历史检验的实绩。加强反腐倡廉建设，严格权力运行制约和监督。

（二）切实把规划确定的目标任务落到实处

高度重视重大项目对经济社会发展的支撑作用，进一步强化重大项目服务与管理，保障重大项目资金需求，加强对重大项目实施的监督考核，确保重大项目的顺利推进。用好、用活、用足中央、省、市有关加快少数民族地区发展、省“扩权强县”试点县和西部大开发新一轮政策，争取更多的中央、省、市投资项目，支撑规划实施。围绕交通市政、生态环保、社会发展、园区建设、产业发展和农田水利等方面，突出重点，组织实施一批关系全局和长远的重大项目，夯实发展基础。创新体制机制，加强和改善政策的综合调控，建立和完善有利于促进规划实施的产业、土地、环保和财政政策，为规划实施提供政策保障。完善决策执行机制和跟踪督

办机制，建立横向到边、纵向到底的目标分解机制、工作落实机制和绩效考核机制，形成一级抓一级、层层抓落实的工作链条，努力提升效能，加快发展，争创一流。

全县各级党组织、广大共产党员和各族人民要紧密团结在以胡锦涛同志为总书记的党中央周围，全面贯彻落实科学发展观，在市委、市政府的正确领导下，解放思想，求真务实，锐意进取，奋勇当先，为全面实现我县“十二五”规划目标和全面建设小康社会而努力奋斗！

特　载

科学发展谋跨越　富民强县促和谐
为全面建设小康社会而努力奋斗

——在中共石林彝族自治县委十届七次全会上的报告

（2011年1月8日）

县委书记　罗朝峰

同志们：

我代表县委常委会，向全会报告工作，请予审议。

县委十届七次全会是在两个五年规划承前启后的关键时期召开的一次重要会议。会议的主要任务是：认真学习贯彻党的十七届五中全会、省委八届十次全会和市委九届七次全会精神，深入贯彻落实科学发展观，认真总结“十一五”及2010年工作，安排部署“十二五”及2011年工作，审议《中共石林彝族自治县委关于制定石林彝族自治县国民经济和社会发展第十二个五年规划的建议（草案）》，动员全县广大党员干部群众，在新的历史起点上，创先争优，奋发有为，不断开创全县经济社会发展新局面，为全面建设小康社会而努力奋斗。

一、攻坚2010结硕果，“十一五”发展成效显著

2010年是“十一五”的决战之年。一年来，在市委、市政府的坚强领导下，县委团结带领全县各族人民，深入实施“33553”发展战略，全面落实“543”倍增计划，合力攻坚2010，战胜了百年不遇的严重旱灾，圆满完成了“十一五”规划确定的目标任务，保持了经济发展、民族团结、社会和谐的良好局面。

（一）综合实力稳步提升

2010年，预计实现地区生产总值36.8亿元，同比增15%；地方一般预算收入实现3年倍增目标，达3.51亿元，同比增35.2%；全社会固定资产投资43亿元，同比增59.3%；社会消费品零售总额14亿元，同比增20%；城镇居民人均可支配收入18300元，同比增17.3%；农民人均纯收入5748元，同比增20%。农业稳步发展，农业总产值19.2亿元，同比增11.5%；农业增加值10.5亿元，同比增10.1%。工业突破发展，工业总产值33亿元，工业增加值7.36亿元，工业固定资产投资10.6亿元，同比分别增22.9%、13.8%、110%。大小石林景区接待游客275万人次，同比降4%；旅游直接收入4.2亿元，同比增17.8%；全县接待游客突破350万人次，同比增6%；旅游综合收入20亿元，同比增42.8%。文化产业增加值3.69亿元，占地区生产总值的10.01%。招商引资力度加大，全年引进项目140个，实际到位国内市外资金29.3亿元，同比增66.3%；实际利用外资1245万美元，同比减11%。列入县级重点推进项目74个，其中政府性投资项目43个，企业投资项目31个，累计完成投资34.4亿元，完工17个。

（二）城乡建设全面加速

实现规划全覆盖，所有行政村规划编制全面完成，西城区、生态工业集中区等重点地段城市设计通过审批。新区开发与旧城改造并进，职教中心一期、巴江中学、县委党校竣工搬迁，鹿阜小学、世纪阳光、桃源水乡、中央金座等项目建设加快，大兴商场改造、财富中心一期建成投入使用，鹿阜旧城改造稳步推进。民族生态体育运动场试运营，彝族第一村建设完工，滇东现代烟草农业综合示范区顺利建成。环城东路和石锁高速公路石林段建设进展顺利，云桂高铁石林

段、第二条工业大道等项目开工建设，城市公共交通、供水供电供气、信息网络等市政基础设施逐步完善。深入开展“四创两争”工作，全面推进“六化”工程，持续开展“五大整治”，城市品位进一步提升。集镇建设初见成效，新农村建设扎实推进。团结水库加固扩建、月湖水库除险加固工程完工，黑龙潭水库中型灌区节水配套、石林地下水库、“五小”水利工程建设加快推进。城乡公交一体化进程加快，建制村公路通达率达100%，建制村公路硬化率达90%，行政村公交覆盖率达100%，公交出行分担率达35%，城乡基础设施不断完善。

（三）生态建设扎实推进

全面实施城市规划区绿地系统建设和县域环境生态系统建设三年达标工程，县城建成区绿地率达40.51%，绿化覆盖率达45.5%，人均公共绿地面积19.32平方米，全县森林覆盖率达42%。落实“河库长”责任制，取缔肥水养鱼，加强饮用水监测和管理，城乡安全饮用水达标率达82.6%。开展城乡环境综合整治，加强土地、矿产、森林、水资源保护管理，生态环境明显改善。全县单位GDP能耗同比下降4.1%，规模以上工业企业万元增加值能耗同比下降5.5%，城镇污水集中处理率达75%。

（四）社会事业协调发展

宣传思想工作进一步加强，精神文明创建成果不断巩固，省级文明县城创建通过考评。科技富民强县示范工程通过验收，被列为国家知识产权保护试点县。城乡教育资源不断优化，义务教育阶段学生集中到县城和乡镇政府所在地就读人数占84.6%。中小学标准化建设有序推进，校舍安全工程扎实推进，“两基”工作通过国家级复检。群众文化活动丰富多彩，文化事业繁荣发展。完成城区有线电视数字化整体转换，全面推进广播电视“村村通”工程。加强就业再就业工作，完成“两后双百”培训78人次，农村劳动力培训20602人次、转移就业19693人，新增城镇就业1023人，城镇登记失业率控制在2.1%以内。县人民医院搬迁新建项目开工，公共医疗卫生服务体系不断完善。社会保障覆盖面不断扩大，城乡低保覆盖率达100%，城镇基本医疗保险参保率达99%，城镇失业保险参保率达85%，被征地人员养老保险年内新增697人、累计达5468人，新型农村社会养老保险参保率突破90%，新型农村合作医疗参合率达99.97%。人口和计划生育工作稳步推进，人口自然增长率5.47‰。全面推进殡葬改革，火化率达80.5%。加大扶贫开发力度，16个扶贫村项目全部实施。财税、审计、统计、气象、工商等工作力度加大，民族、宗教、史志、档案和老龄等各项社会事业全面推进。

（五）和谐社会建设加快

高度重视人大、政协工作，人大督政、政协议政富有成效。统战、工商联、工青妇、科协、残联等职能作用进一步发挥。法治石林建设继续深化，基层民主政治建设不断巩固。国防后备力量建设明显加强，双拥工作扎实有效。高度重视安全生产，安全隐患排查和治理力度加大。坚持“严打”方针，深入开展“打黑除恶”专项斗争。持续开展县委书记大接访、领导干部大下访和民情恳谈活动，信访维稳工作富有成效。开展校园安全整治，切实维护校园安全。创新社会管理，完善热点难点问题排查、社会矛盾纠纷调处、重大信访包案、突发公共事件应急机制。平安创建成效明显，社会治安综合治理措施全面落实，人民群众的安全感进一步增强。

（六）党的建设全面加强

认真贯彻党的十七大、十七届五中全会精神，继续推进学习型党组织、学习型机关、学习型社会建设。深入开展创先争优活动和“三个一”主题实践活动，各级党组织战斗堡垒作用和广大党员先锋模范作用得到充分发挥。切实加强领导班子建设，领导班子抓发展、抓民生、抓稳定、抓党建的能力进一步提升。注重干部队伍素质提高，分层次、多形式、大规模培训干部。巩固深化“改进干部选拔任用工作监督检查办法”试点成果及“提高选人用人公信度示范县”创建成果，认真贯彻实施四项监督制度。推行竞争上岗、公推公选、公开招考、“四差额”选拔干部，选人用人的公信度进一步提高。圆满完成村（社区）换届选举工作，全面落实村级组织“四议两公开”制度。深入实施村书记队伍建设工程。继续开展百名党员领导干部一对一结对培养百名农村党员活动。认真做好大学生村官的选聘教育管理和服务工作。按照“七个一”要求，全面完成乡镇为民服务中心标准化建设。以“三有一化”为重点，加强和改进社区党建工作。重视人才工作，推进人才队伍建设。扎实开展“效能石林”建设活动，干部作风有了明显转变，行政效能进一步提升。对45名不作为、乱作为、慢作为的干部进行了问责。认真学习贯彻《廉政准则》，全面落实党风廉政建设责任制，扎实推进以教育、制度、监督并重的惩治和预防腐败体系建设。严格执行领导干部个人事项报告制度，勤政廉政公示工作稳步推进。

过去的一年，为“十一五”画上了圆满的句号。回顾“十一五”，我们走过了不平凡的五年。五年来，全县各族人民众志成城，奋力拼搏，谱写了跨越式发展的新篇章，开创了全面建设小康社会的新局面。五年来，全县地区生产总值从16.27亿元增加到36.8亿元，年均增12.8%；地方一般预算收入从1.14亿元增加到3.51亿元，年均增25.1%；全社会固定资产投资从6.82亿元增加到43亿元，年均增44.5%；社会消费品零售总额从6.48亿元增加到14亿元，年均增16.6%；城镇居民人均可支配收入从9760元增加到18300元，年均增13.4%；农民人均纯收入从3089元增加到5748元，年均增13.2%。五年来，以旅游为支柱，以农业为基础，以生态工业、文化产业为后发优势的特色产业体系逐步形成，三次产业结构由29.8：25.6：44.6调整为28.5：28.2：43.3。五年来，园区从无到有，云南昆明石林台湾农民创业园成功获批，成为云南省首个国家级农业产业园区，基础设施逐步完善；生态工业集中区入园企业38个，完成投资14.46亿元；石林旅游服务区入园项目13个，完成投资15亿元。五年来，城市规模不断扩大，城市品位明显提升，建成区面积从3.89平方公里扩大到9.41平方公里，城镇化率达到31.5%，成功创建为国家卫生县城、国家园林县城、省级先进平安县，顺利通过省级文明县城考评。五年来，基础设施日臻完善，全县蓄水库容从10062万方增加到10491万方，有效灌溉面积从15179公顷增加到18676公顷；全县公路硬化改造里程从231公里增加到967公里。五年来，石林风景区先后被列为世界自然遗产、国家5A级旅游景区和全国文明风景旅游区，石林县被列入全省47个加快县域经济发展试点县、全省10个文化产业发展特色县、全省40个县城建设试点县，被评为云南省2009年度县域经济发展先进县，先后荣获全国农田水利基本建设先进单位、全国村务公开民主管理示范县、全国计划生育优质服务先进单位、全省烟叶工作先进单位、云南省教育工作先进县等称号。

总之，过去的五年，是县域经济加快发展，综合实力快速提升的五年；是项目建设快速突破，城乡面貌明显改善的五年；是各项事业全面发展，城乡居民受益较多的五年；是全县上下团结奋进，取得丰硕成果的五年。总结五年来的工作，主要经验有：一是必须坚持发展第一要务，以招商引资为抓手，以项目为载体，加快发展速度，优化产业结构，做大经济总量，全力推进石林科学发展新跨越。二是必须高度关注民生，着力解决人民群众关心的就业、就学、就医、住房、饮水、行路、社会保障等方面的问题，让科学发展成果惠及广大人民。三是必须全力维护社会稳定，打造平安石林，让人民群众安居乐业。四是必须全面加强党的建设，不断增强各级党组织的创造力、凝聚力、战斗力，为全县经济社会发展提供强有力的保障。

回顾过去，成绩来之不易，奋斗充满艰辛。这些成绩的取得，是省委、省政府和市委、市政府正确领导的结果，是全县各级党组织、广大共产党员和广大干部群众团结拼搏、开拓创新、辛勤工作的结果。在此，我代表县委向所有为石林改革发展稳定作出贡献的同志们，向所有关心支持石林建设的朋友们，表示衷心的感谢并致以崇高的敬意！

二、冲刺“十二五”谱新篇，为全面建设小康社会而奋斗

市委九届七次全会提出，2015年在全省率先基本实现全面小康社会。在“十二五”末，石林实现全面小康社会目标是历史赋予我们的使命。我们必须聚全县之力，集全民之智，冲刺“十二五”，全面建设小康石林，再续石林发展新篇章。

冲刺“十二五”，必须正视差距和问题。从全面建设小康社会的进程来看，2010年，我县六项小康社会指标体系，有四项实现程度达80%以上，经济发展实现程度仅为61.1%，科教文卫实现程度仅为76.5%。到2015年与全市同步实现全面小康社会的目标十分艰巨。从“543”倍增计划实现来看，地方一般预算收入3年倍增已如期实现，但全县地区生产总值4年倍增、县城建成区城镇常住人口5年倍增的任务十分艰巨。从2010年完成的主要经济指标来看，石林县在昆明市十四个县（市）区中，GDP总量排第12位，地方财政一般预算收入排第11位，城镇固定资产投资排第10位，工业增加值排第11位，工业固定资产投资排第11位。石林经济总量小，发展速度不快，面临前所未有的发展压力，与前面标兵的差距在拉大，与后面追兵的差距在缩小。这些差距的背后，反映出我们自身存在的问题和不足：一是工业基础薄弱，经济规模小，产业支撑不强。二是企业数量不多、规模不大、从业人数少，非公经济比重低，仅占GDP的39.3%。三是城镇化水平低，城镇化率仅为31.5%。四是缺乏大投资拉动、大项目带动，产业类项目偏少，财政增收后劲不足。五是部分干部危机感、紧迫感不强，学习力、创新力、执行力不强。

冲刺“十二五”，必须抢抓历史机遇。未来五年，我们将面临机遇和挑战并存、机遇大于挑战的环境。从国内看，经济发展向好，国家实施新一轮西部大开发战略，云南实施“两强一堡”战略，现代新昆明建设快速推进，昆明建设中国面向西南开放的区域性国际城市，为石林发展提供了前所未有的良好机遇。从自身来看，我县城乡基础设施日趋完善，投资环境逐步优化，综合实力稳步提升，全县上下干事创业的氛围正在形成，随着云桂高速铁路和石锁高速公路通车，石林的交通区位优势更加明显，石林正成为投资的热土，将迎来新一轮的大发展。

冲刺“十二五”，必须明确目标定位。市委九届七次全会提出，昆明市要加快建设中国面向西南开放的区域性国际城市，要求石林依托资源禀赋和地域优势，打造成为地区性发展中心和特色职能承载区。石林要充分发挥旅游资源、交通区位、阿诗玛文化三个优势，主动融入昆明建设区域性国际城市的行动中。“十二五”期间，全县经济社会发展的总体要求是：坚持以邓小平理论和“三个代表”重要思想为指导，以科学发展观统揽全局，把握新一轮西部大开发、现代新昆明建设等重大机遇，以加快发展为主题，以转变经济发展方式为主线，以改善民生为重点，围绕富民强县两大目标，继续实施“33553”发展战略，强力推进旅游产业提升、工业发展突破、现代农业推进、城乡一体化加速、文化繁荣发展和社会事业加强，着力打造富强石林、生态石林、文化石林、活力石林、和谐石林，全面提高石林的综合竞争力和可持续发展能力。通过全县上下的共同努力，把石林打造成为县域经济繁荣、生态环境良好、民族团结和谐、人民安居乐业的国际旅游胜地和滇中经济区的东南新城。

冲刺“十二五”，必须突出工作重点。围绕目标定位，必须突出加快发展这一主题，注重做大经济总量、优化产业结构，注重项目带动、强化投资拉动，注重推进城乡一体、统筹城乡发展，注重生态文明建设、强化环境保护，注重改善民生、构建和谐社会。要着力构建结构优化的产业体系。调整优化产业结构，加快以旅游业为龙头的现代服务业、以生态工业为龙头的新型工业、以台创园为龙头的现代农业、以阿诗玛文化为龙头的文化产业、以现代物流为龙头的商贸流通业五个重点产业发展，促进三次产业协调发展。构建布局合理的园区体系。统筹园区产业布局，明确园区功能分区，按照产业园区化、园区城市化、布局专业化、机制市场化的要求，以现代化、规模化、集约化、专业化、特色化为发展方向，加快建设昆明石林台湾农民创业园、生态工业集中区、

石林旅游服务区，促进产业向园区集聚集群集约发展，把园区建设成为发展环境最优、投资回报最高、综合实力最强的科学发展示范基地。构建城乡一体的城镇体系。优化城市空间布局，拓展城镇发展空间，完善核心区—先行区—辐射区“三个圈层”规划体系，构建县城—集镇—重点村三级城镇体系。构建通达便捷的交通体系。把交通网络建设作为基础设施建设的重中之重，全面打开对外通道，加快环城路建设，改造提升县内路网，着力构建环射连接、纵横通联、主次配套的对内、对外交通体系。构建天蓝地绿的生态体系。坚持“七个优先”，按照“八化”要求，围绕创建国家生态县目标，巩固国家卫生县城、园林县城创建成果，扎实推进生态美县建设，努力构建天蓝地绿、山清水秀、适宜人居的生态体系。构建保障有力的民生体系。坚持以人为本，围绕学有所教、劳有所得、病有所医、老有所养、住有所居“五有”目标，建立完善覆盖城乡的教育、就业、医疗、养老、住房、社会救助等民生保障体系。

三、勇创2011年工作新局面，为“十二五”开好局、起好步

2011年是“十二五”规划的开局之年。做好2011年的工作，对于鼓舞全县人民的斗志，激发全县人民的热情，推进全县经济社会跨越式发展，全面实现“十二五”奋斗目标具有重要的引领作用。

2011年全县经济社会发展的主要目标建议为：地区生产总值确保增14%以上，力争增17%；地方一般预算收入增16%以上，力争增20%；全社会固定资产投资增30%以上；社会消费品零售总额增18%以上；城镇居民人均可支配收入增10%以上；农民人均纯收入增11%以上；城镇登记失业率控制在3.5%以内；人口自然增长率控制在6.5‰以内；规模以上工业企业万元增加值能耗下降5%以上。

为实现以上目标，要重点抓好以下工作：

（一）加快旅游转型升级，大力发展服务业

大力发展以旅游业为龙头的现代服务业，围绕“打造国际旅游胜地”目标，全力推进旅游业从观光型向复合型转变、从景区型向全域型转变。2011年发展目标是：石林景区接待游客293万人次，旅游直接收入4.6亿元；全县接待游客388万人次，旅游综合收入23.3亿元。

1. 优化环境，提升景区品质。完成大小石林景区改造工作，拆除有碍遗产保护的建筑物，整体搬迁五棵树村并进行生态恢复。编制完成乃古石林景区控制性详细规划，完善相关配套设施，力争把乃古石林景区打造成为我县新的旅游增长极。有针对性地开展招商引资，实施长湖、大叠水景区保护性开发。全面推进景区标准化建设，争创全国旅游标准化示范单位。做实石林旅游集团公司，实现管理局、旅管会“两位一体”管理。整合旅游宣传资源，创新营销方式，努力开拓旅游客源市场，做大做强观光型旅游。

2. 以项目为依托，加速旅游产业提升。加快旅游服务区建设，千方百计推进“四中心两店”加速建设，完成喀斯特地质博物馆、云林五星级酒店、散客中心、新游客接待中心交通网络及停车场建设。完善民族生态体育运动场配套设施，积极推进上海张江石林旅游项目和苏宁环球旅游项目。围绕旅游六要素，精心筛选、策划、包装旅游服务区开发项目，重点引进游客参与型娱乐项目，力促旅游从单一观光型向复合型转变。

3. 以旅游为龙头，促进产业联动发展。按照大旅游、大产业、大发展的思路，推进旅游带农、旅游兴工、旅游促商、旅游富民，以旅游业的大发展带动经济结构的大调整，推进石林旅游从景区型向全域型转变。加快旅游与文化融合，丰富石林旅游的文化内涵。加强旅游与农业、工业的融合，大力发展旅游商品制造、农业观光旅游，拓展旅游业态。实施乡村旅游规划，重点推进大小石林、乃古石林、月湖、圭山、长湖、大叠水片区乡村旅游配套设施建设，大力发展乡村旅游，延伸旅游产业链。

4. 加快市场建设，积极发展服务业。坚持规划先行，上半年编制完成全县市场规划。启动县城中心商圈建设，合理布局一批专业市场、批发市场、集贸市场、零售市场，因地制宜建设花卉、苗木、水果、粮食、畜禽、农资、建材和旅游商品等专业市场。加快推进市场培育，逐步构建以城区骨干流通企业为龙头，以专业批发市场为支撑，以农村、社区连锁店、专卖店、便民超市为基础的市场流通体系。实施“万村千乡市场工程”，鼓励县内外企业直接到乡镇、村增设商业零售网点和农家店，逐步建立城乡一体的购销经营网络。整合提升现有市场，完善市场管理办法，进一步规范市场秩序。在铁路、高速公路和环城路周边，规划发展现代物流业。大力发展以旅游业为龙头的餐饮、住宿、娱乐等生活性服务业，培育现代物流、金融、中介服务等生产性服务业。

（二）加速园区配套建设，推进工业发展突破

以工业强县为目标，以生态工业集中区为平台，以招商引资为突破口，推进工业增量，加快工业提速，促进工业突破发展。确保全县工业总产值增20%以上；规模以上工业增加值增22%以上；工业固定资产投资增30%以上；规模以上工业企业达22户以上。

1. 以园区为平台，促进工业集聚发展。实施生态工业集中区“一园五片”规划和“三年倍增、六年跨越”行动计划，推动园区发展提速、功能提升。加大园区道路、供电、排污管网等基础设施建设力度，启动生态工业集中区巴江河重点区域建设，完成第二条工业大道路面及绿化亮化，提高园区品质。新增园区建成区面积600亩，收储土地600亩，基础设施配套熟地面积500亩，建设标准化厂房3万平方米；新增入园项目不少于5个，开工4个，其中亿元以上项目开工3个以上；实现园区工业固定资产投资4.7亿元以上，增62.1%；规模以上工业增加值3.6亿元，增44%；规模以上工业利税总额8400万元以上。

2. 提升传统工业，大力发展新型工业。提升石材、煤炭、食品加工、民族刺绣等传统工业，提高产品附加值，巩

固工业存量。加大招商引资力度，主攻先进制造业、生物质能等项目的引进，大力发展以旅游商品制造、农特产品加工、先进制造业、新型建材业、新能源产业为主的新型工业。强化项目跟踪服务，推进阿诗玛珠宝玉石产业园、石林洁净食品标准厂房、中山泰腾石林LED生产、石林亚通塑料管道加工、立雄电力塔架、云南龙源风力发电等项目建设。培育信息产业，推广信息技术应用，年内扶持4家规模以上信息化应用示范企业和15户中小企业信息化改造。

3. 壮大骨干企业，加快非公经济发展。鼓励和引导有条件的非公企业通过兼并、收购、联合等方式做大做强，积极组建企业集团，提升市场竞争力。实施中小企业成长工程，着力培育一批科技创新型、资源节约型、优势成长型、劳动密集型中小企业。认真落实加快非公经济发展的优惠政策，在市场准入、金融支持、税费征收、土地使用、投融资、技术改造等方面大力扶持非公企业发展。2011年，非公经济增加值增25%以上。

（三）加快台创园建设，积极推进现代农业

坚持以市场需求为导向，以结构调整为核心，以科技为支撑，以台创园为主平台，加快推进农业规模化、产业化、专业化，提升农业综合效益。年内实现农业增加值11.9亿元，增9%。

1. 聚力台创园开发建设。完成“一园多区”产业布局规划，多渠道筹集资金，完善台创园道路、给排水、供电、通讯、绿化等配套设施，提升园区承载力和吸引力。完成投资服务中心、中低产田改造项目建设，实现园区土地流转5000亩以上。抓好21个已引进项目的推进工作，启动圣火杏林国际养生度假村、春喜科技孵化园、石林王府酒店、云烟印象科技园、石林万家欢生态养生园等项目建设。狠抓招商引资，引进园区配套服务项目和现代农业科技、休闲文化体验、农产品加工等项目。

2. 优化农业产业结构。围绕昆明“4210”都市农业发展思路，优化农业产业布局，巩固提升优势产业，发展粮烟畜果菜花林七大产业。稳定粮食生产，确保粮食产量达1.2亿千克。调整烤烟种植布局，发展现代烟草农业，巩固烤烟支柱产业地位。完成烟叶收购1640万千克，实现产值2.6亿元以上。巩固生猪生产，稳步发展羊产业，加快禽类发展，扩大肉牛奶牛生产，提升畜牧业产业化水平，确保畜牧业产值达7亿元。区域化布局，规模化种植，发展具有市场竞争力的特色优质水果、无公害蔬菜、外销型花卉生产等特色产业。今年，新增枇杷0.1万亩，巩固甜柿基地建设成果，实施优质特色水果提质增效2万亩，实现水果总产量3.2万吨；完成蔬菜种植8万亩，推广种植无公害蔬菜6.4万亩，实现蔬菜产值2.09亿元；完成花卉种植达1.2万亩以上，实现花卉产值1亿元。把林产业作为农民增收的新渠道，大力发展特色经济林种植、苗木基地、野生动物驯养繁殖、林下产业和森林旅游业，新增苗木基地0.2万亩，新建标准化蚕桑生产示范基地0.2万亩，实现林业产值0.58亿元。

3. 培育壮大农业龙头企业。加大外引内培力度，引进一批实力强、产业链长、辐射面广的龙头企业，扶持一批产业基础好、有竞争优势、带动力强的农业龙头企业，认定县级农业龙头企业30户。推广“公司+基地+农户”模式，走“扶龙头、建基地、带农户”的农业产业化发展路子。把基地建设与农业龙头企业的发展结合起来，与农业基础设施建设结合起来，规划建设粮烟畜果菜花林等生产基地。依托中种集团，打造西南种子加工中心和种苗生产基地。强化龙头企业带动，引导龙头企业与农户建立稳定的产销协作关系和多种形式的利益分配机制，带动农民增收致富。坚持和完善农村基本经营制度，鼓励和支持农民以转包、出租、互换、转让、置换、股份合作等形式流转土地承包经营权，促进土地向种养能手、专业大户和龙头企业集中，实现规模化经营、专业化生产，流转率达25%以上。大力发展农民专业合作组织，健全农业社会化服务体系，提高农业经营组织化程度。

（四）以先行区为抓手，加速城乡一体化

围绕打造城乡一体化示范区，按照县城—集镇—重点村三级城镇体系，坚持“三园”并举，“三带”并进，以点带面，加快城乡一体化进程。新增县城建成区城镇常住人口5000人以上，面积扩大到11.2平方公里以上，城镇化率达33%以上。

1. 龙头带动，实施县城规模扩张行动。高起点编制城乡一体化发展规划和先行区建设规划，构建层次分明、覆盖城乡、互联互通、有机融合的城乡规划体系。严格执行规划，维护规划的权威性和严肃性。整合鹿阜镇、石林镇、板桥镇，变“三足鼎立”为“三镇合一”，启动城乡一体化先行区建设，实行统规统建，加速发展要素聚集，打造新的经济增长极。坚持极点开发与轴线开发并进、新区开发与旧城改造并举，启动文体中心、园博园片区、生态工业集中区核心片区、职教中心片区开发建设，加快推进桃源水乡片区、狮山路周边片区、巴江商贸城片区建设，改造提升鹿阜旧城、财富中心片区、民族中学片区、万仙阁片区。城市管理是城市发展的重要基础。要创新城市管理手段，深化城市管理体制改革，形成齐抓共管的“大城管”格局。

2. 强化节点支撑，推进乡镇集镇建设。加快圭山、西街口、长湖、大可小集镇建设行动，强力推进小集镇“1+4”工程，在商业街、集贸市场、居住小区、产业集聚区建设等方面取得重大突破，进一步增强城镇集聚功能和辐射效应。按照“政府引导、市场运作、多元投资、共同开发”的思路，充分发挥1000万元集镇建设专项资金的杠杆作用，通过土地经营收益融资、社会资本筹资、盘活存量资产、招商引资、争取上级资金等方式，拓宽集镇建设融资渠道。

3. 试点示范带动，有序推进重点村建设。加快新农村建设行动，集中力量打造一批重点村、示范村、特色村，促进城镇化和新农村建设齐头并进、良性互动。探索新型社区、新型村庄建设路子，以大坝村集中居住区建设为试点，加大“撤村并居、迁村并点、生态移民、统规统建”力度。每个乡镇确定一个以上统规统建、迁村并点试点，科学规划并实施建设。积极推行“三重三置换”试点，加快推进城乡一体化。

4. 深入推进“四创两争”工作，提高城市品位。巩固国家卫生县城创建成果，确保今年顺利通过复检。严格执行“绿色图章”制度，扩大国家园林县城创建成果。全面启动，全力推动国家生态县创建活动向纵深发展，确保圭山镇创建为国家生态乡镇。巩固省级先进平安县创建成果，深化新一轮平安创建活动。在成功创建为省级文明县城的基础上，启动全国文明县城创建工作。

（五）发挥阿诗玛品牌优势，促进文化繁荣发展

以“文化活县”为目标，一手抓公益性文化事业繁荣，一手抓经营性文化产业发展，促进文化优势向经济优势转变。2011 年实现文化产业增加值 4.7 亿元，占地区生产总值比重达 11%。

1. 繁荣文化事业。加强基层文化体育设施建设，广泛开展群众性民间文艺演出活动和全民健身运动，启动村村通广播电视维修站建设。加快村文化室建设，继续推进有线电视数字化整体转换工作。大力弘扬“阿诗玛”、“彝族三弦舞（撒尼大三弦）”、“彝族（撒尼）刺绣”等国家级非物质文化遗产。积极做好“阿诗玛”申报世界非物质文化遗产工作，提升“阿诗玛”品牌国际知名度。重视和加强民族民间文化资源的保护，挖掘、充实、丰富阿诗玛文化内涵。加快在地文化向在场文化和在线文化提升。精心策划举办一批民族歌舞、民俗风情展演和民族节庆活动，开展一月一个主题活动，传承文化，聚集人气。

2. 大力发展文化产业。以市场为导向，以品牌为带动，以项目为支撑，大力发展文化旅游、民族工艺、歌舞演艺、娱乐休闲、节庆会展、影视拍摄、康体健身等文化产业。推进节庆娱乐商业化运作、产业化发展，实现火把节、斗牛等活动常态化。积极探索阿诗玛文化品牌的策划与营销机制，加大招商引资力度，推出一批以阿诗玛文化为题材的电影、电视、歌舞、动漫产品。依托财富中心、万城阿诗玛旅游小镇、彝族第一村、石林上海张江旅游项目、苏宁旅游项目等平台，推出一批文化精品项目。全力打造一台有市场前景的大型演艺节目。启动彝族第一村斗牛城二期、阿诗玛文体中心项目，加快推进鹿阜旧城小东门休闲旅游文化街区、石林康体休闲中心项目建设。加大招商引资力度，策划、包装、推介一批项目，年内至少引进 3 个 3000 万元以上项目。发挥 1000 万元文化产业发展专项资金的撬动作用，引导和鼓励社会资金发展文化产业。

（六）强化投资拉动，强力推进项目建设

强化投资拉动、项目带动，强势推进招商引资，强力推进项目建设，以项目带动投资增长，以投资拉动县域经济发展。今年，重大投资项目不少于 88 个，其中政府投资项目不少于 48 个，企业投资项目不少于 40 个，总投资不低于 52 亿元。

1. 加大基础设施建设力度，增强经济发展后劲。统筹城乡发展，加快城乡道路、供水、排水、排污、垃圾处理、供电、通讯等基础设施建设。继续加大园区基础设施建设力度，提升台创园、生态工业集中区、旅游服务区的承载能力。积极配合做好云桂铁路石林段和石锁高速公路建设。启动巴江经济带道路规划，实施城乡公路路面硬化工程，完成建制村公路路面硬化 38 千米。加快环城东路、环城北路和桃源水乡片区、职教中心片区、文体中心片区、园博园片区、西城区、南城区路网建设，着力构建环城路以内 15 分钟交通圈，环城路以外县内 30 分钟交通圈。启动鱼龙水库建设，实施石林地下水库项目，完成黑龙潭中型灌区节水配套改造、小黑龙潭水源建设和北海子水库、小屯水库、七角塘水库除险加固及中央财政小型农田水利重点县项目建设。加快电力设施建设，推动电力部门完成 35 千伏圭山Ⅰ回线路改造、10 千伏路美邑开关站及 10 千伏配套出线新建项目，实施 35 千伏石林、月湖、圭山、板桥变电站主变增容改造，改善城乡电网结构。规划实施西城区、生态工业集中区、旅游服务区、台创园污水处理工程，加快县城雨污分流、天然气管网和集镇排污、垃圾处理设施建设。加快宽带互联网、3G 网络等信息基础设施建设。

2. 创新投资机制，增强发展后劲。整合政府融资资源，提高融资能力，保障重点项目建设。推进旅投、农水投、工投三个投资公司实体化运作，加强金融机构和投资公司之间的合作，积极融资。盘活存量土地，变土地资源为建设资金。适度安排新增建设用地，引进投资公司参与土地开发。做好土地收储工作，把“生地”变“熟地”，提高基础设施的带动效应。充分发挥财政资金杠杆作用，鼓励和引导社会资本参与市政基础设施、公益事业和社会事业建设，逐步形成投资主体多元化、运营主体企业化、运行管理市场化的投融资体制新格局。今年，多渠道融资 8 亿元以上，向上争取资金 4 亿元以上。

3. 优化发展环境，强势推进招商引资。继续推进效能石林建设，强力提升行政效率，着力打造“三最四低”软环境。充实招商引资力量，成立乡镇招商分局。围绕产业发展导向，建立结构合理、数量充足、论证科学、包装到位的项目库，增强招商针对性和实效性。突出产业招商，注重引进关联度高、带动力强的产业项目。突出园区招商，引导资金向园区集中，加速园区产业聚集和滚动发展。突出招商选商，大力引进产业链长、节约土地、环境影响小、财税贡献大、就业带动强的大项目、好项目。突出跟进落实，加强项目跟踪，推进项目落地，提高项目履约率。今年，确保实际利用外资 1200 万美元以上，实际引进国内市外资金 25 亿元以上。

4. 强势推进项目投产达效，打造新的经济增长点。抓住新一轮西部大开发的有利时机，加强项目组织和深化工作，最大限度地争取中央和省、市项目及资金支持。紧扣项目策划、包装、推介、引进、规划、立项、用地、开工、建设、竣工、投产、达效等重点环节，实行项目责任制，继续推进“一个项目、一个领导、一条龙服务、一竿子插到底”的包保机制，确保项目无障碍进入和无障碍实施。实行结果倒逼机制，定周、定月、定季落实项目进度，力促签约项目早开工、开工项目早竣工、竣工项目早投产、投产项目早达效。

（七）加强生态美县建设，增强可持续发展能力

坚持“七个优先”、按照“八化”要求，围绕创建国家生态县的目标，加快生态美县建设，着力打造生态石林。

1．加强资源节约和保护。加强森林、土地、水资源、矿产资源的保护和合理开发，严厉打击私挖乱采、乱砍滥伐和毁林开荒等破坏生态的行为。完善土地管理制度，强化规划和年度计划管控，严格用途管制。认真落实“河库长”责任制，加强巴江、黑龙潭水库、团结水库、月湖等河流和水源地生态保护，建设节水型社会。继续加大节能减排力度，全面落实节能减排目标责任制。开展“低碳生活全民行动”，倡导节约、环保、文明的生活方式，推进节能、节水、节材、节地。

2．持续开展城乡园林绿化。继续开展城乡园林绿化及生态建设，全面实施生态隔离林带、绿色通道、城镇绿化和村庄绿化工程，最大限度地扩大绿化空间、增加绿化总量、提升绿化质量。以景区、面山、道路、水库、河道、沟渠为重点，开展造绿、增绿、补绿，巩固扩大国家园林县城创建成果。县城建成区绿地率保持在40.51%以上，绿化覆盖率保持在46%以上，人均公共绿地面积保持在19.32平方米以上。高度重视石漠化综合治理，继续实施珠江流域水土保持治理和“五采区”、生态脆弱区植被恢复治理。发挥林业的生态修复和经济产出功能，继续抓好低效林改造、封山育林和荒山荒地造林，加强森林防火和病虫害防治。森林覆盖率至少提高1.65个百分点，达到43.65%以上。

3．大力推进生态村建设。以“六清六建”为抓手，全面开展市级生态村、国家生态乡镇和国家生态县创建活动，确保年内80%的行政村创建为市级生态村。加强城乡污水收集处理设施建设，全县城镇污水收集处理率达到78%以上。推进城乡生活垃圾集中收运处置工作，建立健全城乡垃圾无害化收运处置管理体系，强化工业、生活、农村面源污染防治。健全企业环保信用和评价体系，引导企业自觉进行污染治理。加大环保执法力度，严查重处违规排放、偷排偷放等违法行为。

（八）高度重视民生改善，加快推进和谐社会建设

坚持以人为本，围绕“五有”目标，着力解决人民群众关心的就业、就学、就医、饮水、行路、社会保障等方面的问题，让科学发展成果普惠于民，推进和谐石林建设。

1．千方百计扩大就业，完善社会保障体系。大力发展二、三产业，为农村富余劳动力转移提供条件。加强职业培训、创业培训和择业观念教育，拓宽就业、择业、创业渠道，把解决高校毕业生、农村转移劳动力、城镇就业困难人员就业问题作为工作重点，鼓励自主创业，促进充分就业。继续实施“两后双百”、“三就三百”工程，开展“五种培训”。全年提供有效就业岗位不少于1000个，城镇新增就业不少于900人，高校毕业生就业率不低于90%，转移输出农村劳动力不低于9000人。完善城镇基本养老保险、医疗保险、失业保险、工伤保险、生育保险和最低生活保障制度，推进农村被征地人员社会保障和新型农村社会养老保险，不断扩大城乡社会保障覆盖面。城镇失业保险参保率达86%以上，城镇基本医疗保险参保率达99%以上，新型农村合作医疗参合率保持在99.97%以上，新型农村社会养老保险参保率达92%以上。

2．实施科教兴县战略，增强发展后劲。高度重视科技工作，进一步巩固国家科技示范县成果，不断提高科技成果转化率和科技贡献率。大力发展学前教育，均衡发展义务教育，突出发展普高教育，突破发展职业教育，积极发展民办教育，有效推进素质教育，着力提高教育质量和教育水平。抓硬件完善，继续实施中小学校安工程，推进职中二期工程建设和县民族中学搬迁新建，完成鹿阜小学搬迁工作。抓教学水平提高，增加优质学校比例和职教比重，实现学前在村、小学在镇、初中进县城。2011年县城就读学生增加3000人，普职比达1：1.2，民办学前教育达91%以上，民办高中教育达41%以上。加快县人民医院搬迁新建，不断完善农村医疗卫生设施，改善就医条件。完善公共卫生服务体系，提高公共卫生服务水平，增强疾病预防控制、妇幼保健、卫生执法监督和公共卫生事件应急处置能力。加强人口和计划生育工作，提高人口素质。加快经营性公墓、农村公益性公墓及相关配套设施建设，积极推进殡葬改革。抓好气象、史志、档案、民政、老龄、残疾人等各项工作。

3．千方百计改善民生，让人民共享发展成果。全面落实“两免一补”政策，加大助学帮困力度，着力构建家庭经济困难学生教育保障体系。健全优抚保障机制和社会救助体系，提高老年人、残疾人和孤儿的福利保障水平。推进城乡公交一体化，建制村公路硬化率达92%以上，通达率保持在100%，行政村公交车覆盖率保持在100%，公交出行分担率达40%以上。实施安全饮水工程，加强饮用水监测和管理，确保城乡安全饮用水达标率达85%以上，解决1万人的人饮安全问题。加快廉租住房建设，年内启动315套廉租房及公租房建设。抓好抗灾工作，妥善安排好受灾群众、困难群众的生产生活。加强食品、药品质量监督管理，切实保障人民群众身体健康和生命安全。全力推进扶贫攻坚，着力抓好重点扶贫村项目实施，减少贫困人口5000人。

（九）创新社会管理，全力维护社会稳定

严格落实维护社会稳定和平安建设责任制，强化社会治安综合治理，全力打造平安石林。

1．加强民主法治建设，保障群众合法权益。保证和支持人大在党的领导下依法履行职权，积极参与重大事项和重大问题的决策、审议、监督和检查。支持政协围绕团结、民主两大主题，履行政治协商、民主监督、参政议政职能，更好地发挥协调关系，汇聚力量，建言献策，服务大局的作用。支持人民法院、人民检察院依法行使审判权、检察权。坚持依法行政、公正司法，加强法制宣传教育，营造公平正义的法治环境。加强统战、国防后备力量建设、双拥、老干部、工商联工作，支持工会、共青团、妇联、科协等人民团体依照法律和各自章程开展工作。贯彻党的民族宗教政策，全面落实民族区域自治条例。加强基层民主政治建设，深化政务、村务、厂务公开，扩大基层民主。

2．深化平安创建成果，增强人民群众安全感。严格落实社会治安综合治理责任制，巩固和深化省级先进平安县创建成果。坚持“严打”方针，深入开展打黑除恶专项斗争，加大治安重点地区和突出治安问题的排除整治力度，切实增强人民群众的安全感。深入推进社会管理创新综合试点工作，强化社会矛盾纠纷排查化解、农村“三资”管理、景区安全管理、民族宗教事务管理、综治维稳基层基础建设、法制宣传等工作，全面提高社会管理水平。完善大防控工作机制，构建多警联动、专群结合、齐抓共管的治安防控体系。完善大信访工作机制，坚持开展领导接访、干部下访、定期巡访活动。整合各方面力量，以强化调处能力建设、提升调处质量和效率为目标，完善大调解工作体系。健全社会稳定风险评估、热点难点问题排查、矛盾纠纷调处、重大信访包案机制，畅通群众利益诉求渠道，以土地征用、房屋拆迁、“三资”管理等容易引发矛盾纠纷的领域为重点，依法及时处理群众反映的问题，最大限度地把矛盾纠纷解决在当地、解决在基层、解决在萌芽状态。高度重视安全生产工作。继续开展禁毒防艾工作，巩固无毒县创建工作。

（十）适应新形势新要求，以改革创新精神加强党的建设

全面建设小康社会，关键在党。要围绕中心抓党建，抓好党建促发展，坚持“六抓”，不断提高党建科学化水平，为科学发展、富民强县提供强有力的保障。

1. 加强思想政治建设。坚持把创先争优活动作为一项经常性工作，与“三个一”主题实践活动、“云岭先锋”工程结合起来，找准工作结合点，进一步掀起活动高潮，推动党组织履职尽责创先进、党员立足岗位争优秀、干部示范引领做表率，在全县营造争科学发展之先、创和谐社会之优的良好氛围，形成加快发展的强大合力。以深入推进创先争优活动为契机，加大宣传组织动员力度，巩固深化先进性教育、科学发展观实践活动成果，切实把广大党员干部的思想认识统一到县委、县政府的重大决策和安排部署上来。

2. 加强领导班子和干部队伍建设。以县乡党委换届为契机，选好配强各级领导班子。加强学习型领导班子建设，不断提高各级领导科学决策、领导科学发展、依法行政、狠抓落实、服务群众的能力。坚持集体领导与个人分工负责相结合，加强班子成员的协调配合，促进团结互助。加大干部培训力度，增强培训的针对性和实效性，促进培训成果转化。采取下派锻炼、上挂见习、交流轮岗等方式，多岗位锻炼干部。深化拓展“科学规范和有效监督县（市）委书记用人行为调研试点县”、“提高选人用人公信度示范县”和“改进干部选拔任用工作监督检查办法试点县”创建成果，继续推行竞争上岗、公推公选、公开招考和“四差额”等方式选拔干部，使想干事、能干事、会干事、干成事、不出事的干部脱颖而出。加强对干部选拔任用全过程的监督，提高选人用人的公信度。加大干部交流力度，注重培养选拔年轻干部、少数民族干部、妇女干部、党外干部。加强干部考核，完善干部退出机制，拓宽干部能上能下、能进能出渠道。坚持党政人才、企业经营管理人才、专业技术人才、高技能人才、农村实用技术人才和社会工作人才队伍一起抓，努力造就一批引领和支撑石林经济社会跨越发展的高素质人才队伍。

3. 加强基层组织建设。认真落实基层党建工作责任制，加强基层党组织的组织体系、骨干队伍、活动载体、工作制度、场所阵地建设，整体推进农村、企业、社区、机关、学校、非公经济、新社会组织等基层党组织建设。以深化“三级联创”活动为载体，突出为民服务中心建设，把基层党组织建设成为推动发展、服务群众、凝聚人心、促进和谐的坚强战斗堡垒。以落实“三有一化”为重点，全面加强社区党组织建设，做到有人管事，有钱办事、有场所议事。狠抓以村级党组织书记为核心的村组干部队伍建设，培养造就守信念、讲奉献、有本领、重品行的高素质基层党组织书记队伍。深化“村（社区）书记论坛”、“村（社区）务面对面”活动。推进党务公开，促进党内民主，保障党员的知情权、参与权、选举权和监督权。认真做好选聘大学生“村官”的培养服务工作，加强跟踪管理和教育帮扶。健全教育、管理和服务党员长效机制，完善党内激励、关怀、帮扶机制，做好流动党员教育管理服务。改进党员发展工作，优化党员队伍结构，增强党员队伍整体活力和战斗力。

4. 切实加强作风建设。大兴密切联系群众之风，坚持问政于民、问需于民、问计于民、问策于民。大兴求真务实之风。始终保持奋发有为的精神状态，始终坚持真抓实干的工作作风，营造多务实，少务虚；多实干，少空谈；多协调，少扯皮；多干事，少议论；多服务，少设障的干事氛围。大兴批评和自我批评之风。班子成员之间、同志之间要勇于评点错误，指点失误，善于提出意见，及时发现各自缺点，共同提高工作水平。各级干部既要提高干事的能力，又要提高共事的水平，全力营造相互尊重、相互支持、协调配合的工作氛围。大兴狠抓落实之风。大力推行“一线工作法”，置身一线，靠前指挥，提高执行力，做到决策在一线落实、问题在一线解决、创新在一线体现、成效在一线检验。实施严格的目标倒逼、交办跟进、现场会办、观摩激励和监督检查五大机制，推进县委、县政府重大决策、重大部署、重点工作的落实。

5. 加强党风廉政建设。严格落实党风廉政建设责任制，真正做到反腐倡廉常抓不懈，拒腐防变警钟长鸣。加强反腐倡廉宣传教育，有针对性地开展示范教育、警示教育和岗位廉政教育，促使广大党员干部严格执行《廉政准则》，着力提高拒腐防变能力，自觉做到为民、务实、清廉。加强领导干部廉洁自律，完善勤廉公示制度，规范报告个人住房、投资、配偶子女从业等有关事项。加大案件查处力度，严惩腐败分子，以党风廉政建设的实际成果取信于民，以风清气正的干事环境促进发展。

同志们，新的征程已经开启，新的目标催人奋进。让我们在市委、市政府的坚强领导下，团结和带领全县各族人民，创先争优，励精图治，扎实工作，以优异的成绩迎接建党90周年，为全面建成小康社会而努力奋斗！

石林彝族自治县人民代表大会常务委员会工作报告

——在石林彝族自治县第十五届人民代表大会第五次会议上

（2011年1月23日）

县人大常委会主任　李绍增

各位代表：

我受县人大常委会的委托，向大会报告常委会2010年的主要工作和2011年的工作意见，请予审议。

一、2010年工作回顾

2010年，县人大常委会以邓小平理论和“三个代表”重要思想为指导，深入贯彻落实科学发展观和党的十七届四中、五中全会、省委八届九次全会、市委九届六次全会、县委十届六次全会精神，坚持党的领导、人民当家作主和依法治国有机统一，在县委的领导下，紧紧围绕经济建设中心，服务改革发展稳定大局，认真履行宪法和法律赋予的职权，突出监督重点，充分发挥人大代表作用，为坚持和完善人民代表大会制度、促进社会主义民主政治建设、加快石林科学发展新跨越作出了积极的贡献。

（一）坚持党的领导，确保正确的政治方向

坚持党的领导是做好人大工作的重要前提和根本保证。在这个重大原则问题上，我们头脑清醒，立场坚定，旗帜鲜明，认识到位。一年来，县人大常委会始终坚持在县委的领导下，依法履行职权，积极开展工作。认真落实县委对人大工作提出的各项要求，坚持重大事项向县委请示报告制度，对工作中发现的问题，及时向县委提出建议，为县委决策提供参考。坚持人大工作对党负责和对人民负责的统一，既把县委作出的重大决策和部署及时贯彻到人大工作中，确保县委决策在人大的有效贯彻落实，又把人民的意愿及时报告县委，确保县委的决策符合人民的要求。

为切实加强和改进党对人大工作的领导，县人大常委会党组根据新时期人大工作的要求，适时向县委提出召开县委人大工作会议的建议。县委研究后作出决定，于2010年10月29日召开了县委人大工作会议。会上，县委、县人大、县人民政府主要领导分别从不同角度作了重要讲话。会后，县委制定出台了关于进一步加强和改进人大工作的意见。意见突出了7个方面的亮点：一是始终坚持把党的领导贯穿于人大工作始终，从政治上、思想上、组织上切实加强对人大工作的领导，确保人大工作正确的政治方向。二是把人民代表大会制度、社会主义民主法制建设和人大工作纳入宣传工作的总体部署和工作计划，认真加以落实。对宣传人民代表大会制度成绩突出的单位和个人给予表彰奖励。三是各级党委要全面推进新修改的选举法的实施，严格按城乡相同人口比例确定代表名额。四是县人大常委会、“一府两院”要高度重视代表议案、建议、批评和意见的办理工作，对议案、重点建议要进行重点办理，对历年未办结的建议、批评和意见要健全跨年度跟踪督办工作机制，切实提高办理的公开度、透明度、解决率和代表满意率。五是把同级人大闭会期间代表活动的经费、代表依法履职的经费和对无固定工资收入的代表执行代表职务给予适当补贴的费用等纳入年度财政预算，保证按时足额拨付到位，并根据代表活动需要和财政收入增长逐步提高。六是设立县人大常委会农业工作委员会，加强对农、林、水等部门工作的监督和支持。七是加强对乡镇人大工作的领导，重视乡镇人大建设，设立乡镇人大办公室，办公室主任纳入乡镇中层干部管理，享受乡镇中层干部待遇。

（二）紧扣发展主题，依法行使重大事项决定权

常委会在依法行使重大事项决定权过程中，紧紧围绕发

展主题，突出重点，坚持科学决策、促进发展的原则。为有效解决建设资金不足，充分利用银行信贷资金支持重点基础设施项目建设，及时审议通过了县人民政府提请的融资用于教育、农业、城市道路、石林景区、生态工业园区等重点工程项目建设的议案。为保证县“十二五”规划的科学性、指导性、可操作性，组织部分县人大代表征求对县“十二五”规划（草案）的意见建议，为县委决策提供依据。为强势推进我县城市化进程，加大县城辐射和带动功能，把县城规模做大、实力做强、功能做全、产业做优，县人大召开常委会专题听取县人大代表的意见和建议，并作出决议转县人民政府办理，为推进石林城乡一体化进程作出了积极的努力。

（三）改革创新督政方式，监督工作成效显著

常委会高度重视对宏观经济运行的监督，为确保人代会通过的关于国民经济和社会发展计划、财政预算的贯彻落实，采取了年初人代会审查与半年常委会审查相结合，计划、预算执行情况报告与听取专项工作报告相结合的方式进行监督。常委会还注重把人大对预算的监督与政府的审计监督结合起来，对审计报告中提出的问题，督促县人民政府认真整改，增强了监督实效，促进了全县经济又好又快发展。

常委会把贯彻落实科学发展观，促进城乡统筹协调发展作为监督工作的重点，认真组织开展检查、视察，提出意见建议并督促落实。年内，共组织执法检查和工作检查8次，即组织代表对贯彻执行《中华人民共和国义务教育法》情况、《农村土地承包法》的执法情况、贯彻执行《云南省中小企业促进条例》情况进行了执法检查。对县人民医院搬迁建设情况，新增30个村级新农合门诊补偿报销点情况，工业园区、旅游度假区建设情况，县人民政府办理县第十五届人大第三次会议代表议案、建议、批评和意见工作情况，文化产业发展情况进行了检查；组织视察8次，即组织代表对农村用电管理情况、滇东现代烟草农业综合示范区建设情况、台湾农民创业园建设情况、殡葬改革工作情况、县人民政府承诺的2010年度要办的10件实事落实情况、县人民检察院人民监督员工作情况、全县村镇道路建设情况、2010年度招商引资工作情况进行了视察；对代表所提涉及农业、水务、林业、民政、民族宗教的重点议案、意见、建议抽取3件进行了跟踪检查。同时根据全县重点工作，适时组织代表对全县学校安全，非煤矿山、建筑施工、建材加工行业安全，煤炭矿山安全，道路交通、消防安全，森林防火、水利防汛，创建省级文明县城等工作情况进行了视察。通过视察、检查，提出意见建议84条，督促“一府两院”及其职能部门认真进行整改落实，努力推进依法行政、公正司法、科学发展。

试行刚性监督。为了提高建议办理质量，制定出台《石林彝族自治县人大常委会〈关于对“一府两院”办理视察检查中所提意见建议情况进行民主测评的办法〉》。该办法着重强调：“一府两院”办理县人大常委会视察、检查报告的函中所提建议的情况，在向县人大常委会报告办理情况后，常委会组成人员将对办理情况进行审议，审议结束后进行民主测评，测评结果当场公布；民主测评满意、基本满意达不到80%的，返回重新办理；重办后，县人大常委会仍然不满意的，县人大常委会有权向县委提出对有关干部进行调整的建议。办法规定，县人民政府分管领导、法检两院主要领导，必须到会报告办理情况，听取测评意见反馈。办法的出台实施，进一步提升了“一府两院”的人大意识，提高了事关人民群众切身利益的民生问题的解决率。

（四）严格依法任免，工作程序更加完善

常委会始终坚持党管干部与地方国家权力机关依法任免干部相统一的原则，做到充分发扬民主、严格依法办事，确保党委提名的干部通过国家权力机关依法任免。一是进一步完善人事任免办法，建立了人事任免法律知识考试题库；二是坚持被任命人员法律知识考试制度，坚持新任命对象法律知识考试不合格不任命；三是坚持被任命人员与常委会组成人员见面制度；四是建立并施行了拟任命人员表态发言制度，进一步增强了拟任命人员的法律意识和工作的责任感、使命感，为保障和促进石林跨越式发展提供了有力的组织保障。全年共依法任命干部19名，免职16名，接受辞职2名。其中：任命副县长职务3名，免去副县长职务2名；任命县人大常委会委室主任2名，免职1名；任命县人民政府组成部门领导10名，免职11名；任命县人民法院、县人民检察院干部4名，免职2名。

按照市委和市人大常委会的要求，召开了县第十五届人民代表大会第四次会议，依法选举产生了石林县出席昆明市第十三届人民代表大会的代表23名。

（五）创新代表工作，充分发挥代表作用

常委会高度重视发挥人大密切联系人民群众的优势，认真贯彻落实代表法，努力创新代表工作方式，提高代表活动实效。一是高度重视县人代会闭会期间的代表活动，努力搭建代表依法履职、密切联系群众的平台，为代表执行职务创造条件。二是加强乡镇人大“人大代表之家”建设，为每个乡镇“代表之家”购置了一台47吋的液晶电视，并补助经费8000元，达到了“八有”、“六上墙”、“五项制度”标准。“八有”即有固定场所、有标志、有办公桌椅、有制度、有阅览室、有学习资料书籍、有档案、有电脑。“六上墙”即代表照片、职责、计划、制度、提议案建议情况、参加公益活动情况上墙。“五项制度”即学习制度、考勤制度、联系制度、帮扶制度、归档制度。通过深化“代表之家”建设，规范了代表活动，增强了代表参加各项活动的自觉性，使“代表之家”成为代表履职培训中心、学习交流中心、研讨中心和信息中心。三是创新代表工作机制，提高代表履职能力。加强代表小组规范化建设，建立健全代表活动组织体系；建立健全激励机制，激发代表履职热情；完善代表活动方式，增强代表活动实效；健全建议办理机制，切实提高办理质量；创新代表工作保障机制，提升代表履职水平。

（六）拓宽宣传渠道，宣传工作再上新台阶

县人大常委会认真贯彻落实省委、市委、县委人大工作会议精神，不断拓展人大新闻宣传工作的深度和广度，人大工作的社会影响力进一步增强。2010年度，协助市人大常委会研究室、昆明电视台拍摄反映我县人大工作、代表风采专题片4期，在全国、省、市各级报刊上发表文章信息71篇(条)。宣传工作受到了市人大常委会表彰，信息工作被市人大常委会评为先进单位，在省第十九次宣传人民代表大会制度好作品评选中获二等奖一篇、优秀奖一篇，昆明市第十八届宣传人民代表大会制度好新闻、好文章评选中获一等奖一篇、三等奖三篇。

精心策划，抽调人员组成编纂小组，有序推进县人大志编纂工作，在县人大机关各委室、各乡镇人大主席团的支持配合下，目前已完成初稿的合成工作。

(七）加强自身建设，内强素质外树形象

深入开展“效能石林”建设、“创先争优”活动。县人大常委会不断强化自身建设，按照县委的统一部署，深入开展“效能石林”建设和“创先争优”“三个一”主题实践活动。一是动员部署，强化学习。把创先争优活动与推进中心工作、业务工作有机结合起来，同步安排，同步推进。召开了动员大会，紧扣中心工作任务制定方案，精心设计活动载体，提出明确目标和具体要求，突出特色，迅速启动“效能石林”建设和“创先争优”活动，确保活动开展全覆盖。二是实践突破，扎实推进。以加快实现石林科学发展新跨越为主题，按照实施方案及行动方案扎实开展创先争优活动，把开展创先争优活动同落实“543”倍增计划要求紧密结合起来，持续掀起争创先进基层党组织、争当优秀共产党员高潮，围绕中心，服务大局，创新工作方式，采取有力措施，抓班子、强队伍，抓制度、促规范，抓统筹、增活力，以活动开展促进中心工作顺利推进，以工作推进检验活动开展成效，确保活动开展和中心工作推进“两不误、两促进”，取得实效。三是在实践突破基础上，总结活动经验，年终表彰奖励机关先进党支部和优秀共产党员。四是提出工作目标。紧紧围绕全县中心工作和年度工作目标任务，强化措施，责任到人，明确时限，认真抓好落实。

服务意识进一步增强。县人大机关坚持以人为本，关注民生，积极协调争取各方支援，在2010年的抗旱救灾中，每位班子成员都先后捐款5000多元，每位党员捐献出一个月工资，为全县的抗旱救灾奉献出一名共产党员的爱心。同时，县人大常委会还通过各种渠道，先后争取到各种抗旱救灾物资价值70余万元，为抗旱救灾作出了积极贡献。另外，对联系点春耕生产、抗旱工作、人口普查等都给予了力所能及的帮助。

各位代表，过去的一年，是县人大常委会按照科学发展观的要求，不断探索、不断创新、团结奋进、扎实工作并取得突出成效的一年。这些成绩的取得，离不开县委的正确领导，离不开全体人大代表的共同努力，离不开全县人民的监督支持，离不开“一府两院”以及各乡镇人大主席团的密切配合。在此，我谨代表县人大常委会表示衷心的感谢!

回顾一年来的工作，我们也清醒地看到工作中还存在一些差距和不足，主要是：紧紧围绕县委中心工作，组织开展检查、视察、调研的针对性、实效性有待进一步增强；事关人民群众切身利益的民生问题还解决得不够到位、实现得不够理想。这些问题，常委会将在新的一年里采取切实可行的措施，认真加以解决。

二、2011年工作意见

2011年，是“十二五”的开局之年，做好今年的各项工作，对于“十二五”开好头、起好步，促进经济社会科学发展新跨越至关重要。2011年县人大常委会工作的指导思想是：高举中国特色社会主义伟大旗帜，以邓小平理论、“三个代表”重要思想为指导，深入贯彻落实科学发展观和党的十七届五中全会、省委八届十次全会、市委九届七次全会、县委十届七次全会精神，以加快发展为主题，以转变经济发展方式为主线，以改善民生为重点，围绕富民强县目标，进一步解放思想，开拓创新，认真行使宪法和法律赋予的各项职权，突出监督重点，更加注重监督实效，为把石林打造成为县域经济繁荣、生态环境良好、民族团结和谐、人民安居乐业的国际旅游胜地和滇中经济区的东南新城而努力。

2011年重点抓好以下六个方面的工作：

(一）坚持党的领导，服务经济发展

坚持党的领导、人民当家作主和依法治国的有机统一，是人大工作必须始终坚持的正确政治方向。实践证明，只有做到维护核心、围绕中心、突出重点、凝聚民心、贴近人心，始终把坚持和依靠党的领导摆在人大工作的首要位置，人大的职能作用才能得到充分发挥，人大工作才能大有作为。发展是硬道理，发展是第一要务，是解决一切问题的关键。面对新形势、新任务、新要求，常委会必须自觉把坚持党的领导贯穿于依法履职的整个过程，紧紧围绕县委的中心工作，抓住发展这个第一要务，服从服务于全县改革发展稳定大局，充分发挥人大在经济社会发展中的法制保障、民主决策等职能作用，有力地推动经济社会又好又快发展。

(二）加大监督力度，增强监督实效

县人大常委会将认真贯彻执行监督法和县委人大工作会议精神，按照突出监督重点、加大监督力度、创新监督方式、增强监督实效的总体要求，围绕法律法规和国家大政方针以及县委重大决策部署在全县的贯彻落实，围绕加快石林跨越发展中心工作的顺利实施，围绕县委关注、人民群众普遍关心的热点难点问题开展监督工作。在监督工作中，我们将坚持党的领导、依法集体行使职权、接受代表大会监督和监督工作公开的原则，把全过程、连续性的监督和视察、检查及听取专项工作报告、提出审议意见、跟踪审议意见落实等有机地结合起来，把全面监督与重点监督、事后监督问效与事前事中监督促落实结合起来，综合运用各种监督方式，增强监督工作的实效。在工作视察和专题调研中，我们将坚持深入基层、深入一线，掌握第一手材料。对检查中发现的问题和审议中提出的问题，本着有利于促进和谐发展的原则，提出整改意见建议，并跟踪问效，促进问题的解决。今年常委会在完成县委交办的检查、视察任务的同时，将围绕科学发展主题、加快转变经济发展方式主线，对招商引资工作，旅游转型升级，现代农业发展，交通系统建设，国家生态县创建工作，地下水库建设，文化建设，国家级卫生县城巩固工作，国家级科技进步先进县巩固工作，县第十五届人大第五次会议代表议案、建议办理工作进行检查；对整治中小企业违法排污工作、民族特色村寨建设情况、烟水工程建设情况、农业保险工作情况进行视察。支持和督促政府积极应对复杂多变的经济形势，确保整个经济平稳较快发展。

（三）强化法律监督，推进法治建设

推进社会主义法治建设，是人大的根本任务，人大应在法治建设中发挥更加积极的作用。要加强法律监督，通过行使监督权，确保宪法和法律在辖区内的有效实施，促进严格执法和公正司法，维护社会公平正义。人民民主是社会主义的生命，要按照新形势要求，积极发挥人大主导作用，进一步扩大人民民主，使人民的知情权、参与权、表达权和监督权得到更加充分的体现，保障人民享有更多更实际的民主权利。要逐步扩大公民有序的政治参与，畅通民意表达渠道，完善公民旁听人大常委会会议制度，充分利用各种途径广泛汇集民意、集中民智、凝聚民心。今年常委会将组织开展对我县贯彻执行《审计法》、《劳动合同法》的情况进行执法检查。

（四）高度关注民生，促进社会和谐

人大是代表人民行使国家权力的机关，维护和保障广大人民群众的根本利益，是人大一切工作的出发点和落脚点。常委会工作只有紧紧抓住人民群众普遍关注和事关人民利益的事项履行职能，尊重人民的意愿，倾听人民的呼声，维护人民的利益，切实解决好人民最关心、最直接、最现实的利益问题，才能赢得人民群众的信任和支持，才有生机和活力。在新的历史时期，保障和改善民生，促进社会建设，是人大及其常委会的一项重要职责和任务。要围绕社会建设任务的要求，围绕县人民政府承诺要办的10件实事，切实加大监督力度，着力推动教育、就业、医疗卫生、社会管理、社会保障等工作，努力促进全体人民各尽其能、各得其所而又和谐相处良好局面的形成，共同构建社会主义和谐社会。同时，还要加强人大信访工作，认真处理人民群众来信来访，注重发现和研究信访中反映的敏感事件和共性问题，督促有关方面及时依法处理，为营造良好社会环境提供有力保障。

（五）创新代表工作，发挥代表作用

人大代表是代表人民行使当家作主权力的主体，是人大常委会联系人民群众的桥梁和纽带。只有把代表工作放在十分重要的位置，加强人大代表同人民群众的联系，充分发挥代表作用，人民才会满意，人大开展工作才有基础和依托。一要切实增强服务代表意识，积极为代表履职创造条件，着力为代表履职提供保障。二要着力加强代表培训工作，通过强化培训来提高代表的素质和履职能力。三要进一步改进代表闭会期间的活动组织形式，加强代表小组建设，扩大代表对常委会工作和重点监督事项的参与度，拓宽代表议政督政渠道，充分发挥代表在管理国家事务和推动经济社会发展中的作用。四要深入开展“五个一”主题实践活动，即知情知政献一计、协调各方办一事、联系选民帮一户、服务企业支一招、招商引资搭一桥。通过“五个一”主题实践活动，增强代表履职的责任感，密切代表与选民的联系，畅通民意渠道，真正起到桥梁和纽带作用。五要认真督办代表议案和建议、批评、意见，加大不满意件的督办力度，提高代表建议的解决率。

（六）加强自身建设，提高履职能力

人大要提高履职能力，必须不断加强人大及其常委会的自身建设。一要继续深入开展创先争优和“三个一”主题实践活动，努力做到“五好”、“五带头”，争创先进基层党组织，争当优秀共产党员。二要认真推进学习型机关建设活动，切实加强理论学习。当前要深入学习党的十七届五中全会、省委八届十次全会、市委九届七次全会、县委十届七次全会精神，学习与本职工作相关的知识，努力做到学以立德、学以增智、学以致用，不断提高履职能力和水平。三要加强调查研究，认真分析把握人大工作的新特点和新规律，建立健全各项制度，坚持用制度管人、管事，形成目标明确、职责清晰、程序规范、科学有序的工作格局，促进人大及其常委会工作科学化、制度化、规范化。四要解放思想、开拓创新。创新是人大工作进步和发展的不竭动力，人大工作只有不断解放思想，不断创新工作思路，才能保持旺盛的生命力，推动人大工作不断发展。五要转变观念，改进工作作风，始终保持良好的精神状态和高昂的工作热情，保证各项工作高效、有序运转。六要认真贯彻县委人大工作会议精神，年内对《进一步加强和改进人大工作的意见》落实情况进行检查，促进人大工作再上新台阶。七要加强人大宣传工作，大力宣传人民代表依法行使职权和干事创业的典型事例，宣传常委会的主要活动和重要工作，增强人大工作的影响力。抓紧县人大志编纂工作，确保今年年底出版发行。

各位代表，“十二五”的序幕已经拉开，奋战2011年的号角已经吹响，我们肩负的使命更加光荣，任务更加艰巨。让我们紧密团结在以胡锦涛同志为总书记的党中央周围，高举中国特色社会主义伟大旗帜，以邓小平理论和“三个代表”重要思想为指导，认真贯彻落实科学发展观，在县委的领导下，紧紧围绕富民强县目标，开拓创新、攻坚克难、扎实工作，为全面完成本次人代会确定的各项目标任务作出应有的贡献，为把石林打造成为县域经济繁荣、生态环境良好、民族团结和谐、人民安居乐业的国际旅游胜地和滇中经济区的东南新城而努力奋斗！

政府工作报告

——在石林彝族自治县第十五届人民代表大会第五次会议上

（2011 年 1 月 22 日）

县 长 毕春华

各位代表：

现在，我代表县人民政府，向大会报告政府工作，请各位代表连同《石林彝族自治县国民经济和社会发展第十二个五年规划纲要（草案）》一并审议，并请县政协委员和列席人员提出意见和建议。

一、拼搏“十一五”，着力发展收获新成果

过去的五年，是我县发展史上极不平凡的五年，是全县经济社会发展取得重大突破的五年，面对复杂多变的国际国内环境和艰巨繁重的改革发展任务，我们在市委、市政府和县委的正确领导下，在县人大及其常委会的法律监督、工作监督和县政协的民主监督下，团结和依靠全县各族人民，坚持以科学发展观为指导，顺应发展形势，立足发展实际，紧扣发展主题，坚定不移地实施“33553”发展战略和“543”倍增计划，强势推进“5+1”工程，群策群力、攻坚克难，积极应对国际金融危机的冲击，战胜了百年不遇的严重旱灾，圆满完成了“十一五”确定的目标任务。五年来取得的巨大成就，极大地鼓舞着全县各族人民加快石林科学发展、创造石林美好未来的信心。

2010 年，实现地区生产总值 36.81 亿元，是“十五”末的 2.23 倍，与上年同比增 15%（以下简称同比增），“十一五”期间年均增 13.2%（以下简称年均增）；地方财政一般预算收入 3.51 亿元，实现三年倍增，是“十五”末的 3 倍多，同比增 35.2%，年均增 25.1%；全社会固定资产投资 43.3 亿元，是“十五”末的 6.3 倍，同比增 56.4%，年均增 44.7%；社会消费品零售总额 15.2 亿元，是“十五”末的 2 倍多，同比增 22.4%，年均增 18.6%；城镇居民人均可支配收入 17883 元，是“十五”末的 1.83 倍，同比增 14.6%，年均增 13.4%；农民人均纯收入 5704 元，是“十五”末的 1.85 倍，同比增 15.3%，年均增 13.1%。三次产业结构由“十五”末的 29.8 : 25.6 : 44.6 调整为 28.2 : 28.4 : 43.4。被评为云南省县域经济发展先进县。

（一）主导产业突破发展，支撑实力显著增强

石林风景名胜区成功申报为世界自然遗产、国家 5A 级旅游景区和全国文明风景旅游区。旅游直接收入 4.3 亿元，是“十五”末的 2.6 倍，同比增 17.1%，年均增 19.1%；接待游客突破 350 万人次，总收入 20 亿元。石林旅游服务区入园项目 13 个，完成投资 15 亿元。石林生态民族体育运动场、“中国彝族第一村”等建成投入使用，石林狂欢之都“四中心两店”、云林五星级酒店等重点项目顺利推进。

生态工业集中区从无到有，被列为省级特色工业园区，完成基础设施投资 3.93 亿元，累计引进项目 38 个。全县实现工业总产值 33.66 亿元，是“十五”末的 3 倍，同比增 29.2%，年均增 24.6%；增加值 7.46 亿元，是“十五”末的 2 倍多，同比增 15.9%，年均增 15.9%；工业固定资产投资 10.9 亿元，是“十五”末的 13.1 倍，同比增 116.5%，年均增 67.4%。中种云南种子加工中心等一批重点项目建成投产，太阳能光伏、风力发电等新能源产业取得重大进展，被命名为云南省首批新能源产业示范基地。

石林台湾农民创业园成功争取国家批准设立，成为云南省第一个国家级农业园。园区累计完成水、电、路、通讯、绿化等基础设施建设投资 2.63 亿元，引进锦苑花卉产业园、

万家欢生态园等农业龙头企业，微藻光生物反应器示范基地一期等项目建成投产，建成基地5.13万亩。全县农业实现总产值18.7亿元，是“十五”末的2倍多，同比增11.5%，年均增（现价）15.4%；实现增加值10.38亿元，是“十五”末的2.1倍，同比增10.1%，年均增9.4%。粮食总产保持在1.23亿千克以上，人均有粮500千克以上。实施国家级烟叶标准化生产示范区、滇东现代烟草农业示范区建设，年种植烤烟稳定在11万亩，收购烟叶1640万千克，连续4年被评为全省烟叶工作先进单位。

阿诗玛文化与旅游相结合，文化产业培育成效明显。市场化运作了中国石林国际火把狂欢节、中国“牛王”争霸赛等特色项目，培育了“福牛”、“雅尼”等一批文化企业。文化产业增加值3.69亿元，占地区生产总值的10.01%。

（二）科学统筹协调发展，城乡面貌焕然一新

强化规划引领，所有乡镇、村庄规划全部完成，基本实现了城乡规划全覆盖。累计实施重点项目120个，完成投资107.66亿元，是“十五”期间的近5倍。完成农村危房改造及地震安居工程4113户，新建廉租住房548套，建成巴江俪岛等商住小区15个23.35万平方米。完成石林大道等14个市政道路新改（扩）建项目，改造、新增道路面积114万平方米。县级党政机关办公用房、县委党校、巴江中学、县民族职业高级中学等搬迁新建项目投入使用。改造城市建筑风貌15.6万平方米。在全市首家实现县城管道供应燃气。城市建成区面积由“十五”末的3.89平方千米扩展到9.41平方千米，城镇化率达31.7%；县城新增人口1.18万人，达5.93万人。实施集镇建设“1+4”工程，新增集镇市政道路11.98万平方米、集镇面积59.06万平方米、集镇人口1777人。建成“万村千乡市场工程”农家店94个。

实施基本烟田建设、土地整治、农业综合开发等项目，新增高产稳产农田10.89万亩，被评为云南省中低产田改造先进县。完成团结、黑龙潭等水库骨干水利项目，建成各类水利工程5284件，农村安全饮水覆盖率达82.6%，被评为全国水利基本建设先进县。完成1座110千伏、3座35千伏变电站新建及10千伏石林大道电缆入地等电力项目。改造、硬化农村公路735.8千米，建成乡镇、行政村客运站39个，行政村公交覆盖率达100%。石锁高速公路、云桂铁路石林段等重点项目顺利推进。

建成农村公益性公墓12个，石林狮山殡仪馆投入使用，全县火化率达80.5%。新增“一池三改”7483户，改造农村无害化卫生户厕2500座。巴江综合治理、污水处理厂及配套管网建设项目建成投入使用，县城生活垃圾无害化处理率、水质合格率、空气质量优良级天数达标率100%，5个乡镇创建为“国家级生态乡镇”，市级生态村创建全面启动。2008年以来累计投入2.26亿元，植树576.4万株，新增苗木基地1.39万亩、附属绿地64.29万平方米、公园绿地21.65万平方米，人均公共绿地19.32平方米，绿化县乡道路263.94千米，全县森林覆盖率达42%。成功创建为国家卫生县城、国家园林县城。

（三）招商助推改革发展，对外开放活力迸发

深化行政审批制度改革，行政审批事项由443项精简为35项；推进机构改革和扩权强县试点；全面推行国库集中支付、财政投资项目评审、乡镇财政预算管理和村级会计委托代理服务；搭建公共资源交易平台，成立昆明泛亚联合产权交易所有限公司石林分公司，组建了农水投、工投、旅投、石投等投资开发公司，2010年新增政府性项目融资12.8亿元。积极支持社会企业设立小额贷款公司和担保公司，解决中小企业贷款难问题。完成农村税费改革和农村集体林权制度主体改革；累计兑现惠农补贴1.3亿元；荣获全国家电下乡工作先进县称号。完成国有企业改革，非公经济实现增加值14.5亿元，占地区生产总值的39.3%；创建云南省著名商标8件，昆明市知名商标6件、名牌产品5个。积极推进教育、卫生等各项社会事业改革，民办幼儿教育比重达90.27%，民办高中教育比重达40.47%，民营医疗资产比重达53.96%。强势推进招商引资，2010年引进项目140个，实际到位国内市外资金29.3亿元，外资1245万美元；累计引进项目424个，到位内资62.6亿元，外资2046万美元。华能澜沧江水电有限公司、中国国电龙源电力集团股份有限公司、云南电投新能源开发有限公司、中国种子集团有限公司、广东温氏食品集团有限公司等一批国内知名集团企业入驻石林。

（四）各项事业全面发展，人民生活明显改善

深入推进义务教育“集靠收”战略，累计投入4.01亿元，实施18个中小学标准化建设项目，县城新增学生3000人，达2.1万人，义务教育阶段集中到县城和乡镇政府所在地就读学生达84.6%；“两基”工作顺利通过国家检查验收；幼儿学前教育入园入班率达89.4%；高中阶段适龄人口毛入学率达80.25%。科技应用不断加强，科技对经济增长的贡献率达40.2%。实施乡镇卫生院国债项目7个、改扩建项目3个，社区卫生服务中心建设项目1个，新建村卫生室72个，三级医疗卫生服务体系不断健全，艾滋病、结核病等传染病防控取得实效；启动村级新农合门诊现场补偿报销点63个，新农合参合率达99.97%。落实“奖优免补”政策，人口自然增长率控制在5.77‰以内，被评为全国计划生育优质服务先进单位。建成乡镇文化站4个、村文化室85个、农家书屋55个、农民体育健身工程24个，完成1.2万户数字电视整体转换和110个自然村农村有线电视光缆联网工程。彝族撒尼语口传叙事长诗《阿诗玛》、彝族三弦舞、彝族（撒尼）刺绣列入国家级非物质文化遗产。档案星级达标建设深入推进；荣获“全国方志系统先进集体”称号。少儿绘画、农民画、抢花炮、残疾人田径等项目在国际国内比赛中取得优异成绩。

全面启动全国新型农村社会养老保险试点工作，参保率达91%。城镇基本养老、城镇基本医疗、企业职工工伤、生育和失业保险参保率分别达70.73%、99%、85.69%、77.21%、85%。累计完成农村富余劳动力转移输出52727人次；城镇新增就业4580人，城镇登记失业率控制在3.5%以内。发放各类保障金4756万元、临时生活补助78.63万元，救济临时困难群众6.56万人次；落实残疾人康复、培训、扶助项目资金505万元，惠及1.47万人次；积极应对百年不遇的特大干旱，投入抗旱资金4241.78万元，确保灾区6.37万人饮水安全。完成扶贫重点村建设16个，减少贫困人口5000人。实施少数民族专项资金项目158个，小圭山、糯黑村创建为省级民族团结示范村。老龄事业健康发展；顺利完成第四届村委会和第三届社区居委会换届，荣获全国"村务公开民主管理示范县"、"婚姻登记规范化单位"等称号。

（五）社会保持和谐发展，民主法制纵深推进

自觉接受县人大的法律监督和县政协的民主监督，五年累计办理人大代表议案建议1019件，面商率、答复率100%，满意率99.2%；办理政协建议案提案581件，面商率、答复率100%，满意率98.3%。"五五"普法与"四五"依法治县工作圆满完成，创建省、市级民主法治村（社区）30个。认真落实安全生产责任制和责任追究制，深入开展重点行业领域专项治理和打非治违工作，食品、药品及产品质量监管得到加强，市场秩序不断规范。工矿商贸企业连续四年实现零死亡。完善大调解工作机制，深入开展领导干部接访下访活动，信访渠道不断畅通，各类社会矛盾得到及时化解。深入开展打黑除恶、扫黄打非等专项斗争，不断加强和改进社会治安综合治理，万人刑事发案率持续下降，人民群众安全感明显增强。禁毒防艾工作持续巩固，荣获省级"无毒县"、"平安县"、"平安先进县"等称号。国防动员、拥军优属、消防、人防等工作扎实有效。

（六）四项制度创新发展，效能建设持续加强

全面加强政府自身建设，持续推进法治政府、责任政府、阳光政府、效能政府建设，实施重大决策听证31项，重要事项公示724项，重点工作通报1148项，受理"96128"政务信息查询288件。着力解决制约发展的体制机制问题，完成重点制度创新项目61项。持续开展"行政效能提升年和干部作风改进年"活动，大力推行"五办作风"、"一线工作法"、"成果倒逼法"、"三最三严"、"公开承诺"制度，干部作风明显改善。全面落实党风廉政建设责任制，积极推进反腐倡廉警示教育基地建设，严格执行工程建设领域"八个百分之百"管理规定，强化执法监察和审计监督。全面推行"三公开一监督"，努力提高行政审批效率；加强农村"三资"管理，强化行政绩效，控制行政成本，提升行政能力，行政管理水平和质量不断提高。

各位代表，过去的五年，是石林产业结构不断优化、经济实力持续增强的五年，是城乡建设快速推进、基础设施日臻完善的五年，是社会事业全面发展、人民得到实惠更多的五年。特别是过去的一年，我们接受考验、应对挑战，我们挥洒汗水、再造辉煌，面对复杂的国际国内形势、严峻的宏观金融政策调整，面对严重的自然灾害和突发事故，全县各族人民以强烈的责任感和使命感，以强大的凝聚力和向心力，同心同德，奋力拼搏，抗旱救灾保民生，踏实苦干促发展，妥善处置了"2·7"森林火灾等突发事故，冲破险阻，克难奋进，在最艰难的条件下，实现了经济快速增长、民族团结和睦、文化繁荣发展、生态持续向好、社会和谐稳定，将石林改革发展推上了更新、更高的起点，为"十二五"国民经济和社会发展筑牢了坚实基础。

总结五年来的实践，我们深切体会到，在实现跨越式发展的进程中，必须坚持把发展作为第一要务，通过加快发展不断破解前进中的难题，不断强化"创建世界一流景区、打造国际旅游胜地"在全省的旅游龙头地位，提升综合竞争力；必须坚持改革开放，强化制度创新，以符合科学发展、体现时代特征的体制机制增强发展动力，提高发展质量；必须坚持提升城镇载体功能，着力解决根本性、长远性、战略性问题，提高可持续发展能力；必须坚持统筹城乡一体化发展，用工业化、城市化、市场化手段破解"三农"问题，积极探索城乡协调发展新途径；必须坚持把人民群众的根本利益作为一切工作的出发点和落脚点，努力改善人民生活，促进社会和谐稳定，让全县人民共享改革发展成果；必须坚持营造良好的发展软环境，凝聚内力、借助外力、形成合力，把各项目标任务转化为广大干部群众的共同愿望和自觉行动。这些实践经验和精神财富弥足珍贵，需要我们在今后的工作中继续坚持和发扬。

各位代表，发展的历程令人难忘，辉煌的成就令人瞩目。这要归功于市委、市政府和县委的坚强领导，归功于县人大、县政协的监督支持，归功于全县各族人民的团结奋斗。在此，我谨代表县人民政府，向积极参与全县经济社会发展，付出辛勤劳动的全县各族人民和所有建设者，向各位人大代表和政协委员，向各驻石机关、部队、企事业单位，向所有关心支持石林发展的各界人士致以崇高的敬意和衷心的感谢！

在充分肯定成绩的同时，我们也清醒地看到，前进道路上还面临着不少困难和问题：一是产业结构不优、经济实力不强，社会建设、民生保障压力较大；二是城市规模较小，城乡基础设施配套不够完善，辐射带动力不强；三是城乡发展不够协调，二元结构仍需调整；四是面对复杂的国际国内形势，少数干部应对金融危机、驾驭市场经济的能力不强，工作作风不够实，办事效率不够高，服务能力有待提升；五是热点难点问题凸显，安全生产形势严峻，生态建设任务艰巨等等。对此，我们必须高度重视，在今后的工作中，采取更加有力的措施切实加以解决。

二、冲刺"十二五"，科学发展勇攀新高峰

居安思危，才能从容应对各种挑战；审时度势，才能准确把握发展先机；笃行实干，才能科学绘就宏伟蓝图；奋发有为，才能冲刺壮丽新高峰！

（一）勇敢挑战抓住机遇

"十二五"时期，是石林全面建设小康社会的决战期，是经济结构调整、发展方式转变的关键期，是城乡一体化的加速期，是实现科学发展新跨越的重要战略机遇期。我们面临着区域竞争日趋激烈、生产要素难以保障、人民需求难以满足、资源开发难以平衡等压力和挑战；同时，我们更面临着国家新一轮西部大开发、云南"两强一堡"和昆明"面向西

南开放的区域性国际城市”建设、云南扩权强县试点的推进、滇中经济区的蓬勃发展和昆明市加快民族地区跨越发展政策的实施等良好机遇。特别是随着石林综合实力的稳步提升，基础设施的日趋完善，投资环境的不断优化，石林发展空间更加广阔，发展潜力更加巨大。认清形势、应对挑战、战胜困难，我们就能够赢得优势、赢得主动；抓住机遇、乘势而上、全力奋进，我们就能够赢得先机、赢得未来。我们要进一步增强忧患意识、机遇意识、责任意识、服务意识，科学把握发展规律，从容应对各种挑战，只争朝夕，大干快上，更加奋发有为地推进石林大跨越、大发展。

（二）与时俱进理清思路

“十二五”时期，我们要坚持以邓小平理论和“三个代表”重要思想为指导，以科学发展观统揽全局，把握新一轮西部大开发、现代新昆明建设等重大机遇，以加快发展为主题，以转变经济发展方式为主线，以改善民生为重点，围绕富民强县两大目标，继续实施“33553”发展战略，强力推进旅游产业提升、工业发展突破、现代农业推进、城乡一体化加速、文化繁荣发展和社会事业加强，着力打造富强石林、生态石林、文化石林、活力石林、和谐石林，全面提高石林的综合竞争力和可持续发展能力。通过全县上下的共同努力，把石林打造成为县域经济繁荣、生态环境良好、民族团结和谐、人民安居乐业的国际旅游胜地和滇中经济区的东南新城。

（三）坚持原则科学发展

必须把科学发展作为主题。把发展作为优化经济结构，转变生产方式，化解各种矛盾，解决各种问题的关键，坚定不移地加快发展、率先发展。同时，保证发展的质量和效益。

必须把城乡一体化发展作为重要方向。按照“七个一体化”的要求，在制定规划和作出重大部署中，着眼全局，统筹城乡，正确处理好经济发展和社会发展的关系、改革创新和稳定发展的关系、城市发展和农村发展的关系。

必须把改革创新和扩大开放作为强大动力。坚持以解放思想为先导，加大改革和创新力度，重点在体制、机制、管理等方面有新的举措，不断提高对外开放的质量和水平。

必须把富民强县作为出发点和落脚点。坚持发展为了人民、发展依靠人民、发展成果人民共享，切实解决人民群众最关心、最直接、最现实的问题，不断提高人民群众的生活水平，促进社会和谐。

（四）咬定目标努力奋斗

“十二五”时期，全县经济社会发展的主要目标是：经济实现跨越式发展，在全省县域经济中进位争先；城乡一体化发展取得显著成效，与全市同步进入全面小康社会；生态文明建设持续加强，城乡环境更加优美；各项改革取得突破，体制机制不断健全，发展环境更加优越；科技、教育、文化、卫生、体育等各项社会建设协调推进，人民生活明显改善，社会更加和谐稳定。

1. 坚持科学发展，建设富强石林。全县地区生产总值年均增14%以上，地方一般预算收入年均增15%以上，全社会固定资产投资年均增30%以上，社会消费品零售总额年均增18%以上，城镇居民人均可支配收入年均增10%以上，农民人均纯收入年均增10.5%以上。三次产业结构调整优化为21：29：50。

2. 坚持协调发展，建设生态石林。生态环境更加优美，全县森林覆盖率达48%以上，建成区绿化覆盖率达45%以上，耕地保有量保持在5.3万公顷，城镇生活污水集中处理率达85%以上，城镇生活垃圾无害化处理率达100%以上，环境空气质量优良级天数达标率100%，主要污染控制在市下达指标内。创建成为国家生态县，成为全省生态文明示范区。

3. 坚持特色发展，建设文化石林。公共文化基础设施达到国家规定标准，基本形成布局合理、覆盖城乡的公共文化服务体系。统筹旅游开发建设与自然遗产保护，加强旅游与文化的融合，大力发展乡村旅游，引导发展大型主题公园和康体、健身、休闲、体验等旅游配套产业，推动旅游业特色化发展，基本建成国际旅游胜地。旅游直接收入年均增8%以上，总收入年均增19%以上，全县接待游客总数年均增13%以上，其中：接待海外游客年均增15%以上，旅游业增加值占服务业的比重达60%以上，文化产业增加值占地区生产总值的比重达15%以上。

4. 坚持创新发展，建设活力石林。非公经济发展壮大，增加值占地区生产总值的比重达45%以上；非农产业就业人数不断提高，就业比重达70%以上，非农产业和服务业从业人员占全社会就业人员比重达55%以上，科技经费支出占同级财政一般预算支出比重达1.5%以上；扩大对外开放，充满活力、富有效率、更加开放的体制机制基本形成，实际利用外资、实际引进市外资金年均增30%以上；全力推进城乡一体化先行区建设，城镇化率达50%以上；石林“宜居、投资”的吸引力和影响力不断增强，成为云南省统筹城乡发展的示范区。

5. 坚持以人为本，建设和谐石林。社会事业全面进步，高中教育毛入学率达90%以上，人口自然增长率控制在6.5‰以内，人均受教育年限10年以上；社会保障日趋完善，就业更加充分，新型农村合作医疗参合率达99%以上，新型农村社会养老保险参保率达98%以上，城镇基本养老保险参保率达90%以上，城镇登记失业率控制在3.9%以内；社会管理规范有序，城乡统筹协调发展，民主法治得到加强，诚信体系更加完善，公平正义充分体现，人民群众安全感、幸福感进一步提高。

三、立足高起点，跨越发展开创新局面

2011年，是全面实施“十二五”规划的第一年，开好头、起好步，至关重要。站在新的起点，我们要认真贯彻落实市委九届七次全会和县委十届七次全会精神，更加注重产业发展和结构调整，更加注重项目带动和投资拉动，更加注重发展质量和发展效益，更加注重社会建设和民生改善，凝全民之智、聚全县之力，扬改革风帆、辟创新道路，与时俱进，共谋发展，把石林经济社会推上科学发展、和谐发展的

快车道，实现“十二五”经济社会发展的“开门红”。

2011年经济社会发展的主要奋斗目标建议为：地区生产总值增14%以上；地方财政一般预算收入增16%以上；全社会固定资产投资增30%以上；社会消费品零售总额增18%以上；规模以上工业万元增加值能耗下降5%以上；城镇登记失业率控制在3.5%以内；人口自然增长率控制在6.5‰以内；农民人均纯收入增11%以上；城镇居民人均可支配收入增10%以上。

围绕上述目标，要抓好以下重点工作。

（一）加快产业提升，突破园区建设

1．加速旅游转型提升。持续加强石林世界自然遗产地保护管理，完成景区有碍自然遗产保护设施的搬迁拆除并进行生态恢复，规划建设旅游服务区石林片区污水和垃圾处理系统。加快推进旅游重点项目建设，完成石林狂欢之都餐饮、购物中心建设，石林生态民族体育运动场配套项目、散客服务中心、云林度假酒店、石林喀斯特地质科研博物馆、新游客接待中心交通网络及停车场等项目建成投入使用，开工建设演艺中心、商务、度假酒店及其他配套设施，积极推进苏宁石林、上海张江石林等旅游项目开工建设。重视城市形象设计，策划实施旅游服务区、彝族第一村等产业配套项目，加强旅游与文化、农业、工业的融合，积极发展观光、体验、休闲旅游，促进全域旅游发展，提升综合辐射带动力。实施长湖、大叠水景区保护性开发，拆除景区影响生态环境、有碍观瞻的人工设施，建成石林旅游新亮点。深入实施以旅哺农，建立保护区农民用工优先、旅游经营项目培育扶持等制度，让保护区群众共享石林旅游发展成果；开展旅游资源普查，建立世界自然遗产核心区资源保护数据库。实施乡村旅游发展总体规划，推进以县城周边和大小石林、乃古石林、月湖、圭山、长湖、大叠水片区为主的乡村旅游配套建设，完善服务设施，提升乡村旅游点接待功能和服务水平。整合旅游宣传资源，创新宣传营销方式，强化云南精品旅游景区黄金旅游线营销战略合作；以沿海、沿边、东盟各国及昆明国际友城为重点，加强宣传营销，大力拓展国际国内客源市场。全县接待游客388万人次，旅游总收入23.3亿元，直接收入4.6亿元。

2．强势推进工业突破。深入推进园区“三年倍增、六年跨越”行动计划，加快土地收储和基础设施建设，园区收储土地600亩，配套熟地500亩，新增建成区面积600亩；完成第二条工业大道路面工程及配套工程，建成标准厂房3万平方米。启动巴江河园区段部分区域治理、园区供电等项目。加快推进阿诗玛珠宝玉石加工、中种云南种子加工中心、立雄电力铁塔等项目，实施石林亚通塑胶管道加工、云南龙源风力发电等项目，新增入园项目5个，开工4个，其中亿元以上项目3个。着力拓展高端信息化，促进信息化与工业化“两化”融合，完成中小企业信息化改造15户，扶持培育规模信息化应用示范企业4户以上。强化知识产权管理，完成专利申请和授权30项以上。推进质量兴县战略，争取认定云南省名牌产品1个，昆明市名牌产品3个以上。改造提升烟叶复烤、石材、煤炭、农产品加工、民族刺绣等传统产业，实施10项以上科技计划项目，巩固工业存量，做大工业增量。全县工业总产值增20%以上，增加值增20%以上，固定资产投资增30%以上；规模以上工业企业达22户，增加值增22%以上。非公经济增加值增25%以上。

3．提速现代农业发展。加快云南昆明石林台湾农民创业园开发建设，完成投资服务中心建设，园区土地流转5000亩以上。推进锦苑花卉、润庄、万家欢、云烟印象、春喜科技、杏林国际、微藻养殖等项目建设，培育现代农业发展载体。按照“调结构、兴产业、建基地、扶龙头、带农户、促增收”的思路，完成月湖中低产田地改造二期、高标准农田示范、千亿斤粮食增产工程和新木凹土地开发整理等项目，新增高产稳产农田5.2万亩，新增、改善灌溉面积2.03万亩。提高农业标准化生产水平，推广应用测土配方施肥技术38万亩，农业机械化作业35万亩。开展粮食高产创建活动，启动政策性农业（种植业）保险工作，稳定粮食质量产量，确保达1.2亿千克。继续实施现代烟草农业“整县推进”项目，指导性种植烤烟11.28万亩，指令性收购烟叶1640万千克，均价15元以上，确保通过国家级烟叶标准化生产示范区验收。实施昆明市“菜篮子”工程项目，建设蔬菜基地7000亩，全县种植蔬菜8万亩；巩固甜柿、核桃等基地建设，实施优质特色水果提质增效2万亩，新增枇杷基地1000亩，建设标准化蚕桑生产示范基地2000亩。积极申报“国家农业科技园区”、“国家现代花卉产业示范区”项目，种植花卉8000亩。加快畜禽规模化养殖，提高商品质量，实现畜牧产值7亿元。加大农业投入品及农产品质量安全监管，积极组织申报“三品一标”认证。完善动植物疫病防控、农业有害生物预警、防雹减灾体系建设，提高灾害预测预报水平，增强农业农村抵御灾害的能力。扶持发展农业龙头企业，推动农业产业化发展，实现农业总产值21.33亿元，增14%，增加值11.74亿元，增13%。

4．加快文化产业培育。依托石林世界自然遗产旅游国际品牌和阿诗玛文化品牌，实施项目带动、企业推动、产业联动，推动文化与旅游融合，培育具有石林地域和民族特色的文化产业群。完成彝族第一村斗牛场二期、寺背后村阿诗玛民族文化休闲示范区建设，加快推进“石林老街·东门坊”文化休闲街区项目；启动阿诗玛文体中心、康体休闲中心、文博图书大楼项目。充分发挥文产专项资金的撬动作用，积极引导旅游商品、民族工艺、歌舞演艺、娱乐休闲、节庆会展、影视制作等文产项目的实施。推出一批文化精品项目，创作2～3个文化精品节目，探索推出一批景区主题文化活动和文化体验活动，引进至少3个3000万元以上文化产业项目，增强“石林斗牛”、“天天火把节”等文化品牌的吸引力，着力培育文化消费市场。文化产业增加值4.7亿元，占地区生产总值的比重达11%以上。

5．推进商贸物流活跃。牢牢抓住滇池泛亚“大市场”机遇，高起点完成全县市场规划编制，发挥资源、区位、交通优势，加快财富中心、鹿阜旧城、工业集中区、旅游服务区

4个中心旅游商贸圈建设，着力构建石林特色商贸物流体系。整合提升现有市场，推进农资交易中心等项目建设，开展旅游商品、农副产品等专业市场建设前期工作。依托台湾农民创业园，抓住昆明滇池流域以外建设40万亩蔬菜基地的重大机遇，承接产业转移，实施石林锦苑花卉产业园、大汉园景扩建项目，培育一批石林农产品出口示范企业，主攻国际市场，畅通国际物流。健全完善农村流通服务体系，新建和完善重点乡镇农贸综合市场，整合农村商业经营网点资源。开展高铁物流园区规划建设前期工作，大力发展商品批发、运输、配送、仓储、包装、搬运装卸、流通加工以及物流信息等现代物流业。深入推进再生资源分拣中心建设，重点实施“万村千乡市场工程”，新增连锁经营网点10个，逐步建立城乡一体的购销经营网络，全县所有行政村基本实现“四进村”目标。完善市场管理，规范市场秩序，构建便利、诚信、优质的市场服务体系。

（二）完善基础配套，统筹城乡发展

1. 突出先行先试，扩大县城规模。实施县城规模扩张行动计划，按照“极点开发、城镇带动、典型引路、城乡一体”的总体思路，全面启动昆明石林城乡一体化先行区建设，优化城市空间布局，拓展城镇发展空间，完善“核心区—先行区—辐射区”三个圈层规划，构建“县城—集镇—重点村”三级城镇体系。完成先行区城乡一体化发展规划和产业功能布局、交通体系建设、生态环境保护等专项规划。完成环城东路、阿诗玛东路延长线至污水处理厂、沙地片区C线延长线、C1线等市政道路建设；启动环城北路建设，开展环城西路、环城南路、县城至板桥火车站主干道建设前期工作。完成桃源水乡一期、世纪阳光等项目；实施鹿阜旧城三元宫等片区改造，完成粮食局、武庙、小古城片区主体工程。新增城市面积1.79平方千米，新增城镇人口5000人，城镇化率达33%。

2. 强化节点支撑，建设新型城镇。把集镇作为连接县城和中心村、推进城乡一体化发展的关键节点和重要支撑，加快省级重点镇石林镇、市级重点镇圭山镇、板桥镇、长湖镇等小集镇建设，实施“四集中”三年行动计划，深入推进集镇建设“1+4”工程，启动新型住宅小区建设，各乡镇新建成1个集中居住区和1个生态湿地公园；进一步完善集镇公共服务功能，完成石林镇振兴路、西街口集镇2号道路建设。新增集镇人口1000人、集镇面积0.35平方千米，人均拥有集镇道路面积5平方米以上。

3. 夯实农村基础，增强发展后劲。按照“先行先试、规划引领、分类指导、注重特色、集中连片”的思路，加大“撤村并居、迁村并点、生态移民”力度，积极引导有条件的村庄适当合并。完成大坝村新建集中居住区建设，启动小东山、沙地等试点村建设。各乡镇实施1个以上统规统建、迁村并点试点，集中力量打造一批重点村、示范村、特色村。争取实施扶贫整村推进和易地扶贫开发项目，逐年减少贫困人口。加快新农村建设，完成建制村公路路面硬化38千米；启动国道矣维哨至圭山煤矿修缮，公路养护967千米，优良路率达50%以上，好路率达80%以上，公交出行分担率达40%以上。改善城乡电网结构，完成圭山、石林、月湖、板桥、路美邑电网及变电站改造新建项目。实施石林地下水库、黑龙潭中型灌区节水配套改造及北大村海子水库、小屯水库、七角塘水库除险加固等项目，启动鱼龙水库新建、圭山水库管网改造和2011年中央财政小型农田水利重点县建设项目，完成“五小”水源工程，实施农村饮水安全项目，解决1万人的饮水安全问题。

4. 加强城乡管理，美化宜居环境。创新城市综合执法管理体制，完善数字城管系统，形成规范化、法制化、现代化的城市管理体系，推动城市管理向乡镇、社区、农村拓展，形成齐抓共管的“大城管”格局。全面推进“四全”工作，持续推进城乡环境综合整治，深入开展城市环境卫生、经营秩序、道路交通、临违建筑等专项整治行动，以“六清六建”为抓手，深入开展一镇一村建绿活动，新增城市绿地18万平方米，建成区绿地率保持在40.51%以上、绿化覆盖率保持在46%以上、人均绿地面积保持在19.32平方米以上；集镇绿地率达25%以上、绿化覆盖率达33%以上。全面推进“国家生态县”创建工作，配合市级争创“国家森林城市”，创建国家生态乡镇1个、国家生态示范村2个、市级生态村75个，进一步巩固国家园林县城创建成果，确保国家卫生县城通过复核。健全环保收费制度，提高污水处理、垃圾处理费征收覆盖面，城镇污水集中处理率达78%以上，垃圾清运率、无害化处理率100%。实施“一池三改”1000户、农村无害化卫生户厕2500座，农村清洁能源利用率达50%。强化节能减排，新增清洁生产企业5户以上，单位GDP能耗同比下降4%。持续推进防护林、公益林、碳汇林建设和中低产林改造，启动政策性森林火灾保险试点工作，大力发展特色经济林，实施珠江防护林工程3.3万亩，全县森林覆盖率达43.65%。深化殡葬改革，强化殡葬管理，规范殡葬服务市场秩序，加大乱埋乱葬治理力度，推进狮山生态陵园建设，火化率达100%。

（三）扩大改革开放，增强发展活力

1. 强化体制创新。理顺管理体制，拓展旅游服务区、生态工业集中区、台湾农民创业园发展空间，建立园区一体化经济圈。加强公共资源交易中心建设，土地使用权、房产权、林权、矿产权及国有（集体）资产转让等进入中心交易。探索建立绿色信贷、绿色保险制度，建立健全企业环保信用评价体系，试行排污权有偿使用。加快农村产权制度改革，完善征地补偿机制，实施城乡建设用地增减挂钩试点项目，完成土地整治规划和旅游产业土地利用专项规划，探索土地资源利用与保护新途径，最大限度挖掘用地指标，破解建设用地瓶颈。围绕农村集体建设用地使用权、宅基地使用权、房屋产权、林权和土地承包经营权等，着力推进“三重三置换”，建立归属清晰、权责明确、保护严格、流转顺畅的农村产权制度，盘活农村资源，增强农村发展活力，促进城乡一体化发展。

2. 抓牢财税金融。着力培植财源税源，扩大民间资本投资领域，支持发展非公经济，大力培植应税企业，努力做大财政收入“蛋糕”。加强收入征管，加大协税护税力度，规范非税收入管理，堵塞征管漏洞，做到应收尽收。规范国库集中支付，强化预算执行，加大项目预算评审、决算审计力度，开展绩效评价，提高财政资金使用效益。做实项目前期工作，在民生工程、农业产业化、社会事业等领域争取更多项目列入国家、省、市计划。深化投融资体制改革，做实石林旅游集团、石投、工投、农水投公司，增强融资和投资开发能力，确保政府性投资项目顺利推进。鼓励和引导社会资本参与城市基础设施、公益事业和社会事业建设，逐步形成投资主体多元化、运营主体企业化、运行管理市场化的投融资体制新格局。多渠道融资8亿元以上，向上争取资金4亿元以上。

3. 提高招商质量。继续实施招商引资“一把手”工程，强化招商引资责任制。突出产业招商和园区招商，强化规划招商，对重点行业、重大项目开展专业化、高频率招商，增强招商引资的主动性、针对性。注重招商选商，生产性项目注重投入量，服务性项目注重功能性，总部类项目注重带动力，促进招商引资由数量扩张型向质量效益型转变；加大园区基础设施建设投入力度，提高项目吸纳和承载能力，引导项目向园区集中，推动产业聚集。抓好产业项目包装、储备，整合招商资源，成立乡镇招商分局，增强招商力量，完善招商引资考核办法，建立招商引资联动机制，形成招商合力。积极探索市场化招商机制，开展以商招商、中介招商、委托招商、代理招商。加强落地项目的跟踪服务，促进项目投产达效。实际利用国内市外资金25亿元，外资1200万美元以上。

（四）繁荣社会事业，促进文明和谐

1. 加快实施科教兴县战略。巩固国家科技示范县成果，提升科技应用水平和能力，不断提高科技对国民经济增长的贡献率。大力发展学前教育，制定实施学前教育发展规划，新增幼儿园14所，幼儿入园入班率达90%以上；均衡发展义务教育和继续教育，“两基”巩固率保持在99%以上；突出发展普高教育，全面启动高中晋级升等工作，毛入学率达81%，高考一本上线人数增10%以上；突破发展职业教育，普职比达1∶1.2；积极发展民办教育，民办学前教育比重达91%以上，民办高中教育比重达41%以上。加快教育基础设施建设，完成5所农村中小学标准化建设续建项目和县一中校安工程，推进县民中搬迁新建和县职中二期工程建设，优化资源配置，县城新增就读学生3000人以上。

2. 大力发展文化体育事业。以健全公共文化服务体系为核心，进一步夯实基层公共文化基础，新建6个行政村文化体育活动场，5个农民健身工程，完成3个文化站、20个农家书屋、石林方志馆等项目，推进2个省级文化惠民示范村创建工作。高度重视非物质文化遗产保护，推进叙事长诗《阿诗玛》申报世界非物质文化遗产工作。加大民族文化保护和传承力度，建设1个非物质文化遗产保护传承展示中心，命名一批县级非物质文化遗产传承人，新公布5项以上县级重点文物保护单位。实施“数字乡村”工程，城乡数字电视用户达2万户以上，宽带网络覆盖率达100%。办好少体校，抓好体育人才培育和项目培训推广，广泛开展群众性文化体育活动，重视摔跤、抢花炮等民族传统竞技体育项目和人才培养，组织参加昆明市第四届运动会，举办全县职工运动会。

3. 健全完善医疗卫生体系。深化医药卫生体制改革，建立覆盖城乡居民的基本医疗保障制度，促进基本公共卫生服务逐步均等化、普及化，推进公立医院改革试点工作，新农合参合率达99%以上，初步建立面向困难低保人群的基本医疗、住院、大病救助“三位一体”的医疗保障体系，有效缓解群众“看病难、看病贵”问题。推进城乡医疗卫生事业统筹发展，完成县人民医院搬迁新建国家专项投资部分主体工程，加强社区（村级）卫生服务机构、疾病预防控制基础设施建设，提高疾病防控能力和水平。重视妇幼卫生保健工作，有效控制孕产妇死亡率和婴幼儿死亡率。支持社会力量与公立医院合作办医，大力发展专科、特色医院。深入开展爱国卫生运动，创建1～2个省级卫生村。加强人口和计划生育综合治理，拓展计生优质服务领域，全面推行免费婚检，加强出生缺陷预防干预，提高出生人口素质。

4. 抓好人力资源社会保障。强化社会保险扩面工作，社会保险综合参保率达80%，新型农村社会养老保险参保率达92%以上；探索实施城镇居民养老保险制度；加大社会保险稽核力度，确保基金收支平衡。大力实施“两后双百”和“三就三百”工程，对有培训就业愿望的学生和失地农民100%进行就业培训并推荐就业，开发有效就业岗位1000个以上，实现城镇新增就业900人；培训农村劳动力1.1万人，转移输出不低于9000人，台创园核心区内的500户农村居民每户一名劳动力就近就业。城镇登记失业率控制在3.5%以内。争取实施“65·1工程”，加强人事、劳动、争议仲裁机构和调解网络建设，推行网格化劳动保障监察执法新模式，依法保障劳动者权益。完善城乡低保救助、城乡社会救助、灾害应急救助和社会养老服务体系建设，切实保障妇女儿童、残疾人合法权益，最大限度保障人民群众基本生活。

5. 全力维护社会和谐稳定。继续深入推进以农村“三资”管理和“四议两公开”为重点的社会管理工作，完善社会治安防控体系，突出打黑除恶，持续开展严打整治，加强禁毒防艾，巩固无毒县、先进平安县创建成果。全面实施“六五”普法与“五五”依法治县规划，继续推进“法治石林”建设，推广“西街口10分钟法制课堂”普法模式，完善人民调解“以奖代补”机制，全年治安纠纷、民间纠纷调处率达100%，调处成功率达95%以上，创建民主法制村市级10个以上、县级40个以上。畅通信访渠道，深化领导干部接访、下访机制，有效解决群众合理诉求。强化安全监管责任落实和责任追究，杜绝重特大事故，减少一般事故。建立健全突发公共事件预警和应急体系，提高应对突发事件和风险的能力。强化自然灾害预警预测监管和治理，严防事故灾难发生。加强食品、药品和产品质量监督管理，保障人民群众生命财产安全。用足用活民族政策，积极争取上级资金补助，改善民族地区水电路、教育卫生等基础条件，促进宗教和谐、民族团结。

（五）强化自身建设，打造服务政府

1. 坚持以人为本，筑牢服务基础。全心全意为人民服务，是政府所有工作的出发点和落脚点。执政为民，就是用人民赋予的权力为人民谋利益。我们将牢固树立群众观，坚持走群众路线，尊重群众、贴近群众、深入群众，一切工作为了群众，把立党为公、执政为民的理念具体、深入落实到各项工作中，全力践行根本宗旨，努力干出经得起实践检验的实绩，实现好、维护好、发展好最广大人民群众的根本利益，真正做到发展为了人民、发展依靠人民、发展成果人民共享。

2. 坚持依法行政，规范服务行为。人民通过人民代表大会选举产生人民政府，人民政府的一切权力来自于人民。我们将自觉接受县人大、县政协和社会各界的广泛监督，认真办理好人大代表议案、建议和政协委员建议案、提案，提高满意率和落实率。进一步强化公务员的法制意识，切实增强依法行政的自觉性。深化完善行政执法责任制，建立健全行政执法评议考核制和过错责任追究制，规范行政执法行为。

3. 坚持改进作风，提高服务水平。机关干部作风，联着民心，事关大局，是政府形象、发展环境的具体体现。我们将继续转变观念，更加重视社会管理、公共服务职能的履行，有效防止越位、错位、缺位现象，建立有限权力政府。强化目标管理，完善工作实绩考评体系，树立激励先进、鞭策后进、奖优惩劣的鲜明导向。关注民生、兑现承诺、创优环境，努力让服务成为推进招商引资、促进经济发展最优质的资源。全面加强队伍建设，提高干部的发展意识、责任意识、全局意识、服务意识，努力做到对每一项工作依法作为、对每一位群众认真负责，使我们的工作更加贴近民生、符合民情、顺乎民意，努力建设人民满意、人民信任政府。

4. 坚持清正廉洁，强化服务保障。勤廉行政关乎人心向背，是政府工作的自律准则。我们将继续建立健全教育、制度、监督并重的惩治与预防腐败体系，加强行政监察、审计监督和政府督查工作，强化对重点工程、预算外资金、专项资金的审计监督与执法监察。坚持廉洁自律，常修为政之德，常怀律己之心，常思贪欲之害，以公生明，以廉生威，用为民、务实、廉洁、勤政的良好形象感召和凝聚全县人民同舟共济，艰苦创业。

5. 坚持创先争优，保证服务质量。永不懈怠、敢创一流，是加快发展的不竭动力。我们将强化学习创新，不断提高贯彻落实科学发展观的能力、驾驭全局的能力、处理复杂关系的能力。更加努力地进行制度创新、理论创新、科技创新和文化创新，推进政府管理体制和管理方式创新，调动积极性、增强主动性、发挥创造性、突出实效性。深入实施“效能政府”四项制度，进一步完善政务服务中心运行机制，简化办事流程，提高审批效率，优化发展环境，努力建设进取、高效、创新型政府。

（六）恪守为民宗旨，办好十件实事

1. 实施昆明市“菜篮子”工程，建设蔬菜基地7000亩。

2. 实施县城环城北路建设。

3. 实施廉租住房315套，农村民居地震安全及危房改造工程1100户。

4. 完成建制村公路路面硬化38千米。

5. 实施黑龙潭中型灌区节水配套改造项目。

6. 全面开展“国家生态县”创建工作，确保完成市级生态村创建目标。

7. 完成“一池三改”1000户、大中型沼气池1座，改造农村无害化卫生户厕2500座。

8. 培训农村劳动力1.1万人、就地就近转移就业9000人；实现台创园核心区内的500户农村居民每户一名劳动力就近就业。

9. 新型农村社会养老保险参保率达92%以上。

10. 完成县一中校安工程，启动县民中搬迁新建工程。

各位代表，雄关漫道真如铁，而今迈步从头越，百舸争流催人进，千帆竞发当有为。新起点、新挑战、新机遇、新希望。刚刚结束的市委九届七次全会、市人代会、市政协会、县委十届七次全会为我们指明了前进的方向。让我们在市委、市政府和县委的坚强领导下，抢抓机遇，开拓创新，乘势而上，以更足的干劲，更实的作风，为开创“十二五”经济社会发展新局面，建设石林美好未来而努力奋斗！

发挥优势增合力 团结协作促发展 为开创“十二五”良好局面而努力奋斗

——政协石林彝族自治县第八届委员会第四次会议工作报告

（2011 年 1 月 21 日）

县政协主席 者培仙

各位委员：

我受中国人民政治协商会议石林彝族自治县第八届委员会常务委员会的委托，向大会报告工作，请予审议。

2010 年工作回顾

2010 年是“十一五”的决战之年，也是县政协在继承中发展，在发展中创新的一年。一年来，在市政协的关心指导下，在县委的正确领导和县人民政府的大力支持下，县政协常委会始终高举中国特色社会主义伟大旗帜，以邓小平理论和“三个代表”重要思想为指导，深入贯彻落实科学发展观，突出团结、民主两大主题，履行政治协商、民主监督、参政议政职能，发挥协调关系、汇聚力量、建言献策、服务大局的作用，坚持围绕核心、服务中心、反映民心、凝聚人心，把推动“跨越发展、富民强县”作为履行职能的第一要务，把促进社会和谐作为第一责任，把关注民生作为第一要事，大胆开拓，勇于创新，政协工作迈上了新的台阶，为全县经济社会又好又快发展作出了积极贡献。

一、围绕中心，服务大局，政治协商出成果

立足从党政决策中找工作思路，从群众呼声中找工作重点，按照“履行职责规范化，监督工作科学化”的原则，紧紧围绕“33553”发展战略、“543”倍增计划和全县经济社会发展的重大问题，建真言，献良策，做到县委想什么、政协就议什么，政府做什么、政协就帮什么，群众盼望什么、政协就关注什么。

精心组织，总体协商水平提高。政协全体会议是政协履行职能最集中、最重要的会议，是政协总体协商的有效形式。县政协八届三次全会对“一府两院”工作报告进行了认真协商。为提高会议成效，精心选择了一批代表性、全局性、战略性强的课题，组织了《大力加强城乡规划管理》、《浅谈石林镇农村社会稳定工作》、《打造长湖精品旅游小镇，促进石林乡村旅游发展》等八个专题议政发言，使与会人员思想受到启迪，开创了专题议政的新模式。

注重实效，专题协商效果增强。重点围绕城乡一体化、招商引资落地项目、蔬菜产业发展、高中教育发展情况等，与县发改局、台创园、农林局、教育局等单位进行了专题协商，推动了部门工作，促进了党政决策的民主化和科学化。协商讨论了我县建设昆明石林经济一体化先行区实施意见，关于撤销鹿阜镇、石林镇、板桥镇，设立鹿阜街道办事处的意见，“十二五”规划纲要等，从长远利益出发，从实际问题入手，提出了具有前瞻性、针对性和可操作性的意见，很多意见得到了采纳。

关注热点，加大重点协商力度。面对百年不遇的特大干旱，生产生活用水问题成为全县人民普遍关注的热点问题。委员们提出了《关于做好 2010 年生产生活用水工作的建议》、《加大工作力度，取消“库、塘、坝”肥水养鱼行为》等建议，得到县委、政府的高度重视，列入了重点督查工作范围，在各乡镇组织开展了取缔肥水养鱼专项整治行动。《关于抓紧时间清理巴江河道的建议》上报后，县人民政府组织全县

机关干部对巴江、西河等河道的杂草、建筑垃圾进行了全面的清理整治，确保了雨季到来时安全通畅。此外，《加大对台创园失地农民培训、转移工作力度，促进社会和谐稳定》、《加强政府对“商品房竣工验收和物业管理”的管理力度》等提案都被列为了重点提案。

二、发挥优势，突出主题，参政议政有作为

参政议政是人民政协履行职能的重要形式，也是党政领导听取各界人士及广大政协委员意见建议的有效途径。县政协充分发挥智力雄厚、联系面广的优势，精心选题，广开言路，咨政建言。

加大调研视察，促进民主决策。注重在监督中参与、在参与中监督、在监督中建言，把协助县委、政府制定好国民经济和社会发展规划作为一项重要工作，就发展思路、发展目标、发展重点等重大问题，开展广泛深入的调研论证。一年来，共形成专题调研视察报告10篇，提出意见建议100多条，为党政科学决策提供了大量具有前瞻性、全局性的意见建议。如《关于加快我县蔬菜产业发展的调研报告》、《城乡一体化建设视察报告》、《我县招商引资项目落地建设情况调查报告》、《加快推进我县高中教育发展的调研报告》等都得到了县委、政府和有关部门的高度重视，为促进党政科学决策发挥了作用。

创新督办形式，加大落实力度。一是创新提案调研形式。采取先收集、后分析，先调研、后提案的形式，注重平时的提案收集和调查研究，提案质量和数量都明显提高。共收到委员提案173件，立案172件，办复率和满意率均达100%，一大批优秀提案在促进我县的经济社会发展中发挥了重要作用。二是创新建议案监督形式。经过认真调研，提出了《加快石林地下水库建设的建议》、《关于实施全县中小学“校舍安全工程”》两件政协建议案，组织政协常委和专业技术人员进行了专项督办，在相关部门的高度重视下，得到了落实，较好地发挥了建议案的监督作用。三是创新提案督办机制。严格督办标准，规范办理程序，强化提案监督，先后实行了重点提案主席督办、重点提案隔年跟踪回访复查、提案办理及办理结果公示、提案办理“三个不面商”、提案办理工作奖励等机制，提高了提案质量，增强了提案实效，激发了广大政协委员参政议政的积极性。四是列入县委、政府目标督查。从去年开始，县政协确定的2件政协建议案、11件重点提案被县委、政府列入了2010年主要工作目标任务分解立项督查范围，明确了责任领导、具体责任人和办理时限，确保了落实效果。五是注重专项监督抓典型。邀请县政府领导每半年向政协常委会通报一次全县经济运行和招商引资项目落实情况，为委员知情明政、加强监督创造条件；围绕法院积案执行情况、公安“打黑除恶”专项行动、高中教育情况、校舍安全工程等工作，专题听取工作汇报；围绕特大干旱，县政协提出做好2010年度生产生活用水工作、加大工作力度取消“库、塘、坝”肥水养鱼等建议，为战胜旱灾发挥了作用。六是形成重视提案办理的良好氛围。县委、政府两个目督办领导经常主动到县政协协商提案督办工作，县国土局、住建局、教育局等单位领导亲自领办提案，主动邀请县政协委员视察工作、听取汇报、协商工作，外宣办主动帮助宣传政协工作，维护了政协委员的知情权和监督权。

践行一线工作，勇推招商引资。按照“领导班子不分一线二线，不分前台后台，一个中心决策，多套班子落实，齐心协力抓好发展”的要求，充分发挥政协智力密集、人才荟萃、联系广泛、企业家委员多的优势和委员招商、以商招商、企业招商的便捷渠道，积极参与招商引资工作。在没有招商引资工作任务的情况下，邀请分管城建工作的副县长和住建、国土等单位的领导一起外出考察招商，成功引进了鹿阜旧城改造二期鹿城广场（三元宫片区）项目，在各级干部的共同努力下，目前完成了住户动员、入户调查、实地测绘、设计方案修改等前期准备工作，入户率达100%、同意率达90%以上，正在进行拆迁补偿和规划设计方案报批；经县政协常委牵线，黑龙江省万宝木业米业有限公司与本土企业合作开发佳泽商都项目。在石林镇和环保、水务、国土、电力等单位的大力支持下，云南大润种兔繁育养殖有限公司进入正常养殖生产阶段，已成功获批为“省级种畜禽生产基地”。以上三个项目，实际到位资金1.055亿元。同时，对广东温氏、万城阿诗玛旅游小镇、上海新天地、桃源水乡等一批政协委员所在企业进行跟踪联系服务，做了大量理顺情绪、化解矛盾工作，促进了我县招商引资工作的顺利推进。

三、体察民情，关注民生，民主监督见实效

反映社情民意是人民政协的一项基础性工作。一是制定下发了《政协委员处理社情民意的工作意见》，指导委员收集、反映和处理社情民意。二是不断创新反映社情民意渠道，把反映社情民意纳入政协常委“五个一”、委员“四个一”活动考核内容。三是按照领导干部大下访的要求，组织开展了“广收社情民意，促进民主决策”政协主席约谈接待活动，活动形式由委员来访变为政协主席、副主席主动下访，编发《石林政协》8期，其中报送《石林政协社情民意反映》6期，反映社情民意130多条，作为县级领导和有关部门通过政协了解基层情况的第一手资料，形成了由政协领导牵头负责，委室综合协调、搞好服务，委员建言献策、知无不言的社情民意反映新机制，得到了县委、政府领导的高度重视，县委主要领导多次进行了批示。四是积极参与有关部门的廉政建设、行风评议、公务员招考、规划调整、重大案件审理、物价调整听证等活动，形成了合力，提高了实效。

四、团结民主，凝聚力量，服务社会作贡献

充分发挥人民政协联系广泛、社会影响力大的独特优势，积极营造民主和谐的氛围，努力增进社会各阶层和不同利益群体之间的和谐相处。

汇聚力量增进团结合作。一是紧紧围绕全县发展稳定的大局，充分发挥联系广泛的优势，进一步密切与民营企业家等社会新阶层人士的联系与沟通，竭尽全力为企业搞好服务，为我县的发展增添了合力，凝聚了人心。二是支持帮助县委统战部不断加强与港澳台侨同胞的联系，开展中秋、春

节慰问活动，加强非公有制经济代表人士队伍建设，加大党外干部的培养力度等工作取得明显成效，为海邑和维则天主教堂协调资金各10万元。县工商联开展“企业家沙龙”活动4次，100多名企业家参加了活动，加强与川渝、浙江等各商会的沟通联系，举办企业家春节座谈会和优秀非公企业评选活动，组织企业抗旱捐款捐物达100多万元，发挥了桥梁纽带作用。三是参与三省（区）二十县（市、区）政协工作联谊研讨会、昆明市政协联谊会、陆良石林联谊会、弥勒石林联谊会等，不断增添新的内涵，拓展了团结领域，增强了交流合作，带动了多层次、宽领域的交往合作，友邻县的联谊活动由当初单纯的维护边界稳定向更深层次的学习交流合作推进。四是带领部分常委、委员和相关单位、企业人员到贵州、元谋、通海、易门、嵩明、晋宁等地进行新农村建设、蔬菜产业发展学习调研，写出了《关于加快蔬菜产业发展的调研报告》、《关于新农村建设的考察报告》报政府决策参考，帮助石林鑫森种植园找到了发展思路和营销市场;为加快石林高中教育改革工作稳步推进，带领县教育局、一中、民中等单位领导和部分政协常委到景东、巍山、南涧等地进行参观学习联谊，开阔了视野、启迪了思维;县政府分管教育工作的领导和县教育局、一中、民中、职中的领导和骨干教师就我县高中教育发展、校安工程建设的现状、问题及建议专题进行了汇报，形成了《加快推进我县高中教育发展的调研报告》，对于提高我县的教育管理水平发挥了作用。五是接待了省内外政协领导20多批300多人次，宣传了石林，增进了团结友谊和工作交流。

关注民生促进社会和谐。一是以实际行动帮民脱困、为民解难。在去年抗旱期间，县政协牵头到市水利局协调抗旱资金15万元，协调社会力量参与抗旱救灾工作，组织企业家委员到鹿阜镇、大可乡、石林镇的部分村委会捐款捐物折合人民币19.5万元，起到了雪中送炭、鼓舞斗志的作用。通过牵线搭桥，广东嘉宝莉公司与县一中30名少数民族贫困学生结成长期帮扶对子；深圳市德缘投资管理公司为圭山镇尾乍黑村希望小学捐款30万元；美国建华图书社为大可乡、圭山镇各捐赠了价值6000美元的图书;通过与市政协协调，为西街口镇糯衣村委会捐赠篮球架、乒乓球桌，为丰富边远山区群众文化生活尽了绵薄之力。二是积极组织干部职工参加帮助贫困群体、见义勇为基金、玉树地震、园林绿化、工会互助、贫困党员救助等捐款活动，组织机关干部职工抗旱捐款5万余元。三是做好支农联系工作，加大对水塘铺村委会的支持力度，积极帮助协调联系项目，完成烟水工程、村内道路硬化、科技文化室等项目建设，村民的科技意识和致富能力得到提高。四是积极参与重大突发事件的应急处理。协助支持县委、政府处理好“2·7”森林火灾、“4·01”特大交通事故、“5·14”森林火灾等突发事件。在“2·7”森林火灾中，及时组织万城阿诗玛旅游文化有限公司、云南梦达尔集团、云南石金集团、云南兴亚集团4个政协常委所在企业捐献42万元现金及价值21万元的物资，为火灾的扑灭提供了有力保证。在“4·01”特大交通事故中，耐心细致地做好死者家属的安抚工作，为事故的理赔和善后处理打下了坚实的基础。

强化资政功能再创文史辉煌。加强文史资料的收集整理工作，注重发挥政协文史资料“存史、资政、团结、育人”的功能。历经一年零八个月时间，完成了80多万字的《石林彝族自治县政协志》编纂出版工作。《石林彝族自治县政协志》客观、真实地记录了石林县政协60年来在中国共产党的领导下成立、发展、壮大的过程，对于我们认识过去、着眼当今、开创未来、书写好人民政协工作的新篇章具有重要意义。

五、与时俱进，勇于创新，自身建设有提高

加强自身建设，是新时期新阶段做好政协工作的前提和基础。县政协以强化学习为途径，以推进政协工作规范化、制度化、程序化为重点，从多方面加强自身建设，推动政协工作跃上新台阶。

加强全员学习，整体素质明显提高。为进一步加强和改进人民政协的工作，近年来，中央和省、市委先后下发了一系列文件。2010年10月29日，县委专门召开了政协工作会议，对政协工作提出了新的希望和要求。制定下发了《中共石林彝族自治县委关于支持人民政协履行职能发挥作用的意见》（石发〔2010〕15号），对政协履行职能的内容、形式、程序等和进一步支持政协搞好工作都作出了明确的要求，对发展社会主义民主政治，建设社会主义政治文明，有着十分重大的意义。县政协机关始终坚持每周一次的集中学习制度，制定详细的学习计划，组织学习中共十七届五中全会精神、科学发展观、人民政协理论，学习时事政治和经济、管理、法律等方面的知识，学习县委、县人民政府的决策部署和全县的经济社会发展情况，进一步提高了机关干部服务大局能力、研究分析能力、综合协调能力。

创新活动形式，委员素质得到提升。继续把组织开展常委“五个一”、委员“四个一”活动作为各个政协工作联系小组的常态工作，把对政协委员的总体要求和具体要求结合起来，有定性目标，有定量标准，进一步提高了委员素质，激发了委员的工作热情和积极性。各政协小组都按照要求，认真组织开展活动，提出了很多高质量的提案，委员素质得到提升。大可乡小组组织了从大可修建通往玉溪的通道调研；圭山镇小组开展了山区少数民族地区殡葬改革和发展乡村旅游调研;鹿阜镇小组提出规范农村建筑秩序、整治违规建房的建议；石林镇小组提出加大治理农村生活垃圾力度，改善农民居住环境的提案；财税金融小组提出了整治电动三轮车乱停乱放、关于减免本地群众进入石林风景区门票费用两个集体提案；党群口小组认真组织专题调研，提出了建议加大石林县公租房建设及管理力度、加强城市交通管理，全面提升城市综合管理水平的集体提案;政府口小组提出了研究石林石头逐年变白的成因及对策，有效保护好旅游资源的提案；等等。

完善机关制度，“三化”建设不断推进。完善了《政协机关工作制度》，制定了《政协提案工作制度》、《政协主席大下访活动制度》、《政协委员处理社情民意工作制度》、《政协领导提案督办制度》、《政协提案公示制度》等多项制度，建立了一整套政协工作规范机制，加强了政协机关的思想作风、工作作风、生活作风和党风廉政建设，规范了工作程序，提高了办事效率。在县委、县人民政府的关心重视下，

迁入了新的办公大楼，添置了一批新的办公设备，为推进政协“三化”建设提供了有力保障。

增强工作活力，树立机关形象。重视机关党建、党风廉政建设和精神文明建设，组织开展了创先争优、效能建设、“四型”机关建设、勤廉公示等活动。注重机关文化建设，抓住时机，组织开展机关文化活动，不断提升机关干部的良好精神风貌，机关的凝聚力、战斗力明显提高。特别是政协机关干部职工主动弘扬石林彝族文化、宣传石林、推介石林，在对外交往联谊和招商引资工作中发挥了重要的作用，树立了机关的团队精神和良好形象。组织开展了政协委员生日活动，提高了委员荣誉感、责任感，激发了委员的工作热情。通过开展活动，增添了政协组织的合力，彰显了政协组织独特的优势和作用。同时，牢固树立节支也是增收的观念，认真贯彻落实党风廉政建设和厉行节约的各项规定，强化人、车、会、话、接待管理，降低了成本，提高了效率。

重视老干工作，发挥老干余热。注重团结、调动离退休老干部的积极性和创造性。每逢老干部或遗属生病和节假日都去看望慰问，定期不定期地组织开展离退休老干部学习、座谈、交流活动，宣传县委、政府的工作重点、工作成果，通报政协工作情况，得到了老干部的赞扬。老干部都自觉把思想凝聚到县委、政府的中心工作和重大决策部署上来，体现了“政协大家庭”的和谐风范，为工作凝聚了人心、增添了合力。

总结一年的工作实践，我们深刻体会到，推进人民政协事业的发展，必须把中国特色社会主义作为共同的理想信念，积极引导各族各界和各阶层人士，心往一处想，智往一处聚，力往一处使，共同致力于实现富民强县的宏伟目标；必须把政协工作放在全县工作大局中谋划和开展，自觉与县委和政府目标上同向，工作上合拍，行动上一致，在关键时刻顶得上去、帮得上忙，为促进科学发展、改善民生、维护稳定作出积极贡献；必须把以人为本贯穿于履行职能的各个方面，始终以人民利益为重，以群众疾苦为念，多建顺民意的真言，多献遂民愿的良策，多办得民心的实事，切实做到人民政协为人民；必须把广泛团结作为攻坚克难的不竭动力，充分发挥人民政协代表性广和包容性强的优势，在挑战中增进共识，在团结中凝聚力量，巩固、发展和衷共济、共同奋斗的生动局面；必须把发挥委员主体作用作为政协工作的重要基础，尊重委员的首创精神，维护委员民主权利，用事业凝聚委员，用实践锻炼委员，用机制激励委员，真正使广大委员人尽其才、才尽其用、各尽其能。

各位委员，过去一年所取得的成绩，是市政协关心指导的结果，是县委正确领导和县政府大力支持的结果；是全县各族各界人士、广大政协委员团结奋斗、辛勤努力的结果。在此，我代表县政协常委会，向所有关心支持政协工作的各位委员、各位领导、各族各界人士表示衷心的感谢和崇高的敬意！

在肯定成绩的同时，我们也清醒地认识到，工作中还存在一些有待加强和改进的方面。主要表现在：对新形势下履行职能的质量、实效和形式有待提高和完善，有效促进调研成果转化的方式、方法有待进一步探索；委员的界别作用发挥不够充分，自觉性和主动性不强；政协机关干部配备不齐、年轻干部少，外出学习机会不多，工作视野不宽，服务水平和质量仍需提高;政协工作的宣传力度还不够，少数领导干部对政协工作了解不多、理解不深、支持不够等等。这些问题，都需要我们在今后的工作中认真研究，不断加以解决。

2011年工作部署

今年是“十二五”的开局之年，开好头、起好步，至关重要。在新的一年里，县政协工作的总体要求是：认真贯彻落实党的十七届五中全会、省委八届十次全会、市委九届七次全会和县委十届七次全会精神，坚持以邓小平理论和“三个代表”重要思想为指导，高举中国特色社会主义旗帜，紧扣团结、民主两大主题，以科学发展观和“33553”发展战略统揽工作全局，认真履行人民政协三大职能，以发扬民主、关注民生、推动发展、促进和谐为工作主线，以提高政协的创新力、增强政协的凝聚力、扩大政协的影响力为目标，不断拓展政治协商新领域，探索民主监督新方法，开创参政议政新途径，为着力打造富强石林、生态石林、文化石林、活力石林、和谐石林，把石林打造成为县域经济繁荣、生态环境良好、民族团结和谐、人民安居乐业的国际旅游胜地和滇中经济区的东南新城作出新的贡献。

一、统一思想，提高素质，着力加强理论学习

“十二五”时期，是全市争科学发展之先、创和谐社会之优的冲刺时期，也是我县旅游产业提升、工业发展突破、城乡一体化加速、现代农业推进、文化产业繁荣和社会事业加强的关键时期。人民政协作为推进我县政治经济社会发展的重要力量，必将发挥更加积极的作用。

明确工作定位，坚定政治方向。坚持党的领导是人民政协保持正确的政治方向的前提。要强化政治意识，自觉接受党的领导，始终与县委同心、同向、合拍，切实维护县委权威。要突出大局意识，把政协工作放在全县的工作大局中，重大问题及时向县委汇报，在宏观决策中搞好协商，在贯彻执行中搞好协调，在具体工作中搞好协助，做到“补位补漏、补台补缺”，当好“润滑剂”和“助推器”。要增强表率意识，充分发挥党组的领导核心作用，坚持“知实情、讲实话、出实招、求实效”，切实把县委、政府的重大决策和安排部署贯彻落实到政协的各项工作中，做到政治协商有序、民主监督有力、参政议政有为，以良好的成效赢得县委的重视和政府的支持。

加强理论学习，提高履职能力。要树立固本强基的观念，大力开展创建学习型机关、学习型专委会、学习型委员队伍等活动，以科学理论和现代知识为支撑，不断提高委员队伍的综合素质。要坚持学以致用的观念，把学习的成果转化为谋划政协工作思路和创造性开展工作的本领，使学习实践的过程成为统一思想、提高认识的过程，成为研究问题、改进工作的过程，成为增进团结、凝聚力量的过程，成为创造新业绩、开创新局面的过程。要坚持在岗学习的观念，以常委“五个一”和委员“四个一”活动为载体，发挥全委会、常委会、专委会、小组会、培训会的示范带动作用，广泛了解各种信息，厚积薄

发，不断提高政协民主监督的科学性、权威性。

突出学习重点，指导工作实践。广大政协委员和各政协参加单位要认真组织开展以学习县委召开的政协工作会议精神和贯彻落实《中共石林彝族自治县委关于支持人民政协履行职能发挥作用的意见》精神为主要内容的学习教育活动，进一步领会精神实质、重要意义，把握服务大局的主要任务、工作重点，遵循履行职能的制度机制、工作规律，明确自身建设的具体要求、工作措施，用实施意见规范履职行为、指导履职实践，力争把各项工作做得更加富有成效，努力做到县委放心、委员称心、社会满意。

二、发挥优势，履职为民，着力推动科学发展

促进发展是时代赋予人民政协的历史任务。我们要更好地肩负起历史赋予的重任，树立“科学务实，履职为民”的工作理念，围绕党政最关心、群众最需要、基层反映最强烈的突出问题，高站位谋事、高起点建言、高质量履职，推动政协工作创新发展。

把握政治协商的“着重点”。要紧紧围绕发展大局，创新协商机制，规范协商程序，突出协商重点，提高协商质量，做到政治协商更加经常有序、更加生动活泼、更加富有成效，使政治协商真正成为县委、政府广集民智、科学决策、民主决策的重要环节。一是组织专题协商。年初制定协商计划，分专题由分管领导牵头组织开展深入调查研究，形成有分析、有观点的调研报告后，邀请县委、政府领导和有关部门参加，召开协商会专题协商。二是进行分层协商。按照形式与内容相统一的原则，全体会议集中协商重大问题，常委会议专题协商某个阶段的重点工作，主席会议重点协商时效性较强的问题，专委会对口协商党政部门的相关工作。三是突出重点协商。要按照县委、政府确立的阶段性奋斗目标，把推进“十二五”规划纲要、城乡一体化、转变经济增长方式、项目建设、旅游产业发展、新农村建设、农民增收等作为政治协商的重点，精心组织各个层面的政治协商活动，不断提高协商的质量和效果。四是创新协商机制。建立协商与决策的“双向纳入”互动机制，主动围绕中心工作开展协商议政，积极探索协商成果的转化和落实反馈机制。

找准民主监督的“着眼点”。一是要站在讲大局的高度，不断创新民主监督形式，丰富监督内容，提升监督实效，做到在参与中支持、在支持中服务、在服务中监督，有效推动县委、政府决策部署的贯彻落实。二是要始终把关注民生问题作为民主监督的重点，针对党政工作中的难点问题和人民群众反映强烈的热点问题，为民着想、为党分忧，讲真话、建诤言、献良策，力求“监”到点子上、“督”到关键处。三是要重视和支持政协工作联系小组根据各自的实际情况和工作重点，组织开展监督活动，利用调研视察、政协委员提案、反映社情民意、参加听证会、民主评议、委派特邀监督员、提意见建议等形式，提出有针对性、建设性、可操作性的意见建议。四是发挥政协优势，关注企业发展，聚焦项目建设，组织开展企业发展专题调研视察监督，为党政科学决策提供服务。

寻求参政议政的“着力点”。创新形式，议政建言推新招。积极探索新时期参政议政的新途径，就人民群众关注的问题、改革发展稳定中的重要工作、提案办理落实情况等，一是精心选题，调研视察出精品。要按照“求新不求多，求深不求宽”和“主席领衔、专委承办、整合力量、力出精品”的要求，选择事关石林科学发展的重要课题，多渠道、多形式地了解最基层的实际情况，形成立意高远、观点鲜明、科学实用、内容翔实、建言中肯、参考价值较高的调研视察报告，不断加大视察调研成果的转化力度，积极为创新发展模式、破解发展难题、提高发展质量建言出力。二是强化督办，提案工作求实效。加强案前调研、会前约稿、会中筛选，提高提案质量。继续实行提案办理公示、重点提案督办、提案跟踪回访等机制，提高提案的办理落实成效。鼓励委员和各界群众通过网络、传真等方式，及时向县政协提交提案和反映办理提案情况，提高“回头问效”效果。三是加大提案工作宣传力度，采取“开门办案”、跟踪办案、开辟“主席信箱”等形式，不断提高提案办理的实效和社会影响力。

今年的三项调研三项视察工作任务是：城乡一体化建设情况调研、巴江河综合治理情况调研、乡村旅游发展情况调研，土地整理项目实施情况视察、文化产业发展情况视察、农村卫生环境整治工作情况视察。

三、体察民情，反映民意，着力关注社会民生

人民群众普遍关注的热点、难点、冷点以及一些苗头性、潜在性的问题，能不能得到及时反映，真正得到县委、政府的重视，并尽快获得解决和答复，体现着政协通过反映社情民意进行民主监督的质量与实效。

加强组织领导，改进工作方法。把反映社情民意作为政协的一项常态性重要工作，按照力求真实、注重质量、争取快速、突出特色的原则，进一步加强领导，统一思想，深入基层，组织开展以“广收社情民意，促进民主决策”为主题的收集和反映社情民意工作，定期研究、部署和检查。建立领导分工负责制，主要领导亲自抓，分管领导专门抓，办公室和各专委会共同抓，做到有专人负责，有制度保证。要进一步改进社情民意收集、反映、反馈的方法和形式，畅通联系渠道，完善信息网络，形成反馈机制，使政协成为了解和反映社情民意的一条高效、快捷的信息通道。要继续以政协常委“五个一”、委员“四个一”活动为载体，把反映社情民意作为一项应尽的义务和责任，把基层的各种意见通过政协渠道，准确、及时地反映给党政部门。

明确反映重点，提高信息质量。要了解县委、政府领导关注的重点，努力做到信息报送与领导思路吻合，与领导决策贴近；要关注经济和社会生活中群众的思想动态，及时反映给党政决策部门；要选准角度，及时收集事关群众切身利益的热点、难点问题，把滞留于基层、散佚于民间的社会情况及时收集起来、反映上去，起到拾遗补缺、增进社会和谐的作用。要积极探索，突出特色，既要反映重点问题，又不忽视倾向性、苗头性问题；既要反映热点问题，又不忽视冷

点、盲点问题；既要反映当前问题，又不忽视前瞻性、后遗性问题。要严格把关，注重时效，了解社情民意突出“准”，反映社情民意突出“快”，更好地发挥社情民意的作用。

四、团结民主，营造和谐，着力服务党政大局

促进社会和谐，既是人民政协的优势所在，更是人民政协义不容辞的责任。要牢牢把握团结民主主题，团结一切可以团结的力量，主动协助县委、政府做好统一思想、协调关系、牵线搭桥、增进共识的工作，增加助力、减少阻力、增强合力，形成贯通融合、凝心聚力、开放文明、合作共荣的生动局面。

加强团结增合力。要广泛宣传党和政府的方针政策，努力增进各方的理解和认可，促进社会各阶层的意愿通过政协得到充分表达，各种利益关系通过政协得到有效疏通。要经常深入基层，深入群众，多做增进了解、加深理解、消除误解、增强团结的工作，达到知民所思、想民所虑、察民所忧、助民所困的目的，切实把基层的智慧凝聚到聚精会神搞建设、一心一意谋发展上来。要通过围绕中心抓落实，使政协的履职过程成为维护全县稳定、促进经济社会和谐发展的过程，成为人民群众得实惠、县委政府树威信的过程，努力构建风清气顺、生动活泼、平安和谐、政通人和的社会环境。

加强联谊促和谐。要多形式、多渠道、多领域地开展对外联谊，在对外交往联谊中宣传石林、推介石林，扩大石林的影响力，推进我县与其他地区的经济、科技、文化交流与合作，为石林经济社会的又好又快发展揽人才、聚人气。今年要承办好石林陆良和石林弥勒两场联谊活动。要进一步加强同全县各族各界人士的联系沟通，广交朋友、广纳群贤、广聚民智，真正把一切热心石林发展的力量团结起来、智慧凝聚起来、能量发挥出来，形成攻坚克难、进位赶超的强大合力。政协委员中聚集着一大批工商企业界的优秀人才，要充分发挥委员招商、企业招商、以商招商的优势和作用，为县委政府建言献策。要充分利用政协联系广泛、位置超脱的优势和特点，真诚倾听企业的愿望和诉求，真心为企业排忧解难、搞好服务。要坚持走出去、学新知、助发展的理念，加强与世界自然遗产地政协的沟通交流，学习研究和借鉴他们的宣传营销工作经验，取他山之石，为石林所用。

五、与时俱进，突出重点，着力加强自身建设

发挥委员主体作用、搞好机关建设，是加强政协自身建设的必然要求，是政协事业不断发展的重要基础。

发挥好政协委员的主体作用。政协委员是政协工作的主体，要按照政治坚定、纪律严明、主人翁意识强的要求，大力加强政协委员队伍建设，引导委员不断增强思想道德修养和履职工作水平，用科学的思想引导人、用高尚的品格感召人、用良好的风范影响人，较好地发挥委员作为各族各界群众优秀人士的模范带动作用。根据《政协石林彝族自治县委员会委员管理办法》，加强对委员的引导、教育和管理，建立委员参加政协会议、调研视察、提提案建议等活动档案，对委员的履职情况进行考核。优化委员激励机制，开展优秀委员提案、优秀委员调研报告、先进政协小组等“创先争优”活动，进一步增强委员的荣誉感、责任感和使命感。

打造政协机关团队精神。要大力加强政协机关的思想建设、政治建设、作风建设和制度建设，以创建学习型、研究型、服务型、创新型、廉洁型、和谐型机关为目标，不断增强机关干部的大局意识和服务意识。要充分发挥专委会、政协小组的支撑作用，积极探索专委会和小组调研视察、委员挂牌督查模式，激发委员的积极性和创造性。要大胆开拓，勇于创新，不断完善机关工作管理制度，最大限度地激发干部队伍的工作活力、凝聚力、创造力，使机关建设规范化、制度化、程序化水平不断提高，努力在对外交往、协调关系、招商引资等工作中发挥更大的作用。

加强政协人才队伍建设。政协队伍智力密集、人才济济，素有“人才库”、“智囊团”之称。政协要担负起培养人才、推荐人才的重要责任，创新机制、用政协的舞台托起人才，创新制度、不拘一格培养人才，真正把政协建设成为培养少数民族干部、妇女干部和党外干部的重要平台。

各位委员，石林的发展正处在一个充满希望、充满活力、充满机遇、充满挑战的历史时期。面对新形势和新任务，我们倍感使命光荣、舞台广阔、大有作为。风正时济，自当破浪扬帆；任重道远，更需策马扬鞭。让我们在中共石林县委的坚强领导下，深入贯彻落实科学发展观，坚定信心，锐意进取，同心同德，扎实工作，为开创“十二五”的良好局面，推进我县经济社会又好又快发展，全面建成小康社会，作出更大的贡献！

名词解释：

1．“三化”建设：政协工作规范化、制度化、程序化建设。

2．“四型”机关建设：县政协八届三次全会上提出，要把政协机关建设成为创新型、服务型、研究型、和谐型机关。

3．政协常委“五个一”、委员“四个一”活动：县政协八届一次会议上提出，县政协常委每年写一件有质量的提案、提一项合理化的建议、反映一条有价值的社情民意、办一桩力所能及的实事、写一篇有价值的调研报告，委员每年重温一次政协章程、提一项合理化建议、反映一条有价值的社情民意、写一件有质量的提案。

4．“三个不面商”：县政协八届三次全会上提出，在办理政协提案时承办单位领导不参与不面商、情况不清楚不面商、主办单位没有与协办单位协调不面商。

深入开展党风廉政建设和反腐败斗争 为加快建设国际旅游胜地和滇中经济区的东南新城提供有力保证

——在中国共产党石林彝族自治县第十届纪律检查委员会第六次全体会议上的工作报告

（2011年1月25日）

县纪委书记　周美英

同志们：

我代表县纪委常委会作工作报告，请予审议。

这次全会的主要任务是：深入贯彻党的十七届五中全会精神，按照十七届中央纪委六次全会、省纪委八届六次全会、市纪委九届六次全会和县委十届七次全会的要求，总结2010年全县党风廉政建设和反腐败工作，部署2011年任务。县委对这次全会非常重视，县委常委会专题传达学习了十七届中央纪委六次全会、省纪委八届六次全会和市纪委九届六次全会精神，研究了我县的贯彻意见和2011年反腐倡廉工作，县委书记罗朝峰同志将作重要讲话，我们一定要认真学习领会，坚决贯彻落实。

一、2010年工作回顾

过去的一年，面对复杂多变的经济环境和艰巨繁重的改革发展任务，县委、县政府团结带领全县各族人民，坚定不移地贯彻落实科学发展观，大力解放思想，锐意改革创新，奋力攻坚克难，战胜百年不遇的严重旱灾，圆满完成“十一五”规划确定的各项目标任务，跨越式发展迈出坚实步伐，富民强县取得重大突破。全县各级党委、政府和纪检监察机关在县委、县政府和市纪委、市监察局的领导下，加强监督制约，狠抓制度落实，深入推进以健全完善惩治和预防腐败体系为重点的反腐倡廉建设，党风廉政建设和反腐败工作取得了新成效，为全县经济平稳较快发展和社会和谐稳定提供了有力的政治和纪律保证。

（一）严格监督检查，确保政令畅通

把严肃政治纪律、确保政令畅通作为重要职责，抓住任务分解、责任落实、目标倒逼、责任追究等重点环节开展监督检查。2010年，对74个县级重点项目、全县261项主要工作目标任务和10件实事的落实情况进行跟踪督查；对扩大内需中央投资、园区建设、工业突破、招商引资等项目推进情况进行重点督查；对“四创两争”、村级组织换届、抗旱救灾、取缔肥水养鱼、拆临拆违、旧城改造、“十一个零申报”、“八个百分之百”、“两基”迎国检等重点工作进行专项督查；会同有关部门对安全生产、土地管理、节能减排、环境保护等政策措施落实情况开展监督检查。督促有关部门加强对社保基金、住房公积金、救灾救济扶贫资金和政府专项资金的监管。配合有关部门加强对中央强农惠农、保障和改善民生政策落实情况开展监督检查，强化资金监管，确保惠民政策落到实处。

（二）切实改进作风，创优发展环境

以“效能石林”建设和“创先争优”活动为载体，认真落实首问首办、服务承诺、限时办结制，以公开承诺、撰写学习心得、召开专题民主生活会、畅通投诉举报渠道、开展驻地企业评议部门等方式，狠抓机关、干部作风建设，全力提升行政效能。对负责招商引资项目行政审批、项目服务的4个重点部门实行季度考核测评。深化政务公开，积极推进政务服务中心规范化建设，强化电子监察系统应用，形成以电子监察系统实时监督、电子评价系统即时评议、举报投诉中心查究问责整体联动的有效监管体系。严肃工作纪律，对政务服务、公车管理、作风建设、服务质量等进行督促检查、明察暗访、民主测评，及时纠正各种损害软环境建设的行为，有力促进了干部作风转变、工作效能提升。

（三）加大教育力度，增强自律意识

切实抓好《廉政准则》的学习贯彻，邀请省纪委常委黄雁玲和市委常委、市纪委书记应永生同志为科级以上干部作反腐倡廉教育专题讲座，组织科级以上干部参加《廉政准则》知识测试，开展廉政签名、廉政承诺和廉政测评活动，撰写《廉政准则》学习心得体会，对照检查存在问题，制定整改措施进行整改。坚持新当选的政府组成人员到“遗臭碑”前接受警示教育和定期向科级干部发送廉政短信、公开信及编赠勤廉教育读本。全县党员干部参加庭审旁听典型案件133人次，参观警示教育基地851人次。县纪委领导分别对建口、农口、教育口等重点行业和部门开展党风廉政教育专题讲座，受教育干部职工800余人；对2010年村级组织换届后新当选的370余名村干部进行党风党纪教育培训。积极推进以县人民法院廉政文化进机关和石林镇天生关、林口铺廉政文化进农村示范点建设为重点的廉政文化建设工作。依托石林政务信息网制作开通廉政网页，积极筹建廉政文化进公园和县反腐倡廉警示教育基地。严格执行《党内监督条例》，360余名科级干部报告个人有关事项，全县开展廉政谈话820人次，勤廉公示1794人次。通过严格教育监督，领导干部廉洁自律意识明显增强。

（四）强化“一岗双责”，促进责任落实

认真落实党风廉政建设责任制和惩防体系建设工作任务。对年度党风廉政建设和反腐败工作任务进行立项分解，明确责任。县委班子及班子成员定期专题研究党风廉政建设和反腐败工作，召开党风廉政建设和政府廉政工作会。及时调整充实惩治和预防腐败体系建设及党风廉政建设责任制工作领导小组及办公室人员。按照惩防体系建设分工方案，组织27个牵头部门对落实惩防体系建设各项任务进行自检自查。层层签订责任书，实现责任制网络全覆盖。严格考核奖惩，把党风廉政建设纳入县对乡（镇）、县直单位综合考核内容，做到与经济工作一起部署、一起检查、一起考核兑现。围绕县委政府重大决策部署落实情况、农村基层党风廉政建设情况、反腐倡廉制度执行情况开展党风巡查3次。加强农村基层党风廉政建设，强化农村集体资金、资产、资源管理。在全县89个村委会、4个社区居委会成立农村党风廉政建设工作站，形成一级抓一级，层层抓落实的责任网络体系。开展“村（居）务面对面”活动，进一步提高民主议事透明度和群众参与率。

（五）推进制度创新，深化源头治理

严格执行党政领导干部选拔任用四项监督制度，加强对干部选拔任用工作的监督。县级部门行政审批项目精简为35项，管理服务项目精简为172项，按“两集中，两到位，四进中心”的要求在县政务服务中心办理。非税收入管理进一步规范，国库集中支付制度更加完善，项目资金管理明显加强。实施土地招拍挂出让21宗90.84公顷。深入开展社会团体、国有及国有控股企业“小金库”专项治理。政府采购资金计划5935万元，实际采购5476万元，节约资金459万元。协助开展领导干部任中审计3名、离任审计18名。重视经济社会制度创新，完成制度创新95项，积极推动制度创新成果转化，加强对制度执行情况的监督检查。抓住石林县被昆明市列为惩防体系建设工作联系点的契机，成立昆明泛亚联合产权交易所有限公司石林分公司；按照“四个结合”的要求在农林、教育、交通、住建、国土等五个部门进行廉政风险防范管理试点，探索建立前期预防、中期监控、后期处置“三道防线”，以制度创新助推廉政建设。

（六）维护群众利益，增进社会和谐

巩固治理教育乱收费和公路“三乱”成果。认真落实医疗收费价格公示、药品集中采购等制度。继续做好减轻农民负担监督检查工作，全面落实减轻农民负担“五项制度”，严防农民负担反弹。督促有关部门认真受理拖欠、克扣农民工工资案件举报，督促兑付农民工工资143.29万元。全面清理和规范评比达标表彰活动。严格执行厉行节约相关规定，党政机关公务费用得到有效控制。严格执行“八个百分之百”，深入开展工程建设领域突出问题专项治理，排查整改存在问题79个。积极开展抗旱资金管理使用监督检查和专项审计。依法查处安全生产责任事故，对8名责任人作出相应处理。认真落实法治政府、责任政府、阳光政府、效能政府各项制度，牵头实施行政行为监督制度，持续开展民主评议机关和行业作风工作，推进人民满意政府建设。

（七）依纪依法办案，严肃党纪政纪

把实施党风廉政建设“五书”制度与落实领导干部问责制和查办违纪违法案件工作紧密结合起来，推动查办案件工作的深入开展。全县各级纪检监察机关按党风廉政建设“五书”制度，提醒谈话136人次，责成说明问题25件，限期整改存在问题29个；全县共启动问责37项156人，其中：县级问责45人，委办局、乡镇问责111人。对2010年被问责并到规定考察时限的35名干部进行了跟踪考察。全县纪检监察机关受理群众信访举报154件（次），全部进行了直办、转办和督办，办结率达100%。党、政纪立案14件，处分14人，其中：乡科级干部7人，一般干部3人，农村党员4人，通过办案挽回经济损失5.8万元。深入治理商业贿赂，查处案件1件，涉及金额11.82万元。坚持惩治腐败与教育保护干部并重，开展受处分人员回访教育7人次，按期恢复党员权利1人，解除行政处分4人，为受到失实举报的18个单位

32名被反映人澄清了事实。

(八) 加强队伍建设，适应发展要求

结合“创先争优”和“效能石林”建设活动，继续开展“做党的忠诚卫士、当群众的贴心人”主题实践活动。按照“四个对”的要求，认真贯彻落实《关于进一步加强和改进纪检监察干部队伍建设的若干意见》和“五严守、五禁止”规定。按照中央纪委等五部委要求，全面落实9号、10号文件精神，配齐班子成员和机关各室主任，配备4名正副科级纪检监察员；落实纪检监察机关公用经费保障标准；建成办案同步录音录像谈话室，不断改善纪工委监察分局和乡镇纪委办公办案条件。进一步加大干部教育培训力度，全年举办纪检监察干部信息调研、办案业务培训3期300余人次，组织外出学习1批16人次，选派干部参加中央、省、市纪委举办的各类培训7期14人次，挂职锻炼、跟班学习2批2人次。通过各种培训学习、硬件改善与软件加强，为深入推进反腐倡廉建设提供了有力保障。

在肯定成绩的同时，我们也清醒地看到，当前我县反腐倡廉形势依然严峻，任务仍然艰巨。一些领域和环节以权谋私、贪污受贿、失职渎职案件时有发生；农村集体“三资”管理中存在的一些问题还没有从根本上得到解决；少数干部执行力不强，不作为、乱作为、慢作为以致中层梗阻、基层板结；纪检监察机关的思想观念、履职能力还不能完全适应新形势新任务的要求等。在今后的工作中，我们一定要按照县委和市纪委的要求，加大工作力度，提高工作水平，把我县党风廉政建设和反腐败工作不断引向深入。

二、2011年主要任务

2011年是全面实施“十二五”规划的开局之年，是中国共产党成立90周年，也是县、乡（镇）党委集中换届的一年。各方面工作任务十分繁重，纪检监察工作责任重大。我们要认真学习贯彻胡锦涛总书记在十七届中央纪委六次全会上的重要讲话精神，坚持以人为本、执政为民，认真解决损害群众利益的突出问题和反腐倡廉建设中群众反映强烈的突出问题，深入推进党风廉政建设和反腐败斗争。今年工作的总体要求是：高举中国特色社会主义伟大旗帜，以邓小平理论和“三个代表”重要思想为指导，深入贯彻落实科学发展观，全面贯彻落实党的十七届五中全会精神，按照十七届中央纪委六次全会、省纪委八届六次全会、市纪委九届六次全会和县委十届七次全会的部署和要求，坚持标本兼治、综合治理、惩防并举、注重预防的方针，加强以保持党同人民群众血肉联系为重点的作风建设，加强以完善惩治和预防腐败体系为重点的反腐倡廉建设，着力解决反腐倡廉建设中人民群众反映强烈的突出问题，围绕中心、服务大局，突出重点、整体推进，改革创新、狠抓落实，不断提高反腐倡廉科学化水平，以党风廉政建设和反腐败斗争的新成效迎接建党90周年，为顺利实施“十二五”规划，打造富强石林、生态石林、文化石林、活力石林、和谐石林，加快建设国际旅游胜地和滇中经济区的东南新城提供有力保证。

(一) 加强监督检查，保证党的十七届五中全会精神和省市县重大决策部署的贯彻落实

全县各级纪检监察机关要准确把握“十二五”规划的指导思想、总体思路、目标任务和重大举措，全面领会党的作风建设和反腐倡廉建设的新部署新要求，切实履行监督检查职能，确保各项任务落到实处。

加强对事关改革发展稳定大局工作的监督检查。紧紧围绕加快经济发展方式转变、促进县域经济又好又快发展，会同有关部门加强对中央、省委、市委关于加强和改善宏观调控、“三农”工作、经济结构调整、资源节约和环境保护、规范和节约用地、保障和改善民生等重大决策部署执行情况，以及有关维护民族团结和社会稳定政策措施落实情况的监督检查；紧紧围绕县委、县政府关于加快建设国际旅游胜地和滇中经济区的东南新城的战略目标，加强对旅游产业提升、工业发展突破、城乡一体化加速、现代农业推进、文化繁荣发展和社会事业加强等各项决策部署落实情况的监督检查，严肃查处违纪违法行为，维护县域经济繁荣、生态环境良好、民族团结和谐、人民安居乐业的良好局面。

坚决维护党的政治纪律。各级党组织要深入开展政治纪律教育，引导广大党员干部增强党员意识、宗旨意识、执政意识、大局意识和责任意识，坚定政治立场，增强政治敏锐性和政治鉴别力，自觉同以胡锦涛同志为总书记的党中央保持高度一致。严禁散布违背党的理论和路线方针政策的言论，严禁公开发表同中央精神相违背的言论，严禁编造、传播政治谣言，严禁以任何形式泄露党和国家秘密，严禁参与各种非法组织和非法活动。各级纪委要加强对政治纪律执行情况的监督检查，坚决查处和纠正有令不行、有禁不止的现象，确保政令畅通。

严肃换届工作纪律。今年，县、乡（镇）党委集中换届。要进一步严明换届纪律，严格执行党政领导干部选拔任用有关规定，规范和强化对拟提拔干部的廉政考察。加强对《党政领导干部选拔任用工作责任追究办法（试行）》等四项监督制度落实情况的监督检查，严肃查处违反组织人事纪律的行为，匡正选人用人风气。对跑官要官、买官卖官、拉票贿选、突击提拔干部和诬告陷害等违纪违法行为，要按照《昆明市严肃换届工作纪律的实施细则》严厉惩处，为换届工作营造风清气正的良好氛围。

(二) 弘扬优良作风，进一步优化经济社会发展软环境

各级纪委要切实承担起协助党委抓党风的职责，着力解决党员干部作风方面存在的突出问题，牢固树立抓发展必须抓环境、抓作风就是抓环境的思想，争科学发展之先，创和谐社会之优，坚持不懈、扎扎实实将推进干部作风建设和优化经济发展环境两项工作抓紧抓好。

扎实推进党的作风建设。要大力弘扬密切联系群众之风，切实增强贯彻执行群众路线的自觉性和坚定性，进一步改进群众工作方式方法，认真落实领导干部联系点、定期接访和下访等服务群众、联系群众制度，健全完善维护群众权益和化解社会矛盾机制，坚持问政于民、问需于民、问计于民、问策于民，坚决纠正脱离群众的不良风气。大力弘扬求真务实之风，认真落实关于促进科学发展的党政领导班子和领导干部考核评价规定，始终保持奋发有为的精神状态，始终坚持真抓实干的工作作风，营造多务实，少务虚；多实干，少空谈；多协调，少扯皮；多干事，少议论；多服务，少设障的干事氛围。大力弘扬艰苦奋斗之风，严格执行财经纪律，坚决纠正讲排场、摆阔气、奢侈浪费等不良风气。大力弘扬批评和自我批评之风，加强党性修养和实践锻炼，班子成员之间、同志之间要勇于评点错误，指点失误，善于提出意见，及时发现各自缺点，始终保持共产党人的蓬勃朝气、昂扬锐气和浩然正气。要加强对领导干部作风建设情况的监督检查，及时发现和纠正党员干部在思想作风、学风、工作作风、领导作风和生活作风方面存在的突出问题，做到作风向下深入、工作向上攀登，着力克服官僚主义、形式主义、弄虚作假、心浮气躁、铺张浪费等问题。

强力推进经济社会发展软环境建设。在全县继续开展“效能石林”建设活动。认真落实首问负责、一次性告知、限时办结、服务承诺等制度，督促抓好县、乡（镇）、村（居）三级为民服务体系建设。深入推行“五办作风”、“一线工作法”、“结果倒逼法”。加大治庸治懒工作力度，通过情况通报、专项督查、重点抽查、明察暗访等方式，着力治拖、严肃查推，失责必问、有错必纠，严肃查处和问责不作为、乱作为、慢作为等行为，促使各级机关和干部进一步转变作风、提升效能，优化经济发展环境。

（三）坚持统筹推进，切实抓好以完善惩治和预防腐败体系为重点的反腐倡廉建设

按照县委《关于贯彻落实〈建立健全惩治和预防腐败体系 2008～2012 年工作规划〉的具体办法》及其分工方案的部署和要求，切实抓好各项工作任务的落实。

加强反腐倡廉教育。按照中央、省、市关于加强领导干部反腐倡廉教育的部署和要求，把反腐倡廉宣传教育作为一项基础性、系统性、经常性工作抓紧抓好。继续推进廉政文化建设，积极开展“廉政文化示范点”创建工作，加快廉政文化进公园和县反腐倡廉警示教育基地建设，进一步办好石林廉政网页，认真落实在普通高中开设廉政教育课各项工作。通过各种媒体、工具、阵地持续性地进行宣传、渗透和感召，做到以理服人、以情感人、以心育人、以行带人，努力营造良好社会舆论氛围。

强化对领导干部的监督。深入贯彻党内监督条例，严格执行领导干部述职述廉、诫勉谈话、函询、罢免或撤换等制度。加强对民主集中制执行情况的监督检查，提高民主生活会质量。进一步改进党风巡查工作，强化巡查结果运用。充分发挥纪工委职能作用，加强对负责联系部门领导班子及成员的监督。继续做好领导干部勤廉公示工作。全面推行廉政风险防范管理及行政权力、公共服务公开。继续组织协调全县各级各部门，围绕权力制约、资金监控和从政行为规范，深入开展制度创新，坚决堵住制度上的漏洞，努力减少和控制诱发腐败的风险。

坚决纠正损害群众利益的不正之风。会同有关部门重点解决征地拆迁、住房保障、食品药品安全、环境保护、安全生产、非公企业发展等方面损害群众利益的突出问题。加快建立科学完善的征地补偿机制。强化对保障性住房建设、住房资金使用、工程建设质量和分配使用的监管。完善食品药品安全监管体制机制和责任体系。严肃查处环境违法行为。开展对安全生产法规执行情况的监督检查。继续巩固治理教育乱收费和公路“三乱”成果。继续治理医药购销和医疗服务中的不正之风。加强对社保基金、住房公积金和扶贫、救灾救济资金以及政府专项资金管理使用情况的监督检查。加大对强农惠农政策落实和资金使用情况的监督检查力度，切实解决在农村土地承包、流转、占补平衡等环节损害农民利益的问题。

严肃查办违纪违法案件。坚持“一要坚决、二要慎重、务必搞准”的原则，严肃查办发生在重点领域和关键环节中的案件；严肃查办领导干部贪污贿赂、失职渎职的案件；严肃查办严重违反政治纪律和组织人事纪律的案件；严肃查办重大责任事故和群体性事件涉及的失职渎职及背后的腐败案件；严肃查办商业贿赂案件，加大对行贿行为的刑事处罚、经济处罚和资格处罚力度；严肃查办发生在基层政权组织和重点岗位以权谋私、滥用职权的案件；严肃查办以案谋私、贪赃枉法和为黑恶势力充当“保护伞”等案件；严肃查办挤占挪用、截留贪污扩大内需、救灾救济、扶贫开发工程等专项资金的案件。在严肃查办违纪违法行为的同时，注意把握政策、纪律和法律的界限，做到既严厉惩治腐败者，追究诬告者，又旗帜鲜明地支持改革者，鼓励创业者，宽容失误者。要进一步健全查办案件工作组织协调机制和责任落实机制，改进信访举报、案件审理和案件监督管理工作，建立健全腐败案件及时揭露、发现、查处机制，完善重大案件剖析制度和通报制度，严格依法依纪安全文明办案，进一步发挥查办案件的治本功能。

继续深化重点领域改革。配合有关部门深化行政管理体制、干部人事制度、司法体制和工作机制改革。进一步精简和规范行政审批事项，积极推行绩效管理和行政问责机制。继续推行竞争上岗、公推公选、公开招考和“四差额”选拔干部制度，逐步扩大基层组织领导班子成员公推直选范围。完善对司法权运行的制约监督机制，健全司法公开、司法回避、司法问责等制度，确保司法机关公正廉洁执法。深化财税管理体制、投资体制和国有资产管理体制改革，逐步推进财政预算公开，完善政府投资项目公示制度。建立健全防止利益冲突制度，将国有土地及矿产资源交易、政府采购、产权交易、政府投资工程建设、药品集中招标和医疗器械采购等全部纳入平台交易，对交易过程进行电子监察，实现全县产权交易市场全覆盖。

（四）开展集中整治，着力解决人民群众反映强烈的突出问题

坚持以人为本，执政为民，在切实做好反腐倡廉经常性工作的同时，适应发展变化的新形势，顺应人民群众的新期待，集中力量、抓住热点、破解难点，努力在关键环节和重点部位取得突破，认真解决好人民群众反映强烈的突出问题。

着力解决党员领导干部在廉洁自律方面存在的突出问题。认真贯彻落实《廉政准则》，严格执行领导干部廉洁从政各项规定。一要认真落实《关于领导干部报告个人有关事项的规定》和《关于对配偶子女均已移居国(境)外的国家工作人员加强管理的暂行规定》。二要坚决整治领导干部违规收受礼金问题。严禁领导干部以各种名义接受管理和服务对象以及其他与行使职权有关系的单位或个人的礼金和各种有价证券、支付凭证。三要巩固党政机关厉行节约、制止奢侈浪费工作成果。严格执行党政机关厉行节约有关规定，健全完善禁止公款出国(境)旅游长效机制。严格公务接待经费预算管理，深入推进公务卡结算制度。继续治理违反规定多占住房、买卖经济适用房或租赁廉租住房等保障性住房，利用职务之便接受可能影响公正执行公务的宴请以及旅游、健身、娱乐等活动安排，利用职权委托理财、获取内幕信息谋取不正当利益等问题。

深入推进专项治理。坚持惩处和规范相结合，突出重点、整体推进，不断巩固和扩大专项治理成果。一要深化工程建设领域突出问题专项治理。认真贯彻国务院办公厅转发的《关于解决当前政府投资工程建设中带有普遍性问题的意见》，督促有关部门和单位落实“八个百分之百”规定，严肃查处违规项目审批、规划调整以及规避招标、虚假招标、转包、违法分包等问题。大力推进工程建设、土地使用权、矿业权市场体系建设和信息公开、诚信体系建设。二要深化“小金库”专项治理。继续推进社会团体、国有企业“小金库”治理工作。三要深入开展庆典、研讨、论坛申报审核不规范等问题的专项治理。严格执行市委、市政府《关于严格控制和规范会议文件庆典论坛的若干规定》、《关于规范领导干部参加社会庆典活动的暂行办法》等制度，坚决纠正向企业和个人拉赞助、摊派费用举办活动或以开展活动为由滥发钱物的现象。四要认真开展公务用车问题专项治理。严格执行党政机关公务用车配备使用管理办法，规范公车管理。

全面加强基层党风廉政建设。一要认真贯彻落实《昆明市深化农村基层党风廉政建设实施意见》，修订完善《石林彝族自治县农村集体资产管理办法》，制定违反“三资”管理责任追究办法，全面实行村组“三资”代理监管服务，切实加强农村集体“三资”管理。二要深入推进党务公开和基层事务公开。以落实群众知情权为重点，结合“四议两公开”工作，深入开展“村（居）务面对面”活动，加大党务公开、政务公开、司法公开、厂务公开、村务公开和公共企业事业单位办事公开的力度，认真倾听群众意见，接受群众监督，维护群众利益。三要加强对基层干部的教育、管理和监督。教育引导基层党员干部牢固树立遵纪守法、服务群众的意识。围绕群众最关心最直接最现实的利益问题开展监督检查，坚决纠正对群众疾苦漠不关心、对群众呼声置若罔闻，甚至见利忘义、以权谋私的行为，深入开展民主评议基层站所、部门和行业风气等工作。四要加大对损害群众利益行为的责任追究力度。对不履行或不正确履行职责严重侵害群众利益的，要追究有关人员的责任。要注意解决基层干部在征地拆迁、涉法涉诉等方面存在的问题。严肃查处少数基层干部滥用职权、侵吞国家和集体财产等行为。五要畅通群众反映问题、表达合理诉求的渠道。要充分利用各种新技术、新手段拓宽民意反映渠道，切实做好群众来信来访工作，关注群众特别是困难群众的实际问题和利益诉求，维护他们的合法权益。加强反腐倡廉舆情监控，认真核查网络媒体舆情反映的案件线索，充分发挥广大群众的监督作用。

三、认真履职，切实抓好反腐倡廉各项任务的落实

全县各级党委、政府和纪检监察机关要按照党的十七届五中全会，中央、省、市纪委全会和县委十届七次全会的部署和要求，进一步增强党风廉政建设和反腐败斗争的责任感和紧迫感，以更加坚定的信心、更加坚决的态度、更加有力的措施推进反腐倡廉各项工作。

（一）认真落实党风廉政建设责任制，合力巩固齐抓共管党风廉政建设和反腐败工作的良好局面

按照中央《关于实行党风廉政建设责任制的规定》，完善反腐败领导体制和工作机制，进一步明确职责分工，协调各方力量，推动工作落实。领导班子要对职责范围内的党风廉政建设负全面领导责任；领导班子主要负责人要认真履行第一责任人的职责，做到重要工作亲自部署、重大问题亲自过问、重点环节亲自协调、重要案件亲自督办，切实管好班子，带好队伍；领导班子其他成员也要根据分工，对职责范围内的党风廉政建设负主要领导责任，切实做到“一岗双责”。党委、政府工作部门要抓好本部门、本系统、本行业的反腐倡廉建设，抓好所承担的牵头和配合任务的落实。纪检监察机关要认真履行组织协调职责，积极协助党委、政府搞好责任分解和检查考核。要坚持由各级党委和政府领导班子主要负责人以及班子成员带队检查考核责任制执行情况，把考核结果作为对领导班子总体评价和领导干部业绩评定、奖励惩处、选拔任用的重要依据。要进一步加大责任追究力度，发现有对党风廉政建设工作领导不力、以致职责范围内明令禁止的不正之风得不到有效治理、造成不良影响的，对本地区、本部门、本系统发现的严重违纪违法行为隐瞒不报、压案不查的，疏于监督管理、致使领导班子成员或者直接管辖的下属发生严重违纪违法问题等情形的，要严格追究有关领导班子和领导干部的责任。

（二）坚持改革创新，努力提高反腐倡廉建设科学化水平

全县纪检监察机关要积极适应新形势新任务的要求，大力推进反腐倡廉理念思路、体制机制和方式方法创新。自觉把科学发展观的要求贯穿于反腐倡廉建设的全过程和各个方

面，牢固树立以人为本、执政为民、统筹兼顾的理念。坚持以改革的精神、创新的思路、发展的办法，不断深化重点领域和关键环节改革，最大限度地减少体制障碍和制度漏洞。要切实转变纪检监察工作方式方法，坚持用系统的思维、统筹的观念、科学的方法来推进反腐倡廉建设，积极探索新办法、掌握新手段、开辟新途径，不断增强惩治和预防腐败的有效性。

（三）全面履行纪检监察两项职能，注重发挥行政监察的职能作用

全县纪检监察机关要全面履行党章和新修改的《行政监察法》赋予的职责，切实加强党的纪律检查各项工作，注重发挥行政监察的职能作用，正确处理坚决惩治腐败和有效预防腐败的关系，正确处理全面履行职能和抓好重点工作、履行自身职责和发挥其他部门作用的关系。推进执法监察，强化对国家行政机关遵守和执行法律、法规和政府决定、命令情况的检查，防止和纠正行政不作为、乱作为行为;着力推进廉政监察，以强化对权力的制约和监督为重点，严肃行政纪律，坚决查处以权谋私、严重损害国家和人民群众利益的行为;着力推进效能监察，认真开展绩效考核和绩效评估，切实解决工作中存在的推诿扯皮、效率低下、资源浪费问题。加强对政务公开和纠风工作的组织协调和检查指导;加强对具有公共事务管理职能的组织及其人员的监察。

（四）大力加强纪检监察机关自身建设，为深入推进反腐倡廉建设提供组织保证

认真贯彻落实中央、省、市纪委关于进一步加强和改进纪检监察干部队伍建设的若干意见，继续在全县纪检监察机关开展深入学习实践科学发展观、创先争优、“做党的忠诚卫士、当群众的贴心人”活动，努力建设一支政治坚强、公正清廉、纪律严明、业务精通、作风优良的干部队伍。继续推进学习型纪检监察机关建设，组织纪检监察干部参加中央、省、市和县纪委举办的培训，广泛了解和掌握各方面知识，着力提高服务、保障和促进科学发展的能力，着力提高做好群众工作和维护社会和谐稳定的能力，着力提高有效防治腐败的能力。结合县、乡（镇）党委换届，切实把那些党性好、作风正、能力强、威信高的干部选拔到纪检监察机关领导班子中来。严格把好用人关，注意选调和配备一批熟悉经济、法律、审计和网络信息技术等业务的干部到纪检监察系统工作，不断改善干部队伍结构。深入推进干部人事制度改革，积极开展干部公开选拔和竞争上岗工作，加大干部轮岗、交流力度，增强干部队伍的生机活力。继续加强对纪工委监察分局的统一管理，积极探索乡镇纪委发挥职能作用的有效途径和办法。继续推进纪检监察干部纪律作风建设，加强内部管理、完善制度建设，对纪检监察干部严格要求、严格教育、严格管理、严格监督，坚决执行“五严守、五禁止”纪律要求，对不适合在纪检监察机关工作的坚决调离，对违纪违法的从重处理，绝不姑息迁就。广大纪检监察干部要自觉接受党组织和人民群众的监督，接受社会各界和新闻媒体的监督，秉公执纪，依法办事，牢固树立纪检监察干部可亲、可信、可敬的良好形象。

同志们，深入开展党风廉政建设和反腐败斗争，任务艰巨，使命光荣，责任重大。让我们更加紧密地团结在以胡锦涛同志为总书记的党中央周围，在县委的坚强领导下，统一思想、坚定信心，恪尽职守、埋头苦干，开拓进取、狠抓落实，努力取得我县党风廉政建设和反腐败斗争新的更大成效，为促进全县经济社会又好又快发展提供坚强的政治和纪律保证!

大事记

2010 年大事记

1 月

6 日，参加昆明市委九届六次全体（扩大）会议的 500 多名领导干部到石林县观摩乃古石林景前区、云南昆明石林台湾农民创业园、100 兆瓦太阳能光伏发电等重点工程项目。

7 日，《中国教师》杂志社在圭山镇伦华小学举行全国教育创新实验（示范）学校授牌仪式。

同日，因路美邑村小虫马肉馆老板李静星拾金不昧，将装有 53600 元现金、10 万元支票，还有重要的施工合同、票据和文件的公文包归还失主，受到了失主云南青山消防电子工程有限公司老板李金兵感谢，小虫马肉馆获赠“拾金不昧，美德长存”的牌匾。

9 日晚，参加县人大、政协会的人大代表和政协委员们欢聚一堂，以精彩纷呈、自编自导自演的文艺节目庆祝“两会”胜利召开。

10 日，由昆明市委宣传部等 10 多家市直单位共同主办的昆明市 2010 年文化科技卫生“三下乡”活动启动仪式在圭山镇海邑集镇举行，拉开了全市“三下乡”活动的序幕。

11 日，石林县召开家电下乡流通网络建设工作会，深入推进家电下乡配送体系、销售网点和服务体系建设，夯实家电下乡工作基础。

15 日，石林县首届进城务工人员迎新春运动会在县民族体育场拉开帷幕，以广大进城务工人员为主的 10 支代表队 200 多名运动员将参加篮球、拔河、400 米接力等比赛。

同日，石林县“石丰”商标被云南省工商行政管理局认定为“云南省著名商标”。

17 日起，石林县人民医院“深入农村，送健康上门”活动在堡子村委会拉开帷幕。

19 日，由全国人大常委、全国人大常委会农业与农村委员会副主任委员刘振伟带领的全国人大农业与农村工作调研组一行 6 人，到石林县调研农业与农村工作。

同日，昆明教育公益事业促进协会副会长张鹏翼一行到石林县慰问山区教师。

21 日，昆明市副市长赵德光到石林县调研煤矿及非煤矿山安全生产工作。

同日，国家住房和城乡建设部在其网站上（www.mohurd.gov.cn）公示了 2009 年国家园林县城拟命名名单，云南省石林县榜上有名。

22 日，石林县乡镇集镇建设工作现场会在西街口镇召开。

同日，专门从事体育用品研制开发的石林山河投资有限公司在板桥镇挂牌开业。

25 日，石林县委组织部在石林镇北大村村委会举行全县村级活动场所配赠桌椅、书柜仪式。北大村党总支作为首批获赠单位获得 65 套桌椅和一个书柜。

同日，江苏省洪泽县和云南省石林县在石林签订劳务合作协议。

26 日，昆明市委副书记李邑飞到石林调研重点工程建设情况。

27～28 日，昆明市委考核组一行 11 人，对石林县 2009 年全市目标管理年终共性目标完成情况、县级领导班子及成员和法检“两长”年度工作进行综合考核。

28 日，石林县环城东路道路建设二期工程、石林喀斯特地质科研博物馆、滇东现代烟草农业石林综合示范区、云烟印象科技园、云南昆明石林台湾农民创业园环道工程 5 个总投资 7.5 亿元的项目开工。

同日，由台北市议会议员侯冠群、台北市民政局局长黄吕锦茹等一行 32 人组成的台北市政府和台北市议会考察交流代表团，到石林参观考察。

2 月

2 日，石林县举行 2010 年“送温暖·献爱心”物资发放仪式。

3 日，石林县委书记罗朝峰，县委副书记、县长毕春华与大学生村官举行春节座谈会。

同日，石林县公安局在县城双龙广场召开“冬季行动”被盗抢摩托车发还现场会。当场向来自昆明、宜良以及石林县石林镇、鹿阜镇的 11 位失主发还了被盗追回的摩托车。

4 日，石林县被国家住房和城乡建设部命名为“国家园林县城”。5 月 28 日在苏州举行了“国家园林县城”奖牌颁发仪式。

5 日，云南省水利厅厅长周运龙一行深入石林县小沙河、小波溪、黑古塘、石板哨村以及地下水库、团结水库等地，查看石林县旱情和抗旱供水情况。

6 日，国家水利部副部长刘宁率国家防总、国家减灾委联合工作组到石林县检查旱情。

7 日，石林县西街口镇格渣村杨梅山发生森林火灾。2 月

10日森林火灾明火全线扑灭。此次森林火灾火线长达10千米，过火面积约92公顷。4月13日，纵火犯罗叶芬被判有期徒刑六年零六个月。

9日，昆明市委副书记、市长张祖林及黄云波、傅汝林等市领导到石林县走访慰问农村五保户、重灾户、低保户、老党员、老村干部和老复退军人，同时对石林县的抗旱供水情况进行调研。

12日上午10时，参与石林“2·7”山林火灾扑救的驻滇某部1500名官兵分批从火场撤出。

17日，中共中央政治局委员、中央书记处书记、中央组织部部长李源潮视察石林县石林镇小箐村新农村建设情况。

20日，云南省烟草公司副总经理童荣昆率领省烟草公司有关部门领导，到石林调研烤烟生产及抗旱保苗工作。

同日，春节收假的第一天，石林县召开2010年四级干部大会。

21日，在县建设局六楼会议室召开了石林县2010年的首次规委会会议。与过去不同的是，会议室里有两个投影显示屏，一个是传统的项目平面图显示，另一个则是首次出现的项目三维仿真显示。通过三维地理信息系统仿真演示，与会者可以俯视、仰视甚至360度视角了解项目模拟建设情况，石林成为了昆明各县（市）区中首家采用三维技术进行规划审批的县区。

22日，云南省农业厅厅长张玉明到石林县指导抗旱工作。

25日，中共中央政治局委员、国务院副总理、国家防汛抗旱总指挥部总指挥回良玉，赴云南省考察指导抗旱救灾和森林防火工作，深入石林县上蒲草村、团结水库等地，了解生活用水保障情况，实地察看水窖、水库蓄水，来到田间地头察看作物受灾情况和土壤墒情，鼓励灾区群众在党和政府支持下自力更生、克服困难。

同日，云南大学教授、博士生导师、高等教育研究院院长董云川及云南师范大学心理学、云南省心理咨询首席专家赵建新为石林县教育系统干部专题培训分别作“关于现代教育管理的若干思考”、“学校管理干部心理调整”的专题讲座。

26日，石林县召开村级党组织和第四届村民委员会换届选举工作动员会。石林县村级党组织和第四届村民委员会换届选举工作于4月20日结束。

27日，石林县组织县委新农村建设工作领导小组成员，各乡镇党委书记，全县第三批、第四批新农村建设指导员，集中收看全省、全市第三批新农村建设工作队及指导员工作总结表彰暨欢送第四批新农村指导员视频会议后，及时召开会议学习贯彻省、市会议精神，总结表彰全县第三批新农村建设工作队及指导员工作，安排部署第四批新农村建设工作队及指导员工作。

27日，参加云南省幼儿教育改革与发展工作会议的80余名幼儿教育专家和领导到石林观摩乡镇、农村幼儿教育工作。

3月

4日，成都军区副参谋长苏巍少将带领抗旱工作组，到石林县了解旱情并指导抗旱救灾工作。云南省军区、昆明警备区领导陪同工作组调研视察。

同日，昆明市人民政府副市长阮凤斌到圭山镇中心学校调研师生饮水问题。

同日，昆明市人民政府副市长周小琪、市政府副秘书长吕天云、市发改委主任胡炜彤一行到石林专题调研“十二五”规划编制工作。

5日，昆明市副市长王道兴及省、市相关部门、四川汉隆集团董事长刘汉一行30余人，对石林投资环境进行调研。

6日，为期近两个月的2010中国石林“赫石杯”篮球联赛在石林县体育场鸣笛开赛。

7～8日，由迪庆州、怒江州、大理州、昆明市种子管理站组成的云南省种子市场巡查组到石林县检查指导工作。

8日，石林县召开2010年新农村建设指导员座谈会，县领导与刚下派到石林一星期的93名省、市、县各级新农村指导员亲切座谈。

9日，由国家林业局调研员彭华福任组长的国家林业局森林防火检查组一行6人，在云南省森林防火指挥部办公室林向东主任等省市相关部门领导的陪同下，到石林县检查森林防火工作。

10日，石林县开展“携手相助·抗旱救灾”现场捐赠活动，17家企业、单位和社会各界人士纷纷献爱心、救大灾，慷慨解囊，现场共筹集到抗旱资金60.62万元。

11日，石林县举行仪式欢送千名农村劳动力分期赴江苏务工。

12日，昆明市委常委、常务副市长李文荣率市民政、财政、防火办、防汛办、农业、工信委、烟办等部门领导，到石林调研督促抗旱救灾和工业园区建设等工作。

同日，石林县纪委对优秀廉政漫画和廉政歌曲作品进行表彰奖励。此次活动共征集到廉政漫画180幅、廉政歌曲11首，经评选，对全部征集到的作品分类别、层次进行了表彰奖励。

同日，石林镇林口铺小学举行中豪置业有限责任公司60万元援建捐资仪式。

14日，昆明市人大常委会副主任张显忠、副市长李喜一行深入石林天生关核心区，就加快推进滇东现代烟草农业综合示范区项目建设步伐进行现场办公。

同日，由文山州老龄办专职副主任黄永辉任组长、德宏州老龄委专职副主任夏玲任副组长的云南省老龄工作目标考核组，到石林检查考核老龄工作目标管理工作。

16日，云南省政协主席王学仁到石林调研滇东现代烟草农业综合示范区项目建设。云南省烟草公司副总经理童荣昆、昆明市委副书记李邑飞、昆明市政协主席田云翔及石林县领导陪同调研。

同日，昆明市委常委、组织部部长郭红波一行到石林县督查抗旱工作。

17日，国家农业部农产品质量安全中心地理标志处处长盛松华在云南省农业厅农产品质量安全中心陈继昆陪同下，到石林县考察调研农产品地理标志登记保护工作。

同日，由云南省财政厅总会计师孙国棋任组长、省财政厅社保处处长袁国书和省卫生厅政法处处长谢馨莹任副组长的云南省医改办调研组一行11人，到石林县调研实施国家基本药物制度和综合改革工作。

同日，幼教专家付咏梅莅临石林县幼儿教育集团作幼儿科学实验课程“趣味科学DIY”家长专题报告会。

18日，昆明市副市长赵德光深入石林县圭山镇下部龙产煤区，督查私挖盗采非法小煤窑的整治工作。

19日，共产党员抗旱救灾特别捐献仪式在县委大院举行。

20日，云南省委常委、常务副省长罗正富深入石林县鹿阜镇、板桥镇、石林镇、大可乡四个乡镇的山乡村寨，查看抗旱应急工程，调研抗旱救灾工作。

22日，国家科技部抗旱专家组一行到石林调研旱情，为石林的抗旱救灾工作把脉会诊。

同日，石林县首场“移民就水，送岗到乡（镇）”暨农民工转移就业现场招聘会在石林镇便民服务中心举行，招聘会上提供的近700个就业岗位，吸引了该镇300多名农村劳动力的目光，标志着石林县“移民就水，送岗到乡（镇）”促进灾区农村劳动力转移就业活动全面启动。

23日，德国企业家考察团一行13人考察昆明石林大型太阳能并网光伏发电试验示范项目。

24日，中化集团总裁助理、中种集团总经理张伟，美国孟山都公司中国区总裁、中种迪卡公司副董事长艾博文一行到石林县查看中种云南玉米种子加工中心项目进展情况。

同日，石林县开展动员社会组织向旱灾灾区献爱心捐助活动。

25日，在省委常委、昆明市委书记仇和的带领下，参加全市水源工程建设推进会的200余名县（市）区、部门领导，到石林县观摩水源工程和抗旱应急工程建设情况。

同日，云南省烟草公司副总经理童荣昆到石林滇东现代烟草农业综合示范区天生关项目核心区视察项目建设情况，督促推进项目建设。

同日，国家林业局森防总站和云南省林业有害生物防治检疫局、昆明市林业有害生物防治检疫局领导到石林县检查指导特大干旱期林业有害生物防控工作。

同日，石林县企业家沙龙首次活动在石林大酒店举行。

26日，成都军区驻滇某高炮旅的15辆大卡车载着农夫山泉股份有限公司捐赠的6000件矿泉水到达石林县，为干旱中的彝乡农村学生送来甘泉。

同日，云南省教育厅组织的艺术教育专家到长湖镇中心学校调研农村艺术教育。

27日，云南省副省长孔垂柱带领中央电视台记者到石林采访抗旱救灾工作。

同日，一个由53辆车组成的车队驶进石林县石林镇长夸小学，将昆明铁路局昆明客运段职工及家属260多人捐赠的600多千克大米和700多件矿泉水送到师生手中。

29日，由云南省妇联、省少年儿童基金会组织的云南省“甘露——为旱区孩子送水公益行动”在石林县板桥镇龙溪春蕾小学启动，云南省妇联副主席郑露出席启动仪式。

30日，县委书记罗朝峰，县委副书记、县长毕春华一行调研县一中、民中、职教中心的软硬件工作，为下步决策做调研准备。

同日，受昆明市发改委委托，石林县发改局在石林会议中心组织召开了石林县城市供水价格调整听证会，广泛征求消费者、经营者、专家学者和有关部门的意见。听证会设参加人21名、旁听人3名、听证人3名、监察人2名，邀请新闻单位2家。21名听证会参加人中同意按方案调整的有20人，占听证会参加人总数的95.2%。

31日，石林县召开深入学习实践科学发展观活动总结大会。

同日，石林县委书记罗朝峰，县委副书记、县长毕春华一行到长湖镇长湖景区、圭山镇当甸村看望慰问到石林支援抗旱救灾工作的武警和二炮部队官兵。

同日，由大理州南涧县常务副县长沈文荣带队的考察团，到石林考察城市规划、管理及开发建设等情况。

4月

1日，石林世界自然遗产展示地乃古石林开园。开园后的乃古石林已具备一流的游客接待设施和游览条件，在10平方千米的游览范围内，已拥有命名的观光景点96个，有5条游览路线供游客选择，游客在大小石林景区或乃古石林购买175元的门票后，可在购票当天凭票同时游览大小石林和乃古石林景区。

同日，中国华能集团向石林县捐资20万元，并为石林镇老挖村委会捐赠液晶电视和DVD各一台，向老挖村委会小学捐赠一台传真复印打印机、一台VCD、两副篮球架、260个书包以及文具和爱心水500件，援助石林县抗旱救灾工作。

4日，成都军区司令员李世明上将到石林县板桥镇小官庄村，看望慰问打井抗旱部队官兵，并为北京军区给水工程团送来慰问金10万元。

5日，石林县四班子领导，县直各部委办局、人民团体、企事业单位主要领导，驻石部队全体官兵齐聚双龙山革命烈士纪念塔前，开展祭扫活动。

6日，国家环保部生态司副司长李远在云南省环境保护厅副厅长任治忠等领导的陪同下，深入石林县红路口水库、当甸村，调研干旱情况及农村环境建设工作。

同日，石林县集中组织各部委办局党委（党支部）书记以及各乡镇党委书记，收看全党深入学习实践科学发展观总结视频大会实况。

同日，著名英语教育家、演讲家郑小四、李新平到板桥镇中学作“英语改变命运，爱心成就人生”大型励志演讲。

7日，云南省国土资源厅厅长和自兴一行到石林县板桥镇小官庄村慰问北京军区给水工程团官兵。昆明市副市长阮凤斌陪同慰问。

9日，石林县纪委召开全县扩大内需促进经济增长政策落实、工程建设领域突出问题专项治理及抗灾救灾资金物资三项监督检查工作会，贯彻落实3月30日中央、省、市扩大内需促进经济增长政策落实暨治理工程建设领域突出问题监督检查工作电视电话会议精神。

13日，2010年2月7日发生山林火灾的纵火犯罗叶芬，经公诉机关公诉，法庭开庭审理，被判处有期徒刑六年零六个月。

同日，历时72天的滇东现代烟草农业综合示范区石林县天生关核心区道路防风林建设工程竣工，为石林县农田林网化建设起到了典型示范作用。

14日，云南省委副书记李纪恒深入石林县板桥镇小官庄村干旱灾区，看望慰问正在该村进行打井作业的北京军区给水工程团官兵。

同日，共青团云南省委书记饶南湖到石林镇松子园村、北小村、石林锦苑康乃馨公司大学生创业园等地调研抗旱救灾和基层团组织建设工作。

同日，“移民就水，岗位送到你面前”劳务专场招聘会在石林县人力资源市场举行。

15日，国家烟草专卖局局长姜成康、云南省省长秦光荣、副省长曹建方等领导到石林镇调研滇东现代烟草农业综合示范区天生关核心区建设情况。

同日，石林县召开2010年质量兴县暨质量技术监督工作会。会上对石林县获得2009年度昆明市名牌产品的3家企业的3个产品进行表彰，并对受表彰的企业给予2万元的奖励。

同日，石林县纪委邀请昆明市纪委纪检监察一室主任帅国兴作纪检监察办案谈话（询问）、笔录等业务培训。

16日，以云南省文联副主席黄映玲为组长的省委“文化昆明”调研组一行到石林调研文化产业发展情况。

同日，石林县开展领导干部培训日专题知识讲座暨民族团结教育宣讲活动，听取云南省民族研究所所长赵学先教授作的“民族区域自治制度是我国解决民族问题的基本政策和基本政治制度”专题讲座。

17日，武警云南省总队总队长周军少将到石林县看望慰问奋战在抗旱一线的武警官兵。

19日，共青团中央第一书记陆昊到石林锦苑花卉产业园视察大学生创业园，调研基层团组织建设、贷免扶补等工作。

同日，由昆明市委常委、市委组织部部长郭红波带领的昆明市抗大旱保民生促春耕专项督办第八组来到石林，对驻石林县支援抗旱救灾的部队官兵进行慰问。

20日，中央财政小型农田水利项目石林县月湖灌区一期工程正式通水，该项目计划总投资2794万元，将改善灌溉农田1.32万亩，惠及4个村委会9879人。

同日，昆明市住房和城乡建设局局长刘毓新一行13人到石林县指导保障性住房建设、市政基础设施、小城镇建设、农村危房改造和地震安全工程等工作。

23日，石林县召开“效能石林”建设活动动员暨“效能政府”四项制度工作推进会，对全县开展“效能石林”建设活动和推进“效能政府”四项制度进行全面安排部署。

25日，名流置业集团股份有限公司向石林县西街口镇糯衣村委会捐资26.054万元，支持抗旱救灾，并于当天开工建设“名流置业·爱心水窖”工程项目。

26日，中央扩大内需促进经济增长政策落实暨治理工程领域突出问题检查组一行5人，到石林检查中央扩大内需资金项目落实建设情况。

同日，美国库恩基金会主席、国际投资银行家、企业战略家、作家罗伯特·劳伦斯·库恩博士和迪斯尼公司执行副总裁兼大中华区行政总裁张志忠等一行5人，到石林县考察旅游发展和文化产业开发建设等情况。

同日，由南开大学周恩来政府管理学院青年志愿服务与社会实践中心同学募捐的一个容积10立方米的储水箱送达西街口镇格渣小学。

同日，石林县社区党组织和第三届居委会换届选举工作启动，6月18日此项工作圆满结束。

同日，石林县纪委出台纪委委员联系制度。

27～28日，由云南省煤矿安全监察局局长邹立生带队的煤矿安全生产工作督查组一行9人，到石林督查煤矿安全生产工作。

28日，云南省纪委常委王薇薇一行6人到石林县调研。

同日，云南省教育厅主办的“珍爱生命、学会生存、幸福生活”巡回报告会在紫玉小学举行，知名家庭教育专家毕遐明教授为广大师生、家长作“父母的教育思路决定孩子未来的出路”的专题报告。

29日，在西山区委副书记、区新农村建设工作队总队长吴雁江的带领下，西山区第四批新农村建设工作队考察团一行50人，到石林考察云南昆明石林台湾农民创业园园区建设和农村劳动力转移培训就业工作。

30日，石林镇中学石林校点搬迁至北大村校点。

5月

1日起，石林县图书馆取消借书证工本费，推行50元、100元、150元三种不同押金的办证制度。

4日，昆明市民委主任李忠德一行到石林镇和摩站村委会寺背后村调研，提出把寺背后村建设成乡村旅游的典范。

10日，石林县启用临时劳务市场，站工人员在市场内进行有序劳务交易。

同日，上海方略教育学术总监、云南千校教育现代化工程首席专家冯恩洪到鹿阜小学实地考察调研。

11日，国家烟草专卖局副局长何泽华一行到石林县调研滇东现代烟草农业示范区建设情况。

13日，石林县举行石林龙晖野生动物科研中心、云南立雄建材工贸有限公司电力铁塔生产项目、中国种子集团有限公司云南种子加工中心、狮山路二期、石林工业集中区第二条工业大道、石林县维则供水复线工程、石林县人民医院整体搬迁新建7个项目开工仪式。省委常委、昆明市委书记仇和，市委副书记李邑飞，市政协主席田云翔，市委常委、市政府常务副市长李文荣等领导参加。

同日，国家农业部市场与经济信息司司长钱克明一行3人到石林县调研花卉与农产品建设情况。

15日，昆明市“第二十次全国助残日”抗旱救灾送温暖活动在石林县双龙广场对石林县范围内400户困难残疾家庭进行慰问。活动由市残联理事长杨国泰主持，省残联副理事长黑贵祥等领导参加。

18日，云南省交通运输厅副厅长杨廷仁一行到石林县开展国道324线、326线石林段道路安全隐患专项检查。

同日，云南省农业厅百日抗旱技术服务队在云南省农业厅计财处副处长林明晶的带领下，到石林县玉米高产创建点——石林镇水塘铺村玉米高产创建示范点指导工作。

同日，昆明市光彩事业促进会在石林县大可乡举行抗旱救灾捐赠仪式，大可乡共接到捐款50万元。

19日，在昆明市光彩事业促进会的倡导和组织下，北京神州天宇投资有限公司、昆明市驰飞扬建筑劳务分包有限公司、云南龙溪房地产公司三企业向石林县干旱重灾区大可乡慷慨解囊，捐赠50万元抗旱资金。

同日，石林县在全市首家举行小额担保贷款发放签字仪式，111名具备享受小额担保贷款条件的创业人员领到了总计555万元的小额担保贷款。

21日，云南省民委主任王承才、副主任马春到石林县调研民族工作。

同日，石林县开展打击非法彩票等赌博活动专项治理行动。在当天的整治行动中，检查组对全县14个中国福利彩票、20个中国体育彩票销售点和电子游戏室进行专项检查，对不符合规定的场所和行为进行了打击、整顿。

24日，石林县召开深入开展创先争优活动工作部署会议。

25日，装机容量位列亚洲第一的昆明石林太阳能光伏并网实验示范电站一期20兆瓦投产发电。

26日，石林县启动革命遗址普查工作。

同日，湖南省郴州市苏仙区纪委副书记毛盛伟一行9人到石林县考察。

28日，石林县完成国家级公益林分级区划工作，区划面积为328900亩，其中一级104827亩、二级218030亩、三级6043亩。

29日，楚雄州农业考察团一行20余人到石林县考察农业产业化发展情况。

31日，石林风景名胜区管理局召开专职导游讲解员颁证暨再动员大会，首批89名专职导游讲解员正式出炉。

6月

1日，300名少年儿童挥动画笔，参加庆祝“六一”石林县第二届“万城杯·美丽家园”少儿墙体绘画大赛。

同日，昆明市人大常委会副主任田翎一行到石林联系点开展“十个一”调研并走访慰问长湖镇帮扶对象。

2日，石林县2010年雨季城乡园林绿化及义务植树活动启动，县委、人大、政府、政协及各部、委、办、局共300余人参加启动仪式。

同日，石林县举办土地利用总体规划专题培训，国家土地督察成都局三处处长陈志刚受邀作“土地利用总体规划”专题讲座。

4日，在第38个“世界环境日”即将到来之际，石林县“创模”成员单位、县直机关、工青妇、驻石部队、中小学师生代表500余人齐聚双龙广场，隆重纪念“世界环境日”，同时启动“低碳石林、绿色家园”共建活动。

同日，石林县对16个固定人工增雨防雹作业点和3个流动作业点的作业人员进行培训。

10日，石林县职业教育中心成立揭牌仪式在县民族职业高级中学隆重举行。

11日，石林县民政局、鹿阜镇、县公安局组成200多人的联合执法组，对尾博邑村民小组3起违规安葬案例进行了强制执行。

同日，石林县建设、工商、交通、卫生、民政、文体等部门联合协作，出动30余名执法人员对县城范围内占道经营、乱停乱放、乱摆摊设点等影响城市环境卫生的行为进行全面整治。

18日，石林县举办2010年领导干部培训日专题讲座。聆听云南省委党校副教育长张雷军教授的“坚持党的民族理论的指导地位，巩固发展社会主义民族关系”和云南省昆明警备区参谋长李荣立大校的“突发事件应急处置”两个专题讲座。

同日，昆明市督查组到石林督导上半年防治艾滋病工作情况。

21日，云南省农业厅高产创建检查组一行12人，到石林县检查指导水稻、玉米高产创建工作。

22日，云南电网公司副总经理李品清和云南省能源局领导一同到石林县进行电网规划建设基础性调研。

同日，深圳安吉尔云南分公司携手石林立新电器城，为受旱灾影响的石林县18所小学捐赠饮水机100台，价值人民币3万元。

23日，昆明市副市长赵德光率领市民委、市教育局、市国土资源局领导及江苏商会会长朱景图等，到石林县调研民族团结示范村建设、非物质文化遗产保护和石林民族中学新建搬迁工作。

同日，在昆明市政协副主席、民建昆明市委主委傅汝林的带领下，市政协视察组一行到石林县视察供销系统“二次创业”情况。

同日，石林县四班子领导，各乡镇、各部门主要领导和相关领导100余人现场观摩了全县生态文明建设情况。

24日，昆明市副市长廖晓珊到石林督查“四中心两店”项目建设推进工作。

同日，云南省“丘北经验”推广办公室领导到石林县督导检查“富源现场会议”精神落实情况。

25日，石林县被云南省委、省政府、省军区授予“双拥先进县”称号。

26日，昆明市副市长李喜率全市绿化造林观摩组，对石林镇老木哨村林改示范点和板桥镇中低产林改造项目观摩交流。

同日，一台以“歌唱家乡，放飞梦想”为主题的歌舞表演在石林县民族中学礼堂举行。来自全县各乡镇13所老年学校的文艺队以及县老年大学各班组组织的17支文艺代表队在舞台上尽展才艺，喜庆第五届老年大学学员结业。

28日，昆明市农村改厕工作推进会在石林县召开，昆明市副市长廖晓珊到会指导。

同日，石林县召开中国共产党成立89周年庆祝大会。

同日，石林县大可乡举行南大村村委会西齐路村异地搬迁仪式。该项目总投资140万元，全村16户58人全部搬入新址。

29日，石林县“民族团结宣传周”系列活动之书法绘画作品展在县文化馆开幕。

30日，石林县召开人民调解“以奖代补”工作部署暨业务培训会，此举标志着石林县人民调解“以奖代补”试点工作全面展开。

7月

1日起，石林城市供水价格调整，将工业用水与经营服务用水合并为工商用水，用水类别由原来的五类简化为四类，即：居民生活用水1.70元/立方米，行政事业用水2.10元/立方米，工商用水2.60元/立方米，特种用水5.40元/立方米。综合平均水价由1.57元/立方米调整为2.18元/立方米。

1日，昆明市2010年大春中耕管理工作会在石林县召开。

2日，省委党校中青班学员一行40余人到石林县调研。

5日，昆明市委常委、市委组织部部长郭红波到石林镇乐尔村、三家村、和摩站，走访慰问困难老党员。

同日，石林县召开质量技术协会换届会，选举产生了第二届石林县质量技术协会理事会。

6日，在昆明参加2010年全国烟叶收购暨现代烟草农业建设现场会的国家烟草专卖局领导及全国各地烟草行业的268名与会代表嘉宾，到石林镇天生关滇东现代烟草农业示范核心区观摩。

8日，石林县召开政府机构改革工作会，对县政府机构改革工作进行全面动员部署，标志着石林县新一轮政府机构改革工作正式实施。

9日，以国家住建部稽查办巡视员焦占栓任组长的国务院督查组一行8人在省、市领导的陪同下，到石林督查保障性安居工程建设。

同日，石林县委书记罗朝峰，县委副书记、县长毕春华等县领导对石林大道和西城片区相关情况进行调研，提出今后将分三步加快城市化建设，即先聚力打造石林大道都市经济带，再以狮山路为中轴开发西城片区，接下来沿巴江河打造休闲经济带。

同日，石林县多部门联合，对乱停乱放、占道经营、游贩乱摊进行综合整治，特别对乱停乱放的车辆、挤占公交车站位的车辆进行严管重处。

同日，石林县举办2010年领导干部培训日专题讲座第五讲，邀请原中国科学院昆明生态研究所所长冯耀宗作“石漠化危害及防治”专题讲座。

13日，昆明市科协副主席徐绍忠，云南大学、云南师范大学教授吕昭河、熊思远、周志生，市科联、市委政策研究室、市委组织部人才工作处、市人社局、市发改委等单位的领导、专家学者一行到石林调研中长期人才发展规划。

同日，参加云南省烟叶收购暨现代烟草农业建设现场会的170名代表，到石林镇天生关滇东现代烟草农业综合示范区观摩示范区建设情况。

同日16时40分左右，由于天气骤变，石林景区野外南天门景点附近发生一起自然灾害，因雷击导致2名游客意外当场死亡，4名游客受伤。石林县和石林景区第一时间启动突发事件应急预案，迅速组织开展救援工作。

15日，石林县南城区重要的路网、总投资3833万元的巴江商贸城道路基础设施BT项目正式开工建设。

16日，由国家水利部、国家发改委、国家环境保护部等领导组成的桥头堡建设国务院调研水利专题组到石林调研。

同日，长江商学院EMBA第15期学员来到石林县落水洞村，将援建落水洞村“共青团希望水窖”的20万元捐款交给石林县，并为“共青团希望水窖”纪念碑揭幕。

16日，石林县委组织部召集16名即将赴新加坡学习的党政干部及专业人员召开出国前培训动员会。18日，16名人员启程赴新加坡进行为期半个月的城市规划建设管理与园区建设培训。

17日，云南省委常委、昆明市委书记仇和，昆明市委副书记、市长张祖林率市委工作会与会人员到石林镇天生关滇东现代烟草农业综合示范区、彝族第一村等项目建设点观摩。

20日，云南省文化厅“文化大篷车千乡万里送戏行”到石林镇北大村集镇为群众演出。

21日，昆明市政协视察组到石林视察现代农业园区建设情况。

22日，以云南省委组织部副部长崔茂虎，昆明市委常委、组织部部长郭红波带队的省、市委组织部领导到石林调研创先争优活动开展情况。

同日，由云南省文明办和昆明市文明办主办，石林县文明办承办的“云南省暨昆明市2010年道德模范巡讲启动仪式”在石林县民族中学礼堂举行。

同日，石林县红十字会启动第三批“春雨行动”礼包发放活动。

同日，经过三年多的运行考验，石林县黑龙潭水库中型灌区东西干渠节水改造工程通过县级验收，工程质量确定为合格。

23日，石林县与宜良县举行第二轮行政区域界限联合检查报告签字仪式。

24日，发展中国家新闻部长研讨班成员到石林考察，分别参观了石林风景名胜区和小箐村。

同日，石林县林改办被云南省委、省人民政府评为全省集体林权制度主体改革先进集体。

25日，石林县摄影协会举办首期摄影培训，石林摄协名誉副主席、北京摄影函授学院教授杨橙云为学员讲授了新闻纪实摄影相关知识，并展示了“拍摄石林第一人”——其父杨春洲和自己的摄影作品。

27日，参加“滇池泛亚合作”（DCOA）系列高峰会议的100余名中国侨联委员会的青年委员到石林考察。

同日，美国加州圣峪中华文化协会健华社大使秦港雄先生和张学婉女士再次来到石林，参加石林县圭山镇和大可乡中心学校的金祖鑫健华图书馆开馆仪式，并为两个图书馆各捐赠了6000美元的图书和电脑设备。

27～28日，由180人组成的石林县巴江、西河管理执法工作组，对巴江、西河沿岸违法侵占河道、河埂种植农作物和栽植果树的不法行为进行严打整治。

29日，总投资超过12亿元的8个招商引资项目（阿诗玛文化休闲园、云南微藻光生物反应器示范基地、新天真辰生态农场、圣宴食品加工项目、蓝莓种植示范基地项目、石林蚕桑果科技示范培训基地、棕榈苗木种植基地、杏林国际养生度假村项目）在云南昆明石林台湾农民创业园联袂开工，再次掀起了园区建设的热潮。

30日，石林县70余名党政领导干部到老山英雄团驻地，观摩步兵118团的正规化建设，参观英雄团史和部队后勤建设并组织实弹射击，欢度“八一”建军节。

8月

1日，台湾中南部记者联合采访团一行32人，到石林采访旅游、文化和经济社会发展情况。

同日，云南保捷融资担保有限公司在石林东城区开业。

同日晚上8：30，万城·阿诗玛旅游小镇内灯火辉煌，人头攒动，2010年中国石林国际火把狂欢节广场演出活动正式拉开序幕。演出活动由县旅游文化广播电视体育局牵头，石林万城旅游文化投资有限公司、石林阿着底文化开发有限公司风情艺术团协办，8月1日至7日每晚8：30～9：30，在万城·阿诗玛旅游小镇广场举行，演员由阿诗玛艺术团、石林风情艺术团和县内知名的艺人组成。

2日，昆明市委、市政府副秘书长、市创办主任王有祥及市环保、园林、卫生、文明办、创建办等相关部门人员组成的市“四创两争”督查组一行到石林，对石林县“四创两争”工作推进情况进行督促检查。

同日，中国石林国际火把狂欢节房地产及名特优产品展示会在万城·阿诗玛旅游小镇隆重开展，70多家企业及个体经营户参加了展示会。

同日，石林县第二届赏石展开幕，700余件观赏石精彩亮相。本次展出的700余件展品中有500余件产自石林，包括石灰石、方解石、矿石、水晶、玛瑙、黄铁矿、化石等，种类繁多，千姿百态，美轮美奂，其余200余件为石林县奇石协会会员从各地找寻来的宝贝。

3日，石林县彝族第一村斗牛城隆重开业，标志着石林县斗牛市场化运作迈出了实质性的步伐。8月4～6日，斗牛城云集了来自云南贵州等地的700余头斗牛，展开殊死搏斗，鏖战牛王争霸赛。

同日，2010年中国石林国际火把狂欢节大三弦舞比赛活动在世界自然遗产展示地乃古石林举行，来自石林及邻县弥勒的25支民间文艺演出队参加角逐。

同日，投资8000多万元的美邑石文化体验馆在路美邑老公路岔路口建成并揭牌开馆，人们可以在体验馆中从文化的角度观赏石的壮美、领略石的风情、探索石的奥秘。

同日，石林县3.3万亩防护林工程正式开工建设。

4日，云南省农业厅厅长张玉明率全省州、市农业局局长考察团一行90余人到石林台创园参观。晚上8时，2010年中国石林国际火把狂欢节“激情石林·魅力彝人”大型彝星演唱会在石林民族体育场闪亮登场，阿木等歌手献艺晚会。

5日，参加昆明“提高南亚和东非玉米抗旱表型精确鉴定研究”项目第二届年会的国际玉米小麦改良中心专家一行12人，在云南省玉米产业首席科学家潘兴明先生陪同下，来到石林县长湖镇宜政村玉米高产综合技术示范基地考察了23个新品种玉米展示，随后又赴西街口镇雨布宜村参观了云瑞6号、88号和路单10号示范推广情况。考察结束后，与会专家对耐旱玉米品种的展示及石林县玉米生产水平给予了高度评价。

6日，以云南省财政厅副厅长陈建国任组长的省政府检查组到石林检查中低产田改造工作。

同日，昆明市政协副主席、农工民主党昆明市委主委杨品才一行到石林县调研促进基本公共卫生服务均等化情况。

7日，石林县举行2010年全民健身日活动启动仪式暨健身长跑活动。

9日，昆明市第21次县（市）区机关党建工作联席会议在石林县召开，本次会议由昆明市市级机关党工委主办，石林县县直机关党委承办，会期3天。

同日，在昆明举行的2010全国江苏商会联席会暨全球苏商大会筹备会上，石林县人民政府与江苏客商签订了两个投资项目，协议投资103.2亿元人民币。

11日，云南省委常委、昆明市委书记仇和，昆明市委常委、组织部部长郭红波一行深入石林县7个乡镇，走访调研乡镇为民服务中心建设、小集镇建设和城镇化发展等情况。

12日，石林县召开云桂铁路征地拆迁工作动员会，要求有关乡镇和部门齐心协力，统筹兼顾，采取有力措施，按时按质完成征地拆迁工作。云桂铁路在石林县境内途经4个乡镇，正线起于大可乡中龙村委会大平滩村，止于板桥镇大叠水村委会小团山村，全长15.3千米；货车联络线从云桂线石林板桥站到南昆线石林南站，全长24.5千米。

同日，由昆明市总工会副调研员赵福利带队的昆明市重点建设项目安全生产检查第九督查组一行4人，到石林进行重点建设项目安全生产专项检查。

12～15日，国家林业局昆明勘察设计院专家组对石林县2002年实施的退耕地还林补助到期面积9260亩进行阶段验收。

12～15日，石林县质量技术监督局协助云南明达职业技能培训站在石林县举办了一期特种设备作业人员培训班，有123家锅炉、压力容器、起重机械、电梯、厂（场）内机动车等特种设备使用单位的206名操作人员参加。

13日，石林县委书记罗朝峰、县长毕春华带领县四班子领导、有关部门和乡镇主要负责人，对经多次依法整治后的西河、巴江河进行徒步巡查，现场督促整改存在问题，助推全县整治违法侵占河道、道路行为。

同日，云南省现代农业生猪产业技术体系首席科学家、云南农业大学动物科技学院教授鲁绍雄，率产业技术研发中心营养与饲料研究室岗位专家、云南省畜牧兽医科学院养猪与动物营养研究所所长（研究员）杨国明到石林区域推广站检查指导工作。

同日，石林县延安精神研究会、县委老干部局联合召开纪念抗日战争胜利65周年座谈会。

15日，石林县公安局禁毒大队民警辗转普洱市宁洱县，成功抓获5名涉嫌毒品犯罪嫌疑人，缴获海洛因及冰毒10.07千克，并缴获嫌疑人用于运输毒品的别克凯越轿车一辆。

16日，由云南省文明办和昆明市文明办主办，石林县文明办、石林风景名胜区管理局等有关部门承办的“彩云之南，情缘七夕”中国昆明石林“我们的节日·七夕节”在石林风景名胜区日月广场举行。

17日，昆明市公安局局长赵立功一行到石林调研严打整治工作。

同日，参加云南省“两基”国检工作培训会的各州市分管教育工作副县长、政府教育督导室主任、教育局局长等170多人到石林进行现场观摩，云南省教育厅副厅长王建颖参加了会议。

同日，石林县乡土树种营造景观林试验示范项目被昆明市人民政府授予科学技术进步三等奖。

19日，昆明市安委会到石林开展煤矿、非煤矿山和尾矿库汛期“三防”安全督查。

20日，石林县召开2010年中央财政补贴高效照明产品推广启动会议，总结2009年财政补贴高效照明产品推广工作，安排部署2010年工作。

24日，由公安部交管局副巡视员奚路彪和公安部交管局公路巡警处副处长陈东组成的公安部预防重特大道路交通事故督查组到石林督查。

27日，石林领导干部专题培训日专题讲座第八讲开讲，邀请云南省委党校教授钱素华作“基层领导干部心理压力与心理调适”专题讲座。

同日，为期5天的2010昆明泛亚国际民族民间工艺品博览会在昆明国际会展中心开幕。石林美邑石文化开发有限公司、石林阿着底民族刺绣产品开发技术协会、石林银星置业有限公司参展了本次博览会。

28日，云南省现代农业生猪产业技术体系石林区域推广站“无抗”猪屠宰测定及品味鉴定现场会在石林县生猪定点屠宰场召开。省农业厅副厅长孙海清等领导深入现场指导工作并认真细致了解了石林区域推广站一年来所开展的工作，分析存在的问题，对下一步工作提出了建议。

29日，王景慧（中国规划设计院原总规划师）、阮仪三（上海同济大学教授）等国家历史文化名城保护专家到石林县指导历史文化名城保护工作。专家指导组一行实地考察了石林县城位于石林县一中内的文庙、位于县城南门街东侧的武庙及位于老城区的赵藩臣、李佰雄、李映乙、杨立德、韩家、徐天齐优秀民居古建筑，了解了石林县鹿阜旧城的历史及现状，查看了鹿阜旧城片区的规划图纸。

9月

1日，石林县实行免费婚前医学检查，男女双方或一方户籍在石林县行政范围内的准婚人员，在办理婚姻登记前，双方均可享受一次免费婚检。

2日，云桂铁路云南段八标（D2K687+400～D2K698+430）站前工程在石林县板桥镇举行开工典礼。

同日，云南省农业厅农科院组织省农技推广总站、玉溪市农技推广总站、昆明市农科院的有关专家对石林县万亩玉米高产创建示范区进行测产验收。测产验收组通过听取项目实施、自测汇报，查验了石林县玉米高产创建工作档案，并进行了实地测产，最后专家组一致同意验收。

3日，石林县县级领导、全县实职科级干部、各乡镇宣传委员、鹿阜镇四个社区居委会干部等共250余名干部，集中听取了云南省文明办专职副主任陈德金作的“以科学发展观为指导，深入推进文明县城创建工作”讲座。

4日，共青团石林县委举行“爱心助你上大学”助学金发放仪式，资助2010年考取大学的13名石林贫困学子圆了大学梦，每人提供4000～5000元的资助。

5日，尼泊尔副总理兼外交部长苏加塔·柯伊拉腊一行4人，到石林风景名胜区参观考察。

同日，海南省财政投资评审中心到石林评估核查城镇污水处理设施配套管网建设专项资金使用情况。

7日，以昆明市人大常委会副主任王俊斌任组长的市人大检查组一行到石林检查闲置土地利用情况。

8日，参加全省工商联行业商会负责人培训班的53名负责人参观考察石林台湾农民创业园。

9日，在2010年第六届昆明泛亚国际农业博览会上，石林县共组织8个农产品参加评奖，获得2个金奖、3个银奖、3个优质农产品奖。

11日，石林县文明办、团县委、县教育局、县少工委联合举办了昆明市首届“太阳石·好娃娃杯”少先队辅导员技能技巧大赛石林赛区初赛。

11~12日，由石林县教育局组织的“两基”迎国检观摩团对全县14所学校“两基”迎国检工作进行观摩交流。此次观摩交流严格按照国检程序和模式进行，是“两基”迎国检前的一次大练兵。

15日，国家人力资源和社会保障部检查组到石林县检查指导新农保试点筹备工作情况。石林县于2009年11月向昆明市人民政府上报了《关于将石林县列为云南省新型农村养老保险工作试点县的请示》，积极争取列为全国第二批新型农村社会养老保险试点县。

同日，国家体育卫生工作督导团莅临石林检查指导体育卫生工作。

同日，石林县级领导、离退休老干部、机关干部、学生、企业、科技和科普工作者代表千余人齐聚县城双龙广场，参加石林县2010年全国科普日活动启动仪式。

16日，“疯狂英语”创始人李阳应邀到石林县一中、民族中学和鹿阜中学作专题报告并捐赠了40余万元教辅资料。昆明市委常委、政法委书记杜敏，市教育局局长宋栋，县委书记罗朝峰，县长毕春华出席报告会。

21日，由省民委主持，省级相关部门领导和专家共同组成的评审领导小组，对申报的《云南省昆明市石林县寺背后村彝族特色村寨建设试点规划》进行了会议评审，并一致通过评审。

29日，石林县甜柿被中国园艺学会柿分会评为全国第五届柿生产和科研进展研讨会十大优质产品奖和优秀奖。

30日，石林县被国务院新型农村社会养老保险试点工作领导小组批准为2010年新型农村养老保险试点县，全省共有19个县列入此试点。10月1日，石林县正式启动新型农村社会养老保险试点工作。

本月，石林县“云林”牌乳腐被云南省农业厅评为云南名牌农产品。

10月

6日，昆明市人民政府副市长赵德光对县民族中学搬迁新建项目开展专题调研。

9~10日，云南省副省长高峰、昆明市副市长廖晓珊分别到石林县调研中小学校标准化建设和民族教育工作，为石林县的农村中小学标准化建设和民族教育工作“把脉问诊”。

12日，昆明市副市长赵德光深入石林，对石林县作为市级社会管理创新试点县工作进行调研指导。

14日，石林民安物业有限公司向鹿阜镇铺兵小学捐赠了价值10000余元的校服及文体用品。

16日，石林、寻甸、西山、官渡四个县区的老年大学学员欢聚石林县民族中学礼堂，以歌舞共度重阳佳节。

18日，昆明市农村劳动力培训转移检查组到石林，对2010年农村劳动力培训转移和部、省级农村劳动力转移培训项目工作进行检查。

同日，昆明市乡镇工作绩效评价指标体系模拟测评长湖镇测评点举行模拟测评。

同日，昆明市政协调研组一行到石林县调研水源工程建设情况。

同日，受石林县人民政府邀请，原云南省财政厅总会计师刘捷专程到石林，为县四班子主要领导、各乡镇党政主要领导及县财政局中层以上干部作“财政体制改革”专题讲座。

18~20日，由国家水利部发展研究中心原副主任李焕雅、水利部发展研究中心处长陈献等专家组成的调研组一行6人，到石林调研水源工程建设及供用水保障工作。

19日，由云南省科技厅与云南省科学技术发展研究院承办，科技部与日本国际协力机构（JICA）共同合作举办的“低碳技术与绿色经济JICA研讨班”，到石林县就“石林县农村沼气应用及推广项目”开展实地调研，调研组先后到云南神农育种有限公司就大中型沼气工程和糯黑村农村户用沼气应用及推广项目进行调研。

同日，昆明市司法局副局长陈振德一行对石林县“民主法治村（社区）”创建工作和法治石林建设工作进行检查。

同日，石林县举行第24届敬老节表彰暨老年文艺汇演。

同日，为期四天的石林县2010年村级干部专题培训班开班。

19~20日，怒江州检查组一行5人到石林检查和指导村容村貌整治工程、农村集体经济发展及农民专业合作组织项目实施情况，昆明市农业局相关部门负责人员陪同检查。此举是根据云南省农业厅办公室《关于开展村容村貌整治工程发展农村集体经济及农民专业合作社组织项目交叉检查的通知》的文件精神实施的检查。

20日，著名儿童文学作家吴然、陈约红莅临鹿阜中学举办昆明市文学苗圃讲座。

同日，石林县幼儿教育集团石金幼儿园和石林县民族幼儿园通过“云南省一级示范幼儿园”市级评估验收。

21日，石林县2010年农村劳动力创业培训正式开班，来自全县正在创业或有创业愿望的50名农民学员免费接受了为期17天的培训。

24日，石林县邀请中国风险投资研究院专家朱加鸣就企业融资与风险投资举办专题讲座，向石林的投资企业传授风险股权投资理念。

25日，石林县召开城乡一体化规划专题研讨会。

26日，云南省“五五”保密法制宣传教育工作检查验收组到石林检查工作。

同日，石林县就建设昆明石林城乡一体化先行区举行听证会，邀请20名听证代表就《昆明石林城乡一体化先行区实施意见（征求意见稿）》充分发表意见、建议。

27日，石林县与云南理腾投资有限公司签订《石林县民族职业高级中学合作办学协议书》。

28日，石林县召开新型农村社会养老保险试点工作动员大会暨业务培训会，安排部署新型农村社会养老保险试点工作，确保全县新型农村社会养老保险试点工作取得圆满成功。

同日，云南省交通厅巡视员吴卫平一行对石锁公路石林段的建设进度等情况进行检查。

28～29日，由昆明市卫生局副局长吴争鸣任组长的云南省第九次县城卫生检查组一行9人，对石林的县城卫生进行检查考评。

30日，由云南省人大常委会委员、农工委主任阿扎带队的云南省人大常委会视察组组织部分省人大常委会委员和部分省人大代表，到石林县视察中低产田地改造工作。

同日，石林县狮山殡仪馆开馆，可为丧属提供遗体冷藏、遗体追悼、遗体火化、骨灰寄存等服务。

同日，东盟“10+3”文化人力资源开发合作研讨班成员到石林考察民族文化工作。

同日20：00～24：00，石林县在辖区内顺利进行了居无定所流动人口提前清查登记工作。

本月，石林县“十里香”牌“十里贡茶”被上海世博会名茶评优组委会评为金奖。

11月

1日零时，第六次全国人口普查标准时点为2010年11月1日零时，入户登记工作于2010年11月1日开始，11月10日以前结束。

2日，昆明警备区政委方兴国到石林县调研基层武装部工作，并就加强石林县的人民武装工作提出要求。

3日，昆明市工业和信息化委员会主任陈浩一行对石林县的煤矿安全和瓦斯治理工作进行安全检查。

4日，石林县第二十一届中小学生篮球运动会开幕。本届运动会共有来自圭山镇中心学校、县民族小学、巴江中学等17个中小学代表队的380名运动员参加比赛。

5日，石林县召开行政事业单位资产管理工作会，对开展资产清查中出现的盈亏资产规范化处理工作进行安排布置。

8～9日，根据《云南省林业厅关于开展省级农村能源项目交叉检查的通知》文件精神，临沧市检查组一行4人到石林检查指导工作，昆明市农业局相关部门负责人陪同检查。

8～10日，省、市业务主管部门领导深入石林县7个乡镇及部分村组，就新农保试点工作的宣传发动、参保缴费等工作的推进力度进行调研检查。石林县参保缴费工作于11月8日全面展开。

10日，当年在抗日战争中搏击长空的华裔飞虎队员及家眷一行14人，到石林参观访问。

11日，金融危机对“10+3”范围贸易投资的影响及应对措施研讨班成员到石林参观考察。

17～19日，昆明市农村中小学标准化建设工作培训会在石林召开。

18～25日，石林县教育局组织31名普高课改骨干教师赴山东省昌乐二中进行全程跟班学习考察及研训活动。

22日，石林县抢花炮队为昆明队在省第九届民运会上添得重要一金，同时实现了石林县抢花炮在省民运会上的五连冠。

22～23日，砚山县副县长王树忠一行到石林县考察煤炭综合治理工作。

23日，云南省委副书记、省长秦光荣，省委常委、昆明市委书记仇和，副省长和段琪，“央企入滇”工作领导小组专职副组长牛绍尧，省政府秘书长丁绍祥等省、市领导、新闻媒体记者一行30余人，对央属企业在石林投资项目落地进展情况进行视察。石林县委书记罗朝峰、县长毕春华等陪同视察。

同日，由昆明市委原副书记戴文忠任组长，中共云南省委第四巡视组原组长杨玉兰和昆明市科技局局长、民进昆明市委副主委刘燕琨任副组长的昆明市部分全国及省人大代表视察组一行24人，到石林视察水利设施建设工作。

同日，由晋宁县人大、政府、政协三班子领导带领的考察团到石林考察学习城乡公交一体化工作。

26日，昆明市科技富民示范工程——石林县“生猪生产现代化饲养技术应用及基地建设”项目通过省级专家验收。

28日，国家教育部副部长、国家总督学陈小娅莅临石林巡查“两基”工作，对石林县教育工作给予充分肯定和高度评价。

30日，国务院妇儿工委办公室常务副主任苏凤杰到长湖镇维则小学视察工作。

同日，石林县举行民族职业高级中学二期工程建设开工仪式。

12月

1日，昆明市安委会副主任、市总工会常务副主席赵涤群带领市第三督查组，对石林县的生产、交通和消防安全工作进行督查。

2日，云南艺术学院文华学院师生一行，到长湖镇蓑衣山村委会举行教学实践基地挂牌仪式暨“多背一公斤”爱心捐赠活动。

3日，中共昆明市委常委、市纪委书记应永生应邀到石林作反腐倡廉教育专题讲座，为石林县412名党员领导干部打拒腐防变“预防针”，增强其廉洁自律意识和拒腐防变能力。

4日，石林县组织人员到晋宁、呈贡开展第三次城乡园林绿化及中低产林改造观摩。

5日，石林县举行五棵树村整体搬迁安置选房抽签仪式，首批278户村民完成抽签选房。

6日，台湾屏东县原住民部落大学代表团一行19人到石林县民族小学参观访问。

同日，石林县举行主题为“金融发展与银企合作”的第四次企业家沙龙。

7日，现代新昆明建设宣讲团赴石林举行报告会，为全县乡镇基层干部宣讲现代新昆明建设情况。

同日，石林林场危旧房改造（异地新建）项目在大屯正式开工建设。

9日，国土资源部地质环境司副司长田大佑一行到石林检查地质遗迹保护项目。

同日，石林县以30720万元的总交易额，成功拍卖了7宗409.858亩国有建设用地的使用权，最高一宗地价每亩达192万元，创石林土地拍卖亩价历史新高。

同日，昆明市人大常委会副主任夏静一行到石林，对石林县科教文卫事业重点工作任务完成情况进行检查。

同日晚上，石林县在县民族中学礼堂举行“倡导诚信经营，共建和谐石林”晚会。

10日，石林县邀请云南省工业和信息化委员会政策法规处处长王洪新作了题为“打造产业聚集平台，加快县域工业发展”的专题讲座。

同日，石林县县级综合档案馆被列入云南省第二批县级综合档案馆建设项目名录

12日，昆明市商务局局长洪莺一行到石林县调研商务工作。

13日，五棵树村整体搬迁安置第一批第二轮26户村民完成抽签选房。

同日，石林县人民政府邀请9名专家在昆明兰花宾馆举行石林县“十二五”规划纲要评审会。

同日，在广州举办的亚洲残疾人体育运动会上，石林县残疾人运动员毕涛获得S10级100米蝶泳银牌一枚。16日，在S10级200米个人混合泳比赛中，毕涛再次获得银牌一枚。

14日，石林县举行桃源湖公园、中央金座、建筑模板生产、阿诗玛珠宝玉石加工、民族职业高级中学二期工程5个项目开工仪式。省委常委、昆明市委书记仇和，市人大常委会主任杨远翔，市政协主席田云翔，市政府副市长张锐等领导参加。

同日，越南国家北方电力公司到石林县交流云南电网公司县级供电企业农电投资、农电管理模式、实施农村电气化过程中的经验，现场考察了石林县实施电气化改造后采用集抄系统的水岸星城小区。

同日，石林县2010年首批80名新兵启程奔赴军营。

15日，石林县一中举行2010~2011年嘉宝莉助学金发放仪式，石林县嘉宝莉代理商陈树敏女士代表广东嘉宝莉公司，向石林县一中高二年级的30名贫困学生捐赠了30000元助学金。

16日，石林县人民政府在石林大酒店举行石林县“十二五”规划纲要听证会。

17日，国家人力资源和社会保障部、中国地方志指导小组在人民大会堂联合召开全国地方志系统表彰先进会议，石林县史志办公室被表彰为“全国方志系统先进集体”。

18日，占地54亩的中共昆明市委党校石林分校正式落成并揭牌。

19~20日，召开石林县残疾人联合会第五次代表大会，选举产生新一届残联领导班子。

21日，昆明市殡葬管理考核二组到石林考核2008~2010年殡葬管理和“三沿五区”坟山墓地整治工作。

同日，石林县住房和城乡规划建设局举行《石林彝族自治县城市管理办法（征求意见稿)》、《石林彝族自治县管道天然气管理办法（征求意见稿)》听证会，接受听证代表的现场提问并广泛听取意见、建议。

22日，中共石林县委党史研究室召开《中共石林县历史》（一卷）审稿会。

27日，全国财政系统先进集体、先进工作者和全国先进会计工作者表彰会议在京召开，云南省石林县财政局和易门县财政局被人力资源和社会保障部、财政部联合授予“全国财政系统先进集体”荣誉称号。

28日，占地40亩的石林县新建看守所正式落成启用。

29日，《石林彝族自治县政协志》正式发行。

同日，昆明泛亚联合产权交易所石林分公司正式成立，昆明市副市长张锐等领导为公司揭牌。

30日晚，石林县举行元旦联欢暨道德模范颁奖晚会，对23名荣获第二届“石林县道德模范”、“昆明市道德模范”及首届“昆明美德少年”称号的人员进行表彰奖励。

30日，石林县工商联合会举行川渝、福建、浙江、粤桂等四家商会2010年年会。

本月，石林县“石丰”路单系列杂交玉米种被昆明市名牌战略推进委员会评为昆明名牌产品。

概 况

县域概况

【行政区划与人口】 石林彝族自治县位于昆明市东南部，属昆明市所辖的远郊县。自治县东部和南部与红河哈尼族彝族自治州泸西县、弥勒县接壤，北部与曲靖市陆良县相邻，西部和西北部与昆明市宜良县毗连。2010年底，全县辖6镇1乡，89个村委会和4个社区居委会，459个村民小组和50个居民小组。县域面积1725平方千米。县城鹿阜镇距昆明78千米，县城海拔1679.8米。2010年年均气温17.9℃（比2009年高0.4℃，比历年平均高2.1℃，创历史同期最高值），年降雨量856.4毫米（比历年平均偏少91.6毫米），年日照时数2211.5小时。全县年末户籍人口242573人、总户数83433户，其中：男性121949人，女性120624人；非农业人口28312人，占总人口的11.67%；少数民族人口85175人，占总人口的35.11%；彝族人口82637人，占少数民族人口的97.02%。全县人口出生率为12.02‰，死亡率为6.55‰，自然增长率为5.47‰。

【经济综述】 2010年全县实现地区生产总值36.81亿元，比上年增长15.0%。其中：第一产业实现增加值10.38亿元，增长10.1%；第二产业实现增加值10.46亿元，增长21.5%；第三产业实现增加值15.97亿元，增长13.7%。一、二、三产业的结构为28.2∶28.4∶43.4。全县人均GDP达15020元。

【旅游业】 2010年石林生态民族体育运动场试运营，石林狂欢之都餐饮购物中心、石林散客服务中心竣工，云林度假酒店、石林喀斯特地质科研博物馆、新游客接待中心停车场加快建设，苏宁石林旅游项目、上海张江石林旅游项目顺利推进。景区配套服务功能不断增强，产业聚集发展，为石林旅游业快速发展奠定了良好基础。4月1日，石林世界自然遗产展示地乃古石林开园，游客在大小石林景区或乃古石林购买175元的门票后，可在购票当天凭票同时游览大小石林和乃古石林景区。完成了5A级景区复核，贯标工作通过监督审核，石林景区被国家旅游局列为全国57个、云南省3个旅游标准化试点单位之一。全年石林景区接待游客277.8万人次，同比增3.1%，旅游直接收入4.3亿元，同比增17.1%；全县接待游客350万人次，旅游综合收入20亿元。

县财政预算安排1000万元资金加大对文化产业的扶持。石林书城、彝族第一村斗牛城竣工投入使用，鹿阜旧城改造稳步推进，彝族餐饮文化逐步形成，乡村旅游进一步发展。石林斗牛品牌不断提升，斗牛活动市场化运作迈出实质性步伐。实现文化产业增加值3.69亿元，占地区生产总值的10.01%。

【工　业】 石林生态工业集中区“一园五片”28.65平方千米的规划通过省级审批，工业发展格局基本形成。园区协议收储土地1000亩，完成“五通一平”1000亩。实施第一条工业大道、第二条工业大道路基、核心区排污管网工程；启动110千伏电力改迁、旅游商品加工基地标准化厂房建设。园区新入园项目9个，开工项目5个，新增亿元以上项目6个。园区规模以上工业增加值2.49亿元，同比增长40%；规模以上工业主营业务收入5.4亿元，同比增长42%；工业固定资产投资10.87亿元，同比增长116.5%。

2010年全县实现工业总产值33.66亿元，同比增长29.2%。工业增加值7.46亿元，同比增长15.9%，其中：规模以上工业增加值5.02亿元，同比增长20.2%。全县非公经济实现增加值14.47亿元，同比增长18%。全县万元GDP能耗同比下降9.2%。

【招商引资工作】 2010年将21个招商分局整合为7个产业招商分局，实施招商引资八项制度和“项目观摩”，招商引资实现新跨越。全年包装项目77个，举办和参加招商引资推介会14场，签约项目92个，落地项目70个，有资金到位项目140个（含外资项目7个），实际到位国内市外资金21.29亿元，同比增长20.8%。实际利用外资1245万美元，同比降11%。

【农　业】 全年完成水利建设工程14458件，新增和改善灌溉面积1.41万亩，解决1.014万人饮水问题。完成滇东烟草现代农业示范区建设，国家烟叶标准化生产示范区建设通过省级验收。全年实现粮食总产1.23亿千克。收购烟叶1690万千克，均价14.27元。实现农业总产值18.71亿元，同比增长11.5%。

【财政金融】 2010年全县实现地方财政一般预算收入3.51亿元，同比增长35.2%；地方财政一般预算支出9.34亿元，同比增长31.3%。

2010年末，全县各项存款余额52.3亿元，同比增长20.6%；各项贷款余额48.3亿元，同比增长28.0%。

【生态建设】 生态县创建工作稳步推进，鹿阜镇、西街口镇、板桥镇被授予“国家级生态乡镇”称号。完成退耕还林荒山造林1万亩，巩固退耕还林1.5万亩，“五采区”植被恢复面积150亩。县城建成区增绿补绿2.72万平方米，新增绿地18.58万平方米，县城建成区绿地率40.51%，绿化覆盖率45.5%，人均公共绿地面积19.32平方米，全县森林覆盖率42%，成功创建为国家园林县城。城镇垃圾收集率100%，城镇污水集中处理率75%，城乡安全饮用水达标率82.6%。

【交通邮电】 2010年全县班线车、公交车旅客运送量1181.04万人次。石林火车站（客运站）旅客发送9.8万人次，旅客到达14万人次；火车旅客周转量50483784人千米；石林南站（货运站）发送货物44.34万吨，装车6698车，卸车4158车，运输收入1509万元。

2010年电信完成业务收入2598万

元，同比增长12.32%。邮政完成业务收入473.45万元，同比增长23.35%。中国移动石林分公司完成业务收入7124万元，年内净增用户18000户，使在网用户达到151000户。中国联通石林分公司完成业务收入1239万元，年内净增用户397户，年末在网用户达18000户。

【人民生活】 2010年全县城镇单位在岗职工年平均工资28708元，同比增长11.61%。城镇居民人均可支配收入17883元，同比增长14.60%。农民人均纯收入5704元，同比增长19.1%。社会消费品零售总额151809.7万元，同比增长22.4%。

【社会事业】 2010年深入推进“九年一贯制”教育，义务教育阶段84.6%的学生集中到县城区和乡（镇）政府所在地就读；大力发展民办教育，民办幼儿教育比重占幼儿教育总量的90.27%，民办高中教育占高中阶段教育总量的40.47%；启动民族中学搬迁新建、民族职业高级中学二期建设。完成40个农家书屋、14个文化室、5个农民体育健身工程建设。地方志工作荣获“全国方志系统先进集体”称号。实现城镇新增就业1023人，年末城镇登记失业率控制在1.9%以内。新型农村合作医疗参合率99.97%；城镇职工基本养老、医疗、工伤、生育、失业保险参保覆盖率分别为70.73%、99%、85.69%、77.21%、85%；新型农村社会养老保险参保率91%；城乡低保覆盖率100%。新建廉租住房100套，推进农村民居地震安全及危房改造工程1100户。推进殡葬改革，年度火化率80.5%。

积极开展群众性精神文明创建活动。至2010年底，全县共有国家级文明风景区1个，国家级文明先进村1个；省级文明单位12个，省级文明村5个，省级文明小城镇1个；市级文明单位54个，市级文明村21个，市级文明小城镇3个，市级文明社区1个；县级文明单位184个，县级文明村80个，县级文明社区2个。

鹿 阜 镇

【机构设置】 2010年鹿阜镇内设党政综合办公室、经济发展办公室、社会事务办公室、农林水综合服务中心、村镇规划建设服务中心、文化广播电视服务中心、畜牧兽医服务中心、为民服务中心。年末有职工131人，其中：公务员45人，事业人员78人，工勤人员8人。

【自然状况】 全镇土地面积232.81平方千米，耕地面积40083亩。境内森林覆盖率34.19%，最高海拔2076.4米，最低海拔1666米。平均气温16.5℃，全年日照数1754小时，属亚热带低纬高原山地季风气候，年温差小而日温差大，干湿分明。

【行政区划】 鹿阜镇位于县城西北部，镇政府所在地路美邑村委会距县城6千米。全镇辖南门、东门、西北、龙泉4个社区和山冲、宏图、铺兵、三板桥、阿乌、大屯、上蒲草、东海子、大乐台旧、小乐台旧、新宅、清水塘、大哨、小河、萝卜所、阿怒山、路美邑、北山、麦地庄、堡子、鱼龙坝21个村民委员会，98个自然村，145个村民小组，50个居民小组。

【经济综述】 2010年全镇农村经济总收入11.69788亿元，比上年增25%，完成工业总产值91110万元，比上年增20%，工业增加值17400万元，增20%；非公经济增加值58200万元，增36%，实交税金11700万元，从业人员19245人。农业总产值52738万元，比上年增23%。地方财政一般预算收入5919.7万元，比上年增31.6%。农民人均纯收入5650元，比上年增20%，城镇居民人均可支配收入17883.32元。

【人口与计划生育】 2010年末全镇有35899户91802人。其中：农业人口70121人，非农业人口21681人；男性45421人，女性46381人；汉族74493人，彝族16083人，其他民族（白族、哈尼族、壮族、傣族、苗族、回族、拉祜族、佤族、纳西族、瑶族、藏族、独龙族、蒙古族、水族、满族、布依族）1226人。人口与计划生育工作不断加强，奖、优、免、补政策知晓率达100%。全年出生人口1341人，死亡人口1494人，人口自然增长率6.94‰。办理农业人口《独生子女父母光荣证》30户，累计办证1937户，发放农村独生子女奖学金853人258080元。完成全镇25个村委会（社区）25814户全员人口信息采集、系统录入工作，全镇无计划外生育和流动人口违法生育案件。

【农　业】 2010年全镇粮食总产量3330.14万千克，产值7679万元；以梨、葡萄、板栗、甜柿、优质核桃为主的林果面积达12041亩，水果总产量652.2万千克，产值2048万元；蔬菜总产量5870.9万千克，产值10025万元；烟叶标准化生产示范基地建设不断加快，全镇种植烤烟15400亩，收购烟叶217.6万千克，产值3176.85万元，均价14.60元；畜牧业规模化养殖迅速发展，全年大牲畜出栏3097头（匹），肥猪出栏80654头，羊出栏12324只，禽类出栏252.6万只；年末大牲畜存栏12066头（匹），生猪存栏45299头，羊存栏22400只，禽类存栏86.6万只。禽蛋产量96.4万千克。鲜奶产量269.9万千克。完成禽类高致病性禽流感强制免疫2880758只，牲畜口蹄疫强制免疫147374头（只），2010年全镇未发生重大动物疫情。

2010年，全镇完成义务植树22万株，完成水库坝塘径流区植被恢复水源林建设230亩，荒山造林1353亩，机耕路绿化3千米，巩固退耕还林成果1438亩，新建苗木基地1525亩；组织完成46个村村庄绿化工程，种植攀缘植物1万株，完成三分之一行政村绿地系统建设，创建10个绿色家庭，10个绿色庭院，森林覆盖率比上年提高了2个百分点。

实施“乡村清洁工程”，按照“六

清六建”标准，在全镇25个村（社区）范围内开展城乡环境综合整治，完成农村户厕改造224座，清运垃圾2627吨，清理河道、污水沟25000余米。完成沼气“一池三改”650户，在三板桥、麦地庄、萝卜所建设沼气服务网点。4月30日前完成了33座水库坝塘取缔肥水养鱼工作，其中：解除合同11份，协议终止肥水养鱼22份。

以抗旱保民生为重点，加大水利基础设施建设力度，共完成小坝塘修缮10座、小水窖工程312个、小水泵更新17座、小水渠建设3件30千米、小型饮水管道工程建设4件17158米、小水池工程11个。

【新农村建设】 2010年由镇人民政府投资79.945万元完成了路美邑集镇118盏24V / 300W集成式LED太阳能路灯安装工程；投资3.646万元在路美邑集镇建设了4座垃圾集中收集房。完成农村抗震加固改造工程250户，兑现补助资金87.5万元。组织开展“村庄规划全覆盖”工作，全年共完成38个二级规划区自然村的村庄规划编制工作并通过县规划委员会审核，配合县住建局完成46个一级规划区村庄规划编制工作。开展农村整治无序建房和违法加层工作，全年共拆除违章建筑1329平方米，拆除围墙45米。

【科教文卫】 新建科普宣传栏9个、科普服务站5个，开展科普宣传123次。举办农村实用技术培训班248期，培训人员22913人次；全年实施了优质高产玉米新品种自交系选育和“神州二号”有机肥推广科技培训项目。

义务教育继续巩固，办学模式不断创新。以创建“书香校园”和星级评比活动为代表的教育教学活动成效显著，中小学教育教学水平居全县乡镇中、小学前列，“普九”、“普实”成果得到巩固，全镇幼儿入园率达90%以上，学前幼儿教育民办学生比例达100%；路美邑小学、鹿阜中学、巴江中学代表全县接受“两基”国检，35个指标全部达标；学校安全工作扎实有效，全年无安全事故发生。

文体事业健康发展，完成了山冲、铺兵、麦地庄3个村级文化室建设工程，完成了大乐台旧、阿怒山等10个农家书屋的建设。实施了小鱼龙坝村村民体育活动广场建设工程，组织“2131”电影工程放映252场次，组织参加元旦、春节“三下乡”、春节文化系列活动，演出文艺节目150个、160场次，观众25000余人次。

医疗卫生事业全面发展，初级卫生保健覆盖率达100%。镇卫生部门加大卫生体制改革，严格执行国家基本药物制度，全部实行零差价，年内门诊人数达10638人次，住院人数达898人次，对29人实施了城乡医疗救助，救助金额达24273元。新型农村合作医疗保障体系不断完善，全镇2011年参合人数达66162人，参合率达99.21%。

【民政扶贫】 做好优扶救济、救灾济困和农村低保工作，对3个重点扶贫村和5个挂钩帮扶村委会加大基础设施建设，新修水利工程，改善生产生活条件，全年发放小额信贷69.5万元扶持139户农户发展种养殖业，引导农民调整产业结构，增加收入，全年共减少贫困人口880人。

扎实推进殡葬改革工作，对清水塘村委会3起违规土葬行为进行了强制执法，全镇死亡的430人全部进行了火化，火化率达100%；投入资金45万元植树45000株对全镇4个农村公益性公墓进行了绿化，绿化面积达71.31亩。投入资金13.5万元植树27000株对“三沿五区”坟山墓地进行了绿化，绿化面积达4.12亩，坟山墓地整治率达100%。

【农村社会保障】 完成农村富余劳动力引导性培训4031人，农村富余劳动力转移输出3600人，完成被征地农民养老保险1010人，提供有效就业岗位298个，实现城镇新增就业236个。全年兑付种粮农民补贴17897户、746348.36元，办理家电下乡补贴农户11364户，补贴数量13357台（件），补贴金额3211639.60元。

【精神文明及民主法制建设】 2010年创建市级文明单位（村）3个，县级文明单位（村）17个。进一步拓展农村“十星级文明户”创建活动。组织党员抗旱先锋队32支，发动党员干部捐款27万元。选举产生了25个村（社区）党组织、村委会（居委会）及156个支部和195个村（居）民小组班子。

全年立刑事案件844件，破450件；立治安行政案件473件，查处473件，打击处理211人。全年排查和受理社会矛盾纠纷449件，调解449件，调解成功444件，接待办理群众来信来访343件，创新制定了《鹿阜镇信访维稳工作考核办法》。在全镇25个村（居）委会开展创安工作，责任书签订率达100%，创安群众知晓率达90%以上，全年安全生产死亡率为零。

【领导名录】

书　　记：汪明涛
副 书 记：张　奕
　　　　　赵子华
纪委书记：李红珍（女，彝族）
镇　　长：张　奕
副 镇 长：赵晓梅（女）
　　　　　毕绍军
　　　　　李国兵
人大主席：张春学（彝族）

村（居）委会

【山冲村委会】 山冲村委会驻唐家村，海拔1684米，土地面积7.27平方千米，辖8个村民小组、7个自然村，即：杨家村、唐家村、符家村、董家村、山冲村、大路兴、毕家院。2010年末有1054户3204人，其中：汉族3067人，彝族114人，白族5人，哈尼族7人，壮族4人，傣族2人，苗族3人，蒙古族2人。耕地面积2325亩，其中：水田1866亩，旱地459亩。农村经济总收入4139.5万元，农民人均纯收入5993元，粮食总产量1670.3吨。全年大牲畜出栏89头（匹），肥猪出栏3447头，羊出栏423只；年末大牲畜存栏465头（匹），生猪存栏2100头，羊存栏993只。

书　　记：符宴林
主　　任：杨立红
副 主 任：毕林生
办公室电话：7796336

【宏图村委会】　宏图村委会驻红土坡村，海拔1702米，土地面积4.04平方千米，辖7个村民小组、3个自然村，即：老门洞、红土坡、上峰。2010年末有695户2168人，其中：汉族1900人，彝族264人，哈尼族3人，苗族1人。耕地面积1321.5亩，其中：水田990亩，旱地331.5亩。农村经济总收入2497.5万元，农民人均纯收入5008元，粮食总产量1643.1吨。全年大牲畜出栏62头（匹），肥猪出栏4505头，羊出栏151只；年末大牲畜存栏357头（匹），生猪存栏2568头，羊存栏629只。

书　　记：赵实云
主　　任：赵红芬（女）
副 主 任：杨春楼
办公室电话：7796341

【铺兵村委会】　铺兵村委会驻铺兵村，海拔1735米，土地面积8.59平方千米，辖6个村民小组、5个自然村，即：秧草凹、小西村、三家村、铺兵、大石桥。2010年末有356户1109人，其中：汉族735人，彝族356人，白族1人，壮族2人，回族10人，布依族5人。耕地面积874.5亩，其中：水田403.5亩，旱地471亩。农村经济总收入690万元，农民人均纯收入1406元，粮食总产量1395吨。全年大牲畜出栏97头（匹），肥猪出栏3702头，羊出栏705只；年末大牲畜存栏385头（匹），生猪存栏1500头，羊存栏1793只。

书　　记：付家强
主　　任：朱红云
副 主 任：张金才
办公室电话：7784606

【三板桥村委会】　三板桥村委会驻雨中堂村，海拔1680米，土地面积7.35平方千米，辖5个村民小组、5个自然村，即：平地、老昔街、白水井、雨中堂、三板桥。2010年末有1323户4061人，其中：汉族3867人，彝族165人，白族5人，哈尼族3人，壮族11人，傣族3人，苗族2人，回族3人，其他民族2人。耕地面积2527.5亩，其中：水田1879.5亩，旱地648亩。农村经济总收入5900万元，农民人均纯收入5920元，粮食总产量2072.3吨，烤烟产量46636.5千克。全年大牲畜出栏335头（匹），肥猪出栏5027头，羊出栏252只；年末大牲畜存栏752头（匹），生猪存栏3035头，羊存栏420只。

书记、主任：张丽萍（女）
副 书 记：付　晓
副 主 任：万张海
办公室电话：7796854

【阿乌村委会】　阿乌村委会驻阿乌村，海拔1670米，土地面积8.28平方千米，辖7个村民小组、6个自然村，即：阿乌、老长坡、下赵公庄、上赵公庄、大黑塘、干山冲。2010年末有1121户3648人，其中：汉族3536人，彝族90人，白族3人，哈尼族4人，壮族8人，苗族2人，回族2人，满族1人，其他民族2人。耕地面积3351亩，其中：水田2271亩，旱地1080亩。农村经济总收入5731万元，农民人均纯收入6100元，粮食总产量1643吨，烤烟产量449200千克。全年大牲畜出栏152头（匹），肥猪出栏4010头，羊出栏180只；年末大牲畜存栏535头（匹），生猪存栏1801头，羊存栏780只。

书记、主任：杨金富
副 书 记：杨竹秀（女）
副 主 任：李　伦
办公室电话：7780469

【新宅村委会】　新宅村委会驻下新宅村，海拔1711米，土地面积15.87平方千米，辖6个村民小组、6个自然村。即：上新宅、中新宅、下新宅、清水沟、大新冲、小新冲。2010年末有927户3136人，其中：汉族1775人，彝族1350人，哈尼族4人，壮族4人，回族3人。耕地面积2494.5亩，其中：水田1360.5亩，旱地1134亩。农村经济总收入1666.6万元，农民人均纯收入3173元，粮食总产量2518.7吨。全年大牲畜出栏122头（匹），肥猪出栏4200头，羊出栏1180只；年末大牲畜存栏873头（匹），生猪存栏1383头，羊存栏1650只。

书　　记：王四海（彝族）
主　　任：徐　敏
副 主 任：毕有仙（彝族）
办公室电话：7783666

【大屯村委会】　大屯村委会驻大屯村，海拔1687米，土地面积4.07平方千米，辖4个村民小组、1个自然村，即大屯。2010年末有806户2150人，其中：汉族2047人，彝族94人，壮族2人，回族6人，蒙古族1人。耕地面积405亩，其中：水田304.5亩，旱地100.5亩。农村经济总收入3150.1万元，农民人均纯收入7664元，粮食总产量1317.8吨。全年大牲畜出栏105头（匹），肥猪出栏5400头，羊出栏33只；年末大牲畜存栏192头（匹），生猪存栏4500头，羊存栏145只。

书　　记：许正友
主　　任：韩林华
副 主 任：赵永明
办公室电话：7796942

【上蒲草村委会】　上蒲草村委会驻上蒲草村，海拔1780米，土地面积18.24平方千米，辖5个村民小组、2个自然村，即：上蒲草、过街路。2010年末有408户1369人，其中：汉族27人，彝族1341人，哈尼族1人。耕地面积1630.5亩，其中：水田444亩，旱地1186.5亩。农村经济总收入1575万元，农民人均纯收入5231元，粮食总产量1302.9千克，烤烟产量62400千克。全年大牲畜出栏101头（匹），肥猪出栏1900头，羊出栏450只；年末大牲畜存栏607头（匹），生猪存栏695头，羊存栏950只。

书　　记：高有华（彝族）
主　　任：王永明（彝族）
副 主 任：李　华（彝族）
办公室电话：7780316

【东海子村委会】 东海子村委会驻街子上村，海拔1700米，土地面积6.37平方千米，辖8个村民小组、5个自然村，即：下蒲草、东海子、街子上、老寨子、小新村。2010年末有845户2276人，其中：汉族1739人，彝族520人，白族1人，壮族5人，傣族7人，拉祜族2人，纳西族2人。耕地面积1156.5亩，其中：水田685.5亩，旱地471亩。农村经济总收入3131万元，农民人均纯收入5438元，粮食总产量1122.6吨。全年大牲畜出栏80头（匹），肥猪出栏2900头，羊出栏155只；年末大牲畜存栏180头（匹），生猪存栏1243头，羊存栏410只。

书　　记：陶建林
主　　任：陶正林
副 主 任：王云春
办公室电话：7796337

【大乐台旧村委会】 大乐台旧村委会驻砂地村，海拔1685米，土地面积7.80平方千米，辖3个村民小组、3个自然村，即：大乐台旧、大昌乐村、砂地。2010年末有1507户4030人，其中：汉族3757人，彝族243人，哈尼族2人，壮族7人，傣族3人，苗族1人，回族6人，拉祜族1人，佤族4人，纳西族3人，满族1人，布依族2人。耕地面积1575亩，其中：水田1027.5亩，旱地547.5亩。农村经济总收入4564万元，农民人均纯收入5901元，粮食总产量1020吨。全年大牲畜出栏85头（匹），肥猪出栏3050头，羊出栏180只；年末大牲畜存栏288头（匹），生猪存栏1900头，羊存栏210只。

书记、主任：娄星红
副 书 记：马　林
副 主 任：洪正荣
办公室电话：7796332

【小乐台旧村委会】 小乐台旧村委会驻小乐台旧村，海拔1682米，土地面积4.53平方千米，辖9个村民小组、5个自然村，即：东山、桃园、大坝、小乐台旧、小昌乐。2010年有2033户4808人，其中：汉族4533人，彝族243人，白族3人，哈尼族6人，壮族12人，傣族3人，傈僳族1人，回族2人，蒙古族4人，其他民族1人。耕地面积0亩。农村经济总收入6839万元，农民人均纯收入6372元，粮食总产量3.5吨。全年大牲畜出栏37头（匹），肥猪出栏1450头，羊出栏120只；年末大牲畜存栏55头（匹），生猪存栏430头，羊存栏145只。

书记、主任：杨云春（女）
副 书 记：杨林才
副 主 任：李建云
办公室电话：7793003

【清水塘村委会】 清水塘村委会驻清水塘村，海拔1800米，土地面积35.75平方千米，辖7个村民小组、3个自然村，即：尾博邑、清水塘、马石坎。2010年末有544户1848人，其中：汉族117人，彝族1731人。耕地面积2830.5亩，其中：水田180亩，旱地2650.5亩。农村经济总收入1728万元，农民人均纯收入4339元，粮食总产量1365.6吨，烤烟总产量224963.5千克。全年大牲畜出栏122头（匹），肥猪出栏2283头，羊出栏1100只；年末大牲畜存栏1112头（匹），生猪存栏1252头，羊存栏2226只。

书　　记：金永林（彝族）
主　　任：毕跃华（彝族）
副 主 任：赵树清（彝族）
办公室电话：7795340

【大哨村委会】 大哨村委会驻大哨村，海拔1870米，土地面积14.61平方千米，辖5个村民小组、4个自然村，即：大哨、小新村、小糯衣、秦家寨。2010年末有543户1733人，其中：汉族1235人，彝族489人，壮族2人，傣族2人，回族5人。耕地面积1647亩，其中：水田739.5亩，旱地907.5亩。农村经济总收入955万元，农民人均纯收入2966元，粮食总产量1162.2吨，烤烟产量270800千克。全年大牲畜出栏75头（匹），肥猪出栏3300头，羊出栏820只；年末大牲畜存栏437头（匹），生猪存栏1380头，羊存栏1500只。

书　　记：杨海生
主　　任：王树元
副 主 任：秦　涛
办公室电话：7718308

【小河村委会】 小河村委会驻张家庄村，海拔1780米，土地面积15.68平方千米，辖7个村民小组、6个自然村，即：董家庄、小河、张家庄、小尖山、干龙潭、王家庄。2010年末有661户2072人，其中：汉族1389人，彝族677人，壮族1人，傣族3人，其他民族2人。耕地面积1620亩，其中：水田867亩，旱地753亩。农村经济总收入1196万元，农民人均纯收入3390元，粮食总产量1281.2吨，烤烟产量468000千克。全年大牲畜出栏60头（匹），肥猪出栏3500头，羊出栏1300只；年末大牲畜存栏711头（匹），生猪存栏1530头，羊存栏3000只。

书　　记：王家林
主　　任：袁绍才
副 主 任：李永生
办公室电话：7704798

【萝卜所村委会】 萝卜所村委会驻大萝卜所村，海拔1758米，土地面积11.68平方千米，辖3个村民小组、3个自然村，即：大萝卜所、小萝卜所、松树凹。2010年末有597户1811人，其中：汉族1208人，彝族591人，哈尼族8人，壮族3人，苗族1人。耕地面积900亩，其中：水田345亩，旱地555亩。农村经济总收入1713.5万元，农民人均纯收入4700元，粮食总产量759.7吨，烤烟产量223080千克。全年大牲畜出栏55头（匹），肥猪出栏3000头，羊出栏550只；年末大牲畜存栏285头（匹），生猪存栏1216头，羊存栏790只。

书记、主任：杜绍春
副 书 记：毕绍林（彝族）
副 主 任：杨亚菲（女）
办公室电话：7718336

【阿怒山村委会】 阿怒山村委会驻阿怒山村，海拔1705米，土地面积17.61

平方千米，辖12个村民小组、8个自然村，即：青龙凹、阿怒山、打野山、大地梁子、小新村、四家村、南山甲、喃喃石箐。2010年末有1095户3362人，其中：汉族3096人，彝族247人，白族4人，哈尼族1人，壮族7人，苗族4人，回族1人，拉祜族2人。耕地面积2698.5亩，其中：水田1672.5亩，旱地1026亩。农村经济总收入3436.5万元，农民人均纯收入4386元，粮食总产量1866吨，烤烟产量99000千克。全年大牲畜出栏305头（匹），肥猪出栏4000头，羊出栏2063只；年末大牲畜存栏1023头（匹），生猪存栏2094头，羊存栏2813只。

书　　记：张文平
主　　任：董树华
副 主 任：尹杰俊（女）
办公室电话：7795315

【路美邑村委会】　路美邑村委会驻路美邑村，海拔1698米，面积4.74平方千米，辖8个村民小组、1个自然村，即路美邑一至八组。2010年末有1236户3256人，其中：汉族1459人，彝族1775人，白族4人，哈尼族4人，壮族6人，苗族4人，纳西族1人，布依族3人。耕地面积1956亩，其中：水田1309.5亩，旱地646.5亩。农村经济总收入7012万元，农民人均纯收入4372元，粮食总产量1758吨，烤烟产量239040千克。全年大牲畜出栏258头（匹），肥猪出栏3600头，羊出栏700只；年末大牲畜存栏550头（匹），生猪存栏1820头，羊存栏1420只。

书　　记：杨永喜（彝族）
主　　任：石有平
副 主 任：毕文林（彝族）
办公室电话：7795331

【北山村委会】　北山村委会驻北山村，海拔1687米，土地面积6.15平方千米，辖6个村民小组、2个自然村，即：大北山、小北山。2010年末有1244户3446人，其中：汉族3298人，彝族132人，白族3人，哈尼族2人，壮族7人，傣族2人，苗族1人，水族1人。耕地面积2185.5亩，其中：水田1654.5亩，旱地531亩。农村经济总收入4457万元，农民人均纯收入4709元，粮食总产量1914.4吨，烤烟产量46080千克。全年大牲畜出栏145头（匹），肥猪出栏4100头，羊出栏341只；年末大牲畜存栏410头（匹），生猪存栏3630头，羊存栏560只。

书　　记：吉有清
主　　任：（缺）
副 主 任：（缺）
办公室电话：7713196

【麦地庄村委会】　麦地庄村委会驻小麦地庄村，海拔1686米，土地面积4.29平方千米，辖9个村民小组、4个自然村，即:大麦地庄、小麦地庄、北吉村、小滑坡。2010年末有1409户3564人，其中：汉族3097人，彝族195人，哈尼族13人，壮族251人，傣族2人，回族1人，布依族2人，其他民族3人。耕地面积1524亩，其中：水田1263亩，旱地261亩。农村经济总收入8206万元，农民人均纯收入6140元，粮食总产量1597吨，烤烟产量15600千克。全年大牲畜出栏178头（匹），肥猪出栏3800头，羊出栏625只；年末大牲畜存栏261头（匹），生猪存栏1880头，羊存栏439只。

书　　记：杨学云
主　　任：董云祥
副 主 任：谢合云
办公室电话：7712794

【堡子村委会】　堡子村委会驻堡子村，海拔1692米，土地面积12.20平方千米，辖13个村民小组、5个自然村，即:堡子、大坡厂、白龙潭、大山沟、小山沟。2010年末有2371户6309人，其中：汉族5556人，彝族696人，白族7人，哈尼族5人，壮族17人，傣族4人，回族21人，布依族3人。耕地面积3291亩，其中：水田1737亩，旱地1554亩。农村经济总收入9622万元，农民人均纯收入4906元，粮食总产量2884吨。全年大牲畜出栏244头（匹），肥猪出栏4800头，羊出栏595只；年末大牲畜存栏987头（匹），生猪存栏3910头，羊存栏651只。

书　　记：沈家彬
主　　任：马保才
副 主 任：王明春
办公室电话：7795341

【鱼龙坝村委会】　鱼龙坝村委会驻西纳村，海拔1690米，土地面积8.28平方千米，辖8个村民小组、5个自然村，即：大鱼龙坝、小鱼龙坝、小坡头、西纳村、大冲村。2010年末有1496户4141人，其中：汉族3994人，彝族92人，哈尼族3人，壮族11人，傣族4人，苗族11人，回族17人，佤族4人，纳西族1人，蒙古族3人，其他民族1人。耕地面积1969.5亩，其中：水田1572亩，旱地397.5亩。农村经济总收入5094.5万元，农民人均纯收入4595元，粮食总产量2096.8吨。全年大牲畜出栏360头（匹），肥猪出栏3800头，羊出栏375只；年末大牲畜存栏1534头（匹），生猪存栏2485头，羊存栏624只。

书　　记：陈保华
主　　任：杨保金
副 主 任：马永平
办公室电话：7795346

【南门社区居委会】　南门社区居委会驻南苑居民小组，海拔1673米，土地面积2.26平方千米，辖17个居民小组，即：横街、马家巷、大街兴、石街路、水阁、三元宫、槐树、龙泉、龙树、南正街、小围、紫玉、大兴、双龙、石苑、农苑、南苑居民小组。2010年末有965户2579人（不包括驻社区单位人口），其中：汉族2409人，彝族105人，白族3人，哈尼族5人，壮族24人，傣族6人，苗族2人，回族24人，满族1人。耕地面积1128亩，其中：水田973.5亩，旱地154.5亩。农村经济总收入7727.4万元，农民人均纯收入8266元，粮食总产量648.5吨。全年肥猪出栏1970头，羊出栏26只；年末大牲畜存栏26头（匹），生猪存栏1280头，羊存栏46只。

书记、主任：段云华
副 书 记：李云芬（女）

副　主　任：杨　猛
办公室电话：7786432

【东门社区居委会】　东门社区居委会驻东门居民小组，海拔1674米，土地面积1.29平方千米，辖12个居民小组，即：学地山、小村子、古城、小东门、民康巷、古楼、卖马巷、东门、巴江、麻地兴、新桥、环城居民小组。2010年末有592户1439人（不包括驻社区单位人口），其中：汉族1383人，彝族45人，哈尼族3人，傣族2人，苗族2人，拉祜族1人，其他民族3人。耕地面积25.5亩。农村经济总收入3237万元，农民人均纯收入6466元。全年肥猪出栏510头，年末大牲畜存栏1头，生猪存栏300头，羊存栏66只。

书　　记：李自红
主　　任：胡继荣
副　主　任：王翠芳（女，彝族）
办公室电话：7796528

【西北社区居委会】　西北社区居委会西北居民小组，海拔1674米，土地面积1.67平方千米，辖8个居民小组、1个自然村，即：西北、北门、西环、镇觉寺、西门、古楼、红桥、鹿阜山居民小组。2010年末有1023户2788人（不包括驻社区单位人口），其中：汉族2695人，彝族79人，哈尼族2人，壮族4人，傣族1人，回族6人，其他民族1人。耕地面积646.5亩，其中：水田528亩，旱地118.5亩。农村经济总收入3769万元，农民人均纯收入6480元，粮食总产量258.8吨。全年大牲畜出栏30头（匹），肥猪出栏2400头；年末大牲畜存栏61头（匹），生猪存栏1359头，羊存栏140只。

书记、主任：李朝元（彝族）
副　书　记：陈彦辉
副　主　任：官利华（女）
办公室电话：7796464

【龙泉社区居委会】　龙泉社区居委会驻竹庄居民小组，海拔1688米，土地面积1.63平方千米，辖13个居民小组，即：双龙山、双龙桥、竹庄、科兴、双龙街、双龙南巷、双龙中巷、石林中路、龙泉路、蚊子口、天合、天桥、东城区居民小组。2010年末有11048户21495人（包括石林县城驻社区单位及驻路美邑单位人口），其中：汉族16574人，彝族4449人，白族89人，哈尼族32人，壮族86人，傣族30人，苗族30人，傈僳族4人，回族94人，拉祜族4人，佤族4人，纳西族15人，瑶族13人，藏族11人，独龙族1人，蒙古族3人，水族14人，满族7人，布依族7人，其他民族28人。

书记、主任：魏丕林
副　书　记：李水生
副　主　任：李水琼（女）
办公室电话：7796411

（撰稿人：鹿阜镇人民政府　赵玉英）

石　林　镇

【机构设置】　2010年石林镇内设党政综合办公室、人口和计划生育办公室、文化广播电视服务中心、便民服务中心、农林水综合服务中心、畜牧兽医服务中心、村镇规划服务中心。年末有职工77人，其中：公务员27人，机关工勤人员5人，专业技术及事业管理人员38人，事业单位工人7人。年内，石林镇先后获得“昆明市文明小城镇”、“云南省文明小城镇”、“云南省生态乡镇”、“全国环境优美乡镇”等称号。石林镇小箐村被评为全国妇联基层组织建设示范村。镇财政所被云南省财政厅列为“云南省第一批乡镇财政资金监管工作直接联系点”、被昆明市政府评为“昆明市文明单位”，镇综治办被昆明市委、市政府评为“平安乡镇”。万春林在2006～2009年云南省群众体育工作中，被云南省体育局授予“先进个人”荣誉称号。赵恒谦被昆明市政府评为“昆明市民族团结进步模范个人”。周和林被中华人民共和国司法部评为“全国模范人民调解员”。

【行政区划】　石林镇位于县境东北部，镇政府所在地北大村距县城14千米，距石林火车站7千米。全镇辖北大村、天生关、林口铺、螺蛳塘、长跨、松子园、小密枝、小村、月湖、老挖、水塘铺、小箐、乐尔村、和摩站、站屯15个村委会，41个自然村，64个村小组。

【自然状况】　2010年全镇土地面积298.74平方千米，有耕地41662.5亩，其中：水田12135.45亩，旱地29527.05亩。境内森林覆盖率42.6%，最高海拔2096米（小密枝村委会山神庙峰），最低海拔1645米（螺蛳塘村委会双包凹），年平均气温16.5℃，年降雨量为947.9毫米。辖区为典型喀斯特地貌，大小石林、乃古石林均在镇境内。

【人口与计划生育】　2010年末，全镇有12961户39355人，其中：男性19700人，女性19655人；农业人口36654人，非农业人口2701人；汉族20985人，彝族18063人，其他民族（白族、哈尼族、壮族、傣族、苗族、傈僳族、回族、拉祜族、佤族、基诺族、瑶族、水族）307人。全年出生751人，死亡409人，计划生育率达100%，人口自然增长率3.94‰，新办理农业人口《独生子女父母光荣证》12户，累计办证891户，享受“奖优免补”12户。

【经济综述】　2010年全镇实现工业总产值55016万元，比上年同比增26.9%；工业增加值16350万元，同比增44.8%；非公经济增加值40153万元，同比增57.2%；实缴税金5236万元，同比增171.6%；乡镇企业增加值38664万元，同比增51%；农村经济总收入44015万元，同比增70.7%；地方财政一般预算收入2576.84万元，同比增45.2%；农民人均纯收入5808元，同比增36.4%，确保了大灾之年全镇经济平稳较快发展和社会和谐稳定。

【农　业】　2010年全镇种植粮食81898.5亩，产量19231.8吨，农民人均占有粮食542.4千克。其中：小春粮食产量 919.8 吨，大春粮食产量 18312 吨；水稻种植面积 7399.5 亩，产量 3508 吨；玉米种植面积 25999.5 亩，产量 12164 吨；薯类 8502 亩，产量 2000 吨；豆类 8793 亩，产量 576 吨。实现粮食总产值 5030 万元。种植烤烟 15900 亩，收购烟叶 263.65 万千克，总产值 3915.20 万元，均价 14.85 元，实现烟叶农业税 861.2 万元。

全年大牲畜出栏 2840 头（匹），肥猪出栏 34010 头，羊出栏 15427 只，家禽出栏 1631390 只；年末大牲畜存栏 13947 头（匹），生猪存栏 34101 头，羊存栏 33880 只，家禽存栏 637930 只；鲜奶产量 4351 吨，禽蛋产量 672 吨。实现畜牧总产值 13872 万元。

完成蔬菜种植面积 12499.5 亩，产量 23800 吨，产值 4199 万元；水果面积 9618 亩，产量 2559.9 吨，产值 1626 万元；茶叶面积 1755 亩，产量 14 吨；花卉面积 3030 亩，产量 4020 万枝（株）。完成 3844 亩泡核桃基地建设，种植台湾尖椒 2000 余亩，试验种植百合 45 亩，发展种桑养蚕户 800 多户，示范种植蓝莓 200 余亩。

水利建设投入资金 54.35 万元，完成石板哨、大田、水塘铺、普豆村、路星村 5 件人饮应急工程，组织抗旱供水车及 19 座抗旱泵站，临时解决 1113 户 4339 人和 1950 头大牲畜饮水困难，保苗浇灌 3370 亩。建设完成小水窖 846 个，小水池 9 个，小坝塘 1 座，小泵站 8 座，小引水渠 0.7 千米，小饮水管道 9.31 千米。对 5 座小（二）型水库和 2 座小塘坝肥水养鱼进行了取缔。

发动群众开展抗旱自救，筹措救灾资金和物资，解决群众的生产生活困难。全年兑现农资综合补贴 375.47 万元，退耕还林补助金 266.91 万元。落实家电下乡补贴 1352 户，补助 93.31 万元；兑现能繁母猪补贴资金 7.13 万元；发放农机购置补贴资金 44.44 万元。发放小额扶贫贷款 70 万元、香港回归项目资金 10 万元，发放党员关爱资金 36.9 万元，实施农村民居地震安全工程拆除重建 45 户，补助 45 万元。发放救灾救济粮食 96475 千克，发放优扶临时救济款 1.01 万元，发放优扶对象、农村五保、原大队干部等生活定期定量补助 100.3283 万元，新办理 21 位高龄老人保健补助手续，申报百岁寿星 1 人，实施阳光家园计划残疾人托养服务资助家庭 30 户，发放扶助金 2.4 万元。进一步落实城乡居民最低生活保障等社会保障制度，全镇纳入农村最低生活保障 803 户 1939 人，发放保障金 112.836 万元。完成石林镇中心敬老院扩建工程建设。

【乡镇企业】 2010 年全镇共有个体工商户、私营企业、有限责任公司 623 个；完成农村劳动力转移培训 3654 人，劳动力转移输出 2553 人，其中：省外 179 人，省内县外 822 人，县内 1552 人。

【新农村建设】 2010 年累计投资 2200 万余元实施新农村建设整村推进项目 7 个，完成林口铺、天生关、月湖、老挖村村内绿化、亮化、村容村貌整治（风貌改造）等建设项目，快速开展落水洞整村搬迁项目，寺背后民族特色村改造顺利推进。坚决把解决人畜饮水放在第一位，投入资金 200 余万元，完成小箐、乐尔村、石板哨、和摩站、大长跨、大田、水塘铺、普豆村、路星村 9 件人饮应急工程，建设小水窖 1559 个，小水池 8 个，小坝塘 8 座，小泵站 8 座，小引水渠 1 件，小饮水管道 9.31 千米；投资 1497 万元，完成普豆村、和摩站、小密枝、爱买龙、螺蛳塘、路星村、天生关 7 件烟水工程，受益面积 18785 亩。

巩固国家级环境优美乡镇创建成果，强化森林资源保护，严查重处滥伐林木和占用林地行为，抓实森林防火工作，在全县率先组建 30 名队员的镇级专业义务扑火队，采取超常规措施开展森林防火工作。镇、村、组三级联动，点、线、面结合开展城乡园林绿化，全年义务植树 1100 亩，植树 13 万株，完成营林生产 7825 亩，完成城镇、交通沿线面山绿化 78 亩，机耕路绿化 3 千米，植树 2032 株；开展村庄绿化 16 个，绿化面积 1960 亩，种植攀缘植物 10000 株。全面开展农村新型能源的推广利用，新增沼气池 100 口，累计推广沼气 5631 座，覆盖率达 61%。以“六清六建”为抓手，持续开展村庄环境整治，扎实推进市级生态村创建工作。

【集镇建设】 完成全镇 15 个行政村 41 个自然村的村庄规划编制。加大投入，继续推进小城镇建设，先后投入近 720 万元对小寨村道路进行新建和改扩建；投资近 300 万元改造完善大寨农产品交易市场。加强小城镇环境卫生的创建与管理，积极筹措资金新建公厕 1 座，垃圾池 1 个，安装太阳能路灯 42 盏，对主要街道进行了绿化、美化。严管农村违法加层和无序建房，坚决拆除违法违章建筑。实施农村民居地震安全工程拆除重建 45 户，补助 45 万元。

【科教文卫】 以提高干部群众的科技意识和科技水平为目标，扎实开展科技、文化、卫生“三下乡”和“科技宣传周”活动，全年举办各类新技术培训 76 期 6162 人次。举办农函大培训班 3 期 150 人，培训拖拉机驾驶技能及耕作技能 70 人次，开展农村劳动力培训 5337 人，输出转移 3554 人，全镇无“零就业家庭”。

高度重视医疗卫生工作，全面开展常见病、多发病的防治，农村新型合作医疗参合率达 100%。2010 年，全镇累计住院 2536 人次，门诊 3682 人次，补助资金 333.35 万元。新农保参保人数 19232 人，参保率达 90.7%，全镇 4048 名农村 60 岁以上老人直接享受了这一惠民政策，领取新农保补助资金 66.79 万元。顺利通过市计生协会的考评验收，新建计生服务所投入使用。石林镇中学及中心小学标准化建设主体工程已通过验收，中小学入学率和巩固率均达 100%，教学质量显著提高，“两基”工作顺利通过验收。文体活动丰富多彩，组织开展节日文艺演出活动 8 次，共演出节目 444 个，组织篮球运动会 5 次，举办全镇性群众体育活动 1 次，民族民间文艺汇演 1 次；举办了迎新年民族民间歌舞大赛，全镇 15 个村委会和学校的 26 支文艺队演出节目 76 个；

全年放映影片200场。老挖村原生态歌舞《阿诗玛故乡》参加录制的《春暖——一号文件进我家》节目在央视财经频道播出。文化基础设施建设得到加强，新建的镇综合文化站已顺利完工，在寺背后村建设农民文化体育活动广场1个，在站屯村建设农民健身广场1个。民族宗教、工青妇、档案、保密、统计、邮政、通信、电力等各项事业全面协调发展。

【精神文明及民主法制建设】 2010年新申报的3个市级文明单位、6个县级文明单位（村）顺利通过市、县文明委的考评验收，全镇累计有各级文明单位（村）40个。石林镇创建省级文明小城镇已通过验收、公示，小箐步入创建全国文明村先进行列，全镇共有15个村民委员会的8651户农户参与了“十星级文明户”的评选活动，参评率为95.4%。继续严格执行《石林镇农村集体资产管理办法》，定期组织开展农村财务公开检查，管好集体资源、资金、资产；抓好禁毒、反邪防邪、铁路护路、道路交通、生产安全、森林、水库、学校、地质、矿山、食品、防疫等生产生活安全；认真做好信访和矛盾纠纷调处工作，及时化解各类社会矛盾，全年无重大群体性死伤事件发生，确保社会大局稳定。

【交通邮电】 2010年共完成农村公路养护31条，总里程85.01千米，涉及14个村委会、34个村民小组。全镇95%的村委会开通乡村公交车，切实解决了广大群众行路难的问题。电信业发展迅速，年内新装电话用户120户，年末全镇有6265部固定电话；安装宽带120户，设专线11条。

【民政扶贫】 2010年发放救灾救济粮食96475千克，发放优抚临时救济款1.01万元，发放优抚对象、农村五保、原大队干部等生活定期定量补助100.3283万元。新办理21位高龄老人保健补助手续，申报百岁寿星1人。实施了阳光家园计划残疾人托养服务资助家庭30户，发放扶助金2.4万元。进一步落实城乡居民最低生活保障等社会制度，做到应保尽保，全镇纳入农村最低生活保障803户1939人，发放保障金112.836万元，完成石林镇中心敬老院扩建工程建设。加强农村公益性公墓建设，石林镇中心公墓、林峰公墓、东片公墓建成并投入使用，大力倡导文明办丧、移风易俗，强势推进殡葬改革。全年对死亡的245人，全部火化进入公墓安葬，做到死亡人员火化率100%，公墓安葬率100%。

【领导名录】

书　　记：李　湖
副 书 记：刘琴龙（7月止）
　　　　　万春林（7月起）
　　　　　王斌宁
纪委书记：虎志兰（女，彝族）
镇　　长：刘琴龙（7月止）
代理镇长：万春林（7月起）
副 镇 长：槐树波
　　　　　毕志锋（彝族）
　　　　　岭红芝（女，彝族）
人大主席：赵恒谦（彝族）

村委会

【北大村村委会】 北大村村委会驻北大村小寨，土地面积19.67平方千米，辖5个村民小组、5个自然村，即：海子、大寨、小寨、后首田、普豆村。2010年末有884户3176人，其中：汉族2032人，彝族1130人，其他民族14人。耕地1506亩，实现经济总收入1652万元，粮食总产量1654.9吨，烤烟总产量113.4吨、产值173.08万元。全年大牲畜出栏180头（匹），肥猪出栏4360头，羊出栏1850只，家禽出栏341100只；年末大牲畜存栏990头（匹），生猪存栏4380头，羊存栏4468只，家禽存栏52660只，蛋产量105吨。

书　　记：赵良勇
主　　任：刘志聪
副 主 任：赵艳明

【天生关村委会】 天生关村委会驻天生关村，土地面积18.20平方千米，辖6个村民小组、1个自然村，即天生关。2010年末有826户2988人，其中：汉族2941人，彝族38人，其他民族9人。耕地3022.5亩，实现经济总收入1828.8万元，粮食总产量1454.1吨，烤烟总产量486吨、产值715.39万元。全年大牲畜出栏176头（匹），肥猪出栏2650头，羊出栏855只，家禽出栏138260只；年末大牲畜存栏1030头（匹），生猪存栏2150头，羊存栏1380只，家禽存栏25800只，蛋产量45吨。

书　　记：陶富才
主　　任：何学才
副 主 任：何学良
办公室电话：7702366

【林口铺村委会】 林口铺村委会驻大林口铺村，土地面积32.25平方千米，辖4个村民小组、4个自然村，即：大林口铺、小林口铺、老木哨、和摩村。2010年末有713户2629人，其中：汉族1060人，彝族1561人，其他民族8人。耕地5301亩，实现经济总收入1396.56万元，粮食总产量1710.6吨，烤烟总产量554吨、产值819.98万元。全年大牲畜出栏213头（匹），肥猪出栏3350头，羊出栏1286只，家禽出栏183440只；年末大牲畜存栏1010头（匹），生猪存栏2840头，羊存栏3152只，家禽存栏45200只，蛋产量48吨。

书记、主任：李志德（彝族）
副 书 记：陈家华（彝族）
副 主 任：冯桂林

【螺蛳塘村委会】 螺蛳塘村委会驻螺蛳塘村，土地面积40.76平方千米，辖5个村民小组、5个自然村，即：螺蛳塘、路星村、起堵渣、响水箐、大塘子。2010年末有839户3110人，其中：汉族1489人，彝族1516人，其他民族105人。耕地5301亩，实现经济总收入1584.58万元，粮食总产量1820.7吨，烤烟总产量377.46吨、产值552.89万元。全年大牲畜出栏182头（匹），肥猪出栏4010头，羊出栏1588只，家禽出栏164300只；年末大牲畜存栏1250头（匹），生猪存栏3470头，羊存栏3455只，家禽存栏

21300只，蛋产量58吨。

书　　记：桂正林（回族）

主　　任：谢永华

副 主 任：昂玉才（彝族）

办公室电话：7702936

【松子园村委会】 松子园村委会驻松子园村，土地面积22.12平方千米，辖4个村民小组、4个自然村，即：松子园、小沙邑、上打磨箐、下打磨箐。2010年末有576户1935人，其中：汉族940人，彝族976人，其他民族19人。耕地2862亩，实现经济总收入974.58万元，粮食总产量1160.2吨，烤烟总产量105.3吨、产值152.58万元。全年大牲畜出栏169头（匹），肥猪出栏2210头，羊出栏865只，家禽出栏131160只；年末大牲畜存栏878头（匹），生猪存栏1520头，羊存栏2469只，家禽存栏98500只，蛋产量59吨。

书　　记：段建华

主　　任：王志雄

副 主 任：李春燕（女）

【小密枝村委会】 小密枝村委会驻小密枝村，土地面积18.15平方千米，辖3个村民小组、3个自然村，即：小密枝、山头上、爱买龙。2010年末有648户2341人，其中：汉族909人，彝族1432人。耕地3393亩，实现经济总收入991.94万元，粮食总产量1512.5吨，烤烟总产量181.44吨、产值266.50万元。全年大牲畜出栏160头（匹），肥猪出栏2210头，羊出栏758只，家禽出栏60100只；年末大牲畜存栏1090头（匹），生猪存栏1520头，羊存栏2469只，家禽存栏16420只，蛋产量32吨。

书　　记：虎志德（彝族）

主　　任：李　顺

副 主 任：李志林

【长跨村委会】 长跨村委会驻大长跨村，土地面积8.52平方千米，辖4个村民小组、4个自然村，即：大长跨、小长跨、大田、落水洞。2010年末有298户1108人，其中：汉族468人，彝族635人，其他民族5人。耕地2383.5亩，实现经济总收入635.28万元，粮食总产量1005.2吨，烤烟总产量85.86吨、产值121.47万元。全年大牲畜出栏143头（匹），肥猪出栏2130头，羊出栏998只，家禽出栏89850只；年末大牲畜存栏540头（匹），生猪存栏1460头，羊存栏2216只，家禽存栏36820只，蛋产量46吨。

书　　记：徐正帮（彝族）

主　　任：王学志（彝族）

副 主 任：毕绍先（彝族）

办公室电话：7715006

【北小村村委会】 北小村村委会驻北小村，土地面积14.60平方千米，辖4个村民小组、1个自然村，即北小村。2010年末有512户1605人，其中：汉族771人，彝族834人。耕地2128.5亩，实现经济总收入992.55万元，粮食总产量1106.7吨，烤烟总产量40.5吨、产值60.19万元。全年大牲畜出栏124头（匹），肥猪出栏2290头，羊出栏1022只，家禽出栏78000只；年末大牲畜存栏680头（匹），生猪存栏1760头，羊存栏2578只，家禽存栏125500只，蛋产量53吨。

书　　记：陈雄亮（彝族）

主　　任：毕占明（彝族）

副 主 任：毕　勇（彝族）

办公室电话：7701690

【月湖村委会】 月湖村委会驻月湖村，土地面积15.16平方千米，辖6个村民小组、1个自然村，即月湖。2010年末有499户2176人，其中：汉族920人，彝族1246人，其他民族10人。耕地3427.5亩，实现经济总收入935.44万元，粮食总产量974.4吨，烤烟总产量32.4吨、产值48.37万元。全年大牲畜出栏139头（匹），肥猪出栏2430头，羊出栏926只，家禽出栏14440只；年末大牲畜存栏610头（匹），生猪存栏1570头，羊存栏1123只，家禽存栏14520只，蛋产量45吨。

书　　记：潘正华（彝族）

主　　任：姜卓文（彝族）

副 主 任：毕德洪（彝族）

【老挖村委会】 老挖村委会驻大老挖村，土地面积30.43平方千米，辖6个村民小组、2个自然村，即：大老挖、小老挖。2010年末有586户2367人，其中：汉族948人，彝族1419人。耕地3237亩，实现经济总收入1549.46万元，粮食总产量1416.1吨，烤烟总产量38.88吨、产值56.76万元。全年大牲畜出栏156头（匹），肥猪出栏2120头，羊出栏1055只，家禽出栏41630只；年末大牲畜存栏1965头（匹），生猪存栏1850头，羊存栏2967只，家禽存栏6500只，蛋产量32吨。

书　　记：毕跃光（彝族）

主　　任：杨　生

副 主 任：普忠祥（彝族）

【水塘铺村委会】 水塘铺村委会驻水塘铺村，土地面积17.41平方千米，辖4个村民小组、1个自然村，即水塘铺。2010年末有304户1309人，其中：汉族620人，彝族682人，其他民族7人。耕地1738.5亩，实现经济总收入758.6万元，粮食总产量1161吨，烤烟总产量38.88吨、产值58.95万元。全年大牲畜出栏183头（匹），肥猪出栏1675头，羊出栏745只，家禽出栏16730只；年末大牲畜存栏680头（匹），生猪存栏1130头，羊存栏1658只，家禽存栏2450只，蛋产量29吨。

书　　记：王　平（彝族）

主　　任：毕忠贵（彝族）

副 主 任：昂　杨（彝族）

【小箐村委会】 小箐村委会驻小箐村，土地面积21.71平方千米，辖3个村民小组、3个自然村，即：小箐、阿玉林、三家村。2010年末有625户2479人，其中：汉族631人，彝族1783人，其他民族65人。耕地801亩，实现经济总收入2204.86万元，粮食总产量906.2吨，烤烟总产量22.68吨、产值35.21万元。全年大牲畜出栏394头（匹），肥猪出栏3680头，羊出栏765只，家禽出栏127240只；年末大牲畜存栏580头（匹），生猪存栏3010头，羊存栏1425只，家禽存栏36850只，蛋产量26吨。

书　　记：年德富（彝族）

主　　任：洪　杰（彝族）

副 主 任：年志刚（彝族）

办公室电话：7711468

【乐尔村村委会】　乐尔村村委会驻小箐村，土地面积9.54平方千米，辖4个村民小组、2个自然村，即：乐尔村、天生桥。2010年末有1008户3220人，其中：汉族2780人，彝族440人。耕地1746亩，实现经济总收入2133.7万元，粮食总产量1078.7吨，烤烟总产量12.96吨、产值20.02万元。全年大牲畜出栏218头（匹），肥猪出栏4566头，羊出栏752只，家禽出栏125510只；年末大牲畜存栏830头（匹），生猪存栏3290头，羊存栏865只，家禽存栏65320只，蛋产量45吨。

书记、主任：李明红

副 书 记：张兴福

副 主 任：毕红萍（女）

办公室电话：7710968

【和摩站村委会】　和摩站村委会驻和摩站村，土地面积19.35平方千米，辖4个村民小组、4个自然村，即：寺背后、和摩站、高石哨、石板哨。2010年末有870户2945人，其中：汉族2407人，彝族530人，其他民族8人。耕地3599亩，实现经济总收入1837.53万元，粮食总产量1151.7吨，烤烟总产量195.5吨、产值295.29万元。全年大牲畜出栏210头（匹），肥猪出栏3640头，羊出栏1252只，家禽出栏104680只；年末大牲畜存栏964头（匹），生猪存栏2980头，羊存栏2544只，家禽存栏86530只，蛋产量26吨。

书　　记：刘志生

主　　任：潘金奎

副 主 任：李建平

【站屯村委会】　站屯村委会驻站屯村，土地面积6.08平方千米，辖2个村民小组、1个自然村，即站屯。2010年末有495户1767人，其中：汉族1730人，彝族32人，其他民族5人。耕地1272亩，实现经济总收入1028.69万元，粮食总产量1118.2吨，烤烟总产量131.2吨、产值199.72万元。全年大牲畜出栏193头（匹），肥猪出栏1650头，羊出栏710只，家禽出栏14950只；年末大牲畜存栏850头（匹），生猪存栏1270头，羊存栏1125只，家禽存栏3560只，蛋产量23吨。

书　　记：杨柳青（女）

主　　任：王安林

副 主 任：文世才

（撰稿人：石林镇人民政府　王李焕）

板　桥　镇

【机构设置】　2010年板桥镇内设党政综合办公室、农林水综合服务中心、畜牧兽医服务中心、村镇规划建设服务中心和文化广播电视服务中心。年末有职工66人，其中：公务员24人，事业人员38人，工勤人员4人。2010年板桥镇成功创建为“全国优美乡镇”，获昆明市“第二次全国经济普查”先进集体称号，徐丽萍被评为“第二次全国经济普查”省级先进个人。

【行政区划】　板桥镇地处石林县城东南方，镇政府所在地板桥村委会马街距县城9千米。全镇辖板桥、黄家庄、矣马伴、龙溪、叠水、大叠水、青山、冒水洞、小戈丈、者乌龙、小屯、龙潭12个村委会，60个自然村，78个村民小组。

【自然状况】　全镇土地面积132.24平方千米，耕地面积24093亩，其中：水田14779.5亩，旱地9313.5亩。境内海拔在1500～2204米之间，年平均降雨量在600.3毫米。辖区内有享有“珠江第一瀑”美誉，落差96米，宽54米的大叠水瀑布。

【板桥镇招商分局】　2010年板桥镇招商分局由镇人民政府牵头，县农业招商分局组成。全年引进石林玄武岩开采、石林骏杰养殖场、石林县珍珠苗木园等项目，实际引进内资1630万元。引进石林县珍珠苗木园项目，租地560亩建苗木基地，计划总投资1500万元；石林县狮山加油站项目、石林云川陶瓷装饰生产建设项目正在洽谈中，两项目计划分别投资1000万元、1110万元。

【人口与计划生育】　2010年末全镇有10819户33071人，其中：农业人口31905人，非农业人口1166人；男性16595人，女性16476人；汉族28002人，彝族4834人，其他民族（白族、哈尼族、佤族、壮族、回族、傣族、苗族、傈僳族、拉祜族、纳西族、景颇族、瑶族、藏族、布朗族、阿昌族、怒族、普米族、德昂族、独龙族、基诺族、满族、蒙古族、水族、布依族）235人。全年出生541人，死亡316人，人口自然增长率4.79‰。深入开展计划生育优质服务工作，认真落实农村独生子女“奖优免补”政策，全年共为6000多名育龄妇女提供优质的B超查环、查孕、查病技术服务。

【经济综述】　2010年全镇工农业总产值完成24999万元，其中：农业产值15882万元，工业产值9117万元。实现镇级财政收入698.7万元。农民人均纯收入5547.91元。

【农　业】　2010年以实施新型农民科技培训工程为重点，全面提升农民科技素质，提高农业综合生产能力，促进农村经济又好又快发展。镇农业相关部门积极组织干部职工参加了县农牧局、省农科院组织的水稻、玉米、蔬菜和马铃薯栽培技术培训班。同时，利用以会代训、现场培训等方式，针对各地实际情况，辅以有线电视、广播、黑板报等宣传工具，广泛深入地开展科技培训86期次，受训人员达6600余人次，发放科技宣传材料8200余份。根据各时期农事实际情况，及时组织种子、农药、农膜等物资供应，其中水稻、包谷等良种3万余千克，供应玉米备荒种子6500千克，水稻育苗盘5000盘，农药8000余千克，各种农用物资保证足量供应，价格稳定。完成水稻大田移栽任务9100亩；完成玉米栽种1300亩；薯类1500亩；杂粮1000亩；豆类2800亩。年末粮食总产量17530.7吨，人均有粮561千克；蔬菜总产量29282.8吨，同比增长35.3%；园林水果总产量6167吨。圆满完成烟叶收购任务157万千克，均价14.07元，实现收购总产值2208.99万元。

年内种植核桃2019亩，种植蔬菜11881.5亩，推广鲜食玉米500亩；完成蔬菜样品的送检工作，共送蔬菜样品260个。

畜牧规模化养殖迅速发展，2010年畜牧业产值9348万元。全年大牲畜出栏1600头（匹），肥猪出栏28404头，山羊出栏8200只；年末大牲畜存栏10478头（匹），生猪存栏24554头，山羊存栏13428只。

全年共新建小水窖2237个、小水池6个、小泵站13座、小坝塘4座、小水渠18.173千米。全面完成板塘公路中修工程和云桂铁路板桥段征地丈量工作，铁路征地补偿工作进展顺利。大沙石桥至小屯水库公路段工程建设正有序进行。进一步加强农业机械购置补贴管理工作，新增拖拉机5台、耕整机313台，配套农机具5套。全年推广农村新能源建设工作，新建沼气池300口，推广农村节能灶500口。

2010年继续加强对林改工作的领导，积极配合上级做好配套改革工作，巩固林改成果，认真进行整改，查缺补漏，建立健全林改台账等资料，完善立卷归档工作，进一步强化对森林资源的保护和管理，严禁乱砍滥伐等破坏森林资源的违法行为。全年完成义务植树12.8万株；辖区绿化420亩；种植攀缘植物10050株；新建苗木基地1000亩；“三沿五区”坟山墓地植树6500株；创建绿色家庭12户。

【乡镇企业】 2010年全镇有各类经营主体736户，其中：个体户640户，企业96户。有专业合作社4户，餐饮58户，食品经营类152户，食品生产类13户，种植养殖类80户，农药经营32户，种子经营28户，化肥经营21户。从业人员2230人，实现乡镇企业增加值4300万元。全年农村劳动力引导培训2790人，完成转移就业2210人。

【集镇建设】 2010年完善了集镇规划编制工作和中心村规划工作，自然村规划编制后续工作扎实推进。集镇污水处理设施建设项目工程基本完工。投入39万元用于集镇路径设备建设和集镇绿地建设；投入34.6万元新建虎街182.6米的人行道；投入90余万元扩建虎街377.4米的集镇道路。

【交通邮电】 2010年已完成板塘公路中修工程，大沙石桥至小屯水库公路段已接近尾声，板桥镇2010年农村公路养护镇级公路15条、村级公路24条，总长58.25千米，共有养护人员14人。全年新装电话100余户，安装宽带160户。

【科教文卫】 2010年举办各级各类培训班100余期，培训人数达10000余人次，发放烤烟栽培技术手册、防治艾滋病知识手册、《云南科技报》等10000余份。充分发挥养猪协会、食用菌协会、洋蓟协会和油桃协会及专业合作社的作用，带动全镇人民科学管理、科学养种植。

大力实施标准化建设，促进义务教育均衡发展。全镇共有教师312名，中小学生4136名。文化阵地建设明显加强，群众文化活动丰富多彩，板桥镇现有4座农家书屋，已配备了图书1267种，共6000册；期刊20种2152册；光盘100种，共400盘，4座农家书屋已做到5项制度管理健全，并通过县图书馆的验收。全年科教电影放映144场次，其内容涉及农村道路交通安全常识、生活垃圾处理、预防艾滋病、农村预防动物性传染病、防治狂犬病、森林防火、中小学生地震逃生自救等，观众达43200余人次。

【民政残联】 2010年，面对百年不遇的干旱，板桥镇党委、政府把解决困难群众的日常生活问题当做一项重要工作，共发放民政局下拨及镇政府购买的大米21550千克，涉及农户550户1645人；发放县红十字会捐赠大米30000千克、食用油150桶、矿泉水150件、单衣82件，涉及233户409人。对全镇范围内的所有死亡人员执行100%火化和100%进入指定公墓内安葬，完善了镇内两个公益性公墓的管理。2010年成功验收了民居地震安全工程中10户残疾人危房重建和5户加固改造工程，共投入建设资金158000元。为25户贫困残疾户救济化肥175包，价值7000余元。在全国助残日期间，为镇内72户残疾户发放1800千克大米和72桶食用油。

【精神文明及民主法制建设】 全年共创建文明单位11个，其中：市级文明村1个、县级文明村5个、市级文明单位5个。抓好平安创建工作，加强“五五”普法宣传，推进依法治理进程。全镇共出宣传栏158期，举办法治讲座10期，张贴标语1200条，解答法律咨询208人次，开展“法律进村组”活动4次，“法律进学校”4次。继续深化“平安村组”、“平安单位”、“无邪教镇”、“无毒社区”的巩固工作。

【领导名录】

书　　记：毕少学（彝族）
副 书 记：殷　瑕（女）
　　　　　李　勇
镇　　长：殷　瑕（女）
副 镇 长：秦卫强
　　　　　毕学林（彝族）
　　　　　余平波
人大主席：陈宇杰

村委会

【板桥村委会】 板桥村委会驻板桥集镇，海拔1661米，土地面积6.95平方千米，辖11个村民小组、6个自然村，即：邓家山、碧落甸、板桥马街、虎街、桃溪、新发。2010年末有1287户4112

人，其中：汉族3818人，彝族281人，其他民族13人。耕地面积2806.5亩，全年经济总收入3754.2万元，农民人均纯收入5519元，粮食总产量1753吨，烤烟总产量335吨。全年大牲畜出栏428头（匹），肥猪出栏2081头，羊出栏510只；年末大牲畜存栏1756头（匹），生猪存栏2451头，羊存栏670只。

书记、主任：潘元林
副 书 记：毕 勇
副 主 任：张洪流
办公室电话：7742376

【小屯村委会】 小屯村委会驻小屯村，海拔1682米，土地面积15.43平方千米，辖12个村民小组、7个自然村，即：小屯、石哑口、大官庄、龙井沟、太平田、山田、张家坝塘。2010年末有1622户5276人，其中：汉族4681人，彝族557人，其他民族38人。耕地面积4187亩，全年经济总收入4235万元，农民人均纯收入5210元，粮食总产量2530.2吨，烤烟总产量230.4吨。全年大牲畜出栏162头（匹），肥猪出栏4641头，羊出栏544只；年末大牲畜存栏1112头（匹），生猪存栏3758头，羊存栏1300只。

书记、主任：谢有兴
副 书 记：严桂兰
副 主 任：雷从富
办公室电话：7743397

【龙潭村委会】 龙潭村委会驻小官庄村，海拔1707米，土地面积17.49平方千米，辖6个村民小组、6个自然村，即：初为村、小龙潭、慈门村、小官庄、黑泥塘、保家哨。2010年末有952户3137人，其中：汉族2900人，彝族215人，其他民族22人。耕地面积2114亩，全年经济总收入2243万元，农民人均纯收入5110元，粮食总产量1251.2吨，烤烟总产量74.8吨。全年大牲畜出栏173头（匹），肥猪出栏2995头，羊出栏519只；年末大牲畜存栏912头（匹），生猪存栏2035头，羊存栏1600只。

书 记：王 汉
主 任：陈跃平
副 主 任：段 进
办公室电话：7743305

【黄家庄村委会】 黄家庄村委会驻黄家庄村，海拔1660米，土地面积7.08平方千米，辖6个村民小组、4个自然村，即：黄家庄、段家坝、陈家田、安仁村。2010年末有农户768户2560人，其中：汉族2439人，彝族101人，其他民族20人。耕地面积2280亩，全年经济总收入1598万元，农民人均纯收入5210元，粮食总产量1708吨，烤烟总产量97.5吨。全年大牲畜出栏198头（匹），肥猪出栏2497头，羊出栏379只；年末大牲畜存栏567头（匹），生猪存栏2130头，羊存栏800只。

书 记：黄家礼
主 任：韩树仙（女）
副 主 任：段 华
办公室电话：7742445

【龙溪村委会】 龙溪村委会驻大龙溪村，海拔1645米，土地面积3.86平方千米，辖4个村民小组、4个自然村，即：大龙溪、小龙溪、板田、龙潭河。2010年末有544户1854人，其中：汉族1789人，彝族56人，其他民族9人。耕地面积1350亩，全年经济总收入1490万元，农民人均纯收入4970元，粮食总产量1112.1吨，烤烟总产量72.5吨。全年大牲畜出栏70头（匹），肥猪出栏1550头，羊出栏630只；年末大牲畜存栏801头（匹），生猪存栏1897头，羊存栏1244只。

书记、主任：吴永红
副 书 记：李奉成
副 主 任：陆光林
办公室电话：7743588

【叠水村委会】 叠水村委会驻中村，海拔1657米，土地面积8.47平方千米，辖5个村民小组、5个自然村，即：小叠水、中村、洗洒海、秧田冲、大麦地。2010年末有360户1112人，其中：汉族1074人，彝族30人，其他民族8人。耕地面积772亩，全年经济总收入930万元，农民人均纯收入4970元，粮食总产量865.6吨，烤烟总产量66吨。全年大牲畜出栏68头（匹），肥猪出栏1617头，羊出栏686只；年末大牲畜存栏192头（匹），生猪存栏1557头，羊存栏1038只。

书记、主任：吴荣慧
副 书 记：陆忠福
副 主 任：范家喻
办公室电话：7742390

【矣马伴村委会】 矣马伴村委会驻大矣马伴村，海拔1650米，土地面积13.98平方千米，辖7个村民小组、7个自然村，即：大矣马伴、小波落黑、西林村、大马鞍山、小马鞍山、小矣马伴、海巴地。2010年末有1062户3378人，其中：汉族3013人，彝族332人，其他民族33人。耕地面积2720亩，全年经济总收入2454万元，农民人均纯收入5120元，粮食总产量1898.8吨，烤烟总产量207吨。全年大牲畜出栏171头（匹），肥猪出栏3553头，羊出栏863只；年末大牲畜存栏1116头（匹），生猪存栏2442头，羊存栏1032只。

书记、主任：李树有
副 书 记：李桂仙
副 主 任：李永宏
办公室电话：7743386

【青山村委会】 青山村委会驻青山口村，海拔1705米，土地面积7.92平方千米，辖10个村民小组、7个自然村，即：三家村、小色多、杨福村、青山口、周家村、段家村、吴家村。2010年末有1082户3458人，其中：汉族2640人，彝族793人，其他民族25人。耕地面积2391亩，全年经济总收入2395.7万元，农民人均纯收入5310元，粮食总产量1189.2吨，烤烟总产量259.5吨。全年大牲畜出栏106头，肥猪出栏3413头，羊出栏887只；年末大牲畜存栏1047头（匹），生猪存栏2272头，羊存栏1268只。

书记、主任：李 雄
副 书 记：郑立学
副 主 任：周福章
办公室电话：7742394

【小戈丈村委会】 小戈丈村委会驻小戈丈村，海拔1705米，土地面积3.74平方千米，辖3个村民小组、1个自然村，即小戈丈村。2010年末有562户1838人，其中：汉族1624人，彝族202人，其他民族12人。耕地面积1307.5亩，全年经济总收入1380.9万元，农民人均纯收入5210元，粮食总产量1352.6吨，烤烟总产量56.3吨。全年大牲畜出栏62头（匹），肥猪出栏1481头，羊出栏461只；年末大牲畜存栏916头（匹），生猪存栏1555头，羊存栏886只。

书记、主任：杨汉辉
副 书 记：罗进明
副 主 任：鲁有仙（女）
办公室电话：7742391

【冒水洞村委会】 冒水洞村委会驻上冒水洞村，海拔1730米，土地面积29.75平方千米，辖5个村民小组、3个自然村，即：上冒水洞、下冒水洞、大湾箐。2010年末有632户2155人，其中：汉族403人，彝族1735人，其他民族17人。耕地面积2228亩，全年经济总收入1702.5万元，农民人均纯收入4969元，粮食总产量1337.8吨，烤烟总产量52.4吨。全年大牲畜出栏58头（匹），肥猪出栏1618头，羊出栏1403只；年末大牲畜存栏900头（匹），生猪存栏1440头，羊存栏2200只。

书记、主任：罗家祥
副 书 记：李松峰（彝族）
副 主 任：方 宏（彝族）
办公室电话：7742392

【者乌龙村委会】 者乌龙村委会驻大者乌龙村，海拔1674米，土地面积4.68平方千米，辖5个村民小组、3个自然村，即：大者乌龙、小者乌龙、山咀。2010年末有653户2210人，其中：汉族1977人，彝族224人，其他民族9人。耕地面积1696亩，全年经济总收入1879万元，农民人均纯收入4500元，粮食总产量1283.5吨，烤烟总产量240.4吨。全年大牲畜出栏66头（匹），肥猪出栏1847头，羊出栏664只；年末大牲畜存栏701头（匹），生猪存栏1943头，羊存栏666只。

书 记：韩永云
主 任：姚树德
副 主 任：张林富
办公室电话：7742209

【大叠水村委会】 大叠水村委会驻陷塘村，海拔1657米，面积7.79平方千米，辖4个村民小组、4个自然村，即：大叠水、陷塘、小狗黑地、小团山。2010年末有183户667人，其中：汉族612人，彝族50人，其他民族5人。耕地面积242亩，全年经济总收入436.6万元，农民人均纯收入4500元，粮食总产量372吨，烤烟总产量3.8吨。全年大牲畜出栏38头（匹），肥猪出栏1138头，羊出栏654只；年末大牲畜存栏368头（匹），生猪存栏1074头，羊存栏724只。

书 记：肖文忠
主 任：丁文科
副主任：普家兴

（撰稿人：板桥镇人民政府 毕 浩）

长 湖 镇

【机构设置】 2010年长湖镇内设党政综合办公室、农林水综合服务中心、文化广播电视服务中心、村镇规划建设服务中心、畜牧兽医服务中心和为民服务中心，全镇有职工64人，其中：公务员25人（含财政所5人，借调2人），工勤人员2人，事业人员33人，事业工人4人。年内，长湖镇成功创建省级“平安农机”示范镇，获昆明市委、市政府“昆明市集体林权制度主体改革先进集体”，昆明市政府“昆明市民族团结进步模范集体”；维则小学获“2010年昆明市绿色学校”；维则村获市级“民主法制村”、市级“平安村”；毕志有获云南省森林防火指挥部“‘十一五’期间森林防火先进个人”，洪卫华获昆明市委、市政府“昆明市优秀教师”，杨志英获云南省科学技术协会“优秀教师”等称号。

【行政区划】 长湖镇地处石林县境中部，镇政府所在地维则村，距县城17.5千米。全镇辖雨胜、祖莫、维则、所各邑、豆黑、舍色、宜政、蓑衣山、海宜、乍龙10个村委会，40个村民小组，31个自然村。

【自然状况】 全镇土地面积299.01平方千米，其中有耕地82216亩、林地233916亩，森林覆盖率49.59%。2010年平均气温15.1℃，降雨量为959.3毫米，降雨99天。境内海拔最高点窝子山2071米，海拔最低点塘上1880米。地处石林县岩溶发育的中心部位，全镇皆为典型的喀斯特地貌，多为一些宽缓的垄岗、山丘和洼地，岗顶石灰岩裸露，洼地漏斗溶隙较多，其间有长湖、圆湖等溶蚀潜流性盆地。

【人口与计划生育】 2010年末全镇有4782户16735人，其中：农业人口16215人，非农业人口520人；男性8409人，女性8326人；彝族15698人，占总人口的93.8%，汉族1025人，其他民族（白族、苗族、哈尼族、壮族、傣族、回族）12人。全年出生214人，死亡443人；人口自然增长率3.38‰。全年新办《独生子女父母光荣证》2户，累计办证529户。

【经济综述】 完成镇级财政收入1119.6万元，增长8.5%；农村经济总收入14600.3109万元；农民人均纯收入4917元；完成工业总产值1194万元，增20.5%；完成非公经济增加值1766万元，增45.1%；非公经济实交税金281万元。

【农 业】 2010年完成粮食种植面积72180.19亩，生产总量14348.5吨。种植烤烟19370亩，收购烟叶300.5万千克，均价13.59元（含出口备货），实现烤烟生产总值4083万元，比上年增2.7%。

全年大牲畜出栏1504头（匹），肥猪出栏19531头，山羊出栏16612只，禽类出栏100.04万羽，鲜奶产量

200.05 万千克，蛋产量 18.1 万千克，发展温氏养鸡 50 户，畜牧业产值达 7238 万元。

年内，水果投产 7201.8 亩（含雪莲果），产量 1800.536 吨、产值 472.49 万元；种植疏菜 2953.5 亩，产量 4800.2 吨、产值 573.2 万元。

年内经济林、果业总产值完成 353.85 万元；完成防护林工程 3147 亩，义务植树 8 万株，巩固退耕还林 2444 亩，种植核桃 2724.5 亩。

农业、农村基础设施建设力度进一步加大，投资 978.58 万元，完成水源工程建设项目 5 项共 1538 件；完成蓑衣山、舍色、宜政大海子、雨胜宜普勒共 250 座密集型烤房群建设；完成农村卫生改厕 660 个、“一池三改”300 户、节柴改灶 500 眼，建设乡村沼气服务网点 2 个（蓑衣山、乍龙）。

【非公经济】 2010 年全镇有 290 户个体私营经济，其中：农业经济 4 个，工业企业 3 个，交通运输业 96 个，批发零售 175 个，餐饮业 12 个。企业从业人员 1060 人，实现乡镇企业增加值 1764 万元，工业总产值 3382 万元，实交税金 281 万元，完成营业收入 4631 万元。完成农村劳动力转移就业 1535 人。

【新农村建设】 2010 年，投资 603.52 万元实施集镇项目建设 4 个，其中：完成维则村供销社至客运站 314 米集镇道路绿化亮化工程，安装太阳能路灯 30 盏；完成维则集镇纪念碑中心地带绿化面积 7000 平方米，植树 12500 株；500 米商业街区风貌改造和维则居民区基础设施建设正在实施。投资 52.5135 万元，完成祖莫扶贫村项目建设。投资 168.4 万元完成城乡园林绿化建设，植树 850 亩 96000 株，完成机耕路绿化 3000 米，实施行政村绿地系统建设工程 3 个，创建绿色庭院 10 户、绿色家庭 10 户。

【科教文卫】 全镇完成科技培训 68 期 8800 人次；其中：养殖业培训 10 期 775 人，种植业培训 56 期 7892 人。其他摩托维修、调酒果汁等培训 2 期 133 人。

2010 年长湖镇中心学校共设 1 个完小校点，9 个村委会校点，年末有在职教职工 123 人，学生 1203 人；8 月顺利完成中学部搬迁工作，600 多名师生安全进入巴江中学；全年共有 58 名学生升入普通高中，47 名学生升入职高；全镇小学三年级以上班级合并到中心完小；小学毕业考连续保持全县乡镇第二名的好成绩；投资 685.99 万元完成长湖镇中心完小标准化建设，建设面积共 3430.7 平方米。

文化事业进一步发展，成功承办中国石林国际火把节长湖分会场活动；建设“农家书屋”工程 8 个，各行政村配备价值2 万元的农村适用图书；“全民健身”工程 2 个；圆满完成“2131”工程电影放映工作 120 场的放映任务；在全镇 4 个行政村、16 个自然村实施“农村广播电视村村通”工程。

乡村卫生事业得到发展，乡村卫生所覆盖全镇各村；投资 15 万元新建摄片室和病人煎药室，建设面积 106 平方米。参加新型农村合作医疗保险 16324 人，参合率达 99.30%，住院补偿报销 1679 人次，补偿金额 1759104.26 元；门诊补偿 9701 人次，补偿金额 63459.46 元。参加新型农村社会保险 9055 人，参保率 92%。

【精神文明及民主法制建设】 2010 年创建市级文明单位 1 个，市级文明小城镇 1 个，县级文明单位（村）7 个；届期内有省级文明村 1 个，市级文明单位（村）5 个，县级文明单位（村）14 个。办理人大代表议案、建议 36 件，满意率达 100%。全面实施人民调解“以奖代补”工作，成立镇村两级综治、信访维稳工作站，推广周一法制课堂制度，建立社区矫正 13 名和刑释解救 25 名个人档案及帮教台账。全年排查调处社会矛盾和民事纠纷 137 件，查破刑事案件 14 件，治安案件 26 件。

【民政残联】 2010 年投资 12 万元完成得名山公墓建设，面积达 1385.83 平方米，拟安置 371 个墓穴。共发放救灾粮 53475 千克，救济灾民 1560 户 5785 人；发放棉衣棉被 440 件 / 床；发放原大队干部生活补助 43800 元 240 人；发放 60 年代精简退职人员生活费 14976 元 99 人；发放低保金 866850 元 1032 人。全年共争取上级政府和爱心人士救灾资金 719000 元，救济灾民 16242 人。

【交通邮电】 昆河公路、九石阿旅游专线、昆泸公路及新建的石锁公路穿越境内，与各乡村公路相连接，形成四通八达、纵横交错的交通网络。固定电话用户达 687 户。

【领导名录】

书　　记：黄玉林（彝族，6 月止）
　　　　　李　燕（女，彝族，6 月起）
副 书 记：宗家富
副书记兼纪委书记：赵相平
镇　　长：宗家富
副 书 记：贺　菊（挂职，12 月起）
副 镇 长：张　灿（彝族）
　　　　　杨志华（彝族）
　　　　　刘云芬（女）
人大主席：刘春泉

村委会

【雨胜村委会】 雨胜村委会驻雨胜村，海拔 1985 米，土地面积 42.25 平方千米，辖 2 个村民小组、2 个自然村，即：雨胜村、宜普勒村。2010 年末有 540 户 2075 人，其中：彝族 2065 人，汉族 10 人。有耕地面积 5661 亩，经济总收入 1861.1862 万元，粮食产量 1682.9 吨，烤烟产量 30.2576 万千克。全年大牲畜出栏 169 头（匹），肥猪出栏 1978 头，山羊出栏 1785 只；年末大牲畜存栏 961 头（匹），生猪存栏 1710 头，山羊存栏 3699 只。

书　　记：金绍锋（彝族）
主　　任：赵志强（彝族）
副 主 任：金跃英（女，彝族）
办公室电话：7734059

【祖莫村委会】 祖莫村委会驻祖莫老四社，海拔 1930 米，土地面积 33.35

平方千米，辖8个村民小组、7个自然村，即：窝子山、关阳洞、的玛尼、山脚、祖莫村、小团山、松元口。2010年末有464户1652人，其中：彝族1319人，汉族330人，其他民族3人。有耕地面积3826.5亩，经济总收入1302.4288万元，粮食产量1307吨，烤烟产量24.8431万千克。全年大牲畜出栏171头（匹），肥猪出栏1852头，山羊出栏1838只；年末大牲畜存栏886头（匹），生猪存栏1640头，山羊存栏4871只。

书　　记：高文华（彝族）
主　　任：虎玉光（彝族）
副 主 任：黄木学（彝族）
办公室电话：7734043

【维则村委会】　维则村委会驻维则村，海拔1900米，土地面积26.27平方千米，辖5个村民小组、1个自然村，即维则村。2010年末有353户1241人，其中：彝族1191人，汉族50人。有耕地面积4738.5亩，经济总收入1114.9382万元，粮食产量1042.6吨，烤烟产量23.7372万千克。全年大牲畜出栏202头（匹），肥猪出栏2371头，山羊出栏858只；年末大牲畜存栏577头（匹），生猪存栏3400头，山羊存栏1560只。

书　　记：杨　洪（彝族）
主　　任：杨　刚（彝族）
副 主 任：黄云刚（彝族）
办公室电话：7734063

【所各邑村委会】　所各邑村委会驻所各邑村，海拔1890米，土地面积23.91平方千米，辖3个村民小组、3个自然村，即：老寨、新寨、大平地。2010年末有319户1218人，其中：彝族1210人，汉族8人。有耕地面积3037.5亩，经济总收入1525.2422万元，粮食产量1008.8吨，烤烟产量23.0024万千克。全年大牲畜出栏108头（匹），肥猪出栏1395头，山羊出栏1106只；年末大牲畜存栏752头（匹），生猪存栏1390头，山羊存栏2518只。

书　　记：毕正学（彝族）
主　　任：毕　江（彝族）
副 主 任：昂美仙（女，彝族）
办公室电话：7734047

【豆黑村委会】　豆黑村委会驻豆黑村，海拔1875米，土地面积22.38平方千米，辖5个村民小组、2个自然村，即：豆黑、戈衣黑。2010年末有383户1501人，其中：彝族1490人，汉族9人，其他民族2人。有耕地面积3094.5亩，经济总收入1672.4924万元，粮食产量1110.2吨，烤烟产量25.7244万千克。全年大牲畜出栏123头（匹），肥猪出栏1943头，山羊出栏1753只；年末大牲畜存栏794头（匹），生猪存栏1850头，山羊存栏2518只。

书　　记：黄志成（彝族）
主　　任：黄学林（彝族）
副 主 任：黄万祥（彝族）
办公室电话：7735352

【舍色村委会】　舍色村委会驻舍色村，海拔1887米，土地面积31.73平方千米，辖6个村民小组、2个自然村，即：舍色、宜邑。2010年末有497户1885人，其中：彝族1832人，汉族52人，其他民族1人。有耕地面积6700.5亩，经济总收入1929.3683万元，粮食产量1681.5吨，烤烟产量33.6264万千克。全年大牲畜出栏178头（匹），肥猪出栏2008头，山羊出栏1768只；年末大牲畜存栏897头（匹），生猪存栏2061头，山羊存栏4175只。

书　　记：张建学（彝族）
主　　任：毕红忠（彝族）
副 主 任：毕文忠（彝族）
办公室电话：7735351

【宜政村委会】　宜政村委会驻大海子，海拔1992米，土地面积36.24平方千米，辖3个村民小组、3个自然村，即：老寨、大海子、阿着底。2010年末有528户1934人，其中：彝族1633人，汉族298人，其他民族3人。有耕地面积7102.5亩，经济总收入1829.9421万元，粮食产量1571.6吨，烤烟产量21.0407万千克。全年大牲畜出栏157头（匹），肥猪出栏1937头，山羊出栏2060只；年末大牲畜存栏834头（匹），生猪存栏1850头，山羊存栏2614只。

书　　记：王同明（彝族）
主　　任：李文兴（彝族）
副 主 任：毕绍生（彝族）
办公室电话：7735155

【蓑衣山村委会】　蓑衣山村委会驻新寨，海拔1918米，土地面积24.48平方千米，辖3个村民小组、3个自然村，即：老寨、新寨、塘上。2010年末有428户1669人，其中：彝族1577人，汉族91人，其他民族1人。有耕地面积1545亩，经济总收入1723.5727万元，粮食产量1200.6吨，烤烟产量28.7262万千克。全年大牲畜出栏157头（匹），肥猪出栏2027头，山羊出栏1802只；年末大牲畜存栏792头（匹），生猪存栏2014头，山羊存栏4060只。

书　　记：李绍成（彝族）
主　　任：李文宏
副 主 任：李同江（彝族）
办公室电话：7735305

【海宜村委会】　海宜村委会驻老海宜，海拔2000米，土地面积40.32平方千米，辖3个村民小组、5个自然村，即：老海宜、新海宜、三台山、畜牧场、瓦窑。2010年末有551户1896人，其中：彝族1824人，汉族71人，其他民族1人。有耕地面积5875.5亩，经济总收入891.0776万元，粮食产量1601吨，烤烟产量46.0626万千克。全年大牲畜出栏142头（匹），肥猪出栏2151头，山羊出栏1787只；年末大牲畜存栏985头（匹），生猪存栏2064头，山羊存栏3502只。

书记、主任：金向阳（彝族）
副 书 记：何永德（彝族）
副 主 任：金玉和（彝族）

【乍龙村委会】　乍龙村委会驻大乍龙，海拔1967米，土地面积18.08平方千米，辖2个村民小组、3个自然村，即：大乍龙、小乍龙、金子寨。2010年末有325户1184人，其中：彝族1177人，汉族6人，其他民族1人。有耕地面积2830.5亩，经济总收入750.0624万元，粮食产量1073.6吨，烤烟产量43.4794万千克。全年大牲畜出栏124头（匹），肥猪出栏1869头，山羊出栏1869只；年末大牲畜存栏622头（匹），生猪存栏1741头，山羊存栏3583只。

书　　记：赵卫学（彝族）

主　　任：毕光明（彝族）

副 主 任：金和祥（彝族）

（撰稿人：长湖镇人民政府　金银兰）

圭 山 镇

【机构设置】 2010年圭山镇内设党政综合办公室、农林水综合服务中心、文化广播电视服务中心、村镇规划建设服务中心、畜牧兽医服务中心、便民服务中心。年末全镇有干部职工74人，其中:公务员26人，事业单位专业技术人员35人、管理人员2人、工人5人，机关工人6人。2010年，圭山镇被市委、市政府授予“昆明市集体林权制度主体改革先进集体”称号，被昆明市政府授予“昆明市民族团结进步模范集体”、“2010年昆明市烤烟生产收购表扬乡（镇）”称号。

【行政区划】 圭山镇位于石林县境东南部，镇政府所在地海邑村距县城36千米。东部和南部分别与泸西县、弥勒县接壤，北部与陆良县、西街口镇接壤，西部与长湖镇相连。全镇辖海邑、蝴蝶、小板田、红路口、水补衣、矣维哨、法块、普拉河、和合、小圭山、尾乍黑、当甸、糯黑、额冲衣14个村民委员会，53个村民小组，53个自然村。

【自然状况】 2010年全镇土地面积320.2平方千米，有耕地面积40876.1亩，农民人均占有耕地1.74亩，80%的土壤为中性偏酸红土壤。森林覆盖率为51.28%，最高海拔老圭山2601.4米，最低海拔小圭山1236米。年平均气温13.2℃，最冷月（1月）平均气温5.9℃，最热月（7月）平均气温为19.5℃。年降雨量900～1000毫米。境内有煤、铁、铅、锌、硫等矿藏及海棠、花岗岩、青石等石材，以煤、青石为最佳。

【人口与计划生育】 2010年末全镇有7440户24800人，其中：男12883人、女11917人；农业人口23652人，非农业人口1148人；汉族10157人，彝族14104人，其他民族（苗族、壮族、回族、傣族、白族、哈尼族、拉祜族、瑶族）539人。全年出生346人，死亡312人，计划生育率达100%，《生育证》发证合格率达99%，人口自然增长率6.13‰。全年新办农业人口《独生子女父母光荣证》4户，累计办证707户。

【经济综述】 2010年全镇工农业总产值完成88237万元，其中：工业总产值达66040万元，农业总产值22197万元。农村经济总收入16934.9万元。完成本级财政收入2445.1万元，增长10.63%。乡镇企业实交税金3255万元。农民人均纯收入5717.4元。

【农　业】 圭山镇是一个以旱粮生产为主的典型山区农业大镇。2010年粮食总产量1631万千克、产值4823万元；水果产量400.03万千克、产值917万元；蔬菜产量520.6万千克、产值980万元。大春播种面积39400亩，产量1608万千克；晚秋作物23200亩，产量22万千克。加大绿色产业扶持力度，大力发展优势产品。推广百合花250亩、甜脆玉米300亩、甜脆豌豆1200亩、反季节西兰花208亩。优质水稻大田栽培700亩，玉米“百千万”工程16300亩，其中：百亩核心区示范200亩，千亩展示区1100亩，万亩辐射带动区15000亩。抗旱节水节肥模式化栽培10000亩，样板1000亩，玉米免耕示范样板800亩，优质马铃薯推广5600亩。农作物套种示范样板200亩，辐射带动1000亩。推广农作物测土配方施肥12000亩，测土配方施肥技术培训5720人次。实施测土配方肥料效应田间试验6组，其中：玉米“3414”试验一组；马铃薯“3414”试验一组；玉米“5处理”试验一组；长期观测点试验3组。

农业机械化水平不断提高，全年共组织下乡农机技术人员168人次，组织农机手27000人次参加春、秋耕生产，检修农机（具）3100台次，投入春、秋耕生产农业机械动力达3700万瓦特，完成农机农田作业30000亩。积极组织机手进行抗旱，出动拖拉机18500余台次，投入抗旱机具15830台次，排、提灌机械1630台次，共签订2189份农机交通安全责任书。

全镇种植烤烟品种为云烟87，完成18630亩319.8万千克（其中出口备货烟15万千克）的种植收购任务，均价达14.8元，总产值4733万元。

全年大牲畜出栏2256头（匹），生猪出栏26864头，羊出栏17942只，家禽出栏710960只，鲜奶产量155.7万千克；年末大牲畜存栏11527头（匹），生猪存栏24618头，羊存栏31983只，家禽存栏224759只，禽蛋产量131吨。积极发展温氏养鸡，完成新建任务31户。全镇470户945头能繁母猪参与投保，参保金额11340元。

吸取“3·16”煤矿山教训，强化煤矿山的监管，采取超常规措施深入整治煤矿山私挖滥采行为。3月16日后，组织投入大量人力、物力、财力对普拉河段山、梭山、秧田冲、法块藤子箐、小凹子、仓普凹、上麻塘等重点片区开展了7次大规模和14次常规的炸封私挖盗采煤炭资源矿点专项行动，行政处理非法盗采资源人员55人，查扣私挖滥采、非法运输原煤车辆225辆，收缴发电机12台、风机7台、原煤152吨、镶木1380根、手推车26辆、水管810米、锄头和十字镐670余件等违法开采工具。切实组织对矿山进行及时的清理，对已关闭和废弃的矿洞进行炸封。协调县国土局、县煤行办完成了矿点定位，采量评估等工作。加大对普拉河（上寨、新寨、河外、下部龙）、法块（法块、芋头得、拖湾）、当甸、前哨等重点矿区的专项整治，全镇（含执法队全体人员）共出动人员1941人次，车辆264辆次，使用炸药30920千克、雷管468枚、PVC管390根、爆破母线11圈等共计金额50万元，炸封违法盗采点217个；协调、出动装载机、挖机36辆次，填埋违法开采点637个，断路29条142个点，严厉打击了矿产资源开发中的各类违法活动和违规行为，坚决消除死角，巩固和扩大工作成果，严防非法小煤窑死灰复燃。

完成义务植树9.1万株；完成核桃种植1132亩，新建苗木基地300亩；完成机耕路绿化3千米；完成攀缘植物种植1万株。查处林政案件35起；创建绿色家庭10个、绿色庭院10个。

【新农村建设】 抓好“五小”水利工程建设，完成小塘坝11座、小水窖1164个、小糯黑人饮电排站1座、小水池工程11个、小水渠7.28千米、小型饮水管道工程19.88千米，村级公益事业建设“一事一议”财政奖补项目8个，扶贫村项目4个，160户农村居民抗震房的加固改造和50户农村居民危房改造。完成“一池三改”500户、公共卫生农村改厕项目1114座；完成集镇东侧30米大街绿化、亮化、集镇入口标识及集镇交通要道警示灯安装建设，种植乔木300株，灌木40000余株，安装太阳能路灯10盏；完成海邑老寨粮食市场货棚及粮食仓储区建设4629平方米；完成中心文化广场二期配套设施建设；完成中心村、自然村建设规划49个。

【乡镇企业】 2010年有乡镇企业642个，从业人员5400人，实现乡镇企业增加值18110万元，非公经济增加值24455万元。全年农村富余劳动力转移输出2642人，其中：省外130人，省内县外531人，县内2001人。完成技能培训500人；完成城镇居民医疗保险参保199人。

【科教文卫】 加大科普培训体系、农业科技推广体系、社会化服务体系建设，巩固和发展科普创建成果。年内共举办农村适用技术培训69期6197人次，农函大培训2期127人，“两后双百”培训2班203人。在红路口村实施了“高山反季节蔬菜种植试验示范”100亩，在海邑实施了“食用蚂蚱养殖试验示范”项目。加大科技宣传力度，发放科技宣传资料15000份，现场咨询指导15人次，设置科普展板30块次。

全面普及九年义务教育，“两免一补”政策得到落实，“两基”成果进一步巩固。2010年有教职工242人（专任教师225人），有学生2947人。9月12日，圭山中心学校中学部合并至县城巴江中学，乡镇内撤点并校，调整后的中心学校设有2所完小，5个校点，共46个教学班，有教职工178人，其中专任教师155人，有学生1889人。

努力发展乡村文化。全年建设农村文化室4个，农村书屋4个。完成小板田村农民健身工程点建设。全年电影下乡放映168场次。2月15日组织38人大三弦参加“农民杯”大三弦舞比赛，荣获优秀奖。2月16日组织20人参加石林县2010年春节文化系列活动“农村杯”狮虎舞大赛，荣获三等奖。6月27～30日，组织糯黑村委会篮球队参加昆明市第三届“农民体育健身工程”点（村委会）农民篮球赛，荣获二等奖。

镇内有卫生院1所、卫生室14所。加强新型农村合作医疗工作，全镇参合21168人，参合率达97.85%，共补偿报销医疗费用233.04万元。全年门诊5503人次，补偿13.68万元，住院2413人次，补偿229.43万元。

【交通邮电】 九石阿旅游专线从境内通过。完成普拉河河外、小圭山进村道路、当甸小板田边界道路硬化。实行电信“村村通”工程，邮政业务完成汇款93.5万元，取款16.5万元，实现收入4107元。年末电话用户达1423户。

【精神文明及民主法制建设】 2010年创建市级文明单位2个、县级文明单位（村）5个；届期内有市级文明单位（村）6个，县级文明单位（村）11个。全镇设人民调解委员会15个，调解领导小组15个，人民调解员128人。全年开展普法宣传30期，参学人数20000人，参学率达80%；法律咨询90次，接待来访150人次。受理社会热点难点及各类民间纠纷320件，调解320件，调解率达100%；调解成功312件，未成功8件，成功率达97.5%。切实做好刑释解教人员的安置帮教工作，全镇共帮教51人。举行大规模巩固“平安圭山”知识宣传5次，发放各类宣传材料4000余份。

【民政残联】 全年共有低保650户1180人申领了保障金，医疗救助15户15人，发放救灾救济抚恤金76.6万元，救灾救济粮79625千克。开展殡葬改革宣传，发放宣传资料3000余份，为12位丧主发放丧葬补贴28500元，残疾人技能培训270人次。

【领导名录】

书　　记：李雄彬（彝族）
副 书 记：姬卫国
副书记兼纪委书记：赵保祥
副 书 记：杨利华（12月起）
代理镇长：姬卫国
副 镇 长：杨兴有（6月起）
　　　　　毕晓红（女，彝族）
　　　　　槐以东（5月止）
　　　　　槐永强（3月起）
人大主席：王谷明

村委会

【海邑村委会】 海邑村委会驻新寨村，土地面积21.51平方千米，海拔1906米，辖4个村民小组、4个自然村，即：新寨、中寨、老寨、下海子。2010年末有605户2024人，其中：汉族1287人，彝族712人，其他民族25人。耕地面积2875.5亩，实现经济总收入1569.5万元，粮食总产量1040.8吨，烤烟总产量171.5吨，均价15.08元、产值252.2万元。全年大牲畜出栏247头（匹），肥猪出栏3264头，羊出栏1958只，家禽出栏180089只；年末大牲畜存栏826头（匹），生猪存栏2825头，羊存栏2807只，家禽存栏

47417只；禽蛋产量17吨，鲜奶产量158吨。

书　记：王张福

主　任：李福生

副主任：杨崇文

【蝴蝶村委会】　蝴蝴村委会驻蝴蝶村，土地面积18.61平方千米，海拔2115米，辖2个村民小组、2个自然村，即：蝴蝶村、铁厂。2010年末有342户1214人，其中:汉族15人，彝族1198人，其他民族1人。耕地面积4845.15亩，实现经济总收入714.6万元，粮食总产量1030吨，烤烟总产量158.2吨，均价15.05元、产值233.6万元。全年大牲畜出栏169头（匹），肥猪出栏1761头，羊出栏1218只，家禽出栏12186只；年末大牲畜存栏923头（匹），生猪存栏1637头，羊存栏1908只，家禽存栏9293只；禽蛋产量9吨，鲜奶产量104吨。

书　记：昂玉光（彝族）

主　任：毕　辉（彝族）

副主任：昂志高（彝族）

【小板田村委会】　小板田村委会驻小板田中寨，土地面积17.81平方千米，海拔2008米，辖3个村民小组、3个自然村，即：店房、板田中寨、小板田老寨。2010年末有339户1135人，其中:汉族686人，彝族441人，其他民族8人。耕地面积2799亩，实现经济总收入1072.8万元，粮食总产量787.2吨，烤烟总产量237.1吨，均价16.05元、产值374.6万元。全年大牲畜出栏143头（匹），肥猪出栏1820头，羊出栏1284只，家禽出栏80196只；年末大牲畜存栏872头（匹），生猪存栏1891头，羊存栏2367只，家禽存栏23447只；禽蛋产量8吨，鲜奶产量92吨。

书　记：虎剑祥（彝族）

主　任：黄勇祥（彝族）

副主任：张志有（彝族）

【红路口村委会】　红路口村委会驻红路口村，土地面积29.49平方千米，海拔2125米，辖3个村民小组、3个自然村，即：红路口、口子上、双龙箐。2010年末有371户1309人，其中：汉族683人，彝族608人，其他民族18人。耕地面积3757.95亩，实现经济总收入912.45万元，粮食总产量1373.7吨，烤烟总产量149.8吨，均价15.67元、产值228.6万元。全年大牲畜出栏153头（匹），肥猪出栏1902头，羊出栏1169只，家禽出栏14112只；年末大牲畜存栏840头(匹)，生猪存栏1896头，羊存栏2768只，家禽存栏19217只；禽蛋产量8吨，鲜奶产量92吨。

书　记：窦兴荣（彝族）

主　任：李保全

副主任：昂和春（彝族）

【水补衣村委会】　水补衣村委会驻水补衣村，土地面积12.81平方千米，海拔2150米，辖3个村民小组、3个自然村，即：水补衣、汪家河、洗洒衣。2010年有341户1157人，其中：汉族857人，彝族289人，其他民族11人。耕地面积1858.5亩，实现经济总收入762万元，粮食总产量663.5吨，烤烟总产量442.6吨，均价16.15元、产值700.97万元。全年大牲畜出栏156头(匹)，肥猪出栏1808头，羊出栏1203只，家禽出栏75426只；年末大牲畜存栏830头（匹），生猪存栏1890头，羊存栏2385只，家禽存栏27318只；禽蛋产量9吨，鲜奶产量96吨。

书　记：汪红明

主　任：杨国友

副主任：陈建华

【矣维哨村委会】　矣维哨村委会驻矣维哨村，土地面积29.68平方千米，海拔2095米，辖3个村民小组、3个自然村，即：矣维哨、立马村、前哨。2010年末有415户1635人，其中：汉族72人，彝族1561人，其他民族2人。耕地面积3210亩，实现经济总收入1134.98万元，粮食总产量1612.9吨，烤烟总产量236吨，均价15.06元、产值347.1万元。全年大牲畜出栏154头（匹），肥猪出栏1644头，羊出栏968只，家禽出栏20932只；年末大牲畜存栏773头（匹），生猪存栏1451头，羊存栏2261只，家禽存栏10543只；禽蛋产量13吨，鲜奶产量99吨。

书记、主任：黄正开（彝族）

副　书　记：杨绍伟（彝族）

副　主　任：杨永明（彝族）

【法块村委会】　法块村委会驻法块村，土地面积19.14平方千米，海拔1807米，辖5个村民小组、5个自然村，即：法块、拖湾、芋头得、老庄科、海纳。2010年末有804户2918人，其中:汉族2431人，彝族461人，其他民族26人。耕地面积1561.65亩，实现经济总收入2232.57万元，粮食总产量802.2吨，烤烟总产量82.8吨，均价15.32元、产值124.7万元。全年大牲畜出栏160头（匹），肥猪出栏1728头，羊出栏945只，家禽出栏12351只；年末大牲畜存栏833头（匹），生猪存栏2194头，羊存栏2755只，家禽存栏9218只；禽蛋产量7吨，鲜奶产量98吨。

书　记：杨凤云

主　任：杨跃翔

副主任：王晓礼

【普拉河村委会】　普拉河村委会驻河外村，土地面积14.88平方千米，海拔1636米，辖6个村民小组、6个自然村，即：河外、中寨、上寨、新寨、下部龙、暮山。2010年末有835户2887人，其中：汉族2227人，彝族499人，其他民族161人。耕地面积1101.75亩，实现经济总收入1614.13万元，粮食总产量868.2吨。全年大牲畜出栏127头(匹)，肥猪出栏1760头，羊出栏1065只，家禽出栏11201只；年末大牲畜存栏776头（匹），生猪存栏1437头，羊存栏1568只，家禽存栏4279只；禽蛋产量7吨，鲜奶产量86吨。

主　任：方建兴

副书记：杨光明

副主任：毕兰仙（女，彝族）

【和合村委会】　和合村委会驻和合村，土地面积22.90平方千米，海拔1960米，辖5个村民小组、5个自然村，即：和合、小团田、雨美堵、大圭山、石岩脚。2010年末有418户1496人，其中：汉族753人，彝族740人，其他民族3人。耕地面积3057亩，实现经济总收入1135.75万元，粮食总产量达1098.5吨，烤烟总产量达364.8吨，均价13.62元、产值485.8万元。全年大牲畜出栏153头（匹），肥猪出栏1850头，羊出栏1360只，家禽出栏12290只；年末大牲畜存栏827头（匹），生猪存栏1429头，羊存栏1844只，家禽存栏7492只；禽蛋产量9吨，鲜奶产量101吨。

书　记：毕　荣（彝族）

主　任：毕光宏（彝族）

副主任：赵吉宏

【尾乍黑村委会】 尾乍黑村委会驻尾乍黑村，土地面积44.72平方千米，海拔1850米，辖6个村民小组、6个自然村，即：尾乍黑、林森村、敢布黑、左溪、戈厂、土瓜黑。2010年末有645户2269人，其中：汉族314人，彝族1947人，其他民族8人。耕地面积4767.3亩，实现经济总收入1604.65万元，粮食总产量达1886.1吨，烤烟总产量达505.8吨，均价14.91元、产值735.86万元。全年大牲畜出栏178头（匹），肥猪出栏1988头，羊出栏1870只，家禽出栏12135只；年末大牲畜存栏877头（匹），生猪存栏1774头；羊存栏2037只，家禽存栏7893只；禽蛋产量12吨，鲜奶产量149吨。

书　记：刘海彬

主　任：钟文亮（彝族）

副主任：毕飞乐（彝族）

【当甸村委会】 当甸村委会驻当甸村，土地面积12.84平方千米，海拔2200米，辖5个村民小组、5个自然村，即：当甸上寨、当甸下寨、革腻、所西达、小板田。2010年末有381户1383人，其中：汉族419人，彝族951人，其他民族13人。耕地面积1912.95亩，实现经济总收入1144万元，粮食总产量达1082吨，烤烟总产量达152.8吨，均价14.81元、产值231.91万元。全年大牲畜出栏150头（匹），肥猪出栏1885头，羊出栏1084只，家禽出栏12084只；年末大牲畜存栏809头（匹），生猪存栏1879头，羊存栏1784只，家禽存栏8519只；禽蛋产量8吨，鲜奶产量105吨。

书　记：毕德宏（彝族）

主　任：许国民

副主任：杨贵明

【小圭山村委会】 小圭山村委会驻小圭山村，土地面积12.28平方千米，海拔1236米，辖3个村民小组、3个自然村，即：小圭山、野核桃树、糯斗。2010年末有362户1381人，其中：汉族9人，彝族1131人，其他民族241人。耕地面积2059.5亩，实现经济总收入1382万元，粮食总产量达978.6吨，烤烟总产量达160吨，均价15.15元、产值242.4万元。全年大牲畜出栏140头（匹），肥猪出栏1757头，羊出栏1270只，家禽出栏25059只；年末大牲畜存栏810头（匹），生猪存栏1457头，羊存栏2096只，家禽存栏11138只；禽蛋产量8吨，鲜奶产量96吨。

书　记：明跃清（彝族）

主　任：黄学林（彝族）

副主任：明光祥（彝族）

【糯黑村委会】 糯黑村委会驻小糯黑村，土地面积30.42平方千米，海拔1985米，辖2个村民小组、2个自然村，即：大糯黑、小糯黑。2010年末有424户1509人，其中：汉族28人，彝族1478人，其他民族3人。耕地面积3763.8亩，实现经济总收入858万元，粮食总产量达1313吨，烤烟总产量达183.2吨，均价14.72元、产值263.6万元。全年大牲畜出栏162头（匹），肥猪出栏1785头，羊出栏1155只，家禽出栏202806只；年末大牲畜存栏750头（匹），生猪存栏1480头，羊存栏2358只，家禽存栏28047只；禽蛋产量8吨，鲜奶产量136吨。

书　记：高映峰（彝族）

副主任：李　江（彝族）

【额冲衣村委会】 额冲衣村委会驻额冲衣村，土地面积28.34平方千米，海拔2010米，辖3个村民小组、3个自然村，即：额冲衣、新戈冲里、老戈冲里。2010年末有385户1449人，其中：汉族4人，彝族1445人。耕地面积3306亩，实现经济总收入797.5万元，粮食总产量达1773.3吨，烤烟总产量达231.9吨，均价15.35元、产值348.9万元。全年大牲畜出栏164头（匹），肥猪出栏1912头，羊出栏1393只，家禽出栏40093只；年末大牲畜存栏781头（匹），生猪存栏1450头，羊存栏2955只，家禽存栏10938只；禽蛋产量8吨，鲜奶产量145吨。

书　记：毕永光（彝族）

主　任：毕兴跃（彝族）

副主任：黄云锋（彝族）

（撰稿人：圭山镇人民政府　杨金丽）

西街口镇

【机构设置】 2010年西街口镇内设党政综合办公室、农林水综合服务中心、文化广播电视服务中心、村镇规划建设服务中心、畜牧兽医服务中心。年末有干部职工68人，其中：公务员26人，事业及管理人员38人，工勤人员4人。年内，西街口镇被国家环保部命名为"国家级生态乡镇"，被昆明市人民政府表彰为"巩固无毒乡镇先进单位"、"烤烟收购先进乡镇"称号。

【行政区划】 西街口镇地处石林县东北部，镇政府所在地西街口村距县城33千米。辖雨布宜、绿水塘、西街口、紫处、威黑、芭茅、宜奈、新木凹、格渣、糯衣10个村民委员会，29个村民小组，31个自然村。

【自然状况】 2010年全镇土地面积291.47平方千米，海拔1900～2160米之间，最低在月湖大雨布宜，最高在宜奈坡顶。属典型的喀斯特地貌。耕地面积39613亩，其中：水田6000亩，旱地33613亩。主产烤烟、水稻、包谷、洋芋、荞等作物。疏林地较广，森林覆盖率35.44%，林木绿化率39.76%。地形呈条状，地势东高西低，山梁起伏较低，丘陵、山梁多为石灰岩所覆盖。天然小湖泊和龙潭星罗棋布。气候特征属亚热带季风气候，日温差小，冬无严寒，夏无酷暑，年降雨集中在夏秋两季，年均降雨量为741.8毫米，年均气温15.2℃。

【西街口镇招商分局】 坚持把招商引资作为经济工作的生命线来抓，实施招商引资“一把手”工程和“321”工程，落户项目6个（石林县西街口乾仪加油站建设项目、石林同丰机械工业有限公司项目、石林万林青三元苗圃、恒阳公司泥煤烘干项目、石林县禄裕葡萄种植园项目、格渣红豆杉、杉木种植项目），引进资金4798.65万元，完成县级下达任务4000万元的119.97%。风力发电工业项目正抓紧实施。西街口工业园区总体规划通过县级批准。

【经济综述】 2010年全镇工农业总产值完成38142万元，其中：工业总产值14824万元，农业总产值23318万元。农村经济总收入完成9744.09万元，实现地方财政收入1228.1万元，与上年相比增长32.5%，农民人均纯收入5322.63元。

【人口与计划生育】 2010年末全镇有5900户19679人，其中，农业人口19151人，非农业人口528人；男性10174人，女性9505人；汉族8431人，彝族11195人，其他民族（白族、哈尼族、壮族、傣族、苗族、回族、瑶族、拉祜族、纳西族）53人。全年出生394人，死亡409人，人口自然增长率5.06‰。全年新办农业人口《独生子女父母光荣证》2户，累计办证426户，计划生育率99.5 %，综合节育率88.6 %，“奖优免补”率达100%。

【农　业】 2010年完成粮食作物种植52885.5亩，粮食总产14304吨。其中：大春粮食作物种植37870.5亩，总产量13522.4吨；小春粮食作物15015亩，总产量785.6吨。种植烤烟13680亩，收购烟叶245.45万千克，产值3713.66万元，均价15.13元。

全年大牲畜出栏604头（匹），肥猪出栏21020头，山羊出栏18529只，禽类出栏1196900只；年末大牲畜存栏7558头（匹），生猪存栏18120头，山羊存栏37306只，禽类存栏230860只，鲜奶产量2492吨，蛋产量88.7吨；全年完成温氏养鸡25户11250平方米（全镇累计有温氏养鸡151户，67950平方米）。

1万亩珠防林、300亩石漠化造林、400亩一般造林圆满完成，新增核桃基地1700亩，行政村绿地系统建设、机耕路绿化、苗木基地建设等园林绿化及生态建设年度目标全面超额实现，林权改革主体工作通过验收，启动了配套改革，森林资源管护明显加强。

【新农村建设】 格渣新寨、大尾堵渣、舍波等村内道路硬化完工，完成人饮解困村4个（芭茅、大雨布宜、板田心及西街口集镇人饮水源应急工程），新建水源工程小水窖3688个及小紫处小坝等18件小坝水池的加固和防渗支砌。配合县级完成月湖水库防渗加固、月湖中低产田改造一期、二期及5件6片（茂舍祖、格渣、芭茅、大小宜奈、紫处）烟水工程建设。

【科教文卫】 2010年举办各类培训90期8000余人次。完成了西街口中学的调整工作，宜奈小学标准化建设工程已完工；西街口镇中心学校辖1所完小和8个小学教学点，在校生1872人，全镇教职工142人。“集、靠、收”战略深入实施，教育资源得到进一步整合，教育教学质量稳步提高，“两基”成果不断巩固并顺利通过国检验收。

农村卫生预防保健、基本医疗、突发公共卫生事件防控体系建设不断加强，新农合参合率98.43%，群众性爱国卫生运动广泛开展，已建设完成沼气池380个。“清洁西街口”行动正全面推进。计划生育优质服务进一步巩固提升，“奖优免补”政策得到全面落实。建设完成多功能综合文化室2个，镇综合文化站正在建设。

【交通邮政】 有线电视通讯光缆和移动电话接收塔的建设步伐加快，广播电视信息网络等覆盖面不断扩大。矣木公路沥青路面、西小公路硬化、西紫公路硬化、绿天公路硬化、北召公路西街口至新木凹段硬化工程顺利完成，北召公路月湖至西街口段大修正抓紧实施。

【乡镇企业】 全镇有乡镇企业26个，从业人员1300余人，其中：石材企业25个，冶金企业1个，完成劳动力转移输出2631人。

【集镇建设】 集镇规划建设迈出重要步伐，西街口镇总体规划、西街口集镇控制性详细规划及28个中心村、自然村规划编制完成；集镇24米大街、1号道路硬化亮化绿化、2号道路路基、污水收集处理一期工程、客运站工程、农贸市场一期工程等相继建成。

【民政残联】 加大社会保障投入，保险体系进一步完善，新增农村被征地人员养老保险参保43人；启动民房火灾保险，参保4789户，覆盖率100%；304户589人享受城乡最低生活保障。全年发放救灾粮食6.5万千克，各类补助63万元，衣被80件（套）。投资7.7万元完成残疾人危房改造7户630平方米。完成新型农村养老保险11576人，覆盖率86.2%。

【精神文明及民主法制建设】 创建市级文明单位1个，县级文明单位（村）4个。西街口村获市级“巾帼示范村”称号。以巩固“平安西街口”工作为切入点，以“防”为主，狠抓“大宣传”、“大防控”、“大调解”体系的建设，进一步加强社会治安综合治理工作，有效遏制重特大安全事故发生。同时，深入推进平安创建、禁毒防艾、强化社会矛盾纠纷排查调处、严厉打击刑事犯罪，社会治安防控体系进一步完善，促进了社会和谐稳定。2010年被昆明市人民政府表彰为“巩固无毒乡镇先进单位”。

【领导名录】

书　　记：喻永生

副 书 记：王光学
灶兴明（彝族）
镇　　长：王光学
副 镇 长：昝汉霖
毕德辉（彝族,7月止）
赵　丹（女，彝族）
李江辉（彝族,7月起）
人大主席：吴智强

村委会

【雨布宜村委会】 雨布宜村委会驻大雨布宜村，海拔1903米，土地面积33.62平方千米，辖4个村民小组、4个自然村，即：茂舍祖、大雨布宜、小雨布宜、板田心。2010年末有1128户3904人，其中:汉族2703人，彝族1190人，其他民族11人。耕地面积7186.5亩，经济总收入1937万元，粮食总产量2138.5吨，烤烟总产量43.71万千克、产值661.34万元。全年大牲畜出栏80头（匹），肥猪出栏3500头，羊出栏1710只；年末大牲畜存栏1380头（匹），生猪存栏3050头，羊存栏4400只。

书记、主任：王冲林
副 书 记：杨张贵
副 主 任：李冲华

【绿水塘村委会】 绿水塘村委会驻绿水塘村，海拔1919米，土地面积32.01平方千米，辖2个村民小组、2个自然村，即：绿水塘、寨海。2010年末有402户1427人，其中：汉族529人，彝族892人，其他民族6人。耕地面积3090亩，经济总收入868万元，粮食总产量1041吨，烤烟总产量15.35万千克、产值232.6万元。全年大牲畜出栏34头（匹），肥猪出栏1880头，羊出栏1180只；年末大牲畜存栏486头（匹），生猪存栏1600头，羊存栏1733只。

书　记：马志华
主　任：王志林（彝族）
副主任：黄小兵

【西街口村委会】 西街口村委会驻西街口村，海拔1945米，土地面积41.62平方千米，辖3个村民小组、3个自然村，即：西街口、大尾堵渣、小尾堵渣。2010年末有1046户2630人，其中:汉族839人，彝族1774人，其他民族17人。耕地面积4035亩，经济总收入1047万元，粮食总产量1513.9吨，烤烟总产量34.38万千克、产值520.2万元。全年大牲畜出栏104头（匹），肥猪出栏2300头，羊出栏2820只；年末大牲畜存栏758头（匹），生猪存栏2000头，羊存栏5513只。

书记、主任：张雄雁（彝族）
副 书 记：毕奋强（彝族）
副 主 任：虎孝文（彝族）

【威黑村委会】 威黑村委会驻威黑小学，海拔2050米，土地面积20.93平方千米，辖3个村民小组、3个自然村，即：威黑老寨、威黑中寨、清水塘。2010年末有428户1591人，其中:汉族419人，彝族1171人，其他民族1人。耕地面积3333亩，经济总收入763.09万元，粮食总产量1335.1吨，烤烟总产量12.55万千克、产值189.9万元。全年大牲畜出栏53头（匹），肥猪出栏2060头，羊出栏2070只；年末大牲畜存栏691头（匹），生猪存栏1750头，羊存栏4066只。

书　记：毕春华（彝族）
主　任：毕金亮（彝族）
副主任：毕文高（彝族）

【紫处村委会】 紫处村委会驻大紫处村，海拔2037米，土地面积18.9平方千米，辖2个村民小组、2个自然村，即：大紫处、小紫处。2010年末有407户1292人，其中：汉族599人，彝族693人。耕地面积2076亩，经济总收入806万元，粮食总产量1425.9吨，烤烟总产量15.85万千克、产值234.6万元。全年大牲畜出栏43头（匹），肥猪出栏1700头，羊出栏1630只；年末大牲畜存栏594头（匹），生猪存栏1480头，羊存栏3360只。

书　记：刘跃光（彝族）
主　任：马国平
副主任：虎志升（彝族）

【芭茅村委会】 芭茅村委会驻芭茅村，海拔2017米，土地面积22.52平方千米，辖2个村民小组、2个自然村，即：芭茅、路花。2010年末有563户2045人，其中：汉族533人，彝族1512人。耕地面积4357.5亩，经济总收入970万元，粮食总产量1640.7吨，烤烟总产量22.24万千克、产值336.5万元。全年大牲畜出栏45头（匹），肥猪出栏2150头，羊出栏1900只；年末大牲畜存栏629头（匹），生猪存栏1840头，羊存栏3640只。

书　记：陈德志
主　任：黄文林（彝族）
副主任：毕洪光（彝族）

【宜奈村委会】 宜奈村委会驻宜奈火车站旁，海拔2130米，土地面积16.26平方千米，辖2个村民小组、2个自然村，即：大宜奈、小宜奈。2010年末有565户1949人，其中：汉族1896人，彝族41人，其他民族12人。耕地面积2926.5亩，经济总收入933万元，粮食总产量1033.6吨，烤烟总产量13.9万千克、产值210.4万元。全年大牲畜出栏51头（匹），肥猪出栏1660头，羊出栏1600只；年末大牲畜存栏543头（匹），生猪存栏1370头，羊存栏3094只。

书　记：冯应良
主　任：冯云华
副主任：冯国寿

【新木凹村委会】 新木凹村委会驻新木凹村，海拔2085米，土地面积16.04平方千米，辖3个村民小组、3个自然村，即：新木凹、老木凹、沙坡。2010年末有357户1229人，其中：汉族293人，彝族933人，其他民族3人。耕地面积2245.2亩，经济总收入733万元，粮食总产量1230.8吨，烤烟总产量14.15万千克、产值214.9万元。全年大牲畜出栏42头（匹），肥猪出栏1380头，羊出栏1480只；年末大牲畜存栏522头（匹），生猪存栏1230头，羊存栏3000只。

书　记：赵建生（彝族）
主　任：赵建光（彝族）
副主任：赵云峰（彝族）

【格渣村委会】 格渣村委会驻格渣新寨，海拔2045米，土地面积42.88平方千米，辖4个村民小组、6个自然村，即：格渣新寨、格渣中寨、格渣老寨、石字场老寨、石字场中寨、箐门前。2010年末有423户1518人，其中：汉族227人，彝族1291人。耕地面积5190亩，经济总收入724万元，粮食总产量1514.7吨，烤烟总产量38.9万千克、产值588.6万元。全年大牲畜出栏73头（匹），肥猪出栏2510头，羊出栏2069只；年末大牲畜存栏953头（匹），生猪存栏2200头，羊存栏4400只。

书　记：赵光祥（彝族）

主　任：龙志华（彝族）

副主任：虎有能（彝族）

【糯衣村委会】 糯衣村委会驻糯衣上寨，海拔2050米，土地面积46.69平方千米，辖4个村民小组、4个自然村，即：糯衣上寨、糯衣中寨、糯衣下寨、舍波。2010年末有587户2091人，其中:汉族393人，彝族1698人。耕地面积6270亩，经济总收入963万元，粮食总产量1433.8吨，烤烟总产量34.5万千克、产值522.1万元。全年大牲畜出栏78头（匹），肥猪出栏1880头，羊出栏2070只；年末大牲畜存栏1002头（匹），生猪存栏1600头，羊存栏4100只。

书　记：黄文学（彝族）

主　任：王　林

副主任：李学华

（撰稿人：西街口镇人民政府　张绍云）

大 可 乡

【机构设置】 2010年大可乡内设党政综合办公室、人口与计划生育办公室、农林水综合服务中心、畜牧兽医服务中心、文化广播电视服务中心、村镇规划建设服务中心、统计站、社会保障事务所。年末有职工62人，其中：公务员21人，工勤人员3人，事业单位工人4人，专业技术人员34人。

【行政区划】 大可乡位于县境西南端，乡政府驻大可村距县城20余千米。北与板桥镇毗邻，西与宜良县竹山乡接壤，东和南分别与弥勒县西一、西二、西三镇接界。全乡边界线长达67千米。辖大可、中龙、结胜、南大村、水尾、岩子脚6个村委会，48个村民小组，57个自然村。

【自然状况】 2010年大可乡土地面积104.98平方千米（包括阿慈林区5.40平方千米、乡办林区5.06平方千米、社办林区3.06平方千米）。有耕地14145亩，其中：水田6315亩，旱地7830亩。有林地面积40627亩，森林覆盖率25.6%，国营禄丰村林场阿慈林区就在本乡境内。乡内最低海拔1655米（长麦地下村），最高海拔2067米（老黑山），属高原浅丘地貌，年平均气温16℃。巴江支流大可河自南向北纵贯全乡。

【人口与计划生育】 2010年末全乡有5632户17131人，其中：农业人口16563人，非农业人口568人；男性8767人、女性8364人；汉族14305人，彝族2660人，其他民族（苗族、白族、哈尼族、壮族、傣族、回族、瑶族、蒙古族、黎族、朝鲜族、仡佬族）166人。全年出生246人，死亡210人，人口自然增长率5.62‰。全年新办农业人口《独生子女父母光荣证》6户，2009年有37户违反计划生育政策，2010年取消《独生子女父母光荣证》，累计办证416户。计划生育率87%，综合节育率达82.27%，“三查率”达95%，“五项服务”群众满意率达95.9%，“奖优免补”政策兑现率100%。总投资45万元完成大可计划生育服务所建设，成功创建（大可、结胜、南大村）3个村委会为生育文化示范村达标村。

【经济综述】 2010年全乡工农业总产值完成16907万元，其中：工业总产值2609万元，农业总产值14298万元。农村经济总收入6544万元，实现乡级财政收入709.1万元，减5.52%。农民人均纯收入3206元。

【农　业】 2010年全乡大春粮食种植面积19200亩，其中：水稻4000亩，玉米12000亩，豆类2000亩，薯类杂粮1200亩。完成小春粮食种植面积13200亩，其中：蚕豆4000亩，小麦6000亩，薯类2200亩，大麦500亩。实现粮食总产量9602.5吨（大春粮食8679.3吨、小春粮食923.2吨），人均占有粮565千克。全年种植蔬菜7050亩。完成农业总产值14298万元。加大枇杷、核桃、甜脆包谷、大棚蔬菜、花卉种植推广力度，完成枇杷种植1200亩、核桃1000亩、大棚蔬菜72亩、甜脆包谷700亩、花卉154亩。落实农机购置补贴政策73台。财政涉农直补资金、退耕还林补助资金通过惠农“一折通”及时足额兑现，受益人口1.61万人。新增节能灶300眼，建沼气服务网点1个。

种植烤烟1.378万亩，收购烟叶186万千克，产值2847.66万元(含补助)，实现烟叶税503.7万元，减13.6%；均价12.31元，比上年减2.15元。

全年大牲畜出栏1400头（匹），肥猪出栏16200头，羊出栏5900只，家禽出栏130万只；年末大牲畜存栏9165头（匹），生猪存栏13720头，羊存栏11400只，家禽存栏565.42万只。实现畜牧业产值4456万元。

全年累计投入资金93.3万元，种植苗木19.15万株，新建苗木基地600亩，培育各类苗木20万株，其中：特色经济林（枇杷、核桃）种植2200亩，完成鹿平公路绿色通道（小月牙山河至大可村路段）建设，绿化机耕道路6千米、河道10千米，交通沿线绿化500亩，集镇面山绿化90亩，水库径流区水源林种植150亩，地质灾害隐患点水土保持林种植520亩，村庄绿化24个，农村义务植树5.5万株，创绿色家庭、绿色庭院各10个，种植攀缘植物10000株，新增绿地0.06万平方米。

2010年新建水利工程1931件，其中：烟水工程、人畜饮水工程、农开项目、河道治理、新增农资项目各1件，小水池10个，小泵站13座，小坝塘9个，小水窖1761个，岁修工程132件。新建小水渠32.8千米，安装小型饮水管道67.686千米。改善灌溉面积14635亩。

【集镇建设】 2010年大可乡抓住城乡一体化发展的良好机遇，加快推进小集镇和新农村建设。全力实施集镇建设"1+4"工程，整合资金419.28万元投入大可小集镇建设，其中：投入20万元安装集镇太阳能路灯34盏；投入112万元安装混凝土排水管道380米；投入183万元完成集镇范围内600米大可河综合治理工程。争取资金90万元实施农村民居地震安全工程，完成拆除重建20户，危房改造30户。争取扶贫开发项目资金90万元，完成下海子、树密寨、石子凹村内道路硬化、科技活动室及公厕建设等工程。争取"一事一议"财政奖补项目资金127万元，完成大可村、大泥溪、南小村等16个村村内道路硬化、活动室建设、人饮解困等工程。争取新农村建设资金30万元，完成刁克丈、中龙潭村内道路及科技活动室建设。投入10.48万元，完成65千米乡村公路养护，好路率保持在80%以上。投资65万元，完成6个中心村、42个基层村的村庄规划编制。争取上级资金完成中龙公路、四角田公路的路基改造，刁克丈、高家村进村道路硬化。积极支持云桂铁路大可段建设，协调征用土地189.701亩、租用临时用地369.671亩、拆迁安置农户8户。加强城乡环境综合整治，成立集镇管委会和联合执法队，制定并组织实施《大可乡集镇和村庄管理办法》，深入开展"六清六建"工作，投入35万元，购置一辆垃圾清运专用车，集中运输处置集镇生活垃圾，大可、小波溪、南大村小集镇设立专职环卫保洁人员，全面落实"门前三包"责任制。

【殡葬改革】 2010年殡葬改革有序推进，成效明显，发放《石林彝族自治县殡葬改革工作》宣传手册350本，宣传单14500份，标语48条。实行区、推行区火化率以及公墓入葬率均达100%，公墓安葬62家，兑现殡葬改革政策补助11.7万元。改革土葬，实行火葬，革除丧葬陋俗，文明节俭办丧事，杜绝丧事大操大办现象和封建迷信活动，为明年全乡全部实行火化打下了坚实的基础。

【乡镇企业】 2010年末全乡有企业405个，从业人员814人。全年乡镇企业增加值完成2101万元，工业总产值完成2609万元，营业收入完成4636万元，实交税金295万元。农村剩余劳动力培训转移就业共13期1910人，转移输出1535人，其中：省外82人，省内县外553人，县内900人。新型农村养老保险有序推进，参保人员8009人，参保资金104.71万元。被征地人员参保77人，参保资金106.36万元，已享受农村失地人员养老保险的有168人。灵活就业人员参加失业保险175人，参保资金4.39万元。高校毕业生17人，已就业15人，就业率达88.24%。

【科教文卫】 科技兴农战略深入实施，全年共举办各类科技培训班89期，参训人数达7210人次，印发各种适用技术材料8960份。加强对全乡3个科普示范村和305户科技示范户的管理工作。加大科普法的实施力度，举办科普知识竞赛8期，参加人员达1320人；举办科普宣传12次，发放宣传材料7100份；举办农函大1班、学员120人。成立农村专业合作社2个，现有农村专业合作社7个，为大可乡农业产业向专业化发展奠定了基础。

教育始终坚持优先发展的战略，落实义务教育保障经费38.89万元，"两免一补"资金66.46万元，994名小学生受益。投入18万元完成结胜小学校安全工程建设，改造校舍300平方米。投资688.5万元实施大可中心小学标准化建设，现已完成工程量70%。协调15万元资金解决了中龙、刁克丈等3件教育投资历史遗留问题。教育资源布局逐渐优化，大可中学430名中学生顺利并入石林县巴江联合中学，全乡四至六年级425名小学生全部迁入原大可中学集中办学，教育教学质量逐步提高，适龄人口入学率达100%，"两基"巩固率达100%，"两基"迎国检通过验收。全面推进素质教育。年末有小学生994人、教师82人。

全乡23支文艺队利用元旦、春节等节假日为群众演出文艺节目20场次，举行篮球、拔河、扑克、象棋等体育活动64场次，山歌演唱比赛2次，观众达1.5万余人次。放映科教电影72场次，观众达8200人次。2010年，投资

5月18日，昆明市光彩事业促进会在大可乡举行抗旱救灾捐赠仪式。市委常委、市委统战部部长金志伟，县委书记罗朝峰等领导参加仪式

20万元建成中龙村级文化室、南小村文化活动广场和4个村级“农家书屋”，共配套图书9万余册。投资54.7万元实施乡综合文化站建设工作。投资74万元改善文化基础设施建设。投资156万元完成34个自然村1867户有线电视联网建设工作。成功举办乡第八届农村文艺演出，参加石林县春节狮舞大赛荣获三等奖，极大地改善和丰富了农村业余文化生活。

全乡有卫生院1所，村卫生所6个，全部实施新农合门诊减免6个，乡村卫生所覆盖全乡。继续抓好农村医疗预防保健网络建设，加强传染疾病防治工作，做好艾滋病防宣传、控制等健康教育工作，黑板报宣传12期。新型农村合作医疗工作成效明显，全乡参合15814人，参合率100%。全年报账人数为3221人次，医疗总费用3334956.36元，补偿总金额1340595.18元。其中：门诊2109人次，医疗费用61521.82元，补偿金额14947.59元，住院1112人次，医疗费用3273434.54元，补偿金额1325963.59元。

【精神文明及民主法制建设】 2010年创建市级文明单位2个、市级文明村1个，县级文明单位1个、县级文明村4个，创“十星级文明户”4236户。加大社会矛盾纠纷排查调处力度，及时化解调解民间纠纷，年内受理各类民间纠纷71起，调处成功70起。立各类刑事案件21件、破16件，打击处理34人，其中：起诉15人，取保6人，移交1人，逮捕12人。抓获网上逃犯6人。立治安案件33件，查处33件。乡内无涉黑涉恶案件发生。水尾村委会成功创建为“民主法治村”。

【民政残联】 做好查灾、救灾、救济和拥军优属工作，全年发放民政经费38.1万元，救灾救济粮2.2万千克，棉被90床，棉衣280套，抗旱水桶1000只。全乡现有805人享受农村最低生活保障，32人享受城镇居民最低生活保障，37位五保老人享受五保待遇。积极开展拥军优属活动，全年召开军烈属座谈会7次371人，组织7个慰问组对军烈属、残废军人、现役军人家属、老复员军人及特困户进行走访慰问。2010年全乡有残疾人271名，筛选13名眼白内障病人进行了摘除术。贫困残疾人危房改造1户，给予补助13000元。老龄工作进一步加强，344个80岁以上老人享受到补助。民房火灾保险参保4016户，覆盖率90%。

【领导名录】

书　　记：普建勇（彝族,7月起）
副 书 记：李忠华（彝族）
副书记、纪委书记：李雪梅(女)
副 书 记：秦　磊（12月起）
乡　　长：李忠华（彝族）
副 乡 长：李云湖
　　　　　赵志萍（女）
　　　　　曾跃祥
人大主席：王余秋

村委会

【大可村委会】 大可村委会驻大可村，海拔1680米，土地面积15.44平方千米，辖5个村民小组、7个自然村，即：大可、小波溪、长麦地上村、长麦地中村、长麦地下村、小沙河、者衣冲。2010年末有1423户3856人，其中：汉族3507人，彝族323人，其他民族26人。有耕地2535亩，农村经济总收入1479.36万元，粮食总产量2252.1吨，烤烟总产量33.06万千克。全年大牲畜出栏275头（匹），肥猪出栏3340头，羊出栏1050只，鸡出栏300000只；年末大牲畜存栏1426头（匹），生猪存栏2940头，羊存栏2260只，鸡存栏151900只。有3个专业(养鸡和养牛、枇杷种植）合作社。

书记、主任：毕建业
副 书 记：赵燕芳（女）
副 主 任：赵述翔
办公室电话：7741007

【中龙村委会】 中龙村委会驻大月牙山河，海拔1664米，土地面积11.60平方千米，辖10个村民小组、11个自然村，即：大月牙山河（月牙山河）、小月牙山河、花园村（苟家村）、小干河、下海子、上龙潭、中龙潭、下龙潭、草子地、大波落黑、周家村。2010年末有690户1898人，其中：汉族1783人，彝族107人，其他民族8人。有耕地1795.7亩，农村经济总收入755.96万元，粮食总产量1200.2吨，烤烟总产量22.18万千克。全年大牲畜出栏200头（匹），肥猪出栏2010头，羊出栏620只，鸡出栏60000只；年末大牲畜存栏1445头（匹），生猪存栏1580头，羊存栏1270只，鸡存栏45580只。

书记、主任：李　勇
副 书 记：李秀琼（女）
副 主 任：周大昌

【结胜村委会】 结胜村委会驻大密枝，海拔1687米，土地面积11.08平方千米，辖6个村民小组、6个自然村，即：结胜、大密枝、雨落甸、小河新村、石头寨、黑古塘。2010年末有1003户2917人，其中：汉族2104人，彝族809人，其他民族4人。有耕地2349.8亩，农村经济总收入1207.92万元，粮食总产量2170.2吨，烤烟总产量39.31万千克。全年大牲畜出栏261头（匹），肥猪出栏2940头，羊出栏1100只，鸡出栏500000只；年末大牲畜存栏1665头（匹），生猪存栏2660头，羊存栏2310只，鸡存栏185000只。有2个养鸡专业合作社和1个枇杷协会。

书记、主任：赵映伟
副 书 记：王绍永
副 主 任：李云莲（女，彝族）
办公室电话：7741003

【南大村村委会】 南大村村委会驻南大村，海拔1730米，土地面积13.14平方千米，辖7个村民小组、7个自然村，即：南大村、南小村、平田、山头上、西齐路、小河、大凹子。2010年末有1002户2879人，其中：汉族2515人，彝族334人，其他民族30人。有耕地1870.1亩，农村经济总收入1066.80万元，粮食总产量1480吨，烤烟总产量28.96万千克。全年大牲畜出栏220头（匹），肥猪出栏2340头，羊出栏730只，鸡出栏36000只；年末大牲畜存栏1447头（匹），生猪存栏1780头，羊存栏1360只，鸡存栏32040只。有1个蔬菜专业合作社。

书记、主任：罗　云
副 书 记：武春佑
副 主 任：王金祥
办公室电话：13759525126

【水尾村委会】 水尾村委会驻水尾村，海拔1685米，土地面积12.92平方千米，辖10个村民小组、15个自然村，即：水尾、大平滩、小松棵、水豆田、老黑山、大龙村、老马地、大石岩、上堵泥、下堵泥、老普箐、大龙潭、大箐、小平子、小平地。2010年末有585户1797人，其中：汉族1675人，彝族97人，其他民族25人。有耕地1679亩，农村经济总收入549.9万元，粮食总产量900吨，烤烟总产量21.72万千克。全年大牲畜出栏230头（匹），肥猪出栏2230头，羊出栏950只，鸡出栏4000只；年末大牲畜存栏1503头（匹），生猪存栏1720头，羊存栏1770只，鸡存栏4500只。2010年水尾村委会成功创建为“民主法治村”。

书　记：张成岗
主　任：沈建才
副主任：严明彩

【岩子脚村委会】 岩子脚村委会驻岩子脚，海拔1800米，土地面积27.28平方千米（含社办林场3.0544平方千米），辖10个村民小组、11个自然村，即：岩子脚、石子凹、新村（阿慈新村）、大泥西、四角田、刁克丈、高家村、阿慈、小高田、树密寨、密枝村。2010年末有1065户3221人，其中：汉族2296人，彝族857人，其他民族68人。有耕地2627亩，农村经济总收入1311.45万元，粮食总产量1600吨，烤烟总产量40.77万千克。全年大牲畜出栏275头（匹），肥猪出栏3340头，羊出栏1450只，鸡出栏400000只；年末大牲畜存栏1679头（匹），生猪存栏3040头，羊存栏2430只，鸡存栏146400只。有1个养鸡专业合作社。

书记、主任：詹　伟（彝族）
副 书 记：黄文学（彝族）
副 主 任：杨光学
办公室电话：7741016

（撰稿人：大可乡人民政府　曲燕波）

中共石林彝族自治县委员会

领导成员

【县委领导名录】

县委书记：罗朝峰

副书记：毕春华（女，彝族）

洪绍伟（彝族,3月起）

专职副书记：裴演兵

常委：罗朝峰、毕春华（女，彝族）、裴演兵、李正平、李兴国、段增华、王昆、李福军（彝族）、张忠贵、周美英（女）、张达（5月止）、汪明涛、李燕、蔡志岳、李凌（5月起）

委员（按姓氏笔画排序）：马海荣（彝族）、王彦平、毕丽英（女，彝族，6月止）、刘明春、李绍增、杨春宝、余春、者培仙（女，彝族）、周兴荣、徐梅芬（女）、殷瑕（女）、黄玉林（彝族）、蒋开彦（彝族）、潘佳良

候补委员：（按得票多少为序）徐永平（女）、周保能、李光正（彝族）、赵一民、吴剑平

【县纪委领导名录】

书记：周美英（女）

常务副书记：彭天寿（11月止）

副书记：毕东红（彝族）

蒋开彦（彝族，11月起）

马雪娟（女）

常委：周美英（女）、彭天寿（11月止）、毕东红（彝族）、蒋开彦（彝族，11月起）、马雪娟（女）、王家智、李海林、者云珍（女，彝族）、艾世武、李金明（彝族，11月起）

委员：周美英（女）、彭天寿（11月止）、毕东红（彝族）、蒋开彦（彝族，11月起）、马雪娟（女）、王家智、李海林、者云珍（女，彝族）、艾世武、李金明（彝族）、王丽红（女）、王云龙（彝族）、王余秋、王斌宁、尹桂华（彝族）、李勇、李云柯、张培一、陈永宁、赵子华、赵良廷、赵保祥、钱琼珍（女）、黄宗祥（彝族）、罗建云

重要文件目录

石发

中共石林彝族自治县委印发县委十届六次全体（扩大）会议报告及决议的通知

石发〔2010〕1号

2010年1月13日

中共石林彝族自治县委转发仇和同志在市委九届六次全体（扩大）会议上的工作报告以及在全会结束时的讲话文件的通知

石发〔2010〕2号

2010年1月15日

中共石林彝族自治县委转发中共昆明市委关于加强和改进新形势下党的建设的实施意见文件的通知

石发〔2010〕3号

2010年1月15日

中共石林彝族自治县委、石林彝族自治县人民政府关于命名表彰第二十六批县级文明单位（村）的决定

石发〔2010〕4号

2010年2月20日

中共石林彝族自治县委、石林彝族自治县人民政府关于命名表彰2009年度先进个人和优秀非公企业的决定

石发〔2010〕5号

2010年2月20日

中共石林彝族自治县委、石林彝族自治县人民政府关于对承担全县2009年重点工程重点工作和县人民政府10件实事任务的单位进行奖励的决定

石发〔2010〕6号

2010年2月20日

中共石林彝族自治县委、石林彝族自治县人民政府关于表彰石林彝族自治县第三批新农村建设指导员工作先进个人和先进集体的决定

石发〔2010〕7号

2010年2月26日

中共石林彝族自治县委、石林彝族自治县人民政府关于表彰奖励2009年度目标管理考核先进单位的通知

石发〔2010〕8号

2010年3月10

中共石林彝族自治县委常委会2010年工作要点

石发〔2010〕9号

2010年3月15日

中共石林彝族自治县委、石林彝族自治县人民政府关于加强社会建设构建和谐石林的意见

石发〔2010〕10号

2010年5月20日

中共石林彝族自治县委、石林彝族自治县人民政府关于生态工业集中区“三年倍增、六年跨越”行动计划的实施意见

石发〔2010〕11号

2010年6月12日

中共石林彝族自治县委关于表彰“云岭先锋”工程先进集体和先进个人的决定

石发〔2010〕12号

2010年6月21日

中共石林彝族自治县委、石林彝族自治县人民政府印发《石林彝族自治县普通高中教育振兴行动计划》的通知

石发〔2010〕13号

2010年7月29日

中共石林彝族自治县委关于进一步加强和改进人大工作的意见

石发〔2010〕14号

2010年10月28日

中共石林彝族自治县委关于进一步加强和改进人民政协工作的意见

石发〔2010〕15号

2010年10月27日

中共石林彝族自治县委关于撤销鹿阜石林板桥等三镇设立鹿阜街道办事处的意见

石发〔2010〕16号

2010年10月21日

中共石林彝族自治县委、石林彝族自治县人民政府关于表彰防范和处理邪教工作先进集体、先进个人的决定

石发〔2010〕17号

2010年11月5日

中共石林彝族自治县委关于加强乡镇（街道）工会规范化建设工作的意见

石发〔2010〕18号

2010年12月7日

石　通

中共石林彝族自治县委关于调整县委书记、副书记、县委常委和县委书记助理工作分工的通知

石通〔2010〕1号

2010年1月12日

中共石林彝族自治县委关于调整李燕等同志分工的通知

石通〔2010〕2号

2010年2月3日

中共石林彝族自治县委、石林彝族自治县人民政府转发昆明市关于进一步加强森林防火工作文件的紧急通知

石通〔2010〕3号

2010年2月24日

中共石林彝族自治县委、石林彝族自治县人民政府关于2010年经济社会制度创新工作的实施意见

石通〔2010〕4号

2010年3月3日

中共石林彝族自治县委、石林彝族自治县人民政府关于切实抓好抗大旱保民生促发展保稳定工作的紧急通知

石通〔2010〕5号

2010年3月11日

中共石林彝族自治县委、石林彝族自治县人民政府关于进一步加强新时期科协工作的决定

石通〔2010〕6号

2010年4月21日

中共石林彝族自治县委关于调整裴演兵等同志分工的通知

石通〔2010〕7号

2010年7月8日

中共石林彝族自治县委关于建立健全县级领导干部“十二个一”联系点制度的实施意见

石通〔2010〕8号

2010年7月6日

中共石林彝族自治县委关于开展向沈浩、梅阳林同志学习活动的通知

石通〔2010〕9号

2010年7月16日

中共石林彝族自治县委、石林彝族自治县人民政府印发石林彝族自治县关于创新社会管理体制深化基层为民服务体系建设实施方案的通知

石通〔2010〕10号

2010年8月6日

中共石林彝族自治县委关于认真学习贯彻《中国共产党党和国家机关基层组织工作条例》的实施意见

石通〔2010〕11号

2010年7月23日

中共石林彝族自治县委、石林彝族自治县人民政府关于加强人口和计划生育工作统筹解决人口问题的实施意见

石通〔2010〕12号

2010年10月11日

中共石林彝族自治县委、石林彝族自治县人民政府关于全面推进市级生态村创建工作的意见

石通〔2010〕13号

2010年12月9日

中共石林彝族自治县委关于认真学习贯彻中共云南省委八届十次全会精神的通知

石通〔2010〕14号

2010年12月31日

石办发

中共石林彝族自治县委办公室、石林彝族自治县人民政府办公室关于对2010年主要工作目标任务进行分解立项督查的通知

石办发〔2010〕1号

2010年2月1日

中共石林彝族自治县委办公室、石林彝族自治县人民政府办公室转发关于认真学习贯彻白恩培同志在省人代会昆明市代表团讨论会上的重要讲话精神相关文件的通知

石办发〔2010〕2号

2010年2月2日

中共石林彝族自治县委办公室、石林彝族自治县人民政府办公室印发石林彝族自治县加强投融资平台建设实施方案的通知

石办发〔2010〕3号

2010年2月10日

中共石林彝族自治县委办公室、石林彝族自治县人民政府办公室关于2009年度县对县直机关单位目标管理考核结果的通知

石办发〔2010〕4号

2010年2月20日

中共石林彝族自治县委办公室、石林彝族自治县人民政府办公室关于兑现2009年度县对乡镇目标管理考核以奖代补经费的通知

石办发〔2010〕5号

2010年2月20日

中共石林彝族自治县委办公室、石林彝族自治县人民政府办公室关于兑现2009年度县对乡镇领导班子目标管理考核奖的通知

石办发〔2010〕6号

2010年2月20日

中共石林彝族自治县委办公室、石林彝族自治县人民政府办公室关于做好全县村级党组织和第四届村民委员会换届选举工作的通知

石办发〔2010〕7号

2010年2月25日

中共石林彝族自治县委办公室、石林彝族自治县人民政府办公室印发石林彝族自治县加快水源工程建设实施方案的通知

石办发〔2010〕8号

2010年4月6日

中共石林彝族自治县委办公室、石林彝族自治县人民政府办公室关于健全和完善煤炭矿山资源监管长效机制的通知

石办发〔2010〕9号

2010年4月19日

中共石林彝族自治县委办公室、石林彝族自治县人民政府办公室印发开展“效能石林”建设活动实施方案的通知

石办发〔2010〕10号

2010年4月22日

中共石林彝族自治县委办公室、石林彝族自治县人民政府办公室印发石林彝族自治县进一步加强学校（园）安全工作实施方案的通知

石办发〔2010〕11号

2010年5月15日

中共石林彝族自治县委办公室关于在全县党的基层组织和党员中深入开展创先争优活动的实施意见

石办发〔2010〕12号

2010年5月21日

中共石林彝族自治县委办公室、石林彝族自治县人民政府办公室印发《石林彝族自治县2010年县对乡镇工作目标管理差别化考核办法》的通知

石办发〔2010〕13号

2010年5月25日

中共石林彝族自治县委办公室、石林彝族自治县人民政府办公室印发石林彝族自治县2010年县对县直机关单位工作目标管理考核办法的通知

石办发〔2010〕14号

2010年5月27日

中共石林彝族自治县委办公室、石林彝族自治县人民政府办公室印发石林彝族自治县创建云南省文明县城实施方案的通知

石办发〔2010〕15号

2010年6月2日

中共石林彝族自治县委办公室、石林彝族自治县人民政府办公室印发石林彝族自治县人民政府机构改革实施意见的通知

石办发〔2010〕16号

2010年7月7日

中共石林彝族自治县委办公室、石林彝族自治县人民政府办公室关于举办2010年中国石林国际火把狂欢节活动的通知

石办发〔2010〕17号

2010年7月19日

中共石林彝族自治县委办公室、石林彝族自治县人民政府办公室印发石林彝族自治县安全生产一岗双责问责办法的通知

石办发〔2010〕18号

2010年7月27日

中共石林彝族自治县委办公室关于在全县各级领导班子和领导干部中继续深入开展“个人形象一面旗、工作热情一团火、谋事布局一盘棋”主题实践活动的实施意见

石办发〔2010〕19号

2010年7月24日

中共石林彝族自治县委办公室、石林彝族自治县人民政府办公室关于鼓励支持选聘到村（社区）任职高校毕业生创业的意见

石办发〔2010〕21号

2010年8月26日

中共石林彝族自治县委办公室、石林彝族自治县人民政府办公室关于进一步加强老年体育工作的意见

石办发〔2010〕22号

2010年11月11日

中共石林彝族自治县委办公室关于加强基层统战工作组织建设的意见

石办发〔2010〕23号

2010年11月11日

中共石林彝族自治县委办公室、石林彝族自治县人民政府办公室印发《石林彝族自治县关于以农村“三资”管理为重点深入推进社会管理创新综合试点工作的实施方案》的通知

石办发〔2010〕24号

2010年11月16日

中共石林彝族自治县委办公室关于加强非公有制经济组织和新社会组织党建工作的实施意见（试行）

石办发〔2010〕25号

2010年11月17日

中共石林彝族自治县委办公室、石林彝族自治县人民政府办公室关于开展整治中小企业违法排污专项行动的通知

石办发〔2010〕26号

2010年12月6日

石办通

中共石林彝族自治县委办公室、石林彝族自治县人民政府办公室关于成立县级党政机关办公用房搬迁工作领导小组的通知

石办通〔2010〕1号

2010年1月12日

中共石林彝族自治县委办公室、石林彝族自治县人民政府办公室转发昆明市创建国家卫生城市问责工作规定文件的通知

石办通〔2010〕2号

2010年1月15日

中共石林彝族自治县委办公室、石林彝族自治县人民政府办公室关于成立石林彝族自治县深化政府投融资体制改革领导小组的通知

石办通〔2010〕3号

2010年1月27日

中共石林彝族自治县委办公室、石林彝族自治县人民政府办公室关于调整充实县政务公开领导小组成员的通知

石办通〔2010〕4号

2010年1月27日

中共石林彝族自治县委办公室、石林彝族自治县人民政府办公室关于开展全县2010年春节“送温暖·献爱心”系列活动的通知

石办通〔2010〕5号

2010年1月28日

中共石林彝族自治县委办公室、石林彝族自治县人民政府办公室转发昆明市关于全面落实“四创两争”工作“一岗双责”责任制文件的通知

石办通〔2010〕6号

2010年2月2日

中共石林彝族自治县委办公室、石林彝族自治县人民政府办公室转发昆明市领导干部违反信访维稳工作“一岗双责”责任制问责办法（试行）文件的通知

石办通〔2010〕7号

2010年2月4日

中共石林彝族自治县委办公室、石林彝族自治县人民政府办公室转发昆明市关于切实做好抗旱救灾中社会稳定工作文件的紧急通知

石办通〔2010〕8号

2010年2月8日

中共石林彝族自治县委办公室、石林彝族自治县人民政府办公室关于进一步加强抗旱救灾工作的紧急通知

石办通〔2010〕9号

2010年1月29日

中共石林彝族自治县委办公室、石林彝族自治县人民政府办公室转发关于认真学习贯彻白恩培书记重要讲话精神进一步加强抗旱救灾和森林防火工作文件的紧急通知

石办通〔2010〕10号

2010年2月11日

中共石林彝族自治县委办公室、石林彝族自治县人民政府办公室转发关于切实做好春节期间有关工作的紧急通知

石办通〔2010〕11号

2010年2月11日

中共石林彝族自治县委办公室、石林彝族自治县人民政府办公室关于举办石林县2010年春节文化系列活动的通知

石办通〔2010〕12号

2010年2月11日

中共石林彝族自治县委办公室、石林彝族自治县人民政府办公室印发桃源水乡开发建设工作实施方案的通知

石办通〔2010〕13号

2010年2月10日

中共石林彝族自治县委办公室、石林彝族自治县人民政府办公室关于2010年春节放假和加强应急值守的通知

石办通〔2010〕14号

2010年2月12日

中共石林彝族自治县委办公室转发认真学习贯彻《白恩培同志在省委召开的领导干部会议上的讲话》文件的通知

石办通〔2010〕15号

2010年2月12日

中共石林彝族自治县委办公室、石林彝族自治县人民政府办公室转发《昆明市政府采购公共文化产品和服务管理办法（试行）》等六个文件的通知

石办通〔2010〕16号

2010年2月21日

中共石林彝族自治县委办公室、石林彝族自治县人民政府办公室关于调整充实石林彝族自治县村（社区）“两委”换届选举工作领导小组和工作机构的通知

石办通〔2010〕17号

2010年2月24日

中共石林彝族自治县委办公室、石林彝族自治县人民政府办公室印发《石林彝族自治县2010年打黑除恶工作方案》的通知

石办通〔2010〕18号

2010年2月25日

中共石林彝族自治县委办公室、石林彝族自治县人民政府办公室关于下派2010年社会主义新农村建设工作队及指导员的通知

石办通〔2010〕19号

2010年2月26日

中共石林彝族自治县委办公室、石林彝族自治县人民政府办公室关于调整县工业突破园区建设招商引资工作指挥部成员的通知

石办通〔2010〕20号

2010年3月8日

中共石林彝族自治县委办公室、石林彝族自治县人民政府办公室关于开展“携手相助·抗旱救灾”捐赠活动的通知

石办通〔2010〕21号

2010年3月8日

中共石林彝族自治县委办公室关于做好2010年实职副科以上党员领导干部到基层上党课工作的通知

石办通〔2010〕22号

2010年3月10日

中共石林彝族自治县委办公室、石林彝族自治县人民政府办公室印发《石林彝族自治县2010年平安建设工作方案》的通知

石办通〔2010〕23号

2010年3月10日

中共石林彝族自治县委办公室、石林彝族自治县人民政府办公室关于拨付2009年四干会表彰经费的通知

石办通〔2010〕24号

2010年3月10日

中共石林彝族自治县委办公室、石林彝族自治县人民政府办公室印发《石林彝族自治县落实信访维稳“一岗双责”妥善预防和处置大规模到省、市、县党政机关集体上访预案》的通知

石办通〔2010〕25号

2010年3月8日

中共石林彝族自治县委办公室、石林彝族自治县人民政府办公室关于印发《石林县县级党政机关办公用房搬迁方案》的通知

石办通〔2010〕26号

2010年3月12日

中共石林彝族自治县委办公室、石林彝族自治县人民政府办公室关于调整石林彝族自治县城乡规划委员会组成人员的通知

石办通〔2010〕27号

2010年3月12日

中共石林彝族自治县委办公室、石林彝族自治县人民政府办公室关于调整充实石林彝族自治县加快发展非公有制经济领导小组成员的通知

石办通〔2010〕28号

2010年3月19日

中共石林彝族自治县委办公室、石林彝族自治县人民政府办公室关于成立县繁荣发展少数民族文化事业工作领导小组的通知

石办通〔2010〕29号

2010年3月19日

中共石林彝族自治县委办公室、石林彝族自治县人民政府办公室印发石林彝族自治县2010年法制宣传教育与依法治县工作计划的通知

石办通〔2010〕30号

2010年3月19日

中共石林彝族自治县委办公室、石林彝族自治县人民政府办公室转发昆明市关于《昆明市服务外包产业发展“十二五”规划》及《昆明市关于加快发展软件产业和服务外包产业的若干优惠政策》文件的通知

石办通〔2010〕31号

2010年3月22日

中共石林彝族自治县委办公室、石林彝族自治县人民政府办公室印发《石林彝族自治县重要信访事项督办制度》的通知

石办通〔2010〕32号

2010年4月1日

中共石林彝族自治县委办公室、石林彝族自治县人民政府办公室关于做好“4·01”交通事故处置工作的紧急通知

石办通〔2010〕33号

2010年4月1日

中共石林彝族自治县委办公室、石林彝族自治县人民政府办公室关于切实加强清明节、“三月三”期间森林防火工作的紧急通知

石办通〔2010〕34号

2010年4月3日

中共石林彝族自治县委办公室、石林彝族自治县人民政府办公室关于开展2010年清明节扫墓活动的通知

石办通〔2010〕35号

2010年4月4日

中共石林彝族自治县委办公室、石林彝族自治县人民政府办公室关于印发中种集团云南种子加工中心等七个项目开工仪式工作方案的通知

石办通〔2010〕36号

2010年4月6日

中共石林彝族自治县委办公室印发《中共石林彝族自治县委党史研究室关于全县革命遗址普查工作的实施意见》的通知

石办通〔2010〕37号

2010年4月8日

中共石林彝族自治县委办公室、石林彝族自治县人民政府办公室关于成立石林彝族自治县云桂铁路建设协调领导小组的通知

石办通〔2010〕38号

2010年4月16日

中共石林彝族自治县委办公室、石林彝族自治县人民政府办公室关于对2010年“三农”工作主要目标任务和重点建设项目进行分解立项督查的通知

石办通〔2010〕39号

2010年4月19日

中共石林彝族自治县委办公室、石林彝族自治县人民政府办公室关于对2010年度重点工程项目实行按月推进目标倒逼的通知

石办通〔2010〕40号

2010年4月28日

中共石林彝族自治县委办公室、石林彝族自治县人民政府办公室印发《石林彝族自治县监督工作联席会议制度（试行）》的通知

石办通〔2010〕41号

2010年5月3日

中共石林彝族自治县委办公室、石林彝族自治县人民政府办公室印发《石林彝族自治县关于建立和完善网络发言人制度的实施意见》的通知

石办通〔2010〕42号

2010年5月3日

中共石林彝族自治县委办公室、石林彝族自治县人民政府办公室关于成立石林彝族自治县学校安全工作领导小组的通知

石办通〔2010〕43号

2010年5月6日

中共石林彝族自治县委办公室、石林彝族自治县人民政府办公室关于印发阿诗玛民族文化旅游生态示范区寺背后示范点建设一期实施方案的通知

石办通〔2010〕44号

2010年5月7日

中共石林彝族自治县委办公室、石林彝族自治县人民政府办公室关于石林彝族自治县2010年党风廉政建设和反

腐败工作主要任务分解安排的通知
石办通〔2010〕45号
2010年5月11日

中共石林彝族自治县委办公室、石林彝族自治县人民政府办公室印发石林彝族自治县城市环境综合整治方案的通知
石办通〔2010〕46号
2010年5月19日

中共石林彝族自治县委办公室、石林彝族自治县人民政府办公室关于认真做好农村定点挂钩扶贫和抗旱救灾工作的通知
石办通〔2010〕47号
2010年5月20日

中共石林彝族自治县委办公室、石林彝族自治县人民政府办公室转发昆明市环境保护“一岗双责”问责办法文件的通知
石办通〔2010〕48号
2010年5月20日

中共石林彝族自治县委办公室印发《关于进一步做好石林县党史大事记征编工作的实施意见》的通知
石办通〔2010〕49号
2010年5月21日

中共石林彝族自治县委办公室、石林彝族自治县人民政府办公室关于进一步加强信息报送工作的通知
石办通〔2010〕50号
2010年5月24日

中共石林彝族自治县委办公室关于调整部分县委序列议事协调机构的通知
石办通〔2010〕51号
2010年5月25日

中共石林彝族自治县委办公室、石林彝族自治县人民政府办公室印发石林彝族自治县农村环境综合整治行动方案的通知
石办通〔2010〕52号
2010年5月25日

中共石林彝族自治县委办公室、石林彝族自治县人民政府办公室印发县城河道集中清理整治行动方案的通知
石办通〔2010〕53号
2010年5月27日

中共石林彝族自治县委办公室印发石林彝族自治县2010年“领导干部培训日”活动实施方案的通知
石办通〔2010〕54号
2010年5月31日

中共石林彝族自治县委办公室、石林彝族自治县人民政府办公室关于成立石林彝族自治县申报云南省旅游发展和改革试点地区工作领导小组的通知
石办通〔2010〕55号
2010年6月2日

中共石林彝族自治县委办公室、石林彝族自治县人民政府办公室关于进一步加强部门统计工作的通知
石办通〔2010〕56号
2010年6月8日

中共石林彝族自治县委办公室、石林彝族自治县人民政府办公室关于认真开展国有资产清查工作的通知
石办通〔2010〕57号
2010年6月8日

中共石林彝族自治县委办公室、石林彝族自治县人民政府办公室关于印发石林彝族自治县领导干部学习考核激励制度的通知
石办通〔2010〕58号
2009年6月10日

中共石林彝族自治县委办公室印发《中共石林彝族自治县委办公室联系服务县委常委、县级部门和乡镇工作制度（试行）》的通知
石办通〔2010〕59号
2010年6月29日

中共石林彝族自治县委办公室关于调整县委办公室班子成员工作分工的通知
石办通〔2010〕60号
2010年6月29日

中共石林彝族自治县委办公室、石林彝族自治县人民政府办公室印发《石林彝族自治县关于昆明市委工作会议现场观摩点工作实施方案》的通知
石办通〔2010〕61号
2010年7月6日

中共石林彝族自治县委办公室、石林彝族自治县人民政府办公室关于印发石林彝族自治县2010年“两烟”专卖管理执法工作实施方案的通知
石办通〔2010〕62号
2010年7月14日

中共石林彝族自治县委办公室、石林彝族自治县人民政府办公室关于认真做好2010年烤烟收购期间“两烟”专卖管理执法工作的通知
石办通〔2010〕63号
2010年7月14日

中共石林彝族自治县委办公室、石林彝族自治县人民政府办公室关于印发石林彝族自治县中小学幼儿园园丁工程实施方案的通知
石办通〔2010〕64号
2010年7月15日

中共石林彝族自治县委办公室、石林彝族自治县人民政府办公室关于启用石林彝族自治县党政机关协同办公系统有关事项的通知
石办通〔2010〕65号
2010年7月22日

中共石林彝族自治县委办公室、石林彝族自治县人民政府办公室印发《石林彝族自治县开展2010年民主评议机关和行业作风工作实施方案》的通知
石办通〔2010〕66号
2010年7月21日

中共石林彝族自治县委办公室、石林彝族自治县人民政府办公室关于下拨2010年火把节活动有关经费的通知
石办通〔2010〕67号

2010年7月28日

中共石林彝族自治县委办公室、石林彝族自治县人民政府办公室关于切实做好当前安全生产和社会稳定工作的紧急通知

石办通〔2010〕68号

2010年7月27日

中共石林彝族自治县委办公室、石林彝族自治县人民政府办公室转发《中共昆明市委办公厅昆明市人民政府办公厅转发市纪委、监察局、市财政局关于进一步落实党政机关厉行节约要求的通知》文件的通知

石办通〔2010〕69号

2010年8月20日

中共石林彝族自治县委办公室关于启用中国共产党石林彝族自治县委员会机构编制办公室印章的通知

石办通〔2010〕70号

2010年8月26日

中共石林彝族自治县委办公室、石林彝族自治县人民政府办公室关于开展“大学生‘村官’创业基地”建设有关工作的通知

石办通〔2010〕71号

2010年8月26日

中共石林彝族自治县委办公室关于认真做好2011年度新华社系列内参刊物订阅工作的通知

石办通〔2010〕72号

2010年9月7日

中共石林彝族自治县委办公室、石林彝族自治县人民政府办公室转发市综治办关于认真贯彻中央综治办等三部门进一步采取有力措施确保学校幼儿园安全保卫紧急视频会议精神的通知

石办通〔2010〕73号

2010年9月8日

中共石林彝族自治县委办公室、石林彝族自治县人民政府办公室关于印发石林彝族自治县“两基”迎国检示范区创建工作方案的通知

石办通〔2010〕74号

2010年9月10日

中共石林彝族自治县委办公室、石林彝族自治县人民政府办公室关于加强建成区公共绿地乔木管养工作的通知

石办通〔2010〕75号

2010年9月15日

中共石林彝族自治县委办公室关于调整石林彝族自治县农村党员干部现代远程教育工作领导协调小组成员的通知

石办通〔2010〕76号

2010年9月17日

中共石林彝族自治县委办公室、石林彝族自治县人民政府办公室关于印发《昆明市县域经济社会科学发展评价指标体系研究报告》及《石林县县域经济社会科学发展评价指标体系年度目标分解表》的通知

石办通〔2010〕77号

2010年9月17日

中共石林彝族自治县委办公室印发《中共石林彝族自治县委机构编制办公室主要职责内设机构和人员编制规定》的通知

石办通〔2010〕78号

2010年9月19日

中共石林彝族自治县委办公室印发《石林县纪念中国人民抗日战争胜利65周年暨抗美援朝60周年活动方案》的通知

石办通〔2010〕79号

2010年9月30日

中共石林彝族自治县委办公室、石林彝族自治县人民政府办公室关于加强单位内部驾驶员和车辆管理的通知

石办通〔2010〕80号

2010年9月30日

中共石林彝族自治县委办公室、石林彝族自治县人民政府办公室关于进一步加强第六次全国人口普查工作的通知

石办通〔2010〕81号

2010年10月8日

中共石林彝族自治县委办公室关于印发中共石林彝族自治县委、石林彝族自治县人民政府信访局主要职责内设机构和人员编制规定的通知

石办通〔2010〕82号

2010年10月1日

中共石林彝族自治县委办公室、石林彝族自治县人民政府办公室关于成立石林彝族自治县新型农村社会养老保险试点工作领导小组的通知

石办通〔2010〕83号

2010年10月12日

中共石林彝族自治县委办公室、石林彝族自治县人民政府办公室关于加快推进“国家森林城市”创建工作的通知

石办通〔2010〕84号

2010年10月20日

中共石林彝族自治县委办公室、石林彝族自治县人民政府办公室关于成立石林彝族自治县政府投资项目审查领导小组的通知

石办通〔2010〕85号

2010年10月20日

中共石林彝族自治县委办公室、石林彝族自治县人民政府办公室印发《省委中心学习组现场观摩中种云南种子加工中心项目工作方案》的通知

石办通〔2010〕86号

2010年10月20日

中共石林彝族自治县委办公室、石林彝族自治县人民政府办公室关于印发《石林彝族自治县党政机关协同办公系统安全保密管理暂行规定》和《石林彝族自治县党政机关协同办公系统商用密码使用管理暂行规定》的通知

石办通〔2010〕87号

2010年10月20日

中共石林彝族自治县委办公室关于认真做好2011年度党报党刊征订发行

工作的通知

石办通〔2010〕88 号

2010 年 10 月 22 日

中共石林彝族自治县委办公室、石林彝族自治县人民政府办公室印发《石林彝族自治县桃园水乡建设大坝村搬迁实施方案》的通知

石办通〔2010〕89 号

2010 年 10 月 27 日

中共石林彝族自治县委办公室、石林彝族自治县人民政府办公室关于实行新型农村社会养老保险试点工作挂钩联系制度的通知

石办通〔2010〕90 号

2010 年 11 月 2 日

中共石林彝族自治县委办公室、石林彝族自治县人民政府办公室关于以农村“三资”管理为重点深入推进社会管理创新综合试点工作任务分解的通知

石办通〔2010〕91 号

2010 年 11 月 16 日

中共石林彝族自治县委办公室、石林彝族自治县人民政府办公室关于印发《石林彝族自治县电子文件管理暂行规定》的通知

石办通〔2010〕92 号

2010 年 11 月 17 日

中共石林彝族自治县委办公室关于做好 2011 年度《中共中央办公厅通讯》征订等工作的通知

石办通〔2010〕93 号

2010 年 11 月 13 日

中共石林彝族自治县委办公室、石林彝族自治县人民政府办公室印发《石林彝族自治县 2010 年度县对乡镇、县直机关单位目标管理考核工作方案》的通知

石办通〔2010〕94 号

2010 年 12 月 3 日

中共石林彝族自治县委办公室、石林彝族自治县人民政府办公室关于印发桃园湖公园等五个项目开工仪式工作方案的通知

石办通〔2010〕95 号

2010 年 12 月 8 日

中共石林彝族自治县委办公室、石林彝族自治县人民政府办公室关于开展 2010 年“送温暖·献爱心”社会捐助活动的通知

石办通〔2010〕96 号

2010 年 12 月 15 日

中共石林彝族自治县委办公室、石林彝族自治县人民政府办公室印发《石林彝族自治县 2011 年市委九届七次全会现场观摩点工作实施方案》的通知

石办通〔2010〕97 号

2010 年 12 月 23 日

中共石林彝族自治县委办公室、石林彝族自治县人民政府办公室关于开展元旦春节文体系列活动的通知

石办通〔2010〕98 号

2010 年 12 月 28 日

中共石林彝族自治县委办公室、石林彝族自治县人民政府办公室关于举行上海张江石林旅游项目开工仪式的通知

石办通〔2010〕100 号

2010 年 12 月 29 日

重要会议

【县委十届六次全体（扩大）会议】 1 月 8 日，中共石林县委隆重召开十届六次全体（扩大）会议。回顾总结县委十届五次全会以来工作情况，安排部署 2010 年工作任务，组织动员全县广大党员干部和各族人民，全面完成“十一五”，蓄势冲刺“十二五”，在更高的起点上开创石林跨越式发展新局面。中共石林县委十届五次全体（扩大）会议由县委副书记、县长毕春华主持。县委委员 26 人、候补委员 5 人出席了会议，不是县委委员、候补委员的部分原县级老领导，县级领导，县纪委委员，各乡镇、县直各部委办局、人民团体、企事业单位、驻石单位实职副科以上领导干部和部分企业家代表列席了会议。会上，县委书记罗朝峰代表县委常委会作了题为《全力攻坚 2010 科学谋划“十二五”为全面建设小康社会而努力奋斗》的报告。在报告中，首先回顾了 2009 年工作。第一，经济实力稳步提升。预计全年实现地区生产总值 31.95 亿元，同比增 14%；地方财政总收入 3.87 亿元，同比增 21%；地方一般预算收入 2.59 亿元，同比增 29.2%；全社会固定资产投资 27 亿元，同比增 70%；社会消费品零售总额 15.3 亿元，同比增 30%；农民人均纯收入 4789 元，实际增长 13.6%；城镇居民人均可支配收入 15600 元，实际增长 13%，三次产业结构调整为 29.7∶28.4∶41.9。第二，项目建设扎实推进。县委把 2009 年作为“项目落实年”，以招商引资为主抓手，以园区建设为主战场，以投资拉动经济快速增长。全年引进项目 137 个，经市考核办认定实际到位国内市外资金 17.62 亿元，同比增 25%；实际利用外资 1399.73 万美元，同比增 118%。第三，城乡基础设施明显改善。城市规模不断扩大，县城建成区面积由 7.46 平方千米扩大到 8.1 平方千米。县财政投入 1000 万元资金启动了乡镇集镇建设，改造、硬化县乡公路 220 千米，建成行政村简易客运站 30 个，公交覆盖率达 96.73%，公交出行分担率达 32%，“四创两争一巩固”活动深入开展，国家园林县城和 4 个全国环境优美乡镇及 2 个国家级生态示范村创建工作通过省级考评。第四，各项改革不断深化。完成 6 家国有企业改革任务。加大供销合作社改革力度，实施供销社“二次创业”，“国退民进”步伐加快，非公经济进一步发展，预计实现增加值 11 亿元，同比增 15%。第五，社会事业协调发展。全民科学素质行动计划深入实施，科普阵地建设有序推进。“科普惠农兴村计划”得到落实，科技富民强县示范工程、科技进村入户示范工程全面实施。城乡教育资源进一步优化，各类教育稳步发展。第六，社会保持和谐稳定。重视人大、政协工作，人大督政、政协议政工作富有成效，有力促进了全

县改革、发展、稳定和民族团结。统战、工商联、工青妇、科协、残联等职能作用充分发挥。普法与依法治县进一步深化，基层民主法制建设继续巩固。深入开展国防教育，国防后备力量建设明显加强。高度重视安全生产，强化安全隐患排查和治理。第七，党的建设全面加强。“十二五”期间，石林面临着十分难得的发展机遇，同时也面临着十分严峻的挑战。从全面建设小康社会的进程来看，到2015年，石林县人均GDP要达到37045元，城镇居民人均可支配收入要达到20654元，农民人均纯收入要达到8000元。2009年石林县人均GDP为12700元，实现程度为34%；城镇居民人均可支配收入为15600元，实现程度为75.5%；农民人均纯收入为4789元，实现程度为59.9%。对照标准，差距还很大，发展任务艰巨。一是工业基础薄弱。2009年石林县GDP绝对值在全市排第11位，经济总量偏小，原因在于石林县的工业化程度低，规模小，对经济发展的支撑作用不强，工业化率为22.1%，远低于全市平均水平。二是GDP倍增难度大。按照“543”倍增计划，GDP到2011年要达到44.5亿元，年均增幅必须保持在18.95%以上，需要付出艰苦的努力。三是城乡一体化任务艰巨。2009年石林县城镇化率为30%，远低于昆明市61%的水平。农民增收渠道单一，缩小城乡收入差距，统筹城乡发展，实现城乡共同繁荣任重道远。四是部分干部的危机感、紧迫感不强，干部队伍结构不合理，城市规划、投融资、工业方面的人才紧缺，人员素质与加快发展的要求不相适应。五是缺乏大投资拉动，大项目带动，产业类项目偏少，财政增收后劲乏力。六是在市委、市政府加快建设品质春城的城市空间结构中，石林远离“一城四区”的城市多功能集中区，“一湖四片”的大都市核心区，“一主四辅”的大都市拓展区，如果我们不加快发展，将面临被边缘化的危险。全会认为“十二五”将是石林全面建设小康社会的决战期、发展的转型期、城乡一体化的加速期和综合实力的转折期。面对蕴含机遇、充满挑战的新形势，面对百舸争流、竞相发展的新态势，面对不进则退、慢进也是退的新竞争，全县各级党组织和全体党员干部要能迎难而上，化危为机，把发展的目标定得更高，把发展的步子迈得更快，在新一轮竞争中抢占先机，在新一轮较量中赢得主动，在新一轮发展中实现大跨越。确保到2015年与昆明市同步实现全面建设小康社会的奋斗目标须强化“一日无为、三日不安”的危机感，快马加鞭，竞相发展，突破县域经济，繁荣乡镇经济。全会同意县委常委会提出的2010年经济社会发展的主要目标：地区生产总值确保增长16%以上，力争18%；地方一般预算收入增长12%以上；全社会固定资产投资增长40%以上；社会消费品零售总额增长20%以上；规模以上工业企业万元增加值能耗下降7%以上；城镇登记失业率控制在3.5%以内；人口自然增长率控制在6.5‰以内；城镇居民人均可支配收入和农民人均纯收入分别增长8%以上。罗朝峰强调，2010年是承上启下的一年，既是全面完成“十一五”规划的决战之年，也是为“十二五”发展打基础的关键之年。做好2010年工作，全面完成“十一五”规划，意义十分重大。第一，加快产业发展，壮大县域经济实力，要围绕旅游产业提升、工业发展突破、现代农业发展、文化产业培育和商贸物流繁荣，提升传统产业，培育新型产业，调整优化产业结构，促进一、二、三产业协调发展。第二，加快城镇建设步伐，加速城乡一体化进程。围绕打造城乡一体化示范区，按照县城—重点镇—次级镇—重点村四级城镇体系，以城带乡，以点带面，加快城乡一体化进程。第三，千方百计扩大投资，拉动经济快速增长。投资是经济发展的加速器，要多管齐下、多措并举，加大有效投入力度，始终保持固定资产投资增幅超过GDP增幅两倍以上。第四，多措并举，优化发展软环境。在加快城乡基础设施建设步伐，改善投资硬环境的同时，要采取有效措施，持续不断地开展软环境建设。第五，坚持可持续发展，推进生态美县建设。良好的生态环境是可持续发展的重要支撑。要围绕创建国家生态县目标，加快生态美县建设，努力使石林天更蓝、水更清、地更绿。第六，高度重视民生，加快推进和谐社会建设。坚持以人为本，把改善民生作为第一职责，着力解决人民群众关心的就业、就学、就医、饮水、行路、社会保障等方面的问题，让人民群众得到实惠，让科学发展成果惠及人民。第七，加强和改进新形势下党的建设，为全面建设小康社会提供强有力的保障。全面建设小康社会，关键在党、关键在人。要认真贯彻落实党的十七届四中全会精神，以改革创新精神全面推进新形势下党的建设。全会强调，全面建设小康社会，关键在党、关键在人。要认真贯彻落实党的十七届四中全会精神，以改革创新精神全面推进新形势下党的建设。全会号召，全县各级党组织和全体共产党员要在市委、市政府的坚强领导下，团结和带领全县各族人民，以必胜的信心、昂扬的斗志、攻坚的毅力，为早日实现全面建设小康社会而努力奋斗。

【四级干部大会】 2月20日，石林县召开2010年四级干部大会，落实市、县会议精神，总结2009年工作，安排部署2010年工作，表彰先进、签订目标管理责任书，动员全县各族人民进一步统一思想，坚定信心，抢抓机遇，迅速行动，全力攻坚2010，确保完成今年的各项目标任务。县级领导，县直各部委办局、人民团体、企事业单位、省市驻石单位党政主要领导，各乡镇党政领导，各村、社区党总支（支部）书记，村民委员会、社区居委会主任，村民小组长、社区居民小组长，新农村建设指导员，非公企业家代表等近千人参加了会议。县委书记罗朝峰在会上作了《只争朝夕、紧张快干，全面完成攻坚2010年的各项目标任务》的讲话。罗朝峰要求全县各级各部门要苦干实干，奋力攻坚，咬定发展不放松，创新发展举措，扎实推动全县经济社会更好更快发展，实现石林科学发展新跨越，对全县四级干部提出了四点意见：一要成绩面前不自满，正视问题找差距，增强加快发展的紧迫感。2009年是拼搏之年，也是石林县经济社会发展迈出新步伐的一年。纵向比，过去的一年里取得了喜人的成绩。但是横向比，与前面的标兵越来越远，后面的追兵越来越近。石林存在经济总量太小，发展步伐缓慢；产业支撑力弱，持续发展后劲不足；产业投入少，缺乏大项目支撑；发展优势明显，但边缘化危险加大四个方面的问题，要充分认识问题的严重性，引起高度重视，增强加快发展的危机感和紧迫感。二要保增长，增后劲，加快发展步伐。2010年是"两个五年规划"承上启下的一年。做好2010年的工作，意义十分重大，要以富民强县为目标，要以产业为支撑，要以环境为保障，要以稳定为前提，要以党建为保证，全面完成今年的各项任务，推进石林科学发展新跨越。三要抓重点，攻难点，抓出工作成效。扎实抓好项目基础工作、招商引资工作、项目建设、城乡规划建设、抗旱救灾工作、森林防火和安全生产工作，增强工作的主动性和预见性。四要严考核，重奖惩，措施要落实到位。要勤奋学习，提升素质，勇于担当，真抓实干，和衷共济，团结共事，严以律己，清正廉洁，以强烈的目标意识抓落实，以良好的工作作风推落实，以严肃的督促检查促落实，以严格的奖惩兑现保落实。县委副书记、县人民政府县长毕春华总结2009年工作，并就实现县委十届六次全会确定的2010年全县经济社会发展的主要目标，提出了九个方面的要求：一是抓旅游转型提升；二是抓工业突破发展；三是抓城乡一体化建设；四是抓招商引资、拓展资金渠道；五是抓农业农村工作；六是抓各项事业发展；七是抓民生社会保障；八是抓社会和谐稳定；九是抓基层政权建设。会上表彰了2009年度的10名优秀科级干部、10名优秀公务员、10名优秀村干部、10名优秀村民小组长、10名优秀专业技术人员、10家优秀非公企业；表彰了承担2009年重点工程、重点工作和县人民政府10件实事任务的18家单位；表彰了2009年度烤烟生产收购先进乡镇；表彰了被命名为第二十六批县级文明单位（村）的49家单位（村）；兑现了2009年度综合考核目标奖；签订了2010年度目标管理责任书。

【全县乡镇集镇建设现场推进会】 1月22日，石林县召开全县乡镇集镇建设现场推进会，县委、县人大、县政府、县政协主要领导和分管联系领导，各乡镇党政主要领导、分管领导和村镇规划建设服务中心主任，县委办、县政府办、县委目督办、县政府目督办、县委政法委、县委宣传部、县监察局、县发改局、县财政局、县建设局、县国土资源局、县交通局、县环保局、县水务局、县旅游局、县广电局、县教育局、县科技局、县民宗局、县公安局、县卫生局、县爱卫办、县供销社、县工商局、县新农办、石林电信分公司、石林供电有限责任公司的领导出席会议。会前现场观摩石林镇、西街口镇集镇建设情况。会上县委副书记、县人民政府县长毕春华总结了2009年以来全县集镇建设工作情况，并就如何做好2010年全县乡镇集镇建设工作作了安排部署，提出了具体的要求。县委书记罗朝峰对乡镇小集镇建设提出三点意见：一是强势发动，迅速掀起乡镇集镇建设新高潮。加速乡镇集镇建设，是加速推进城乡一体化进程，实现石林经济社会跨越发展的需要，是落实市委实施县城和小城镇建设五年突破工程要求的需要，是落实市委、市政府关于推进城乡一体化新要求的具体行动。全县各乡镇、各有关部门要把乡镇集镇建设作为重大而紧迫的任务，摆上重要的议事日程，充分调集各方力量参与，努力形成广泛共识和强大合力，切实做到在推进集镇建设过程中心往一处想，劲往一处使，力往一处聚。二是强力推进，全力开创乡镇集镇建设工作新局面。要以长远眼光抓规划，以精品意识搞建设，以人本理念抓管理，严格抓好规划、建设、管理等各个环节，确保全县乡镇集镇建设工作有序推进。三是强化考核，确保目标任务完成。强化考核，不折不扣兑现奖惩，严格督查，严格落实目标任务，确保目标任务按时按质按量完成。

【全县政法工作会议】 2月4日，石林县召开2010年政法工作会议，县四班子主要领导和分管领导到会指导。各乡镇党委书记、政法委书记、综治办主任，石林风景名胜区管理局分管领导、综治办主任；县直各部委办局主要领导；县人民法院、县人民检察院、县公安局领导班子成员及副科以上领导干部，县司法局领导班子成员及中层以上领导干部参加会议。县委常委、县委政法委书记李兴国总结2009年工作，深入分析2010年政法工作面临的形势和任务，研究部署当前和今后一个时期的政法工作，并代表县委、县政府与各部门、各乡镇签订2010年度综治维稳暨平安建设目标管理责任书。县委书记罗朝峰在讲话中指出，要深入贯彻全国、省市政法工作会议以及市委九届六次全会、县委十届六次全会精神，以深入开展打黑除恶专项斗争为重中之重，着力推进社会矛盾化解、社会管理创新、公正廉洁执法三项重点工作，不断提高全县政法系统服务经济发展第一要务的能力，为石林实现科学发展新跨越作出积极贡献。罗朝峰要求，全县各级各部门和广大政法干警要科学分析，超前谋划，切实增强做好政法工作的责任感和紧迫感；突出重点，严格落实各项工作措施；加强保障，统筹推进，切实加强党对政法工作的领导。罗朝峰强调，要深入推进打黑除恶，进一步增强人民群众的安全感；深入推进社会矛盾化解，提高预防和化解矛盾的水平；深入推进社会管理创新，构建社会管理服务新格局；深入推进公正廉洁执法，进一步提高执法公信力；深入推进信访维稳工作，进一步化解人民内部矛盾。罗朝峰指出，全县各级各部门尤其是政法部门一定要增强责任意识、使命意识，将思想统一到中央的决策部署上来，统一到省委、市委、县委的工作要求上来，以坚强的党性、扎实的工作和对人民的深厚感情做好2010年的政法工作。

【全县2010年招商引资工作会议】 2月8日，石林县召开2010年招商引资工作会，县级领导，各乡镇党委书记，2009年21个招商分局局长和副局长，2010年7个招商分局牵头单位中层以上干部，县招商引资工作指挥部办公室和县考核办全体人员参加了会议。会上县委常委、县委组织部部长王昆通报了

2009年21个招商分局的招商引资工作任务完成情况及表彰奖励情况，副县长王彦平对《石林县2010年招商引资工作方案》作了说明，并与各招商分局签订了2010年工作目标责任书，县委副书记、县人民政府县长毕春华对2010年的招商引资工作作了安排部署。县委书记罗朝峰在讲话中强调，要以强烈的责任感和使命感，全力以赴，迎难而上，狠抓落实，切实抓紧抓实抓好，全面完成2010年的招商引资任务。一要改变考核方式。所有招商引资项目，只有开工才能认定招商引资项目资金到位，2009年21个招商分局经考核认定有资金到位的项目，必须于2010年6月底前开工建设。对没有开工的项目，将实行严厉的问责。因主客观原因已无法实施的项目，已兑现的奖励将如数收回。二要以结果定成绩。2010年的招商引资考核，不再要求签订协议的数量、举行招商推介会的次数，而是以实绩论成败，项目真正开工建设，便可以认定资金到位。三要保持工作的稳定性。既要重视项目引进前的服务工作，又要重视项目引进后的服务工作。四要利益共享，责任同担。整合后的7个招商分局，要最大限度地发挥各部门的优势和长处。各招商分局局长、协作领导，牵头单位和协助单位要任务同担、责任同负、利益同享，牢固树立一盘棋的思想，目标同向，上下同心，力往一处聚，劲往一处使，确保招商引资目标任务超额完成。五要限时办结，做好服务工作。各单位要各司其职做好项目的服务和跟踪管理工作，全力推进项目早落地、早开工、早投产、早达效。

【全县组织宣传统战工作会议】 2月23日，石林县召开全县组织宣传统战工作会议，县委、县人大、县政府、县政协主要领导和分管或联系领导；各乡镇党政主要领导和分管组织、宣传、统战工作的领导，组织委员、宣传委员；县委和县级国家机关各部委办局，各人民团体，县属各企事业单位党政主要领导；县委组织部、县委宣传部、县委统战部全体干部职工；县文体局、县广电局中层以上干部；县台侨（联）领导小组成员参加了会议。会上，县委常委、县委组织部部长王昆，县委常委、县委宣传部部长蔡志岳，县政协副主席、县委统战部部长周兴荣向大会作工作报告；总结了全县2009年的组织宣传统战工作，并对2010年的工作作了安排部署。县委书记罗朝峰作了重要讲话，对全县的组织宣传统战工作提出三点要求：紧扣科学发展新跨越主题，进一步增强做好组织宣传统战工作的紧迫感和责任感；围绕中心，服务大局，全力做好组织宣传统战工作；坚持党的领导，进一步抓好组织宣传统战部门自身建设。罗朝峰强调，一要加强组织建设，筑牢科学发展新跨越之基。强化学习，提高本领，为推进科学发展新跨越配强班子、建好队伍；扩大民主，激发活力，为推进科学发展新跨越抓实基层、打牢基础；创新模式，搭建平台，为推进科学发展新跨越广聚人才、优化环境；强化宗旨意识，转变作风，为推进科学发展新跨越凝聚力量、增强活力。二要注重宣传引导，大造科学发展新跨越之势。紧扣科学发展新跨越主题，努力在营造有利于经济发展的氛围上谋求新作为；强化理论武装工作，努力在建设马克思主义学习型政党上取得新成效；提高舆论引导能力，努力在掌握话语权和赢得主动权上有新作为；积极开展对外宣传，努力在提升石林影响力和软实力上有新作为；深化文化体制改革，在文化产业培育上实现新突破；推进社会主义核心价值体系建设，在提升精神文明创建水平上开创新局面。三要发挥统战优势，凝聚科学发展新跨越之力。加强推进经济领域统战工作；坚持和完善多党合作和政治协商制度；扎实推进民族团结进步工作；保持宗教领域和谐稳定；深化港澳台海外统战工作。罗朝峰最后强调，希望大家进一步振奋精神、把握大局、发挥优势，不断开创组织、宣传、统战工作新局面，努力为石林经济社会又好又快发展作出新的更大贡献。

【党校工作会议】 2月24日，石林县召开中共石林县委党校工作会议。县委、县政府主要领导；县干教领导小组成员；各乡镇党委书记、分管干部教育培训工作的领导、组织委员；县委和县级国家机关各部委办局，各人民团体，县属各企事业单位主要领导；县委党校全体干部职工参加了会议。会上，县委党校常务副校长毕富兴总结了近年来党校工作，安排部署今后一段时期党校工作。县委书记、县委党校校长罗朝峰同志作重要讲话，指出要充分认识建设高素质干部队伍的重大意义，切实增强做好党校工作的使命感和责任感，做好党校工作是我们党历来坚持的优良传统，是推进石林跨越式发展的必然要求，是建设高素质干部队伍的迫切需要，进一步办好党校，有计划、有组织、有步骤地大规模培训轮训干部，对于提高全县干部队伍素质，实现石林经济社会科学发展新跨越具有十分重要的意义；要明确自身定位，充分发挥培训轮训领导干部的主渠道作用、党的理论武装工作的重要阵地作用、推进党的理论创新的生力军作用、建设学习型政党的积极推动作用、促进领导干部加强党性锻炼的熔炉作用，为石林经济社会发展新跨越提供人才保障；坚持正确方向，进一步开创石林县党校工作新局面，按照“党校姓党”原则抓好党校工作，围绕跨越发展目标抓好党校工作，采取改革创新举措抓好党校工作，依托“人才强校”战略抓好党校工作；强化组织领导，为加快推进石林县党校事业发展提供坚强保障，要切实把党校工作摆在更加突出的位置来抓，积极改善党校办学条件，进一步凝聚力量，形成推进党校工作的整体合力。

【县委农村工作暨抗旱救灾保民生促发展再动员大会】 3月12日，石林县召开县委农村工作暨抗旱救灾保民生促发展再动员大会。县级领导，各乡镇党政主要领导、分管领导及烟叶站站长，农林水中心主任、分管副主任，新农村建设指导员，各村、社区党总支（支部）书记，县直各部委办局、人民团体、企事业单位主要领导，县农牧局、县水务局、县林业局、县扶贫办、台创园中层以上干部，省、市、县级农业产业化龙头企业代表（主要负责同志）

200人参加了会议。会上，县委副书记、县人民政府县长毕春华总结了2009年全县农业农村工作，安排部署2010年全县农业农村工作暨抗旱救灾保民生促发展工作任务。县委书记罗朝峰作重要讲话，强调了一要充分认识旱灾的严重性，牢固树立持久抗旱的思想；二要统筹兼顾，全力打赢抗旱救灾保民生促发展攻坚战；三要全力攻坚，确保抗旱救灾保民生促发展各项措施落到实处。罗朝峰指出，抓好当前的抗旱救灾、保民生、促发展工作义不容辞，一定要坚定信心，迎难而上，苦战实干，全力打赢抗旱救灾攻坚战，全面完成2010年的各项目标任务，努力推进石林科学发展新跨越和全面夺取抗旱救灾、保民生、促发展工作的胜利。

【全县水源工程建设再推进现场会】 4月6日，石林县召开全县水源工程建设再推进现场会，县委、县人民政府主要领导；县委、县人大、县政府、县政协分管（联系）领导；县委办、县政府办、县委目督办、县政府目督办负责人；县农牧局、县林业局、县水务局中层以上领导干部；县国土资源局、县财政局、县烟办、县气象局、县扶贫办、县烟草公司主要负责人，县发改局、县旅游局、县民政局各一位领导；各乡镇政府主要领导、分管领导及农林水综合服务中心主任或副主任参加了会议。会前全体人员参观了大可乡水源工程建设现场，会上大可乡作了交流发言，县委常委、副县长李福军代表县委、县政府与各乡镇签订了责任状，县委副书记、县人民政府县长毕春华全面总结了石林县水源工程建设情况，安排部署了下步工作。县委书记罗朝峰在会上指出，水源工程建设事关石林发展全局、事关人民群众切身利益，全县上下必须牢固树立抗大旱、打硬仗的思想，把抗旱救灾作为当前“三农”工作的重中之重，做好长期作战的准备，以坚决的态度、有力的措施、务实的作风，毫不懈怠、毫不松劲、扎实有效地做好抗旱保民生促发展工作，确保石林县经济健康发展、社会和谐稳定。就加快水源工程建设，罗朝峰提出三点意见：一是科学合理规划布局，全面普查，摸清底数，科学规划，合理布点，积极争取，落实项目；二是全力以赴加快工程进度，明确任务，落实责任，争取项目，整合资金，精心组织，大干快上，突出重点，全面推进，完善机制，督促推进；三是千方百计保证工程质量，把工程质量作为头等大事，牢固树立“质量第一”的观念，严格按照“八个百分之百”的要求，确保施工不停、监理不离，充分吸收水利工程成熟技术，科学应用新技术、新工艺、新材料，精益求精，一丝不苟，不断提高工程质量，力争把每一个项目都建成优质工程、精品工程，加强安全生产监督管理，建立安全生产控制指标体系，加强工程日常管理，确保已建工程持续发挥保水蓄水调水功能。

【县委常委扩大会议】 4月8日，中共石林县委召开县委常委扩大会议，分析研究2010年第一季度经济工作运行情况。县委委员、候补委员；不是县委委员、候补委员的县级领导，县委书记助理；不是县委委员、候补委员的乡镇党委书记、乡镇长；县委和县级国家机关各部委办局、各人民团体、县属各企事业单位党政主要领导参加了会议。会上副县长王彦平通报了2010年一季度经济运行情况。县委副书记、县人民政府县长毕春华对一季度经济工作进行了总结，对下步工作作了安排。县委书记罗朝峰提出了只争朝夕，大干快干二季度；强势推进招商引资；全力以赴加速项目建设；千方百计扩大投资；争分夺秒抓落实五个方面的意见。罗朝峰强调，这次会议是通报交流、统一思想的会议，是明确责任、狠抓落实的会议，是咬定目标、推进工作的会议。罗朝峰指出，一季度已经过去，形势逼人，任务催人，全县各级领导干部一定要迅速行动起来，坚定不移地按照年初确定的各项目标任务，以更加振奋的精神，更加高昂的士气，更加务实的作风，积极投身到当前的各项工作中，积极开展招商引资，推进项目建设，大干二季度，为实现上半年双过半，为全面完成全年各项目标任务作出新的更大的贡献。

【“效能石林”建设活动动员暨“效能政府四项制度”工作推进会】 4月23日，石林县召开“效能石林”建设活动动员暨“效能政府四项制度”工作推进会，贯彻落实全省实施“效能政府四项制度”电视电话会议精神，安排部署“效能石林”建设活动，推进石林县“效能政府四项制度”建设。县级领导；各乡镇党政主要领导，县委和县级国家机关各部委办局、各人民团体、县属各企事业单位主要领导；县委党风巡查员；县政务服务中心及其分中心窗口具体负责人员；县纪检监察机关全体干部职工参加了会议。会上县委常委、县纪委书记周美英安排部署“效能石林”建设活动工作。县委副书记、县人民政府县长毕春华就推进石林县“效能政府四项制度”实施工作作部署。县委书记罗朝峰在讲话中强调了三点意见：一是提高认识，增强开展“效能石林”建设的紧迫感；二是围绕发展大局，强力推进效能建设；三是强化措施，确保效能建设扎实有效推进。最后罗朝峰指出，加强效能建设，是全县各级各部门和广大干部的职责所在、使命所系，意义深远，责任重大。罗朝峰要求，全县各级各部门要从政治和全局的高度，进一步增强紧迫感和责任感，紧紧围绕建设服务型、责任型、高效型、廉洁型效能机关，强力推进以“效能石林”建设为主题的软环境建设，努力实现工作作风进一步改进、服务能力进一步增强、办事效率进一步提高、发展环境进一步优化，项目推进明显加快，招商引资强势推进，为推进石林科学发展新跨越作出新的更大贡献。

【纪念建党89周年暨永葆先进性·“云岭先锋”工程表彰大会】 6月28日，石林县召开纪念建党89周年暨永葆先进性·“云岭先锋”工程表彰大会。县级党员领导干部；各乡镇党委书记、专职副书记、组织委员；县直各单位党员代表200名；受表彰党组织负责人及先进个人；上台宣誓的机关新党员50名；

捐款代表7名参加了会议。会议表彰了先进；举行了向“关爱党员资金专户”捐款仪式；新党员入党宣誓及党员重温入党誓词。县委书记罗朝峰作了题为《永葆先进本色，争当时代先锋，推进石林科学发展新跨越》的重要讲话，回顾了中国共产党成立89年来的光辉历史，对县各级党组织在革命斗争史上、社会主义建设阶段以及近年来的石林经济社会发展上做出的丰功伟绩给予了充分肯定。在建党89周年，即全面完成“十一五”的决战之年，超前谋划“十二五”的关键之年，攻坚2010、立志跨越的奋进之年，罗朝峰对全县党员干部提出了六点意见：一要争当解放思想的先锋，要紧扣发展要务解放思想、紧扣破解难题解放思想；二要争当科学发展的先锋，要瞄准目标不动摇、强力招商不懈怠、狠抓项目不松劲、埋头苦干不折腾；三要争当真抓实干的先锋，要坚持不懈抓落实、攻坚克难抓落实、深入实际抓落实、转变作风抓落实；四要争当争创一流的先锋；五要争当为民服务的先锋；六要争当勤政廉政的先锋。罗朝峰要求，全县各级党组织和广大共产党员要以更加饱满的热情、更加昂扬的斗志、更加务实的作风，争当先锋，做好表率，为推进全县经济社会跨越发展而努力奋斗。

【县人民政府机构改革工作会】 7月8日，石林县召开县人民政府机构改革工作会议，县级四班子主要领导和分管联系领导；县委办、县人大办、县政府办、县政协办、县纪委、县委宣传部分管或联系领导及县发改局、县教育局、县科技局、县民宗局、县公安局、县民政局、县司法局、县财政局、县人事劳动和社会保障局、县国土资源局、县交通局、县环保局、县建设局、县农牧局、县林业局、县水务局、县文体局、县卫生局、县人口和计划生育局、县审计局、县统计局、县安监局、县编办、县法制办、县扶贫办、县食品药品监督管理局、石林风景名胜区管理局（县旅游局）、县粮食局、县供销社、县广电局、县经济局（乡镇企业管理局）、县煤管办、县信息产业办、县烟办、县便民办、县档案局（馆）、县史志办主要领导和一名经办人员；各乡镇党政主要领导；县委组织部、县人事劳动和社会保障局机关全体干部职工参加了会议。会上县人民政府副县长黄杰宣读了《实施意见》，县委副书记、县人民政府县长毕春华作了动员讲话，县委组织部部长王昆宣布了政府机构改革涉及部门正职的任免决定。县委书记罗朝峰在会上强调三点意见：一要强化领导，精心组织，确保人心不散；二要强化责任，认真履职，确保工作不断；三要严明纪律，规范管理，确保秩序不乱，要按照中央和省、市的要求，精心组织，扎实推进，圆满完成各项改革任务，为推动石林跨越发展、科学发展、和谐发展作出新的贡献。

【县委常委扩大会议】 7月15日，县委召开县委常委扩大会议，听取石林彝族自治县“十二五”规划编制情况汇报；学习贯彻“四项监督制度”情况；听取石林县2010年上半年经济运行情况分析报告；承担经济发展指标任务的县级党政领导发言（简单汇报上半年分管经济指标任务的完成情况，分析存在的问题和差距，重点汇报完成下半年各项经济指标任务的工作措施）。县级领导，县委书记助理；各乡镇党政主要领导；县委和县级国家机关各部委办局、各人民团体、县属各企事业单位主要领导参加了会议。县委书记罗朝峰作了题为《抢干快干下半年，合力攻坚2010，全面完成今年经济社会发展各项目标任务》的讲话。罗朝峰指出，会议既是一次对上半年全县经济运行情况问诊把脉的分析会，也是一次集思广益谋划下半年经济工作的研讨会，更是鼓劲加压，加大工作力度，加快工作节奏，确保圆满完成市委、市政府交给的各项任务，实现县委、县政府既定的工作目标的一次动员会。县委书记罗朝峰从对照目标找差距、统筹兼顾抓重点、千方百计增投资、全力以赴抓项目、倒排进度抓落实、合力攻坚促跨越六个方面对石林县上半年工作以及下半年工作进行总结和部署，强调全县上下一定要牢固树立坚定的信心、必胜的决心，集中精力抓落实，扑下身子抓落实，抢干快干下半年，合力攻坚2010，确保全年经济社会发展各项目标任务超额完成，为推进石林科学发展新跨越作出应有的贡献。

【全面贯彻市委工作会议精神会议】 7月21日，石林县召开全面贯彻市委工作会议精神超额完成攻坚之年各项目标任务工作会，县级领导，县委书记助理；各乡镇，县委和县级国家机关各部委办局、各人民团体、县属各企事业单位实职副科以上领导干部（公检法班子成员）参加了会议。会上，县委常委、鹿阜镇党委书记汪明涛，县工信局局长刘琴龙，圭山镇党委书记李雄彬作交流发言；县委副书记、县人民政府县长毕春华传达市委工作会议精神；县委书记罗朝峰在会上强调了十个方面：一是切实增强时不我待的紧迫感、不进则退的危机感和推进石林科学发展新跨越的责任感；二是坚定加快发展的信心、攻坚克难的勇气和不达目的誓不罢休的决心；三是强力推进园区建设，台创园要狠抓项目落地和产业培育，工业园区要抓牢基础设施建设、土地收储和项目引进三项重点工作，旅游度假区要抓项目开工、抓进度、抓竣工；四是强势发动，再掀招商引资新高潮；五是加大投入力度，加速城镇化；六是加速推进城乡一体化，实现城乡规划全覆盖，加快城乡基础设施一体化，推进城乡产业一体化，逐步实现公共服务一体化，着力推进社会保障一体化；七是加快拓展信息化；八是要切实改善民生；九是积极推进公共租赁房建设；十是全面加强党的建设。罗朝峰要求，全县各级领导干部要苦干实干，拼搏163天，确保超额完成年初制定的各项目标任务；要进一步统一思想、坚定信心，锁定目标、只争朝夕，决战决胜、奋力冲刺，确保完成各项目标任务，为今年的攻坚战画上圆满的句号，为加快石林科学发展新跨越而努力奋斗！

【县委常委扩大会议】 8月13日，石林县委召开县委常委扩大会议。县级领导，县委书记助理，各乡镇党政主要领导，县委和县级国家机关各部委办局、各人民团体、县属各企事业单位主要领导参加了会议。会上，县委副书记、县人民政府县长毕春华传达2010年8月11日省委常委、市委书记仇和到石林调研时的讲话精神；部分单位和部门负责人作专题发言：县住建局负责人围绕“全域城镇化”作专题发言；县鹿阜旧城改造工程指挥部负责人围绕“鹿阜旧城改造”作专题发言；县交运局负责人围绕“道路绿化”作专题发言；县农林局负责人围绕“城乡园林绿化”作专题发言；县人力资源和社会保障局负责人围绕“农民变市民、农村劳动力转移”作专题发言；县公安局负责人围绕“农民进小集镇后的户籍管理”作专题发言；县委常委、县委组织部部长王昆对全县创新社会管理体制，深化基层为民服务体系建设工作进行点评。县委书记罗朝峰在会上强调了八个方面的意见：一要转变党委、政府职能，深化乡镇为民服务中心建设，切实做到“四进中心”；二要认真落实县域经济发展“12345678”思路；三要加快城镇化步伐，引导先富起来的农民向城镇集中，全力推进小城镇开发建设，推行“三个置换”，推进户籍制度改革，推进农村职业技能培训，降低农民进城就业门槛，推进城镇市场体系建设，降低农民进城入市门槛；四要高度重视小城镇的规划、建设、管理，规划起点要高，处理好小城镇建设和省道、市道、县道的关系，小城镇建设要体现生态，讲求节约；五要大搞城乡园林绿化，突出重点，着力打造水路两带生态绿轴，结合实际，让城乡园林绿化彰显石林特色；六要在城市建设中切实做到“三效”统一；七要精心组织好鹿阜旧城的改造，处理好保护与开发的关系；八要加快旅游转型升级步伐。

【第三季度招商引资工作推进会】 9月30日，石林县召开第三季度招商引资工作推进会。会议通报了2010年第三季度全县招商引资工作情况；七个产业招商分局局长作交流发言；县委、县人民政府班子成员，县人大、县政协主要领导，县委书记助理；各产业招商分局局长、协作领导；各乡镇党委书记，县发改（招商促进）局、县国土资源局、县住建局、县环保局主要领导；各产业招商分局牵头单位、协作单位主要领导和招商分局全体工作人员；县招商引资工作指挥部办公室和县考核办全体人员参加了会议。会上，县委书记罗朝峰强调要认清形势，认真总结前三季度的招商引资工作；要坚定信心，增强紧迫感、危机感和责任感；要全力以赴，强力推进招商引资；要紧盯项目，加强项目跟踪服务；要奋力冲刺，确保超额完成今年的目标任务。罗朝峰要求，全县各级各部门、各招商分局一定要高度重视，抢抓今年招商引资工作的最后时机，奋力拼搏，加压冲刺，为超额完成全年招商引资目标任务，争取来年招商引资工作开门红打下坚实的基础。

【全县干部大会】 10月28日，石林县召开全县干部大会，全县实职副科以上领导干部参加了会议。会上传达贯彻了党的十七届五中全会精神，赴新加坡、北京学习培训的学员代表谈学习体会。县委书记罗朝峰强调要迅速传达贯彻党的十七届五中全会精神，切实把思想和行动统一到全会精神上来，统一到中央和省、市委的决策部署上来，动员全县广大党员干部和各族群众，紧紧围绕科学发展这一主题，始终紧扣加快转变经济发展方式这条主线，准确把握“十二五”期间的主要目标任务，认清形势、抢抓机遇，坚定信心、狠抓落实，确保年度目标任务和“十一五”规划圆满完成，为“十二五”更好更快发展奠定坚实基础。罗朝峰结合石林县实际提了五个方面的意见：一是紧扣主题，推动石林科学发展；二是突出主线，提高经济发展质量；三是抢抓机遇，打造城乡一体化示范区；四是立足当前，全面决战“十一五”；五是着眼长远，科学谋划“十二五”。

【2010年度县级领导勤政廉政公示动员大会】 12月1日，石林县召开2010年度县级领导勤政廉政公示动员大会。县级领导，县纪委常委；各乡镇党委书记、乡镇长；县委和县级国家机关各部委办局、各人民团体、县属各企事业单位主要负责人；县人大代表5名，县政协委员5名，一般干部4名参加会议。会议由县委书记罗朝峰主持。会上，市勤政廉政公示第一指导组组长、市纪委副书记王光明作动员讲话。动员会后，市勤政廉政公示第一指导组通过发放《领导干部勤政廉政公示“点题”征求意见表》及个别谈话等方式，对石林县38名县级领导2010年度勤政廉政情况广泛征求意见。

【石林县人才工作会议】 12月24日，石林县召开人才工作会，贯彻落实全国、省、市人才工作会议精神，安排部署当前和今后一段时期全县人才工作。县委常委，县人大常委会主任，县政协主席，县人大、县政府、县政协分管或联系领导；县纪委常委、五个纪工委主要负责人；县人才工作领导小组成员单位主要负责人；县委组织部、县人力资源和社会保障局领导班子成员；县委和县级国家机关各部委办局、各人民团体、县属各企事业单位主要负责人；各乡镇党委书记、组织委员、大学生村官参加了会议。会上，县委书记罗朝峰提了四点意见：一是提高认识，切实增强做好人才工作的紧迫性和责任感，要充分认识人才资源在经济社会发展中的战略地位和关键作用，要充分认识在推进经济社会跨越发展中石林县人才工作存在的问题和不足，要充分认识日益激烈的区域发展竞争中石林县人才工作面临的严峻挑战；二是抓实“五个坚持”，在贯彻人才发展战略布局上要有新作为，要坚持人才优先、服务发展，要坚持整合资源、创新机制，要坚持以用为本、量质并举，要坚持整体开发、高端引领，要坚持优化环境、开放聚才；三是围绕服务经济社会发展，在创新人才市场化运作模式上要有新举措，要把招商引资与招才引智有机结合起来，要以人才集聚来助推产业集群，要以增加投入来体现人才价值；四是加强组织领导，在提高人才工作科学化水平上要有新作为，必须坚持党管人才原则，科学编制中长期人才发展规划，全力营造尊才重才良好环境。

县委办公室

【县委办公室】 1949年4月至1951年10月设专职秘书1人；1951年11月至1956年4月设秘书处；1956年4月至1958年11月设秘书科；1964年2月设办公室；1968年11月，为县革委办事组取代；1971年8月恢复办公室（实行县委办公室、县革委办公室两块牌子一套班子）；1980年12月，党、政分设办公室。2010年，办公室下设综合科、秘书科、信息政研室、行政后勤科；县接待处归口县委办公室，县委目标督查管理办公室、县委县政府信访局、国家保密局、县委机要局由县委办公室管理，其中国家保密局、县委机要局实行两块牌子一套班子，办公地点在石林县石林大道1号行政中心A区6楼。2010年，县委办被评为市级文明单位，支持支农联系点鹿阜镇阿怒山村委会生产生活经费5000元。

主　　任：周林春（3月起）
书记助理：文春燕（女，彝族）
副 主 任：周林春（3月止）
　　　　　李玉华（彝族，6月起）
　　　　　黄　丽（女，彝族）
　　　　　游涯坤（12月起）
　　　　　陈德富（6月止）
　　　　　李宏伟（12月止）
　　　　　普建勇（彝族，3～7月）

【办文办会工作】 把公文办理作为以文辅政的重要环节，办文质量和水平不断提高。2010年共收到、传阅中央省市级文件196件；收到市级文件1983件、办理912件；收到本级文件1629件、办理286件；起草、修改各类稿件274件。其中制发“石发”文件17个2300余份，“石通”文件12个1600余份，“石党批”文件15个，“石办发”文件23个3000余份，“石办通”文件90个12000余份，工作通报1期130余份，“石党字”文件21个200余份，“会议纪要”24个1000余份，常委会决定事项66个；参与常委会服务24次，承办、协办文稿60多个。组织开展了中国石林国际火把狂欢节、县委全会、县委中心学习组学习研讨会、县委常委会、领导干部时代前沿知识讲座、昆明市领导干部培训日专题讲座、石林县领导干部培训日专题讲座等大型会议和活动的筹备、组织、协调、服务等工作。

【信息政研工作】 全年共形成调研报告6篇，上报上级党委政府5篇，被《昆明政研》、《谋事之基》各采用1篇，在昆明科学发展高层论坛刊物交流发表1篇，为县委、县政府科学决策提供了意见建议。把信息报送作为以文辅政的重要渠道，紧贴党委工作关注点，抓住全县工作闪光点，组织培训各部门信息员3次200余人，收集各部门报送信息3300余篇；编发《信息》60期，下发《政策动态》3期，编发《信息内刊》10期。上报中央和省委、市委信息908余篇，其中市级采用179篇，同比增23%，采用率为19.71%；省级采用61篇，同比增154%，采用率为6.72%；中办采用26篇，同比增420%，采用率为2.86%。信息考核名列昆明市第五名，比上年同期上升两名。

【督查工作】 牵头顺利通过了2009年度市委、市政府对县委、县政府的目标管理考核工作，石林县取得了全市第四名、县（市）区第一名的优异成绩；组织完成2009年度县对乡镇、县直单位的目标管理考核工作；起草并印发了2010年度县对乡镇工作目标管理差别化考核办法和县对县直单位工作目标管理考核办法，制定了2010年县对乡镇和县对县直单位工作目标责任书，组织进行了四个季度目标管理考核。对市委2010年下达的51项主要工作目标任务进行了责任分解，每月跟踪督查，掌握动态，及时向县委、县政府有关领导报告进展情况、主要问题和工作建议。2010年跟踪落实办理市委立项督办件224 件2301项，其中：办结175件1430项，正在办理11 件105项，按时限办理38件766项；跟踪落实办理市委书记仇和批交办件24件，其中：办结21件，按时限办理3件。跟踪落实办理县委领导对上级文件及领导批交办件的批示件114件，全部办结，全部按要求反馈了落实情况；对石办发〔2010〕1号文件确定的261项重点工作每月跟踪督查1次，随时掌握动态，以督查专报及时向县委、县政府有关领导报告进展情况、主要问题和工作建议；对石办通〔2010〕40号文件立项督查的53项74个重点工程项目进行跟踪督查，每月形成督查简报送相关领导和部门。对县委常委会及县委领导决定的91件587项督办事项进行跟踪督查，落实情况每月形成督查简报送相关领导和部门，其中：办结或取得阶段成效491项，正在办理96项。共计印发督查专报45期、督查简报36期。对所有督查督办件、领导批示件做到事事有回音，件件有落实。

【保密和人民防线工作】 规范政务值班工作，准确及时接收、报告领导办公电话8件，转办14件次；及时报告各类紧急突发情况114件次。全面落实保密工作目标责任制，领导干部、计算机及网络管理员、涉密人员、专兼职保密干部保密承诺书签订率达100%，以宣传贯彻新修订《保密法》为契机，开展形式多样的宣传教育活动，全县举办保密知识培训80余场次、专题培训5期、警示教育35场次，组织保密知识竞赛2次1897人参赛，制作宣传栏32期，电视宣传2期，电子屏显宣传标语2期17条，印发宣传资料1500余份，下发《石林保密工作》简报10期，免费送阅《保密警示教育案例选编》25册、《昆明市保密工作业务文件汇编》20册，保密宣传教育针对性和实效性不断增强。认真组织开展“五五”保密法制宣传教育自检自查工作，顺利通过省检查组检查验收。规范计算机及网络保密管理，制定下发了《石林彝族自治县电子文件管理暂行规定》、《石林彝族自治县党政机关协同办公系统保密管理暂行规定》等规定。加强信息公开保密审查力度，全年共检查县直单位发布信息4000余条，上报外省网站涉嫌泄密情况4期，审查志书出版物

5个。强化保密监督检查职能，组织开展清理取缔违法交易涉密文件、计算机网络安全、涉密载体管理、党政机关保密大检查整改“回头看”等专项活动5次，组织集中清退涉密文件资料5786份，回收搬迁县行政中心涉及单位文件和内部资料7000多千克、涉密移动存储介质24个，检查旧货市场、再生资源集散场所26家，参加各类考试保密监督服务80余场次，有效确保了国家秘密安全，全县无失泄密事件发生。

【信访工作】 深入开展县委书记、县长大接访和党政领导干部大接访、大下访以及矛盾纠纷排查化解工作，力争把问题解决在基层、解决在萌芽状态；认真落实信访维稳“一岗双责”责任制，及时调查研究和分析情况，真正为群众解决问题、排忧解难，努力维护社会稳定；巩固和完善处理突出信访问题和群体性事件联席会议制度，妥善处理重大信访事件，以实际行动取信于民，树立了党委、政府的良好形象。全县领导干部认真践行“一线工作法”，采取走访、约访、回访等方式，深入基层，切实抓好工作落实，为群众解决实际问题，全力维护社会稳定；加强信访宣传工作，印发了宣传挂历、《〈信访条例〉学习问答》、《规范信访秩序》等宣传资料30000余份；通过文艺展演、电视播放《信访指南》等方式广泛深入宣传《信访条例》及有关法律法规，增强广大人民群众的依法信访意识，维护信访秩序。2010年共受理群众来信63件，来访186批1056人次。与上年同期相比群众来信减少了66件、减少了104.76%，来访减少了47件、减少了20.1%（其中集体上访减少了15件、减少了27.7%）。受理网上信访35件，与上年同期相比增加了2件，增加了6%。非正常进京上访5件，9人次，与上年同期相比增加了3批6人次。

【接待工作】 构建“大服务”格局，树立“大接待、大服务”意识，加强沟通协调，认真制定方案，把握细节，把接待工作做深做透。圆满完成了县领导交办的公务性接待、上级领导检查指导及各类大型会议活动等有关接待工作，充分发挥了“接待也是生产力”的重要作用。

【行政后勤工作】 严格履行财务核算和财务监督职能，认真做好县委机关部委办局、群团组织财政拨款和预算外资金的核算管理和服务、协调工作，管理好县委和县委办公室各项经费。搞好县委机关资产管理，防止国有资产流失。强化对干部职工的安全教育，提高防范意识，健全和完善各项规章制度，建立目标管理责任制，禁止参与吸毒、邪教和治安危害等违法犯罪活动。加强车辆管理，保障领导用车和单位业务用车，做到安全驾车无交通事故发生。加强安全防范，不定期开展安全检查，确保县委办公室安全无事故。搞好县委机关办公设施的建设和维护，办公用房的管理和协调工作。

【组织建设工作】 一是以“效能石林”建设、创先争优活动为契机，拓宽教育形式，丰富教育内容，党员宗旨意识进一步增强。二是以落实机关党建、党风廉政建设目标责任制为重点，扎实开展党员党性分析、党员星级评定、党员政治生日谈话、廉政谈话和勤廉公示、专题组织生活会、班子民主生活会等，党组织的凝聚力、战斗力和创新力不断提升。三是扎实开展行政效能提升年和干部作风改进年活动，全面加强县委办作风建设和机关效能建设，改进工作方法，转变工作作风，创新思维方式，增强服务实效。四是始终坚持把党风廉政建设和反腐败工作作为提高党的执政能力、巩固党的执政地位的一项重大政治任务来抓，认真贯彻“预防为主，教育为主，标本兼治，综合治理”的方针，建立健全教育、制度、监督并重的预防腐败体系，认真抓好办公室党风廉政建设工作。五是坚持抓好经常性的党风廉政教育，筑牢思想防线，把党风廉政建设融入到办公室自身建设中，进行党性、党风、党纪教育，增强干部职工的廉洁意识。贯彻执行《中国共产党纪律处分条例》、《中国共产党党内监督条例（试行）》，严格遵守并组织落实领导干部廉洁自律各项规定，全年无违规、违纪、违法行为。六是加强思想道德建设和文明单位建设，紧紧围绕建设“廉洁、高效、规范、协调、文明”办公室的目标，加强对精神文明建设工作的领导，积极参与云南省文明县城创建活动。认真学习贯彻《公民道德建设实施纲要》，按照“有理想、有文化、有道德、有纪律”的标准，提高干部职工的文明素质，推动机关精神文明建设不断深入。

（撰稿人：县委办　罗　健）

组织工作

【县委组织部】 1952年2月，成立县委组织部。2010年内设办公室、干部科、组织科、干部监督科、人才科5个职能科室，县直机关党委、县委党员电化教育中心归口县委组织部管理。年底有干部职工18名。单位住址在石林县行政中心A区。2010年支持支农点石林镇和摩站村委会工作经费2000元。

部　长：王　昆

常务副部长：毕丽英（女，彝族，7月止）

副部长：李　韬

杨春宝（兼）

赵　蓉（女）（兼）

李宏伟（11月起）

【干部队伍情况】 截至2010年底，全县共有县处级领导干部38人（包括挂职干部7人），其中：正县级干部6人，副县级干部32人。少数民族干部8人，妇女干部　6人，非党干部5人。研究生及以上学历10人，大学学历24人，大专学历4人，平均年龄42.37岁。县管乡科级领导干部共有368人，其中：正科级干部147人，副科级干部221人。少数民族干部122人，妇女干部80人，非党干部35人。研究生及以上学历42人，大学学历263人，大专学历61人，中专及以下2人，平均年龄40.75岁。

【党组织和党员概况】 截至2010年底，中共石林县委下辖16个党委，其中：乡镇党委7个，县直机关企事业党委9个。全县建有党总支120个（农村〈社区〉党总支93个，机关企事业党总支27个），党支部662个（农村〈社区〉党支部456个，机关企事业党支部206个）。全县有党员10491人，比2009年净增264人，其中：女党员2522人，少数民族党员3406人。全县共有农村困难党员1040人，定期领取补助金的1040人，其中：建国前入党的农村老党员10人（每人每月领取困难补助金200元），市级关爱的农村困难党员604人（每人每月领取困难补助金30元），县级关爱的农村困难党员426人（每人每月领取困难补助金30元）。

【学习实践科学发展观活动】 按照"党员干部受教育，科学发展上水平，人民群众得实惠"的总体要求，扎实抓好第二批和第三批学习实践活动整改落实工作。在学习实践活动中，集中开展以解决基层实际困难为重点的整改工作，着力解决影响科学发展的突出问题，本着量力而行、尽力而为的原则，全力落实"五个一批"具体要求，全县第三批学习实践科学发展观活动群众满意率达98.3%。总结汇编了《科学发展在石林》，从民生、发展、稳定三个角度，全面系统总结全县科学发展观学习实践活动，学习实践活动在思想认识提高、经济发展、民生改善、制度建设和实践经验方面取得了显著成果。

【创先争优活动】 紧紧围绕"推动科学发展有新跨越、促进和谐石林有新气象、建设效能石林有新突破、组织建设有新加强、服务人民群众有新成效"总体目标，结合工作实际，通过采取抓组织、抓结合、抓载体、抓机制、抓考核、抓宣传"六抓"措施，做到了组织保障到位，上下联动到位，实践载体到位，分类指导到位，宣传舆论到位，考核机制到位"六个到位"，不断推动创先争优活动向纵深推进，持续提升群众受益度。其中：全县各级党组织以"五好五带头"为核心，进一步量化考核指标，细化考核内容，确定考核细则，全面开展基层党组织和党员评星定级工作，村级党组织"一季度一评"，机关党组织"一月一评"。乡镇以"招商引资、城镇建设、烤烟收购、为民服务、民生稳定"为主线，着力在"打造亲民、为民基层政权"上下功夫。机关突出"作风效能建设"主线，围绕"五型"机关建设、"五比五创"（比学习创建学习型机关、比团结创建法制型机关、比作风创建廉政型机关、比效能创建服务型机关、比奉献创建和谐型机关）开展主题实践活动。村组紧紧围绕"产业发展有新格局、生活水平有新提高、乡村面貌有新变化、民主管理有新机制"的争创目标，全面落实"保发展、保民生、保稳定"的各项工作。社区以"共驻共建共享品质社区"为目标，积极开展社区党建"每月之星"主题竞赛评选，全力打造"区位新优势、产业新集聚、功能新优化、人文新提升"的县级中心城镇新品牌，拓宽服务领域，解决居民就业、建立健全社会保障。非公经济组织和新社会组织突出"党组织影响力建设"主线，开展"提高覆盖率、提高影响力"活动，实施社会组织"公信力工程"，发挥党组织和党员在促进生产经营和各项业务工作的作用。全县803个党组织、10252名党员按照创先争优活动总体目标，结合石林工作实际，在抓重点工作、解决重大问题、化解矛盾维护稳定中深入开展创先争优，扎实推动创先争优活动纵深推进。

【领导班子建设】 2010年县委常委会对干部任免事项共进行了8次票决，全部获得通过，共对115名干部进行了票决。其中：提拔任用40人，平职交流26人，省市下派挂职8人，机构组建（更名）8人，到龄改任非领导职务11人，免职11人（因工作调动免职8人，问责免职2人，因身体原因免职1人），兼职任免10人，任命县纪委常委1人。经团县委全委扩大会议民主推荐，组织考察及县委常委会议集体讨论确定候选人，12月23日团代会选举产生1名团县委书记和1名团县委副书记，进一步优化了干部队伍结构。结合深入学习实践科学发展观活动和创先争优活动，深入开展"个人形象一面旗、工作热情一团火、谋事布局一盘棋""三个一"主题实践活动，着力加强领导班子思想政治建设。通过党委中心学习组、组织政策法规专题学习、领导干部时代前沿知识讲座等方式，组织领导干部深入学习党的路线、方针、政策和中央、省、市、县相关规定、重大决策和发展规划，充分发挥思想政治引领发展的作用。坚持思想政治建设巡查识别干部。严格执行民主集中制各项规定，切实提高民主生活会质量，着力推进领导班子作风建设。

【干部队伍建设】 加大干部培训的投入力度，争取县财政每年安排专项资金用于干部教育培训。分层次、分类别、分专题、大规模培训干部，举办"四规合一"规划专题培训400余人，公务员都市经济培训503人。2010年7月，有针对性地挑选16名从事城市规划建设管理、园区建设管理等相关工作的党政干部，赴新加坡进行为期15天的专题培训。做好石林县29名县级领导参加云南干部学院在线学习服务管理工作。截至12月31日，共组织各种调训36批118人次。组织做好2010年晋升副县处级领导职务资格基本知识考试工作。按照《关于开展2009年科级领导干部学习培训学分制年度审验工作的通知》，完成362名科级干部学分登记手册审验复核和359名干部学分登记工作。开展"读好书、求新知"学习活动，采取菜单式选学方式，全县60余家单位选学了120多个书目，着力解放思想更新观念，增强决策的科学性和前瞻性。注重一线实践锻炼干部，将新提拔的科级干部和无招商引资经历的机关年轻干部推到发展一线、基层一线、招商引资一线实践锻炼，为年轻干部健康成长搭建实践平台。

【干部人事制度改革】 深化巩固"改进干部选拔任用工作监督检查办法"试

点成果及“深入整治用人上不正之风示范县”创建成果。加大竞争性选拔干部力度。一是推行“四差额”（即差额推荐、差额考察、差额酝酿、差额票决）选拔干部，2010年3月采取“四差额”的方式，提拔15人。二是推行竞争上岗选拔干部，通过竞争上岗，在县检察院配备了3名科级干部。三是采取公推公选的方式选拔干部，在2010年6月乡镇空缺的3名人武部长的配备中，以公推公选的方式配备干部。四是采取公开招考的方式选拔干部，面向全省公开招考3个科级干部岗位，经公开报名、资格审查、笔试、面试、考察等程序，组织完成了1名县委办副主任的公选工作。积极配合市委组织部开展面向全国公开招考乡镇（街道）党工委副职相关工作，办理了选岗到石林县挂职的6名人员的相关手续。考察完成面向全县公开选拔2名副科级领导干部和7名年轻干部挂职担任乡镇党委（政府）副职。

【干部监督工作】 开展“干部选拔任用工作法规学习宣传月”活动和“贯彻实施四项监督制度，进一步提高选人用人公信度”自我学习教育活动，着力推进干部选拔任用工作监督源头化。采取组织一次集中学习和讨论、撰写一篇学习心得、开展一轮知识测试、实行一次自查自纠、实施一次督促检查、强化一次专项整改的 “六个一”方式，对2401名各级干部职工进行了四项监督制度集中学习，撰写了学习心得，参加了知识测试。通过问卷调查，职工对四项监督制度知晓率平均为98.5%。组织完成了2009年度363名科级干部的年度考核工作。配合省考核组完成了对县委书记的2009年度考核工作。配合市考核组完成了市对县级领导班子和领导干部的2009年度考核工作。实行干部选拔任用工作信息“五公开”（公开空缺岗位、公开任职条件、公开工作实绩、公开推荐结果、公开监督渠道），主动接受干部群众监督，年内进行考察预告21次，发布任前公示3次。在人大代表、政协委员和基层群众代表中聘请了15名干部担任选拔任用工作监督员，全程参与干部选拔任用工作。推行组织部长约谈制，共对12名干部进行了约谈。全面推行行政“一把手”、“离任必审”审计监管机制，2010年对交流任职、轮岗、离任的21名领导干部全部进行了经济责任审计。以“选人用人大家谈”为主题，分别召开了党代表、人大代表、政协委员代表和科级干部代表“四个座谈会”，将干部选拔任用工作绩效交由群众评判。做到选拔与管理并重，形成有效的约束和监督机制。

【基层组织建设】 制定《关于全县村级党组织换届选举工作的实施方案》，按照先党内后党外及“公推直选”等要求，采取八项措施，做到“八抓八到位”，全县74个村级党支部全部升格为村党总支，93个村（社区）党组织选举产生党总支书记90名，副书记26名，党总支委员577名；选举产生村（社区）居委会主任90名，副主任91名，其中书记、主任“一肩挑”26名，占27.9%。村“两委”成员交叉任职的131名，占30.4%。结合村（社区）“两委”换届选举，采取“两推一票决”方式推选产生村小组长。全面推行以村党组织提议为核心的“四议两公开”工作法，积极发展基层党内民主。坚持以区域为网格，功能为拓展，采取“村企联建”、“区域共建”、“行业（协会）统建”等形式，大力推进组织共建、党员共管、资源共享、活动共搞的区域型和功能型相结合党组织设置，实现党组织设置从区域化向功能化转变。新建石林赫石工贸有限公司党支部和石林双龙服装百货市场党支部2个非公经济党组织，成立石林圭海洋与种植专业合作社党支部1个，集中整顿后进薄弱党组织15个。采取财政出一点、党费提一点、党员捐一点、社会赞助一点“四个一点”的办法筹集建设资金，做好2009年度5个村级组织活动场所建设后续扫尾工作，争取省市补助资金累计达71.37万元，为村级活动场所配备了电脑、课桌、书柜等设备，村级活动场所建设达到“九有”标准。加强非公有制经济组织和新社会组织的党建工作、认真做好“12371”党员咨询服务和流动党员服务工作，制定实施在外出务工人员中发展党员工作办法。探索在“两类组织”建立党组织工作，开展“两类组织”工作专题培训1期30人。坚持“抓中间带两头”，在总结第一批党建示范点工作经验的基础上，积极申报第二批市级党建示范点，其中县直机关党委下属的法院党总支获市委组织部命名。组织开展“共产党员抗旱先锋行动”和城乡结对抗旱“心连心”活动，组建92个抗旱先锋队。发动全县共产党员特别捐献抗旱救灾资金3411629.9元，全部用于关爱资金和“共产党员爱心水窖”的修建，建成“共产党员爱心水窖”2293个，关爱困难党员和困难群众3393户。

【党员队伍建设】 按照“三个一”要求，选优配强“一把手”，落实“一定三有”要求，深入实施村书记队伍建设工程。换届选举结束后，及时组织新老班子办理工作交接，认真开展新一届村“两委”班子、特别是村“三职”的教育培训工作。2010年10月，对全县新一届村（社区）书记、主任、副书记、副主任2期376人次进行了农村党务工作基本知识、村务民主管理、“四议两公开”工作法等知识的专题培训。11月，组织89名新当选和2009年以来部分现任村（社区）党组织书记、部分大学生“村官”、各乡镇党委组织委员以及党校、工管会、台创园等相关单位人员，赴成都进行为期5天的城乡一体化专题培训。围绕全县重点工作和中心任务，围绕推进经济社会跨越发展，围绕加快社会主义新农村建设步伐，结合“云岭先锋·党员致富工程”、“两后双百”工程、农村劳动力转移就业培训、妇女技能培训和扶贫，开展党员教育培训工作，2010年共开展计算机、蔬菜种植、新党员培训等培训360余期，培训党员干部44134人次。通过强化培训，努力实现农村党员和基层干部的教育培训由技能型向经营型，经营型向管理型，管理型向创业型梯次提升。深化实施“三培养”，继续开展百名党员领导干部“一对一”结对培养百名农村党员活动，由100名党员领导干部与100名农村党员结成对子，担保抵押贷款1万元，解决党员发展致富中的信息、技术、资金等难题，催生新农村建设带头人。实施大学生“村官”队伍建设工程。围绕“下得去、待得住、流得动、能成才”目标，做好大学生“村官”的选聘、教育、培训和管理服务等工作。组织全体大学生“村官”进行绿化美化建设，在巴江河、大可河段沿河两岸种下6000余株枇杷和香樟树，在全市率先建成了约5千米长的园林绿化长廊，建成一片大学生“村官林”。制定出台《石林县关于鼓励支持选聘到村（社区）任职高校毕业生创业的意见》和《石林县鼓励支持选聘到村（社区）任职高校毕业生创业实施办法（暂行）》，在锦苑花卉和石林鑫湖锋农业园建立两片大学生村官创业基地，建立大学生村官创业帮扶基金，鼓励支持大学生村官积极创业，为“村官”发展成才搭建平台。认真落实村干部激励保障机制，与县财政局协调，做好村“三职”干部补贴待遇的发放工作。坚持副科级以上党员领导干部到基层上党课制度。坚持党内关怀激励机制，坚持做好春节期间慰问老党员工作和关爱党员资金发放工作，春节慰问老党员95人，投入慰问资金32100元。发放市级党员关爱资金89.424万元，关爱党员2484人次；发放县级党员关爱资金61.596万元，关爱党员1711人次。

【活力党建】 通过采取“七个一”措施（设置一块醒目的标识标牌、建设一个开放式的服务大厅、建设一支高素质的服务队伍、构建一套完善的服务机制、设计一张便捷高效的工作流程图、制作一张温馨便民的服务联系卡、设立一批为民服务的典型），推进乡镇为民服务中心标准化建设，初步实现“一站式办公、一条龙服务、一次性办结、一条鞭管理”。初步构建起了县、乡（镇）、村、组四级联动、相互配合、纵向到底、横向到边的为民服务体系。2010年8月市委书记仇和到石林县调研，充分肯定了石林县为民服务体系建设工作，工作经验在全市创先争优着力构建为民服务体系大会上进行了交流，得到了群众的认可、社会的认同、组织的认定。探索社区党建网格化管理，以“三有一化”工作和“共驻共建共享品质社区”为重点，与建设和谐社区相结合，积极探索社区网格化管理新途径，不断加强和改进社区党的建设。全县5个社区党组织中，龙泉社区成功创建为市级党建“五好”社区，东门社区创建市级党建“五好”社区正在申报过程中。推进农村党员干部现代远程教育工作，在全省率先做到了县、乡、村三级农村党员干部现代远程教育“电信模式”及“覆盖率”两个百分之百，建成了1个县级平台，8个乡级平台，92个村（社区）平台。拓展远程教育网络覆盖面，将党员干部现代远程教育平台向有条件的9个自然村、5个机关党组织延伸了终端接收站点18个。在全县开展创建远程教育示范点活动，争创市级示范点10个，县级示范点11个，通过示范带动，着力推动远程教育整体发展。建成种植、养殖远程教育学习培训实践基地3个，将理论与基地实践相结合，扎实推进学用转化。充分挖掘广大基层党组织和党员在抗旱救灾工作中的先进典型，完成专题片《党旗——在彝乡抗旱一线飘扬》1部及《聚力克时艰，抗旱葆先进》等3个新闻特写的拍摄制作。远教信息《远教进彝寨，发展创新风》被昆明党建采用。组织2名彝族歌手和3名新闻记者参加“酒都宜宾·‘华夏春杯’华夏酒歌会”，自编自导的歌舞表演获优秀奖。成功承办云南省党员干部现代远程教育昆明片区骨干培训班，来自昆明、曲靖、西双版纳、临沧等地的现代远程教育骨干140余名参加了培训。9月28日，由石林县组织对全县140名远程教育管理员进行了为期一天的培训。着力抓好网络舆情引导和网宣队伍建设，上报网评40余篇，被省委组织部采用22篇，占采用数的27.85%，被中组部采用3篇，占云南省被采用数的60%。推进“大组工网建设”，开通企信通，开设“党建手机报”短信服务。开通“党建石林”网站。编印“村情简报”，建立“村情季度通报”制度。截至2010年12月31日，全县93个村（社区）每村已编印了2期“村情简报”。开通党建信息“直通车”工程，有效解决信息不对称、上热下冷、中层梗阻、基层板结的问题。

【人才队伍建设】 推进人才机制创新，统筹规划全县各类培训，制定《2010年度干部人才能力提升培训计划》，明确了2010年重点培训主体班次。建立《石林县人才工作成员单位轮值制度》，增强领导小组成员单位齐抓共管的责任意识。以昆明市中长期人才发展规划编制工作为契机，开展人才基础工作推进年活动。转发《昆明市中长期人才发展规划（2010～2020年）课题研究实施方案》的通知，牵头组织石林县调研活动，做好人才发展环境建设专题调研、党管人才格局专题调研等。召开由县人才工作领导小组成员单位领导和联络员30余人参加的2010年度人才工作座谈会暨《〈石林县中长期人才发展规划（2010～2020年）〉编制工作方案》论证会。创新人才激励机制，在职人员经批准同意在职攻读硕士、博士研究生学历（学位）并取得国家承认的学历（学位）的，所在单位给予硕士不低于30%，博士不低于50%的比例报销。2010年，县人才工作领导小组对2名自学获得硕士的人员给予每人4000元的人才工程专项经费奖励。在全县四级干部大会上大张旗鼓表彰奖励了各条战线的优秀人才，积极营造“尊重劳动、尊重知识、尊重人才、尊重创造”的良好氛围。抓好人才资源开发，出台了《引进人才暂行办法》和《人才柔性流动管理办法（试行）》，从云南省地矿测绘院引进工程与测绘专业1名人员到工信局工作。做好昆明市2010年晋升副县处级领导职务资格基本知识考试服务工作。统筹抓好党政人才、企业经营管理人才、专业技术人才、高技能人才、农村实用人才、社会工作人才6支人才队伍建设。截至12月31日，全县共举办各级各类培训2336期（次），98861人次参训。组织10名企业高管参加2010年昆明论坛——后危机时代的企业发展论坛活动。抓紧培养本土人才，王邦海被授予“春城人才”荣誉称号。配合县工商联，举办以房地产开发、现代农业发展、旅游业和生态工业协调发展、金融发展与银企合作为主题的“石林企业家沙龙”4期，搭建了政企、企企交流互动平台。在石林党建网站开设“人才天地”栏目，实现人才资源与信息的共享。

【招商引资考核工作】 严格按照市委、市政府和县委、县政府招商引资工作的总体部署，立足工作实际，把招商引资考核工作作为首要任务和全年各项工作的主线。为抓实项目落地开工，县委组织部、县考核办、县纪委、县委目督办、县政府目督办和县招商局联合成立督促检查小组，定期或不定期地深入全县各招商分局进行督促检查和指导工作。同时，采取听汇报、查台账、实地查看项目建设的方式，推进全县招商引资项目建设和考核工作顺利开展。截至12月31日，招商引资到位资金项目122个（含外资项目5个），到位国内市外资金23.72亿元，实际利用外资1062.15万美元。在抓好全县招商引资工作推进的同时，组织部自加压力，主动承担招商引资任务，采取“走出去”、“请进来”的方式，积极招商，引进中央金座、芳欣养鸡场、云南阿诗玛珠宝玉石加工等项目到石林落地。其中中央金座项目计划投资额5400万元，2010年该项目累计到位资金1646万元。结合各单位职责，对招商引资工作表现突出的单位和个人积极向县委推荐给予提拔和表彰奖励。

（撰稿人：县委组织部　陈树萍）

宣传工作

【县委宣传部】 1950年2月，成立县委宣传部。2010年内设部办公室、宣传科、理论科、创建科、文产办5个科室，主管联系县文明办、县延安精神研究会、县广电台、县外宣办、县文联，年底实有干部职工15人（含县文明办4人，不含其他主管联系单位人数）。单位住址在石林县行政中心4楼。2010年资助支农联系点长湖镇舍色村委会6000元生产经费和抗旱经费。

部　长：李福军（彝族，2月止）
　　　　蔡志岳（2月起）
常务副部长：毕卫东（彝族，3月起）
副部长：张鹏翔

【理论武装工作】 以学习型党组织建设为目标，坚持立足实际、学以致用，创新学习理念、内容和方式，学习教育活动卓有成效。一是突出引领示范。全县各级党委坚持每年开展4次以上的中心学习组学习活动，深入学习马克思列宁主义、毛泽东思想、邓小平理论和“三个代表”重要思想，认真学习贯彻党的十七大、十七届三中、四中和五中全会精神，深入贯彻落实科学发展观，共开展各级党委中心组学习150余次，参学人数达1200余人次；坚持县级领导“十二个一”联系点制度；坚持副科以上领导干部到基层上党课制度，全年各级领导干部共到基层上党课500多场次；坚持后备干部、农村基层干部党校培训制度；策划和组织开展“领导干部培训日”专题讲座和“石林论坛”系列学习培训活动；组织开展全县性“领导干部培训日”专题讲座15讲，培训人数6000余人次。二是突出工作实践。培训内容紧扣县域实际，涉及党风廉政建设、民族团结、土地规划和利用、突发事件的应急处置、石漠化治理、文明县城创建等具体工作；建立以工作具体需求为导向的培训机制，举办了“四规合一”规划、招商引资等专题培训，对全县7个产业招商分局进行了全员集中培训；选派干部参加社会主义新农村建设赴成都、江浙等地学习考察，组织选派了16名干部赴新加坡参加城市规划建设管理培训学习，组织政法系统50人组班到北京大学参加综合业务培训，组织村委会干部前往成都学习统筹城乡发展；以房地产、现代农业、文化产业、金融服务业等为主题，组织举办了4期企业家沙龙活动，搭建政企交流互动平台；策划全县“读好书、求新知”学习活动，组织征订了《昆明冲击波》、《理论热点面对面》、《发现东盟》等理论书籍，认真做好学习管理和服务工作。组织副县以上领导撰写了调研文章70余篇。三是突出群众普及。广泛利用《云南日报》、《昆明日报》等党报党刊以及广播、电视等传统媒体，大力运用“中国石林网”、“石林手机快讯”等新兴媒体，充分利用重大节庆、重大活动、重大纪念日开展主题活动，积极组织“群众宣讲团”进村入户，用群众喜闻乐见的方式，用群众爱听的语言，讲群众听得懂的道理，广泛开展社会主义核心价值体系宣传，开展形势政策教育，着力析事明理、解疑释惑，着力疏导情绪、化解矛盾，积极回应群众关切，解答群众疑惑，多层次、多角度、多渠道地引导群众思想和社会舆论。

【舆论引导工作】 一是突出做好中心工作和重大部署的宣传报道，形成正面舆论导向。紧紧围绕县委政府的中心工作，通过策划专版、刊发新闻稿件、召开新闻发布会、邀请媒体集中采访等多种形式，开展有影响力的主题宣传活动60多次，广泛宣传县委十届四次、五次和六次全会精神、“543”倍增计划、“33553”发展战略和全县重大决策，大力宣传全县深入贯彻落实科学发展观的新举措、新亮点和新成就，加大对工业突破、园区建设、招商引资、旧城改造、“四创两争一巩固”、拆临拆违、城乡园林绿化等重点工作的宣传力度，不断树立和强化石林良好的对外形象和投资环境。二是突出做好热点问题和突发事件的应对引导，尽力解疑释惑、化解矛盾。及时启动了突发公共事件新闻宣传应急管理预案，通过及时刊发新闻通稿、召开新闻发布会、主动与媒体沟通协调、耐心细致引导记者等务实举措，较为成功地处置了“2·7”杨梅山森林山火、“2·24”法块村民房爆炸、“3·16”圭山下部龙非法盗采原煤瓦斯爆炸、“4·01”昆河公路特大交通事故、“5·14”西边山森林山火、“5·28”花桩坡免烧砖厂强迫工人劳动案等多起影响全局和石林发展的舆论炒作事件，有效疏导了部分外地媒体与记者对石林的负面和不实报道，为全县经济社会跨越式发展营造了良好的外部舆论环境。

【对外宣传】 整合内外宣资源，理顺内外宣工作机制，构建大外宣平台。全年接待各级媒体记者到石林采访报道400多起，其中上半年接待抗旱采访报道的新华社、《人民日报》、中央电视台、英国路透社、法国法新社、法国有线电视一台等新闻媒体110多家、270多批、1200多人次。全年在市级以上新闻报刊刊播宣传石林的各种新闻稿件300多篇（幅），在新华网、人民网、中新网、新浪网等数十个网站上刊发了500多条宣传石林的各种新闻稿件，在《昆明日报》等主流媒体上刊登石林专题40多个；指导县电视台采访报道石林新闻1600余条，选送省市电视台播出200余条，策划制作了“以案说法”系列报道，开辟了电视专栏“每周资讯”；认真办好“中国石林网”这一新兴媒体，上载了各种新闻稿件1400余篇（条），照片6000多幅；8月起新开设了“石林手机快讯”，至年底已编发100余期，刊出新闻500余条，用户达到了5300余户。依托大外宣平台，充分调动宣传资源，超前谋划、精心组织、主动出击，加强与中央、省、市和国外新闻媒体的沟通和协调，建立良好密切的联系，有效提升了石林的知名度和影响力。

【文化体制改革和文化产业发展】 以政府机构改革为契机，启动了大部局制改革工作，合并县旅游局、县文化体育局、县广播电视局，新组建县旅游文化广播电视体育局（保留县广播电视台），进一步整合资源，完善机制，构建更加完备的宣传格局。新组建了县文联各协会。加强农村文化站（室）工程建设，不断巩固农村宣传文化阵地。建有1个县级文化馆、1个县级图书馆、1个县级体育运动场，7个乡镇综合文化站（全县共7个乡镇），85个行政村文化活动室（全县共92个行政村）、55个农家书屋、4个农村文化体育服务广场，1个文化资源信息共享工程支中心和7个远程基层服务站点。全县实现广播电视村村通，基本实现有线电视村村通，有线电视用户达4万户，惠及23万人。全县图书馆总藏书量达28万册。广泛开展送戏下乡、送电影下乡、送书下乡和“文化广场”系列活动，截至2010年底，全县共有专业文艺演出团体2个，群众业余文艺演出队700余支，业余演员12000余人，年均业余演出2000余场次，放映农村科教和“2131工程”电影6000余场次，放映普及率达100%，丰富活跃了农村广大群众的精神文化生活。建成喀斯特地质博物馆和糯黑彝族文化博物馆，积极筹建专业博物馆，不断加快文博事业发展。大力培育文化产业，不断完善文化产业发展的扶持政策，出台了《石林县文化产业发展专项资金使用管理办法》等文件和措施，从2010年起，县财政每年安排1000万元的文化产业发展专项资金。积极探索文化节庆活动市场化，以中国石林国际火把节为契机，逐步引入市场机制，吸引企业投资参与活动，成功举办了“彝族第一村斗牛比赛”和“激情石林·魅力彝人”大型彝星演唱会等活动，不断探索和积累文化活动市场化运作的经验，节庆产业的培育迈出了实质性的步伐。大力推进文化产业项目建设。策划、包装了阿诗玛演艺中心、火把节市场化运作、“石林老街·东门坊”文化休闲街区等一批文化产业项目，建成了阿诗玛书城、彝族第一村斗牛城等一批标志性文化设施。鹿阜旧城小古城片区改造和恢复石峰山寺院等一批重点文产项目也相继落户石林。2010年文化产业增加值达到3.69亿元，占GDP的比重为10.01%。

（撰稿人：县委宣传部　赵振虹）

统战工作

【县委统战部】 1955年2月，成立县委统战部。2010年内设办公室、台侨办公室和非公经济（民族宗教）领域办公室，年底有干部职工6人。办公地址在县行政中心C区一楼。2010年分别出资4000元和1000元支持支农联系点板桥镇黄家庄村委会抓好春耕生产发展工作和第六次全国人口普查工作。

部　长：周兴荣

副部长：李光正（彝族，6月止）

黄宏星（彝族）

【党外代表人士队伍建设】 2010年底全县有40名党外干部，其中副县级5名、正科级5名、副科级30名，党外干部在领导层所占的比例有了很大提高。认真抓好党外后备干部队伍建设，及时调整充实党外后备干部队伍，建有正科级后备干部5人、副科级后备干部20人及其他后备干部50人的党外后备干部人才库。积极拓展党外人才培养途径，制定实施《关于建立健全无党派人士政治引导长效机制的实施意见》。建立党政领导联系制度，加强同党外干部的合作共事，认真落实情况通报会制度和座谈会制度，召开统战人士春节座谈会和中秋座谈会，对部分重点培养的党外后备干部进行走访、座谈和测评，努力为党外代表人士创造良好的工作环境，进一步调动党内党外共同致力于民主政治建设的积极性。开展党外知识分子和新的社会阶层人士情况专题调研，及时完善党外知识分子代表人才队伍档案，引导鼓励新的社会阶层人士积极投身中国特色社会主义事业建设。组织党外人士和广大统战成员积极参政议政，引导统战成员中的省市县人大代表、政协委员围绕全县经济社会发展大局开展调研，踊跃建言献策，为全县经济社会发展作出了积极贡献。关心党外干部的成长，积极开展无党派人士政治交接教育活动。

【加强少数民族团结发展】 一是认真宣传贯彻中央和省、市的民族工作方针、政策和《民族区域自治法》、《石林县自治条例》等法律法规，进一步加强与民族事务部门的协作，以民族团结宣传周为契机，认真开展民族团结宣讲活动，切实巩固平等、团结、互助、友爱、发展的民族关系。二是积极培养少数民族干部，做好少数民族代表人士工作。积极培养、推荐少数民族干部，使少数民族干部比例在本部门所占比例相当。石林县总人口 24.2 万，其中少数民族人口 8.5 万人，占总人口的 35.1%。县处级领导干部 37 人（包括挂职干部 6 人），其中少数民族干部 9 人，占 24.3%；县管乡科级领导干部 371 人，其中有少数民族干部 125 人，占 33.7%。县第十届党代表有 219 名，其中少数民族代表 92 名，占 42%；县第十五届人大代表 172 名，其中少数民族代表 73 名，占 42.4%；县第八届政协委员 169 名，其中少数民族委员 63 名，占 37.3%。全县 68 个单位的领导班子中，配备少数民族干部的单位有 45 家，占 66.1%，通过把少数民族干部充实到县直部门和乡镇领导班子中，让他们唱主角、挑大梁。与上一届相比，县党代表、人大代表和政协委员中少数民族所占的比例都有不同程度的提高。三是坚决防范和打击敌对势力利用民族问题进行的各种分裂、破坏活动，妥善解决和处理民族问题，为少数民族代表人士办实事，切实维护稳定、发展的大局。四是认真调查、掌握少数民族代表人士情况，积极支持和鼓励他们发展事业。

【引导宗教和谐和顺】 建立统战、宗教、公安等部门民族宗教工作联席会议制度和宗教工作预警机制，加强对宗教人士的教育和引导。积极开展爱国主义和法制宣传教育活动，宣传党的宗教工作基本方针，教育引导宗教人士爱国爱教。加大对中青年教职人员的培养力度，先后两次组织有关人员 10 余人参加市委、市政府有关部门组织的宗教业务培训，进一步提高宗教工作水平。深入宗教活动场所了解情况，检查、排查问题和矛盾，教育和引导宗教组织依法依规开展活动，并积极向上争取资金，帮助宗教团体解决宗教活动场所房屋修缮资金 20 万元，真正为宗教组织排忧解难。依法管理宗教事务，妥善处理宗教工作中的突出问题，抵御境外宗教渗透。依法打击利用宗教进行的各种违法犯罪活动，联合有关部门对某教私设聚会点进行清理整治，严肃查处非法活动，切实做好抵御境外敌对势力利用宗教进行渗透工作，确保宗教领域和谐稳定。

【团结社会新阶层人士】 坚持充分尊重、广泛联系、加强团结、热情帮助、积极引导的工作方针，加强以非公经济代表人士为重点的新的社会阶层人士的统战工作。充实完善县乡党政领导联系非公有制经济代表人士制度，建立完善非公有制经济代表人士信息库 200 人。加强与非公有制经济代表人士的友谊交往、教育，引导他们坚持正确的政治方向，激发他们大干事业的热情和信心。引导企业"致富思源、富而思进"。旱灾期间，联系有关部门组织、动员非公有制经济人士为灾区捐款，扎实有效地开展光彩事业活动。

【拓展港澳台海外统战工作】 围绕大开放、大服务的理念，深入开展台侨工作。一是加强交流交往和沟通联络。热情接待来石林旅游、观光、考察的海内外团体和各行各界人士，努力增进与海内外各界人士的交流特别是与年轻一代的沟通，通过联络交往进一步增进乡情。二是积极推动经济领域的港澳台海外统战工作。利用接待机会，向海内外人士大力宣传石林、推介石林，以增加海内外人士对石林的认同感，吸引更多的人来石林旅游和投资。三是认真宣传贯彻对台和侨务工作方针政策，切实维护台、侨商合法权益。四是认真开展台侨情普查工作，健全档案资料。2010 年，全县有港澳台侨胞（属）913 人，其中：台胞 77 人（其中：1 代 40 人（含新生代 5 人）、2 代 25 人、3 代 12 人），台属 547 人（其中：1 代 75 人、2 代 220 人、3 代 252 人），共有台胞属 624 人，国外侨胞 22 户 88 人（其中：1 代 26 人、2 代 35 人、3 代 27 人，含出嫁在国外的 5 人、出国留学定居的 4 人）；国内归侨侨眷 201 人（其中：1 代 45 人、2 代 79 人、3 代 77 人），共有国内外侨胞属 289 人。利用"两节"（春节和中秋节）进行走访慰问，不断巩固社会和谐稳定因素。"两节"期间，通过召开座谈会和走访慰问等方式，加强与全县港澳台侨胞(属) 的联系。

【慰问困难统战成员】 做好各界统战成员的政治思想工作，保持全县各界政治坚定、思想统一是全县经济发展、社会进步、政治安定、民族团结的有力保障。我部认真主动热情服务，深入做好思想工作，努力营造良好的发展氛围。除平日走访看望外，中秋节期间对全部港澳台侨属、部分其他统战成员进行节日慰问，送去慰问品约 200 份。春节前夕进行走访调查，对特困统战成员给予经济上的支持，帮助他们过好节日，充分体现党和政府的关怀与温暖。开展海城起义、抗美援朝战争胜利纪念日活动，进一步弘扬党的优良传统和革命精神。

（撰稿人：县委统战部　杨丽华）

党校教育

【县委党校、县行政学校】 1956 年 5 月，成立县委党校。1994 年 10 月，经省干教委考核批准为中专体制，核定为副县级单位。2010 年内设办公室、教务处、教研室、总务处，年底有教职工 20 人，其中：参公管理人员 8 人，专职教师 9 人，工人 3 人。单位住址在鹿阜镇朱家花园。2010 年资助支农联系点长湖镇雨胜村委会 11000 元工作经费。全年教职工撰写科研论文和调查报告有 5 篇分别发表于国家、省、市公开刊物上，其中张云喜的《浅议县域和谐教育的构建》发表于中国核心期刊《资治文摘（管理版)》、《农民收入状况的调查与思考》发表于全国综合类核心期刊《源流（教育版)》。

党校校长：罗朝峰
行政学校校长：李忠德（彝族，2 月止）
　　毕春华（彝族，2 月起）
党校常务副校长：毕富兴（彝族）
党校副校长：李光亮（3 月止）
　　时月慧（女）

【"三普"教育培训】 为进一步提高干部职工整体素质和综合能力，树立良好的对外开放形象，按照市“三普”办时限要求，石林县于2009年9月14日启动此项工作。培训采取自主学习与集中辅导相结合、骨干培训与部门培训相结合、分类测评与统一测试相结合的方式进行。2010年1月5日至3月16日，完成“三普”计算机培训测试17期1267人次；3月4日至5月9日完成“三普”外语培训测试27期4280人次。自此，历时一年的“三普”教育培训全部结束，其中开展普通话培训测试16期2264人、计算机培训测试21期1851人、外语培训测试27期4280人。

【“四规合一”专题培训】 2010年3月17～18日、24～25日，为进一步加强经济社会发展规划，注重城乡规划、土地利用规划及环境保护规划间的有机衔接和互动，实行规划共绘、交通共联、市场共构、产业共兴、环境共建和社会共享，县委组织部、县招商局和县委党校联合举办了1期石林县“四规合一”专题培训班。开设的专题有：土地利用规划、环境保护规划、经济社会发展规划、城乡建设规划，专题由相关职能部门的主要领导讲授。县级领导、各单位选派的科级领导骨干人员、县各产业招商分局的全体人员、县招商引资指挥部办公室全体人员、县招商引资考核办全体人员，共200人参加了培训。

【城镇退役士兵安置培训】 5月9～29日，县民政局在县委党校对符合城镇安置条件的石林县退役士兵进行了为期20天的考前培训，培训人数22人。培训内容包括邓小平理论、“三个代表”重要思想、国情、省情、语文知识、安置政策、法律常识、综合素质知识等。

【会计继续教育培训】 7月5日至8月19日，县财政局、县委党校联合举办4期会计人员继续教育培训班，培训的目的是落实财政部关于深入宣传贯彻新的企业会计准则的工作部署，4期共900名会计人员参加了培训。

【农产品经纪人培训】 8月7～9日，为健全农村现代流通服务体系，实施“乡村流通工程”，促进农业增效、农民增收、农村经济发展，由县供销社主办，县委党校协办举办了1期农产品经纪人培训班。来自全县各乡镇村委会干部、村民小组长、种养殖户、从事农产品经营的代表共200人参加了培训。培训采取自学与集中授课相结合的方式进行，学员参加培训并完成规定学习课程，经考试成绩合格者颁发国家人力资源和社会保障部印制的《农村经纪人初级职业资格证书》。

【村级森防员技能培训】 9月17～19日，为促进石林县县、乡、村三级林业有害生物监测预警体系建设，县林业局与县委党校联合举办了村级森防员技能培训。培训开设林业基础知识、林业有害生物基础知识、森林植物检疫基础知识等7个专题，来自全县各乡镇农林水综合服务中心、各村委会森防员、市级专项检测员共86人参加了培训。

【公务员都市经济培训】 9月26～30日，为增强全县公务员了解和掌握都市经济相关知识能力，培养发展现代服务意识，推动全县招商引资、县域经济可持续发展，县委组织部、县人力资源和社会保障局、县委党校联合举办2期公务员都市经济培训。参加培训人员为各单位实职科级以下（含科级）公务员和参照公务员法管理单位工作人员（工勤人员除外），2期共503人参加了培训。

【村级干部专题培训】 10月19～27日，县委组织部和县委党校联合举办了2期石林县村级干部专题培训班。培训对象为全县村级党组织书记、副书记，村委会（社区）主任、副主任、大学生村官，2期共计培训367人。培训根据石林县农村改革发展的新目标、新要求，开设了怎样当好村干部、城乡一体化建设、农村党务基本知识、村务民主管理等12个专题。

【妇女干部培训】 11月20～21日，为进一步提高妇女干部的素质和履职能力，县妇联和县委党校联合举办了1期妇女干部培训班。培训对象为乡镇妇联主席、村委会妇女主任和社区妇联主席，各机关妇委会主任或负责人，共131人参加了培训。

【党校搬迁新建】 按照县委、县政府的安排部署，党校搬迁新建采取一次规划、分步实施、政府投资与企业投资相结合的方式推进，政府投资求是园总建筑面积7704平方米，截至2010年底已建成并投入使用。合作企业投资部分总建筑面积25846平方米，预计2012年9月全面竣工。

（撰稿人：县委党校　毕黄堡）

县直机关党委工作

【县直机关党委】 1984年4月成立县直机关党委，2005年增设县直机关纪律检查委员会。2010年底，县直机关党委有委员3名（4名因工作变动未补），其中：书记1名，专兼职委员各1名，人员编制为县委组织部机关公务员编制；县直机关纪律检查委员会有委员5名（2名因工作变动未补），其中，专职委员1名，兼职委员4名，书记暂缺。单位住址在县行政中心A区101室。

书　记：高云曦（女）

【基层党组织建设】 2010年初，县直机关党委管辖有21个党总支、33个独立支部。经过机构改革和调整，到年底下辖20个党总支、29个独立支部，有党员1362人。结合工作实际，县直机关党委于3月8日与所属21个党总支、33个独立党支部层层签订了《石林县县直机关2010年永葆先进性“云岭先锋”工程目标考核责任书》和《石林县县直机关2010年度惩治和预防腐败体系建设及党风廉政建设目标考核责任书》，签订率100%。扎实抓好第二批学习实践科学发展观活动整改落实工作，全面完成了第三批学习实践活动的指导、督促、检查的各项工作，经民主测评，第三批学习实践活动群众满意率达98.3%。年内在所属54个基层党组织领导班子和领导干部中深入开展“三个一”（个人形象一面旗、工作热情一团火、谋事布局一盘棋）主题实践活动，并按要求督促指导所属基层党组织召开了“效能石林建设”和“党员领导干部作风建设”两次专题民主生活会。推进创建学习型党组织活动，县直机关各部门共举办各种报告会20场、座谈会48场，课题调研135个、创先争优培训1023人、党员干部撰写学习心得体会1260篇。按照市委、县委的党建示范创建标准，县直机关党委所属各基层党组织积极响应号召，县法院党总支被市委命名为市级党建示范点，县住建局党总支、县法院党总支、县国税局党支部列为县级党建示范点。在有条件的31个基层党组织中，建立党员活动室，基本按要求做到“五有五上墙”（即：有牌子、有党报党刊、有电教设备、有学习园地、有党务公开栏和党旗上墙、入党誓词上墙、党员权利义务上墙、党组织班子成员职责上墙、工作制度上墙）。

【开展创先争优活动】 为认真落实省、市、县创先争优活动推进会议精神，县直机关党委成立了“县直机关深入开展创先争优活动领导小组”，下设指导组、宣传组、督查组，制定了具体的实施方案、设计活动载体、阶段性工作任务和活动措施，下发文件和召开会议认真组织实施，并把此项工作列入2010年机关党建工作的重中之重。各基层党组织把这一工作作为提高党员干部综合素质、转变职能、改进作风、增强凝聚力、振奋精神的有效载体，与业务工作同安排、同部署、同考核，坚持以活动添生机，以创建增活力，为“创先争优”活动顺利开展奠定了坚实基础。据统计，在所属54个基层党组织中，有1366名党员干部职工（含离退休职工党员418人）参加了以“五型”机关建设为载体，“五比五创”为抓手，争当优秀共产党员和优秀党务工作者活动为内容的创先争优系列活动。各基层党组织向社会公开承诺事项177件，948名党员也进行了公开承诺，承诺事项4001件。各基层党组织领导干部深入联系点调研365天，帮助解决群众反映的突出问题23个，党组织书记对党员点评1366人次。

【共产党员抗旱先锋行动】 遵照省、市、县委组织部紧急通知要求，县直机关党委于3月19日在县委大院举行“抗旱救灾特别捐献活动”仪式，截至3月23日，所属54个基层党组织共计1237名党员进行了特别捐献，共捐抗旱资金人民币124万余元，机关非党干部职工有45人也主动积极地参加了捐献活动。此外，截至5月12日，有14个基层党组织共628名共产党员为玉树地震灾区捐款49231.10元、衣物212件。

【学习贯彻《条例》】 《中国共产党党和国家机关基层组织工作条例》公布后，为进一步推进县直机关党的工作科学化、民主化、规范化、制度化管理，按照县委领导的要求，代县委起草石林县学习贯彻《中国共产党党和国家机关基层组织工作条例》实施意见，并结合石林县县直机关党组织的设置情况，制定了机关党委学习贯彻计划。在各基层党组织学习贯彻的基础上，于9月8日在会议中心召开了学习贯彻《条例》座谈会，5个基层党组织负责人作了专题学习交流发言，10月份各党组织查摆工作中存在的问题，12月15日前各基层党组织完成查摆问题的整改落实。

【承办昆明市第21次县市区机关党建工作联席会】 8月9日，昆明市第21次县（市）区机关党建工作联席会议在石林县召开，本次会议由昆明市市级机关党工委主办，石林县县直机关党委承办，会期3天。市级机关党工委、14个县（市）区机关党（工）委书记、副书记及相关人员共计60余人出席了会议。县委常委、组织部部长王昆同志代表中共石林县委致欢迎词。市级机关工委书记王永华同志作重要讲话；石林县、官渡区、西山区机关党（工）委在会议上作交流发言，会议还组织参观了石林县法院文化长廊建设。

【网络党建工作】 大力实施“党建上网”工程，拓展信息“直通车”渠道，建立健全“四个一”平台（以机关党组织书记为主的“一班人”，以通讯为主的一组手机号，以接收信息为主的一个信箱或邮箱，以制度保障为主的一项机制）。平台负责将上级的方针、政策无障碍传递到下级党组织和党员，同时将下级的工作情况、信息及时反馈给上级平台（即：党建网络（网页）平台）。组建了一支有48人的党建和创先争优活动联络员队伍，加强了县直机关信息平台的交流和沟通。

【构建城乡统筹的基层党建新格局】 健全城乡党的基层组织互帮互助机制，广泛开展城乡基层党组织“三结对”、“五个一”活动，组织开展“双百”工程（100名机关党务干部帮扶100名农村党员，100名机关党务干部每人为农村困难党员担保贷款10000元，用于发展种养殖业），着力构建以城带乡、城乡联动、共建共享、互促双赢的城乡党建工作新格局。据统计，所属各基层党组织党员志愿者服务基层群众达3228人，做好事48件，帮助解决实际困难23个，党组织结对帮扶46个，党员结成帮扶对子622个。

【基层党组织调整】 县人民政府机构改革开始后，县直机关党委及时整理材料报请县委组织部批准，对改革中涉及到组建、更名和撤销机构的党组织进行了调整。成立了中共石林县工业经贸和科技信息化局总支部委员会、中共石林县旅游广播电视体育局总支部委员会、中共石林县安全生产监督管理局总支部委员会。撤销中共石林县经济局总支部委员会、中共石林县科学技术局支部，原管理的党员及管辖的党组织整建制划转县工业经贸和科技信息化局党总支。撤销中共石林县文化体育局总支部委员会，原管理的党员及管辖的党组织以及县广播电视台党支部的党员党组织划转县旅游文化广播电视体育局党总支管理和管辖。撤销中共石林县煤炭行业管理办公室总支部委员会和中共石林县安全生产监督管理局支部委员会，原管理的党员及管辖的党组织划转县安监局党总支管理和管辖。撤销中共石林县林业局总支部委员会，原管理的党员及管辖的党组织划转县农林局党委管理和管辖。撤销中共石林县扶贫办公室支部委员会，党员划转县财政局党支部管理。将中共石林县建设局党总支部委员会更名为中共石林县住房和城乡规划建设局总支部委员会、中共石林县交通局总支部委员会更名为中共石林县交通运输局总支部委员会、中共石林县人事劳动和社会保障局总支部委员会更名为中共石林县人力资源和社会保障局总支部委员会，更名后的党员和党组织隶属关系不变。将中共石林县粮食局总支部委员会管理的党员和管辖的党组织划转县发改局党委。另外，根据单位实际和优化基层党组织设置，撤销中共石林县国土资源局支部委员会，组建了中共石林县国土资源局总支部委员会，成立了中共石林县殡仪馆支部委员会。对新组建、更名的党组织及时制作挂牌11块、刊刻印鉴11枚下发。

【“两类组织”党建工作】 加强非公有制经济组织和新社会组织的党建工作是一项重点工作。2010年县直机关党委深入外来务工人员、外来投资企业、产业协会等非公企业和新社会组织中进行调查研究，根据党员务工情况和“两类组织”的特点，于12月2~5日在石林县科协办公楼四楼会议室专门为“两类组织”发展对象举办了一期培训班，参加培训的有来自非公有制经济、新社会组织经培养后列为发展对象的人员共计48人。对条件成熟且又符合《党章》规定的石林县双龙服装百货市场，及时整理材料报请县委组织部批准，成立了中共石林双龙服装百货市场支部委员会。

【关爱党员活动】 建立健全党内关怀、激励、帮扶制度。春节和“七一”期间，认真组织开展“关爱困难党员”活动，所属各基层党组织共投入5万元资金，走访慰问老党员和困难党员213名。积极组织机关党员开展“捐出一月党费，关爱贫困党员”活动，为县贫困党员救济资金专户筹集资金40618.30元。

【党员发展培训】 2010年度，共找入党积极分子谈话25人次，审查入党材料22份，讨论票决审批预备党员22名（其中：“两类组织”16名），审查转正材料13份，讨论票决审批转为正式党员13名（其中：“两类组织”5名）。办理接转党员组织关系手续185人。11月2~4日在县行政中心410会议室举办了为期3天的新党员培训班，2009年7月以来入党还未转正的32名预备党员参加培训，并全部取得培训《合格证》。

【党费收缴】 对党员的党费收缴实行专人负责，认真核实每一名党员的工资收入和上缴党费的比例，一律按要求按时足额收缴，对个别不按时足额上缴的责令限期补交，并对党费收缴情况在党务公开栏内进行公示，截至12月31日，所属各基层党组织收缴党费245960.30元（不含“捐出一月党费”）。

【党刊征订】 县委组织部下达县直机关党委征订2011年度《党的生活》杂志计划为863份。县直机关党委根据各基层党组织所管理党员人数的实际，将计划分解落实到各党组织，并按时超额完成了任务，共征订880份。除此之外，还按上级组织的要求，积极组织征订《关于党的建设工作》、《伟大的工程，成功的实践——全党深入学习实践科学发展观活动纪实》、《推进党内基层民主建设研究》等党内刊物。

【“公推直选”党组织班子成员】 遵照《党章》和《条例》的规定，严格基层党组织届期，任期届满的督促指导按时换届，并在有条件的党组织中开展“公推直选”党组织班子成员。2010年县国土资源局党总支、县检察院党总支、县安监局党总支、县纪委机关党支部、县计生局党支部实行了“公推直选”产生党组织领导班子。对因工作人员调整和党组织班子成员缺额且未到届的，在深入调研、广泛征求意见的基础上，经县委分管领导同意，对县委办党总支、县司法局党总支、县人力资源和社会保障局党总支、县政法委党支部、县委组织部机关党支部、电信石林分公司党支部的领导班子进行了调整充实。

【党风廉政建设】 认真组织所属各基层党组织和全体共产党员学习《廉政准则》，采取有力措施加大党员干部理想信念教育、党员廉政教育、先进典型模范教育、警示教育。层层签订责任书和逐级进行廉政谈话，抓好“一岗双责”的落实，强化制度建设和党内监督，有38名机关党政主要领导在县电视台向社会公开了廉政承诺。年内对原县民政局党总支书记王某犯单位受贿罪、私分国有资产罪的行为，按时整理材料并按有关程序上报县纪委给予开除党籍处分。

（撰稿人：县直机关党委　张培一）

老干部工作

【县委老干部局】 1987年9月，成立县委老干部局。2010年底有职工7人，其中：公务员5人，参公管理人员1人，工人1人。单位地址在行政中心A区103、104室。年内上报简讯46条、调研报告3篇、先进事迹3篇。资助支农联系点板桥镇者乌龙村委会春耕生产及人口普查工作经费3000元，从相关部门协调23000元用于者乌龙村委会抗旱救灾。

组织部副部长、局长：赵蓉（女）

副局长：杨　梅（女，彝族）

【离休干部情况】 石林县办理离休手续的离休干部为304人，历年去世180人（其中2010年去世13人），关系转出1人，取消离休待遇1人。2010年底健在的122名离休干部中，属行政编制的67人，事业编制的40人，企业单位的15人；正县级及享受正县级待遇的4人，副县级及享受副县级待遇的31人，其他待遇的87人。副县级实职以上退休干部25人，异地安置在石林县代管的离休干部5人。离休干部平均年龄82.1岁，其中80周岁以上的90人。离休干部已进入高龄期、高自然减员期，122名离休干部均享受了高龄补贴（现统称护理费）。

【落实“两费”情况】 保障离休干部离休金、各项补贴、就地休养补助费和保健费足额按时发放，适时解决110人医药费报销。2010年实际支出离休干部医疗费2919360.74元（含奖励费136449.09元、门诊费151706元）；发放离休干部保健费39040元；发放就地休养补助费38880元；发放住院陪护费51人32200元；解决了8名离休干部因长期生病、生活完全不能自理的护理费37800元。坚持“生日走访慰问”、“遗属走访”和“住院看望”三个专题活动，年内生日走访慰问离退休干部153人，看望生病住院老干部20余人次，走访慰问离休干部遗属89人，发放遗属慰问金8900元。对长期患病及各种原因造成生活困难的57名老干部进行了帮扶解困，支出特困补助资金58500元。办理了13名已故离休干部的生平简介、一次抚恤金、安葬费、遗属补助等后续工作。组织154名离休干部和副县以上实职退休干部进行了体检。向每一位离休干部和实职副县级退休老领导赠阅一份《昆明日报》和《老干部参考》。

【老干部政治待遇】 在落实老干部政治待遇中坚持组织好每月20日下午的离休干部政治学习活动，坚持副县以上实职退休干部每季度集中学习一次，组织离退休干部阅读文件，学习党的十七大和十七届三中、四中全会精神，省、市、县委全会精神，使广大老干部及时了解党中央、省、市、县委的重大方针政策。组织召开春节团拜会、每季度组织一次县情通报会，对全县经济社会发展情况及重点项目、重点工程进展情况进行通报。年内举办了一期“离退休干部创先争优学习暨离退休党支部书记培训班”，组织召开了纪念抗日战争胜利65周年和纪念抗美援朝60周年座谈会，组织离退休干部到大理、丽江、腾冲等地参观考察非物质文化遗产的开发与保护，对石林县电力行业的发展进行了调研，鼓励和引导老干部为县域经济的发展多提意见和建议。

【党组织建设】 局机关党支部和离休干部党支部把逢双月的15日作为固定的支部活动日，按时组织开展活动。年内组织开展了创先争优活动，开展了“共产党员抗旱先锋行动”，抗旱救灾捐款10798元；组织党员到县党风廉政警示教育基地和县档案馆爱国主义教育基地参观学习；开展了杨善洲先进事迹学习活动。全县27个离退休干部党支部开展活动正常，老干部作用发挥成效明显。

【老干部信访】 加强和重视老干部来信来访工作，对老干部来信来访按政策规定答复并做好解释和协调落实。年内办理了田开明要求解决住房、工资待遇问题，原粮食局离休干部李宪光遗属资秀英、原路南手管所离休干部李彦遗属李木英申请遗属补助等7件来信来访件，做到事事有人管，件件有回音、有落实，把矛盾化解在萌芽状态，确保社会稳定。

【发挥老干部整体作用】 在全县老干部中继续开展“崇高理想，矢志不渝”宣传教育活动，推荐上报了王学亮先进事迹。县公安局离退休干部党支部和县教育局离退休干部党支部书记黄家健分别被市委组织部、市委老干部局表彰为“先进离退休干部党支部”和“优秀离退休干部党支部书记”。在2010年的抗旱救灾工作中，老干部建言献策抗旱救灾，爱心捐款15720元（不含“党组织建设”条目中的10798元）。

【老干部活动中心】 老干部活动中心坚持长年免费对全体老年人开放，月接待活动人员3000余人次。年内筹措资金购买了7000余元的健身器材，每季度组织开展适合老年人的麻将、扑克、乒乓球等比赛活动。组织老干部参加市老干部活动中心举办的象棋比赛，荣获团体一等奖和个人一等奖、二等奖。年内活动中心创建为县级文明单位。

【老年大学】 2010年9月开班的第六届老年大学开设了12个专业14个班，学员864名。年内从市老年大学争取到10台电脑、从管理局协调资金购买了12台教学电脑，购买了钢琴、网络电视等教学设施，开通了远程教育，让老年人享受到现代化的教育资源。教学过程中，学校组织开展了春节广场文化系列活动，举办了“爷爷奶奶家庭教育”专题讲座，开展了敬老节庆祝活动，和寻甸、西山、官渡三县区老年大学及弥勒县西一镇滥泥箐村老年学校开展了联谊活动，制作完成了《老年风采，夕阳增辉》老年大学教学活动集锦碟片，组织刊出第一期老年大学校刊。教学之余，老年大学组织学员到县残联开展中秋、国庆慰问演出活动，到县城和各乡镇开展了人口普查宣传巡回演出活动。全年组织开展了4次教研活动、2次外出学习活动，指导成立了山冲、海邑新寨、维则三所村老年学校，举办了一期花灯歌舞培训班。

（撰稿人：县委老干部局　李丽梅）

党史研究

【县委党史研究室】 1983年3月，成立县委党史资料征集办公室。1994年机构改革，县委党史资料征集办公室与县政府县志办公室合并成立县史志办公室。1998年6月，县委决定把党史工作从县史志办中单列出来，成立县委党史研究室。2010年有在职职工3人。办公地点在石林县行政中心A区一楼。2010年，县委党史研究室资助了支农联系点石林镇天生关村委会1000元春耕生产经费，与市农行联系为石林镇松子园村委会上打磨箐村协调抗旱饮用水一车，计2000余件，价值5万余元。

主　任：董建平

副主任：李卫萍（女，彝族）

【编纂《中共石林县历史》（一卷）】 2010年，由县委党史研究室组织编纂的《中共石林县历史》（一卷）在2009年形成征求意见稿的基础上，形成了送

审稿，并于12月22日召开了《中共石林县历史》(一卷) 审稿会，原省委党史研究室主任王元辅等领导参加。全书8章20余万字，全面系统地展现了1927年石林县有党的活动以来至1950年，石林各族人民在中国共产党的领导下，经过艰苦卓绝的革命斗争取得伟大胜利的历史。

【大事记编研工作】　党史大事记是全面真实客观记录各级党组织、各部门、各单位贯彻执行党的路线、方针、政策，开展社会主义各项事业建设和各项重大工作的记叙性文体。县委党史研究室坚持按月编辑上报、按季度编发，并指导各乡镇、各单位采集、编写上报大事记，编辑的质量不断提高。全年完成4期《石林县大事摘编》编辑工作。

【各类资料文稿的撰写】　2010年，按照省、市委党史研究室的要求，县委党史研究室完成了《中共石林彝族自治县委2009年执政纪要》、《路南的“三反”运动》、《路南的土地改革运动》等专题资料的撰写上报工作。

【革命遗址普查】　2010年，根据中央、省、市委党史研究室的要求，县委党史研究室在有关部门的支持配合下，对辖区内的历史文物、革命史迹进行全面调查，收集整理出30处革命遗址遗迹，其中：重要党史事件和重要机构旧址14个（包括1个已损毁遗址），重要党史事件及人物活动纪念地1个，革命领导人故居4个，革命烈士墓3个，革命纪念设施6个，其他2个；在保护级别上，属于市级文物保护单位有1个，属于县级保护单位有2个，尚未定级的有　27个；在利用级别上，属于县级爱国主义教育基地有2个，尚未定级的有28个。此项工作于5月26日启动，当年11月结束。普查结束后形成了专题报告，为石林县党史成果的推出奠定了基础。

【党史宣传教育】　一是协助相关部门以文艺演出、专题讨论、讲党课等形式，积极开展党史教育进校园、进单位、进农村活动，今年共完成了8场(次)。二是配合有关部门，创新宣教方式，在有优良革命传统的学校、农村制作革命漫画，以图文并茂的形式，加强对农村群众、特别是青少年的革命传统教育，取得了很好的效果。制作漫画1500平方米。三是充分利用石林政务网、石林党建网和《石林文化》(季刊)、《昆明党史》等网络和杂志，开辟地方党史专栏，进行党史宣传，扩大石林县党史的宣传面及影响力。

【雨花台烈士纪念馆到石林征集张炽史料】　10月13～14日，南京雨花台烈士纪念馆孙月红一行3人到石林县征集张炽烈士的史料，充实、丰富张炽烈士的馆藏资料，让全国人民更好地了解张炽烈士崇高的革命精神和革命气节。同时向石林县委党史研究室提供了张炽烈士在南京雨花台烈士纪念馆的史料，丰富了石林县张炽烈士的史料，为下步编辑《张炽》一书奠定了基础。

（撰稿人：县委党史研究室　高树存）

纪检监察

【县纪委、县监察局】　1951年8月成立县委纪律检查委员会。1983年12月，县委纪律检查委员会由县委的工作机构升格为县级领导机构。1993年6月，县纪委、县监察局合署办公，实行“一套机构、两个机关名称”的体制，县纪委对县委和市纪委全面负责，县监察局属于县政府序列，受县政府的领导。

2010年，县纪委、县监察局下设9个室、5个派出纪工委监察分局，即：办公室、信访室、纪检监察室、案件审理室、党风廉政建设室、执法监察室（加挂纠风室牌子）、干部人事室、效能监察室（加挂县问责办公室牌子）、宣传教育室和第一至第五纪工委监察分局。年底实有职工37人，其中：公务员34人，工勤人员3人。机关办公地点于6月24日正式搬迁到石林县行政中心，纪委监察局机关、五个纪工委实行集中统一办公。2010年补助支农联系点板桥镇叠水村委会和西街口镇格渣村委会抗旱及春耕生产工作经费5000元，赠送价值3120元的化肥，补助植树经费3000元，向格渣村委会赠送100箱矿泉水，向板桥镇黄家庄村小组民房火灾户捐款4600元。36名在职干部职工和5名退休干部开展抗旱救灾捐款共计56940元。

【增强廉洁自律意识】　加大教育力度，切实抓好《廉政准则》的学习贯彻，邀请省纪委常委黄雁玲和市委常委、市纪委书记应永生同志为科级以上干部作反腐倡廉教育专题讲座，组织科级以上干部参加《廉政准则》知识测试，开展廉政签名、廉政承诺和廉政测评活动，撰写《廉政准则》学习心得体会，对照检查存在问题，制定整改措施进行整改。坚持新当选的政府组成人员到“遗臭碑”前接受警示教育和定期向科级干部发送廉政短信、公开信及编赠勤廉教育读本。全县党员干部参加庭审旁听典型案件133人次，参观警示教育基地851人次。县纪委领导分别对建口、农口、教育口等重点行业和部门开展党风廉政教育专题讲座，受教育干部职工800余人；对2010年村级组织换届后新当选的370余名村干部进行党风党纪教育培训。积极推进以县人民法院廉政文化进机关和石林镇天生关、林口铺廉政文化进农村示范点建设为重点的廉政文化建设工作。依托石林政务信息网制作开通廉政网页，积极筹建廉政文化进公园和县反腐倡廉警示教育基地。严格执行《党内监督条例》，360余名科级干部报告了个人有关事项，开展廉政谈话820人次，勤廉公示1794人次。通过严格教育监督，领导干部廉洁自律意识明显增强。

【落实党风廉政建设责任制】　强化“一岗双责”，认真落实党风廉政建设责任制和惩防体系建设工作任务。对年度党风廉政建设和反腐败工作任务进行立项分解，明确责任。县委班子及班子成员定期专题研究党风廉政建设和反腐败工作，召开党风廉政建设和政府廉政工作会。及时调整充实惩治和预防腐败体系建设及党风廉政建设责任制工作领导小组及办公室人员。按照惩防体系建设分工方案，组织27个牵头部门对落实惩防体系建设各项任务进行自检自查。层层签订责任书，实现责任制网络全覆盖。严格考核奖惩，把党风廉政建设纳入县对乡（镇）、县直单位综合考核内容，做到与经济工作一起部署、一起检查、一起考核兑现。围绕县委政府重大决策部署落实情况、农村基层党风廉政建设情况、反腐倡廉制度执行情况开展党风巡查3次。加强农村基层党风廉政建设，强化农村集体资金、资产、资源管理。在全县89个村委会、4个社区居委会成立农村党风廉政建设工作站，形成一级抓一级，层层抓落实的责任网络体系。开展“村（居）务面对面”活动，进一步提高民主议事透明度和群众参与率。

党风巡查员检查指导农村党风廉政建设

【加大查办案件工作力度】 把实施党风廉政建设“五书”制度与落实领导干部问责制和查办违纪违法案件工作紧密结合起来，推动查办案件工作的深入开展。全县各级纪检监察机关按党风廉政建设“五书”制度，提醒谈话136人次，责成说明问题25件，限期整改存在问题29个；全县共启动问责37项156人，其中：县级问责45人，委办局、乡镇问责111人。对2010年被问责并到规定考察时限的35名干部进行了跟踪考察。全县纪检监察机关受理群众信访举报154件（次），全部进行了直办、转办和督办，办结率达100%。党、政纪立案14件，处分14人（乡科级干部7人，一般干部3人，农村党员4人），通过办案挽回经济损失5.8万元。深入治理商业贿赂，查处案件1件，涉及金额11.82万元。坚持惩治腐败与教育保护干部并重，开展受处分人员回访教育7人次，按期恢复党员权利1人，解除行政处分4人，为受到失实举报的18个单位32名被反映人澄清了事实。

【推进纠风治乱工作】 巩固治理教育乱收费和公路“三乱”成果。认真落实医疗收费价格公示、药品集中采购等制度。继续做好减轻农民负担监督检查工作，全面落实减轻农民负担“五项制度”，严防农民负担反弹。督促有关部门认真受理拖欠、克扣农民工工资案件举报，督促兑付农民工工资143.29万元。全面清理和规范评比达标表彰活动。严格执行厉行节约相关规定，党政机关公务费用得到有效控制。严格执行“八个百分之百”，深入开展工程建设领域突出问题专项治理，排查整改存在问题79个。积极开展抗旱资金管理使用监督检查和专项审计。依法查处安全生产责任事故，对8名责任人作出相应处理。认真落实法治政府、责任政府、阳光政府、效能政府各项制度，牵头实施行政行为监督制度，持续开展民主评议机关和行业作风工作，推进人民满意政府建设。

【拓展源头治理领域】 严格执行党政领导干部选拔任用四项监督制度，加强对干部选拔任用工作的监督。县级部门行政审批项目精简为35项，管理服务项目精简为172项，按“两集中，两到位，四进中心”的要求在县政务服务中心办理。非税收入管理进一步规范，国库集中支付制度更加完善，项目资金管理明显加强。实施土地招拍挂出让21宗90.84公顷。深入开展社会团体、国有及国有控股企业“小金库”专项治理。政府采购资金计划5935万元，实际采购5476万元，节约资金459万元。协助开展领导干部任中审计3名、离任审计18名。重视经济社会制度创新，完成制度创新95项，积极推动制度创新成果转化，加强对制度执行情况的监督检查。抓住石林县被昆明市列为惩防体系建设工作联系点的契机，成立昆明泛亚联合产权交易所有限公司石林分公司；按照“四个结合”的要求在农林、教育、交通、住建、国土等五个部门进行廉政风险防范管理试点，探索建立前期预防、中期监控、后期处置“三道防线”，以制度创新助推廉政建设。

【队伍建设】 结合“创先争优”和“效能石林”建设活动，继续开展“做党的忠诚卫士、当群众的贴心人”主题实践活动。按照“四个对”的要求，认真贯彻落实《关于进一步加强和改进纪检监察干部队伍建设的若干意见》和“五严守、五禁止”规定。按照中央纪委等五部委要求，全面落实文件精神，配齐班子成员和机关各室主任，配备4名正副科级纪检监察员；落实纪检监察机关公用经费保障标准；建成办案同步录音录像谈话室，不断改善纪工委监察分局和乡镇纪委办公办案条件。进一步加大干部教育培训力度，全年举办纪检监察干部信息调研、办案业务培训3期300余人次，组织外出学习1批16人次，选派干部参加中央、省、市纪委举办的各类培训 7 期 14 人次，挂职锻炼、跟班学习 2 批 2 人次。通过各种培训学习、硬件改善与软件加强，为深入推进反腐倡廉建设提供了有力保障。

【县纪委内设机构领导名录】

办公室主任：王家智

信访室主任：艾世武

纪检监察室主任：李海林

案件审理室主任：李金明（彝族）

党风廉政建设室主任：王丽红（女）

执法监察室(加挂纠风室牌子)主任：罗建云

干部人事室主任：者云珍(女，彝族)

效能监察室（加挂县问责办公室牌子)主任：昂学林（彝族，3 月起）

宣传教育室主任：陈　云(3 月起)

【县监察局领导名录】

局　长：毕东红（彝族）

副局长：李立宏（彝族）

【县纪委监察局派出机构领导名录】

第一纪工委书记：张永刚

第二纪工委书记：李昆华（女）

第三纪工委书记：马院华

第四纪工委副书记：张　彪

第四纪工委副书记：段鹏光

第五纪工委书记：赵文平

第五纪工委副书记：毕连兴(彝族)

（撰稿人：县纪委　万　勇）

软环境建设

【严格监督检查】　把严肃政治纪律、确保政令畅通作为重要职责，抓住任务分解、责任落实、目标倒逼、责任追究等重点环节开展监督检查。2010 年，对 74 个县级重点项目、全县 261 项主要工作目标任务和 10 件实事的落实情况进行跟踪督查；对扩大内需中央投资、园区建设、工业突破、招商引资等项目推进情况进行重点督查；对“四创两争”、村级组织换届、抗旱救灾、取缔肥水养鱼、拆临拆违、旧城改造、“十一个零申报”、“八个百分之百”、“两基”迎国检等重点工作进行专项督查;会同有关部门对安全生产、土地管理、节能减排、环境保护等政策措施落实情况开展监督检查。督促有关部门加强对社保基金、住房公积金、救灾救济扶贫资金和政府专项资金的监管。配合有关部门加强对中央强农惠农、保障和改善民生政策落实情况开展监督检查，强化资金监管，确保惠民政策落到实处。

【优化发展环境】　以“效能石林”建设和“创先争优”活动为载体，认真落实首问首办、服务承诺、限时办结制，以公开承诺、撰写学习心得、召开专题民主生活会、畅通投诉举报渠道、开展驻地企业评议部门等方式，狠抓机关、干部作风建设，全力提升行政效能。对负责招商引资项目行政审批、项目服务的 4 个重点部门实行季度考核测评。深化政务公开，积极推进政务服务中心规范化建设，强化电子监察系统运用，形成以电子监察系统实时监督、电子评价系统即时评议、举报投诉中心查究问责整体联动的有效监管体系。严肃工作纪律，对政务服务、公车管理、作风建设、服务质量等进行督促检查、明察暗访、民主测评，及时纠正各种损害软环境建设的行为，有力促进了干部作风转变、工作效能提升。

（撰稿人：县纪委　万　勇）

石林彝族自治县人大常委会

领导成员

【县第十五届人大常委会领导名录】

主　任：李绍增

副主任：朱玉和

李家云（彝族）

徐梅芬（女）

毕宏志（彝族）

常　委：王云龙（彝族）、王邦海、尹家福、付建生、刘老五、杨礼有（彝族）、张永刚、张劲涛、张明华、昂自华（彝族）、昂锦红（女，彝族，4月止）、赵恒谦（彝族）、赵磊明、耿灿华（女）、徐丽琼（女）、毕丽英（女，彝族，1～6月）、王谷明（1月起）、张春学（彝族，1月起）

重要会议

【县第十五届人民代表大会第三次会议】　2010年1月8～12日，县第十五届人民代表大会第三次会议在石林会议中心举行，会期5天。会议应到会代表169名，实际到会代表169名。县委、县政府、县政协及法、检两院等有关人员列席了会议。

会议听取和审查了代理县长毕春华作的《政府工作报告》；审查批准了石林县2009年国民经济和社会发展计划执行情况与2010年国民经济和社会发展计划、石林县2009年财政预算执行情况和2010年财政预算；听取和审查了石林县人大常委会主任李绍增作的《石林县人大常委会工作报告》，县人民法院院长刘珉语作的《石林县人民法院工作报告》，县人民检察院代理检察长王凯石作的《石林县人民检察院工作报告》。大会决定批准上述6个报告，并作出相应决议。

会议审议通过了议案审查委员会关于县第十五届人民代表大会第三次会议的议案审查报告。会议期间共收到代表向大会提交的议案21件，经过认真审查，将《新建小黑龙潭小坝，改善板桥集镇供水》、《关于加快石林县县城环城东路建设》列为大会议案，交县人民政府办理，其余19件转为建议办理。大会收到代表建议批评和意见200件，加上议案转为建议的19件，共有建议219件。以上议案、建议，交各有关单位研究办理，并要求2010年7月16日以前办理结束，答复代表。

【县第十五届人大常委会第二十四次会议】　2010年1月8日，县第十五届人大常委会第二十四次会议在县人大常委会三楼会议室召开，会期半天。

县人大常委会副主任朱玉和主持了会议，主任李绍增，副主任李家云、徐梅芬、毕宏志，委员王云龙、王邦海、尹家福、付建生、杨礼有、张永刚、张劲涛、张明华、昂自华、赵恒谦、赵磊明、昂锦红、耿灿华、徐丽琼出席了会议。县人民政府代理县长毕春华，县委常委、县委组织部部长王昆，各乡（镇）人大主席，县人大常委会各委室领导列席了会议。

会议通过干部任免事项，根据县人民政府代理县长毕春华提请，经审议并通过无记名投票表决，决定任命邢晋为县人民政府副县长。

【县第十五届人大常委会第二十五次会议】　2010年3月18日，县第十五届人大常委会第二十五次会议在县人大三楼会议室召开，会期一天。

县人大常委会主任李绍增主持了会议，副主任朱玉和、李家云、徐梅芬，委员王云龙、王邦海、刘老五、付建生、杨礼有、张永刚、张劲涛、张明华、昂自华、赵恒谦、赵磊明、耿灿华、徐丽琼、王谷明、张春学、毕丽英出席了会议。

会议专题听取和审议县人民法院、县人民检察院及32个政府职能部门一季度重点工作进展情况的报告。

【县第十五届人大常委会第二十六次会议】　2010年4月29日，县第十五届人大常委会第二十六次会议在县人大三楼会议室召开，会期半天。

县人大常委会主任李绍增主持了会议，副主任朱玉和、李家云、徐梅芬、毕宏志，委员王云龙、王邦海、尹家福、刘老五、付建生、杨礼有、张永刚、张劲涛、张明华、昂自华、赵恒谦、赵磊明、耿灿华、徐丽琼、王谷明、张春学、毕丽英出席了会议。县委常委、县委组织部部长王昆，县委常委、县人民政府常务副县长张忠贵，县委办、县政府办、县财政局、县经济局、县烟办、县建设局、县烟草公司、县电力公司领导，各乡镇人大主席，县人大机关各委室领导列席了会议。

会议听取和审议县人民政府关于基础设施项目资金向银行贷款的议案。会议认为：为有效解决建设资金不足，充分利用银行信贷资金支持重点基础设施项目建设，县人民政府提请的2010年拟向银行贷款融资12亿元用于教育、农业、城市道路、石林景区、生态工业园区等重点工程项目建设的议案是适当的，贷款按项目分期、分批实施，还本付息逐年列入县财政预算，决定批准这个议案。同时要求：县政府要加强对资金使用的监管，确保资金使用效益和安全；确保各项偿债安排计划落实。

听取县人大常委会法工委关于对农村土地承包法执行情况的检查报告，县人大常委会民工委关于对滇东现代烟草农业综合示范区建设情况的视察报告，县人大常委会民工委关于对农村用电管理情况的视察报告，县人大常委会财经委关于对贯彻执行《云南省中小企业促进条例》情况的检查报告。

会议通过干部任免事项，根据本人辞呈，经审议并通过无记名投票表决，接受昂锦红同志辞去县第十五届人大常委会委员职务，接受赵永康辞去县人民政府副县长职务。

根据县人民政府县长毕春华提请，经审议并通过无记名投票表决，决定任命吴子云为县人民政府副县长，毕卫华为县民宗局局长。

根据县人民检察院检察长王凯石提请，经审议并通过无记名投票表决，任命刘顺龙、赵丽莉为县人民检察院检察员。

【县第十五届人大常委会第二十七次会议】 2010年6月23日，县第十五届人大常委会第二十七次会议在县人大常委会三楼会议室召开，会期半天。

县人大常委会副主任朱玉和主持了会议，副主任李家云，委员王云龙、付建生、杨礼有、张永刚、张劲涛、张明华、昂自华、赵恒谦、赵磊明、耿灿华、王谷明、张春学出席了会议。县人民政府副县长黄杰，县人民法院院长刘珉语，县人民检察院检察长王凯石，县政府办、县教育局、台创园管委会、县安监局、县建设局、县煤管办、县林业局、县经济局、县交通局领导，各乡镇人大主席，县人大常委会机关各委室领导列席了会议。

会议通过干部任免事项，根据本人辞呈，经审议并通过无记名投票表决，接受毕丽英辞去县第十五届人大常委会委员职务。

根据县人民法院院长刘珉语提请，经审议并通过无记名投票表决，任命赵祥玺、李翠芬为县人民法院审判员。

会议听取县人大常委会教科文卫工委关于对石林县贯彻执行《中华人民共和国义务教育法》情况的检查报告、关于云南昆明石林台湾农民创业园建设情况的视察报告，县人大常委会教科文卫工委关于对全县学校安全工作的视察报告、关于对全县煤炭矿山安全生产工作情况的视察报告，县人大常委会民工委关于对全县森林防火、水利防汛工作情况的视察报告，县人大常委会财经委关于对非煤矿山、建筑施工、建材加工行业安全生产情况的视察报告，县人大常委会法工委关于对全县道路交通、消防安全情况的视察报告，县人民政府办理县人大常委会办公室关于对农村土地承包法执行情况检查报告的函中所提建议的情况报告、关于对滇东现代烟草农业综合示范区建设情况视察报告的函中所提建议的情况报告、关于对农村用电建设管理情况视察报告的函中所提建议的情况报告、关于对贯彻执行《云南省中小企业促进条例》情况检查报告的函中所提建议的情况报告。

【县第十五届人大常委会第二十八次会议】 2010年7月7日，县第十五届人大常委会第二十八次会议在县人大常委会三楼会议室召开，会期半天。

县人大常委会副主任朱玉和主持了会议，主任李绍增，副主任李家云、徐梅芬、毕宏志，委员王云龙、王邦海、尹家福、付建生、张永刚、张劲涛、张明华、耿灿华、昂自华、赵恒谦、张春学出席了会议。县委常委、县委组织部部长王昆，县委常委、县人民政府常务副县长张忠贵，县人民法院副院长劳永宁，县人民检察院副检察长王虹，各乡镇人大主席，县人大常委会机关各委室领导列席了会议。

会议通过干部任免事项，根据县人大常委会主任李绍增提请，经审议并通过无记名投票表决，任命娄林华为石林县人大常委会办公室主任。因到龄，免去昂自华县人大常委会教科文卫工作委员会主任职务。

根据县人民政府县长毕春华提请，经审议并通过无记名投票表决，决定任命：段正平为县水务局局长，刘琴龙为县工业经贸和科技信息化局局长，杨春宝为县人力资源和社会保障局局长，毕福祥为县交通运输局局长，潘佳良为县农林局局长，冯正清为县住房和城乡规划建设局局长，张树忠为县旅游文化广播电视体育局局长，李建民为县统计局局长。

因机构改革和工作需要：免去杨春宝县人事劳动和社会保障局局长职务，免去毕福祥县交通局局长职务，免去潘佳良县农牧局局长职务，免去冯正清县建设局局长职务，免去万春林县文体局局长职务，免去吴剑平县林业局局长职务，免去杨炳学县科技局局长职务，免去余春县水务局局长职务。

【县第十五届人大常委会第二十九次会议】 2010年8月27日，县第十五届人大常委会第二十九次会议在县人大常委会三楼会议室召开，会期一天。

县人大常委会主任李绍增、副主任朱玉和分别主持了会议，副主任李家云、徐梅芬，委员王云龙、王邦海、尹家福、刘老五、付建生、张永刚、张劲涛、张明华、徐丽琼、昂自华、赵磊明、赵恒谦、王谷明、张春学出席了会议。县委常委、县人民政府常务副县长张忠贵，副县长潘华光，县人民法院院长刘珉语，县人民检察院检察长王凯石，县委办，县政府组成部门领导，各乡镇人大主席，县人大机关各委室领导列席了会议。

会议听取和审议了县人民政府2010年上半年工作情况报告，县人民政府上半年财政预算和国民经济与社会发展计划执行情况的报告（书面），县人民政府关于2009年度地方财政决算情况的报告，2009年度地方财政预算执行和其他财政收支的审计工作报告，县人民法院2010年上半年工作情况报告，县人民检察院2010年上半年工作情况报告。审议并表决通过了《石林县人大常委会〈关于对“一府两院”办理视察检查中所提意见建议情况进行民主测评的办法〉》。

会议听取县人民政府办理县人大常委会办公室《关于对我县贯彻执行〈中华人民共和国义务教育法〉情况检查报告的函》中所提建议的情况报告，《关于对全县学校安全工作视察报告的函》中所提建议的情况报告，《关于云南昆明石林台湾农民创业园建设情况视察报告的函》中所提建议的情况报告，《关于对全县煤炭矿山安全生产工作情况视察报告的函》中所提建议的情况报告，《关于对全县森林防火、水利防汛工作情况视察报告的函》中所提建议的情况报告，《关于对非煤矿山、建筑施工、建材加工行业安全生产情况视察报告的函》中所提建议的情况报告，《关于对我县道路交通、消防安全情况视察报告的函》中所提建议的情况报告，县人大常委会人事代表工委《关于征求县人大代表对县人大常委会及“一府两院”上半年工作意见的情况报告》、关于殡葬改革工作情况的视察报告，县人大常委会办公室关于对石林县创建省级文明县城工作情况的视察报告。

【石林县“十二五”规划纲要（草案）征求意见会】 2010年9月16日，县第十五届人大常委会在县人大常委会三楼会议室召开“十二五”规划纲要（草案）征求意见会，会期半天。

县人大常委会主任李绍增主持会议，市人大代表尹家福、龙志彬、张永刚，县人大代表朱玉和、李家云、徐梅芬、尹家福、杨明森、吴剑平、张劲涛、方跃章、张文武、李彦群、金迎花、管水仙、张霖、张春学、王余秋、段正平、谢有兴、王谷明、付建生、张明华参加了会议。

县发展和改革局局长陈永宁受县人民政府委托作“十二五”规划（草案）报告，并对“十二五”规划（草案）作说明。与会代表在听取报告的基础上，对报告进行了认真审议，提出了3个方面的意见、建议：一、规划建设方面：尽快启动鹿阜、板桥、石林10分钟经济圈规划建设，工业园区要继续加强一园多区规划建设，加快矣马伴高铁经济区规划建设，认真规划建设一个阿诗玛文化产业园；二、项目方面：城市电表箱改造，海邑—普拉河、矣维哨—法块、石林—华宁公路建设，石林体育中心建设，老年人活动中心建设，县中医院搬迁新建，石漠化治理，高级职业中学二期工程，圭山山羊保种扩繁基地建设等应列入“十二五”规划；三、县人民政府及其职能部门要积极主动与省、市上级部门对接，切实做好项目的申报立项工作，为全面完成“十二五”规划（草案）的起草工作奠定坚实的基础。

【县第十五届人大常委会第三十次会议】 2010年10月28日，县第十五届人大常委会第三十次会议在县人大常委会三楼会议室召开，会期半天。

县人大常委会副主任朱玉和主持了会议，副主任李家云、徐梅芬、毕宏志，委员王云龙、尹家福、付建生、杨礼有、王谷明、昂自华、张明华、赵磊明、徐丽琼、张永刚、张劲涛、耿灿华出席了会议。县人民政府副县长潘华光、吴子云，县人民法院院长刘珉语，县人民检察院检察长王凯石，县委办、县政府办、县教育局、县计生局、县司法局、县安监局、县统计局、县住建局、县旅文广体局、县公安局、县农林局领导，各乡镇人大主席，县人大机关各委室领导列席了会议。

会议听取县人大常委会办公室关于对县人民政府承诺的2010年度要办的10件实事落实情况的视察报告，县人大常委会人事代表联络工委关于对县人民政府办理县第十五届人大三次会议代表议案、建议、批评和意见工作情况的检查报告，县人大常委会法工委关于对县人民检察院人民监督员工作情况的视察报告，县人大常委会教科文卫工委关于对文化产业发展情况的检查报告，县人大常委会城环委关于对全县村镇道路建设情况的视察报告，县人大常委会办公室关于对2010年度招商引资工作情况的视察报告，县人大常委会财经委关于对工业园区、旅游度假区建设情况的检查报告。

听取县人民政府办理县人大常委会关于县人民政府2010年上半年工作报告审议意见的情况报告、关于殡葬改革工作情况视察报告的函中所提建议的情况报告、关于对石林县创建省级文明县城工作情况视察报告的函中所提建议的情况报告，县人民法院办理县人大常委会关于县人民法院2010年上半年工作报告审议意见的情况报告，县人民检察院办理县人大常委会关于县人民检察院2010年上半年工作报告审议意见的情况报告。

会上，对县人民政府办理县人大常委会视察殡葬改革工作情况、石林县创建省级文明县城工作所提建议情况进行了满意度测评。

【县第十五届人大常委会第三十一次会议】 2010年12月9日，县第十五届人大常委会第十九次会议在县人大三楼会议室召开，会期半天。

县人大常委会副主任朱玉和主持会议，主任李绍增，副主任李家云、徐梅芬、毕宏志，委员王云龙、王邦海、尹家福、付建生、杨礼有、昂自华、张明华、赵磊明、张劲涛、徐丽琼、张春学出席了会议。县委常委、组织部部长王昆，县委常委、常务副县长张忠贵，县人民法院院长刘珉语，县人民检察院检察长王凯石，各乡镇人大主席，县人大机关各委室领导列席了会议。

会议通过干部任免事项，根据县人大常委会主任李绍增同志提请，经审议并通过无记名投票表决，任命付建生为县人大常委会教科文卫工作委员会主任。

根据县人民政府县长毕春华提请，经审议并通过无记名投票表决，决定任命：张津华为县人民政府副县长，张鹏飞为县食品药品监督管理局局长。因工作变动，免去张鹏飞县环保局局长职务，免去蒋开彦县人民政府办公室主任职务；因到龄，免去袁家林县食品药品监督管理局局长职务。

根据县人大常委会主任李绍增提请，经审议并通过无记名投票表决，决定按期解除窦兴亮行政记大过处分，决定从2010年12月17日起生效。

根据县人民检察院检察长王凯石提请，经审议并通过无记名投票表决：因工作变动，免去高碧石林县人民检察院检察员职务；免去杨俊杰石林县人民检察院检察员、检察委员会委员职务。

会议审议决定设立石林县人大常委会农业工作委员会。

主要工作

【县人大常委会】 从1980年9月召开第八届人民代表大会开始，设立常设的县人民代表大会常务委员会。2010年县人大常委会下设办公室、法制工作委员会、财政经济工作委员会、教科文卫工作委员会、民族工作委员会、人事代表联络工作委员会、城乡建设环境保护委员会、农业工作委员会8个正科级工委，年底有公务员22人、工勤人员6人。县人大常委会荣获昆明市人大常委会第十八届宣传人民代表大会制度组织奖，信息工作被市人大常委会评为先进单位。资助了支农联系点大可乡中龙村委会7000元生产经费。抗旱救灾中，先后争取到各种抗旱救灾物资价值70余万元。

办公室主任：娄林华（7月起）

副 主 任：赵存仙

王宗祥

财经工委主任：杨礼有（彝族）
副 主 任：李世雁
法制工作委员会主任：赵景文
教科文卫工委主任：
昂自华（彝族，7月止）
付建生（12月起）
民族宗教工委主任：
赵磊明（彝族）
人事代表联络工委主任：张明华
城乡建设环境保护委员会主任：
窦兴亮（彝族）

【听取和审议工作报告】 2010年县人大常委会召开常委会议9次、主任会议22次。听取和初审政府工作报告、国民经济和社会发展计划、地方财政预算、“十二五”规划纲要以及县人大、法检两院工作报告，并将这些报告提交县第十五届人大五次会议审查。专题听取“一府两院”上半年工作报告，提出审议意见11条。审议通过了县人民政府提请的关于基础设施建设项目资金向银行贷款的议案，并作出相关决议、决定。

【依法任免干部】 2010年共依法任命干部19名，免职16名，接受辞职2名。其中：任命副县长职务3名，免去副县长职务2名；任命县人大常委会委室主任2名，免职1名；任命县人民政府组成部门领导10名，免职11名；任命县人民法院、县人民检察院干部4名，免职2名。

按照市委和市人大常委会的要求，召开了县第十五届人民代表大会第四次会议，依法选举产生了石林县出席昆明市第十三届人民代表大会的代表23名。

【发挥代表作用】 常委会高度重视发挥人大密切联系人民群众的优势，认真贯彻落实代表法，努力创新代表工作方式，提高代表活动实效。一是高度重视县人代会闭会期间的代表活动，努力搭建代表依法履职、密切联系群众的平台，为代表执行职务创造条件。二是加强乡镇人大“人大代表之家”建设，为每个乡镇“代表之家”购置了一台液晶电视，并补助经费8000元，达到了“八有”、“六上墙”、“五项制度”标准。“八有”即有固定场所、有标志、有办公桌椅、有制度、有阅览室，有学习资料书籍、有档案、有电脑。“六上墙”即代表照片、职责、计划、制度、提议案建议情况、参加公益活动情况上墙。“五项制度”即学习制度、考勤制度、联系制度、帮扶制度、归档制度。通过深化代表之家建设，规范了代表活动，增强了代表参加各项活动的自觉性，使代表之家成为代表履职培训中心、学习交流中心、研讨中心和信息中心。三是创新代表工作机制，提高代表履职能力。加强代表小组规范化建设，建立健全代表活动组织体系；建立健全激励机制，激发代表履职热情；完善代表活动方式，增强代表活动实效；健全建议办理机制，切实提高办理质量；创新代表工作保障机制，提升代表履职水平。

【试行刚性监督】 为了提高建议办理质量，制定出台《石林县人大常委会〈关于对“一府两院”办理视察检查中所提意见建议情况进行民主测评的办法〉》。该办法着重强调：“一府两院”办理县人大常委会视察、检查报告的函中所提建议的情况，在向县人大常委会报告办理情况后，常委会组成人员将对办理情况进行审议，审议结束后进行民主测评，测评结果当场公布；民主测评满意、基本满意达不到80%的，返回重新办理；重办后，县人大常委会仍然不满意的，县人大常委会有权向县委提出对有关干部进行调整的建议。办法规定，县人民政府分管领导、法检两院主要领导，必须到会报告办理情况，听取测评意见反馈。办法的出台实施，进一步提升了“一府两院”的人大意识，提高了事关人民群众切身利益的民生问题的解决率。

【加大宣传力度】 县人大常委会认真贯彻落实省委、市委、县委人大工作会议精神，不断拓展人大新闻宣传工作的深度和广度，人大工作的社会影响力进一步增强。2010年度，协助市人大常委会研究室、昆明电视台拍摄反映石林县人大工作、代表风采专题片4期，在全国、省、市各级报刊上发表文章信息71篇（条）。宣传工作受到了市人大常委会表彰，信息工作被市人大常委会评为先进单位，在省第十九次宣传人民代表大会制度好作品评选中获二等奖一篇、优秀奖一篇，昆明市第十八届宣传人民代表大会制度好新闻、好文章评选中获一等奖一篇、三等奖三篇。

【检查《中华人民共和国农村土地承包法》实施情况】 3月23日，县人大常委会组织部分县人大代表对石林县贯彻执行《农村土地承包法》的情况进行了执法检查。检查组认为，《农村土地承包法》自2003年3月1日施行以来，县人民政府结合石林县的实际，广泛宣传动员，认真组织实施：一是较好地完成了确权发证工作。制定了《农村土地承包经营权证补换发工作实施方案》，安排专项资金30万元，按照承包面积、承包合同、承包位置、承包经营权证与登记簿“四相符”的原则，为全县5.42万家庭承包户（20.42万人）和354户公开承包经营大户颁发了农村土地承包经营权证书，落实了农村土地承包关系长期稳定不变的政策，让广大农户吃了“定心丸”。二是出台了《农村土地承包经营权流转实施细则》，积极推进农村土地经营权流转。到2009年底，全县在册耕地面积23.47万亩，流转农村土地承包经营权3.03万亩，占家庭承包经营耕地面积的13%；签订土地流转书面合同3247份，占应签订流转合同的77.99%。土地承包经营权流转工作的推进，激发了农村土地承包经营活力，为实现土地规模化经营，提高农业产业化经营水平，促进农民增收创造了条件。三是开展了农村土地承包经营纠纷仲裁试点工作。成立了县农村土地承包纠纷仲裁委员会，明确了仲裁员、书记员等工作职责和相关工作制度。检查中发现：学习、宣传还不够广泛、深入，一些干部、群众对《农村土地承包法》的内容了解不多，有的甚至不知道这部最关乎农民权益的法律存在，一定程度上影响了农村土地承包法的贯彻执

行；对农村土地承包合同的管理不够规范，存在土地承包合同书、承包经营权证与登记簿不相符的情况；依法有序进行农村土地承包经营权流转尚有差距，农户采用口头协议、不订立书面流转合同、未到村集体经济组织备案就进行土地承包经营权流转的情况普遍存在；土地承包纠纷仲裁机构与同级农经站合并办公，机构、人员未落实，土地承包经营权纠纷仲裁职能履行不到位。针对存在问题检查组建议：第一，进一步深入学习、宣传、贯彻好《农村土地承包法》，使这部调整农村土地承包关系的专门法律真正深入人心，引导群众依法维护自身权益，认真履行自己应尽的义务。第二，进一步加强对农村土地承包合同书、承包经营权证和相关表册的规范管理。第三，依法规范农村土地承包经营权的有序流转，积极为广大农民流转土地承包经营权提供信息咨询、合同签订等服务，维护农民在土地承包经营权流转中的合法收益。第四，健全农村土地承包纠纷仲裁工作机构、机制，及时、有效化解矛盾纠纷，促进农业农村工作健康发展。

【视察滇东现代烟草农业综合示范区建设情况】 3月24日，县人大组织部分县人大代表和相关部门负责人组成视察组，对石林县滇东现代烟草农业综合示范区建设情况进行了视察。视察组认为：滇东现代烟草农业综合示范区建设在县委、县人民政府高度重视下，精心组织，采取超常规措施，强化部门协作，积极筹资融资，克服了时间紧、任务重、资金短缺等困难，各项建设进展顺利。视察中发现：项目建设资金缺口较大，筹措资金到位慢；项目建设内容多，工程量大，工期紧；干旱造成可用水量不足，抗旱移栽难度大；部门之间的协作联系不够，烤房群建设中的用电问题有待协商解决。针对存在问题视察组建议：第一，千方百计筹措资金，确保项目建设所需资金的到位。第二，精心组织，加强督促，确保建设项目按省市要求时限完成，实现项目建设达到一流水平。第三，检修好机电排灌，组织好抽水、拉水设备，调度好生产用水，动员好烟农，积极开展抗旱保苗，抗旱移栽，按照烟叶生产标准化要求，栽出一流的烤烟。第四，加强各部门之间的协调联系，调动各职能部门的积极性，协同作战，形成合力，全力推进项目建设。

【视察农村用电建设管理情况】 4月20日，县人大组织部分县人大代表和相关部门人员组成视察组，对农村用电建设管理情况进行了视察。在县委、县人民政府的领导下，通过县供电部门的积极努力和各相关部门的协作配合，争取了省、市供电部门的支持，投资3亿多元，实施了110千伏（小东山）变电站二期改（扩）建工程、110千伏石林变电站工程、35千伏大屯中心变电站增容改造工程、县城电网改造、35千伏二站（圭山、月湖变电站）三线（石林线、圭山线、板桥线）工程、电网自动化调度系统建设、石林大道电缆入地工程、第三批一站六线农网完善等一批重点工程，使全县电力事业迅速发展，电网结构有效改善，城乡用电管理进一步规范，供电管理和服务水平全面提高，供电质量和供电保障率大幅提升，居民用电负担切实减轻，全县年供电量由6000万千瓦时上升到1.89亿千瓦时。视察中发现：农网改造还需进一步加强；农业生产用电安全宣传教育工作有待加强；农村居民建盖房屋侵占原有公共电力通道的现象时有发生，存在的安全隐患没有及时排除；服务意识还需强化。针对存在问题视察组建议：第一，应进一步完善农网设施，巩固提升农网改造成果，保障农村居民用电安全。第二，加强安全用电知识的宣传和培训，加强安全用电监管，保证农业生产用电安全。第三，对侵占已建公共供电通道线路的行为，应组织相关职能部门依法整治，对存在的安全隐患，应明确责任主体，及时消除隐患。第四，认真落实"三公开、四到户、五统一"等措施，全面改进服务态度，全面提高服务质量。

【检查贯彻执行《云南省中小企业促进条例》情况】 4月22日，县人大组织部分县人大代表和有关方面的人员，对石林县贯彻执行《云南省中小企业促进条例》的情况进行了检查。检查组认为，县人民政府及其职能部门高度重视《云南省中小企业促进条例》的贯彻执行，成立了专门的组织机构，制定出台了一系列关于促进中小企业和非公经济发展的政策和措施。从2008年到2010年县财政安排了900万元中小企业发展专项扶持资金，争取国家、省、市扶持中小企业发展专项资金1616万元，扶持培育规模以上工业企业从18户发展到现有的34户，使石林县中小企业逐步走向快速、健康发展的轨道。2009年底，全县中小企业户数达595户，从业人员16300人，上缴税金5512万元。同时加大了县生态工业集中区建设的力度，努力营造一流发展环境，为中小企业发展搭建平台。检查中发现：对中小企业的重要性认识不够，对中小企业的支持力度不够；对中小企业指导、协调、服务不够；中小企业对知识产权、技术创新、人员培训、信用担保、保障权益、品牌战略、开拓市场、信息化建设等缺乏长远规划，缺乏核心竞争力，企业经济总量和规模小等问题。针对存在问题，检查组建议：第一，统一思想，加大宣传，提高认识，加大对中小企业的扶持力度。第二，加强领导，充实人员，切实做好对中小企业的指导、协调、服务等工作。第三，加强指导，抓好专业园区的规划与专业园区的建设工作，规范行业生产经营行为，制定行业标准，提高行业整体水平，提高中小企业核心竞争力。

【视察云南昆明石林台湾农民创业园建设情况】 5月12日，县人大组织部分县人大代表组成视察组，对云南昆明石林台湾农民创业园建设情况进行了视察。视察组认为：云南昆明石林台湾农民创业园自2008年12月17日经国家农业部、国台办批准设立以来，在省、市、县委和政府的正确领导下，县委、县人民政府按照"两年突破"的要求，于2009年3月8日组建了台创园管理委员会，遵循"高起点规划、高标准建设、设施配套完善、分期稳步推进"的原则，2009年6月16日全面启动了水、电、路、通讯、有线电视等园区基础设施建设。建立健全工作机制，加大基础设施建设和招商引资力度，积极筹措资金，促进土地流转，园区建设顺利推进。截至2010年5月12日，入口区建设、核心区给水、山顶公园建设、园区主干道建设、核心区景观大道、主干道绿化、高石哨新农村改造等工程项目已全面完成投入使用；完成土地流转1.5万亩；招商引资签订投资协议12个，到位资金8310万元，入驻企业12家（台资企业4家），其中建成健康发展的企业有万家欢、锦苑花卉产业园、旺园、雪兰生态牧场等企业，石林爱生行微藻光生物反应器示范基地一期工程已建成投产；园区建设各级财政累计投入建设资金7019万元，其中：省级投入240万元，市级投入2974万元，县财政投入3805万元。视察中发现：园区融资困难，建设资金短缺；招商引资工作成效不够明显，辐射带动力不强；水资源紧缺，严重制约发展。针对存在问题视察组建议：第一，积极向上争取项目资金支持，同时加大融资力度。第二，瞄准高附加值农产品深加工、高科技产品生产加工项目进行招商，着力提升园区项目的辐射带动能力。第三，加快园区水利基础设施建设，增强园区招商吸引力，确保入园企业健康发展。

【检查贯彻执行《中华人民共和国义务教育法》情况】 5月13～14日，县人大组织部分县人大代表对石林县贯彻执行《中华人民共和国义务教育法》情况进行了检查。检查组认为：多年来，县人民政府始终坚持把教育摆在优先发展的战略地位，始终坚持依法治教，始终把教育事业摆在民生工作的首要位置。认真履行“党以重教为先，政以兴教为本”的责任，切实解决教育工作中的困难和问题，使义务教育法得到了较好的落实，促进了教育事业的较快发展。检查中发现：城乡教育发展不够平衡；义务教育完学率有待进一步提高；素质教育工作还需进一步加强；师训工作特别是山区教师的培训工作需要进一步加强；寄宿制学校的教师集教员、保安、保育员于一身，工作任务繁重；年老体弱教师的退休问题需要加快解决。针对存在问题检查组建议：第一，切实推进教育均衡发展，建立必要的山区教师准入、教师流动、城市支持山区，鼓励教师长期扎根山区教育等机制，进一步推进教育均衡发展。第二，实施义务教育完学率工程，切实提高普九的巩固率。第三，切实抓好素质教育，进一步促进学生全面发展。第四，适当增加教师特别是山区教师的培训经费。第五，应认真落实寄宿制学校的职工编制。第六，年老体弱的教师应参照享受公务员的退休政策。

【视察全县学校安全工作情况】 5月13日，县人大组织部分县人大代表和相关职能部门人员，对全县学校安全工作情况进行了视察。视察组认为：石林县的学校安全工作，在县委、县人民政府的正确领导下，坚持“安全第一、预防为主、综合治理”的方针，以学校平安稳定为目标，建立健全安全管理制度和应急机制，加强学生安全教育和管理，认真排查安全隐患，狠抓综合整治、制度建设和人员管理，实现了“六个到位”，即组织领导到位、财政投入到位、责任落实到位、宣传教育到位、隐患排查整改到位、应急管理建设到位，依法维护了学校周边秩序，保护了师生合法权益，确保了学校安全。视察中发现：学校周边有乱堆乱放、占道经营现象；低速载货汽车、摩托车、拖拉机接送学生的现象仍然没有彻底杜绝；学校安全保卫力量、物防、技防有待进一步加强和落实；学校食品卫生安全监管力度还不够；拆危排危工作还需强化。针对存在问题视察组建议：第一，加大学校周边环境的整治力度，营造良好的教育教学环境。第二，健全完善公交车接送学生的机制体制，坚决取缔低速载货汽车、摩托车、拖拉机接送学生的现象。第三，建立人防、物防、技防三位一体的防控体系。第四，加强校园食品卫生安全监管，切实保障校园食品安全。第五，统筹安排好拆危排危工程，有计划地分期分批抓紧组织实施。

【视察煤炭矿山安全生产工作情况】 5月18日，县人大组织部分县人大代表和相关职能部门人员，对全县煤炭矿山安全生产工作情况进行了视察。视察组认为：石林县的煤炭矿山安全生产工作，加强制度建设，规范生产行为；深入开展“安全生产年”活动，严把春节后复产验收关，建立健全隐患排查治理机制，推进标准化建设，努力改善安全生产条件；采取高压态势，严厉打击私挖盗采行为，煤炭矿山安全生产形势明显好转。视察中发现：安全生产制度建设和落实有待加强；矿山安全监管队伍力量薄弱，县煤管办人员老化，专业技术人员匮乏，监管难以到位；护矿队无机构设置、无执法资格、无权益保障，人员流动大，装备落后，开展工作难度大；东源石林公司7、8、9号井证照不齐全，存在违法生产、乱开井口行为；部分企业主安全意识不强，安全投入不足，人行道、矿车轨道存在安全隐患；私挖盗采的矿井没有彻底炸封填埋，安全隐患大。针对问题视察组建议：第一，加强制度建设和落实，进一步规范生产行为。第二，强化监管队伍建设，配齐配强专业技术人员。第三，加强综合执法队伍建设，提高快速反应能力和处置能力。第四，加大监督力度，杜绝违法生产行为。第五，加大安全生产投入，强势推进标准化建设。第六，建立健全打击私挖滥采的长效机制。

【视察道路交通、消防安全情况】 5月18日，县人大组织部分县人大代表对石林县道路交通、消防安全情况进行了视察。视察组认为：县人民政府及其职能部门高度重视道路交通、消防安全工作，进一步落实了责任制，加大了经费投入，加快了基础设施建设步伐。加大了对道路交通、消防安全隐患排查整治力度，交通监管、事故处置和应急救援、防控能力进一步提升。总体上看，全县道路交通、消防安全工作取得了不少实际成效，但道路交通、消防安全形势却不容乐观：截至5月15日，共发生交通事故607起，死亡27人，受伤282人，直接经济损失509038元；同比事故起数上升150.38%、死亡人数上升 237.5%、受伤人数上升 271.06%、经济损失上升 8.34%；截至 5 月 18 日，共发生火灾 17 起，直接财产损失 232132 元。同比火灾起数上升了 240%，直接财产损失上升了 189.66%。主要考核指标大幅度上升，表明全县道路交通、消防安全面临严峻形势。视察中发现：道路交通、消防安全基础设施薄弱，装备、设施、车辆的经费依然投入不足，不适应日益繁重的交通管理、抢险及火灾应急救援攻坚工作的需要；排查出的安全隐患整治不到位。道路交通方面，辖区 G326 线等重点公路存在明显安全隐患，道路交通事故频发；消防方面，印象大酒店存在的突出消防安全隐患，一直未得到实际整改；交警大队多年来人员缺编较突出，现有的警力与日益繁重的工作任务要求明显不相适应；乡村道路监管存在漏洞，一些重要路口或重点路段，没有警示标识或防控措施，车辆违章载人的问题依然没有得到有效解决；乡村消防组织不健全，管理措施落实不到位，消防基础设施滞后，对初起火灾难以进行有效处置。针对存在问题视察组建议：第一，进一步加大对道路交通、消防安全的装备、设施、车辆的经费投入，尤其是要优先解决抢险救援车辆的经费，提升道路交通的监管水平和火灾防控、应急救援能力。第二，加大隐患排查和督促整改力度。对辖区 G326 线等重点公路存在的明显安全隐患及印象大酒店存在的突出消防安全隐患，要明确责任，切实采取措施整改。第三，针对近年来城市建设扩大、道路增多、车辆增多，管理任务明显加重的实情，及时研究解决交警大队缺编、警力明显不足的问题。第四，强化乡村道路监管，落实防控措施，加大对违章载人等违法行为的整治力度，保障乡村道路交通安全有序。第五，加快乡（镇）专职消防队和志愿消防队等消防组织建设步伐，解决好乡村护路设障限宽影响消防车辆进出的问题，改造老化电气线路，减少致灾因素。

【视察森林防火、水利防汛安全工作情况】 5 月 18～19 日，县人大组织部分县人大代表组成视察组，对森林防火、水利防汛安全工作进行了视察。视察组认为：在县委的领导下，县人民政府对森林防火工作高度重视。面对持续严重干旱，森林火险等级居高的严峻形势，主动出击，防处并举，在火源管理、队伍建设、巡查设卡、配强装备等方面下大力、出举措，做了大量深入细致的工作，切实有效地遏制了森林火灾事故率的上升。视察中发现：部分卡点的巡查巡检工作出现疲惫松懈情况；旱情的持续加剧、森防人员的增加和装备设备的补充更新使基层资金压力增大，运转困难，投入明显不足；组织、协调、指挥能力有待提高。针对存在问题视察组建议：第一，森林防火形势依然严峻，只能加强，不能松懈。第二，加大投入力度，努力解决各级专业扑火队的经费困难，增强处置能力，提高战斗力。第三，进一步完善森林火灾应急预案，特别是加强和提高一线组织水平。

石林县水资源相对缺乏，水资源极为宝贵。一直以来，县人民政府十分重视水利建设事业的发展，倾力支持水利基础设施建设，使水利建设事业得到了长足发展，确保了全县大面上的人畜饮水安全，保持了良好的社会稳定局面。在部分库塘空库运行的状况下，深谋远虑，积极采取措施，做好防汛准备工作，抗旱防汛并举。对全县防汛工作于 4 月底和 5 月上旬分别作了两次检查，并及时进行了整改。视察中发现：一些地方干部群众在持续干旱面前，防汛意识不强；持续干旱导致多数水库、坝塘空库运行，部分坝堤出现沉陷开裂，隐患增多；管理经费不足，设施设备老化，维护工作滞后；水库库容量不准确，水资源家底不清。针对存在问题视察组建议：第一，加强宣传，增强各级干部群众抗大旱、防大汛的思想意识。第二，加大排查力度，及时消除隐患，建立监测、巡查制度，确保汛期安全。第三，增加投入，建管并重，进一步加强水利设施维修管护工作。第四，对全县水库、坝塘库容进行一次测量复核，摸清库容底数，更好地为全县经济社会发展服务。

【视察非煤矿山、建筑施工、建材加工行业的安全生产情况】 5 月 19 日，县人大组织部分全国、省、市、县人大代表和有关方面人员对非煤矿山、建筑施工、建材加工行业的安全生产情况进行了视察。视察组认为：石林县的非煤矿山、建筑施工、建材加工行业的安全工作在县委、政府的正确领导下，坚持“安全第一，预防为主，综合治理”的方针，狠抓工作责任和措施的落实，积极开展安全生产大检查和专项整治，稳妥做好安全生产事故防范工作，有效遏制了生产安全事故的发生。年内，全县 87 个非煤矿山、14 个建筑施工企业、75 个建材企业未发生重大安全事故，安全生产工作继继保持稳定的良好态势。视察中发现：部分企业营业执照存在转租、工程分包现象，导致主体资格不合法，安全生产责任得不到落实；阿诗玛东路高压线、路灯线裸露，存在安全隐患；安全工作还存在上紧下松的情况。针对问题视察组建议：第一，加强对企业营业执照、工程承包的监管工作。第二，完善城市管网入地工程建设，杜绝安全事故的发生。第三，加大企业自身安全及周边环境安全的宣传、监管工作，强化企业及员工的安全意识。

【视察殡葬改革工作情况】 7 月 3 日，县人大组织部分县人大代表和有关人员，对石林县的殡葬改革工作情况进行了视察。视察组认为：殡葬改革工作在县委、县人民政府的正确领导下，取得了明显的成效，完善了殡葬管理工作体系，制定了殡葬管理工作计划，签订了 2010 年殡葬管理目标责任书。出台了《中共石林县委关于进一步加强殡葬管理工作的通知》、《石林县人民政府关于加快推进殡葬改革工作的实施意见》、《石林县农村公益性公墓管理规定》等殡葬改革工作的相关政策，成立了殡葬执法大队。投资 1200 万元建设的 12 个农村公益性公墓已投入使用。投资 230 万元修建福座陵园的简易公路已投入使用，企业投资 2100 万元建设的福座陵园殡仪馆，已进入安装调试阶段，预计 2010 年 7 月底投入使用。截至 2010 年 6 月 30 日，全县死亡人数 704 人，已火化遗体521具，火化率达74%，超过了市下达60%指标任务数。已在12个农村公益性公墓安葬497具。发放遗体火化补助费50万元，下拨公墓管护费22万元，清除制碑点58家，搬迁坟墓2108家，平毁活人墓94家，绿化植树25000株，殡葬改革工作得到了顺利推进。视察中发现：部分基层干部和群众对殡葬改革的法律法规和有关政策还不十分了解；县级经营性公墓福座陵园殡仪馆通信线路未拉通，墓地开发建设相关手续报批滞后，严重影响整体工作进程；12个农村公益性公墓绿化美化不到位，部分公墓安葬不规范。针对存在问题视察组建议：第一，加大殡葬改革宣传力度，让殡葬改革的法律法规和有关政策进社区、进村组，人人明白殡葬改革工作的目的和意义，为2011年1月1日全面推行殡葬改革工作打牢基础。第二，加快推进县级经营性公墓福座陵园殡仪馆通信线路、墓地开发建设进程。第三，落实12个农村公益性公墓的管理办法，规范墓区安葬行为，加快绿化美化工作进程。

【视察创建省级文明县城工作情况】 8月12日，县人大组织部分县人大代表，对石林县创建省级文明县城工作情况进行了视察。视察组认为，县委、县人民政府自2010年初提出争创“云南省文明县城”工作目标以来，成立了创建工作指挥部、上报了《石林县创建云南省文明县城的申报方案》、印发了《石林县创建省级文明县城实施方案的通知》。为扎实推动工作，6月29日召开了创建省级文明县城工作推进会，动员全县各级各部门迅速行动起来，认真对照标准全面摸底，狠抓落实，掀起省级文明县城创建工作新高潮。截至视察前，创建工作基础指标共7个测评项目、29项指标、114个测评内容、289项测评标准，大部分指标已经完成，创建工作取得了阶段性成果。视察中发现：宣传动员不够，全民参与创建活动的知晓率和参与率不高；硬件建设需要加强，教师新村片区和部分街巷道路破损严重，建成区市政管理标识、宣传牌陈旧未更新；整治工作力度需要加大，临街面行道树脚垃圾污水没有整治，卫生死角普遍存在，街道上车辆乱停乱放、占道经营等没有根本改观，吃水河沟渠清污清淤、周边环境卫生整治力度不够，农贸市场卫生差、摊位内乱堆乱放，不文明行为随处可见；没有做到“创建活动经费列入财政预算”，影响创建工作的开展。针对存在问题视察组建议：第一，进一步加大创建工作的宣传力度，着力增强全民参与创建工作的意识，切实提高全民的创建知晓率与参与率。第二，对需要修建的道路、标识等要及时投资修缮，存在的卫生死角要全面督促整改，对城市秩序管理要加大执法力度，全面规范。第三，安排创建活动经费，确保创建工作有序推进。

【跟踪检查县第十五届人大第三次会议1号议案和187号建议办理情况】 8月31日，县人大组织部分县人大代表和相关部门人员，对县第十五届人大第三次会议1号议案《新建小黑龙潭小坝、改善板桥镇集镇供水的议案》和187号建议《加强打击毁林开荒、非法占用林地行为》办理情况进行了跟踪检查。检查组认为：县人民政府对1号议案的办理高度重视，做了大量深入细致的工作。为改善供水条件做了三套方案进行了充分的分析论证和比选，最后才确定建设方案。随后及时组织专业技术人员进行勘测设计，安排主管部门和涉及镇、村、组协调建设用地等工作。至2010年11月23日完成了建设工程施工招投标，11月30日施工机械进场开工，已完成大调节池的土方开挖，其他工程内容正常开展。预计2011年1月底工程完工，春节通水并供水。检查中发现：建设资金尚未全部落实；工程进度还需抓紧。针对存在问题检查组建议：第一，资金须足额到位，确保工程正常推进。第二，加强组织领导，强力推进工程进度。

对187号建议办理情况，检查组认为：县人民政府重视森林资源的保护工作，每年开展多次打击毁林开荒行为专项行动，严厉打击擅自开垦林地行为，并要求各乡镇实行动态监管，强化林政执法。近年来，共清收毁林开荒面积98174平方米，有效遏制了毁林开荒案件的势头，促进了石林的生态建设。检查中发现：宣传工作还不够；监管力度不够强；对擅自毁林开荒的地块未实施还林。针对检查中发现的问题检查组建议：第一，进一步加大《森林法》的宣传力度，做到家喻户晓。第二，强化执法，依法严查重处偷盗林木、损坏苗木、毁林开荒的违法行为。第三，认真督促落实擅自毁林开荒的植被恢复工作。

【视察2010年招商引资工作情况】 9月28日，县人大组织部分县人大代表和相关部门人员，对2010年招商引资工作情况进行了视察。视察组认为：2010年，招商引资工作在县委的正确领导下，县人民政府高度重视，措施有力，取得了明显成效。一是高度重视。2010年，按不同的产业和园区，把原有的21个招商分局整合为7个招商分局，由县级领导担任招商分局局长和协助领导。县委、政府主要领导每月深入园区和招商项目一线调研、指导项目建设，协调帮助企业解决困难。二是创新招商方式。调整招商格局，突出产业招商、园区招商、以商招商，注重招大引强、招商选商。三是搭建招商平台。努力改善硬环境，加大对三个园区市政、道路、水利、电力、通讯、供气等配套基础设施投入和建设力度；努力做优软环境，继续实施最严厉的问责制度、最严格的限时办结制度和最严肃的服务承诺制度，优化工作流程，简化办事程序，营造“三最四低”投资软环境。截至视察前：全县招商引资到位资金项目88个（含外资项目3个），内资考核实绩为16.23亿元，占市下达任务数的108%，自定目标的81%；外资考核实绩为937.15万美元，占任务数的104%。视察中发现：招商引资工作发展不平衡；制约招商引资的土地瓶颈问题亟待破解，狮山陵园的用地问题等；无序竞争影响了招商引资项目的落实。针对存在问题视察组建议：第一，切实加强对招商引资工作的领导、协调、服务工作，千方百计超额完成招商引资任务。第二，切实研究解决土地瓶颈问题，为招商引资搭建良好平台。第三，应营造出公平有序竞争的环境，促进招商引资工作。

【视察2010年度10件实事办理情况】 10月12日，县人大组织部分县人大代表和相关部门人员，对2010年度10件实事办理情况进行了视察。视察组认为：2010年，县人民政府紧紧围绕人民群众关心的热点、难点问题，按照科学发展、构建和谐石林的要求，在县第十五届人民代表大会第三次会议上，向全县人民郑重承诺重点办好“投资1.2亿元实施县人民医院搬迁新建”等10件民生实事。为确保10件实事办理按期完成，县人民政府将10件实事纳入立项督查，并将目标任务分解到部门、责任明确到各项目责任单位主要领导。截至视察前，10件实事办理工作有序推进，取得了一定成效。视察中发现：10件实事办理进展缓慢，发展不平衡；建设资金到位不够理想，资金缺口较大；对项目建设的领导、协调、管理力度不够。针对存在问题视察组建议：第一，统一思想、提高认识，千方百计把承诺的实事办好办实，取信广大的人民群众。第二，切实加强协调工作，积极争取省市补助和配套资金尽快到位。第三，进一步加强项目建设的领导，强化质量监管、廉政监管。

【检查县人民政府办理县第十五届人大第三次会议代表议案、建议情况】 10月15日，县人大组织部分市、县人大代表，相关单位领导，对县人民政府办理县第十五届人大第三次会议代表议案、建议情况进行了检查。检查组认为：2010年，在县人民政府领导下，各承办单位深入基层，深入代表，深入实际，把议案、建议办理工作当做一项重要而严肃的政治任务来抓，做到了“五个切实”即切实加强领导、切实提高认识、切实督促检查、切实强化措施、切实注重实效。通过各承办单位的共同努力，2件议案，217件建议已按时限要求办理完毕，面商率、答复率均为100%；满意的有214件，满意率98.62%；基本满意的有1件，基本满意率为0.46%；不满意的有2件，不满意率0.92%，回访率为58%。做到了事事有着落，件件有回音。所提问题已解决或部分解决的有85件，占38.8%，其中农牧、林业、水利方面的20件；土地、城建、交通、环保、工业、工商方面的40件；教育、文化、体育、卫生方面的8件；财政方面的5件；民政、劳动、人事、公安、司法方面的12件；所提问题已纳入规划或部门工作计划逐步解决的有90件，占40.10%，其中水利、烟草、扶贫、社会主义新农村建设方面的有43件；土地、城建、交通方面的有24件；教育、文化、体育、卫生、民宗方面的有6件；旅游方面的有7件；民政、劳动人事方面的有10件；所提问题因条件限制或其他原因不能解决的有44件，占20.10%，其中农牧、水利、烟草方面的有5件；城建、交通、工业方面的有15件；教育、文化、体育、科技方面的有10件；财政方面的有2件；民政、劳动人事、司法方面的有12件。检查中发现：个别单位办理工作的主动性不够，创造性、实效性差，只满足于书面答复应付了事，不注重解决实际问题；代表提出的水、路、学校、集镇建设等建议解决率低，解决率与2009年比减少27个百分点；1号议案办理进展缓慢；肥水养鱼有反弹势头。针对存在问题检查组建议：第一，加强领导，进一步提高对代表议案、建议办理工作重要性的认识，创新办理工作思路，切实提高解决率。第二，增加财政投入，确保水、路、学校、集镇建设方面的建议落到实处。第三，加大1号议案的办理力度，确保2011年2月建成投入使用。第四，坚决取缔肥水养鱼并建立长效管理机制。

【调研科技项目实施给农民带来实惠的情况】 11月20日，根据县人大常委会年度工作计划，经县第十五届人大常委会主任会议研究决定，由教科文卫工委牵头，对2008~2010年近三年来科技项目实施给农民带来实惠的情况进行了调研。调研认为：三年来，县委、县人民政府紧紧围绕县域经济发展需要，加强对科技项目实施的组织领导，采用外引优良品种和先进生产技术，内培市场前景广阔和技术含量高的农业生产技术，不断扶持培育壮大名特优产业龙头，实现不断优化农业产业结构和农民增收致富。三年中县科技行政主管部门共组织实施各级农业科技项目59个，项目涉及全县各乡（镇）初具产业规模的猪、牛、羊、鸡、甜柿、油桃、枇杷、人参果、葡萄、雪莲果、蔬菜、鲜切花等，共实现新增产值10493.48万元，新增收入2992.73万元。这些科技项目的实施，从不同侧面提升了该领域的科技含量，并取得了较好的经济、社会和生态效益，为全县经济社会的持续发展作出了积极的贡献；科技项目的实施促进了农民的增收；龙头企业的辐射带动作用日益明显；科技项目的实施提升了县域经济的科技含量。调研中发现：部分干部职工和群众对科技项目重要性的认识还存在一定的差距；科技项目经费和科技项目管理中仍有部分脱节的现象；科技项目管理人才缺乏。针对存在问题调研组建议：第一，加大宣传力度，着力提高广大干部群众对实施科技项目重要性的认识。第二，修改完善科技计划管理办法，不断规范科技项目管理行政执法，使之更具指导性和操作性。第三，建立健全县级科技项目经费投入的长效机制。第四，加强科技项目管理人才的培养，逐步形成老、中、青比例协调的科技项目管理人才梯次结构。

（撰稿人：县人大常委会　付建生）

石林彝族自治县人民政府

领导成员

【县人民政府领导名录】

县　长：毕春华（女，彝族，1月起）
副县长：张忠贵
　　　　李福军（彝族）
　　　　潘华光
　　　　戴　平
　　　　王彦平
　　　　和加卫（纳西族）
　　　　黄　杰
　　　　邢　晋（1月起）
　　　　吴子云（女，4月起）
　　　　张津华（彝族，12月起）

重要文件目录

石政发

石林彝族自治县人民政府关于认真抓好2010年农业工作的通知
石政发〔2010〕1号
2010年5月22日

石林彝族自治县人民政府关于认真抓好2010年国家级烟叶标准化生产示范区及滇东现代烟草农业示范区建设工作的通知
石政发〔2010〕3号
2010年3月3日

石林彝族自治县人民政府印发县第十五届人大三次会议县人民政府三个报告的通知
石政发〔2010〕4号
2010年2月25日

石林彝族自治县人民政府印发石林彝族自治县石林岔口片区房屋拆迁安置补偿办法的通知
石政发〔2010〕5号
2010年1月5日

石林彝族自治县人民政府关于彝族第一村斗牛城建设项目用地被征地人员社会保障工作的实施方案
石政发〔2010〕6号
2010年1月5日

石林彝族自治县人民政府关于调整重点文物保护单位贪官许良安遗臭碑和武庙古建筑群保护范围的通知
石政发〔2010〕7号
2010年1月14日

石林彝族自治县人民政府印发石林彝族自治县农村公益性公墓管理规定（试行）的通知
石政发〔2010〕8号
2010年1月21日

石林彝族自治县人民政府关于授予娄国民等五位同志见义勇为先进分子荣誉称号的决定
石政发〔2010〕9号
2010年2月3日

石林彝族自治县人民政府转发石林彝族自治县国家传统知识知识产权保护试点工作方案的通知
石政发〔2010〕10号
2010年3月1日

石林彝族自治县人民政府印发石林彝族自治县关于进一步繁荣发展少数民族文化事业的实施意见的通知
石政发〔2010〕11号
2010年3月10日

石林彝族自治县人民政府印发石林彝族自治县鹿阜旧城改造暂行办法的通知
石政发〔2010〕12号
2010年1月3日

石林彝族自治县人民政府印发桃园水乡房屋拆迁补偿安置办法的通知
石政发〔2010〕13号
2010年5日11日

石林彝族自治县人民政府关于进一步落实安全生产“一岗双责”责任制的通知
石政发〔2010〕14号
2010年4月14日

石林彝族自治县人民政府印发石林彝族自治县2010年争取上级专项资金考核奖励办法的通知
石政发〔2010〕15号
2010年4月15日

石林彝族自治县人民政府印发石林彝族自治县农村住宅建设管理暂行办法的通知
石政发〔2010〕16号
2010年5月11日

石林彝族自治县人民政府印发石林彝族自治县政府投资建设项目前期工作经费管理暂行办法的通知
石政发〔2010〕17号
2010年4月21日

石林彝族自治县人民政府印发石林彝族自治县救灾捐赠款物管理办法（试行）的通知
石政发〔2010〕18号
2010年4月30日

石林彝族自治县人民政府关于建立健全安全生产监管县域全覆盖制度的通知
石政发〔2010〕19号
2010年5月14日

石林彝族自治县人民政府印发石林彝族自治县生态县建设实施方案的通知
石政发〔2010〕20号
2010年5日18日

石林彝族自治县人民政府印发石林彝族自治县城镇低收入家庭廉租住房保障办法的通知
石政发〔2010〕21号
2010年6日12日

石林彝族自治县人民政府关于印发石林彝族自治县文化产业发展专项资金使用管理办法（试行）的通知
石政发〔2010〕22号
2010年6日12日

石林彝族自治县人民政府关于印发政府工作规则的通知

石政发〔2010〕23号

2010年6日13日

石林彝族自治县人民政府关于印发石林彝族自治县投资项目审批制度改革实施意见的通知

石政发〔2010〕24号

2010年7日2日

石林彝族自治县人民政府印发石林彝族自治县县级财政追加预算支出审批制度的通知

石政发〔2010〕25号

2010年8日9日

石林彝族自治县人民政府关于推行环境保护“一岗双责”责任制的实施意见

石政发〔2010〕26号

2010年8日9日

石林彝族自治县人民政府关于印发石林彝族自治县生态工业集中区西街口片区征地拆迁补偿办法的通知

石政发〔2010〕27号

2010年8日18日

石林彝族自治县人民政府关于石林彝族自治县生态工业集中区标准厂房管理办法试行的通知

石政发〔2010〕28号

2010年8日26日

石林彝族自治县人民政府关于表彰2010年度师德标兵先进教师先进教育工作者的决定

石政发〔2010〕29号

2010年9日6日

石林彝族自治县人民政府印发石林彝族自治县农业龙头企业认定和运行监测管理暂行办法的通知

石政发〔2010〕30号

2010年9日16日

石林彝族自治县人民政府关于印发石林彝族自治县生态工业集中区龙源风力发电项目用地征地拆迁补偿办法的通知

石政发〔2010〕31号

2010年10日17日

石林彝族自治县人民政府关于表彰2010年度老龄工作先进集体和先进个人的通知

石政发〔2010〕32号

2010年10日17日

石林彝族自治县人民政府印发石林彝族自治县黑龙潭水库水源区马石坎村截污工程建设项目征地拆迁补偿办法的通知

石政发〔2010〕33号

2010年10日14日

石林彝族自治县人民政府印发石林彝族自治县新型农村社会养老保险试点工作实施方案的通知

石政发〔2010〕34号

2010年10日25日

石林彝族自治县人民政府印发石林彝族自治县城乡统筹发展加快推进“四集中”三年行动计划（2011～2013年）的通知

石政发〔2010〕35号

2010年11日3日

石林彝族自治县人民政府关于表彰优秀残疾人和残疾人事业先进工作者的决定

石政发〔2010〕36号

2010年12日16日

石林彝族自治县人民政府关于表彰创建国家园林县城工作先进集体和先进个人的通知

石政发〔2010〕37号

2010年12日23日

石林彝族自治县人民政府关于精简调整县级行政审批项目及管理服务项目的通知

石政发〔2010〕38号

2010年12日30日

石林彝族自治县人民政府关于加快推进中低产林改造的实施意见

石政发〔2010〕39号

2010年7日5日

石林彝族自治县人民政府印发石林彝族自治县荣获国家级省级先进集体荣誉称号表彰奖励办法（试行）的通知

石政发〔2010〕40号

2010年12日15日

石政办发

石林彝族自治县人民政府办公室关于县人民政府领导工作分工的通知

石政办发〔2010〕2号

2010年1月12日

石林彝族自治县人民政府办公室关于进一步加强狂犬病防控工作的通知

石政办发〔2010〕3号

2010年1月5日

石林彝族自治县人民政府办公室关于进一步完善重点林区林间农地户主森林防火责任制的通知

石政办发〔2010〕6号

2010年1月19日

石林彝族自治县人民政府办公室印发鹿阜旧城小古城片区改造工作实施方案的通知

石政办发〔2010〕8号

2010年1月21日

石林彝族自治县人民政府办公室印发石林彝族自治县2010年新型农村合作医疗实施方案的通知

石政办发〔2010〕9号

2010年1月15日

石林彝族自治县人民政府办公室转发石林彝族自治县处置拖欠克扣劳动者工资等劳动保障突发事件应急预案的通知

石政办发〔2010〕10号

2010年2月1日

石林彝族自治县人民政府办公室转

发昆明市人民政府办公厅关于春节期间加强烟花爆竹管理文件的通知
石政办发〔2010〕11号
2010年2月10日

石林彝族自治县人民政府办公室转发云南省人民政府关于切实加强森林防火工作文件的通知
石政办发〔2010〕12号
2010年2月11日

石林彝族自治县人民政府办公室转发云南省人民政府2010年森林防火命令的通知
石政办发〔2010〕13号
2010年2月14日

石林彝族自治县人民政府办公室印发石林彝族自治县国有建设用地使用权出让合同专项清理工作方案的通知
石政办发〔2010〕14号
2010年2月10日

石林彝族自治县人民政府办公室关于认真做好2010年县人大代表议案、建议和县政协建议案、提案办理工作的通知
石政办发〔2010〕15号
2010年2月22日

石林彝族自治县人民政府办公室印发鹿阜旧城武庙片区改造工作实施方案的通知
石政办发〔2010〕16号
2010年2月21日

石林彝族自治县人民政府办公室关于印发石林彝族自治县2010年度推进依法行政工作计划的通知
石政办发〔2010〕17号
2010年2月25日

石林彝族自治县人民政府办公室印发石林彝族自治县集中式饮用水源保护区突发环境污染事件应急预案的通知
石政办发〔2010〕18号
2010年2月26日

石林彝族自治县人民政府办公室转发昆明市国有投资建设项目预算和决算公示制度实施暂行办法的通知
石政办发〔2010〕19号
2010年3月5日

石林彝族自治县人民政府办公室印发石林彝族自治县抗旱救灾爱国卫生活动方案的通知
石政办发〔2010〕20号
2010年3月10日

石林彝族自治县人民政府办公室关于进一步加强中小学幼儿园安全管理工作的通知
石政办发〔2010〕21号
2010年3月10日

石林彝族自治县人民政府办公室关于转发加强基层审计工作意见的通知
石政办发〔2010〕22号
2010年3月10日

石林彝族自治县人民政府办公室印发石林彝族自治县燃气事故应急预案的通知
石政办发〔2010〕25号
2010年3月19日

石林彝族自治县人民政府办公室印发石林彝族自治县2010年度国土资源执法动态巡查计划的通知
石政办发〔2010〕26号
2010年3月2日

石林彝族自治县人民政府办公室关于开展严厉打击私挖滥采矿产资源专项整治行动的紧急通知
石政办发〔2010〕27号
2010年3月19日

石林彝族自治县人民政府办公室关于在全县开展安全生产大检查的紧急通知
石政办发〔2010〕28号
2010年3月20日

石林彝族自治县人民政府办公室关于进一步加强政务调研工作的通知
石政办发〔2010〕29号
2010年3月19日

石林彝族自治县人民政府办公室关于做好清明节期间群众文明祭祀活动有关工作的通知
石政办发〔2010〕31号
2010年3月24日

石林彝族自治县人民政府办公室印发石林彝族自治县突发环境污染事故和生态破坏事故应急预案的通知
石政办发〔2010〕32号
2010年3月23日

石林彝族自治县人民政府办公室印发石林彝族自治县规范公民个人欠缴费治理工作方案的通知
石政办发〔2010〕34号
2010年3月29日

石林彝族自治县人民政府办公室关于印发推行行政机关行政绩效管理等四项制度的实施方案和实施办法的通知
石政办发〔2010〕35号
2010年3月31日

石林彝族自治县人民政府办公室印发石林彝族自治县2010年预防道路交通事故工作方案的通知
石政办发〔2010〕37号
2010年3月2日

石林彝族自治县人民政府办公室关于认真吸取“4·01”特大道路交通事故教训进一步做好道路交通事故防控工作的紧急通知
石政办发〔2010〕39号
2010年4月2日

石林彝族自治县人民政府办公室关于调整县第三次文物普查领导小组成员的通知
石政办发〔2010〕40号
2010年4月5日

石林彝族自治县人民政府办公室印

发石林彝族自治县建筑工程突发事故应急预案的通知
石政办发〔2010〕42号
2010年4月2日

石林彝族自治县人民政府办公室关于开展2009年度劳动保障执法年审工作的通知
石政办发〔2010〕43号
2010年4月7日

石林彝族自治县人民政府办公室转发昆明市人民政府办公厅关于加快市县乡三级联动便民服务体系建设实施方案的通知
石政办发〔2010〕46号
2010年4月9日

石林彝族自治县人民政府办公室关于做好2010年汛前准备工作的通知
石政办发〔2010〕48号
2010年4月16日

石林彝族自治县人民政府办公室印发石林彝族自治县中小学幼儿园区域布局规划三年行动方案的通知
石政办发〔2010〕49号
2010年4月19日

石林彝族自治县人民政府办公室印发石林彝族自治县2009年度土地卫片执法检查工作实施方案的通知
石政办发〔2010〕50号
2010年4月10日

石林彝族自治县人民政府办公室印发石林彝族自治县2010年度地质灾害防灾减灾方案的通知
石政办发〔2010〕52号
2010年4月21日

石林彝族自治县人民政府办公室印发石林彝族自治县申报国家农业科技园区工作方案的通知
石政办发〔2010〕53号
2010年4月22日

石林彝族自治县人民政府办公室关于印发石林彝族自治县2010年纠风工作实施意见的通知
石政办发〔2010〕54号
2010年4月22日

石林彝族自治县人民政府办公室关于县人民政府领导工作分工的通知
石政办发〔2010〕55号
2010年4月29日

石林彝族自治县人民政府办公室关于2010年劳动节放假及加强节日期间相关工作的通知
石政办发〔2010〕56号
2010年4月30日

石林彝族自治县人民政府办公室印发石林彝族自治县推行行政绩效管理制度等四个实施方案的通知
石政办发〔2010〕57号
2010年4月20日

石林彝族自治县人民政府办公室印发石林彝族自治县“两基”迎国检工作方案的通知
石政办发〔2010〕58号
2010年5月2日

石林彝族自治县人民政府办公室印发“效能政府”建设活动实施方案的通知
石政办发〔2010〕59号
2010年4月24日

石林彝族自治县人民政府办公室转发昆明市重大决策听证制度实施细则的通知
石政办发〔2010〕60号
2010年5月7日

石林彝族自治县人民政府办公室印发石林彝族自治县大屯片区征地拆迁补偿方案的通知
石政办发〔2010〕61号
2010年5月14日

石林彝族自治县人民政府办公室关于印发安全生产监管县域全覆盖零申报工作实施方案的通知
石政办发〔2010〕62号
2010年5月14日

石林彝族自治县人民政府办公室关于印发石林彝族自治县2010年公共机构节能工作实施方案的通知
石政办发〔2010〕64号
2010年5月17日

石林彝族自治县人民政府办公室转发昆明市人民政府办公厅关于做好2010年度地质灾害防治工作的通知
石政办发〔2010〕65号
2010年5月18日

石林彝族自治县人民政府办公室印发石林彝族自治县西城区征地拆迁补偿方案的通知
石政办发〔2010〕66号
2010年5月18日

石林彝族自治县人民政府办公室印发石林彝族自治县森林火灾应急预案的通知
石政办发〔2010〕67号
2010年5月19日

石林彝族自治县人民政府办公室关于推进企业使用正版软件的通知
石政办发〔2010〕68号
2010年5月19日

石林彝族自治县人民政府办公室关于进一步做好全县手足口病防治工作的通知
石政办发〔2010〕69号
2010年5月12日

石林彝族自治县人民政府办公室印发石林彝族自治县地方志工作管理规定的通知
石政办发〔2010〕70号
2010年5月21日

石林彝族自治县人民政府办公室印发石林彝族自治县城市雨水收集利用规定的通知
石政办发〔2010〕71号

2010 年 5 月 24 日

石林彝族自治县人民政府办公室印发石林彝族自治县户外广告设施整治方案的通知

石政办发〔2010〕73 号

2010 年 5 月 31 日

石林彝族自治县人民政府办公室印发石林彝族自治县职业教育中心建设方案的通知

石政办发〔2010〕74 号

2010 年 5 月 31 日

石林彝族自治县人民政府办公室转发昆明市人民政府关于创建国家级创业型城市有关文件的通知

石政办发〔2010〕78 号

2010 年 6 月 5 日

石林彝族自治县人民政府办公室印发石林彝族自治县安全生产警示管理办法（试行）的通知

石政办发〔2010〕79 号

2010 年 6 月 11 日

石林彝族自治县人民政府办公室印发云桂铁路大可乡境内段征地拆迁补偿办法的通知

石政办发〔2010〕81 号

2010 年 6 月 17 日

石林彝族自治县人民政府办公室印发云桂铁路鹿阜镇境内段征地拆迁补偿办法的通知

石政办发〔2010〕82 号

2010 年 6 月 18 日

石林彝族自治县人民政府办公室印发云桂铁路板桥镇境内段征地拆迁补偿办法的通知

石政办发〔2010〕83 号

2010 年 6 月 17 日

石林彝族自治县人民政府办公室印发石林彝族自治县预算单位公务卡管理暂行办法的通知

石政办发〔2010〕84 号

2010 年 6 月 21 日

石林彝族自治县人民政府办公室关于全面实行公务卡结算制度的通知

石政办发〔2010〕85 号

2010 年 6 月 21 日

石林彝族自治县人民政府办公室印发石林彝族自治县构筑社会消防安全防火墙工程实施方案的通知

石政办发〔2010〕86 号

2010 年 6 月 24 日

石林彝族自治县人民政府办公室印发石林彝族自治县人民调解以奖代补实施方案（试行）的通知

石政办发〔2010〕87 号

2010 年 6 月 29 日

石林彝族自治县人民政府办公室印发石林彝族自治县 2010 年廉租住房及租赁补贴分配工作实施方案的通知

石政办发〔2010〕88 号

2010 年 7 月 5 日

石林彝族自治县人民政府办公室关于认真清理政府债务规范投融资工作的通知

石政办发〔2010〕89 号

2010 年 6 月 28 日

石林彝族自治县人民政府办公室关于印发石林彝族自治县人民政府政务服务中心管理制度及考核办法的通知

石政办发〔2010〕90 号

2010 年 7 月 5 日

石林彝族自治县人民政府办公室印发石林彝族自治县进一步加强乳品和含乳食品专项整治工作实施方案的通知

石政办发〔2010〕91 号

2010 年 7 月 19 日

石林彝族自治县人民政府办公室转发石林彝族自治县 326 国道 K1171～K1179 路段安全隐患整治工作方案的通知

石政办发〔2010〕92 号

2010 年 7 月 13 日

石林彝族自治县人民政府办公室印发石林彝族自治县煤炭矿山非法开采重大隐患整治工作方案的通知

石政办发〔2010〕93 号

2010 年 7 月 13 日

石林彝族自治县人民政府办公室关于县人民政府领导工作分工的通知

石政办发〔2010〕94 号

2010 年 7 月 7 日

石林彝族自治县人民政府办公室关于切实做好汛期防洪、防雷电等安全工作的紧急通知

石政办发〔2010〕95 号

2010 年 7 月 13 日

石林彝族自治县人民政府办公室印发石林彝族自治县进一步加强乳品和含乳食品专项整治工作实施方案的通知

石政办发〔2010〕96 号

2010 年 7 月 19 日

石林彝族自治县人民政府办公室转发昆明市人民政府办公厅关于进一步加大工作力度确保实现公共机构节能目标文件的通知

石政办发〔2010〕98 号

2010 年 7 月 26 日

石林彝族自治县人民政府办公室转发石林彝族自治县 2010 年整治违法排污企业保障群众健康环保专项行动实施方案的通知

石政办发〔2010〕99 号

2010 年 7 月 26 日

石林彝族自治县人民政府办公室关于进一步深化丘北经验推广工作的通知

石政办发〔2010〕100 号

2010 年 7 月 26 日

石林彝族自治县人民政府办公室转发石林彝族自治县“十一五”时期消防事业发展规划专项检查工作方案的通知

石政办发〔2010〕101 号

2010 年 7 月 28 日

石林彝族自治县人民政府办公室关于印发石林彝族自治县 2010 年财政补贴高效照明产品推广实施方案的通知
石政办发〔2010〕104 号
2010 年 8 月 11 日

石林彝族自治县人民政府办公室关于进一步做好防雷安全工作的通知
石政办发〔2010〕105 号
2010 年 8 月 12 日

石林彝族自治县人民政府办公室关于政府机构改革部门印章启用等有关事项的通知
石政办发〔2010〕106 号
2010 年 8 月 17 日

石林彝族自治县人民政府办公室关于切实做好防汛蓄水工作的紧急通知
石政办发〔2010〕108 号
2010 年 8 月 19 日

石林彝族自治县人民政府办公室关于认真抓好 2010 年国家级烟叶标准化生产示范区及整县推进现代烟草农业烤烟中后期管理及收购工作的通知
石政办发〔2010〕109 号
2010 年 8 月 9 日

石林彝族自治县人民政府办公室关于切实加强汛期灾害防治工作的紧急通知
石政办发〔2010〕110 号
2010 年 8 月 20 日

石林彝族自治县人民政府办公室印发石林彝族自治县乡镇镇容和环境卫生管理考核办法的通知
石政办发〔2010〕111 号
2010 年 8 月 26 日

石林彝族自治县人民政府办公室关于抓紧开展人工增雨作业的紧急通知
石政办发〔2010〕112 号
2010 年 8 月 20 日

石林彝族自治县人民政府办公室关于对县清理化解其他公益性乡村债务工作进行专项审计的通知
石政办发〔2010〕113 号
2010 年 9 月 1 日

石林彝族自治县人民政府办公室印发石林彝族自治县 2010 年配合昆明市创建国家环保模范城市任务分解表的通知
石政办发〔2010〕115 号
2010 年 9 月 8 日

石林彝族自治县人民政府办公室印发石林彝族自治县 2010 年创建国家生态县任务分解表的通知
石政办发〔2010〕116 号
2010 年 9 月 8 日

石林彝族自治县人民政府办公室关于印发石林彝族自治县 2011～2015 年政府直接债务偿还计划的通知
石政办发〔2010〕117 号
2010 年 6 月 30 日

石林彝族自治县人民政府办公室转发石林彝族自治县乡镇政府专职消防队组建工作方案的通知
石政办发〔2010〕118 号
2010 年 9 月 13 日

石林彝族自治县人民政府办公室印发石林彝族自治县加强河道长效管理工作实施方案的通知
石政办发〔2010〕121 号
2010 年 9 月 16 日

石林彝族自治县人民政府办公室关于表彰全县“会计管理先进集体”和“先进会计工作者”的通知
石政办发〔2010〕123 号
2010 年 9 月 25 日

石林彝族自治县人民政府办公室转发中共昆明市委办公厅昆明市人民政府办公厅关于城乡统筹发展加快推进“四集中”工作文件的通知
石政办发〔2010〕124 号
2010 年 9 月 28 日

石林彝族自治县人民政府办公室关于印发石林彝族自治县城乡医疗救助一站式即时结算服务管理模式实施方案的通知
石政办发〔2010〕125 号
2010 年 9 月 27 日

石林彝族自治县人民政府办公室关于印发石林彝族自治县试行免费婚前医学检查工作实施意见的通知
石政办发〔2010〕126 号
2010 年 9 月 27 日

石林彝族自治县人民政府办公室关于印发石林彝族自治县人口和计划生育局主要职责内设机构和人员编制规定的通知
石政办发〔2010〕127 号
2010 年 10 月 1 日

石林彝族自治县人民政府办公室关于印发石林彝族自治县公安局主要职责内设机构和人员编制规定的通知
石政办发〔2010〕128 号
2010 年 9 月 30 日

石林彝族自治县人民政府办公室关于印发石林彝族自治县教育局主要职责内设机构和人员编制规定的通知
石政办发〔2010〕129 号
2010 年 10 月 1 日

石林彝族自治县人民政府办公室关于印发石林彝族自治县民政局主要职责内设机构和人员编制规定的通知
石政办发〔2010〕130 号
2010 年 10 月 1 日

石林彝族自治县人民政府办公室关于印发石林彝族自治县卫生局主要职责内设机构和人员编制规定的通知
石政办发〔2010〕131 号
2010 年 10 月 1 日

石林彝族自治县人民政府办公室关于印发石林彝族自治县食品药品监督管

理局主要职责内设机构和人员编制规定的通知

石政办发〔2010〕132号

2010年10月1日

石林彝族自治县人民政府办公室关于印发石林彝族自治县人力资源和社会保障局主要职责内设机构和人员编制规定的通知

石政办发〔2010〕133号

2010年10月1日

石林彝族自治县人民政府办公室关于印发石林彝族自治县政府办公室主要职责内设机构和人员编制规定的通知

石政办发〔2010〕134号

2010年10月1日

石林彝族自治县人民政府办公室关于印发石林彝族自治县旅游文化广播电视局主要职责内设机构和人员编制规定的通知

石政办发〔2010〕135号

2010年10月1日

石林彝族自治县人民政府办公室关于印发石林彝族自治县发展和改革局主要职责内设机构和人员编制规定的通知

石政办发〔2010〕136号

2010年10月1日

石林彝族自治县人民政府办公室关于印发石林彝族自治县工业经贸和科技信息化局主要职责内设机构和人员编制规定的通知

石政办发〔2010〕137号

2010年10月1日

石林彝族自治县人民政府办公室关于印发石林彝族自治县统计局主要职责内设机构和人员编制规定的通知

石政办发〔2010〕138号

2010年10月1日

石林彝族自治县人民政府办公室关于印发石林彝族自治县目标管理督查办公室主要职责内设机构和人员编制规定的通知

石政办发〔2010〕139号

2010年10月1日

石林彝族自治县人民政府办公室关于印发石林彝族自治县民族宗教事务局主要职责内设机构和人员编制规定的通知

石政办发〔2010〕140号

2010年10月1日

石林彝族自治县人民政府办公室关于印发石林彝族自治县环境保护局主要职责内设机构和人员编制规定的通知

石政办发〔2010〕141号

2010年10月1日

石林彝族自治县人民政府办公室关于印发石林彝族自治县国土资源局主要职责内设机构和人员编制规定的通知

石政办发〔2010〕142号

2010年10月1日

石林彝族自治县人民政府办公室关于印发石林彝族自治县住房和城乡规划建设局主要职责内设机构和人员编制规定的通知

石政办发〔2010〕143号

2010年10月1日

石林彝族自治县人民政府办公室关于印发石林彝族自治县交通运输局主要职责内设机构和人员编制规定的通知

石政办发〔2010〕144号

2010年10月1日

石林彝族自治县人民政府办公室关于印发石林彝族自治县财政局主要职责内设机构和人员编制规定的通知

石政办发〔2010〕145号

2010年10月1日

石林彝族自治县人民政府办公室关于印发石林彝族自治县人民政府法制办公室主要职责内设机构和人员编制规定的通知

石政办发〔2010〕146号

2010年10月1日

石林彝族自治县人民政府办公室关于印发石林彝族自治县审计局主要职责内设机构和人员编制规定的通知

石政办发〔2010〕147号

2010年10月1日

石林彝族自治县人民政府办公室关于印发石林彝族自治县水务局主要职责内设机构和人员编制规定的通知

石政办发〔2010〕148号

2010年10月1日

石林彝族自治县人民政府办公室关于印发石林彝族自治县农林局主要职责内设机构和人员编制规定的通知

石政办发〔2010〕149号

2010年10月1日

石林彝族自治县人民政府办公室关于印发石林彝族自治县安全技术监督局主要职责内设机构和人员编制规定的通知

石政办发〔2010〕150号

2010年10月1日

石林彝族自治县人民政府办公室关于印发石林彝族自治县司法局主要职责内设机构和人员编制规定的通知

石政办发〔2010〕151号

2010年10月1日

石林彝族自治县人民政府办公室关于调整2010年烤烟收购计划任务的通知

石政办发〔2010〕152号

2010年10月4日

石林彝族自治县人民政府办公室关于进一步加强我县扩大内需中央投资项目管理工作的通知

石政办发〔2010〕153号

2010年10月11日

石林彝族自治县人民政府办公室关于做好2011年新型农村合作医疗筹资工作的通知

石政办发〔2010〕154号

2010年9月29日

石林彝族自治县人民政府办公室印发石林彝族自治县2010年农村危房改造及地震安居工程实施方案的通知
石政办发〔2010〕155号
2010年10月29日

石林彝族自治县人民政府办公室关于转发〈云南省人民政府办公厅关于进一步做好当前第六次全国人口普查工作的通知〉的通知
石政办发〔2010〕156号
2010年10月18日

石林彝族自治县人民政府办公室关于开展重点行业领域生产经营单位安全生产状况普查登记工作的通知
石政办发〔2010〕157号
2010年10月18日

石林彝族自治县人民政府办公室印发2010年季节性流行性感冒疫苗接种工作实施方案的通知
石政办发〔2010〕158号
2010年10月19日

石林彝族自治县人民政府办公室印发石林彝族自治县西街口片区龙源石林风力发电项目建设用地工作实施方案的通知
石政办发〔2010〕159号
2010年10月25日

石林彝族自治县人民政府办公室关于进一步加强天气预报和气象灾害预警信息服务工作的通知
石政办发〔2010〕160号
2010年11月1日

石林彝族自治县人民政府办公室关于认真做好第九次全省卫生县城检查评比存在问题整改工作的通知
石政办发〔2010〕161号
2010年11月4日

石林彝族自治县人民政府办公室关于启用石林彝族自治县机关事务管理中心印章的通知
石政办发〔2010〕162号
2010年11月4日

石林彝族自治县人民政府办公室转发石林彝族自治县民族中学搬迁新建项目征地拆迁工作实施办法的通知
石政办发〔2010〕163号
2010年11月11日

石林彝族自治县人民政府办公室印发石林彝族自治县推行使用清洁能源及禁止使用高污染燃料试点工作实施方案的通知
石政办发〔2010〕164号
2010年11月11日

石林彝族自治县人民政府办公室关于县级成品粮动态储备入库价格有关事项的通知
石政办发〔2010〕165号
2010年11月18日

石林彝族自治县人民政府办公室印发石林世界自然遗产保护区村组生产生活扶持项目和资金管理暂行办法的通知
石政办发〔2010〕166号
2010年11月18日

石林彝族自治县人民政府办公室印发石林世界自然遗产保护区村组生产生活扶持项目管理制度的通知
石政办发〔2010〕167号
2010年11月20日

石林彝族自治县人民政府办公室印发石林彝族自治县高层建筑消防安全专项整治工作方案的通知
石政办发〔2010〕169号
2010年11月26日

石林彝族自治县人民政府办公室印发石林彝族自治县加强非法超限超载车辆治理工作实施方案的通知
石政办发〔2010〕170号
2010年11月26日

石林彝族自治县人民政府办公室印发石林彝族自治县人民政府办公室内设机构主要职责及中层领导设置规定的通知
石政办发〔2010〕171号
2010年11月30日

石林彝族自治县人民政府办公室印发石林彝族自治县2010年度农村一池三改建设实施方案的通知
石政办发〔2010〕172号
2010年11月9日

石林彝族自治县人民政府办公室印发石林彝族自治县医药卫生体制五项重点改革2010年主要任务和工作目标的通知
石政办发〔2010〕173号
2010年12月6日

石林彝族自治县人民政府办公室关于切实抓好2011年度森林防火工作的通知
石政办发〔2010〕174号
2010年11月25日

石林彝族自治县人民政府办公室印发石林彝族自治县石林大道沙地砖厂北片区征地拆迁工作实施办法的通知
石政办发〔2010〕175号
2010年12月8日

石林彝族自治县人民政府办公室印发石林彝族自治县石林大道沙地砖厂南片区征地拆迁工作实施办法的通知
石政办发〔2010〕176号
2010年12月8日

石林彝族自治县人民政府办公室关于县人民政府领导工作分工的通知
石政办发〔2010〕177号
2010年12月10日

石林彝族自治县人民政府办公室关于进一步做好冬春季节消防工作的通知
石政办发〔2010〕179号
2010年12月23日

石林彝族自治县人民政府办公室关于整合农村气象综合信息服务系统的通知
石政办发〔2010〕180号
2010年12月23日

石林彝族自治县人民政府办公室印发石林彝族自治县政府投资建设项目审计审减费用管理暂行办法的通知

石政办发〔2010〕181号

2010年12月27日

石林彝族自治县人民政府办公室印发石林彝族自治县国有资产出租、处置审批规定的通知

石政办发〔2010〕183号

2010年12月31日

石林彝族自治县人民政府办公室关于加强综合应急救援队伍建设的通知

石政办发〔2010〕184号

2010年12月30日

石林彝族自治县人民政府办公室印发石林彝族自治县综合应急救援队伍管理规定（试行）的通知

石政办发〔2010〕185号

2010年12月31日

石林彝族自治县人民政府办公室关于认真抓好2011年烤烟育苗及大田准备工作的通知

石政办发〔2010〕186号

2010年12月31日

石政办通

石林彝族自治县人民政府办公室关于切实加强森林防火蓄水池建设的通知

石政办通〔2010〕4号

2010年1月24日

石林彝族自治县人民政府办公室关于做好“2·24”火灾事故处置工作的紧急通知

石政办通〔2010〕7号

2010年2月24日

石林彝族自治县人民政府办公室关于开展新型农村社会养老保险调查摸底工作的通知

石政办通〔2010〕8号

2010年2月25日

石林彝族自治县人民政府办公室关于进一步明确乡镇森林防火工作职责的通知

石政办通〔2010〕9号

2010年3月3日

石林彝族自治县人民政府办公室关于下达2010年就业再就业及农村劳动力培训转移工作目标任务的通知

石政办通〔2010〕13号

2010年3月9日

石林彝族自治县人民政府办公室关于全面开展防震减灾知识宣传教育的通知

石政办通〔2010〕18号

2010年4月16日

石林彝族自治县人民政府办公室关于开展审计执法检查暨审计行风评议的通知

石政办通〔2010〕25号

2010年5月7日

石林彝族自治县人民政府办公室关于切实抓好抗旱保苗工作的紧急通知

石政办通〔2010〕26号

2010年5月7日

石林彝族自治县人民政府办公室关于成立云南昆明石林国家农业科技园区建设协调领导小组的通知

石政办通〔2010〕30号

2010年5月24日

石林彝族自治县人民政府办公室关于切实做好2010年人工防雹工作的通知

石政办通〔2010〕32号

2010年5月24日

石林彝族自治县人民政府办公室关于在全县范围内开展劳动用工执法大检查的通知

石政办通〔2010〕34号

2010年5月29日

石林彝族自治县人民政府办公室关于进一步加强水源工程建设质量管理的通知

石政办通〔2010〕37号

2010年6月7日

石林彝族自治县人民政府办公室关于做好石林景区7月13日雷击自然灾害事故处置工作的紧急通知

石政办通〔2010〕42号

2010年7月13日

石林彝族自治县人民政府办公室关于开展全县税收大检查工作的通知

石政办通〔2010〕57号

2010年9月12日

石林彝族自治县人民政府办公室关于建筑施工现场使用预拌混凝土的通知

石政办通〔2010〕58号

2010年9月15日

石林彝族自治县人民政府办公室关于推进第三代移动通信网络建设的通知

石政办通〔2010〕67号

2010年10月30日

重要会议

【县第十五届人民政府第七次常务会议】 2010年4月29日，县第十五届人民政府第七次常务会议在石林会议中心召开。县人民政府常务会议组成人员参加会议；县政府办副主任，各乡镇人民政府乡镇长，县安全生产委员会成员，县交通安全委员会、县防火安全委员会主任、副主任、办公室主任列席会议；会议邀请县委、县人大、县政协各一位领导到会指导。会议专题研究了煤矿安全生产及打击私挖滥采工作、全县消防安全工作、全县交通安全工作。

【县第十五届人民政府第八次常务会议】 5月5日，县第十五届人民政府第八次常务会议在石林会议中心召开。县人民政府常务会议组成人员参加会议；县政府办副主任，县财政局、县监察局、县安监局、县教育局、县人事劳

动和社会保障局、县建设局、县国土资源局、县政府法制办主要领导，各乡镇人民政府乡镇长，县公安局分管领导、县公安局消防大队教导员、大队长列席会议；会议邀请县委、县人大、县政协、县纪委各一位领导到会指导。会议专题研究了消防安全工作、学校安全工作；讨论了《石林彝族自治县农村住宅建房管理实施试行办法》、关于部分非税收入上缴国库纳入预算管理等有关事项。

【县第十五届人民政府第九次常务会议】 7月5日，县第十五届人民政府第九次常务会议在行政中心439会议室召开。县人民政府常务会组成人员参加会议；县政府办副主任，县监察局、县财政局、县发改局、县水务局、县农牧局、县烟办主要领导和各乡镇人民政府乡镇长列席会议；会议邀请县委、县人大、县政协、县纪委各一位领导到会指导。会议对2010年上半年经济运行进行了分析、专题研究了2010年水源建设和防汛蓄水工作。

【县第十五届人民政府第六次全体会议】 7月5日，县第十五届人民政府第六次全体会议在石林会议中心召开。县人民政府组成人员参加会议；县委办、县人大办、县政协办、县纪委办各一位领导，各乡镇人民政府乡镇长，不是县人民政府组成部门的县人民政府所属各部委办局、企事业单位和县总工会、县妇联、团县委、县工商联主要领导，中央、省、市驻石单位主要负责人列席会议；会议邀请县委、县人大、县政协、县纪委、县检察院、县法院各一位领导到会指导。会议听取了2010年上半年“效能石林”建设和党风廉政建设情况通报；对2010年上半年工作作了认真总结，安排布置了下半年工作。

【县第十五届人民政府第十次常务会议】 10月11日，县第十五届人民政府第十次常务会议在行政中心439会议室召开。县人民政府常务会组成人员参加会议；县政府办副主任，县旅管会、县台创委、县工管会、县监察局、县民政局、县财政局、县人力资源和社会保障局、县国土资源局、县环保局、县住建局、县交运局、县农林局、县水务局主要领导和鹿阜、石林、板桥镇人民政府镇长列席会议；会议邀请县委、县人大、县政协各一位领导到会指导。会议专题研究了鹿阜镇、石林镇、板桥镇区划调整事宜。

【县第十五届人民政府第十一次常务会议】 12月7日，县第十五届人民政府第十一次常务会议在行政中心339会议室召开。县人民政府常务会组成人员参加会议；县政府办副主任，县发改局、县工信局、县监察局、县民政局、县财政局、县人力资源和社会保障局、县国土资源局、县住建局、县交运局、县农林局、县卫生局、县食药监管局、县人口计生局、县爱卫办、县电信局、移动石林分公司、联通石林分公司主要领导，各乡镇人民政府乡镇长列席会议；会议邀请县委、县人大、县政协各一位领导到会指导。会议研究讨论了《石林彝族自治县关于拓展高端信息化的实施意见》、《石林彝族自治县关于深化医药卫生体制改革的实施意见》、《石林彝族自治县加快推进城乡一体化建设实施意见》。

【县第十五届人民政府第七次全体会议】 12月29日，县第十五届人民政府第七次全体会议在石林会议中心12楼报告厅召开。县人民政府组成人员参加会议；县委办、县人大办、县政协办、县纪委办各一位领导，县政府办副主任，各乡镇人民政府乡镇长，不是县人民政府组成部门的县人民政府所属各委办局、企事业单位和县总工会、团县委、县妇联、县科协、县工商联主要领导，中央、省、市驻石单位负责人列席会议；会议邀请县委、县人大、县政协、县纪委、县人武部、县检察院、县法院各一位领导到会指导。会议讨论了拟提交县第十五届人民代表大会第五次会议审议的《政府工作报告（讨论稿）》、《石林彝族自治县国民经济和社会发展第十二个五年规划纲要（讨论稿）》，县人民政府县长毕春华作了重要讲话。

县人民政府办公室

【县人民政府办公室】 1949年7月成立路南县临时人民政府后，设立秘书室。后几经变动，1980年9月恢复县人民政府办公室。2010年，县人民政府办公室内设综合科、秘书科、政研信息科、行政后勤科（审计科）、政务科、县政府目督办（县人民政府县长热线电话办公室）、县政府外事办、县政府法制办，年底有在职职工45人（含县政府领导），其中：公务员31人，事业人员2人，工勤人员12人。单位住址在石林县行政中心五楼。2010年，县政府办集体、个人获得市级以上表彰6次。送温暖献爱心捐款3900元，抗旱献爱心捐款94100元，资助支农联系点鹿阜镇大屯村委会2000元生产经费。

主　任：蒋开彦（12月止）
副主任：李玉华（彝族，6月止）
苏健康
李劲松
黄继斌（彝族）
赵俞智
雷振涛
李云梅（女）

【综合工作】 负责与上级党委、政府及县属各单位、各部门的协调、联系，协助县政府领导、县政府办领导处理日常事务、突发事件和对外事务，做好公文、传真的收发、转办及传送。2010年共收转办理请示、报告1348份，处理率100%，办结率达98%；签收、拟办、转发上级来文来电来函5949份；处理领导批示批转件132份，上报、下发各类文件、文稿、函电资料26000余份；接待群众来电来访200余人（次）。

【文秘信息工作】 负责联系与县政府工作有关的部门和单位，及时掌握各部门、单位的工作情况，做好文件、文稿的起草、修改、审核、校对，把好文件、文稿出口关。2010年共完成各类文件1197份，起草各类报告、讲话稿、工作方案等845个；编发政务信息32期，上报信息256条，超额完成了市政府对县政府的信息考核任务。

【目督热线工作】 对涉及全县2010年经济社会发展的1350项重点工作、重点工程项目（含省、市级督查通知明确的重要工作和县委、县人民政府主要领导工作调研明确的重要工作）进行立项分解，每月定期不定期进行跟踪督查、督办，全年共下发督查通知书113个，组织各项督查429次。组织完成县人大代表议案、建议219件和县政协建议案、提案158件办理工作，面商率、答复率均为100%，满意率分别为98.62%，100%。县长热线工作接听群众来电89次，解释说明85次，受理、交办乡镇、政府职能单位办理4件，转办、督办市长热线受理交办件194件，按规定时限办结，做到事事有回音、件件有着落。

【外事工作】 认真贯彻执行国家的对外方针、政策，做好石林县对外事务、对外友好交往、礼宾接待等工作，2010年共办理全县有关领导因公出国手续2件（次），参与协调外事接待21起。

【便民工作】 充分发挥政务服务中心窗口作用，不断提高服务质量和效率，全面推行首问首办责任制、服务承诺制、限时办结制和“一站式”办结制，县级行政审批项目精简为35项，管理服务事项148项，25个服务窗口单位共受理各类办件35万余件，其中：办理行政审批类1万余件，管理服务类28万余件，办结率100%；受理咨询2万余件。

【会务工作】 严格按照规范程序做好以县政府名义召开的各类会议的会务工作，2010年共承办县政府全会、县政府常务会议、县政府办公会议、县政府专题工作会议等100余次。

（撰稿人：县政府办　李云梅、李贵平、李红仙、王云春、黄文云、汤学明、袁春霖、雷永亮、罗米佳、车敬）

2010年石林彝族自治县人民政府政务服务中心各窗口办件统计表

单位名称	1月		2月		3月		4月		5月		6月		7月		8月		9月		10月		11月		12月		
	审批事项	服务事项	审批事项	服务事项	审批事项	服务事项	审批事项	服务事项	审批事项	服务事项	审批事项	服务事项	审批事项	服务事项	审批事项	服务事项	审批事项	服务事项	审批事项	服务事项	审批事项	服务事项	审批事项	服务事项	
县民政局	557	167	372	239	456	347	415	11035	455	237	310	175	422	276	472	315	598	159	494	114	599	150	537	175	19076
县司法局	0	5	0	1	0	2	0	2	0	7	0	7	0	9	0	3	0	8	0	6	0	17	0	15	82
公安户政	0	2632	0	3494	0	2976	0	5141	0	3706	0	4130	0	4196	0	5456	0	2958	0	3037	0	3989	0	3771	45486
公安治安	0	0	0	0	0	0	0	0	0	23	0	63	0	59	0	67	0	75	0	94	0	116	0	147	644
鹿阜所	0	1424	0	1395	0	1273	0	1139	0	1230	0	947	0	1239	0	1192	0	1113	0	1440	0	1579	0	1427	15398
县卫生局	11	97	22	48	25	231	24	275	22	312	16	341	25	333	26	274	35	499	15	332	20	414	16	315	3728
县教育局	0	82	0	48	0	102	0	96	0	34	0	31	0	308	0	863	0	102	0	180	0	60	0	172	2078
县计生局	5	63	13	85	12	105	11	104	11	179	9	183	7	102	1	103	33	82	40	112	0	524	0	102	1886
石林管理局	7	0	1	0	6	0	18	0	7	0	3	0	5	0	5	0	8	0	4	0	8	0	3	0	75
旅文广体局	0	2	0	1	0	84	0	57	0	25	0	9	0	8	0	6	0	4	0	17	0	0	0	5	218
县发改局	0	4	0	5	0	7	0	13	0	11	0	3	0	8	0	6	0	13	0	2	0	4	0	4	80
县农林局	236	6	0	50	128	131	175	112	341	298	213	184	297	279	370	342	155	238	105	148	795	283	119	189	5194
县国土局	6	69	0	19	0	1346	0	37	0	223	0	107	1	41	0	114	1	71	0	53	4	261	0	226	2579
县住建局	24	0	0	24	30	0	11	0	23	0	12	20	13	28	7	17	14	19	8	11	37	10	31	7	346
县环保局	51	3	35	5	116	5	105	14	98	41	58	1	61	4	60	7	79	13	62	0	57	1	40	5	921
医保中心	0	164	0	193	0	186	0	386	0	4327	0	237	0	48	0	19	0	1943	0	2489	0	19589	0	695	30276
县质监局	49	0	33	0	69	127	5	544	1	336	3	168	2	93	1	45	6	76	3	59	6	56	40	1	1723
运管分局	82	625	44	647	133	1270	87	1092	82	763	62	1065	62	2548	75	1931	41	870	52	686	80	1313	53	1057	14720
县水务局	1	8	0	5	1	7	6	10	4	7	1	3	3	10	2	8	1	6	6	4	5	7	1	8	114
消防大队	34	0	19	0	37	0	87	0	81	0	65	0	96	0	157	0	113	0	65	0	56	0	35	0	845
县工商局	86	52	73	15	68	51	189	56	219	56	141	48	106	61	91	71	100	57	74	58	101	65	82	70	1990
县农牧局	11	36	1	24	0	16	0	16	0	21	0	35	0	29	0	0	0	0	0	0	0	0	0	0	189
县人事局	2	374	0	297	1	728	1	1262	0	738	2	669	0	404	0	1391	0	1946	2	1155	1	1415	4	1215	11607
县残联	0	180	0	97	0	420	0	303	0	197	0	99	0	138	0	128	0	150	0	108	0	0	0	0	1820
综合窗口	70	160	18	5	8	11	0	0	0	0	0	0	0	0	0	0	0	0	0	69	0	236	0	160	737
县药监局	0	0	0	0	0	0	0	0	0	6	0	0	0	19	0	4	0	13	0	0	0	5	0	15	62
县工信局	0	0	0	0	0	0	0	0	0	0	0	0	0	0	0	0	0	0	0	0	0	0	0	0	0
公安车管	1499	806	851	475	946	1024	0	2523	0	1984	0	1945	0	2355	0	2273	0	2323	0	1945	0	2126	0	2345	25420
国税局	0	3922	1	1949	0	2673	3	2711	1	3952	2	3839	1	3484	8	3262	1	2842	0	3197	0	10464	4	3057	45373
地税局	0	52	0	45	0	35	0	56	0	57	0	59	0	2862	0	4017	0	8571	0	16743	0	10922	0	12361	55780
就业局	0	0	0	3711	0	4757	0	9496	0	7269	0	5392	0	2028	0	3128	0	2595	0	691	0	402	0	220	39689
建设房管	0	0	1	446	1	331	0	502	1	292	1	200	1	608	1	572	0	314	0	145	0	373	6	1020	4815
广电局	0	161	0	156	0	68	0	132	0	108	0	123	0	0	0	0	0	0	0	0	0	0	0	0	748
烟草专卖局	0	0	26	0	0	0	20	0	31	0	30	0	22	0	38	0	60	0	10	0	33	0	23	0	293
合计	2731	11094	1510	13479	2037	18313	1157	37114	1377	26439	928	20083	1124	21577	1314	25614	1245	27060	940	32895	1802	54381	994	28784	333992

人事劳动工作

【县人力资源和社会保障局】 1983年12月10日，成立县人民政府劳动人事局。1995年2月26日，更名为县人事与劳动局。2002年6月，县人事与劳动局更名为县人事劳动和社会保障局。2010年10月，县人事劳动和社会保障局又更名为县人力资源和社会保障局。2010年10月前，局机关设办公室、人事科、工资福利科、劳动科、劳动监察科、劳动监察队；2010年10月政府机构改革中，撤销了劳动监察科、人事科，增设了就业促进与社会保险科、劳动人事争议仲裁科、政策法规科、职业能力建设科、公务员管理科、事业人员管理科。2010年底有职工20人（与县编办合署办公）。局直属单位5个，即：县社会保险局、县医疗保险分中心、县劳动就业服务局、县农村社会养老保险中心、劳动监察队，有职工43人。局机关地址在行政中心A区三楼。

2010年组织职工抗旱捐款3次，捐款金额近7万元；资助支农联系点鹿阜镇北山村委会抗旱工作经费15000元、春耕生产经费6000元、人口普查经费2000元。全年答复来信来访1268人次，办理市委书记督办件2件、市长热线转办件6件、县委书记批示件4件，信访转办件12件、信访件34件。办理人大代表、政协委员议案、提案34件，其中人大代表建议（议案）16件、政协委员提案18件（其中协办1件）。

总支书记、局长：杨春宝
副 局 长：秦 梅（女）
周震波

【人事人才工作】 完成2010年公务员招录26名、事业人员招聘55名、“三支一扶”人员招募7名（支农4名、支教3名）。按政策安置军队转业干部2名。发放企业军转干部解困补助金52848元，慰问金3600元。严格执行公开选调政策，办理人事调动、交流32人，其中：县内流动12人，调出县外14人，调入县内6人。批准6个单位开展中层干部竞争上岗工作。办理事业人员解聘1人、抽调10人，大学生村官解聘7人。完成全县147个单位4633人的岗位设置。完成事业人员继续教育业务培训3934人，公务员“忠诚教育”培训960人，都市经济培训503人。完成2010年全县机关事业单位工人技术等级考核晋升申报审核上报74人工作，其中：初级工3人，中级工20人，高级工51人。

年内引进硕士研究生5人，到石林县挂职的在职博士2人，教育、卫生、文体系统取得副高职学历及职称共50人，完成市下达的引进高层次人才50人的目标任务的114%。

2010年年底，石林县共有公务员1290人（其中政府口非领导职务主任科员为336人、副主任科员145人、科员288人）；专业技术人员3835人（其中取得高级职称268人、中级职称1768人、初级职称1782人、其他17人）。

【工资福利】 严格贯彻执行省市工资配套政策，认真做好正常调资和工资统发，抓好全县义务教育学校实施绩效工资执行工作，全年落实全县义务教育学校实施绩效工资3579人。积极申报石林县公共卫生与基层医疗卫生事业单位绩效工资实施方案，经批准后于10月1日起执行，共办理316人。及时审批各类待遇享受，全年共审批事业单位岗位设置聘用岗位后工资变动2536人。审批事业单位工作人员增加薪级工资4403人，月增资合计109946元。审批、规范、套改、变动工资1834人。审批参照公务员管理单位人员津补贴25人，规范参公人员基本工资套改25人。

【规范和构建和谐劳动关系】 深入贯彻实施《劳动合同法》，全力推进劳动合同（集体合同）制度，认真开展农民工劳动合同签订“春暖行动”，办理劳动争议仲裁案件57件，结案率达100%，调裁金额达99万元，调裁补缴社会保险27人。依法查处劳动监察执法案件68件，下达行政处罚决定4件，罚款金额达2.96万元；认定工伤28人（企业16人、机关事业单位12人）。

【效能政府四项制度】 2010年为认真贯彻落实市、县关于行政机关推行效能政府四项制度的精神及要求，进一步加强政府自身建设，深化法治政府、责任政府、阳光政府建设内涵，确保行政机关行政绩效管理、行政成本控制、行政行为监督、行政能力提升四项制度，努力形成行为规范、运转协调、公正透明、廉洁高效的政府管理体制和运行机制，人力资源和社会保障局作为负责协调各成员单位推进行政机关行政能力提升制度相关工作的牵头协调单位，切实履行牵头协调及领导小组办公室工作职责，咬紧“规范行政行为、强化目标管理、创新工作机制、搭建信息平台”四个目标，采取“建设学习型机关、推行公平公正履职，实行目标倒逼管理、推行一线工作法”四大举措，切实增强了全县行政机关及其工作人员执行政策、开展工作、服务基层的能力。全年全县共有36家行政单位组织开展专业法律知识培训、公务员都市经济知识更新培训等251个年度专题培训；搜集整理并编印成册298项部门上报的年度重点工作，按进度进行督查；贯彻一线工作法，一线决策事项89693项，一线工作联系其他事项20044项，现场办结173530事项，合作办结912事项，一线工作联动其他办结事项4286项，未能办结事项66项，采纳群众建议759条，通报事项979项，社情民意沟通其他事项253项，责任倒查追究事项27件、追究79人。

（撰稿人：县人力资源和社会保障局 李 焰）

机构编制工作

【县委机构编制办公室】 2002年7月县乡党政群机构改革以前，县机构编制委员会办公室一直设在县人事与劳动局。机构改革后，单独设立了县机构编制委员会办公室，与县人事劳动和社会保障局合署办公。2003年10月29日，设立了县事业单位登记管理局，与县编办合并办公。2010年7月县政府机构改革时，将原与县人事劳动和社会保障局合署办公的县机构编制委员会办公室单独设置，列党委机构序列，名称为中国共产党石林彝族自治县委员会机构编制办公室，保留石林彝族自治县机构编制委员会办公室牌子。2010年底，有公务员3人。单位住址在鹿阜镇石林大道行政中心A区227室。

主　　任：杨春宝

专职副主任：赵永宇

【政府机构改革】　2010年7月按照市委办公厅、市政府办公厅《关于印发〈石林彝族自治县人民政府机构改革方案〉的通知》，遵循“精简、统一、效能和上下协调、基本适应”的原则，与市政府机构设置基本对应，以建立“大工业、大建设、大农业、大旅游文化、大保障”等大部门体制为突破口，组建县工业经贸和科技信息化局，不再保留县科学技术局、县乡镇企业管理局（经济局）、县人民政府信息产业办公室；组建县住房和城乡规划建设局，不再保留县建设局；组建县农林局，不再保留县农牧局、县林业局；组建县旅游文化广播电视体育局，不再保留县文化体育局、广播电视局、旅游局；将县人事劳动和社会保障局更名为县人力资源和社会保障局、县交通局更名为县交通运输局；加强机构编制管理机构的设置，将原与县人事劳动和社会保障局合署办公的县机构编制委员会办公室单独设置，列入党委机构序列，名称为中国共产党石林彝族自治县委员会机构编制办公室，保留石林彝族自治县机构编制委员会办公室牌子，将省垂直管理的食品药品监督管理局调整为县政府工作部门，进一步调整和规范了县政府机构设置，确保政令畅通。改革后，县人民政府设置政府办公室、22个工作部门（县发展和改革局、县教育局、县工业经贸和科技信息化局、县民族宗教事务局、县公安局、县监察局、县民政局、县司法局、县财政局、县人力资源和社会保障局、县国土资源局、县环境保护局、县住房和城乡规划建设局、县交通运输局、县农林局、县水务局、县旅游文化广播电视体育局、县卫生局、县食品药品监督管理局、县人口和计划生育局、县审计局、县统计局、县安全生产监督管理局），县监察局列入政府工作部门序列不计入政府机构个数，1个部门管理机构（县人民政府法制办公室）。本次改革组建机构4个，更名机构2个，保留机构16个，省直管机构调整为县政府工作部门1个；清理议事协调办事机构2个（县人民政府扶贫开发办公室、县便民服务领导小组办公室），改革后县人民政府不再设置议事协调办事机构；取消、划转职责35项，增加职责18项，加强职责45项，梳理并明确部门间职责分工42项，建立健全了部门间协调配合机制。

【推进事业单位分类改革】　2010年按照政企分开、政资分开、政事分开、政府与市场中介组织分开的原则，根据市委市政府《关于加快推进昆明市事业单位分类改革的意见》精神，在政府机构改革时同步研究了事业单位分类改革。撤销代政府履行职责的事业单位4个（县乡镇企业管理局、县人民政府信息产业办公室、县粮食局、县煤炭行业管理办公室），清理政事不分事业单位2个（县广播电视局、县旅游局），理顺管理体制和运行机制事业单位5个（石林风景名胜区管理局、石林旅游监察中队、乃古石林管理处、长湖管理处、大叠水管理处），清理了功能弱化、业务量不饱和事业单位1个（县房地产交易中心）。

【发挥机构编制保障功能】　认真贯彻执行《地方各级人民政府机构设置和编制管理条例》、《云南省机构编制管理条例》，在严格机构编制管理同时，妥善处理好机构编制严控与改革发展关系，为石林县经济社会发展提供有力的体制机制保障。一是按程序批准成立机构6个，撤销机构1个，更名机构2个，调整人员编制机构21个、涉及编制57名（均不含政府机构改革撤销、更名、调整机构），健全工作机构1个。二是当好县委政府的参谋助手，积极为全县经济社会发展出谋划策，向县委报送请示事项13件，向县委政府和相关部门提出意见建议12项，进一步研究了城乡经济发展体制建设，拟订了城乡一体化体制建设机构编制方案，为石林县经济社会发展提供有力的体制机制支持；向市委编办报送请示事项3件；根据省委编办要求，按照经济社会发展趋势，向省委编办上报了省直管县体制建设调研报告。

【严肃机构编制纪律】　一是严格执行机构编制管理政策，做到“凡涉及职能调整、机构编制和领导职数增减严格执行编委及其办事机构一个部门承办、编委主任一支笔审批、机构编制部门一家行文”的“三个一”规定。二是把好编制关，严格控制财政供养人数。严格控制人员入口关，机关、事业单位新录用人员严格遵循“双控”和“凡进必考”的要求，申请调入人员满编或超编一律不作考虑，申请进人人数必须在空编范围内。2010年共出具人员入编审核通知59份、人员编制情况4份、领导职数情况4份。通过严控，石林县财政供养人员得到了有效控制，全县机关、事业单位总体没有超编。三是开展机构编制监督检查，确保政府机构改革和行政成本控制落到实处。为确保政府机构改革的贯彻落实，严格机构编制纪律和控制财政供养人员，经县编委领导同意，在各单位自检自查的基础上，2010年11月21～30日县编办会同纪检监察、人社、财政等部门人员，就县政府各部门机构改革推进情况，编制数、实有人数、财政供养数是否对应，是否自行设立机构和超职数配备领导，机构编制实名制管理进行了监督检查。对各单位存在的问题，检查组及时提出了整改意见或建议。

【事业单位登记管理工作】　按照《事业单位登记管理暂行条例》和《事业单位登记管理暂行条例实施细则》规定，认真做好事业单位年度检验和后期监督管理工作。一是严格对参检单位的审查审核。2009年度检验共涉及163个单位，其中10个单位免检、17个单位因其他原因暂不参加年检查。受检的136个单位按照要求提供了相关材料。经审查，136个单位均为合格，合格率达100%。二是强化事业单位登记后期监督管理，及时对单位登记信息发生变化的进行了变更登记，对一些登记信息发生变化却没有来变更的采取催办、督办，共办理变更登记31份、注销登记3份，依法设立登记13份。

（撰稿人：县编办　徐　伟）

民政工作

【县民政局】　1973年1月，成立县民政局。2010年，县民政局内设办公室、救灾救济科、优抚安置科、社区与基层政权建设科、社会事务与民间组织管理科、城乡低保科，下辖区划地名办、老龄办、军队干休所、殡仪馆。年底有在职职工34人（其中：公务员13人，事业人员15人〈参公人员1人〉，机关工人6人），离退休人员19人。单位住址在鹿阜镇阿诗玛南路199号民政宾馆一、二楼。2010年办理人大代表建议和政协委员提案17件。

书　记：杨炳学（彝族，7月起）
副书记：段维亚
局　长：段维亚
副局长：毕金星（彝族）
　　　　施丽红（女）

【殡葬改革】　2010年，石林狮山殡仪馆投入使用。改革土葬，推行火葬，火化遗体1044具。开展“三沿五区”坟墓整治，搬迁坟墓1060冢，遮挡坟墓种植乔木46570株。对违反殡葬管理法规的行为进行强制执法12例。开展丧葬用品市场清理整治，清除制碑点58家、棺材铺十余家。发放火葬补助134.69万元，下拨公墓管护费33.36万元。2010年6月3日，县民政局被昆明市人民政府表彰为昆明市殡葬改革先进单位。

按照石林县殡葬改革规定：自2010年1月1日起，本县户籍城镇居民死亡后的遗体，户籍在鹿阜、石林、板桥三个乡镇的人员死亡后的遗体，户籍在西街口镇、圭山镇、长湖镇、大可乡人民政府所在地村民委员会的人员死亡后的遗体，一律实行火葬；在县城范围内禁止抬棺（骨灰盒）游丧。

【基层政权建设】　2010年，完成第四届村委会和第三届社区居委会换届选举。推进“四议两公开”工作法，规范和完善村务公开民主管理。开展村民自治示范活动，创建市级民主法治示范村10个。开展和谐社区示范活动，推进社区民主政治建设，创建和谐社区。对全县村（居）民委员会干部和部分村民代表、村小组干部进行业务培训。

2010年底，全县辖6镇1乡，89个村委会和4个社区居委会，459个村民小组和50个居民小组。

第四届村委会选举圆满成功。图为工作人员在监督发票

【拥军优属】　春节前夕，对烈属、因公牺牲军人家属、病故军人家属、一等残废军人、军队离退休干部、部分在乡老复员军人、带病回乡退伍军人等优抚对象129户进行慰问，共慰问45150元；对驻石部队县人民武装部、武警县中队、武警消防大队、武警森警中队、石安大队三中队进行慰问，共慰问85500元。在“八一”建军节期间，慰问县人民武装部、武警森警中队、武警消防大队、武警县中队、石安大队三中队、军队干休所，召开座谈会，共慰问50000元。2010年6月25日，石林县被云南省委、省政府、省军区授予双拥先进县称号。

【优待抚恤】　按时足额发放烈属、因公牺牲军人家属、病故军人家属、老复员军人、带病回乡退伍军人、“两参”人员、伤残军人、出国参战民兵民工、义务兵家属的抚恤、补助、优待。兑现优待金665060元，解决“三难”户97户376人87208元，落实“两参”人员229人，兑现优抚对象医疗补助50人69844元。

【安置工作】　接收2009年冬季退役士兵75人。符合城镇安置政策的22人，通过技能培训、考前辅导、实绩考核公示、文化考试、择优选岗，参加选岗的22名退役士兵有11名选择了工作岗位，11名选择了自谋职业。发放城镇退役士兵自谋职业补偿金、待分配期间生活补助费等905340元。

【新社会组织登记管理】　指导民间组织对制定或修改章程、制定或修改会费标准、换届、会员（代表）大会的召开、财务管理、票据使用、设立分支机构、档案管理、四项制度（重大活动报告制度、定期联系制度、联络员制度、变更登记制度）进行规范管理，并进行年检。2010年全县登记在册的社会团体和民办非企业为52个。其中，社会团体39个：石林县绿汀甜柿产品开发协会、石林县养殖协会、石林县花果山油桃产品开发协会、石林县绿遍葡萄产业技术协会、石林县畜兴猪业技术协会、石林县吉诚山羊技术协会、石林县大田园蔬菜产业技术协会、石林县果品产业技术协会、石林县达利豌豆技术协会、石林县鸿鑫生态茶叶产品开发协会、石林县洋蓟产业开发技术协会、石林县食用菌生产技术协会、石林县升农辣椒产业技术协会、石林县长湖生态土鸡养殖开发技术协会、石林县枇杷协会、石林县农机协会、石林县棋类协会、石林县钓鱼协会、石林县信鸽协会、石林县观赏石协会、石林县教育事业发展促进会、石林县老龄事业发展促进会、石林县个体私营经济协会、石林县消费者协会、石林县延安精神研究会、石林县见义勇为协会、石林县警察协会、石林县食品药品安全管理协会、石林县烟花爆竹协会、石林县质量技术协会、石林风景名胜区餐饮协会、石林风景名胜区导游协会、石林县人参果协会、石林县残疾人养殖协会、石林县生猪协会、石林县种子协会、石林县苗木花卉协会、石林县农药协会、石林县体育总会、石林县农资流通协会、石林县企业家协会。民办非企业13个：石林县青少年俱乐部、石林县小天鹅幼儿园、石林县民族幼儿园、石林县宏欣幼儿园、石林实验学校、石林县童星幼儿园、石林县幼儿园、石林县石金幼儿园、石林县大可乡南小村幼儿园、石林县鹿阜镇紫玉村幼儿园、石林县板桥镇矣马伴村小天使幼儿园、云南昆明润达形象设计职业学校、昆明石金职业培训站。

【五保供养】 2010年全县纳入农村五保供养的人员有219户219人，其中：集中供养139户139人，分散供养80户80人。全年共发放供养资金522960元。

【老龄工作】 建立县—乡（镇）—行政村—自然村四级老龄组织网络，使用福利彩票公益金23万元，扶持16个贫困村修建老年协会活动场所、购置待客处桌椅板凳、配备文艺器材。“扶五老解住房难”特困对象3户，救助特困老人74人。敬老节期间慰问特困老人151人，发放救助金4.53万元。指导基层老年群众组织依法开展各项活动。认真落实老年人各项优惠政策，发放80岁以上高龄保健补助金4348人110万元，办理老年优待证1942本，对全县202位困难老人进行走访慰问，发放慰问金60900元。在敬老节期间，对在老龄工作中成绩突出的9个先进老年协会、9个老龄工作先进集体、9个老年协会个人、9个老龄工作先进个人、9个孝亲敬老之星进行表彰奖励，并举行了老年人文艺比赛。

【行政区划与地名管理】 完成石林县撤销鹿阜、石林、板桥三镇设立鹿阜街道办事处行政区划调整工作方案拟写和相关报件的上报工作。草拟鹿阜镇和石林镇辖区内村委会、村小组托管给“云南昆明石林台湾农民创业园区、石林生态工业园集中区、石林旅游度假区”三区管理工作方案。对石林县与宜良县行政区域界线长达128.8千米的边界线进行联合检查，调处边界纠纷3起。对石林县城部分新建小区、广场、公园地名和街、路、巷道路31条地名及台创园园区道路地名进行命名。

【婚姻登记】 对工作人员的照片、办公时间、办理时限、办公地点、办事依据、收费标准、咨询电话、监督电话等内容进行公开，接受社会监督。加强婚姻登记管理，严格婚姻登记标准。全年办理结婚登记2732对，离婚452对，补发结婚证507对。

【儿童收养】 办理儿童收养登记33件（家），接受1名弃婴移交昆明市儿童福利院寄养，组织肢残儿童手术1例，组织实施疝气儿童手术8例。

（撰稿人：县民政局　赵红文）

民族宗教工作

【县民族宗教事务局】 1983年12月，成立民族事务委员会。1992年1月，县民族事务委员会改称县民族宗教事务委员会。1994年10月17日，正式定名为县民族宗教事务局。2010年设办公室、民族科、宗教科、民族文史研究室，年底有职工10人。单位住址在石林行政中心A区二楼。2010年资助支农联系点圭山镇糯黑村委会春耕生产经费30000元。

局　长：毕卫华（彝族）

副局长：李毅飞

【法规宣传】 县民宗局3月份联合县创安办等部门在全县开展了“创建平安石林”宣传活动。4月16日，配合县委举办了石林县2010年民族团结教育宣讲报告会专题讲座，云南省民族团结教育宣传团成员、云南省民族研究所所长赵学先教授作了《民族区域制度是解决我国民族问题的基本政策和基本政治制度》的报告。6月份与县委宣传部配合开展了“民族团结教育宣传周”活动。12月4日，与政法委等部门开展“法治宣传日”宣传活动。在2010年的宣传活动中，县民宗局共出动宣传车10余次，工作人员21人次，发放民族宗教政策、法律、法规宣传材料5000余份，为群众提供咨询服务200余次。通过宣传民族宗教方面的法律法规和方针政策，使民族团结思想深入人心，积极引导信教群众依法开展宗教活动，树立反邪教意识，提高辨别、抵制各种非法活动及同邪教作斗争的自觉性。

【民族专项资金】 2010年县民宗局争取上级资金908.8万元，其中：市级资金699.8万元，省级资金209万元。县级民族机动金安排了45万元。为了管好用好各级民族专项资金，6月22日县政府召开全县民族经济工作会议，要求根据相关文件精神，实行专项资金报账制。民族专项资金涉及石林县村寨道路建设、人畜饮水、抗旱、科技培训、繁荣民族文化、民族团结等方面，改善了民族地区的基础设施，解决了群众的交通、人畜饮水等困难，提高了少数民族群众的科技意识，为民族地区经济社会各项事业的发展奠定了基础。

【清真食品检查】 10月13日，根据上级文件精神，县民宗局对全县的清真餐馆进行检查。15家清真餐馆分别由华宁、宜良、开远、陆良、建水、富民等县的回民经营，有从业人员56人，回族占从业人员的91%，均办理了健康证和清真标牌。通过检查，清真餐饮店都能严格按照清真习俗进行屠宰，外出采购的也是到宜良县等持有清真标牌的地点购买，严格遵守了少数民族的风俗习惯。

【工作调研】 民族工作方面，上半年对石林毕氏民族服装服饰有限公司、石林印象柿子食品有限公司、普氏民间乡品厂等3家民族贸易企业和相关的民族特需商品生产政策的落实情况进行检查和调研；完成了石林县少数民族及支系称谓的调研报告，县政府办公室转发了《云南省人民政府办公厅印发省民委关于规范使用民族称谓的意见的通知》发至全县各部、委、办、局，规范使用民族称谓，纠正和杜绝以民族自称或他称作为民族称谓的问题；对全县2009年农民人均纯收入低于或等于2576元的行政村进行摸底调研，并填报少数民族和民族地区行政村基本情况调查表。

宗教工作方面，开展了石林县宗教文化旅游情况调查研究，撰写了《开发宗教文化旅游资源，服务石林经济社会发展》的调研报告并在县“两会”参政议政会议上发言；3月18日完成对小寺小庙情况进行专题调研，并上报市宗教局；10月份，组织相关单位工作人员先后深入紫玉村基督教教堂，鹿阜镇、板桥镇、石林镇等地，就近年来基督教发展管理情况进行了专题调研。

【安全维稳工作】 3月15日，召开全县民族宗教工作会议，县人民政府分管领导与各乡镇签订《石林县民族宗教工作目标管理责任书》，要求各乡镇按照《目标管理责任书》的要求认真落实，确保石林县民族团结和宗教稳定。认真贯彻落实全国、全省加强民族团结、维护社会稳定的有关会议、文件精神，县民宗局认真开展影响民族团结和宗教稳定的矛盾隐患排查、调处工作。全年无因民族问题而越级上访和群体性事件。针对少数民族比较聚居及边界乡镇特点的问题，2010年县民宗局积极争取民族团结稳定工作专项费52万元，安排到相关乡镇，为乡镇民族团结工作的开展提供强有力的经费保障。县民宗局与各宗教活动场所签订了2010年安全、维稳、综治、防邪等目标责任书，落实工作责任，坚持每季度召开一次安全、维稳工作专题会议。组织宗教活动场所负责人召开安全、维稳工作会议，安排布置安全、维稳工作，每月深入到宗教场所进行安全检查和隐患排查，对排查出的问题及时进行处置。做好小屯仙花寺二月八庙会、圭山寺、狮子山妙光寺三月三庙会等各个敏感期的安全防范工作。2010年县民宗局办理了3件人大代表建议，面商率、满意率均达到100%，回访率达50%。

【宗教活动场所财务监督管理试点工作】 2010年11月，按照省市宗教事务局安排，县民宗局在路美邑天主教堂组织开展了《宗教活动场所财务监督管理办法（试行）》试点工作。通过试点工作的开展，使路美邑天主教堂基本实现了宗教活动场所财务规范化、民主化、法制化管理。

【对宗教界的管理和服务】 2008年随着石林县招商引资工作力度的加大，石峰寺被县文化产业招商分局作为一个重点招商对象，石峰寺积极响应号召，将原计划25年完成的建设时间调整为6年内完成，将原计划的2.7亿元投资调整为6.7亿元，至2010年底实际投入2亿多元。由于实际需要投入的资金与原计划投入的资金之间出现过大的资金缺口，石峰寺研究决定用寺院合法收入作抵押、对外寻求投资合作伙伴来解决资金缺口问题。2010年1～4月，通过多次与县发改局协调于4月份解决了石峰寺门票价格审批问题，为石峰寺解决建设资金缺口问题起到了积极的作用。做好对圭山寺的管理和服务工作，完成了圭山寺大寺住持培养和聘用手续，处理了圭山寺大寺债务纠纷问题。做好各宗教点的佛像开光、农历三月三、圣诞节等活动节庆的管理、服务工作。全年宗教界各时期庆典活动正常有序，没有发生任何安全事故。

【指导宗教活动场所加强自身建设】 按照省、市宗教局的要求，2010年县民宗局积极开展“和谐寺观教堂”创建活动，成立了“和谐寺观教堂”创建活动领导小组，印发了创建方案，上报了创建规划。狮子山妙光寺通过一年的创建，已顺利通过了市宗教局的检查验收。其他宗教活动场所正按创建活动要求紧锣密鼓地开展创建活动。彝族民间信仰、基督教、天主教活动正常，小屯仙花寺建设初具规模，圭山寺恢复重建工作有序进行，三台寺的恢复重建工作正在办理审批手续过程中。

【小圭山民族团结示范村创建工作】 2009年圭山镇小圭山村委会小圭山村列为民族团结示范村。经县民宗局积极向省、市民委申报，争取到2009年度中央资金60万元用于小圭山民族团结示范村建设。2010年县民宗局与圭山镇政府做了认真的建设规划，根据建设规划要求，完成了村民休闲公园、活动广场、村民活动室修缮、寨门建设。通过上述项目的实施，小圭山村的村容村貌有了较大的改观。结合民族团结进步村寨创建要求，积极开展村民科技培训，加强民族政策法律法规的宣传。县民宗局的工作得到县委、县政府的充分肯定，县外宣办在《昆明日报》对县民宗局所做的工作进行了报道。

【寺背后民族特色村寨保护与发展项目通过评审】 2010年5月，寺背后村列为全省11个民族特色村之一。根据县委领导及县委办、县政府办《关于印发阿诗玛民族文化旅游生态示范区寺背后示范点建设项目一期实施方案的通知》的文件要求，各工作组积极开展工作，完成了宣传发动、环境整治、村庄规划等工作。9月21日，由省民委主持，邀请省级有关部门领导和专家共同组成的评审领导小组，对申报的《云南省昆明市石林县寺背后村彝族特色村寨建设试点规划》进行了会议评审，评审组一致同意评审通过。

（撰稿人：县民族宗教事务局　王向方）

档案工作

【县档案局（馆）】　1981年12月10日，成立县档案馆。1988年9月19日，成立县档案局（二级局），隶属于县政府领导。1998年更名为县人民政府档案局。2010年县档案局（馆）内设办公室、业务法规科、档案管理科，年底有职工8人，辅助用工1人。单位住址在石林县鹿阜镇环城东路137号（原县委大院内）。2010年单位职工在抗旱工作中捐款9000余元。继续实施“零障碍”、“零收费”服务，全年共免收档案资料查阅费、保护费、复印费等12530元。

局（馆）长：高凤玉（彝族）

【全县档案工作会议】　2010年5月17日，在县会议中心召开了全县档案工作会议。会上，县档案局局长高凤玉传达了国家和省、市档案工作会议精神，总结了2009年全县档案工作，部署了2010年工作，表彰了档案工作先进集体和个人。县人民政府办公室主任蒋开彦出席会议并讲话，全县各乡（镇）、县直各部委办局、企事业单位和省、市驻石单位的131名档案干部参加了会议。

【档案法制化建设】　2010年县档案局采取以下措施推进档案法制化建设：一是利用办培训班的机会给学员上法制课并散发《昆明市档案条例》131册。二是开展档案法制宣传教育活动。《昆明市档案条例》于5月1日正式颁布实施，年内县档案局制作了1500张《档案法》宣传日历和5000份宣传资料、300本小册子在有集市的乡（镇）和社区散发，并现场解答群众问题。三是开展档案行政执法检查。10月，县档案局以“升星”“转星”单位为重点，在全县开展了档案行政执法检查活动。从检查结果来看，大多数单位都能严格执行档案法律法规，按照《云南省机关档案室建设标准》开展工作，机构、人员、经费、制度等都得到了落实，设施设备逐渐完善，档案工作不断稳步推进，但也有少数单位领导仍然存在档案法制意识淡薄，忽视对档案工作的领导和管理，档案工作不进反退，检查组已当面提出了整改意见。检查结果在政务网上作了通报。

档案事业“十二五”规划是石林县未来五年档案行业的发展目标。12月，制定出台了《石林县档案事业发展“十二五”规划》，确定了“1234”的发展目标，即：服务“一个中心”，健全“两个体系”，实施“三项提升工程”，争取“四个突破”。

【档案业务培训、指导】　2010年，县档案局根据工作实际进行队伍建设。一是围绕石林县中心工作有针对性地举办了一期以招商引资项目档案管理为重点的培训班，请省档案局专家赵新宇授课，培训全县专兼职档案人员131人。二是先后派出4人次参加省市档案局举办的业务培训班学习。

2010年，县档案局在举办全县档案干部培训班的基础上，强化业务监督指导工作。一是派出业务骨干到有需要的单位开展业务指导，全年共派出业务骨干163人次，对县地税局、县政府办、县经普办、消防大队等16个单位进行档案业务指导，帮助整理档案15321件。二是积极支持全县经济普查工作，抽调专人对其提供档案业务支持。

【档案信息化建设】　5月17日，邀请南天公司技术人员举办了一期档案信息化知识讲座。11月17日，由县政府办牵头，保密局、工信局、档案局联合制定出台了《石林县电子文件管理暂行规定》，规范了石林县的电子文件和电子档案管理。年内为县环保局安装“南天”档案管理软件1套。积极进行馆藏档案数字化转化、接收工作，完成文件级目录著录10000余条，接收电子档案3500件。

【县级综合档案馆建设项目准备工作】　县档案局抓住国家加大西部投入的机遇，积极争取新建县级综合档案馆建设项目。经过多方协调，在有关部门的大力支持下，2010年10月29日，石林县县级综合档案馆建设项目被列入云南省档案局选定的第二批档案馆建设项目名录。年内县档案局已完成旧馆搬迁报批、项目建议书批复、新馆选址、土地初审、环评审核等前期准备工作。

【馆藏建设】　年内受制于档案馆库房的容纳能力，县档案馆只接收了农业区划档案172卷，收集原石林县老领导黄桂芳保存的各种档案资料6卷、自传4册，收集原“边纵”老战士张文学资料一册、翻拍照片6张。此外，还通过购买、接受县史志办等单位赠阅等方式收进地方特色资料108册。全年共接待档案资料查阅利用者1168人次，提供档案资料1087卷（册），复印档案2506页。馆内爱国主义教育基地共接待参观者5批70人次。

（撰稿人：县档案局　张云宏）

地方志工作

【县史志办公室】　1987年4月，成立县志办公室。1994年11月，县志办公室与党史研究室合并成立县史志办公室。1996年6月，县委党史研究室单设，同时继续保留县史志办公室。2010年底县史志办公室有工作人员4人，其中：参公管理人员3人，工人1人。单位地址在石林行政中心B区一楼。4月县史志办公室被云南省地方志编纂委员会办公室表彰为二轮修志先进集体，11月被中国地方志小组表彰为全国方志系统先进集体；11月《石林年鉴（2009）》被中国地方志指导小组办公室和中国地方志协会评为全国第二届年鉴奖三等奖。向支农联系点圭山镇和合村委会捐助春耕生产资金、人口普查经费、新农保工作经费共计4500元。

主　任：刘世生（彝族）

【编纂出版《石林年鉴（2010）》】 2010年1月20日，县史志办公室印发了《关于做好〈石林年鉴（2011）〉编撰工作的通知》，6月完成了文字稿的编辑工作，10月完成图片的收集、编排工作，报送云南民族出版社审核。10月底，由云南民族出版社出版发行，全书设27个部类，总字数88万字，彩图70页，定价260元，是石林县对外宣传公开出版的第12部年鉴。

【编纂出版《阿诗玛文化发展史》】 《石林阿诗玛文化发展史》是石林史志丛书中的重要著作，由县史志办公室与云南省社会科学院民族文学研究所合作编纂，2010年3月底完成了初稿的编纂工作，并发给县级领导和相关专家学者进行审阅。10月，县史志办公室主任刘世生主编的《石林阿诗玛文化发展史》由云南民族出版社正式出版发行。全书33万字，图文并茂地从文学、艺术、文化、产业、社会、政治、生态等多个角度进入，对在国内外具有较大知名度和影响力的“石林阿诗玛”这一特色文化的形成发展进行了综合研究，在梳理总结以往成果的同时，也提出了不少新颖独到的见解，对国内外广大读者了解石林，了解阿诗玛文化具有重要的指导意义。

【完成省市年鉴稿件的编写报送】 2010年3月31日，完成《云南年鉴》稿件的编写报送工作，石林部分3570字，主要记述了石林县2009年人文地理、工农业生产、经济社会发展和旅游业发展情况；完成《云南小康年鉴》稿件的编写报送工作，石林部分3400字，照片2幅，客观翔实地记述了石林县2009年全面建设小康社会取得的成果。3月26日，完成《昆明年鉴》稿件的编写报送工作，石林部分5570余字，客观翔实地记述了2009年石林县经济、社会、政治、文化建设的基本情况。

【石林方志馆建设】 石林方志馆建设被省地方志办公室发文批复同意作为全省唯一的试点建设项目，是石林县地方志事业发展的重要成果。按照简约实用的原则，2010年投资10万余元建成了书库，书库设有16组钢材书架。提出了资料室、阅览室建设计划，并报批了采购手续。包含有书库、资料室、阅览室的石林方志馆基础设施有望在2011年初基本建成，同时可供10余人查阅县情资料。

（撰稿人：县史志办公室　鲁建宏）

政协石林彝族自治县委员会

领导名录

【八届县政协领导名录】

主　席：者培仙（女，彝族）

副主席：周和祥

周兴荣

苏云波（兼）

严华明（兼）

常　委：何中清、李绍玉、槐可跃、罗有华、槐丽琼（女）、高云曦（女）、毕金兰（女，彝族）、李建民、储平、李劲松（彝族）、桂明、李云珍（女）、许岷春（女）、金路（彝族）、杨光荣（彝族）、毕琼英（女，彝族）、韩丽英（女，彝族）、赵文良、陈兴、韦薇（女）、梅为云、代玉康

重要会议

【县政协八届三次会议】 2010年1月8～11日召开了县政协八届三次会议，会议由县政协八届常委会主持，市政协副主席杨品才莅临会议指导并作了讲话，县委书记罗朝峰代表县委作了重要讲话，县级领导及县政协部分退休老领导应邀参加了大会，全体政协委员出席了会议，不是县政协委员的市政协委员，中央、省市驻石单位、驻石部队、各乡（镇）及县直各部委办局、人民团体、企事业单位主要领导列席了会议。

会议同意者培仙代表县政协八届常委会所作的工作报告和周和祥所作的提案工作报告。会议认为，县政协八届二次会议以来，积极履行政治协商、民主监督、参政议政职能，努力创新，充分发挥协调关系、汇聚力量、建言献策、服务大局的作用，各项工作都取得了新进展，为维护安定团结的政治局面，巩固和发展新时期爱国统一战线作出了重要贡献。

会议赞同县人民政府代理县长毕春华所作的《政府工作报告》，赞同《石林县2009年国民经济和社会发展计划执行情况及2010年国民经济和社会发展计划的报告》、《石林县2009年财政预算执行情况和2010年财政预算的报告》以及县人民法院、县人民检察院的《工作报告》。委员们以高度的主人翁责任感，积极建言献策，提出了许多建设性的意见和建议，会后将转送县委、县人民政府供决策参考。会议期间1月10日召开了县政协八届九次常委会议。

会上，为了提高成效，精心选择了一批代表性、全局性强的课题，组织委员就《打造阿诗玛文化国际品牌，培育壮大石林文化产业园》、《大力加强城乡规划管理，推进石林城乡一体化发展》、《认清信访形势，认真解决影响社会和谐的源头性问题》、《挖掘彝族酒文化，带动酒产业，促进旅游业发展》、《打造长湖旅游精品小镇，促进乡村旅游发展》、《浅谈石林镇农村基层社会稳定工作》、《开发民族宗教文化资源，为石林旅游业增光添彩》、《掌握提案知识，提高提案质量》、《注重质量搞好调研，抓好落实办好提案》、《让石峰寺的宗教文化为石林旅游发展服务》10个专题议政发言，使与会人员思想受到启迪，开创了专题议政的新模式。

【县政协八届十次常委会议】 7月29日召开了县政协八届十次常委会议，会议由者培仙主席主持，周和祥、周兴荣、苏云波、严华明、何中清、李绍玉、槐可跃、罗有华、槐丽琼、高云曦、毕金兰、李建民、储平、李劲松、桂明、李云珍、许岷春、金路、杨光荣、毕琼英、韩丽英、赵文良、陈兴、韦薇、梅为云、代玉康出席了会议，各政协小组长、委室负责人列席了会议。

会上，县法院院长刘珉语通报了2010年上半年积案执行工作情况，县公安局副局长娄张祥通报了2010年上半年“打黑除恶”工作情况，县委常委、副县长李福军通报了石林县2010年上半年经济运行情况暨招商引资工作情况，县政协办公室主任李绍玉报告了2010年上半年政协工作情况，县政协提案社会联络委主任王松梅报告县政协八届三次会议以来提案办理情况。会议协商讨论了《加快推进我县新农村建设的考察报告》。

【县政协八届十一次常委会议】 9月15日召开了县政协八届十一次常委会议，会议由者培仙主席主持，周和祥、周兴荣、苏云波、严华明、何中清、李绍玉、槐可跃、罗有华、槐丽琼、高云曦、毕金兰、李建民、储平、李劲松、桂明、李云珍、许岷春、金路、杨光荣、毕琼英、韩丽英、赵文良、陈兴、韦薇、梅为云、代玉康出席了会议，各政协小组长、委室负责人列席了会议。

会议讨论了《关于加快推进蔬菜产业发展的调研报告》、《政协石林县委员会委员管理办法》，协商了《石林县国民经济和社会发展第十二个五年规划纲要》，汇报了县政协机关“创先争优”活动开展情况以及征求意见。

【联谊考察学习活动】 2010年县政协参与了“三省（区）二十县（市、区）政协工作联谊研讨会”、昆明市政协联谊会、陆良石林联谊会、弥勒石林联谊会，带领部分常委、委员和相关单位、企业人员到广西、贵州、元谋、通海、易门、嵩明、晋宁等地进行新农村建设学习调研，到景东、巍山、南涧等地进行高中教育考察学习。接待省内外政协领导20多批300人次。

主要工作

【政协石林县委员会】 1965年12月，成立政协石林县委员会。2010年政协机关设办公室、提案社会联络委员会、经济建设城环委员会、教文卫史委员会、民族宗教法制委员会，年底有职工21人，其中有公务员17人，工勤人员4人。2010年县政协办公室被昆明市政协评为昆明市政协工作先进集体。

办公室主任：李绍玉

副　主　任：陈永能（彝族）

提案社会联络委员会主任：

王松梅（女）

教文卫史委员会主任：槐丽琼（女）
经济建设城市环境委员会副主任：
张云涛（女，彝族）

【政治协商】 2010年县政协组织委员重点对政府工作报告、国民经济和社会发展计划执行情况与计划草案的报告、财政预算执行情况和预算草案的报告以及县人民法院、县人民检察院的工作报告进行了协商，委员们以高度的主人翁责任感，围绕县委、县人民政府决策部署的贯彻落实和事关经济社会发展全局的重大问题，积极建言献策，供县委、县人民政府决策参考。县政协全委会、主席会和常委会始终围绕中心，服务大局，坚持把促进发展作为履行职能的第一要务，积极出谋划策。同时，各专委会就对口联系部门的相关重点工作多次进行专题协商，形成了“全体会议全面协商，常委会议重点协商，专题会议对口协商”的协商格局。通过协商讨论，提出了具有前瞻性、全局性、可行性的意见建议。

【参政议政】 2010年，为充分发挥政协委员主体作用，县政协积极组织政协委员参政议政。全会期间委员们围绕全县改革发展中出现的重点问题和事关人民群众切身利益的热点问题，在深入调研的基础上，提出各类意见建议130多条。按照“领导班子不分一线二线，不分前台后台，一个中心决策，多套班子落实，齐心协力抓好发展”及“党委执政、人大督政、政府行政、政协参政”的要求，主动把政协工作放到经济社会发展的大环境中去思考，充分发挥政协智力密集、人才荟萃、联系广泛、位置超脱、企业委员多的优势和以商招商的便捷渠道，积极参与招商引资工作。在没有招商引资工作任务的情况下，县政协成功引进了鹿阜旧城改造二期鹿城广场（三元宫片区）、佳泽商都、云南大润种兔繁育有限公司三个项目，实际到位资金1.055亿元。主动对广东温氏养殖、上海新天地、万城阿诗玛旅游小镇、桃源水乡等一批政协委员所在企业进行跟踪联系服务，做了大量理顺情绪、化解矛盾、牵线搭桥工作。

【政协提案】 2010年县政协共收到提案173件，立案172件，办复率和满意率均达100%。创新建议案监督形式，经过认真调研，提出了《加快石林地下水库建设的建议》、《关于实施全县中小学“校舍安全工程”》2件政协建议案，组织政协常委和专业技术人员进行了专项督办，在相关部门的高度重视下，得到了落实，较好地发挥了建议案的监督作用。创新提案督办机制，严格督办标准，规范办理程序，强化提案监督，先后实行了重点提案主席督办、重点提案隔年跟踪回访复查、提案办理及办理结果公示、提案办理“三个不面商”、提案办理工作奖励等机制，提高了提案质量，增强了提案实效，激发了广大政协委员参政议政的积极性。列入县委、政府目标督查，县政协确定的2件政协建议案、11件重点提案被县委、政府列入了2010年主要工作目标任务分解立项督查范围，明确了责任领导、具体责任人和办理时限，确保了落实效果。注重专项监督抓典型，邀请县政府领导每半年向政协常委会通报一次全县经济运行和招商引资项目落实情况，为委员知情明政、加强监督创造条件；围绕法院积案执行情况、公安“打黑除恶”专项行动、高中教育情况、校舍安全工程等工作，专题听取相关部门的工作汇报；围绕特大干旱，县政协提出做好2010年度生产生活用水工作，加大工作力度取消“库、塘、坝”肥水养鱼等建议，为战胜旱灾发挥了作用。形成重视提案办理的良好氛围。县委、政府两个目督办领导经常主动到县政协协商提案督办工作，县国土局、县住建局、县教育局等单位领导亲自领办提案，主动邀请县政协委员视察工作、听取汇报、协商工作，外宣办主动帮助宣传政协工作，维护了政协委员的知情权和监督权。

【调研视察】 2010年来共完成调研视察任务15项，提出意见建议100多条。按照政协常委“五个一”活动的要求，县政协常委撰写各类调研报告40余篇。先后完成了高中教育发展情况调研、培育文化产业调研、招商引资项目“回头看”情况调研、石林台湾农民创业园建设情况视察、城乡一体化推进情况视察等工作任务。按照县委、县人民政府的安排，完成了加快蔬菜产业发展调研、挖掘少数民族文化为旅游产业发展服务调研、加快新农村建设调研、对石林县昆明石林经济一体化先行区实施意见征求意见、政府关于撤销鹿阜、石林、板桥三镇行政区划调整方案的意见、关于对现行上班时间进行调整建议的函、关于抓紧时间清理巴江河城段河道的建议，取消“库、塘、坝”肥水养鱼行为建议、关于做好2010年生产生活用水工作的建议、对2010年县委政府督查的13个重点提案办理情况进行回访复查等。

【委员活动】 2010年，常委会高度重视政协各委员活动小组的活动，继续认真落实主席、副主席联系各活动组制度，12个小组共组织活动24次，活动形式和活动内容逐步有所创新，履行职能效果明显。乡镇小组都组织委员听取了所属乡镇和部门的行政工作情况通报，对一些重点工作进行协商讨论，提出了一些合理化的意见和建议；认真组织委员学习，提高委员的综合素质，增强委员的履职能力；部分乡镇活动组开展了对部门站所的工作评议，对一些重点工作进行了视察，对改进站所工作，加快重点工作进程起到了积极的促进作用。通过以上各种活动形式的开展，为政协委员了解情况、知情明政、参政议政提供了良好的条件，使政协各级组织展现了蓬勃向上的生机，委员的参政议政意识和能力不断提高，委员的主体作用越来越强，委员活动更具有特色和活力。

【关注民生】 在抗旱期间，县政协牵头到市水利局协调抗旱资金15万元，组织企业家委员到鹿阜镇、大可乡、石林镇的部分村委会捐款捐物折合人民币19.5万元。通过牵线搭桥，广东嘉宝莉公司与县一中30名少数民族贫困学生结成长期帮扶对子；深圳市德缘投资管理公司为圭山镇尾乍黑村希望小学捐款30万元；美国建华图书社为大可乡、圭山镇各捐赠了价值6000美元的图书；通过与市政协协调，为西街口镇糯衣村委会捐赠篮球架、乒乓球桌。二是积极组织干部职工参加帮助贫困群体、见义勇为基金、玉树地震、园林绿化、工会互助、贫困党员救助等捐款活动，组织机关干部职工抗旱捐款5万余元。积极参与重大突发事件的应急处理。协助支持县委、政府处理好“2·7”森林火灾、“4·01”特大交通事故、“5·14”森林火灾等突发事件。在“2·7”森林火灾中，及时组织万城阿诗玛旅游文化有限公司、云南梦达尔集团、云南石金集团、云南兴亚集团4个政协常委所在企业捐献42万元现金及价值21万元的物资，为火灾的扑灭提供了有力保证。

【《石林彝族自治县政协志》出版】 2008年1月县政协启动了《石林彝族自治县政协志》编纂工作，2010年8月内部出版发行。该书上限至1950年11月，下限至2009年12月31日。全书80多万字，以图文并茂形式全面系统科学地记述了政协石林县委员会组织发展的历史和现状、工作实绩和作用，注重发挥政协文史资料“存史、资政、团结、育人”的功能。

【调研高中教育发展情况】 2010年8月1～20日，为认真贯彻中共石林县委振兴石林县普通高中教育行动计划精神，县政协高度重视，成立了以者培仙主席为组长，周兴荣副主席为副组长的调研工作领导小组，由政协教文卫史委牵头，各委室配合，有关单位协助，采取到相关单位了解情况、个别走访、召开座谈会，到普洱市景东、大理市魏山2个彝族自治县考察学习的方式，对高中教育工作进行了深入细致的调研。通过调研，提出五个方面的意见建议：一是统一思想，提高认识，全面贯彻落实《石林县普通高中教育振兴行动计划》精神。二是加大学校基础设施建设资金投入力度，改善办学条件，扩大办学规模。三是加强教师队伍建设，稳步推进人事改革，优化高中教育环境。四是上下互动，齐抓共管，提高普高生源质量。五是提高认识，营造氛围，实施改制，调整专业结构，推进职高教育发展。

【视察石林台湾农民创业园建设情况】 2010年9月27日，县政协副主席周和祥带领部分县政协委员，对创业园建设情况进行了视察。委员们实地视察了创业园建设情况，听取了管委会的工作情况介绍。通过视察，提出五个方面的意见建议：一是继续加大对创业园的资金扶持；二是继续跟踪总规划环评得到批复；三是继续给予创业园用地指标支持；四是继续加大水利基础设施建设力度；五是继续加强社会治安和物业管理工作。

【视察城乡一体化建设】 2010年12月14日，由县政协副主席周和祥带领部分县政协委员，对石林县城乡一体化建设情况进行了视察。在视察座谈会上，委员们听取了县城乡一体化建设工作委员会的情况汇报。通过视察，提出了四个方面的意见建议：一是高起点定位，做好科学规划；二是加大措施落实，拓宽增收渠道；三是规范市场秩序，强化市场监管；四是深化制度改革，推进各项工作。

【调研招商引资项目落地建设情况】 2010年11月3～4日，县政协组成了由者培仙主席为组长，周和祥副主席为副组长，部分政协委员和相关单位人员为成员的调查组，对石林县2008年以来的招商引资项目落地建设情况进行了调查。调查组先后到7个招商分局听取汇报，并实地查看了桃源水乡、中种集团、石林龙晖野生动物科研中心等10余个企业的建设、经营情况，认真倾听企业存在的问题和困难。通过调研，提出了四个方面的意见建议：一是用活用好有限的土地资源，二是继续强有力地加大基础设施建设，三是千方百计促项目落地，四是加强和改进招商引资运作机制。

【调研蔬菜产业发展】 2010年7～8月，按照县人民政府工作报告中关于“大力推进蔬菜、花卉、中药材生产基地建设，推广无公害蔬菜4.2万亩”的要求，为加快石林县蔬菜产业发展，推进农业产业化进程，县政协组成了由者培仙主席为组长，周和祥副主席为副组长，部分政协委员和相关单位人员为成员的调研组，对蔬菜产业发展情况进行了调研。调研组组织鹿阜镇、板桥镇、石林镇等相关领导和专业技术人员、种植大户等进行座谈，先后到元谋、嵩明、通海、晋宁等县进行调研。通过调研，提出了八个方面的意见建议：一是加强领导，提高认识；二是抓住机遇，调整结构；三是完善体系，配强机构；四是科学规划，建好基地；五是重视培训，提高水平；六是扶持大户，重点突破；七是加大招商，扩大规模；八是搭建平台，促进融资。

【考察新农村建设】 2010年6月11～13日，由县委副书记洪绍伟、县政协主席者培仙带队，县政协办公室及县新农办、县文体局、县民宗局等单位相关人员组成的考察团一行赴贵州省黔东南州雷山县西江千户苗寨考察新农村建设情况。西江千户苗寨以乡村旅游带动新农村建设的发展模式对石林县有较好的借鉴意义：一是以石林彝族第一村为重点，加快乡村旅游开发建设力度；二是科学规划，统筹发展；三是整合资金，加大投入；四是突出特色，因地制宜；五是试点引导，分片联动；六是提高素质，加强服务；七是“五在农家”，全面推动。

【督办肥水养鱼提案】 2010年3月10日，由县政协副主席周和祥带队，机关各委（室），提案人及部分委员组成重点提案督办组，对提案《加大工作力度，取消“库、塘、坝”肥水养鱼行为》的承办单位县水务局进行提案办理跟踪督促。通过督办，提出了七个方面的对策与建议：一是加强领导，统一认识，坚决彻底地做好取缔工作；二是划分类别，区别指导，不搞一刀切；三是大力倡导和宣传健康养殖模式；四是制定相应扶持奖励政策；五是加大渔业资源监管力度；六是建议尽快出台《石林县渔业管理办法》；七是在春耕生产结束后，由县委、政府目督办，县纪委等单位牵头，组织各相关部门、各乡（镇）人员在全县范围内进行一次回访跟踪检查，用招商引资考核办法的工作力度来检查督促此项工作，让取缔工作深入人心，依法有序，从根本上解决用水困难问题。

【督办2010年生产生活用水建议案】 2010年3月10日，由县政协副主席周和祥带队，机关各委（室）、提案人及部分委员组成重点提案督办组到生产生活用水建议案承办单位进行督办。通过督办提出了六个方面的意见建议：一是加强宣传动员，积极倡导节约用水意识；二是科学调度，统一安排；三是建立健全用水管水长效机制，通过各种经济手段来管理利用水，切实加强水源保护管理，尽力增辟新的水源；四是加强指导，调整种植结构；五是加大水利设施建设的投入和管理力度；六是建议抓住目前河道干涸水少的时机，组织全县干部职工分段清理巴江河道，确保雨季涨水时河道畅通，以此带动全县各乡镇再次掀起抗旱保民生工作热潮。

（撰稿人：县政协办　李国宏）

群团组织

县总工会

【县总工会】 1951年11月成立县总工会。2010年县总工会下辖昆明市困难职工帮扶服务中心石林县分中心、昆明市农民工维权中心石林县分中心，年底有职工9人，其中：公务员5人，事业人员3人，工勤人员1人。单位地址在鹿阜镇东城路2号。

主　　席：朱玉和
常务副主席：李静江
副 主 席：张海斌（彝族）
　　　　　段云梅（女，彝族）

【工会组织建设】 2010年全县共新建工会组织45家，新增工会会员3500人。4月开始，县总工会与县工商局联合在全县非公经济组织中开展专题调研，制定方案，配合各乡镇工会、县工商局、个私经济工会联合会等部门开展非公企业建会行动，扎实推进“广普查、深组建、全覆盖”百日集中行动，大力加强工会组建和会员发展工作，加强基层工会组织建设、推动工运事业科学发展。截至2010年11月30日，全县160家企业，建会的有156家，未建会的有4家，建会率达97.5%，有效实现工会组织建设和日常业务两促进、两不误。

【乡镇工会规范化建设】 2010年11月30日，十届县委第135次常委会议研究并通过了《关于加强乡镇（街道）工会联合委员会规范化建设工作的意见》，并下发全县各级各部门。要求各乡镇成立乡镇工会联合委员会，明确机构设置、性质、任期、专（兼）职干部配备等，同时明确了一类乡镇（街道）和企业较集中职工人数较多的乡镇设专职副主席，专职副主席在职在岗期间享受副科级经济待遇，编制占乡镇（街道）党政群机关行政编制。乡镇（街道）党委、政府为乡镇（街道）工会联合委员会开展工作提供办公地点、办公设备、活动场所、职工书屋和其他物质支持。这一举措在全市尚属首家，被市总工会作为经验交流在全市推广。

【帮扶维权】 2010年，县总工会加强困难职工帮扶分中心、农民工维权分中心和工会会员服务分中心“三中心”的制度建设和日常服务工作。制定《金秋助学送温暖实施细则》、《特困职工救助办法》、《困难职工大病救助规定》等规章制度，对帮扶的宗旨和原则、受助对象范围、条件、程序都作了明确规定，真正做到有章可循，杜绝帮扶工作随意性、人情化。向社会公开承诺信访接待、节日送温暖、大病救助、突发事件临时救助等工作的办理流程，接受社会各界的监督，真正把“三中心”建成职工之家。全年共接待处理职工来信来访35件，接待职工185人次。

【送温暖】 2010年开展城镇低收入职工住房调查及各种专题调研活动，建立完善困难企业、困难职工档案1100份。争取到中央财政专项帮扶资金5万元，省市送温暖资金16万元，县政府帮扶工作经费5万元。全年共走访慰问全县各企事业单位困难职工213人次，发放慰问金80100元；帮扶救助患重特大疾病职工14人，发放帮扶救助金27500元；慰问困难企业职工46人，发放慰问金13800元。开展“金秋助学”活动，县总工会出资37500元、省市总工会出资14500元资助农民工、特困职工、下岗职工子女16人。开展小额担保贷款及“贷、免、扶、补”工作，为64名下岗工人及农民工发放小额担保贷款340万元，支持下岗职工和农民工自主创业。组织全县工会会员捐献抗旱资金158306.2元、争取到省总工会抗旱资金10万元、市总工会抗旱资金183209.2元，抗旱资金分三次全部下放至旱灾急需地。

【开展职工医疗互助活动】 2010年7月，启动第七期职工医疗互助活动，全县共有117家单位8822人参加第七期职工医疗互助活动，为生病住院职工提供医疗补助，减轻职工经济负担。332名生病住院职工提供医疗互助补助，补助金额84589元。

【劳模管理】 2010年8月，争取县政府专项劳模经费4.8万元，组织全县省（部）级、市级劳模到上海世博会参观考察。春节、国庆、中秋分别对全县58位劳模进行慰问，发放慰问金23200元；为5位省、市困难劳模提供帮扶资金20500元。

【创争工作】 2010年认真组织开展“工人先锋号”的评选、推荐、上报工作。深入开展“节能减排”立功竞赛活动，县卫生局荣获“2010年昆明市五一劳动奖状”；邢聪明、王家龙荣获2010年“昆明市五一劳动奖章”。县公安局圭山派出所、石林县园林绿化管理站、县电力工程发展有限公司工程部荣获2010年“昆明市工人先锋号”。县幼儿园荣获“昆明市女职工建功立业标兵岗”称号。段云梅、毕玉珍荣获“昆明市女职工建功立业标兵”称号。积极开展劳动关系和谐企业创建评比工作，年内，云南石林旅游集团公司、昆明石林兴隆交通旅游集团有限公司、云南烟叶复烤有限责任公司石林复烤厂被命名为“首届昆明市和谐企业”。

【关爱女职工】 认真组织开展女职工“建功立业”活动，年内选评省级“和谐家庭”1户、市级“和谐家庭”6户、县级“和谐家庭”32户；组织376人参加女性安康险；开展妇科病普查普治工作。邀请中国人口基金会的医疗团免费为全县300余名困难女农民工、下岗女工人、环卫工人进行健康体检；组织全县女职工3500余人到妇幼保健院进行妇科疾病检查，做到妇科病早检查、早发现、早预防、早治疗；组织“中华全国粉红丝带乳腺癌防治基金会”专家为石林县的女职工进行“女性健康知识讲座”。

【工会经费收缴】 认真贯彻落实全省地税机关代收工会经费和建会筹备金工作，严格财经纪律，收好、管好、用好工会经费，严格执行工会经费预决算制度和财务管理制度，接受经审委员会的监督、审查，并出具审查报告。在县地税局的支持配合下，2010 年，全县完成工会经费收缴 1440171.28 元，其中省（行业）企业缴费 685313.77 元，县级缴费 754857.51 元，全面完成全年经费收缴工作。

（撰稿人：县总工会　李瑞莲）

共青团石林县委

【共青团石林县委】　1949 年 10 月，路南县青年工作委员会成立。1957 年 5 月 25 日，共青团路南县委正式成立。2010 年底有职工 3 人，其中：公务员 2 人，工勤人员 1 人。单位地址在行政中心 C 区。2010 年向支农联系点鹿阜镇阿乌村委会支持抗旱和生产资金 4000 元。2010 年 4 月 30 日，被团省委授予“2009 年度云南省五四红旗团委”称号；5 月，团县委副书记朱加智被团中央授予“全国优秀团干部”荣誉称号。

书　记：普建勇（彝族，3 月止）
　　　　朱加智（12 月起）
副书记：朱加智（12 月止）
　　　　陈雪梅（女，彝族，7 月止）
　　　　高　鸿（12 月起）

【团组织建设】　2010 年全县共有团委 23 个，团总支 110 个，团支部 629 个（含 98 个非公经济团支部），团员 13085 人，其中：女团员 6058 人，占团员总数的 46.3%；少数民族团员 4821 人，占团员总数的 36.8%。14 周岁至 28 周岁青年 55096 人，团青比例 23.7%。专职团干部 102 人，具有大专以上学历 33 人，26 至 30 周岁专职团干部 61 人；兼职团干部 41 人，具有大专以上学历 29 人，26 至 30 周岁兼职团干部 37 人。全县有少先队总队 14 个，大队 93 个，中队 561 个，共有少先队员 26607 名，兼职少先队辅导员 646 名。

【共青团石林县第十三次代表大会】　2010 年 12 月 21 ~ 23 日，召开了共青团石林县第十三次代表大会。县委书记罗朝峰，县委副书记、县长毕春华，共青团昆明市委书记罗永斌等领导出席大会并作重要讲话。

大会审议并通过了由朱加智代表共青团石林县第十二届委员会所作的题为《围绕中心、促石林发展，服务大局、展青春风采》的工作报告。大会还通过了《关于学习贯彻党的十七届五中全会精神的决议》。

大会选举产生了共青团石林县第十三届委员会书记：朱加智；副书记：高鸿；委员会常委：朱加智、高鸿、李云翔、田静、毕艳华、董艳玲、顾建刚、王林明；委员会委员：朱加智、高鸿、李云翔、田静、毕艳华、董艳玲、顾建刚、王林明、王薇薇、刘俊、毕云峰、虎强、张妍皎、张勇、张忠富、李燕林、杨宏清、杨金丽、杨俊涛、罗小俊、武云锋、郭云丽。

【基层团组织按期换届及创新工作】　2010 年全县乡镇团委和村团总支届满，为配合各乡镇党委指导好各乡镇团组织的换届选举工作，团县委及时制定了乡镇、村两级团组织换届选举工作方案。6 月底，全县 7 个乡镇、92 个村（社区）均顺利按期完成了换届，选举产生了工作能力强，思想素质、业务水平高的青年干部作为新一届乡镇团委班子，为增强基层团组织的力量提供了人才保证。

按照团省委的要求，石林县率先探索并推进乡镇团组织格局创新工作。今年全县在鹿阜镇、石林镇和大可乡团委中探索成功实施了由乡镇党委班子成员兼任团委书记，并配备 1 名专职团委副书记，配备 3 至 5 名兼职团委副书记的乡镇团委组织格局。兼职副书记的人员构成为：乡镇中学团委书记、乡镇司法所长（副所长）或卫生院长（副院长）、返乡创业青年中的先进典型个人等具有一定代表性的社会各界青年。通过组织格局创新有效加强了乡镇团委班子的人员配备，为乡镇团委调动各方资源开展好工作提供了组织保障，创造了有利条件。

【抗旱青年志愿行动】　2010 年团县委共组织了青年志愿队 12 支共 500 人，参与抗旱志愿服务 6000 人次。累计争取抗旱资金达 130 万余元，在全县旱情最为严重的地区援建了 350 个共青团希望水窖和 2 个共青团希望水池。争取各类抗旱物资在中小学校开展“爱心接力”捐赠纯净水 32 次，捐赠各类矿泉水、纯净水 10000 余件。

3 月 20 日，共青团云南省委书记饶南湖，4 月 19 日，团中央书记处第一书记陆昊先后到石林视察调研抗旱救灾工作，对团县委的抗旱青年志愿者工作给予了充分的肯定。

7 月 16 日，长江商学院学员向石林县捐赠 20 万元共青团希望水窖建设资金

【爱心助你上大学活动】 2010年，在全县范围内的爱心企业和单位共筹集爱心助学金6.2万元。9月4日，在共青团石林县2010年“爱心助你上大学”暨农行石林县支行“伴你成长、百人圆梦”助学金发放仪式上，岳小多、李超、李涛、陈建红、梁槐萍、李瑞龙、詹卫敏、赵俊、陈晨、马俊锋、许丽梅、昂俊、李红才13名贫困大学生获得了助学金的资助。其中，马俊锋、许丽梅、昂俊、李红才4名同学得到了每人4000元助学金的资助；岳小多、李超、李涛、陈建红、梁槐萍、李瑞龙、詹卫敏、赵俊、陈晨9名同学得到了每人5000元助学金的资助。

【青年文明工程】 2010年全县有国家级“青年文明号”1个，省级“青年文明号”4个，市级“青年文明号”13个，县级“青年文明号”15个。

8月26日上午，由县文明委牵头，团县委、县总工会、县妇联等部门联合举行了“创全国文明城市，千名青年志愿者文明劝导志愿服务活动”启动仪式，团县委共组织了500余名青年志愿者参加了文明劝导活动。

【青年创业就业及贷免扶补工作】 2010年，团县委积极组织实施了云南青年创业就业行动计划和“贷免扶补”工作，重点以18～40周岁的青年为主要对象，引导其自主创业，扶持其创业发展。采取以会代训的形式，共培训有创业愿望的青年1000余人。

2010年团县委共受理了107名优秀青年的贷款申请，经过严格考评和程序推荐，共有80名创业青年获得每个项目5万元的小额贷款，经县信用联社共累计发放了400万元的“贷免扶补”小额无息贷款。

【青少年主题活动】 5月4日，为纪念“五四”运动91周年，团县委联合县教育局等部门开展了全县中小学生红歌歌唱比赛。6月1日，团县委联合县文体局举办“全民读书活动”，并在广大青年中开展演讲比赛以及青年读书先进典型的评选活动，为读书活动的开展营造良好的氛围。6月6～8日，团县委联合县委组织部、县委宣传部、县教育局和石林兴隆公司开展了石林县2010年度党团员爱心送考活动。11月上旬，团县委组织了100余名青年志愿者参与了文化科技卫生“三下乡”活动，共发放宣传材料5000余份，为广大青少年及群众提供咨询服务31人次。12月1日，团县委全体干部职工参与了2010年“世界艾滋病日”宣传活动，共发放防治艾滋病宣传材料500余份，提供咨询服务5人次。

【联谊工作】 7月22日，团县委与中国药科大学成功缔结为友好团委，在长湖镇举行了中国药科大学与石林（共青团）友好共建暨希望水窖援建签字仪式。为增进石林和中国药科大学团员青年的了解和友谊，发展两地团组织的友好关系，建立长期、稳定、全面、友好的协作奠定了基础。

10月22～23日，团县委成功接待了到访的日本青年友好访问团一行170人。访问团共参观了大小石林风景区、长湖风景区、锦苑花卉基地，实地考察了月湖村、阿着底村、糯黑村民族风俗风貌。

（撰稿人：共青团石林县委　曹安平）

县　妇　联

【县妇联】 1950年11月，成立路南县民主妇女联合会。1956年12月，改称路南彝族自治县妇女联合会。2010年底县妇联有在职干部职工4人，其中：公务员3人，工勤人员1人。办公地址在县行政中心C区。先后帮助支农联系点岁卜所村委会解决抗旱救灾、村庄绿化、人口普查等工作经费6000元。

主　席：普向梅（女，彝族）
副主席：符锐冰（女，彝族，7月止）
　　　　陈雪梅（女，彝族，7月起）

【妇女发展工作】 2010年各级妇联共举办新型女农民素质教育培训14期1453人次、农函大培训4期501人次、下岗失业失地妇女培训4期239人次；组织22名女能人先后参加了市妇联举办的“女科技致富带头人”及“巾帼创新业带头人”培训。培养女科技致富带头人20名，创建命名市级“巾帼示范村”7个、县级“巾帼示范村”7个。实施新一轮妇女发展循环金和香港回归扶贫资金40万元，扶持3个乡镇、140户妇女发展种养殖业及其他产业，受益人数538人。组织实施第7批失业人员小额担保贷款70人、200万元，完成新一轮“贷免扶补”项目40人、200万元。做好第2～6批城市下岗失业人员小额担保贷款使用情况的督促指导工作，回收率达100%。2010年，县妇联被县委、县政府表彰为“石林县就业再就业及农村劳动力培训转移工作先进单位”。

【巾帼建功活动】 2010年，各级妇联组织新创“全国城乡妇女岗位建功先进集体”2个（县水务局、县鸿鑫农业生态农场）、“云南省三八红旗集体”1个（石林管理局）、“云南省巾帼文明岗”1个（县小天鹅幼儿园）、“昆明市三八红旗集体”2个（县医院、石林镇妇联）、“云南省巾帼建功标兵”1人（保林芬）、“昆明市三八红旗手”2人（杨竹秀、周雪梅）。2010年县妇联命名县人民法院民二庭、石林法庭为第十三批县级“巾帼文明岗”。

【文明创建工作】 纪念“三八”妇女节100周年期间，县妇联命名表彰了各类优秀妇女、先进个人69人，命名县级“五好文明家庭”41户；通过媒体宣传报道了杨竹秀、黄晓燕等5位妇女典型带头和带动妇女群众致富创业的先进事迹；推荐上报省级“平安家庭”示范户4户、市第七届“五好文明家庭”5户。全年共发放妇女权益保障法、禁毒知识读物、艾滋病防治、节能减排、低碳生活、抗旱救灾等方面宣传材料3000多份，提供妇女维权、婚姻家庭、法律知识等咨询服务150余人次。组织944名妇女参加了“低碳家庭·时尚生活”知识竞赛活动；与县总工会、团县委、县文明办联合开展了“创省级文明县城，千名志愿者文明劝导行动”。

【维权及爱心帮扶活动】 县妇联共接待妇女来信来访38件，处理率达100%。“三八”节期间，组织部分乡镇妇联和机关妇委会共14个妇联组织、219名妇女开展了妇科病检查。春节、“六一”节期间，继续开展了“送温暖·献爱心”活动，与有关部门联合，分别对32名贫困母亲、100名贫困少年儿童进行了走访慰问，共发放慰问金及慰问品1.9万余元；向龙溪春蕾小学、小天鹅幼儿园赠送了价值2400余元的学习用品及文体用具。

【甘露——为旱区孩子送水公益行动启动仪式】 2010年3月29日，由云南省妇联、省少年儿童基金会组织的云南省“甘露——为旱区孩子送水公益行动”在石林县板桥镇龙溪春蕾小学启动。启动仪式上，中国儿童少年基金会向云南省儿童少年基金会捐赠了抗旱救灾款50万元。云南省妇联副主席、省少年儿童基金会副理事长郑露，昆明市政协副主席、昆明市妇联主席陆玉珍，石林县政协主席者培仙，石林县委常委、县委宣传部长蔡志岳以及石林县妇联、板桥镇党委有关领导参加了启动仪式。县妇联向省妇联、省儿童基金会争取到1667件云南山泉矿泉水（价值4万元），为4个乡镇5所小学的1000余名学生解决了近两个月的饮水困难。

【孟中人民友好协会代表团参观考察石林】 2010年6月5日，由孟加拉国教育普及运动执行主任、妇女与儿童事务及文化事务顾问拉希达·乔杜拉带队的孟中人民友好协会代表团一行5人，在全国妇联国际部亚洲处副处长杨旸及省市妇联有关领导干部的陪同下，先后到石林风景名胜区、长湖镇阿着底民族生态村参观考察。

（撰稿人：县妇联　毛丽芝）

县工商联（商会）

【县工商联（商会）】 1956年5月成立县工商联（商会）。2010年底驻会干部3人均为公务员，有会员196人（家），单位地址在行政中心B区。年内资助板桥镇青山村委会1500元生产经费；协调1万元给联系点做抗旱和备耕工作经费；支持联系点4台抽水机开展抗旱工作。

主　席（会长）：何中清
党组书记、常务副主席（副会长）：黄宏星（彝族）
副主席（副会长）：严华明
李琼仙（女，白族）
赵文良
李建东
张云元
陈新龙
李双喜（女）
普连宏
郭跨存
陈　兴

【学习培训考察】 2010年3月16日，组织石林盛丰煤业有限公司、石林县建林焦化有限公司、石林兴富焦化厂3家企业6名高层管理人员参加“云南省企业管理能力建设巡回讲座”活动。4月13～16日组织石林县川渝商会、浙江商会、粤桂商会会长参加“昆明市非公经济代表人士培训班”学习当前经济形势、企业文化建设、企业法规等。5月27日、28日组织云南石金集团、昆明石林兴隆交通旅游集团、云南兴亚实业集团等4家企业高层管理人员参加云南省企业家协会举办的“中小企业发展论坛”。8月23日举办石林县企业家沙龙第三次活动，学习探讨工业产业发展。9月4～11日组织14名企业家赴江苏、浙江、上海进行学习考察。

【参政议政】 2010年3月18～19日，由县委常委李燕带队，由县工商联、县委统战部、县招商局的干部职工组成调研组，深入石林赢鸿农产品开发有限公司、石林兴农科技园、石林同策旅游文化产业投资有限公司等8家企业进行走访调研，广泛听取企业家的意见建议，共收集整理意见建议8条，上报县委、县人民政府。年内完成《关于走访企业的调研报告》、《关于赴江苏、浙江、上海学习考察的报告》、《关于在石林县企业家沙龙首次活动上所提意见建议的情况报告》，组织工商联执委、非公经济界人大代表、政协委员提交《关于加强政府对“商品房竣工验收和物业管理”的管理力度》等建议、议案、提案达24件。

【春节企业家座谈会】 2010年1月26日下午，石林县2010年春节企业家座谈会在石林会议中心召开。县委书记罗

3月29日，云南省“甘露——为旱区孩子送水公益行动”启动仪式在石林县举行

朝峰、县长毕春华以及分管联系企业的领导出席会议；县工商局、县发改局等12个相关部门，石林县各类企业代表132人参加会议；云南省浙江商会、云南省福建商会等11家驻昆商会应邀参加了会议；昆明市委统战部副部长、市工商联党组书记、常务副主席蔡永福，昆明市企业家协会会长彭文凯，云南省企业家协会副秘书长赵建伟到会作指导。会上，县委书记罗朝峰、县长毕春华对企业家们对石林经济社会发展作出的贡献表示衷心的感谢，并向企业家们致以新春的问候和诚挚的祝福，希望企业家们抓住发展机遇，坚定发展信心，积极参与到石林的经济社会发展中来。云南机械化水利建筑工程公司总经理刘老五等13位企业家代表分别发言，对石林的旅游产业、农业产业、招商引资、中小企业发展、投融资等方面的工作提出很好的意见建议。县招商促进局对台创园创业服务中心、长湖景区等10个招商引资项目进行了推介。

【企业抗旱救灾】 2010年3月10日，县工商联、县企业家协会积极动员组织企业参加石林县在双龙广场举行的献爱心、抗旱救灾捐赠活动，石林同创置业有限公司（石林财富中心）、石林易通电缆桥架有限公司、石林房地产开发有限公司、石林核工业华地房地产开发有限公司、云南石丰种业有限公司、石林天合公司（职工捐款）、富滇银行昆明石林支行等7家企业发扬“一方有难，八方支援”的传统美德，积极响应，踊跃捐款，现场捐款32万元。2010年4月14日，石林圣火药业有限公司捐赠32台价值10万元的汽柴油发电抽水机给石林县各乡镇用于抗旱救灾和春耕生产工作。据不完全统计，全县爱心企业共捐款捐物达100万余元。

【举办2010年商会年会】 为加强商会工作，充分发挥商会在石林经济社会发展和招商引资中的重要作用，促进商会的健康发展；为各商会相互交流、学习借鉴搭建平台，增进商会与商会之间、商会与会员之间的相互了解和友谊，实现资源共享、信息互通；展示商会积极向上、追求卓越的良好形象。2010年12月30日，县工商联在石林大酒店二楼餐厅举办石林县2010年商会年会。县委书记罗朝峰、县人民政府县长毕春华、县委副书记洪绍伟、县人大常委会主任李绍增、县政协主席者培仙、县纪委书记周美英等领导出席了年会。会上，石林县川渝商会、福建商会、浙江商会、粤桂商会四位会长对商会一年来的工作进行了总结，提出了2011年的工作计划；表彰了2010年度先进商会川渝商会。

【“贷免扶补”工作】 为认真贯彻落实《云南省人民政府关于鼓励创业促进就业的若干意见》，县工商联积极主动做好政策宣传、咨询服务、创业培训、创业导师选聘、创业项目考察、创业项目初审等前期工作，健全完善“3+1”工作台账，全年完成昆明市工商联下达的20户“贷免扶补”工作任务，共发放创业贷款100万元。

【举办“倡导诚信经营、共建和谐石林”晚会】 为增强行业自律意识，提高优质服务水平，促进石林县服务行业健康、有序发展，加快推进“诚信石林、文明石林”建设步伐，倡导、引导全县服务行业树立诚实守信、公平竞争的良好形象，由县工商业联合会主办，雅芳美容美体中心承办，石林老首家具大楼、石林县飞扬健身中心等10家商户赞助的“倡导诚信经营、共建和谐石林”晚会于2010年12月9日晚上7：30在县民族中学学生礼堂举行。县委副书记洪绍伟，县人大常委会副主任徐梅芬、毕宏志，县人民政府副县长吴子云，县政协副主席、县委统战部部长周兴荣，县工商联主席何中清，县委书记助理文春燕等领导出席了晚会活动。县委副书记洪绍伟为晚会致辞，雅芳美容美体中心等11家商户进行诚信经营承诺宣誓，县委副书记洪绍伟等领导为11家商户颁发了“诚信经营承诺单位”牌匾。晚会邀请了“求佛王子”誓言等表演嘉宾到场献艺，为广大观众献上了一台精彩的文艺大餐。

【全省工商联行业商会负责人到石林台创园参观考察】 2010年9月8日，由云南省工商联秘书长夏云东带队，参加全省工商联行业商会负责人培训班的53名行业商会负责人参观考察了石林台湾农民创业园。先后参观了石林锦苑花卉产业园、新天食品（昆明）有限公司、石林爱生行生物科技有限公司、石林万家欢生态园。石林台湾农民创业园管委会副主任李彦群向参观考察的各位行业商会负责人重点介绍了台创园的基本建设情况、规划设计情况、区位、气候优势、投资优惠政策和招商项目。县政协副主席、县委统战部部长周兴荣代表县委、县政府对参加全省工商联行业商会负责人培训班的各位会长到石林台湾农民创业园参观考察表示热烈的欢迎，希望各位会长通过今天的参观考察，进一步了解台创园，进一步了解石林，抓住到石林投资、到石林发展的最佳机遇期，宣传、动员各行业商会广大会员、企业家到石林来投资发展。

【石林县企业家沙龙活动】 石林县企业家沙龙活动由县工商业联合会、县企业联合会、县企业家协会主办，以“资源共享、信息互通、交流合作、创新发展”为宗旨，每年举行四次，每次活动确定一个探讨主题，参加人员除企业家外，还邀请县四班子主要领导、相关行业分管领导和部门领导参加。旨在通过活动促进石林县各行业、各产业、各领域及各企业之间的交流与合作，推动企业文化建设，丰富企业家的业余生活；为广大企业家提供面对面的信息交流平台。

2010年3月25日晚上，石林县企业家沙龙首次活动在石林大酒店举行，由云南盛世同创房地产开发有限公司承办，县委常委李燕主持，21位房地产老总参加，探讨主题为房地产与县域经济关系。活动就石林房地产开发的形势、政策、市场和发展方向进行了交流和探讨，为推进石林房地产健康发展起到了积极作用。

5月27日晚上，石林县企业家沙龙第二次活动在石林大酒店举行，由石林锦苑康乃馨有限公司承办，县委常委李燕主持，40余家农业口企业老总参加了沙龙活动。探讨主题为石林农业产业发展方向。企业家围绕林、果、菜、花、苗木等种植业，奶牛、鸡等养殖业，周末乡村旅游、休闲旅游，农产品加工等农业产业发展方向、形势，与县委书记罗朝峰、县人民政府县长毕春华等县领导进行了广泛的交流和探讨，为推进石林农业产业化，加快石林农业产业的发展发挥了积极作用。

8月23日晚上，石林县企业家沙龙第三次活动在石林大酒店举行，由石林华能澜沧江水电有限公司承办，县委副书记洪绍伟主持，30余家工业口企业老总参加了沙龙活动，以“资源共享、信息互通、交流合作、创新发展”为宗旨，以“石林工业发展方向、新能源发展和石林工业如何与旅游业相结合”为探讨主题，就石林工业发展方向，新能源如何与旅游业相结合，石材业如何与旅游业相结合，达到强强联合，相互促进，相互发展，实现共赢等问题进行了广泛的交流和探讨，为推进石林工业、新能源发展，加快石林“工业强县”战略的实施发挥了积极作用。

12月6日晚上，石林县企业家沙龙第四次活动在县农村信用合作联社6楼会议室举行，由石林县农村信用合作联社承办，31家金融、财贸、旅游口企业老总参加，以“资源共享、信息互通、交流合作、创新发展”为宗旨，以“石林金融市场的健全完善和当前有关金融政策的探讨、银企合作与担保公司在县域经济中的作用、如何做大商贸和服务支撑石林旅游产业的发展”为探讨主题。围绕沙龙活动主题，大家畅所欲言，积极为县域经济发展建言献策：在国家压缩信贷规模的调控政策下，银行部门如何处理好压缩信贷规模与支持地方经济发展的关系，确保政府、企业的发展资金不断链，确保县域经济健康发展；石林县应抓住昆明市商业区搬迁的机遇，积极争取商业区落户石林；建议组建石林县石材商会，进一步规范石产业的发展；建议组建石林担保协会，进一步规范担保行业的健康发展；建议加大休闲旅游的规划、建设，完善石林吃、住、玩、游、购、乐市场，争取把游客留下来，增强综合旅游经济；建议加大石林营销、宣传力度，做好石林的包装、宣传，比如在每家酒店摆上全方位宣传石林的宣传册。

（撰稿人：县工商联　杨　明）

县科协

【县科协】　1986年正式成立县科协。2010年设办公室、科普部、综合部，年底有公务员5人、工勤人员1人、抽调2人。2010年县科协被云南省科协和省农函大学评为先进集体，陈永洪被中国科协和中国农函大评为农函大先进校长。资助支农联系点长湖镇乍龙村委会8200元抗旱和生产经费。

主　席：陈永洪

副主席：高俊春（女）

【科协组织建设】　2010年石林县建有乡镇科协7个，科协工作人员由科技干事兼任，村（社区）级设立科普小组，由村支部书记兼任组长，各村（社区）设立专职或兼职科普宣传员。有农技协27个（其中在民政局登记的有23个），共有会员6874人。

【全国科普示范县创建工作】　按照中国科协《关于开展2011～2015年度全国科普示范县（市、区）创建工作的通知》精神，县委办、县人民政府办制定了《石林县2011～2015年度全国科普示范县创建工作实施方案》，并严格按照创建标准明细分解到各责任单位。各乡镇和县级各部门根据创建的总体目标要求，结合自身实际，制定了相应的规划和实施方案。同时成立了以县委书记、县长亲自挂帅的创建2011～2015年度全国科普示范县（市、区）工作领导小组，抽调工作人员组成工作小组，严格对照《全国科普示范县（市、区）标准》开展创建工作，并按要求及时上报创建申报材料。

【科普活动】　开展科技下乡活动。1月10日昆明市科技文化卫生“三下乡”在圭山镇拉开序幕，按照县委宣传部和市科协的要求，充分发挥科普宣传栏、科普网站等科普宣传阵地的作用，广泛开展科普宣传、实用技术培训。同时，充分发挥科普志愿者的服务作用，深入农村开展“科普志愿者送科技下乡”活动、知识产权科普宣传活动，使科普宣传和科普活动广泛融入农业生产和农村生活中。据统计，活动期间共组织科普志愿者410人次，举办科技培训7期，统一更新农村科普宣传栏内容204块次，展出科普知识展板80块次，发放科普资料11000份（册）。

根据《关于举办昆明市2010年科技活动周的通知》，县科协与县科技局、县委宣传部共同研究制定方案，联合下发了《关于举办2010年科技活动周的通知》，活动紧紧围绕“携手建设创新型城市，助推石林和谐发展”活动主题，在全县组织开展了形式多样、内容丰富、重点突出的科普宣传活动。活动期间县科协组织开展科普宣传活动8场次，举办农业实用技术培训3期，展出科普展板120块次，印发科学素质必备常识等科普宣传资料2万份（册），科普宣传教育面达4万余人次。在鹿阜中学举办科普知识讲座1场次、开展“大手拉小手”科技传播活动2场次、流动科技馆巡展4场次，举办石林县第四届国际数棋科普学习竞赛活动。

按照市科协的统一安排和部署，在县科学素质工作领导小组的统一领导下，县科协积极开展2010年“全国科普日”系列活动，印发了《关于开展石林县2010年“全国科普日”活动的通知》，积极联合有关单位充分发动广大科技工作者、科普工作者和科普志愿者，紧密围绕“防灾减灾、低碳生活、安全健康、和谐发展”这个主题，开展科普文艺展演、科技知识宣传和展示活动等科普系列活动。据统计，活动期间共34个相关单位110名科技工作者和科普志愿者参加宣传活动，举办科普报告会2场、科普知识展览4场次、开展流动科技馆巡展4场次，展出科普展板140块次、举办培训26班次、发放科

科普知识巡展

普资料 7.3 万份、科普挂图 4500 张、播放科普录像（电影）32 场，参与群众 9.5 万人次；开展重点科普活动 7 项、科普知识竞赛 1 场、举办科普文艺演出 1 次，新闻媒体报道 4 次。

【青少年科普活动】 县科协积极组织全县青少年参加第 25 届市级和省级大赛，荣获市级一等奖 29 件、二等奖 62 件、三等奖 77 件，获得省级二等奖 3 项、三等奖 4 项。5 月 19 日、20 日分别到北大村小学、板桥小学举办“大手拉小手”青少年科技传播行动。5 月，县科协与县教育局联合举办第四届青少年国际数棋科普学习竞赛活动，全县各小学校积极组织学生参赛，5 月 27 日来自全县七个乡（镇）及三所直属学校的 132 名小学生进行个人和团体决赛。积极开展青少年学生校外活动场所开展科普教育共建共享试点工作。11 月，中国科协——英特尔求知计划项目全国辅导教师经验交流会在巴江中学进行。

【科普惠农建设】 2010 年 10 月，石林万家欢农业科普示范基地被中国科协、财政部授予“全国科普惠农兴村”先进集体称号，以奖代补资金 20 万元。围绕农业增产、农民增收，结合当地实际组织开展了蚕桑养殖、养鸡、果树等 10 个专业 27 个培训班，培训农民 1510 人。

【科普设施建设】 县民族科技馆列入中央补助地方科技基础条件专项资金项目，争取项目补助资金 40 万元，主要用于购置一批科普仪器设备（共 50 组件）、装修科普影像厅及购置设备 1 套。

（撰稿人：县科协　娄玉泉）

县　残　联

【县残联】 1999 年 6 月，成立县残联。2010 年县残联内设办公室、综合科，直管 5 个残疾人专门协会，年底有职工 5 人，其中：公务员 4 人，工勤人员 1 人。单位地址在县城东城区天合烟叶复烤公司后大门旁。2010 年向支农联系点石林镇长跨村委会支持生产经费 2000 元。

理 事 长：徐丽琼（女）
副理事长：李宏鸣

【残联组织】 2010 年石林县登记在册的六类残疾人共有 7600 人。在农村建有乡镇残联 7 个，乡镇残联工作人员由民政助理 1 人兼任，村级残疾人工作由村委会三职负责。在村委会、社区设残疾人联络员 93 人，服务覆盖全县。对新到岗的乡镇残联工作人员、新任村委会残疾人联络员组织培训 2 期，培训 201 人次。全年为 1642 名残疾人办理二代残疾人证，至 12 月底全县持证残疾人 4864 人，占全县户籍人口的 2.04%。

【康　复】 2010 年县残联投入 3.4 万元，向贫困残疾人供应轮椅 45 辆，坐便器 6 个，单拐 19 副，双拐 3 对。配合市残联为 6 名贫困残疾人免费安装小腿假肢 6 条，价值 2 万元。联系省红会医院为 1 名唇腭裂患者进行免费唇腭裂修复手术，资助 1 名肢残人进行肢体矫治手术，县残联资助 1500 元的后期康复及治疗费用。投入 1.75 万元，与公安、卫生部门在全县范围内开展精神病情况调查，县残联完成 539 人的调查填表重症鉴定工作，鉴定出精神病重症患者 200 人。投入 6.7 万元，购置了康复设备和残疾人用品用具，充实了康复训练室，建立了石林县残疾人用品用具供应站。

【扶残助残】 2010 年，对上一年度 50 户残疾人农村民居地震安全工程进行检查验收，所投入资金 48.5 万元全部下发到残疾人手中。因农村民居地震安全工程对房屋建盖质量、大小要求较高，县残联另投入 18 万元，对 30 户无能力参加农村民居地震安全工程的残疾家庭的危房进行改造、新建或加固修缮。向突发灾害疾病造成生产生活困难的 53 名残疾人发放临时困难救助金 11.27 万元。组织实施“阳光家园”项目，向 197 名精神、智力或其他类别重度残疾人发放居家安养、机构托养补助金 17.48 万元，缓解了部分特殊困难残疾人的生活困难。完成县委、县人民政府安排的残疾人春节、中秋、国庆慰问工作，共慰问各类残疾人及残疾人工作者 532 人次，慰问品、慰问金折合人民币 8.79 万元。配合市残联完成市级残疾人春节、中秋、国庆等扶残慰问工作，对石林县部分残疾人特困户、福利企业残疾职工、村委会残疾人联络员、县残联主席团委员、部分残工委成员 281 人进行了慰问，投入慰问金 7.03 万元。

投入资金 14.69 万元，分五次对因大旱造成生活困难的残疾人进行集中救助，向 711 户残疾家庭发放了大米、食用油、白糖等生活物资。投入 2.07 万元，开展春耕助耕活动，向 75 户残疾家庭发放春耕助耕化肥 525 包。对遇到困难的残疾人种养殖大户或示范户进行帮扶 128 户次，帮助贷款 30.8 万元，给予贷款贴息 1.1 万元，下发各种项目抗旱扶持金 9.446 万元。

【劳动就业】 全年县残联组织召开残疾人用人单位供需见面会 5 次，先后推荐 27 名残疾人到昆明市区、宜良县、石林县等各类福利企业就业。对达不到安排残疾人就业比例的用人单位，依法收缴政府性基金——残疾人就业保障金 75.2297 万元，县直机关、事业单位的征收率达到 98%。组织 6 名残疾人参加省、市残疾人职业技能竞赛并分别获得一、二等奖，对获奖人员给予 2050 元的奖励。在全县范围内鼓励残疾人自主创业、自谋职业，开展个体就业残疾人调查，向 15 名残疾人发放自主创业无息贷款 15 万元，对 75 名残疾人进行创业资助，发放创业资助金 7.84 万元。

【教育培训】 2010 年残疾儿童的义务教育工作随班就读率达 90%，“两基”迎国检残疾儿童义务教育率达到标准要求。县残联积极开展应届初高中毕业残疾学生、残疾家庭子女学生调查，对考取大学本科、大专、中专的分别按 3000 元、2000 元、1000 元进行资助，资助新入学大中专学生 26 名，发放一次性入学资助金 5.7 万元。对残疾青年进行职业技能培训，组织 20 名残疾青年参加 1～4 个月烹饪、面点制作、盲人按摩等职业培训，为残疾人减免培训、生活、考试等费用 9 万元。在县、乡两级开展农村残疾人实用技术培训，县残联举办温氏养鸡、努比亚山羊、母猪仔猪饲养、蔬菜种植等培训班 7 期，培训农村残疾人 535 人次。

【县残联第五次代表大会】 12 月 19～20 日，召开石林县残疾人联合会第五次代表大会。省残联组联处处长刘志国、市残联理事长杨国泰、县委书记罗朝峰、县政府县长毕春华、县人大主任李绍增等领导应邀列席会议，各类残疾人代表 111 人、特邀代表 6 人参加会议；副县长潘华光主持开幕式。县残联副主席、理事长徐丽琼受县残联第四届主席团委托，向大会作题为《深入贯彻科学发展观，全面开创石林县残疾人事业发展新局面》的工作报告。大会选举产生了第五届残联主席团成员 25 人，潘华光当选县残联主席，段维亚、徐丽琼当选副主席，徐丽琼当选残联理事长，李宏鸣当选副理事长，聘请蔡志岳为残联名誉主席、朱玉和为名誉副主席。会议通过了县残联第五次代表大会关于第四届主席团及理事会《工作报告》决议，对“十一五”以来残疾人事业中涌现出的 50 名优秀残疾人及 50 名残疾人工作先进工作者进行了表彰。

【白内障复明手术】 2010 年分三批组织实施了白内障复明工程，分别与“720”爱心联盟、省红会医院、市第一人民医院、昆明光明眼科医院、县医院合作，在全县范围内印发 7.3 万份宣传材料，深入村村寨寨广泛宣传“国家百万白内障患者复明工程”，组织动员全县 2200 多名眼疾患者到医院或县残联进行筛查检查，对符合手术条件的 577 名患者进行了晶体植入复明手术，为患者减免各种费用 59.04 万元，按全县户籍人口计算，年白内障手术实施率达 2.4‰，在全市、全省都位居前列。

（撰稿人：县残联　李宏鸣）

县延安精神研究会

【县延安精神研究会】 2004 年 12 月 27 日，成立县延安精神研究会。2010 年 7 月 28 日，板桥镇政府召开首届会员代表大会，正式成立了板桥分会，发展会员 59 人。2010 年底县延安精神研究会有理事 24 人（其中常务理事 8），专职干部 2 人，分会 9 个，小组 80 个，会员 1014 人。

会　　长：李万全（彝族）
副 会 长：徐梅芬（女）
　　　　　赵淑瑶（女，11 月止）
秘 书 长：陈廷选
副秘书长：高云曦（女）
　　　　　董建平

【延安精神进校园】 由县延研会牵头，联合团县委、关工委、教育分会于 4 月 9 日、5 月 5 日、10 月 20 日、10 月 21 日先后在西街口中学、圭山中学、路美邑中学、北大村中心学校举办了 4 台宣传延安精神和社会主义核心价值体系的文娱联欢晚会，共有 4800 余名师生参加了联欢。

【组织参观理事教育基地】 2010 年 6 月 10～11 日，县延研会组织理事和工作人员 30 人参观晋宁县郑和公园、玉溪市聂耳音乐广场爱国主义教育基地。

【延安精神进农村宣传活动】 2010 年指导和参与了大可乡结胜村委会、板桥镇板桥村委会、鹿阜镇路美邑村委会和堡子村委会的文艺汇演或文艺演出；坚持不懈地推进延安精神进农村的宣讲和文艺宣传活动，截至 12 月底，宣讲了 61 个村（社区）委会，开展以人口普查、殡葬改革、农村养老险、延安精神为主要内容的文艺演出 30 场，观众 11000 多人。

（撰稿人：县延安精神研究会　陈廷选）

军 事

县人民武装部

【县人民武装部】 1951年12月成立县武装部。2010年，内设军事科、政工科、后勤科，下辖7个乡镇和2个企事业武装部，机关有军队干部7名，职工10名（含1名临时工）。办公地点在鹿阜镇东城区。年内县人武部被总参谋部、总政治部、总后勤部、总装备部联合表彰为“抗旱救灾先进单位”，被昆明警备区表彰为“全面建设先进单位”和“安全稳定工作先进单位”。全年资助支农联系点圭山镇当甸村委会生产生活经费7万余元，为困难群众送棉被、油、肉食品等折合人民币4.4万多元。8月，石林县多样化民兵应急分队挂牌成立。

部　长：自成相（彝族）
政　委：张　达（4月止）
　　　　李　凌（4月起）
副部长兼军事科长：陈小军（5月起）
鹿阜镇武装部长：秦绍林
石林镇武装部长：张志强（彝族）
西街口镇武装部长：邓建明
圭山镇武装部长：王兆生
长湖镇武装部长：毕志华（彝族）
板桥镇武装部长：李春华
大可乡武装部长：朱树霖
天合公司武装部长：李德友（彝族）
旅游局武装部长：杨思华

【思想政治工作】 2010年，县武装部党委始终把思想政治建设摆在首位，认真学习党的创新理论和胡主席对新形势下国防和军队建设重要论述。部党委坚持每周三组织政治教育和理论学习，使学习常态化，学习工作化。深入贯彻新修订的《政工条例》和省军区党委《关于进一步规范党委工作的指示》，规范党委决策的原则、程序和方法，完善检查考核、绩效评估、责任管理、奖惩激励等制度，提高了党委科学决策、依法决策、民主决策的水平。党委一班人的先进性得到了进一步体现，凝聚力进一步增强，战斗堡垒作用进一步巩固。继续深入开展培育当代革命军人核心价值观主题教育活动，进一步坚定官兵理想信念、提高民兵队伍履行使命能力；扎实开展“增强党性、严守纪律”专题教育“回头看”，解决了武装部党委机关和干部职工在党性党风和履职尽责方面的突出问题，强化了干部职工思想意识、党性修养和作风纪律，为有效履行使命任务提供了坚强思想保证和强大精神动力，为武装部全面建设铆足了劲。

【战备工作】 2010年，武装部党委按照警备区工作部署和县委指示，以提高应对多种安全威胁、完成多样化军事任务能力为目标，高标准、高质量地完成了民兵整组、军事训练、战备方案修订完善，组织民兵抢险救灾和协助地方维稳等工作。2010年对全县22680名民兵队伍进行调整，达到了“规模适当、编组科学、结构优化、布局合理、管理有序”的要求，共完成民兵训练284人。年内，护林防火共计出动民兵10462人次，车辆1911台次，有效处置了大小森林火灾50余次。同时，安排部署各乡镇每天分别组织20到60人不等的民兵进行巡山、守卡工作，全县6镇1乡在进山的主要路口设置堵卡点共计17个，每天都有专职人员守卡，护林摩托车队巡回进行宣传，有效防止了大规模森林火灾的发生。

【全面建设】 2010年，石林县武装部全面贯彻落实《军队基层建设纲要》培训成果，按照东川区、富民县按纲抓建试点经验狠抓武装部机关基层全面建设，重点对视频监控系统进行维修完善，改建“三期”网系统、扩建多媒体会议室、新建荣誉室，对武器弹药库、保密室安全设施进行了修建和完善。同时，对基层八项经常性主要工作、“四个基本”、“六项制度”、“三互”活动等进行全面规范，保证了《纲要》落实的系统化、规范化、长期化、经常化和制度化。

【参建参治】 2010年，武装部以“科学保护生态环境，修复水源保护区域”为主题，积极组织干部职工和民兵进行植树造林活动。先后出动民兵4000余人次，在石林风景名胜区核心水源地清水塘和尾博邑等近600亩区域内，种植清香树、旱冬瓜、石楠、滇朴等保水苗木70000余株。积极投入民兵预备役人员2万多人次，车辆456台次，为群众运输人畜饮水4834吨，浇灌农作物7800余亩，清理维修沟渠59400米。8月3~5日出动民兵500人次参加“中国石林国际火把狂欢节”治安执勤活动，有效维护了社会的稳定。

【国防教育】 国防教育始终以党政领导干部、青年学生和基层民兵预备役为重点，坚持以点带面，促进国防教育活动不断深化。积极组织各种类型的国防教育活动，不断提高群众的国防观念和军事技能。组织县领导干部进行抢险救灾专题知识培训，以《全球时代之国家安全与非战争军事行动》为题的国防教育专题讲座，增强了领导干部的国防观念和忧患意识。利用民兵训练、整组、公务员训练等时机场合，通过新闻媒体、报刊等形式进行国防教育，全县人民受教育率达90%以上。“八一”建军节期间，武装部还组织了石林县党政机关领导干部100余人赴驻滇某团开展国防军事日活动，进一步增强了国防意识。通过扎实有效、形式多样的宣传教育，形成了全社会关心国防建设、支持国防建设、参与国防建设的良好氛围。

【双拥工作】 按照“同呼吸、共命运、心连心”的要求，积极开展拥政爱民活动，不断促进全县军政军民团结，构建和谐的军政军民关系。充分发挥武装部军事机关的牵头、协调、保障作用，为进驻石林抗旱的5支部队先后与县委、政府和乡镇党委、政府协调解决抗旱救灾部队的部署和食宿保障问题；7次组织对部队慰问并召开救灾工作座谈会；11次与县国土资源局、县水务局等部门联系，解决部队所需的水文、地质资料及水源点勘察向导等问题；同时，积极做好军地各级领导慰问部队时的协调、保障和陪同工作。组织民兵参与文明村寨、文明社区、文明公民创建活动，带头弘扬精神文明，参加社会公益事业建设。在春节和“八一”期间，县主要领导和驻石部队首长带民政部门走访慰问了驻军和军烈属，进一步密切了军政军民关系，巩固和发展了军政军民团结的良好局面。

（撰稿人：县人武部　王已兵）

武警石林中队

【武警石林中队】　1983年12月，组建成立武警石林中队。2010年，中队紧紧围绕“建队伍、保安全，抓落实、争先进”的工作思路，圆满出色完成年度工作任务，高标准实现了“两个确保”目标。6月28日，营房搬迁至花桩坡新址，“四项设施”不断完善配套，中队全面建设翻开崭新一页。年内，1人荣立三等功，9人评为优秀士兵，12人受支队通令嘉奖。

中队长：刘　义

指导员：李信璋

【军事训练】　紧紧围绕“科技兴训”和“四个贴近”的指导思想，严格按照新颁发实施的《军事训练与考核大纲》要求，遵照年度训练工作计划，合理安排，科学组训，不偏训，不漏训，扎实开展队列、擒敌、战术、射击、投弹、体能等课目的训练。全年共完成105个训练日，参训率95%，圆满地完成了年度训练任务。在支队组织的片区军事会操中，中队1名战士被评为“优秀反恐队员”，2名战士被评为“优秀狙击手”。

【战备执勤】　始终把执勤、处突摆在中心位置，坚持支部议中心，主官抓中心、全力保中心，严格落实支队“向规范三班四哨要形象、向落实勤务制度要安全”要求，狠抓战备执勤制度落实。重点突出了“一班哨的组织与实施”、哨兵反袭击、情况处置五步法、夜间利用监墙灯射击、防爆器材操作使用等勤务训练，“三员一兵一组”组勤模式正规，官兵执勤技能不断提高。全年共出动兵力236人次，完成春节、“火把节”、中秋、国庆“两节”县城武装巡逻勤务和“6·29”在押犯转押勤务。3月中旬至6月底，每天出动2名战士，由副大队长张锋带领为群众抗旱送水，累计行程32000千米，送水3600余吨，圆满完成抗旱救灾任务。

【教育管理】　以“培育当代革命军人核心价值观，永远做党和人民的忠诚卫士”主题教育为主线，认真开展形势任务教育、执勤战备教育、拥政爱民教育、密切内部关系教育、管装爱装教育、心理卫生常识和法纪等经常性思想教育，扎实打牢官兵“永远做党和人民忠诚卫士”的思想根基。坚持依法从严治警方针，认真落实《基层正规化管理规定》要求，进一步深化“五个重点问题”的治理。一是在人员管理上，坚持每天点名、查铺到人，确保管控到位。二是在枪弹管理上，严格落实支队枪弹管理“七句话”要求，确保绝对安全。三是在内部关系上，严格落实尊干爱兵“双六条”，确保内部安全稳定。四是在车辆管理上，加强教育管理，确保安全无事故。五是在治酒问题上，严格落实“禁酒令”，确保全年无违规违纪现象的发生。

【后勤保障】　坚持以“保中心、保生活”为重点，不断加强后勤规范化管理，努力提高后勤综合保障能力。一是“四项设施”不断完善配套，官兵学有教材、训有场地、教有教官、练有器材，真正创造了拴心留人的环境。二是保障到位有力，全年农副业生产收益12800余元，蔬菜产量980千克，生猪出栏3头，确保官兵生活得到良好的改善。

（撰稿人：武警石林中队　李信璋）

武警石林消防大队

【武警石林消防大队】　武警石林县消防大队成立于1993年。2010年中队被昆明市公安消防支队评为“优秀达标中队”，3人荣立三等功，1人被评为优秀共产党员，1人被评为优秀党务工作者，4人被评为优秀士兵，7人先后被总队、支队嘉奖。并获县级文明单位等殊荣。

大队长：李平善（8月起）

教导员：杨晓明

【思想政治工作】　2010年大队党委始终把官兵思想政治教育作为贯彻落实《军事训练与考核大纲》的有效手段，充分发挥党委统揽教育的作用，规范教育秩序，统筹教育要素，强化教育监管，整合教育资源，教育效益明显提高。大队官兵立足本职岗位，着力增强贯彻落实《大纲》的意识和能力，切实做到了党委按纲议教、基层按纲施教，使官兵在思想认识上有了新触动，在工作落实上有了新举措，进一步推动了思想政治教育工作新发展，保证了思想政治教育工作态势良好。

【队伍建设】　按照消防部队正规化建设工作规定，2010年大队面向地方招收了5名合同制消防员，同时购置了一批24万元的个人特种防护装备，为全力打造消防铁军夯实了基础。2010年在原有71支农村志愿消防队的基础上，新增了16支农村志愿消防队，有效解决了公安消防警力不足的实际问题，增强了全县抗御火灾的能力。

【灭火救援】　2010年大队共扑救火灾21起，其中成灾的21起，烧毁房屋1713平方米、直接财产损失23.2732万元。参与抢险救援111次，参加社会执勤12次，出动警力1028人次，出动消防车163台次，救援遇险人员64人，疏散被困人员562人，为群众抗旱送水120余车，共计720余吨，为国家和人民挽回经济损失842万元。圆满完成了节日期间各类大型活动的消防安全保卫工作。

【执勤训练】　2010年大队按照“练为战”的指导思想，组织官兵对全县47家消防安全重点单位进行了熟悉，开展消防实地演练47次，修订完善灭火作战预案47份，建立消防水源档案94份，训练工作日达180天，熟悉演练达

96个工作日。在市消防支队组织的三级战斗员考核中，全体官兵均通过考核验收，合格率达100%。

【消防监督】 2010年大队官兵以创建平安石林为中心，认真贯彻《中华人民共和国消防法》、《云南省消防条例》、《机关、团体、企业、事业单位消防安全管理规定》，确保全县火灾形势的基本稳定。为有效推动消防工作社会化，提高全民的消防安全意识，大队建立了全天候对外消防宣传站，接待参观群众6000余人次。先后组织学校、公众聚集场所、人员密集场所和易燃易爆行业管理人员进行了消防安全知识培训，培训人员达2000余人次。开展了平安宣传月、6月安全月、“119”消防宣传日、消防进家庭、进学校、进企业、进农村等形式多样、内容丰富的宣传活动，并在各乡镇设置消防宣传点火灾隐患举报点、悬挂消防宣传布标，营造了良好的消防安全宣传氛围，切实提高了人民群众的消防安全意识。全年共悬挂标语60余处，组织消防重点单位培训演练10次，发放消防宣传传单3000余份。2010年大队在全县开展了冬季防火安全大检查、火灾隐患排查专项治理、加油站专项治理、网吧专项治理、公众聚集场所专项治理、“三抓三比”等专项治理及“云岭平安”专项行动，对全县680余个单位场所进行了消防安全大检查。下发《消防安全检查意见书》186份、《责令限期整改通知书》13份（其中1份为《重大火灾隐患限期改正通知书》）、《复查意见书》13份、《行政处罚决定书》4份，处罚金额2万元，发现火灾隐患379条，当场整改366条，派出“错时检查工作组”98个，整改隐患286条，促使隐患单位投入整改隐患资金达200多万元。

（撰稿人：武警石林消防大队　资永飞）

武警石林森林中队

【武警石林森林中队】 2001年2月28日，武警石林森林中队进驻石林县。2002年9月3日正式挂牌成立。2010年中队先后被武警云南森林总队评为“基层建设先进中队”、被武警森林指挥部评为“基层建设标兵中队”；3人荣立三等功，15人被支队评为优秀士兵，20人受支队嘉奖。

中队长：周毅仁（1月起）

指导员：王文刚

【支部班子建设】 2010年中队成立了五人支委班子，大力加强自身建设。年内共发展党员5人，转正2人，选送5人学技术，2人考上军校、政法系统。大力加强共青团组织建设，中队团支部被武警森林总队评为“先进团支部”。4人被指挥部表彰为“优秀带兵干部”、“优秀中队长”、“优秀政治教员”和“先进团支部书记”。

【军事训练】 2010年，严格按照森林部队新《军事训练与考核大纲》要求，主要进行了擒敌拳、器械、常用灭火机具使用技术、分队灭火战术、火场紧急避险、紧急拉动、5000米跑、400米障碍、军事地形学、体能等科目训练。在总队组织的年度考核中，以总分975分的优异成绩取得了武警昆明森林支队第一名的好成绩。

【防期工作】 全年中队共出动灭火作战和各类执勤27次，出动兵力600人次、车辆40台次，圆满完成了石林县“2·7”、宜良县“5·14”等24次灭火作战任务和石林国际火把节、“三月三”等3次执勤。

【管理工作】 在强化官兵安全意识、自觉落实安全制度确保安全教育上，主要采取集中授课进行正面引导和随机教育。在教育内容上，突出条令学习、安全警句“七字诀”、“五个重点问题”、灭火作战安全、安全防护常识等学习教育；在教育对象上，在抓好普遍教育的基础上，侧重于干部和战士的教育，特别是加强司务长、给养员、出纳员、军械员的管理教育，取得了良好的效果。

大力开展警民共建活动，全年共建单位为中队开展“两用人才培训”提供帮助，有12名战士退伍前拿到了计算机等级证书，军队为学校军训学生达2000余人。

【后勤工作】 中队坚持“一保生活、二保中心、三保应急”的原则，强化后勤管理力度。在开展农副业生产中，抓好农副业生产与管理，坚持走科学发展之路，坚持“宜农则农、宜牧则牧、宜林则林”的方针，因地制宜，科学规划，大大提高农副业的生产效益与管理力度。全年农副业生产共收入18400元。

（撰稿人：武警石林森林中队　王文刚）

法　制

政法工作

【县委政法委】 1980年3月，建立县委政法领导小组。1982年10月，成立县委政法委员会。2001年2月，成立县委610办公室。2010年，政法委机关、县委610办公室、县综治办合署办公，政法委机关下设办公室、政治处。年底有职工12人，其中：公务员11人，工勤人员1人。2月25日，石林县被省委、省政府命名为“2009年度先进平安县”；7月14日，石林县被市委、市政府表彰为“2009年度综治维稳暨平安创建工作一等奖”。年内资助支农联系点石林镇站屯村委会生产经费5000元。

书　记：李兴国

副书记：戴　平

龙贵生（彝族）

李何红

【平安建设工作】 2010年1月6日，以省司法厅法制宣传处处长刁军培为组长的考核组一行到石林县考核2009年度创建省级先进平安县工作，考核组通过实地检查、观看汇报光盘、听取工作汇报、查阅工作台账等形式对平安建设工作进行了全面的考核。在2月4日召开的全县政法工作暨打黑除恶动员会议上，县委、县政府对2010年的综治维稳和平安建设工作作了全面的安排和部署，各乡镇、县直各单位主要领导与县委、县政府签订了综治维稳暨平安建设工作目标管理责任书，明确了各乡镇、各单位一把手负总责，分管领导具体抓，各部门协调配合共同抓的综治维稳和平安建设工作责任制。各乡镇、县直各单位按照从上到下的原则，建立健全了目标管理责任制，细化了责任，量化了目标，县、乡、村、组四级层层签订了责任书，通过签订责任书，把综治维稳信访和平安建设工作任务逐项细化分解落实，做到一级抓一级，层层抓落实。2月25日，石林县被省委、省政府命名为“2009年度先进平安县”。3月6日，石林县启动综治维稳及平安建设宣传月活动。3月10日，县委、县政府印发了《石林县2010年平安建设工作方案》，全县各级各部门按照工作方案的要求，分工负责、协调配合、齐抓共管，广泛动员社会力量参与，强化制度机制建设，积极组织开展“平安单位、平安乡镇、平安村（组）、平安校园、平安出行和平安铁路”等形式多样的平安创建活动，县委、县政府目督办和县委政法委将综治维稳信访和平安建设重点工作分解、量化到全县各乡镇、各相关单位，进行立项督办，有力地推动和促进了全县综治维稳和平安建设工作广泛深入开展，先进平安县创建成果进一步巩固提升。

【严打整治】 2010年，按照“有黑打黑、无黑除恶、无恶治邪、无邪治乱”的工作方针，进一步深化打黑除恶专项斗争，2月23日石林县召开打黑除恶工作会议，对2010年的打黑除恶专项斗争作了全面部署。2月25日，县委、县政府印发了《石林县2010年打黑除恶工作方案》。3月5日，县打黑除恶工作领导小组召开了打黑除恶专项工作会，会上各乡镇和打黑除恶各成员单位签订了《石林县2010年打黑除恶工作责任书》，明确了打黑除恶工作措施及全县各级各部门的任务职责，年内多次召开打黑除恶专项工作研究会和推进会，县打黑办和县纪委加大工作督查力度，推动了打黑除恶深入开展，并取得了实效。

【调处社会矛盾纠纷】 年内全县未发生群体性事件，集体上访比上年下降了41.5%。县、乡、村、组四级社会矛盾纠纷排查调处机构，坚持普遍排查与重点排查相结合，实行“人民调解、行政调解、司法调解”三调联动，实施人民调解“以奖代补”制度，“大调解”体系进一步完善，开展了“化解矛盾纠纷百日会战”活动，努力化解老矛盾，有效预防新矛盾，全年各级调解委员会共调解各类民间纠纷2494件。认真抓好涉法涉诉信访积案的清理化解和案件评查工作，全县清理出的13件涉法涉诉信访积案已化解7件，共评查县法院、县检察院、县公安局案件80件。扎实做好“2·7”山林火灾、“4·01”特大交通事故、火把节、重大会议及观摩活动等的社会稳定工作。

【校园安全工作】 县委、县政府高度重视校园安全工作，成立了校园安全工作领导小组。县委书记罗朝峰、县人民政府县长毕春华分别带队深入到学校开展校园安全专题调研，对学校内部管理中的门卫值班、食品安全、消防安全等校园安全工作提出了要求。县委、县政府及各相关职能部门召开专题研究部署校园安全和校园周边治安秩序整治工作的会议10余次。各乡镇、学校、公安机关进一步加强了对校园安全管理工作的领导，细化、量化工作任务，从门卫值班制度到食品安全管理，从教师到学生、家长安全防范意识等多方面入手，多部门联动，多管齐下，进一步落实了各项工作措施。公安、工商、文化等部门对校园周边的治安、交通、市场等秩序开展了有效的整治。县财政划拨专项资金117万元，为学校安装安全视频监控系统，投资20余万元，在校园门口安装交通提示牌41块、减速带151.3米、减速网800米、人行横道标线95.4平方米、反光道钉257.6米。通过一系列工作的有效开展，石林县的校园安全管理工作及周边秩序整治工作得到了较大的提升。

【社会管理创新综合试点工作】 2010年8月28日，在全市综治维稳工作会议上，石林县被确定为全市社会管理创新综合试点县。石林县成立了由县委书记罗朝峰任政委、县政府县长毕春华任组长、县委政法委书记李兴国任常务副组长的领导小组，县委、县政府印发了《石林县关于以农村“三资”管理为重点深入推进社会管理创新综合试点工作的实施方案》，确定了农村“三资”管理、民族和宗教事务管理、石林风景名胜区安全管理、基层基础建设等7项工作重点。11月17日，石林县召开了社会管理创新综合试点动员大会。各牵头单位、责任单位按照实施方案和任务分解的要求，找准突出问题，把握规律特点，采取针对性措施，创造性地开展社会管理创新工作，先后制定了政法综治信访维稳部门领导干部联系指导村（社区）社会管理创新工作制度、建立乡镇综治信访维稳中心和村（社区）信访维稳工作站实施方案、乡镇和村（社区）“10分钟法制课堂”实施方案、违反农村集体“三资”管理责任追究办法等一系列的制度，并在西街口镇召开了“10分钟法制课堂”经验交流会，组织人员对各乡镇社会管理创新工作情况开展了督查，确保了各项工作迅速推进。

【防范邪教】　以巩固“无邪教乡镇”创建成果为抓手，进一步加大宣传教育力度，增强人民群众反邪、防邪的意识和能力。加大查处打击的力度，2010年4月1日在大可乡查处了一起26名“主神教”教徒非法聚会活动，10月在鹿阜镇查处了“血水圣灵”非法聚会活动，收缴了相关非法宣传材料和物品。公安、民宗等部门在全县范围内开展了3次反邪、防邪警示教育宣传活动。县委610办组织县公安局、县妇联等部门对法轮功练习人员进行回访教育，610工作实现了“三零”指标。

【铁路护路联防】　2010年县铁路护路联防办先后组织开展了爱路护路宣传教育、铁路沿线安全隐患专项整治、铁路沿线拆违拆临拆迁等专项工作，圆满完成了各项工作任务，有效地维护了铁路安全畅通，保持了铁路沿线治安秩序的持续稳定。全年发生2起摆放障碍危及行车安全的案件，经立案调查后破获1起，县铁路护路联防办对该2起案件的相关责任人进行了处罚，制定了相应预防措施，进一步明确了相关责任。

（撰稿人：县委政法委　周向琨）

公　安

【县公安局】　1951年3月，成立县公安局。2010年，设纪检监察室、政工室、指挥中心、警务保障室、网安大队、禁毒大队、国保大队、刑侦大队、法制大队、治安大队、经侦大队、交警大队、看守所、拘留所、鹿阜派出所、石林风景区派出所、石林岔口派出所、路美邑派出所、北大村派出所、西街口派出所、板桥派出所、大可派出所、长湖派出所、圭山派出所、亩竹箐派出所，年底有公务员256人、工勤人员15人。县公安局地址在鹿阜镇石林中路73号。获市级表彰的先进集体6个、先进个人10人。春耕生产期间，向西街口镇雨布宜村委会提供15000余元的生产经费。

局　长：戴　平
政　委：李云柯
副局长：张永清
　　　　李红星
　　　　陈春云（彝族）
　　　　娄张祥
　　　　田　伟（12月起）
副政委：刘子宏

【维护社会稳定】　2010年，县公安局共收集和上报各类情报信息391条，排查矛盾纠纷21起，接待来信来访15件，办结率达100%。组织开展世博安保重点人员排查、“三股势力”、“三非”外国人清理等专项整治13次，开展防范邪教宣传教育6次，共发现“法轮功”反动宣传事件13件，收缴“法轮功”宣传品246件；配合相关部门取缔邪教组织非法集会活动1起，实现了“三零”目标。选调了19名民警，招聘30名协警员组建了战训大队，适时开展预案演练工作，妥善应对、成功处置了五棵树村民集体上访等大规模上访事件5起，劝返到省市上访群众200余人。

【严打刑事犯罪】　年内县公安局成功破获了4起命案；打掉涉恶团伙4个，一般团伙54个，抓获涉恶团伙犯罪嫌疑人25人，破获案件15件。打处犯罪嫌疑人495人，捕获逃犯81名。全年共立刑事案件1417起破686起，破案率为48.41%。其中：命案立3起破4起，综合破案率为100%；两抢案件立41起破21起，破案率51.22%；盗窃案件立1141起破497起，破案率43.56%；经济案件立5起破4起，破案率80%。

【巩固无毒县工作】　年内县公安局共查破毒品案件21起，缴获各类毒品16894克，打击处理涉案人员16名，强制戒毒72人。深入学校、企业、进村入户开展禁毒宣传教育活动，组织禁毒知识讲座3次，发放宣传材料3000余份。进一步加强对毒品源植物的铲除，铲除野生大麻80余株。通过对吸毒人员落实责任人、掌握动态等措施，进村入户对社区康复帮教对象开展面对面的帮教活动，共帮教30余人次，11名帮教对象走入社会正常生活。

【打击经济犯罪】　2010年，县公安局联合税务、工商、金融等部门，组织开展了“春城利剑”、打击假币、打击银行卡犯罪、打击假发票等专项行动，加强对餐饮业等发票使用行业的监督检查，共检查饮食用发票80余家，发放宣传材料250余份，有效防止和减少饮食业使用假发票等问题。始终把职务侵占、合同诈骗、非法经营、传销、非法集资等经济犯罪作为打击重点，强化案件侦查力度，严惩经济犯罪分子，共破获经济案件4件。组织警力积极参与烟草执法工作，有效维护了全县的烤烟收购秩序。

【行政案件查处】　年内县公安局受理行政案件727起，查处671起，查处率92.3%，处罚违法人员560人，与上年同期相比，受理数减少339起，查处数减少342起，处罚违法人员数减少476人。

【安全保卫】　精心组织、周密部署，圆满完成了石林火把狂欢节、“两会”、春节等各种级别的安全保卫任务90余起，确保了警保卫对象安全。

【道路交通管理】　以“4·01”道路交通事故为重点，对西石、九石阿、国道324、国道326等交通要道大力开展事故隐患路段、路面排查整治。开展了打击整治酒后驾车、农用车、拖拉机违法

载人等专项行动，全力遏制道路交通事故。结合春运、“两节”等安全保卫工作，将辖区属地9座以上（含）客运车辆703辆（含63辆非客运车辆）全部纳入“户籍化”管理。积极争取上级部门对国道326、国道324事故隐患路面进行了整治，加大丘北县经验推广工作力度，依靠乡镇党委政府、公安派出所严格落实农村地区载客机动车及驾驶人“一车一档、一人一档”的管理制度和“一盯一”、“一帮一”监督管理措施，严查“三车一机”违法载人交通违法行为，消除道路交通事故隐患。年内全县共发生交通事故1701起，死亡47人，受伤751人，直接经济损失114.51万元。截至2010年底，交警大队车辆管理所注册登记有44091辆机动车，当年新注册7478辆。其中汽车16131辆，当年新注册3690辆；摩托车27945辆，当年新注册3783辆；挂车13辆；其他类型2辆。

【行业场所管理】　强力推进网吧二代证刷卡上网工作，督促全县16家网吧安装了第二代身份证刷卡器。开展了打击整治利用电子游戏机赌博违法犯罪专项行动，对全县公共娱乐场所、行业场所开展专项检查11次，签订责任书458份，发放整改通知书16份，销毁具有赌博功能的电子游戏机59台。建立10人网评员队伍，进一步加强虚拟人和虚拟社区管理，强化网上重点阵地控制，网上巡控向QQ群、微博延伸，共整理上报网络舆情动态438条，处置上报有害信息1472条，进一步规范了网吧和电子游戏室的经营行为，控制了未成年人上网。

【危爆物品管理】　深入开展治爆缉枪专项行动，加强民用爆炸物品管理，严防民用爆炸物品散落民间引发不安定因素。年内共收缴民用枪支22支、仿真枪74支、军用枪弹541发、民用弹300发、钢珠弹丸30盒、导爆索5米、管制刀具21把、炸药1.53千克、导火索5米、雷管27枚。共审批炸药936.840吨，雷管1078334枚，导爆管（索）229203米。破获非法持有枪支弹药案件8件，有效杜绝了涉爆涉枪案（事）件的发生。

【出租房和流动人口管理】　严格落实流动人口、重点人口、出租房各项管理措施，切实做到底数清、情况明。年内共清查录入出租房1305间，流动人口7184人，流动人口违法犯罪率同比有所下降。共办理各种户政业务60870件，开展入户调查100332户，核对人口312298人。登记了39个国家和地区的临时境外人员45085人，共受理出国境证件申请955人次。共查处外国人“三非”案件1起，遣送非法入境缅甸人1人。

【犬只管理】　加大养犬宣传力度，开展流浪犬捕杀专项行动5次，捕杀流浪犬50余只，办理养犬免疫登记证2证。

【公安信息化建设】　升级完善了双向视频会议系统、增加了城市报警监控视频上传通道、完成了110指挥中心升级改造等重点项目建设；目前，全县153个视频监控探头全部接入110指挥中心，基本实现了社区公共复杂区域、公共场所、重要部门24小时实施监控，最大限度实现了预知、预警和预防。为全局271名民警职工配发了警务通，采购了录音笔30支、笔记本电脑77台、台式电脑8台、数码相机16台配发到基层所队。投入经费140余万元改造了公安视频系统、指挥通信系统、接处警系统、执法记录仪等，进一步夯实了信息化基础。利用机动车路卡识别系统抓拍车辆信息184875条，查处预警信息2641条，通过信息化自动预警发现涉嫌制贩毒人员34人。通过网吧管理系统协助破获案件8件，抓获犯罪嫌疑人11人。通过视频监控系统破获案件40余件，抓获违法犯罪人员80余人，利用指纹系统查破案件46件，DNA信息系统协破案件16起，利用旅店业信息系统、网吧管理系统等信息系统抓获逃犯21名。通过省厅预警平台抓获逃犯57名，抓获吸毒人员83名。

（撰稿人：县公安局　李洪波）

检　察

【县检察院】　1955年6月20日，成立县检察院。2010年设有院党组、检察委员会、机关党总支委员会（下设机关党支部、离退休党支部）、团支部、工会、妇委会、政治处、纪检组、办公室、反贪污贿赂局、反渎职侵权局、侦查监督检察科、公诉科、民事行政检察科、控告申诉检察科、监所检察科、预防职务犯罪科、人民监督工作办公室、法警大队，年底共有职工44人，其中：公务员38名，工勤人员6名。单位地址位于鹿阜镇龙泉路161号。2010年，县检察院被评为市级“爱国卫生先进单位”，群众来信来访接待室被评为市级“文明接待室”，1本专著获省政府颁发的云南省哲学社会科学优秀成果三等奖和市政府颁发的优秀成果一等奖，5篇调研文章分别获得省委政法委、省检察院、市委政法委颁发的一、二、三等奖，多名干警分别获得“全国检察业务专家”、“全国检察理论研究人才”、“云南省和谐家庭”、昆明市“十佳办案能手”、“优秀控告申诉接待员”等荣誉称号。帮助支农联系点鹿阜镇麦地庄、板桥镇三板桥村委会解决春耕生产、抗旱经费及人口普查经费24000元。

检 察 长：王凯石
副检察长：李劲松（彝族）
　　　　　毕秀明
　　　　　王　虹（女，彝族）

【刑事检察】　2010年县检察院受理移送审查批捕的各类刑事案件175件370人，经审查批准逮捕160件337人，作不捕决定和报请昆明市检察院审查批捕15件33人，结案率为100%。受理移送审查起诉各类刑事案件235件508人，办结232件500人，结案率为98.7%。所有办结案件中，提起公诉208件442人，作出不起诉决定5件8人，公安机关撤案6件28人，报送昆明市检察院审查起诉13件22人，全年无捕后撤案、绝对不起诉和判无罪的案件，无超期羁押、超时限办案情况。积极开展“打黑除恶”专项斗争，依法从快办理恶势力犯罪案件4件31人，切实增强人民群众的安全感。

【查办和预防职务犯罪】　围绕石林县经济快速发展、城镇化建设加快的实际，积极开展工程建设领域突出问题专项整治工作，集中力量查办影响民生、群众反映强烈的案件。全年县检察院立案查办职务犯罪案件10件12人，其中：贪污贿赂案件7件8人，渎职侵权案件3件4人，通过办案为国家和集体挽回经济损失200多万元，所办案件侦结率、起诉率、有罪判决率均为100%，办案质量、办案水平均有明显提高。坚持“标本兼治，综合治理，惩防并举，注重预防”的工作方针，深入开展职务犯罪预防工作，开展预防调查40次，进行职务犯罪案例分析10件，发出检察建议12份，开展警示教育48次，法制宣传5次，法律咨询30人次，参与招投标现场监督11次，全面、充分地发挥了检察机关职务犯罪预防职能。

【履行法律监督职能】　强化立案监督和侦查监督，全年县检察院共立案监督6件8人，针对侦查过程中的违法行为，发出《纠正违法通知书》3份，适时提前介入引导侦查取证重大、疑难案件29件，追诉遗漏罪行3件，漏犯3人；加强刑事审判、民事行政诉讼监督，确保审判活动的公正性。提出刑事抗诉2件2人，二审改判2件2人。受理民事申诉案件19件，立案11件，息诉处理8件，成功提起抗诉4件。强化日常驻所检察和工作监督，加强纠防超期羁押工作。检察出入所人员法律文书843份，深入“三大现场”检查110余次，进行换押登记检察740份，安全防范检察12次，对监外执行人员监管及社区矫正工作进行检查2次。全年无超期羁押、违法收押及释放情形。

【社会矛盾纠纷排查】　认真倾听群众意见建议，切实解决群众的疑难问题，坚持首问首办责任制和限时办结制，积极推进“人民调解进检察”工作，对来信来访件做到事事有落实，件件有回音。全年县检察院接待来信来访126件172人，其中：受理群众来访87件131人，受理举报、控告30件30人，受理刑事申诉案件7件9人，受理上级检察院和政法委交办案件2件2人。所有来信来访件均在首办环节作出处理，未出现重复信访，办结率为100%。

（撰稿人：县检察院　肖志勇）

审　判

【县法院】　1951年1月1日，成立县法院。2010年内设办公室、政治处、纪检监察室、刑事审判庭、民事审判第一庭、民事审判第二庭、行政审判庭、立案庭、执行局、司法警察大队、审判监督庭，下设石林、板桥、圭山三个派出人民法庭，其中板桥、圭山法庭合署办公。年底有公务员47人，工勤人员8人，辅助用工9人。办公地址在石林县城小东山小乐台旧村对面石林中路旁。2010年法院向支农联系点石林镇月湖村委会捐资6000元，法院机关26名在职党员对“结对”帮扶对象捐资2600余元。

院　长：刘珉语
副院长：张国忠（彝族）
　　　　　罗永宁
　　　　　储　平

【案件受理】　2010年县法院受理各类案件2380件，结案2284件，结案率95.97%。呈现出案件数量增幅大、涉案标的大、群体性诉讼增多、案件审理难度大、社会影响大的特点。

【刑事审判】　全年县法院受理刑事案件234件462人，其中公诉案件213件，审结227件438人，结案率97.01%。在审结的案件中，判处十年以上有期徒刑8人，三年以上十年以下有期徒刑45人，三年以下有期徒刑121人，拘役7人，免予刑事处罚14人，自诉案件宣告无罪11人。

【民商事审判】　全年县法院受理各类民商事案件1540件，结案1511件，结案率98.12%。全年共调解案件591件，经调解撤诉350件，调撤率达63.24%。

【行政审判】　全年县法院受理行政诉讼案件1件，审结1件，审结率为100%。依法审查非诉申请执行案件34件，行政案件结案率100%。

【执行工作】　全年县法院受理执行案件604件，与去年相比上升16.15%。结案544件，结案率90.07%，其中全案执行的344件，全案执结率56.95%，实现债权1500万余元。

【法制宣传】　2010年县法院审理的原告段家宏诉被告段福青、段家林、云南电网公司石林供电有限公司、石林电力公程发展有限公司、四川省岳池送变电工程公司人身损害赔偿案件，被昆明中院评定作为昆明市指导案例之一。县法院与县电视台联合，通过《以案说法》电视专栏制作两期村（社区）“两委”换届特别节目，为换届选举工作营造良好的舆论环境。11月11日开展司法公开宣传月活动暨庭审观摩活动。共编发各类信息89期，市级采用74期。

（撰稿人：县法院　李翠芬）

司法行政

【县司法局】　1981年3月，成立县司法科，1984年6月，改为司法局。2010年内设办公室（审计科）、法制宣传教育科、公证律师和法律援助科、基层法律服务科、社区矫正和安置帮教科、政工科，下设7个乡镇司法所，下辖1个国办律师事务所、1个普通合伙律师事务所和1个公证处。设有县普法与依法治县办公室、刑释解教人员安置帮教办公室、社会矛盾调处中心、“148”法律服务指挥中心、法治石林建设领导小组办公室、社区矫正工作领导小组办公室、法律援助网络体系联动机制工作领导小组办公室、大调解工作体系领导小组办公室、县人民调解“以奖代补”试行工作领导小组办公室。年底有职工 34 人，其中：公务员 25 人，专业技术人员 8 人，工人 1 人。5 月，周和林被司法部评为“模范人民调解员”。局机关地址在鹿阜镇阿诗玛东路 80 号。向支农联系点西街口镇西街口村委会捐资 8000 余元，用于农业生产和党建工作。

局　长：李永华

副局长：苏晓松（3 月止）

陈智宏（3 月起）

【法制宣传教育】　2010 年 2 月 6 日，县司法局组织在县城双龙广场开展法制文艺集中展演及法律知识抢答赛等法制宣传活动，全县各乡镇和 30 余家执法部门在活动现场开展法律咨询解答、摆放宣传挂图、展板展出等宣传活动，参与的群众达 15000 余人。法律知识抢答赛，大到六七十岁的老人，小到四五岁的小孩都踊跃参加。此次宣传活动以法制为元素，以文艺表演为载体，宣传更加贴近群众、贴近生活，深受群众欢迎。展演结束后，县司法局又将演出节目制作成光碟免费发送到各村社进行再次宣传。此光碟被市司法局推荐给市委组织部作为全市党员教育课件。4 月 19～30 日，县司法局牵头，县安监局、公安局、煤管办、国土资源局、广播电视局、外宣办和圭山镇人民政府共同参与，深入圭山镇辖区内产煤的矣维哨村委会前哨村，法块村委会的拖湾村、法块村、芋头得村、海纳村，普拉河村委会的上寨村、中寨村、新寨村、河外村、下部龙村，当甸村委会的上村、下村、革腻村、小板田村、当甸村等四个村委会 15 个自然村开展《矿产资源法》、《县人民政府关于制止私挖滥采行为的公告》等法律法规及知识宣传。5 月，县普治办组织全县各乡镇、县直各部门公务员和参公管理人员 1468 人参加了全省统一普法考试，考试成绩全部合格；7 月，组织全县法律工作者 23 人参加了全省法律知识考试，参考率达 100%，参考人员平均分为 96.3 分；10 月，组织全县各级领导干部、职工 8325 人进行 2010 年全民普法教育考试和《中华人民共和国义务教育法》及“两基”迎国检知识考试，合格率达 100%。8 月 10 日，《云南法制报》记者对西街口镇“10 分钟法制课堂”进行了专题采访，此活动得到了省市有关部门和领导的充分肯定，作为石林县社会管理创新试点之一在全县各乡镇和村（社区）交流推广，12 月 13 日，县委政法委、县综治维稳委印发了《石林彝族自治县乡镇和村（社区）“10 分钟法制课堂”实施方案》。12 月 17 日，石林县在西街口镇召开推广西街口镇“10 分钟法制课堂”经验交流会。从 2009 年 8 月开始，西街口镇党委、政府结合各阶段中心工作，充分利用周一职工会，组织各站所、部门负责人轮流向全体干部职工讲不少于 10 分钟的法制课。授课内容包括：土地管理、矿山安全、环境保护、城乡建设、交通管理、消防安全、劳动合同、社会稳定等与镇党委、政府当前的中心工作和重点工作密切相关的法律法规和政策。至今年 12 月，共讲课 58 次。

全年共印发各种宣传材料 230000 余份，发放各种法制书刊 27000 余本，编印法律知识问答 2 套 200 余题、《石林彝族自治县殡葬改革管理暂行办法》知识问答 10000 份、《人民调解法》和《云南省法律援助条例》宣传挂历 20000 份、印有法律援助的小围裙 5000 个，现场接待法律咨询 250 起 285 人次，出动宣传车 88 辆次，刊出法制宣传黑板报 400 余期，举办普法骨干培训班 8 期 3650 人次。

【人民调解】　为进一步完善人民调解工作保障机制，推进社会矛盾化解、社会管理创新、公证廉洁执法三项重点工作，6 月，石林县成立人民调解“以奖代补”试行工作领导小组，印发了《石林县人民调解以奖代补实施方案（试行)》、《石林县人民调解“以奖代补”工作实施细则》、《石林县人民调解“以奖代补”调解纠纷案件卷宗规范制作标准》和《石林县人民调解工作流程图》等政策。6 月 30 日，领导小组组织召开了人民调解“以奖代补”工作部署暨业务培训会议。兑现 6～12 月各人民调解委员会报送的人民调解“以奖代补”案件卷宗 706 件。

全年各乡镇、村两级 99 个人民调解委员会和 7 个治安纠纷民间纠纷联合接待调处室共受理各类民间纠纷 2681 件，调解 2681 件，调解率达 100%，调解成功 2573 件，调解成功率达 96%，履行 2564 件，履行率达 99.7%。其中：婚姻家庭纠纷 578 件，邻里纠纷 747 件，合同纠纷 93 件，赔偿纠纷 199 件，劳动纠纷 21 件，村务管理纠纷 6 件，土地承包纠纷 136 件，征地拆迁纠纷 102 件，计划生育纠纷 1 件，房屋宅基地纠纷 270 件，交通赔偿纠纷 4 件，医患纠纷 8 件，消费者权益纠纷 3 件，行政接边地区纠纷 7 件，施工扰民纠纷 1 件，其他纠纷 505 件。

【法律援助工作】　2010 年 3 月 29 日，中（国）加（拿大）法律援助合作项目考察团一行 9 人，在省法律援助工作管理局局长张永华、市法律援助中心主任刘书林等领导的陪同下，到石林县考察法律援助工作。5 月 25 日，召开法律援助网络联动机制工作会议，会上向县民政局、县教育局、县残联等 13 个法律援助联络站颁发了“法律援助联动联络站”匾牌。7 月 28 日召开石林县法律援助工作培训会，对各乡镇法律援助工作站、律师事务所、公证处、法律服务所等工作人员及县直机关 13 个法律援助联络站的联络员共计 50 余人进行了培训。争取中央和省法律援助资金 10 万余元。全年，县法律援助中心和各乡镇法律援助工作站共办理法律援助案件 428 件，其中：刑事法律援助案件 38 件、民事法律援助案件 390 件，诉讼案件 82 件、非诉讼 346 件。接听来电、接待来访等法律咨询 469 件。

【基层司法行政】　2010 年各乡镇司法所共宣讲法律知识 133 场次，受教育人数 192710 人，受理并调解疑难纠纷 259 件，开展各类矛盾纠纷排查 104 次，制止群体性上访 20 件，参与严打整治及专项治理 90 人次，为乡镇党委、政府提出司法建议32条。

【基层法律服务】　年内全县8个法律服务所代理诉讼事务139件，非诉讼事务94件，调解各类纠纷482件，代写法律事务文书920件，解答法律咨询2444件。

【“148”法律服务】　2010年“148”法律服务指挥中心接待群众来访567人次，接受电话咨询266次，委托办理法律事务178件，解决纠纷389件，与有关部门联动47次。

【律师公证管理】　12月4日上午，召开全县公证律师工作会议，市司法局律师工作管理处处长黄宇、副处长段任江到会指导，进一步加强律师公证工作者职业道德、执业纪律和诚信教育。2010年律师事务所共办理案件588件，其中：刑事案件146件，民事案件425件，行政案件4件，非诉讼案件13件；担任法律顾问20家；代写各类法律文书559件；解答法律咨询3447件。公证处共办理各类公证3821件，其中：民事类公证1057件，经济类公证2763件，涉台公证1件。

【普法与依法治理】　2010年3月，县委办、县人民政府办印发了《石林县2010年法制宣传教育与依法治县工作计划》。4月1日，石林县召开“五五”普法与“四五”依法治县考核验收工作动员部署会。4月26～27日，县“五五”普法与“四五”依法治县考核验收工作领导小组对全县各级各部门五年来的普法与依法治县工作情况进行检查考核。6月18日，昆明市普法与依法治市考核验收工作领导小组到石林县进行“五五”普法与“四五”依法治理考核验收，通过听汇报、实地检查、看台账后，检查组对石林县的普法与依法治理工作成绩给予了肯定。

【法治石林建设】　2010年5月，县委、县人民政府出台了《关于加强社会建设构建和谐石林的意见》。10月19日，以昆明市司法局副局长陈振德为组长的检查组一行8人到石林县检查民主法治村（社区）创建暨法治石林建设工作。检查组对已被省市级命名的法治村和2010年申报的市级民主法治村进行了抽检复核和实地检查，查阅了县、村法治石林和民主法治村创建台账。通过检查，市检查组充分肯定了石林在民主法治村、法治石林建设工作中取得的成绩和亮点，并就下步工作提出了要求。2010年，麦地庄、鱼龙坝、林口铺、小密枝、小圭山、矣维哨、叠水、维则、糯衣和水尾10个村委会获市级“民主法治村”荣誉称号。

【安置帮教】　2月1日，县安置帮教办公室、县司法局组织公安、检察、法院、团县委、工会等部门，到云南省宜良监狱对石林籍的43名服刑人员开展入监狱帮教活动。启动安置帮教信息化建设，实现了与全国安置帮教信息化平台的对接。开展了服刑人员未成年子女救助活动和服刑人员信息核查，对监外执行人员进行了核查。2010年，全县共接收刑释解教人员41人，帮教41人，帮教率达100%，落实责任田40人，安置率达98%。未发现脱管失控和重新违法犯罪。

【社区矫正】　2010年6月1～3日、12月7～8日，由县委政法委牵头，政法各部门参加，对全县社区矫正工作开展了督查，对在检查中发现的问题和不足提出了整改要求。2010年，累计接收社区矫正对象187人，每个矫正对象均建立了个人档案。未发现社区矫正对象重新违法犯罪。

（撰稿人：县司法局　赵红琮）

政府法制

【县政府法制办】　2005年3月，成立县人民政府法制办公室。2010年底有职工4人，其中：公务员3人，工勤人员1人，办公地址在县行政中心A区。

主　任：段顺波

【精简调整行政审批事项】　为进一步深化行政审批制度改革，切实转变政府职能，着力打造最优的经济社会发展环境，县人民政府按照政府机构改革后各有关部门职能职责调整、新颁布实施或废止的法律法规情况，结合市下放到石林县各部门的经济社会管理权限，对全县行政审批项目及管理服务项目进行了精简、调整，并于2010年12月对外公布。精简、调整后保留县政府所属各行政执法机关和法律法规授权组织实施的行政审批项目35项，管理服务项目172项；保留各乡（镇）人民政府实施的行政审批2项，管理服务项目13项；保留省、市垂直管理的行政执法机关和法律法规授权组织实施的行政审批项目15项，管理服务项目19项。

【贯彻落实阳光政府四项制度】　继续推行重大决策听证、重要事项公示、重点工作通报、政务信息查询四项制度，不断完善制度，规范流程，推进行政决策的科学化、民主化，增强行政决策的透明度和公众参与度，保障了人民群众的知情权、参与权、表达权和监督权。2010年共实施重大决策听证20项、重要事项公示423项、重点工作通报683项，接听解答“96128”政务服务电话465个，接听成功率92.28%，满意率97.97%。

【开展规范性文件清理工作】　2010年8月，县政府办公室下发了《石林县人民政府办公室关于做好政府规范性文件清理工作的通知》，对石林县现行有效的政府规范性文件进行了一次集中的清理。对每一件规范性文件，均按照应予废止、需要修改、继续有效三个类别选择一类加以认定，并将清理情况向社会进行了公开。

【开展行政执法主体清理公告】　2010年7月，石林县完成了新一轮的政府机构改革，原有的部分行政执法主体及其行政执法职权职责已发生变化，部分执法主体撤并或者新成立。县政府法制办及时组织开展了行政执法主体清理公告工作，将全县负责行政执法的行政机关、法律法规授权组织的行政执法主体资格重新进行清理，并对外公布了具有行政执法主体资格的县级行政执法机关和法律法规授权组织。

【开展行政执法案卷评查】 2010年县政府法制办全面评查了34家县级行政执法部门2009年度已办结的行政执法案卷。其中，抽取了18家行政执法部门的行政执法案卷到市政府法制办，由市行政执法案卷评查组进行了评查，并将每个案卷的评查结果、存在问题等向评查单位进行了反馈。其余16家行政执法部门的行政执法案卷的评查由各部门自行组织，并将评查结果报县政府法制办备案。通过行政执法案卷评查，进一步规范了各部门的行政执法文书和程序，提高了行政执法质量，同时也加强了对行政执法行为各环节的监督。

【行政处罚自由裁量权标准细化及贯彻实施】 2010年7月，根据昆明市《关于开展规范行政处罚自由裁量权试点工作的实施方案》要求，石林县各行政执法部门开展规范行政处罚自由裁量权的工作，按照市级主管部门印发的规范细化标准完成了规范行政处罚自由裁量权的各项工作并对外公布实施。在县政府法制办的指导下，7个乡镇人民政府也对本乡镇负责实施的具有自由裁量权的行政处罚项目进行了梳理，并将行政处罚自由裁量权的规范细化标准对外公布实施。

【行政执法人员法律知识培训】 根据《昆明市2010年度法律学习培训工作计划》的要求，为提高行政执法人员的综合素质，制定了《石林县2010年度法律学习培训工作计划》，对新上岗执法人员综合法律知识培训、在岗执法人员综合法律知识轮训、重大决策听证培训、行政复议工作培训、行政审批工作培训等进行安排部署。5月19～21日，组织各乡镇人民政府、县级各行政执法部门新上岗人员49人参加了市政府法制办组织的为期三天的综合法律知识学习培训。7月22～23日，组织开展了执法人员综合法律知识轮训，共265人参加了轮训。

【行政复议工作】 2010年县人民政府行政复议办公室收到行政复议申请2份，办理行政复议案件2件，办结率100%，充分发挥了其作为行政机关内部的层级监督作用，对促进行政机关依法行政，保护公民、法人和其他组织的合法权益具有重要作用。

【法律顾问室工作】 2010年县政府聘请法律顾问3名，并签订了聘用协议。在涉及政府重大决策、重大行政行为、重要的合同（协议）和法律文书、行政纠纷和其他重大纠纷、行政诉讼和重要的行政复议等工作都有法律顾问参与，并听取其意见20余次。

（撰稿人：县政府法制办　昂玉芳）

典型案例

【伤害致死案】 2010年2月16日8时5分，本地男子杨某在石林县城阿诗玛北路24号门口被人打伤送县医院抢救无效死亡。案发后，由值班局领导任组长，从刑侦大队、鹿阜派出所及局机关相关部门抽调民警40余人，成立了专案组，分组进行现场勘查、走访调查、人员审查等工作。经大量工作，16日17时许，在双龙公园双龙桥附近将宜良县男子李某某（19岁）、杨某某（20岁）、杨某（18岁）、王某某（17岁）抓获。4人交待了因口角与杨某发生争吵用木棒将杨打伤致死的犯罪事实。

（县公安局提供）

【故意杀人案】 2010年4月6日15时许，县局110指挥中心接群众报警称：鹿阜镇小古城附近一男子持刀将一女子杀伤。接警后，110指挥中心迅速指令鹿阜所及刑侦大队赶赴现场，同时将情况向局领导作了汇报。鹿阜派出所、刑侦大队民警赶到现场后，发现被杀伤女子已经身亡，嫌疑男子自杀受伤，民警立即将该男子送医院抢救。经调查查明，石林县西街口镇雨布宜村委会茂舍祖村男子林某某（27岁）与妻子许某某（28岁）因感情不合，4月6日中午两人相约到县城办理离婚手续，至案发地附近又发生争吵，争吵中林某某用随身携带的长约20厘米的尖刀朝许某某颈部、腹部猛刺数刀致其当场死亡，又用同一把刀自杀未遂。

（县公安局提供）

【打掉一盗窃团伙】 2010年4月9日凌晨4时06分，指挥中心值班员尚林在利用视频对大屯机器厂路段进行巡逻时，发现一辆无牌轿车行迹可疑，遂对其进行跟踪监控。4时19分，被跟踪车辆停放在新客运站对面秀峰商行门口，车上下来的几名男子对该商铺卷帘门实施撬盗，尚林立即指令派出所民警实施围捕。得手后准备驾车逃逸的镇雄县男子胡某某（32岁）、罗某某（33岁）、王某某（34岁）被现场抓获。缴获现金10000余元及香烟等物品。查实胡某某于2006年10月22日涉嫌盗窃被浙江诸暨公安局列为上网逃犯；罗某某涉嫌于2009年10、11月期间参与多起入室抢劫、盗窃案被浙江临海市列为上网逃犯。同时还破获了该团伙在石林县城及北大村等地盗窃作案4起的犯罪事实。

（县公安局提供）

【打掉一涉恶团伙】 2010年4月16日，石林县鹿阜镇路美邑中学男生沈某某（16岁）在学校附近被五六名男子无故殴打致轻伤。案件引起了领导的高度重视，县局迅速从刑侦大队、路美邑所抽调警力成立了专案组，对同类案件进行串并分析。专案民警按照打黑除恶的要求对线索进行排查和梳理。经过大量工作，8月4日上午，专案组民警在石林县石林镇天生桥村将本地男子吕某（20岁）抓获并突审。根据吕交待的情况，8月4、5两日，分别在石林镇乐尔村、天生桥村等地先后抓获本地男子张某某（17岁）、李某某（19岁）、王某某（18岁）、施某某（16岁）、李某某（18岁）、毕某某（18岁）、王某某（19岁）、他某某（18岁）等9名犯罪嫌疑人。查明该团伙无故殴打沈某某的犯罪事实。同时还查实该团伙另4起犯罪事实。

（县公安局提供）

【持刀抢劫、强奸案】 2010年4月20日上午10时许，陆良县女子王某（34岁）在石林镇乃古石林景区“万家欢”生态园附近，被一名男子持刀威逼抢走价值600余元的手机。接报后，北大村派出所立即组织警力赶往现场。派出所民警根据受害人的描述和走访调查，锁定嫌疑人系一名外地男子，对当地情况不熟且离案发时间不长，便立即组织当地群众和生态园保安对案发地附近展开拉网式搜寻。2小时后在石林镇占屯村后荒山将陆良县中枢镇男子赵某某（39岁）抓获。经审查，赵某某交待了抢劫并强奸王某的犯罪事实。

（县公安局提供）

【特大入室抢劫案】 2010年6月9日凌晨3时28分，石林县石林镇北大村大寨男子赵某某（25岁）从网吧返回到家门口时，被4名嫌疑人用刀砍伤后蒙住头部挟持至家中，用刀威逼、殴打其父赵某某（51岁）、母李某某（46岁）后，劫走12万余元现金、三部手机、一张银行卡等财物。先期赶赴现场处置的派出所民警高润林被嫌疑人砍伤手臂。接报后，石林县公安局立即启动了《石林彝族自治县重大刑事案件应急预案》，迅速调集刑侦大队、各派出所警力分头追捕犯罪嫌疑人和开展案侦工作。同时将情况向市局指挥中心作了汇报，并向陆良、宜良、泸西、弥勒等周边县公安机关作了通报，请求协助堵卡查缉。戴平局长、张永清副局长、娄张祥副局长赶到现场组织指挥案侦工作。市局领导及县委、政府领导要求全县公安机关要组织精干力量全力侦破案件，挽回受害人损失。市局刑侦支队、行动技术支队、网安支队等部门先后组织警力赶到石林支持工作，根据案情迅速从市局和县局抽调警力成立了专案组。刑侦支队柳海涛支队长，戴平副县长等领导亲自带领民警辗转昆明、红河、陆良等地开展工作。在市局相关部门及红河警方的大力支持下，经过参战民警45小时的连续奋战，6月11日凌晨0时许，先后在泸西县中枢镇福鼎大酒店、阿庐古洞附近一旅馆内成功将泸西县男子陈某某（19岁）、王某某（17岁）、马某某（20岁）、何某某（16岁）、郑某（17岁）等5名犯罪嫌疑人全部抓获，缴获被抢现金10万余元及手机等物品。

（县公安局提供）

【打掉盗窃通信基站电瓶团伙】 2010年6月21日晚7时许，位于石林县西街口镇铁路桥旁的中国联通通信基站内价值24000余元的24只电瓶被盗。案发后，县公安局迅速调集刑侦、禁毒、治安等部门警种赶赴现场协助派出所工作，同时要求沿线各派出所设卡堵截。8时许刑侦大队和西街口派出所民警追缉至西石公路陆良县小莫古收费站附近时，发现一辆车子侧翻在路边。民警对嫌疑车辆进行了仔细勘查，发现车内有一名叫赖某某男子的资料信息。根据这一重要线索，经大量工作于7月1日在昆明五华警方的协助下，专案民警在昆明五华区茭菱路将当地男子赖某某（20岁）抓获。查明，案发当晚赖某某伙同绰号叫“飘鹰”、“小波”的男子窜至西街口镇联通基站盗窃电瓶的犯罪事实。经历一个月大量艰苦细致的工作，7月20日在市局有关部门的协助配合下，在官渡区阮家村和五华区白马庙老村分别将文山男子李某某（绰号“小波”，27岁）、辽宁籍男子于某某（绰号“飘鹰”，42岁）抓获。三人交待了盗窃24只电瓶的犯罪事实。同时查明该团伙在安宁、富民、呈贡、嵩明、寻甸等地疯狂盗窃通信基站电瓶10余次的犯罪事实。

（县公安局提供）

【抓获飞车抢夺嫌疑人】 2010年10月30日19时许，阿诗玛南路县安监局附近、石林南路等地相继发生2起抢夺案。案发后，县公安局迅速组织民警开展工作，20时许，民警在龙泉路发现一辆摩托车来回在该路段行驶，骑车人特征与受害人描述的嫌疑人特征基本相符，跟踪至双龙小街附近时民警将2人控制进行盘查，从其中一名嫌疑人身上搜出2名受害人被抢的现金、手机等物品。经审查，弥勒县男子高某（27岁）、高某某（23岁）交待了先后在石林南路、阿诗玛南路、东城区等地抢夺作案6起的犯罪事实。

（县公安局提供）

【破获抢劫杀人案】 2010年12月3日21时许，泸西县男子孟某某被2名男子以租车为名，从泸西骗至九石阿公路矣维哨路段岔往圭山煤矿方向1.8公里处杀伤，抢走两轮摩托车及300余元现金，后孟某某经抢救无效死亡。接报后，石林县局迅速启动应急预案，从刑侦大队、局机关各部门抽调50余名警力赶赴圭山，连同派出所民警一起开展案件侦破工作。县人民政府副县长、戴平局长，张永清副局长、刘子宏副政委等领导亲自赶到带领民警分头对辖区所有煤矿山、工地及嫌疑人可能落脚的地点进行地毯式大清查。经过大量的调查取证和走访调查，锁定贵州籍男子符某某有重大作案嫌疑，便组织警力赶赴广西、红河、贵州等地抓捕。参战民警克服重重困难，连续作战80余小时，9日其中一组民警在贵州将嫌疑人贵州省威宁县男子符某某抓获。符供述了伙同褚某某杀害孟某某抢劫作案的犯罪事实。

（县公安局提供）

【受贿案】 本案由县检察院反贪污贿赂局立案侦查，经侦查查明：2003年至2009年期间，刘某甲利用担任昆明市交通局局长、高海公路建设指挥部副指挥长、昆明市县际及农村公路建设指挥部副指挥长的职务便利，为他人谋取利益，非法收受他人财物价值人民币173.5万元。2007年至2010年3月，刘某甲在明知其妹妹刘某乙收受吴某某财物，仍利用职务便利，为吴某某在工程建设领域谋取利益，与刘某乙共同收受吴某某人民币21万元。2010年9月29日，县检察院以刘某甲、刘某乙涉嫌受贿罪依法向县法院提起公诉。2010年11月5日，县法院一审判决刘某甲、刘某乙犯受贿罪，判处刘某甲有期徒刑十二年，并处没收个人财产50万元人民币；判处刘某乙有期徒刑三年，缓刑五年。

（县检察院提供）

【贪污、非国家工作人员受贿案】 本案由县检察院反贪污贿赂局立案侦查，经侦查查明：2009年底，石林县政府征收石林镇乐尔村村委会第一村民小组570.769亩土地，用于苏宁环球集团石林项目建设，由村小组干部协助政府工作人员组织协调测量农户的田地面积后制作补偿费用发放花名册，兑现征收土地的补偿费用给农户。赵某某、毕某分别作为村小组组长、业务代办员参与该项工作。在工作中，二人合谋用他人名义虚报了3块土地，共计3.647亩，骗取征地补偿款124362.7元。赵某某以他人名义虚报土地0.863亩，骗取土地补偿款29428.3元。此外，某公司准备在乐尔村第一村民小组周某某土地上架设广告牌，赵某某居中协调，账外暗中收受该公司送给的人民币10000元。毕某在乐尔村一组发放每年的征地补偿费过程中，利用职务便利，在制作兑款花名册时，骗取土地补偿款10577.2元。2010年7月5日，县检察院以赵某某涉嫌贪污、非国家工作人员受贿罪，毕某涉嫌贪污罪依法向县法院提起公诉。2010年8月12日，县法院一审判决赵某某犯贪污罪、非国家工作人员受贿罪，数罪并罚，判处有期徒刑七年；毕某犯贪污罪，判处有期徒刑六年。

（县检察院提供）

【寻衅滋事案】 2010年1月28日至2月6日，普某某、严某、赵某某、毕某某、李某、尹某某、李某某等人时分时合，先后五次在石林县联宏酒店KTV、“米克斯”慢摇吧等地携带钢管、砍刀等工具，随意殴打他人，导致六人轻伤、两人轻微伤的后果。2010年10月21日，县检察院以普某某等人涉嫌寻衅滋事罪依法向县法院提起公诉。2010年12月18日，县法院一审判决普某某等人犯寻衅滋事罪，判处普某某有期徒刑四年；判处赵某某、严某、尹某某有期徒刑三年零六个月；判处毕某某、李某有期徒刑三年；判处李某某有期徒刑三年，缓刑四年。

（县检察院提供）

【聚众斗殴案】 2009年5月27日21时许，李某甲、钱某某与陈某某发生争执，钱某某被陈某某的同伴毕某等人殴打。其后李某甲、钱某某为泄愤，李某甲邀约了胡某某、李某乙等人并借来“成A10513”号白色金杯车，钱某某也邀约了多人，携带刀具到金恒酒店找陈某某报复，陈某某获悉后邀约了李某、王某某等人。当晚23时许，双方在县城的大街上大打出手，甚至不计后果，驾驶机动车互相撞击，导致一路人受轻伤，三辆车受损价值达人民币31742元，造成恶劣的社会影响。2010年8月2日，县检察院以李某甲等七人涉嫌聚众斗殴罪提起公诉，2010年8月31日，县法院一审判决被告人李某甲、钱某某、陈某某、李某乙、李某、胡某某、王某某犯聚众斗殴罪，判处李某甲有期徒刑五年零六个月；判处钱某某有期徒刑四年零六个月；判处陈某某、李某乙有期徒刑三年零六个月；判处李某、胡某某、王某某有期徒刑三年。

（县检察院提供）

【失火案】 2010年2月7日13时30分许，罗某某为烧除石林县西街口镇格渣村苹果园中地埂上的杂草，用随身携带的打火机点燃了苹果园中桃树地南侧地埂上的干草，导致火沿地埂向东蔓延，虽经罗某某及其儿子扑救，但未能控制火势，引发了苹果园以东杨梅山森林火灾，火灾过火有林地面积为10169亩，造成直接经济损失人民币1966005元。2010年3月24日，县检察院以罗某某涉嫌失火罪依法向县法院提起公诉。2010年4月13日，县法院一审判决罗某某犯失火罪，判处有期徒刑六年零六个月。

（县检察院提供）

【盗窃案】 2009年9月底，杨某某、赵某某二人经事先预谋，以“用药水洗钱可以造钱”为名诱使段某某上当，并取得其信任。后双方商定由段某某出资20万元让杨某某、赵某某用药水洗钱的方式为其造钱。2009年10月1日14时许，杨某某携带冥币、水彩颜料等物品来到段某某经营的公司办公室内，趁段某某外出打水之际，用事先伪装好的冥币将段某某用于造钱的20万元调换，后借故逃离现场。2010年3月15日，县检察院以杨某某、赵某某涉嫌盗窃罪依法向县法院提起公诉。2010年4月6日，县法院一审判决杨某某犯盗窃罪，判处有期徒刑十一年，并处罚金人民币100000元；赵某某犯盗窃罪，判处有期徒刑十一年，并处罚金人民币100000元。

（县检察院提供）

【非法采矿、重大责任事故案】 2009年9月，赵某甲（已死亡）伙同父亲赵某乙、妻子陈某某等人，未取得采矿许可证擅自在石林县圭山镇下部龙村秧田冲雇佣附近村民私自开挖一个独眼煤井，曾数次被有关职能部门查封，但赵某甲等人仍违反安全规定，冒险非法开采煤炭资源。2010年3月16日18时许，该非法煤井在采煤过程中发生瓦斯爆炸，致赵某甲等五人死亡，五人不同程度受伤。经云南省矿协司法鉴定所鉴定：赵某甲、赵某乙等人非法开采煤矿造成矿产资源破坏的价值为6.38万元。县检察院以赵某乙、陈某某涉嫌非法采矿罪、重大责任事故罪依法向县法院提起公诉。县法院判决赵某乙、陈某某犯非法采矿罪、重大责任事故罪，数罪并罚，判处赵某乙有期徒刑三年，缓刑五年，并处罚金10000元；判处陈某某有期徒刑二年零六个月，缓刑三年，并处罚金10000元；连带赔偿各种经济损失513453.5元。

（县检察院提供）

【失火案】 2010年2月7日13时30分许，被告人罗某某为烧除位于格渣村自家苹果园地埂上的杂草，用打火机点燃了苹果园中桃树地南侧地埂上的干草，导致火势沿地埂向东蔓延。被告人罗某某发现火势蔓延后，及时与其子者春林进行扑救，但未能控制火势，因而引发杨梅山森林火灾。火灾过火面积为10169亩，造成直接经济损失共计人民币1966005元。

县人民检察院指控被告人罗某某犯失火罪，于2010年3月31日向石林县人民法院提起公诉。县法院审理认为：被告人罗某某为烧除地埂上的杂草，过失引发山林火灾，致使国家和集体财产遭受重大经济损失，其行为已构成失火罪，应当依照《中华人民共和国刑法》第一百一十五条第二款追究刑事责任。公诉机关指控被告人罗某某犯失火罪的事实清楚，证据确实充分，指控罪名成立。但鉴于被告人罗某某系初犯、偶犯，又系老年人犯罪，在审理中认罪态度较好，具有悔罪表现，可酌情从轻处罚。故依照《中华人民共和国刑法》第一百一十五条第二款、第六十一条之规定判决：被告人罗某某犯失火罪，判处有期徒刑六年零六个月。

全县广大干部和人民群众一定要从"2·7"森林火灾案件中吸取教训：一是在林区一律实行封山管理，严禁任何火种入山，严禁一切野外用火；二是加大防火巡查力度，加强对重点林区、重点部位的巡查巡护，严防死守，不留死角，不留盲区；三是严厉打击违法用火行为，从严从快查处森林火灾案件，严惩火灾肇事者。

（县法院提供）

【故意杀人、故意伤害、聚众斗殴案】 2009年9月24日21时许，石林镇松子园村村民杨某某、邹某某在石林镇山头上村烟站门口饭馆内，与石林镇山头上村村民张某某等人因琐事发生吵打，杨某某便邀约被告人李某某、杨某，并通过李某某、杨某邀约了朱某某、赵某某、邹某甲、邹某乙、吴某某等人携带木棒驾驶微型车及摩托车来到山头上村，欲找张某某报复泄愤。被告人杨某某、侯某某、张某甲、李某某、杨某甲、李某、杨某乙等人得知该消息后先后来到李某家小卖部外，李某某安排李某砸坏村广播室门锁，通过广播召集村民，被告人李某甲、李某乙、李某丙、李某丁、李某戊、李某己、刘某等人听到广播后先后来到现场，杨某某、李某甲等人在小学附近将邹某某、杨某丙打伤后，山头上村民李某某、侯某某、杨某某、张某甲、李某己、李某戊、李某乙等人与松子园村村民杨某、李某某等人在卢某家附近发生械斗，双方手持棍棒、砖块等工具互殴，致张自平受轻伤，朱某甲、赵志平、吴某某、邹某甲以及张某甲、李某丁等人受轻微伤；侯某某、杨某某、李某、张某甲追至村外，用砖块、铁锤将黄某驾驶的微型车玻璃砸坏，随后，侯某某、杨某某、李某乙、李某丙、李某己、李某戊等人追至杨增李家辣椒地内用木棒等工具将李某某打伤，经法医鉴定为重伤。被告人李某乙、张某某、李某丙、李某甲、杨某某、侯某某、李某己、刘某、李某丁、李某戊等人在杨家平住宅门前用木棒等工具将杨某某打伤，杨某某于2009年9月25日凌晨2时经石林县人民医院抢救无效死亡，经石林县公安局刑事科学技术鉴定，杨某某系遭钝器多次打击致颅脑损伤并失血性休克死亡；李某某的损伤程度为重伤。石林县人民检察院指控被告人李某某、李某、侯某某、杨某某、李某乙、李某甲、张某某、李某己、杨某甲、李某庚、王某某、李某丙、李某戊、李某丁、杨某乙、刘某犯故意杀人罪；被告人张某甲犯故意伤害罪；被告人杨某、李某某、朱某甲、赵志平、邹某乙、邹某甲、吴某某犯聚众斗殴罪，于2010年4月8日向石林县人民法院提起公诉。

石林县法院审理认为：被告人李某某身为石林镇山头上村村民小组长，组织、邀约多人持械聚众斗殴，被告人李某、侯某某、杨某某、李某乙、李某甲、张某某、李某己、杨某甲、李某庚、王某某、李某丙、李某戊、李某丁、杨某乙、刘某在斗殴中积极参加，致人死亡，其行为触犯了《中华人民共和国刑法》第二百九十二条第二款、第二百三十二条，应当以故意杀人罪追究刑事责任；被告人张某甲在聚众斗殴中积极参加，致人重伤，其行为触犯了《中华人民共和国刑法》第二百九十二条第二款、第二百三十四条第二款，应当以故意伤害罪追究刑事责任；被告人杨某、李某某组织邀约朱某甲、赵志平、邹某乙、邹某甲、吴某某持械聚众斗殴，其行为触犯了《中华人民共和国刑法》第二百九十二条第一款，应当以聚众斗殴罪追究其刑事责任。公诉机关指控罪名成立。但鉴于死者杨某某既是本案的被害人，又是聚众斗殴犯罪的行为人，对本案的发生有重大过错，被告人李某某、李某、侯某某、杨某某、李某乙、李某甲、张某某、李某己、杨某甲、李某庚、王某某、李某丙、李某戊、李某丁、杨某乙、刘某的行为，属《中华人民共和国刑法》第二百三十二条规定的"情节较轻"。

综上，根据各被告人的犯罪事实、犯罪性质、情节和对社会的危害程度，依照《中华人民共和国刑法》第二百九十二条第一款、第二款、第二百三十二条、第二百三十四条第二款、第六十一条、第二十五条、第二十六条、第二十七条、第三十六条、第七十二条之规定判决：被告人李某某犯故意杀人罪，判处有期徒刑六年；被告人杨某、李某某犯聚众斗殴罪，判处有期徒刑四年；被告人杨某某、李某乙犯故意杀人罪，判处有期徒刑四年；被告人李某甲、杨某甲、王某某犯故意杀人罪，判处有期徒刑三年；被告人张某甲犯故意伤害罪，判处有期徒刑三年；被告人吴某某犯聚众斗殴罪，判处有期徒刑三年；被告人李某犯故意杀人罪，判处有期徒刑三年，缓刑五年；被告人侯某某、李某丙犯故意杀人罪，判处有期徒刑三年，缓刑五年；被告人朱某甲、赵志平、邹某乙、邹某甲犯聚众斗殴罪，判处有期徒刑三年，缓刑四年；被告人张某某、李某庚、李某己犯故意杀人罪，判处有期徒刑三年，缓刑四年；被告人李某丁、杨某乙、刘某、李某戊犯故意杀人罪，判处有期徒刑三年，缓刑三年。

这是一起发生在两村村民之间的械斗，在社会主义法治社会的今天，出现这样的事，出现这样的案件，对于我们每一个公民来说都是值得警醒的。被告人李某某身为山头上村村民小组长，理应模范遵守国家法律，带领群众致富奔小康，但作为村官的他却因一点小事，组织、邀约村民多人与松子园村村民持械聚众斗殴，致一人死亡、一人重伤的

经济管理

计划管理

【县发改局】 1957年9月，成立县计划委员会。1983年12月，县计委、经委合并成立县计划经济委员会。1994年10月，成立县计划与经济贸易局。2005年3月，县发展计划与经济贸易局更名为县发展和改革局，4月1日正式启用新印章。2007年3月工业经济管理职能划归县乡企局（经济局）。2010年7月县粮食局的职能、职责整合划入县发改局，但还保留县粮食局印章和牌子，商务职能划归县工信局。县发改局内设局办公室、招商促进局（内设考核处、项目处、推进处）、企业科、政教科、计划投资科、物价科、物价检查所、价格认证中心，年底有在职职工32人（不含外单位抽调招商促进局8人）。办公地点在行政中心A区2楼。2010年拨给支农联系点板桥镇龙溪村委会抗旱经费4000元、人口普查经费2000元。

县粮食局内设局办公室、综合科、会统科，年底有职工16人。办公地点在县城双龙山原县政府办公大楼。2010年拨给支农联系点长湖镇豆黑村委会生产经费3000元、人口普查经费1000元。5月份积极协调福建商会向豆黑村委会捐款32600元作为抗旱经费。

县发改局局长、党委副书记：

陈永宁（3月任副局长、副书记，12月任局长）

县发改局党委书记：赵一民（10月止）

县发改局党委副书记、纪委书记：

李贵祥（彝族）

县发改局副局长：杨若平（女）

高云华（彝族，3月止）

县粮食局局长、党总支书记：

李建民（7月止）

县粮食局副局长：李永平

刘光伟

【地区生产总值（GDP）】 2010年实现地区生产总值36.8亿元，同比增15%。其中，一产业增加值10.39亿元，同比增10.1%；二产业增加值10.46亿元，同比增21.5%；三产业增加值15.97亿元，同比增13.7%。三次产业结构由“十五”末的29.8：25.6：44.6调整为28.2：28.4：43.4。

【农村经济】 农业经济持续增长，实现粮食总产1.23亿千克；完成滇东烟草现代农业示范区建设，国家烟叶标准化生产示范区建设通过省级验收。收购烟叶1692万千克，均价14.27元；实现肉类总产量4.13万吨，禽蛋产量2253吨，鲜奶产量1.43万吨，生猪存栏17.65万头、出栏23.5万头，山羊存栏18.5万只、出栏9.4万只，大牲畜出栏1.27万头，禽出栏1122.12万只，畜牧产值6.8亿元；果菜产值3.6亿元；花卉园艺产值0.8亿元。扶持省级农业龙头企业2户、市级农业龙头企业25户，发展农村专业合作社经济组织36个。农业总产值18.7亿元，同比增9.2%。农民人均纯收入5704元，同比增15.3%。台创园区快速发展，完成园区土地流转4980亩，培训园区内农村劳动力1440人次，转移1054人；园区累计完成水、电、路、通讯、绿化等基础设施投资2.63亿元；2010年新增入园项目12个，入驻企业21家（其中：台资企业7家，投资亿元以上企业7家，项目开工企业8家，投产企业6家）。新农村建设顺利推进，建制村公路路面硬化68.6千米、路基改造85.6千米，建制村公路通达率100%、硬化率90%，行政村公交覆盖率100%，公交出行分担率35%；完成北大村、和摩站、老挖、月湖、北小村、天生关、大小林口铺和11个新农村省级重点村建设；实施16个扶贫重点村推进项目，减少贫困人口5000人，完成“一池三改”2000户；完成10个行政村和110个自然村有线电视光缆联网，有线电视覆盖率100%。

【旅游经济】 2010年中国彝族第一村建成投入使用，五棵树村搬迁工作顺利推进。完成石林饭庄和云林宾馆六号楼拆除工作、乃古石林世界自然遗产展示地环境整治、景前区建设和生态修复，并重新对外开放。4月1日，大小石林景区、乃古石林世界自然遗产展示地执行票价175元/人。完成5A级景区复核，贯标工作通过监督审核，石林景区被国家旅游局列为全国67个、云南省3个旅游标准化试点单位之一。2010年大小石林景区接待游客275万人次，同比降4%；全县接待游客350万人次，同比增6%；实现旅游直接收入4.2亿元，同比增17.8%；实现旅游综合收入20亿元，同比增42.8%。

【工业经济】 2010年石林生态工业集中区“一园五片”28.65平方千米的规划通过省级批准，工业发展格局基本形成。园区协议收储土地1000亩，完成“五通一平”1000亩。实施第一条工业大道二期，第二条工业大道路基、核心区排污管网工程；启动110千伏电力改迁、旅游商品加工基地标准化厂房建设。园区新入园项目9个，开工项目5个，新增亿元以上项目6个，工业企业聚集发展，新能源产业初步形成，完成投资1.83亿元。园区规模以上工业增加值2.49亿元，同比增40%；规模以上工业主营业务收入5.4亿元，同比增42%；工业固定资产投资10.6亿元，同比增110%。实现工业总产值33亿元，同比增22.9%；工业增加值7.36亿元，同比增13.8%，其中，规模以上工业增加值5.02亿元，同比增20.2%。新增规模以上工业企业3户，达到33户。全县开展清洁生产企业11户，推广高效节能灯14.2万只；实现非公经济增加值14.5亿元，同比增18%，工业发展基础更加稳固。

【招商引资】 实施园区招商、产业招商，将21个招商分局整合为7个产业招商分局。全年包装项目77个，编印《中国石林投资指南》5000余册，举办和参加招商引资推介会14场，签约项目92个，落地项目70个，有资金到位项目140个（含外资项目7个）。实际到位国内市外资金21.29亿元，同比增20.8%；实际利用外资1245万美元，同比降11%，招商引资实现新跨越。

【固定资产投资】 2010年落实中央扩大内需政策，争取中央、省级补助项目333项，资金3.99亿元，同比增34.5%，其中：中央资金1.81亿元，省级资金2.18亿元。一是新增2010年中央扩大内需项目10个，达39个，已竣工31个，完成投资1.56亿元。二是做好中央重点项目推进服务，石锁高速公路石林段完成路基工程，云桂高铁石林段开工建设。三是县级重点项目74个(其中政府投资项目43个、企业投资项目31个)，累计完成投资34.4亿元。完成月湖水库除险加固工程、西城区鹿阜小学入口市政道路、县委党校搬迁新建、4所农村中小学标准化建设、第三批廉租住房、圭山镇中心卫生院等项目建设。顺利推进环城东路、狮山路二期、桃源水乡基础设施、县人民医院搬迁新建等项目。四是完成水利工程14458件，新建和改造小水渠71.28千米，铺设小型饮水管道67.43千米，实施月湖中低产田二期、维则复线供水工程、黑龙潭中型灌区节水改造工程，新增和改善灌溉面积1.41万亩，解决1.014万人的饮水问题。完成全社会固定资产投资43.29亿元，同比增59.3%。

【财税金融】 完成地方一般预算收入3.51亿元，同比增35.2%，超额完成“543”倍增计划财政增收目标。年末全县各项存款余额52.3亿元，同比增20.5%；各项贷款余额48.3亿元，同比增27.9%；储蓄存款26.75亿元，同比增20.4%，年末人均储蓄存款10917元。城镇居民人均可支配收入17883元，同比增14.6%。优化政府融资资源，组建石林投资公司，加强银政、银企合作，2010年新增政府性融资12.8亿元，其中：银行贷款融资7.24亿元，其他融资5.56亿元。

【商贸流通】 城乡市场繁荣，石林财富中心一期、金彩石林商城、阿诗玛旅游小镇开始运营；新建西街口、圭山镇集贸市场；发展万村千乡市场工程农家店10个，创建绿色饭店1个；家电、汽车、摩托车下乡工作顺利推进，兑付汽车、摩托车补贴6618台，金额1001.41万元；家电下乡补助13357件，金额321.16万元；生猪定点屠宰、盐政、酒类流通市场秩序井然。城乡商品流通体系逐步完善，有效带动了消费需求，社会消费品零售总额15.2亿元，同比增22.4%。

【生态环境建设】 生态县创建工作稳步推进，鹿阜镇、西街口镇、板桥镇被授予“国家级生态乡镇”称号。完成退耕还林荒山造林1万亩，巩固退耕还林1.5万亩，城乡绿化1.3万亩，新增辖区面山绿化面积3232亩，“五采区”植被恢复面积150亩；完成村庄绿化150个，绿化面积4260亩；完成全民义务植树75.25万株。县城建成区增绿补绿2.72万平方米，新增绿地18.58万平方米，县城建成区绿地率40.51%，绿化覆盖率45.5%，人均公共绿地面积19.32平方米，全县森林覆盖率42%，成功创建为国家园林县城。万元GDP能耗同比下降4.1%，规模以上工业企业万元增加值能耗同比下降5.5%；城镇垃圾收集率100%；城镇污水集中处理率75%；改造农村无害化卫生户厕2500座；城乡安全饮用水达标率82.6%。

【社会事业发展】 实施县级科技项目16个，申报省、市级科技项目6项。圆满通过“两基”迎国检，深入推进“九年一贯制”教育，义务教育阶段84.6%的学生集中到县城区和乡（镇）政府所在地就学；大力发展民办教育，民办幼儿教育比重占幼儿教育总量的90.27%；民办高中教育占高中阶段教育总量的40.47%；完成4所、启动5所农村中小学标准化学校建设，完成2所中小学校安工程，启动民族中学搬迁新建、民族职业高级中学二期建设。推进全县医药卫生体制改革，完成3所卫生院改扩建。继续推行“奖、优、免、补”政策，人口自然增长率5.47‰。完成了40个农家书屋、14个文化室、5个农民体育健身工程、1个挂牌博物馆建设，启动3个乡镇文化站建设。

继续实施“两后双百”工程，做好“零就业家庭”、大中专毕业生、农民工就业、特殊困难群体就业工作，实现城镇新增就业1023人，城镇登记失业率控制在2.1%以内；完成农村劳动力转移培训20602人次，转移就业19693人；社会保障覆盖面不断扩大，新型农村合作医疗参合率99.97%；城镇职工基本养老、医疗、工伤、生育、失业保险参保覆盖率分别为70.73%、99%、85.69%、77.21%、85%；新型农村社会养老保险参保率91%，城乡低保覆盖率100%。新建廉租住房100套，推进农村民居地震安全及危房改造工程1100户。推进殡葬改革，年度火化率80.5%。

（撰稿人：县发展和改革局　李雪妮）

质量技术监督

【县质量技术监督局】 1999年11月，按照质量技术监督机构改革工作的统一安排，上划原隶属于县计划经济贸易局管理的县技术监督所（股所级），成立正科级建制的县质量技术监督局，同时加挂“石林彝族自治县质量技术监督稽查队”牌子，为昆明市质量技术监督局下属机构，实行省以下垂直管理。2010年内设局办公室、纪检监察室、综合管理一科和综合管理二科4个科室，年底有在职干部职工10人，其中：公务员9人，工勤人员1人。年内为支农联系点西街口镇绿水塘村委会解决换届、抗旱等经费7000余元，另新建价值5万余元的抽水站1个（内置抽水设备3套）。2010年，在“七个一”教育活动中，晏冰冰先后参加了全市、全省、全国质监（检）系统演讲比赛并取得优异成绩，分获一、二、三等奖。

党组书记、局长：邱建华（9月起）

副　局　长：邱建华（2月起任副局长，主持工作）

冯华忠

纪检组长：陶余平（1月止）

【特种设备安全监察】 2010年围绕企业安全主体责任的落实，强化特种设备动态监管，严厉打击非法生产、非法使用等违法行为。一是按照一岗双责的要求，将全县划分为10个监管辖区，监管责任落实到人；在各乡镇成立了特种设备安全监督站，配置了安全监察协管员，进一步健全了监管网络。二是强化安全监察，共检查133家特种设备使用单位在用的301台（件），发出《安全监察指令书》12份，整改事故隐患41条、查处各类违法行为3起。三是对新增设备使用单位发出《使用安全管理责任告知书》、《安全监察提示》等资料，进一步强化企业安全主体责任的落实。全年未发生特种设备安全责任事故。

【食品质量安全监管】 开展食品安全日常和节假日期间专项检查和整治。严格执行“三查三责”工作要求，加强食品生产加工单位的检查、巡查，全年共检查、巡查食品生产加工单位90家次，发出责令更正通知2份。严格食品质量安全市场准入，对全县38家食品生产企业实施100%的巡查和年审，对99家食品加工小作坊100%签订质量安全承诺书。加大监督抽查力度，年内对挂面、乳制品、饮用水、卤腐、中秋月饼等食品进行监督抽检，抽查食品生产加工单位47家次、食品79个批次，抽检合格率为79%，对不合格的食品实施了严肃处理，确保全年未发生食品安全事故。

【质量管理】 全面启动质量兴县活动，围绕卤腐、挂面、石材、烟叶复烤等特色产业的发展以及食品企业进驻工业园区两个主题开展专题调研，召开全县质量兴县动员大会，确定了3个质量兴县试点企业（云南石丰种业有限公司、石林绿汀甜柿开发有限公司、石林永瑞太阳能有限公司）。推动名牌战略的实施，经过培育、动员，石林县石丰种业有限公司生产的路单系列玉米种子、石林县永瑞太阳能有限公司生产的太阳能热水器2个产品荣获昆明名牌称号。至2010年底全县共有昆明名牌产品5个（其他3个产品为：云南石林旅游集团有限公司注册商标为“石林”的石林风景区、石林绿汀甜柿产品开发有限公司注册商标为“绿汀”的甜柿、石林石材有限公司注册商标为“”的大理石板）。强化工业产品生产许可证后监管，初审工业产品生产许可证企业5家，更新、新建质量档案30家，对全县25家工业产品获证企业实施100%的巡查，查处无证生产及使用无证产品案件2件。

【标准化管理】 继续组织开展“石林甜柿种植标准化示范区”建设项目工作，年内顺利通过了考核验收。协助石林风景区管理部门全面启动“石林风景区域旅游标准化工作”。对全县烤烟收购标准执行情况开展检查，对36家企业的执行标准进行了调查、审核和登记。制定标准化战略实施方案，召开动员会议，深入推动全县标准化战略的实施。

【计量管理】 开展“推动诚信计量、建设和谐城乡”活动，以民生计量、能源计量为重点，充分发挥计量基础保障作用。一是开展化肥定量包装、能源交通标识专项检查。二是联合省计量测试研究院对烟草、医疗卫生、集贸市场、混凝土搅拌等系统和行业的计量器具开展了强制检定，共检定计量器具961台（件）。三是开展诚信计量示范单位创建活动，在3家试点单位（石林县人民医院、双龙集贸市场、中石化云南昆明石油分公司石林中心站）公示了计量检定合格标志。

【组织机构代码管理】 全年共年审组织机构代码证805套，办换证785套，清理废置代码达标，有效库电子档案上报完成率和数据合格率达标。未出现组织机构代码管理系统被关闭的现象。

【打假治劣与行政执法】 一是严格区域执法打假责任制，认真履行“打假办”工作职责。二是在执法办案水平和技巧等方面有新提高，全年运用说理式执法文书办理案件2件。三是受理消费者质量、计量等方面的投诉举报4件，办结4件。四是围绕县委、县政府的中心工作，以食品和特种设备“两个安全”为重点，对各类食品、特种设备、农资、建材、低压成套开关设备等产（商）品实施了监督检查，抽查132家企业生产销售的91个批次的产（商）品，立案查处各类质量、计量、安全等方面的违法案件26件。全年未发生行政复议和讼诉案件。

（撰稿人：县质量技术监督局　陶余平）

工商行政管理

【县工商行政管理局】 1974年9月30日，成立县工商行政管理局。1999年5月18日，县工商行政管理局上划市局垂直管理。2010年县工商行政管理局内设局办公室、党务办公室、信息化办公室、纪检监察室、人事教育科、法制科、企业个体登记注册管理科、市场监督管理科、公平交易科；派出机构有城区工商分局、石林风景区工商分局、板桥工商所、北大村工商所、圭山工商所；代管石林县个体私营经济协会、石林县保护消费者权益委员会。年末全局有在职干部职工73人。单位办公地点在鹿阜镇振兴路（县行政中心对面）。年内资助支农联系点圭山镇海邑村委会生产经费3000元。县工商局法制科被省工商局评为全省工商系统工作先进集体，王丽梅、胡春军分别被评为先进个人和先进法制员。

书记、局长：刘　林（女，白族）
副　局　长：洪　敏（10月止）
　　　　　　李冬梅（女）
纪检组长：彭海欧

【企业注册登记管理】 2010年全县共有各类市场主体8178户，注册资金501517万元，其中：内资企业308户，注册资金146125万元；私营企业1076户，注册资金326202万元，雇工数15126人，新登记1076户；农民专业合作社68户，出资总额2711万元，成员总数1354人，新登记36户；个体工商户6726户，注册资金26479万元，从业人员数15661人，新登记1166户。协助关闭一批“两高一剩”生产企业，锁定“两高一剩”生产企业13户；注销2家焦化厂、1户煤矿企业营业执照，限制2户排污不达标企业对外投资、增设分支机构、企业变更、迁移等登记，督促其及时采取措施加强排污减污治理。

为企业融资提供股权出质和动产抵押登记服务，年内共办理股权出质登记33件和动产抵押登记12件，涉及企业23户、自然人7人，担保金额共计14373万元。

【商标广告监督管理】 至2010年底全县共有注册商标207件，其中云南省著名商标11件、昆明市知名商标6件。2010年，“阿诗玛”、“君恒”、“易通”被认定为昆明市知名商标，“阿诗玛”、“永瑞及YONGRUI”、“君恒”被认定为云南省著名商标。在商标管理工作中，一是完善工作机制。把商标培育、管理工作列为重点工作进行布置落实。二是多种形式强化宣传，结合“3·15”纪念日、“4·26”世界知识产权日宣传活动，采取印发宣传资料、举办专题培训讲座和日常受理咨询、注册登记、年度检验、走访企业上门服务等形式，引导企业树立“品牌兴企，商标兴企”的意识，营造培育、管理商标的良好氛围。三是加强巡查和专项行动，重视对商标违法违规行为的查处，将日常监管与专项整治行动有机结合，积极开展打击商标侵权专项行动，有效维护商标持有人的合法权益。通过发放《商标注册建议书》、《商标法律告知书》等“五书”，引导各类市场主体尽早申请商标注册，指导权利人依法使用注册商标和保护商标所有权，及时纠正经营者在商标使用中存在的不规范行为。四是利用日常巡查、企业回访和年检、验照中收集企业的产品信息和注册商标等情况。

全县共有广告经营户31户，年内登记广告33件，监测电视广告85件，检查广告367户次，教育指导、限期拆除和责令办理登记14户次，查处违法广告案件1件。

【公平交易】 组织执法人员开展建筑材料、假冒北玉玉米种子、矿产资源、电子游戏经营场所、房地产市场、不合格服装等30余项专项检查，共检查各类经营户4703户，查处各类制售假冒伪劣商品案件64件，没收假冒农药50千克、不合格电动车8辆、仿真枪支28支、钢弹30盒、涂料125千克、不合格手机1部、不合格细木工板8块、不合格食品81.94千克。加大打击传销、规范直销宣传力度，积极开展无传销社区创建工作。全县创建无传销社区（村）7个，在每个乡镇行政区域内各创建无传销社区（村）1个。共悬挂创建无传销社区宣传布标10条，横幅5幅，悬挂路牌2个，解答咨询50起。发放宣传手册1350册，发放材料8640份，粘贴宣传画40张。在部分有条件的行政村，借助村广播播放禁止传销基本常识，群众接受宣传面达50000余人次。无传销社区（村）入户宣传率均达95%以上。出动人员90余人次、车辆110车次，排查外来暂住人口1260人。

全年共查处各类违法违规经济案件164件，涉案金额100余万元，其中：一般程序案件59件，简易、简单方式案件105件。案件类型主要是制假售假、无照经营和逾期年检三类。全年无听证、行政复议、应诉及行政赔偿案件。

【市场监督管理】 深入开展“红盾护农保春耕”行动。对全县314户农资经营主体进行清理，组织72户农资经营户开展农资培训，协调石林县电信公司和石林县鑫瑞物资公司开展“抗旱救灾见真情、农资手机送下乡”活动，派送出各类化肥168吨。开展种子抽样备查，抽取玉米种子样本135个。立案查处15件销售过期农药案件，涉案金额达48100元。大力培育发展农村经纪人，登记发展各类农村经纪人104户，组织涉农企业和农村经纪人200余人开展涉农合同培训。对全县7个农贸市场纳入信用分类监管范围，创建1A级诚信市场1个、2A级诚信市场1个，创建诚信示范一条街1个，建立和录入企业信用档案、信息数据15205条。加大诚信宣传力度，倡导重信用、守合同，推荐评定市级重守企业18家。

立足职能开展市场打黑除恶，发放《涉黑涉恶违法犯罪的基本形式》宣传材料1850余份，出动执法人员48人次、执法车辆14车次，走访群体143人次，排查7个市场、600多户经营户，签订责任书469份。开展道路交通安全检查整治监管工作，集中开展清理规范占道经营、乱摆乱设摊点和无证加水、喊客拉客等行为，清理检查各类经营户290余户，规范无证加水点18个，拆除占道摆设广告牌匾21块，纠正乱摆乱设摊点78个。

【消费者权益保护】 牵头组织年主题为“消费与服务”的“3·15”宣传咨询活动与执法行动。一是组织部分县级行政执法部门在双龙广场开展法律服务和消费维权咨询，现场设立消费投（申）诉举报点，向过往群众发放消费维权手册，活动现场共发放宣传材料25类85000份，接受群众咨询120余人次，受理投诉4起，成功调解4起，展示名特优产品12类。二是利用短信平台向电信、联通、移动手机用户发送“3·15”年主题及消费维权提示10000余条，营造消费维权良好氛围。三是开展市场专项执法行动，共出动执法人员120余人次，检查经营户1200户，进一步规范和维护了市场经营秩序，净化了市场环境，为消费者创造一个安全放心的消费环境。

积极推进“一会两站”建设。针对村“两委”换届造成站点工作人员变动较大的情况，县消费者协会在“两委”换届后及时对站点工作人员进行调整充实，共在基层设立消费者协会分会机构7个，补充分会理事单位35个，聘任分会会长7个、理事单位人员28名，新聘请“两站”站长46名、站点工作人员55名。

年内共受理消费投诉50件，成功调解49件，为消费者挽回经济损失69300元，接待来人来访及电话咨询130人次，在全县范围内发布消费警示4期，向县政府及市工商局上报消费投诉季度分析报告4期。

【食品流通管理】 认真做好申请经营食品的审核工作，严把食品市场准入关，全年共登记食品经营户1977户。加强食品的日常监管与专项整治行动，在元旦、春节、五一等重大节日前组织开展食品市场检查及鲜猪肉、白酒、泔水交易、违法添加剂等专项执法检查，确保人民群众吃上放心食品。全年共出动执法人员2187人次，完成42项专项整治任务，检查经营户19618户次，集贸市场6个，取缔无照经营户117户，查处销售伪劣食品案件5件，受理和处理消费投诉2件，为消费者挽回经济损失772元（含消费者权益保护受理案件数及金额），没收伪劣米面制品13.6千克，调味品2.4千克，酒类2千克，猪油29千克，糕点0.68千克，饮料27.26千克，其他食品7千克。加强食品质量监测和食品快速检测，围绕肉类、奶制品、干果、蔬菜、水果、食用油、水产品等食品进行抽检，共抽样检测食品550组，合格550组，合格率达到了100%。开展"食品安全星级示范店"创建活动,通过对企业实地考核、检查，县评审领导小组审定，9户食品经营户认定为"食品安全星级示范店"。

【个私协会工作】 一是继续开展"贷免扶补"工作，遴选5户个体户报名申请享受国家"贷免扶补"政策，5户创业人员获得25万元贷款；接受有关"贷免扶补"方面的咨询62人次，推荐6户有发展潜力的个体户参加团县委组织的"贷免扶补"，获得30万元贷款。二是妥善处理各种矛盾纠纷和信访工作，对县政府招商引资重点项目金彩石林商城与经营户摊位租赁纠纷矛盾，牵头召集经营户、市场主办方及相关职能部门召开协调会22次，圆满解决租赁纠纷；共受理各类信访件7件，答复7件，办结率达100%，信访案件处理效率和质量进一步提高，接访的能力和水平显著提升。三是积极联系部分企业，开展向干旱地区献爱心活动，向鹿阜镇大哨村捐修抗旱水窖70多口，解决了1500多亩旱地的灌溉难题，让全村800余口村民不再靠天吃饭。同时，向部分乡镇学校、村委会捐献矿泉水、牛奶10000多件，共计联系企业献爱心资金60余万元。四是认真开展禁毒防艾、"五五"普法和吸毒、劳教、刑满释放人员的帮教工作。

（撰稿人：县工商行政管理局 李建波）

统计管理

【县统计局】 1997年7月，县统计局由县计划与经济贸易局分出单独设立。2010年县统计局内设办公室（审计科）、综合科、业务科，下设地方统计调查队、农村社会经济调查队，年底有在职职工15人。局机关办公地点在行政中心B区一楼。县统计局派驻乡镇的统计机构有鹿阜镇统计站、石林镇统计站、西街口镇统计站、板桥镇统计站、长湖镇统计站、圭山镇统计站、大可乡统计站，年底在职职工17人。2010年资助支农联系点鹿阜镇东门社区居委会4000元工作经费。统计局党支部参加共产党员抗旱救灾特别捐款活动，共捐款9693元。

局　长：李建民（7月起）

副局长：王银丹

【统计信息服务】 2010年县统计局收集、整理、出版了《2009年石林统计年鉴》，为县人代会、政协会编印全县经济社会发展情况宣传材料。做好政府信息公开工作，在统计信息网站、政府信息公开门户网站上发布统计公报、统计信息，服务社会各界。认真收集整理相关资料，为县上的各种规划编制、创建活动和考评工作提供数据依据，充分发挥统计信息、咨询、监督作用，做好全县国民经济运行状况的监测、分析和评估工作，围绕县委、县政府工作目标和经济运行中的热点、难点问题，分析金融危机、气候异常干旱对经济发展的影响。关注宏观经济走势和周边地区经济发展态势，深入到重点企业、基层调查单位和城乡居民调查户中，了解生产经营、销售、投资、消费、就业、收入等领域运行情况，监测生资市场、农资市场和消费品市场价格变动和供求情况，分析影响经济发展和城乡居民增收的利弊因素，撰写统计分析文章，为县委、县政府决策提供参考依据。做好月度统计分析，编印《石林县国民经济主要指标》月度卡片，按月向县委、县政府报送全县国民经济主要指标统计数据和经济运行情况分析报告，发挥了经济信息的主渠道作用。

【定期统计调查】 县统计局贯彻《统计法》和国家统计报表制度，履行统计调查、统计报告、统计监督的职权。以提高统计能力、提高统计数据质量、提高统计公信力为目标，规范工作程序，严格工作要求，做好收表、审表、数据处理、分析评估等各项基础工作，完成农业、工业、能源、建筑业、劳动工资、商贸、住宿餐饮业、固定资产投资、基本单位、服务业等定期统计报表任务。加强县域国民经济核算和社会统计工作，做好200户农村住户调查、50户城镇居民住户调查工作，如实反映全县经济实力、社会发展状况和人民生活水平。

【专项统计调查】 根据县委、县政府关于深化文化体制改革、加快文化产业发展的实施意见，与县文产办联合组织开展了文化产业统计调查工作，从年度统计推进到季度统计。县统计局各专业统计人员和乡镇统计站工作人员密切配合，做好文化产业单位清查、调查登记、调查表审核、数据处理、分析评估等工作，取得了2009年及2010年分季度文化及相关产业主要统计数据，客观、全面地反映了石林县的文化产业发展情况。执行各专项调查方案，配合相关部门做好公民科学素质调查、云南省乡村领导班子及领导干部公信度调查、流动人口计划生育服务工作满意度调查等专项调查工作。

以规范管理为目标，规范行业统计范畴，完善地方统计制度，建立分工合理、职责明确、行为规范、运转协调、资料互换、数据共享的大统计体系。积极到周边县区考察学习，配合县委办、县政府办拟定了石林县2010年部门统计调查项目上报目录，下发了关于进一步加强部门统计工作的通知，加强了地方统计工作。

【第六次全国人口普查】 按照《全国人口普查条例》和《国务院关于开展第六次全国人口普查的通知》，组织开展石林县第六次全国人口普查工作，落实机构、人员、办公地点、办公经费和工作职责，编制普查工作进度表。做好出生、死亡人口台账登记，划分普查小区，做好普查员和普查指导员培训，完成户口整顿、摸底清查、入户登记、普查表审核、查缺补漏、检查验收、快速汇总等工作。普查登记表通过昆明市人普办检查验收，进行了光电录入。

【统计信息工程建设】 2010年添置了4台微型计算机，基本满足了统计业务需要。6月25日县统计局办公地点搬迁到县行政中心，采购了机柜、交换机等网络设备，迁移了统计系统DDN数据专线网。通过理论培训和实践锻炼，各专业统计人员的微机操作水平不断提高。统计系统所有定期报表、专项调查和普查全部采用计算机进行数据处理，规模以上工业、资质以上建筑业、限额以上批发零售贸易餐饮业及能源统计实行联网直报。统计信息网络延伸到乡镇统计站，乡镇统计数据实行网络报送。

【统计法制建设】 在定期统计报表、专项调查和农业普查、经济普查、人口普查工作中宣传贯彻统计法，增强统计调查人员、统计调查对象的法律意识，让企业、单位以及社会各界人员了解统计法律法规，知悉自己应当履行的统计义务，积极配合统计工作，为依法统计创造良好的社会氛围和法制环境。与县司法局、县监察局联合开展统计执法检查活动，重点抽查规模以上工业、资质内建筑业、限额以上批零住餐业和房地产开发企业的统计数据质量，抓好季度巡查，规范统计工作。积极参加统计教育培训和专业技术职称考试，提高统计人员业务素质。2010年统计系统共有4名统计人员通过统计专业技术中级资格考试。

（撰稿人：县统计局　杨凤英）

物价管理

【收费管理】 截至2010年5月21日年审结束，应年审收费单位37个，已审验37个，年审率达100%。审验行政事业性收费金额2123.73万元、医疗服务收费3463.19万元。认真开展专项收费清理整顿工作。联合县民政局对石林县境内的行业协会、市场中介组织、公共服务行业开展检查，重点抽查具有行政主管部门的行业协会5家；规范中小学服务性收费和代收费；清理整顿经营服务性收费；规范涉及企业的行政事业性收费。

【重要商品和服务价格管理】 按照《政府制定价格行为规则》和《政府制定价格听证办法》的有关规定，3月30日在石林会议中心组织召开了石林县城市供水价格调整听证会，广泛征求消费者、经营者、专家学者和有关部门的意见。听证会设参加人21名、旁听人3名、听证人3名、监察人2名，邀请新闻单位2家。21名听证会参加人中同意按方案调整的有20人，占听证会参加人总数的95.2%，同意调整但不同意按听证方案调整的有1人，占听证会参加人总数的4.8%。经县人民政府批准，此次城市供水价格调整将工业用水与经营服务用水合并为工商用水，用水类别由原来的五类简化为四类，即：居民生活用水1.70元/立方米，行政事业用水2.10元/立方米，工商用水2.60元/立方米，特种用水5.40元/立方米，综合平均水价由1.57元/立方米调整为2.18元/立方米，执行时间为2010年7月1日。

完成乃古石林景区停车场服务收费标准的制定工作。认真做好石峰寺门票价格备案工作。为规范殡葬服务收费管理，促进殡葬事业健康发展，经过细致调研，根据省、市有关文件精神，结合石林县实际，出台了石林县殡葬服务收费标准，保障殡葬改革顺利进行。火化收费标准为：平板炉最高为每具280元；拣灰炉最高为每具700元；12岁以下（含12岁）儿童遗体火化费实行减半收费。运尸（遗体接运）收费标准为：普通型殡仪车（购置及改装费用在10万元及以下）往返距离在20公里以内（含20公里）的，运尸费收费标准为每车次150元，超出20公里的每增加1公里加收2.5元；中档轿车型殡仪车（购置及改装费用在10万元至20万元，含20万元）往返距离在20公里以内（含20公里）的，运尸费收费标准为每车次360元，超出20公里的每增加1公里加收3元；高档轿车型殡仪车（购置及改装费用在20万元以上）往返距离在20公里以内（含20公里）的，运尸费收费标准为每车560元，超出20公里的每增加1公里加收4元;长途运载尸体往返里程200公里以上的，收费标准由双方协商确定。

监督管理实行政府定价、政府指导价的商品和服务价格，包括成品油、电力、药品、烤烟收购价格和烟用物资价格的执行情况。贯彻执行云南省非营利性医疗卫生机构基本药物零售价格，对基层医疗卫生机构取消药品加成，实行零差率销售。

【价格监测】 做好与群众生活、节日消费密切相关的重要商品和服务价格监测工作，重点做好粮、油、肉、蛋、菜等副食品价格的动态监测，并及时反映交通运输、住宿餐饮、景区门票等价格和收费情况。同时加强市场巡视工作，抓好倾向性、苗头性问题和异常情况的反映。特殊时期采取一日一报、限时上报的形式，强化监测上报和预警工作。

【价格监督检查】 组织开展涉农收费、涉企收费、教育收费、客运收费、电力价格、成品油价格专项检查，立案查处乱收费、乱涨价的7个单位。对石林景区、县城、北大村、板桥等集贸市场、超市进行不定期检查，重点对居民生活必需品价格、商业用水用电价格及摊位费进行反复检查。对县城临时占道停车收费进行检查，规范收费行为，有效制止乱收停车费的行为。切实做好国庆、元旦、春节等节假日期间的市场价格监管，对各类经营户进行提醒告诫，严禁出现哄抬物价、乱收费、价格欺诈等宰客行为。认真办理价格投诉举报案件，按法定程序对6件价格投诉案件进行调查处理，在规定时限内将处理结果反馈举报人。

【价格鉴证】 受理公安、法院等司法部门及行政执法单位的委托，认真开展涉案物品价格鉴定工作，全年共出具价格鉴定结论书156份。在鉴定过程中始终做到实事求是、客观公正，未出现复议和诉讼情况。

（撰稿人：县发展和改革局　杨　艳）

食品药品监督管理

【县食品药品监督管理局】 2002年4月29日，组建昆明市药品监督管理局石林分局。2005年6月30日，成立石林县食品药品监督管理局，是省以下垂直管理的直属正科级机构。2010年8月9日，划入石林县政府管理，成为政府正科级工作部门，内设办公室（审计科）、监管一科、监管二科、行政许可科4个职能科室，年底有在职职工13人。单位办公地点在鹿阜镇环城西路38号。

局　　长：袁家林（12月止）
　　　　　张鹏飞（12月起）
副 局 长：罗金红
纪检组长：朱翠萍（女）

【药品医疗器械监管】 全年共出动执法人员747人次，车辆287辆次，检查药械经营使用单位1843家次，其中药品生产企业4家次、药品经营企业627家次、药品使用单位444家次、医疗器械经营企业324家次、医疗器械使用单位444家次，共查处各类药械违法案件12件，罚没金额14521.31元，未出现行政复议或行政诉讼案件。

出动执法人员47人次，检查单位数268家次，开展义齿、医用氧专项检查，特殊药品、兴奋剂、蛋白同化制剂、肽类激素和含麻黄碱复方制剂等专项检查和稽查通报检查。未发现违法违规行为和通报的药品。继续加大对GMP、GSP认证企业的跟踪检查力度，对已通过认证的药品生产、经营企业进行跟踪检查4次。指导20家药品经营企业进行GSP认证（首次认证9家，第二次认证11家），19家通过了现场检查，1家限期三个月整改。对通过“两个规范”检查的12家医疗机构进行了2次现场检查，在检查过程中针对存在的问题，进行了现场指正及警告责令改正。按计划要求完成药械抽检任务，完成抽检35批，年内出报告10批次，没有抽检出不合格药品。2010年上报药品不良反应报表48份，可疑医疗器械不良事件报表8份，对于各个监测单位报来的报告，县食品药品监督局及时上报，未发生一起漏报、瞒报、迟报现象，上报率达100%，做到了准确、科学、及时，不断提高监测报告质量水平。进一步推进诚信建设，建立辖区内药品、医疗器械经营企业监管档案，建档率100%。

【农村药品“两网”建设】 农村药品“两网”建设得到巩固和推进。在药品供应网方面，按照“建得起、立得住、能发展”的目标要求，建立供应点155个，覆盖率100%。在药品监督网方面，有药品协管员11人、信息员92人，覆盖率100%。开展药品从业人员继续教育培训工作，对药品从业人员45人进行了培训；与昆明医学院成人教育培训部合作，组织120人参加2010年药师资格考前培训。

【食品安全综合监管】 2010年县食品安全委员会办公室开展食品安全工作督查、收集食品安全信息60余次，发布3个食品安全预警公告，制作食品安全简讯，在新闻媒体共播放食品安全信息7个专题100余次。根据《石林县工商局食品安全星级示范店评选标准及管理办法》的规定，通过实地考核、检查，县评审领导小组审定9户食品经营户为“食品安全星级示范店”，有效推进食品安全信用体系建设。开展了“3·15”、食品安全宣传周、餐饮服务食品安全宣传周、宣传食品安全法等系列宣传活动，发放食品安全法单行本500本，其他宣传材料20000余份，营造了良好的食品安全氛围。开展乳品和含乳食品专项整治工作，检查了3个生鲜牛奶收购站和4个羊乳加工企业，421家食品经营户、68家餐饮单位，检查集贸市场22家次，未发现有违法添加三聚氰胺等有害化学物质和各种掺杂使假的违法行为。开展餐饮服务环节加强地沟油整治和餐厨废弃物专项整治工作，检查餐饮服务单位250家，未发现餐饮服务单位违法购买食用油、使用“地沟油”和违法销售或处置餐厨废弃物的行为。开展重大节庆日（五一、六一、端午节、火把节、中秋、国庆节）期间食品安全专项整治工作，检查食品生产经营单位1985家次，集贸市场6个，受理、处理消费者投诉2件。开展“放心盐”专项整治行动，加强食用盐经营许可管理，对全县15家食品加工用盐单位、4个大型超市、3个乡镇集市、1个农贸市场和县城范围内47户食盐经营户进行检查，未发现非法食盐销售。开展酒类安全专项行动，启动酒类流通随附单申领表发放和审核工作，有效地规范了酒类流通市场，保护了酒类生产者、经营者和消费者的合法权益。

【行政审批】 全年办理医疗器械许可证20家（新办9家、变更4家、换证7家），办理药品经营许可证35家（新办12家、变更10家、换证13家），办证程序进驻行政服务中心，杜绝了体外循环，方便了人民群众。

（撰稿人：县食品药品监督管理局　苏晓燕）

招商引资

【县投资促进局】 2005年3月，原县对外经济贸易与经济技术协作办公室更名为石林彝族自治县招商促进局。2010年7月更名为投资促进局，下设项目处、推进处和考核处。县投资促进局与县招商引资工作指挥部办公室、县招商引资工作实绩考核办公室合署办公，负责综合协调全县招商引资工作的开展和考核工作，2010年底，有工作人员8人。在2010年度招商引资考核中，县委副书记裴演兵荣获“昆明市2010年度招商引资工作先进个人”称号。县委常委、组织部部长王昆荣获“昆明市2010年度招商引资考核先进个人”称号。

局　长：陈永宁

副局长：杨若平（女）

　　　　段宏波（女）

【整合招商资源】　将原来的21个招商分局整合为7个产业招商分局，即旅游产业招商分局、工业产业招商分局、农业产业招商分局、文化产业招商分局、台创园招商分局、社会事业招商分局、城镇建设招商分局。各分局由县级领导担任局长和协助领导，相关部门主要领导担任副局长。年初，县委、县政府组织召开招商引资工作会，把内资20亿元、外资900万美元的招商引资目标任务分解到7个产业招商分局，签订目标责任书，形成集团军作战的大格局，最大限度地发挥产业招商的优势和力量。

【强化项目引进】　围绕重点产业，精心组织策划，捕捉投资信息，强化交流合作，推进项目签约和开工建设。在2010年昆交会上签订了4个招商引资项目，协议总投资44.5亿元；2010年第六届昆明国际泛亚农业博览会上签约2个招商引资项目，协议总投资1.26亿元；2010年中国石林国际火把狂欢节招商引资项目推介会暨项目签字仪式上，签约项目17个，协议总投资48.46亿元。

全年共引进外来投资项目140个，实际利用外资1245.17万美元，完成市下达任务数900万美元的138.35%，实际到位国内市外资金21.29亿元，完成市下达目标任务数15亿元的141.27%。

【开展百日竞赛】　2010年4月1日至7月31日，石林县组织开展了招商引资“百日竞赛”活动，竞赛活动以每个招商分局召开一场项目推介会为基础，从签约项目协议资金额、开工项目数、到位资金情况三个方面开展。竞赛活动在招商引资工作推进会上通报，7月底进行综合排名，对综合考核得分高的分局进行奖励，对考核分达不到要求的分局进行问责处理。活动期间，全县签约44个项目，协议资金108.176亿元，开工项目30个，举办项目推介会7场。

【实施季度观摩】　2010年，石林县组织全县招商引资工作人员开展了2次招商引资项目观摩活动，对石林众达混凝土搅拌站、云林五星级度假酒店、云南微藻光生物反应器示范基地、中种云南种子加工中心、石林温氏畜牧公司总部及饲料厂、昆明芳新标准化蛋鸡养殖基地、台创园乳制品、饮料、纯净水加工基地、民族生态运动场、石林立雄电力塔桥生产项目、石林桃源水乡等17个引资项目进行了观摩、评分。通过观摩，有效地推进了项目的建设进程。

【增强履约实效】　进一步规范石林县招商引资签约文本，打造诚信政府，增强招商引资项目的针对性和实效性，切实提高项目签约率和实际履约率，在项目签约初期，由县发改局、县住建局、县国土资源局、县环保局等部门共同对签约文本会审，主要审查项目是否符合产业发展导向、石林风景名胜区总体规划、城市建设总体规划、土地利用总体规划、产业发展规划，项目投资强度、项目可行性及项目选址等方面，并将会审意见及时告知企业，有效避免企业在开展大量前期工作后项目出现推进难、履约难的情况。

【招商引资重点项目简介】　（1）中国种子集团公司云南种子加工中心项目，由中国种子集团有限公司投资建设，项目选址于石林县生态工业集中区内，计划投资1.5亿元，主要建设种子烘干车间、脱粒车间、精选车间、包衣车间、包装车间及种子冷藏库等，实现种子烘干、脱粒、精选、包衣和包装的标准化生产。

（2）石林台湾农民创业园创业孵化中心项目。由昆明春喜农业科技开发有限公司投资建设，项目选址于云南石林台湾农民创业园区内，计划投资2.5亿元，建设综合管理中心、国际商务培训交流中心、研发基地及其他生活配套设施。

（3）石林佳泽商都项目。由云南佳泽投资有限公司投资建设，项目选址于石林南路与巴江河交叉口东南面，计划投资6.5亿元，建设集石林酒吧一条街、中华美食城、阿诗玛中高档购物天堂等于一体的花园式休闲商业长廊。

（4）石林立雄建材工贸有限公司电力塔架生产项目。由石林立雄建材工贸有限公司投资建设，项目选址于石林县生态工业集中区内，计划投资5.1亿元，建设电力线路铁塔生产线、建筑标准模、异型模加工、钢材零售、业务用房、仓库、料厂等。

（5）石林龙晖野生动物科研中心项目。由龙晖集团有限公司投资建设，项目选址于云南石林台湾农民创业园区内，计划投资9800万元，开展野生动物的科学研究、养殖。

（6）上海张江石林旅游项目。由上海张江高科技园区置业有限公司投资建设，项目选址于旅游度假区内，计划投资20亿元，建设国际会议中心、五星级酒店、产权式酒店群、休闲度假山庄等。

（撰稿人：县投资促进局　明继伟）

安全生产监督管理

【县安监局】　2002年县政府组建了县安全生产监督管理局，当时为经济贸易局下属的二级局，到2005年12月单列为政府工作部门，2009年下设办公室、监督一科、监督二科，年底有在职职工8人。2010年9月因机构改革，县煤行办撤并县安监局，内设办公室、政策法规科（安全生产监督执法大队）、企业安全监管科、非煤矿山安全监管科、煤矿安全监管科、煤炭行业管理科、危险化学品安全监管科、计划财务审计科，人员从8人增加到22人。办公地点在鹿阜镇阿诗玛南路148号。2010年支持支农联系点圭山镇普拉河村委会6000元生产经费、鹿阜镇新宅村委会6000元生产经费。

党总支书记、局长：李金宝
原县煤管办党总支书记、主任：
娄林华（7月止）
党总支副书记：念勤生
副　局　长：苏晓松
武成香（彝族）

【煤炭工业经济指标完成情况】 2010年1～12月生产原煤61.27万吨，完成年计划70万吨的87.53%；实现现价工业产值2.12亿元，完成年计划2.1亿元的102%；上缴税金3800万元，完成年计划1500万元的253%。

【安全生产大检查】 深入企业进行“全覆盖”、“横向到边，纵向到底，不留死角，不留盲点”、“地毯式，拉网式”的隐患排查工作，全年开展安全生产大检查26次，专项治理活动13次。共出动316人次155辆车次，检查了1815家生产经营单位，查出各类安全隐患664条，其中已整改644条、限期整改20条。检查18座农村公路桥梁、74个重点工程项目，查出11个地质灾害隐患，下发了地质灾害工作明白卡27份、避险明白卡164份，查出各类越界、无证开采27起，无证经营68户。根据有关规定，对辖区G324线、G326线和九石阿旅游专线等重点公路存在的安全隐患向市安委会作了报告，提出了整改建议。

【查处工伤事故】 县安监局协助省、市安监局按照“四不放过”原则严厉查处“3·16”、“4·01”事故，结案率100%。年内亿元GDP生产安全事故死亡率均控制在市下达的1.0范围内，继续保持了持续稳定的良好态势，有效促进了全县经济社会的持续健康发展。

【安全培训教育工作】 全年对全县煤矿从业人员进行了三次培训，共培训从业人员2188人次，完成全年安全培训任务的136%；送省、市煤矿安全培训中心培复训正副矿长25人、特殊工种202人，持证率100%。举办非煤矿山“三级教育”培训班86期4480人次；对危险化学品主要负责人，非煤矿山主要负责人、安全管理人员，工商贸企业主要负责人、安全管理人员，电工操作人员，焊工操作人员等进行了2期为期3天的安全资格证培训以及特种作业人员资格证培训，共培训253人；组织289名各生产经营建设单位的企业法人、安全管理人员，县直各安委会成员单位，各乡镇人民政府分管领导和安监员，举办国发〔2010〕23号文件学习培训班。

【煤炭资源整合工作】 10月9日，相邻重组的祥兴煤矿、振兴煤矿签订了整合协议，由振兴煤矿整合祥兴煤矿；10月11日，相邻重组的宏强煤矿1号井和宏强煤矿2号井达成了整合协议，由宏强煤矿2号井整合1号井。至此，7对相邻重组的矿井分别达成了整合协议，确定了新的投资主体。下步将严格按照整顿关闭和资源整合的相关要求，组织实施关闭，完善相关证照。

【落实安全生产责任制】 县安监局始终把安全生产摆在重中之重的位置，把安全生产工作与经济社会发展工作同安排、同部署、同考核、同总结，以“一岗双责”责任制为抓手，加强领导，落实责任。共签订《2010年安全生产目标管理责任书》34份，《经营烟花爆竹安全管理责任书》123份，签订《2010年烟花爆竹安全目标管理责任书》7份，督促各乡镇人民政府、各部门、村（居）民委员会、企业层层分解任务，落实责任，层层签订目标管理责任书共4960份，覆盖率达100%，形成了大抓安全生产的浓厚氛围。

【打击非法开采行为】 县安监局采取有力措施，强化对有证矿山的管理。一是结合实际，制定下发了《煤炭矿山“六不准”规定》；二是各煤矿企业成立了兼职护矿队；三是在各有证煤矿企业实行了保证金制度，2010年19对矿井各上交了“打非”保证金27万元；四是各有证煤矿护矿队加强了对本矿区的管理巡查工作；五是极积参加县委、县人民政府组织的打击非法开采行为专项整治工作，2010年全县出动61人次、车辆29辆次，开展9次专项整治，炸封私挖滥采矿井117个，截断非法盗采煤炭道路15条72个点，保证了全县煤炭矿山秩序基本稳定。

（撰稿人：县安监局　毕金福）

农　业

气 象

【县气象局】 1964年4月23日，成立路南气候站。2010年县气象局内设综合办公室、业务科、人工影响天气办公室、防雷中心，年底有事业人员6名。单位地址在鹿阜镇阿诗玛南路212号。7月，县气象局被云南省气象局评为抗旱救灾先进集体，张凯被云南省气象局评为抗旱救灾先进个人。年内资助支农联系点鹿阜镇东海子村委会抗旱春耕生产经费2000元。

副局长：何雁东

【降 水】 2010年石林县全年降雨量为856.4毫米，比2009年降雨量569.7毫米多286.7毫米，比历年平均948.0毫米偏少91.6毫米，偏少幅度为9.7%。在逐月变化上，除4月、6月、10月、12月偏多外，其余月份均偏少。5月大部地区降雨偏少，雨季于5月25日开始，与常年相比属正常。主汛期（6月至8月）降雨量为405.6毫米，较历史同期偏少106.6毫米，偏少幅度为28%。主汛期间全县共出现大雨天气5次，较历史同期偏少3次，出现暴雨天气1次，较常年偏少1次。后汛期（9月至10月）降雨量为197.4毫米，比历史同期多4.8毫米，9月下旬至10月全区出现了多次连阴雨天气过程，雨季于10月20日结束，较常年略早。11月至12月降水量为117.3毫米，比历史同期多59.1毫米。总体而言2010年冬春季旱情严重，主汛期降雨量偏少，局地大雨、暴雨造成洪涝及滑坡、泥石流灾害损失较常年偏轻，秋季多次出现间断性的连阴雨天气。

【气 温】 2010年石林县年平均气温为17.9℃，比2009年17.5℃高0.4℃，比历年平均15.8℃高2.1℃，创历史同期最高值。在逐月气温变化上，除秋季10月和11月气温与历史同期相比正常外，其余各月气温与历史同期相比均为偏高至特高，其中1月、3月、5月、7月、8月的月平均气温突破了1961年以来历史同期最高值记录。年内未发生全区性的“倒春寒”和抽扬期低温冷害天气过程。全年极端最高气温为5月6日的34.4℃，极端最低气温为12月17日的0.5℃。

【日 照】 2010年石林气象观测站总日照时数2211.5小时，实照时数占可照时数的50%，比历年平均值多18.5小时，比2009年值少162.6小时。年内除6月、9～12月日照时数比多年平均值偏少外，其余各月日照时数均比多年平均值偏多。

【蒸发量】 2010年石林县总蒸发量1866.7毫米，比历年平均值少42.7毫米，比2009年多21.3毫米。

【异常气候及影响】 夏、秋、冬、春连旱：自2009年7月至2010年5月以来，连续11个月降雨量特少，出现了有气象记录以来最严重的一次干旱，其持续时间之长、影响范围之大均为历史罕见，对工农业生产和社会生态发展造成巨大损失。据统计，至2010年5月底，石林县7乡镇68个自然村63700人、35800头大牲畜出现饮水困难，农作物受旱面积达到12600公顷，其中轻旱320公顷、重旱6870公顷、干枯5410公顷。因旱直接经济总损失1.13亿元，其中农业损失0.65亿元。

雷击：2010年7月13日下午受局部强对流天气影响，大石林风景区附近出现了雷电灾害，造成2人死亡，4人受伤。7月19日石林镇小密枝雷击死亡1人。

暴雨、大风、冰雹：9月7日从17时03分开始，石林县中西部地区发生单点暴雨并伴有强雷暴天气，自动站观测数据17时～18时小时雨量为27.4毫米，造成大可乡、板桥镇出现大风、冰雹灾害，农作物受灾面积123.8公顷，其中绝收面积45.12公顷；受灾人口1548人，农业直接经济损失133.5万元。12月11～12日，受南支槽和孟湾低压外围云系共同影响，石林县大部出现了大雨，局部暴雨的降水天气，造成大可乡习克丈村和大泥溪村两户人家土木瓦房屋6间倒塌。

【气象基础业务】 全年测报工作基数人工站为8536.0，自动站为6284.5，错情率0.0‰，及时上传报表和报文，报文上行传输及时率100%，未使用超检仪器，按规定做好气象探测环境保护工作。全年共制作发布年、月气候趋势预测12期，森林防火、春旱、烤烟、节假日、防汛等专题气象服务材料65期，制作发布气象情况反映、雨情信息19期，中短期预报67期，及时向县委、政府汇报和通知有关部门雨量资料、重大天气情况，电话汇报70余次、传真400份、手机短信服务10000余条。利用气象预警显示屏开展短时临近预报，每三小时发布一次天气预报到村委会。3～5月、11～12月对坝区、半山区、山区不同海拔高度地区分析土壤含水量，监测干旱发展情况，及时收集上报辖区内出现的灾情。

【人工增雨防雹工作】 针对2010年严重的冬、春旱局势，县气象局自1月1日开始就精心组织，准备充分，时刻做好开展人工增雨工作，并加强人影监测设备和作业装备建设。4月新建成天生关标准化固定人影作业点，安装完成1部TWR-01型天气雷达，购置2门新型火箭发射架。年内共开展人工增雨作业98点次，发射火箭弹218枚，作业后均普降小到中雨，增加了库塘蓄水，对缓解旱情和降低森林火险等级有利。

6月1～3日，对全县参加人影工作的80名作业人员进行了气象知识、法规、无线电通信知识、人工增雨防雹的技术要领、安全操作等方面的培训，通过考核，全部参训人员取得了上岗证。人工防雹工作从6月4日进点，9月30日撤点结束，历时119天。共开展人工防雹作业51点次，发射火箭弹304枚，有效防区内未遭受冰雹灾害，圆满地完成了2010年人工增雨防雹工作任务。

【防雷减灾】 2010年县防雷中心对县辖区内7家加油站、12家煤矿、1家油（气）库、1家炸药仓库及少部分企事业单位进行防雷安全技术检测专项服务，对县机要局、县烟草公司、中铁十九局开展防雷装置改造工程。通过防雷装置年检和防雷技术改造工程对一些防雷装置不齐全或不合格存在严重安全隐患问题的单位，及时整改，消除隐患。

【农村气象综合信息服务系统建成使用】 随着气象现代化的发展，11月在石林镇、鹿阜镇、圭山镇安装了16台LED气象电子显示屏，建成到自然村的农村气象综合信息服务系统示范点，进一步扩大整合发布农村气象综合信息的多样性，集干旱、洪涝、雷电、低温等气象信息和森林防火知识、农业科技知识以及党的方针政策宣传等为一体，增强气象、科技、政策等信息服务的针对性、时效性，提高服务基层、服务农村的能力和水平，确保信息“直通车”在服务农村经济社会进程中畅通无阻，进一步增强农村防灾减灾能力。

（撰稿人：县气象局 彭 妮）

水 利

【县水务局】 1978年10月，撤销农水林业局，分设农业局、林业局、水利电力局。2001年县水利电力局改称县水务局。2010年局机关设办公室、财务审计科、规划建设科、水政水资源管理科4个行政科室，县防汛抗旱指挥部办公室、县水土保持委员会办公室、昆明市水利工程质量监督站石林分站、灌溉水产管理站、水利物资供应站、水利水电建筑安装工程公司、勘测设计处、地质勘探队、抗旱服务中心、水利经济民警分队、水政监察大队11个事业单位，年底有职工68人，其中公务员17人，参照公务员管理1人，事业管理人员1人，专业技术人员39人，工人10人。单位地址在鹿阜镇龙泉路13号。2010年水务干部职工捐款111938元投入全县抗旱工作，县水务局被云南省水利厅授予省级“十一五”水利工作先进集体称号。资助支农联系点圭山镇红路口村委会春耕生产、人口普查经费6000元，为村级困难党员抗旱捐款5865元，投入65799元实施了口子上村饮水应急工程。

书记、局长：余 春（7月止）
段正平（7月起）
副 书 记：李彦群（女）
纪委书记：杨林级（3月起）
副 局 长：保胜军
桂 明
岳劲松（彝族）

【水利建设】 截至2010年底，全县建有中型水库2座，小（一）型水库18座，小（二）型水库81座，小塘坝132件。年内全县共完成各类水利建设项目14458件，投入农田水利建设资金1.5255亿元，投入劳动工日497.96万个，开挖土石方401.13万立方米。新增有效灌溉面积1.8659万亩，改善灌溉面积3.54万亩，解决了10439人、5237头大牲畜的饮水问题。在大可河两岸植树8300株、团结水库等库塘径流区植树2230亩，对2008年以来实施绿化建设项目补植补种28925株（丛），治理水土流失面积3平方千米。

【农村饮水工程】 实施农村饮水安全项目，解决和改善10493人、5237头大牲畜饮水安全。工程分三个项目实施：鹿阜镇上蒲草村人饮工程因干旱提前实施，2010年1月6日开工，2月7日完工试运行，2月28日全面完工投入使用，投资166.96万元，解决了上蒲草村委会1374人和1680头大牲畜的饮水困难问题。2010年中央资金4400人农村饮水安全项目，工程12月底完工，总投资340.14万元，主要解决长湖镇新海宜、老海宜，圭山镇的暮山、普拉河上寨、中寨、新寨、河外、下部龙 8个村民小组共4400人和1497头大牲畜的饮水不安全问题。大可村委会人畜饮水工程、大可集镇供水工程，总投资375.41万元，主管道工程2月8日完工，11月开工建设配水管网及调节水池工程，并在坝塘河水库安装了净水设施保障人饮达标，解决了小波溪、小沙河、者衣冲、大可村，大可乡集镇和大可中小学4719人和2060头大牲畜的饮水问题。全县农村安全饮用水达标率达82.58%。

【犀牛塘除险加固工程】 石林县犀牛塘水库位于石林镇北小村村委会，水库为小（二）型水库，总库容24.29万立方米。自1962年建成以来，库区和坝基漏水点较多，坝体破坏严重，多年来一直带病运行，通过申报，列入昆明市病险水库除险加固专项规划，2009年9月经昆明市水务局批复，总投资为146.34万元。2010年1月20日公开招标，3月5日开工建设，主要建设内容：对上下游坝坡进行修整培厚及护坡，对坝体、坝基、两岸坝肩进行帷幕灌浆，改造坝下输水低涵，增设溢洪道闸门，封堵库区落洞，工程7月20日完工。通过蓄水试验和观测，没有发现新渗漏点，水库正常蓄水后可恢复灌溉面积0.02万亩，增加供水10.06万立方米。

【维则供水复线工程】 维则供水复线工程系2008年县十五届人大一次会议1号议案，工程2010年1月6日开工建设，批准总投资为2406.9万元，工程建设项目为：水处理厂、主、支管道安装51.4千米、原建调节池防渗处理、管道附属设施建设。整个工程12月底完工，改善灌溉面积2万亩，实现了人畜饮水从原来的灌溉、人饮混供管网剥离出来，提高了灌区供水保证率。

【地下水库工程】 石林地下水库位于石林县北部的巴江上游支流（地下暗河）上，水库库容672.55万立方米，作为灌区骨干水利工程，建成后可承担3.0055万亩农田的灌溉任务，每年可提供农业灌溉用水524.72万立方米，市政设施供水118.72万立方米，农村人畜饮水88.28万立方米，提供河道生态用水75.60万立方米，供绿化用水70.53万立方米。主要建设内容包括：风化料粘土心墙大坝、防渗帷幕、库间连通隧洞、暗河疏通隧洞、拦截地下暗河闸井、集水廊道、输水隧（涵）洞、溢洪道。工程可行性研究报告4月1日获得昆明市水务局批复，计划总投资

24598.18万元，规模为小（一）型蓄水工程，总工期36个月。6月15日签订了前期以工代勘集水廊道工程施工合同，6月16日开工建设，8月4日完成施工现场的“三通一平”工作，年内主要完成工程占地及淹没区实物调查核实编制、上报、审批工作，初步设计报告已编制上报，待上级主管部门给予审批立项后组织主体工程建设，实施以工代勘集水廊道工程，年内完成投资600万元。

【中低产田改造及重点县建设】 月湖中低产田改造项目是云南省水利厅2009年批复的重点项目，总投资3873.51万元，设计灌溉面积1.94万亩，分两期实施。第一期建设A、E两灌片1.32万亩，投资2630.06万元。施工招标按照重点县和中低产田两个项目要求，2009年12月30日和2010年1月18日完成招标。6月底完成了一期工程，建成2座泵房、14座各型水池，安装2台200千伏安的供电变压器、6台水泵，开挖回填土石方57030立方米，浇筑混凝土1615立方米，使用钢筋114吨，安装各型管道52.535千米、灌桩654棵，改造机耕路39.38千米。第二期建设B、C、D、F四个灌片0.62万亩，投资1243.45万元，9月13日完成招标，10月初开始施工。年内主要建成2座泵房、5座各型水池，安装各型管道33.61千米、灌桩463棵，完成渠道5.64千米，改造机耕道路7.76千米。项目实施后，可改善灌溉面积1.9364万亩，新增粮食产量142.01万千克，新增经济作物产量1050.37万千克，新增农业产值656.72万元，年新增供水能力175.81万立方米，年新增节水能力35.2万立方米，节水效益87.75万元。

【“五小”水源工程建设】 为提高抵御旱灾害的能力，3月7日石林县委、县人民政府与昆明市政府签订水源工程建设责任书，2010～2011年计划投资17242.18万元在全县7个乡镇建设12517个小水窖、71座小塘坝、72座小泵站、146个小水池、125.9千米小水渠、77.1千米小型饮水管道。4月7日，石林县召开水源工程建设动员会，将建设任务细化分解到7个乡镇，及时在全县展开建设，成立了县水源工程建设办公室对工程进行指导管理。年内共完成投资11601万元，建设12517个小水窖、59座小塘坝、54座小泵站、90个小水池、86.58千米小水渠、113.92千米小型饮水管道，超额完成了2010年的建设任务，1593.2965万元水源工程建设资金已分四批拨付各乡镇。

【抗旱救灾】 截至2010年6月21日，石林县累计降雨248.5毫米，水库坝塘蓄水2406万立方米，占计划的29.3%；由于上年秋冬以来持续干旱，形成百年一遇特大干旱，全县水库坝塘干枯62座，全县7个乡镇、49个村委会、163个自然村、47所学校不同程度受旱，7个乡（镇）实行水改旱种植面积达3.4636万亩。全县累计投入资金5937万元、59万人次、泵站178处、机动设备1200台、机动运水车3000车次抗旱。国务院副总理回良玉等国家、省、市级领导及新闻媒体记者先后32次到石林调研旱情。县水务局编制修订完善抗旱应急预案，细化抗旱保供水措施，水库塘坝实行一库一册，各自然村供水做到一村一案。各水库坝塘因地制宜采取蓄、引、调、提等应急措施，启动10座水库抗旱抽水站，提水入库112万立方米。年初全县投入189万元为7个乡镇各配置1辆拉水车，自2月6日开始乡镇每日拉水供给缺水村组，驻地解放军、武警和预备役部队、城建、旅游、消防出动12辆运水车为群众拉、送水、打井，全县送水累计2645车次，送水量28697.5立方米。全县用水遵循先生活、后生产的原则采取停止或限量供水，保水库存量，强制停止洗浴洗车场、机动车加水点供水，优先保障群众的生活用水。2月3日成立县级抗旱应急指挥部，水务局从机关及下属部门抽调人员组成应急办公室，局领导分4个小组分片联系，负责旱情检查、指导、收集等工作。各单位、乡镇、村组成立抗旱服务队、先锋队、志愿队，形成三级联动抗旱。3月15日全县启动抗旱应急预案重大级（Ⅰ级）响应，抗旱应急指挥部办公室、抗旱应急领导小组及分片抗旱联系组领导及成员深入到各乡镇检查旱情，建立检查台账，落实具体抗旱工作。通过公告，3月20日至5月30日，县城实行定时限量供水。建设抗旱保供水工程26件，投资431.71万元，解决全县40余个自然村29039人8500头大牲畜的用水困难。抗旱应急指挥部3月17日采购QGZ80-30汽油抽水机70套，麦保M2500汽油发电机20台，抗旱水袋500个，漂白粉10吨，水箱25个，及时下拨救灾物资，租借水泵87台，汽油抽水机13台，水

运水车在供水

管7352米。

【防汛畜水工作】 2010年在狠抓抗旱救灾工作的同时，密切监测水、雨、汛情，与乡镇及各水管单位加强协调协作，严格执行24小时值班制度，及时通过企业通短信平台，及时将雨水情传送给相关单位和领导参考决策，认真抓好蓄水防汛工作，加大防汛检查力度，在年降雨量仅为827.74毫米的基础上，完成全县库坝蓄水6297万立方米，为全县工农业用水提供了有效保障。

【水利宣传执法及水源保护】 利用各种媒体，加大对水法法律法规和节约用水、地下水管护等的宣传力度。2010年全年共发放宣传资料42000余份，粘贴制作各类宣传标语48条，支出宣传经费2.6万元，征收水资源费17.3万元。年内对全县集中式水源地巡查87次，对24个人畜饮水水源点检测127次，重点对水样感官性状、一般化学、毒理学及细菌学等20个指标进行检测，建立饮用水消毒队伍，对重点水源和二次供水点定人、定时清洗、投放消毒药物，监测涉及7个乡镇271个村组，确保农村饮水安全覆盖率达82.58%。采取专项整治行动6次，集中整治非法占用多年的巴江、西河部分河段，铲除非法种植农作物248亩，果树12万棵，拆除违法建筑11户、15座，出动相关人员420余人。取缔61个水库坝塘的肥水养鱼，行政执法收缴网具126件、电鱼设备7台，涉及违法人员5人，罚款1.5万元。为建立取缔肥水养鱼长效机制，规范管理渔业养殖，不断完善巴江保护管理措施，县水务局制定了《石林县渔业管理办法》、《石林县巴江保护管理办法》，组织了听证及上报工作。

【水土保持】 2010年全县水土保持工作以“保护生态就是保护生产力，建设生态就是发展生产力”的战略指导思想为指导，工作中以落实“三同时”制度为突破口，抓好开发建设项目水土保持方案审（报）批工作，全年共监督检查118家矿山、砖厂；审（报）批方案17件。日常坚持宣传《中华人民共和国水土保持法》，并与县政府法制办、县科协、县国土局、县安监局等执法部门成立联合宣传队伍，利用赶集在全县开展巡回法律法规宣传，发放宣传材料20000份、制作展板8块，落实宣传经费1.3万元，征缴水土保持设施补偿费16.38万元。实施了3件小型水保工程建设任务，治理水土流失面积3平方千米。

【城乡供水】 2010年，全县总供水4205万立方米，其中：农业灌溉供水2523万立方米，工业企业供水137万立方米，生态环境供用水259万立方米，城镇生活供水850万立方米，乡村生活供水436万立方米。3月30日，县自来水厂召开水价提价听证会，会后将水价提价方案上报县人民政府，县人民政府办公会议决定同意调整石林县城市供水价格，将工业用水与经营服务用水合并为工商用水，用水类别简化为四类。调整后，居民生活用水从每立方米1.20元提高到1.70元，行政事业单位用水从1.40元提高到2.10元，工商用水从1.70元提高到2.60元，特种用水从3.90元提高到5.40元，综合平均水价由1.57元调整为2.18元。调整后的供水价格自7月1日起执行。8月11日，县人民政府将自来水厂经营管理权划归石林农业水利投资开发有限公司，县水务局仍然是水厂业务主管。为确保精准计量，维护用水户权益，水厂对供水范围内使用6年以上水表实行更换，年内共更换水表2280只。全年完成售水量768万吨，比上年递增5%，产值1050万元。水质综合合格率达99%以上。

（撰稿人：县水务局　周艳萍）

农　　牧

【县农林局】 1978年10月，撤销农水林业局，分设农业局、林业局、水利电力局。1983年底，县农业局改称县农牧局。2010年7月，撤销县农牧局、县林业局，成立县农林局，加挂县畜牧兽医局牌子。县农林局下设办公室、组织人事科、计划财务审计科、政策法规科、资源管理科、营林绿化科、产业发展科、森林公安局8个行政科（局、室）；动物卫生监督检验所、农机管理服务总站2个行使行政职能的事业单位；农林技术推广总站、植保植检站、种子管理站、畜牧兽医总站、茶桑果站、蔬菜花卉站、农经站、农广校、农村能源环境保护工作站、圭山国家森林公园、石林林场11个事业单位；森林防火指挥部办公室、高稳农田建设规划办公室2个工作机构。年底全局共有职工217人，其中：机关工作人员39人（公务员34人、工勤人员5人），事业单位工作人员178人（参公管理人员18人、专业技术人员114人、管理人员4人、工勤人员42人）。

2010年石林县被国家农业部评为全国粮食生产先进县，被云南省委、省人民政府评为全省集体林权制度主体改革先进集体，被云南省人民政府评为全省中低产田地改造工作三等奖，被昆明市人民政府评为“十一五”期间森林防火工作先进单位。县林业局被昆明市人民政府评为石林县2010年“2·7”森林火灾扑救工作先进集体。石林县乡土树种营造景观林试验示范项目被昆明市人民政府授予科学技术进步三等奖。石林县能环站被云南省农业厅评为“十一五”云南省农村沼气国债项目建设先进集体。石林县甜柿被中国园艺学会柿分会评为全国第五届柿生产和科研进展研讨会十大优质产品奖和优秀奖；石林县“十里香”牌“十里贡茶”被上海世博会名茶评优组委会评为金奖。

局党委书记：吴剑平（2010年7月前任林业局党总支书记、局长；2010年7月起任农林局党委书记）

局　　长：潘佳良（2010年7月前任农牧局党委书记、局长；2010年7月起任农林局局长）

副 书 记：杨明森（彝族）
　　　　　张志才

纪委书记：蒋莉华（女，彝族）

副 局 长：蒋春平
　　　　　牛云祥

张永祥（彝族）
虎　亮（彝族）
李映坤（11月起）
森林公安局局长：陈元杰

【农业产业招商分局】　石林县农业产业招商分局牵头单位为县农林局，由县人民政府烤烟办公室、板桥镇、大可乡组成。2010年，农业产业招商分局招商引资任务为内资10000万元、外资100万美元。围绕目标任务，挖掘一切资源，引进了中种集团云南种子加工中心、龙晖野生动物科研中心等一批无公害、绿色、有机农林产品生产和农林高新技术研发以及农林产品加工配送和生态农林休闲观光项目，以民间资本、工商资本、外商资本加快现代农林产业发展。全年共引进招商引资项目21个，其中：内资19个，考核确认数20182.1万元，完成任务数10000万元的201.82%；外资项目2个，考核确认数100.33万美元，完成任务数100万美元的100.33%。

【粮食生产】　2010年出现百年不遇的特大干旱，小春绝收。为确保全年粮食总产目标的实现，在扩大粮食播种面积的基础上，加大种植结构调整力度，提高复种指数，扩大优质优良品种的覆盖面，大力发展旱作农业和节水型农业，着力改善品质、提高产量、增加效益。通过实施“一改”（水改旱）“二创”（实施农业部玉米和水稻高产创建项目）“三扩大”（扩大玉米种植面积，扩大科技覆盖率，扩大晚秋作物种植面积）等措施，确保了粮食安全和总产目标任务的完成。全年共种植粮食作物478753亩；完成粮食总产量12356.42万千克，占计划数的101.3%，比上年增0.63%；实现产值31712万元，比上年的29173万元增8.7%；农民人均占有粮食576.8千克。

夏粮播种面积178334亩，其中：小麦58608亩，蚕豆38820亩，大麦42234亩，其他作物38672亩。夏粮总产量903.88万千克，其中：小麦302.38万千克，蚕豆199.23万千克，大麦77.28万千克，其他作物324.99万千克。

秋粮播种面积300419亩，其中：水稻48014亩，玉米165696亩，大豆10938亩，其他秋粮作物75771亩。秋粮总产量11452.54万千克，其中：水稻2872.62万千克，玉米7281.93万千克，大豆161.1万千克，其他作物1136.89万千克。

【畜牧业生产】　以中央财政支持现代农业发展生猪产业项目建设为契机，大力推进生猪养殖小区和标准化养殖，不断巩固生猪生产，扩大温氏合作养鸡户的发展规模，加快羊产业健康协调发展；以新希望乳业控股有限公司石林现代生态牧场建设为龙头，大力推广肉（奶）牛规模养殖，提高现代化养牛水平。同时，鼓励发展牧草种植，推广秸秆青贮、氨化等技术，加快草食畜发展进程；积极做好重大动物疫病防控工作，按照“政府保密度，业务部门保质量”的要求，切实做到“适时补针，应免尽免”，确保不发生重大动物疫情。2010年末已累计发展温氏合作养鸡户达1328户，完成计划数的110.7%。全年生猪存栏180041头，完成计划数的102.3%；出栏肥猪235444头，完成计划数的101%。山羊存栏182201只，完成计划数的101.2%；出栏肉羊94948只，完成计划数的103.2%。鲜奶产量1484.09万千克，完成全年计划数的103.8%。出栏肉牛11139头，比上年的10327头增7.9%。禽出栏1008.56万只，禽蛋产量229.44万千克，分别完成计划数的100.9%、102%。实现畜牧业总产值6.5937亿元，完成计划数的101.4%。

【水果生产】　以实施农业生态工程为目标，积极推行标准化生产，大力推进优质水果无害化、标准化、规模化生产，切实抓好已建甜柿基地的标准化管理，加快以甜柿、枇杷生产基地建设为重点的旅游观光农业发展步伐，强化果树嫁接技术和葡萄、梨套袋等水果实用技术推广，提升果园的科学管理水平，利用“石林”的品牌效应，打造石林名优水果品牌，实现提质增效，并成为农民增收新亮点。2010年水果总产量达3287.73万千克，完成计划数的106.1%；实现产值11847万元，完成计划数的137.8%。

【蔬菜花卉生产】　充分利用石林县立体气候明显，无“三废”污染和交通便捷等有利条件，抓住昆明市实施主要农产品“东移北扩”战略的机遇，主动承接产业转移，推进蔬菜花卉基地建设，推行标准化、规模化生产。依托禾泽速冻加工厂、旺园生态园等企业，大力发展冷凉蔬菜、无公害蔬菜、加工型蔬菜和外销蔬菜。以昆明石林锦苑康乃馨有限公司、昆明大汉农业科技有限公司等企业为龙头，积极发挥示范带动作用，扩大发展规模，不断探索“公司＋基地＋农户”等发展模式，引导周边农村广大群众参与花卉生产，推进花卉生产向标准化、基地化、产业化方向转变。2010年全县蔬菜总产量达15150万千克，完成计划数的109%；实现产值23853万元，完成计划数的125.5%。实现花卉产值8363万元，完成计划数的107.2%。

【农业机械化】　为确保大旱之年农业增产和农民持续增收，以立足农业、服务农村、服务农民为根本出发点，积极争取国家农业部和省、市对农机的扶持，认真做好农机购置补贴服务工作，推进农机组织化、产业化、规模化进程，使农业机械在农业生产中的重要作用得到充分发挥，为全县粮烟生产作出了积极的贡献。2010年，争取中央国家财政农机购置补贴资金270万元，新增各类农机具937台（套）；新增设施农业350亩，其中国家农机购置补贴115亩。全年农业机械总动力达22289.8万瓦特，完成机耕机耙350000亩。

【农村能源和环保】　继续推进全县农村“一池三改”和村级沼气服务网点建设，通过开展沼气综合利用，大力推广生态农业技术，促进了农业生产和农村生活方式的转变，推进了资源节约型、环境友好型社会主义新农村建设。全年共完成“一池三改”建设2000户，占计划任务数的100%；完成农村沼气服务网点建设10个，占计划任务数的125%；完成12所学校新农村新校园卫生厕所沼气净化工程建设26座，260立方米；完成省柴节能灶推广2000眼，占计划任务数的100%；完成农户沼气安全管理使用人员培训9000人次；完成沼气综合利用推广13000亩；启动石林云昊农产品有限公司大型沼气工程建设1座。

【农村经济管理】 加大对农村集体资产财务管理、农民负担监督管理和农村土地承包管理，积极引导土地承包经营权合理流转，在全面推行村级会计委托代理服务，进一步规范村、组集体资产财务管理的同时，认真落实村民“一事一议”筹资筹劳管理制度，积极抓好农村专业合作经济组织的扶持发展，切实做好“数字乡村”工程的组织实施工作，不断推进城乡信息化建设。截至2010年12月31日，全县农村土地承包经营权流转面积达55777亩，占家庭承包经营耕地面积的23.6%。全年新登记注册奶牛、乳制品、烤烟种植等专业合作社36个，实施省级扶持发展农村专业合作经济组织项目1个（石林五彩桑蚕专业合作社购买桑苗和开展成员培训），省级扶持发展农村集体经济发展项目1个（鹿阜镇小河村委会乳制品加工厂建设项目），实施省级村容村貌整治工程项目3个（石林镇大林口铺、鹿阜镇下赵公庄、板桥镇新发村分别实施村庄亮化、村科技文化室建设、村内道路硬化）。

【农业教育事业】 以“培养新农民、服务新农村”为目标，把农民科技教育、学历教育、农村劳动力转移培训、职业技能培训有机结合起来，突出农业科技教育培训“实用、实际、实效”的主题，结合新农村建设，采取形式多样的农民科技培训，努力提高农民的农业科技文化素质，使科学技术真正应用于生产实践中，服务好农业生产的各个环节，最终促进石林县农业发展和农村经济建设。全年共完成农村劳动力转移培训20456人，完成计划任务数的170.5%；阳光工程培训3624人，完成计划任务数的103.5%，其中：技能技术培训3015人，引导性培训609人；绿色证书培训179期1516人，完成计划任务数的101.1%；实用技术培训98120人次；农业科技入户培训89826人次。对每年初、高中毕业后不能继续升学的学生进行100%的劳动技能培训。

【动物检疫防疫】 为确保畜牧业生产健康发展和人民群众肉类食品安全，2010年度全县累计完成肉食检疫78240头（匹、只），检出病害肉23头（匹、只），占被检数的0.03%；完成产地检疫2592540头（匹、只），检出病畜禽360头（匹、只），占被检数的0.01%；活畜禽检疫506260头（匹、只），检出病害畜禽56头（匹、只），占被检数的0.01%。在开展春秋两季重大动物疫病防控集中免疫的基础上，认真指导、督促各乡镇做好查漏补针、适时补免工作。W病免疫85万头（只），猪瘟免疫36万头，猪蓝耳病免疫24万头，高致病性禽流感免疫1200万只，重大动物疫病免疫率达100%。

【植物检疫和农作物病虫害防治】 开展种子、烟草、花卉、水果及苗木等植物的检疫，做好圭山、路美邑、板桥3个测报点测报工作。投资373万元，完成了石林农业有害生物预警与控制区域站建设项目，新建业务综合楼1002.93平方米，仓库358.58平方米，养虫间、工具间153.76平方米，日光温室308.2平方米。2010年共发病虫简报17期；完成检疫数10689吨；病虫害累计发生43.12万亩，指导防治86.7万亩次；草害累计发生23.6万亩次，指导防治28万亩次。

【兽药饲料管理】 依据《中华人民共和国兽药管理条例》、《中华人民共和国饲料和饲料添加剂管理条例》，狠抓兽药饲料的监督管理，从法律法规的宣传、培训入手，加大市场监管和农资打假力度，确保各经营户依法经营，以维护正常的市场经营秩序，切实保护农民的利益。一年来，共举办培训班6期，累计培训执法人员和管理相对人660人次，发放宣传材料4.5万份，在兽药饲料生产、经营和动物卫生监督管理方面，共开展监督检查16次，专项检查25次；累计出动执法人员768人次，检查饲料生产企业和兽药饲料经营户1589户次；没收过期兽药787盒（袋、瓶），违禁药品64盒，三无产品146盒（袋、瓶），过期饲料420公斤；解决兽药饲料及动物卫生投诉8起。完成动物免疫标识佩戴10万头（匹、只）。全年共审核发放《兽药经营许可证》134个，《饲料经营条件合格证》128个。

【种子管理】 在全县范围先后开展了15次种子经营者资格筛查清理与市场大检查，重点检查种子质量、品种真实性、种子标签、种子经营许可证和经营档案、品种审定及授权情况、转基因品种情况。通过检查，没有发现未审先推和转基因品种销售，没有发现国家和省市所通报的“联丰种业”牌“会单4号”等假劣玉米种子情况。为应对特大旱灾，启动了2010年大春作物备荒种子和2011年小春作物备荒种子取用程序，组织调运供应6万千克路单8号备荒玉米种子和20万千克小春作物备荒种子（其中小麦种子15万千克、大麦种子3万千克、蚕豆种子2万千克）。

【农药管理】 为进一步加强对农药经营市场的管理，确保农产品质量安全，保障石林县农药施用安全，维护广大农民利益，组织相关执法人员，对全县的农药经营市场开展了禁限用农药专项检查、销售假冒伪劣过期农药检查和农药标签抽查，进行了农作物田间用药调查，加强了对各农药经营户有关法律法规、安全用药相关知识的宣传培训，使广大农资经营户的安全意识得到提高，使农药经营不断规范。全年共组织印发宣传资料2000余份，举办多种形式培训班和媒体宣传7次，受训人数达1960人次。

【农机监理】 加强农机安全宣传，强化农机操作手的安全教育和农机安全管理工作，加大对农用拖拉机违章载人、客货混装、无证驾车等违章行为的查处力度，确保了农机生产的安全。2010年共检验合格拖拉机1368台，办理拖拉机落户230台；发放宣传材料31000份，与农机手、农机户签订农机安全生产责任书12837份；查处无牌无证769人车次，违法载人562车次，卸客转运1852人次；成功创建云南省平安农机示范镇（长湖镇）、示范村（宜政村委会大海子村），实现石林县平安农机示范创建活动的"零突破"，全年没有发生重特大农机生产安全事故，农机事故率、重伤率、死亡率均分别控制在4‰、3‰、2‰以下。

（撰稿人：县农林局　刘光雄、李　和）

现代农业

【农业技术推广】 强化农业科技创新，以新品种、新技术、新机具的引进、试验、示范为重点，加大示范作用，为农民提供最直接的科技示范服务，有效地促进了农业生产水平的提高。

粮食生产方面：完成水稻旱育秧0.25万亩，实施水稻高产创建样板24026亩，其中：核心区200亩、展示片2206亩、示范区21620亩；玉米高产创建样板35153亩，其中：核心区300亩、展示片3143亩、示范区31710亩；推广玉米地膜覆盖栽培技术7.8万亩；完成间套种技术推广12万亩，其中烟地套种玉米3万亩，烟地套种豆类4万亩，玉米套种秋马铃薯1000亩，其他间套种技术推广4.9万亩；完成推广测土配方施肥38.04万亩，配方肥推广13万亩，举办测土配方施肥样板8000亩。

畜牧业生产方面：实施生猪人工授精改良15000窝。

水果生产方面：巩固提升优质水果基地2万亩，共计嫁接97929株、299106头甜柿，开展甜柿、葡萄、梨、油桃、人参果、苹果、枇杷优质丰产栽培技术推广20000亩；种植早熟西瓜4000余亩。

菜花生产方面：推广无公害种植面积5.2万亩，产量9386万千克，标准化示范面积1.4万亩，引进新品种35个，标准化技术培训6500人次。实施"五个一"工程，推广应用新材料、新技术28000亩，其中：推广生物农药防治6000亩次，杀虫灯防控面积7000亩次，黄、蓝板10000亩，有机肥料5000亩。

【农业产业化经营】 按照"调优粮食产业，调强畜牧产业，调精果菜花产业，调宽农产品加工业"的思路，始终把农业结构调整作为增加农民收入、发展农村经济、建设社会主义新农村的一项主要措施来抓，不断推进农业产业化经营发展步伐。2010年完成青泽农庄养殖场、石林世凯龙养殖场、石林万赢养殖场等3个中央财政支持现代农业生猪产业圈舍标准化改扩建项目，建成标准化示范户9户；累计发展温氏养鸡户1328户，生猪标准化规模养殖场26个，高床圈养羊示范户814户，肉牛规模化养殖场10个；完成昆明雪兰牛奶有限公司石林生态牧场和县城建成区及石林风景区畜禽禁养搬迁工作。完成中央财政支持现代农业发展蔬菜项目，总投资1408.7万元，建成350亩设施蔬菜基地，10亩钢架工厂化育苗设施。石林锦苑花卉产业园建设完成投资4500万元，面积3500平方米的保鲜库及花卉包装车间，新建大棚9500平方米，土地平整800亩，办公楼已建盖3000平方米。石林鑫森种植园投资800万元，计划建设蔬菜大棚300亩，已建成109亩投入生产。

【农业龙头企业】 积极争取省、市资金对石林县农业龙头企业的扶持。2010年石林县有25户企业被认定为昆明市农业产业化龙头企业，居昆明市各县区第二位。截至2010年12月31日，石林县共有省级农业产业化龙头企业2户，市级农业产业化龙头企业25户，县级农业产业化龙头企业25户。全年，县级以上龙头企业共有资产总额70093万元，其中固定资产45375万元；有基地面积51253亩，年销售产品产量58436吨，支付原料金额8465万元，年产值73417万元，年销售额79362万元；带动农户51242户，其中订单农户18675户，户均增收170～8000元；完成项目建设总投资18527万元；企业有员工人数1621人，产业化从业人数11950人；安排农村富余劳动力3042人。

【农产品标准化生产】 紧紧围绕蔬菜、肉类等农产品的质量安全监管，高度重视农产品标准化生产，引导和鼓励农业龙头企业在种养殖、加工等方面采用国际、国家、行业标准进行生产。同时强化对粮食、肉类、水果、蔬菜等农产品质量的安全监管，依法开展农产品质量检测和检查，全面提升农产品质量安全整体水平，不断提高进入国际国内市场的竞争能力。2010年，全年在全县7个乡镇及县城农贸市场、超市共检测蔬菜样品2240个，合格样品数2182个，合格率达97.41%；农业部对石林县专项抽检大白菜样品10个，抽检合格率达100%。为确保蔬菜、水果、肉类等农畜产品质量安全，积极鼓励农业企业充分利用石林县无污染的优良环境条件，推行农业标准化生产，大力发展有机、绿色、无公害农业；石林禾泽蔬菜速冻加工厂的甜玉米、甜豌豆获绿色食品认证，石林万家欢农业科技开发有限公司的蓝莓获有机食品认证。在2010第六届昆明泛亚国际农业博览会上，石林县选送8个农产品参加产品评奖，分别获得2个金奖、3个银奖、3个优质产品奖。

（撰稿人：县农林局　刘光雄、李　和）

林　业

【森林防火】 2010年石林县百年大旱，森林防火任务艰巨。年内，指挥部发布森林防火指令41道、火险等级通报60份；签订各类防火责任状6.52万份，落实防火责任区域604片；发放户主责任书5.5万份、省政府命令1000份、市政府公告340份、县政府公告400份、宣传单6.5万份；张贴标语3.5万余条；刷新宣传牌113块；悬挂五彩旗60套300面；影视宣传185场次，出动宣传车20台次；广播宣传3.45万次；组建专业扑火队9支250人，扑火应急队10支580人；建立防火物资储备库8个；增设火源管理堵卡点44个，派驻管护员1559人；派出检查组120支560人，专项督查6次，武装巡查280次，野外巡查600次；清理林下可燃物4500余亩；制止野外用火220次，没收打火机740多个；处罚野外用火150起，罚款3.5万余元。完成杨梅山、圭山、文笔山和石林林场等重点林区林火阻隔工程建设，投资128.68万元；协助邻县扑救火情5次，出动兵力300余人次、车辆50台次。全县共发生森林火灾2起，其中：较大森林火灾1起（2月7日14时10分，西街口镇格渣村民罗叶芬烧地埂引发杨梅山森林火灾，森林防火指挥部组织、指挥军、警、民共4950余人投入扑救。10日8时，火灭，过火面积92公顷，受灾16.8公顷，造成经济损失305.604万元）；一般森林火灾1起，过火面积2公顷，受灾0.8公顷。

【营林绿化】　开展退耕还林荒山造林、辖区面山绿化、“五采区”植被恢复、补植补造、全民义务植树等项工作。2010年完成扩大内需退耕还林荒山造林10000亩，巩固退耕还林成果发展种植业15000亩，辖区面山绿化3232亩，“五采区”植被恢复150亩，2008年至2009年新造林地补植补造10000亩，县级政府样板林247亩，全民义务植树75.25万株，种植特色经济林果（核桃、枇杷）11340亩。

【资源林政管理】　完成2009年省级公益林生态效益补偿资金兑现工作。开展征（占）用林地专项检查行动，查处非法征（占）用林地40起，罚款9.5万元；办理林业行政许可5130件，其中：核发林木采伐和木材运输、木材加工、经营许可证3003件，征（占）用林地审核、审批10件，核发林权证27件，核发林木种子生产、经营许可证182件，森林植物检疫证1783件，核发陆生野生动物驯养繁殖许可证2件，受理咨询123件；批准采伐林木蓄积27549.4立方米，收取育林基金53.41万元；审验木材经营加工单位64家，新增16家；上报审核征占用林地10宗，面积16.79公顷，收取、上缴森林植被恢复费85.8万元。

【森林病虫害防治检疫】　全年全县林业有害生物发生面积6.4万亩（均为虫害），实际防治6.4万亩，测报准确率达97%、无公害防治率达100%、成灾率达26.69‰、产地检疫率达98%，圆满完成“四率”指标。开展萧氏松茎象监测、噻虫啉防治云南切梢小蠹林间药效试验、松毛虫引诱试验，设置诱捕器60个，为科学防治提供决策依据；开展“利剑2010”检疫执法专项行动，查处违反森林植物检疫法规调运苗木案件3件，调运苗木113株，罚款1500元；完成松毛虫监测预报和防治专题调查2.88万亩，出动劳力247人次、汽车24辆次、拖拉机16辆次、喷粉机103台班；完成国家重点公益林松小蠹综合治理3.22万亩；指导石林林场完成萧氏松茎象人工刨虫防治3000亩；完成苗木产地检疫266.01万株，种子园和采穗圃检疫360亩，苗木调运检疫2.22万株；完成木材调运检疫7312.8立方米，烧柴检疫120批次4890.75吨；办理森林植物检疫证书1150份。

【生态公益林建设】　完成国家、省、市级公益林建设76.91万亩，兑现生态效益补偿资金611.4万元，其中：国家级315.39万元，省级148.8万元，市级147.21万元，资金到位率100%；完成国家级公益林32.89万亩的分级区划、省级检查组对石林县森林生态效益补偿检查考评、省林业厅森林分类经营法律制度调研等工作；上报云桂铁路（石林段）涉及征（占）用公益林1.0311公顷（省级0.767公顷，市级0.2641公顷）审批手续。

【林业行政执法】　开展代号为“2010严打整治”、“打击破坏野生动物资源”、“春季行动”、“冬季行动”等林业执法专项行动，严厉打击野外非法用火、非法占用林地、盗伐滥伐林木、非法收购经营加工运输木材、乱捕滥猎和非法运输收购倒卖国家重点保护野生动物、乱采滥挖野生植物等破坏森林资源和野生动植物资源的违法犯罪行为，出动警力1350余人次，车辆400多台次，查处林业行政案件181起，没收木材28.39立方米，处以罚款28.28万元，行政处罚181人，其中：盗伐林木案10起，滥伐林木案18起，违法征、占用林地40起，违法运输木材45起，非法收购、经营、加工木材案2起，违反森林植物检疫规定案3起，违规用火及非法移植林木案63起。

【林业刑事案件】　依法立案侦查并破获林业刑事案件8件。其中：过失引起森林火灾案件2件2人次（罗叶芬过失失火案、李从芳过失失火案），滥伐林木案4件4人次，非法占用林地案2件2人次。

【集体林权制度改革】　全县7个涉林改乡镇、90个村委会、366个村小组确权集体林地99.07万亩，确权率99.05%，发放林权证13432本，均利证61284本，股权证2282本，发证率100%，基本实现“山有其主、主有其权、权有其责、责有其利”的改革目标。配套改革稳步推进。建立石林县林权管理综合服务中心，办理林权流转登记10户15宗0.16万亩；制定《石林县林权管理综合服务中心办事指南》、《石林县集体林地使用权、林木所有权使用权流转流程》、《石林县林权抵押登记流程》和《石林县集体林地使用权、林木所有权、使用权流转申请表》、《石林县林权变更登记申请表》规范森林、林木、林地所有权和使用权登记、森林资源评估、抵押及集体林木、林地流转行为；实施林权抵押贷款，办理贷款登记36户，贷款2418万元，抵押78宗5064亩。

【城乡绿化及生态建设】　重点实施滇

东现代烟草农业综合示范区石林县天生关核心区道路防风林建设、阿诗玛民族文化旅游生态示范区寺背后示范点建设一期“一沟两点”绿化建设、鹿平公路（新发村至大可村段）绿色通道建设等工程；建设苗木基地6300亩，其中：鹿阜镇1500亩，石林镇2646亩，西街口镇300亩，圭山镇300亩，长湖镇100亩，板桥镇1000亩，大可乡454亩；完成辖区绿化3127亩，城镇、交通沿线面山绿化800亩，村庄绿化150个4260亩84.27万株。

【核桃产业建设】　全县6镇1乡、27个村委会、39个自然村、74个小班共定植核桃10124亩，其中：鹿阜镇1459.5亩，石林镇737.5亩，西街口镇1287亩，圭山镇1776亩，长湖镇2355亩，板桥镇1644亩，大可乡865亩。

（撰稿人：县农林局　刘光雄、李　和）

云南昆明石林台湾农民创业园

【云南昆明石林台湾农民创业园管委会】　2009年3月组建云南昆明石林台湾农民创业园管委会。2010年下设办公室、规划建设处、信息招商服务处、投资财务处、综合用地协调处。抽调到管委会常驻工作人员8名，其中：公务员1名、机关工勤人员2名、专业技术人员5名。单位地址在鹿阜镇东城区龙泉路小区14号。2010年全市农业园区建设工作考核在8个县（市）区名列前茅，被评为“昆明市重点农业园区”。

党工委书记、管委会主任：罗朝峰

党工委副书记、管委会常务副主任：毕春华（女，彝族）

管委会副主任：裴演兵

管委会分管领导：李福军（彝族）

管委会专职副主任：余　春

管委会副主任：王斌宁（11月起，副县级）

桂　明

李彦群（女）

牛云祥

【园区规划】　2010年完善园区总规和专项规划，形成“一园多区”（安宁、嵩明、宜良、晋宁、富民、寻甸等县〈市〉以石林台湾农民创业园为平台开展园区建设）、“以园带村”的规划布局；开展项目前期规划设计23项，完成勘察设计投资917.27万元。联合县科技局积极申报“国家农业科技园区”，9月15日在北京顺利通过专家审查答辩，上报国家科技部待批。

【台创园招商分局】　2010年3月28日，由石林台湾农民创业园管委会牵头与县水务局、县统战部、石林镇政府共同组成台创园招商分局，年度招商引资考核目标任务内资2亿元、外资150万美元。年内策划、包装招商引资项目13个，制定了5个概念性规划。创立台创园网站，积极利用各种会展、推介会、网络、报纸、电视等进行招商宣传，共外出招商17次，接待客商108批，组织1次专题论坛，参加推介会10次、会展7次；签订投资协议12个，引进项目并开工建设10个，续建项目6个。实际引进到位内资2.55亿元人民币，完成任务数的128%；外资180.93万美元，完成任务数的121%。台创园2010年入驻企业21家，其中台资企业7家，投资亿元以上企业7家，项目开工企业7家，投产企业6家，计划总投资21.67亿元，到位3.13亿元人民币。园区初步形成了花卉园区、生物产业园区、中药文化园区、园林绿化园区、农产品加工园区等都市型现代农业产业发展格局。

【供水系统工程物资采购】　主干道绿化供水安装工程于2010年1月开工，3月竣工；安装DN150镀锌管162米、直径90PE管679米、直径160PE管446米、直径90PE三通210个、开挖管道沟6798米。供水水表安装工程建设内容为园区供水管道水表安装及改造，总投资3.92万元，开工时间2010年1月，竣工时间2010年3月；安装各类碟阀7个、水表6只、直径200PE管180米及配件。核心区给水工程建设内容为核心区给水泵房、抽水管道，总投资307.1569万元，开工时间2009年9月，竣工时间2010年5月；新建78平方米泵站1座，新建800立方米水池1座，安装DN500球墨管2002米、闸阀22个、水泵5台、160千伏安变压器1座，排气、排沙闸井8座，镇墩40个。台创园自来水管网一期工程圣宴食品供水项目建设内容为入园企业圣宴食品供水，总投资37万元，开工时间2010年11月，竣工时间2010年12月；开挖土石方5798立方米，回填土方3160立方米，浇筑混凝土96立方米、模板140平方米，修建闸井16座，安装直径200PE管1436米、DN100热镀管954米、蝶闸17个、水表3只。

【道路硬化美化工程】　景观大道是连接入口区和山顶公园的重要通道，长542米，宽9.9米；于2010年1月开工，3月竣工，完成投资132.296万元；铺筑水泥稳定层3240平方米、沥青混凝土3240平方米、级配碎石3240平方米、人行道青石板1890平方米、立道牙2160米，绿化草坪1696平方米，绿化种树650棵，回填土5700立方米。环道路面硬化工程路线总长13.67千米，其中：一环长4590.67米，二环长4948.47米，三环长4133.84米；一环路基宽度7米，二环路基宽度6.5米，三环路基宽度6.5米；开工时间2010年9月，竣工时间2010年11月，完成投资800万元；铺筑水泥稳定层85706平方米、沥青层85706平方米，换填片石4314平方米、水泥稳定碎石524.51立方米。石林爱生行进场道路工程涉及项目有主线路面工程、支线路基及防护工程，路面工程、路面排水工程等，总投资57万元，开工时间2010年3月，竣工时间2010年5月。共铺筑水泥稳定层4175.73平方米、沥青层4175.73平方米、级配碎石1279.8平方米，开挖土石方1727立方米、混凝土路沿64.83立方米、红土碎石1302平方米、边沟261立方米。

【临时应急工程】　主干道两侧建筑物装饰工程，云烟印象科技园应急供水工程和入口区市委观摩会绿化应急工程，台创园入口景观标志工程等园区临时应急工程总投资44.24万元，2010年1月开工，3月竣工。石林爱生行生物科技公司前停车场工程建设内容为园区企业观摩点临时停车场工程，总投资5.98万元，开工时间2010年7月，当月完工。铺设级配碎石2300立方米、碎石960立方米。棕榈苗木绿化基地项目临时供电工程总投资6.6万元，2010年9月开工，当月完工；架设电杆17根，安装50平方毫米低压供电线路3200米、配电箱1只、电表1只。

【威团灌区中低产田改造】 建设内容为3万亩中低产田改造，开工时间2009年9月，2010年投资3300万元完成改造中低产田2.6万亩。建泵站2座，建调节水池7个，连接老水池4个，安装抽水管3.27千米、输水管12千米、输电线路3千米、变压器2台、水泵7台，修建道路22千米、硬化13.27千米，开挖土石方15万立方米。

【棕榈苗木绿化基地】 建设内容为基地供水、场内道路，总投资42万元，开工时间2010年7月，竣工时间2010年9月。修建泥结石机耕道路360米，安装直径90PE管1068.2米、直径200PE管855米，开挖管道沟2652米，修建闸井3座。

【调整石林农业水利投资开发有限公司人员】 2010年8月11日，县自来水厂资产、经营管理权整体划拨石林农业水利投资开发有限公司。为开展好城市供水和融资工作，2010年10月29日，县人民政府对石林农业水利投资开发有限公司进行人员调整充实，设置董事会7人，监事会5人。调整后，董事长：余春；董事：潘佳良、段正平、桂明、李彦群、赵智红、黄志兴；监事长：毕文祥；监事：张彪、牛云祥、张树祥、梅宏才。

【以园带农工作】 完成园区内农村劳动力就业培训1200人，转移700人；完成5060亩园区土地流转及地上附着物认定补偿，土地供应比例达79%；坟墓搬迁1274余冢，协调化解矛盾纠纷20余起。完成园区3个行政村新农村建设测绘，对5个村民小组实施了绿化、环境整治、道路硬化等工程，做到园区开发与新农村建设和谐发展。

（撰稿人：石林台创委　何　明）

新农村建设

【县新农村建设办公室】 2010年有干部职工4名。下派第四批7个工作队和93名新农村建设指导员，分别驻7个乡镇91个村（居）民委员会（除龙泉社区外），其中：省派6名，市派18名，县级派45名，乡镇派24名。

总 队 长：洪绍伜
副总队长：张建国
主　　任：李福军（兼）
副 主 任：蒋春平（专职）

【新农村建设整村推进工作】 2010年石林县财政下拨450万元专项资金继续实施5个整村推进村（北大村、和摩站、老挖、月湖、北小村）的扫尾及验收工作。6月20日由县新农村建设办公室和县扶贫办公室牵头的5个整村推进村建设项目通过了市检查组的考评验收。

【新农村省级重点建设村】 2010年昆明市安排石林县新农村省级重点建设村11个（石林镇小寨村、落水洞村，鹿阜镇上赵公庄村、阿怒山村，板桥镇虎街村、马街村，长湖镇宜普勒村、山脚村，圭山镇小圭山村、前哨村，西街口镇的雨布宜村。云南省对每个重点建设村补助资金15万元，合计165万元；市级对每个村补助20万元，合计220万元；县级对每个村补助5万元，合计55万元，石林县平衡7个乡镇的建设任务，县级追加了大可乡刁克丈、中龙潭及西街口镇的小紫处3个自然村为新农村重点建设村，县财政为每个自然村下拨了15万元建设资金。2010年14个新农村省级重点建设村共投入资金702万元，其中：省级资金165万元，市级资金220万元，县级资金100万元，部门整合资金223万元，群众投资投劳39万元。完成的建设项目有进村入户道路硬化30888平方米、村内公共绿化34424平方米、文体活动场所650平方米、文体活动场地96000平方米、改厨121间、改厕107间、改厩138间、整治排水沟2606米、修建公厕6间、修建垃圾处理房10间。

（县新农村建设办公室　陈福安）

烟 草 业

烟草管理

【县烤烟办公室】 1997年5月，正式挂牌成立县烤烟办公室。2010年底县烤烟办公室有参公管理人员3人，单位地址在石林行政中心A区。年内补助支农联系点西街口镇新木凹村委会生产经费和工作经费1.5万元，为其他部分乡镇、村、组解决生产发展资金30余万元。2010年石林县被云南省人民政府评为“滇东现代烟草农业综合示范区建设工作先进单位”、被昆明市人民政府评为“烤烟生产收购先进县”，单用侃被云南省人民政府评为“滇东现代烟草农业综合示范区建设工作先进个人”。

主　任：单用侃

【扶持经费】 2010年烤烟扶持经费分品种补助、基础设施建设补助、烟用物资补助及生产补助。品种补助908.52万元，其中：红大品种补助725万元，K_{326}、NC_{102}品种补助183.52万元；基础设施建设补助10032.9万元，其中：烟水工程补助3197.3万元，机耕路补助541.7万元，密集式烤房建设补助4917.8万元，育苗大棚补助429万元，建设雷达系统、防雹点补助40万元，农机具购置补助212.1万元，其他项目建设补助695万元；烟用物资补助412万元，其中：化肥补助304万元，大田地膜补助96万元，预检袋补助12万元；生产补助3958万元，其中：育苗补助320万元，病虫害防治补助385万元，机耕及理墒补助925万元，土壤改良补助61万元，生产环节补助615万元，防灾减灾补助332万元，标准化生产补助200万元，现代烟草农业综合示范区建设补助1000万元。

在收购环节方面：安排专项补助338万元，按50%、30%、20%的比例用于对乡镇、村委会、村民小组三级的考核。

【考核奖励】 2010年石林县从生产和收购环节上对各乡镇进行了考核兑现和奖励，全县共计兑现奖励4048700元。

兑现生产环节补助费567700元，其中：鹿阜镇72500元、板桥镇52300元、大可乡61900元、石林镇89700元、西街口镇82600元、长湖镇101100元、圭山镇107600元。

兑现担烟奖3380000元，其中：鹿阜镇435200元、板桥镇314000元、大可乡372000元、石林镇527300元、西街口镇490900元、长湖镇601000元、圭山镇639600元。

兑现收购保证金36000元，其中：鹿阜镇6000元、板桥镇6000元、大可乡3000元、石林镇6000元、西街口镇6000元、长湖镇3000元、圭山镇6000元。

（撰稿人：县烤烟办公室　赵志光）

烤烟种植

【县烟草公司】 1985年1月16日成立县烟草公司。2010年公司下设综合办公室、财务会计科、烟叶管理科、企业管理科、人事劳资科、专卖监督管理办公室、安全保卫科、客户服务分中心8个科室和鹿阜烟站、板桥烟站、大可烟站、石林烟站、西街口烟站、长湖烟站、圭山烟站7个烟站，年底有在岗在编职工122人。办公地点位于石林大道243号。2010年，石林县被列为国家烟草专卖局联系的整县推进现代烟草农业示范区，同时被列为云南省滇东现代烟草农业综合示范区。6月1日，公司被云南省烟草专卖局表彰为“云南省烟叶生产抗旱工作先进单位”。7月，公司被云南省人民政府表彰为“滇东现代烟草农业示范区建设工作先进单位”。

书记、局长、经理：高福宏（12月止）
严　波（12月起）
副经理：张红生（彝族）
熊爱林（壮族）
杨鸿斌（11月起）
副局长：曾凤德（彝族）

【育苗与栽培】 2010年石林县100%实行漂浮育苗，共育苗面积548亩，育苗点144片，出苗率98%以上，壮苗率达93.5%。全县种植红大、K_{326}、云烟$_{87}$、NC_{102}四个品种，实行一乡一品区域化种植。自4月25日开始移栽，5月15日移栽结束，共移栽烤烟11.063万亩，占种植计划的100%，其中：K_{326} 1.937万亩、云烟$_{87}$ 6.263万亩、NC_{102} 1.485万亩、红大1.378万亩。全县规划落实100亩以上连片374片，面积共11.063万亩，其中：5000亩以上连片有1片，面积0.642万亩，1000～5000亩连片有10片，面积1.231亩，100～1000亩连片363片，面积9.19亩。

【双控合同】 按照“控得住、稳得住”的原则，和“全面推广、一次到位、明确职责、完善提高”的要求，严格合同签订工作，按照“烟农申请，资格审核，签订合同，建立档案”的程序进行，提高了合同签订的透明度，使合同签订真实、有效。2010年共签订合同7462份，并对签订的合同进行了公证。

【烟用物资】 2010年全县供应育苗物资为：籽种93468袋、遮阳网167812.5平方米、基质132432袋、漂盘353749盘、羊肝石295620方、珍珠岩185.3方；大田物资：复合化肥3993吨、硝酸钾947.76吨、硫酸钾403吨、地膜341.83吨、农药71.92吨、油枯190吨、腐熟剂950千克、有机肥11吨；收购物资：缝包线8.28吨、扎把线70.8吨、捆包绳50.26吨、布标签42.8万条、烟叶筐380只、收购单据358万份、收购麻片25.78万套。

【土壤改良】 2010年全县堆捂农家肥45879堆，堆捂数量61892吨，亩施腐熟农家肥500千克以上，实现推广使用充分腐熟的优质农家肥100%覆盖，推广使用RW腐熟剂，面积1.9万亩。全县免费供应绿肥籽241.74吨，种植面积4.835万亩。

【机耕机耙】 充分发挥技术服务专业合作社农机分社的作用，加大机械深耕专业化服务力度，年内全县共投入515.7万元，机耕面积9.63万亩，占计划种植面积的87.04%，机械理墒面积3.09万亩，占计划种植面积的27.93%。

【烟草基础设施建设】　2010年烟草行业投资3534万元建设烟水工程项目13件，受益农户6808户，受益面积43309亩，做到了“当年建设，当年见效”；土地整治面积6918.5亩，涉及农户数557户，投入金额472.7万元；大棚建设10座，补贴资金130万元，受益户数360户，受益面积5000亩；建设密集式烤房1763座，投资4583.8万元；规划撤并收购点5个，改扩建中心收购点4个，新建收购点1个，建设烘烤收购一体化工场2个，改扩建和新建防雹点各1个。

【试验示范】　2010年公司共投入经费139.26万元，开展了昆明烟区烤烟后备品种筛选试验、昆明有机烟叶开发及应用研究项目、昆明市植烟土壤减肥增效及可持续发展项目、石林县2010年烟蚜茧蜂大田释放、石林县2010年羊肝石在烤烟漂浮育苗中的开发应用、石林烟区不同播种时间对烟苗素质的影响、石林县2010年有机诱导剂“多肽保”大田示范、昆明烟区烟草病毒病的适时监测与综合防控技术示范推广、2010年红大巨型变异株试验示范、中式卷烟高端品牌优质原料生产技术研发、2010年石林集中供热密集烤房设备对比试验、云南省2010年提高上部烟叶可用性技术研究示范、云南省2010年提高上部烟叶可用性技术研究试验、2010年云烟印象庄园优良烤烟品种展示、2010年石林县美引品种NC_{102}配套技术试验、昆明市植烟土壤养分现状调查及分析、2010年“红叶”牌精制有机肥田间试验、2010年石林县绿色烟叶生产等18个试验示范项目。

【抗旱保苗工作】　年内投入抗旱移栽保苗补助资金265万元，购买水袋202个、组织拉水车辆203辆、抗旱移栽装水密封罩420只12吨，用于抗旱移栽的应急准备，并按每座补助30元标准，对提前拉水，灌满小水窖的农户进行补助。

【现代烟草农业建设】　2010年，石林县被国家局确定为现代烟草农业建设整县推进示范县，同时也是滇东现代烟草农业综合示范区之一。县烟草公司紧紧围绕“一基四化”的总体要求，按照石林县“山区现代烟草农业发展模式示范区”建设的目标任务，统筹规划，分步实施，明确目标，落实任务，强势推进各项工作。

将全县25.58万亩的涉烟田地，划分成石林、鹿阜、大可、长湖4个基地单元，2010年实施石林、鹿阜两个基地单元建设，力争通过三年的时间，完成4个基地单元建设。

成立了石林县滇东现代烟草农业综合示范区工作指挥部，县委书记任政委，县长任指挥长，指挥部下设基础设施建设、道路绿化、新农村建设、综合服务区建设、技能培训、督查等6个工作组，同时市局（公司）成立了滇东现代烟草农业建设现场指挥组和现场协调组，明确了烟草配套建设项目的分项完成时间表，落实各项任务。

围绕烟草基础设施建设，整合涉农资金25934.44万元，实施农业综合开发项目6000亩、生态建设项目（机耕路防风林31.38千米）、水利设施项目6件、道路交通项目（24.3千米道路硬化两条）、新农村建设项目、土地整治项目5167亩。

创新组织形式，建设服务体系，规划烤烟种植专业户6807户，种烟面积91308.4亩，占82.53%；落实6户家庭农场，种植面积457.7亩，占0.42%；落实烤烟种植专业合作社26个，种植面积18863.9亩，占17.05%。合作社统一生产管理、统一农事操作、统一产品销售，按成员销售额的0.2%提取管理服务费，同时按2元/亩·年的标准收取建后管护经费。成立烤烟技术服务专业合作社1个，下设育苗服务、农机服务、植保服务、烘烤服务4个分社。

2010年7月6日，全国烟叶收购暨现代烟草农业建设现场会在石林召开；7月13日，全省烟叶收购暨现代烟草农业建设现场会在石林召开，全市烟叶收购暨现代烟草农业建设现场会在石林召开。

【烤烟灾情勘查】　由于自然因素的影响，2010年7个乡镇不同程度遭暴风、冰雹等的袭击，石林公司积极安排相关人员到一线协助保险公司查勘灾情，提供了准确的受灾面积。全县烟田烟地受灾面积7959.8亩，其中30%以下受损的受灾面积684.8亩；30%～80%的受灾面积6495亩；80%以上的受灾面积780亩。共赔付资金447981.84元。

（撰稿人：县烟草公司　陈　刚）

烟叶收购

【烟叶收购站点】　2010年，石林县共设26个烟叶收购点43条收购线，其中：鹿阜镇烟叶站下设阿乌、路美邑、箩卜所、堡子4个收购点7条收购线；板桥镇烟叶站下设小屯、青山、碧落甸、叠水岔口4个收购点8条收购线；大可乡烟叶站下设大可、坝塘河、大密枝3个收购点5条收购线；石林镇烟叶站下设乃古、天生关、山头上、新仓4个收购点6条收购线；西街口镇烟叶站下设西街口、茂舍祖、宜奈、小板田4个收购点5条收购线；长湖镇烟叶站下设维则、塘上、海宜3个收购点6条收购线；圭山镇烟叶站下设海邑、尾乍黑、矣维哨、亩竹箐4个收购点6条收购线。

【收购情况】　自8月8日开点收购到10月28日止，历时80天，完成了收购任务1690万千克，占计划的100%，其中上等烟占42.80%，均价14.27元，全年共支付收购资金及扶持2.46亿元，实现烟叶税5317万元。全县烟农户均收入11727元，按全县农业人口213619人计，人均烤烟收入达1155元。

【收购业务培训】　7月26～30日，公司对160名烘烤辅导员进行烘烤理论和实作培训。7月28日至8月1日，分两期对烤烟收购人员从理论、实际操作等方面进行系统培训，共培训764人。7月27～30日，对参加收购的微机员共90人进行计量法律法规及收购系统培训和教育。组织定级员、初检员及预检员深入烟农家中进行分级扎把指导培训，提高分级扎把纯度。

【原收原调收购模式】 2010年继续实施“原收原调”收购模式，红云集团下派了4名质检员和公司技术员组成质检组，对石林县7个烟站26个烟点进行指导，并对调拨的每个等级取小样，使收购及调拨达到“双纯”，省、市质检组抽检烟叶等级综合合格率都达到标准要求，基本实现了“四满意”。“原收原调”统一了全县的收购标准，提高了纯度，增加了烟农的收入，有效转变了收购模式，使传统烟叶生产逐步向现代烟草农业转变。

【烟叶物流追踪项目】 2010年在石林县全面推行烟叶质量物流追踪项目，通过信息化手段，实现烟叶生产过程、烤烟收购和工商交接的痕迹化管理和产品质量追溯管理，体系全过程管控、全覆盖服务，实现烟叶供应链的信息共享，以全面掌握烟叶生产过程、资源分布和流向情况。

【试验示范样品选留】 2010年认真采集国家局、省局、中烟工业公司、省烟科所、红云集团、市烟草公司所需的各部位、各等级的烟样487个，收集的烟样4152千克。

2010年烤烟收购价格表

单位：元／千克

等级＼项目	等级	代码	价格
上等烟	中桔一	C_1F	21.40
	中桔二	C_2F	19.40
	中桔三	C_3F	17.60
	中柠一	C_1L	19.60
	中柠二	C_2L	17.80
	上桔一	B_1F	18.20
	上桔二	B_2F	16.00
	上柠一	B_1L	15.80
	上红一	B_1R	15.60
	完熟一	H_1F	17.00
	下桔一	X_1F	16.80
中等烟	中柠三	C_3L	16.00
	下桔二	X_2F	14.80
	中桔四	C_4F	15.40
	中柠四	C_4L	14.40
	下桔三	X_3F	12.40
	下柠一	X_1L	16.40
	下柠二	X_2L	14.00
	上桔三	B_3F	13.60
	上桔四	B_4F	10.60
	上柠二	B^2L	13.00
	上柠三	B^3L	10.20
	上红二	B^2R	12.60
	上红三	B^3R	10.00
	完熟二	H_2F	13.80
	下微青二	X_2V	9.20
	中微青三	C_3V	14.40

续上表

等级 \ 项目	等 级	代 码	价 格
中等烟	上微青二	B_2V	11.00
	上微青三	B_3V	9.20
	光滑一	S_1	8.60
下等烟	上柠四	B_4L	7.40
	下柠三	X_3L	11.80
	下柠四	X_4L	9.40
	下桔四	X_4F	10.20
	光滑二	S_2	5.80
	中下杂一	CX_1K	7.60
	中下杂二	CX_2K	5.80
	上杂一	B_1K	7.20
	上杂二	B_2K	5.60
	青黄一	GY_1	4.60
	上杂三	B_3K	4.00
	青黄二	GY_2	3.80

（撰稿人：县烟草公司　陈　刚）

烟叶复烤

【石林复烤厂】　2010年石林复烤厂下设办公室、综合管理科、财务科、仓储分选车间、生产加工车间、质检科、安全保卫科7个车间（科室），年底在岗从业人员119人。

厂　长：民晓宁（4月起）
副书记：李德友（4月起）
副厂长：李春荣（4月起）
　　　　张仕民（4月起）

【生产加工】　2010年共接收从昆明、普洱、墨江、临沧等地区调入的初烟47094吨。2010年生产加工历时186天，共加工烟叶47121吨，平均日产量为253吨，全年产出片烟30916吨，综合出片率65.61%。（2010年因复烤企业重组整合，原天合公司法人资格取消，石林复烤厂涉及的加工收入及实现利税等指标由云南烟叶复烤有限责任公司统一核算）

【综合质量指标】　2010年石林复烤厂产品综合质量指标达到国家、行业相关标准和客户要求，具体为：外观合格率100%，重量合格率100%，水分合格率99.16%，机械解把合格率85.04%；上等烟大中片率88.23%（烤前），中等烟大中片率85.85%（烤前），上等烟叶含梗率1.63%（烤前），中等烟叶含梗率1.80%（烤前）；出片率65.61%。

【物耗指标】　2010年物耗指标控制在公司规定的指标范围内，具体为：复烤综合损耗率5.92%，吨烟耗水1.43立方米，吨烟耗电189.71千瓦时，吨烟耗标煤70.24千克，吨烟综合能耗95.87千克标煤。

（撰稿人：石林复烤厂　李宏兴）

云南烟叶复烤公司总经理杨世田等领导指导石林复烤厂“十二五”规划工作

烟草专卖

【县烟草专卖局】 1985年1月16日，成立县烟草专卖局，2010年县烟草专卖局下设专卖监督管理办公室、稽查大队、稽查服务分中心，共有8名职工。

【开展法制宣传活动】 以“3·15国际消费者权益日”为契机，县烟草专卖局在石林县鹿阜镇双龙广场开展“两烟”法律法规宣传咨询服务活动，制作了3块烟草法律法规宣传展板，现场发放了涉及真假烟识别、《烟草专卖零售许可证》办证条件及流程、烟叶种植收购合同及合同IC卡管理要求等内容的宣传材料2000余份。同时，还特邀了红云集团技术中心的四位老师，为前来现场的数百名群众开展真假烟识别的专业咨询服务，从而进一步增强群众识别假冒伪劣卷烟的能力。

加强对新修订烟草专卖法及相关法律法规的宣传，充分利用各乡镇赶集时间人口集中的特点，重点宣传新修订的《中华人民共和国烟草专卖法》、《烟草专卖行政处罚程序规定》及《石林县人民政府关于加强2010年烟草专卖管理的通告》，共张贴通告100份，发放宣传材料800余份。

【开展打假打私专项行动】 开展节前卷烟市场清理整顿行动。积极协调县公安局、县工商局等相关部门，组织全体专卖工作人员，于2月9日、10日，重点对前期检查中存在非法经营行为的卷烟零售户，同时对农贸市场、超市等春节期间人流量大的重点区域进行认真核查。

开展卷烟市场专项检查行动。对专卖信息系统证件子系统基础信息数据进行认真核查，做到申请人、持证人、经营人、经营场所、经营范围、进货渠道相对应；重点清理违法违规持证户，对辖区持证户是否存在借零售卷烟之名建立分销假烟、非烟网络及是否存在非渠道进货、售假、售私的非法行为进行全面检查；加强对娱乐服务行业的清理整顿；检查辖区范围内是否存在无证经营行为；对经营规模大的客户进行全面检查。

开展“春城利剑四号”专项行动。共出动市场稽查750人次，共查获各类涉烟案件34起，总案值达45万余元。其中无证经营案件17起，查获卷烟60余条；非渠道购进卷烟案件2起，查获卷烟40条；查获无证运输卷烟案件4起，查获卷烟2882条；查获烟梗案件11起，查获烟梗近25万千克。

【两烟执法力度】 2010年7月14日，成立了石林县烤烟收购专卖管理执法大队。各乡镇坚持从严治内、守土有则的原则，管好自己的人，看好自己的门，收好自己的烟，有效控制烟贩子走村串寨扰乱收购秩序的行为。设立举报电话对非法收购、囤积烟叶的实行举报有偿和对举报人保密的政策。

全年共出动打假打私、市场稽查6100余人次，受理各类举报14起，查获无证运输、无证经营等各类涉烟案件214起，达到刑事诉讼标准移送公安机关的涉烟案件2起，查获涉案正品卷烟66176条，假冒伪劣卷烟23367.9条，烟叶及烟梗16万千克，各类案件总案值达800余万元。

认真做好涉烟原辅料的监管。为预防废弃涉烟原料流入不法分子手中，按市烟草专卖局要求，对石林天合公司在烟叶复烤中产生的涉烟废弃原料的运输、销毁过程实施监督管理。2010年，协助市烟草专卖局专卖部监督销毁涉烟废弃原料3115吨，监督运输涉烟废弃原料3580吨。

【网上订货】 积极开展网上订货这一全新订货模式的宣传推广，让客户了解网上订货的便捷性和适用性，使每一位网上订货客户都能熟练掌握网上订货，轻松进行网购，有效节约了客户订购的时间成本。通过应用信息平台，及时向客户发送品牌信息、促销政策、新品信息、投放节奏等经营指导信息，保证了对零售客户经营指导的及时性，提高了营销指导服务的有效性，有效提高了订单质量和工作效率。

【卷烟销售情况】 2010年，全县共销售卷烟57066件，销售金额1.7亿元，单箱销售收入15222.85元，一、二类卷烟比例6.78%，实现综合毛利率24.87%。

（撰稿人：县烟草公司　陈　刚）

工商企业

工业经济

【县工信局】 1983年12月，成立县乡镇企业管理局。2004年5月18日，县政府下发《关于在乡镇企业管理局加挂县经济局牌子的通知》，明确在县乡镇企业管理局加挂县经济局牌子，作为主管全县工业经济、非公有制经济的县人民政府直属工作机构，与县乡镇企业管理局实行两块牌子、一套人马，合署办公。2007年8月28日，经县长办公会议研究决定，将县乡镇企业管理局变更法人单位为县经济局，并对县经济局（乡企局）领导班子进行了重新任命和充实。2009年2月13日，县经济局(县乡镇企业管理局)与县工业集中区管理委员会实行三块牌子、一套人马，合署办公。2010年机构改革，将县经济局、县科技局和县政府信息产业办公室合并设立县工业经贸和科技信息化局，加挂石林彝族自治县中小企业局牌子。机构改革后内设9个科室，即：办公室（审计科）、园区管理科、中小企业科、商务贸易科、科学技术科、信息产业科（县无线电管理办公室）、经济运行科、投资管理科、节能安全科。2010年底全局有在职职工27人，其中：公务员19人，专业技术人员5人，机关工勤人员3人。单位地址在鹿阜镇东城区青少年活动中心科技楼。

2010年，石林县申报成为首批“国家传统知识知识产权保护试点县”。局机关党员为抗旱捐赠资金21387元，为玉树地震灾区捐款650元；补助圭山镇法块村委会、长湖镇蓑衣山村委会、西街口镇紫处村委会3个支农联系点工作经费24000元。

局长、工管会常务副主任：刘琴龙（7月起）

书记、工管会副主任：念晓春（7月起）

党总支副书记：史云华（女）

副局长：毕玉兴（彝族）

工管会副主任、副局长：洪正富

工管会副主任、副局长：孔德卿

副局长：段圳宗（7月起）

【工业产业招商分局】 工业产业招商分局2010年共引进在建项目36个（其中中央企业项目2个：中国种子集团云南种子加工中心项目、云南龙源石林风力发电场项目），签约项目7个，在谈项目4个。亿元以上工业项目开工2个（中国种子集团云南种子加工中心项目、云南立雄建材工贸有限公司电力铁塔生产项目）。实际引进国内（市外）资金6.03亿元，完成目标任务3.8亿元的158.7%；国(境)外资金553万美元，完成目标任务200万美元的276.5%，超额完成目标任务。

【工业经济指标完成情况】 2010年全县实现工业总产值336640万元，完成目标任务330000万元的102%，同比增29.15%；工业增加值76000万元，完成目标任务75600万元的100.5%，同比增20.6%；规模以上工业增加值50206万元，完成目标任务44400万元的113.1%，同比增33.3%；主营业务收入实现137988万元，完成目标任务122000万元的113.1%，同比增30.7%；利税总额13910万元，完成目标任务12400万元的112.2%，同比增31.3%；全县工业固定资产投资达到108749万元，完成目标任务66300万元的164%，同比增116.48%；规模以上工业企业户数达到34户，新增4户。

【园区建设】 2010年石林生态工业集中区实现规模以上工业主营业务收入66385万元，完成目标任务54000万元的122.9%，同比增76.2%；规模以上工业增加值25943万元，完成目标任务24900万元的104.2%，同比增45.6%；实现利税总额6913万元，完成目标任务6900万元的100.2%，同比增55.1%；地方财政一般预算收入1680万元，完成目标任务1400万元的120%，同比增47.9%；工业固定资产投资83772万元，完成目标任务29200万元的286.9%，同比增343.9%。完成“五通一平”面积11216亩，基础设施投资20434万元，同比增63.7%。

【非公经济】 2010年实现非公经济增加值138264万元，完成目标任务132000万元的121.3%，同比增42.9%；税收总额20309万元，完成目标任务20300万元的100.1%，同比增155.2%；从业人员达到4.574万人，新增0.674万人。

【党组织建设】 2010年机构改革后，新成立了石林县工信局总支委员会，下设4个支部，分别是局机关党支部、石林县易通电缆桥架有限公司党支部、云南众友集团党支部、云南石金集团党支部。局党总支牢固树立“围绕中心抓党建、抓好党建促发展”的工作思路，紧扣“发展是第一要务，招商引资是第一要事”，自觉服从服务于全县稳定发展大局，始终把推进行政业务工作全面完成、企业发展目标全面实现作为党建工作的出发点和落脚点，努力做到党建工作和业务工作、企业发展“两手抓、两促进”。2010年底局机关党总支共有59名党员，其中机关在职党员21名、离退休党员12名、非公经济组织党员26名。

【上级扶持】 2010年县工信局进一步加大向上争取资金扶持本地企业发展工作的力度，积极向省市部门争取各类资金扶持本地企业发展，先后动员组织36个项目向省、市工信委申报各种项目资金扶持，全年争取到市级及以上各类企业扶持资金1288.4万元。

【基础设施建设】 面对国际金融危机影响，县工信局认真贯彻落实“保增长、保民生、保稳定”的一系列政策措施，积极发挥投资对经济增长的“主引擎”作用，强力推进工业园区基础设施建设。2010年工业园区共有基础设施建设项目13项，完成基础设施投资20434.39万元。

（撰稿人：县工信局　李　伟）

重点企业介绍

【中国种子集团云南种子加工中心建设项目】 2010年1月，中国种子集团正式入驻石林生态工业集中区开始项目建设。项目地点在石林生态工业集中区核心区，占地面积120.91亩，计划总投资为18700万元，年加工种子能力2万吨。主要建设种子贮藏库、种子生产加工生产线、业务用房等。8月15日，投资近1亿元的第一条现代化种子加工生产线建成投产。集团公司在石林县推广种植的杂交玉米种子平均亩产值达到2500元，种植农户增收效果明显。项目的实施有利于云南省种子产业的健康、持续发展，并提高全省玉米杂交种生产水平，引导项目区农民增产增收，促进农业增效和相关产业发展，具有十分显著的社会效益。两条生产线建成投产后，正常年可加工包衣精品玉米种子1500万千克，带动种植户7500户左右，比种植其他常规农作物户均增收4000~5000元，同时可推动相关加工、运输、流通等行业的发展，增加就业机会。

【石林万城阿诗玛旅游小镇项目】　石林万城阿诗玛旅游小镇由石林万城旅游文化投资有限公司投资建设，项目总投资6.8亿元，占地面积385亩，建筑总面积45万平方米。项目共分四期建设，主要包括行政中心市民广场、638米音乐水幕喷泉、阿诗玛风情水景商业步行街、旅游商贸城、百货大楼、写字楼、30万平方米大型居住社区、巴江河水系景观带、魁阁、柏树林城市公园等工程。整个项目充分融入石林阿诗玛和撒尼文化元素，为石林传统旅游向休闲度假型旅游发展打造特色精品，是一个为生态工业集中区建设配套的集旅游、文化、商贸、休闲、居住、餐饮、娱乐为一体的综合服务型项目，累计到位资金4.3亿元。

（撰稿人：县工信局　李　伟）

商　业

【主要经济指标完成情况】　2010年石林县大力实施“科技兴贸”和“品牌兴贸”战略，社会消费品零售总额持续稳定增长，城乡市场增幅差距进一步缩小，节日市场销售灵活，个体私营经济已成为石林县商品流通的主要渠道。2010年全县实现社会消费品零售总额15.18亿元，同比增22.41%，占市下达目标任务数（12.2亿元）的124.43%，占县下达目标任务数的100%。

【生猪定点屠宰管理工作】　石林县高度重视猪肉市场的食品安全，将生猪定点屠宰管理工作列为食品安全工作的重中之重来抓，积极开展肉品质量安全专项整治工作，2010年取缔违法屠宰点2个，保障广大人民群众吃上放心肉。全年共屠宰生猪37738头，无害化处理222头。为城乡居民提供鲜猪肉410余万千克，城区定点屠宰进场率达100%，确保了猪肉市场供应。

【成品油市场监管】　一是完成全县加油站（点）的成品油年检工作。二是对加油站安全检查工作常抓不懈，与全县29个加油站（点）签订安全生产目标责任书及节日期间安全生产责任书，定期不定期地对全县29个加油站进行安全检查，并建立安全检查台账，确保不发生安全事故。三是查处并关闭违法加油点一个。四是加强成品油的调度管理，实时开通“0#柴油供应绿色通道”，每天对关系国计民生的部门及重点工程供应柴油，确保社会稳定及重点工程按时开工及完工。

【盐业市场整顿】　加强盐政执法检查，对学校、宾馆、酱菜腌制单位实施重点监控，确保全县人民群众吃上“放心盐”。2010年共销售食盐1300余吨，实现销售收入288万元。截至2010年底，全县共办理《食盐零售许可证》326户，全县共设配送中心1个，配送站5个，配送点47个，按昆明市盐务局的要求达到30%的覆盖率。

【酒类流通管理工作】　在开展酒类流通备案登记工作的基础上，为认真贯彻《酒类流通管理办法》和《商务部关于实施酒类流通随附单制度的通知》等文件精神，年内启动了酒类流通随附单申领表的发放和审核工作，有效地规范了酒类流通市场，保护了酒类生产者、经营者和消费者的合法权益。

【万村千乡市场工程】　自2006年开展“万村千乡市场工程”以来，已在全县8个乡镇建成94个“万村千乡”农家店，其中2010年度建成10个农家店。此项工作的实施不仅完善了农村商品流通网络，而且逐步解决了农民安全、便捷、实惠消费。

【再生资源回收体系建设工作】　2010年5月，石林县分拣中心建设工作完工并投入使用，为石林县再生资源回收体系建设工作奠定了基础。

【“绿色饭店”创建工作】　2010年，石林兴亚风情园争创“四叶级”绿色饭店通过市级验收。通过开展创建“绿色饭店”活动，有效提高酒店（饭店）经营者的环保意识；改变传统的消费观念；提高饭店的经营管理水平，达到社会效益、经济效益和环保效益的最佳结合和完美统一，达到环保、健康、节约、安全的完美结合。

【家电下乡工作】　2010年全县完成了57家销售网点的登记备案工作，推动了农村消费。被国家家电下乡部际联席会议评为“2009年全国家电下乡工作先进县”。全县共兑付汽车补贴2635辆1011.4万元，兑付摩托车补贴8147辆443.5万元，兑付汽车以旧换新补贴64辆99.7万元；兑付家电下乡补贴17994件416万元，家电下乡补贴兑付率达100%，惠及农户26000余户。

【石林商务之窗信息发布】　石林县高度重视商务信息发布及更新工作，截至12月底，石林县商务之窗共发布信息712条，连续6个月获县区信息发布工作第一名。

【乡镇集贸市场建设工作】　2010年海邑老寨粮食交易市场列入市级试点建设

项目，至2010年底建设工程通过验收并投入使用。该项目的投入使用，农产品销售难的问题得到有效解决。

（撰稿人：县工信局　李　伟）

电力工业

【石林供电有限公司】　石林供电有限公司是云南电网公司全资子公司，隶属于昆明供电局，承担石林县35千伏及以下电网建设与供电服务任务。2010年公司职能机构有办公室、党群工作部、财务部、人事部、电力营销部、生产技术部、安全监察部、工程部、调度所、输变电管理所、营销稽查中心、客户服务中心、鹿阜供电所、板桥供电所、北大村供电所、圭山供电所。年底有合同制员工134人（其中130人在岗、4人内退），劳务派遣员工102人。单位地址在鹿阜镇东山路。2010年抗旱献爱心捐助3万元，为饮水困难村送水400吨，资助支农联系点西街口镇糯衣村委会抗旱资金9000元和价值1万元大米100袋。

年内公司保持省级文明单位荣誉称号，荣获云南电网公司“2010年农电工作先进集体”，在昆明供电局组织绩效考核中名列A级，参加云南电网公司配网带电作业技能竞赛获二等奖，参加昆明供电局“携手迎亚运，共唱夕阳红”文艺汇演获一等奖。全年发表新闻报道73篇，上报政务信息29篇。

执行董事（企业法人）、总经理：徐海东

党总支书记、副总经理：刘　勇

副总经理：钟　云

尹继明

2010年经济指标完成情况表

项　目	单　位	2010年完成	2009年完成	同期相比（%）	备　注
供电量	亿千瓦时	2.28	2.03	12.32	云南电网公司调整电量
售电量	亿千瓦时	2.22	1.86	19.35	云南电网公司调整电量
售电收入	万元	11884.8	9292.02	27.9	不含税和基金
售电平均电价	元/千千瓦时	534.22	498.56	7.15	不含税和基金
售电单位成本	元/千千瓦时	186.07	193	−3.59	
最高日供电量	万千瓦时	93.23	71.6	30.2	重点项目投产
平均日供电量	万千瓦时	64.22	53.98	18.97	
线损率	%	2.59	5.4	−2.81	云南电网公司调整电量计算
电压合格率	%	97.73	97.78	−0.05	
供电可靠率	%	99.478	99.49	−0.2118	城镇99.786，农村99.448
电费回收率	%	100	100	持平	连续10年结零
设备完好率	%	100	100	持平	主设备
负荷率	%	58.02	49.22	17.88	管理系统统计
全员劳动生产率	万元/人年	22.43	18.63	20.40	

【供电能力】　石林县境内有昆明供电局管辖110千伏主电源变电站2座，其中路南变电站容量1×31500+1×40000千伏安、新建石林变电站容量2×50000千伏安。公司运行维护35千伏变电站6座，全部无人值守，12台主变容量98000千伏安；有35千伏线路9条167.74千米，10千伏线路54条1204.3千米，配电变压器1861台，总容量245285千伏安。固定资产总额（净值）9826.89万元。

【电力安全工作】　年内组织开展了安全生产“责任落实年”、严防误操作“安全生产专项整治月”等活动，落实《领导干部及中层管理人员到位标准》、《反违章管理办法》、《承包商安全管理标准》，完成34个安全管理制度和14个应急预案修编。监察施工现场112次，处罚违章3起。排查安全隐患231项，整改完成率100%。检查“两票”795份，合格率100%。组织电网、设备等4个应急预案演练。完成安全监督体系、应急管理体系基础性工作，安全生产风险体系完成机构组建、方案制定、管理层培训工作。

修编《变电、配电管理控制程序》，全年远动遥控操作4129条（次），操作正确率100%；执行调度指令票74份，正确率100%。抢修线路故障178项，处理紧急缺陷27项、重大缺陷7项、一般缺陷179项，消缺率98.89%，整改99台公用变接地电阻。检查重要用户25家，普查一般用户7065家，跟踪复查存在隐患用户209家，年末165户完成整改。

【电网规划与建设】 完成《石林县110千伏及以下配电网2011～2015年规划》，规划投资5.15亿元。2010年1月13日，2009年中央预算投资“一站六线”（35千伏长湖变电站，10千伏北大村线、北小村线、林口铺线、长夸线、石板哨线、普拉河复线）验收投产。3月，昆明供电局所属110千伏石林输变电工程竣工投运。

4月，石林县列为昆明电网农城网改造升级试点县。11月，云南电网公司下达石林县2010年投资计划5499万元。公司成立“农村电网改造升级工作组”，召开项目启动会，组织施工资源，年末完成21条10千伏线路、14台配变更换项目初设预算、工程材料汇总和项目报审，项目开工率达到46%。年内完成自筹生产计划投资944.57万元，实施线路大修、更新改造、新建、反措共228项工程。

【优质服务和增供扩销】 严格执行“五保四压”政策，计划用电期间10千伏拉闸限电31条（次），保证了有序供电。提前介入大项目供电方案，为中种集团云南种业有限公司、云南圆通投资公司财富中心等重点项目提供快捷用电服务。按《95598客户服务管理标准》，统一受理平台，实现报修业务流程化、工单化，年内办理10千伏报装147户，用电容量49845千伏安，增长235.3%；低压报装219户，容量1342.5千伏安，减少14.7%；居民报装4663户，容量22573.5千伏安，增长466%。受理过户、改类、迁址等589户。95598受理故障报修747户、咨询839次，报修超时率≤0.93%。制定《客户停电信息发布管理办法》，发布信息3726次，通知到位率100%。全年客户满意率达99.86%。

【经营管理】 完成年度预算修正和2011年预算编制、公司改制国有资产产权变更登记，通过云南电网公司年报审计。制定《资金支付审批管理办法》，管控资金支出。开展“小金库”治理、固定资产清查和管理系统建设，内审工程招投标10次，通过昆明供电局对电费回收、资金、物资管理审计。制定公司《合同管理制度》，重签了131份供用电合同。废旧物资回收处置效能监察、管理经验在昆明电网县级供电企业推广，年内处置废旧资产原值26.17万元，回收资金10.58万元。生产计划项目竣工决算1388.14万元，单位可控供电成本同比下降3.8%。

稽查营销核心业务，补抄电量59.89万千瓦时，退补电量10.2万千瓦时，挽回损失25.5万元，维护供用电双方利益。抽取营销稽查样本2286个，检查发现差错率2.3%。取消电费走收，由催缴向预存转变，专变用户实行预收管理，户表预交电费率达80%以上，降低了电费安全风险。建立电费回收管理考核奖惩机制，调动抄、核、收人员工作积极性，电费数据实现财务、营销、收费点统一，月电费回收率99%以上，年末电费回收率100%。

【生产管理与节能降耗】 制定《电力工程管理程序》、《电力设备巡检及设备使用管理办法》等生产管理制度。启用设备巡检及管理系统动态管理线路设备，运用生产管理信息系统和GIS系统，提高了生产管理信息化水平。完成3个变电站通信光缆和5个站备用环网通道建设、长湖站二次防雷系统、调度自动化主站系统PAS模块安装、调度自动化系统与110千伏石林站和路南站以及35千伏长湖站调度数据接入。出台《设备停电管理标准》，加强非计划和施工停电管理，控制停电范围和时间。全年执行计划停电336次，同比增长40.8%，按时停、送电率94%；临时停电180次，同比减少28.9%。安装真空开关20台、公用变压器18台、无功补偿器3台。

成立线损“四分”和节能管理机构，编制“十二五”节能降损规划，完成线损管理标准、办法、实施细则管理制度建设，完成35千伏分压基础管理、473台低压台区考核计量装置更换和台区线路计量网络图的修订。推进集抄系统建设，安装了5个10千伏线路联络点计量装置，增容17台配电变压器，针对电量及线损率异常变电台区进行分析和措施处理。

【人力资源管理】 制定《员工素质工程2010年项目分解推进计划》、《中层干部管理办法（试行）》，首次对空缺中层岗位进行竞聘和职位考核晋升，开展了全员岗位绩效模拟运行。全年外送培训273人次，内部培训18期561人次，投入培训经费29.1万元，全员培训率97%、全员培训积分达标率96%。启动内训师队伍建设与培训，选聘了23名内训师。年末全员持证上岗率达97%，一线员工持证率95%。

【创先工作】 成立县级“供电企业基础管理达标优秀企业”工作机构，调派公司职能部门管理资源，设立14个达标专业组，按照年初云南电网公司副总经理赵炳松调研指导意见，编制《创建县级供电企业基础管理达标优秀企业实施方案》和推进计划表。各达标专业组配套编制达标子方案，细化达标项目。公司重点开展子方案滚动评审和整改昆明供电局摸底检查、14项专题达标综合检查、考评反馈的问题，结合子方案二次评审发现问题的改进，完善基础管理。

【体制改革】 4月26日，按照国务院国有资产监督管理委员会《关于德宏供电有限公司等41家云南地方供电企业国有产权无偿划转有关问题的批复》文件精神，石林公司正式无偿划转中国南方电网云南电网公司。6月份办理完企业国有资产产权变更登记相关法律手续。遵循“人随资产走”的原则，“石林供电有限责任公司”在资产划转基准日的正式在册职工134人转入重组后的“石林供电有限公司”，退休人员44人也由其管理。

【电力抗旱救灾】 年内开设抗旱用电绿色通道，开展了2次抗旱用电宣传，检修、安装31台抽水用电设备，解决了959户人饮提水问题。在大可乡3个村开挖3口“南网井”，使273户939人、1565头牲畜饮用水和作物浇灌受益。

（撰稿人：石林供电有限公司　董玉坤）

供销合作

【县供销社】 1954年8月，成立县供销合作社联合社。2010年，县供销社有党委、理事会、纪委、工会、妇委会等领导机构和群团组织，下设办公室、财会审计科、经济发展科、基建安储科4个科室，年底有在职职工16人（其中：公务员9人，工勤人员7人）。有农业生产资料公司、贸易中心和对外经济贸易公司3个直属公司，城区、路美邑、北大村、西街口、海邑、维则、板桥、大可8个基层供销合作社。全系统有在职职工123人，离退休人员166人，遗属供养人员32人，落实政策人员13人。机关办公在鹿阜镇双龙小街182号。2010年，县供销社资助支农联系点圭山镇水补衣村委会生产经费5500元。

党委书记、理事主任：何志兴
纪委书记：袁　宏
理事副主任：吴自云
李孝明（彝族）
李光亮（3月起）

【主要经济指标完成情况】 2010年实现经营总额18687万元，完成目标任务18500万元的101%，同比增0.10%；社会消费品零售总额2134万元，完成目标任务1500万元的142.30%；商品购进总额11174万元，完成目标任务7450万元的150%，同比增6.3%；实缴税金26万元，完成目标任务20万元的130%，同比降25.7%；实现利润281万元（含“两社一会”指标，其中：系统内部16万元），完成目标任务221万元的127.15%，同比增16.21%。

【农资供应】 在百年不遇的旱灾的严峻考验下，县供销社从服务“三农”大局出发，按照“抗大旱、保民生、保春耕”的要求，充分发挥供销社在农资商品流通中的主渠道、平抑物价和调控市场作用，坚持“渠道不乱、品种对路、质量保证、价格平稳、适时供应、不误农时”的服务理念，坚持“统一进货、统一配送、统一核算、统一标识、统一资金融通与管理”的“五统一”农资连锁经营机制，全力抓好农资商品的采购、储备、调运和供应等工作。全年组织供应各种化肥37506吨，占市场份额的83.3%，完成目标任务32500吨的115.4%，同比增3.7%；供应化学农药374吨，完成目标任务270吨的138.5%，同比增11.6%；供应农用薄膜310吨，完成目标任务200吨的155%，同比增25.5%。全系统农资化肥经营年度（2009年9月至2010年8月）实现利润364712.15元。

【“乡村流通工程”建设】 2010年在县内发展专业合作社10个，创建省级标准化综合服务社8个，规范提升农资配送中心1个，改扩建集贸市场1个，建立乡村信息采集点1个，农民经纪人协会1个。截至2010年，供销社在全县范围内共创建专业合作社45个、专业协会7个、农村综合服务社150个（其中省级标准化综合服务社8个），建立配送中心2个、农产品交易市场1个。

【再生资源回收体系建设】 2010年8月，投资总额1160万元、建设规模8000平方米的县再生资源分拣中心建成并投入使用。中心内设1188平方米的分拣打包车间一幢，附有大型行车及金属打包机，年可处理废旧金属5600吨；设有1008平方米的非金属打包车间一幢，每年可回收处理7300吨；设有924平方米废旧家用电器及其他回收车间一幢，年可回收处理1500吨；安装了100吨级的地板秤一台。同时，按照“七统一、一规范”（统一规划、标识、着装、价格、计量、车辆、管理及经营规范）的标准，在全县范围内建设了20个回收站点，覆盖全县7个乡镇。统一制作了规范的站点标识牌，统一了回收人员服装，制作了服务承诺公示牌、规章制度公示牌、上岗证和回收车辆标识牌。所建站点已全部向工商部门办理了营业执照。

【“万村千乡市场工程”建设】 2010年创建“万村千乡市场工程”农家店10个。新创建的10个农家店涉及5个乡镇的10个村。自2006年以来的5年间，供销社共完成“万村千乡市场工程”农家店建设任务94个，其中农资农家店27个、日用消费品农家店67个。实现了县内所有建制村都有一个“万村千乡市场工程”农家店的目标，覆盖率达100%，为改善农村消费环境，促进城乡统筹发展搭建了很好的平台。

【职业培训】 2010年县供销社采取集中培训、联合培训、以会代训等方式，组织培训各类人员1080人，完成目标任务660人的163.6%。其中：农产品经纪人（持证）200人，农民经纪人320人，干部52人，业务技能208人，农业科技300人。

【企业改革发展】 2010年贸易中心、大可供销社完成了新一轮门店经营承包工作。大可供销社借新一轮门店承包之机，在资金缺乏的条件下，采取职工融资方式创办超市集体经营；海邑和维则供销社在项目建设资金紧缺的情况下，积极在职工中筹资应对；农资公司在仓储设施紧张的情况下，出租北吉村化肥仓库支持全县的招商引资工作。

【财务审计和资产评估】 为进一步贯彻落实10月19日县委、县政府主要领导调研供销社改革发展工作明确的任务，全面摸清家底，科学制定《石林县供销合作社深化改革推进“二次创业”总体方案》，昆明旭坤会计师事务所和北京中威（正信）云南分公司受委托对供销社系统所属企业进行了财务审计和资产评估（基准日为2010年9月30日）。结果为：总资产账面值5890.63万元，评估值10788.81万元，增值率83.15%；总负债账面值5633.91万元，评估值4614.50万元，增值率-0.42%；净资产（所有者权益）账面值1256.75万元，评估值6174.32万元，增值率391.29%。

【争取项目资金】 2010年主动向上争取到项目资金225.27万元。其中：云南省地方特色产业中小企业发展资金50万元，省级农资现代流通服务网络建设项目资金90万元，海邑供销社农产品交易市场建设配套资金30万元，“万村千乡市场工程”项目补助资金15.39万元，云南省2010年标准化综合服务社补助资金8万元，农产品经纪人培训费6.78万元，职工转岗培训补贴2.4万元，“两社一会”以奖代补资金1.1万元，困难企业社会保险补贴21.6万元。

【基础设施建设】 2010年共组织实施了7个项目建设，完成投资2300万元。其中：农资科技培训中心、农资交易市场及配送中心项目建设的相关工作正积极开展；石林彝嘉醇酒厂改扩建工程全面推进；海邑供销社农产品交易市场改扩建全面完成并通过验收；西街口供销社便民超市建设全部完工并通过验收；维则供销社便民超市完成工程的三分之一；再生资源分拣中心已投入运营。

（撰稿人：县供销社　敖正林）

粮食购销

【粮食购销】 2010年石林县遭遇了百年不遇的严重干旱，小春粮食大部分绝收，加之农民惜售，导致粮食上市量自春节以来急剧下降，粮源缺失严重，致使企业几乎无粮可收，进而影响到销售收入和利润的实现。面对严峻的经营形势，国有粮食企业克服困难，采取走出去，买进来，小春损失大春补等措施积极入市开展粮食购销。截至2010年12月末，县粮油收储公司直接收购粮食245万千克，县粮油收储公司下属的3个承包经营库点收购粮食873万千克，两项合计收购粮食1118万千克，其中：玉米949万千克，稻谷57万千克，小麦49万千克，大米61万千克，其他2万千克。销售粮食1095万千克，其中：玉米858万千克，稻谷134万千克，大米54万千克，小麦49万千克。实现销售收入2380万元，其中：县粮油收储公司直接经营实现销售收入668万元，下属的3个承包库点实现销售收入1712万元。实现工业产值80万元。国有粮食企业全年实现利税23.1万元，其中：利润19.1万元，税收4万元，圆满完成了县政府下达的各项经济指标。纳入全县粮食流通统计的非国有粮食企业共收购粮食4659.8万千克，销售粮食4388.7万千克，并通过粮食的加工转化和调入省外优质米、面、油经营，极大地丰富了市场，填补了国有粮食企业的不足，满足了市场需求。

【依法管粮工作】 2010年县粮食局参与县上组织的科普活动周活动，以“节约粮食，健康消费”为主题，以“关注食品安全标准，认识粮食科技，保障大众健康”为主要宣传内容，分别于5月16日、18日、21日参加了县上的科普宣传活动。搞好执法检查，对石林县已办理《粮食收购许可证》的30户粮食经营户进行专项检查，按照县上“两集中、两到位”的要求落实专人进入政务服务中心，进一步规范粮食经营许可证的办理，并按期年检。健全全县粮情价格监测网点和联系制度，由专门科室、专职人员负责粮情监测和信息发布，针对2010年大旱，强化了粮食市场监测。大旱期间，粮情监测每周一报改为每日一报，充分利用建立的粮食应急网络体系，加强对农户粮情固定调查，随时掌握农村农民存粮情况，组织大米33万千克，做好灾区缺粮人口的救灾救济供应。完善粮食应急安全保障体系。对纳入社会粮食流通统计的非国有粮食企业加强管理和监测，组织取得粮食收购许可证的粮食企业和粮食经营户进行业务培训，并请示县政府成立粮食应急协调领导小组，在县粮食局综合科加挂粮食监督检查科的牌子，加强了对社会粮食流通环节的监督管理。与各指定应急加工、供应企业签订委托加工、供应协议，制定了《石林县粮食应急信息报告制度》，按照县上的督办要求组织人员对《石林县粮食应急预案》相关内容进行认真的自检自查，对《预案》执行中可能出现的问题进行了分析和排查，并就《预案》在执行中存在的问题向县人民政府提出了有关建议，为紧急情况下启动《粮食应急预案》做好充分准备。积极做好2010年市对县“粮食行政首长负责制”目标考核工作。按照“粮食行政首长负责制”的要求，辖区内纳入统计范围的涉粮企业30家，达到应纳入数的100%；落实专职统计人员1人，统计准确率达到100%。经市考核，石林县2010年“粮食行政首长负责制”考核分为92分。

【粮食仓储工作】 储备粮按要求做到了“一符、三专、四落实”和“四无”粮仓，其中县级储备粮“一符”率达到100%，“四无”率达到100%，没有出现严重虫害和不安全等现象。县级储备粮入库质量符合标准，县粮油收储公司在去年轮入稻谷100万千克的基础上，2010年上半年又轮入玉米90万千克，下半年轮换到期储备粮稻谷48.9万千克，储备粮宜存率达100%。2010年承储企业县级储备粮科学储粮率为100%。按照每个县（市）区建设和改造1至2个储备粮中心库的要求，县粮食局积极争取市、县资金建设储备粮中心库，该项目列入石林县重点督办项目，争取到市粮食局项目前期工作经费5万元。

【粮食安全工作】 8月18日县政府召开了全县粮食流通工作会议，县政府分管领导与各乡镇、有关部门签订《粮食行政首长负责制目标考核责任书》，研究部署粮食工作，切实加强了政府对粮食生产、流通、市场供应、供需平衡和粮食宏观调控等工作的领导。年内全县种植粮食44.23万亩，占市下达任务数的105%，粮食总产量1.22亿千克。2010年拨入县级配套粮食风险基金70万元，并严格按照规定用途使用，管理中无违纪、违规行为。截至2010年12月31日，粮食风险基金账户余额2392138.22元。县财政累计投入农业和粮食生产资金4451万元，其中：实施农业科技推广293.5万元，中低产田改

造880万元，农田水利及“五小”工程3229.8万元，气象防雹资金47.7万元，资金已全部投入到项目中。国有粮食企业购销情况稳定，主要经济指标全面完成。粮食应急加工、销售网点初步建立，粮食价格监测体系健全并形成网络和联系制度。粮食行政执法人员到位，社会粮食统计工作进一步提高，全县粮食供求做到了总量平衡、品种调剂平衡，粮食市场基本稳定，确保了全县粮食安全。切实加强粮食应急体系建设，2010年有粮情监测点6个，粮油应急加工点3个，应急供应点12个，应急运输户4个。根据市粮食局的要求，县粮食局进一步制定了粮食应急报告制度，完善和细化《粮食应急预案》。针对2010年大旱，按照县政府的要求对《预案》执行中可能出现的问题进行了分析排查，并就《预案》在实际执行中存在的问题向县政府提出了有关建议。2010年11月26日，在全县森林防火应急演练中，县政府组织县发改局粮食口有关人员密切配合，在粮食后勤保障、粮食紧急运输、成品粮库存准备、应急粮食供应网点及人员落实就位等环节上进行了演练，提高了粮食应急预案的灵敏度和可操作性。

【粮改维稳工作】 2010年，请示县人民政府成立资产清理领导小组，对粮食系统的资产进行全面清理、界定，撤销县粮油收储总公司、粮油大厦、粮油加工厂3户企业，理顺产权关系，使企业与粮食局彻底分离。同时借助全县招商引资平台，政府将城区粮库、阿诗玛粮油大厦片区列入鹿阜旧城改造项目，12月初由县发改局与投资商家正式签订粮油大厦拆迁补偿协议，为今后化解粮食系统历史遗留问题，妥善解决老职工生活问题和帮助企业发展壮大打下了坚实的基础。

【旧城改造】 县粮食局成立了由局长任组长的领导小组和三个工作小组，主要是配合做好宗地指界测量、相邻单位地籍调查、对城区粮库和粮油大厦宗地内的房产情况、住户情况等作了相应的调查分析，加强与千鸿公司和同策公司的协调、协商，根据掌握的情况入户宣传拆迁政策，听取住户意见、建议，了解住户和商户的具体情况和存在的问题，委托资质单位对相关资产进行评估，拆迁了城区粮库国有房产。截至12月末，粮食局片区完成涉迁户协议搬迁62户（占全部涉迁户71户的87.3%），员工商铺拆除6户，小古城片区粮油大厦地块正式与投资商家签订拆迁补偿安置协议。

【军粮供应管理】 军供粮油纳入“放心粮油”规范管理，所有工作人员均选择业务能力强，熟悉军粮供应政策，有事业心的人员组成，对军粮供应人员实行岗前及在岗培训，具备专业技能和资格，持证上岗。严格执行军粮供应政策，军粮管理规章制度健全，设立了军供财务专户，军粮进货渠道纳入“放心粮油”统筹管理，符合军粮进货制度，并保留有完备的检验单和已供样品备查，按时上报各种报表单和供应证卡，严格执行专项财务核算，专人、专车报送军供报表，专机、专盘处理军供数据，杜绝出现违反军粮财务制度和泄密事故。积极开展“双拥”共建活动，局领导坚持春节、建军节定期走访慰问部队，主动征求部队的意见和要求。军供点按照“放心粮店”的规范要求设置，服务设施完善，门面大方，环境整洁，布局合理，粮油卫生，质量保证，实现了军粮供应零投诉。

（撰稿人：县发改局　李培志）

旅 游 业

旅游景点

【大小石林风景区】 大小石林风景区位于县城北面 10 千米处，景区面积 12 平方千米，主要游览区面积 4.165 平方千米，自然分布为大石林、小石林、外石林三个区域。经过扩容改造，2010 年 3 月 31 日，外石林又开发为步哨山、李子园、万年林芝三个景区。

大石林主要景点：出水观音、狮子亭、青牛戏水、石屏巍峨、朱德题词、石林胜景、千钧一发、且住为佳、莲花峰、剑峰池、极狭通人、仰天俯地、双鸟渡食、犀牛望月、象踞石台、千年寿龟、凌空笔架、望峰亭、洞府仙韵、刀削峰、坐井观天、一线天、赵官扎营、石监狱、凤凰梳翅、神鞭石、南天门、幽岚深谷、出征将军、蝙蝠狂舞、二龙戏珠、金龟探海、老翁拜山、月宫桥、将军鞋、石林仙女、奇石连理。

小石林主要景点：玉鸟池、阿诗玛、唐僧西行、悟空石、幽池、幽池恋人、越王剑、三石门、书生作揖、刘备迎客。

外石林主要景点：猪八戒睡懒觉、五老赛跑、步哨远眺、喜相逢、猩猩戏狗、漫步从容、母子偕游、骆驼骑象、苏武牧羊、石林古崖画、天鹅远瞩、望夫石、怒发冲冠、万年灵芝、比目潭、李子园箐、步哨山。

【乃古石林风景区】 乃古石林风景区距离大小石林 10 千米，位于县城东北 20 千米处，景区面积 7.83 平方千米，主要景点：白云湖、鹦鹉岩、梁祝相会、玉象远眺、金猪斗、峰上望、沙弥背经、神龟听经、聚仙台、承露盆、独石成林、象救象、灰龙泉、通天洞、石破天惊、飞来石、双狮恋、孔雀开屏、八卦炉、千剑峰、祝员外寻女、猪八戒背媳妇、大天鹅、玉马金鞍、金鳌负山、鬼谷、松鼠回洞、壁上挂、飞仙幽谷、古林瑶池、孟母教子、龙腾虎跃、老君壶、犀牛触石、古塔洞天、幽谷仙瀑。2006 年 2 月，石林风景名胜区申报世界自然遗产，乃古石林风景区作为申报的核心区封园进行环境整治；2007 年石林申报世界自然遗产成功后，按照世界自然遗产模范展示地及地质科普教育基地的规划和建设要求，投资 4000 余万元资金进行乃古石林景区及景前区游客中心、停车场、游路改造、地质科普介绍和环境绿化等景区服务设施项目建设；2009 年 11 月完成乃古石林景前区建设；2010 年 4 月 1 日正式开园。

【大叠水风景区】 大叠水风景区位于县城西南 23 千米处，其水源系南盘江支流巴江与几弯河汇流的下游白鸽江，江水遇两条平行的断裂层而形成两处较大的落差，第一道称小叠水，第二道称大叠水。

大叠水瀑布由两叠瀑布连接而成，第一叠落差约 5 米，第二叠落差 87.8 米，总高 92 余米，宽 30 余米，雨季流量每秒 150 立方米，瀑布底海拔 1448 米，是石林县海拔最低的地方。景区总面积为 3.5238 平方千米，一级保护区 0.4772 平方千米，二级保护区 1.2847 平方千米，三级保护区 1.7619 平方千米。2010 年 8 月 1 日，按照《世界遗产公约》和《石林县“十二五”旅游发展规划》的要求，经石林县人民政府批准，石林风景名胜区管理局暂停大叠水风景区旅游接待活动，不予接待任何游客。

【长湖风景区】 长湖风景区位于县城东部 19 千米处，由长湖、独石山、圆湖等景点组成。长湖是地层断裂作用所形成的岩溶湖泊，因湖形狭长而得名，湖水清澈透明，长年不枯，像一位身材修长的窈窕少女，静卧在青山环抱中，森林覆盖率达 95%以上，在湖北侧云南青松林中，石峰成林，30 多处洼地积水常年成湖，与长湖一道组成奇特的高原湖泊群景观。

【圭山国家森林公园】 圭山国家森林公园位于县城东南 40 千米处，是石林县境内最高山，海拔 2601 米，总面积 3206 公顷。森林覆盖率达 60%以上，有保存完好的原始森林植被，具有丰富的动植物资源，查明的圭山森林公园中有植物 137 科，426 属，641 种，其中国家二级保护植物有扇蕨、篦子三尖杉、香樟、厚朴等，省级二级保护植物有小果南烛、裂果漆。野生动物主要有蟒蛇、穿山甲、麂子、野兔、画眉、啄木鸟、白腹锦鸡、果子狸、蜥蜴等。

景区建设

【重点旅游项目加快推进】 2010 年民族生态体育运动场项目完成投资 32447.77 万元，超额完成投资任务并投入运营。石林狂欢之都餐饮购物中心项目建成，完成投资 2920.17 万元，为年计划的 124%，公开对外运营招商。石林散客服务中心项目完成土建工程并开始装修，完成投资 850 万元，为年计划的 120%。云林五星级酒店项目完成主体工程建设，完成投资 6688.87 万元，为年计划的 117%。新游客接待中心交通组织建设项目，完成投资 3500 万元，为年计划的 70%。喀斯特博物馆项目全面开工建设，完成投资 3102.94 万元，为年计划的 94%。苏宁石林旅游项目完成投资 10186.3 万元，为年计划的 30.8%。

【景区改造】 2010 年，石林风景名胜区管理局旧职工宿舍因新职工宿舍土地证、房产证在县政府领导的统一协调下尚未办理完成，影响搬迁拆除；景区工商分局由于原选址土地变为苏宁项目用地，无搬迁用地，暂不能搬迁拆除；精舍宾馆、避暑园宾馆由于苏宁项目景区外围接待酒店拆迁，为保证一定的接待能力，暂未进行搬迁；石林宾馆因世博集团与云旅集团重组，已启动的搬迁工作进展不快。完成石林饭庄、云林宾馆六号楼及附属设施拆除，管理局老办公楼完成拆迁招投标、旧职工宿舍完成搬迁补偿方案。

【绿化美化】 年内在景区摆放种植酢浆草、海棠、天竺葵、孔雀草、矮牵牛、万寿菊、一串红等 69260 盆。彝族第一村绿化工程于 6 月 13 日开工，至

12月底完成了正大门及道路两侧、葫芦广场、一标区域、二标主干道以及金水塘的部分绿化工作，共种植大乔木245棵、中小乔木1200株、灌木250棵、竹类1000丛、地被30万株。云林宾馆拆迁地生态恢复共回填种植土6000余方，种植各种乔木105株，灌木263株，铺建铁线草坪6760平方米。实施了石林世界遗产地专家考察沿线租用农地清水塘356.54亩、尾博邑173亩的生态恢复工作，该工作于2010年6月25日开工，7月25日完成，共种植各种苗木62874株。乃古石林风景区防护栏种植了飞龙掌血、蔷薇、火把果共计4000多棵。完成了大叠水风景区生态破坏区域的恢复重建工作，种植竹子452丛，铺建铁线草560平方米。

旅游经济

【旅游收入】 2010年，由于受西南旱灾、南方洪涝灾害、景区门票提价、《云南省旅游自律公约》政策出台、“七彩云南”旅游购物受制、上海世博会宣传效应不佳等不利因素影响，大小石林风景区接待游客275万人次，乃古石林风景区接待游客4.05万人次，大叠水风景区接待游客1.09万人次，长湖风景区接待游客2.5万人次，实现旅游直接收入4.2亿元。全县接待游客350万人次，实现旅游综合收入20亿元。接待旅游车辆14.4万辆，实现收入61万元。4月1日，石林风景名胜区价格由现行每人次140元调整为175元，石林风景名胜区门票价格调整已履行全部法定程序，价格调整后一如既往对老年人、现役军人、未成年人及学生等给予适当优惠，对残疾人、儿童等实行免票。

【导　游】 2010年完成景区讲解员的培训、考试、取证工作，共有222人取得景区专职讲解员证，6月1日正式实施景区专职讲解员制，制定并实施了《景区导游讲解员管理办法》、《讲解员分制管理办法》、《景区导游讲解员内部管理规定》、《景区讲解员收入分配和划拨办法》，逐步规范了旅游市场秩序，有效遏制了“黑导”、“野导”，初步形成了统一委派、统一收费、统一开票、统一监督、统一管理的制度化、规范化管理模式。全年，景区讲解员累计出导46344次，公务接待1800次，经济收入2789640元。

【石林旅游会员卡】 2010年在册石林会员年票1350张，其中：成人卡新增1131张，续费129张；学生卡新增88张，续费2张。5月1日，石林风景名胜区管理局向全县人民推出“乃古石林风景区游览卡”，游览卡为石林籍游客专用，每卡30元，一年内凭卡游览乃古石林风景区，石林县籍游客办理乃古石林风景区年票383张。

旅游管理

【石林风景名胜区管理局】 1992年6月成立石林风景名胜区管理局、旅游局。2010年，因政府机构改革，石林风景名胜区管理局、旅游局的旅游行业管理功能归并至县旅游文化广播电视体育局，保留成立石林风景名胜区管理局，设局办公室、人事处、宣传处、财务处、研究中心、接待处、园林绿化处、规划建设处、环保监察处、企业管理处、旅游监察中队、安全生产监督管理办公室、旅游服务处（分为门票组、停车场组、导游组和夜景组共四个管理组）、信息中心、乃古石林管理处、长湖管理处、大叠水管理处、艺术团、贯标办、综治办、督察办。全局有公务员21人、事业管理人员48人、专业技术人员72人、工人66人。各处室使用的在册的临时工作人员有553人。

党委书记、局长：李正平

党委副书记、纪委书记：黄宗祥（彝族）

副局长：王云龙（彝族）
李光亮（彝族）
张云蕾（女，9月止）
高云华（彝族，4月起）
刘明春
王永乔
董绍学（8月止）

【石林旅游产业招商分局】 2010年石林旅游产业招商分局签订了石林郑氏选矿厂、石林彝米之乡休闲度假山庄、上海张江石林旅游项目、长湖重质碳酸钙加工项目、石林县青泽农庄、长湖标准化蛋鸡养殖基地6个项目，协议计划总投资205000万元。截至12月12日，石林旅游产业招商分局完成国内市外到位资金10.66亿元，完成任务数的133.2%；外资到位资金302.65万美元，完成任务数的100.9%，超额完成县委、政府下达的招商任务。

【石林成为全国首批旅游标准化试点单位】 2010年6月10日，石林风景名胜区被国家旅游局正式命名为首批全国旅游标准化试点单位，成为全国67个、云南省3个旅游标准化试点之一。9月20日，石林风景名胜区正式启动旅游标准化试点工作，标志着石林旅游标准化建设进入一个快速发展阶段。石林将以云南旅游标准化工作的先行者身份，为云南旅游标准化工作摸索经验、树立标杆、试点示范。

【景区资源保护】 宣传贯彻《石林风景名胜区保护条例》，加大资源保护宣传工作。加强保护区四级网络建设，加大资源保护的宣传教育和巡查监管力度，协调林业行政综合执法队加强资源保护破坏案件的查处力度，确保查处率100%。及时划拨2010年度的资源保护补助经费，争取了村干部的理解和支持，最大限度确保景区资源安全，全年未发生乱挖私采等恶性破坏资源的行为。

【旅游环卫整治】 2010年成功组织景区各单位和经营户共开展了2次大规模的爱国卫生运动，共投放鼠药300千克、灭蝇药液体400盒、灭蟑螂药1600支、强力洁厕剂24提，改善了景区卫生状况。景区卫生保洁实行“十分钟保洁”。景区固废清运管理始终坚持库房每日一至二次消毒喷药，坚持日产日清，做好清运数量统计，全年共清运垃圾44112桶。加大巡查力度、加强污染防治，严格控制景区水、气、声、渣指标的达标率。严格控制景观水域，全年来采用化学方法累计投放硫酸铜100千克、草酸515千克，采用物理方法清洗换水3次。加强污水治理，全年清理窨井、排污管4次。垃圾处理厂严格按规程操作，全年投撒生石灰8吨，并用焦炭过滤，保证污水经处理后达标排放。加强对有毒有害固体废弃物的管理，防止二次污染，每月8日统一回收，全年共回收废旧电池18298只、农药空瓶15024个、农药空袋6040个、医疗废弃物27千克。采用焚烧填埋的办法处理有毒有害固体废弃物一次。加强景区消毒杀菌工作，全年喷洒敌敌畏111瓶、灭害灵100瓶、空气清新剂188瓶，控制垃圾库房、污水管网、卫生间苍蝇等害虫的滋生。

【旅游安全生产管理】 全年投入106万元经费，实施林下割除杂草，铲除防火线，配置防火物资和装备，整改火灾隐患，其中投入24万元，配备了灭火水枪、手抬机动泵、灭火弹等器材，共组织开展防火检查37次，组织森林防火培训演练2次，确保旅游资源安全。组织景区相关成员单位召开安全会议和培训，并进行联合安全检查，排查出一般安全隐患46条，投入隐患整改资金5万多元，对游路、栏杆、标识标牌和道路交通、食品卫生等存在的安全隐患及时进行了整改。修订和完善了《石林县旅游突发公共事件应急处置预案》、《预警信息发布标准》、《恶劣天气应急处置预案》、《森林防火扑火预案》、《石林风景区雷击事件应急处置预案》，以及石林胜景、望峰亭、小石林等景区游客疏散分流方案和预案。9月27日“世界旅游日”，与市旅游局在石林景区共同举办了昆明市旅游行业应急突发事件大演练，进一步增强了我市旅游从业人员的安全意识，提高了旅游管理各部门之间的综合应急救援处置能力。

【旅游市场秩序监管】 加强景区旅游市场的日常监管和巡查整治工作，始终坚持以事实为依据，以法律为准绳，依法打击和取缔了非法从事导游活动的“黑导”、“野导”、私拿回扣、索要小费、私自组团和无正规旅行社接待计划等违法、违规行为。多次联合景区其他职能部门开展了景前区旅游市场秩序的整治工作，打击和查处了喊客、拉客、游动兜售等扰乱景区市场秩序的违法、违规行为。为配合乃古石林风景区正式对外开放，对乃古石林景区公路沿线路边21块广告牌进行了集中拆除清理。规范了景区旅游企业、个体工商户的明码标价。协助处理了景区“7·13”雷击事件的前期处置工作。迎接了国家发改委等四部委对“限塑令”执行情况的工作检查。联合昆明市旅游监察支队、昆明市运政管理所、县交警大队对进入石林景区的旅游团队使用《团队运行接待计划表》、使用非旅游客运车辆等情况做了二次专项检查。全年共检查旅游团队10000多个，各类导游人员10000多人次，没收过期失效的临时导游证8个，没收假导游证9个；查扣使用外地导游证10多个；对16名违规情节较重的导游人员作了罚款处罚，共计罚款金额8600元人民币，罚款严格按照罚缴分离的原则全部上缴财政；在处罚的各类案件中，都没有因执法不公或程序违法而引发上诉的案件，确保了行政执法的严肃性和公正性。

【旅游投诉和纠纷受理】 2010年共受理游客的来电、来人、来信投诉、举报、抱怨和各种旅游纠纷98起，对每一起抱怨都作了认真细致的解释和说明，对每一起旅游纠纷都能做到公正、公平地及时调处，当事双方对调处结果均表示非常满意，避免了矛盾升级，各种旅游纠纷调处率达100%，处置满意率达100%。

2010年共做了4次游客满意度调查，共发出调查表215份，收回215份，回收率100%。一季度60份，综合得分87.30分；二季度55份，综合得分92.55分；三季度50份，综合得分97.24分；四季度50份，综合得分90.24分。综合满意率均为100%。从调查的结果来分析，排在后几位的餐饮或食品、商品购物等行业，客观原因主要是从昆明到石林沿途购物商店较多，游客都要被旅行社或者接待单位安排进店购物；石林景区的一些经营人员法制意识、大局意识和思想素质不高，爱岗敬业、诚信经营、文明经商的理念不够，由此引发游客的不满情绪。

【旅游接待】 2010年5月3日，应昆明市人民政府邀请的巴西杰米罗桑巴歌舞团40多名演员齐聚石林，与石林民间民族歌舞队100多名演员同台献艺，为广大游客献上一场精彩纷呈的“相约石林·狂欢彝乡”异域风情歌舞盛会。7月24日，由中国国务院新闻办公室和商务部共同举办的发展中国家新闻部长研讨班成员到石林考察，分别参观了石林风景名胜区和小箐村。8月3～8日，由中国国家旅游局、中央电视台联合拍摄的《中国5A级精品景区》摄制组进驻石林风景名胜区，进行为期6天的《中国5A级精品景区——云南石林》高清记录片拍摄工作。9月11日，泰国旅行商及新闻媒体考察团一行26人到石林考察采访。9月17日，国家旅游局驻洛杉矶办事处与香格里拉酒店管理集团联合邀请美国旅行商一行13人到石林考察。9月26日，西藏自治区党委组织部副部长唐明英一行3人到石林考察。10月27日，民进昆明市委和昆明市旅游局一行12人，对石林县生态旅游发展情况做实地考察调研。11月10日，抗日战争中的华裔“飞虎队”员及家眷一行14人，到石林参观访问。

旅游宣传营销

【媒体宣传】 2010年3月，围绕“乃古石林4月1日隆重开园”、“石林景区执行新票价”等宣传主题利用云南广播电台《新闻》频率、《交通之声》频率、昆明人民广播电台、云南电视台、昆明电视台、石林电视台、《中国旅游报》、《云南日报》、《昆明日报》、《春城晚报》、《都市时报》、《云南画报》、《中国风景名胜》、新华网、人民网、中新网、石林旅游网、中国石林网等媒体做好新闻、资讯、专题宣传报道；加强与昆明片语、昆明商映、云南先锋、石林金双龙文化产业等广告公司交流，充分利用现有户外媒体，分别在昆明国际机场到达大厅、昆明火车站出站大厅、昆石高速公路68公里处、石林县城（石林大道）公交站台等人流集中、人流量大和视觉较好的地方，以“热烈祝贺世界自然遗产展示地——乃古石林4月1日隆重开园”为主题，突出新石林、新体验、新线路、新旅游，做好石林旅游宣传营销。4月20日至5月31日期间，利用云南广播电台《新闻》频率、《交通之声》频率、云南电视台《都市条形码》栏目、昆明电视台《联播昆明》栏目、石林电视台《石林新闻》栏目等宣传平台，集中播出了石林风景名胜区实施专职导游讲解员制公告内容和相关实时信息新闻；利用《春城晚报》、《都市时报》等大众报刊媒体刊发《石林风景名胜区实施专职导游讲解员制公告》，并在新华网云南频道、人民网云南频道、中新网云南频道、石林旅游网、中国石林网发布《石林风景名胜区实施专职导游讲解员制公告》和相关实施内容；在石林大道公交站台等人流集中、人流量大、视觉较好的地方，以灯箱广告形式做好石林景区专职导游讲解员制宣传工作；围绕“石林人游乃古石林营销政策”、“2010年中国世界地质公园宣传周暨科技活动周——石林地质科普教育宣传周活动”、“2010年全国科普日石林科普宣传活动”等主题，利用石林电视台、石林旅游网、中国石林网、户外展板、标语等媒体、媒介做好新闻、专题报道工作。10月，围绕石林旅游标准化试点工作，在《春城晚报》、《环球之旅》栏目中作专题宣传报道。配合上海世博会云南宣传周活动，在云南馆和《云南日报》世博会云南宣传专刊上以“石林胜景”为图，加大石林旅游品牌形象宣传，并积极入编《2010年上海世博会云南旅游景区宣传画册》，做好石林旅游形象宣传工作。在云南省旅游局主编的《七彩云南》书籍上以《石林——阿诗玛伫立亿万年》为题刊载宣传文章；在航空杂志《东方风情》11期上刊载旅游宣传文章。配合县委宣传部、县外宣办、县广播电视台、局信息办做好县内宣传，播出新闻、公告80多条，省市播出30多条。

【渠道营销】 2010年1月，为保持石林旅游良好的增长势头，继续坚持景区点与线的战略结合原则，重新定位渠道营销政策，拟订了《2010年石林风景名胜区旅游营销方案》。2月，为进一步加强旅行社渠道宣传营销，改善与省重点旅行社的合作关系，增进相互间的沟通、理解和支持，通报2009年石林旅游发展情况，针对2010年旅游形势，共同探讨旅游合作宣传营销新举措，拟订实施了《石林风景区2010年旅行社座谈会工作方案》。4月，在昆明市召开2010年至2012年旅游营销政策通报会，围绕旅行社奖励方式、石林旅游营销诚信合作协议签订事项等作了全面通报，并与133家旅行社签订了《石林风景名胜区旅行社合作营销协议》。4月，针对2010年乃古石林风景区营销政策，举行了“云南人游乃古石林”总代理竞标会，确定了总代理商，落实了“云南人游乃古石林”营销政策。5月，拟订“石林人游览乃古石林景区”营销政策并报经县人民政府同意，在石林景区、石林县城设“乃古石林景区游览卡办理咨询点”，开展“乃古石林景区游览卡”办理工作。11月，组织人员开展签约旅行社的入园人数统计工作，为2010年旅行社兑现奖励做好准备工作。

【主题活动宣传】 2010年2月下旬，参加在贵阳市举办的“第十三届海峡两岸旅游行业联谊会”，扩大了石林世界自然遗产品牌宣传效应。2月下旬，参加了在迪拜举行的“昆明至迪拜航线首航仪式暨旅游经贸宣传推介”活动。4月3日，参加了在昆明王府井商业广场举行的“百城世博旅游宣传推广周活动昆明市启动仪式”。5月15~21日，联合县委宣传部以“保护地质遗迹，推进地质旅游，扩大地质公园宣传，普及地质遗迹知识；节约能源资源，保护生态环境，保障安全健康，携手创建创新型国家”为主题举办了2010年中国世界地质公园宣传周暨科技活动周——石林地质科普教育宣传周活动。6月，策划组织了以“地质遗迹、地貌风光、民族人文魅力、人与自然和谐”为主题的首届世界自然遗产——中国石林摄影大赛。9月，以“2010年全国科普日石林科普宣传活动——传播地学知识 推进地质旅游 倡导资源保护 促进和谐发展”为宣传主题，组织人员在景区日月广场开展宣传活动。10月，参加2010年全国导游大赛云南选拔赛的颁奖晚会，做好石林旅游宣传工作。

【宣传资料制作推广】 2010年7月正式编纂出版《中国国家地质公园丛书——云南石林》。2010年9~10月，完成《中国5A级精品景区——云南石林》高清宣传片、《走进世界地质公园——石林》专题片及“七彩云南”杯导游大赛解说石林宣传短片的拍摄工作。

全年，围绕乃古石林开园宣传工作，以《走进世界自然遗产展示地——乃古石林》为题，制作《乃古石林》宣传折页10000册、《乃古石林景区导游图》10000张。为做好日常接待宣传工作及展会推介工作，增印《石林景区导游图》10000册，印制《世界自然遗产——云南石林》邮册4000册。配合“2010年中国世界地质公园宣传周暨科技活动周——石林地质科普教育宣传周”活动，制作《中国世界地质公园》宣传折页3000册。制作《石林人游览乃古石林景区》宣传单20000张。制作《石林风景名胜区专职导游讲解员制公告》100张、《石林风景名胜区专职导游讲解员制宣传单》10000张、《石林风景名胜区专职导游讲解员制宣传手册》3000册、《敬告旅行社导游》宣传单5000张。完成制作了2011年石林旅游挂历5000册、台历4000册、怀历10000册。制作展出《石林旅游》、《石林风貌》各4期，《局活动掠影》8期，展板50余块；制作悬挂各类宣传标语300余条；完成县公交车站宣传栏4期的设计、制作；拍摄、整理各类图片资料32000多张。围绕石林旅游资源保护、规划发展、项目建设、地质公园评估、自然遗产复核等内容，组织人员收集、整理图片资料，并建立图片数据库。积极补充相关图片、文档资料。积极收集石林历史影像资料电子文档，每月在石林景区网站提供风光照片100余幅，加强石林旅游网络宣传。

【节庆会展宣传】 2010年春节期间，组织了石林艺术团、民间鼓乐队、西洋乐队、舞狮队等100多人参加了新年迎宾活动、民间文艺汇演活动，认真落实了2010年春节黄金周节庆氛围营造、娱乐活动组织及宣传报道工作。3月8日（妇女节），配合省旅游局、东方航空云南分公司组织落实了石林风景区“三八”妇女节联谊晚会，并做好宣传工作。5月3日，组织落实了“2010中国昆明国际文化旅游节‘相约石林·狂欢彝乡’——石林民族歌舞·巴西异域风情展演活动，为广大游客献上一场精彩纷呈的“相约石林·狂欢彝乡”异域风情歌舞盛会。8月16日（七夕节），配合石林县文明办等有关部门组织承办了“彩云之南，情缘七夕”——中国昆明石林“我们的节日·七夕节”系列活动，为石林的嘉宾和游客朋友们献上精彩的文艺节目。8月，配合县委、县人民政府完成了“2010中国石林国际火把狂欢节”活动的现场环境布置、氛围营造和宣传报道工作。

【旅游接待宣传】 2010年，协助云南卫视《旅游新时空》栏目，旅游卫视《有多远走多远》栏目，中央电视台《中国5A级精品景区》，中央电视台《走进世界地质公园》，日本TBS电视台、北京兵团卫视卫星频道《云南牛人专线专题》摄制组完成了石林风景采访拍摄工作；配合中央电视台2套《购物街》栏目完成石林商标榜宣传活动。接待了《中国日报》记者、《中国旅游报》云南记者站记者、“2010大陆魅力城市”台湾媒体和《民族时报·昆明大视野》周刊记者到石林景区进行采访拍摄活动。接待了南亚区域合作联盟国家联合新闻团、台湾中南部媒体记者采访团、日本九州地区旅行商、孟加拉民航旅游部官员、印度旅行商、发展中国家新闻部长研讨班考察团、澳大利亚纳兰德拉市政府代表团、泰国旅行商、老挝旅行商、美国旅行商、第一届中国—东盟行业合作昆明会议代表团、东盟10+3研讨班考察团、“飞虎队”华裔老兵考察团、云南省委党校厅级领导培训班学员考察团及云南假日国际旅行社工作人员到石林的参观考察，并配合做好石林景区的采访报道和旅游商务洽谈工作。

【友好景区联合宣传】 2010年4月23～25日联合世界恐龙谷、大理旅游集团、丽江玉龙雪山管委会以“云南精品旅游线‘昆明石林——楚雄世界恐龙谷——大理崇圣寺三塔——丽江玉龙雪山’欢迎您”为宣传主题，参加了在重庆市举办的“2010中国国内旅游交易会”。5月21～24日，联合世界恐龙谷、大理旅游集团、丽江玉龙雪山管委会参加在昆明国际会展中心举行的“第二届中国云南国际旅游休闲产业博览会”。6月25～27日，联合侏罗纪世界投资有限公司、大理旅游集团、丽江玉龙雪山管委会以“云南精品旅游线‘昆明石林——楚雄世界恐龙谷——大理崇圣寺三塔——丽江玉龙雪山’欢迎您”为宣传主题，参加在北京中国国际展览中心举办的“2010北京国际旅游博览会暨北方旅游交易会”。11月18～22日，联合侏罗纪世界投资有限公司、大理旅游集团、丽江玉龙雪山管委会以“云南精品旅游线‘昆明石林——楚雄世界恐龙谷——大理崇圣寺三塔——丽江玉龙雪山’欢迎您”为宣传主题，参加在上海新国际博览中心举办的“2010中国国际旅游交易会”。

旅游服务区建设

【石林狂欢之都项目】 该项目位于石林旅游度假区中区，占地面积430亩，计划总投资15亿元，主要建设餐饮中心、购物中心、演艺中心、会展中心及两个国际标准五星级商务酒店和度假酒店。该项目于2008年8月20日动工建设，计划于2012年年底完成建设。2010年底，餐饮中心、购物中心完成主体工程，进行内外装修工程，预计明年年初可投入使用。展示中心、演艺中心、度假酒店因规划调整暂未动工建设。

【石林民族生态体育运动项目】 该项目位于石林旅游度假区北区，规划用地10872亩，建设一个以民族体育竞技培训、运动比赛、运动员休闲度假为主要内容的自然生态民族体育运动基地，计划总投资15亿元，建设周期为5年，从2008年4月开始至2012年完成建设。2010年底，运动场完成了全部球道的土方工程、球道造型工程、球道喷灌、排水管网铺设及54条球道植草工程；完成AB场电瓶车维修部建设；完成AC两场人工湖建设；完成球场主干道建设和球车路路面铺设，进行球道的现场临时性修补、绿化工程、日常养护及球场配套设施建设，项目已正式投入运营。

【云林五星级度假酒店项目】 该项目位于石林旅游度假区北区，规划用地206亩，计划投资2.6亿元，主要建设一个集商贸、度假为一体的五星级度假酒店。项目于2009年1月17日开工建设，计划2011年底前建成。2010年底，五星级商务酒店大堂、商务酒店、商业区、生态主题餐厅、休闲中心及8栋度假样板房主体工程均已封顶断水，度假酒店样板房进行装修，其余50栋度假酒店进行主体工程施工。

【石林高盛景区交通网络项目】 该项目由云南石林旅游集团有限公司与香港高盛金融控股有限公司合资成立的石林高盛景区交通运营有限公司投资建设，主要负责建设环保车、机动车停车场、内外部道路等设施，包括石林景区旅游环保营运车辆、停车场建设经营管理。项目用地面积330亩，计划总投资9000万元，于2009年2月16日开工。

【石林苏宁旅游项目】 该项目主要建

设集购物、娱乐、观光、大型演艺活动、企业会所、旅游文化、旅游教育及下游产业于一体的综合性休闲度假旅游项目，计划总投资100亿元。其中一期项目占地1282.314亩，计划投资33亿元，建设内容为一个超五星级度假酒店和集购物、餐饮、娱乐、休闲为一体的商业街。2010年底，一期土地收储工作基本完成，拆除房屋40000平方米，进行土地上报审批工作。完成了省发改委同意开展项目前期工作批复，编制规划设计方案。

【石林喀斯特地质科研博物馆项目】按照世界遗产地地质遗迹展示和保护的要求，建设与遗产地相匹配的喀斯特地质科研博物馆。该项目建成后将成为展示石林喀斯特地学知识，增强民众对世界遗产地保护意识，拓展石林旅游文化的重要载体。项目计划总投资1亿元，规划用地46666平方米，建筑面积18927平方米，展馆面积约10000平方米。2010年1月28日动工建设，预计2011年6月31日完成建设。年底完成部分奇石、乌木展品及绿化苗木采购，进行基础工程施工。

【上海张江石林旅游山庄项目】　该项目位于石林旅游度假区西区，占地面积687亩，计划总投资20亿元，建设周期为2010年至2015年。项目建设主要内容为：五星级酒店、国际会展中心、康体疗养中心、民俗风情体验及商业街区，2010年11月底动工建设。

彝族第一村建设与五棵树搬迁

【彝族第一村建设基本完成】　2010年彝族第一村建设完成工程总量的97%，423幢（含3幢样板房）安置住房建设基本完成，5条市政道路完成建设，大门、老人院、卫生所、文化站、村公祠、幼儿园及4座公共卫生间等公共建筑已完工，59幢23636.25平方米商铺完成建设，金水塘、入口广场、葫芦广场、篮球场（羽毛球场）和停车场等景观土建工程完成建设，6000立方米挡墙支砌已完成建设，园林绿化工程完成90%，强电工程已完成施工。

【五棵树搬迁工作全面推进】　2010年底，五棵树村应搬迁421户，放弃安置住房2户，签订搬迁协议349户，协议签订完成83.3%。搬迁户款项结算已完成322户，占应结算349户的92.3%。搬迁户旧址房屋已移交指挥部222户，占349户的63.6%。搬家费及搬迁奖励已支付217户，占349户的62.2%。

（撰稿人：石林风景名胜区管理局　钟文佑）

财税审计

财 政

【县财政局】 1973年2月，正式恢复成立县财政局。2010年7月，因县人民政府机构改革，将县人民政府扶贫开发办公室的职责划入县财政局，不再单独保留县人民政府扶贫开发办公室。2010年局机关内设办公室、预算科、国库科、行财科、农财科、社保科、综合科、企业科、会计监督科、政府采购办、扶贫办11个科室，下设国库集中支付中心、农业综合开发办公室和票据监管中心3个事业单位，7个乡镇设立财政所。年底，县财政系统共有职工84人，其中：局机关50人、乡（镇）财政所34人；公务员72人、事业人员9人、工勤人员3人。单位地址在石林县鹿阜镇石林中路93号。

年内向支农联系点鹿阜镇大乐台旧村委会资助春耕生产工作、村容村貌整治、护林防火、抽水抗旱、县级特色学校创建等各项经费共计5.5万元。石林县被全国家电下乡部际联席会议评为全国家电下乡工作先进县。县财政局被国家财政部评为全国财政系统先进集体，被昆明市人民政府评为昆明市第五次民族团结进步表彰大会模范集体。

局　长：苏云波

书　记：马海荣（彝族，7月起）

副局长：毕文祥（彝族）

　　　　尹桂华（彝族）

副书记：钟　涛

【年终收支决算】 2010年全县地方财政总收入51429万元，同比增32.7%，其中：上划中央和省级税收收入16341万元，同比增27.4%；全县地方一般预算收入35088万元，同比增35.2%。

全县地方一般预算总支出93421万元，同比增31.3%。其中：专项转移支付支出35868万元，同比增42.5%；全县地方一般预算支出57553万元，同比增25.1%。

全县地方一般预算收支平衡情况。各项收入合计95745万元，其中：全县地方一般预算收入35088万元、返还性收入2950万元、财力性转移支付收入21040万元、专项转移支付收入35779万元、上年结余871万元、调入资金17万元。各项支出合计95569万元，其中：专项转移支付支出35868万元、全县地方一般预算支出57553万元、转移性支出（专项上解上级支出）2148万元。收支相抵结余176万元（全部为专项转移支付结余结转）。

地方基金预算收支及平衡情况。各项收入合计42223万元，其中：地方基金预算收入41472万元、专项转移支付收入526万元、上年结余225万元。地方基金预算总支出41202万元，其中：专项转移支付支出531万元、地方基金预算支出40671万元。收支相抵结余1021万元（全部为县级基金预算结余）。

提前2个月实现地方一般预算收入三年倍增计划，全年地方一般预算收支分别实现了3.5亿元和9.3亿元历史性突破。财政运行呈现出持续增长、保障有力、管理有方、监管有效等特点，有力促进全县经济社会实现科学发展新跨越。

【收入完成情况】 2010年全县地方一般预算收入完成35088万元，同比增收9135万元，增35.2%。其中：税收收入31509万元，同比增41.9%；非税收入3579万元，同比减4%。坚持一手抓财税征管，确保收入“分文入库”；一手抓财源培植，夯实财税增收基础的“两手抓”。大力支持税务部门强征管、抓清缴、细管理，明确有关单位协税、护税职责任务。规范非税收入管理，全面实施非税收入增收目标考核责任制，保持预算收入稳定较快增长。主体税种完成情况：烟叶税完成5318万元，同比减3%；增值税完成2838万元，同比增24.7%；营业税完成15196万元，同比增97.5%；企业所得税完成1118万元，同比增36%；契税完成1900万元，同比减21.5%；城市维护建设税完成1077万元，同比增39.7%；城镇土地使用税完成980万元，同比增140.8%；土地增值税完成828万元，同比增306.7%。上述8项税种收入占全县地方一般预算收入的83%，合计增收9108万元，占全县地方一般预算收入增量的99.7%。增收因素是：石锁高速公路等项目投资拉动建筑安装营业税同比增收4041万元，万城阿诗玛旅游小镇等销售不动产带动房地产营业税增收3169万元，以上因素带动营业税同比共计增98%；城镇土地使用税、土地增值税、印花税受房地产增长影响，3个税种共增收1275万元，同比增141%；受主体税种营业税大幅增收影响，带动相应的城市维护建设税、教育费附加共增收165万元，同比增42.6%。减收因素有：行政事业性收费收入同比减少675万元，减33%，主要原因在于2009年的行政事业性收费收入中含有清理以前年度耕地开垦费一次性缴入1692万元，剔除后同比增294.8%；契税同比减收519万元，减21.5%，主要原因是上年一季度清缴2008年房地产销售税收影响，加之2010年4月份国家出台房地产调控政策，二手房交易量明显下降；烟叶税收入同比减少170万元，减3%，主要是因为2010年烤烟栽种期间遇到百年不遇特大旱灾，烟叶质量不好，均价同比减少0.92元。

【主要支出结构】 在确保人员工资按时足额发放和机构正常运转的基础上，财政支出大力向农业、教育、科技、卫生、社会保障及稳定等民生方面倾斜。并做到有保有压，继续推行厉行节约，实施行政成本控制，压缩公用经费和会议费205万元。压缩节约下来的经费用于抗旱、防火和民生支出，努力推进基本公共服务均等化，构建社会保障安全网。全县地方一般预算总支出93421万元，具体分项情况是：一般公共服务支出6282万元，同比增12.3%，用于确保各级政权机关正常运转；国防支出56万元；公共安全支出4591万元，同比增8.6%，继续按照政法部门公用经费保障标准安排拨付政法经费，确保社会稳定；教育支出22698万元，同比增18.8%，用于农村义务教育经费保障，惠及全县3.4万名农村中小学生，支持圭山镇中心小学等农村中小学标准化项目建设；科学技术支出 1236 万元，同比增 86.4%，达到科技支出占全县一般预算支出 1.5%的要求；文化体育与传媒支出 892 万元，同比增 20.5%，主要用于文化、体育、广播等事业发展；社会保障和就业支出 10671 万元，同比增 11.4%，主要用于离退休人员工资和居民最低生活保障，开展“两后双百”和农村劳动力转移培训，政府出资购买 60 个公益性岗位，用于安置下岗失业人员；医疗卫生支出 8405 万元，同比增 76.1%，主要用于建立完善城乡基本医疗保障体系，大力支持新建县人民医院；节能环保支出 1075 万元；城乡社区事务支出 3934 万元，同比增 14.4%，用于城市道路和公共基础设施建设和改善；农林水事务支出 20178 万元，同比增 56.5%；交通运输支出 1112 万元；资源勘探电力信息等事务支出 1118 万元，同比增 43.9%，用于中小企业及非公企业等发展专项支出；商业服务业等事务支出 2152 万元，同比增 29.5%，用于家电、汽车及摩托车下乡补贴及旅游业管理与服务；金融监管等事务支出 467 万元；国土资源气象等事务支出 1245 万元，同比增 73.6%，用于国土、矿产资源节约与综合利用及矿山整治；住房保障支出 3503 万元，同比增 54%，用于 100 套廉租房建设，农村民居地震安全工程，使农村民居免受地震等地质灾害隐患威胁；粮油物资管理事务支出 141 万元；其他支出 3665 万元，主要是提取偿债准备金。

【支持经济发展】 高度重视投融资工作，坚持以投资拉动、项目带动全县经济平稳较快发展。抓好政府性投融资，保障重点项目建设顺利开展。深化政府投融资体制改革，整合资产、资源，规范政府投融资平台管理，发挥资源优势，提高融资能力。全县实际新增政府性融资 12.8 亿元，其中：银行贷款 7.24 亿元、BT/BOT 方式融资 5.56 亿元，全力支持全县计划投资的重点项目建设。注重财政金融风险防范，扩大偿债准备金规模，当年提取 6350 万元。开展政府性债务清理，按时归还到期贷款 4.27 亿元，切实维护政府诚信。保持投资拉动经济快速增长、财税迅速增收的良好成效。多渠道争取上级资金支持县域经济加快发展。适时分析掌握上级政策导向，大力支持配合好各级各部门依托优质项目积极争取上级资金支持。全年争取上级专项转移支付 36305 万元，同比增 38%，其中财政部门争取到位资金 9885 万元。科学编列预算，周密安排招商引资、项目前期可研等专项资金，及时调度拨付资金，保证各项重点工作正常有序推进，提升招商引资成效，支持园区快速发展，不断培植新的经济增长点。发挥财政资金引导带动作用，吸引银行资金和非公资本进入，促进社会事业建设。支持新成立 2 家小额贷款公司和 5 家融资担保有限公司，促进非公企业发展，实现经济社会发展投资多元化。

【财政支农投入】 切实落实党和国家的各项强农惠农政策，按照“三个明显高于”的要求，确保财政支农投入持续稳定增长，全县各项资金投入“三农”支出达 31350 万元，同比增 38%。整合水利、中低产田改造、新农村建设、一事一议资金 5025 万元，集中用于石林台湾农民创业园、石林滇东现代烟草农业综合示范区建设，把有限的资金形成合力，集中财力办大事。投入农田水利基础设施资金 6803 万元，用于石林地下水库、月湖中低产田改造等 5 件重点工程建设，有力改善全县水利基础设施，增强抵御自然灾害能力。投入农业产业化发展及科技措施推广资金 2228 万元，扶持各类农业龙头企业 36 家、村集体经济组织 1 个、农业专业合作社 2 家，辐射带动周边农户共同致富。安排林业生态美县建设与保护资金 3209 万元，主要用于生态美县建设和石漠化及林产业补助等项目，生态美县效果逐年显现。投入整村推进扶贫开发资金 320 万元，整合新农村建设资金 98 万元，用于 20 个重点村扶贫项目建设。发放省市扶贫到户贷款 1924 万元，同比增 65.9%；清收 2009 年省市扶贫到户贷款 1160 万元，有力促进产业扶贫开发。争取省级专项资金 20 万元实施圭山镇矣维哨村革命老区扶贫开发项目；积极争取各项资金 229 万元，抓好石林镇落水洞村易地扶贫开发项目建设。通过惠农“一折通”直接发放农资综合补贴、农作物良种补贴、能繁母猪补贴、油菜种植补贴、退耕还林补助、下乡补贴（家电、汽车、摩托车）共计 4127 万元，受益农户 55466 户，计 21.19 万人，受益农民人均直接增收 195 元。投入资金 1364 万元完成大可乡无公害蔬菜基地等国家、市级农业综合开发项目 8 个。以上支农投入有力改善了农村生产生活条件，加快社会主义新农村建设，扩大公共财政覆盖农村范围，为实现农业增效、农村发展、农民增收筑牢坚实基础。

【完善资金管理】 认真践行“为国理财、为民服务”工作宗旨，坚持依靠改革创新和制度建设来有效强化财政源头防腐治理。制定出规范财政支出预算管理、县级财政追加预算支出审批制度等多项办法措施，督促有关部门制定“五个一千万”资金管理办法，靠制度来管好用活资金。继续推行完善财政专项资金报账制，认真编制部门预算，强化项目前期论证和准备，尽量减少临时动议追加预算，硬化预算约束。不断规范和深化国库集中支付改革，建章立制、明确责任、规范审批，扩大财政直接支付范围，将县一中等 13 家二级预算单位纳入国库集中支付。科学合理使用和调度财政专户存量资金，加速资金周转，降低融资成本，减少利息支出 1000 多万元，有效节约财政资金。加快国库单一账户体系建设步伐，开展单位账户年检，清理归并单位银行账户 23 个，着力减少建设性资金在单位的沉淀。对土地出让、抗旱救灾、新农合等资金进行专项检查，确保资金专款专用，发挥效益。进一步扩大财政投资项目评审范围，坚持以预算评审为主，全年完成财政投资项目评审 64 个，审减金额达 9404 万元，有效节约政府性投资。制定民生专项资金投资绩效评价办法，开展财政绩效评价。强化政府采购监管，全年各单位申报采购资金 5935 万元，通过招标实际采购金额为 5476 万元，节约率达 7.7%。开展行政事业单位国有资产信息统计，制定国有资产出租处置管理规定，切实规范国有资产管理。通过改革创新，强化财政监管，逐步建立起预算制、报账制、集中支付制、评审制、评价制“五位一体”的资金管理新模式。强化业务培训，提高全县财会人员业务能力，充分发挥单位会计监督职能，推行完善会计电算化，对2家事业单位开展会计信息质量检查，提高会计信息质量。对128家行政事业单位、国有企业及社会团体开展“小金库”专项治理。实施行政行为监督制度，加强内部控制，构建相互监督制约的财政惩防体系，有效规范干部职工行政行为，确保财政资金和财政干部“两个安全”。

（撰稿人：县财政局　钟　涛）

国　　税

【县国税局】　1994年7月成立县国税局。2010年县国税局内设办公室、政策法规科、税政科、收入核算科、征收管理科、人事教育科、监察室、办税服务厅；有直属机构稽查局；有事业单位信息中心；有派出机构鹿阜税务分局、石林税务分局。年底有公务员57人、工人2人。单位地址在县城东山路。向支农联系点西街口镇宜奈村委会资助生产抗旱资金8000元、第六次全国人口普查工作经费2000元。

党组书记、局长：赵志忠（彝族）
副 局 长：刘贵林
王永红
纪检组长：周　龙（回族，11月止）

【税收收入完成情况】　2010年县国税局共组织税收收入15911万元，同比增长23.68%，增收3046万元。完成地方一般预算收入3535万元，完成市国税局调增下达奋斗目标任务的100.57%，完成县政府下达奋斗目标任务的105.52%，同比增长24.78%，增收702万元。其中：增值税入库11353万元，同比增长24.70%，增收2249万元；消费税入库7万元，同比下降2.96%，减收0.2万元；内资企业所得税入库4353万元，同比增长25.10%，增收873万元；储蓄存款利息个人所得税入库29万元，同比下降66.80%，减收58万元。车辆购置税入库169万元，同比下降9.80%，减收18万元。圆满完成市县“两级”下达的全年地方一般预算收入目标任务，收入及增幅创历史新高。

【税务登记】　2010年底县国税局纳入综合征管软件系统征管户2285户，其中：企业601户，个体户1684户。增值税一般纳税人211户。年内新办税务登记户423户，注销户246户。

【落实税收政策】　县国税局认真落实增值税转型政策，对固定资产抵扣明细实施监控，对不符合抵扣范围的及时作进项税转出，截至12月底，申报固定资产进项税抵扣4422万元，占全部抵扣税额的29.27%，影响本年增值税税收收入602万元。贯彻落实各项税收优惠政策，全年受理增值税减免税备案85户，企业所得税减免税备案17户；受理增值税即征即退3户，退税金额79万元。严格税务行政许可审批，加强增值税专用发票最高开票限额审核工作，按政策办理税务行政许可审批27户。

【普通发票简并换版】　鉴于旧版普通发票种类繁多、式样各异、规格不一、防伪措施各不相同、手工票比例较大等问题已不适应经济发展需求的实际，根据国家税务总局《全国普通发票简并票种统一式样工作实施方案》，以及“简并票种、统一式样、建立平台、网络开具”的总体思路，遵循“精简票种、统一式样；强化机打、压缩手工；简化票面、方便适用”的原则，自10月起，县国税局按照全市国税系统普通发票换版工作方案，及时组织开展普通发票的换版工作，确保了2011年1月1日起新版普通发票的正式使用。截至12月底，共鉴定新版普通发票票种912户次，其中：网络版机打发票票种142户，手工版发票票种登记770户。

【纳税评估】　2010年，县国税局采取日常评估与专业评估、行业评估与重点评估相结合的方法，组织完成50户企业的纳税评估。评估应补增值税644353.65元（含自评补税259893.71元），其中：补缴入库增值税415532.46元，增值税留抵税额调减228821.19元。补缴增值税加收滞纳金17919.7元。评估应补企业所得税8750元，已足额补缴入库。

【税务稽查】　认真推行稽查查前告知制度，开展分级分类稽查、专项检查，强化举报和协查管理，协助公安部门积极开展打击发票违法犯罪活动，大力整顿和规范税收秩序，强化依法治税。2010年，县国税局“大稽查”查补入库税款合计8640850.67元，其中:稽查查补入库8331601.94元（增值税1614683.43元、企业所得税6551455.25元、滞纳金131933.36元、罚款33529.9元），纳税评估入库292468.73元，违章处罚入库16780元。调减亏损537263.42元。完成年初市局下达稽查收入目标任务2008500元的430.21%，选案准确率100%，平均处罚率53.64%，滞纳金加收率100%，入库率100%，结案率100%，分级分类稽查和专项检查查前告知面100%，执法过错率为零。

【财税库银税收收入电子缴库横向联网】　财税库银横向联网是创新征管方法、加强税款征收的一项重要措施，有利于降低税收成本、提高征管效率，促进税款的应收尽收、快速入库、准确核算。其业务是指利用信息技术和网络技术，依托人民银行的“国库信息处理系统（TIPS）”在税务、国库、银行（信用社）之间实现实时划缴税款等业务的操作过程。从8月份起，县国税局按照《昆明市国家税务局财税库银横向联网推广应用项目实施方案》，抓好推广应用项目的组织实施和业务培训等工作，加强与县财政部门、国库、合作商业银行的沟通与协作，建立有效的沟通机制，确保了“财税库银横向联网系统”和电子缴款凭证系统的推广和应用。截至12月23日已签订“委托缴税三方协议书”183 户，完成系统录入 183 户，验证通过 182 户，验证未通过 1 户。10 至 12 月通过“税库银”征收模式共征收税款 17766949.85 元，税款直接缴入国库，实现税款征缴信息共享。

【税收政策变更】 根据《财政部国家税务总局关于减征 1.6 升及以下排量乘用车车辆购置税的通知》，为扩大内需，促进汽车产业健康发展，经国务院批准，对 2010 年 1 月 1 日至 12 月 31 日购置 1.6 升及以下排量乘用车，暂减按 7.5%的税率征收车辆购置税。

（撰稿人：县国税局　王文碧）

地　税

【县地税局】 1994 年 7 月分设成立县地税局。2010 年局机关内设办公室、人事教育科、监察室、税政科、征管科、计划统计科、规费科、法规科 8 个科室；派出机构有稽查局和 1 个征收分局、4 个管理分局。年底有公务员 63 人、工勤人员 1 人、临聘人员 9 人。单位地址在鹿阜镇双龙街 1 号。12 月，杨春华被昆明市人民政府评为“昆明市民族团结进步模范个人”。年内资助支农联系点石林镇螺蛳塘村委会 8000 元生产资金。

党组书记、局长：杨春华
副 局 长：周家全
　　　　　金志慧（女）
纪检组长：王永祥

【税费收入目标完成情况】 2010 年县地税局共组织地方税收收入 32920 万元，同比增长 43.2%，增收 9937 万元。完成市收入目标任务 25900 万元的 111.1%。地方税收分预算级次入库情况为:中央级税收入库 2838 万元，同比增长 41%，增收 825 万元；省级税收入库 1319 万元，同比增长 26%，增收 271 万元；县级税收入库 28763 万元，同比增长 44.4%，增收 8841 万元，完成县人民政府收入目标任务 27200 万元的 105.7%。

社会保险费收入 7900 万元，同比增长 22%，增收 1442 万元；组织其他收入 492 万元，同比减少 20.52%，减收 127 万元，其中：地方教育费附加 261 万元，文化事业建设费 12 万元，工会经费 144 万元，残疾人保障金 75 万元。全年共计完成地方税费收入 41312 万元，创历年之最。

【地方各税完成情况】 2010 年完成营业税入库 15196 万元，同比增长 97.5%，增收 7502 万元；个人所得税入库 2097 万元，同比增长 24%，增收 402 万元；契税入库 1900 万元，同比下降 21.5%，减收 519 万元；车船使用税入库 251 万元，同比增长 36.4%，增收 67 万元；资源税入库 285 万元，同比下降 8.4%，减收 26 万元；城建税入库 1077 万元，同比增长 39.7%，增收 306 万元；房产税入库 580 万元，同比增长 15.3%，增收 77 万元；印花税入库 371 万元，同比增长 63.4%，增收 144 万元；土地使用税入库 980 万元，同比增长 140.8%，增收 573 万元；土地增值税入库 828 万元，同比增长 206.7%，增收 558 万元；企业所得税入库 2633 万元，同比增长 58.5%，增收 972 万元；耕地占用税入库 615 万元，同比下降 23.9%，减收 193 万元；烟叶税入库 5318 万元，同比下降 3.1%，减收 170 万元；另外，教育费附加入库 787 万元，同比增长 44.9%，增收 244 万元；其他收入入库 2 万元。

【税收特点】 因县域经济社会环境发展良好，招商引资成效显著，地税税收收入大幅增长，各税种全面增收，各级次全面增长，各月收入增幅均创历史新高，月增幅趋势线呈直线上升势态。各产业税收增长稳定，地方税收增长与经济增长较为协调，第一产业税收收入 32 万元，同比增收 17 万元；第二产业税收收入 9240 万元，占全年税收比重 28.07%，同比增收 4237 万元，增长 84.69%，其中建筑业增长亮点突出，增收 4041 万元；第三产业税收收入 20344 万元，占全部税收比重 61.8%，同比增收 6151 万元，增长 43.34%。扩大基础设施建设，县域城乡建设明显加快，带动房地产业和建筑业营业税、个人所得税、企业所得税、土地增值税大幅增长，成为总体税收增长的主要拉动力。重点纳税户整体纳税情况强力支撑税收增长，房地产企业和建筑企业税收入库数达到 16700 万元，占总体收入的 50.73%，烟草企业税收入库 6012 万元，占总体收入的 18.26%。

【税务登记】 2010 年底县地税局共有税务登记户 1958 户，其中：内资企业 758 户（国有企业 21 户、集体企业 46 户、有限责任公司 344 户、股份有限公

业务培训

司 31 户、私营企业 304 户、其他企业 7 户），港澳台商投资企业 4 户（合资经营企业 2 户、独资经营企业 2 户），外商投资企业 7 户（中外合资经营企业 4 户、外资企业 2 户、外商投资股份有限公司 1 户），个体经营户 1068 户，其他 121 户。

【依法治税】 大力推进税源税户管理，对水利工程、旅游开发区建设项目、房地产开发企业等进行监控，并对 12 户年纳税额 50 万元以上纳税户进行重点监控。加强税收信用等级建设，推广地税诚信管理平台，全年共对 180 户纳税户进行纳税信用等级评定。强化核定征收管理，共对 829 户个体工商户 2010 年税款进行核定，对 57 户进行定额调整。加强税收档案管理，整理装订 2009 年税收征管档案 178 盒 1239 户。建立健全欠费监控管理台账，加大欠税、欠费追缴力度，加强纳税、缴费申报审核。积极推进地方税科学化管理，加大申报与登记数据比对。优化发票管理，启动发票简并换版工作，积极开展发票换版相关规定的学习培训。认真落实税收优惠政策，2010 年共办理符合条件的各类型减免户 106 户，依法减免各项税收 156.33 万元。强化稽查职责履行，共对 7 户企业实施税务稽查，处理、办结 3 件举报案件，完成组织企业自查和稽查入库税款、滞纳金、罚款共计 429.35 万元，比上年增加 119.35 万元，增长 38.5%。组织开展以“税收、发展、民生”为主题的第 19 个全国税收宣传月活动，共发放税法宣传资料 5000 多份，解答涉税问题 23 个。

（撰稿人：县地税局　李　彩）

审　　计

【县审计局】 1984 年 5 月 22 日，成立县审计局。2010 年政府机构改革后，县审计局内设办公室、综合审计科、固定资产投资审计科、经济责任审计科 4 个科室，年底有职工 11 人，其中：公务员 10 人，工人 1 人。单位地址在石林行政中心 A 区。2010 年筹资 7000 余元支持支农联系点圭山镇矣维哨村委会开展春耕生产及社会主义新农村建设。县审计局被云南省人力资源和社会保障厅、审计厅评为全省审计系统先进集体，被市政府命名为市级文明单位。

书记、局长：赵良廷

副　局　长：金玉光（彝族）

【审计执法】 2010 年县审计局共完成审计项目 47 项，查出违规违纪金额 416 万元，其中：上缴县财政 35 万元、责令纠正金额 381 万元。

【本级预算执行审计】 2010 年 3～7 月，县审计局对县财政 2009 年度预算执行情况及其他财政收支情况、2009 年度地方税收预算执行情况进行了审计，并延伸审计了石林风景名胜区管理局财政、财务收支情况。通过审计，查处了违规存储资金 151.7 万元，揭示了财税管理体制和部门预算资金分配使用中存在的不足和问题，提出了规范预算管理的意见和建议 6 条。向县人民政府提交了审计结果报告，在县人大常委会上作了工作报告。

【领导干部任期经济责任审计】 2010 年 5～12 月，根据县经济责任审计工作领导小组的安排，对县安监局局长、长湖镇党委书记、镇长等 3 名领导干部的任中经济责任进行了审计，对石林镇原镇长、原县煤管办主任、县发改局原局长、县计生局原局长、县教育局原局长、县统计局原局长、原县文体局局长、原县经济局（乡企局）局长、原县人事劳动和社会保障局局长、原县农牧局局长、原县交通局局长、原县林业局局长、原县建设局局长、原县广电局局长、原县扶贫办主任、原县粮食局局长、原县科技局局长、石林花木有限责任公司原总经理等 18 名领导干部进行了离任审计。审计查出违规资金 205.7 万元，管理不规范 30.1 万元，收缴财政资金 2.7 万元，责令纠正 203.1 万元。通过审计指出了部分单位资产管理工作薄弱、非税收入缴交不及时及财务核算不规范等问题，提出了规范财政财务管理的意见和建议 28 条。

【政府投资项目审计】 2010 年 2～12 月，县审计局对石林游客中心工程、板塘公路工程、小河小流域治理工程、2008 年度农村饮水安全工程决算进行了审计，审计工程投资总额 6916.7 万元，核减工程投资 13 万元。对生态工业集中区工业大道、石林镇节水灌溉示范项目、第三批廉租住房建设、石林镇中学标准化建设等 22 项政府投资重点工程进行了跟踪审计，对二期安居工程进行了全面清理、审计。通过审计，加强了对项目审批、建设工程招投标、经济合同签订和执行等建设程序和决算的审计监督，有效促进了建设单位加强项目管理、提高投资效益。

【专项资金审计】 2010 年 3～11 月，县审计局对 2009 年生态美县建设专项资金，2009 年新农村建设专项资金，2009 年家电、汽车、摩托车下乡财政补贴资金，2007～2009 年度农村沼气国债项目，2009 年扶贫开发专项资金，2009 年省级农村劳动力转移培训资金，2009 年新型农村合作医疗基金，2009 年农业综合开发专项资金，2009 年抗旱救灾专项资金进行了绩效审计，审计资金总量 2.1 亿元。根据县人民政府的安排，完成了石林县 2007～2009 年“两基”教育经费的审计和清理化解其他公益性乡村债务情况的审计。通过审计，有效监督了资金使用的合法性、效益性。

【行政事业审计】 2010 年 5 月，县审计局对县人民法院 2008～2009 年财政财务收支情况进行了审计，查出未按规定及时上缴非税收入 54.9 万元的问题，上缴财政 33 万元，责令县法院补缴 21.9 万元。对存在的 2046.5 万元资产未及时入账的问题，责令县人民法院进行了整改入账。

【审计调查】 2010 年 3 月，县审计局对 2009 年至 2010 年 3 月石林县新增中央预算内扩大内需投资第二批至第四批专项资金进行了审计调查，摸清了项目建设进展情况，指出和反映了部分项目存在的问题和困难，提出了规范管理的建议；2010年5月，县审计局对石林县2010年抗旱救灾资金物资进行了专项审计调查，及时监督救灾资金的使用，提出了加强救灾资金、物资管理的建议。2010年6月，县审计局对石林县工业、教育、城建、水利投资公司和旅游集团公司运行情况进行了审计调查，反映了5个公司运行现状、存在问题，提出了建议。

【审计执法监督】 2010年5月，县政府组成审计执法检查组，对2009年下半年至2010年上半年完成的42个审计项目进行了审计执法检查和审计行风评议。通过执法检查，相关单位加强了审计整改，审计决定落实率达100%，管理不规范等问题80%以上得到纠正。审计执法检查组同时还在被审计单位中开展了问卷式审计行风评议，被审计单位对审计工作综合满意度达98%。

（撰稿人：县审计局　段云波）

金　融

金融综述

【全年金融运行情况】 2010年石林县信贷总量保持合理适度增长，货币信贷运行态势趋好，各项存款保持平稳增长，各项贷款持续快速增长，信贷投放强劲。银行业金融机构资产质量不断改善，效益明显提高，现金收支正常，货币呈净回笼。

2010年末，全县金融机构各项存款余额为52.28亿元，比上年增加8.92亿元，增长20.58%；各项贷款余额48.3亿元，比年初增加10.54亿元，增长27.93%。现金累计收入105.01亿元，累计现金支出100.6亿元，收支相抵净回笼现金4.41亿元。

【存　款】 2010年石林县金融机构各项存款呈持续增长态势，各项存款运行的主要特点是：储蓄存款平稳快速增长、农业存款增势强劲、机关团体存款增长快速、企业存款小幅增长、期限结构变化明显。全县金融机构人民币各项存款在昆明市辖10个县区排第七位。

储蓄存款平稳快速增长。2010年末，石林县金融机构储蓄存款余额26.75亿元，比年初增加4.53亿元，增长20.41%。

农业存款增势强劲。2010年末，全县金融机构农业存款余额6.83亿元，比年初增加2.43亿元，增长55.1%，新项目开工，征地面积扩大，征地款的兑付使集体农业存款不断增加。

机关团体存款增长快速。2010年末，全县金融机构机关团体存款余额5.09亿元，比年初增加1.45亿元，增长39.92%。

企业存款小幅增长。2010年末，全县金融机构企业存款余额12.24亿元，比年初增加508万元，增长0.42%。

期限结构变化明显。2010年末，全县活期企业和储蓄存款余额27.72亿元，比年初增加4.18亿元。其中，企业活期存款增1.41亿元，活期储蓄增2.77亿元。全县定期企业和储蓄存款余额11.27亿元，比年初增加4022万元。活期存款占比显著提高。

【贷　款】 2010年，全县金融机构各项贷款投放呈持续高位运行态势，为全县经济增长提供有力的信贷资金支持。各项贷款余额在昆明辖区10个县（市）中排第三位，存贷比在昆明辖区10个县（市）中排第一位。2010年末，石林县金融机构各项贷款余额48.3亿元，比年初增加10.54亿元，增长27.93%。贷款投放结构有所改变，中长期贷款增长快于短期贷款增长。

中长期贷款增长强劲。2010年末，石林县金融机构中长期贷款余额40.51亿元，比年初增加9.7亿元，增长31.47%。在适度宽松货币政策条件下，全县中长期贷款投放明显加快，有力支撑石林县固定资产投资的高速增长。

短期贷款小幅增长。2010年末石林县金融机构短期贷款余额7.79亿元，比年初增8472万元，增长12.2%。

个人消费贷款增速创新高。随着国家扩大消费有关政策的逐步落实，推动个人消费贷款快速增长。2010年末，全县个人消费贷款余额7.21亿元，比年初增加3.45亿元，增长92.1%，对全县住房、汽车等耐用消费品的销售起到积极的拉动作用。

贷款运行的主要特点：

金融机构存、贷比提高，金融支持地方经济力度较大。2010年末石林县金融机构贷款投放强劲，各项贷款比各项存款多增1.62亿元，贷款增幅比存款高7.35个百分点，各项贷款增量及增幅明显高于存款。存贷比达92%，同比提高5个百分点，表明石林县金融机构信贷投入对地方经济的支持力度持续加大。

贷款投入总量较大，信贷支持经济建设工作效果明显。各金融机构改进信贷管理，提高信贷工作效率，不断增加信贷投放，2010年度累计发放贷款25.2亿元，累计收回贷款14.67亿元，全县新增贷款达10.54亿元，增长27.93%，银行信贷大量投入为扩大投资提供了有力保障，信贷支持经济建设工作力度加大，投资拉动需求明显。

新增加贷款行业集中，对石林县优势支柱产业支持较强。2010年石林县各金融机构多渠道筹集资金，持续加大对石林旅游、交通基础设施建设等优势支柱产业和项目的信贷支持力度。2010年度石林县辖金融机构对旅游业的新增信贷投入超过4亿元，对旅游业的贷款保持在18亿元以上。全县最大10户贷款客户贷款余额25.63亿元，占全县各项贷款余额的比重达49.01%，比年初增加3.73亿元，增长11.14%

个人住房贷款持续高速增长。2010年各金融机构不断改善消费信贷服务，加大对住房消费的支持力度，个人购房贷款增速保持高速增长态势。2010年末全县个人住房贷款余额6.88亿元，比年初增加3.26亿元，增长91.57%。

优化信贷结构，加大薄弱环节的贷款投放。金融机构加大对“三农”等薄弱环节的金融支持力度。2010年末，全县农业贷款余额15.37亿元，占各项贷款的31.83%。创新贷款方式，积极推行惠农卡，为广大农户提供优质、高效的金融服务。截至2010年末，石林县农业银行发放金穗惠农卡4.1万张，评级授信户数4509户，授信金额6270万元，现有贷款户数1681户，余额3393余万元；农村信用社发放金碧惠农卡2.02万张，评级授信户数2.02万户，授信金额1.42亿元，发放贷款2424户5997万元。2010年石林县农村信用社发放“贷免扶补”贷款1220万元，扶持创业者244户。

对政府投资项目的贷款投放加大。2010年末，归属于由政府投资项目的贷款余额达23亿元，占贷款总额的47.62%；政府投融资平台贷款融资9500万元，占贷款总额的1.977%。

林权抵押贷款取得突破。2010年，人行石林县支行积极引导县辖各金融机构积极拓展林权贷款，支持林权制度改革，满足林农造林、发展特色经济林的资金需求。截至2010年末，全县累计发放林权抵押贷款6886万元，林权抵押贷款余额达10569万元，比上年末增加7404万元，增长233.93%，林权抵押贷款业务的快速发展，开辟了林、农新的融资渠道，有效缓解了林、农及林业企业发展资金紧缺问题，对石林县林业的发展，起到积极的促进作用。

保持对中小企业贷款的信贷投入。各金融机构不断创新金融方式，增加对中小企业的贷款投入，解决企业有效资金需求。截至2010年末，全县中小企业贷款余额达99514万元，占各项贷款的20.6%。

【石林小额贷款公司】 2010年石林小额贷款公司累计发放贷款8891万元，累计收回5263万元，2010年末贷款余额15140万元。

人行石林县支行

【人行石林县支行】 中国人民银行石林县支行是总行的派出机构，最早成立于1950年3月。2010年支行内设办公室、基础业务科、综合业务科，全行在职干部职工16人，承担管理和服务县辖银行类金融的职能。2010年石林县共有银行类金融分支机构28个，其中：行使中央银行职能的中国人民银行1个，行使金融业监管职能的银行监管办事处1个，金融营业网点26个（工行1个支行2家分支机构，农行1个支行2家分支机构，建行1个支行，农村信用社1个联社15家分支机构，富滇银行1个支行，邮政储蓄2个分支机构）。2010年石林县有保险机构5家，小额贷款公司4家（2010年新增加2家）。

2010年，人行石林支行被昆明中心支行评为综合目标A级先进单位、先进基层党组织，1名职工考评为优秀党员；在昆明中心支行组织开展的“创新金融服务，支持经济发展”知识竞赛中荣获节能减排知识竞赛集体一等奖，征信知识竞赛集体三等奖。1名职工被昆明市委、市政府评为“集体林权制度改革先进个人”。年内，人行石林县支行向支农联系点鹿阜镇鱼龙坝村委会提供2000元的生产经费。抗旱救灾等各项捐款达29295元，人均捐款达1831元。

行　　长：张舒平

副 行 长：管水仙（女）

纪检组长：杨宏铭

【货币政策】 2010年人行石林县支行积极引导县辖金融机构继续贯彻落实适度宽松货币政策，加强货币政策传导，认真落实国家关于投融资平台、房地产、节能减排的调控措施。有效增强“窗口指导”的针对性，引导金融机构均衡投放，加大对重点项目、“三农”、中小企业、生态环境保护、县域经济等国民经济重点领域和薄弱环节的信贷支持力度，加大宣传力度，营造良好政策实施环境，有效疏通货币政策传导渠道。充分利用货币政策工具，利用国家对A类农村信用社执行差别准备金率的时机，积极引导农村信用社加大对“三农”的信贷投放。适时对货币政策实施效果进行监测和信息反馈。

2010年石林县农村信用社继续享受A类信用社优惠政策，执行优惠的存款准备金率，年末石林县农村信用社执行12%的准备金率，比执行最高存款准备金率（19%）的金融机构低7个百分点，这意味着石林县农村信用社可运营资金增加15610万元。全年石林县农村信用社没有迟缴、漏缴存款准备金以及支付困难等问题。石林县各国有商业银行、城市商业银行存款准备金由上级行统一缴存。

2010年人民银行石林县支行按月对地方法人金融机构利率执行情况进行系统监测，并对监测信息作及时反馈。石林县辖各商业银行、农村信用社、邮政储蓄认真执行各档次的存款利率，没有发现擅自提高、降低存款利率的情况。

民贸优惠企业贷款。人民银行石林县支行加大对民贸优惠贷款政策的宣传力度，加强调研及信息反馈。认真执行国家对民贸企业的扶持政策，对民贸贷款利差补贴认真审核，做到补贴企业明确、补贴范围清楚、补贴金额准确，让符合条件的企业及时享受到国家贷款基准利率返息优惠政策。2010年人行石林县支行累计向企业贴息44.7万元，同比增加6.61万元，增长17.35%，有效促进了民族地区经济发展。

【农村信用社改革试点工作】 加强农村信用社央行票据兑付后续考核监测工作：一是继续强化连续的动态监测机制。二是督促农村信用社建立信息披露制度，完善法人治理结构工作。三是主动督促、指导和帮助农村信用社制定实施各项改革措施。四是加强现场监督检查。使信用社改革试点的资金支持工作实现花钱买机制的目的，提高信用社参与改革的主动性和自觉性。

改革给农村信用社带来了积极的成果，农村信用社经营能力进一步增强。2010年末全县农村信用社各项存款余额为208127万元，比年初增加50571万元，增长32.1%。各项存款余额在全县金融机构中排位第一位；各项贷款余额146293万元，比年初增加33094万元，增长29.23%，各项贷款余额在全县金融机构中排位第一位。

央行票据置换不良资产的管理情况：截至2010年末，石林县农村信用社共收回用央行票据置换的不良贷款38户，收回金额464.7万元，占置换总金额的46.5%。

【金融稳定】 2010年对县辖小额贷款公司和担保公司进行了现场调查；按季开展对农业银行管理体制改革影响的监测工作；按月对地方中小金融机构的经营情况、风险情况开展迹象监测。积极配合昆明中心支行做好金融机构风险监测评估重点联系行工作。积极履行金融稳定再贷款监测职责，按时反馈信息，2010年末石林县金融稳定再贷款余额229万元。

【征信管理】 2010年共检审贷款卡195户（其中补检3户），较上年同期多年检48户，参加年检数达到应检数的93.63%。新办贷款卡115张，较上年同期增加64张，增长125%。狠抓企业征信系统、个人征信系统的建设与运用，征信服务功能进一步增强。2010年石林县支行正式受理社会公众的信用信息查询业务，全年共为个人查询信用报告59人次，企业16户，对查询资料进行一户一档管理，提高了公众对征信的了解。

2010年6月和11月开展了2次集中宣传活动，大力宣传人民银行征信体系建设理念及征信体系在促进经济金融发展和改善社会信用环境方面的重要作用，使相关部门能够充分了解和认知人民银行征信工作，并以人民银行征信系统为依托，加快推进地方信用体系建设。共发放“信用报告”宣传册5500册，宣传单9000余份，悬挂宣传横幅48条，宣传海报50余张，取得了良好的效果。

【金融统计】 2010年共编制上报金融统计报表12册，撰写金融统计报表分析12篇；金融统计标准化工作顺利推进，进一步完善金融统计报告制度，规范统计管理工作，制定了《中国人民银行石林县支行金融统计事项报备制度》；对县辖3家金融机构开展了金融统计执法检查；完成小额贷款公司数据统计工作，2010年将2家新增的小额贷款公司纳入人民银行的统计范畴，同时石林支行认真做好辖区小额贷款公司的信息采集、数据接收及上报工作。

全年共完成上报各类信息文章69篇，被采用信息22篇。刊用调研报告1篇。

【现金管理】 加强现金管理，全年共批复提现请示40份，共批准50余个账户提现。为进一步加强人民币流通管理，提高流通中人民币的整洁度，维护人民币的信誉，切实保护公众利益，2010年支行对石林县辖内的金融机构人民币收付业务进行了2次检查，提出整改意见5条。

【人民币反假】 2010年，配合地方政府“四下乡”活动，在辖区内开展了反假币知识宣传活动。并与公安、工商、税务联合就“打击假币犯罪活动”进行宣传。全年共投入人员50多人，发放《第五套人民币防伪指南》500余份、反假宣传单65000余份。共收缴假币32728元。

【反洗钱】 2010年人行石林县支行组织了3次反洗钱宣传活动，发放宣传材料近20000份；组织了对农业银行的反洗钱检查；建立了对金融机构的反洗钱非现场监管机制；修订完善了《石林县反洗钱工作联席会议制度》、《人民银行石林县支行反洗钱信息工作报告制度》。

【支付结算、经理国库】 严格督促各项规章制度和操作规程的执行，加强事后监督力度，防范了国库、会计资金风险，确保了核算系统的安全稳定运行。

2010年9月，人行石林县支行积极配合昆明中心支行支付结算处完成了对2家金融机构的账户现场检查工作，并于10月对县农村信用社的基社主任、业务主管、账户经办员100余人进行了账户管理知识培训，严格规范金融机构对签发空头支票的报送、处罚程序，以确保支付体系法规的正确履行。

全年共审批核准类账户621户，变更账户119户，撤销账户1232户。国库集中支付改革在往年工作的基础上，2010年又将剩余的13家预算单位纳入改革，使全县纳入国库集中支付改革的预算单位达90%。6月，完成了对县农行营业室国库经收处业务的非现场检查，并针对检查发现的问题，督促其整改。与金融、税务部门沟通，协调解决横联上线前的各项准备工作，配合国税完成三方协议签约共计182户，通过三方协议验证181户，验证通过率99%。9月29日，成功处理电子税票一笔，标志着横联系统在石林县成功上线。

（撰稿人：人行石林县支行　赵小平）

银行业监督管理

【县银监办】 2004年1月17日，中国银行业监督管理委员会云南监管局石林办事处挂牌成立。2010年内设主任岗、综合岗、现场检查岗、非现场监管岗。办公地点在石林县鹿阜镇阿诗玛南路130号。年末有在职职工4人。

主　任：刘　俊（彝族）

【监管指导】 2010年，石林县银监办督促辖内银行业金融机构将“有保有控”的要求落实到信贷业务工作中，推动辖内银行业在促进经济结构调整中实现自身的可持续发展。一是督促金融机构把握信贷投放节奏，逐季均衡投放。二是督促金融机构继续加强对石林县支柱产业（旅游业）和“三农”及小企业的信贷支持。三是督促金融机构继续严格控制对高耗能、高排放和产能过剩行业的贷款。同时防范好产业结构调整中的信贷风险、案件风险、地方融资平台信用风险、房地产行业信贷风险、个人贷款违规流入股市和流动性等六大风险。

落实宏观调控有新成效：2010年，石林县金融机构贷款比上年度增长了27.65%，贷款增幅超过云南省（增长20.92%）、昆明市（增长20.02%）平均水平。信贷资金的有效投入，促进了全县经济快速健康发展。

督促指导辖区金融改革。一是督促农行按上级行要求，积极实施“三农”金融事业部制改革。进一步优化“三农”业务运作流程、下沉“三农”业务经营重心、创新服务“三农”的专属金融产品，提升服务“三农”的质量、效率和水平。二是指导石林县邮政储蓄银行完善有关内控制度，调整业务结构，强化各项基础工作，加强风险管理。三是严密关注建设银行昆明地区机构的组织架构的整合，督促建设银行认真做好宣传动员工作，稳定员工队伍。

按照《云南银监局2010年两项安全保卫现场检查实施方案》要求，对石林县农行、农村信用合作联社、邮政储蓄银行防暴枪支、弹药管理及使用情况和营业网点、业务库安全开展了现场检查。通过检查，对农行石林支行管理中存在的问题，要求限期规范管理流程。对石林农村信用联社在操作上不够规范的问题，要求现场整改。对石林县邮政局邮政储蓄环城东路支局营业面积仅设一个营业台席，单人临柜，安防制度难以落实，隐藏风险极大的问题，建议要求市邮政局、邮政储蓄银行尽快提出措施，控制风险，完善设施。2010年，石林县银行业机构未发生案件，连续7

年实现了“零案件”目标。

【机构和高管人员监管】 2010年末，石林县有6家银行业金融机构（不含银监办和人民银行），26个营业网点，自动存款机2台、存取一体机6台、自动查询机6台、ATM机25台、POS机208台。银行从业人员299人，其中高级管理人员26人（工行3人、农行3人、建行2人、农村信用社15人、富滇银行2人、邮政储蓄1人）。

年内，县银监办按有关规定初审上报了石林县农村信用社5个营业网点变更，即：石林县农村信用合作联社鹿阜信用社从石林县阿诗玛南路239号搬迁至石林大道西侧小乐台旧村（天赐良园小区商铺）办理业务；石林县农村信用合作联社板桥分社从石林县板桥镇永兴街4号搬迁至鹿阜镇阿诗玛南路239号，更名为石林县农村信用合作联社龙泉分社办理业务；石林县农村信用合作联社路美邑分社（城区）更名为石林县农村信用合作联社西城分社；石林县农村信用合作联社维则信用社更名为石林县农村信用合作联社长湖信用社；石林县农村信用合作联社海邑信用社更名为石林县农村信用合作联社圭山信用社。审查上报审批了3名高管人员任职资格。

【金融服务】 2010年，银监办根据国家出台的一系列信贷管理政策，及时召开金融联席会议，深入到企业开展调研。一是对《固定资产贷款管理办法》、《流动资金贷款管理办法》、《个人贷款管理办法》、《项目贷款融资指引》等政策采取积极措施，有计划、分步骤、全方位地在银行机构、政府部门、企业实体进行有效推进和实施。二是积极配合林权制度改革，根据云南银监局联合有关部门出台的《关于推进森林资源资产抵押贷款支持云南林业发展实施意见》及《云南银行业林权抵押贷款管理暂行办法》的有关规定，银监办在县涉农金融机构中大力推动以森林资源资产抵押为核心的金融服务创新，拓宽林权抵押范围，有效促进了石林县林业产业发展和“三农”的增收。三是组织金融机构贯彻落实银监会《关于开展2010年银行业公众教育日活动》的要求，进一步增强了金融消费者对银行产品和服务的了解认识，不断提高公众识别和防范金融风险的能力。

（撰稿人：石林县银监办　李静波）

工行石林支行

【县工商银行】 2005年10月28日成立中国工商银行股份有限公司石林支行。2010年石林支行内设行长室、办公室、营业室、经营科、业务科，下辖石林营业室、宜良营业室、振兴街支行（二级）、石林城区分理处、石林分理处、阳宗海分理处。年末有正式职工91人，柜员合同工9人。单位地址在鹿阜镇石林中路116号。年内，捐助石林县民政局抗旱救灾款1万元；资助支农联系点板桥镇矣马伴村委会生产建设经费4000元，在“同抗旱共奉献爱心送水”活动中，向受灾群众爱心送水1000桶。

行　长：杨兴华
副行长：祁　斌
　　　　保长见

【经营指标完成情况】 2010年末，各项存款181566万元，比年初增26998万元。其中：储蓄存款115595万元，比上年增加9566万元；公司存款21261万元，比上年增加2294万元；机构存款44510万元，比年初增加14938万元。各项贷款71096万元，比上年增加28285万元；不良贷款下降28万元，不良占比0.92%，比年初下降0.68个百分点；年末收息率达99.79%，实现税后利润2072万元，全年做到安全经营。

【维护和营销账户工作】 在完善存量账户管理维护工作的同时，积极抢抓新开基本账户和专用账户，全程跟踪大宗土地征用和项目立项，全年新增16户对公结算账户。继续实施“定位中端、竞争高端、引导低端”的营销战略，大力开展信用卡营销和代发工资抢抓工程，全年营销信用卡1919张，通过改进服务，产品加载，理财推介等形式，完成公务卡签约客户63户。加大贷款营销力度，努力扩大信贷市场，盯住引资项目的厂商，主动介入，提供服务，全力做好地产楼盘的个人按揭贷款，年末个贷业务突破2亿元大关，有力地促进了个金业务的稳步发展。

【内控外防工作】 2010年工行石林支行始终把内控外防工作列入重点工作之一，做到常抓不懈。健全和完善每季度召开一次“三防一保”和内控管理分析会议，全面提升全行员工内控外

开展爱心送水活动

防思想意识和遵章守纪的自觉性；加大检查整改违规处罚力度，进一步健全和完善各类操作管理制度；加大业务培训和岗位考核力度，不断健全风险监控责任制，努力提升业务核算质量，有效防范内部操作风险，认真落实安全保卫“十项基本制度”，实现全年安全经营无事故。

【提升服务水平】 2010 年全行继续加强金融服务理念的教育，增强“服务第一”的意识，努力提高全行员工规范化服务的自觉性和主动性，真正体现以客户为中心的经营理念；进一步加强服务渠道建设，以崭新的理念打造良好的服务环境，增强网点竞争力；加快自助设备及电子服务渠道的推行应用和更新换代，纵深推进引导分流工程，提高离柜业务占比；推进个人理财核心竞争力项目建设，提升对中高端客户的服务层次；健全服务工作责任制和考评制，推动服务工作有序开展，每半年开展一次服务工作满意度调查，了解掌握客户的服务需求和意见，有针对性地采取措施加以改进；实行首问责任制，规避客户投诉，不断提升服务水平。

（撰稿人：县工商银行　鲁茸尼玛）

农行石林县支行

【县农业银行】 1956 年 3 月，成立中国农业银行路南彝族自治县支行。2009 年 3 月完成股份有限公司改制，按照中国农业银行股份有限公司经营管理的要求，县支行设置了公司业务部、个人金融部、财会运营部、综合管理部等 4 个职能部室，下设营业室、鹿阜支行、石林风景旅游区支行 3 个营业机构，年末在岗员工 62 人、离退休职工 26 人。县支行机关办公地点在鹿阜镇阿诗玛东路 106 号。

2010 年，县支行向支农联系点圭山镇额冲农村委会资助生产经费 8000 元；对石林县新录取的 7 名贫困大学生捐资 3.5 万元；对 18 名员工子女入托、入学、考入各类中专、大专院校的给予了 9 万元的奖励；对 1 名意外伤害员工发起捐款倡议，捐款 9 万多元。

行　长：谭继荣（3 月止）
　　　　薛文杰（4 月起）
副行长：毕建锋（彝族）
　　　　苏　维（彝族，5 月止）
　　　　金华清（彝族，9 月起）

【业务经营指标完成情况】 2010 年石林农行实现经济增加值 3859 万元，人均经济增加值完成 62.24 万元，在全省 123 家县级支行中排名第 9 位，在总行确定的全省 117 家县域支行中排第 4 位，营业部县域支行中排第 2 位，得到云南省分行的表彰奖励。

2010 年末各项存款余额 108031 万元，比年初下降 6195 万元，其中：对公存款余额 67990 万元，较上年下降 4740 万元，储蓄存款余额为 40041 万元，存款市场份额占比 34.17%，在全省 117 家县域支行中排名第 95 位，营业部县域支行中排第 5 位。

各项贷款余额 144263 万元，比年初增加 17185 万元。全年发放法人类贷款 24 户 28934 万元，发放个人贷款 1847 笔 9651 万元。累计收回法人客户贷款 24400 万元，收回个人贷款 32139 万元。年末各项贷款按五级分类为：正常贷款 54459 万元，关注贷款 89376 万元，次级贷款 3 万元，可疑贷款 0 万元，损失贷款 425 万元。不良贷款余额为 428 万元，不良贷款占比为 0.3%，处于全省领先水平。年末，石林农行贷款市场份额 49.65%，在全省 117 家县域支行中排名第 26 位，营业部县域支行中排第 1 位。

中间业务净收入完成 660 万元，完成计划任务的 101.5%，人均中间业务净收入 10.65 万元。在全省 117 家县域支行中排第 15 位，营业部县域支行中排第 3 位。

各项财务收入完成 6092 万元，各项财务支出 1087 万元，实现拨备后净利润 5005 万元，人均创利 80.73 万元，人均创利较上年增加了 14.85 万元。在全省 123 家县级支行中排名第 10 位，在全省 117 家县域支行中排第 4 位，营业部县域支行中排第 2 位。

2010 年，石林农行内部控制评价得分 98.05 分，评价等级为一类行，由上年度的二类行晋升为一类行。全省 121 家县级支行（不含扁平化管理机构）中排名第 4 位，营业部 21 家支行中排第 1 位。

2010 年春节文化活动

【惠农卡工作平稳推进】 2010 年末，全行累计完成“惠农卡”开卡 40897 张，全县农户持卡率达 69.34%。全年新增“惠农卡”授信户数为 1536 户，累计发放“惠农卡”农户小额贷款 3659 万元，累计收回 2570.2 万元，年末“惠农卡”存量贷款 1681 户 3393 万元。

【制定绩效考核机制】 2010年3月组建新一届班子后，针对石林农行的问题和完成任务的压力，用新的经营理念组织制定了绩效考核机制，围绕绩效考核办法、穿透式管理等措施，将绩效工资划分为项目营销绩效工资（占10%）、行长奖励基金（占5%）、按月考核兑现的绩效工资（占85%）三部分进行挂钩考核，将各项任务划分为定量目标（占70%）和定性目标（占30%）分类进行考核。定量目标细分为对公存款、储蓄存款、中间业务等11项小指标；定性目标细分为岗位履职、优质服务、内控管理和安全经营等4项指标，围绕年度工作重点，对各网点、各部门每月完成任务进度进行跟踪考核，有效激发员工的积极性。

【整合人力资源】 2010年按照“以客户为中心，以完成任务为目标，合理挖掘和整合人力资源”的原则，制定了《石林县支行2010年“双聘”实施方案》，对支行机关各部门、各网点进行了重新定岗定员，明确了聘任聘用的条件、程序及办法，通过中层干部竞聘演讲和综合测评、拟聘公示、员工报岗、双向选择聘用等流程，完成了12名中层干部的竞聘、52名员工岗位组合的人力资源整合工作。

【网点调整规划和购置支行办公用房申报】 2010年完成了石林县支行网点调整五年规划，用3～5年时间在经济发达的乡镇增设3个“三农”服务网点，年内已完成了增设北大村支行网点的申报工作。根据县城拆迁改造的规划和发展趋势，完成了鹿阜支行搬迁至财富中心的选址方案，报省分行审核批准。多次牵头相关部门进行沟通协调，制定了购建县支行营业办公用房的选址方案，初步设计方案报上级行审核后，通过了石林县规委会的规划审批。

【财政预算单位公务卡开卡】 2010年，云南省政府制定出台了《财政预算单位公务卡管理实施办法》，县支行积极组织员工培训，按财政预算单位公务卡管理的要求，与县属31家财政预算单位签订了《财政预算单位公务卡协议》，完成财政预算单位公务卡开卡877张。新签约POS机特约商户47台，使石林农行供各类银行卡、公务卡消费的结算POS机拥有量达178台。

【住房维修基金账户管理工作】 住房维修基金管理办法是国家住房保障制度的一项重大改革。2010年，县支行加强与石林县住建局房管所的联系，投资购置了住房维修基金账户管理使用电脑设备，与软件公司协作完成了相关业务软件的开发，实现了石林县住房维修基金账户管理的联网运作。年末，县支行代开住房维修基金发票1292户，入账资金749万元，为住房维修基金管理工作的开展铺平了道路。

【安全保卫工作】 2010年加强与石林县保安公司的合作，委托保安公司完成了县支行的款箱接送、内外现金运送、11个加油站、2家医院护运上门收款、代为建设银行款箱管理的接送、护押运工作。在8～11月的全县代付烤烟收购款工作中，一是委托石林县人才市场招聘了28名烟站付款员，为其办理了劳务用工手续。二是调整工作重点，将惠农卡人员改为兼职烤烟收购专管员，组织和协调好资金，确保收购资金需要。三是做好现金调运，保障现金安全供应。全年累计代付烤烟收购款2.8亿元，圆满完成了全县烤烟收购款的代付工作。

（撰稿人：县农业银行　段家福）

建行石林支行

【建行石林支行】 1980年9月，中国建设银行路南彝族自治县支行在中国建设银行曲靖地区中心支行路南办事处的基础上建立。为适应总行股改上市的需要，2005年3月改为中国建设银行股份有限公司石林支行。2010年，建行石林支行内设行长室、副行长室、营业室（负责核算和对外服务）、综合科（信贷、保卫、办公室及后勤业务），年底有职工20人，其中：长期用工16人，短期用工4人，单位地址在石林县鹿阜镇石林中路40号。

2010年，建行石林支行在建行昆明市城西支行创先争优活动中，荣获2010年度先进集体、获建行云南省分行“青年文明号”等称号。

行　长：刘兴荣

副行长：杨森宇

【经营指标完成情况】 2010年建行石林支行各项存款余额为56855万元，比年初的48017万元增加8838万元，增长率为18.40%，其中:企业存款余额为36367万元，比年初的32018万元增加4349万元，增长率为13.58%；个人存款余额为20488万元，比年初的15999万元增加4489万元，增长率28%。

贷款余额为67252万元，比年初的50082万元增加17170万元，增长率为34%，其中:对公贷款余额50574万元，较年初的36217万元增加14356万元，增长率为39.63%；个人贷款余额16678万元，较年初的13865万元增加2814万元，增长率为20.30%。

累计投放贷款20096万元，累计回收贷款2926万元，其中：发放个人类贷款245笔，5466万元；累计投放公司类贷款14630万元。由于支行加大贷款的管理力度，至2010年末，全行非应急贷款余额为零，是建行石林支行历年来资产质量最好的一年。

2010年，全行实现各类理财产品销售1846万元，基金销售1211万元、国债58万元、保险119万元，实现中间业务收入300万元，全行实现税前利润1699万元，较好地完成支行全年的各项经营指标和任务。

【公积金业务稳定增长】 2010年，建行石林支行继续保持辖区内独家经办公积金业务，全县公积金缴交单位达165个，全年收缴公积金达8960万元，市场占比100%。全年投放公积金贷款421笔，10575万元，截至2010年12月31日，委托个人住房贷款余额达27765万元，比上年的19664万元增加8101万元，增长率为41.20%。

（撰稿人：县建设银行　杨　云）

县农村信用合作联社

【县农村信用合作联社】 石林县农村信用社成立于1954年，1984年8月成立石林县农村信用合作社联合社，2006年3月统一县级法人，成立了“石林县农村信用合作联社”。2010年，内设综合部、人力资源部、业务发展部、信贷业务部、安全保卫部、财务会计部、科技信息部、审计监察部、资产风险管理部，下辖营业部、鹿阜信用社、路美邑信用社、板桥信用社、大可信用社、北大村信用社、西街口信用社、维则信用社、海邑信用社、城北信用社、鹿阜分社、大兴分社、城南分社、板桥分社、路美邑分社和石林分社16个经营网点。年末有在岗职工150人，离退休职工46人（含内部退养职工11人）。

2010年，县信用联社全体干部职工积极参与“2·7”杨梅山灭火，“送温暖献爱心”、“抗旱救灾”等募集捐款114950元，向联系点铺兵村委会资助7000元生产经费和人口普查经费。

理事长、党委书记：张继明
主　任：朱绍明（7月止）
副主任：唐志明
　　　　吴林辉（7月起）
　　　　王传烈（7月起）
纪委书记、监事长：张知德（7月起）

【经营指标】 2010年末各项存款余额达20.8亿元，较上年末净增5.06亿元，增幅32.09%；各项贷款余额达14.6亿元，较上年末净增3.31亿元，增幅29.24%，其中涉农贷款余额达13亿元，占贷款总额的89.06%；全县累计贷款农户数为38890户，贷款面达70%。

【服务“三农”工作】 2010年末，全县贷款余额146293万元，其中农户及农业经济组织贷款130293万元，占贷款累计发放数的89.06%。至2010年底，得到信用社贷款扶持的农户达38890户，占全县农户总数的70%。根据现代金融机构发展及客户的金融服务需要，继续发行金碧惠农卡，截至2010年末，共发行惠农卡20159张。继续推广“特色农业贷款”、“农村党员带头致富信用贷款”、“巾帼科技示范户信用贷款”、“农民工创业贷款”、“林权抵押贷款”等创新农户贷款品种，满足“三农”多元化的金融需求。全年发放扶贫贷款1440万元；发放“贷免扶补”小额创业贷款244户，金额达1220万元；发放下岗失业小额担保贷款70户，金额达200万元；发放林权抵押贷款100户，金额达8069万元。积极做好全县财政惠农补贴、家电下乡、汽车下乡、摩托车下乡补贴的兑付工作，切实将惠农政策落到实处。

2010年，代理县财政局兑付家电下乡补贴13341户，兑付补贴金额320.92万元；兑付汽车下乡补贴1698户，金额673.76万元；兑付摩托车下乡补贴4883户，金额265.05万元。代理县财政兑付综合直补54145户，金额2070.19万元；代理县财政局兑付良种补贴54158户，金额3472.67万元；兑付能繁母猪补贴5616户，金额28.47万元；兑付退耕还林补贴673户，金额81.74万元。作为新农保基金代理发放的金融机构，承担了全县15.01万农村居民社会养老保险的缴费和发放工作，截至2010年末，成功开户的有24825户，代理支付10～12月补贴49410户，金额407.83万元。

【深化“服务创优工程”】 根据省市联社《“服务创优工程”实施方案》，制定下发《石林县农村信用合作联社“服务创优工程”考核细则》、《星级网点管理办法》和《星级柜员评定办法》，并专门成立了服务创优领导小组，加大检查力度，大大提升了信用社的品牌形象和服务水平，推动全县信用社各项工作稳步发展，赢得了广大客户好评。

【电子银行、网上银行开通】 电子银行、网上银行的开通，是全省农村信用社发展的一块里程碑。9月，县信用联社组织全体在职职工参加为期3天的电子银行、网上银行业务知识培训，为开通电子银行、网上银行做好前期准备。至2010年底，农村信用社电子银行、网上银行在昆明市率先开通。

（撰稿人：县农村信用合作联社　刘晓英）

财产保险

【县人保财险公司】 1984年4月，中国人民财产保险公司路南支公司成立。2010年支公司内设经理室、业务部、综合部，辖石林镇营销服务部、板桥镇营销服务部、圭山镇营销服务部3个农村保险业务服务网点。年底有正式在职员工7人，扶助员工7人，保险业务营销代理人25人，兼业代理机构5个。公司位于石林县阿诗玛南路141号。年内3名员工受到云南省分公司的表彰。资助支农联系点圭山镇亩竹箐村委会5000元生产经费。

总 经 理：普周元
副总经理：陈跃庆

【业务发展】 2010年支公司再次获得全县行政事业单位公务用机动车辆保险政府定点采购。全年为石林县的15509辆机动车，120余家企事业单位、个体和私营业主，全县各能繁母猪、奶牛（母牛）养殖户，全县各烤烟种植户等提供各类意外事故和自然灾害损失风险保障28.62亿元。全年实现业务收入2408.72万元，人均业务量344.10万元，完成年度计划任务的100.13%，同比增长29.41%。其中：机动车辆保险业务收入1988.51万元，同比增长保费469.92万元，增长31.35%；企业财产保险业务收入10.32万元，同比增长0.97%；家庭财产保险承保50751户，业务收入23.68万元，同比增长11.59%；人身意外伤害保险业务收入19.01万元，同比下降70.90%；责任险业务收入80.33万元，同比增长39.16%；政策性能繁母猪保险及能繁母牛（奶牛）业务收入180.73万元，烤烟保险业务收入106.14万元。

【职能作用】 全年办结各险种索赔案

件 2548 件，为遭受意外事故或自然灾害损失的保户支付各项赔款 829.79 万元，其中：机动车辆保险赔款 663.22 万元，能繁母猪、奶牛保险、烤烟保险赔款 98.84 万元，意外健康险赔款 41.78 万元，责任保险赔款 1.47 万元，财产类保险赔款 24.48 万元，为受灾保户及时解决生产生活困难提供了有力的支持。已出险报案未办结案件 654 件，涉案金额 422.96 万元。缴交各项税费 115.64 万元，人均创税近 16.52 万元。向广大客户积极宣传《道路交通安全法》、《机动车交通事故责任强制保险条例》、《消防安全法》和各项安全法律法规、制度措施，以及防灾防损、安全救助等知识、要求，增强生产经营者的安全防范意识和责任，防患于未然，减少社会财富的损失，充分发挥保险损失补偿和防灾防损的职能作用。

【公司建设】　结合石林社会经济发展战略规划，制定《人保财险石林支公司三年发展战略规划》。推进农村保险业务营销服务网点建设和增员计划工作，先后在石林镇、板桥镇、圭山镇设立了 3 个营销服务网点。

进一步树立“以市场为导向，以客户为中心”的经营理念和“客户至上，服务制胜”的服务思想，全面清理和完善原有的管理制度，规范标准和实务流程，建立符合实际、简洁明确的基本制度框架体系，形成用制度管人，以制度规范行为的工作格局。

【重大赔案】　2010 年机动车辆保险 5 万元以上重特大赔案共 20 件（10 万元以上有 7 件），支付赔款金额 244.33 万元。其中赔付金额最大的为云 AA5083，于 2010 年 9 月 23 日出险，12 月 28 日获赔款 26.22 万元。

（撰稿人：县人保财险公司　刘　颖）

人寿保险

【县人寿保险公司】　1985 年 4 月，成立中国人民保险公司路南县支公司。2003 年进行重组改制，更名为中国人寿保险股份有限公司石林县支公司。2010 年公司内设经理室、营业室、团险部、中介部、营销部和财产险互动部，辖石林镇北大村营销服务部和圭山镇、板桥镇农村营销服务部网点，年底有职工 10 人。保险代理从业人员 142 人，业务代理机构 4 家，公司地址在石林县东山路商会宾馆街心花园。2010 年支公司 1 人被中国人寿总公司评为“先进个人”。年内，组织员工向青海玉树地震灾区捐款 4750 元，向西街口镇糯衣小学、圭山镇法块小学各捐水 250 箱，路美邑中心学校 217 箱，捐资助学爱心款共 4600 元；支持石林县保险先进村建设达标，用于村文化卫生建设资金 15000 元，其中：鹿阜镇堡子村委会 5000 元、板桥镇小屯村委会 5000 元、大可乡南小村委会 5000 元；资助支农联系点板桥镇小屯村委会春耕生产经费 5000 元，人口普查专项资金 3000 元。

总 经 理：黄　彬

副总经理：李　瑛（女）

【业务经营情况】　2010 年完成总保费 2835.76 万元，其中：个险首年交保费 238.53 万元，比上年减少 291.14 万元，同比下降 54.99%；团险业务 321.7 万元，比上年增长 50.32%；中介银保业务 371.8 万元，收取续期保费 1584.83 万元；人寿机动车辆保险业务 318.9 万元，比上年增长 64.46%。支公司全年累计处理理赔案件 3403 件，支付各项赔款 297.82 万元（其中：学平险和短期意外险赔付 180.7 万元，个险和附加险赔付 50.29 万元，机动车辆赔付 66.83 万元）；满期金给付 438.88 万元。保单借款 1350 万元，上缴各项税款 34.96 万元。

【开拓营销市场】　加强与地方政府沟通协调，积极参与政策性补充业务。开展失地农民养老保险、新型农村合作医疗保险、大学生村官人身意外保险业务。2010 年与县计划生育协会合作并及时召开计划生育系列保险工作推进会，开办国寿计划生育家庭意外伤害保险、国寿计划生育母婴安康定期保险、计划生育专干综合保险。与县教育局合作，为全县 3 万多学生办理学生平安保险。并与县安监局合作办理非煤矿山人身意外伤害保险业务。在银行代理机构网点开办投资理财（分红型）保险和农村小额贷款保险业务，推动公司业务快速增长，巩固了公司品牌和市场地位。

【防范经营风险】　坚持依法合规经营。强化内控与风险管理，提高防范化解经营风险的能力，确保公司健康发展；切实做好案件防范和查处工作。公司开展“制度学习、案例警示”主题教育活动，年内县支公司组织开展“内控自查自纠整改”活动。为认真落实 2010 年内控执行手册，组织员工进行学习考试，全体员工与支公司签订依法合规经营责任书。健全了公司反洗钱组织架构，多形式开展反洗钱教育培训，制定反洗钱工作考核办法，严格执行反洗钱每月核查机制，加强销售督察工作，规范业务员销售行为，确保业务健康发展，深入开展“诚信我为先”活动。

【公司建设】　结合公司业务发展完善教育培训机制，把教育培训纳入基层团队日常管理工作中。2010 年昆明市公司举办业务培训 7 期、石林支公司参训人员 112 人次，管理人员培训班 3 期、参训人员 29 人次。通过培训，提升了从业人员整体技能和管理水平，完善柜面标准化建设，优化柜面人员结构，使公司的营运效率、服务水平、窗口形象有了较大提升。加强回访工作，提高业务质量和服务质量。深入开展国寿“1+N”服务活动，弘扬中国人寿“成己为人，成人达己”的双成理念。

（撰稿人：县人寿保险　周宏富）

交通邮电

公路交通

【县交通运输局】 1994年10月，成立县交通局。2010年10月更名为县交通运输局，下设局机关办公室（审计科）、交通建设科、安全生产监督科、公路路政管理大队、地方公路管理段，保留石林彝族自治县国防动员委员会交通战备办公室。2010年底有在职职工37人，其中：公务员11人，专业技术人员16人，工人10人。单位地址在鹿阜镇阿诗玛东路147号。2010年，县交通运输局资助支农联系点大可乡大可村委会抗旱资金2.5万元。

局　长：毕福祥

书　记：槐　伟(兼路政大队大队长)

交战办副主任、副局长：王留云

副局长：吉光雄

【城镇建设招商分局】 城镇建设招商分局由县交通运输局、县委党校、县档案局、鹿阜镇、县审计局、县粮食局、县妇联七家单位组成。县交通运输局为牵头单位，引进内资2.5亿元，外资50万美元，完成招商引资总任务数的151.09%。引进的项目有：石林城乡公交调度服务站、佳泽商都、石林演艺中心综合服务区、石林上海新天地商业街、石林荣祥石材合作经营、银瑞林国际大酒店、石林桃源五星级酒店及配套设施建设、石林天然气管网建设、石林东城商贸中心等。

【交通基础设施建设】 2010年完成市政道路环城东路路基工程建设，二级公路标准，长5.631千米，完成投资10325万元。配合做好石锁高速公路路基工程建设，完成投资6.5亿元。4月份，在云桂铁路建设中，县交通运输局派出人员参加了石林县成立的云桂铁路协调机构和3个征地拆迁工作组。建制村公路路面硬化68.6千米，四级公路，水泥混凝土路面，完成投资4102.6万元；完成建制村公路路基改造85.6千米，四级公路，砂石路面，完成投资1402.5万元。石林大道过渡路面软基处理工程，完成投资5447万元。

至2010年末，石林县公路里程中：省道73.267千米，县道193.706千米，乡道511.624千米，村道181.815千米，专用公路26.745千米。

【公路养护管理】 全县农村公路养护里程960.412千米，养护投资914万元。其中：北召公路西街口段8千米大修工程，完成投资510万元，小修养护及水毁抢修等完成投资404万元。经市交通运输局组织年度养护综合考核，得分96.1分。

【公路绿化】 2010年县乡农村公路绿化23.6千米，植树17380株，共投资16.7万元。

【路政管理】 2010年组织《公路法》宣传活动93人次，发出宣传材料18000余份，粘贴标语60余条，整治公路乱建乱盖、摆摊设点、打场晒粮行为267起，查处路政案件13960起，查处超载车辆33453辆。

【客运站点建设】 2010年8月底，按时完成石林城乡交通调度服务客运站建设，等级为二级客运站，共完成投资2050万元，其中2010年度完成1172万元。

【公路运输】 2010年石林至昆明、石林县境内公交车旅客运送量共计1181.04万人次。2010年石林县共有客运车辆972辆，其中：班线车277辆，公交车240辆，旅游包车236辆，出租车116辆，微型面包车103辆。

（撰稿人：县交通运输局　陈卫佳）

铁路交通

【石林火车站】 1997年11月，南昆铁路正式开通运营。石林火车站是昆明铁路局南昆线上的一个四等客运站。石林火车站不仅是昆明铁路局及昆明车务段重要的客运服务窗口单位，也是石林风景区一个重要的服务窗口。比邻的石林南站也是石林县境内的一个四等货运站，两站相距5.1千米。共设有9个单位，分别是石林站、石林南站、工务工区、铁通工区、信号工区、房建工区、派出所、接触网工区、变电所等部门，2010年底共有职工198人。

站　长：苏建伟（4月止）

曾乙洋（4月起）

副站长：曾乙洋（4月止）

高　飞（4月起）

【客运业务】 石林火车站主要办理旅客运输业务，日均接发列车100余列，其中旅客列车14列；日均发送旅客300余人次，每天到达的客流量在500人次左右。截至2010年12月25日，车站安全生产达4772天，安全办理接发列车35558列，管内旅客发送52512人，直通旅客发送45889人次；发送旅客达98401人次，同比增长7%，到达旅客约14万人次，完成旅客周转量50483784人公里，客票收入73331800.5元，运输总收入7389851.8元，同比增长9.9%。

【货运业务】 石林南站主要办理货运业务，2010年发送货物443394吨，装车6698车，卸车4158车，运输收入1508.71万元。

（撰稿人：石林火车站　高　飞）

邮　政

【县邮政局】 1998年10月1日，邮、电分营，成立石林县邮政局。2010年，县邮政局内设市场部、综合部，下辖1个投发组、1个刺绣包裹组、3个邮政支局、8个邮政所，年底有在职职工31人、劳务工11人、委代办人员13人。单位地址在鹿阜镇阿诗玛东路127号。2010年县邮政局被昆明市邮政局评为“质量信得过团队”，赵雄明被昆明市邮政局评为“用户满意服务标兵”，杨春红被昆明市邮政局评为“优秀支局长”。2010年实现了资金、人身、通信质量全红。2010年资助支农联系点长湖镇祖莫村委会2000元生产经费。

局　长：左春睿（6月止）

副局长：郭建军（7月起）

邮储银行支行长：张妮娜（女）

石林县速递物流经营部负责人：姜　展

【主要指标完成情况】　2010年认真贯彻落实昆明市邮政局经营服务工作会议安排部署，以发展为主线、以效益为中心，进一步解放思想、明确目标、科学发展，各项工作取得了新的进步和发展。2010年全局实现邮政业务总收入473.45万元，完成年计划的100.73%，比上年同期增长了23.35%；实现收支差304.98万元，完成年计划的102.12%；缴款率达到100.07%。三大业务板块平稳协调发展，三大业务板块收入占比为59：29：12，其中：邮务类实现收入274.50万元，完成年计划的102.62%；代理金融业务实现收入137.85万元，完成年计划的95.07%；代理速递业务实现业务收入50.45万元，完成年计划的108.42%。业务结构不断优化，经济运行质量和效益得到明显提高，综合竞争实力不断增强。

各分项业务完成情况如下：函件完成67.34万元，同比增长16.80%；包件完成66.27万元，同比增长32.88%；报刊完成62.86万元，同比增长13.54%；集邮完成25.83万元，同比负增长42.19%；代办业务收入完成52.19万元，同比增长251.82%；速递物流类业务收入完成50.45万元，同比增长22.83%；汇兑完成24.12万元，同比增长2.56%；储蓄完成113.72万元，同比增长18.31%（其中信贷收入完成1.73万元）；其他业务收入10.65万元。收差完成304.98万元，完成年计划的102.12%。

【重点业务】　坚定不移地加快代理金融业务的发展，让全体员工进一步提高对代理金融业务"重要性、紧迫性、决定性"的认识，2010年实现代理金融业务收入137.85万元，年末储蓄余额达到7752万元，全年累计新增余额2177万元，再创历史新高。在继续巩固传统函件业务的同时，积极探索开发新型数据库商函业务，通过多种渠道搜集名址信息，建立了一套比较完备的名址数据库，拥有医保持卡人名址14000条，教师队伍名址信息9600条，烤烟种植户信息26000条，工商营业执照客户信息1200条，依托庞大的名址信息，开发了医保账单业务、直邮通业务等，为函件业务的发展开辟了一条新的道路。"体验石林"、"邮政绿页"的开发也成为函件业务新的增长点和全新的发展方向，2010年实现函件业务收入67.34万元，比上年同期增长16.8%。以石林刺绣品、工艺品等旅游商品为依托，挖掘市场，深入推进大宗旅游商品包裹的开发，收入规模及业务量大幅度增长，2010年实现收入68万元，占整个包件收入的90%。做好2011年的报刊大收订工作，克服困难，实现流转额214.97万元。

【基础管理】　紧紧围绕"严格管理、规范经营，推进体制改革和机制创新，提高经营运行质量"的管理要求，深化企业精细化管理，对企业经营管理目标进行科学的分解落实，提高执行力。建立岗位管理和绩效管理等人事制度，形成符合公司化发展需要的人力资源配置和评价机制，把考核评价结果作为管理人员聘用和员工奖惩的重要依据。开展"落实制度、消除隐患"专项活动，强化安全生产管理，提高责任意识，加强邮件收寄和运输等环节的管理，严格执行金融业务"三个规定"，确保储汇资金的安全，认真组织落实安全生产大检查工作，切实做到落实制度、消除隐患。开展消防知识培训及安全演练活动，提高职工安全防范能力。继续深化"邮政服务质量提升年"专项活动，以"内强素质、外树形象、创先争优"为出发点，解决好服务中的难点、热点问题。改善服务水平，规范窗口服务标准和内部管理，落实投递作业现场6S管理标准，狠抓投递质量，特别是账单投递质量，到下半年，银企账单的投递质量和服务水平有了质的提升，回函率、时限均达到了95%。通过开展"报务质量提升年"活动，使营业、投递服务以及报刊邮件分拣封发、交接运输等环节作业组织管理水平上一台阶，服务质量得到质的提升，职工服务意识、质量意识进一步增强，服务能力和服务水平进一步提高。加强财务管理，全面落实成本费用精细化管理，推进网点损益核算工作，积极发挥对重点业务的支撑作用；清理和加强往来账款管理，规范对外合同签订管理，加强业务资金和应收款管理，严控欠费率，有效规避经营风险。

（撰稿人：县邮政局　张美丽）

电　信

【县电信分公司】　1998年10月1日，邮、电分营，成立县电信局。2004年6月，石林县电信局更名为"云南省电信有限公司石林彝族自治县分公司"。2008年2月，因中国电信股份有限公司法人体制调整，云南省电信有限公司及其下属的各分支机构被中国电信股份有限公司整体吸收合并，原云南省电信有限公司石林彝族自治县分公司的名称变更为"中国电信股份有限公司石林分公司"。2010年分公司内设综合办、市场部、维护安装部、政企客户组、社区统包组、公众客户组、业务支撑组、工程外勤组、设备网络运维组、营业厅，年底有各类在职员工68人。机关主要办公地点在石林中路（小东山对面）。2010年，原石林电信分公司经理邱自华被中国电信云南公司评选为"优秀经营管理者"。2010年分公司出资4000元帮助支农联系点鹿阜镇上蒲草村委会开展春耕生产，在抗旱、送水献爱心活动中捐款8030元。

经理、支部书记：邱自华（3月止）

副经理、支部书记：李海涛（3月起任党支部书记，主持工作）

副经理、工会主席：宋　健

副经理：薛劲松（3月起）

【主要指标完成情况】　2010年，分公司业务收入计划完成2593.16万元，实际完成2598.22万元，占年计划的

100.22%，与上年同期相比增长12.32%。固定电话新增2621部，拆除1542部，年底在网用户19171部；小灵通新增10部，拆除755部，年底在网用户955部；ADSL业务（包含LAN）新增2573部，拆除842部，年底在网用户7742部；发展CDMA（包含189号段）手机20815部，在网累计达32898部；新增“3G无线上网卡”996张，在网累计达1739张；原有“致富通”用户（无线座机）共3601户整体转网；“平安石林视频监控”111个点和“平安石林数字城管视频监控”51个点与上年同期数持平；新增IPTV网络电视业务，年底在网用户达436户。2010年12月关闭老机房DMS-100设备电源，在县城新建37个EPON点，同时对各乡镇区域8个A型交换机进行退网改造，这标志着自程控电话开通后通信设备已从过去的铜缆变成了光缆，大大提升了交换、传输、缆线网络速度和质量。

【营销发展】 2010年重点拓展社会渠道发展，至年底分公司建立合作电信营业厅3个，乡镇“一镇一店”代办点11个，拓展空中营业网点31户，完成64个农村实体渠道帮扶及社会渠道拓展网点建设。移动社会渠道发展占比达85%。从2010年4月份开始，分公司还通过社会渠道开展“买手机送话费和宽带188元进E9包月套餐送手机活动——以宽带拉动C网发展话费”促销活动，本活动揽收发展CDMA3867户（含3G无线宽带），“宽带188元进E9包月套餐送手机活动”拉动C网发展量1880户，“我的E家”339户（其中E8用户259户，E6用户10户，协同营销98+C送手机70户）。政企客户商务常青套餐签约24户，网络无忧2户，商务领航套餐7户，天翼集团客户13户。天翼及全业务套餐发展548户（其中189用户196户），办理全业务套餐32户。宽带包年到期续签签约率达82%，与此同时持续开展了针对性营销工作。待列账累计61万元，回收率为36.98%。

【管线建设和维护】 2010年新建县城到石林风景区模块局12千米96芯，北大村——绿水塘15千米24芯光缆，为将来的台创园、西街口工业园区等通信建设打下坚实的基础。按时完成行政中心、石板哨、天生桥、矣维哨4个C网基站的新建项目，对13个C网站点EVDO设备增扩、10个站点电路增开(60个2M)；行政中心接入网新建调测如期进行；完成鱼龙坝等9个村“光进铜退”项目千村行动二期EPON改造项目；对石锁高速公路沿线22处跨路通信设施迁改、抢修，收回150余万元迁改补偿费；完成新局至大山沟原24芯光缆的架空改入地工作，对县城54个光电缆交接箱的外观刷漆喷字及城区2500个分线盒进线清理整治，保持清洁美观；完成65个C网点、43个接入网地线测试工作，更换25个接入网电池；完成格渣、石字场火场现场和中国彝族第一村火把节C网3G应急通信电路开通、发电调测保障工作；配合桃源水乡范围内通信线路迁改工作，增补滨江花园二期、春源天景小区、金彩商城、东城区廉租房、电力公司新建楼、财富中心一期、上海新天地、万城二期、路美邑沿街等新建小区的EPON覆盖新建项目。

【管理工作】 积极支持全县招商引资工作，在推进石林旅游苏宁项目建设中，于2010年3月30日与石林旅游服务区管理委员会签订拆迁安置补偿协议书，将坐落在石林岔口的5栋电信生产房除保留2栋机房和18米通道外，其余建筑物及土地一并纳入石林旅游苏宁项目拆迁建设。2010年6月1日，公司与石林同创置业有限公司签订商品房购销合同，在石林财富中心一楼购置121平方米作为新的电信服务网点。

（撰稿人：中国电信石林分公司 李卫平）

广播电视

【广播、电视新闻宣传】 2010年以“跨越发展、富民强县”为总要求，紧紧围绕县委、县政府中心工作，深入实施“33553”发展战略，强力推进旅游产业提升、工业突破、城镇建设加速、现代农业发展、文化产业培育和社会事业加强，全力维护社会稳定，全面加强党的建设，努力把石林打造成国际旅游胜地、国家现代农业示范区、昆明市新能源应用示范基地、城乡一体化示范区、阿诗玛特色文化产业基地，成为滇东南区域性中心城市之一，做好重点工程、重点项目、招商引资等宣传工作。

2010年1～12月，采访报道新闻1210条，送上级台播出247条。制作播出森林火灾、抗旱救灾、招商引资、创建省级文明县城、重点工程、重点项目等专题片11部。策划制作《以案说法》系列报道3期，为石林县社会稳定和经济建设起到良好的促进作用，得到了观众的好评。开辟电视专栏《每周资讯》，制作播出5期。制作播出文明监督岗20期。

2010年9月，县电视台制作的参评节目《称妈》荣获云南广播电视奖优秀广播电视节目广播、电视文艺类一等奖，《夕阳依旧红》荣获云南广播电视奖优秀广播电视节目广播节目类三等奖，《自强风采——残疾人创业系列报道》荣获云南广播电视奖优秀广播电视节目广播节目类三等奖；《大可乡习克丈村干部群众发扬艰苦奋斗作风，再掀农田水利建设热潮》、《台创园里的大学生》均荣获昆明市广播电视政府·金孔雀奖电视新闻三等奖，《重访亲牛鉴定案》荣获昆明市广播电视政府·金孔雀奖播音主持三等奖。

【农村有线电视村村通工程】 在县第十五届人民代表大会第三次会议上，将“投资1200万元完成10个行政村和110个自然村农村有线电视光缆联网”工程建设列为2010年政府着力办好的“十件实事”之一。工程建设涉及110个自然村、农户9078户，110个自然村需设光结点122个，新建杆路239.95千米。为认真做好此项工程，确保项目顺利推进，2010年4月底完成了实地踏勘、设计，制定出工程建设实施方案。9月初，完成工程建设招投标、工程建设贷款、工程建设签订合同等相关工作。10月1日开始施工，进入杆路建设。12月10日全面完成杆路建设239.95千米，进入用户安装。2011年春节前完成110个自然村农村有线电视光缆联网工程建设，完成“十一五”规划目标。

【完成县重点工程光缆入地规划设计】按照全县重点工程项目规划要求，积极配合相关部门做好县巴江中学、桃源水乡、鹿阜小学、彝族第一村等重点工程项目光缆干线入地改造工程。完成城区有线电视网络升级改造，将原使用电缆传输全部改为光缆传输，改造长度65千米，新增加光结点220个，有效解决广大用户收视质量差的问题。2010年10月开始，与移动公司合作开发双向网接入数据业务，为今后电视互动、高清电视数据业务提供平台。

【有线数字电视整体转换工作】为进一步加快石林县信息化进程，丰富广大人民群众的精神文化生活，根据我国数字电视发展的总体战略部署和《昆明市人民政府办公厅关于转发昆明市有线电视数字化整体转换实施方案的通知》精神，对石林城区4个社区和机关单位、宾馆及石林景区的数字电视先行进行整体转换，年完成有线数字电视用户整体转换12500户。

【广播电视安全播出工作】认真贯彻落实各级广播电视安全播出会议精神，启动安全播出应急预案，加强机房24小时值班制度，重要节目、重点时段机房确保24小时双岗值班，安全播出指挥部成员保持通讯工具24小时联络畅通，遇有突发事件，果断处置，做好网络线路巡查，确保电视信号安全传输。严格执行广播电视安全播出零报告制度，圆满完成春节、全国“两会”、“五一”节、国庆节、广州亚运会等重点时段及上级安排安全播出工作任务。

（撰稿人：县旅游文化广播电视体育局 朱琼芬）

信息化建设

【电子政务建设】2010年2次组织全县近80家单位150余人分3期进行了石林县OA协同办公系统应用培训，对县域网络进行了扩建，全县接入协同办公系统的单位共有77家，通过协同办公系统累计发文4171份。2010年6月底，行政中心电子政务网络完成建设并顺利投入使用，保证了行政中心搬迁后电子政务网络的稳定安全运行。

【政府信息公开】2010年认真做好政府信息公开、“96128”政务信息查询系统建设、政务公众信息服务网站维护管理工作，全年政务公众信息网累计上载信息1292条，图片300余张。全县“96128”专线电话转接成功率92.35%，满意率98.47%（市级下达的目标任务是“96128”专线电话转接成功率要达到90%以上，满意率要达到95%以上）。

【网站维护及监管工作】2010年专门安排技术人员，负责全县电子政务网络的维护管理，加强安全监督，及时处理单机和网络故障，限时办结各终端用户反映的各种问题，加强对全县电子政务网络运行的维护管理和安全的监督管理，确保接入县电子政务网的相关部门与上级部门的信息互通。做好石林县电子政务视频会议的保障工作，全年共组织召开各种视频会议50余次，参会人员达4000余人次，保障视频会议数据正常传输。

【无线电管理工作】2010年在省、市无管办的正确指导下，加强对全县行业信息化建设的协调指导，合理调配全县公共信息资源，积极开展无线电管理宣传、教育，普及相关法律、法规和日常知识。按照《昆明市2010年无线电管理宣传工作实施方案》的要求，配合县招生考试委员会做好石林县高考期间无线通信信号的屏蔽工作，高考期间由主要领导亲自带队，专门安排一名技术人员，确保消除考区内利用无线通信方式进行作弊的隐患。

（撰稿人：县工信局 李 伟）

中国移动石林分公司

【中国移动石林分公司】1999年8月，移动通信业务从石林县电信局分出，成立云南移动通信有限责任公司石林彝族自治县分公司。2006年10月1日，更名为中国移动通信集团云南有限公司石林分公司。2010年底，石林分公司有在职员工54人。

经 理：于忠清

【主要指标完成情况】2010年石林分公司完成业务收入7124万元，实现年内净增用户18000户，截至12月31日石林在网客户数达151000户，较好地完成了昆明分公司下达的各项经营生产指标。

【网点建设】2010年石林分公司共有销售渠道189家（自建他营厅11家、自租他营厅5家、指定专营店23家、村级服务站92家、普通代理商58家），核心渠道占比达到20.63%。在农村服务站的管理上，公司根据农村服务站销售情况现状，进行一对一的上门指导，并对部分业绩较差的服务站站长进行了更换，提升了服务站自身销售能力。

【基站建设及维护】全年维护基站168个（含新建基站54个），其中：VIP基站8个，城乡基站33个，农村基站127个。全年巡检基站2112站次。截至2010年12月31日，光缆维护总量为187段，总皮长1391.24千米（含2010年新建光缆413.513千米）。

【“金叶通”业务】2008年7月，中国移动石林分公司与石林县烟草公司联手，推广“金叶通”业务，至2010年底，石林分公司“金叶通”用户超过5000户。

【"136"富民工程】 2009年启动了"136"农村移动信息富民工程，截至2010年12月31日，共创建88个惠农网，惠农网覆盖率达到100%，惠农网客户数超过47000个。"136"富民工程为石林县老百姓的沟通交流、致富作出了贡献，获得全县人民的认可。

（撰稿人：中国移动石林分公司 王 薇）

中国联通石林分公司

【中国联通石林分公司】 2003年8月8日，成立中国联通石林分公司，为县级分支机构，主要提供GSM移动通信、固定电话、宽带、IP电话、国际/因特网/固定数据通信、无线接入、语音信箱、系统集成等全业务通信产品和信息服务，能充分满足社会日益多样化的信息需求。2010年内设综合部、市场营销部、营业厅共3个部门，年底有在职职工15人，外聘保安2人。单位地址在石林县鹿阜镇石林中路133号。

经理：严幼林

【主要指标完成情况】 2010年石林联通完成业务收入1239万元，同比增长3.08%，净增用户397户，年底在网用户累计达18000户，圆满完成了市公司下达的任务。

【网点建设】 2010年石林联通GSM网络第18期工程圆满结束，新增机站4个，使石林联通的G网基站达67个，35个3G基站正在建设，实现县、乡（镇）、村网络覆盖率达97%以上，网络质量全面升级。

2010年石林分公司新建服务网点6个，自建他营营业厅4个（石林圭山煤矿营业厅、石林海邑营业厅、石林板桥营业厅、石林路美邑营业厅），网点累计达108个，销售服务点遍及全县各乡镇及部分村委会，方便了用户的购买和使用，降低了用户的购买成本。

（撰稿人：中国联通石林分公司 徐季红）

城乡建设

城乡规划

【县住建局】 1983年成立县城乡建设环境保护局。1998年11月9日，县城乡建设环保局分设为县城乡建设局、县环境保护局。2002年8月，更名为县建设局。2010年机构改革，设立县住房和城乡规划建设局，同时加挂县城市管理综合行政执法局、县园林绿化局、县人民防空办公室的牌子。2010年7月机构改革后，内设科室有办公室（审计科）、规划管理科、建设管理科、园林绿化科、城市管理科、住房保障科6个行政科室，房地产管理所、测绘所、环境卫生管理站、监察大队、园林绿化管理站、城建档案室6个全额拨款事业单位和1个全额拨款的二级局防震减灾局，设计室、质监站、定额站3个自收自支事业单位，固体废弃物处置中心企业1个。2010年末全局有干部职工120人，其中：公务员25人，专业技术人员49人，工人39人，企业人员7人。单位地址在鹿阜镇石林南路238号。2010年资助支农联系点板桥镇板桥村委会5000元生产经费。

书　记：段正平（7月止）
局　长：冯正清
副局长：普立云（彝族）
何道敏
龙志彬（彝族）
李福金
副书记：郭兆燕（女）

【工程测绘】 2010年完成了石林镇中心学校林口铺小学现状、圭山镇文化活动中心用地、海邑供销社农资配送中心用地、石林广建房地产开发有限公司世纪阳光小区用地、石林县民族小学及民中片区现状地形、云南滇璞红木工艺有限公司用地、南门社区槐树居民小组宾馆用地、石林县鑫瑞物资建材有限公司农资物流配送中心用地、石林县农业生产资料公司农资交易市场及配送中心用地和农资科技培训中心用地、彝族第一村绿化用地、石林鑫润房地产开发有限公司钰鑫苑用地、昆交集团石林公司交通商务中心用地、中国石油云南销售分公司狮山加油站用地等27个项目的现状地形图测量；完成了石林县民族职高新建项目、石林乾仪商贸有限公司西街口加油站、昆明高等级公路管理段生活区、石林县邮政局石林岔口邮政所、石林东部汽修厂、石林天奇房地产开发公司天奇花园及东山路住宅区和双龙街商住楼、海南第五建筑公司石林滨江路现状、云南烟叶复烤有限责任公司石林复烤厂初烟挑选生产房、石林福牛文化有限公司石林斗牛城、春源天景小区等23个项目的竣工图测量。共计有50个项目，测量面积1235146.175平方米。完成了阿诗玛东路延长线私人住宅李燕红、李学、苗云华、李凤书、李树云、赵桂芬、许正红等共11户、海邑供销社农资配送中心规划用地、石林广建房地产开发有限公司世纪阳光小区规划用地、梦达尔房地产开发有限公司梦达尔公寓一期规划用地、石林县农牧局植保植检站规划用地、东门社区学地山居民小组临江宾馆附楼规划用地、石林喀斯特地质博物馆用地、石林民族中学搬迁新建用地、云南中润投资有限公司石林中央金座等项目的拨地钉桩工作共25项。工程项目出图率100%，测绘产值30万元。

【城市规划】 2010年累计投入规划编制资金400多万元，完成了石林县南城片区、西城片区控制性详细规划编制，并通过规委会审批；完成了西城区、西石路重点地段设计、生态工业集中区的城市（景观）设计并通过规委会审批，巴江河城市景观设计已完成初步设计；组织实施了《昆明石林城乡一体化建设先行区发展规划》编制，启动了先行区（三镇合一）总体发展规划、先行区城镇规划、产业发展布局规划、交通网络规划。

【集镇规划】 按照城乡规划“四个百分之百”的目标，坚持高起点、高标准、高品位的规划编制总体要求，加大力度，加快建设，完成了阶段性目标。长湖、西街口、圭山、大可、石林等5个乡镇完成了集镇详规编制，并通过规委会审批。

【村庄规划】 2010年投入300万元，组织完成了387个村庄规划编制工作，编制村庄规划面积达193.5平方公里，实现了规划全覆盖的目标。

城市建设

【城乡建设概况】 2010年全县完成房屋建设总面积14.99万平方米（其中住宅面积0.5万平方米），房屋总投资424870万元（房地产投资66313万元、城镇投资358557万元）。

全年在建项目100个，完成固定资产投资16.17亿元。完成滨江花园二期、石林财富中心、石林东城商贸中心、世纪阳光、中国彝族第一村、云林五星级酒店、团结水库加固扩建工程、石林天然气管网工程、鹿阜小学标准化、石林镇完小标准化、石林县节水灌溉、狮山路二期工程、石林县第三批廉租住房、长湖镇中心小学、大可乡中心小学、圭山镇中学小学、西街口镇宜奈小学、2010年中央资金人饮项目。

全县有自来水厂4个，日净化水量达1.5万立方米，年供水量为457.64万立方米，供水管道长669.6千米，供水普及率100%，饮用水源水质合格率达100%，出厂水水质合格率达100%。全县排水管道长64.5千米。

继续实施公有住房、房改房等二级住房交易市场上市，启动货币分房和廉租住房制度，开发巴江俪岛小区、电力小区、水岸新城等住宅区，推动住房市场向商品化发展。

【基础设施建设】 2010年全面推进鹿阜旧城改造，鹿阜旧城大兴片区改造（金彩石林商城）一期工程已投入使用，鹿阜旧城粮食局片区改造（鹿阜商业广场）已完成物资公司综合楼及粮食局三层综合楼的拆除及建筑垃圾清理，鹿阜旧城武庙片区改造（水石坊文化旅游项目）已完成97户拆迁安置补偿协议签订，鹿阜旧城小古城片区改造已签订拆迁协议27份，鹿阜旧城改造共完成9103.8平方米的房屋拆迁。启动了桃源水乡的开发建设，桃源湖建设项目总占地面积285亩，完成总工程量的40%，坝上桃源村搬迁安置项目337户850人，完成30户测绘工作，正在进行宣传动员；桃源水乡道路BT项目建设162亩，1号完成总工程量的63%，2号正在进行路基工程和排水工程。完成了石林南路片区市政道路、西城区鹿阜小学市政道路的建设，狮山路二期工程完成总工程量的84%，巴江中学外围3号、5号市政道路中，3号完成总工程量的13%，5号路正在进行红土碎石层施工，巴江商贸城片区市政道路于7月15日举行开工仪式，阿诗玛东路延长线至污水处理厂南片区、沙地片区、麻地兴片区市政道路已完成可研报告，石林南路片区的雨污分流改造工作已完成。

截至2010年底，完成新增市政道路11.25千米（其中：狮山路二期1.38千米、石林南路片区市政道路1.03千米、西城区鹿阜小学市政道路0.66千米、巴江中学外围1号路0.7千米、工业大道5.48千米、中国彝族第一村内市政道路2千米）。做好市政基础设施的维修，加强对现有城市排水系统的清淤清障、汛期防涝工作，全年完成1335座窨井和1416个地漏的清掏，确保现有排水系统的正常运转。

【县城建设】 2010年县城新增绿地18.58万平方米，占市下达任务的124%。绿地率达40.51%，绿化覆盖率45.5%，人均公共绿地面积达19.32平方米。2010年5月28日，被国家住建部授予“国家园林县城”称号。新增城市道路20.6万平方米，人均拥有道路面积25.5平方米。新装路灯320组，改造路灯1组，城市路灯达2184组，城市亮灯率达98%。日处理垃圾100吨，生活垃圾无害化处理率100%。万人拥用公厕5.7座。用水普及率100%、水质合格率100%。天然气站建成并投入使用，新增管道20千米，用气户数达3000户。

2010年县城建设总投资达16560万元，新增建筑面积16.36万平方米，实有房屋建筑面积246.1万平方米，实有住宅面积82.66万平方米，住宅人均使用面积达28.3平方米，居住条件不断改善。

2010年县城建成区面积增加了1.31平方千米，建成区面积达9.41平方千米，城镇化率31.7%，城市人口5.93万人。

【东城区建设】 2010年东城区在建项目有东城商贸中心、东山综合商贸楼、实验中学配套设施建设。东城商贸中心在完成主体工程及外装修后处于停工待建状况；东山综合商贸楼由石林辉煌房地产开发有限公司投资建设，工程占地面积5819平方米，建筑面积12164平方米，计划投资2085万元，于2010年11月开工建设，年内完成地质勘探、基础设施建设，完成投资300万元；实验中学配套设施建设，投资1200万元建成2450平方米的报告厅和一个标准的运动场。区内道路建设、园林绿化、路灯照明全部由市政专业管理部门进行日常管理。

【房地产开发建设】 2010年新发展房地产企业4家，至年底石林房地产企业共有20家，其中：三级资质的1家，四级资质的15家，暂定资质4家。开发实施的房地产项目有石林佳园、石林撒尼古城C幢、梦达尔公寓一期、石林“世纪阳光”住宅小区、石林双龙锦苑、石林天汇商住楼、石林中央金座、兰馨园、石林桃源水乡一期（8号地块）、上海张江石林旅游项目（一期）、石林巴江明珠岭城、中核旅游度假村（悠然墅三期）等14个项目，开发实施建筑面积620437.689平方米，计划投资2700亿元，完成投资66313万元，完成建筑面积56666平方米。

镇（乡）村建设

【集镇建设】 2010年全县累计投入集镇建设资金达2298万元，新增集镇面积0.6396平方千米，新增集镇市政道路面积24372平方米，修缮街道26153平方米，修建污水管网4828米，新建垃圾箱（池）83个，拆临拆违3874.96平方米，植树124010株，新增绿化面积96095平方米，新增集镇人口1346人。一是板桥集镇新增集镇市政道路面积2064.4平方米，修缮和改扩建街道3221.28平方米，修建污水管网2767米，新建垃圾池12个，新增绿化面积2797平方米，植树10800株，新增集镇人口214人；二是西街口集镇新增集镇面积0.01平方千米、集镇市政道路面积1400平方米，修缮和改扩建街道12000平方米，修建污水管网200米，新建垃圾池3个，新增绿化面积200平方米，植树100株，新增集镇人口250人；三是石林集镇新增集镇面积0.2平方千米，新增集镇道路面积7388平方米，修缮和改扩建道路面积5280平方米，修建污水管网820米，新建垃圾池25个，新增绿化面积42000平方米，植树38000株，新增集镇人口200人，拆临拆违1770平方米；四是圭山集镇新增集镇面积0.4平方千米，新增集镇道路面积7440平方米，修建污水管网470米，新建垃圾池6个，新增路灯10盏，新增绿化面积32000平方米，植树50000株，新增集镇人口300人；五是长湖集镇新增集镇面积0.02平方千米，新增集镇道路面积5280平方米，修缮和改扩建道路面积5652平方米，修建污水管网471米，新建垃圾池3个，新增绿化面积7618平方米，植树13154株，新增集镇人口87人，拆临拆违595.955平方米；六是大可集镇新增集镇面积0.0096平方千米，新增集镇市政道路面积800平方米，修建污水管网100米，新增绿化面积9600平方米，植树10000株，新增集镇人口50人，新增路灯34盏，新修河道600米；七是路美邑集镇（当年新增集镇面积为零。路美邑集镇按照属地管理原则，属鹿阜镇的小集镇）新建垃圾池4个，新增绿化面积1880平方米，植树1956株，新增集镇人口245人，拆临拆违面积1509平方米。

截至2010年末，鹿阜镇路美邑集镇面积2.2平方千米、石林镇集镇面积3.25平方千米、圭山镇集镇面积2平方千米、长湖镇集镇面积0.93平方千米、西街口镇集镇面积0.38平方千米、板桥镇集镇面积1.1平方千米、大可乡集镇面积0.311平方千米。

【村庄建设】 全县共有自然村387个，村（居）民委员会93个。2010年建设总投资14627万元，其中：住宅总投资8102万元，公共建筑投资628万元，生产性建筑投资973万元，公用设施投资4924万元。本年建房户1304户，拆旧翻新改建住宅15.08万平方米，年末实有住宅面积达798.46万平方米，人均居住面积43.95平方米；新建公共建筑4.18万平方米、生产性建筑5.15万平方米，年末实有公共建筑132.48万平方米、生产性建筑345万平方米；新增供水管道长度68.80千米、排水管道5.50千米，年末实有村庄内道路1078千米、排水管道沟渠23千米；实现村村通电，路灯盏数485盏；自来水受益村庄278个，有供水设施的村庄232个；新铺装道路104.85千米，实有道路长度1336.23千米，桥梁53座；实现主要街道硬化的行政村93个，实现通公交车或客运班车的行政村93个，对生活污水进行处理的行政村22个，有生活垃圾收集点的行政村49个。

园林绿化

【公共绿地建设及管理】 2010年2月10日石林县被命名为国家园林县城，2010年5月28日在苏州举行了国家园林县城奖牌颁发仪式。2010年县城新增绿地总面积达53万平方米（其中：公共绿地新增面积4万平方米，附属绿地新增面积14.18万平方米，其他绿地34万平方米）。完成增绿补绿27177.25平方米，栽植树木3391株。其中完成屯西路、林安街、兴龙街、双龙街道路附属绿地绿化587.45平方米，栽植树木2种210株。完成东城区红绿灯路口旁空地绿化，绿化面积6914.6平方米，栽植滇润楠、海桐、银杏等乔木1230株。完成南城区鹿阜小学入口道路绿化，栽植乔木282株。完成生态工业集中区道路绿化1.88806万平方米，栽植树木1587株。东城路新增绿地194.6平方米，栽植乔木71株。完成对27个临街临路临巴江单位围栏绿化工作的整改，整改的围栏绿化长度1975.4米，栽植小叶女贞、火把果等灌木8435株，栽植金竹276.1米。县城建成区有各类公园13个、绿化广场及街旁绿地21处，超过1000平方米以上的公共绿地共有11块，市民出门500米就可以进入一块1000平方米以上的公共绿地，保持建成区绿地率达40.51%、绿化覆盖率达45.5%，人均公共绿地面积达19.32平方米。同时，投入大量的人力、物力，切实加大了抗旱保苗工作，确保苗木的保存率和成活率100%。

【生产绿地建设与管理】 截至2010年12月，石林县城市规划区较有规模的苗圃有9个，生产绿地总面积50.56万平方米。经普查统计，石林县城周边9个苗圃内培育有乡土植物62个科113个属156个种。各苗圃存圃的苗木以乡土树种为主，品种丰富，规格齐全，为县城的特色绿化提供了保障，苗木自给率达85%。2010年度全年完成山桐子、罗汉松、枸子、香樟、水红木、天竺桂、云南含徐、马醉红等26652袋乡土苗木的换袋工作；共播种香樟、紫荆、爬山虎、云南多依、勾儿茶、无患子、虎仗、冬青、金丝桃、山楂、枸子、昆明十大功劳等12种乡土树种；完成了苗圃内绿化苗木的施肥6次、修剪涂白1次、病虫害防治4次。

【专用绿地建设与管理】 2010年完成新增单位小区附属绿地绿化14.182978公顷，其中：阿诗玛旅游小镇2公顷，天奇小区6.6528公顷，巴江俪岛二期2.8620公顷，生态工业集中区道路附属绿地绿化1.88806公顷，石林民族职业高级中学0.780118公顷。县城建成区各单位小区完成攀缘植物种植6.038万株，其中：巴江俪岛小区31000株，天奇小区15100株，武警昆明市支队石林县中队2050株，行政中心2200株，县残联100株，阿诗玛旅游小镇一期小区2530株，中国石林彝族第一村斗牛场400株，东城区公共绿地3000株，水岸星城小区4000株。

2010年石林县机关事务中心、石林民族高级职业中学被评为昆明市园林单位；石林天奇花园小区被评为昆明市四星级园林小区，石林巴江俪岛小区二期、万城阿诗玛旅游小镇小区一期被评为三星级园林小区。

申报县级园林单位（小区）的11家均被评为县级园林单位（小区），其中五星级园林单位是石林县机关事务中心，四星级园林单位是石林民族高级职业中学、石林县工商行政管理局，三星级园林单位是武警昆明市支队石林中队、石林巨鹏天然气储备站，二星级园林单位是石林县计生服务站、石林县残疾人联合会；五星级园林小区是石林天奇花园小区，四星级园林小区是石林巴江俪岛小区二期、万城阿诗玛旅游小镇小区一期，二星级小区是石林县东城区廉租房小区。

【古树名木管理】 截至2010年年底，对石林县城规划区的795株古树进行了实地调查及挂牌。经鉴定后，795株古木分别属于13科18属19种，主要以黄连木、清香木为主，其次是棠梨、云南山楂、无患子等。属于国家一级古树（500年以上）有0株、国家二级古树（300～499年）8株、国家三级古树（100～299年）787株（三级古树中包括古树群10个，群内共有古树488株）。

城市管理

【规划实施管理和监督】 全年共组织规委会项目评审20次，评审项目78个，召开规划办会议43次，确保规划的权威性。同时，对申请选址的建设项目，按照规划要求，进行实地踏勘，2010年申请选址的建设项目44项、踏勘44项，现场踏勘率达100%。全年办理《建设项目选址意见书》46件、《建设用地规划许可证》44件、《建设工程规划许可证》75件。做好建设工程施工许可证、工程验收合格证的核发工作，建设工程报批审查68个，核发施工许可证41份，核发竣工验收证15份，发证率达100%；新上项目初审意见22件、临时占用、挖掘城市道路审批4件、城市规划区内树木移植及10株以下树木砍伐审批9件、户外广告设置17件、建设工程施工安全生产措施备案18件，建设项目选址现场踏勘率和发证率达100%，对所有审批项目实施了跟踪监督管理。

【建筑队伍管理】 年内精心组织15家建筑施工企业进行资质年检（其中有10家房屋建筑工程企业、3家建筑装修装饰企业、1家水利水电企业和1家送变电工程企业），对项目经理、施工人员等建筑队伍实施建造师执业资格证管理制。根据有关文件精神，组织培训班5期，组织建筑行政主管部门相关管理人员、建筑设计、房地产开发、监理及工程质量监督检测单位的管理和技术人员、项目经理、从事工程造价活动的技术人员及其他原持有《工程建设标准强制性条文培训合格证》的人员培训，共培训行业系统人员1200人次，均取得合格证，不断强化了建筑施工企业相关人员的理论知识，增强了综合素质。

石林房地产建筑有限公司：公司成立于1992年，前身为“石林县房地产建筑公司”，属于石林房地产开发有限公司子公司，注册资本710万元，建筑资质为三级，法定代表人李进东。公司创建二十年来，有直属项目处11处，二级建造师15人，临时建造师及建造员7人，工程师及技术员46人。公司各种施工机械设备齐全，能满足三级资质范围内不同工程的需要。自2006年以来，在省、市、县建筑行业评比中，公司连续三年荣获“守合同重信用企业”、“先进单位”和“诚信企业”称号。公司自成立以来，先后建设了蚊子口小区、双龙经济小区、南苑小区、东城区商业服务中心、经济适用住房安居工程一期、二期、东城区经济适用住房、巴江丽岛小区、东城区竹雨雅苑、石林滨江花园二期、石林县民族职业高级中学、双龙锦苑建设工程等。建设类型主要以联排别墅、商住、办公楼、学校为主，建设面积达120万余平方米。

石林天奇建筑工程有限公司：石林天奇建筑工程有限公司隶属于石林电力工程发展有限公司，公司于2007年8月1日成立，注册资金2000万元人民币，公司有项目经理（二级建造师）17人，有相关的各类工程技术职称及经济管理人员156人，各类特殊工种在岗人员186人。公司主要从事民用工业建筑及强、弱电的土建、安装装饰、给排水、土石方、道路工程施工，具有国家法定的建筑工程施工总承包二级资质。公司于2007年12月28日顺利通过GT19001-2000-9001：2000标准质量管理体系认证，于2008年9月荣获昆明市“守合同重信用企业”荣誉证书。2010年主要承建了天奇花园小区、石林东门小组居民楼、石林县路美邑堡子小学标准化建设、石林电力工程发展有限公司双龙街天奇商住楼、石林县电力工程公司业务用房、东海子村委会小新村科技文化工程、石林供电有限公司计量室装修改造工程，建设面积达13万平方米。

石林县鹿阜镇南门街建筑公司：该公司于1982年9月成立，住址位于县城龙泉路38号，是经政府批准并经工商行政管理局登记成立的集体所有制企业，资质等级为房屋建筑工程总承包三级。公司下设7个项目部，1个建材经营部，有固定职工182人，公司管理人员32人。高级工程师2人，工程师18人，初级技术职称及经济技术人员30人，二级建造师（含临时）9人，建造员11人，各技术工种132人。企业拥有各种先进装备及施工机械，能满足中型建筑物、构筑物的施工需要。企业注册资本686万元，现有资产1700万元。多年来公司一直被评为市、县的“先进施工企业”、“先进集体企业”，得到“重合同、守信誉”的光荣称号。2005年路美邑职业高级中学教学楼工程曾被市建筑业管理局评为“样板工地”等。连续10年被县工商管理局评为“重合同、守信誉”企业。公司于2003年通过了ISO9001：2000质量体系认证后，严格按标准施工，于2009年经过审核，现执行国家新标准ISO9001：2008标准。2010年企业全年生产总值为6665万元，创收利润135万元，上缴税金220万元。2010年承建了石林县书城改扩建工程、石林县看守所搬迁新建工程、石林县巴江中学标准化建设、石林县委党校搬迁新建工程、圭山镇各小学卫生厕所工程、兴隆交通公司客运车站工程、板桥各小学修缮工程、抗旱水窖工程、圭山镇中心学校各小学工程、石林县粮食局办公室修缮工程。

【招投标管理及建筑设计】 全年共办理招投标项目报建审批68项，办理建设项目招投标监督备案125项，依法组织公开招标61项，邀请招标4项，竞争性谈判3项。全部工程均按有关法律法规采用公开招标方式，达到了国家和省、市提出的应招标工程招标率为100%、应公开招标工程公共招标率100%的“双百”目标。全年共完成建筑设计单体35项，建筑面积达1.7万平方米，完成设计产值70余万元。

【定额造价管理】 全年完成了石林彝族第一村商铺建设、挡墙、入口广场，鹿阜中学标准化建设，园博园土方工程，驾驶员广场土建工程，圭山镇中心小学标准化建设，大可中心学校标准化建设，第三批廉租房等60多个重点建设工程拦标价编审工作，编审工程造价达2.5亿元，面积达18万平方米，编审结算30多个工程项目，编审造价达1.5亿元，审减率为6.8%，节约财政投资2000多万元。完成了拦标价备案审查15个项目，工程造价3000多万元，审减率为3%，节约财政投资100多万元，从源头控制了造价高及实施过程中工程造价扯皮问题。

【工程质量监督】 2010年质监部门共监督在建工程项目110个（结转58项、新开工52项），监督建筑面积135.23万平方米。完成工程竣工验收项目18

个，竣工验收面积达14.35万平方米，完成工程竣工验收备案17项，竣工验收备案面积14.29万平方米，竣工验收工程全部达合格工程标准，工程质量稳步提高。对110个在建工程项目施行工程结构实体无损检测和结构砌体砂浆强度检测，出具检测报告1000份，实现了工程质量监督工作由等级核验制向备案制的转变。同时，试验室按程序和技术标准对相关建筑工程的建筑材料、试件、试块等进行试验检测，检测砼试件10600组、砼浆试件7500组、钢筋力学性能检测6800组、烧结砖及砼砌块240组、水泥质量复检365组、建筑用沙质量检验109组、建筑用石质量检验69组、普通砼配合比设计试验142个、砌筑砂浆配合比设计试验173个，开展了室内环境质量检测、土工试验、防水卷材检验75组。

【安全生产管理】 2010年来办理建筑施工安全报监备案34件，建筑面积27.75万平方米，监督监管项目27个，监管面积83.75万平方米。全面推进建筑施工现场的人身意外伤害保险工作，为45个项目办理了建筑施工意外伤害保险。开展建筑施工安全检查220多次，下发整改通知书78份。定期对县城内及各乡镇液化气站（点）进行检查，共检查23次。组织施工安全培训班1期600人次、液化气安全消防培训1期40人次，及时排查各类安全隐患，发现问题及时督促整改，在行业管理范围内无重特大安全事故发生。6月份组织开展“安全生产月“活动，发放材料10000份，营造良好的安全生产氛围。

【防震减灾】 针对2010年的地震形势，县住建局在人员不固定、监测手段单一的情况下，积极做好防震减灾知识宣传，发放宣传知识2万余份，加强监测仪器的管护，确保仪器监测传输正常。

按照省、市2010年11月下达的计划任务，2010年石林县共实施农村民居抗震加固改造工程1700户，其中：危房改造200户，修缮加固1400户，拆除重建100户。至年底各乡镇正监督组织实施，预计2011年3月20日以前完成。

【房地产管理】 2010年完成房屋所有权登记审批、发证3923份，房屋他项权利登记1716份，房屋他项权利注销登记1350份，房屋初始登记3059份，房屋转移登记607份，房屋变更登记257户，产权档案立卷归档3923卷，归档率达100%。核发商品房预售许可证明6本，预售总面积21.48万平方米，售商品住房登记备案1681份。完成财政预算外收入204万余元。完成低收入人群100多人的租赁补贴月检审发放工作，廉租住房管理进一步规范。加大对直管公房的维修和管理，投入6万元资金进行修缮，做到防患于未然。

【市容市貌综合整治】 全年整治建筑立面外挑设施9443户，整改面积10227.85平方米，签订“门前三包”责任书1581份，规范违章占道经营、超铺面经营6万余起，取缔违章占道经营1500余起，查处乱停乱放机动车及非机动车行为170余起，查处道路泼洒10起，乱泼、乱倒5起，清除县城范围内14条主街道非法粘贴、喷涂的小广告共计2万余条，拆除破旧广告、布标、灯箱1779个，拆除不符合要求和不规范设置的店招店牌共226块面积2579.43平方米。数字城管系统接受电话举报18起，处理率为100%，“城管通”及时录取、拍摄举报地点及处理结果图片资料上传至市数字城管局共计43条。进一步加强路灯、地漏、窨井、人行道、街道路面、电缆、树池等市政设施管理力度，各项市政设施完好率始终保持在98%以上。

【拆临拆违】 加大违法加层和无序建房的整治力度，实行专职人员每日巡查制，做到发现一起、制止一起、拆除一起，2010年以来拆除临违建筑11864.47平方米，其中：拆除西石公路旁临违建筑72户，拆除2503.62平方米。

【环境卫生管理】 2010年街道清扫保洁全部公开招投标对外承包，全年共巩固清扫道路65条，日清扫保洁面积126万平方米，管理公厕11座，安装果皮箱200只，设置垃圾箱9个、垃圾桶434只，清运垃圾21600吨、粪水3000余吨，处置垃圾21600吨，清扫率达100%；机械化清扫22.61万平方米，道路清扫机械化率35%；道路机械喷雾降尘和洒水面积89.46万平方米，主要道路机械喷雾降尘率和洒水冲刷率达到71%；县城生活垃圾清运率达100%，无害化处理率达100%。同时大力指导支持各乡镇积极开展城乡垃圾无害化收运处置、“六清六建”、“四全”等环境卫生管理工程，板桥镇、长湖镇、石林镇配备垃圾车3辆，乡镇环境卫生状况明显改善。

【城建档案管理】 全年收集工程竣工档案121卷，整理归档工程竣工档案155卷，办理工程竣工档案验收手续34个，收取率达98%以上。完成文书档案整理1300件，共查、借阅档案78卷101人次。

【清欠工作管理】 按照属地管理原则，年初县属15家建筑企业还存在历史拖欠工程款有5家建筑企业，在29个拖欠项目中拖欠工程款1910.51万元。截至2010年12月底，已偿金额为1174.57万元，拖欠工程款金额为735.94万元。

【物业管理】 2010年石林县新成立1家物业管理公司、3家房地产中介公司，资质均为三级。至年末累计物业管理有4家、房地产中介公司3家。全县进行业主物业管理的小区有24家，物业管理工作正逐步走向规范化、制度化。

（撰稿人：县住房和城乡规划建设局 唐丽琼）

国土资源管理

【县国土资源局】 1988年2月，成立

县土地管理局。1994年10月，县级机构改革，县土地管理局和县建设局合并成立县土地建设环保局。1997年9月，恢复县土地局建制。2002年7月，县人民政府撤销矿产资源管理委员会办公室和县土地管理局，组建县国土资源局，领导体制调整为市、县双重领导，以县政府的领导为主。2010年局机关设办公室、法规科、用地科、地质矿产资源科、地籍科、规划科等7个科室。有下属事业单位10个，即：执法监察大队、土地矿产储备中心、土地交易中心、土地开发整理中心及7个国土资源所。2010年底，全系统在职在编人员58人（局机关18人，其中：公务员11人，事业人员7人，工勤人员7人；监察队管理人员7人，工勤人员1人；土地矿产储备中心1人，属专业技术人员；土地交易中心1人，属工勤人员；土地开发整理中心无人员；乡〈镇〉国土所30人，其中管理人员27人，工勤人员3人）。局机关办公地点在石林中路。2010年，全体职工为抗旱救灾捐款55135元，落实抗旱、支农帮扶、人口普查、园林绿化及扶贫工作经费40280元。抗旱救灾打出出水井5口移交各乡镇村组管理使用。

2010年，县国土局主办的7件人大代表议案、建议及政协委员提案均做到调查率、面商率、满意率、答复率、答复满意率100%。协助办理人大代表议案、建议3件、政协提案7件。

局　　长：张　汶
副 局 长：赵智红（女，彝族）
　　　　　赵剑波
　　　　　李一波（6月起）
　　　　　韩春云（12月起）
总规划师：许　林（12月起）

【招商引资服务】　2010年完成苏宁环球集团石林项目一期项目新增建设用地59.08公顷土地的征地补偿报批工作，对拆迁后原有的27.07公顷建设用地编制了供地方案上报审批。积极争取，使石林县2009年上报的133.21公顷项目用地取得批准文件，确保了桃源水乡等重点招商引资项目顺利落地。有保有压、重点保障，在上级下达用地指标100公顷的基础上争取追加了50公顷的用地指标，共计133.13公顷新增建设用地报件已报省国土资源厅，并已全部受理，确保2011年各新上项目合法、及时使用土地。编制完成了桃源水乡等20个项目地块共90.84公顷的具体项目的供地方案上报市政府审批，为项目的顺利实施提供了合法的用地保障。完成县医院等7块单独选址供地项目地块的地质灾害评估和建设项目压覆矿产资源情况调查备案。协调解决台创园、工管会等土地利用的具体问题，确保拟建项目与土地利用、土地供应政策相吻合，有力推动各项目的顺利实施。继续做好2009年的招商引资工程中核旅游度假区、世纪阳光项目的推进工作，中核旅游度假区累计完成投资8110万元，一期工程基本完工，二期工程正进行主体工程施工；世纪阳光项目一期工程共7栋楼房，累计完成投资5500万元，主体工程施工已近尾声。

【国土资源现状】　至2010年10月底，全县耕地58192.86公顷，园地2737.75公顷，林地73220.9公顷，牧草地5943.32公顷，城镇村庄及独立工矿用地5212.07公顷，交通用地3270.91公顷，水务设施用地2648.45公顷，未利用土地16818.41公顷。

2010年全县开采的矿产资源有煤、铁、磷、铅锌、重晶石、饰面石料用灰岩（大理石）、粘土、沙等矿种。至2010年底，全县持有采矿许可证矿山共118个，其中：建筑石料用灰岩（大理石）矿59个，水泥用灰岩矿1个，水泥用沙矿1个，粘土矿16个，铅锌矿2个，磷矿2个，煤矿20个，砂矿13个，铁矿3个，建筑用玄武岩矿1个。

【矿业管理】　石林县共设有116个采矿权，对54个即将到期的采矿权下发了预警通知，提醒矿权人做好采矿许可证延续换证准备工作。办理了3个采矿权转让变更登记、37个采矿权到期延续登记发证工作。办理采矿权合规性审查42个、矿产资源储量评审备案证明42个、开发利用方案备案42个、建设项目压覆矿产资源证明5个。征缴矿补费187.79万元，有偿使用费186.54万元，采矿权使用费5.9万元，采矿权价款7万元。公开出让石林县西街口镇寨黑村独山脚普通建筑材料用石灰岩矿采矿权、石林县电力设备公司大菜子地大理石矿扩大矿区范围采矿权、石林县存德普通建筑材料用石灰岩采矿权获得成功。将现有的11户煤矿企业12对生产矿井，整合为3户煤炭企业8对生产矿井，生产规模提高到60万吨/年以上。

【国土资源规划调查】　2010年在9个矿区开展了矿产资源利用现状调查，调查范围涉及28个矿权4个矿种，调查工作基本完成。与泸西县国土局协调，完成了圭山13、14、17、18、19号井田采矿权调查数据汇总工作。经过实地核查，有5个矿业权矿区漂移，14个矿区重叠，越界开采26个，采矿许可证探矿证过期8个，已分别进行变更、调整、整改。对存在采矿权许可证生产规模计量单位与登记数据库不一致，缺登记项和登记项有误及登记项与实际不一致等问题，在检审证件时进行配号、补录、变更更正，进一步规范矿山开采的各种证件，统一管理，做到信息准确，查找方便快捷。

2009年8月，第二轮矿产资源规划工作启动，年内完成了材料的收集和文本的定稿，通过省、市级专家的评审，已上报省国土资源厅，待验收后正式实施。

石林县第二次全国土地调查完成农村部分1680平方千米、城镇部分6.7平方千米和一般建制镇9.2平方千米的内外业调查工作，通过验收，并建立了相应的数据库，其中农村部分数据库已通过国家级审核。

完成土地利用现状图、建设用地规划布局图、基本农田保护图并提交省国土资源厅审核备案。规划大纲已通过了市级审查和省级审核备案。全县划定耕地保有量53850.57公顷，划定基本农田保护面积45551.27公顷，在鹿阜、石林、板桥镇等城镇规划新增建设用地996.75公顷。县、乡两级土地利用总体规划文本及成果数据于2010年11月12日通过了省级专家评审，11月30日上报云南省国土资源厅审查。本轮土地利用总体规划修编工作采用先进技术，统一在ArcGis软件平台上编制，县级总体规划和乡镇级总体规划同步开展，数据成果共享。全县7个乡镇土地利用总体规划修编工作也基本结束，完善规划报告后，将分批统一审查批准。

响应部省合作协议，加快云南省旅游产业发展，收集、报送了《云南省旅游产业土地利用专项规划》基础资料4.6G的电子数据。

【服务经济社会发展】 全年完成土地收储248.86公顷，涉及的重点建设项目有：苏宁环球集团石林旅游项目、桃源水乡建设项目、石锁（石蒙）高速公路石林县境内段设计变更增征土地、环城东路设计变更增征土地、狮山路二期、石林大道东面大坡场片区、大坝村安置房片区、西城区农资交易市场片区、大屯片区、工业园区。供应土地102.03公顷，土地出让总收入56855.71万元，土地纯收益7771.89万元，其中：招拍挂出让土地21宗90.84公顷，土地出让总价款56737.56万元，上缴土地收益金7535.76万元；划拨土地补办出让手续132宗6.90公顷，补缴土地价款118.16万元；划拨供地4宗4.29公顷，划拨土地收入365.19万元。完成建设项目用地初审31件62.84公顷，完成建设项目用地预审8件16.39公顷。完成单独选址项目预审6件；核拨年度计划指标117.9821公顷，满足了狮山路二期、人民医院搬迁项目、彝族第一村斗牛城、环城道路四个单独选址项目及石林县2010年第一批、第二批和第三批城市建设用地指标；组织汇编上报了2011年土地利用计划指标建议草案，将47个具体项目纳入批次上报计划，总面积为616.9公顷。组织召开了石林县城镇土地定级与基准地价更新成果听证会，对更新石林县城镇土地定级与基准地价的必要性、可行性以及具体内容征询社会各界意见。石林县城镇土地定级与基准地价更新成果于7月15日通过了云南省国土资源厅的验收，并于8月16日将县城规划区和板桥镇、圭山镇、长湖镇、大可乡、西街口镇集镇规划区城镇土地定级与基准地价更新成果向社会公布实施。

【保护开发节约集约用地】 路美邑中低产田项目改造工程第一批改造规模613.33公顷，投资1443.13万元，年内已完工投入使用。天生关现代烟草农业示范区土地开发整理项目工程规模为642.93公顷，投资总额为940万元，年内已完工投入使用。拟对西街口镇新木凹村土地进行开发整理，项目规模为570公顷，总投资约为2000万元，已报上级土地主管部门审批。完成第二次全国土地调查新增耕地确认工作，做好西街口镇新木凹等10个拟建项目占补平衡的可研、立项等工作。结合石林县城乡建设用地利用现状，在全县各乡镇开展城乡建设用地增减挂钩工作，试点项目《石林世界自然遗产地搬迁项目区城乡建设用地增减挂钩试点实施方案》已委托中介机构编制，项目拆迁面积约35公顷，预计恢复自然景观用地25公顷，恢复优质耕地10公顷。

【地质环境保护与地质灾害防治】 2010年在大可乡平田、西齐路村2个滑坡隐患点植树、栽种竹子21亩，在圭山镇当甸龙王寺煤矿泥石流区栽竹子5亩、植树3亩，在鹿阜镇堡子村仙人洞公墓范围内植树9.5亩。收缴矿山地质环境恢复治理保证金168.93万元，争取石林溶岩峰林地质遗迹保护项目专项资金440万元。

成立了县、乡地质灾害防灾减灾领导小组和突发性地灾应急指挥部，分工明确、责任细化。在地质灾害现状调查的基础上编制了《2010年石林县地质灾害防灾减灾方案》、《石林县突发性地质灾害应急预案》。通过地质灾害隐患点的再排查和省、市专家的核查，全县共有地质灾害隐患点18个，涉及6个乡镇1400多人。针对地质灾害隐患点发放了地质灾害工作明白卡32份、避险明白卡424份、隐患通知书32份。同时对下打磨箐村和西齐路村实施完成了整村搬迁，对上打磨箐村、落水洞村实施逐步搬迁，上打磨箐村年内已搬迁32户，落水洞村已搬迁38户。对暂不具备搬迁条件的地质灾害隐患点也采取了工程及生物治理、监测预警等相应的防治措施。县、乡（镇）、村、组层层签订目标责任书，汛期内认真执行“四项制度、三项措施”，启动24小时值班制度，强化险情巡查治理制度，加强汛前排查、汛中巡查，安排好灾害治理和防灾避让。为应对突发地质灾害，确保应急所需，充分加大物资储备。形成县、乡（镇）、村三级网络和群测群防点，积极开展县、乡、村三级培训，共召开各种地质灾害防治培训会12次556人次。安排地质灾害防治工作经费40万元。全县18个地质灾害隐患点情况稳定，无重大险情。

【国土资源执法监察】 制定了《国土资源执法动态巡查工作计划》和《打击私挖乱采矿产资源专项行动方案》，全年监察大队及各监察中队累计开展执法监察动态巡查857天2532人次，共发现和制止国土资源违法行为391件，立案查处33件，其中：土地违法案件17件、结案16件，共拆除非法占地上的建筑2221.53平方米，收缴罚没款112.0539万元；矿产违法案件16件，结案10件，收缴罚没款9万元。与相关部门联合执法，炸封填埋非法矿井222口，断路19条，查获非法拉煤车辆8辆，现场抓获非法采矿人员26人，移交涉嫌刑事案件9件，涉案人员12人，其中涉嫌破坏矿产资源罪的6件已移送司法部门查处。非煤矿山的清理检查中，发现越界、无证开采石材、砂矿和铁矿27起（件），下达了《责令停止违法行为通知书》，对存在安全隐患的函告公安、安监等部门查办，现场拆除非法采矿点工棚22个872平方米。配合鹿阜镇、石林镇和西街口镇政府拆除县境内46.7千里范围内铁路沿线临时、违章建筑23件2406.35平方米。

第十次土地卫片执法检查中，国土资源部对石林县圈定的监测图斑为73个，面积为175.56公顷。按规范要求，利用土地利用总体规划图、土地利用现状图（二调成果图）和卫片监测后的时相图叠加（合法用地项目叠加勘测定界图），并经实地检查核对，全县实际核查19个项目用地28个地块（包括73个监测图斑分割合并的19个地块和新增建设用地的9个增补图斑）317公顷。其中：实地伪变化图斑3个7.36公顷、合法用地图斑21个291.98公顷，违法用地图斑4个17.66公顷。对监测图斑核查出来的3个建设项目4个地块的违法用地分别立案查处，共处罚款86.33万元。

国家土地督察成都局土地例行督查上报了1997、2003版的石林县土地利用总体规划图（纸质和电子版）、基本农田保护台账、2008年和2009年5个批次8个单独选址项目的用地批准文件及涉及土地供应的21个卷宗、2008年和2009年27件土地违法案件卷宗。及时追缴了督察出来的圆通公司7800余万元土地出让金欠款，对卫片执法检查中发现的4宗违法用地依法进行了查处。

开展清理和处置闲置等三类地工作，清理出1998～2009年的出让（划拨）闲置土地11宗703.15亩，对清理出的闲置土地按要求上报市领导小组审定后，对应限期动工的9宗下达了《限期开发建设通知书》，对1宗完成了收回置换工作，另1宗正在处理中；租赁集体土地清理出从事非农业建设的违法行为4件96.99亩。结合“双保行动”和出让土地合同清理工作，对全县范围内的房地产用地进行了专项清理整治，经全面清理，未发现房地产用地违法违规违约行为。

【法规宣传】 在县文化科技卫生“三下乡”、法治文艺展演及法律宣传、平安创建工作宣传咨询、摆摊设点、进村入户活动中，发出宣传材料31000余份。“6·25”土地日，国家土地督察成都局三处陈志刚处长亲临石林县作土地利用总体规划专题培训讲座，受教育人数200余人。在“4·22”地球日期间，联合省国土资源厅开展第41个世界地球日主题宣传系列活动，参训人数达700余人次。在全系统范围内开展“6·25”土地日国土资源法律法规知识竞赛，进一步提高了全系统干部职工学习、宣传国土资源法律法规知识的积极性和主动性。

【电子政务】 投资70余万元建立了石林县国土资源政务信息系统，实现了与昆明市国土资源局和县便民服务中心窗口之间数据、信息共享、互换。至年底，完成电子公文流转863条，行政审批70件。

（撰稿人：县国土资源局　刘慧英）

环境保护

【县环境保护局】 1998年12月，成立县环境保护局。2010年局机关内设办公室、环境监督管理科、法规宣教科、环境监察大队、环境监测站，年底有在职干部职工23人，其中：公务员6人，参公管理人员7人，工勤人员1人，专业技术人员6人，工人3人。2010年10月，石林县环保局被云南省第一次污染源普查工作领导小组办公室、云南省环境保护厅、云南省统计局、云南省农业厅授予“云南省第一次污染源普查工作先进集体”称号。2010年办理县人大代表、政协委员建议、提案10件（主办件5件、协办件5件），受理率、办复率、满意率均达100%。2010年资助支农联系点石林镇北小村村委会生产、抗旱经费6000元。并结合县城乡园林绿化、生态县创建以及全民义务植树等相关要求，2010年6月组织全局干部职工与村委会一道开展义务植树活动，共计植树12000余株，投入经费25000元。

书记、局长：张鹏飞（12月止）
副　局　长：何建华（女）

【建设项目环保审批管理服务】 严格建设项目管理，严把企业准入关口。县环保局严格按照有关规定对所有建设项目实行环境影响评价和环保审批制度，对不符合国家产业政策、污染严重又不具备污染治理能力的建设项目坚决不予审批，从决策源头上防止了环境污染和生态破坏。对建设项目实行分类管理，做到一企一档，规范管理。

认真做好全县招商引资及所有建设项目的环保审批管理服务工作。为进一步建立便捷高效的机关运行体系，着力提升“窗口”功能，按照县政府办公室《关于“四进中心”有关事项的通知》要求，严格落实“两集中、两到位和四进中心”要求，及时签订行政授权决定书，明确进驻县便民服务中心首席代表，对县环保局所承担的行政审批和管理服务事项，全权履行相关行政审批职权；明确了行政审批办公室分管领导、办公室主任及具体工作人员；明确了授权的行政审批事项及权限范围；及时做到了公章进中心，并制定了窗口工作人员工作职责。做到部门的审批服务职能向一个科室（监督管理科）集中，行政服务科室整建制向中心集中，所有行政审批及管理服务项目进中心到位，完全杜绝了体外循环。真正做到进入无条件、审批无阻力、程序无障碍，切实做到便民利民。

2010年共审批建设项目653份，其中：环境影响登记表374份，报告表31份，工商项目意见表219份，完成建设项目竣工验收29件。新上建设项目环境影响评价申请执行率达100%、“三同时”申请执行率达100%。

【环境执法】 加大对重点企业现场检查。对石林县污水处理厂、烟叶复烤厂、固体废物处置中心、云南官房水泥有限公司进行每月一次的例行现场检查。现场检查中，各企业严格执行环境管理制度，在生产过程中没有出现违法排污现象，石林县城镇污水集中处理率达75%以上。加大对新上建设项目的环境管理力度。全年共制作现场监察记录251份，发出现场监察处理决定通知书23份。

不断加大对噪声扰民的查处力度，以高考、中考噪声监管为平台，加大查处力度。加强执法监管，2010年7月，由县环保局牵头，会同县住建、工商、公安、卫生等相关部门，共出动30余人次对商业噪声、娱乐噪声和油烟扰民问题进行了专项检查，严查不按规定时间进行施工作业的企业，噪声扰民事件得到了有效控制。保证“12369”环境信访投诉专线24小时开通，使环境信访案件随接随办。全年共受理来人来访、信函、12369电话投诉、上级转办环境信访案件46件，全部按规定的时限结案。做到处理率达100%，结案率达100%。年内办理了3件市长热线转办件，均按期办理，并将情况上报县政府县长热线办公室。

加大对全县尾矿库的检查力度。石林县涉重金属企业为：石林大川矿业有限公司、石林坤源矿业有限公司、石林康信磷矿洗选厂、龙鑫磷矿有限公司4家，自2008年下半年以来受国际金融危机影响，一直处于停产状态，无环境安全隐患。

对焦化、石材加工、冶金、水泥等重点行业进行全面检查。经对9户焦化企业、47户石材加工企业及冶金企业进行全面检查，对发现未经办理环保审批手续擅自开工建设的石林赫石工贸有限公司石材厂、未严格按照环境影响评价要求落实污染治理措施的石林荣祥石材有限公司、在探矿过程中违法排污的云南道光矿业有限公司及沾益县恒峰煤业有限公司石林分公司等企业进行了立案，并按相应程序予以了严肃查处。

对城镇集中式饮用水源地水质进行安全大检查。2010年结合石林县发生的严重旱情，全年共出动48人次，进一步加强对县域内集中式饮用水源地及农村饮用水源地、水库、坝塘环境安全隐患排查，确保饮用水源地环境安全。经监测，集中式饮用水源地水质达标率为100%。

加大对市级挂牌督办项目的检查力度。加强对2010年石林县列为市级挂牌督办项目云南神农育种有限公司的现场监察力度，督促企业落实污染治理设施，经2010年11月11日检查验收，该企业养殖场废水经沉淀池、氧化沟、消毒处理后进行循环使用后做到了零排放，畜禽粪便做到了综合利用，同意该公司摘牌。

加大排污费征收力度。在收费工作中，坚持依法行政，持证执法、亮证收费，严格按标准征收排污费，对收费标准和收费政策于年初进行核算并公开公示，召开企业业主听证会，做到让企业明明白白缴费，收费时开具正规票据。严格执行收支两条线、收缴分离、罚缴分离，按规定及时足额上缴县财政专户专储，全年共征收排污费97万元，超额完成市下达的征收任务。

【节能减排】 2010年石林县政府与昆明市政府签订的主要污染物总量减排目标责任书内容为：全面完成“十一五”减排目标任务，即：二氧化硫排放总量（不含生活污染源）控制在171吨/年以内，化学需氧量控制在52吨/年以内。县环保局严把建设项目准入关，严格控制高污染、高耗能的项目落户石林，同时加强环境监察，确保辖区内污染治理设施正常运行，确保二氧化硫、化学需氧量排放总量控制在“十一五”减排目标范围内。截至2010年12月31日，石林县二氧化硫排放总量为166.72吨，化学需氧量排放总量为15.7244吨，均在控制范围内。

【环保宣教】 2010年结合“地球日”、“世界环境日”、“科普宣传周”等纪念性节日，共计投入专项资金10万余元开展了形式多样、内容丰富的环保知识宣传活动：一是2010年3月，县环保局与县教育局联合在全县中小学生中举办了“生态石林·美好家园”征文、绘画比赛活动。二是于2010年6月4日举办了以“低碳石林·绿色家园”为主题的大型宣传活动，组织石林县创建国家环保模范城市指挥部办公室、石林县创建国家生态县指挥部办公室成员单位相关人员及县直机关、县妇联、团县委、学生代表、驻石部队代表共500余人参加。环保志愿者学生代表、机关代表、驻石官兵代表分别作了宣誓，机关干部、巾帼志愿者、共青团志愿者共200余人骑自行车践行低碳生活健康出行理念，300余名学生沿巴江河两岸捡拾垃圾，进一步增强“保护环境，从我做起”的意识。本次活动专门设宣传点发放了1万余份环保资料，悬挂横幅30条，展出环境宣传及生物多样性展板12块，发放环保手提袋400个，使“节约能源资源，保护环境”的生态文明理念渗透到城市发展的各个方面，为深入扎实推进国家环保模范城市和生态文明建设工作提供了保障。

石林县从创建“绿色学校”、“绿色家庭”、“绿色庭院”、“绿色机关”、“绿色企业”、“绿色社区”、“绿色工厂”、“生态示范村”等细胞工程入手，制定创建工作计划，继续深入开展创建工作。2010年成功创建省级绿色学校2个、市级绿色学校12个、县级绿色学校17个、县级绿色机关2个、县级绿色企业4个、县级绿色社区11个、县级绿色家庭160个、县级绿色庭院160个，为创建国家级生态县奠定了基础。

【环境监测】 按规范开展县城水、气、声等环境质量监测（例行监测、指令性监测、监督性监测），共获得有效监测数据5373个。由于石林县遭遇了特大干旱，为确保全县人畜饮水安全，按照《石林彝族自治县肥水养鱼目标责任书》要求，于2010年4月、5月份，开展了对全县6镇1乡共20个坝塘水库的水质监测工作，共获得有效监测数据672个，全面圆满完成“肥水养鱼”专项行动水质状况的监测与分析，并及时向县政府及相关部门上报环境质量监测动态，提出改善环境质量的意见和建议。完成巴江流域6个断面、石林饮用水源黑龙潭水库、团结水库每月1次的例行监测。完成县城建成区4.27平方千米，117个区域点位，8个交通断面噪声的监测和评价。完成2009年环境质量报告书的编写及上报工作。做好县城区、石林、乃古石林的环境空气质量降尘、硫酸盐化速率监测。做好石林县环境空气质量状况日报制度，每天根据监测结果，将主要污染物、污染指数、质量状况以短信的形式发到县科级领导干部手机上。

【农村空气自动监测站建设】 为进一步提高石林县环境监测装备水平，完善环境质量监测网络，逐步建立先进的环境监测预警体系，提升环境质量监测对减排成效的校验能力，推进减排目标的实现，同时更好地为环境保护及政府部门作出正确决策提供服务，根据《国家环境保护部办公厅关于印发〈2008年中央财政主要污染物减排专项资金环境监测项目建设方案〉的通知》（环办〔2008〕91号）文件，安排在石林县建设一座农村空气自动监测站。该项目建设地点位于石林县鹿阜镇堡子村，占地面积2.54亩，建筑面积257.88平方米，道路及场院用地732.03平方米，绿化用地643.48平方米。截至2010年12月，已建设完工并进入设备调试阶段。

【污水处理】 为进一步提高石林县城镇污水集中收集处理率，打造和谐人居环境，按照“科学实用、全面覆盖、逐步提高”的原则，圭山镇、西街口镇和板桥镇于2009年底制定了集镇建片区生活污水收集处理工作方案并启动实施。3个乡镇均采用湿地净化池地处理工艺，圭山镇污水收集处理系统占地6亩，管道建设8100米，完成投资120万元；西街口镇污水收集处理系统占地10亩，管道建设6000米，完成投资70万元；板桥镇占地10亩，管道建设1645米，完成投资67万元。截至2010年12月底，三个镇集镇污水收集处理系统全部建成完工。

据统计，石林县2010年1～12月城镇生活污水产生量为499.5万立方米，污水处理量为384.7万立方米，城镇生活污水集中处理率为77%。

【创建国家环保模范城市及生态创建】 一是认真配合昆明市做好创建国家环保模范城市工作。对市下达的创模指标任务进行分解立项到各责任单位；并做好指导、督促、协调工作；通过继续深入实施“碧水工程”、“蓝天工程”、“宁静工程”、“洁净工程”、“细胞工程”、“绿色工程”、“节约工程”、“能力建设工程”等八大工程，确保各项创建指标的落实；认真做好档案资料的收集整理工作。二是继续深入开展国家生态县、生态乡镇、市级生态村等创建工作。2010年4月，经环保部审定，石林县鹿阜镇、西街口镇、板桥镇3个乡镇被授予“国家级生态乡镇”称号。截至12月，石林县共有5个乡镇被授予了“全国环境优美乡镇”称号，标志着石林县生态县建设工作正积极稳步推进。三是为全面贯彻落实《中共昆明市委昆明市人民政府关于统筹推进市级生态村创建工作的意见》精神，加快推进石林县市级生态村创建工作，石林县委、县人民政府提出了《关于全面推进市级生态村创建工作的意见》，并制定了“82”的推进比例（即2011年80%的行政村创建成市级生态村，2012年20%的行政村创建成市级生态村），市级生态村创建工作于2010年12月全面启动。

（撰稿人：县环境保护局 毕桂仙）

科教卫生

教 育

【县教育局】 1989年3月17日，经县人民政府批准，原县文化教育局分为县文化局和县教育局。2010年，县教育局局机关设办公室、教育科、组织人事科、计财科、教研室、招考办、督导室、安全维稳办8个科室，年底有在职干部职工32人，其中：公务员15人，专业技术人员14人，工勤人员3人。单位地址在石林南路。

2010年，县教育局先后荣获全国第三届中小学生艺术展演活动优秀组织奖、云南省第二届“三生教育”书画作品评选集体二等奖，被省教育厅等授予“云南省示范家庭教育指导中心”、昆明市人民政府授予“昆明市农村中小学标准化建设先进集体”等荣誉称号。按时办结人大建议11件，政协建议案1件、提案7件，办理满意率达100%。资助支农联系点石林镇松子园村委会1.2万元（含物资折算）生产经费。

党委书记：普光强(彝族,10月止)
党委副书记、局长：徐永平（女）
党委副书记、纪委书记：张云涛
副局长：陈贵云

【社会事业口招商分局】 2010年社会事业口招商分局由县教育局、县卫生局、县人力资源与社会保障局、县民政局、县计生局、县供销社、县工商联7个单位组成，县教育局为牵头单位。招商引资指标任务为内资1.5亿元、外资50万美元，实际完成内资2.698亿元、外资51万美元。引入项目35个，其中合作引入项目6个。

【教职工基本情况】 2010年底全县有在职教职工2973人，其中：专业技术人员2792人（副高职务217人，中职职务1304人，初职职务1241人，未定职30人），职工181人；离退休教职工798人，其中：退休771人，离休27人。幼儿园教职工73人，其中专业技术人员69人；小学教职工1638人，其中专业技术人员1599人；初中教职工868人，其中专业技术人员773人；普高教职工281人，其中专业技术人员250人；职高教职工85人，其中专业技术人员74人；进修学校教职工14人，其中专业技术人员13人；教研室教研员14人。

【幼儿教育】 2010年全县有幼儿园54所，学前班43个，在园在班幼儿8858人，入园入班率达89.4%，比2009年提高了1.4个百分点。

【义务教育】 2010年全县有小学完小16所、教学点61个，初中4所，九年一贯制学校1所，小学在校生22700人，初中在校生11733人。义务教育阶段小学入学率达99.8%，辍学率为零；初中毛入学率达103.47%，辍学率为0.25%，均控制在指标范围内。调整优化教育布局：创建巴江中学，撤销圭山镇、长湖镇、西街口镇、大可乡4所乡镇初级中学；县城区就学学生达2.1万人以上，超额完成比上年增3000人的目标任务。义务教育阶段学生集中到县城区和乡镇政府所在地就学人数占84.6%，比上年提高了9个百分点。

【高中教育】 2010年全县有普高2所，在校生3436人；职高2所，在校生1538人。启动实施《石林彝族自治县普通高中教育振兴行动计划》。高中阶段教育适龄人口毛入学率为80.25%，超额完成了市对县下达的80%的目标任务。2月顺利实现职中搬迁；6月成立县职业教育中心。与云南理腾投资有限公司签订了《石林县民族职业高级中学合作办学协议》，改制工作顺利推进。

【民办教育】 推进办学体制改革，积极吸纳社会力量，大力发展民办幼儿教育和民办高中教育。民办幼儿教育占幼儿教育总量的90.27%，比上年提高了9个百分点；民办高中教育占高中阶段教育总量的40.47%，在全市率先完成了市对县下达的40%的目标任务。

【“两基”国检】 2010年，石林县被确定为昆明市“两基”迎国检示范区。石林县紧紧抓住示范区创建机遇，强化措施推整改，立足巩固促提高。通过努力，国检指标体系五大类35项指标全部达标，代表昆明市顺利通过“两基”国检。云南省“两基”迎国检现场会、昆明市“两基”迎国检示范检查活动先后在石林县举办。石林县先后接待省内外2000人次学习考察。2010年11月28日，国家教育部副部长陈小娅亲临石林巡查“两基”工作，并给予高度评价。

【教育人事改革】 继续推进城区、坝区学校变教职工正常聘任流动为公开选聘流动，报名402人，经资格审查符合报名条件396人，实考385人，公开选聘流动218人。顺利完成了小学普岗教师9人及特岗教师20人（小学15人、初中5人）的招聘工作；完成了于2007年招聘的36名特岗教师的考核入编工作。

【招生工作】 2010年小学计划招生3540人，实际招生3763人；初中计划招生3898人，实际录取3907人，实际到校报到3907人；普通高中计划招收公费生1000人，实际录取1198人（含择校生），实际到校报到1178人；职业高中计划招生450人，实际录取459人，实际到校报到（含学校直招生）459人。

高校招生：报名892人（文科类375人，理科类517人），实考881人，上线880人，总上线率99.89%，比2009年提高了8.7个百分点。一本上线84人，比2009年增32人，提高了61.5个百分点；二本上线246人，比2009年增43人，提高了21.2百分点。

自学考试：组织第59次、第60次、第61次自学考试及高等师范自学考试685科次，颁发自学考试本专科证书35个。

社会考试：积极推进全国剑桥少儿英语培训工作，剑桥少儿英语年培训规模达到746人。

【教师队伍建设】 加强师德师风建设，出台《石林县教育局对教职工违反师德师风建设问责处理暂行办法（试行）》，严格执行干部职工“三条禁令”、“十必须”、“十不准”、“十带头”规定，规范教师教育教学行为。抓实师资培训，抓好县、乡、校三级教研网络建设。开展校本培训，实施校本教研，积极开展以“有效课堂教学研究”等为主题的县级教研活动。启动“园丁工程”，出台《石林县中小学幼儿园“园丁工程”实施意见》，相关工作全面启动。创新机制，组织全县中小学幼儿园教师参加综合能力笔试，进一步激发教师加强学习的积极性和主动性，有力推进了学习型组织构建和教师专业发展。

【基础建设】 2010年中小学标准化建设顺利推进。续建的4所标准化学校（鹿阜小学、巴江中学、石林镇中学和石林镇中心完小）均已竣工验收，新建的5所标准化学校新建校舍面积16425平方米，计划总投资3563.2万元，其中长湖镇中心小学、鹿阜镇堡子小学、宜耐小学已竣工验收，圭山镇中心小学、大可乡中心小学年内全部主体断水。“校安工程”正常推进，圭山镇尾乍黑小学、石林镇林口铺小学校安工程竣工投入使用；县一中扩建工程计划投资1655.51万元，新建面积为8891.06平方米，完成了地勘、施工图设计等工作；县民族中学迁建工程规划总用地面积213亩，新建校舍36375平方米，预计总投资15536.53万元，完成了市级立项等工作。

（撰稿人：县教育局 邢聪明）

科学技术

【实施“国家传统知识知识产权试点县”工作】 2010年以申报“国家传统知识知识产权保护试点县”为目标，强化知识产权管理，组织开展知识产权宣传、执法活动，上报相关材料，组织安排会议及档案管理等。同时组织部分专利基础较好的企业开展专利申请扶持和奖励试点，实施昆明市知识产权试点示范企业培育工程，调动了企业自主研发的积极性，全县共完成专利申请和授权数量28件（专利申请22件，授权6项），实现新增专利申请和授权数量9项，超目标完成4项。经过大量的组织和申报工作，2010年1月1日，石林县成为首批国家传统知识知识产权保护试点县，并承办了“云南昆明第七届知识产权宣传周”启动仪式。

【实施科技富民强县示范工程】 认真组织实施昆明市科技富民强县示范工程——《生猪生产现代化养殖技术示范及基地建设项目》，该示范工程的承载项目为《生猪生产现代化养殖技术示范及基地建设》，由石林赢鸿农产品开发有限公司承担。根据2008年县政府与市政府签订的目标责任书，石林县成立了科技富民强县示范工程领导小组，领导小组下设办公室在县工信局并承担日常管理工作。2010年，按照项目实施合同要求，对项目承担企业提供相应的组织保障、科技管理等工作，并通过市级验收考核。

【实施绿色光亮示范工程】 根据2008年县政府与市政府签订的目标责任书，按照市科技局“绿色光亮示范工程”项目实施的要求，紧紧围绕推进“生产发展、生活宽裕、乡风文明、村容整洁、管理民主”的社会主义新农村建设和小城镇建设步伐，2010年圆满完成了签订的《昆明市绿色光亮工程》项目合同任务，共组织投入资金101.83万元，安装太阳能路灯94盏，完成工程安装调试和投入使用，并顺利通过市级验收评审工作。

（撰稿人：县工信局 李 伟）

卫 生

【县卫生局】 1978年11月，成立县卫生局。2010年局机关内设办公室、财务审计与基层卫生科、医政与法制监督科、疾病预防控制与妇幼卫生科，年底有在职职工10人。2010年度县人民政府被市人民政府表彰为“2008～2009年昆明地区无偿献血先进单位”，县卫生局被市总工会授予“五一劳动奖状”，县人民医院蝉联中国医院协会“全国百姓放心示范医院”称号，县保健院创建市级文明单位工作通过复审验收。2010年组织慰问支农联系点圭山镇小板田村委会困难党员10名，协调3500千克大米、50桶食用油、1车衣服分发给小板田村困难群众，向上争取到10万元资金为小板田村委会实施水管老化改造工程，从工作经费中安排4000元支持联系点做好抗旱救灾、春耕生产、人口普查等工作。

党委书记、局长：周保能

党委副书记、纪委书记：赵江庆（女）

副局长：李林青（女，彝族）

　　　　高炳元

　　　　黄文学（彝族）

【医疗卫生机构】 2010年底，全县共有医疗卫生机构165个（含村卫生室92个）。其中县级5个，即县人民医院、县中医医院、县妇幼保健中心、县疾病预防控制中心、县卫生局卫生执法监督局；乡镇卫生院7个，各乡镇1个；民营医院2个，即石林天奇医院、石林和美家妇科医院。全县有卫生人员1143人（含私立诊所和民营医院的人数及182个乡村医生），每千人口拥有执业（助理）医师1.42人、注册护士1.32人、床位3.38张。

【招商引资】 2009年县卫生局作为成员单位协助社会事业招商分局完成了县下达的招商引资任务，社会事业招商分局引进内资2.69亿元（其中社会事业部分8643万元）、外资50万美元，完成任务数的179%。

【医疗卫生体制改革】 完成2010年度重大公共卫生服务项目，补种乙肝疫苗6343人、补助贫困白内障患者开展复明手术577人、补助农村孕产妇住院分娩2179人、农村妇女免费增补叶酸699人、检出孕产妇艾滋病病毒感染12人，实施艾滋病母婴传播阻断12人、支持建设农村卫生厕所2500座。落实人均15元基本公共卫生服务经费，3类12项国家和市基本公共卫生服务项目全面落实，农村居民健康档案建档率达39%，城镇居民健康档案建档率达79%。从2010年2月25日起，全县7所乡镇卫生院、92个村卫生室全部配备、使用基本药物，实行零差率销售，群众就医负担明显减轻。药品销售价格比2009年平均下降了10%，人均门诊费用和住院费用均有所下降。

【新型农村合作医疗】 2010年，石林县新农合工作在筹资标准提高、监管难度大的双重压力下，全县参合农民达到204318人，参合率达99.97%。住院补偿比例，乡镇级定点医院达到65%，县级达55%。住院补偿最高支付限额提高到4万元。县、乡医疗机构实现了新农合病人出院即时结报。全年补偿参合农民2645.08万元，受益面52.36%，个人医药费用负担较上年度继续降低，广大农民群众得到了实实在在的实惠。

【基础设施建设】 2010年完成了圭山镇、石林镇中心卫生院工程建设项目并投入使用。争取国家支持，为石林镇、板桥镇、圭山镇中心卫生院配备了救护车。

【公共卫生】 2010年疾病防控工作完成了由传染病防控扩展至慢性非传染性疾病的防控，全年传染病报告发病率为297.57/十万，免疫规划11苗接种率均达95%。适龄儿童麻疹疫苗强化免疫接种率98%。精神卫生由既往精神病患者的单纯治疗延伸为精神卫生的管理，把精神卫生工作纳入社会综合管理范畴，争取政府支持，协调财政、民政、公安等部门形成共同参与的综合管理模式。妇幼卫生工作依托农村孕产妇住院分娩补助项目，系统管理孕产妇2831人、管理率95.48%，孕产妇住院分娩率达99.12%，高危孕产妇住院分娩率达99.54%，7岁以下儿童管理16672人、管理率85.09%，妇女儿童健康水平不断提高。

【医政管理】 开展“百姓放心医院”创建活动和中医医院管理年活动，严格医务人员“三基三严”培训考核，规范和落实人员岗位责任制，着眼事前预防为主、规范为重，从医疗质量、服务态度、病人满意度等多方面对医疗质量实行有效管理和监控，促进了医疗质量的不断提高，有效防范了医疗事故的发生，为患者安全就医提供了保障，医疗服务质量持续改进。

【卫生法制与监督】 2010年，县委、县政府对食安委相关职能部门进行了调整，县食安办积极协调各成员单位切实履行食品安全监管职能，突出重点难点热点，抓宣传培训、抓源头治理，开展了校园周边环境整治和食品安全综合整治工作，开展了“地沟油”、“乳品及含乳食品”、“餐饮废弃物管理”等专项整治活动。完成了重点时段、重大活动和重要接待任务的卫生监督保障任务。

【突发公共卫生事件应急处置】 圆满完成各类重大活动的医疗和食品安全保障任务，及时、有效地完成了“2·7”格渣森林火灾、“2·24”法块火灾、“4·01”特大交通事故、“7·13”雷击游客事件、“10·02”重大交通事故等事件的应急救治工作。全县报告手足口病323例，调查处理手足口病聚集性疫情23起，无重症及死亡病例。

【爱国卫生】 逐步建立健全国家卫生县城长效管理机制，重点加强市容环境卫生整改，不断提高城市综合管理常态化水平。2010年通过了“省甲级卫生县城”复查。创建了4个省级卫生村，命名表彰了3个市级爱国卫生先进单位、2个无吸烟先进单位。

【中医药事业】 突出中医药特色优势，拓宽中医药服务领域，对全县182名乡村医生进行了中医药适宜技术培训，为基层群众提供了简、便、验、廉的中医药服务，深受广大群众的欢迎。

（撰稿人：县卫生局 赵玉红）

爱国卫生

【县爱卫办】 2007年5月，根据县机构编委会批复文件，明确为正科级全额拨款事业单位。2010年内设综合科、业务科，年底有在职职工6人。办公地点在行政中心A区323室。

主　任：李林青（女，彝族）

副主任：马劲松

【爱卫成果】 11月23日，经过昆明市爱卫会的考核验收，行政中心、工商局、工信局3家单位为市级爱卫先进单位，工信局为市级无吸烟先进单位。12月21日，经过省爱卫会验收，鹿阜镇小滑坡村、上赵村、上蒲草村、下蒲草村，长湖镇的阿着底村成功创建为省级卫生村。顺利通过了云南省第九次卫生县城检查。

【健康教育】 在第22个爱国卫生月活动及第23个世界无烟日宣传活动期间，共发放宣传材料1400余份，出黑板报、墙报20余期，在公共活动场所制作固定禁烟宣传专栏1块，展出流动活动宣传展板12块。

【病媒生物防制】 全年共开展以灭鼠为重点的病媒生物防制活动3次，共发出溴敌隆灭鼠毒饵8266千克，灭蟑药物2960盒，灭蝇、蚊药140千克。

【农村改水改厕】 2010年县爱卫办争取中央补助地方公共卫生专项资金173.2万元，承诺完成农村改厕任务2500座，其中：鹿阜镇220座，石林镇400座，板桥镇18座，长湖镇100座，圭山镇1340座，西街口镇210座，大可乡50座。

（撰稿人：县爱卫办 李彦芳）

文化体育

社会文化管理

【县文化体育局】 1989年3月，县文化教育局分为县文化局和县教育局。1995年2月，县体委与县文化局合并成立县文化体育局。2010年7月，县旅游局、县广播电视局与县文化体育局合并成立县旅游文化广播电视体育局。2010年机关设办公室、旅游科、文化科、广电体育科，下属单位有县文化市场稽查队、县文化馆、县图书馆、县文物管理所、县阿诗玛艺术团、县广播电视台、县民族体育服务中心、新华书店石林分公司（代管党群工作）8个事业单位，全系统机关和事业单位共有在职干部职工112人（不含新华书店石林分公司），其中局机关11人。局机关办公地点在鹿阜镇石林中路120号县民族体育场内。

2010年，县旅游文化广播电视体育局荣获“2010年全民健身活动优秀组织奖”，受到国家体育总局表彰；8月，由石林县组队代表昆明市参加云南省体育局主办的“沃特杯”少数民族健身操展示比赛，荣获一等奖1个、二等奖1个；11月，由石林县组队代表昆明市参加云南省第九届少数民族运动会，荣获抢花炮金奖、表演项目金奖和1个银奖。年内资助支农联系点生产经费16320元，其中板桥镇冒水洞村委会10320元、鹿阜镇路美邑村委会6000元。

总支书记、局长：万春林（彝族，7月止）

局　　长：张树忠（彝族，7月起）

台　　长：张树忠（彝族）

总支副书记：黄　兴（彝族）

副 局 长：毕玉珍（女，彝族）

　　　　　方跃章（彝族）

副 台 长：韩梅颖（女）

【文化产业招商分局】 2010年，县文化产业招商分局由县文化体育局牵头，县文产办、县民宗局、县广播电视局（台）、团县委、县总工会协助组成。县下达文化产业招商分局招商引资任务数为内资1.2亿元人民币，外资50万美元。年内分局按照产业招商的要求，包装策划了一批包括动漫影视、民族歌舞、节庆文化、文博场馆、康体休闲、赛事运作、阿诗玛特色旅游工艺品开发等方面的文化产业项目，进一步健全文化产业项目库，完善了石林文化产业投资指南进行项目推介和招商。年内彝族第一村斗牛城项目一期工程全部完工，并于8月3日开始投入使用。石林县三甲酒吧改扩建项目完成投资并进入营业阶段。在建项目“石林老街·东门坊”文化休闲街区项目于5月12日正式开工；石峰山旅游文化建设（古寺院恢复）项目正在建设；阿诗玛彝文化主题休闲会所项目于8月4日在火把节招商引资会上签订了合作协议。通过努力，圆满完成了全年的招商引资工作任务，经市考核办考核认定的国内市外资金到位13761.77万元，完成任务数的114.68%，外资到位51万美元，完成任务数的102%。全年新签约项目6个、竣工营业项目2个、在建项目4个。

【文化市场经营状况】 2010年石林县新发展文化体育市场经营户13户，年底全县共有文化、体育经营单位224户，其中歌舞娱乐经营户37户、电子游戏经营户13户、网吧经营户17户、音像制品经营户71户、出版物经营户38户、印刷经营户38户、演出经营户5户、体育经营户5户。从业人员1200余人。

【文化市场经营单位（户）法人及从业人员培训】 2010年县文体局采取以会代训方式，集中全县文化市场经营单位（户）法人及从业人员4次，对文体市场管理法规、工商、公安消防、治安、网络安全、禁毒、防艾等法规知识进行宣传教育培训，发放相关各项法律法规知识材料1220份，并签订了各项责任书。执法人员下到经营户上门宣传教育培训2次。全年共计培训438人次。

【文化市场稽查】 全年出动执法人员563人次，立案查处3家。收缴非法音像制品5800卡（盘）、电子游戏机6台（块），罚款3万余元。全县文化市场监管实现了“确保了文化市场不发生重大事故、不形成社会热点，秩序良好、管理规范”的总体目标，营造了良好的文化市场环境。

（撰稿人：县旅文广体局　毕世光）

创作表演

【县阿诗玛艺术团】 县阿诗玛艺术团是一支政府文化部门主管的专业文艺表演团体，自1971年8月建团以来，深深扎根于阿诗玛故乡这块古老而丰厚的民族沃壤之中，创作上演了一大批具有地方民族特色和浓郁乡土气息的歌舞节目及彝族迎宾酒歌，深受各族人民的喜爱。2010年10月，县阿诗玛艺术团办公地点从鹿阜镇环城东路25号原老教育局内搬迁至阿诗玛南路218号。2010年底有职工34人，其中：二级作曲1人，二级编导2人，二级演员2人，二级舞美设计1人；三级编导3人，三级演员22人，三级舞美设计1人，三级演奏员1人；四级演员1人。

【小品创作】 2010年县阿诗玛艺术团创作小品5个：《信贷风波》、《女村长之家》、《消防培训》、《额分》、《王老汉存钱》；拍摄播出小品4个：《称妈》、《错中错》、《误会》、《女村长之家》。

【音乐舞蹈作品创作】 阿诗玛艺术团创作舞蹈节目9个：《捕鱼歌》、《恋歌》、《迎客舞》、《火把节》、《甜蜜的地方》、《大三弦舞》、《绣》、《欢腾的彝乡》、《健身气功》；创编了参加云南省第九届民运会的表演项目2个：《撒尼健身操》、《舞动彝乡》；创作歌曲5首：《石林是个好地方》、《山歌情》、《石林美》《山歌情》、《延安精神好》。

其中《撒尼健身操》荣获云南省

第九届民运会的表演项目金奖、《欢乐的撒尼人》荣获综合类项目银奖；自编操《舞动彝乡》荣获"沃特杯"2010年云南省全民健身日云南省少数民族健身操展示比赛一等奖、《撒尼健身操》荣获规定操二等奖；广场舞《激情大三弦》被列入云南省广场舞推广示范节目；《撒尼大三弦》荣获中国昆明国际文化旅游节昆明狂欢节指挥部颁发的一等奖，《彝山恋歌》荣获中国昆明国际文化旅游节昆明狂欢节指挥部颁发的三等奖，《绣》荣获中国昆明国际文化旅游节昆明狂欢节指挥部颁发的"优秀表演奖"；《洗麻歌》参加昆明市新华连锁店第一届"文化杯"文艺比赛荣获三等奖。

【文学刊物《石林》再刊】 文学刊物《石林》于2010年3月16日再刊。其前身为《石林文艺》，后改为《石林文化》，现为《石林》。《石林》以宣传党的路线、方针、政策，弘扬石林优秀民族文化，加强少数民族文化遗产挖掘和保护，培养少数民族文艺人才为宗旨。定为内部交流刊物，季刊，内页80至90页，彩页插图，每期印数2000册。采用赠阅的方式发行：一是县内机关单位、学校、各协会会员；二是昆明各县（市）区文联、文化单位。常设栏目有时政、民族宗教、散文、林海诗韵、小说、书法艺苑等。2010年共出版4期，刊发小说14篇、散文36篇、诗歌108首、杂文2篇、时政类文章5篇、民族宗教类文章7篇、理论文章4篇、彝乡史话等回忆类文章22篇、摄影作品51幅、书法作品29幅。

《石林》全新的面貌和突出的特点赢得广大读者的充分肯定，阅读面不断扩大，成为宣传和弘扬石林民族文化的重要平台之一。

【美术、书法、摄影创作】 县旅文广体局积极组织美术作品参加画展8次，其中全国1次、省级2次、县级5次。参展个人作品61件，其中黄云峰5件、昂继忠15件、毕文明41件。毕文明作品《节日》参加全国民间艺术节荣获银奖，并参加"第四届秀洲中国农民画艺术节展览"，被浙江省美术馆收藏；其余40件作品已在我县部分农村绘成新农村壁画。

全年辅导创作少儿美术作品10幅入选"云南省少儿书画展"，并获金奖1件、银奖2件、优秀奖5件。组织人员完成了石林镇天生关村新农村建设壁画和寺背后村文化示范村风貌改造。为石林园博园设计浮雕"七个一"和桃源水乡广场"石林欢歌"1组。县文化馆与县文联协助县人民法院组织新作品32件，开展普法书画展一次。

【节庆活动】 县阿诗玛艺术团春节期间组织表演队伍先后在县城双龙广场及全县各乡镇开展"三下乡"文化慰问演出4场。开展了县老年大学迎新春文艺展演、春节"信用社杯"大三弦舞大赛和"农行杯"狮虎舞大赛、石林县纪念"三八"国际劳动妇女节100周年活动广场演出、参加"2010年中国昆明国际文化旅游节昆明狂欢节广场民族歌舞比赛"、火把节期间在县城举行2010年中国石林国际火把狂欢节大型彝星演唱会的宣传演出、在万城阿诗玛小镇举行"万城阿诗玛·多彩阿着底"歌舞晚会、在乃古石林景区组织了"中国非物质文化遗产项目名录——大三弦舞大奖赛"、在石林斗牛城葫芦广场为中外游客进行文艺表演、组织60人的大三弦表演队参加上海世博园"云南宣传周"活动、石林风景区"彩云之南、情系七夕——中国石林我们的节日·七夕节"系列活动广场演出、"激情石林、魅力彝乡"2010年喜迎国庆歌曲大奖赛。

【"文化活县"广场演出】 根据石林县委、县政府提出的"文化活县"战略目标，县阿诗玛艺术团对全县8个乡镇和县城民族民间业余文艺队伍进行辅导培训，在县城双龙广场推出广场文化系列活动。全年共计开展广场文化系列活动演出26场，演出队伍16支，参演人数达900人次，观众3万余人。

（撰稿人：县旅文广体局　毕世光）

电影放映

【农村电影"2131"工程】 全年放映电影1110场，其中：放映农村电影1056场，全面完成了2010年度全县"2131"农村电影放映任务；在县城双龙广场、莲花池广场开展"红云红河"广场公益电影放映20场；放映"纪念抗日战争胜利65周年暨抗美援朝60周年"优秀电影34场。通过电影"2131"工程，极大地丰富了广大人民群众的业余文化生活。

【新华书店石林分公司】 2010年昆明新华书店连锁有限公司石林分公司新招员工17人，总在岗员工达32人。3月25日，"石林书城"土建工程竣工验收。6月1日，"石林书城"盛大开业。全年"石林书城"总销售319.29万元。随着新书城投入使用，用于出租的铺面面积达到了上千平方米，实现其他业务收入112.6万元，实现净利润93.12万元。

分公司全年实现总销售收入1184.4万元，比计划目标1000万元上升了184.4万元，比上年同期的863万元上升了321.4万元。实现利润120万元，比计划目标100万元上升了20万元，比上年同期上升了59万元。

群众文化

【县文化馆】 石林县文化馆坐落于南门街168号，总占地面积4952.06平方米。1889年始建，为供祀关羽的庙宇，俗称"武庙"，有大门、前殿、后殿、息养亭等建筑物。1934年改"武庙"为"民众教育馆"。建国后改为县文化馆。1986年6月2日，武庙被县人民政府列为县级重点文物保护单位。2010年10月，县文化馆办公地点搬迁至阿诗玛南路218号，下设办公室、财务室、音乐舞蹈辅导室、美术书法辅导室、摄影工作室、编辑室、非物质文化遗产保护部、农村电影放映管理站8个业务部门，年底有职工11人。

【春节“三下乡”活动】 2010年1月29日、1月30日、2月2日，文化馆按照上级主管部门的要求，分别到板桥镇、县城双龙广场、石林镇北大村参加了2010年元旦、春节的“三下乡”系列活动，文化馆美术辅导组的专业人员还为群众免费书写春联，3天共为当地各族群众书写春联120余副，受到老百姓的好评。

【春节活动】 2月14日大年初一，由石林县委、县人民政府主办，县委宣传部、县文体局承办，县文化馆组织活动，石林县农村信用合作联社、昆明喆人广告有限公司石林分公司协办的石林县2010年春节“信用社杯”大三弦舞大赛于中午1：00准时开始，此次大三弦舞大赛共有19支文艺队参赛。经过近2个小时的比赛，阿着底文化开发公司荣获一等奖，长湖民族民间艺术团、清水塘村仙女湖文艺队荣获二等奖，阿着底彩虹艺术团、长湖青龙民间艺术团、舍色文艺队荣获三等奖，其余13支文艺队获得鼓励奖。

2月15日大年初二，2010年春节“农行杯”狮虎舞大赛于中午1：00拉开帷幕，共有19支文艺队参赛。经过近4个小时的比赛，清水塘红石狮舞队荣获一等奖，阿着底开发公司、维则村狮舞队荣获二等奖，威黑嘎细玛文艺队、石头寨文艺队、圭山镇糯黑狮舞队荣获三等奖，其余13支文艺队获得鼓励奖。此次春节系列文化活动吸引了全县近万名群众驻足观看。

【群文辅导】 对城乡群众进行文艺辅导，是文化馆工作的主要内容。2月份以来，群文辅导组分别对彝家乐艺术团、石林民间艺术团、长湖镇舍色村文艺队、县老年大学文艺队、大小老挖文艺队、上蒲草文艺队、舍色文艺队、三家村文艺队等10余支民间艺术团队进行培训辅导、授课。全年共举办培训班9期，培训农村文艺骨干20余人次。

【国际旅游节活动】 2010年中国昆明国际文化旅游节期间（5月1～2日），按照市县有关领导部门的安排，由县文化馆组织，代表石林县参加了2010年中国昆明国际文化旅游节昆明狂欢节广场民族歌舞比赛的阿着底民族文化开发公司风情艺术团成绩喜人。在参加比赛的60个舞蹈节目中，石林县参赛的有4个节目，其中《撒尼大三弦》、《彝山恋歌》、《绣》分获一等奖、三等奖和“优秀表演奖”，文化馆荣获指挥部颁发的“优秀组织奖”。

6月12日，第五届文化遗产日期间，县文化馆组织了2支民间艺术演出队13名演员参加昆明市非物质文化遗产传承馆开馆仪式，现场传承演示了《阿诗玛序歌》选段和彝族撒尼剧《阿诗玛》片段，受到市领导和嘉宾的一致好评。

火把节期间在乃古石林景区组织了“中国非物质文化遗产项目名录——大三弦舞大奖赛暨昆明市、县两级优秀农村业余文艺团队、优秀业余文艺骨干表彰活动”。其间还组织部分文艺队到石林斗牛城葫芦广场为中外游客进行了文艺表演，活跃了斗牛城的节日气氛。晚上为县城火把狂欢活动安排了音响。

8月8～26日，组织60人的大三弦表演队排练，准备参加上海世博园“云南宣传周”活动。8月27日离昆到上海参加了活动，受到中外宾客的赞誉。

9月30日，协同县文联组织举办了“金秋文艺晚会”。

10月，配合云南电视台“大家乐”栏目组织在石林的拍摄工作。还组织演出队伍迎接“东盟10+3人力资源研讨班”到糯黑的考察活动。

11月，积极参加省文化厅举办的“大家乐广场舞”培训。11月上旬，完成主管局安排的“全国文联外事干部研修班”接待演出任务。

【文化站室建设】 2010年完成了3家文化站、14家文化室新建和改扩建任务。分别是西街口镇、板桥镇、大可乡文化站和麦地庄村委会、山冲村委会、铺兵村委会、中龙村委会、者乌龙村委会、板桥村委会、矣马伴村委会、当甸村委会、水补衣村委会、蝴蝶村村委会、宜奈村委会、绿水塘村委会、站屯村委会、长夸村委会文化室。3个文化站总投资111万元（中央资金48万元、省资金18万元、市资金30万元、县资金15万元），建筑面积1016.85平方米。14个文化室总投资310.435万元（各级财政投资56万元、其他资金254.435万元），建筑面积8934.22平方米。受益人口28580人。

【群众美术工作】 全年筹备书画展览3次，其中：协同石林县法院筹备书画展览1次，协同县文联举办民族团结书画展览1次，举办“云南省农民画巡回展”1次。

举办美术培训班4期，学员有89人。培训期间，有少儿作品10幅入选“云南省少儿书画展”，其中金奖1件、银奖2件、优秀奖5件。

【非物质文化遗产保护工作】 2010年4月，根据省市有关申报第二批非物质文化遗产项目代表性传承人的文件要求，石林县按照文件要求进行了申报工作。石林县这次共申报省级非物质文化遗产项目代表性传承人3人、市级非物质文化遗产项目代表性传承人10人，此项工作于5月初完成。2010年被公布为昆明市第二批非物质文化遗产项目代表性传承人的为李保才、黄文映、昂仕和、钟敬；上报待批为省级第二批非物质文化遗产项目代表性传承人的为普照光。

石林县申报“石林彝族摔跤”列入国家级非物质文化遗产项目名录材料于2010年6月完成上报，有望被批准列入第三批国家级非物质文化遗产项目名录。成功申报阿诗玛北路161号的路南州文庙和鹿阜镇小乐台旧村义学、小乐台旧村时氏民居3项文物为昆明市第五批市级文物保护单位。完成了叙事长诗《阿诗玛》撒尼语演唱版本的搜集整理和翻译，并录制成音像制品，为今后培训叙事长诗《阿诗玛》演唱者和传承人奠定了基础。召开了石林县省市级非物质文化遗产项目代表性传承人工作会议，全年发放各级传承人13人补助费32500元，与传承人签订了目标责任书。

【筹办昆明市文化馆馆长联谊会活动】为加强昆明市县（市）区文化馆、乡镇（城区办事处）群众文化工作的联系与交流，促进群文资源的整合与共享，根据昆明市文化馆长联谊会召开制度要求，2010年3月17～20日由石林县文化馆承办了昆明市第四届文化馆长联谊会。3天时间的联谊会活动丰富多彩，让各兄弟县区的文化馆长和专业技术骨干切身体验和感受了石林县的群众文化氛围。

（撰稿人：县文化馆　许　华）

图书工作

【县民族图书馆】　县民族图书馆始建于1983年，新馆于1991年落成，地址在鹿阜镇环城东路83～93号，馆舍面积1680平方米。2010年馆内设服务窗口7个，读者座席284个（其中少儿借阅室读者座席80个）。馆外服务网点15个。年底实有职工12人。

【藏书建设】　2010年县财政拨购书专款10万元。全年采购新书1550种3100册；征集地方文献56册；征订2011年报纸69种77份，杂志178种178份；装订报刊合订本928册。全年共计入藏图书、期刊合订本1973种3786册。年末馆藏各类文献147212册（其中纸质图书101912册、视听文献45300册），图书、报刊目录10套，资料专柜目录3套。全年修补破损图书、期刊617册。

【数据录入】　严格按照《中国图书馆分类法》第四版分类标准，完成2736册图书的分类、著录、书目数据录入等工作，制作新书目录卡片4650张、导卡310张，按要求完成分类、书名、著者两套三种目录卡片的排列组织工作。

【读者服务】　2010年5月1日起，取消借书证工本费，推行50元（每次可借阅1册书）、100元（每次可借阅2册书）、150元（每次可借阅3册书）三种不同押金的办证制度。全年共办理借书证438本，年末持证读者达7048人。全年共接待读者136498人次，其中：馆内接待读者77238人次（含内阅42020人次、外借35218人次），馆外接待读者59260人次（含图书流通点、“三下乡”、图书馆服务宣传周等活动人次，阅报栏读者等）；流通图书152014册次，其中：馆内流通150706册次（内阅92995册次、外借57711册次），馆外流通1308册次（图书流通点）。为读者代借代还、预约借书、推荐优秀图书2320册；为社会各界人士提供查阅资料268册（件）168人次；开展读者活动及读书活动12次，定题跟踪服务12件，解答各类咨询1353件。

【宣传辅导】　加强对乡镇文化广播电视服务中心、学校、部队、村委会等基层图书馆（室）的业务辅导。2010年共下乡94天282人次，分别到7个乡（镇）文广中心图书馆（室）、40家“农家书屋”、中小学校图书室、共享工程乡镇基层服务点进行业务辅导。

在石林镇、县城、圭山镇、板桥镇等集镇开展“文化下乡”活动，展出《云南辉煌60年》宣传展板6块26张、《深入开展创先争优活动》图片6块40张；现场展览科普图书150种300册；发放农村科技、生活小常识等宣传材料2600余份，免费书写、赠送春联800余副；发放《艾滋病预防须知》小册子3000余份；开展送书下乡活动，向基层赠送图书580册，价值6021元。

开展“图书馆服务宣传周”、“世界读书日”、“科技宣传周”等读者活动，大力宣传图书馆的社会职能和作用，在全社会倡导多读书、读好书的文明风尚，进一步营造全民读书的良好氛围，促进全民族素质的提高。

暑期举办2次书画培训班，共有50多名书画爱好者参考培训。全年编印《信息参考》12期、文字专栏12期、新书介绍4期820册，制作布标13条。年内撰写专业论文10篇参加昆明市图书馆学会第十三届学术研讨会论文评选，入选10篇。

【全民读书活动】　6月1日，石林县2010年全民读书活动暨石林书城开业庆典在石林书城隆重举行，标志着由县委宣传部、县文体局、县教育局、县总工会、团县委、县妇联共同举办的石林县2010年“营造读书氛围，建设效能石林”为主题的全民读书活动全面启动。活动时间为6月1日至12月30日。内容有“昆明冲击波促进石林大发展”主题演讲比赛、经典图书推荐、主题书展活动、有奖读书征文活动、读书格言书法比赛及学习型机关、读书职工、学习型青年、读书之家等评选活动，在全县掀起了新一轮读书热潮。

【文化信息资源共享工程】　利用多媒体电教室举办培训班、演讲、知识讲座等6场次。电子阅览室办理上网证355个，全年共接待读者5814人次。先后刻录国家文化信息资源共享工程建设管理中心配发的各类光盘500余张发放到7个乡镇基层服务点播放。11月，石林县代表昆明地区公共图书馆在云南省2010年文化信息资源共享工程工作会上进行了经验交流。

做好石林县政府信息公开网站查询点服务工作，极大地满足了广大读者对政府信息的查询需求，对推进石林县民主法制进程发挥了积极的作用。2010年共接待政府信息公开网点查询读者1028人次。

【农家书屋建设】　按质按量完成40家2009年度农家书屋建设指标，共配置图书60000册，价值99.8万元。按要求做好出版物配送、图书分编上架、制定农家书屋管理制度、业务指导等工作。组织40家农家书屋管理员到昆明参加业务培训，提高管理员服务能力。根据《昆明市2010年农家书屋工程实施计划的通知》要求，上报30家具备农家书屋建设条件的村委会文化室，争取2010年农家书屋建设项目。

为鼓励、引导农民走进农家书屋，

在全市农村掀起新的读书用书的热潮，根据《关于举办昆明市首届农家书屋阅读讲演比赛的通知》精神，及时成立领导小组，拟订实施方案。4月4日，在民族图书馆举行全县选拔赛，7个乡镇的11名选手参加比赛。4月13日，从选拔赛中推选2名优秀选手参加昆明市首届农家书屋阅读讲演比赛决赛，石林县荣获组织奖，2名选手均获二等奖。

【古籍普查】 年内成立了县古籍普查登记工作领导小组，完成了380册馆藏古籍的造册登记并上报昆明市古籍保护中心。选配1名专业技术人员参加了全国第二十五届古籍普查培训班学习。

【评估定级工作】 在全国第四次县级以上公共图书馆评估定级过程中，国家文化部严格按照新的评估定级标准，定级石林县民族图书馆为“三级公共图书馆”，并于2010年12月授牌。

（撰稿人：县图书馆　李红芳）

文物管理

【县文物管理所】 1991年5月1日成立县文物管理所。2010年内设办公室、文物保护室，年底实有专业技术人员6人。办公地点在石林县鹿阜镇环城东路25号第1栋。

【文物安全及宣传工作】 加强日常监督管理，加大文物巡查力度，全年对全县古建筑重点文保单位、文物库房开展6次文物安全检查，对检查中发现的问题，督促文物使用单位按要求限期完成了整改，确保了石林县各级各类文物的安全。

利用“四下乡”、“中国文化遗产日”、“科普宣传日”等活动，在县城和各乡镇开展了《中华人民共和国文物保护法》、文化遗产保护成果展、文物普查知识宣传等宣传展览活动5次，制作发放《石林县第三次全国文物普查》、《文物保护法规摘录》等各种宣传资料5000份，制作展出石林县物质文化和非物质文化遗产保护成果展板19块，黑板报宣传4期。

【文物调查保护】 2010年对500千伏召夸输变电站工程石林县红路口站址、进站道路建设项目区域及石林县鱼龙水库、地下水库、三家村水库、天生关海子水库等大中型水库建设工程淹没区进行了实地勘察。通过勘察，基本摸清了建设工程区域地上、地下文物的分布和埋藏情况，编制完成石林县建设工程文物考古调查评价报告，向工程项目管理部门和建设部门下达了建设工程文物保护意见书，有效保护了建设工程区域地上、地下历史文化遗产。

【第三次全国文物普查数据整理工作】 2010年4月3日，石林县第三次全国文物普查实地文物调查阶段工作通过市级验收工作组的检查验收并转入第三阶段普查数据整理工作。10月25日，石林县完成了文物普查第三阶段普查资料整理并将普查数据汇总上报了市普查办。11月16~19日，石林县文物普查资料整理和普查采集数据通过了国务院第三次全国文物普查领导小组办公室组织的文物专家组的检查验收，圆满完成了2010年文物普查工作任务。

【文物维修】 2010年4月，县委大院内李映乙宅居由于年久失修，出现瓦屋面漏雨，部分木构件腐朽破损，左后檐口墙体出现局部倒塌等现象，产生了安全隐患。为及时抢险加固李映乙宅居，消除安全隐患，县文物管理所联合县委办积极筹集文物维修资金2万元，组织人员对李映乙宅居破损情况进行勘察和制定维修方案，组织施工单位对李映乙宅居进行了维护修缮。

【公开出版《石林文物研究》】 2010年5月，《石林文物研究》经云南民族出版社公开出版发行，印数1500册。《石林文物研究》由石林县文化体育局文物管理所编著，1/32开本，全书8章25万字，收录图片40张。该书全面系统地整理、研究和准确记录了石林县地上、地下的文化遗迹、珍贵文物及其在社会经济发展中的地位和作用，扩大了石林县的对外宣传力度。

【申报昆明市第五批重点文物保护单位工作】 2010年8月，根据昆明市文化广播电视体育局关于开展第五批市级文物保护单位申报工作的通知，石林县文物管理所严格按照《昆明市第五批市级文物保护单位申报指导意见》、《昆明市第五批市级文物保护单位申报信息采集标准》等相关标准和规范，结合第三次全国文物普查的情况，遴选了县级文物保护单位文庙、第三次全国文物普查新发现文物小乐台旧村义学、小乐台旧村时氏宅居为申报对象，并报县人民政府批准，撰写申报文本材料按时上报了昆明市文化广播电视体育局。12月，石林县申报昆明市第五批文物保护单位申报材料通过市级文物组专家评审，并提交昆明市政府进一步审核。

【少数民族文物征集工作】 2010年11月，为认真贯彻落实《昆明市人民政府关于进一步繁荣发展少数民族文化事业的决定》精神，切实开展好少数民族文物的抢救和保护工作，加强少数民族文化遗产的保护，使流散文物得到妥善保存和充分利用，展示石林县丰富多彩的民族文化和悠久的历史，石林县文物管理所联合县民族宗教事务局开展了少数民族非物质文化遗产保护项目相关物品和少数民族文物的征集工作。截至2010年12月，共征集到非物质文化遗产保护项目相关物品和少数民族文物269件，其中：服饰类136件，刺绣类9件，生产工具类110件，民间乐器类12件，民间工艺品类2件。

（撰稿人：县文物管理所　杨冶刚）

群众体育

【首届外来务工人员运动会】 1月15~16日，由石林县总工会、石林县文化体育局、石林县进城务工人员工会联合委员会主办的石林县首届外来务工人员运动会在民族体育场举办，本次运动会共有10支代表队200余人参加。

【体育“三下乡”活动】 在昆明市体育局的关心支持下，元旦春节期间开展了体育“三下乡”活动，在圭山镇海邑举办了国民体质检测、象棋比赛、健身项目展示等群众喜闻乐见的活动，参与群众和观众3200名。

【“赫石杯”篮球联赛】 3月6日至5月2日，由县人民政府主办，县文体局、县体育总会承办，县赫石工贸有限公司协办的“赫石杯”篮球联赛在石林县民族体育场举行。本次比赛设男子A组、B组和女子组三个组别，共有23支篮球队500余名运动员参与，各组分别对前三名进行了奖励。其中获得男子A组第一名、第二名、第三名的依次是赫石工贸有限公司代表队、华鹏石材代表队、教育局代表队；获得男子B组第一名、第二名、第三名的依次是鹿阜中学代表队、国土资源局代表队、公安局代表队；获得女子组第一名、第二名、第三名的依次是教育局代表队、山河投资有限公司代表队、鹿阜小学代表队；获得体育道德风尚奖的是：男子A组东源煤业有限公司8号井代表队、男子B组信合代表队、女子组妇幼保健院代表队；获得优秀运动员荣誉称号的是：陈永才、郭福永、赵云龙、李志刚、杨皓文、安忠权、杨和林、詹映祥、普忠平、毕英、王丝思；获得优秀裁判员荣誉称号的是：毕绍春、朱加智、岳卫兵、张丽。

【昆明市“农民体育健身工程点”篮球比赛】 6月组织石林县圭山镇糯黑村委会代表我县“农民体育健身工程点”，参加在宜良县举行的昆明市“农民体育健身工程点”篮球比赛。在本次比赛中，石林县荣获二等奖。

【参加昆明市老体协活动】 6月18日，县文体局组织石林县老年人参加昆明市老体协在呈贡县举办的老年人钓鱼比赛，取得了第一名、第五名的成绩。

6月24日，县文体局组织石林县老年人参加昆明市老体协在市老年人活动中心举办的扑克双抠比赛，取得了第三名的成绩。

【糯黑村委会参加昆明市农民体育健身工程点篮球赛】 6月27～30日，昆明市农民体育健身工程点篮球赛在昆明市体育馆举行，石林县圭山镇糯黑村委会参加了本次比赛。在比赛中，石林县运动员发扬友谊第一、比赛第二的精神，获得了二等奖和体育道德风尚奖。

【“信用社杯”足球邀请赛】 7月17日至8月8日，由县全民健身指导协调委员会、县旅游文化广播电视体育局、共青团石林县委主办，县民族体育服务中心承办，县农村信用合作联社协办的石林县“信用社杯”青年足球邀请赛，在县体育场举行。本次足球邀请赛有来自周边友好县的泸西县掘金代表队和劲虎代表队、师宗县十年球友代表队、宜良县锦馥羊肉馆代表队4个代表队和石林县的石林信用社火龙代表队、君圣广告公司代表队、铁哥们代表队、东源石林煤业8号井代表队、梦达尔代表队和绿星代表队等6个代表队共计10个代表队300余名运动员参加。经过24场紧张角逐，石林信用社火龙代表队获得第一名、东源石林煤业8号井获得第二名、师宗十年球友代表队获得第三名。

【2010年中国石林国际火把节】 2010年8月1～7日，石林县举行2010年中国石林国际火把狂欢节。

8月1～7日每晚8：30～9：30，由县旅文广体局承办，石林阿着底民族文化开发有限公司、石林万城阿诗玛旅游文化开发有限公司和石林阿诗玛艺术团协办，主题为“万城阿诗玛，多彩阿着底”的广场文艺演出活动在万城阿诗玛旅游小镇广场举行，每晚观众都超过4000人次。

8月3日下午，在石林风景区乃古石林举行国家级非物质文化遗产项目彝族大三弦舞比赛，来自县内及周边县的31支彝族大三弦舞队参加了比赛。整场比赛团结紧张、欢乐祥和，乃古石林人山人海、热闹非凡。比赛中间穿插县内青年歌手的歌曲演唱，给比赛增色添彩，活跃了节日气氛。通过近3个小时精彩的表演比赛，石林长湖镇阿着底彩虹艺术团夺取一等奖，弥勒县可邑文艺队、石林县石林镇小老挖心连心文艺队获得二等奖，撒尼儿女文艺队、石林圭山前哨民族民间艺术团、石林小箐青年文艺队获得三等奖，长湖民族民间艺术团、石林清水塘民族民间艺术团、弥勒县撒坡新寨文艺队、石林彝家乐艺术团二团获优秀奖，其余各队为鼓励奖。县领导为获奖单位颁奖，还为2009年被评为昆明市优秀业余文艺队的石林县15支业余文艺队和5支县级优秀业余文艺队、5名县级文艺骨干颁发了奖状、证书和奖金，以鼓励和支持更多的民间文艺队参与传承和弘扬民族民间传统文化。各族群众和中外游客1.5万人观看了比赛。

8月4日晚7：30～9：30，在石林县民族体育场举行“激情石林，魅力彝人”大型彝星演唱文艺晚会商业演出，这是石林县在重大民族节日期间首次尝试商业化运作演唱会。这次演唱会由昆明海伦特文化传媒有限公司和昆明石林喆人广告有限公司承办，邀请了全国各地部分知名彝族歌手和石林县优秀歌手参加演出。石林县组织了《欢迎您到石林来》、《火红的民族》2个石林彝族舞蹈节目参加演出。演出活动高潮迭起、精彩纷呈，受到了来宾和各族观众的热烈欢迎，观众达1000余人。当天晚上，在石林县城双龙广场、石林大酒店门口、石林县民族体育中心举行了群众性火把狂欢活动。2010年火把狂欢活动，首次创造性地推广使用了节能环保火把产品，为今后禁止使用树木火把作了有益尝试。

8月3～5日，在中国石林彝族第一村斗牛城举行了市场化运作的斗牛比赛。比赛录取了六个项目的前六名并进行奖励。县委、县政府领导亲自为获奖牛主颁奖。本次比赛为石林县重大节日举行大型商业化斗牛比赛活动进行了有益探索。

8月5日，在长湖镇举行了全县性的彝族传统摔跤和民族文艺展演暨民族歌舞比赛。文艺展演共7个队参加，民歌比赛共10个队参赛。石林县阿着底彩虹艺术团荣获民歌比赛第一名，海宜彩虹艺术团、维则青龙艺术团、维则民族民间艺术团、维则青山艺术团并列荣获第二名，维则青山艺术团、海宜阿诗玛剧团、舍色阿诗玛艺术团、阿四网女儿情原生态表演队并列荣获第三名，石林彝家乐艺术团、弥勒山映泉文艺队获组织奖。摔跤比赛设团体比赛和男子45公斤以下个人自由式、女子个人自由式摔跤比赛。在摔跤团体比赛项目上：石林县获第一名，弥勒县获第二名，宜良县获第三名，丘北师宗代表队获第四名。男子45公斤以下个人自由式摔跤比赛项目上：师宗李春明获第一名，石林县海宜村王成武获第二名，石林县月湖村普志峰获第三名，石林县老挖村毕剑峰获第四名，石林县立马村李云龙获第五名，石林县所各邑村毕琨获第六名。女子个人自由式摔跤比赛项目上：石林县松子园村李雪华获第一名，石林县水塘铺村毕金芳获第二名，石林县北大村虎晓燕获第三名，石林县老挖村李秀珍获第四名，丘北邵红梅获第五名，文山段顺菊获第六名。观众达3万余人。

【全民健身日活动启动仪式暨长跑活动】 8月7日，石林县举行全民健身日活动启动仪式暨长跑活动。县委、县人大、县政府、县政协领导，县直各部委办局、人民团体、企事业单位以及省、市驻石单位共计60多个单位1000余人参加。在启动仪式上，150名健身爱好者现场展示了健身气功、柔力球、健身球、健身操、门球等健身项目，健身教练现场讲解和演示健身器材的使用，普及健身常识，让广大人民群众充分参与健身，感受快乐健身的体验，活动得到了市民和群众的积极参与。启动仪式后，县委常委、宣传部长蔡志岳为长跑活动鸣枪发令，县领导、机关干部职工、退休老干部、学生、群众等1000余名进行了“相约健身·健康长跑”活动，以整齐的步伐、响亮的口号和饱满的激情，从中国石林彝族第一村大门口开始到县民族体育场一路跑步前进，展现了石林县广大人民群众积极参与健身的良好形象，此次活动的开展标志着石林县全民健身日活动的全面启动。

【参加“沃特杯”首届少数民族健身操比赛】 8月8日，县旅游文化广播电视体育局精心组织了12名运动员，代表昆明市参加云南省“沃特杯”首届少数民族健身操比赛规定操及自编操的比赛。经过全体队员的努力，获得一个一等奖、一个二等奖的好成绩，为昆明市争了光。

【昆明市中学生“奋进杯”足球锦标赛】 10月2～6日，由昆明市文化广播电视体育局、昆明市教育局主办，昆明市足球管理中心承办，石林县旅游文化广播电视体育局协办的2010年昆明市中学生“奋进杯”U16、U14足球锦标赛在石林县民族体育场举行。参加本次足球锦标赛的学校有来自昆明市第一中学、昆明市第三中学等8所名校的200余名运动员和50余名教练员、裁判员、工作人员。获得本次比赛U14组第一名的是北大附中，第二名的是昆三中，第三名的是官一中；获得本次比赛U16组第一名的是北大附中，第二名的是昆一中，第三名的是昆三中。

【石林县成立国民体质监测中心】 2010年，在县委、县政府的关心支持下，县旅游文化广播电视体育局投资14万元购置了16件体质测试器材，填补了石林县国民体质检测器材为零的空白，并按市的要求成立了石林县国民体质监测中心。中心的成立将进一步加强体育部门对石林县全民健身工作的科学指导力度，了解国民体质现状和变化规律，为全民健身计划的实施提供科学依据，为经济建设和社会发展服务。

【电力系统冬季职工联谊运动会】 12月1～2日，由石林供电公司、宜良供电公司主办，石林电力工程发展有限公司、昆医附二院石林天奇医院、云南良和实业有限公司协办，石林县旅游文化广播电视体育局承办的电力系统“迎亚运、促健康”冬季职工联谊运动会在石林县民族体育场举行。本次运动会共有石林电力发展有限公司、宜良供电公司、昆医附二院石林天奇医院、云南良和实业有限公司、石林供电公司5支代表队300余人参加了羽毛球、乒乓球、篮球3个项目的比赛。

【协会活动】 县体育总会下属钓鱼、棋类、信鸽、门球等协会积极举办各种活动，全年共计举办30余次，参与人数1000余人。

竞技体育

【2010年昆明市中小学生摔跤比赛】 5月21～25日，石林县组织4支代表队参加在宜良县举行的2010年昆明市中小学生摔跤比赛。经过激烈角逐，石林县荣获9金、4银、3铜的好成绩。

【培养输送后备运动员】 县旅游文化广播电视体育局制定年度市级联办训练点及体育传统校年度检查评估措施，督促指导各联办点及传统校认真制定年度训练计划、寒暑两假期集训计划，并按照计划组织好训练，定期不定期到各校检查。全年共向市体校、省少体校输送了10名运动员，超额完成输送任务。

【参加昆明市少年儿童国际式摔跤比赛】 6月26～29日，昆明市少年儿童国际式摔跤比赛在宜良县举行。石林县少体校队员代表县民族小学参加了本次比赛，夺得了9金、5银、4铜、团体第一名的好成绩。参加本次比赛的还有石林县的其他3所传统校，他们分别获得了团体第五、六、七名。

【参加“沃特杯”少数民族健身操展演比赛】 8月8日，由石林县组队代表昆明市参加云南省体育局主办的“沃特杯”少数民族健身操展演比赛，“自选套路”获一等奖、“规定套路”获二等奖。

【参加云南省第九届民运会】 9月24日至11月24日，石林县组织28名运动员代表昆明市参加云南省第九届少数民族传统体育运动会的抢花炮和表演项目民族健身操的比赛。石林县的运动员、教练员在本次运动会上表现出了较高的体育道德风范和运动技能水平，勇夺民运会竞技项目含金量最高的抢花炮金牌，蝉联了省民运会抢花炮项目五连冠。表演项目《撒尼健身操》获金奖、《欢乐的撒尼人》获银奖。

【备战昆明市第四届体育运动会】 12月，石林县完成了昆明市第四届体育运动会青少年组运动员注册工作，石林县共组织183名体育后备人才参加注册，为备战市四运会打下了人才基础。

（撰稿人：县旅文广体局　毕世光）

文化产业发展

【制定和完善相关配套政策】 为把文化产业培育成为石林县新的支柱产业，从2010年起，县委、县政府决定每年由县财政安排1000万元作为文化产业发展专项资金。为充分发挥文产专项资金的撬动作用，2010年由县文产办牵头，数易其稿，完成了《石林县文化产业发展专项资金使用管理办法（试行）》的起草，并由县人民政府以石政发〔2010〕22号文件正式印发执行。进一步充实完善《石林彝族自治县文化产业发展“十二五”规划》，以合理规划布局石林县文化产业在“十二五”重要阶段的发展。6月19日，石林县邀请省市文产办、市文化体育局相关专家和领导，召开了《石林县“十二五”文化产业及事业发展规划评审咨询会》。2010年，县人民政府还出台了《石林彝族自治县关于进一步繁荣发展少数民族文化事业的实施意见》，提出了多项促进少数民族文化产业发展的措施。

2010年市场化运作了中国石林国际火把狂欢节、中国“牛王”争霸赛等特色项目，培育了“福牛”、“雅尼”等一批文化企业。全年文化产业增加值3.69亿元，占地区生产总值的10.01%。

【阿诗玛文化产品亮相昆明泛亚民族工艺品博览会】 8月27日，由省文产办、省文化厅、省旅游局、昆明市政府、云南世博旅游控股集团有限公司共同主办，为期5天的2010昆明泛亚国际民族民间工艺品博览会在昆明国际会展中心开幕。石林美邑石文化开发有限公司、石林阿着底民族刺绣产品开发技术协会、石林银星置业有限公司参展本次博览会，展出了具有石林阿诗玛文化特色的彝族撒尼刺绣、石雕、阿诗玛陶瓷等工艺品。在博览会现场，石林阿诗玛文化特色工艺品吸引了熙熙攘攘的观众驻足品味石林彝族撒尼艺术精粹。除了以往的民族刺绣、石文化雕刻外，此次石林文产办又新加入了阿诗玛陶瓷工艺品。带着阿黑哥、阿诗玛的经典神话和撒尼人家的佳酿，以陶瓷配陈酿的方式献艺民博会，成了本次石林县的独特亮点。据石林银星置业有限公司总经理余秋妮介绍，他们公司联合景德镇打造了阿诗玛陶瓷工艺品，选用当地独有的彝族撒尼人传统刺绣图案，将阿诗玛、阿黑哥的图案复制在陶瓷上，并在陶瓷瓶里配上20年陈酿，意在更广泛地彰显石林撒尼文化。

阿诗玛文化特色工艺品吸引游客驻足观看

【率先开展季度文化及相关产业统计】 2010年，石林县在昆明市和云南省率先尝试进行季度文化及相关产业统计工作。按照县委、县政府关于进一步加强部门统计工作的要求，县统计局各专业统计人员和乡镇统计站工作人员密切配合，做好文化产业单位清查、调查登记、调查表审核、数据处理、分析评估等工作，取得了2009年度及2010年分季度文化及相关产业主要统计数据，客观、全面地反映了石林县的文化产业发展情况。

【稳步推进各项重点工作】 一是进一步充实完善文化产业项目库。2010年提炼出中国石林国际火把节系列活动市场化运作、中国云南非物质文化遗产大观园、寺背后阿诗玛文化特色村建设项目等10个文产项目进行进一步包装策划。二是强势推进文化产业招商引资工作，积极推进一批重点项目建设。石林老街·东门坊”文化休闲街区和恢复石峰山古寺院等一批重点文产项目相继落户石林。建成了阿诗玛书城、彝族第一村斗牛城等一批标志性文化设施。三是认真做好政协委员提案答复工作。2010年由文产办牵头办理了6件政协提案，提案人均表示满意。

（撰稿人：县委宣传部文产办　薛春华）

社会生活

人口结构

【性别结构】 按户籍统计，2010年末石林县总户数83433户，总人口242573人，其中：农业人口214261人，非农业人口28312人，农业人口占全县总人口的88.33%；男性人口121949人，女性人口120624人，男女性别比为101.10：100。

【民族结构】 2010年末石林县各民族人口分别为：汉族157398人，彝族82637人，白族202人，哈尼族206人，壮族677人，傣族153人，苗族717人，傈僳族12人，回族282人，拉祜族28人，佤族28人，纳西族33人，景颇族1人，瑶族46人，藏族12人，布朗族2人，普米族1人，德昂族2人，独龙族1人，蒙古族19人，基诺族1人，水族18人，满族10人，布依族26人，其他民族61人。彝族人口占全县总人口的34.07%。

【出生、死亡人口】 按县公安局落户、销户情况统计，2010年出生人口3833人，其中：男性2025人，女性1808人。死亡人口3593人，其中：男性1917人，女性1676人。

【年龄结构】 2010年末按年龄划分，0～14岁人口有44640人，其中：男性23074人，女性21566人。15～64岁人口有175424人，其中：男性88003人，女性87421人。65岁及65岁以上人口22509人，占全县总人口的9.28%，其中：男性10872人，女性11637人。

2010年末石林县人口年龄统计表

年龄	合计	男	女	年龄	合计	男	女
合计	242573	121949	120624				
0	1360	738	622	56	2687	1315	1372
1	1974	1011	963	57	2532	1243	1289
2	1946	1037	909	58	2424	1174	1250
3	2175	1134	1041	59	1928	952	976
4	2668	1366	1302	60	1722	832	890
5	2839	1478	1361	61	1905	985	920
6	3347	1731	1616	62	1720	850	870
7	3126	1641	1485	63	1781	891	890
8	3305	1674	1631	64	1626	848	778
9	3434	1754	1680	65	1535	768	767
10	3636	1933	1703	66	1486	766	720
11	3483	1790	1693	67	1375	705	670
12	3601	1875	1726	68	1445	719	726
13	3855	1948	1907	69	1314	698	616
14	3891	1964	1927	70	1192	602	590
15	4096	2056	2040	71	1088	547	541
16	3686	1879	1807	72	1149	558	591
17	3165	1579	1586	73	1096	557	539
18	3016	1537	1479	74	1160	543	617
19	3500	1826	1674	75	1047	497	550
20	3896	2040	1856	76	880	430	450
21	4217	2114	2103	77	995	491	504

续 表

年龄	合计	男	女
22	3716	1857	1859
23	3779	1881	1898
24	3508	1756	1752
25	2931	1438	1493
26	2967	1458	1509
27	2927	1434	1493
28	3524	1711	1813
29	3444	1715	1729
30	3394	1670	1724
31	4225	2094	2131
32	4782	2365	2417
33	4339	2200	2139
34	4365	2229	2136
35	4571	2281	2290
36	4886	2466	2420
37	5323	2733	2590
38	4869	2443	2426
39	5919	3017	2902
40	5487	2743	2744
41	4884	2472	2412
42	5330	2618	2712
43	4248	2149	2099
44	4867	2409	2458
45	4699	2436	2263
46	4661	2287	2374
47	4606	2350	2256
48	3795	1935	1860
49	1963	992	971
50	2283	1172	1111
51	1835	922	913
52	1674	812	862
53	2259	1100	1159
54	2464	1238	1226
55	2999	1499	1500

年龄	合计	男	女
78	992	474	518
79	788	364	424
80	738	371	367
81	675	328	347
82	639	285	354
83	557	250	307
84	409	176	233
85	348	144	204
86	277	117	160
87	257	102	155
88	214	82	132
89	195	79	116
90	149	53	96
91	105	44	61
92	88	32	56
93	76	33	43
94	61	13	48
95	57	16	41
96	44	11	33
97	19	7	12
98	18	6	12
99	10		10
100	9	1	8
101	5		5
102	7	2	5
103	3		3
104	3	1	2
105			
106	3		3
107	1		1
108			
109			
110			

（撰稿人：县统计局　杨凤英）

民族结构

【各民族人口分布情况】 2010年底，全县有汉、彝、白、哈尼、壮、傣、苗、回等26个民族，户籍人口242573人。汉族157398人，占全县总人口的64.89%，分布于全县6镇1乡223个自然村；彝族82637人，占全县总人口的34.07%，占全县少数民族总人口的97.02%，主要分布在石林、西街口、圭山等山区半山区乡镇，少数在鹿阜、板桥、大可等乡镇与汉族杂居；苗族717人，占全县总人口的0.3%，主要分布在圭山镇糯斗村、下部龙村，大可乡树密寨，石林镇大塘子村等山区；壮族677人，占全县总人口的0.3%，主要分布在鹿阜镇及圭山镇；回族282人，占全县总人口的0.12%，主要分布在鹿阜、板桥等乡镇；白族、哈尼族、傣族分别为202人、206人、153人，散居于全县各乡镇。

【彝　族】 2010年底石林县境内彝族人口82637人，是全县人口最多的少数民族。彝族是石林最早的土著居民，有着悠久的历史和文化。早在旧石器时代，其先民就在巴江河两岸生息繁衍。隋唐时期曾建立实力强大的落蒙部，其首领世代担任朝廷命官。明代以后，随着土司制度的崩溃和外来移民的增多，彝族与外来民族的同化和融合日益加强，内部分化比较突出。至清代已形成撒尼、黑彝、白彝、彝亲、阿细、阿彝子等众多彝族支系，在分布上最终形成大部分移居山区、少数在坝区与汉族杂居的格局。在石林众多彝族支系中，撒尼人数占多数，特征也较为明显，至今仍保留着独特的民族风俗。撒尼自称“尼”，他称“撒尼”、“撒尼泼”，多是落蒙部后裔。撒尼彝语属汉藏语系藏缅语族彝语支东南部方言撒尼土语，至今仍保留并使用着自己的文字，目前收集到的撒尼古彝文共有1200个字，主要由毕摩世代相传。火把节和密枝节是撒尼传统节日中较为隆重的节日。撒尼除少数信仰天主教外，其余都以原始宗教为主，祖先神灵高居于各种神灵之首。婚姻自由是撒尼人的传统美德，青年男女通过跳舞、对歌和平时的生产劳动互相了解，只要双方情投意合，便可请媒人订下终身。

【汉　族】 2010年底石林县境内汉族有157398人，主要居住于坝区和交通沿线，少数在山区与彝族或其他民族杂居或聚族而居。元代以前，石林以彝族居多。明洪武至永乐年间，朝廷大量从内地征调军队、组织民力到云南各地屯田，汉族人口骤增。此外由于战争、饥荒等原因，历代都有不少汉族移入石林，逐渐形成今天的分布格局。解放前汉族多为包办婚姻，结婚须经过瞧房、许口、换柬、过礼和结婚等仪式。传统节日主要有春节、清明节、端午节、中秋节、重阳节、冬至节。汉族信仰佛教、基督教，崇拜祖先、山神。

【苗　族】 2010年底石林县境内有苗族717人，主要分布在圭山镇糯斗、下部龙村，大可乡树密寨等山区。石林境内苗族一部分于清代咸丰年间从贵州迁入，另一部分于清朝光绪年间从昭通迁入。苗语属汉藏语系苗瑶语族苗语支苗族东北部方言。历史上苗族曾有过文字，但没有保留下来。苗族至今还保留有自己的民族服饰。青年男女婚恋自由，但同宗同姓不能通婚。苗族传统节日有花山节、爬山节、吃新节。花山节也叫采花节，是苗族传统盛大的节日，每年农历正月初二至初五举行，花山节有对歌、跳舞、赛马、斗牛等活动。石林苗族信仰原始宗教，他们认为巨石、大树有神灵，都会祭拜。苗族还供猎神，出门狩猎前敬拜猎神，求猎神赐予更多的猎物。

【壮　族】 壮族分“黑沙人”和“白沙人”，石林县的壮族为“黑沙人”。2010年底石林境内壮族有677人，分布于圭山镇普拉河上寨、海邑下海子，鹿阜镇小滑坡村，少数在大麦地庄、堡子与汉族杂居。明末清初，石林壮族从文山迁入罗平，后又迁到石林定居。壮族语言属汉藏语系壮侗语族壮傣语支壮语北部方言。历史上曾创造过一种拼音文字，仅用于书写经文、编山歌、记事等，不广泛使用。1955年创造过一种拼音文字，但石林境内壮族没有使用。壮族婚姻是“父母之命、媒妁之言”的包办婚姻。壮族传统节日有祭老人房、三月三、四月八。壮族信仰原始宗教，崇拜祖先与自然，祭祀内容较多，有祭山神、祭井泉神、祭灶神、祭禾神、祭花婆神、祭火神等。

宗教信仰

【佛　教】 佛教于明朝传入石林县。据2010年底的统计，石林县有4所正式批准开放的寺院，即圭山寺、狮子山妙光寺、仙花寺、石峰寺。神职人员7名（比丘2名、比丘尼5人），居士500人，信教群众约16000人。佛教有多种教派，节日也多种多样，各地各教派也不统一，石林佛教不强调何宗何派。主要佛事活动有三月三及佛像开光仪式。

【天主教】 天主教是1887年由法国神父保禄·维亚尔（汉名邓明德）为首传入而发展起来的。至2010年底石林县共批准开放路美邑天主教堂和海邑天主教堂两处，批准开放维则村天主教固定处所一处。全县有教职人员1名，教堂管理人员13名，教徒1000余人。最主要的节日有耶稣复活节、圣神降临节、圣母升天节和耶稣圣诞节。

【基督教】 基督教于1925年传入石林县。至2010年，经县人民政府批准开放的活动场所有石林基督教堂，年底有教职人员3人、教徒1000余人。最主要的节日有复活节和圣诞节。

【原始宗教】 石林县原始宗教具有浓厚的民族特色和地方特色，石林彝族90%以上都信仰原始宗教，其宗教的内容主要由自然崇拜和祖先崇拜组成。彝族认为天、地、日、月、山、石、火、林都有神灵，因而对天、地、山、石等自然物进行祭拜。在自然崇拜中以每年举行的密枝节较有特色，祭祀活动以村寨为单位，整个活动历时7天，包括诵经祭祀、游街、打猎等诸多内容。毕摩是彝族原始宗教的神职人员，每个彝族村寨都有1~2名毕摩，在彝族社会中他们担任着祭师和传承民族文化的重任。毕摩有法器和经书，经书从各方面反映了彝族古代社会，具有较高的学术研究价值。

（撰稿人：县民宗局　王向方）

人口与计划生育

【县人口和计划生育局】　2004年11月26日，县计划生育局更名为县人口和计划生育局。2010年机关内设办公室（审计科）、政策法规和科技宣教科、规划信息和流动人口管理科，年底有在职职工12人。办公地点在鹿阜镇龙泉路128号。县人口和计划生育局下辖计划生育服务站，属事业单位，有在职职工10人。2009年8月，石林县对乡镇人口和计划生育机构设置进行了规范和加强，单独设立了乡镇人口和计划生育办公室，全县共核定乡镇人口和计划生育办公室行政编制18名，进一步强化了乡镇人口和计划生育办公室的管理职能。2010年，资助支农联系点大可乡岩子脚村委会4000元生产经费。

2010年在政务信息网公开重大决策听证6件、重要事项公示2件、重点工作通报8件。接听96128专线电话7个，满意率达100%。帮助群众协查婚姻生育情况15件，受理县委转办“书记工作电话交办通知”2件，加大对计划生育违法案件的查处力度，对已办理《独生子女父母光荣证》，享受待遇违法生育二孩的，除征收社会抚养费外，收回已享受奖励金。接待来信来访560件，其中个人访504件，电话访56件；接待首问首办件223件，首问首办率90.13%。

局　长：毕金兰（女，彝族）

副局长：戴宏平

　　　　黄丽英（女）

书　记：张睿高（彝族，7月止）

【指标完成情况】　2010年石林县人口与计划生育工作完成了市政府、市人口和计划生育委员会下达的指标任务。年末全县总人口242573人，出生人数2929人，出生率为12.02‰；死亡1595人，死亡率为6.55‰；自然增长人数1334人，自然增长率为5.47‰。常住人口符合政策生育率为99.86%。

【加大投入力度】　2010年县财政预算安排计划生育专项经费240.58万元（其中：计划生育手术费35万元，流动人口管理费20万元，奖优免补工作经费10万元，优质服务经费10万元，育龄妇女及家庭成员信息采集经费10万元，出生缺陷干预经费5万元，宣传工作经费2万元，购设备2万元，兑现3507户独生子女保健费41.1510万元，计划生育服务站业务楼附属工程建设款40万元，村级计生宣传员经费补助16.74万元，目标责任考核7.6万元，其他人口与计划生育事业支出41.089万元）。

【计生宣传教育】　积极参加“三下乡”、科技活动周和全国科普日宣传咨询活动，重点宣传了计划生育法律法规、优生优育、避孕节育等知识。发放计生年历，如何预防艾滋病、奖优免补宣传单，生殖健康、计划生育优质服务知识家庭读本，流动人口计划生育管理服务问答，关注男性健康、促进家庭幸福、农村百事通等宣传材料。

按照生育文化示范村建设“五个一”的标准，扩大生育文化示范村创建范围，每个乡镇都规范了一个生育文化示范村，鹿阜镇堡子村、石林镇小箐村民小组、西街口村委会、板桥镇石哑口村、大可村民小组、长湖镇维则村、圭山镇立马村、额冲衣村。

全年共计举办人口与计划生育基础知识培训班6期，参训人数为1521人；放映电影55场，观众达49665人次；录像51场，观众达23280人次；文艺演出184场，观众达97795人次；固定标语1663条，出黑板报1023期，橱窗100期，广播宣传1437次，宣传广告牌15块，固定宣传栏141块、刊登数1304期，宣传品发行数5种56705份。宣传经费共计投入91887元。

【基层文明执法专项活动】　一是认真开展行政执法主体清理公告工作。充分利用网络平台，在石林县政务信息网上对人口计生服务项目、收费标准等情况进行公布，对行政审批项目及服务事项做出行政审批工作承诺书，接受社会监督。二是深入开展行政执法案卷评查工作。对2009年7月1日以来实施的行政许可、行政处罚、行政复议案卷进行了自检自查。三是做好行政处罚自由裁量权规范细化标准贯彻实施。四是严格执行行政审批制度。行政审批项目由原来的两项，缩减为一项，即再生育的《生育证》审批；保留了原来的一项管理服务项目，即《独生子女父母光荣证》的核发。行政事业性收费项目由原来的两项削减为一项，只保留社会抚养费征收项目，监督各乡镇严格按照《云南省社会抚养费征收管理规定》执行，不乱收费，不超标准征收；免收《生育证》工本费。在行政审批过程中，制定了石林县人口和计划生育局行政审批“四进中心”实施方案，严格遵循“有权必进、进必授权”的原则，按照“两集中，两到位”的要求，做到部门的审批服务职能向一个科室集中，行政服务科室整建制向中心集中，所有行政审批及管理服务项目进中心，对窗口工作人员的授权到位，完全杜绝体外循环。

【“奖优免补”工作】　截至2010年9月底，全县共有农业人口一孩家庭11784户，其中领取《独生子女父母光荣证》5931户，占50.33%。2010年审批农业人口独生子女家庭一次性奖励81户，发放资金7.2万元；审批奖励扶助339人，发放资金26.736万元；审批特别奖励扶助46人，发放资金5.256万元；有21名高中生享受高考升学加分、101名初中生享受中考升学加分的优惠政策；对农业人口独生子女父母及18周岁以内的独生子女、双女绝育夫妇12907人免除新农合个人缴纳部分的资格进行了确认；全面落实昆明市对独生子女伤残、死亡家庭给予生活补助，对城镇低保独生子女家庭给予奖励补助的奖励政策，全年确认46人享受独生子女伤残、死亡家庭的生活补助，发放资金2.76万元；确认小学1944人、初中633人、高中111人、专科5人、大学11人享受教育奖学金，发放资金61.462万元。

【育龄妇女及其家庭成员信息采集工作】 为适应全省人口发展，全员人口信息化管理和完成国家人口计生委基础信息核查工作要求，积极稳妥推进全员人口信息化建设。根据省、市要求，石林县两次召开全县计划生育系统人员培训会，共培训270人。随后各乡镇又培训信息采集员，县人口计生局干部职工及乡镇人口计生人员实行分片包干指导工作，严格按照省市要求采集信息，共录入上报信息72956户245289人。在经费紧张的情况下，安排10万元经费补助各乡镇用于开展育龄妇女及家庭信息采集录入工作。根据国家、省、市要求对全县2000年以后出生1050条信息核查反馈，对流入153条、流出94条信息核查反馈，对25222条身份证、姓名、区划代码、出生日期等工作进行核查反馈，全面完成了人口和计划生育基础信息核查工作任务。

【优质服务】 一是进一步完善县乡计生服务站所建设。县计生服务站、石林镇、圭山镇、大可乡计生服务所建设已完工并投入使用，推进了全县计生服务网络建设再上一个新的台阶。二是全力推进以“生殖健康服务”为主题的优质服务“三大工程”。开展妇女病普查诊治服务、避孕节育全程服务、不孕不育症诊疗服务和产前产后访视服务，全年共为11452名妇女进行妇女病普查诊治服务，避孕节育全程服务5.2万余例，登记摸底不孕不育对象200余人。积极实施出生缺陷干预工程，2010年，全县开展宫内感染监测服务2048人次。三是注重经常性工作的开展。全年上门咨询7766例，门诊咨询4837例，门诊人次12542例，查环查孕人次64403例，随访人次32728例，妇女病检查11707例（其中确诊人次5777例）。放置宫内节育器3109例，皮下埋植放置术5例；取出宫内节育器1392例，皮下埋植取出术5例。预防出生缺陷TORCH四项检测2848人次。适宜叶酸增补发放1336人份。术后随访3857人次。发放避孕药34014人次，对已婚育龄妇女免费发放避孕套222000只（下拨到乡镇）。定期不定期到各乡镇督查、指导医学监护工作，确保工作落到实处。严格把关、完善程序，报送病残儿医学鉴定3例。指定专人管理，开办流动人口计生免费证明，核实上报免费四术资金。做好预防艾滋病摆放安全套工程工作，在7家星级宾馆，60家普通旅馆酒店，6家桑拿洗浴，31家歌舞厅、卡拉OK厅，42家美容及发廊，14家医疗卫生，做到100%摆放安全套。全年免费发放安全套32000只。

【流动人口管理和服务】 为加强对流动人口的计划生育管理和服务工作，全县配备了15名流动人口计划生育管理服务员，主要开展了以下工作：一是重点排查流动人口总数、流向，流出已婚育龄妇女办证、生育、节育措施落实及流动人口规范化管理情况，流入人口总数、已婚育龄妇女数，用人单位、房主、业主合同签订、证件查验等工作。二是强化责任措施。县乡组织精干力量，明确责任，成立了清理清查领导小组，制定方案，对辖区流入人员每月开展一次清理清查、查验登记和管理服务工作。三是从2010年4月份开始，积极组织有关人员，认真做好上级交办的《全国流动人口动态监测调查》和物业小区清理清查工作。据统计全县共清理流动人口9186人，其中流入人口6416人、流出人口2770人；清理各种场所199个，与用工单位签订责任书199份，与出租房屋产权单位签订责任书341份，物业小区24家，共为540名流动人口办理了《流动人口婚育证明》，查验《流动人口婚育证明》5000多人次，反馈信息1500多条，反馈率和反馈有效信息率均达到100%。

【计划生育协会工作】 基层协会评估认定是2010年的一项重点工作。按照《基层协会评估认定细则》的要求和“认识要高、落实要真、机构要全、会员要精、指导要细、活动要实、记录要详、效果要好”的方针，层层开展基层计划生育协会组织的整顿完善工作，会员总数由整顿前的15000人精简到12000人。通过评估认定，摸清了协会的底数，达到预期的目的，促进了协会组织的巩固和发展。

为把党和政府的温暖送到独生子女户和双女户家中，2010年春节组织开展了“送温暖献爱心”系列活动，筹集20000余元慰问贫困独生子女和双女户家庭200户，使他们感受到党和政府的关心和关爱。

【公开招考竞聘村级计生宣传员】 继续对村级计划生育宣传员实行第三轮聘用，每个村（居）委会聘用一名，聘期三年。全县有206人报名，参加理论考试人数为194人，择优聘用了93名。通过竞聘，优化了基层队伍。

（撰稿人：县人口和计划生育局 张煜瑰）

劳动就业

【县劳动就业服务局】 1980年9月16日，成立县劳动服务公司。1990年1月10日更名为县劳动就业服务局。2007年12月21日，单位级别确定为副科级。2010年单位内设1室3科，即:办公室、就业科、培训再就业科、失业保险科，年底有职工12人，其中：参照公务员管理人员11人，工勤人员1人。单位地址在石林县鹿阜镇石林中路122号民族体育场一楼。

局长：何茂龙（白族）

【就业再就业优惠政策落实】 2010年全县享受各项补贴优惠政策3839人，其中：享受职业培训和技能鉴定补贴3431人，社会保险补贴341人，公益性岗位补贴67人。

筹集就业资金270.34万元，加上上年结余的23.27万元，共计293.61万元。共支付 269.56 万元，其中：支付职业培训补贴 102.15 万元，社会保险补贴 101.20 万元，技能鉴定补贴 19.42 万元，公益性岗位补贴 46.79 万元。年末结余 24.05 万元。

重点援助就业困难群体，公益性岗位安置失业人员 67 人，其中：安置特困人员 45 人，应往届困难高校毕业生 5 人（援助率为 100%），其他失业人员 17 人，保持零就业家庭动态清零。

【就业再就业培训】 一是依照《石林彝族自治县被征地人员培训就业工作实施方案》文件指导培训就业工作。二是由县财政预算安排 120 万元作为培训就业工作的资金保障。三是为配合石林滇东现代烟草农业综合示范区建设工作，成立了石林滇东现代烟草农业综合示范区技能培训组，对规划区烟农进行培训。四是在劳务市场内根据彝族第一村和工业园区等用工单位需求，对农村劳动力“站工”人员进行订单式厨师、电工维修和砖瓦工等工种的技能培训。全年完成各类培训任务总计 21137 人，比上年增 7290 人。其中技能培训 4923 人（农村劳动力技能培训 4388 人，城镇登记失业人员技能培训 143 人，创业培训 153 人，专业技术职称计算机培训 239 人）。

【公共就业服务】 建成和启用石林县临时劳务市场，制定《工作人员管理制度》、《工作人员岗位监督栏》、《务工人员须知》和《招用工人员须知》等制度，规范管理。全年将“移民就水，送岗到乡镇”活动与“再就业援助月”、“春风行动”、“民营企业招聘周”和“迎国庆就业援助进家入户专项活动”等常规性专项活动相结合，免费发放“春风卡”、《务工人员手册》等宣传资料 5300 余册（份），组织专场交流会 19 场。到县人才劳动力市场和县临时劳务市场，以及各乡镇职业介绍所进行求职登记共 15740 人，介绍成功 13379 人，介绍成功率为 85%。

【农村劳动力转移输出】 春节举办“石林县首届进城务工人员迎新春运动会”和返乡农民工及创业人员春节座谈会，发出《致全县返乡农民工、创业人员的慰问信》1000 份进行宣传和鼓励，为外出转移就业的农民工办理《云南省农民工服务手册》866 人，比上年增 56 人。为有效应对百年不遇的严重旱灾，认真执行“移民就水”云南省农村劳动力转移特别行动计划，全年新增转移就业 19693 人，比上年增 8106 人，其中：省外输出 942 人，比上年增 324 人；省内县外 4166 人，比上年增 2340 人；县内转移 14577 人，比上年增 5442 人；国外输出 8 人；转移就业农村劳动力工资性收入 1.24 亿元，首次突破亿元大关，取得了“农业损失非农补，大旱之年不减收”的显著成效。2011 年 2 月，我县被省人力资源和社会保障厅评为“2010 年农村劳动力转移工作先进示范县”，石林镇社会保障事务报被评为“2010 年省级充分就业星级社区”；2011 年 3 月，我县被省人民政府评为“云南省 2010 年农民增收工作先进单位”。

【城镇失业人员就业再就业】 2010 年提供有效就业岗位 1746 个。城镇新增就业 1023 人，其中：城镇下岗失业人员再就业 274 人，就业困难人员实现就业 225 人，其他失业人员实现就业 524 人。2010 年创建东门社区、鹿阜镇、圭山镇和长湖镇为充分就业社区，至 2010 年底石林县累计创建充分就业社区 11 个。办理《云南省失业人员失业证》403 本。通过各种途径就业后，年末城镇登记失业人员 295 人，失业率控制在 1.9%以内。

【高校毕业生就业】 2010 年石林县应届高校毕业生实有 624 人，以各种形式就业 569 人，就业率为 91.19%。主要做法为：一是制定《石林县 2010 年高校毕业生就业工作方案》。二是广泛宣传高校毕业生就业政策，免费发放就业政策宣传小册子 1200 册。三是认真落实“贷免扶补”政策，切实解除毕业生创业资金短缺的后顾之忧。全县有 12 名大中专毕业生报名申请享受鼓励创业“贷免扶补”，每人获得 5 万元资金支持，共计 60 万元。四是完善高校毕业生就业见习制度，将条件合格并积极吸纳高校生就业的县妇幼保健院和益博成劳动服务有限公司，向市申报确定为见习单位，予以挂牌。收集见习岗位 55 个，有计划地组织未就业高校毕业生 52 名参加就业见习，提升未就业高校毕业生就业能力。五是及时做好“双困生”的认定登记和“一对一”跟踪就业援助工作，落实“三支一扶”政策，组织动员高校毕业生参加全县 78 个村（社区）任职的选聘；开发公益性岗位安置应届高校毕业“双困生”3 名（援助率为 100%）。六是县劳动力市场利用移动短信平台对进行求职登记的高校毕业生发布用工信息 856 人次。

【鼓励创业小额贷款发放工作】 年初召开创业人员座谈会，下岗失业创业代表高琼芳、返乡农民工创业代表张书林、大学生创业代表赵红学等，为全县城乡劳动力作精彩的演说。继续由县劳动就业服务局牵头，与县教育局、团县委、县妇联、县总工会、县工商联和县个私协会 6 家承办单位，相互配合联动。通过政策宣传、个人报名、乡镇和村推荐、入户调查、银行征信、领导小组审核等程序，为下岗失业人员、高校毕业生、复员退伍军人、农村劳动力等共提供创业贷款 491 人 2302 万元（县就业局提供创业贷款 203 人 1012 万元，占全县完成总数的 44%）。

【失业保险工作】 全年核定参保单位 193 户，参保人数 12100 人，覆盖率 85%。其中办理灵活就业人员参保 1562 人，比上年增 262 人。

继续执行受金融危机影响失业保险费率由 3%下调至 1.5%的规定。征缴失业保险金 274.48 万元，享受单位 193 家。

为石林县受金融危机影响面临暂时性生产经营困难但恢复有望的 18 家企业向市申报认定为困难企业，利用失业保险基金稳定困难企业就业岗位 906 个，减轻企业负担 86.74 万元。

按时足额发放失业保险待遇，全县共有 672 名失业人员享受失业保险待遇，其中上年结转 149 人，累计新增 523 人。

失业保险基金支出合计 124.79 万元，其中：失业保险金支出 107.48 万元，门诊医疗补助支出 10.70 万元，医疗保险缴费补助 0.77 万元，农民工生活补助支出 4.87 万元，丧葬抚恤补助 0.97 万元。

【技校招生】 召开 2010 年度技校招生工作会，制定招生工作方案，进行广泛的宣传工作，帮助各招生单位做好协调和组织生源工作。全年共招生 131 名，比上年增 17 名，主要专业有汽车维修、电子信息、机械加工、花卉园艺、冷作铆焊等数十个工种。

【劳动保障事务代理】 为大中专毕业生和下岗失业人员免费提供劳动合同签订、档案代理、社会保险接续、退休申报等服务。全年接收代管档案 4097 份，其中：接收城镇失业人员档案 291 份，转出 13 人，累计代管 2038 人；接收未就业高校毕业生档案 163 份，转出 38 人，累计代管 2059 人。为失业人员代办退休申报 35 人，累计代办 295 人；为灵活就业人员代办失业保险参保 1562 人，比上年增 262 人。

（撰稿人：县劳动就业服务局　李　桦）

社会保险

【县社会保险局】 1987 年 3 月 24 日，成立县社会保险事业管理局。2007 年 12 月 20 日，更名为县社会保险局。县社会保险局为县人力资源和社会保障局下属的副科级单位，2010 年底有在职职工 8 名。单位地址在鹿阜镇阿诗玛北路 46 号。

局　长：刘文华

【养老金社会化发放】 2010 年石林县参加企业职工基本养老保险统筹的离退休人员 1033 人，月支付养老金 127.99 万元，月人均支付养老金 1239.01 元，累计发放养老金 1509 万元、12184 人次。差额拨款及自收自支事业单位离退休人员 145 人，月支付养老金 29.70 万元，月人均支付养老金 2048.57 元，累计发放养老金 352 万元、1722 人次。全额拨款机关事业单位离退休人员 1761 人，月代收代发离退休人员养老金 480.96 万元，月人均支付养老金 3731.19 元，累计发放养老金 5820 万元、21237 人次。

【离退休人员待遇落实】 贯彻执行云南省劳动和社会保障厅《关于 2010 年调整企业退休人员基本养老金的通知》精神，完成参统企业退休人员 2010 年基本养老金增资兑现工作，享受人数 985 人，月增资 134094 元，月人均增加 136.14 元。年内企业离退休人员死亡 23 名，支付丧葬补助费、一次性抚恤费 43.72 万元。完成 67 名公共卫生、基层医疗卫生事业单位退休人员生活补贴调整工作。春节前期，对 64 名特殊困难退休人员、1652 名机关事业单位退休人员进行慰问，支付慰问金 78880 元。

【企业职工工伤、生育保险】 参加工伤保险统筹的企业职工 8525 人，全年支付工伤保险待遇 125 人次，支付工伤保险金 26 万元。参加生育保险统筹的企业职工 3706 人，全年支付女职工生育保险待遇 54 人次，共支付生育保险金 43 万元。

【清欠稽核】 2010 年累计收回企业单位养老保险历年欠费 44.93 万元，完成年考核目标的 28.02%。定期对参保单位缴费基数、参保人数、离退休人员养老待遇支付、工伤、生育保险待遇支付情况进行核查，进一步规范、完善社会保险基金运作。开展企业退休人员生存状况认证，认证本社保机构管理的离退休人员 2720 人次，协助外县社保机构认证县内居住人员 121 人次。

【社会保险扩面】 与劳动监察、安全监督、地税等部门密切配合，发挥部门联动作用，切实做好社会保险扩面工作。充分利用劳动执法年检、换证、实地检查等有利时机，不断宣传社会保险政策，督促用人单位办理参保手续，进一步扩大社会保险覆盖面。2010 年扩面新增养老保险参保单位 24 户 1299 人、工伤保险 53 户 1210 人、生育保险 15 户 1066 人，提前完成年度考核目标。

（撰搞人：县社会保险局　吴　涛）

城镇职工居民基本医疗保险

【县医保分中心】 2001 年 5 月 1 日，石林县医疗保险分中心正式挂牌成立，为县人力资源和社会保障局下属行使行政职能实职副科级事业单位。2010 年内设办公室、综合科、审核监督科、财务科 4 个职能部门，年底有职工 12 人。单位地址在鹿阜镇石林中路 40 号。2010 年，资助支农联系点鹿阜镇大哨村委会 3000 元生产经费。

主　任：阮星文

【医疗保险参保情况】 到 2010 年末，石林县共有城镇职工基本医疗保险参保单位 253 家，其中企业单位 118 家、机关事业单位 135 家；共有参保人 13733 人，其中在职人员 10784 人、退休人员 2949 人，分别占参保总人数的 78.53% 和 21.47%。在职人数比例与上年相比增加 1.4 个百分点；参保总人数与上年度相比增加 889 人，增 6.92%。

2010 年，石林县城镇居民基本医疗保险参保 27587 人，其中，一般人员参保缴费 25717 人，特殊人员参保 1870 人（特殊人员指低保、重度残疾、低收入家庭 60 周岁以上老年人三类人群，参加城镇居民基本医疗保险个人不缴纳基本医疗保险费）。在参保总人数中，成年参保居民 6257 人，学生少年儿童参保人数 21330 人，分别占参保总人数的 22.68% 和 77.32%。参保总人数与上年度相比增加 3855 人，增16.24%。

【医疗保险基金收支情况】 2010 年石林县核定应收城镇职工基本医疗保险费

总额为 40729095.31 元，实际收缴医疗保险费总额为 40631640.33 元，收缴率为 99.76%。通过医保信息系统划账处理后统计：全年城镇职工基本医疗保险统筹基金收入 17778522.67 元，个人账户基金收入 18671555.12 元，重特病保险基金收入 2202898.61 元，公务员补助收入 1978663.93 元。由县医保分中心拨付的基金支出情况：基本医疗保险统筹基金支出 10303409.65 元，个人账户基金支出 15943097.68 元，重特病保险基金支出 200235.38 元，公务员补助支出 1535604 元。

2010 年，石林县城镇居民基本医疗保险基金收入 4738160 元，其中：个人缴费金额 544750 元，各级财政补助配额（含民政补助）为中央财政补助 1701170 元、省级财政补助 998700 元、市级财政补助 746770 元、县级财政补助 746770 元。通过石林县医保中心拨付医疗保险待遇总额为 2746486.49 元，其中：住院医疗费支出 2736818.57 元，门诊统筹和门诊大病医疗费支出 9667.92 元。分中心加强基金管理，严格内部控制制度，确保基金运行和安全。

【服务体系及业务办理】 2010 年全县 13 家医疗机构、13 家零售药店与县医保分中心签订了《昆明地区城镇基本医疗保险定点服务协议》，其中：二级医疗机构 3 家，分别是石林县人民医院、昆明医学院第二附属医院石林天奇医院、石林县中医医院；一级及以下医疗机构 10 家，包括石林县妇幼保健院及鹿阜镇、石林镇、长湖镇、圭山镇、板桥镇、西街口镇、大可乡 7 个乡镇卫生院，新增县疾病预防控制中心及九龙医院；定点医疗机构中 3 家二级医院及县妇幼保健院、鹿阜镇卫生院、圭山镇卫生院共 6 家与市医保系统联网，县疾病预防控制中心及九龙医院开设门诊刷卡业务。13 家定点零售药店分别是：石林县医药有限公司第一门市部、第三门市部，云南鸿翔药业有限公司一心堂石林连锁店、一心堂石林连锁三店、一心堂石林阿诗玛南路连锁店，云南白药大药房有限公司石林连锁店，云南健之佳连锁健康药房有限公司石林店、健之佳石林巴江商业中心分店，石林县惠民大药房，石林县医药有限公司第二经营部，石林天晨佳药店，石林好药家药房、石林好药家药房一分店。13 家定点零售药店全部联网。

全年参保职工到石林县定点医疗机构就诊总人次为 59564 人，其中：门诊 56495 人次，住院 3069 人次。门诊人次中，二级医疗机构 45824 人次，一级及以下医疗机构 10671 人次，分别占门诊总人次的 81.11%和 18.89%。住院人次中，二级医疗机构有 2802 人次，一级及以下医疗机构 226 人次，分中心报销 41 人次，分别占住院总人次的 91.30%、7.36%、1.34%。

参保居民到石林县定点医疗机构就诊总人次为 2116 人，其中：门诊 106 人次，住院 2010 人次。门诊人次中，二级医疗机构有 100 人次，一级医疗机构有 6 人次，分别占门诊总人次的 94.34%、5.66%。住院人次中，二级医疗机构有 1714 人次，一级医疗机构有 250 人次，分中心报销 46 人次，分别占住院总人次的 85.27%、12.44%、2.29%。

2010 年参保职工在 13 家定点药店购药 179211 人次，其中在职人员 141476 人次、退休人员 37735 人次，分别占总人次的 78.9%和 21.1%；个人账户基金药店支付总额 10373158.22 元，其中在职人员 8096707.83 元、退休人员 2276450.39 元，分别占支付总额的 78.05%和 21.95%。城镇居民基本医疗保险暂无个人账户。

全年审核批准城镇职工基本医疗保险特殊疾病 20 人，特殊慢性病 196 人，特殊慢性病新增病种 37 人。城镇居民基本医疗保险审核批准门诊大病 3 人。从 2010 年 6 月 1 日起，按照“两集中，两到位”的要求，将城镇职工基本医疗保险特殊疾病、特殊慢性病审批集中到政务服务中心办理。

【补充医疗保险】 在建立基本医疗保险的同时，按照全市统筹的原则先后建立了城镇职工重特病医疗统筹，公务员医疗补助、团体住院补充保险、企业补充医疗保险及城镇居民大病补充医疗保险等多种形式的医疗保障，为建立健全多层次医疗保障体系作出了努力。其中城镇居民大病补充保险从 2010 年 1 月开始实施，全年参保人数 5286 人，待遇支出 6601.18 元。

【医疗保险基金的监督管理】 严格对“两定”机构的协议管理和检查稽核，全年组织工作人员 20 余次到定点医疗机构开展医疗服务稽核工作，年内两次联合县卫生、药监等相关部门，并邀请了部分“两定”机构领导及工作人员对县内医保定点医疗机构和定点零售药店进行工作检查。通过定期周报制度、病

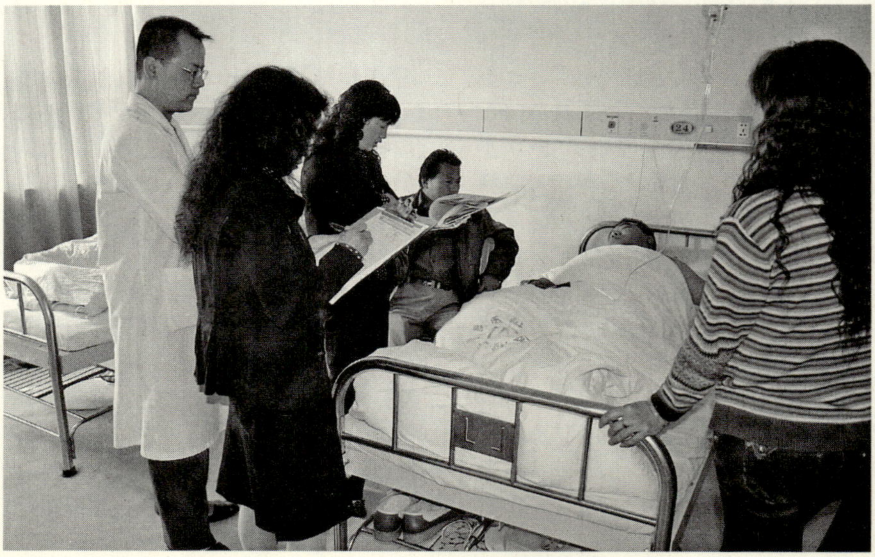

医保工作人员到医院检查

历审核等方式认真审核各定点医疗机构的费用情况，避免了医保基金的流失。严格内部控制制度和财务制度，定期向社会公布定点医疗机构平均住院费用、不合理费用查处率及医疗服务质量等情况，接受社会监督。通过审计部门对基金管理使用情况的审计，获得了良好的评价。每半年向县纪检监察部门报送基金管理使用情况，采取召开医保座谈会等方式，主动接受相关监管部门和社会各界对基金管理和医保服务工作的监督。

【机关事业单位工伤、生育医疗费报销】 全县财政全额拨款机关、事业单位参加工伤、生育医疗保险人数5329人，参统率达100%。全年报销工伤医疗费16人次92760.25元，生育费66人116500.00元，计划生育手术费34人次10260.00元。

【离休干部医疗费管理】 截至12月底，全县共有离休干部124人，二等乙级以上伤残军人14人。县医保中心与县财政局积极协调配合，全年离休干部医疗费支出3046732.57元，其中：门诊166706.00元，住院279人次5520天2710577.48元，奖励费用支出169449.09元。

【宣传培训】 围绕“效能石林”建设活动和创先争优活动，广泛征求各方面的意见和建议，认真制定整改措施并落实到位，进一步改进干部作风，提升行政效能，优化发展环境。10月召开了全县医保工作恳谈会，邀请社会各界代表对医保工作提出了许多宝贵的意见建议，进一步理清了石林县医疗保险工作的思路，推进了各项政策措施的贯彻落实，使石林县的医疗保险工作更具有针对性，更加有的放矢。年内配合邮政部门采取利用信件邮寄的方式，定期向城镇职工基本医疗保险参保人告知个人账户信息，以增强参保人自节意识。全年制作“石医保”红头文件15件，《医疗保险简报》25期，及时上报反映医保工作亮点信息；13次召集定点医疗机构、定点零售药店负责人通过以会代训的方式，及时传达医保政策；组织定点医疗机构和定点零售药店业务人员培训3次。

2010年石林县定点医疗机构城镇职工基本医疗保险参保人住院情况表

定点医疗机构	医疗机构等级	住院人次	住院天数	总住院费	平均住院天数	人均住院费	人均每天住院费
县人民医院	二级	1363	15938	5552306.20	11.69	4073.59	348.37
县中医院	二级	176	2124	611277.24	12.07	3473.17	287.80
天奇医院	二级	1225	12852	5929500.35	10.49	4840.41	461.37
县妇幼保健院	一级	56	480	67495.72	8.57	1205.28	140.62
鹿阜镇卫生院	一级	113	888	114082.71	7.86	1009.58	128.47
圭山镇卫生院	一级	81	607	98994.85	7.49	1222.16	163.09
长湖镇卫生院	一级	13	122	15231.18	9.38	1171.63	124.85
板桥镇卫生院	一级	1	9	766.80	9.00	766.80	85.20
大可乡卫生院	一级	0	0	0.00	0.00	0.00	0.00
西街口镇卫生院	一级	0	0	0.00	0.00	0.00	0.00
石林镇卫生院	一级	0	0	0.00	0.00	0.00	0.00
分中心报销		41	893	350715.94	21.78	8554.05	392.74
合　计		3069	33913	12740370.99	11.05	4151.31	375.68

2010年石林县定点医疗机构城镇居民基本医疗保险参保人住院情况表

定点医疗机构	医疗机构等级	住院人次	住院天数	总住院费	平均住院天数	人均住院费	人均每天住院费
县人民医院	二级	883	6512	1967115.82	7.37	2227.76	302.08
县中医院	二级	53	470	116968.15	8.87	2206.95	248.87
天奇医院	二级	778	5387	2062585.58	6.92	2651.14	382.88
县妇幼保健院	一级	179	967	129519.86	5.40	723.57	133.94
鹿阜镇卫生院	一级	55	413	46858.38	7.51	851.97	113.46
圭山镇卫生院	一级	15	110	14414.97	7.33	961.00	131.05
长湖镇卫生院	一级	1	5	606.78	5.00	606.78	121.36
板桥镇卫生院	一级	0	0	0.00	0.00	0.00	0.00
大可乡卫生院	一级	0	0	0.00	0.00	0.00	0.00
西街口镇卫生院	一级	0	0	0.00	0.00	0.00	0.00
石林镇卫生院	一级	0	0	0.00	0.00	0.00	0.00
分中心报销		46	464	295388.91	10.09	6421.50	636.61
合计		2010	14328	4633458.45	7.13	2305.20	323.38

（注：分中心报销主要指参保人因病情需要，转昆明地区以外定点医疗机构就医所发生的住院基本医疗费到县医保分中心报销情况）

（撰稿人：县医保分中心　李艳芳）

新型农村合作医疗

【县合管中心】 2005年11月1日，石林县正式启动新型农村合作医疗制度。2008年10月30日，县机构编制委员会批复成立石林县新型农村合作医疗管理中心，为副科级全额拨款事业单位，核定人员编制22名，其中：县级经办机构6名，派驻乡镇合管站16名。2010年底有职工18名，办公地点位于石林县石林中路175号（石林县信用联社鹿阜分社5楼）。

【基金筹集】 2010年全县参加新型农村合作医疗的农村居民为204318人，参合率达到99.97%。参合农民人均筹资标准为140元，其中：中央财政给予年人均60元补助，省级财政给予15元补助，市级财政给予30元补助，县级财政给予15元补助，参合农民个人缴纳20元。共筹集基金总额为2794.618万元，其中：中央财政补助1125.908万元，省级财政应补助306.48万元，市级财政应补助612.59万元，县级财政应补助306.48万元，参合农民缴纳408.64万元，利息收入34.52万元。

【基金分配】 2010年，石林县新农合基金由门诊统筹基金、住院统筹基金、风险储备基金3个类别组成，其中：按基金总额的75%提取住院统筹基金2490万元，用于参合住院患者封顶线以内住院医疗费用的补偿报销；按基金总额的10%提取门诊基金292.94万元，用于参合患者门诊医疗费用减免；按基金总额的5%提取风险基金146.47万元，统一上缴市财政新型农村合作医疗基金专用账户。

【补偿方案】 2010年乡（镇）级、县级、市级、省级起付线分别为50元、100元、500元、600元，报销比例分别为65%、55%、35%、30%，住院补偿报销封顶线为40000元，门诊减免累计封顶线为200元。

【宣传工作】 为让广大农民群众真正了解合作医疗的意义，消除他们的顾虑，促进合作医疗工作的顺利开展，县合管中心充分利用广播、电视、宣传栏、黑板报、标语、宣传单、新闻专访等形式，营造浓厚的社会氛围。印发《致农民朋友的一封信》近5万份，发放宣传材料3万份、制作宣传栏和黑板报60期、刷写标语100条、悬挂宣传图片150张次。通过广泛宣传，使广大农民群众感受到新型农村合作医疗是党和政府减轻农民医疗费用负担、提高农民生活质量的德政工程和民心工程。由于领导到位、宣传到位、措施到位、方法得当，农民对新型农村合作医疗知晓率达98%以上，极大地促进了农民群众的参合积极性。

【业务培训】 2010年共举办专题培训6期，参训人员240人次；以会代训10期，受训人员300人次；组织4名中心人员参加省、市新型农村合作医疗管理办公室举办的各种理论和业务培训。通过培训，提高了中心人员掌握和运用新型农村合作医疗工作能力及政策水平，为积极推进新型农村合作医疗各项制度的持续、健康、有序发展打下了坚实的基础。

【基金监管】 县财政设立合作医疗基金专户，实行专户管理，定期向社会各界公布基金使用情况，接受监督。县合管中心定期对参合人员住院资料进行审核，审核率为100%，对定点医疗机构的医疗服务项目、内容进行多次督导，并向合作医疗管理委员会办公室和监督委员会汇报资金的收支、使用情况。加强对定点医疗机构的监督检查，2010年对县内12家定点医疗机构进行规范化服务和用药行为专项检查4次，覆盖率达到100%。2010年经县审计部门对全县合作医疗基金运行情况进行专门审计，合作医疗基金的管理运行做到了专款专用、规范操作、封闭运行，不存在套用或骗取新型农村合作医疗基金的现象，符合各项规定。

【补偿报销】 2010年，石林县新农合门诊、住院总人次为106972人次，受益率为52.36%，新农合住院补偿报销金额为2652.86万元，占可用统筹住院基金的95.33%。其中：住院补偿22254人次，受益率为10.89%，共支付住院统筹基金2584.29万元，占住院统筹基金的103.77%，人均补偿报销1161.27元；门诊减免84718人次，受益率为41.46%，共支付门诊统筹基金68.57万元，占门诊统筹基金的23.41%，人均减免8.1元；全县住院补偿报销累计金额达封顶线40000元的有8人，累计报销32万元。

通过开展新型农村合作医疗制度，有效减轻了农村居民医疗费用负担，尤其是重病大病，作用十分明显。据统计，实施合作医疗制度以来，全县农民住院平均费用比未开展合作医疗以前有了明显下降，农村居民“因病致病，因病返贫”等现象得到有效缓解，健康水平进一步得到提高。真正体现出了新型农村合作医疗制度农民得实惠、政府得满意、医院得发展的优越性。

（撰稿人：县合管中心　李志兴）

石林县新型农村合作医疗费用核销汇总表

单位：石林县新型农村合作医疗管理中心　　时间：2010 年 1 月 1 日至 2010 年 11 月 20 日

名称	村级卫生室门诊费补偿金额			乡（镇）卫生院、县级门诊费补偿金额			乡（镇）卫生院住院补偿金额		
							住院人次		
	门诊人次	医疗费用	补偿金额	门诊人次	医疗费用	补偿金额	住院人次	医疗费用	补偿金额
鹿阜镇（含原路美邑镇）	31267	728002.86	201738.83	5397	175662.72	41358.29	801	539020.84	324490.67
石林镇	3950	93466.33	27857.89	4088	117145.02	38558.97	163	104846.00	70570.01
板桥镇	1450	33280.69	8739.38	3620	116359.98	28635.48	247	133144.24	77969.02
大可乡	2479	69233.05	16526.33	524	21239.61	5087.28	43	34749.74	20657.86
西街口镇	1122	25667.48	6980.80	660	21131.70	6126.35	25	22114.36	14199.21
长湖镇	9996	253760.70	60199.83	2285	79625.80	19350.31	1065	1023254.46	630317.72
圭山镇	8022	190599.74	52620.01	1345	47731.56	12682.20	1252	640385.43	376395.81
中医医院				1146	45148.90	10373.38	112	270523.65	186662.58
县医院				2440	299850.80	59802.77			
县妇幼保健院				3397	201136.10	40227.22			
天奇医院				1530	244336.30	48822.16			
石林九龙医院									
昆明医学院第一附属医院（云大医院）									
昆明医学院第二附属医院（云南省工人医院）									
云南省第一人民医院（昆华医院）									
云南省第三人民医院（铁路医院）									
成都军区昆明总医院（四十三医院）									
云南省中医院									
昆明市第一人民医院									
昆明市第三人民医院									
昆明市延安医院									
合　计	58286	1394010.85	374663.07	26432	1369368.49	311024.41	3708	2768038.72	1701262.88

续 表

名称	县级住院补偿金额			县级（县外县级医院）住院补偿金额			市级（省外市级医院）住院补偿金额		
	住院人次			住院人次			住院人次		
	住院人次	医疗费用	补偿金额	住院人次	医疗费用	补偿金额	住院人次	医疗费用	补偿金额
鹿阜镇（含原路美邑镇）				87	262750.63	141409.83	225	1998858.34	512435.12
石林镇				38	104321.70	48683.66	90	988181.69	256518.34
板桥镇				25	70196.05	35761.20	71	567704.56	134177.30
大可乡				22	45779.90	19130.84	41	300978.03	74401.67
西街口镇				13	62547.72	25996.54	34	344094.66	79389.47
长湖镇				21	49892.26	26111.76	24	233800.50	59013.46
圭山镇				104	244674.92	122850.74	36	303037.46	75288.23
中医医院	689	1380847.09	790172.37						
县医院	9716	24567166.23	11870292.27						
县妇幼保健院	2022	2152655.99	974628.06						
天奇医院	4184	14968108.51	6704791.64						
石林九龙医院	126	195722.26	80630.53						
昆明医学院第一附属医院（云大医院）									
昆明医学院第二附属医院（云南省工人医院）									
云南省第一人民医院（昆华医院）									
云南省第三人民医院（铁路医院）									
成都军区昆明总医院（四十三医院）									
云南省中医院									
昆明市第一人民医院									
昆明市第三人民医院									
昆明市延安医院									
合　计	16737	43264500.08	20420514.87	310	840163.18	419944.57	521	4736655.24	1191223.59

续 表

名 称	省级医院（省外省级医院）住院补偿金额			费用补偿核销						补偿总金额
	住院人次			门 诊			住 院			
	住院人次	医疗费用	补偿金额	门诊人次	门诊医疗费用	门诊补偿金额	住院人次	住院医疗费用	补偿金额	
鹿阜镇（含原路美邑镇）	413	4126777.48	875832.99	36664	903665.58	243097.12	1526	6927407.29	1854168.61	2097265.73
石林镇	133	1590302.11	322384.47	8038	210611.35	66416.86	424	2787651.50	698156.48	764573.34
板桥镇	118	1039500.06	226286.25	5070	149640.67	37374.86	461	1810544.91	474193.77	511568.63
大可乡	68	892460.21	183570.49	3003	90472.66	21613.61	174	1273967.88	297760.86	319374.47
西街口镇	57	610552.95	129297.54	1782	46799.18	13107.15	129	1039309.69	248882.76	261989.91
长湖镇	44	426091.69	95902.19	12281	333386.50	79550.14	1154	1733038.91	811345.13	890895.27
圭山镇	78	646933.91	129907.02	9367	238331.30	65302.21	1470	1835031.72	704441.80	769744.01
中医医院				1146	45148.90	10373.38	801	1651370.74	976834.95	987208.33
县医院				2440	299850.80	59802.77	9716	24567166.23	11870292.27	11930095.04
县妇幼保健院				3397	201136.10	40227.22	2022	2152655.99	974628.06	1014855.28
天奇医院				1530	244336.30	48822.16	4184	14968108.51	6704791.64	6753613.80
石林九龙医院				0	0.00	0.00	126	195722.26	80630.53	80630.53
昆明医学院第一附属医院（云大医院）	12	109200.97	22401.65	0	0.00	0.00	12	109200.97	22401.65	22401.65
昆明医学院第二附属医院（云南省工人医院）	13	103078.60	21862.69	0	0.00	0.00	13	103078.60	21862.69	21862.69
云南省第一人民医院（昆华医院）	28	284076.17	57263.60	0	0.00	0.00	28	284076.17	57263.60	57263.60
云南省第三人民医院（铁路医院）	1	39967.80	11005.77	0	0.00	0.00	1	39967.80	11005.77	11005.77
成都军区昆明总医院（四十三医院）	9	167892.07	28511.57	0	0.00	0.00	9	167892.07	28511.57	28511.57
云南省中医院	4	26045.52	5754.02	0	0.00	0.00	4	26045.52	5754.02	5754.02
昆明市第一人民医院				0	0.00	0.00	0	0.00	0.00	0.00
昆明市第三人民医院				0	0.00	0.00	0	0.00	0.00	0.00
昆明市延安医院				0	0.00	0.00	0	0.00	0.00	0.00
合 计	978	10062879.54	2109980.25	84718	2763379.34	685687.48	22254	61672236.76	25842926.16	26528613.64

农村社会保险

【石林县农村社会保险中心】 1993年10月，成立县农村社会养老保险管理处，隶属于民政局。2003年1月1日，成建制划入县人事劳动和社会保障局管理，更名为县农村社会养老保险管理所，级别为股所级。2008年5月14日，根据县机构编制委员会相关文件精神，更名为县农村社会保险中心，规格调整为副科级。至2010年底，在职在编职工8人。单位地址在县城阿诗玛东路80号。

【老农保缴费】 截至12月31日，全县参保人数达13998人（含领保人员、退保人员），涉及全县7个乡（镇）92个村（居）委会376个村民小组，基金累积达1227.19万元。

【老农保给付】 2010年继续巩固养老金社会化发放成果，确保养老金百分百按时足额发放。新增领保人员首次领取养老金时，由经办机构工作人员亲自上门发放领取证和存折。2010年共有1512人领取了养老金，发放养老金金额达29.77万元，确保了全部领保人按时足额拿到养老金。

【失地人员缴费工作】 截至12月31日，全年审核登记参保人员721人，实际缴费697人，全县累计审核登记参保人数6042人，实际缴费5598人，缴费金额共计6155.46万元（不含市、县两级财政补助），超额完成了市、县下达的目标任务。

【失地人员待遇发放】 全面加强发放工作的管理组织实施，严格执行发放标准，确保享受待遇的被征地人员基本养老生活费百分百按时足额发放。全年累计发放基本养老生活费973.24万元。

【新农保缴费工作】 2010年10月1日，石林县新农保试点正式启动。石林县以“1234”强有力措施为抓手（即：紧盯“勇当全省试点工作排头兵”这一目标，采取先进“拉动”、“推动”后进、“驱动”中间的“两抓一带”有力措施，搭建“领导一线推动、县直部门上下联动、乡镇积极行动”的“三动平台”实效载体，抓实“摸底准备、组织保障、工作措施、宣传发动”“四个到位”基础工作），做好新农保的缴费工作。截至12月31日，全县16～59周岁参保缴费人数达110923人，全县新农保累计参保人数136523人，参保率达91.33%，收缴保费1554.32万元。

【新农保待遇发放】 为进一步加快新农保这一惠民、利民政策由“应保尽保”到“应享尽享”的步伐，石林县第一时间下发了全县60周岁以上老年人10月（24812人）、11月（24692人）、12月（24623人）的基础养老金共计408万元。

【全县农村社会保险开展情况】 截至12月31日，全县农村社会养老保险参保人数达156563人（含老农保、失地人员养老保险、新农保），涉及全县7个乡（镇）92个村（居）民委员会495个村（居）民小组，基金累积达8936.97万元。

新农保个人享受待遇测算说明

新农保参保缴费过程中，未满60周岁的参保人员应按年足额缴纳养老保险费。新农保的养老金待遇由基础养老金和个人账户养老金组成，支付终身。参保人员每人每月可以领取的养老金＝基础养老金＋（个人账户全部储存额÷139）。

参保人每月享受待遇＝55元＋（个人缴费＋省补贴＋市县补贴＋利息）/139

例：100元档次：55+（1500+450）/139=69元／月　年享受待遇828元

200元档次：55+（3000+450+150）/139=81元／月　年享受待遇972元

300元档次：55+（4500+450+300）/139=93元／月　年享受待遇1116元

400元档次：55+（6000+450+450）/139=105元／月　年享受待遇1260元

500元档次：55+(7500+450+600)/139=117元／月　年享受待遇1404元

（撰稿人：县农村社会保险中心　王孝春）

城乡最低生活保障

【农村低保】 建立低保听证制度，实行动态管理，根据其收入状况实行人均补差，农村低保覆盖率达100%。2010年底，全县农村低保对象4603户9368人，累计发放农村低保金12905744元。低保对象占农业人口的4.4%。其中：新增63户106人，停发35户483人。农村低保金按季度发放，全年发放农村低保金12905744元。

【城市低保】 建立低保听证制度，实行动态管理，现金由金融部门代发，按月向社会公布，接受群众监督，城市低保覆盖率达100%。2010年底，全县城市低保对象为1369户1890人，保障对象占全县非农业户口人数的6.7%。其中：新纳入47户63人，调整补助金额2户2人，停发23户24人。全年累计发放最低生活保障金4646715元。

【医疗救助】 发放城市住院病人大病医疗救助90人，救助金78684元；发放城市低保对象门诊医疗救助844人84400元；资助农村低保对象、农村五保对象参加新农合9906人198120元；发放农村低保对象住院病人大病医疗救助44人59710元；发放农村五保对象住院病人大病医疗救助4人5458元；发放农村住院病人临时医疗救助8人11456元；发放农村低保对象农村五保对象门诊医疗救助3616人361600元。

（撰稿人：县民政局　赵红文）

赈灾救济

【救灾救济】 2010年，全县出现百年一遇的干旱灾害，全县213619农业人口，因干旱灾害造成受灾人口178262人，粮食、茶叶、花卉、果木受灾面积17304.8公顷，其中绝收面积11978.2公顷。饮水困难人口66687人，大牲畜饮水困难40681头（匹）。因灾造成农业直接经济损失6749.5万元，因灾造成直接经济损失8899.93万元。全年累计安排使用救灾款200.1万元，接收抗灾捐款1336.47万元，救济缺粮人口2.47万人次，救助饮水困难人口4.31万人次；发放救灾款40500元，救助灾民343人次；发放水桶2580只，救助灾民困难户4962人次；衣被救助人口4290户11068人；恢复因灾倒塌住房2户6间，补助6000元；发放旱情严重地区饮水困难的党员群众2253户112.65万元。

【接收捐赠】 2009年12月18日至2010年6月2日，县委、县人民政府号召向旱灾地区捐款，全县参加捐款单位283个8982人，共接收捐款13117751元。

（撰稿人：县民政局 赵红文）

住房公积金管理

【昆明市住房公积金管理中心石林管理部】 1994年4月，县住房公积金管理中心成立，与当时的县房改办两块牌子一套人马管理全县的住房资金。2002年12月机构改革，撤销县住房公积金管理中心和县房改办，原县房改办的相关职能转入县建设局，县住房公积金管理中心的职能转入县财政局住房资金管理科管理。2005年10月12日，住房公积金管理职能从县财政局上划市住房公积金管理中心管理，在石林县设立昆明市住房公积金管理中心石林管理部，为隶属于昆明市住房公积金管理中心垂直管理的正科级事业单位。2010年管理部内设业务科、主任室，年底有职工3人。单位地址在石林中路40号县建行办公楼五楼。

主　任：杞永祥（彝族）

【住房公积金缴存情况】 截至2010年12月31日，石林县已建立住房公积金缴存制度的单位有165个，缴存人数8573人，其中：财政拨款103个，缴存人数5781人；自筹62个，缴存人数2792人；公积金缴存制度覆盖了全县及各乡镇财政全额拨款单位、事业单位、国有企业和部分集体企业、股份制企业。2010年归集住房公积金8574万元，占计划4600万元的186%，年末累计归集住房公积金总额33780万元，归集余额17535万元。

【住房公积金贷款情况】 2010年石林管理部发放住房公积金贷款10575万元，占计划2500万元的423%，贷款逾期率为零，收息率100%，存贷款比例为168%。贷款主要用于职工购买住房。期末累计发放公积金贷款34605万元，贷款余额27765万元，累计发放贷款2023户，解决全县职工住房面积35.2万平方米。

【住房公积金提取情况】 2010年办理提取住房公积金2800件共4220万元，其中：购房支取745件1982万元，偿还购房贷款支取1966件1976万元，离退休支取75件211万元，工作调动转移支取1件1.7万元，解除劳动合同支取1件1.7万元，死亡职工支取11件37.6万元。期末累计为职工购房、建房等支取住房公积金4220万元，为石林县各单位职工改善住房条件提供了购房方面的全方位服务。

【住房公积金增值收益情况】 2010年完成增值收益350万元，完成计划198万元的177%。

（撰稿人：昆明市住房公积金管理中心石林管理部 张起岳）

扶贫开发

【贫困人口数】 通过实施2010年度省市17个整村推进项目、到户信贷扶贫、劳务输出、挂钩帮带扶贫等扶贫措施和国家惠农政策扶持，2010年底贫困人口减少5533人，占计划数5000人的111%。2010年底，全县年人均纯收入低于1196元的贫困人口还有22056人。

【扶贫重点村项目建设】 2010年县扶贫办实施完成了2009年度省、市19个扶贫重点村（省级15个、市级4个）扶贫开发项目建设，总投资827.7万元，其中：省级财政扶贫资金225万元，市级财政扶贫资金155万元，群众自筹（含投工投劳折价）136.5万元，其他资金311.2万元。重点从基础设施建设、社会事业两个方面共27个项目进行建设。

实施完成2010年度省市17个扶贫重点村项目建设，其中：省级14个（含圭山镇的野黑桃树村、林森村、和合村、戈厂村、洗洒衣村和矣维哨村，其中矣维哨村为革命老区项目建设；西街口镇的舍波上村和糯衣下寨村；石林镇螺蛳塘村委会一组、二组；大可乡的下海子村；长湖镇的光阳洞村；板桥镇的黑泥潭村；鹿阜镇的大冲村），市级3个扶贫重点村（大可乡的树密寨下村和石子凹村，长湖镇的小乍龙村）。涉及农户1986户共6891人。重点从基础建设、产业开发、生态建设、社会发展、其他等五个方面的24个项目列项建设。总投资558.21万元，其中：省级财政扶贫资金215万元，市级财政扶贫资金125万元，农户自筹（含投工投劳折价）105.08万元，其他资金113.13万元。通过实施整村推进扶贫项目，改善了群众的生产生活条件，提高了劳动者素质，预计农民人均纯收入递增8%以上达1390元，贫困人口可递减800人，递减5%。

【小额信贷扶贫资金】 2010年县扶贫办向省、市扶贫办争取到户信贷扶贫资金3000万元，分别在7个乡镇放贷。3000万元中，种植业放贷1000万元，养殖业放贷1500万元，加工业放贷300万元，其他行业放贷200万元，涉及农户3000户、人口9600人。通过信贷扶贫，贷款户可实现净收益390万元，平均每户增加纯收入1600元。

2010年3月，收回到期小额信贷资金1160万元，收缴率达100%。按照昆明市人民政府办公厅转发的《扶贫到户实施细则》和信贷目标考核办法，兑现了小额信贷奖补经费。

【定点挂钩扶贫】 2010年10月初，县扶贫办按照县委组织部《关于做好2010年百名党员领导干部"一对一"结对培养百名农村党员及大学生"村官"工作的通知》要求，安排到户信贷无息资金100万元，县委组织部组织全县副科以上党员干部100名与农村贫困党员中挑选出100户"一对一"结对帮扶，每户贫困党员安排10000元生产发展资金，用于扶持农户发展种、养殖及加工业，促进农村党员带头脱贫致富。

【劳动力培训和转移】 2010年按照石林县就业再就业及农村劳动力培训转移工作领导小组办公室《关于调整农村劳动力培训转移目标任务的通知》要求，县扶贫办的目标任务数为职业技能培训50人。县扶贫办根据任务要求，积极采取措施，在省市列扶贫重点村中，邀请昆明市新长江职业技能培训站等培训机构的专家到石林来培训，共举办培训21期，累计培训2000人次。经统计，12月底，在省、市列扶贫重点村以及相对贫困村中的17个村委会中，转移输出贫困人口400人（其中县外省内50人、县内350人），完成计划数250人的160%。

（撰稿人：县财政局　董凤春）

消费水平

【城镇居民人均可支配收入、消费】 2010年石林县城镇居民人均可支配收入为17883元。城镇居民人均消费支出14043.81元，其中：食品消费支出4035.39元，衣着消费支出1331.52元，居住消费支出1066.58元，家庭设备用品及服务支出1080.51元，医疗保健消费支出723.77元，交通和通讯消费支出3452.13元，教育文化娱乐服务消费支出2066.76元，其他商品和服务支出287.15元。人均社会保障支出2617.05元。

【城镇居民主要消费品拥有量】 2010年末每百户城镇居民家庭拥有：摩托车50辆，助力车34辆，家用汽车26辆，洗衣机104台，电冰箱90台，彩色电视机130台，家用电脑74台，组合音响32套，照相机52架，其他中高档乐器6件，微波炉62台，淋浴热水器96台，消毒碗柜14台，洗碗机4台，健身器材2套，固定电话机48部，移动电话244部。

【城镇居民住房和生活条件】 2010年城镇居民人均年末住房面积45.81平方米。在炊用燃料使用方面，有98%的使用液化石油气，有2%的使用煤。在饮水方面，10%的饮用自来水，90%的饮用纯净水和矿泉水。98%的城镇居民使用独用卫生设备，2%的使用公用卫生设备。

【职工平均工资】 2010年在岗职工年平均工资28708元，其中：国有经济单位在岗职工年平均工资30152元，城镇集体经济单位在岗职工年平均工资26249元，其他经济单位在岗职工年平均工资为24630元。

【农民人均纯收入和生活消费支出】 2010年农民人均纯收入达5704.1元。农民人均生活消费5064.72元，其中：食品消费支出1540.45元，衣着消费支出277.11元，居住消费支出1116.88元，家庭设备、用品消费支出250.65元，交通和通讯消费支出858.15元，文化教育、娱乐消费支出379.81元，医疗保健消费支出611.89元，其他商品和服务消费支出29.78元。

【农民住房和生活条件】 2010年农民人均年末住房面积42.96平方米，其中：钢筋混凝土结构面积人均18.44平方米，砖木结构面积人均11.43平方米，其他结构面积人均13.09平方米。炊事使用的主要能源，农户中有10.5%的使用煤炭，有44%的使用柴草，有18.5%的使用电，有24%的使用沼气，有2.5%的使用其他燃料。饮用自来水的农户达92%。

【农民主要耐用消费品拥有情况】 2010年末每百户农民家庭拥有：洗衣机60台，电冰箱21台，微波炉8台，热水器36台，自行车29辆（其中电动自行车5辆），摩托车47辆，固定电话机26部，移动电话175部，彩色电视机99台，黑白电视机3台，影碟机69台，照相机4架。

【农民食品消费情况】 2010年农村住户人均食品消费情况：粮食190.66千克，油脂类4.72千克，烟叶0.32千克，豆制品1.84千克，蔬菜及菜制品114.66千克，瓜类1.42千克，水果类15.74千克，茶叶0.08千克，坚果1.12千克，肉禽及其制品26.43千克，消费蛋类及蛋制品2.63千克，奶和奶制品1.39千克，消费水产品1.27千克，消费食糖1.12千克，消费酒类7.14千克。

【农民年末粮食结存和主要生产性固定资产拥有量】 2010年农民人均年末粮食结存1317千克。2009年末每百户农民家庭拥有：汽车5辆，大中型拖拉机3台，小型和手扶拖拉机29台，动力三轮车8辆，机动脱粒机19台，农用动力机械13台，胶轮大车46架，水泵15台，役畜96头，产品畜118头。

（撰稿人：县统计局　杨凤英）

群众性精神文明创建活动

【文明县城创建工作】 2010年石林县创建云南省文明县城工作以科学发展观为指导，以提升市民文明素质为主题，从"突出党政主导，形成创建合力；突出道德建设，提升市民素质；突出宣传教育，营造创建氛围；突出养成教育，提升文明素养；突出细胞工程，拓展内涵外延；突出绿化建设，提升生态文明；突出平安创建，维护社会稳定；突出强化管理，打造宜居县城；突出综合治理，巩固创卫成果；突出经费投人，夯实创建基础”等10个突出着手，狠抓政务、法治、市场、人文、生活和生态环境建设，县城文明程度和市民文明素质显著提高，社会各项事业全面进步，文明县城创建工作取得了明显成效，全县呈现出经济繁荣、政治安定、治安良好、民生改善、民心思进、生态优美、民族团结、社会和谐的良好局面，经济、社会、政治、文化、生态文明建设取得新成绩。2010年9月7~10日，顺利通过了省文明委的考评验收，各项创建指标得分在全省20个申报县中名列前茅，荣获“云南省文明县城”称号，是云南省首批获此殊荣的10个县之一。

【全省道德模范巡讲在石林启动】 2010年7月22日，云南省暨昆明市2010年道德模范巡讲启动仪式在石林县举行。来自省、市、县相关领导和石林县机关、企业、学校、社区群众代表1000余人共同聆听了李新萍、毕惠仙两位道德模范和抗洪救灾模范梅阳林的先进事迹报告。巡讲活动在石林启动，对全县上下倡导和树立社会主义荣辱观，鼓励敬业奉献、助人为乐、见义勇为、诚实守信的良好行为，形成社会主义道德新风尚起到有力的推动作用。通过广泛宣传道德模范人物的道德理念、感人事迹、崇高精神，有力推动了文明风尚深入群众，和谐理念深入人心，使广大干部群众学有榜样，赶有目标，努力在全县形成崇尚、学习、争当道德模范的良好风气，形成了鲜明的社会主义价值导向，不断提高社会主义道德觉悟，为加强社会主义核心价值体系建设，加快构建和谐石林作出新贡献。

【石林风景名胜区演绎“七夕”节】 2010年8月16日，由省市文明办主办，石林县文明办承办的“彩云之南，情缘七夕——中国昆明石林‘我们的节日·七夕节’”在著名的石林风景名胜区日月广场举行。本次“彩云之南，情缘七夕——‘我们的节日·七夕节’”系列活动，将中国神话传说中牛郎织女在天上银河鹊桥相会的故事和石林彝族撒尼人阿诗玛与阿黑美丽动人的坚贞爱情故事融合在一起，以优秀彝族传统文化为载体，积极开展老百姓容易理解、容易接受的彝族传统文化节庆活动，最大限度地调动群众参与活动。用优秀文化占领农村思想文化阵地，以建设社会主义核心价值体系为根本，弘扬中华民族的优良文化传统，在全社会叫响“我们的节日”这个主题，着力引导人们认知传统、尊重传统、继承传统、弘扬传统，守望我们的精神家园，更好地聚中国人的心、长中国人的根、铸中国人的魂。

【文明交通行动计划】 自2010年3月全省实施文明交通行动计划以来，石林县按照省实施文明交通行动计划领导小组的统一部署，根据《云南省文明交通行动计划实施方案》的要求，高度重视，加强领导，周密部署，迅速行动，狠抓各项工作措施的落实，并取得了成效。截至2010年底，石林大道成功创建为云南省“文明交通示范路”，长湖镇所各邑村成功创建为云南省“文明交通示范村”，另有2名个人荣获云南省“文明导游员”称号。

【文明细胞创建工作】 以“细节文明”和“市民素质提升”为抓手，在全县各机关、单位和社区（村）广泛开展“人人是形象”礼仪普及、“文明在细节”行为养成、“微笑在石林”优质服务、“文明出行”专项整治等四大行动，开展“文明出租车”、“文明诚信企业”、“文明诚信市场”、“文明诚信经营户”、“十星级文明户”等系列文明创建、评比表彰和主题实践活动。引导广大市民树立文明、健康、科学的生活方式，养成良好的生活习惯，极大地丰富和拓展了文明细胞创建活动的内涵和外延，扎实推进细胞创建工程。截至2010年底，全县共有国家级文明风景区1个，国家级文明先进村1个；省级文明单位12个，省级文明村5个，省级文明小城镇1个；市级文明单位54个，市级文明村21个，市级文明小城镇3个，市级文明社区1个；县级文明单位184个，县级文明村80个，县级文明社区2个。通过在机制上抓健全、在方法上求创新、在工作上重落实，极大地丰富和拓展了文明县城创建活动的内涵和外延，细胞创建工作呈现出开拓创新、整体推进、蓬勃发展的良好态势。

【乡风文明建设工作】 立足现实、深入生活、依靠农民、服务农民，多用农民群众熟悉的语言、身边的事情、喜闻乐见的形式、容易理解和接受的办法，增强感召力、渗透力、吸引力，最大限度地调动群众参与的积极性。通过广泛深入地开展农民乐于参加的多种形式的创建活动，引导农民为创造自己的美好生活而自觉投入到农村精神文明建设的生动实践中去，引导他们在实践中自我教育、自我提高。以“十星级文明户”、“孝星”、“好丈夫”、“好妻子”等活动为龙头和载体，不断深化创建成效，同时切实抓好城乡共建活动，组织省级文明单位与贫困村结对子，做到资源共享、优势互补，充分发挥城乡精神文明建设的积极性，促进城乡携手，共同发展。利用端午节、重阳节、中秋节等传统文化节日，组织开展“我健身、我参与、我奉献、我快乐”等群众喜闻乐见的文体活动，丰富了群众文化生活，培养农民爱国主义和集体主义思想。破解封建迷信，摒弃生活陋习，推进殡葬改革，用先进的思想文化占领农村阵地，进一步促进了乡风文明。

（撰稿人：县文明办　昂文强）

政策法规

石林彝族自治县农村公益性公墓管理规定（试行）

（2010 年 1 月 5 日石林彝族自治县人民政府石政发〔2010〕8 号）

第一条 为规范我县农村公益性公墓管理，节约土地资源，保护生态环境，根据国务院、省、市《殡葬管理条例》、民政部《公墓管理暂行办法》、《云南省公墓管理规定》、《云南省人民政府办公厅转发省民政厅关于规范农村公益性公墓建设管理实施意见的通知》，结合我县实际，制定本规定。

第二条 农村公益性公墓是指不以营利为目的，为本乡镇辖区内农村居民死亡后提供骨灰安葬的公益性墓地。

第三条 县民政局是全县公墓的主管部门。任何单位和个人未经乡镇人民政府同意和县民政局批准，不得擅自兴建农村公益性公墓。

第四条 农村公益性公墓选址应当符合殡葬、环保、国土、林业等相关法律、法规和规章规定，选用荒山瘠地，禁止占用耕地。

第五条 农村公益性公墓建设，可以一村一个或多个村一个，根据村民的居住情况而定。由村民委员会提出申请，经乡镇人民政府审核同意后报县民政局审批。

第六条 农村公益性公墓的建设和管理，坚持节约用地、统筹规划、规范运用的原则，倡导丧俗改革，制止乱埋滥葬，保护生态环境，服务经济建设和社会发展。

第七条 申请建设农村公益性墓地必须符合城乡建设规划，并提交以下材料：

1．村委会建立农村公益性公墓的申请，乡镇人民政府初审意见；

2．建立农村公益性公墓的可行性研究报告；

3．县建设、国土、环保、林业、水务、旅游、发改等部门的审查意见；

4．其他有关材料。

第八条 县民政局自收到全部有效材料之日起 20 个工作日内，依据农村公益性墓地建设规划、有关部门的审核意见，经实地勘察后作出是否批准筹建的批复。

第九条 农村公益性公墓筹建单位在取得批准筹建批复六个月之内，应当向县民政局申请领取公益性墓地设置批准书。

第十条 农村公益性墓地变更名称报县民政局审批，扩大规模或迁址重建的重新立项审批。

第十一条 农村公益性公墓应合理规划、加强绿化，逐步实现墓地园林化。乡镇人民政府、村民委员会应加强对农村公益性墓地的内部管理，维护墓区秩序；要加强公墓绿化，公墓绿化面积不得低于总面积的 40%，并在视野范围内形成绿色屏障，建成三年内达到见树不见墓的要求；要加强公墓设施维护、修缮，保持墓区优美、肃穆和坟墓穴位设施完好、整洁。

第十二条 农村公益性公墓建成后，经县民政部门验收，取得合格证后方可投入使用。

第十三条 未经批准，擅自建设农村公益性公墓的，由县民政局会同县公安、林业、建设、国土等部门根据殡葬管理相关法律法规予以取缔，责令恢复原状，没收违法所得。

第十四条 农村公益性公墓由乡镇人民政府负责管理，也可以委托村委会或村民小组集体管理。

第十五条 农村公益性公墓不得用于从事营利性经营活动；禁止任何单位或个人以任何方式炒买炒卖墓穴；禁止任何单位或个人承包（转让）经营农村公益性公墓。

第十六条 农村公益性公墓维护费的收费标准须经物价部门批准。维护费实行专户管理，专项用于墓地绿化、维护管理，不得挪作他用。

第十七条 农村公益性公墓骨灰安葬范围，必须按照国务院《殡葬管理条例》和《云南省殡葬管理条例》及相关规定办理。

第十八条 农村公益性公墓墓穴占地面积应严格按照我县殡葬管理有关规定执行，严禁超标准修建大墓、活人墓、家族墓、宗族墓。

第十九条 丧属凭户口注销证明、火化证明（暂不实行火葬的地区凭死亡证明）按顺序进入公墓安葬。按规定实行火葬的，由乡镇人民政府核发骨灰安葬证，并凭骨灰安葬证发放火葬相关补助。

第二十条 农村公益性公墓一般不得对本乡镇辖区以外的其他人员提供墓穴用地。但夫妻双方中一方为农村户籍的人员，经户籍所在地农村公益性公墓管理单位和乡镇人民政府同意后，另一方死亡后可安葬在配偶户口所在地农村公益性公墓内，夫妻双方只占一个墓穴。

第二十一条 农村公益性公墓要建立严格的墓位档案登记管理制度；各乡镇人民政府、县民政局、县财政局要加大对公墓财务管理的监管力度，对各级给予农村公益性公墓的建设、管护等经费补助，必须实行专款专用，县审计局要加强审计监督。

第二十二条 农村公益性公墓实行年检制度，对年检不合格的，必须限期整改，限期整改不合格的，由县民政局按殡葬管理有关法律、法规和规章予以处理。

第二十三条　各乡镇人民政府要对农村公益性公墓进行规范管理，要明确专门人员做好公墓的安全、防火、绿化、设施管护等工作。

第二十四条　墓碑生产销售由县民政部门通过公开招投标确定2~3家定点企业，实行一年一招标。使用墓碑的丧属必须到县招标确定的企业购买。

第二十五条　禁止在公墓内搞封建迷信活动，一切丧葬用品（纸钱、冥币、花圈等）和死者衣物、遗物等，必须在指定的焚烧室内焚烧。

第二十六条　农村公益性公墓违反公墓管理规定对外出售、炒买炒卖墓地或从事其他经营性活动的，一经发现，将按有关规定予以查处，并由纪检监察部门对直接领导和相关责任人进行问责处理，构成犯罪的移交司法机关依法处理。

第二十七条　各乡镇人民政府可根据本规定，结合实际制定本乡镇农村公益性公墓管理实施细则。

第二十八条　本规定由县民政局负责解释，自发布之日起执行。

石林彝族自治县关于进一步繁荣发展少数民族文化事业的实施意见

（2010年3月8日石林彝族自治县人民政府石政发〔2010〕11号）

为进一步繁荣发展石林彝族自治县（以下简称石林县）少数民族文化事业，推动社会主义文化大发展大繁荣，按照市委提出的建设文化昆明、打造品质春城的战略目标，根据《昆明市人民政府关于进一步繁荣发展少数民族文化事业的决定》（昆政发〔2009〕71号）精神，结合石林县实际，现提出如下实施意见：

一、繁荣发展少数民族文化事业的重要性

（一）繁荣发展少数民族文化事业是构建和谐石林的必然要求。少数民族文化是中华文化的重要组成部分，是中华民族的共有精神财富。少数民族文化不断丰富和发展着中华文化的内涵，增强各民族间的文化认同感和向心力。石林是多民族聚居的彝族自治县，少数民族人口占总人口的34%。在长期的历史发展过程中，各民族创造了各具特色、绚丽多彩的民族文化。进一步繁荣发展我县少数民族文化事业，使之成为各民族共同的精神财富和联系纽带，对于振奋民族精神、促进民族团结，巩固、发展平等团结互助的民族关系，不断推进全县的民族团结进步事业，构建和谐石林将发挥重要作用。

（二）繁荣发展少数民族文化事业是促进旅游产业加快发展的根本途径。文化是民族的重要特征，是民族生命力、凝聚力和创造力的重要源泉，影响着经济社会的各个方面。文化作为生产力的重要组成部分，已成为一个国家和地区综合竞争力的重要标志。由于旅游兼有文化和经济两大属性，文化对旅游业的发展有着深远的影响。当前，石林县正在努力培植五大重点产业，旅游产业是其中最具有发展潜力、最符合科学发展观要求的成长性产业之一。要大力发展石林的旅游业，必须着力推进少数民族文化的繁荣发展，反之，发展旅游业的过程也是一个不断挖掘传统文化、弘扬民族文化、传播先进文化的过程。这种辩证关系决定了推动少数民族文化的繁荣发展，是为旅游产业发展提供内涵支撑的根本途径。

（三）繁荣发展少数民族文化事业是一项长期而重大的任务。改革开放以来，我县少数民族文化事业得到长足发展，在提高各民族群众文明素质，促进少数民族和民族地区经济社会发展，繁荣社会主义先进文化方面发挥了重要作用。然而，由于自然、历史和经济等原因，我县少数民族地区文化事业发展相对滞后，文化设施不配套，公共文化服务体系比较薄弱，发展少数民族文化事业的任务繁重。全县各级各部门要从贯彻落实科学发展观的高度，深刻认识繁荣发展少数民族文化事业的重要性和紧迫性，把繁荣发展少数民族文化事业作为一项战略性任务，采取更加切实、有效的政策措施，着力推进，抓实抓好，抓出成效。

二、繁荣发展少数民族文化事业的指导思想、基本原则和目标任务

（四）指导思想。以邓小平理论和“三个代表”重要思想为指导，深入贯彻落实科学发展观，牢牢把握社会主义先进文化的前进方向，紧紧围绕共同团结奋斗、共同繁荣发展的民族工作主题，以建设社会主义核心价值体系为主线，以完善公共文化服务体系为重点，以加强基础设施建设为手段，以推动文化创新为动力，以改革体制机制为保障，以满足各族群众日益增长的精神文化需求为出发点和落脚点，促进我县少数民族文化建设与全县文化建设、少数民族聚居区经济社会建设及教育事业协调发展，促进民族团结、实现共同进步，更加自觉、更加主动地为推动社会主义文化大发展大繁荣作贡献。

（五）基本原则。坚持为人民服务、为社会主义服务的方向和百花齐放、百家争鸣的方针，尊重差异、包容多样，既

要继承、保护、弘扬少数民族文化，又要推动各民族文化相互借鉴、加强交流、和谐发展。坚持面向现代化、面向世界、面向未来，把握规律性，保持民族性，体现时代性，推动少数民族文化的改革创新，不断解放和发展少数民族文化生产力。坚持贴近实际、贴近生活、贴近群众，生产更多各族群众喜闻乐见的优秀精神文化产品。坚持社会效益和经济效益相统一，把社会效益放在首位，充分发挥政府和市场的作用，促进少数民族文化事业和文化产业协调发展。坚持基本公共服务均等化，优先发展少数民族文化事业，保障少数民族各族群众的基本文化权益。坚持因地制宜、分类指导，不断完善扶持少数民族文化事业发展的政策措施。

（六）主要目标。围绕建设民族文化宝库、文化产业基地、文化共享家园，打造"文化石林"的目标，大力发展少数民族公益性文化事业，增强公共文化产品生产供给能力，到2015年，我县行政村都有完备的文化基础设施，60%以上的自然村有1个80平方米以上的文化活动室，形成覆盖全县的公共文化服务体系；广泛开展群众性少数民族文化活动，少数民族优秀文化得到有效保护、传承和弘扬。加快少数民族文化产业发展，促进少数民族文化事业和文化产业协调发展，推动少数民族文化创新，推出一批体现石林民族特色、反映时代精神、具有较高艺术水准的文化艺术精品。

三、繁荣发展少数民族文化事业的主要措施

（七）加快公共文化基础设施建设。实施好民族博物馆、图书馆、文化馆的建设完善工作。到2015年要建成石林民族博物馆，文化馆、图书馆全部达到国家二级馆以上标准，7个乡镇综合文化站达到部颁标准。到2015年实现全县所有文化站达到国家二级以上标准。要加大电影放映工程投入力度。普及"2131"工程，进一步配置完善相关放映设备设施，解决好少数民族群众看电影难的问题。推进"农家书屋"工程建设，到2015年全部覆盖92个行政村（居委会），确保每个农家书屋拥有2000册以上的党报党刊和适合群众阅读的经济、科技、法律、卫生及文化类图书、期刊和音像制品。推进文化信息资源共享工程建设，到2015年底完成行政村文化信息资源共享工程基层服务站点建设。建立以昆明市图书馆为支中心、石林县图书馆为分支中心、乡镇（街道）文化站和行政村（社区）文化室为基层站点的文化信息共享网络。

完善全县广播电视基础设施建设，加大广播电视进村入户力度，全面提高民族地区广播电视覆盖率，到2015年实现全县自然村通广播电视。充分利用无线、有线和直播卫星等多种技术手段，切实提高收听收看效果，为广大全县各族群众提供套数更多、质量更好的广播电视节目。

（八）加强对少数民族文化遗产和优秀传统文化的挖掘和保护。加大对少数民族文物的保护力度。开展少数民族文化遗产调查登记工作。对濒危少数民族文化遗产进行抢救性保护。扶持少数民族古籍抢救、搜集、保管、整理、翻译、出版和研究工作。采取有力措施，发掘和保护少数民族非物质文化遗产，申报少数民族非物质文化遗产名录，到2010年底，省级以上非物质文化遗产名录要达到15项以上。命名少数民族非物质文化传承人，发挥好文化传承人的特殊作用，鼓励开展传承活动，参照省、市标准对少数民族非物质文化传承人落实生活补贴。在全县范围内开展民族民间文化保护工程，对即将消失的有重要价值的少数民族优秀传统文化要及时组织抢救。命名民族民间传统文化传承人，建立民族传统文化保护区、民族民间传统文化之乡的命名与保护制度。建设一批少数民族文化生态保护村寨和民族文化特色村寨。

（九）广泛开展群众性少数民族文化活动。文化、民族事务部门要支持和指导好开展丰富多彩的群众性少数民族传统节庆活动和文化活动。鼓励举办具有民族特色的文化展演活动，每两年要进行一次农村文艺调演。每四年开展一次少数民族传统体育运动会。加强少数民族聚居村的体育基础设施建设，到2015年全县50%以上的行政村有完善的农民体育健身设施。

（十）促进少数民族文化产业发展。文化、民族事务等部门要制定和组织实施好民族文化的品牌化经营战略，打造阿诗玛文化国际品牌，促进我县少数民族文化资源优势向民族文化产业优势转化，推出一批体现民族特色、反映时代精神、具有较高艺术水准的文化艺术精品，创作生产更多更好适应各民族群众和市场需求的优秀文化产品。鼓励少数民族文化产业多样化发展，促进少数民族文化产业与教育、科技、信息、体育、旅游深度结合和联动发展，增加民族文化元素。

（十一）大力培育少数民族文化市场。建设统一、开放、竞争、有序的文化市场体系。面向市场需求，鼓励和扶持具有民族特色和时代气息的优秀文化艺术作品创作与生产，提高少数民族文化作品的数量和质量，积极培育民族文化市场，扩大我县民族民间文化艺术作品在国内外市场的占有率，打造一批有影响力的、具有民族特色的少数民族文学、戏曲、音乐、歌舞等文化艺术品牌。

（十二）推进少数民族文化对外交流。加强民族文化对外宣传、交流与合作。实施"走出去"、"引进来"的发展战略，组织具有鲜明民族特色的文化产品到国外、省内外交流，进一步提升我县少数民族文化的影响力。

（十三）加大对繁荣发展少数民族文化事业经费投入力度。大力发展少数民族公益性文化事业，坚持以政府为主导、以公共财政为支撑、以基层为重点的原则，继续加大对少数民族公益性文化事业的投入和倾斜力度，确保对少数民族公益性文化事业的经费投入稳步增长。从2010年起，县财政每年安排1000万元文化产业发展专项经费，采取以奖代补的形式，每年奖励一批优秀民族文化事业、文化产业项目和民族文化产品，鼓励和推动少数民族文化事业的繁荣发展。民族地区公益性文化事业单位要在坚持公益性文化服务基本职能的前提下，开展配套的经营性服务活动，其经营收入用于弥补公益性文化事业经费不足。鼓励社会力量兴办公益性文化事业。

（十四）鼓励多元化投资主体投资民族文化产业。在法律、政策许可范围内，引导和鼓励社会资金、民间资本进入民族文化产业，从文化产业发展资金中安排一定的资金，扶

持培育一批民族文化企业，打造一批民族文化艺术品牌。

（十五）强化对发展少数民族文化事业的政策扶持。认真落实中央和省、市关于支持文化改革发展的一系列政策措施，对繁荣发展少数民族文化事业的宣传、文化等单位实行增值税、营业税、资产和土地处置、工商登记、文化产品、服务出口退税等方面的优惠政策。充分考虑少数民族文化的特殊性，结合民族地区文化建设的实际，给予特殊优惠政策。应把少数民族公益性文化设施纳入城乡规划建设，优先安排用地指标，并在选址、立项、投入等方面体现优先和倾斜。

（十六）深化文化体制改革。坚持以文化体制改革促进文化发展。实行公益性事业与经营性事业分类管理，公益性文化事业单位要加快转换运行机制，全面推行公益性文化事业单位内部运行机制“三项制度”改革，实行竞争上岗、全员聘用、目标管理、绩效挂钩。加大经营性文化事业单位改制力度，实行企业化管理，进行市场化运作。

（十七）加大少数民族文化人才建设力度。强化文化专门人才培养，努力造就一支高素质、数量足的少数民族文化工作者队伍。积极保护和扶持少数民族优秀民间艺人和少数民族非物质文化传承人。加强少数民族文化体育后备人才培养，自2010年起，有500人以上学生的寄宿制中小学校要开办1个不少于30人的体育特长班和不少于30人的文艺特长班。

（十八）着力建设繁荣发展少数民族文化事业的载体。要抓紧规划和建设石林民族民俗博物馆；坚持办好中国石林国际火把节等少数民族传统节日；每两年评比一次全县文艺优秀作品。

四、加强对少数民族文化工作的领导

（十九）切实把少数民族文化工作摆上更加重要的位置。各级党委、政府和各部门要进一步提高对少数民族文化工作重要性的认识，增强责任感和紧迫感，切实把少数民族文化工作纳入重要议事日程，纳入当地经济社会发展总体规划，纳入科学发展考评体系。加强对少数民族文化工作的调查研究，定期听取工作汇报，作出部署，狠抓落实。关心支持少数民族文化工作部门和单位的建设，及时研究解决存在的突出困难和特殊问题，充分调动和有效保护少数民族文化工作者的积极性、主动性、创造性。

（二十）推动形成分工协作、齐抓共管的良好局面。县委、县人民政府要成立石林彝族自治县繁荣发展少数民族文化事业工作领导小组，加强对繁荣发展少数民族文化事业的组织、协调和领导，不断推进全县少数民族文化事业繁荣发展。

各乡（镇）要根据本实施意见精神，从本地实际出发，提出繁荣发展少数民族文化事业的目标任务，明确工作重点，加强分类指导，创造性地开展工作。

中共石林彝族自治县委　石林彝族自治县人民政府关于切实抓好抗大旱保民生促发展保稳定工作的紧急通知

（2010年3月11日石通〔2010〕5号）

各乡镇党委和人民政府，县委和县级国家机关各部委办局，各人民团体，县属各企事业单位：

去年7月以来，我县遭受了60年不遇的特大干旱，干旱影响前所未有，已远远超出了城乡饮水困难的范畴，各乡镇、各部门要始终坚持发展第一要务，统筹兼顾，正确处理好抗旱保民生与发展、有保与有压、当前与长远三种关系，在思想上更重视、发展上更紧迫、行动上更迅速、措施上更有力、宣传上更深入，在做好抗旱救灾保民生的同时，抓好产业发展，招商引资、项目建设、城镇建设、社会稳定等重点工作，切实做到一手抓抗旱保民生，一手抓发展保稳定，确保年初制定的经济社会各项目标任务圆满完成。现将做好全县抗旱保民生促发展保稳定的有关事项紧急通知如下：

一、把握形势，全民动员抗大旱

去年7月1日至今年3月10日，全县累计降水量为311.7毫米，比历史同期643.6毫米少331.9毫米，偏少幅度达51.6%；尤其是从今年1月1日至3月10日，累计降水量仅为11.1毫米，比历史同期42.1毫米少31毫米，偏少幅度达73.6%，秋、冬、春三季连旱明显，突破历史同期最少记录。截至3月10日，全县水库坝塘蓄水4062.5万立方米，比去年同期7737万立方米少3674.5万立方米，减少48%，且时空分布不均，对生产生活造成了严重影响。全县387个自然村有151个自然村、5.66万人、3.5万头大牲畜出现饮水困难，水库坝塘已干枯34座，其中：小（二）型水库7座，坝塘27座。农作物受旱面积18.9万亩，其中：轻旱0.87万亩、重旱10.17万亩、干枯7.73万亩；农业直接经济损失6408.6万元。林业受灾6.25万亩，占种植面积12.85万亩的48.64%，其中：核桃产业基地受灾1.16万亩，林业经济损失2241.83万元。

灾情发生后，国家、省、市领导高度重视，各级领导多次到石林指导抗旱救灾工作。在上级党委、政府和各级各部门的关心支持下，全县上下迅速反应，积极行动，采取有力措施开展灾情自救，取得了阶段性成效。截至目前，县级财政共投入抗旱资金1118万元，动员社会各界捐款捐物147.28万元，累计投入抗旱人数52.19万人次、泵站96处、机动设

备500台，每个乡镇配置抗旱运水车1辆，投入机动运水车1650辆次，建成抗旱应急工程4件，解决了5.66万人、3.5万头大牲畜的临时饮水困难问题。

根据气象部门分析预测，今年春、初夏降雨偏少，长期高温少雨天气，将进一步导致全县库塘蓄水严重不足，旱情持续蔓延，灾情不断加剧，对我县农业生产、农民增收将造成极为不利的影响。面对严峻的干旱形势，各乡镇、各部门要高度重视，牢固树立抗大旱、防大灾的思想，提高对做好当前抗大旱、保民生、促发展、保稳定工作极端重要性和紧迫性的认识，超前谋划，统筹兼顾，按照"小春损失大春补、粮食损失经济作物补、种植业损失养殖业补、农业损失非农业补"的发展思路，采取五项措施，全力抗旱救灾，确保各项工作正常有序推进。

（一）行政措施

1. 健全完善各项预案。各乡镇、各部门要加快修订完善抗旱、森林防火、供水、安全、社会稳定等相关预案，按照先生活后生产的原则，进一步调整优化供水方案，优先保障对经济社会发展贡献较大的企业，对浴室、洗车场等高耗水企业采取限时、计量供水措施，确保水资源科学合理配置，充分发挥现有水资源的效益。

2. 多方筹措抗旱资金。各乡镇、各部门在确定资金预算时，要结合旱情进行通盘考虑，加大投入，尤其县农牧、林业、水务、烟草、气象等部门要对抗旱促生产进行认真细致的研究，保障各项措施顺利落实，同时积极动员社会力量开展募捐活动，形成抗旱救灾的强大合力。

3. 全力保障农用物资供应。县农牧局、县供销社、县烟草公司等部门要提前做好种子、化肥、农药等农用物资储备；加大联合执法力度，加强市场监管，严厉打击以次充好、囤积居奇等扰乱市场秩序的行为，防止坑农害农现象发生。各乡镇要加大宣传，正确引导，鼓励农户按照满栽满插提前做好农用物资储备，提前应对后期市场紧缺可能导致的物价上涨因素，防止农民生产成本增加。

（二）工程措施

1. 充分利用各种水利工程。县防汛抗旱指挥部和抗旱应急指挥部要充分发挥县抗旱服务队的作用，做好储备机具、设备的维护、检修等工作，全力做好应急保障；同时指导各乡镇抗旱服务队加强机具、设备的运行管理，充分发挥设备设施的作用，想方设法缓解农村人畜饮水困难；对具备调水条件的村组，各乡镇要转变观念，科学指导，动员基层、群众利用已建工程（设备）和现有水源的有利条件，采取拦、提、引、蓄等措施，充分挖掘水库坝塘、小水池、小水窖等工程设施的蓄水、储水潜力，群策群力做好抗旱促春耕的各项应急准备。

2. 加大基础设施建设。各乡镇要把水利设施建设作为当前和今后一个时期农业农村发展的重要战略性任务，抓住昆明市新建一批大、中、小水利工程的机遇，坚持当前与长远结合，深入调研，认真分析，做好项目策划、包装等前期准备工作，积极争取上级项目资金支持。由县级有关部门牵头，乡镇配合，加快推进病险水库除险加固、现代烟草农业、中低产田地改造、水源工程、应急工程措施、清淤清障等基础建设。

（三）科技措施

1. 强化科技指导。各乡镇要以基层农技推广体系改革与项目建设为契机，配合县农牧局做好玉米高产创建、水稻高产创建样板落实，利用科技队伍的技术优势，加大技术指导培训，推进规格化种植、塑盘育苗移栽、抗旱剂使用、测土配方施肥等科技措施全面落实，促进农业增效，农民增收。

2. 提高机械化水平。各乡镇要抓紧做好烟田规划，按照"减工、降本、增效"的要求，认真组织机械服务队抓紧开展规模种植地块的大田翻挖工作；大力宣传农机具购置补贴政策，鼓励农户推广应用机械设备，改进耕作方式，提高农业机械化水平。

（四）管理措施

1. 加强林木果树管理。各乡镇、各部门要针对病虫灾害较往年偏重发生的实际，加强林木、作物的统防统治；全力巩固城乡园林绿化及生态建设成果，科学安排新增项目，加大以浇水为主的经济林木、绿化苗木管理工作，确保抗旱保苗取得实效；密切关注天气变化，主动防范"倒春寒"、低温霜冻等气象灾害，适时做好作物秧苗、绿化苗木及特色经济林、果树幼苗的保温防冻工作，防止各类次生灾害造成的损失。

2. 强化动物疫病防控。各乡镇要把加大养殖业发展作为促进农民增收的重要举措，以温氏养鸡、现代农业生猪等项目为带动，按照"政府保密度，业务部门保质量"的要求，加大重大动物疫病防控工作，做到宜免则免，应防尽防，推进"以防促管、以管促养"目标实现，确保农民养殖收入稳定增长。

（五）节水措施

1. 选好育苗地点。各乡镇要认真分析辖区内的水资源总量，了解掌握其分布状况，因地制宜，分类指导，将蔬菜、烤烟、林木等育苗工作安排在坝塘、水池、河流等水源有保障的地块或片区，变大面积抗旱为小面积抗旱，变分散抗旱为集中抗旱，节约水源，降低抗旱成本。

2. 实行科学抗旱。各乡镇、各有关部门要加大节水灌溉的推广应用力度，引导种植大户实施节水灌溉项目，大力推广喷灌、管灌、滴灌、穴灌等田间节水灌溉先进技术，指导农民适时进行整地和抢墒播种，大力发展设施、节水和高效农业；指导做好蔬菜、烤烟、果树、林木等作物、林木浇水后的技术处理，通过覆盖农膜、秸秆等遮掩物，减少水分蒸发。

3. 调整种植结构。根据蓄水情况，全县水稻种植区除黑龙潭水库灌区海拔1750米以下地块以外，其他地区一律实行水改旱。各乡镇要根据辖区水量和水资源分布情况，提前宣传，科学引导，抓死节令，不误农时，扩大玉米、马铃薯、大豆等旱地作物种植面积，尽可能减少土地丢荒面积，顺利实现粮食总量1.2亿千克的目标，确保粮食安全。

二、以人为本，全力以赴保民生

（一）高度关注民生。各乡镇要按照“先生活、后生产”的原则，“一村一策”制定供水方案，采取蓄、引、抽、提、拉、截等多种措施，多渠道增辟抗旱水源；要加强水源周边环境整治，划定整治、保护范围，设置保护标识标牌，明确专人看守，确保水源点安全；要全面取缔肥水养鱼，2010年4月30日前不能完成取缔任务的乡镇和部门，党政主要领导一律给予免职处理。要充分发挥基层党组织、群团组织的优势，采取“一对一”帮扶措施，认真做好老、弱、病、残等弱势群体的帮扶工作。要密切关注辖区内群众的吃饭问题，逐村、逐户开展灾情调查，及时掌握缺水、缺粮动态，及时帮助解决群众的困难和问题，确保人人有水喝、有饭吃、有衣穿。民政部门要积极向上争取资金、物资支持，广泛动员社会力量开展爱心捐助，全力做好救济救助，把党和政府的关怀及社会各界的爱心及时送达困难群众。要高度重视学校等人员密集场所、部位和领域的饮水安全，“一校一案”，做好供水、用水计划，加强对蓄水池等容器的消毒处理，确保供水的同时保障饮水安全。

（二）狠抓劳动力转移。按照农业损失非农补的思路，将培训转移输出农村劳动力作为抗旱救灾保增收的重要举措，深入推进“两后双百”和“三就三百”工程，大力实施城乡劳动力全员普查、全员分类、全员培训、全员转化为主要内容的“四全工程”，强化宣传培训，收集用工信息，做实转移就业，提前超额完成培训15000人，转移就业12000人的指标任务，同时积极收集开发就业岗位，引导农村劳动力就地就近稳定就业，达到“转移一人，致富一家”、“输出一批，带动一方”的目的，努力增加农民的工资性收入，确保广大农民群众生活水平不降低。

三、狠抓要务，千方百计促发展

在全民动员、全力抗旱攻坚的同时，统筹协调，全面推进各项重点工作开展，圆满完成各项工作目标任务。

（一）狠抓农业生产不懈怠

1.扎实推进粮食生产。今年全县计划种植大春粮食作物24.8万亩，计划粮食总产12000万千克。围绕粮食总产目标，全县范围内推广水改旱，稻作区重点布局在黑龙潭水库灌区、海拔1750米以下片区，计划面积5万亩（计划实现总产2800万千克），稻作区育秧时间为3月25日至3月31日，确保雨季（一般5月25日左右）时正常移栽，其中：推广优质水稻45000亩；水稻旱育秧2500亩，移栽大田50000亩；蜂巢式栽培40000亩；建立水稻高产创建核心区200亩，展示区2000亩，带动10000亩水稻高产示范。继续实施农业部玉米高产创建项目，集中力量抓好百亩核心区2片200亩，带动千亩展示2片2000亩，完成20000亩技术示范，促进70000亩地膜玉米技术推广，做好5000亩玉米免耕栽培技术的示范推广，优化杂交玉米良种布局，大力推广抗旱节水节肥模式化栽培，有效提高玉米生产水平，全县种植玉米15万亩。扩大测土配方施肥、粮食作物间套种技术，种植薯类4.8万亩；晚秋作物10万亩，辅助粮食总产目标的实现，种植蔬菜作物7万亩，花卉0.7万亩，促进农民增收。

2.着力抓好烤烟生产。当前，烤烟生产已进入育苗关键时期，要把工作重点放在育好苗和抗旱移栽环节上。一是切实加强对烟苗的管理。全县144个烤烟育苗点中127个育苗点供水正常；15个育苗点需拉水抗旱育苗；2个育苗点因无水需要异地调水供应，县烟草部门、各乡镇要根据旱情发展，采取措施，积极应对，确保烟苗用水，为强化管理、培育壮苗打牢基础。二是加快机耕机耙进度，切实做好整地理墒工作，为最佳节令内开展移栽做好准备。三是适时移栽，缩短移栽周期。县烟草部门已出台烟区已建小水窖储水补助方案（30元/座），各乡镇要加大群众的宣传引导，充分利用小水窖、小池塘等现有水源，集中力量、集中时间完成抗旱移栽任务，提高移栽成活率。严格按签订合同发放烟苗，督促指导烟农抢抓节令，确保移栽任务圆满完成。四是全面推行烤烟标准化生产，扎实推进国家级烟叶标准化生产示范区、滇东现代烟草农业综合示范区建设，坚持用标准来指导生产、规范生产，把标准落实到水肥协调管理、适时揭膜培土、中耕除草、病虫害防治、科学烘烤等各个环节，落实到烟农、到地块、到烤房，不断巩固石林烤烟品牌。

3.加大养殖业发展。大力推进温氏家禽“两千”养殖模式，实现养殖户发展到一千户以上，出栏肉鸡一千万羽以上；以新希望乳业控股有限公司石林现代生态牧场建设为龙头，大力推广肉（奶）牛规模养殖，提高现代化养牛水平；以中央财政支持现代农业发展—生猪产业项目建设为契机，大力推进生猪养殖小区和标准化养殖；以圭山山羊纯繁及保种为重点，扩大品种覆盖面，促进羊产业健康协调发展。鼓励发展牧草种植，推广秸秆青贮、氨化等技术，加快草食畜发展进程。

（二）突出项目建设不偏离

要做好项目的前期准备工作，积极向上争资、向外引资、启动民资。要加强投融资工作，为项目建设提供资金保障。抓紧完成狮山路二期、巴江中学外围、巴江商贸城片区市政道路、县委党校搬迁建设、森林公安“三基”工程、财富中心、天赐良缘和石林上海新天地、中核旅游度假区一期等项目，加快推进环城东路、阿诗玛东路延长线至污水处理厂道路、农资和再生资源集散交易市场及鹿阜旧城粮食局、武庙、大兴商场片区建设；启动桃源水乡、小古城片区改造等项目；实施县城雨污分流管网建设，扩大石林巨鹏燃气站管网覆盖面。确保年内项目投资总额不低于20亿元，确保全社会固定资产投资增长40%以上。

（三）加大招商引资不停步

突出专业招商、产业招商、园区招商、以商招商，围绕旅游配套产业、生态工业、现代农业、特色文化产业，争取每个主导产业至少引进一家实力较强的企业，要做好跟踪服务，确保签约项目上半年开工建设。要优化招商环境，实行招商引资项目全程代理、跟踪推进、终身服务，提高办事效率和服务水平，确保全年完成内资任务20亿元、外资900万美元。大力推进全民创业，加大政策扶持力度，鼓励和引导外出务工人员返乡创业、农村能人离土创业、下岗职工自主创业、民营企业家勇创大业，激发全民投资创业的潜能。

（四）加快园区建设不放松

全面推进园区基础设施建设“两年突破”工程，台创园完成3万亩中低产田地改造、13千米环路和36千米生产道路建设，新增流转土地8000亩；启动现代农业创业服务中心、创业孵化中心、观光旅游服务中心和畜禽产业区、仓储物流区、农产品加工区项目；新增入园项目10个以上，完成投资1亿元以上。生态工业集中区完成“五通一平”1000亩以上，新增入园项目6个以上，固定资产投资达2.35亿元，规模以上工业增加值2亿元，上缴税金1200万元以上。加快旅游度假区建设，用好用活1000万元以旅哺农专项资金，正确处理保护与开发利用的关系，支持旅游保护区村庄建设，培育乡村旅游新亮点，延长产业链条，实现旅游资源的永续利用。

（五）各项工作推进不间断

各级领导干部要以“十个指头弹钢琴”的工作方法，统筹协调、科学谋划、合理分工，日常工作业余化，重点工作重点抓，全力做好抗旱救灾，全面推进重点项目和重点工作，协调推进教育、医疗卫生、科技文体、社会保障等各项社会事业全面协调发展，确保各项目标任务圆满完成。

四、统筹兼顾，多措并举保稳定

（一）做好安全防范。各乡镇要组建专业扑火队和抗旱服务队，开展有计划、有组织的培训、演练，发挥队伍在抗旱应急、安全巡逻、森林防火、环境整治等工作中的主力军作用。要加大森林防火戒严期野外用火管理，禁止举办一切群众性文化体育活动，违反相关规定的，按照“谁组织谁承担，谁审批谁负责”原则，对策划者、组织者、审批者进行严厉惩处或问责，严防死守，确保森林资源安全。要深入开展爱国卫生运动，集中整治乡村脏乱差现象，在3月内组织开展一次以灭鼠为主的全民性、大规模的消杀活动，全面控制病媒生物疾病。县卫生防疫部门要成立人饮抗旱应急服务队，全面普查，加强水源水质监测、检测和消毒处理工作，防止介水传染病的暴发流行，尤其是加强对学校、医院等重点行业、领域的饮水、食品卫生安全监测，严防各类公共卫生事件发生；要加大各类安全隐患排查力度，及时消除道路、矿山、工地、水库坝塘、消防、食品等安全隐患，确保人民群众生命财产安全。

（二）维护农村稳定。各乡镇要认真开展矛盾纠纷排查调处工作，维护用水秩序，妥善处理好用水矛盾，严格执行“一库一策”管理办法，避免水事纠纷引发械斗等不稳定因素。县组织、民政及各联系部门、各乡镇要加大对村“两委”换届工作的领导和指导，坚持一手抓抗旱保春耕，一手抓村“两委”换届保稳定，统筹协调，把重点工作搞上去，把为人民群众办实事的人推选出来，千方百计保障农村稳定。

五、强化保障，不折不扣抓落实

（一）加强组织领导。各级各部门要充分认识旱情持续发展的严峻形势，切实转变工作作风，改进领导方法，进一步增强做好工作的责任感和紧迫感，层层落实责任制，保障各项工作取得实效。要树立长期抗旱的思想，坚决克服麻痹思想和侥幸心理，迅速投入到抗大旱保民生促发展保稳定工作中。各级干部要认真履行职责，千方百计保民生、促发展、保稳定，做到一手抓抗旱，一手抓发展，确保两不误、两促进。

（二）加强协作配合。各级各部门要按照职责分工，细化方案，进一步加强协调，密切配合，切实增强抗旱救灾工作的针对性和实效性。县农牧、水务等部门要迅速组织领导干部和科技人员，指导群众做好抗旱保苗和适时改种工作；县林业部门要督促指导做好森林防火和新植树苗保苗工作；县绿建指办、林业、建设等部门要加大检查力度，督促指导做好城乡园林绿化及生态建设抗旱保苗工作；县农牧、供销等部门要认真做好抗旱物资的调运和协调供应工作；县气象部门要密切监测天气变化，适时提供准确的气象信息，抓住一切有利时机实施人工增雨作业；县发改、电力等部门要千方百计组织抗旱所需电力和燃油供应；县民政部门要做好受灾群众的生活救济工作；县卫生、环保、水务等部门要加强对各水源点水质状况的监测和消毒，确保人民群众饮水安全。县财政局要加快支农、惠农资金拨付进度，尽快落实到基层、到项目、到农户，缓解农村广大群众的资金压力。金融部门要创新经营模式，拓宽抵押范围，简化信贷手续，加大小额贷款力度，切实解决好农民春耕备耕资金不足的问题。各乡镇要加强数据统计、信息上报工作，为抗旱决策提供科学依据。各级各部门要服从、服务大局，积极主动工作，共同打好抗旱救灾的攻坚战。

（三）加大宣传力度。新闻媒体要加大对抗大旱保民生促发展保稳定工作的宣传报道，营造良好的舆论氛围；要加大公益宣传，普及森林防火、消防安全、节水、疾病预防等知识，提高全社会的节约意识、安全意识、健康意识。要充分挖掘新闻题材，捕捉新闻焦点，培育宣传亮点，通过电视、报纸、广播、互联网等多种形式，广泛宣传报道抗旱先进事迹、成功经验及农村劳动力转移输出的典型，积极动员广大群众投工投劳、社会各界大力支持，积极开展生产自救，形成积极应对抗灾害、团结互助促发展的良好舆论氛围。

（四）强化目标考核。要严格执行年初制定的各项考核办法，将抗大旱、保民生、促发展各项工作任务纳入县对乡镇、县对部门年度目标管理考核，实行同步考核、跟踪督查。各部门要结合职责和行业特点，制定切实有效的工作方案，进一步细化措施、明确任务、落实责任。县纪委、县委目督办、县政府目督办要加大对抗大旱保民生促发展保稳定工作的督查，对因思想不重视、措施不得力、工作不到位、责任不落实的，将依照有关规定对主要领导和责任领导进行严厉问责，对落实不到位的单位（部门）进行严厉问责。

（五）严肃工作纪律。县级领导、各机关单位干部职工务必本着真心实意为基层办实事、解难题的原则，切实深入基层帮助解决问题。要严格遵守县人民政府“三条禁令”，绝不允许借抗旱救灾检查工作之机增加乡镇、村组负担。县财政、民政部门要加强对救灾款物、捐赠物资、资金的使用管理，统筹安排，专项管理，专款专用。对违反纪律的，一经发现，进行严肃处理。

中共石林彝族自治县委办公室　石林彝族自治县人民政府办公室印发开展“效能石林”建设活动实施方案的通知

（2010年4月22日石办发〔2010〕10号）

各乡镇党委和人民政府，县委和县级国家机关各部委办局，各人民团体，县属各企事业单位：

经县委、县人民政府研究同意，现将《石林彝族自治县开展“效能石林”建设活动实施方案》印发给你们，请认真组织实施。

石林彝族自治县开展“效能石林”建设活动实施方案

为进一步巩固和扩大软环境建设成果，树立更加务实、高效的工作作风，进一步提速工作进程、提升工作质量、提高工作效益，加快推进石林科学发展新跨越，努力实现“跨越发展、富民强县”目标，根据云南省实施“效能政府四项制度”和昆明市《关于在全市开展“效能昆明”建设活动的实施意见》（昆办发〔2010〕8号）的有关要求，县委、县人民政府决定在全县开展以“效能石林”建设为主题的软环境建设活动，特制定本实施方案。

一、总体要求

以邓小平理论和“三个代表”重要思想为指导，以科学发展观为统领，认真贯彻落实市委九届六次全会和县委十届六次全会精神，按照省、市实施“效能政府四项制度”有关文件和会议精神，坚持解放思想不停步、争先进位不松劲、改革创新不懈怠、攻坚克难不退缩、以民为本不偏离、团结干事不争论，以“努力把石林打造成国际旅游胜地，国家现代农业示范区，中国阿诗玛特色文化产业基地，昆明市新能源应用示范基地、城乡一体化示范区，成为滇东南区域性中心城市之一”为目标，以“项目开工年”、加快推进项目建设、强势推进招商引资为主题，自加压力、负重奋进，提能增效、狠抓落实，着力解决各级各部门及其工作人员存在的定位不准、工作不实、干劲不足、执行不力、管理不严、效率不高等突出问题，使全县各级各部门及其工作人员谋发展、干事业、求跨越的信心进一步增强，讲质量、求效率、抓落实的作风进一步改进，想干事、能干事、干成事的本领进一步提升，勤履职、重管理、讲效益的风气进一步形成，人民群众的满意度明显提高，为加快实现石林科学发展新跨越提供坚强有力的保障。

二、基本原则

——坚持围绕中心、服务大局的原则。把加快实现石林科学发展新跨越作为第一要务，服从服务于全县改革发展稳定大局，围绕“项目开工年”、加快推进项目建设、强势推进招商引资这一主题，提速工作进程，提升工作水平，提高工作效益，促进招商引资和加速项目建设，确保县委、县人民政府既定的目标任务圆满完成。

——坚持创新制度、健全机制的原则。紧扣“543”倍增计划和全面建设小康社会目标，加大制度创新力度，做到既保障工作目标的实现，又逐步建立和完善一整套规章制度，形成工作的长效管理机制。

——坚持突出重点、目标定位的原则。结合本部门、本行业、本系统的实际，突出重点工作，抓住关键环节，做到目标定位、措施定位、责任定位。

——坚持求真务实、有效推进的原则。把“目标重于一切、态度决定一切、行动创造一切、实效高于一切”的理念贯穿于整个活动中，从实际出发，扎实推进，务求取得实实在在的效果。

三、工作步骤

“效能石林”建设活动从2010年4月开始至12月告一段落，具体分四个阶段进行：

（一）学习提升阶段（4月30前）。

1.进行动员部署。召开全县“效能石林”建设活动动员大会，对相关工作进行安排部署。各乡镇、各部门、各单位召开相应动员会，迅速启动“效能石林”建设活动。

2.强化学习实践。各乡镇、各部门、各单位要把市委九届六次全会和县委十届六次全会、县“两会”以及“效能石林”建设活动动员大会精神作为本次活动学习的主要内容，采取中心组学习、举办学习交流研讨会、专题讲座、个人自学等方式，组织干部职工认真学习，领会好精神实质，使每一位干部职工对中央和省、市、县关于当前和今后一个时期有关重要工作的安排部署做到心中有数，自觉投入活动之中。

认真开展好破“浅”破“偏”、破“满”破“难”、破“等”破“怨”学习讨论活动，树立“比、学、赶、超”的良好氛围，自加压力、奋力赶超；要以提升工作效能、创造一流业绩为目标，切实加强学习，促进招商引资和加速项目建设。通过学理论、学政策法规、学科技、学业务知识，不断提高行政能力和创新水平。要根据形势的发展和环境的变化，加强调查研究，适时查找工作进程中存在的困难和问题，不断增强应对新情况、研究新问题、解决新矛盾的能力，以改革的精神和创新的办法，确保各项工作开好头、起好步、有进展、能突破。

3.开展对照讨论。各乡镇、各部门、各单位要联系自身实际，深入查找影响和妨碍“提升工作效能、争创一流业绩”的思想观念、工作作风、体制机制、管理方式方法等方面的突出问题，认真组织开展“四对照四讨论”活动：一是对照“目标倒逼、确保落实”的要求，讨论是否对县委、县人民政府确定的工作目标进行细化、量化、具体化，逐季、逐月、逐旬、逐周列出任务分解表，做到目标任务、工作标准、时限要求、责任主体、奖惩措施五明确；二是对照“拼搏实干、讲求效率”的要求，讨论是否树立爱岗敬业的工作责任意识，以更加昂扬向上、开拓进取的精神对待自身工作，做到闻风而动、雷厉风行，加快工作节奏、提高工作效率，不让任何一项工作被积压、被延误；三是对照“攀高比强，争创一流”的要求，讨论是否能够联系自身实际，对照先进，超越自我，不满足于自己跟自己比、现在跟过去比，敢与他人比效率、比素质、比贡献、比服务，做到在质量、速度上奋勇争先、争创一流；四是对照“改进作风、优质服务”的要求，讨论是否革除门难进、脸难看、话难听、事难办的“四难”陋习，做到全身心、全天候、全方位、全过程的“四全”服务。

全体参学人员要联系实际，围绕如何“提升行政效能、争创一流业绩”，撰写一篇有针对性、有见解、有措施的学习心得体会；副科级以上领导干部的学习心得体会，于4月30日前报县软环境建设办公室。

4.提出工作目标。各乡镇、各部门、各单位要紧紧围绕全县中心工作，着力做好两方面的工作：一是按照2010年县委、县人民政府确定的261项主要工作任务和市对县差别化考核指标任务，细化方案，强化措施，责任到人，明确时限，认真抓好落实。二是确定自身的发展目标和赶超方向，每个单位必须确定专项工作指标，按照逐年递增的要求，建立纵向的指标发展体系，做到学有榜样，赶有目标，实现工作上台阶、上水平。

各部门要将确定的专项工作指标按时上报县委目督办、县政府目督办审核，并纳入目标管理体系考核。

（二）查摆问题阶段（5月1日至5月31日）。

1.认真查摆问题。在“四对照四讨论”的基础上，通过采取自己找、领导点、群众提、民主评等形式，进一步查摆“提升工作效能、争创一流业绩”方面存在的突出问题。重点查摆5个方面：一看是否紧紧围绕“跨越发展、富民强县”的跨越式发展目标，对照“543”倍增计划、全面建设小康社会具体目标，做到不因本部门的慢发展、后发展拖全县的后腿。二看是否按照县委、县人民政府年初确定的全年工作目标，按时序进度全面完成工作任务。三看是否着力解放思想、大胆创新制度，善于用新的信念、理念、观念破解难题，用新的思想、思维、思路谋求突破，形成向制度要效率、靠制度出效果、用制度增效能的有效机制。四看是否依法行政，严格依法、遵规、履程办事，规范办事程序和工作流程，杜绝或减少行政不作为、乱作为、慢作为的现象。五看是否把“努力把石林打造成国际旅游胜地，国家现代农业示范区，中国阿诗玛特色文化产业基地，昆明市新能源应用示范基地、城乡一体化示范区，成为滇东南区域性中心城市之一”的工作目标融入工作中。领导班子要认真反思在加快石林跨越式发展中全面履行职能职责，以改革创新精神狠抓工作落实的情况；干部职工要自我剖析在服务石林跨越式发展中倾注了多少精力、作出了多少奉献、创造了多少业绩。

2.广泛征求意见。通过深入基层走访、召开座谈会、设立意见箱、发放征求意见表等形式，广泛征求工作对象、服务对象以及党代表、人大代表、政协委员和社会各界对本部门工作效率、工作业绩、专项指标的意见和建议。同时，认真组织开展对本单位中层干部的测评，测评方案由各单位根据自身职能拟定。经各单位测评列末位的中层干部，原则上不列入本单位年度评优评先资格范围。

3.深刻剖析原因。召开专题民主生活会，对查摆出来的问题进行深刻剖析，并制定切实可行的整改方案。查找问题，要找准思想根源，举一反三，不能就事论事。对存在缺乏事业心与责任感、工作作风不正、工作效率不高等问题，要勇于开展批评和自我批评；对存在工作成效不明显，业绩不好，长期不能改变落后局面等问题，要善于分析原因，及时查找问题，消除各种制约因素，要深入剖析根源，及时查找问题，消除各种制约因素，找到工作突破口；对工作人员存在的违纪违规、失职失责等问题，要勇于监督、严肃问责；对工作人员存在执行效果不好、服务基层不够等问题，要勤于管理、强化履职。

4.进行“回头看”。各乡镇、各部门、各单位要围绕“十一五”规划各项重点工作，尤其是要对在建、续建重大项目的完成情况，行政审批制度改革中精简项目情况、“两集中”、“两到位”、“四进中心”推进情况及电子监察运行情况，去年“千名客商评价软环境活动”中客商反映的8个问题的整改落实情况，本单位主要指标任务及专项工作指标进展情况以及制度创新工作情况进行“回头看”，查缺补漏，强化措施，解决问题，改进工作，确保各项工作走在前列。

各单位结合工作分析查找问题、征求群众意见、召开专题民主生活会、制定整改方案、工作“回头看”的单项情况，于5月20日前报县软环境建设办公室。

（三）整改推动阶段（6月1日至11月30日）。

针对查找出来的突出问题，采取有力措施，集中力量进行整改落实。主要抓好以下5个方面：

1.以制度创新保目标。各乡镇、各部门、各单位要紧紧围绕着力建设“效能石林”，进一步加大制度创新力度，把制度创新贯穿于活动的整个过程，着眼于改进干部作风、提升行政效能、争创一流业绩、优化软环境等方面的制度创新，逐步形成一套完备的制度体系，为实现“跨越发展、富民强县”目标提供政策保障和制度支撑。要进一步增强石林的产业支撑力，深入推进“543”倍增计划。要根据部门和行业的性质、特点，采取点、线、面结合的方式，制定推进工作的相关政策和工作落实制度，促进工作提速、提质、提效，实现管理向服务转变、被动督查向主动落实转变、“要我工作”向“我要工作”转变，切实保障各项目标任务的圆满完成。要强化制度执行，领导干部特别是党政“一把手”要带头学习制度、带头执行制度、带头维护制度，根据制度的执行效果，查缺补漏，逐步完善。要严肃追究对制度不执行和落实不力的人，切实维护制度的权威性。

2.以转变职能优服务。在招商引资工作中，对县发改、建设、国土资源、环保等主要行政审批部门实行项目审批流程再造，每季度由县纪委组织各招商分局及相关部门对主要行政审批部门进行民主测评。继续深化行政审批制度改革，推行行政审批“代办制”，加强行政审批电子监察系统建设。继续规范细化行政处罚自由裁量权，建立健全行政执法案卷评查制度，推行先教育规范、再限期整改、最后依法处罚的行政处罚“三步式”执法程序，进一步规范执法行为。全面清理行政事业性收费，禁止各种名目的连带收费、搭车收费、变相收费。整顿规范社团组织、社会中介机构和仲裁鉴定机构。深化招投标交易制度改革，整合政府采购、产权交易、土地交易、建筑市场等资源，建立集中统一的招标投标中心平台。强化政务公开，进一步规范政务公开的内容、形式和方法，继续推进“阳光政府四项制度”规范化建设，完善政府信息公开和新闻发布制度。加强电子政务建设，探索建立网上审批，提供更加快捷、优质的服务。

3.以提升效能强管理。按照省政府全面启动实施“效能政府四项制度”的要求，建立行政绩效管理制度，保障政府重要工作、重点项目的落实，促进招商引资和加速项目建设，实现政府工作最佳绩效；建立行政成本控制制度，将财政资金更多地用于提高公共服务的质量和水平；建立行政行为监督制度，开展源头治理、事前防范，提高政府工作效能；建立行政能力提升制度，夯实提升行政效能的基础。进一步完善目标倒逼机制，实行最严格的目标倒逼管理，着力提升执行力，由县委目督办、县政府目督办和县纪检监察机关进行交办、督办、催办、会办、查办，严格按照时限进度推进工作。各乡镇、各部门、各单位必须结合本部门实际，定目标、分任务，强措施、抓进度，做到业务科室有争先进位指标、有具体工作措施、有直接责任领导，千方百计抓落实，不折不扣保完成。

4.以作风建设促落实。大兴密切联系群众、求真务实、艰苦奋斗、批评与自我批评、狠抓落实之风，敢与全省地州市、西南地区、全国同部门（单位）、同行业、同系统比业绩、争位次、创先进；树立在全市同行业或系统中争当第一和不能排名前列，即是成绩不佳、作风不实、执行不力的思想，争当排头兵、争创一流业绩。在领导干部中大力倡导“带头干、领着干、抓紧干、科学干、依法干”的大干苦干实干作风，在“干”字上下功夫，不当“甩手掌柜”，切实增强干部执行力。全面落实首问负责制、限时办结制、服务承诺制等制度。继续推行“一线工作法”，倡导“五办”作风，全面落实“治庸计划”。建立健全目标倒逼、交办跟进、现场会办、观摩激励和监督检查五大机制，紧紧盯住“不落实的事”，严肃查处“不落实的人”，确保决策条条算数、任务件件落实、承诺项项兑现。

5.以干部带头树榜样。着力建设“效能石林”，领导干部带头是关键。各乡镇、各部门、各单位领导干部既是此次活动的组织者，又是参与者，也是指导者，要正确认识自身的职责使命，切实摆正位置，增强积极性和主动性，以身作则、率先垂范，带头制定方案、带头确定目标、带头学习调研、带头解放思想、带头分析检查、带头整改落实，以自身的榜样力量和模范行动带动和影响干部职工，形成全体干部职工共同参与、积极参与、乐于参与活动的良好局面。

各乡镇、各部门、各单位整改推进情况于2010年11月20日前报送县软环境建设办公室。

（四）考核验收阶段（12月1日至12月31日）。

1.总结完善。各乡镇、各部门、各单位对“效能石林”建设活动开展情况进行认真总结，并结合实际不断完善工作措施，进一步巩固扩大活动成果。对每个工作阶段要认真开展“回头看”，重点检查突出问题的整治、整改措施的落实、规章制度的建立健全和贯彻执行情况，切实做好扬长避短、查缺补漏工作，扩大活动的广度和深度，增强活动实效。

各单位活动工作总结于2010年12月10日前报送县软环境建设办公室。

2.严格考核。将“效能石林”建设活动纳入全县目标管理责任制考核，采取自查自评、集中考核评议相结合的方式进行。自查自评，即由各单位自行检查任务完成情况，并将情况报县软环境建设办公室。集中考核，即由县软环境建设领导小组组织人员参与全县目标管理考核，并进行量化打分。

3.开展“满意单位”评选。将“效能石林”建设活动纳入民主评议机关和行业作风工作进行评议，根据评议结果，分别对党群部门，县级行政管理审批窗口部门，县级其他综合管理部门，公共企事业单位中排名第一的，给予表彰；对排名倒数第一的，给予书面告诫和限期整改。

四、组织领导和保障措施

（一）强化领导责任。

各乡镇、各部门、各单位要把“效能石林”建设活动作为当前的一项重要工作任务摆上议事日程，以省、市全面实施“效能政府四项制度”建设为契机，做到两项工作一起谋划、一起部署、一起落实，务求实效。各乡镇、各部门、各单位的“一把手”是此次活动的第一责任人，要亲自抓、亲自做，做到从我做起，从现在做起，从本部门做起，真正当好效能建设、奋勇争先的实践者、示范者和推动者；其他领导要担负起职责范围内的直接领导责任，认真抓好分管部门和单位的效能建设，做到思想到位、组织到位、措施到位，形成一级抓一级、层层抓落实的工作格局。

（二）精心组织实施。

各乡镇、各部门、各单位要按照本实施意见的精神和要求，结合实际制定具体活动实施方案。县软环境建设工作领导小组办公室要充分发挥综合协调作用，认真进行部署，精心组织实施。对工作不力的，要明确指出，及时纠正；有不足之处的，要找出原因，及时弥补；走过场或搞形式的，要严肃批评，及时“补课”，确保“效能政府四项制度”建设和“效能石林”建设活动各项工作落到实处，不走过场，不出偏差，真正让群众感受到我县效能建设的新变化和工作业绩取得的新成效。

（三）加大舆论宣传。

要充分利用广播、电视、互联网等新闻媒体和黑板报、墙报等宣传阵地，广泛宣传“效能政府四项制度”建设和“效能石林”建设活动，营造浓厚氛围。大力宣传活动中涌现出的好做法、新成效、好经验和先进集体、先进个人，充分展示机关干部的新风貌。进一步强化舆论监督，公开曝光一批损害群众利益、影响发展环境的典型案例，公开曝光一批干部作风不实、机关效能低下、工作业绩平庸、落实工作不力、群众反映强烈的单位和个人。

（四）加强监督检查。

县软环境建设领导小组办公室要会同县委目督办、县政府目督办，以求真务实的工作作风，点面结合的工作方法和以查促建的工作取向，通过明察与暗访相结合、定期督查与不定期检查相结合、全面检查与个别抽查相结合的方式，加强对开展“效能石林”建设活动的督促指导，确保检查结果真实准确并得到有效运用；要加大对重点部门、重点行业、重点岗位、重大事项效能建设落实情况的督查力度，做到问题不解决不放过，责任不追究不放过，目标不完成不放过，群众不满意不放过，促进“效能石林”建设活动扎实有效开展。

（五）严格责任追究。

在开展“效能石林”建设活动中，要按照中央、省、市、县关于加强作风建设从严管理干部的有关要求，认真贯彻落实中央《关于实行党政领导干部问责的暂行规定》，严厉问责违反规定乱作为、消极怠工不作为、推诿扯皮慢作为行为，着力提升行政效能，以工作的高效率推动发展的高速度，以工作的高质量带动发展的高水平，以铁的纪律为实现石林科学发展新跨越奠定坚实基础。

附件：2010 年度“效能石林”建设活动主要工作任务分解表

石林彝族自治县 2010 年度“效能石林”建设活动主要工作任务分解表

序号	工作阶段	工作任务	牵头单位	责任单位	配合单位	完成时限	备注
一	学习提升阶段	1.全县各级各部门逐级召开“效能石林”建设动员大会，制定出台具体的活动实施方案。		各乡镇、各部门、各单位		2010 年 4 月 30 日前	
		2.把党的十七届四中全会、省委八届八次全会、市委九届六次全体（扩大）会议和县委十届六次全会精神作为本次活动学习的主要内容，组织干部职工认真学习，领会好精神实质，使每一位干部职工对中央和省、市、县关于当前和今后一个时期有关重要工作的安排部署做到心中有数，自觉投入活动之中。		各乡镇、各部门、各单位			
		3.深入查找影响和妨碍“提升工作效能、争创一流业绩”的思想观念、工作作风、体制机制、管理方式方法等方面的突出问题，组织开展“四对照四讨论”，撰写心得体会文章。		各乡镇、各部门、各单位			
		4.按照 2010 年县委、县人民政府确定的 261 项主要工作任务，细化方案，强化措施，责任到人，明确时限，认真抓好落实。	县委目督办、县政府目督办	各乡镇、各部门、各单位			
		5.认真梳理本部门、本单位、本系统的专项工作，确定自身的发展目标和赶超方向，每个单位必须确定专项工作指标，按照逐年递增的要求，建立纵向的指标发展体系。	县委目督办、县政府目督办	各乡镇、各部门、各单位			

石林彝族自治县2010年度“效能石林”建设活动主要工作任务分解表

序号	工作阶段	工作任务	牵头单位	责任单位	配合单位	完成时限	备注
二	查摆问题阶段	1.重点围绕“五个方面”，查摆“提升工作效能、争创一流业绩”方面存在的突出问题。		各乡镇、各部门、各单位		2010年5月31日前	
		2.围绕效能建设，采取切实措施向社会广泛征求对本部门本单位工作效率、工作业绩、专项指标的意见和建议。		各乡镇、各部门、各单位			
		3.制定切实可行的测评方案，结合实际，组织开展对本部门本单位内干部职工的工作效能测评活动，并重点做好对中层干部的工作效能测评活动。		各乡镇、各部门、各单位			
		4.召开专题民主生活会，对查摆出来的问题进行深刻剖析，并制定切实可行的整改方案。		各乡镇、各部门、各单位			
		5.围绕“十一五”规划各项重点工作，尤其是对在建、续建重大项目的完成情况（1），行政审批制度改革（2），千名客商评价软环境活动（3），县规委决定的项目指标及时限要求等落实情况（4），以及制度创新工作情况（5）进行“回头看”。	（1）县发改局；（2）县政府法制办；（3）县软建办；（4）县建设局；（5）县制度创新办	各乡镇、各部门、各单位			

石林彝族自治县2010年度“效能石林”建设活动主要工作任务分解表

序号	工作阶段	工作任务	牵头单位	责任单位	配合单位	完成时限	备注
三	整改推动阶段	1.围绕着力建设“效能石林”，进一步加大制度创新力度，把制度创新贯穿于活动的整个过程，着眼于改进干部作风、提升行政效能、争创一流业绩、优化软环境等方面的制度创新，逐步形成一套完备的制度体系。	县制度创新办	各乡镇、各部门、各单位		2010年11月30日前	
		2.继续深化行政审批制度改革，强化对行政审批项目的管理，推行行政审批“代办制”。继续规范细化行政处罚自由裁量权，建立健全行政执法案卷评查制度，推行先教育规范、再限期整改、最后依法处罚的行政处罚“三步式”执法程序。	县政府法制办	各乡镇、各部门、各单位	县委政法委、县公安局、县法院、县检察院、县司法局		
		3.全面清理行政事业性收费，禁止各种名目的连带收费、搭车收费、变相收费（1），加强行政审批电子监察系统建设（2）。	（1）县发改局；（2）县监察局		各乡镇、各部门、各单位		
		4.整顿规范社团组织（1）、社会中介机构（2）和仲裁鉴定机构（3）。	（1）县民政局；（2）县工商局；（3）县人事劳动和社会保障局	社团组织、社会中介机构行业管理部门	县属有关部门		
		5.深化招投标交易制度改革，整合政府采购、产权交易、土地交易、建筑市场等资源，建立集中统一的招标投标中心平台。	县建设局	县国土资源局、县水务局、县交通局	县纪委监察局、县发改局、县财政局		
		6.深化政务公开建设，进一步规范政务公开的内容、形式和方法（1），继续推进“阳光政府四项制度”规范化建设（2），完善政府信息公开（3）和新闻发布制度（4）。加强电子政务建设，探索建立网上审批服务（5）。	（1）县监察局；（2）县政府目督办；（3）、（5）县信息产业办；（4）县委宣传部	各乡镇、县属各部门	县外宣办、县广电局、县政务服务中心、县政府法制办		

续 表

序号	工作阶段	工作任务	牵头单位	责任单位	配合单位	完成时限	备注
三	整改推动阶段	7.行政绩效管理、行政成本控制、行政行为监督、行政能力提升四项制度。	县政府办	县纪委监察局、县财政局、县人事劳动和社会保障局、县审计局	各乡镇、各部门、各单位	2010年11月30日前	
		8.进一步完善目标倒逼机制，实行最严格的目标倒逼管理，着力提升执行力。	县委目督办、县政府目督办	各乡镇、各部门、各单位	县纪委监察局		
		9.结合本部门实际，定目标、分任务，强措施、抓进度，做到业务科室有争先进位指标、有具体工作措施、有直接责任领导，千方百计抓落实。		各乡镇、各部门、各单位			
		10. 全面落实首问负责制、限时办结制、服务承诺制等制度。继续推行“一线工作法”，倡导“五办”作风，全面落实“治庸计划”，实现作风建设在全市争当排头兵。	县纪委监察局	各乡镇、各部门、各单位			
		11.建立健全目标倒逼、交办跟进、现场会办、观摩激励和监督检查五大机制，紧紧盯住“不落实的事”，查处“不落实的人”。	县委目督办、县政府目督办		县纪委监察局，各乡镇、各部门、各单位		
		12.领导干部在此次活动中做到“六个带头”：带头制定方案、带头确定目标、带头学习调研、带头解放思想、带头分析检查、带头整改落实。		各乡镇、各部门、各单位			

石林彝族自治县2010年度“效能石林”建设活动主要工作任务分解表

序号	工作阶段	工作任务	牵头单位	责任单位	配合单位	完成时限	备注
四	考核验收阶段	1.对全年的“效能石林”建设各项活动开展情况进行“回头看”，做到查缺补漏，巩固扩大活动成果，并撰写活动工作总结。	县软环境建设领导小组	各乡镇、各部门、各单位		2010年12月5日前	
		2.对“效能石林”建设活动进行目标管理考核，进行量化打分。	县软环境建设领导小组	各乡镇、各部门、各单位	县委目督办、县政府目督办	2010年12月31日前	
		3.对“效能石林”建设活动纳入民主评议机关和机关行业作风进行评议，开展“满意单位”评选，并根据评议结果进行奖惩。	县政府纠风办	各乡镇、各部门、各单位	县纪委监察局		

石林彝族自治县救灾捐赠款物管理办法（试行）

（2010 年 4 月 30 日石林彝族自治县人民政府石政发〔2010〕18 号）

第一章　总　则

第一条　为规范救灾捐赠工作，加强对救灾捐赠款物的管理，切实管好用好捐赠款物，根据《云南省接收救灾捐赠款物管理暂行办法》，结合我县实际制定本办法。

第二条　救灾捐赠款物是指发生各种自然灾害后，由民政部门组织的各类救灾物资和资金；国内外社会各界组织、单位、个人通过民政部门无偿向灾区捐赠的各类救援物资和资金；政府统一组织的经常性捐赠的款物。

第三条　我县接收救灾捐赠工作在县人民政府领导下组织开展，由县民政局、县红十字会及县人民政府指定的具体部门承办。县人民政府在县民政局设立县救灾捐赠办公室，负责国内外救灾捐赠款物的接收工作。

第二章　救灾款物的接收

第四条　县接收救灾捐赠办公室在银行开设救灾捐赠资金专户，统一接收国内外救灾捐款，及时汇总后上缴县财政专户。救灾款物由县人民政府统一安排使用，县接收救灾捐赠办公室要严格财务管理，严格遵守财务管理相关规定，救灾款物的管理使用要做到单独建账、专人管理、账目清楚、手续齐全。救灾款物分配使用后要及时向财政、民政、县人民政府报送使用情况及决算报表。

第五条　救灾捐赠物资的接收、转运要严格交接手续，必须认真清点、造册登记、及时调运、妥善保管。县接收救灾捐赠办公室调运物资费用和工作经费由县财政安排。

第六条　县接收救灾捐赠办公室接收捐赠款物后，应及时向捐赠者出具统一收据，并致感谢信。对捐赠价值 10 万元（含 10 万元）以上的单位和 1 万元（含 1 万元）以上的个人，可颁发荣誉证书，必要时可举行捐赠仪式。对使用捐款兴建的项目，且捐款数额较大的，经县人民政府批准后可由捐赠者命名或设置纪念标志。

第三章　救灾款物的分配使用

第七条　救灾捐赠款物的分配，定向捐赠的严格按照捐赠者的意愿安排，专款专物专用。没有明确意愿的捐赠款物，由县人民政府根据灾情和灾区自救能力，按“先急后缓，突出重点”的原则，统筹安排，合理分配。

第八条　救灾捐赠款物只能用于受灾地区的抢险救灾、恢复生产、重建家园等。其使用范围是：应急性的灾民吃、穿、住、医疗救济和紧急抢险转移、安置、恢复生产生活；灾民住房和灾区公益事业、设施恢复重建；按捐赠者意愿安排的救灾项目。

第九条　救灾捐赠款物由县民政局、县红十字会、县财政局根据灾情和灾区重建计划提出分配方案，报请县人民政府批准后，由县民政局、县财政局联合行文下达。

第十条　救灾捐赠款物严格按规定用途使用，不得平均发放、优亲厚友，要优先照顾重灾民、贫困户、五保户、残疾人及优抚对象。

第十一条　救灾捐赠款物一律实行无偿发放，不得附加任何条件；任何单位和个人不得以任何理由克扣、挪用救灾款物；严禁救灾款物发放过程中经办人员吃、拿、卡、要等行为。

第十二条　发放救灾捐赠款物要张榜公布、登记造册、签名盖章。定向捐赠款物，接收单位要将发放方案、财务决算、发放花名册、照片或录像以及感谢信等资料专题报民政、红十字会等有关部门，并及时向捐赠者反馈，自觉接受捐赠者的监督检查。

第十三条　使用意愿捐款兴建项目的单位，要做出项目计划和预算，报同级政府和主管部门审查批准后实施，并确保项目按时按质完成。

第十四条　救灾物资使用结束后，对可回收重复使用的救灾储备物资由使用地乡镇人民政府负责回收、清洗、消毒和整理，并及时将救灾储备物资的使用、回收、损坏、报废情况上报县民政局。

第四章　监　督

第十五条　审计部门负责对县接收救灾捐赠办公室接收的捐赠款物的管理使用情况进行审计，审计结果向社会公布。

第十六条　凡使用救灾捐赠款物的单位或项目，须接受审计部门对其款物使用情况的审计，同时接受社会的监督。

第十七条　县财政、民政、审计、监察等部门要对救灾捐赠款物的发放、使用情况进行监督检查，发现问题及时纠正处理。对贪污、挪用、徇私舞弊者，要严肃查处，构成犯罪的，依法追究刑事责任。

第十八条　本办法由县民政局、县财政局负责解释，自印发之日起实施。

石林彝族自治县农村住宅建设管理暂行办法

（2010 年 5 月 11 日石林彝族自治县人民政府石政发〔2010〕16 号）

第一条 为规范管理石林彝族自治县（以下简称石林县）农村居民建房，改善农村生产、生活环境，促进城乡协调发展，根据《中华人民共和国城乡规划法》、《中华人民共和国土地管理法》、《村庄和集镇规划建设管理条例》、《昆明市农村住宅建设管理办法》等有关法律、法规的规定，结合我县实际，制定本办法。

第二条 本办法适用于石林县域范围内所有农村住宅建设管理。石林风景名胜区保护范围内的农村住宅建设管理还应当符合《昆明市石林风景名胜区保护条例》的规定。

第三条 农村住宅建设遵循统一规划、集中建设、节约用地、方便生活、有利生产的原则，按照建设新村、置换旧村的方式，实行先规划后建设。

第四条 县建设局是农村住宅建设规划审批的行政主管部门，县国土资源局是农村住宅建设用地审批的行政管理部门。按照属地管理原则，受县人民政府委托各乡镇人民政府履行县城市规划区范围以外的农村住宅建设审批权。

第五条 农村住宅建设实行分级管理，全县分为一级、二级、三级管理区。

一级管理区为我县经批准的城市总体规划所确定的建设用地范围内的村庄，包括：鹿阜镇南门、东门、西北、龙泉和石林镇五棵树社区居委会，鹿阜镇小乐台旧村委会（桃源村、东山村、小昌乐村、小乐台旧村、大坝村）、大乐台旧村委会（大乐台旧村、沙地村）、东海子村委会（老寨子村、街子上村、小新村）、三板桥村委会（白水井村、雨中堂村）、大屯村委会（大屯村）、堡子村委会（大山沟村、小山沟村、白龙潭村、堡子村、大坡厂村）和石林镇小箐村委会（小箐村）。

二级管理区为我县经批准的城市总体规划远景建设用地范围内及乡镇人民政府所在地的村庄，包括：鹿阜镇路美邑村委会（路美邑村）、山冲村委会（山冲村、董家村、唐家村、符家村）、三板桥村委会（三板桥村）、东海子村委会（下蒲草村）、阿乌村委会（干山冲村）、乐尔村村委会（天生桥村、乐尔村）、大乐台旧村委会（大昌乐村）、麦地庄村委会（大麦地庄村、小麦地庄村、小滑坡村、北吉村）、鱼龙坝村委会（大鱼龙坝村、小鱼龙坝村、西纳村、大冲村、小坡头村），石林镇北大村村委会（海子村、北大村大寨村、小寨村）、小箐村委会（三家村、阿玉林村），西街口镇西街口村、圭山镇海邑新寨村、长湖镇维则村、板桥镇板桥村委会（马街、虎街、桃溪村）和大可乡大可村。

三级管理区为我县辖区范围内除一级、二级管理区以外的村庄。

第六条 按照分级管理，农村居民住宅建设应当遵守以下规定：

（一）一级控制区内，禁止新建、扩建低层联体式和单户独院式住宅，应当按照城市居住区模式集中建设多层或中、高层建筑，其建设用地总面积按照每户不超过 100 平方米标准测算，建筑面积不得超过 200 平方米。

（二）二级控制区内，禁止新建、扩建单户独院式住宅，允许集中建设联排式住宅，层高严格控制在三层以内，用地面积每户不超过 120 平方米，建筑面积不超过 300 平方米。在符合村庄建设和改造规划时，鼓励建设多层或中、高层的单元住宅建筑，并满足消防、日照间距、道路红线退让、层高等相关技术规范和管理要求。

（三）三级控制区内，农村居民可以按照批准的规划新建房屋，层高严格控制在四层以内，用地面积每户不超过 150 平方米，建筑面积不超过 300 平方米。

第七条 农村住宅不得擅自拆旧翻新,原有住宅经证实确属火烧房、水淹房或经鉴定为危房的，可以按照批准的“原基础、原面积、原层数”进行维修加固，并符合下列要求：

（一）5 年内村庄无整体改造；

（二）不影响村庄的综合整治和村庄的公共设施、市政设施建设；

（三）村庄内有规划道路红线的，退让规划道路红线不小于 1.5 米，无规划道路红线的主要道路，住宅外墙面（含挑排阳台、雨篷、台阶等外边线）垂直投影不得超出现状道路外缘；

（四）符合建筑消防相关规范的要求；

（五）满足日照间距的要求且住宅外墙面（含挑排阳台、雨篷、台阶等外边线）垂直投影不得超出宅基地边线。

第八条 一级管理区内的农村住宅建设严格按照县城总体规划和片区控制性规划进行管理；二级、三级管理区内的农村住宅建设按照依法批准的乡镇规划、村庄规划进行管理。

第九条 严格执行规划，依法审批，合法建设。

（一）在一级管理区内的农村住宅建设，应按照集体建房的相关规定，由村（居）民小组作为建房申请人，依法办理立项、用地、规划、建设等手续。

（二）在二级、三级管理区的农村住宅建设，按照村庄规划，应先向辖区村民小组提出申请，经村委会审查，由农户向所属乡镇人民政府按程序申请办理用地、规划、建设等手续。

第十条 各乡镇人民政府在编制村庄规划和办理农村住宅建设手续时，要严格控制并统一建筑外观、层高、色调，确保路网、消防、绿化等公共设施布局合理、功能齐全、符合规划。

第十一条 各乡镇人民政府负责对辖区范围内农村住宅的规划、用地、建设实施管理。

（一）规划管理：一级管理区内必须实施“一书两证”管理，二级、三级管理区内必须实施《乡镇村建设许可证》管理。

（二）建设管理：实施乡镇村房屋建设施工许可证管理。

（三）用地管理：实施乡村用地农村宅基地批准证书管理。

第十二条 一级管理区农村住宅建设由县建设局、县国土资源局及所属鹿阜镇、石林镇人民政府实施全过程的用地、规划、建设监督管理；二级、三级管理区农村住宅建设由所属乡镇人民政府及村委会、村民小组实施全过程的用地、规划、建设监督管理。

第十三条 未依法办理相关手续，擅自新建、改建、扩建和加层等违法建设，不予办理房屋产权登记证，并由县建设局、县国土资源局及所属乡镇人民政府依法查处、强制拆除。

第十四条 拒绝、妨碍规划、国土资源管理部门及各乡镇人民政府工作人员依法履行职责的，依照《中华人民共和国治安管理处罚法》规定进行处罚；构成犯罪的，依法追究刑事责任。

第十五条 县建设局、县国土资源局及各乡镇人民政府工作人员不履行职责、玩忽职守、滥用职权、徇私舞弊的，依法给予行政处分，构成犯罪的，依法追究刑事责任。

第十六条 有关法律法规规定属于县级人民政府或县建设、国土资源等行政主管部门行使的职权，根据属地管理的需要可依法委托乡镇人民政府行使。

第十七条 本办法由县建设局负责解释。

第十八条 本办法自公布之日起施行。

中共石林彝族自治县委 石林彝族自治县人民政府关于加强社会建设构建和谐石林的意见

（2010年5月20日石发〔2010〕10号）

社会和谐是中国特色社会主义的本质属性，构建社会主义和谐社会是一个不断化解社会矛盾的持续过程。社会建设是中国特色社会主义事业总体布局的重要组成部分，是构建和谐社会的重要内容和手段。当前，我县正处于旅游产业提升、工业发展突破、城镇建设加速、农业产业化推进、文化产业培育和社会事业加强的关键时期，加强以改善民生为重点的社会建设，构建和谐石林，对于夯实党的执政基础，促进全县经济社会全面协调可持续发展，到2015年与全市同步实现全面建设小康社会目标，具有十分重大的意义。为全面贯彻落实党的十七大、十七届四中全会精神和《中共昆明市委昆明市人民政府关于加强社会建设构建和谐昆明的意见》（昆发〔2010〕6号）文件精神，加强社会建设，构建和谐石林，现提出如下意见。

一、社会建设的总体要求、基本原则和主要目标

（一）总体要求。

高举中国特色社会主义伟大旗帜，以邓小平理论和“三个代表”重要思想为指导，深入贯彻落实科学发展观，按照民主法治、公平正义、诚信友爱、充满活力、安定有序、人与自然和谐相处的总要求，以经济建设为中心，以更高层次、更高水平实现“学有所教、劳有所得、病有所医、老有所养、住有所居”目标为重点，加快发展社会事业，促进社会公平正义，建设和谐文化，完善社会管理，增强社会创造活力，以发展巩固和谐，以改革促进和谐，以稳定保障和谐，推动社会建设与经济建设、政治建设、文化建设协调发展，扎实推进富裕、生态、文化、民本、开放、诚信、法治、平安石林建设。

（二）基本原则。

坚持把以人为本作为加强社会建设的发展主题。坚持以人为本、以民为主、民生优先、民富为要，始终把促进人的全面发展作为社会建设的根本出发点和落脚点，把着力保障民生改善、构建和谐社会放在首位，把是否实现好、维护好、发展好最广大人民群众的根本利益作为衡量社会建设成效的标准。

坚持把加快发展作为加强社会建设的物质基础。坚持把发展作为化解各种矛盾、解决各种问题的关键，紧紧围绕科学发展新跨越的主要奋斗目标，深入实施“33553”发展战略，强化大项目支撑，提高自主创新能力，做大经济总量，调整经济结构，做强以旅游业为龙头的现代服务业，加快社会事业发展特别是教育和医疗卫生发展，加快城乡一体化进程，以坚实的物质基础支撑社会建设。

坚持把扩大对外开放作为加强社会建设的根本动力。以开放促进发展、以开放倒逼改革，不断提升信念、理念、观

念，进一步理清社会建设的思想、思维、思路；通过开放、改革，运用政府有形之手、市场无形之手大力引进外地先进技术、人才、资本等发展性资源，改造基础性资源，形成经济建设上靠外靠大靠强，社会建设上引制引资引才。

坚持把深化改革创新作为加强社会建设的根本措施。积极稳妥地推进重点领域和关键环节的改革，不断提高改革决策的科学性、改革举措的协调性、改革利益的普惠性、改革措施的制度性、改革成果的共享性，构建加快社会建设的体制机制体系，以改革促进创新，以创新推动发展，以发展保障民生。

坚持把公平正义作为加强社会建设的价值取向。在发展社会事业的政策取向上突出城乡统筹，着力解决城乡二元问题，兼顾各方利益，努力缩小城乡居民在教育、医疗卫生、就业、社会保障、基础设施等公共产品和服务方面的差距，实现利益调节有力、城乡发展协调、公共服务均衡、人与人和谐共处。

坚持把建设生态文明作为社会建设的重要任务。把建设资源节约型、环境友好型社会放在工业化、现代化发展战略的突出位置，高度重视生态文明建设；大力倡导绿色生产和绿色消费，积极发展循环经济；着力抓好巴江流域和县域生态环境建设，努力实现人与自然和谐发展。

坚持把加强和改进新形势下党的建设作为社会建设的政治保证。加强和改善党对社会建设工作的领导，不断创新适应社会建设要求的党建工作管理体制、工作机制和工作方式；全面加强党的基层组织建设，提高各级领导班子和领导干部科学决策、科学规划、科学管理的能力，更好地担负起领导社会建设、构建和谐石林的重任。

（三）主要目标。

到2015年，全县人均GDP达28463元以上，城镇居民年人均可支配收入26900元以上，农村居民年人均纯收入9286元以上，与全市同步实现全面建设小康社会目标，人民生活殷实宽裕，市民文明程度不断提升，保障水平明显提高，公共服务日趋完善，人居环境舒适优美，社会秩序和谐有序，初步建立起较为发达的社会事业体系和较为完备的社会管理体系。

到2020年，全县人均GDP达50161元以上，城镇居民年人均可支配收入43323元以上，农村居民年人均纯收入16365元以上，收入分配更加合理，社会管理更加科学，社会运行健康有序，社会活力显著增强，基本实现现代化目标，努力形成全县各族人民各尽其能、各得其所而又和谐相处的局面。

二、实施社会建设“八大工程”，构建社会建设“八大体系”

（一）实施民生工程，构建城乡一体的保障体系。

坚持以人为本、以民为主的理念，从改善民生入手，推动和谐石林建设，使人民群众成为经济发展的主体，充分享受到经济发展的成果。到2020年，基本建成就业充分、渠道多样的劳动分配体系，城乡一体、全民覆盖的社会保障体系和制度健全、多层次供给的住房保障体系。

缩小城乡差距。推进城乡经济社会一体化和公共服务均等化，公共财政要向农村贫困地区、革命老区、少数民族地区和困难群众倾斜，基础设施和社会事业发展的重点转向农村，缩小城乡差距。

建立鼓励全民创业促进充分就业的新机制。强化全民创业意识，完善创业政策，降低创业门槛，优化创业环境，简化创业手续，落实亲商、爱商、护商举措，激发在石林、来石林人士的创业动力和活力。加快非公有制经济发展，实施“中小企业成长工程”，增加就业岗位，使非公有制经济成为吸收新增劳动力就业的主渠道。逐步建立规范有序的城乡劳动力市场准入制度，促进城乡劳动力就地就近实现就业。健全城乡一体的就业政策和就业管理服务体系，实现城乡就业优惠扶持政策全覆盖；继续做好困难家庭、大学毕业生、城镇“零就业家庭”、农村低收入家庭等困难群体的就业援助帮扶工作。到2020年，城镇登记失业率控制在3.5%以内，全县形成居民创家业、能人办企业、人人能就业的良好局面。

实现人人享有良好的社会保障。加大城乡社会保障统筹力度，按照统一制度、统一标准、统一管理的原则，逐步实现城乡社会保障并轨对接。提高企业职工保障水平，建立多缴多得、少缴少得的参保激励机制，扩大基本养老保险、基本医疗保险、失业保险、工伤保险和生育保险“五险合一”的征缴面。制定统一规范的农村土地流转安置补偿新办法，探索建立以农民宅基地和土地承包经营权换社会保障的新机制，确保社会主义新农村建设中农民规范进社保，完善被征地农民基本生活保障水平和保障资金增长机制。到2020年，全县社会保险综合参保率达到95%以上。切实做好救助、救灾、移民安置和社会福利工作，加快发展老龄事业、儿童福利事业，完善面向大众的各类优惠福利政策，推动福利事业逐步从救助型、补缺型向普惠型转变，提高全民福利水平。创新社会服务管理体制机制，推进社会保险窗口服务集中化、工作流程标准化、内部管理科学化、数据处理信息化，实现社会保险业务“一站式”服务、“一卡通”使用，不断提高工作效率。

形成多层次的住房保障制度。引导商品房市场健康发展，将稳定房地产市场的各项工作与解决中低收入居民住房问题结合起来，加强保障性住房建设，大幅度扩大廉租住房和经济适用住房建设规模，加快实现中低收入群众“住有所居”。探索农村集体建设用地和宅基地依法有序流转办法，推动统一规划、集中建设农村居民住房。加快“城中村”和鹿阜旧城改造步伐，完善教育、卫生、治安、社区服务场所等社会公益设施配套建设，全面提升城市居民生活质量。进一步完善住房公积金制度，加快住房公积金缴存扩面工作。

（二）实施素质工程，构建提升人发展人的终身教育体系。

以人为方向、以人为目标、以人为目的，实施素质工程，达到发展人、提高人、改造人的要求，努力把全县人民变为经济发展的主体、民主政治的主人、文化繁荣的主角、社会进步的主力。到2020年，全县大专学历以上人口占总人口比重达到15%以上，高中阶段毛入学率达到99%，新增劳动力平均受教育水平14.5年以上，企业用于员工继续教育和培训的经费占员工工资总额的比例达到2%以上，基层公共文化设施达标率100%。

建设教育强县。坚持教育优先发展，改革教育发展体制、机制、制度。重视发展学前教育和特殊教育，全面深化义务教育"两免一补"，巩固"普九"成果，全面普及高中阶段教育，切实保障城乡居民子女和外来务工人员子女平等接受教育的权利。加大对义务教育阶段家庭经济困难寄宿生的补助力度，做到"应补尽补"；完善普通高中、中等职业学校、普通高等院校家庭经济困难学生资助政策体系，确保"应助尽助"；进一步做好国家助学贷款发放工作，确保每一个学生不因家庭经济困难而失学，实现"应贷尽贷"。大力扶持民办教育，切实解决制约民办教育发展中土地使用、人才流动等政策障碍和就业歧视，建立健全鼓励民办教育发展的政策、制度，促进民办教育快速健康发展。建设一批高水平职业院校，培养一批适应石林建设要求的高技能人才。促进教育公平，实现均衡发展，将农村义务教育全面纳入公共财政保障范围，切实保障城乡居民子女和外来务工人员子女平等接受教育的权利。加快实施"两后双百"工程，对未能升学的初、高中毕业生进行100%的职业技能培训，实现100%推荐就业。到2015年，在义务教育现代化小学和初中就读的学生比例达到90%和95%。到2020年，公共教育投入占GDP比重达到5%以上。

提升公民素养。全面普及终身教育理念，积极开展网络远程教育、继续教育、职业培训、岗位培训、社区教育和老年教育等各种形式的社会教育，推进全民读书活动，建设学习型党组织、学习型单位、学习型家庭、学习型城市、学习型社会，营造全民学习、终身学习的社会氛围。大力开展爱国主义教育和社会公德、职业道德、家庭美德、个人品德建设，实施万名市民学习培训计划，提高公民遵纪守法的自觉性，塑造公民自尊自信、理性平和、积极向上的社会心理。切实转变传统的生产生活方式，大力发展绿色经济、低碳经济和循环经济，倡导和践行绿色消费，促进人与自然、环境与经济、人与社会的和谐共生、共处共融，使广大市民转化成为与现代社会相对应、与推动石林科学发展新跨越相适应的现代人。实施未成年人思想道德建设推进工程，构建学校、家庭、社会"三结合"教育体系。创新城市管理制度、机制，发挥社团、中介组织、企业在社会治理中的作用，加强对外来务工人员的文明素养、行为规范教育，引导树立"住在石林、热爱石林、建设石林"的观念，促使其加速融入石林文明城市建设之中。

构筑人才高地。结合石林城市定位和产业发展导向，坚持重在使用的原则，重点引进都市经济发展、旅游文化产业、工业突破、现代物流、教育卫生等领域以及其他方面紧缺急需的高层次人才。进一步完善引才引智优惠政策，使石林成为吸引市内外各类高层次人才的"洼地"。建立健全公平合理的人才使用机制、开放竞争的人才流动机制、优质长效的人才培训机制、创新创业的人才服务机制和科学高效的人才评价激励机制，以成功创业、成就事业的良好环境集聚人才、留住人才。

繁荣文化事业，发展文化产业。坚持发展公益性文化事业，加大投入力度，加强社区和乡村文化设施建设，加强国有文化资产监管。着力深化文化体制改革，推进经营性单位转企改革、公益性单位运行机制改革、文化资本运营体制改革、公共文化服务体系改革。发展新兴文化业态，鼓励各种文化创意活动。抓好文化项目建设，用项目把文化资源和市场、资本、技术、人才有机结合起来。落实扶持文化产业发展的配套政策，采取奖励、资助和贴息等扶持方式，用好、用活每年1000万元的文化产业发展专项资金，重点扶持发展文化旅游、民族工艺、歌舞演艺、娱乐休闲、节庆会展、影视拍摄、康体健身等项目。精心培育知名品牌，打造阿诗玛文化、革命历史文化、石文化三大品牌。到2020年，实现文化事业和文化产业双轮驱动、共同发展，全县文化产业增加值占GDP比重达到15%以上。

（三）实施健康工程，构建配置合理的公共卫生服务体系。

大力建设健康城市，构建覆盖城乡、功能完备的公共卫生服务网络，实现"人人享有基本医疗卫生服务"。积极开展全民健身活动，全面提高人民身体素质。到2020年，人均期望寿命达到77岁以上。

创新医疗卫生保障制度。通过政府对城镇居民的财政补贴，提高基本医疗保险标准，鼓励各单位购买补充医疗保险，提高城镇居民对医疗服务的购买力，扩大基本医疗保险的大病统筹范围，使城镇居民获得充分的医疗服务。实行政事分开、管办分开、医药分开、营利性和非营利性分开，积极推进公立医院改革，建立医院法人治理结构，实行多元化投入，推动公立医院自主经营。开放医疗市场，推进医疗服务多元化，鼓励社会力量规模办医，盘活存量、放开增量、扩大总量、提高质量，满足人民群众多层次医疗卫生需求。加快公共卫生服务体系建设，提高公共卫生服务能力和突发公共卫生事件应急处置能力。建立基本药物制度，改革药品供应保障体系，对医疗服务价格实施适当管制，完善分级医疗制度，落实各项控费措施和惠民政策，大幅提高新型农村合作医疗补助标准，促进城乡居民享有均等化的公共卫生服务，让城乡居民"看得起病"、"看得好病"。到2020年，建立城乡统一的公共卫生服务制度，实现城乡医疗卫生服务均等化。

健全卫生服务网络。加快建设提升疾病预防控制、健康教育、妇幼保健、精神卫生、应急救治、采供血、卫生监督、计划生育等公共卫生服务"八大中心"，构建城镇职工基本医疗、城镇居民基本医疗、新型农村合作医疗保障"三大体系"。优化医疗卫生资源配置，构建综合医院、专科医院和社区卫生服务机构为一体的新型城乡医疗服务体系。加强县城社区卫生服务机构规范化建设，强化其医疗、预防、保健、康复、健康教育和计划生育指导"六位一体"功能，实现

“小病和预防在社区、大病进医院、康复回社区”。健全农村医疗卫生服务体系，确保每个乡镇有一所政府举办的卫生院或社区卫生服务中心，每个行政村有社区卫生服务站或卫生室，实现“小病不出村镇”。

确保食品药品安全。建立健全主要食用农产品质量安全例行监测和信息通报制度、城乡市场准入制度，加大食用农产品安全监管力度。建设农产品检测中心，加强农产品检测和化学投放品监管，蔬菜农药残留、水产品药物残留和瘦肉精检测合格率保持在100%。严格食品生产准入，农副产品市场标准化推进率达100%。加强餐饮消费监管，不断提升市场准入标准，实施量化分级管理，食品卫生监督覆盖率达100%。加强基层食品药品安全监管网络建设，增强食品药品检测能力，努力消除不合格食品和假冒伪劣药品安全隐患。构建和完善双水源供水格局，建立健全水源地安全预警制度，严查水源地环境违法行为，确保全县饮用水安全。

提高全民健康水平。实施营造健康环境、保障健康饮食、完善健康服务、打造健康社区、培育健康人群五大工程，努力形成环境、人群与社会健康协调发展的良好态势。大力推进居民体质监测，建立居民健康信息平台，为居民建立数字化健康信息档案。完善公共健身设施建设，充分发挥现有健身设施效能，确保公共健身设施用之于民。努力增加和拓展城镇居民就近休闲健身场地，鼓励学校和企事业单位向社会开放健身设施，有效提高健身设施利用率。加快全民健身中心项目建设，全面实施行政村“农民体育健身工程”。

（四）实施环保工程，构建人与自然和谐发展的生态体系。

全力抓好以巴江流域水环境综合治理为重点的生态环境建设，做到经济建设与生态建设一起推进，物质文明与生态文明一起发展，全面实现“三创两争两巩固”目标。

建立最严格的环保制度。优先发展循环、节约经济，全面落实“环保七个优先”，突出抓好重点行业、重点工程、重点企业的节能降耗工作，着力加强燃煤控制，降低电能消耗，淘汰落后产能，遏制高耗能、高污染行业增长。发展循环经济，推广清洁生产和可再生资源利用，开发、推广太阳能综合利用技术，加速城乡生活垃圾集中收集处理，杜绝县域城乡生活垃圾填埋，实现无害化处理，强制推进城乡生活垃圾、建筑垃圾的资源化利用。加快推行秸秆还田、气化、发电等综合利用技术。建立“排污者付费、治污者受益”的利益机制，实行生态补偿制度，推进资源环境价格改革，深入开展排污权有偿使用及交易工作。到2020年，县城生活垃圾无害化处理率达到100%，太阳能普及率达到70%。

大力实施绿化美化工程。以全面实施城市规划区绿地系统建设和县域环境生态系统建设三年达标工程为契机，扩张园林绿化总量，提高城乡绿地率和森林覆盖率。全面巩固国家园林县城创建成果，集中开展增绿补绿，实现绿化全覆盖、无盲区。推进城乡园林一体化。强化五采区、石漠化及难造林地、城乡河道沟渠、交通沿线、重点水源区、湖泊、水库径流区绿化造林建设。到2020年，城市绿化覆盖率达到47%，森林覆盖率达到55%，城市居民步行500米就能到达绿地广场。

（五）实施活力工程，构建规范有序的社区治理体系。

加强社会管理的重心在社区，改善民生的依托在社区，维护稳定的根基在社区。要把和谐社区建设作为构建和谐石林的基础工程，加快社会管理体制和工作机制创新，规范和完善社区管理模式，增强社区发展活力。到2020年，将全县所有社区全面建设成为管理有序、服务完善、文明祥和的社会生活共同体。

创新社区治理体制机制。按照《石林彝族自治县推进文明和谐社区建设实施方案》（石办通〔2008〕32号）的要求，构建党委领导、政府负责、社会协同、公众参与的社会管理格局。推进政府职能转变，理顺政府与社区的关系，把行政性职能从社区居委会中剥离出来，把社会可以自我调节和管理的职能交给社会中介组织，把群众自治范围内的事情交给群众自己依法办理，做到工作人员配置到社区、工作任务落实到社区、服务承诺到社区、工作经费划拨到社区、考评监督到社区，形成政府行政体系和社区自治体系的“两种机制结合、两种功能互补、两种资源整合、两种力量互动”的新机制。实行“议行分设”，完善社区工作站职责，切实解决社区承担大量行政工作影响自治功能发挥的问题，克服和纠正社区行政化倾向。不断完善社区民主自治制度，探索社区居委会的居民直选和社区党组织的党员直选，健全社区党组织领导的基层群众自治机制，培养社区意识，增强居民参与的情感性、自觉性，引导居民有序参与社区民主自治。强化政府在社区管理上的职责，探索建立政府投入与民间投入相结合、无偿服务与有偿服务相结合、社会化与产业化相结合的社区资金投入机制，通过募集、成立社区发展基金会、捐款等方式筹集资金，不断提高社区服务居民的能力。

进一步规范和谐社区建设。以现有居民区为基础，以地缘关系、居民认同感和归属感为指向，按照管辖区域与户数适当、界线明确、区域相对集中、资源配置相对合理、功能相对齐全的原则，科学合理划分和组建社区。适时开展撤镇建街工作，积极稳妥地推进土地已基本征用和人口已基本转移的村“撤村建居”。加强社区办公用房和公益性服务设施建设，规范社区工作活动用房的规划、建设和使用，按照建筑面积不低于每百户10平方米、每个社区不低于100平方米的标准配置社区配套用房，开发建设单位要把社区配套用房纳入新建住宅小区同步规划、同步建设、同步交付使用，所有社区必须具备“五室四站两栏一家一校一场所”，确保60%以上社区配套用房用于居民活动场所。采取新建、改造、调整、共享并举的方式，进一步完善和配置好原有社区各类公共服务设施，科学合理规划社区发展的空间布局，逐步发挥社区的居住、安全、服务、养老、健身、教育、医疗等功能，为和谐社区建设奠定坚实基础。

完善社区服务体系。不断健全以组织和落实政府公共服务为主导，社区企事业单位服务、社区自我服务为补充的社区服务体系。按照“准市场机制”建立社区服务组织的运行机制，将政府承担的部分社区公益服务工作剥离出来，以政府补助、购买服务、项目分包等形式交由社区专业组织开展服务，实现公共服务主体多元化。积极开展面向居民的便民利民服务，面向特殊群体的社会救助、社会福利和优抚保障服务，面向下岗失业人员的再就业服务和社会保障服务，努力实现社区服务的网络化、社会化、市场化。切实加强政府对社区服务的统筹规划、分类指导和政策监管，推动城区和街道建立完善“一站式”、“一门式”服务。切实加强以社区综合服务为主体、各类专项服务相配套的社区公共服务设施建设，拓展社区服务领域，建立健全功能完善、质量较高的城市基层服务和管理网络，形成完善的就业服务、救助服务、安全服务、文化教育体育服务、社会保障服务、卫生和计生服务、流动人口管理和服务等多元化服务体系。管理、利用好社区公益性服务设施，充分挖掘利用社区单位资源，形成“社区资源共享共建共育共荣”的局面，方便社区成员生活。有条件的地方，社区居委会可以根据居民需要，建立热线电话救助网络、社区智能服务网络、社区服务站、社区公共服务社等服务载体，开展非营利服务。

加强社会工作者队伍建设。不断提高社区工作者的职业化、专业化、标准化水平，为有需要的个人、家庭、机构、社区提供困难救助、矛盾调处、权益维护、心理疏导、行为矫治等社会管理和社会服务工作。积极推行社会工作者注册、职业水平评价和工作督导制度，建立社会工作者维权组织。逐步改善社区工作者待遇，为开展社区工作创造有利条件。将社区工作者纳入“社会工作者”职业序列，设置“社会工作者”职业类别，明确专职社会工作者具体任务和责任，逐步建立合理的社会工作者薪酬制度，完善奖励政策，使社会专职工作者的工资收入、福利待遇和工作条件与所承担的任务相统一。社会志愿者（义工）是社会工作者队伍的重要补充，要把社会工作者与志愿者（义工）服务有机结合起来，广泛动员党政群机关、企事业单位工作人员、中小学生以及广大市民，积极加入志愿者（义工）服务队伍，有序参加社区志愿服务。探索制定社区志愿服务管理办法，建立注册志愿者（义工）参加志愿服务的时间累计和考评制度，完善志愿服务激励机制，开展志愿者（义工）星级评定和表彰奖励，将志愿服务的业绩作为个人创先评优、晋级晋职的重要条件之一，在全社会营造以志愿服务为荣、全民踊跃参与的良好氛围。

（六）实施诚信工程，构建知荣明耻的社会信用体系。

加快信用制度建设，加强宣传教育和舆论监督，建立以个人信用为基础、企业信用为核心、政府信用为保障的社会信用体系。到2020年，基本形成信用法规健全，政务、商务、个人诚信网络完善，信息共享的社会诚信管理和监督体系。

加强政府信用体系建设。按照决策科学、运行高效、监督有力、服务周到、言行一致的标准，全面提升县、乡镇两级政府的决策信用、执行信用、监督信用、服务信用和商务信用，完善政府监管、社会监督、行业自律的制度设计，全面提升县、乡镇两级政府的行政能力、管理水平和公信力。加快推进“诚信石林”网站、政府信用数据库、企业信用数据库、个人信用数据库“一网三库”建设，实现诚信评级、信用使用、信用通报的公开、透明，加大对各类市场主体信用行为的监督检查力度，形成全方位、多层次、立体式监督检查网络。建立健全失信惩戒和守信受益机制，完善政府部门负责人重大责任追究、内部处罚、公开致歉、引咎辞职等办法，加大行政责任追究力度，优化发展软环境，树立“诚信石林”的信用品牌，努力打造行政效能高、服务本领强、工作作风硬、人民满意的诚信政府。

加快企业诚信体系建设。建立企业信用信息收集和公开制度、信用奖惩制度、信用监管制度，加强信用地方立法，使企业信用自律、联合征信、监督管理、信用中介服务活动有法可依、有章可循。充分发挥现代科学技术和信息网络的作用，政府职能部门与银行、保险、融资担保公司等金融机构一起建立全市统一规范、统分结合、互联共享的企业信用信息库，实现对企业信用信息的整合利用，建立企业信用等级评级体系，并向社会公布企业信用评级。培育信用中介服务市场，鼓励其开展企业信用调查、征信、评价和咨询服务活动。培育企业信用服务市场，加强企业信用自律管理，充分发挥企业信用自律组织、行业协会的信用管理作用，促使企业自律意识明显增强，严重失信、商业欺诈等行为受到惩戒，市场经济秩序明显好转，投资发展环境明显改善。

推进公民个人信用体系建设。完善个人消费信用机制，探索建立个人教育信用、商务信用、职业信用等信用体系，建立覆盖多数城镇居民的个人信用信息系统和服务系统，形成统一规范、互联互通、信息共享的个人信用交换与共享机制，并逐步实现个人信用调查、征信、评分和咨询服务等市场化运作。建立个人信用激励约束机制，大力推进诚信文化建设，加强未成年人诚信教育，开展公民信用知识普及教育，增强居民信用意识，树立“诚信为荣、失信为耻”、“诚信得发展、失信受惩罚”的良好社会风尚，在全县营造浓厚的诚信氛围。

（七）实施平安工程，构建防控有力的危机应对体系。

完善领导接访、干部下访、民情恳谈机制，健全大防控体系。加强社会舆情工作，整合行政资源，完善防控体系，不断提高危机应对水平。到2020年，万人刑事案件立案数控制在25件以内，人民群众对社会治安满意率保持在90%以上。

建立社会舆情汇集分析机制。充分利用现代信息技术和通信手段，加强公共安全信息情报的收集、分析、判别及跟踪监测，整合资源、畅通渠道，搭建区域性、跨部门、多路径、全方位的公共安全信息平台。建立完善的信息数据库和分析处理系统，构建准确及时、快速畅通的应急管理信息网络，实现公共安全预警信息资源全覆盖、广收集、快处理。切实加强互联网建设和管理，密切关注网上动态，对网民关注度高、影响大的热点问题，要快速反应，防止小问题炒作成大问题；加强传播能力建设，发挥好主流民意的影响力；

高度重视社会舆情分析研判，密切关注社会舆情动态，准确掌握社会思潮和意识形态领域动向，牢牢把握宣传舆论工作的话语权和主动权。

提高防范和处置突发公共事件的能力。整合资源，理顺关系，明确职责，建立健全点面结合、条块结合、专群结合、平战结合的应急管理体制，实现统一领导与分级负责、集中指挥与属地管理、日常办事与应急响应、专业抢救与群众自救互救、善后处理与恢复重建有机结合，整体运作。对可能发生公共安全事件的重点区域或重点单位，必须建立完善的突发事件防范和处理体系，并定期进行预防演习。健全公共事件信息公布和新闻发布机制，落实群众知情权，最大限度减少危机损失。落实安全生产责任制，强化对用工单位安全生产专项整治和安全隐患排查工作，加大责任追究力度，严防发生各类安全事故尤其是重特大安全事故。强化公共消防设施建设，提高火灾扑救和应急防控能力。有效遏制交通事故高发势头，确保群死群伤交通事故和其他重特大安全事故不发生或明显减少。

完善社会矛盾纠纷排查调处机制。按照“谁主管，谁负责”、“属地管理”的原则，积极预防、妥善处置群体性事件。建立健全县、乡镇两级人民信访接待中心、社会矛盾调处中心和矛盾纠纷调解工作网络，开展好领导接访、干部下访、民情恳谈活动，增强社会矛盾纠纷排查和调处能力，把矛盾化解在基层，把问题解决在当地。拓宽人民调解工作领域，健全人民调解工作网络，拓宽社情民意沟通渠道；建立弱势群体维权机制，妥善解决好国企改制、兼并破产、征地拆迁等热点、难点问题。出台重大决策、部署重要工作、实施重大项目、开展重大活动前，必须广泛听取群众意见，从源头上减少或避免影响社会稳定的矛盾纠纷。到2020年，社会矛盾纠纷调处率和调处成功率分别达到98%和95%以上。

健全社会治安防控体系。建立完善动态环境下有效预防和控制犯罪的巡防机制，形成网络化布警、全时空控制、整体联动、攻防兼备的社会巡防网络，构筑县城5分钟处警、10分钟支援、15分钟联动反应防线。加大“技防工程”建设，增强科技强警能力。着力构建以治保为依托、社区综治(警务)站为平台、社区民警为轴心、专职保安为骨干的立体化群防群治网络体系。加大对“黄赌毒”、黑恶势力的防控、打击力度。注重单位内部防范与社会防控的有机衔接，形成以内促外、以外保内、互联互防、整体联动的单位内部防范网络。

(八) 实施法治工程，构建民主完善的依法治县体系。

牢固树立社会主义法治理念，发展社会主义民主，推进依法行政，促进司法公正，不断提高石林经济、政治、文化、社会、生态等各个领域建设的法治化水平，为构建和谐石林提供坚实的法治保障。

进一步推进民主政治建设。坚持和完善人民代表大会制度、中国共产党领导的多党合作和政治协商制度，积极支持人民政协推进政治协商、民主监督、参政议政制度建设。完善民主党派、有关人民团体、无党派人士建言献策“直通车”制度。充分发挥工会、共青团、妇联等人民团体在社会建设中的积极作用。坚持工作重心下移，做好基层依法治理工作，大力推进民族区域自治和依法治乡镇、治村、治企、治校等，完善基层执政方式，建立和规范基层利益协调、矛盾处理、社会建设和社会管理机制，引导基层组织和基层干部依法办事，引导基层群众和各个利益群体以理性合法的形式表达自己的利益诉求，促进社会和谐稳定。建立健全村民自治机制，深化村务公开，拓宽民主管理渠道。到2020年，城镇社区居委会、农村村委会依法自治达标率达到100%。

加快法治政府建设。建立健全重大事项集体决策制度、法律论证和专家咨询制度、社会公示和公开听证制度、新闻发布制度、决策跟踪反馈制度。继续深化行政执法体制改革，建立权责明确、行为规范、监督有效、保障有力的行政执法机制，最大限度精简行政许可与行政审批事项。严格行政执法，健全行政岗位责任制和行政问责制，有效防止滥用公共权力。打造“阳光政府”，继续推行重大决策听证、重要事项公示、重点工作通报、政务信息查询四项制度，以多种方式公开政务信息。强化对党员领导干部的党内监督，强化人大、政府、政协、纪检监察机关、司法部门的监督，充分运用党内监督、法律监督、行政监督、民主监督、群众监督、舆论监督等各种监督手段，构建科学严密的监督网络，确保权力的行使符合宪法、法律、法规等规定，让权力在阳光下运行。

不断提高执法司法的公信力。围绕维护社会公平与正义，建立健全保证司法公正的良性机制，坚决抵制权力、利益对公正司法的干扰；强化司法队伍建设，提升公安执法维权的社会公认度、检察工作公信度、审判工作透明度，增强司法的权威性和社会公信力。大力发展法律服务，完善包括律师、公证、基层法律服务、法律援助、司法鉴定在内的法律服务体系，培育和发展良好的法律服务市场。依法推进审判组织、审判方式和审判管理改革，加大案件执行工作力度。完善办案责任制、错案追究制、司法赔偿制、重点岗位权力分解制、案件复查制、执法违法举报通报制，努力使广大公民能及时得到法律的保护和帮助。充分发挥司法机关在维护公民合法权益、调节经济和社会关系、保护国家安全和公共利益、惩治犯罪、保护人权中的作用。

三、加强党的领导，形成推进社会建设的强大合力

(一) 提高党领导社会建设的能力。

加快社会建设、构建和谐石林，关键在党、关键在党的基层组织。要充分发挥党领导社会建设的政治核心作用，以勇于变革、勇于创新，永不僵化、永不停滞的精神和要求，从思想、组织、作风、制度上进一步加强社会领域党的建设。加强社区、非公有制经济组织、新社会组织等领域党的建设，创新活动内容和方式，扩大党员参与面，提高实效性，健全城乡一体、流入地党组织为主、流出地党组织配合的流动党员教育管理服务工作制度，推进城乡基层党组织互相促进，实现党组织和党的工作全社会覆盖，做到哪里有群众哪里就有党的工作、哪里有党员哪里就有党组织、哪里有党组织哪里就有健全的组织生活和党组织作用的充分发挥。紧紧围绕

创建社会领域党建工作示范点，在推动发展、服务群众、凝聚人心、促进和谐、党组织自身建设和党员教育管理等各个方面创新党组织活动方式，做好抓基层打基础工作，夯实党执政的组织基础、社会基础和群众基础，提高社会领域党组织的创造力、凝聚力和战斗力。

（二）加强对社会建设的组织领导。

建立党委统一领导、党政齐抓共管、部门分工协作、全社会广泛参与的社会建设领导体制和统筹协调长效机制。成立由县委书记任政委、县长任指挥长、县级有关领导任副指挥长、县属有关部门主要领导为成员的石林县社会建设工作指挥部，统筹协调全县社会建设工作。同时，要紧扣“十一五”决战之年、“十二五”经济社会发展规划和“十三五”远景目标，制定各项工程实施意见，层层分解目标任务，强化督查，严格考核。各乡镇和县属各相关部门要按照县委、县政府统一部署，建立相应组织机构，根据自身实际情况，采取有效措施，把社会建设各项工作任务全面落到实处。

（三）营造良好的舆论氛围。

社会建设是一项崭新的充满生机与活力的工作，与人民群众切身利益息息相关，与社会各界紧密相连。宣传部门要围绕社会建设的重点任务，加大宣传力度，着力宣传中央、省、市和县委、县政府相关部署与政策，及时解答广大人民群众关注的社会建设中的热点、难点问题，宣传先进典型、推广先进经验，搞好舆论引导，营造全社会关心、支持、参与社会建设，共建和谐石林的良好舆论氛围。

中共石林彝族自治县委办公室　石林彝族自治县人民政府办公室印发石林彝族自治县创建云南省文明县城实施方案的通知

（2010年6月2日石办发〔2010〕15号）

各乡镇党委和人民政府，县委和县级国家机关各部委办局，各人民团体，县属各企事业单位：

《石林彝族自治县创建云南省文明县城实施方案》已经县委、县人民政府同意，现印发给你们，请结合实际，认真贯彻落实。

石林彝族自治县创建云南省文明县城实施方案

创建云南省文明县城，是全面贯彻落实科学发展观，构建和谐社会，全面建设小康社会的内在要求；是提高公民思想道德素质、科学文化素质、健康素质，提升石林形象的重要举措；是把社会主义物质文明、政治文明、精神文明、生态文明建设任务有机结合、落到实处的有效途径；是扎实推进农村精神文明建设，大力提高县城及周边地区文明程度、提高人民生活质量、建设美好家园的有力手段。为认真贯彻落实昆明市创建全国文明城市工作会议精神，加快富民强县、文明和谐、环境优美的新石林建设步伐，进一步提升全县文明程度、市民素质，提升城市建设及管理水平，全面推进创建省级文明县城各项工作，根据《云南省文明县城创建管理办法》和《石林县创建云南省文明县城目标任务分解表》，制定本方案。

一、指导思想和总体要求

以邓小平理论和“三个代表”重要思想为指导，深入贯彻落实科学发展观，坚持以经济建设为中心，以培育有理想、有道德、有文化、有纪律的社会主义公民，提高公民的思想道德素质、科学文化素质和健康素质为主要任务，坚持创建省级文明县城与打造国际旅游胜地相结合，吸引群众广泛参与，重在建设、注重实效、多办实事，努力营造廉洁高效的政务环境、公正公平的法治环境、规范守信的市场环境、健康向上的人文环境、安居乐业的生活环境和可持续发展的生态环境，使创建工作更加体现以人为本，更加符合群众需求，推动全县人民文明素质和城市文明程度进一步提升，努力把石林建设成为经济发展、规划合理、环境优美、治安良好、社会和谐、特色鲜明的现代文明县城。

二、基本方法

统一安排，分头治理；深化教育，提高素质；突出重点，集中解决；从严整治，强行入轨。

三、创建标准和职责分工

云南省文明县城测评体系分“基础指标”和“特色指标”

两部分，其中“基础指标”共7个测评项目，29项指标，114个测评内容，289项测评标准，权数总合为353.97。省级文明县城的测评采用材料审核、听取汇报、实地考察、问卷调查、网络调查和整体观察等6种测评方法。根据测评标准，创建工作职责分工如下：

（一）廉洁高效的政务环境（权数27.24）。

1.干部学习教育（权数7.86）。党委中心组坚持理论学习，有学习和考核制度；中国特色社会主义理论体系武装全党作为思想理论建设第一位的任务；深入开展学习实践科学发展观活动；党校培训干部要有年度计划、有教育主题；党风廉政和反腐败教育工作经常化、制度化。（牵头单位：县委组织部，责任单位：县纪委、县委宣传部、县委党校）

2.政务行为规范（权数11.83）。建立科学民主决策制度和政务公开制度；领导干部清正廉洁，务实高效，依法行政，积极为群众排忧解难办实事；完善重大事项社会公示、听证制度，保障群众依法行使民主权利；建立健全办事公开制度，不断完善行政监督机制。（牵头单位：县纪委，责任单位：县政府法制办、各乡镇党委、政府）

3.勤政廉政的满意度（权数7.55）。群众对党政机关行政效能和对反腐倡廉的满意度达90%以上。（牵头单位：县纪委，责任单位：各乡镇、各单位）

（二）公正公平的法治环境（权数50.96）。

1.法制宣传教育与法律援助（权数5.44）。建立健全群防群治组织，民主法制教育经常化，法治宣传教育“五进”，普及率达80%以上；司法和行政人员做到严格、公正、文明执法；落实法律援助和法律服务工作。（牵头单位：县委政法委，责任单位：县公安局、县检察院、县法院、县司法局）

2.公民权益维护（权数24.69）。居民对政府保障人民基本文化权益的满意度达85%以上；维护劳动者、消费者、妇女儿童、老年人、进城务工人员、残疾人的合法权益。（牵头单位：县人事劳动与社会保障局，责任单位：县工商局、县民政局、县总工会、县妇联、团县委、县残联）

3.基层民主政治（权数5.3）。加强基层党、团组织建设，制定社区居委会（村委会）的民主建设与管理规划，促进基层民主发展。（牵头单位：县民政局，责任单位：各乡镇党委）

4.社会安定有序（权数15.53）。认真落实社会治安综合治理各项任务，保障公共安全、建立健全突发性公共事件应急处理，无重大刑事治安案件，无突发性群体性事件发生，有效遏制邪教、非法宗教活动和封建迷信活动，坚决打击黑恶势力，“黄赌毒”等社会丑恶现象得到有效遏制，维护社会稳定，群众安全感达到测评体系标准。（牵头单位：县委政法委，责任单位：县公安局、县检察院、县法院、县信访局、县民宗局）

（三）规范守信的市场环境（权数20.35）。

1.社会诚信体系建设（权数8.49）。加快政府诚信体系建设，居民对政府诚信的满意度达80%以上；培养公民诚信观念和规则意识，建立健全信用体系；积极开展“百城万店无假货”活动。（牵头单位：县发改局，责任单位：县财政局、县工商局、县质监局）

2.市场监管（权数6.08）。严厉打击走私贩私、假冒伪劣商品，形成打击假冒伪劣违法行为的监督、投诉和处理机制；维护企业合法权益，热心为企业服务，对吃、拿、卡、要等违纪行为坚决惩处，满意率达80%以上。（牵头单位：县工商局，责任单位：县公安局、县质监局）

3.“窗口”服务行业（权数5.78）。“窗口”行业自觉遵守职业道德，服务规范化，做到诚信守法，建立高效的投诉处理机制；行业风气满意率达85%以上。（牵头单位：县政务服务中心，责任单位：各乡镇、各有关行业单位）

（四）健康向上的人文环境（权数96.73）。

1.思想道德建设（权数23.82）。抓好社会主义核心价值体系的学习宣传，把社会主义核心价值体系融入国民教育和精神文明建设全过程；积极开展道德实践活动和形式多样的形势政策与国情教育；加强居民文明规范、公民意识教育，倡导移风易俗，革除陋习，普遍形成讲文明讲科学的良好社会风尚；净化社会文化环境，继续加强未成年人思想道德建设。（牵头单位：县委宣传部，责任单位：县文明办、县教育局、县民政局）

2.国民教育（权数9.34）。积极实施科教兴县和可持续发展战略，对科教文卫事业投入逐年增加，教育水平不断提高；严格执行《义务教育法》，切实减轻学生课业负担；建立健全学校的各项规章和管理制度，切实保障师生的合法权益。（牵头单位：县教育局，责任单位：县科技局、县财政局）

3.文体活动与文体设施（权数10.3）。广泛开展群众性文化体育活动，有一个达标文化馆、公共图书馆和档案馆；有一个与经济发展和群众文化生活需求相适应的群众文体活动广场，群众文化体育设施要坚持长期开放，发挥好作用。（牵头单位：县文体局，责任单位：县档案局）

4.文化管理（权数10.44）。加强文化市场管理，净化网络文化环境；完善文化遗产、非物质文化遗产保护管理制度。（牵头单位：县文体局，责任单位：县信息产业办、县外宣办）

5.科学普及（权数6.42）。科普宣传形成制度，有健全的科普组织网络；科普工作扎实开展，建有综合性科技活动场所或科普场馆；加大科普宣传力度，定期开展科普志愿者活动；普通话基本普及、社会用字基本规范。（牵头单位：县科协，责任单位：县科技局、县教育局、县财政局）

6.居民文明行为（权数11.11）。自觉遵守公共场所道德和交通文明行为，爱护公共设施，不断提升居民文明素养。（牵头单位：县委宣传部，责任单位：县文明办、县建设局、石林运管分局）

7.社会道德风尚（权数25.3）。生活中人际关系和谐融洽、互帮互助；保障见义勇为者的利益，表彰、宣传见义勇为的先进事迹；有慈善捐助机构，经常性开展慈善捐助活动；建立志愿者组织并开展志愿者服务活动；积极参与公益活动；道德模范评选表彰活动规范化、制度化，发挥道德模范的榜样作用。（牵头单位：县委宣传部，责任单位：县文明办、

县委政法委、县公安局、县民政局、团县委）

（五）安居乐业的生活环境（权数71.57）。

1.经济发展质量（权数18.46）。坚持走新型工业化道路，加快农业产业结构调整，因地制宜，优化投资环境，增强内部发展活力。县内生产总值、财政收入、人均GDP水平、城镇居民可支配收入和人均住房面积、农民人均纯收入等逐年稳步增长，其增长幅度不低于全省平均水平；单位GDP能耗低于省年内控制目标；国际互联网用户率达28%以上。（牵头单位：县发改局，责任单位：县统计局、县建设局、县经济局、县财政局、县农牧局、县电信局）

2.公共设施与公共交通（权数10.99）。道路名称、无障碍设施、公共图形标志要规范合理；主要干道及街巷基础设施功能完好；居民对交通便捷程度的满意率达85%以上。（牵头单位：县建设局，责任单位：县公安局、县民政局、县交通局）

3.公共场所秩序（权数11.06）。搞好集市贸易、集贸市场的设施建设，做到管理规范，严格执行食品卫生法；县城主要街道和重点地区面貌良好，无乱停乱放、无占道经营、无违法用地、无违章建筑；加强交通安全宣传与管理，交通事故死亡率低于8人/万车。（牵头单位：县公安局，责任单位：县建设局、县国土局、石林运管分局、县工商局、县卫生局、县爱卫办）

4.医疗与公共卫生（权数17.12）。卫生网络健全，医疗卫生设施不断改善，加强医疗卫生服务；加强经营性公共场所卫生、食品安全、饮用水卫生的管理和监督，全县传染病、食物中毒的发生率低于全省平均水平；广泛开展爱国卫生运动，消灭“四害”达到规定标准。（牵头单位：县卫生局，责任单位：县药监局、县爱卫办）

5.人口与生活质量（权数3.83）。改善居民生活质量，恩格尔系数低于40%；严格执行计划生育法，计划生育率达95%以上。（牵头单位：县计生局，责任单位：县统计局）

6.社会保障（权数10.11）。建立健全居民医疗救助制度、最低生活保障制度以及流浪乞讨人员救助制度等城乡社会救助体系；城镇登记失业率和零就业家庭占家庭总数的比例不得高于年度控制目标。（牵头单位：县人事劳动与社会保障局，责任单位：县民政局、县卫生局）

（六）可持续发展的生态环境（权数39.3）。

1.城镇生态（权数8.04）。加强生态文明宣传，普及生态文明知识，广泛开展全民义务植树活动，全县森林覆盖率、城市建成区绿化覆盖率、绿地率和人均公共绿地面积达到省定标准，管护良好。（牵头单位：县建设局，责任单位：县林业局、县环保局）

2.环境管理与环境质量（权数31.26）。县城环保措施落实，环境质量指标、环境污染控制指标达到省定标准，无重大污染事故和重大环保违法案件发生；建立节能减排责任制，节水措施普遍开展，节水工作成效明显；公众对城镇环保的满意率达75%以上。（牵头单位：县环保局，责任单位：县建设局、县水务局）

（七）扎实有效的创建活动（权数47.82）。

1.组织领导（权数8.97）。党委政府高度重视，把创建文明县城工作纳入县委政府的重要议事日程；文明委成员单位职责明确、形成合力、齐抓共管；文明办机构健全、人员落实，并积极组织协调开展全县群众性精神文明创建活动。（牵头单位：县创文指挥部，责任单位：县文明办、县文明委各成员单位、各乡镇）

2.创建管理（权数8.55）。不断完善创建管理制度和监督制度；创建活动经费列入财政预算，逐步拓宽创建经费渠道，使经费投入随财政收入增加而逐步提高。（牵头单位：县文明办，责任单位：县财政局）

3.创建文明行业、文明单位、文明家庭（权数15.15）。广泛开展文明社区、文明村、文明单位、文明家庭的创建活动并实行动态管理；“窗口”行业、执法部门创建文明行业覆盖率要达95%以上。（牵头单位：县文明办，责任单位：各乡镇、各单位）

4.和谐创建与创建工作氛围（权数15.15）。大力营造创建工作氛围，坚持开展形式多样的和谐创建活动；以城带乡，联动发展，让居民真正体会到创建带来的实惠以及对创建工作的支持率达80%以上。（牵头单位：县文明办，责任单位：各乡镇、各单位）

四、实施步骤

（一）第一阶段：3月1日至5月30日为宣传教育、思想发动阶段。

1.由县文明办牵头制定创建云南省文明县城工作方案。

2.召开创建云南省文明县城动员大会，倡议“行文明路、做文明事、说文明话、做文明人”，举行万人签名活动。

3.各乡镇、各部门、各单位层层动员，采取悬挂标语、开辟电视专栏、重点地段设置宣传标牌等形式，营造全民参与创建的浓厚氛围。

4.各乡镇、各部门、各单位细化工作任务，落实责任人，制定上报工作方案。

（二）第二阶段：6月1日至6月30日为集中治理、解决问题阶段。主要任务是根据创建工作方案，组织力量集中治理公共卫生“脏乱差”、交通秩序、市场管理、绿化美化等问题。

1.在城市建设和管理上实施重点突破。

（1）按照县委、县人民政府的要求，集中力量，按时完成市政、环卫设施建设工程。

（2）5月底前，制定出台县城清扫保洁、垃圾收集清运管理提标工作方案。县城清扫保洁、垃圾收集清运水平有明显提升。落实市政设施维修、维护的社会监督、资金保障、快速反应机制。对市政设施全面维修。

（3）6月底前，集中开展市容交通秩序、集贸市场、临时劳务市场、城乡接合部、“五小”行业等综合整治活动，取得成效。建立完善长效管理机制。

（4）6月底前，实施县城增绿、透绿、插绿、补绿措施，提升县城绿化水平。

2.扎实开展市民素质教育。

（1）组织志愿者开展街道、公共场所、社区纠错劝导活动，强化文明行为习惯引导。

（2）6月底前编制、印发文明创建知识宣传读本、宣传单等。机关单位、社区村组、中小学校，集中开展文明县城创建知识、市民守则、文明公约、道德规范、社会公德、职业道德、家庭美德、社会主义荣辱观、文明礼仪知识宣传普及和测评活动，引领自觉践行。

（3）5月至6月，集中开展科技、文化、卫生、法律“四进”社区宣传活动。组织相关部门开展以文明创建为主题，以各类广场文化文艺活动为载体的文明知识宣传普及活动。

3.开展城乡文明创建活动。

（1）按照《2010年石林县精神文明建设工作要点》（石文明委〔2010〕1号）文件要求，5月底前，完成文明社区、文明单位、文明村镇申报和初评工作。

（2）5月份县级领导开展文明创建活动调研，研究解决实际问题和困难。

（3）6月底前，完成文明卫生社区、村组、楼院、家庭创建评选活动。集中开展县城周边农村交通沿线环境卫生大治理活动，并建立完善长效管理机制。

（4）6月份县人大、县政协开展文明县城创建工作视察。

（5）不定期开展创建工作检查督导并通报情况。

（三）第三阶段：7月1日至7月底为查漏补缺、自检自查阶段。主要任务是在鹿阜镇、县直各部门自查自验的基础上，由创建工作领导小组进行全面检查，针对存在的问题，提出整改意见并督促整改。由鹿阜镇、县直各部门、各单位进行整改。

（四）第四阶段：6月1日至8月31日为文档备查材料的收集整理及迎接考核验收阶段。主要任务是按照云南省文明县城指标测评体系的要求，全县各级各部门要对精神文明建设、文明县城创建的文档备查材料、环境卫生的整治和巩固、绿化美化、宣传氛围营造等方面，在县级初评的基础上进一步进行查缺补漏，做好迎接省文明委的考核验收工作。

五、具体工作

（一）落实创建目标。

各单位各乡镇一要认真对照《石林彝族自治县创建市级文明县城工作目标任务分解表》，认真查缺补漏，确保硬件争高分、软件不丢分。二要及时上报相关材料到县创建文明县城工作指挥部办公室。责任单位：各单位、各乡镇。

（二）抓好软件整治。

1.整治“牛皮癣”。要采取有力措施，有效治理车站、主要路段和公共场所、公共设施等地方的乱涂、乱写、乱张贴现象。责任单位：县建设局。

2.整治卫生死角。对主要地段、城郊接合部、集贸市场、建筑工地县城老城区等地方的卫生死角，要组织专项整治，加大城区环卫保洁力度。责任单位：县建设局、县爱卫办、鹿阜镇。

3.整治交通秩序。重点针对行人闯红灯、横穿马路、不走斑马线和机动车违章行驶、车辆乱停乱放等违规行为，加强教育劝导和处罚力度。责任单位：县公安局、石林运管分局、县建设局。

4.整治食品卫生。加强城区食品卫生管理，特别是对一些经营食品的小摊点，结合贯彻食品卫生法，加大整治力度，坚决杜绝假冒伪劣食品。责任单位：县药监局、县工商局、县质监局。

5.整治农贸市场环境。加强日常管理，做到规范经营、文明用语、环境优良、秩序有序。责任单位：县工商局、鹿阜镇。

6.整治社会治安环境和公共安全环境。开展专项整治活动，保持严打高压态势，严厉打击“黄、赌、毒”；进一步完善基层治安防控网络，强化社会治安基层基础工作，全力维护社会稳定。加大安全宣传教育力度，提高市民的安全感。责任单位：县公安局。

7.深入开展公共聚集场所安全隐患的排查，重点加强生产企业、交通、学校和易燃易爆物品、化学危险品以及建筑工地安全工作，坚决遏制安全事故的发生。责任单位：县安监局、县公安局、县消防大队、县教育局、县建设局。

8.整治文化市场秩序。严格执行国家有关规定，对图书音像市场、网吧、电子游戏厅、卡拉OK厅等实施有效管理；严厉打击制作、传播影响未成年人身心健康的文化产品的违法行为。对网吧要持续进行全面清理和排查，确保管理规范，坚决杜绝未成年人进入网吧。责任单位：县公安局、县文体局。

9.规范市场管理。对农贸市场、“五小”行业进行专项整治督查，确保规范有序。责任单位：县工商局。

10.整治城郊接合部。坚持“教管并重、疏堵结合、城乡联动”的方针，进一步整治城郊接合部的环境卫生、市场秩序、管理盲点，彻底改观这些地段的面貌。责任单位：县建设局、县爱卫办、鹿阜镇。

11.充分利用石林电视台“文明大看台”栏目、中国石林网、政府信息网等媒体，加大对行人闯红灯、横穿马路、不走斑马线和机动车违章行驶、车辆乱停乱放等违规行为的曝光力度。责任单位：县文明办、县广电局、县外宣办、县信息产业办。

（三）抓硬件建设。

1.加快道路建设，对重点地区道路采取措施迅速整改确保达标。责任单位：县建设局。

2.对城区内各主要干道和街巷基础设施进行一次全面排查，迅速整治有明显坑洼积水的路面；加强对街道的监管和及时维护，迅速完成城区道路标志牌的安装。责任单位：县建设局。

（四）抓城市管理。

1.进一步督促和解决好城区“脏、乱、差”问题。重点解决好干道占道经营、店外摊、乱涂乱画、乱披乱挂、乱倒垃圾、乱停乱行等严重影响市容环境的问题。认真落实“门前三包”，提高环卫清扫保洁质量。要加强对县城的保洁力度，所有的街面都要冲洗干净，落实24小时保洁制度。责任单位：县建设局。

2.在城区的主要交通路口，交通文明劝导员要以高度负责的工作态度搞好交通管理工作，采取一切措施，避免交通违法行为发生。责任单位：县交警大队。

3.要加强对各主要交通站点的管理，迎检期间要组织志愿者到主要站点维护乘车秩序。加强对公交车、出租车车容车貌和驾乘人员文明营运的管理，并在车站、站台、车内张贴文明用语等。规范修车场和洗车场。责任单位：石林运管分局。

4.进一步加强机动车、非机动车停放点管理，解决停车秩序混乱问题。责任单位：县交警大队、县建设局。

5.随时检查城市的绿化情况，要抓好城市园林绿化的管理和维护。责任单位：县建设局。

6.建设局要加强对建设工地的管理，加强对工地民工的宣传教育，对反映拖欠工资的工地要立即处理。责任单位：县建设局。

（五）营造浓厚创建氛围。

1.充分发挥电视、网络、广播及社区宣传栏、单位宣传栏的宣传作用，大力宣传公民基本道德规范、宣传石林城市精神和市民文明守则，大力营造追求高尚、崇尚先进的社会氛围。责任单位：各单位、各乡镇。

2.城区主要道路、广场、集贸市场、汽车客运站、体育场、机关办公区、居民小区及医院、学校、建筑工地等部位要按照部门负责的原则，不仅要做到环境整洁，而且要有良好的创建宣传氛围，制作醒目的创文宣传标语。责任单位：各单位、各乡镇。

3.县直各部门、窗口服务行业职工要对文明创建工作做到知情、熟悉，结合学习贯彻党的十七大会议精神，围绕文明县城创建开展集中宣传教育活动，干部、职工、群众的宣传教育，社会主义核心价值体系基本内容、“八荣八耻”、市民文明公约和公民基本道德规范宣传教育社会知晓率至少要达到90%以上。责任单位：各单位、各乡镇。

六、组织机构

为切实加强对创建工作的组织领导，全面推动我县创建省级文明县城工作，成立石林彝族自治县创建省级文明县城工作指挥部，指挥部在县“两创两争三巩固”领导小组领导下开展工作。

（一）调整充实县“两创两争三巩固”领导小组

政　委：罗朝峰

组　长：毕春华

副组长：裴演兵、洪绍伟、李绍增、者培仙、李正平、李兴国、张忠贵、李福军、蔡志岳、潘华光、王彦平、和加卫、邢晋、黄杰、苏云波

（二）成立石林彝族自治县创建省级文明县城工作指挥部

指挥长：蔡志岳（县委常委、宣传部部长）

副指挥长：汪明涛（县委常委、鹿阜镇党委书记）

朱玉和（县人大副主任）

黄　杰（县人民政府副县长）

周兴荣（县政协副主席）

成　员：各乡镇党委书记、乡镇长，县直各部委办局、人民团体、企事业单位、省市驻石单位主要领导。指挥部下设办公室在县委宣传部。

办公室主任由县委宣传部常务副部长毕卫东同志兼任，工作人员从有关部门抽调。

七、保障措施

（一）统一思想，提高认识。

创建省级文明县城是建设经济强县、构建和谐社会的现实需要，也是提高城市品位的重要手段，涉及到方方面面，它不仅关系到全局利益，同时又关系到我县的对外形象。因此，各乡镇、各部门、各单位一定要从讲政治、讲大局的高度出发，充分认识创建省级文明县城的重要意义，调动各方面的力量，为建设诚信石林、富裕石林、安全石林、和谐石林献智献策，尽心出力。

（二）认真安排，精心组织。

各乡镇、各部门、各单位要高起点、高标准地开展工作，既要搞好“硬件”建设，又要抓好“软件”建设，既要解决突出矛盾，又要解决具体问题；县直各有关职能部门，既要各司其职，各负其责，各管其事，又要顾全大局，密切配合，协同作战，确保创建工作取得实效。

（三）坚持标准，严格考核。

各乡镇党委、政府要按照创建文明县城实施方案中提出的标准和要求，扎扎实实地开展整治活动。县创建活动领导小组对各乡镇、县直各部门、各单位创建活动随时进行检查和抽查，对工作滞后的乡镇、部门、单位将在电视上进行曝光，并将创建工作纳入目标管理责任制和领导干部政绩考核体系，严格考核奖惩，促进各项任务的顺利完成。

（四）保障创建经费。

县财政局对创建省级文明县城活动经费实行专项预算，对影响创建工作的重点基础设施建设和城市管理资金要确保落实到位。各乡镇、各部门也要积极筹措创建所需资金，确保创建工作顺利推进。

中共石林彝族自治县委　石林彝族自治县人民政府关于生态工业集中区“三年倍增、六年跨越”行动计划的实施意见

（2010年6月12日石发〔2010〕11号）

各乡镇党委和人民政府，县委和县级国家机关各部委办局，各人民团体，县属各企事业单位：

为全面贯彻落实市委九届六次全会精神，认真实施市委、市人民政府《关于开发区及工业园区“三年倍增，六年跨越”行动计划》，进一步推动石林彝族自治县（以下简称石林县）生态工业集中区建设大推进、规模大扩张、发展大提速、品质大提升，全面实现超常规、跨越式、突破性发展，现提出如下意见。

一、总体思路

按照“提速增量、进位争先、倍增发展、引领未来”的方针，坚持规模化、高端化、集约化、专业化、特色化原则，以建设具有一流机制、一流环境、一流要素、一流绩效的工业园区为目标，深入实施“11237”工业突破战略，重点发展旅游商品加工、农特产品加工、新型建材和新能源及装备制造产业，整合提升传统产业，通过实施“三年倍增、六年跨越”行动计划，实现园区建设大推进、新型工业大培育、传统工业大提升、中小企业大发展、工业总量大扩张，把生态工业集中区打造成新型工业化的示范基地和石林县科学发展新跨越的增长极。

二、奋斗目标

从2010年到2015年，石林县生态工业集中区力争规模以上工业增加值年均增长35%以上。2010年到2012年为“三年倍增”阶段，力争每年跃上一个新台阶，夯实工业园区新一轮加快发展基础。2013年到2015年是“全面跨越”阶段，力争实现工业园区“经济规模、开发建设、招商引资、产业培育、体制机制、进位争先”六大跨越。

（一）经济规模大扩张。以2009年为基数，到2012年规模以上工业增加值翻番达5.4亿元、主营业务收入12亿元、利税总额1.35亿元，工业固定资产投资7.5亿元；到2015年规模以上工业增加值年均增长35%以上，力争在2012年基础上翻番达14亿元。

（二）开发建设大推进。石林县生态工业集中区规划总面积28.65平方公里，到2012年累计新增建成区面积1800亩、基础设施配套熟地面积3200亩，实际收储土地3200亩，基础设施投资7.9亿元，建设标准化厂房13.5万平方米；到2015年累计新增建成区面积2平方公里，新增基础设施配套熟地面积2平方公里。

（三）招商引资大跨越。到2012年累计引进到位内资37亿元，外资900万美元，其中工业项目占比达到80%；累计亿元以上工业项目开工达5个、竣工5个。到2015年累计引进到位内资50亿元，外资1000万美元；亿元以上工业项目开工6个、竣工3个。

（四）产业培育大提升。到2012年创建1个省级太阳能光伏并网发电产业示范基地，规模以上工业企业累计达11户，新培育销售收入过亿元工业企业4户。到2015年再创建1个省级新型工业化产业示范基地；培育1个产值过50亿元产业集群；规模以上工业企业累计达30户。

（五）体制机制大创新。大胆改革、勇于创新，着力消除制约工业园区经济社会发展的体制机制障碍，争取到2015年，基本建立符合市场经济规律和与国际接轨的管理体制和运行机制。

（六）进位争先大提速。力争到2015年将石林县生态工业集中区建成省级重点特色产业园区。

三、工作重点

（一）继续强化载体建设。实现“七通一平”，即通供水、排水、通气、电网、道路、通讯和网络，土地平整。污水和固废处理、绿化等其他配套设施同步规划、同步设计、同步建设。到2015年，工业园区累计新增建成区面积2平方公里，新增基础设施配套熟地面积2平方公里。

（二）大力培育主导产业。重点发展以旅游商品加工、农特产品深加工、新型建材和新能源（以太阳能、风能及生物质能为主）及装备制造业为主的主导产业，主导产业占工业经济的比重不低于70%，把发展产业集群作为主导模式，打造一批单体规模大、科技含量高、经济效益好、辐射能力强的亿元级企业群。

（三）促进企业集群发展。实施中小企业成长上规模工程，每年选择5户左右科技创新型、资源节约型、优势成长型和劳动密集型中小企业加以扶持，引导企业加快技术创新和改造，实现中小企业户数总量倍增，构建“铺天盖地”的中小企业和“顶天立地”的大企业协调发展新格局。

（四）扎实抓好招商引资。加强对工业招商的指导和协调，积极引进世界500强、国内500强以及产业带动强、技

术含量高的产业项目，在引资到位的基础上向落地产出突破。

（五）快速推进项目落地。健全项目推进服务机制，落实项目责任制，形成工业项目快捷审批、联动推进机制。工业项目投资备案 3 个工作日内完成，环境影响评价审查审批 14 个工作日内完成，用地预审及国有土地使用权的出让、转让、租赁、作价入股审查及审批，根据规定限时完成。土地、环保指标等资源优先保障工业项目。

（六）着力提升环境品质。制定工业园区生态化改造建设实施方案，主要污染物排放实行总量控制，加快污水管网、污水处理厂和中水回用等环保基础设施建设，2012 年底前配套建成集中式污水处理设施。积极构建循环经济工业链，扎实推进节能减排，实施清洁生产和环境综合治理，提高能源和资源综合利用效率。

（七）稳步推进基地建设。提高投资强度、完善配套功能、增强企业集聚度，通过区内企业互动、引进国际战略合作者等方式，提高专业化服务水平，进一步强化特色产业基地的示范作用。

四、保障措施

（一）加强组织领导。县工业突破园区建设招商引资工作指挥部负责石林县生态工业集中区“三年倍增、六年跨越”行动计划实施的组织、指挥和协调。县发改、财政、建设、国土、环保等有关部门要按照“分工负责、协调配合、共同推进”的原则，保障行动计划的顺利实施。

（二）坚持科学规划。坚持高起点规划、高标准建设、高效能管理的原则，严格按照规划实施工业集中区建设发展。制定实施《石林彝族自治县工业产业发展“十二五”规划》和《石林彝族自治县生态工业集中区“十二五”发展规划》，做到工业经济为城市发展提供产业支撑，城市总体规划为工业发展提供空间支持，土地利用总体规划为工业发展提供土地保障。统筹工业集中区功能布局规划，完善工业集中区总体规划、控制性详细规划、产业发展及相关专项规划，推动工业化和城市化协调发展。凡新建、引进的工业(或企业)项目，要入区选址发展。到 2012 年，工业集中度达到 90% 以上。工业集中区根据发展需要，可结合土地利用总体规划修编，适时启动新的调规和扩规。

（三）提高用地效率。按照经济贡献和土地供应大体同比的原则，全县新增建设用地指标 60% 用于工业集中区建设。提高供地审批效率，缩短供地周期，加快项目落地建设速度。投资额 5000 万元以上、每亩投资强度 150 万元以上，且投入产出比 1:2 以上的项目，申报列入市级重点项目，确保优先及时供地。提高土地利用水平，生产性用地比例不得低于可用地的 60%，投资 2000 万元以下工业项目不单独供地。

（四）拓宽融资渠道。认真落实市委、市人民政府《关于加快开发区及工业园区发展的意见》(昆发〔2008〕10 号)精神，继续推进实施县委、县人民政府《关于加快生态工业集中区建设促进全县工业突破性发展的意见》(石发〔2008〕14 号)。从 2010 年起至 2015 年，县本级财政按年增 10% 的比例安排工业集中区发展专项扶持资金，支持工业倍增行动计划的实施。完善融资担保体系，把工业集中区作为融资担保重点，优先为符合条件的企业提供贷款担保。积极推进财政支出绩效评价，探索建立政府投资项目绩效评估考核制度。

（五）创新体制机制。工业集中区实行区别于部门的管理考核，减少工业集中区的社会事务工作任务，支持工业集中区改革创新。凡是县级可以下放的权限，通过授权或委托的形式，由工业集中区管委会实施，切实提高工业集中区的办事效率和管理能力。强化管委会对派驻机构的管理，协调垂直管理部门和上级主管单位，采取以管委会管理为主的模式管理派驻机构。加强工业集中区综合服务体系建设，建立园区服务中心，全面实行“一站式、一条龙”服务，强化上门服务、代理服务、预约服务等制度，实现“办事不出区”。

（六）实施人才工程。实施优秀企业家培养工程、专业技术领军人才开发工程和高技能人才振兴工程，根据“不求所有、不求所在、但求所用”原则，建立完善人才市场体系，培养一支适应产业发展需要的工业人才队伍，为工业集中区“又好又快、率先发展”提供坚强的人才保障和智力支撑。

（七）健全保障体系。县级优质教育、医疗资源要采取有效形式，对口支持工业集中区的社会支撑体系建设。通过给予就业培训补贴等形式，鼓励园区吸纳安置当地城乡劳动者。依法实施工业集中区土地收储、拆迁腾地和被征地农民安置，探索农转居拆迁安置新机制，实行农转居拆迁户货币化安置，完善农转居小区管理机制。加大投入力度，整合社区资源，强化社区功能，加快和谐社区建设。完善城镇医疗保险和农村合作医疗相衔接的医疗保障制度，妥善解决工业集中区务工人员子女就学问题。

（八）完善激励措施。制定出台工业集中区差别化考核办法，实行单列、分级、分类个性化考核。重奖招商引资、经济发展、开发建设、产业培育等方面工作突出的先进管理团队，使工业集中区成为全县最具发展活力的区域。

附件：1.“三年倍增、六年跨越”产业定位及产业培育目标任务表

2.“三年倍增、六年跨越”经济规模目标任务表

3.“三年倍增、六年跨越”开发建设目标任务表

4.“三年倍增、六年跨越”招商引资及进位争先目标任务表

石林县生态工业集中区"三年倍增、六年跨越"产业宣传及产业培育目标任务表

园　区	总体规划面积	产业定位	产业培育	
			2012 年	2015 年
石林县生态工业园区	总体规划面积28.65km²，建成区面积 0.93km²。	重点发展旅游商品加工，农特产品加工，新能源及装备制造产业。到 2012 年，主导产业占工业增加值的比重达到 70%。	创建 1 个省级新型工业化产业示范基地；新增规模以上工业企业 11 户，新培育销售收入过亿元工业企业 4 户。	再创建 1 个省级新型工业化产业示范基地；培育 1 个产值过 50 亿元产业集群；规模以上工业企业达到 30 户。

石林县生态工业集中区"三年倍增、六年跨越"经济规模目标任务表

园　区	2010 年	2011 年	2012 年	2013 年～2015 年
石林县生态工业园区	规模以上工业增加值 2.5 亿元、主营业务收入 5.4 亿元、利税总额 0.54 亿元，工业固定资产投资 2.9 亿元。	规模以上工业增加值 3.6 亿元、主营业务收入 7.8 亿元、利税总额 0.84 亿元，工业固定资产投资 4.7 亿元。	规模以上工业增加值 5.4 亿元、主营业务收入 12 亿元、利税总额 1.35 亿元，工业固定资产投资 7.5 亿元。	规模以上工业增加值年均增长 35% 以上，力争在 2012 年基础上翻番达到 14 亿元。

石林县生态工业集中区"三年倍增、六年跨越"开发建设目标任务表

园区	2010 年	2011 年	2012 年	2013 年～2015 年
石林县生态工业园区	新增建成区面积 500 亩、基础设施配套熟地面积 1000 亩，实际收储土地 1000 亩，基础设施投资 1.8 亿元，建设标准化厂房 0.5 万 m²。	新增建成区面积 600 亩、基础设施配套熟地面积 1000 亩，实际收储土地 1000 亩，基础设施投资 2.6 亿元，建设标准化厂房 5 万 m²。	新增建成区面积 700 亩、基础设施配套熟地面积 1200 亩，实际收储土地 1200 亩，基础设施投资 3.6 亿元，建设标准化厂房 8 万 m²。	新增建成区面积 2km²，新增基础设施配套熟地面积 2km²。

石林县生态工业集中区"三年倍增、六年跨越"招商引资及进位争先目标任务表

园　区	招商引资				进位争先	
	2010 年	2011 年	2012 年	2013 年～2015 年	2012 年	2015 年
石林县生态工业园区	引进到位内资 10 亿元，外资 200 万美元，其中工业项目占比达到 70%。亿元以上工业项目开工 1 个、竣工 1 个。	引进到位内资 12 亿元，外资 300 万美元，其中工业项目占比达到 75%。亿元以上工业项目开工 1 个、竣工 2 个。	引进到位内资 15 亿元，外资 400 万美元，其中工业项目占比达到 80%。亿元以上工业项目开工 3 个、竣工 2 个。	引进到位内资 50 亿元，外资 1000 万美元。亿元以上工业项目开工 6 个、竣工 3 个。	建成省级重点特色产业园区。	

石林彝族自治县文化产业发展专项资金使用管理办法（试行）

（2010年6日12日石林彝族自治县人民政府石政发〔2010〕22号）

第一章　总　则

第一条　为把文化产业培育成石林彝族自治县（以下简称石林县）新的支柱产业，县委、县人民政府决定安排1000万元，作为文化产业发展专项资金（以下简称专项资金），用于扶持、引导、培育、壮大全县文化产业。为发挥资金效益，确保资金安全，特制定本办法。

第二条　专项资金的管理和使用坚持“公开、公平、公正”的原则，实行“企业申报、现场考察、专家评审、政府决策、社会监督、绩效评估”的管理模式。

第二章　管理职责

第三条　专项资金的管理，在县文化体制改革和文化产业发展领导小组领导下，由县文化体制改革和文化产业发展领导小组办公室（以下简称县文产办）牵头，会同县文体局和县财政局，根据全县文化产业发展规划，共同负责实施管理。

第四条　县文产办是专项资金的协调指导部门，主要职责是：

（一）协调指导专项资金年度使用计划和支出结构；

（二）根据全县经济社会发展情况和文化产业发展规划，提出文化产业发展目标、扶持方向；

（三）牵头协调文化产业相关工作。

第五条　县文体局是专项资金的项目主管部门，主要职责是：

（一）受理扶持申请，组织对扶持申请单位的考察和专家评审，提出扶持项目意见，负责专项资金项目库的管理；

（二）根据全县的文化产业发展规划，提出资金使用计划和分项预算；

（三）负责项目的日常管理；

（四）做好会计报表的上报；

（五）建立扶持企业和扶持项目的会计核算和档案收集等工作。

第六条　县财政局是专项资金的监管部门，主要职责是：

（一）审定专项资金年度使用计划和决算；

（二）监督检查专项资金的管理和使用情况；

（三）对扶持项目进行绩效评价。

第七条　资金使用单位的责任是：

（一）编制项目投资预算；

（二）落实项目配套资金；

（三）认真组织实施好项目；

（四）对获得的扶持资金进行财务管理和会计核算；

（五）接受有关部门对专项资金使用情况的监督检查和审计；

（六）按要求提供扶持资金使用情况和项目执行情况的报告以及有关财务报表。

第三章　扶持范围

第八条　产业型。专项资金必须用于培育石林县文化产业，促进文化支柱产业的形成和文化特色产业的拓展。

第九条　引导型。以专项资金为引导，多渠道、全方位、宽领域筹集资金，积极促进石林县文化产业的发展。

第十条　择优型。集中资金，突出重点，优先扶持骨干型、龙头型文化企业，培育石林县新的经济增长点。

第四章　扶持对象

第十一条　专项资金主要扶持以下对象：

（一）在石林县注册、具有独立法人资格并从事文化产业开发、生产经营和中介活动的文化企业；

（二）对石林县文化产业发展作出突出贡献的个人或其他扶持对象。

第十二条　有下列情形之一的，专项资金不予扶持：

（一）知识产权有争议的项目；

（二）已经获得政府投资或其他财政性专项资金扶持的项目；

（三）申请单位因其违法行为被执法部门依法处罚未满2年的；

（四）申请单位在享受各级政府财政扶持中有严重违约行为的，或申请单位违反本办法规定，正在接受有关部门调查的；

（五）未按规定进行工商年检或者税务申报的。

第五章　扶持方式

第十三条　调研规划资金。此项资金主要用于全县文化产业发展调研，文化产业项目包装、推介，重大文化项目和特色文化产品的宣传，文化产业人才的培训、专家评审等。此项资金额度控制在专项资金的10%以内。

第十四条　扶持性资金。此项资金主要采用项目贴息、以奖代补两种方式扶持。同一项目只能申报其中一种方式的一项类别扶持。

（一）项目贴息。主要用于扶持符合国家、省、市、县文化产业发展政策，能有效提升石林县文化实力，引领文化产业发展，产生较好社会效益和经济效益的文化产业类项目或企业。

申报的项目必须经县发改局立项、工商局注册和业务主管部门批准并实际投入资金，单位经营管理完善，具有健全的财务管理制度，会计核算规范，无违规违法经营记录，无不良信用记录，申请贴息的项目还贷及时；新办文化产业企业或项目，固定资产投资在300万元以上的，已有文化产业企业年纳税30万元以上的（含国税、地税），方可在项目建设、技改、扩大规模等方面申请项目贴息补助。

根据申请单位和项目的具体情况，贴息金额参照当年人民银行同类同期基准利率核定该项目的利息补贴，当年最高贴息金额不超过该单位同年支付该项目的贷款利息额的三分之二。每个项目贴息扶持不超过3年。贴息额度控制在专项资金的55%以内。

（二）以奖代补。主要用于扶持由石林县文化体制改革和文化产业发展领导小组批准确定的重大性、示范性、原创性、创新性、特色性并具有代表性的文化产业项目和作出突出贡献的单位和个人。

集中奖励文化旅游、民族工艺、歌舞演艺、娱乐休闲、节庆会展、影视拍摄、康体健身等七大类文化项目中具有辐射力和示范性的文化产业项目。

其中，对新办文化产业企业或项目，经县发改局立项、工商局注册和主管部门批准，固定资产投资额以100万元为起点，每完成100万元，奖励5万元，以此类推，此项奖励总额以200万元封顶。

对已有文化产业项目，对年纳税（含国税、地税，主要指地方留成部分）以50万元为起点设奖，完成年度纳税50万元的奖励5万元，完成100万元的奖励10万元，以此类推，此项奖励总额以150万元封顶。

对文化产业作出突出贡献的单位和个人，按获奖级别和类别给予奖励，此类奖励细则另定。

以奖代补的企业或项目，单位或个人，一年度只能进行一次性奖励。以奖代补额度控制在专项资金的35%以内。

第六章　申报和审批

第十五条　专项资金按年度分两批受理、申报和审批。

（一）申报

由企业或项目法人按时限和指南要求，向资金使用业务主管部门，提交申报报告和相关材料（含发改局立项批文、工商营业执照、税务部门票据、银行贷款凭证、房产土地使用权证、获奖证书证明、音频视频资料等）。

（二）受理

县文体局在受理申请后，会同县文产办、县财政局对重点文化企业名单及申报项目进行初审。

（三）考察

县文产办牵头，相关部门参加，按照申报顺序组织现场考察或委托有资质的中介机构进行专项审计，并组织有关专家进行评审。

（四）初提

县文产办和相关部门参加，根据现场考察或专家评审意见，提出初步扶持意见。

（五）审批

经县财政局复核后的扶持计划报县人民政府审定后，下达资金计划。属项目贴息、项目补助的，县文产办、县文体局必须与资金使用单位签署资金使用合同，合同应包括资金使用范围、资金使用进度计划等条款。

（六）拨付

按照资金计划和县人民政府的审定意见，以及资金使用合同的有关约定，按石政发〔2009〕8号、9号文件办理拨付兑现手续。

第七章　监督和检查

第十六条　项目单位须与县文产办签订资金使用合同，并严格按合同条款使用资金。专项资金实行专款专用，严禁挪作他用。项目结束后，项目单位须将实施效果书面报县文体局。

第十七条　县财政局负责对资金使用、管理情况进行监督，县文体局负责项目管理，县文产办负责工作协调。

第十八条　专项资金的使用接受审计、监察部门的审计和监督。

第十九条　项目实施单位违反资金使用规定，一经发现，县财政局立即收回项目资金，不再给予扶持。违反财经纪律的，追究相关单位和人员的法律责任。

第八章　附　则

第二十条　本办法自发布之日起实行。

第二十一条　本办法由县文体局负责解释。

石林彝族自治县人民政府工作规则

（2010年6月13日石林彝族自治县人民政府石政发〔2010〕23号）

第一章　总　则

第一条　为推进县人民政府各项工作法制化、规范化、制度化，进一步提高行政效能，根据《中华人民共和国宪法》、《中华人民共和国地方各级人民代表大会和地方各级人民政府组织法》及《昆明市人民政府工作规则》的规定，结合县人民政府工作实际，制定本规则。

第二条　县人民政府在县委的领导下，在县人民代表大会及其常委会的监督下，在县政协的支持下，领导县人民政府各工作部门和各乡镇人民政府，贯彻执行党的路线和方针、政策，落实市委、市政府和县委的指示、决定，保证县人民代表大会及其常委会的决议在全县贯彻实施。全面履行政府职能，实行科学民主决策，坚持依法行政，推行政务公开，健全监督制度，加强廉政建设，努力建设法治政府、责任政府、阳光政府、效能政府。

第三条　县人民政府各工作部门要严格依照法律法规行使职权，建立健全依法行政责任制，提高依法行政水平；要各司其职，各负其责，在各自职权范围内，独立负责地做好工作；要精简会议、文件和事务性活动，简化办事程序，提高工作效率，保证工作质量；要树立大局意识，相互协调，密切配合，切实贯彻落实县人民政府的各项工作部署。

第二章　政府组成人员职责

第四条　县人民政府由县长、副县长、县人民政府组成部门的主任、局长组成。

第五条　县人民政府实行县长负责制，县长领导并主持县人民政府的全面工作。常务副县长协助县长负责县人民政府常务工作；县长出差期间，由常务副县长主持县人民政府工作；其他副县长协助县长分管有关方面的工作；县人民政府办公室主任在分管副县长领导下协助处理县人民政府日常工作。

第六条　县长代表县人民政府向县人民代表大会报告工作。县长或副县长代表县人民政府列席县人大常委会的全体会议并报告工作，县人民政府的工作部门受县人民政府的委托向县人大常委会汇报某一方面的工作。

第七条　县长、副县长代表县人民政府进行外事活动，主持或出席县的重大礼仪活动。

第八条　县人民政府根据上级编制部门批准的机构数和工作需要，按精简、统一、效能的原则，设立工作部门。

县人民政府各办局的主任、局长负责本部门的工作，实行行政首长负责制和个人分工负责制，主任、局长对县长和分管副县长负责，副主任、副局长协助主任、局长工作并对主任、局长负责。部门行政首长需要向县人民政府汇报的事项一般情况下向分管领导汇报，特殊情况和县长交办事项可直接向县长汇报。

第三章　全面履行政府职能

第九条　县人民政府依法行使下列职权：

（一）在县委的领导下，贯彻执行党和国家的法律、法规和上级党委、政府的路线、方针、政策、决定、命令，执行县委、县人民代表大会及其常务委员会的决定、决议，制定行政措施，发布决定和命令；

（二）领导县人民政府所属各工作部门和各乡镇人民政府的工作；

（三）改变或撤销所属各工作部门和乡镇人民政府不适当的决定、命令、指示等；

（四）依法任免、培训、考核和奖惩国家行政机关工作人员；

（五）执行县人民代表大会批准的国民经济和社会发展计划、预算安排，管理全县的经济、教育、科学、文化、卫生、体育事业、环境和资源保护、城乡建设事业和财政、民政、公安、民族事务、司法行政、监察、计划生育等行政工作；

（六）保护国有财产、劳动群众集体所有财产和公民私人所有的合法财产，维护社会秩序，保障公民的人身权利、民主权利和其他合法权利；

（七）办理人大代表、政协委员提出的与县人民政府工作有关的议案、提案、意见、建议、批评等事项；

（八）保障少数民族的权利，尊重少数民族风俗习惯，帮助少数民族发展政治、经济、文化、生态建设事业；

（九）办理上级国家行政机关和县委交办的其他事项。

第十条　县人民政府应按规定分别向县委、县人大和市人民政府请示、报告的事项：

（一）执行省、市的方针、政策需结合自治县实际作适当调整的；

（二）需报请批准和准备实施的重要决定；

（三）中长期发展规划、计划，经济社会发展战略、综合性总体改革方案以及重大的改革措施；

（四）年度政府工作报告，国民经济和社会发展计划及执行情况报告、财政预决算报告；

（五）对经县人民代表大会批准的国民经济和社会发展计划、地方财政预算，在执行中需要作部分调整的；

（六）城镇总体规划和重大建设项目的确定；

（七）重要外事活动；

（八）对县人民代表大会确定的议案的办理意见和办理情况以及县人民代表大会常务委员会所提建议的办理情况；

（九）与邻县的重大土地、山林、资源、边界及其他纠纷问题；

（十）重大灾情、疫情、敌情、事故或突发性事件；

（十一）其他需请示、报告的重要事项。

第十一条 县人民政府各工作部门、各乡镇人民政府应书面请示、报告县人民政府的事项：

（一）涉及全县大局或关系广大人民群众切身利益的重大问题；

（二）上级没有明确规定或需要结合本县、本部门、本地区的实际情况作出决策的问题；对上级发布的政策、规定和县人民政府的决定作某些调整的问题；

（三）涉及两个以上部门的工作经协商意见不一致，主管部门又无权决定的重大事项；

（四）召开全县性、综合性的大、中型会议；

（五）重大灾情、疫情、敌情、事故等突发性事件及其处理情况；

（六）本部门年度工作计划、年度工作总结；

（七）其他必须请示、报告的事项。

第十二条 深化行政管理体制改革，精简和规范行政审批事项，逐步推行相对集中行政处罚权。

第四章　科学民主决策

第十三条 县人民政府及各部门制定重要政策措施、拟定工作计划和决定重大事项，必须坚持以邓小平理论、“三个代表”重要思想、科学发展观和党的路线、方针、政策为指导，完善群众参与、专家咨询、听证、法律顾问意见和政府研究相结合的决策机制，健全重大决策的规则和程序，实行依法决策、科学决策和民主决策。

第十四条 全县国民经济和社会发展长远规划、年度计划、财政预决算，社会管理事务、重大政策决定、大型项目等重要决策事项以及规范性文件，由县人民政府全体会议或常务会议讨论决定，必要时报请县委决定。

第十五条 各部门提请县人民政府讨论决定的重要决策建议，必须以基础性、战略性研究或发展规划为依据，经过专家研究、咨询、听证、中介机构的论证评估或法律分析，多方案进行比选；涉及有关部门的，应充分协商；涉及各乡镇的，应事先征求意见；涉及人民群众切身利益的，一般应通过社会公示或听证会等形式听取意见和建议。

第十六条 县人民政府在作出重要决策前，根据需要通过召开座谈会、听证会等形式，直接听取民主党派、群众团体、专家学者等方面的意见和建议，并通过媒体向社会公布，征求广大人民群众的意见。

第五章　加强行政监督

第十七条 县人民政府及各部门要主动接受县人民代表大会及其常委会的监督，执行县人民代表大会及其常委会的各项决议，向其报告工作、接受质询，及时办理人民代表的建议、批评和意见。加强同政协和各群众团体的联系，接受政协的民主监督，虚心听取意见和建议。

第十八条 县人民政府及各部门要依照有关法律规定接受司法监督，同时要自觉接受监察、审计等部门的专项监督。监督中发现的问题，要认真查处和整改并按要求报告。

第十九条 加强行政系统内部监督，健全政府层级监督机制，严格执行行政复议法律法规，坚决纠正违法或不当的行政行为。

第二十条 县人民政府及各部门要接受新闻舆论和群众的监督，实行新闻发言人制度。对新闻媒体报道和各方面反映的重要问题，各部门要积极主动查处和整改。

第二十一条 县人民政府及各部门要重视人民群众来信来访工作，进一步完善信访制度，确保信访渠道的畅通；县人民政府领导同志及各部门负责人要亲自阅批重要的群众来信。

第二十二条 县人民政府及各部门推行行政问责制、限时办结制和绩效管理制，严格责任追究，提高政府执行力和公信力。

第六章　会　议

第二十三条 县人民政府实行全体会议、常务会议、县长办公会议和专题工作会议（含现场办公会议）等会议制度。

第二十四条 县人民政府全体会议由县人民政府全体组成人员（县长、副县长和县人民政府组成部门的主任、局长）组成。必要时召开扩大会议，县政府办副主任、各乡镇长、县人民政府直属单位和中央、省、市驻石单位的主要负责人列席会议；视会议内容邀请县委、县人大、县政协的领导及有关部门、群团组织负责人参加会议。

县人民政府全体会议一般每半年召开一次，由县长或县长委托常务副县长召集和主持。由县长或县人民政府常务会议确定议题。

县人民政府全体会议的主要任务：

（一）传达贯彻上级的重要指示和工作部署；

（二）研究贯彻落实县人民代表大会及其常委会有关决议、决定的各种措施；

（三）决定和部署县人民政府的重要工作；

（四）研究、审议并决定全县年度和阶段性国民经济与社会发展的重大问题；

（五）研究县政府系统自身建设的有关重大问题；

（六）讨论通过按照法律法规需要由县人民政府全体会议决定的重大决策和其他重大问题。

第二十五条 县人民政府常务会议由县长、副县长、县人武部部长、县政府办主任组成。

根据需要，邀请县委、县人大、县政协领导到会作指导，与议题有关的县政府办副主任、县人民政府部门行政主要领导列席。

县人民政府常务会议原则上每月召开一次，由县长或县长委托常务副县长召集和主持。议题由县长、副县长提出，经县长或常务副县长审定后提交会议研究。每次常务会议审议的议题一般不超过5个。

县人民政府常务会议的主要任务：

（一）传达贯彻上级重要指示、决定并研究贯彻措施，讨论决定向上级国家行政机关的重要请示、报告；

（二）讨论决定全县国民经济和社会发展的长远规划、年度计划、财政预决算、全局性重大体制改革、重大建设项目安排、重要资金使用等县人民政府工作中的重大事项；

（三）讨论通过提请县人民代表大会及其常务委员会审议的议案或工作报告；

（四）讨论决定由县人民政府公布的行政措施、决定、命令；

（五）讨论县人民政府各工作部门、各乡镇人民政府请示县人民政府决定的重要事项，分析县内外经济和社会发展形势；

（六）讨论通过依照法律任免和奖惩国家机关工作人员及有关人员；

（七）研究决定其他应由县人民政府常务会议研究、决定的工作。

第二十六条 县长办公会议由县长或常务副县长根据县长授权主持召开，副县长、县人民政府办公室主任、县监察局局长参加，原则上每周召开一次。与议题有关的县政府办副主任及部门负责人列席会议。议题由县长或副县长确定。

县长办公会议的主要任务：

（一）研究处理县人民政府日常工作中的重要事项；

（二）讨论决定县人民政府各工作部门、各乡镇人民政府请示县人民政府批复的重要事项；

（三）通报情况，分析问题，协调工作；

（四）县长、副县长认为需要提请县长办公会议讨论的其他事项。

第二十七条 县长、副县长根据各自的分工和需要，可召开专题会议，听取汇报，征求意见，协调关系，检查工作，研究处理有关业务问题。参加会议人员由主持会议的县长、副县长确定。

第二十八条 坚持县人民政府党组会议制度。县人民政府党组会议由党组书记或副书记主持，党组成员参加。会议根据需要不定期召开。

第二十九条 县人民政府全体会议、常务会议和县长办公会议的组织工作由县政府办负责。

（一）会议的准备。提交会议研究的事项，主办部门要认真协调，经协调不宜确定的事项，由分管副县长或县政府办主任协调解决，经协调难以决定的事项，提交县长办公会议讨论研究；由提出议题的领导简要说明情况，并提出处理意见经会议研究，县长办公会议能决定的事项，不安排上政府常务会议、政府全体会议讨论研究。

（二）会议审议重大的政策性问题，要备有综合部门、政策咨询部门的意见，备有两个以上比较方案供会议决策。一般情况下，会议中间不得插入没有准备的议题；不审议不按办文程序办理的议题。

（三）县人民政府全体会议、常务会议、县长办公会议必须有半数以上副县长参加。全体会议、常务会议、县长办公会议由县政府办安排工作人员专人记录。

（四）县长、副县长召开的专题会议（含现场办公会议），由县政府办负责组织，安排工作人员专人记录。

（五）县人民政府全体会议、常务会议和专题会议（含现场办公会议）决定事项根据主持人意见可以印发会议纪要。会议纪要由县政府办主任审核后报县长或常务副县长签发。专题会议纪要由会议主持人签发。县长助理、县政府办主任、副主任受委托召开的专题会议，需印发会议纪要的，由委托的县长或副县长审定同意后印发。

（六）严格执行会议签到制度。出席或列席人员必须是县人民政府各工作部门的负责人。会议一般不得带随员，确需带随员的，须报经会议负责人同意。到会人员不准私自录音，对于领导讲话，应按规定要求传达。会议讨论决定的事项未经县人民政府批准，不得扩散。根据需要，可邀请新闻单位派员列席旁听，如作新闻报道，须经县政府办主任同意，重大问题须请示县长同意。

（七）会议讨论的重要文件和资料会后要清退。会议决定的重要事项或涉及全县性的事项，应按规定正式行文；一般事项可用会议决定事项通知或会议纪要印发有关单位贯彻执行，不另行文。会议决定的事项，有关部门必须坚决执行，抓紧办理，在执行中如有问题，应及时向县人民政府报告。会议决定的事项，由县政府目督办负责跟踪检查、督促落实，并将落实情况及时书面向县人民政府领导反馈。

第三十条 严格各类会议审批制度。凡属全县性的大型会议，由分管副县长签署意见，经县人民政府县长办公会议或县长、常务副县长批准；一般性的工作会议需要乡镇行政正职领导参加的，经县长或常务副县长同意，需要乡镇行政副职领导参加的，须经分管副县长同意；县人民政府各工作部门职责范围内的业务会议由主管部门负责人批准；县人民政府各工作部门需要召开的全县性会议，应当提前5个工作日报县政府办审批。未按上述权限批准的会议一律不得召开。凡超过县财政部门规定的会议标准召开的会议，超过标准部分财务不予核销经费。

第三十一条 县人民政府及各部门要按照精简、有效的原则，严格控制全县性工作会议的数量和规模。能用文件、电话解决问题的不召开会议，内容、时间相近的会议尽量合并召开，能以部门名义召开的会议不以县人民政府名义召开，能采取电视电话会议形式的不集中开会。坚持实行“无会月”和“无会日”制度。

第三十二条 省、市人民政府有关部门通过县人民政府有关部门商洽在本县召开全省性、全市性会议，相关部门须提前将有关情况报告县人民政府，经同意后方可答复和安排。

第七章 公文办理

第三十三条 县人民政府各部门、各乡镇的公文处理，应严格按照《国家行政机关公文处理办法》和《云南省实施〈国家行政机关公文处理办法〉细则》的规定。公文按隶属关系逐级上报，除特殊紧急情况外，县政府办对越级上报和不符合规定的公文一律不予受理。

第三十四条 凡以县人民政府或县政府办名义制发的公文，均由县政府办负责起草审核和送审、送签。县人民政府领导不直接签批未经县政府办审核的公文文稿。

第三十五条 县人民政府领导审批公文时，应当签署明确意见。对于一般报告性公文，圈阅表示已阅知；对于具有请示事项的公文，应签署同意或不同意，只圈阅则表示同意请示事项。

第三十六条 县人民政府文件及县人民政府办公室文件按以下原则办文：

（一）县人民政府发布的决定、命令，向县人民代表大会或县人民代表大会常务委员会提出的议案、人事任免，由县长签署。

（二）县人民政府文件涉及多部门或重大事项、综合性、全局性问题的，由主管副县长审核由县长或常务副县长审批、签发；关于某一方面工作的县人民政府文件，由分管副县长审批、签发；需以县人民政府办公室名义行文的，由分管副县长或办公室主任根据授权审核签发。经县人民政府常务会议、县长办公会议讨论决定事项的文件，由县长或常务副县长签发。

（三）县人民政府文件，经县政府办对口联系的副主任审签、分管文秘的副主任进行一审、县政府办主任审签后按权限送有关领导审签；县政府办公室文件，经县政府办联系工作的副主任初审、分管文秘工作的副主任或主任审核后按权限送有关领导审签。

（四）由县政府办主办，以县委、县政府名义的联合行文和以县委办、县政府办名义的联合行文，分别按县人民政府文件、县政府办公室文件的要求审签后，报县委办核稿后呈县委领导签发。

（五）以县人民政府和县政府办名义制发的公文，一般应由主管部门拟写初稿，县政府办秘书信息科修改。拟文要合乎规范，打印清楚。各部门代拟的文稿，部门领导要严格审核，签字把关。内容涉及其他部门职权范围的事项或涉及到全县性工作需以县人民政府或县人民政府办公室名义行文的，先由主管（牵头）部门与有关部门协商后，拟出文件初稿送县政府办秘书信息科修改后，按权限送有关领导审签。

（六）行文应当确有必要，注重实效，严格控制公文规格和发文数量，可发可不发的一律不发；可以县政府办名义行文的不以县人民政府名义行文；可以政府工作部门或几个工作部门联合行文的，不以县人民政府或县政府办名义行文。

第三十七条 各乡镇人民政府和各办、局上报的公文按以下原则办文：

（一）县人民政府各工作部门和各乡镇人民政府向县人民政府报送的公文，应由其主要负责人签署，并一律以正式文件送县政府办统一办理；除县人民政府领导直接交办的事项和必须直接报送的带密事项外，一般不得直接报送领导个人。

（二）一事一报，请示事项与报告工作要分别行文，报告不得夹带请示事项。分清主报和抄送单位，不得同时主报几个单位；多头请示或以报告代请示的公文不受理或批复。请示事项涉及其他部门的，应事先与相关部门充分协商，如有不同意见，应如实反映。

（三）县人民政府各部门内设机构工作中需要请示的事项，一般应向主管部门请示；确需向县人民政府请示的事项，应由主管部门向县人民政府呈文。议事协调机构和临时机构不得直接向县人民政府报送公文。

（四）公文必须观点明确、条理清楚、用词准确、文字简洁，提出解决问题的意见或方案；一切公文都不得用圆珠笔、铅笔书写和签发。

（五）县人民政府办公室接收公文后应提出拟办意见报县长、分管副县长审批后答复;分管副县长不能决定的重大问题，提请县长、常务副县长决定或提交县长办公会议、县人民政府常务会议决定。

第三十八条 努力提高公文办理效率，公文运转的各个环节都要按照规定的时限要求完成。各部门需要请示县人民政府的事项，应当提前做好调研和协调工作。县政府办转有关部门办理的公文，凡明确提出时限要求的，各部门应在规定的时限内办理完毕并回复办理结果。

第三十九条 县人民政府及政府办公室、政府各部门制发的公文，除需要保密的外，应当及时向社会公布。

第八章 人事管理

第四十条 县人民政府各办、局主任、局长的任免，根据县委的建议，经县人民政府常务会议讨论后，以县长的名义提请县人大常委会审议，由县人大常委会决定任免。

县人民政府各办、局的副职（含二级局的正职）或其他办事机构负责人的任免，根据县委的建议，由县人民政府常务会议讨论决定，以县人民政府的名义任免。

第四十一条 县人民政府各工作部门内的科、股、所、站、室干部的任免，由本部门行政领导提出建议，经党委(党组)、总支、支部讨论决定，由各部门任免，并分别报县人事劳动和社会保障局、县委组织部备案。相当于副科级的科、股、所、室的干部按干管权限任免。

第四十二条 县人民政府所属各部门要层层落实岗位责任制，对任务完成好、成绩突出的要按《国家公务员条例》等有关规定给予奖励、晋升，特别突出的予以记功。晋级、记功由县人民政府批准。违反纪律、贻误工作，造成重大灾害、发生安全事故和其他损失的，按干管权限报经批准给予处罚，直至追究法律责任。

第九章 信息督查

第四十三条 县人民政府实行工作报告制度。

(一) 县人民政府各部门、各乡镇的工作每半年书面向县人民政府报告一次。要切实加强政务信息工作，及时反映政府工作及经济社会发展中的重要情况，为县人民政府领导科学民主决策提供依据。

(二) 县人民政府各部门、各乡镇要切实加强政务值守。建立完善值班工作制度和规程，严格落实岗位责任，确保政务值班电话24小时畅通。重大事故、灾情、疫情、社会敏感、热点问题等突发事件发生后，有关乡镇、部门必须在第一时间报县政府办，最迟不得超过事后3小时，重大突发事件最迟不得超过2小时上报；未经县人民政府领导同意，不得越级上报；对县人民政府领导关注或批示的突发事件信息，实行落实情况日报制。

第四十四条 严格落实政府信息公开有关制度，加强政府系统政务信息工作网络建设，建立完善政务信息工作报送、通报和考核机制，及时、准确公开政务信息。

第四十五条 对县人民政府的重要决策和领导批示件，各乡镇人民政府和县人民政府各部门的主要负责人要亲自抓落实。县政府目督办对以下重要决策的落实情况进行督促检查：

(一) 《政府工作报告》确定的工作任务和政策措施；

(二) 县人民政府重要会议确定的工作任务和政策措施；

(三) 以县委、县人民政府名义及县委办、县政府办名义下发的涉及全县改革开放、经济发展和社会稳定的重要工作；

(四) 上级领导和县委领导的批示件办理或落实情况；

(五) 县人民政府领导要求开展的其他督促检查活动。

第十章 作风和纪律

第四十六条 县人民政府组成人员要坚决贯彻执行党和国家的路线、方针、政策以及工作部署，严格遵守纪律，有令必行，有禁必止。坚决服从县委的领导，重要事项及时向县委请示汇报。

第四十七条 县人民政府组成人员必须坚决执行县人民政府的决定，如有不同意见可在县人民政府内部提出，在没有重新作出决定前，不得有任何与县人民政府决定相违背的议论和行为；未经县人民政府研究决定的重大问题及事项，不得在个人讲话或文章中擅自对外发表意见。

第四十八条 县人民政府组成人员要严格遵守保密纪律和外事纪律，严禁泄漏国家秘密、工作秘密或者因履行职责掌握的商业秘密等，坚决维护国家的安全、荣誉和利益。

第四十九条 县人民政府领导和县人民政府各部门负责人要深入基层，调查研究，了解情况，指导工作，解决实际问题。在县内检查、调研工作，要做到轻车简从，不给基层添负担。

第五十条 县人民政府和政府组成部门的领导班子对职责范围内的党风廉政建设负全面领导责任。应严格遵守党风廉政建设有关规定，做到廉洁自律，依法行政。

县人民政府一般在每年年初召开一次廉政工作会议。由县长或受委托的副县长主持，县人民政府组成人员参加会议。

第五十一条 县人民政府及所属各部门要建立健全财政、财务管理制度，认真执行《会计法》，严格财经纪律，强化行政监察和财务审计监督，提高资金使用效益。凡申请财政追加经费的请示，一律送县财政局。5万元（含）以内的，由县财政局提出意见后县长签批；5万元以上100万元（含）以内的，提交县长办公会决定；100万元以上的，县长办公会研究后报县委审定。

第五十二条 除县委、县人民政府统一组织安排的重要活动外，县人民政府领导不参加接见、剪彩、典礼等应酬性活动；不出席乡镇人民政府、县人民政府各部门召开的各类表彰会、纪念会、座谈会；不为部门、地方的活动题词、题字、发贺信、贺电。除国家重点工程项目、高新技术项目、重大对外合作项目及有重要社会意义的活动外，县人民政府领导不出席部门（单位）举办的各类庆典活动。

第五十三条 省、市人民政府部门、外县来宾到本县考察访问，由对口部门负责陪同接待，县人民政府领导原则上不全程陪同。县人民政府各部门可以接待的来访外宾或国际知名人士、学者、企业家等，一律由部门出面接待，确需县人民政府领导出面会见、会谈或宴请的，由相关部门提出安排意见，提前报县政府办按规定程序办理。

县人民政府领导会见来访的香港、澳门特别行政区官方人员、重要知名人士及台胞、侨胞中的重要知名人士，由县政府外事办审核后报县政府办，按规定程序办理。

第五十四条 县人民政府领导因公出国（境）访问，按外事管理有关规定和干部管理权限报批。各乡镇、各部门负责人出访须报县人民政府审批。

第五十五条 县政府组成人员必须严格执行请假制度。副县长、县长助理、县政府办主任离开昆明市或外出1天以上，应事先向县长请假、报告，由县政府办公室通报县政府分管领导。各乡镇人民政府、县政府所属各部门领导离开昆明市或外出1天以上，应事先请假报告，其中正职必须报县长批准。

会议外出报告，因私外出请假。要在外出前把外出的地点、时间等有关事项书面报县政府办。外出返回后，应及时报告县政府办。县政府办要随时掌握各部门主要负责人外出的情况，及时向县长、副县长和县政府办主任报告。

第十一章　附　则

第五十六条　县人民政府直属机构、办事机构、直属事业单位适用本规则。

第五十七条　本规则由县政府办负责解释，自发布之日起施行。县人民政府之前发布的《石林彝族自治县人民政府工作规则》有关文件同时废止。

中共石林彝族自治县委办公室　石林彝族自治县人民政府办公室印发石林彝族自治县人民政府机构改革实施意见的通知

（2010年7月7日石办发〔2010〕16号）

各乡镇党委和人民政府，县级国家机关各部委办局：

《石林彝族自治县人民政府机构改革实施意见》已经县委、县人民政府同意，现印发给你们，请认真贯彻执行。

石林彝族自治县人民政府机构改革实施意见

根据党的十七大和十七届二中全会关于深化行政管理体制改革精神，按照中共中央、国务院《关于地方政府机构改革的意见》（中发〔2008〕12号）、中共云南省委、省人民政府《关于州市县人民政府机构改革的实施意见》（云发〔2009〕10号）的要求和中共昆明市委办公厅、市人民政府办公厅《关于印发〈石林彝族自治县人民政府机构改革方案〉的通知》（昆办通〔2010〕75号）精神，结合实际，制定本实施意见。

一、指导思想和基本原则

（一）指导思想

高举中国特色社会主义伟大旗帜，以邓小平理论和“三个代表”重要思想为指导，深入贯彻落实科学发展观，坚持以人为本、执政为民，按照深化行政管理体制改革的总体目标，以转变政府职能为核心，以理顺职责关系为重点，优化政府组织结构，明确和强化责任，完善体制机制，推进依法行政，提高行政效能，建立与石林彝族自治县（以下简称石林县）经济社会发展水平相适应、符合科学发展需要、具有石林县特点的行政管理体制，建立人民满意的政府，为促进全县经济社会又好又快发展提供体制机制保障。

（二）基本原则

1. 实事求是、因地制宜的原则。充分体现石林县经济社会发展水平，着力解决当前存在的部门职能交叉、权责脱节、推诿扯皮等现实问题，着力研究解决涉及国计民生和影响全县经济社会发展体制机制建设的长远问题，及时调整与经济社会发展水平不相适应的组织机构和职责。

2. 上下协调、基本适应的原则。与昆明市政府机构设置基本对应，实行职能有机统一的大部门体制，调整和规范县人民政府机构设置，确保工作衔接和政令畅通。

3. 职责明确、责权一致的原则。注重县人民政府承上启下的层级特点，按照精简统一效能的要求，转变政府职能，理顺部门职责关系，明确和强化责任，实现政企分开、政资分开、政事分开、政府与市场中介组织分开。

4. 严控编制、规范管理的原则。加强机构编制管理，科学合理配置职能，综合设置部门内设机构，保持行政编制总量不突破，严格执行机构编制审批制度和程序，对机构编制实行严格控制和管理，巩固机构改革成果。

5. 积极稳妥、循序渐进的原则。统筹安排，统一步调，稳妥推进政府机构改革。注重政策配套，注意研究改革中的新情况新问题，确保工作秩序不乱、社会稳定。

二、主要任务

（一）转变政府职能

加快推进政企分开、政资分开、政事分开、政府与市场中介组织分开，把不该由政府管理的事项转移出去，下放管理权限。加强对本地经济社会事务的统筹协调，注重社会管理和公共服务，加快社会公共服务体系建设，着力解决民生问题。完善行政执法和监管体系，强化执法监管职责，增强处置突发公共事件和社会治安综合治理能力。深化行政审批制度改革，规范行政审批程序，减少行政审批环节，提高行政审批效率。加强为人民服务机制建设，切实转变管理方式和工作作风，推进政务公开，提高政府的执行力和公信力，建设人民满意的政府。

（二）理顺职责关系

按照决策权、执行权、监督权既互相制约又互相协调的要求，科学合理确定部门职责分工。坚持一件事情原则上一个部门负责，对确需多个部门负责的事项必须分清主办和协办关系，明确牵头部门。建立健全部门间的协调配合机制，切实解决部门职责交叉、责权脱节和关系不顺的问题。

（三）明确和强化责任

按照权责一致、有权必有责的要求，通过定职责、定机构、定编制，在赋予部门职权的同时，明确其应承担的责任。理顺县、乡镇人民政府的管理权限和管理体制，进一步下放属于乡镇人民政府的管理权限。继续推进政务公开，积极探索建立政府绩效评估机制，强化责任追究。

（四）调整优化组织结构，规范机构设置

为适应石林经济社会发展需要，按照与上级政府大体对应的原则和职能有机统一大部门体制要求，进一步整合优化组织结构，规范政府机构设置，清理和规范议事协调机构及部门管理机构，清理承担行政职能的事业单位，杜绝政府行政职能“体外循环”。具体调整及设置情况如下：

1．将县粮食局的职责整合划入县发展和改革局。县发展和改革局加挂县投资促进局牌子。

2．组建县工业经贸和科技信息化局，加挂县中小企业局牌子。将县科学技术局、县人民政府信息产业办公室和有关部门的相关工业、经济、贸易职责以及县乡镇企业管理局（经济局）的行政职责，整合划入县工业经贸和科技信息化局。不再保留县科学技术局、县乡镇企业管理局（经济局）、县人民政府信息产业办公室。

3．将县人民政府扶贫开发办公室的职责划入县财政局，县财政局加挂县人民政府扶贫开发办公室牌子。不再单独保留县人民政府扶贫开发办公室。

4．将县人事劳动和社会保障局更名为县人力资源和社会保障局。原与县人事劳动和社会保障局合署办公的县机构编制委员会办公室单独设置，列入党委机构序列，名称为中国共产党石林彝族自治县委员会机构编制办公室，保留石林彝族自治县机构编制委员会办公室牌子。

5．组建县住房和城乡规划建设局，加挂县城市管理综合行政执法局、县园林绿化局、县人民防空办公室牌子。将县建设局的职责和有关部门的相关城市管理行政执法职责，整合划入县住房和城乡规划建设局。不再保留县建设局。

6．将县交通局更名为县交通运输局。

7．组建县农林局，加挂县畜牧兽医局牌子。将县农牧局的职责、县林业局的职责，整合划入县农林局。不再保留县农牧局、县林业局。

8．组建县旅游文化广播电视体育局。将县文化体育局、县广播电视局和县旅游局的职责，整合划入县旅游文化广播电视体育局。不再保留县文化体育局、县广播电视局、县旅游局。保留县广播电视台，并调整为县旅游文化广播电视体育局下属事业单位。

9. 省垂直管理的县食品药品监督管理局交由县管理后，为政府工作部门。

10．将县煤炭行业管理办公室的职责划入县安全生产监督管理局，县安全生产监督管理局加挂县煤矿安全生产监督管理局牌子。

11．保留县人民政府法制办公室，仍由县人民政府办公室管理。

12．县人民政府目标管理督查办公室行政隶属关系不变。

13．不再保留县便民服务领导小组办公室（便民服务中心），其相关行政职责划入县人民政府办公室。

14．县委、县人民政府信访局的机构设置，参照《云南省机构编制委员会关于调整州市信访机构设置的通知》（云编〔2008〕7号）规定执行。

15．县生态工业集中区管理委员会、石林旅游服务区建设管理委员会、县东城新区建设管理委员会，要按照中共昆明市委、昆明市人民政府《关于加快开发区及工业园区发展的意见》（昆发〔2008〕10号）和相关文件要求，加快推进实体化管理、优化组织结构、完善内部管理体制和运行机制。石林风景名胜区管理委员会下设的石林风景名胜区管理局要完善内部管理体制和运行机制。

保留设置：

县人民政府办公室、县发展和改革局、县教育局、县民族宗教事务局、县公安局、县监察局、县民政局、县司法局、县财政局、县国土资源局、县环境保护局、县水务局、县卫生局、县人口和计划生育局、县审计局、县统计局、县安全生产监督管理局。

经过上述调整，县人民政府设置机构23个，其中县人民政府办公室和工作部门共22个。另外，设置部门管理机构2个（详见附表）。

（五）精心做好部门“三定”工作

做好各部门定主要职责、定内设机构、定人员编制的“三定”工作，是机构改革组织实施的关键环节。在“三定”工作中，无论是调整变动的部门，还是保留的部门，都要高度重视，精心组织，抓好落实，做到机构调整一步到位，人员调整逐步过渡，改革工作有序平稳进行。

1．“三定”工作的范围。此次开展“三定”工作的县人民政府所属部门包括县人民政府办公室，县人民政府工作部门、部门管理机构。

2．落实职能转变。一要参照省、市政府各部门的职责调整，结合我县实际，科学、合理地确定各部门的职责分工，进一步明确取消、划出、划入和增加以及加强的职责；二要着力解决目前存在的部门职责交叉、权责脱节等问题，理顺部门关系。

3. 规范机构规格。县人民政府办公室、县人民政府工作部门的规格为正科级，部门管理机构的规格为副科级。

4．规范内设机构。部门内设机构的设置，严格按照《云南省各级机关机构设置和管理暂行办法》的规定执行。坚持综合设置和精简、统一、效能的原则，着力优化内部结构，加强重点业务科室，积极探索职责有机统一的大科室体制。每个内设机构人员编制不低于2名。

5. 规范领导职数。部门行政领导职数的核定，要严格按照《云南省各级机关领导职数管理暂行办法》的规定执行。各部门核定正职领导职数1名，副职领导职数1～2名，内设机构较多、任务较重的综合部门和政法部门，可根据工作需要增加1～2名副职领导职数。合并设置的部门，现有部门领导配备超出新核定领导职数的，按超职数配备予以保留，逐步消化。内设机构领导职数的核定，人员编制不足4名的，原则上只核定正职领导职数1名（办公室除外）；人员编制超过4名的，可适当增加副职领导职数1～2名。

6. 重新核定人员编制。在县人民政府机构改革中，行政编制不得突破现有总量。保留的部门，人员编制原则上保持不变或适当调整；合并设置的部门，人员编制合并后，调减20%左右，人员的分流按照身份对应的原则进行；部分职能划转的行政机构，人员编制坚持人随事走、编随人走的原则合并，合并后作适当调减；职能加强的部门，人员编制适当调增；新组建的部门，按照职能任务和精简的原则核定。

7. 各部门要结合机构改革，按照中共昆明市委、昆明市人民政府《关于加快推进昆明市事业单位分类改革的意见》（昆通〔2008〕30号）精神，与机构改革同步研究本部门所属事业单位深化改革方案，分步实施。对职责自然消失和有编无人的机构要予以撤销；对职责交叉重叠的机构要予以合并；中介服务性机构应与主管部门脱钩，进入市场；经营性机构必须转为企业。各部门管理的或涉及改变行政隶属关系的事业单位将在“三定”规定中予以明确。

8. 清理议事协调机构。工作中凡涉及跨部门的事项均由主办部门牵头协调，确需设立议事协调机构的严格按规定审批。现有议事协调机构不必保留的，坚决予以撤销；确需继续保留的明确承担具体工作的职能部门。今后，各类议事协调机构一律不再单独设立常设办事机构或实体性工作机构，不核定人员编制和领导职数。

9. 自上而下制定“三定”方案。各部门要结合实际，认真研究提出本部门的“三定”规定，职责分工涉及多部门的事项，要主动与相关部门协商。各部门拟定的“三定”规定，按程序经县机构编制委员会审核后，报县人民政府审批。经县人民政府批准的各部门“三定”规定，除涉及保密的部门和事项外，由各部门在县人民政府公众信息网上发布。

（六）加强机构编制管理

认真贯彻《地方各级人民政府机构设置和编制管理条例》、《云南省机构编制管理条例》，严格执行《云南省各级机关机构设置和管理暂行办法》、《云南省各级机关领导职数管理暂行办法》，进一步加强机构编制管理。在此次县人民政府机构改革中，各单位要建立机构编制实名制管理制度。严格编制使用事前审核程序，任何单位未经编制使用事前审核，一律不得进人；严禁机关混用事业编制、超编进人；规范内设机构规格和名称，严禁超职数、超规格配备干部，对违反机构编制法律法规的行为必须进行严肃查处。同时，继续加大机构编制法律法规宣传力度，加快机构编制公开化进程，加强机构编制监督检查工作，巩固机构改革成果。

（七）深化机关后勤服务机构改革

深化县级机关后勤服务改革，剥离为机关服务的职能。机关后勤服务及相关经济实体与机关彻底脱钩，实行社会化、市场化运作，政府购买后勤服务。此次机构改革不再为各单位核定工勤人员编制。各单位工勤人员实行老人老办法、新人新办法管理，老人逐步消化为零；新进人员一律实行劳务派遣制度，签订劳动合同。

（八）完善管理体制

按照财权和事权相匹配的原则，科学配置政府的财力，增强乡镇人民政府提供公共服务的能力。以列入省扩权强县试点县为契机，积极探索进一步扩大乡镇人民政府经济和社会管理权限。

三、组织实施

（一）组织领导

县人民政府机构改革工作在县委、县人民政府领导下，由县机构编制委员会负责组织实施，县机构编制委员会办公室承担具体工作。此次政府机构改革涉及部门较多，调整变动较大，各部门要按照县委、县人民政府的部署和要求，切实加强对本部门机构改革工作的领导，把机构改革工作列入2010年工作的重要议事日程，精心组织、周密计划，积极稳妥地做好本部门的改革实施和“三定”工作。部门“一把手”要亲自抓、负总责，确保思想不散、工作不断、队伍不乱。

（二）时限要求

县人民政府机构改革工作要求在2010年7月底前基本完成。各部门要制定切实可行的“三定”工作计划，集中精力，加快进度，抓好具体工作，做到思想认识到位、组织领导到位、工作措施到位，保证组织实施工作和“三定”工作按时完成。

（三）纪律要求

在机构改革过程中，一要严肃政治纪律，加强对县委、县人民政府的决策和部署贯彻执行情况的监督检查，确保政令畅通。二要严明工作纪律，严格按规定程序办事，涉及重大事项要及时请示报告，不得自行其是。三要严格组织人事纪律，严禁借机构改革之机突击进人、突击提拔调整干部。机构改革中涉及到的人员要正确对待进退留转，服从组织安排，坚守岗位、恪尽职守。四要严守财经纪律，加强对部门资产和账户的管理，严防国有资产流失。

县纪检监察、组织、人力资源和社会保障、财政、编制等部门要认真履行职责，加强协调配合，对机构改革中的违纪违法行为要坚决查处，造成严重后果的，要实行责任追究，确保机关工作正常运转，确保改革工作平稳顺利进行，确保社会稳定。

附件：石林彝族自治县人民政府机构设置表

石林彝族自治县人民政府机构设置表

人民政府办公室	发展和改革局	教育局	工业经贸和科技信息化局	民族宗教事务局	公安局	监察局	民政局	司法局	财政局	人力资源和社会保障局	国土资源局	环境保护局	住房和城乡规划建设局	交通运输局	农林局	水务局	旅游文化广播电视体育局	卫生局	食品药品监督管理局	人口和计划生育局	审计局	统计局	安全生产监督管理局

说明：

石林彝族自治县人民政府设置工作部门23个。其中：监察局与纪律检查委员会机关合署办公，列入政府工作部门序列，不计入政府机构个数；发展和改革局加挂投资促进局牌子；工业经贸和科技信息化局加挂中小企业局牌子；财政局加挂人民政府扶贫开发办公室牌子；住房和城乡规划建设局加挂城市管理综合行政执法局、园林绿化局牌子；农林局加挂畜牧兽医局牌子；安全生产监督管理局加挂煤矿安全生产监督管理局牌子。

此外，设置部门管理机构2个：人民政府法制办公室由人民政府办公室管理；暂空1个。

中共石林彝族自治县委　石林彝族自治县人民政府印发《石林彝族自治县普通高中教育振兴行动计划》的通知

（2010年7月29日石发〔2010〕13号）

各乡镇党委和人民政府，县委和县级国家机关各部委办局，各人民团体，县属各企事业单位：

《石林彝族自治县普通高中教育振兴行动计划（2010～2015年）》已经县委、县人民政府研究同意，现印发给你们，请结合实际，认真贯彻落实。

石林彝族自治县普通高中教育振兴行动计划（2010～2015年）

为认真贯彻落实市委、市人民政府《关于加快教育改革与发展建设教育强市的决定》（昆发〔2008〕4号）及《昆明市普通高中强基提质三年行动方案》（昆政发〔2010〕6号）精神，推进我县普通高中（以下简称普高）教育跨越发展，不断满足广大人民群众对优质普高教育的迫切需求，结合实际，制定本计划。

一、指导思想

以邓小平理论和“三个代表”重要思想为指导，深入落实科学发展观，实施科教兴县和人才强县战略，以创新体制机制为动力，以加强教师队伍建设为支撑，以提升教育质量为核心，以推进教育又好又快发展为宗旨，以办人民满意的普高教育为目标，解放思想，求真务实，继往开来，实现普高教育的新突破和新跨越，为我县经济社会发展提供强有力的人才支持和智力支撑。

二、基本原则

（一）坚持科学发展与特色创新相结合的原则；

（二）坚持内涵发展与外延扩张相结合的原则；

（三）坚持高水平、高质量“普九”与推进普高教育跨越发展相统一的原则。

三、发展目标

（一）总体目标

逐步建立开放多样、优质均衡的现代普高教育体系，充分满足广大人民群众对优质普高教育的需求，一年变样、二年翻身、三年突破、四年跨越、五年腾飞、六年优质，普高教育总体水平跨入全省先进行列。

（二）具体目标

办学条件显著改善。校舍、教育设施、教学设备、活动场地等办学条件达到云南省一级二等高中以上标准。

办学规模逐步扩大。办学规模由目前的3500余人扩大到5000余人，满足县域和外来人口增长对普高教育的需求，提高普高阶段教育普及程度。

办学水平显著提高。2015年前县一中由省一级三等高中晋升为省一级二等高中；2012年前县民族中学由省二级一等高中晋升为省一级三等高中。

教育质量显著提升。普高学生年分流率不高于5%，高考综合上线率以年均1%以上比例递增；一本、二本上线人数以年均10%以上比例递增。

四、组织领导

成立普高教育振兴工作领导小组。

政　委：罗朝峰（县委书记）

组　长：毕春华（县委副书记、县人民政府县长）

副组长：蔡志岳（县委常委、县委宣传部部长）

潘华光（县人民政府副县长）

成　员：普光强（县教育局党委书记）

徐永平（县教育局局长）

黄继斌（县政府办副主任）

毕东红（县纪委副书记、县监察局局长）

杨春宝（县人力资源和社会保障局局长）

陈永宁（县发改局局长）

冯正清（县住建局局长）

张　汶（县国土资源局局长）

赵良廷（县审计局局长）

张鹏飞（县环保局局长）

张树忠（县旅游文化广播电视体育局局长）

张　奕（鹿阜镇人民政府镇长）

张云涛（县教育局党委副书记、纪委书记）

陈贵云（县教育局副局长）

尹桂华（县财政局副局长）

领导小组下设办公室在县教育局，由徐永平兼任办公室主任，陈贵云兼任办公室副主任。

五、主要任务

（一）大力改善办学条件。

扩建县一中。抓住昆明市普高“强基提质”重点项目建设机遇，推进校舍安全工程建设，在2011年前按省一级二等高中标准对学校实施改扩建，着力充实完善教育设施及教学设备，办学规模从2000人扩增至3000人以上。

迁建县民中。在2011年前按省一级二等高中建设标准规划、搬迁新建县民族中学，办学规模从1200人扩增至2000人以上。

加快信息化建设。切实加强普高教育信息化基础设施建设，建成石林普高教育网、教师远程教育培训系统及培训室。学生数与计算机数比例达7.5：1，实现宽带“班班通”，多媒体“班班有”；实现校务管理及办公信息化。

（二）强势推进园丁工程。

突出师德建设。深入贯彻落实胡锦涛总书记在全国优秀教师代表座谈会上的重要讲话精神，把教师职业道德建设放在更加突出的位置，切实解决师德师风中存在的突出问题，大力实施“师表工程”，努力建设一支“爱岗敬业、关爱学生、刻苦钻研、严谨笃学、勇于创新、奋发进取、淡泊名利、志存高远、人民满意”的高中教师队伍。

加强“内培”工作。一是实施名师工程。建立“首席教师”、“名师工作室”、“名师评选”工作机制。二是加强师训工作。抓实校本培训，努力提高培训针对性和实效性；对教师实行每四年一周期的全员培训；每年组织管理干部、优秀教师、有潜质的青年教师到国内外名校跟班学习，到市级以上骨干教师培训班或高级研修班学习培训。三是加强学科带头人培养。积极创造条件，强化培养措施，力争市级、县级学科带头人（含骨干教师）分别达15人和90人以上。四是加强教科研。抓实校本教研，提高教研实效；加强教研室建设，充实教研室力量；增强“科研兴教，科研兴校”意识，扎实推进课题研究。五是建立教师考试机制。实施普高教师专业考试制度，构建学习型教师组织。六是鼓励教师进修。鼓励教师参加硕士研究生以上学历进修，普高国民教育研究生学历教师占专任教师数的10%以上。

注重“外引”工作。制定优惠政策，引进名师、省级以上学科带头人、名校优秀毕业生到我县任教。扩大学校引进优秀人才的自主权，由学校根据报批指标组织实施，由县教育局和县人力资源和社会保障局审核把关。有计划地邀请国内外名师、名校长、名家到我县讲学。成立专家咨询委员会，聘请国内外知名学者、专家担任高中教育改革与发展高级顾问，提供智力支持。

（三）扎实推进课程改革。

一是更新教育观念。抓住普高新课程改革机遇，深入推进课程改革，全面落实课程方案，进一步转变教育思想，更新教育观念。二是深化教学改革。坚持“以学生发展为本”，着力改革教学方式，构建和谐课堂、生态课堂、高效课堂，培养学生实践精神和创新能力，丰富发展内涵，提高教学质量。积极开展研究性学习，创造条件开设丰富多彩的选修课，提高课程的选择性，促进学生全面而有个性的发展。三是推进评价改革。建立科学的教育质量评价体系，实施学生综合素质评价。建立学生发展指导制度，加强对学生理想、心理、学业等多方面的指导。

（四）努力推进人事改革。

深化普高教育人事改革，努力构建“人员能进能出、职务能升能降、岗位能上能下、报酬能多能少，优秀人才脱颖而出、充满生机与活力”的用人机制。一是实施“校长公选制”和“干部竞聘制”。面向全省乃至全国公开选聘校长，由县委组织部、县人力资源和社会保障局和县教育局共同组织实施；实施学校中层以上领导干部竞聘上岗制，由校长组织实施。二是实施目标管理责任制。对校长实施任期目标管理责任制，由县教育局组织考核；对其他干部职工实行年度目标管理责任制，按优秀、称职、不称职三个等次进行考核定性，由校长组织考核。三是实施不称职人员解聘制和分流制。校长任期内不能完成目标任务的，给予解聘，并追究相应责任；教职工考核不称职的，采取进修、调岗等形式分流，连续两年考核不称职，给予解聘。四是实施“三制”管理。全面实施校长负责制、教职工聘任制和绩效工资制，给予校长充分的人权、事权、财权，扩大学校办学自主权。建立和完善绩效优先、优劳优酬考核机制，增强教职工危机意识和创业意识。五是放宽教师编制。进一步完善高中学校教师核编定编工作机制，及时补充缺编教师，在总编制内适当放宽高中学校编制数额，为教师轮训和发展创造条件。

（五）科学推进学校管理。

一是建立现代学校管理制度。运用现代管理思想和视角，构建全面目标计划体系、质量管理体系和全员业绩考核体系，优化管理制度，活化管理方式，实现教育资源特别是人力资源的科学管理。二是着力推进德育管理。坚持育人为要，德育为首，坚持以“养成教育”为基础，以爱国主义教育为核心，以科学精神和人文素养培养为支撑，以学生自主管理为突破口，构建全员育人、全面育人、全程育人机制。三是着力推进教学管理。把教学管理摆在更加突出的位置，在抓实常规管理的同时，着力抓好“教师及其教学行为”、“学生及其学习行为”的管理。四是着力推进评价管理。加强教育质量综合评价管理，完善评估督导制度，认真开展教育质量形成性评价和发展性评估，建立学校质量管理的导向机制和制约机制，引导和促进学校全面贯彻教育方针，全面提高教育质量，依法规范学校办学行为，提高学校自我完善、自我发展的能力。五是着力推进民主管理。完善“教代会”、“家长委员会”和“学生委员会”工作机制，推进学校管理的民主化进程。

（六）加强学校文化建设。

坚持“以人为本”，继承和弘扬学校优秀文化，强化核心价值观，加强观念文化、制度文化、活动文化、行为文化、物质文化建设，树立正确的教育观、教学观、质量观、发展观，增强教书育人的主动性和创造性，树立良好的校风、教风、学风。

（七）积极开展特色教育。

结合学校教育资源实际，拓展人才培养视野，有效开展学科特色活动及体育类、艺术类、实践类特色活动，培养各类特长生，满足不同潜质学生的发展需要，探索发现和培养创新人才的途径，为学生可持续发展奠定坚实基础，满足社会对人才的多元化、多样化需求。体育类、艺术类一本、二本上线率年均增10个百分点以上。

（八）有效推进合作开放。

创新普高对外合作机制，加强与国内乃至国外知名高中或大学合作办学（每校至少与2所以上的名校开展合作办学）。进一步扩大普高对外开放力度，积极开展对外交流活动，开展多层次、宽领域的教育交流，借鉴先进的教育理念和教育经验，促进我县高中教育改革发展，提升普高教育的影响力和竞争力。

（九）夯实九年义务教育。

认真贯彻落实《中华人民共和国义务教育法》和《石林彝族自治县关于进一步推进义务教育改革与发展的实施意见》，确保义务教育投入，深入推进义务教育阶段课程改革，全面推进素质教育，高水平、高质量普及九年义务教育，为高中阶段教育发展奠定坚实基础。

（十）建立经费投入长效机制。

一是实行收费返给制。学校各类非税收入，坚持“收支两条线”原则，收入全额上缴县财政，上缴后全额安排给学校作办学经费，其中：20%安排给学校作为日常公用经费，20%安排给学校用于改善办学条件和基础设施建设，60%安排给学校建立内部激励机制，奖优罚劣、奖勤罚懒，全面激励学校教师职工工作积极性。二是实施高考专项奖励。每年由县财政预算高考专项奖励经费80万元，依照《石林彝族自治县普通高中高考奖励办法（2010～2015年）》，表彰奖励优秀教师、优秀学子等。三是设立教师发展基金。每年由县财政预算普高教师发展专项资金80万元，用于教师培训培养、优秀人才引进、对外交流合作、外邀专家讲学、外聘顾问工作补助等。四是建立“教育公益事业促进会”倾斜支持普高教育机制。石林彝族自治县教育公益事业促进会多渠道筹措资金，进一步加大向社会和企业募集资金力度，为普高教育发展给予倾斜支持。

六、保障措施

一是落实责任，形成合力。县级各有关部门和各乡镇人民政府，要按照本部门工作职责，并结合该计划切实履行好自身的职能职责，形成振兴普高教育的强大合力，推进普高教育跨越发展。二是严格督查，强化考核。县委目督办、县政府目督办对高中教育振兴行动计划执行情况实施专项检查和督导，将其纳入县对各有关单位年度工作目标管理进行考核。三是加强宣传，营造氛围。教育部门和新闻媒体要坚持正确的舆论导向，大力宣传振兴普高教育对提高人口素质、推动石林经济社会发展的重要意义，大力宣传普高教育的先进典型和经验，形成人人关心、支持普高教育的良好社会氛围。

石林彝族自治县新型农村社会养老保险试点工作实施方案

（2010年10日25日石林彝族自治县人民政府石政发〔2010〕34号）

为进一步完善我县农村社会保障体系，保障农村居民年老后的基本生活，实现老有所养的目标，根据《国务院关于开展新型农村社会养老保险试点的指导意见》（国发〔2009〕32号）、《云南省人民政府关于印发云南省新型农村社会养老保险试点实施办法（试行）的通知》（云政发〔2009〕193号）、《昆明市人民政府办公厅关于做好嵩明县新型农村社会养老保险试点实施方案的通知》（昆政办发〔2009〕102号）精神，结合我县实际，制定本实施方案。

一、指导思想、基本原则和目标任务

（一）指导思想。以邓小平理论和“三个代表”重要思想为指导，深入贯彻实践科学发展观，不断推进社会主义新农村建设。认真贯彻落实《国务院关于开展新型农村社会养老保险试点的指导意见》和《云南省新型农村社会养老保险试点实施办法（试行）》，建立新型农村社会养老保险制度（以下简称“新农保”），逐步扩大覆盖面，建立与经济社会发展水平相适应的新型农村社会养老保险制度政策体系和运行机制。

（二）基本原则。新农保试点的基本原则是“保基本、广覆盖、有弹性、可持续”。从农村实际出发，低水平起步，筹资和待遇标准与经济发展及各方面承受能力相适应；遵循政府引导和农民自愿相结合及个人缴费、集体补助、政府补贴的基本原则，按照社会统筹与个人账户相结合的模式，实行计算机系统管理；完善相关政策措施，全面推开，形成具有我县特色的新农保制度。

（三）目标任务。本实施方案印发之日起全面启动新农保试点工作，2010年底，参保人数达应参保人员的70%以上，2011年达95%以上，并不断扩大覆盖面，2012年基本实现全覆盖。

二、参保范围和参保办法

（一）参保范围。新农保试点覆盖全县7个乡镇、92个村（居）民委员会（龙泉社区除外），涉及农业人口总数为20.93万人，符合参保条件的有15.01万人（1～2级重度残疾人894人），其中：16～59周岁12.45万人（不含在校学生），60周岁及以上人员2.56万人。保障对象为我县辖区内年满16周岁（不含在校学生）、未参加城镇职工基本养老保险、具有石林县户籍的农村居民。

（二）参保办法。以村（居）民小组为参保单位，以家庭为参保单元参保。参保人携带户口本或居民身份证原件及复印件（重度残疾人还需携带残疾证及其复印件，五保人员须由县级民政部门出具证明），到户口所在地村（居）民委员会提出参保申请，选择缴费档次和缴费形式，填写《新型农村社会养老保险参保登记表》，由村（居）民委员会初审同意后，报乡镇社会保障经办机构审核并办理参保登记缴费手续。若参保人存在户籍争议的必须取得公安部门证明材料才能办理参保手续。

三、基金筹集、缴费标准及政府补贴

新农保基金来源：个人缴费、集体补助、政府补贴及社会捐赠等。

（一）个人缴费

未满60周岁的参保人应按年足额缴纳养老保险费，可按每年100元、200元、300元、400元、500元5个档次的缴费标准（国家根据农民人均纯收入增长等情况适时调整缴费档次），自主选择缴费档次。参保人可将需要缴纳的养老保险费一次性存入新农保个人缴费存折。

（二）集体补助

有条件的村集体经济组织要积极筹措资金，对符合参保条件的参保人员给予适当的补助，具体补助标准和范围由村民委员会或村民小组自行确定。

（三）政府补贴

1.中央财政对符合领取条件的参保人全额支付每人每月55元的基础养老金。

2.省财政给予参保人每人每年30元的缴费补贴，全部记入个人账户。对农村重度残疾人（等级1～2级），由省财政按最低100元缴费档次标准逐年全额代缴养老保险费。

3.鼓励参保人选择较高档次标准缴费，市、县两级财政在省财政给予缴费补贴的基础上对选择按200元及以上缴费档次的参保人给予相应补贴。即：参保人选择按200元标准缴费的补贴10元，选择按300元标准缴费的补贴20元，选择按400元标准缴费的补贴30元，选择按500元标准缴费的补贴40元。市、县两级财政补贴分担比例为市级承担50%，县级承担50%。对农村五保人员，由县级财政按最低100元缴费档次标准逐年全额代缴养老保险费。市、县两级财政补贴全部记入个人账户（市、县人民政府补贴资金纳入同级财政预算安排）。参保人当年未实现缴费的，不能享受当年的政府缴费补贴。

四、缴费年限和享受待遇

（一）缴费年限

1.新农保最低缴费年限为15年。

2.新农保制度实施时，距领取年龄超过15年的参保人，应按年缴费，累计缴费年限不少于15年。鼓励其在累计缴费年限满15年后继续按年缴纳养老保险费，政府继续给予缴费补贴。参保人在缴费期间未实现连续缴费的，可从中断缴费的次年继续缴费，其中断前后的缴费年限可以累计计算。

3.新农保制度实施时，距领取年龄不足15年的参保人，应按年缴费，对其在年满45周岁到新农保制度实施时之间的未缴费年限，可在其年满59周岁当年一次性补缴相应年限的养老保险费，并同时享受政府的缴费补贴，但累计缴费年限不超过15年。

（二）享受待遇条件

1.缴费年限累计达到或超过最低缴费年限，且年满60周岁时，未享受城镇职工基本养老保险待遇且具有农村户籍的参保人，可按月领取养老金至终年。

2.新农保制度实施时，具有石林县农村户籍，年满60周岁、未享受城镇职工养老保险待遇的，不用缴费，可按月领取基础养老金至终年，但其符合参保条件的子女应参保缴费。

（三）待遇支付

新农保养老金待遇由基础养老金和个人账户养老金组成。其中：基础养老金为中央财政对符合领取条件的参保人全额支付的每人每月55元的基础养老金（当前为55元/月·人）；个人账户养老金的月计发放标准为个人账户全部储存额除以139。

（四）养老待遇发放

由县农保经办机构负责对应领取待遇人员情况审定后实行定期发放，由乡镇经办机构定期对领取养老待遇人员进行生存认证并建立死亡报告制度。参保人死亡的，其个人账户资金余额，除政府缴费补贴（本息）外，一次性支付给其法定继承人或指定受益人，同时终止其养老保险关系。政府缴费补贴资金用于支付其他参保人的养老金。

五、养老保险关系转移

参保人跨县（市、区）转移养老保险关系时，其个人账户储存额全部转入新参保地，按照新参保地有关规定继续参保缴费，并享受相应待遇；转入地尚未开展新农保工作的，可将其个人账户储存额暂存于原参保地，待条件具备时转移。参保人在本县内转移时，由本人提出申请，经转出、转入居民委员会审核，报经乡镇农保经办机构批准的，可办理养老保险关系转移手续，但不转移个人账户储存额。

六、基金管理

（一）新农保实行个人账户与基础养老金相结合的基金帐户管理制度。经办机构为参保人建立个人账户。个人账户由个人缴费、集体补助、政府补贴及利息组成。参保人员缴纳的养老保险费记入“个人缴费”，村集体和其他经济实体为参保人提供的补助记入“集体补助”，省、市、县财政补贴记入“政府补贴”。参保人个人缴费存折中的养老保险费按照参保人选择的缴费档次逐年划入其新农保个人账户。个人账户储存额每年按照中国人民银行公布的金融机构人民币一年期同期存款利率计息。

（二）新农保基金纳入社会保障财政专户，实行收支两条线管理。新农保基金必须专款专用、实账运行。管理费及工作经费等不得从基金中列支，任何部门不得挤占、挪用或用于平衡预算。经办机构工作经费纳入同级财政预算。

（三）新农保基金为市级管理，实行预决算制度。县人力资源和社会保障局、县财政局按规定做好基金年度预决算，报县人民政府批准后执行，并将年度预决算表报上级业务主管部门审核备案。县财政局要根据新农保基金用款计划，定期将资金划拨到社会保障基金财政专户，确保基本养老金按时足额发放。按照《云南省新型农村社会养老保险试点实施办法（试行）》的要求，我县新农保经办机构的收入户、支出户开设在县农村信用联社。

（四）农保经办机构要严格执行现行财务、会计、统计、稽核、信息披露等管理制度，定期向县人力资源和社会保障局、县财政局报送财务、统计报表，接受审计、基金监督部门和社会的监督。

（五）建立健全新农保计算机信息管理系统，参保人员的参保登记、缴费审定、业务办理、待遇支付、账户查询、数据统计等管理服务项目纳入计算机信息系统管理，规范操作流程，提高运行效率。

七、制度衔接和相关规定

（一）新农保制度实施时，已参加老农保年满60周岁及其以上并已开始领取老农保养老金的参保人，继续领取原个人账户养老金，并同时享受新农保基础养老金；对已参加老农保、未满60周岁且没有领取养老金的参保人，应将老农保个人账户资金并入新农保个人账户，按新农保的缴费标准继续缴费，待符合规定条件时享受相应待遇。

（二）新农保制度与城镇职工基本养老保险、被征地人员社会保障、农村计划生育家庭奖励扶助政策、农村五保供养、社会优抚、农村最低生活保障制度等政策制度的配套衔接办法，按照国家有关规定执行。

八、试点步骤

（一）摸底调查阶段。广泛深入基层，开展摸底调查工作，全面掌握农村居民基本情况，做到“村不漏户、户不漏人”。县农保经办机构将农村居民基本情况进行汇总，并登记造册。

（二）制定实施方案阶段。根据省、市指导意见，由县人力资源和社会保障局牵头到各乡镇、村（居）委会开展新农保专题调研。听取各乡镇、村（居）委会和群众代表意见和建议，认真做好经费测算，结合我县实际制定切实可行的实施方案，报省、市批准后组织实施。

（三）业务培训阶段。由县新农保试点工作领导小组办公室牵头，认真组织多形式、多层次的政策业务培训班，对县农保经办机构人员、各乡镇社会保障事务所及村（居）委会劳动保障服务站人员进行全面培训，学习有关文件，掌握新农保政策，明确任务和责任，培养一批熟悉掌握新农保政策的业务骨干。

（四）宣传发动阶段。充分利用广播、电视等新闻媒体，做到“电视有画面、广播有声音、报纸有文字、每村都有宣传标语（画）、每户都有宣传册（单）”，组织专门力量抽调专人，进村入户，采取发放资料、书写标语、媒体宣传、悬挂横幅、政府网站等形式，大力宣传新农保政策。充分发挥基层党政组织和群团组织的前沿作用，宣传建立新农保制度的重要意义和有关政策，做到“人人知晓、户户明白”。在全县范围内形成良好的社会氛围，使广大农村干部群众了解、熟悉新农保制度，理解、支持新农保工作，引导农村居民自觉踊跃参加新农保。

（五）落实推进阶段。县农保经办机构要明确任务，把握重点，分清职责，搞好衔接，制定切实可行的工作计划，强化服务意识，积极为农村居民办理参保手续，及时报告试点工作进展情况。

（六）总结验收阶段。县新农保试点工作领导小组办公室对新农保试点工作进行认真总结，寻找差距和存在的问题，提出加强和完善新农保试点工作的意见和建议，形成书面报告，报省、市社会保障部门，并做好迎接上级有关部门检查验收准备工作。

九、工作措施

（一）加强组织领导，积极推进试点。为加强新型农村社会养老保险试点工作的组织领导，统筹规划和督促检查具体实施工作，成立石林彝族自治县新型农村社会养老保险试点工作领导小组（以下简称县新农保试点工作领导小组），由县委书记任政委，县委副书记、县人民政府县长任组长，县人民政府分管社会保障工作的副县长任副组长，县委组织部、县委宣传部、县政府办、县人力资源和社会保障局、县财政局、县发改局、县公安局、县农林局、县政府新闻办、县旅游文化广播电视体育局、县民政局、县监察局、县审计局、县政府目督办、县残联、县编办、县档案局、县人行、县农村信用联社等部门主要领导和各乡镇人民政府乡镇长为成员。领导小组下设办公室在县人力资源和社会保障局，负责领导小组日常工作，由县人力资源和社会保障局局长兼任办公室主任。所需工作人员由组织、人事部门从相关单位抽调。

将建立农村社会养老保险制度列入各级、各部门关注民生的具体任务抓紧抓实，建立县级领导挂钩联系乡镇，县直机关单位挂钩联系村（居）民委员会制度，及时指导、督促、检查各联系点相关工作，促进试点工作稳步实施。

（二）明确职责，落实工作人员。县级新型农村社会养老保险业务工作由县农村社会保险局（简称“农保局”）负责，属财政全额拨款的参公管理的事业单位（待批），人员编制10～15人，按工作实际需要适时增加。乡镇新农保具体业务工作由各乡镇社会保障事务所负责，明确专职人员。各村（居）民委员会配备1名新农保协办员（由村〈居〉民委员会几大员兼职），负责办理本村（居）民委员会新农保相关工作。各乡镇人民政府应成立相应的工作领导小组，主要领导为第一责任人，分管领导为直接责任人，并做到办公地点、经办人员、经费“三落实”，负责本乡镇新农保实施方案的拟定和具体工作的实施，确保各阶段工作目标顺利实现。

（三）加大投入力度，落实资金。

1.县财政将县级补贴费用列入年度预算。县财政安排试点工作启动经费50万元，并专款专用，不得从新农保基金中支出。

2.根据省政府实施办法和本实施方案规定，做好2010年、2011年的缴费补贴资金和对五保户的代缴补助资金需求测算，确保足额安排政府补助资金。

（四）积极组织动员，做好舆论宣传。采取农民喜闻乐见的方式，充分调动农村居民的参保积极性。举办政策和业务培训班，培养业务骨干，做好农村居民参保各项工作。

（五）加强系统建设，提高运行效率。加强农村社会养老保险系统建设，规范操作流程，完善管理手段，建立我县新农保档案的计算机信息管理，提高运行效率。

（六）加强统计工作，建立报告制度。掌握试点进度，各乡镇及时将工作进展情况报县新农保试点工作领导小组办公室，试点工作领导小组办公室定期、不定期通报试点工作进展情况，并将实施试点过程中出现的问题及时向相关部门报告，制定处理措施及时处理。

（七）严肃工作纪律，确保社会稳定。新农保试点工作实行目标责任制，纳入对各乡镇和县直相关部门的年度考核内容。县新农保试点工作领导小组定期、不定期对各乡镇和有关部门开展新农保工作情况进行督查。对认识到位，行动迅速，措施得力，按时完成目标任务的单位进行通报表扬并奖励；对工作不力和工作滞后，不能按期完成目标任务的单位，进行通报批评并追究主要负责人和相关人员的责任。在人员界定、基金征缴、待遇享受等方面，各乡镇和各有关部门要严格按省人民政府《实施意见》和本《实施方案》相关规定执行，不得放宽或提高标准，乱开政策口子。同时，各乡镇、各部门要切实维护社会稳定，认真排查新农保实施过程中可能引发社会矛盾的重点问题和环节，及早做好问题预防和化解工作，为政策实施营造稳定有序的社会环境。

（八）做好养老金发放和参保缴费工作。2010年9月底前，做好60周岁以上农村居民的调查摸底、参保登记、公示、审核和信息录入等工作。试点启动后，按照省政府的统一部署，确保基础养老金按月足额发放到位。同时，完成16～59周岁农村居民的基本信息的录入工作，做到宣传动员和参保登记同步，发放基础养老金与参保登记同步，参保登记与张榜公示同步，参保登记与收缴保险费同步，发现问题与解决问题同步等“五个同步”，做好参保缴费工作，并发放参保登记卡。

十、本实施方案从2010年10月1日起施行，由县人力资源和社会保障局负责解释。

石林彝族自治县城乡统筹发展加快推进“四集中”三年行动计划（2011～2013年）的通知

（2010年11日3日石林彝族自治县人民政府石政发〔2010〕35号）

石林彝族自治县加快推进工业向园区集中三年行动计划

根据《中共昆明市委办公厅昆明市人民政府办公厅关于城乡统筹发展加快推进“四集中”工作的通知》（昆办通〔2010〕83号）精神，为推进石林彝族自治县（以下简称石林县）工业化加速，进一步促进工业向园区集中，结合实际，特制定本计划。

一、指导思想

以石林生态工业集中区“十二五”发展规划为指导，全面落实科学发展观，深入实施石林生态工业集中区“三年倍增、六年跨越”行动计划，抢抓机遇，科学招商，乘势而上，深入推进工业强县战略，坚定不移地走出一条科技含量高、经济效益好、资源消耗低、环境污染少、人力资源优势得到充分发挥的具有石林特色的新型工业化路子，强力推进工业向园区集中，不断提高全县经济总量，推动我县经济社会又好又快发展。

二、总体布局

（一）布局规划

石林生态工业集中区规划总面积28.65平方公里，分为五个片区，即：核心片区、西街口片区、北大村片区、大屯片区、圭山片区。

1.核心片区：规划面积9.89平方公里，是石林工业发展的核心区域。依托其地处县城发展腹地的区位优势，加强招商引资工作，建立起以先进制造业、农特产品加工业、生物制药以及旅游产品加工业为主导的核心生态工业区。核心片区近期重点发展旅游商品及用品、绿色农特产品、生物制药及先进制造业；远期加速四大产业的集聚，并促进生物化工的发展。

2.西街口片区：规划面积5.68平方公里，是未来石林传统工业基地，重点发展新型建材、冶金及机械制造业。近期主要以石材资源为基础，结合石林工业结构及工业布局的调整，打造成石林石材加工基地。结合主导产业的布局，将整个片区划分为工业区、综合服务区、科研区、物流仓储区、公园景观区、山体绿化区等功能区。

3.北大村片区：规划面积6.97平方公里，结合现状用地特点，将片区划分为工业区、综合服务区、绿化防护带、绿化景观区等不同功能区。充分利用其丰富的太阳能资源，大力发展新能源产业。重点发展“云电投”、“华能澜沧江”石林166MWp（兆瓦）光伏太阳能发电项目，并引进相关配套产业，打造成为国家级太阳能光伏发电科普示范区。

4.大屯片区：规划面积1.37平方公里，主要分为五大功能区：商品研发培育区、产品销售展示区、产业开发建设区、物资集散交流区、城市安保管理区、山体绿化防护区。主要依托现状工业资源，同时结合石林工业总体布局规划，重点发展烟草加工业和家具、灯具制造业，打造昆明东南部以及石林县的家具制造中心，形成对生态工业集中区的有效补充。

5.圭山片区：规划面积4.74平方公里，主要依托现有的煤炭资源以及周边曲靖等地区的煤炭资源，大力发展煤焦产业及配套产业，打造大型煤焦产业集聚园区。结合功能布局，将该片区划分为煤焦产业区、配套产业区、综合服务区、仓储物流区以及公园景观区。

（二）功能定位

按照“提速增量、进位争先、倍增发展、引领未来”的方针，坚持规模化、高端化、集约化、专业化、特色化原则，以建设具有一流机制、一流环境、一流要素、一流绩效的工业园区为目标，深入实施“11237”工业突破战略，重点发展旅游商品加工、农特产品加工、装备制造及新能源产业，整合提升传统产业，通过深入实施石林生态工业集中区“三年倍增、六年跨越”行动计划，实现园区建设大推进、新型工业大培育、传统工业大提升、中小企业大发展、工业总量大扩张，把生态工业集中区打造成新型工业化的示范基地和石林科学发展新跨越的增长极。

三、目标任务

今后三年，石林县工业发展将以园区规划和企业的生产经营项目为导向，将落户石林生态工业集中区的工业企业，分门别类地安排到五个片区入驻发展。2011年完成内资12亿元人民币，外资300万美元；2012年完成内资15亿元人民币，外资400万美元；2013年完成内资18亿元人民币，外资500万美元。2013年末，石林生态工业集中区规模以上企业工业主营业务收入达15.6亿元，年均增长34.7%；规模以上企业工业增加值达7.6亿元，年均增长41%；工业固定资产投资达10亿元，年均增长38.9%；基础设施建设投资完成4.3亿元，年均增长27.7%；亿元以上重大工业开工数完成3～4个；完成土地收储1平方公里；完成“五通一平”面积1平方公里。

四、保障措施

（一）严格执行规划，推进园区建设。立足现有产业基础、资源和区位优势，坚持因地制宜、突出特色、分类指导、分步实施、集约发展的原则，根据园区的功能定位、产业定位，吸纳传统优势产业和重点支柱产业入园，形成特色鲜明、优势互补、产品相互承接发展的园区产业格局。对不按布局规划选址的企业，各相关部门不予备案，不予办理用地、规划、环保、供电等相关手续。

（二）加大设施投入，增强园区承载力。创新园区开发模式，加大工业投资力度，进一步完善工业园区基础设施，重点做好工业园区“七通一平”基础设施建设，即通供水、排水、通气、电网、道路、通讯和网络，达到场地平整，污水和固废处理、绿化等其他配套设施同步规划、同步设计、同步建设，构建更为完善的基础设施及配套体系，打造项目发展载体。

（三）完善工作机制，强势推进招商引资。一是完善招商信息收集跟踪机制，建立招商信息收集交流、信息论证和信息责任跟踪制度；二是完善招商项目洽谈签约机制，坚持招商项目联席办公、项目合同联审和项目合同履约等制度；三是完善以商招商机制，积极引导现有企业开展对外合作，引进合作伙伴，实施以商招商。坚持以大项目为主、大中小项目相结合，着力开发、引进一批产业链条长、科技含量高、带动能力强的优质项目，实现工业园区产业集聚发展。

（四）培育产业集群，加快产业向园区集聚。在巩固提升原有工业企业的基础上，按照科学规划、合理布局、因地制宜、突出特色的原则，加快石林生态工业集中区“一园五区”规划建设，优化产业空间布局，鼓励工业企业入园集群发展，培育壮大园区主导产业，引进和培育能带动产业集群发展的工业企业，延长产业链，提高工业经济的集约化、集群化水平，形成产业集群的竞争优势。

（五）完善服务体系，打造优质服务平台。要简化审批程序，严格限时办结，实行一站式办理，为企业提供从申请到建设、投产的全过程高效优质服务，做到行政审批无条件、审批无阻力、程序无障碍，营造“三最四低”投资发展软环境，全力打造效率园区；加快建立以资金融通、信息服务、市场开拓、人才培训为主要内容的服务体系。

石林彝族自治县加快推进商铺向市场集中三年行动计划

根据《中共昆明市委办公厅昆明市人民政府办公厅关于城乡统筹发展加快推进“四集中”工作的通知》（昆办通〔2010〕83号）精神，为加快推进石林彝族自治县（以下简称石林县）商铺向市场集中工作，结合实际，特制定本计划。

一、指导思想

坚持以科学发展观为指导，实现“业态集约化、交易国际化、物流现代化、结算信息化”为目标，按照“完善功能、凸现特色、集聚人气”的要求，因地制宜、科学布局、合理规划，整合各类资源，构建网点布局合理、业态结构优化、流通方式多样、地方特色鲜明的现代流通网络，满足各方面客商交易需求，促进市场健康发展。

二、工作目标

利用三年时间，巩固提升石林县“万村千乡”市场工程，使其向社区便利店和社区服务提升，加强农村流通体系建设；加快一批重点项目建设，为楼宇经济发展提供载体，促进金融、商贸、商务的高度融合，发挥核心商圈对次级商圈的辐射带动作用；以城中村改造、三个产业园区建设为契机，积极引导各类商业网点合理布局，使石林县商业布局趋于合理，并通过项目吸引主力商贸流通企业入驻。

三、实施步骤

2010年——完成大兴商场、石林东城商贸中心建设、圭山镇海邑老寨粮食市场、西街口农贸市场、石林镇农贸市场建设，并投入使用。

2011年——完成《石林县商业布局专项规划》编制工作。根据专项规划制定小商铺改造计划并启动实施；在各乡镇分别新建或改建一个连锁直营超市；在各中心村建设农资直营店或加盟店。

2012年——完成县城核心城区内专业（批发）市场的建设工作；完成再生资源回收体系的建设，形成管理有序、网络健全的再生资源回收体系。

2013年——完成石林县农贸市场服务范围全覆盖。在各乡镇形成乡镇商业中心市场群，基本商业总面积不小于2000平方米，商业辐射半径在1公里区域范围内。

四、重点工作

按照“布局科学、用地集约、产业集聚”的原则，着力提升产业结构的层次和增长方式的集约化程度，以城市经济为载体，加快发展辐射带动力大及复合性、包容性强的城市综合产业。

商贸流通：打造以石林县城为核心，石林大道南北轴线都市经济带和九石阿旅游专线东西轴旅游特色经济带；启动石林物流园区建设，在石林、圭山、板桥、长湖、西街口、大可建设六个商业圈。大力发展商贸交易区，按照西城区“一轴四片”规划布局，着力发展商贸流通服务业，建设农资、花卉苗木、汽配、粮食、木材、再生资源、建材7个交易市场，一个标准化农贸市场。以环城路为载体，发展餐饮、小型仓储配送业，新建百货批发市场、改扩建标准化生猪定点屠宰厂。每个乡镇建成一个新型市场，一条商业街区，每个村委会建成一个小型超市，推进农村商品市场体系建设。

现代物流：以现代综合交通运输和网络信息为平台，推进石林仓储物流中心、台创园物流园区、生态工业集中区物流中心、云桂高铁物流区等项目建设。加快发展现代物流业，以国际物流、区域物流、城市物流为支撑，发展采购中心、物流配送中心、批发代理市场和连锁商业，形成现代综合物流体系。

旅游服务：加快餐饮酒店业发展，整合石林现有餐饮、酒店资源，着力打造以石林本土饮食文化为主的多元餐饮中心；加快旅游配套项目建设，建成一批星级度假酒店，引进国际知名酒店经营管理模式或连锁经营模式，加快旅游餐饮服务业发展。

五、推进措施

（一）科学规划专业市场。结合石林城中村改造和三个园区建设，合理规划各类专业市场及公共设施布局，通过严格的规划引导，构建城市商贸流通新格局，建立健全零售和商贸物流市场体系。

（二）加快推进市场建设。通过招商引资，吸引民间资本投入等方式，加大城镇各类专业市场建设和商业开发力度。加强对各类市场配套设施的建设与维护，大力开展市场及其周边绿化、硬化、美化工作，不断完善市场功能。同时，要加强跟踪服务力度，督促签约商贸项目尽快开工建设，并尽快投入使用；要紧盯在谈商贸项目，使其尽快签约落地。

（三）规范市场经营秩序。各职能部门要抓好市场监管工作，工商部门负责市场准入，规范市场经营秩序，查处市场经营中的假冒伪劣商品；卫生部门负责市场内食品卫生情况的检查，查处食品卫生违法案件；公安部门负责集中整顿市场内社会治安问题，坚决打击强买强卖等扰乱市场秩序的不法行为。质监、税务、安监等相关部门负责各自职责范围内的市场监督管理工作。

（四）打造政策洼地服务高地。一是加大政府扶持力度，尽快制定石林县商贸业发展的相关政策措施。主动争取国家、省、市的相关奖励、扶持政策，加大对全县大型购物中心、社区超市、商业特色步行街等重点项目的扶持力度。二是加强对企业的服务。要提高各部门对企业服务的责任意识及自觉理念，转变机关作风，提高工作效率，使企业服务工作做到规范化、精细化；要切实帮助解决企业经营发展中存在的实际困难和问题，增强企业素质、提高企业核心竞争力、促进企业发展，实现保增长、保民生、保稳定的目标。

石林彝族自治县加快推进居住向小区集中三年行动计划

根据《中共昆明市委办公厅昆明市人民政府办公室关于城乡统筹发展加快推进“四集中”工作的通知》（昆办通〔2010〕83号）精神，结合石林彝族自治县（以下简称石林县）城市总体规划和各个片区控制性详细规划及各乡镇实际，特制定本计划。

一、指导思想

全面贯彻落实科学发展观，坚持以“统一规划、集中建设、集约用地、方便生活、有利生产”为原则，统筹城乡发展、优化用地结构和节约集约用地，通过加大城镇基础设施投入、增强村镇服务功能、加强集镇环境综合整治、完善城镇公共设施配套，不断改善城乡人居环境，推进“居住向小区集中”，提升城乡居民居住条件。

二、工作目标

以推进城乡统筹、建设新农村和新型居住社区为目标，大力开展建设集约式新型社区、小套商品房和保障性住房，合理引导农民和城市中低收入人群集中居住，集约、节约利用土地资源，实现城乡空间合理布局。力争到2013年底，以鹿阜旧城改造、桃源水乡建设项目为主，实现城中村改造完成50%；加大住房保障力度，完成300套廉租住房、建筑面积1.4万平方米，并全部交付使用；建设公共租赁房200套，建筑面积1万平方米；开发建设居住小区26个，商品房7900套，建筑面积115.6万平方米；每个乡镇集中建设1个小区，不低于100套、建设面积不少于1.5万平方米；逐步推进新农村建设，完成30个村的新农村建设，村民居住环境明显改善、城市面貌焕然一新、城市功能进一步提升。

三、实施步骤

（一）城乡统筹建设工作计划

2010年——县住建局、鹿阜镇、石林镇人民政府完成一级控制区范围内社区和村庄的居民集中居住区和各乡镇统规统建的规划方案。

2011年——启动县城核心区和一级控制区范围内的居民集中区建设，各乡镇人民政府完成二级控制区范围内村庄居民集中居住区规划。

2012年——按照规划启动二级控制区范围内村庄居民集中居住区的建设，各乡镇人民政府因地制宜选择其他有条件的行政村完成农民集中居住区规划。

2013年——除部分特困山区村寨外，全县新建农村住房全部集中至居民集中区。

（二）城中村和旧城区改造工作计划

2010年——以鹿阜镇旧城改造、桃源水乡、苏宁环球项目等重点项目为主，实施老城区、大坝、桃源等旧城区和城中村拆迁安置工作。同时，完成全县范围内旧城区和城中村的前期调查工作，完成旧城区和城中村改造的工作实施方案。

2011年——启动城中村和旧城区改造的规划工作。

2012年——逐步推进西北街、南门街、东门街等老城区片区及大屯、小乐台旧、沙地等城中村改造工作。

2013年——完成老城区武庙片区、粮食局片区、小古城片区、大兴商场片区等范围内的改造任务，确保旧城改造达50%以上；完成2个村庄的城中村改造，确保城中村改造达50%以上。

（三）商品房建设工作计划

2010年——完成天赐良缘、滨江花园二期、万城阿诗玛旅游小镇二期、上海恒联新天地花园一期、石林财富中心、春源天景、中国彝族第一村、东城区商贸中心、巴江佳园等小区建设，新建小区9个，商品房2900套，建筑面积35.6万平方米。

2011年至2013年——实施桃源水乡、中央金座、万城阿诗玛旅游小镇四期、世纪阳光、水石坊、东门坊、悠然墅等项目，新建小区17个，商品房5000套，建筑面积80万平方米。

（四）保障性住房建设工作计划

2011年——完成300套的廉租住房建设，新建13848平方米，确保廉租住房达848套，解决“双困”家庭的困难。

2012年——完成200套的公共租赁住房建设，新建10000平方米，解决中低收入家庭的住房困难。

自2011年起，商品房开发建设中，小套商品房及保障性住房比例不低于总面积的20%。

四、推进措施

（一）加强组织领导

把促进石林县住房集中发展工作纳入目标责任制考核内容，进一步明确目标，落实责任，加强协作，做到目标、责任、措施“三到位”，切实加强住房集中工作的领导，强化县、乡镇、村三级管理，逐级签订目标责任书，层层落实任务和具体责任人，形成加快推动石林县住房集中发展的合力。

（二）强化分类指导

强化分类指导，突出重点，特别注重创建更加和谐的农村土地流转机制，促进农村土地流转的规范化；特别注重规范商品房建设，平稳发展房地产，健全房地产市场体系；特别注重加大保障性住房建设，增加限价商品住房、经济适用住房、公共租赁住房供应，集中连片开发建设。

（三）加大政策引导

鼓励农民转市民进城定居，研究制定促进各类优质地产企业来我县落户和发展的鼓励政策，积极引导企业参加城中村改造和保障性住房建设，采取多种方式推进居住向小区集中。合理分配商品房开发建设中商品房和保障性住房比例，形成梯次居住社区。

（四）营造良好环境

加强房地产市场管理，规范建设和交易秩序。严格执行房地产开发项目验收管理，进一步规范开发行为，防止盲目投资和低水平重复建设，降低项目运作风险。做大做强本地房地产开发企业，提升整体开发水平。

石林彝族自治县引导先富起来的农民向城镇集中三年行动计划

根据《中共昆明市委办公厅昆明市人民政府办公厅关于城乡统筹发展加快推进“四集中”工作的通知》（昆办通〔2010〕83号）精神，为加快推进石林彝族自治县（以下简称石林县）农民向城镇集中工作，结合实际，特制定本计划。

一、指导思想

以科学发展观为指导，围绕全面建设小康社会、加快实现城乡一体化战略目标，加大城镇基础设施建设投入，加强城镇环境综合整治，改善人居环境，不断提高城镇品位，引导先富起来的农民向城镇集中。

二、工作目标

按照“一板块一步城镇化、二板块城乡一体化、三板块城乡统筹”的要求，以建设昆明石林城乡一体化先行区为目标，实施“1313”城市化发展战略和小集镇“1+4”发展战略。通过实施村镇重新规建、农地重新整理、要素重新组合，进行城乡统筹开发建设，扩大城镇规模，提升全域城镇化水平。到2013年底，县城建成区面积11.5平方公里，建成区人口达8.1万人，城镇化率达35%。

三、实施步骤

（一）宣传动员阶段（2010年8月至12月）。召开“富裕农民向城镇集中行动计划”动员会，与有关职能单位签订责任书，明确各部门职责。各牵头单位和配合单位制定工作方案，于2010年11月10日前报县“四集中”领导小组办公室。同时，积极对农民进行广泛宣传和动员。

（二）规划建设阶段（2011年1月至2013年6月）。科学合理地制定规划和富裕农民向城镇集中的相关优惠政策。开展项目实施，顺利推进土地流转、劳动力转移、农业园区建设等工作。

（三）巩固提升阶段（2013年7月至12月）。开展全面自查和总结工作。有效实施农村富裕农民向城镇集中转移，促进农村富余劳动力向外省、城市和当地二、三产业转移，逐步减少农村和偏远山区的居住人口数量。

四、保障措施

（一）加快规划编制及管理全覆盖。认真贯彻执行市委、市政府《关于城乡一体化规划工作的指导意见》，启动昆明石林城乡一体化先行区的总体规划，确保2011年编制完成；组织编制行政中心片区、工商局片区、巴江河景观等重点节点、重点地段的城市设计；编制覆盖全县的城乡统筹规划，构建“一张图规划”管理平台，实现城市总体规划、产业发展规划、土地利用规划、交通规划、生态保护规划“五规合一”，从而对城乡各类空间资源要素和建设行为实现有效控制。同时，建立规划执行检查督查机制，以利早发现、早制止、早纠正，确保规划的严肃性。

（二）加快集镇建设助推农民进城入居。一是继续实施“1+4”工程，每个乡镇因地制宜建设一个新型市场、一个商业街区、一个新型住宅小区和一个产业集中区，将石林镇、鹿阜镇、板桥镇作为核心城镇建设，支持综合型、旅游型、交通型发展；将圭山、长湖作为重点集镇建设，支持工贸型、商贸型、旅游型发展；将西街口、路美邑、板桥、大可作为次级镇来开发建设，支持工贸型发展；矣维哨、南大村、堡子和台创园片区涉及村庄作为中心村来建设，支持商贸型、农业型发展。同时，从解决与群众生活密切相关的问题入手，加大道路、医疗、卫生、文化、供水、供电、绿化、亮化、净化、美化等基础设施建设，为集镇居民提供便捷优质的服务。二是把产业发展作为集镇建设的着力点，不断培育壮大集镇产业，繁荣乡镇经济，不断增强集镇建设的活动和后劲，大力支持发展劳动密集型、资源节约型、上下游产业链长的产业，改善群众生产生活条件，吸引先富起来的农民向城镇集中居住。三是尽快出台《石林县农村居民购买城镇住房定居奖励办法》，坚持政府引导、农民自愿、多方促进的原则，按照属地化要求，对自愿放弃宅基地和土地承包经营权到城镇创业、就业、居住的农村居民，给予相应的经济补偿和经济奖励。四是按照村庄规划的要求，坚持发展性、多样性、相融性、共享性的原则，高标准建设新型农村，从而改变农民生产、生活方式，让农村居民的生产、生活、居住由传统方式向现代方式转变，享受平等的国民待遇和与城市逐步同等的生产生活条件。

（三）改革户籍制度引导农民进城落户。按照户籍制度管理相关要求，进一步放宽城镇特别是城区和中心集镇的落户条件，使有合法固定住所、相对稳定职业和固定生活来源的外来人员及进城务工、经商的农村居民进入城镇、城区和中心集镇落户，进一步完善农村最低生活保障、农村养老保险等社会救助体系，解除进入城镇居住农民的后顾之忧。

（四）加大农村职业技能培训帮助农民进城就业。依托职业教育机构及县农林、县劳动就业局引进的培训机构及其他成人培训网点，不断加大“两后双百”、“4050”、农村富余劳动力培训力度，通过学习培训，掌握一至二门技能，增强农村劳动力就业能力。积极鼓励和支持民营经济发展，给予自主创业人员大力扶持，以创业带动就业，不断扩大就业范围，增加就业岗位，为农民进城务工创造更多的就业机会。

（五）加强城镇市场体系建设助推农民进城入市。一是依托国家级台湾农民创业园，以滇东现代烟草农业综合示范区石林基地、万家欢农业生态文化旅游庄园等项目为抓手，带动全域传统农业转型，大力发展设施农业、观光农业、科技农业、规模农业，推进都市型现代农业体系建设。加快培育现代农业龙头企业、农民经济合作组织，健全现代农业产业化经营机制，鼓励龙头企业借鉴“温氏模式”（公司＋基地＋农户），通过订单生产等形式，建立健全更加紧密的利益联结机制。同时，以工业园区、台创园区、旅游服务区及各乡镇集镇等区域为平台，引导鼓励先富起来的农民从事农产品加工、销售和相关服务行业。二是加强市场管理，优化投资环境和消费环境，促进农村投资和消费。引入市场机制，加大招商引资力度，吸引外地工商资本、民营资本及农业产业化龙头企业到集镇建立农产品生产基地，发展农副产品深加工，促进农村土地资源及生产要素的合理流动，加快农村劳动力有序转移，改善农业生产条件和农业基础设施建设。三是稳步推进农村土地制度改革，采取城镇建设用地增加与集体用地减少相挂钩的办法，推进“三转换”，即：以农村土地承包经营权（林权）、农民宅基地和住房、农村集体资产所有权，转换城镇产权住房、城镇社会保障和股份合作社股权，让农民更多地分享城镇化土地增值收益；探索建立农村土地承包经营权流转机制和生态保障补偿机制及个人缴费、集体补助、政府补贴的新型农村社会养老保险制度，逐步健全城乡全民社保机制。同时，制定符合石林县实际的农村集体产权登记制度，搭建房屋产权流转平台和载体，促进农民固定资产资金的有效流转。四是加快农村土地承包经营权流转。根据《中华人民共和国农村土地承包法》、《农村土地承包经营权流转管理办法》及有关规定，结合石林县实际，制定《石林县农村土地承包经营权流转服务管理办法》，健全机构，明确职能职责，鼓励发展农村土地承包经营权流转（股份）合作社，推动承包经营权及农村集体林权合法有序流转，引导土地向种植（养殖）能手集中，各类流转主体向农业产业园区聚集。

中共石林彝族自治县委　石林彝族自治县人民政府关于全面推进市级生态村创建工作的意见

（2010年12月9日石通〔2010〕13号）

为全面贯彻落实《中共昆明市委昆明市人民政府关于统筹推进市级生态村创建工作的意见》（昆通〔2010〕31号）的精神，加快推进我县市级生态村创建工作，打牢创建国家生态县基础，现结合我县实际，提出如下意见。

一、指导思想

以科学发展观为指导，以创建市级生态村为基础，以争创国家生态县为目标，按照我县国家级生态县创建工作的总体部署和要求，结合农村工作实际，突出农村改水改厕、饮水安全、绿化建设、村内道路硬化、垃圾收集储运、生活污水收集处理、清洁能源普及推广等工作重点，整合条块力量，加大投入力度，减少重复建设，增强工作实效，确保市级生态村创建工作整体推进、全面达标。

二、目标任务

各乡镇从2010年12月起全面启动市级生态村创建工作，按照“82”的推进比例（即2011年80%的行政村创建成市级生态村，2012年20%的行政村创建成市级生态村），加快推进市级生态村创建工作，确保2013年实现所有行政村建成市级生态村的目标（详见附表）。

三、工作原则

（一）县级统筹，乡镇落实

市级生态村创建工作由县创建办全面协调、统筹部署、整体推进。各乡镇、行政村（涉农居民委员会）是生态村创建工作的责任主体，要明确专职人员，对照指标任务，全面组织实施。

（二）整合投入，条块协同

县级相关部门和各乡镇在安排农村建设各条块资金时，紧密结合市级生态村推进计划，以农村基础设施建设为重点，合理调配和安排各专项资金，既避免重复投资建设，又确保重点指标达标，使有限的投入真正发挥作用。

（三）统一标准，分级负责

市级生态村标准参照国家级生态村标准执行。各乡镇在推进新农村建设、城乡园林绿化、农村扶贫开发、户用卫生厕所改造、饮水安全工程、村内道路硬化、垃圾收集储运、生活污水收集处理、清洁能源普及推广等专项工作时，严格按照生态村创建统一标准，对照指标要求，落实本级负责推进的相关工作，确保完成一项、达标一项。

（四）严格考核，明确奖惩

市级生态村考核验收工作严格按照《昆明市生态村申报与考核办法（试行）》的有关规定，确保规范达标。对按时限要求完成创建任务、实现市级生态村创建目标的行政村（涉农居民委员会），市级以奖代补1万元，县级以奖代补1万元；对在创建工作中作出突出贡献的乡镇、单位和个人给予表彰奖励；对未按时限要求完成创建任务、实现市级生态村创建目标的，按照有关规定对各责任主体相关责任人实施问责；对未按统筹推进要求认真履职、影响重点指标达标的县级相关部门，按照有关规定对相关责任人实施问责。

四、有关要求

创建市级生态村是创建国家生态县的基础和先决条件之一，是推广全域城镇化和生态文明建设的重要载体。由于我县农村范围广、基础条件差，生态村创建工作时间紧迫，任务繁重。全县各乡镇人民政府，各行政村（涉农居民委员会）要高度重视，进一步统一思想，提高认识，切实增强紧迫感和责任感，采取有力措施，扎扎实实抓好各项工作。

（一）各乡镇人民政府、行政村（涉农居民委员会）要进一步加强对生态村创建工作的领导，整合条块力量，加大投入力度，完善工作机制，明确责任分工，广泛宣传动员，充分调动广大干部、群众的积极性，增强认知度，提高参与率，按照县委、县政府的统一部署和要求，制定工作方案，精心安排部署，有步骤、分阶段组织实施，确保按时按质按量完成创建工作任务。

（二）县级相关部门要自觉服从全县生态文明建设的大局，在推进农村发展的过程中，凡与生态村建设相关的工作，都按照生态村的指标要求进行落实。加大资金投入力度、提高资金使用效率，加强协调配合、积极帮扶支持，加强检查指导、实施跟踪督办，确保重点指标任务的完成。

（三）各乡镇人民政府要充分发挥主观能动性，认真履行职责，及时研究解决工作中存在的困难和问题，一线服务指导、一线跟踪检查、一线推进落实。

（四）县创建办要进一步加大工作力度，加强统筹安排、综合协调，重点推进，确保生态村创建工作顺利开展。

（五）县纪委监察局要加大跟踪督查力度，对在创建工作中推诿扯皮、工作不力、不能按时完成创建目标任务的乡镇实施严厉问责。

（六）市级生态村创建工作将纳入县对乡镇综合考核内容，县委目督办、县政府目督办要定期开展督查，督查情况将作为年终考核的依据之一。

附件：1.石林县市级生态村重点指标统筹推进责任一览表

2.石林县各乡镇2011年市级生态村创建任务清单

3.石林县各乡镇2012年市级生态村创建任务清单

附件1：

石林县市级生态村重点指标统筹推进责任一览表

序号	指标要求	责任主体	县级牵头部门	县级配合部门
1	村民人均年纯收入（元/人/年）≥4000	各乡镇人民政府、行政村（涉农居民委员会）	县统计局	县农林局
2	饮用水卫生合格率≥95%		县水务局	县卫生局
3	户用卫生厕所普及率≥80%		县爱卫办	县卫生局　县住建局
4	生活垃圾定点存放清运率100%		县住建局	县农林局
5	生活垃圾无害化处理率≥80%		县住建局	
6	生活污水处理率≥70%		县环保局	县住建局
7	工业污染物排放达标率100%		县环保局	县工信局　县发改局
8	清洁能源普及率≥70%		县农林局	县工信局　县发改局
9	农膜回收率≥80%		县农林局	县工信局
10	农作物秸秆综合利用率≥70%		县农林局	
11	规模化畜禽养殖废弃物综合利用率≥80%		县农林局	县环保局
12	绿化覆盖率高于本县平均水平		县农林局	县住建局
13	无公害绿色有机农产品基地比例≥50%		县农林局	县环保局
14	农药化肥平均施用量低于本县平均水平		县农林局	县统计局
15	农田土壤有机质含量逐年上升		县农林局	
16	村民对环境状况满意率≥95%		县统计局	县环保局

注：以上指标即为国家级生态村创建指标

附件2：

石林县各乡镇2011年市级生态村创建任务清单

乡镇名称	行政村（涉农居民委员会）	数量
鹿阜镇	南门社区、东门社区、西北社区、上蒲草村委会、东海子村委会、清水塘村委会、大哨村委会、小河村委会、萝卜所村委会、路美邑村委会、堡子村委会、鱼龙坝村委会、山冲村委会、铺兵村委会、大乐台旧村委会、麦地庄村委会、三板桥村委会、阿乌村委会、大屯村委会、新宅村委会	20
石林镇	北大村村委会、北小村村委会、月湖村委会、老挖村委会、水塘铺村委会、小密枝村委会、长跨村委会、松子园村委会、螺蛳塘村委会、林口铺村委会、天生关村委会、小箐村委会、乐尔村村委会、和摩站村委会、站屯村委会	15
板桥镇	板桥村委会、龙潭村委会、小屯村委会、青山村委会、黄家庄村委会、龙溪村委会、叠水村委会、大叠水村委会、冒水洞村委会	9
圭山镇	糯黑村委会、海邑村委会、蝴蝶村委会、小板田村委会、红路口村委会、水补衣村委会、和合村委会、小圭山村委会、尾乍黑村委会、当甸村委会、额冲衣村委会	11
长湖镇	雨胜村委会、宜政村委会、舍色村委会、豆黑村委会、蓑衣山村委会、所各邑村委会、祖莫村委会、维则村委会	8
西街口镇	雨布宜村委会、绿水塘村委会、西街口村委会、威黑村委会、紫处村委会、新木凹村委会、糯衣村委会、格渣村委会	8
大可乡	大可村委会、中龙村委会、结胜村委会、岩子脚村委会	4
合　计		75

附件 3：

石林县各乡镇 2012 年市级生态村创建任务清单

乡镇名称	行政村	数量
鹿阜镇	小乐台旧村委会、阿怒山村委会、北山村委会、宏图村委会	4
板桥镇	矣马伴村委会、者乌龙村委会、小戈丈村委会	3
圭山镇	法块村委会、普拉河村委会、矣维哨村委会	3
西街口镇	宜耐村委会、芭茅村委会	2
大可乡	南大村村委会、水尾村委会	2
长湖镇	海宜村委会、乍龙村委会	2
合　计		16

文 选

非 遗 文 献

摔跤（彝族摔跤）

（申报第三批国家级非物质文化遗产名录文本）

项目简介

摔跤是世代广泛流传于石林彝族自治县彝族撒尼人民间的体育竞技活动项目之一。在石林县每个撒尼村寨都有比较固定的野外比赛地点和约定俗成的比赛时间。临近比赛时用海报的形式进行宣传（时间、地点、奖励办法、比赛办法等）。比赛时参赛跤手以村为单位或自由组队参赛。不分级别，从轻量级到重量级开始进行擂台式对抗。比赛时运动员腰系红色或蓝色腰带，以区分队员，双方可以抓住对方腰带，充分发挥单手过背、夹颈背、穿腿、绕背转移、抱单腿、抱双腿、握颈抱腿等技巧，以脊背落地为输，三跤两胜负者淘汰，胜者由裁判引导绕场找对手，负方再派出一位跤手与之对抗，直至没有对手敢与胜者挑战为止。胜者为当天比赛的大力士。组织者根据跤手摔倒对手的人数发给数量不等的大红布作为奖励，最后夺冠的大力士由长者把当天最长的大红布挂在其身，在场的文艺队吹吹打打绕跤场一周举行“挂大红”仪式。20世纪90年代开始，每逢火把节，除了民间自发组织的摔跤比赛外，县人民政府每年都要举行全县性的比赛活动。丰富了旅游资源，促进了旅游发展。

彝族摔跤历史悠久，源远流长，它是撒尼人祖先庆贺丰收、欢度节日、祈求风调雨顺、五谷丰登、六畜兴旺的传统体育活动，具有数百年的历史。石林民族民间故事《摔跤的来历》在民间广为流传，传统的文化习俗和文化认同，使撒尼摔跤代代相传，延续至今。它包含了撒尼朴实的民族审美观和千百年来对力量的崇敬。撒尼摔跤方法和技巧灵活多样，和国际摔跤相近，差异主要在国际摔跤不系腰带，而撒尼摔跤要系腰带，但动作与技巧却十分相近，展现了撒尼人卓越的智慧和创造力，具有突出的历史和文化价值。新中国成立以来，先后为国家、省、市输送了大量运动员，在国际、国内比赛中取得了突出的成就，产生了很大的影响。石林县被誉为“摔跤之乡”。摔跤成为了石林民族文化的重要组成部分。

所在区域及其地理环境

石林彝族自治县是昆明市近郊县，距昆明76公里，是滇东北、滇东南及广西、贵州、广东等地区进入昆明的门户，也是越南等东南亚国家入境我国的重要通道（古代这里还是广西、贵州进入昆明的重要交通要塞，为滇黔、滇桂的古驿道交汇处），交通十分发达。全县国土面积1719平方公里，所在地海拔1679.8米。人口24万，少数民族人口约占总人口的34%。石林县民族文化多姿多彩，被誉为“歌舞之乡”、“民族民间绘画画乡”和“摔跤之乡”。境内3亿年前形成的石林景观，被誉为“天下第一奇观”，2007年6月被联合国教科文组织列入世界自然遗产名录。

石林彝族自治县气候为典型的亚热带高原干湿季风气候，具有“冬无严寒，夏无酷暑，四季如春，干湿分明”的特点。每年5月至10月为雨季，11月至次年4月为旱季，年平均气温15.6℃，最高气温31.6℃，最低气温0.8℃。降水量954.2毫米，日照时数1616.6小时，无霜期263天，森林覆盖率37.02%，山清水美、风光秀丽。

分布区域

彝族摔跤习俗分布于石林彝族自治县撒尼村村寨寨，每到节日或庆典，各村寨都会举行传统的摔跤比赛交流技艺，庆贺节日，增进友谊。

历史渊源

彝族摔跤源远流长，它是撒尼人祖先庆贺丰收、欢度节日、祈求风调雨顺、五谷丰登、六畜兴旺的传统体育活动，具有数百年的历史。石林民族民间故事《摔跤的来历》在民间广为流传，传统的文化习俗和文化认同，使撒尼摔跤代代相传，延续至今。

基本内容

石林彝族摔跤从准备到比赛程序较多，每个村寨都有比较固定的比赛地点与时间，临近比赛时用海报的形式进行宣传（时间、地点、奖励办法、比赛办法等）。现在村寨举行摔跤一般由村干部主持，村里自筹资金。参赛跤手以村为单位组队参赛。从体重最轻的开始进行擂台式对抗。运动员必须系红色或者蓝色腰带，双方可以抓住对方腰带，充分发挥背、带、推、拉、单手过背、夹颈背、穿腿、绕背转移、抱单腿、抱双腿、握颈抱腿等技巧，以脊背落地为输，三跤两胜负者淘汰，胜者由裁判引导绕场找对手，负方再派出一位跤手与之对抗，直至没有对手敢与胜者挑战为止。胜者为当天比赛的大力士。组织者根据跤手摔倒对手的人数发给数量不等的大红布作为奖励，最后夺冠的大力士由长者把当天最长的大红布挂在其身，在场的文艺队吹吹打打绕跤场一周举行"挂大红"仪式。

相关制品及其作品

彝族摔跤必须要有天然或者适合摔跤的跤场，用于喊话的扩音设备，奖给运动员的各种奖品。用于挂红的红布、蓝布等若干米，以上为主办方应准备的物品。运动员则应准备红色或者蓝色腰带，系于腰间参加比赛。

传承谱系

石林镇乐尔村普德光，男，1938 年生，71 岁。由其父传予，其父由其祖父传予，再上不明。普德光系云南省摔跤一级教练、全国摔跤冠军。

石林镇尾博邑村毕永恒，男，1948 年生，61 岁。由普德光传予，普德光由其父传予。

长湖镇维则村毕永馗，男，1932 年生，76 岁。自学摔跤，博取村内所有摔跤能手之长，形成了自身摔跤风格。

代表性传承人

石林镇乐尔村普德光，男，1938 年生，71 岁。云南省摔跤一级教练、全国摔跤冠军。

石林镇尾博邑村毕永恒，男，1948 年生，61 岁。

长湖镇维则村毕永馗，男，1932 年生，76 岁。

主要特征

彝族摔跤是石林民族民间传统的竞技体育项目，具有较强的对抗性。彝族摔跤不限比赛时间，运动员须系腰带。比赛可以个人、集体组织参赛。参赛运动员可以是青少年、中老年人，也可以是女子专门比赛。摔跤方法和技巧较多，比赛中运动员"相对佝偻其躬，头相向，手前后盈如时钟摆坠然，足趑趄行如斗鸡作然。久久交手，有如鹤舞、有如龙骧、有如鳅滑、有如狮搏，时上时下，时覆时翻……真令人绝倒也"！因此极富观赏价值，民族民间文化特点十分突出。

重要价值

彝族摔跤历史悠久，深深扎根于民间，是石林特有的民族民间文化奇葩，包含着彝族撒尼朴实的民族审美观和千百年来崇敬力量的生存观。彝族撒尼人摔跤方法和技巧灵活多样，和国际摔跤相近，差异主要在国际摔跤不系腰带，而彝族撒尼摔跤必须系腰带，但动作与技巧却十分相近，展现了彝族撒尼人卓越的智慧和创造力，具有突出的历史和文化价值。新中国成立以来，先后为国家、省、市输送了大量运动员，在国际、国内比赛中取得了突出的成就，产生了很大的影响。石林被誉为"摔跤之乡"。摔跤成为了石林民族文化的重要组成部分。

濒危状况

由于经济社会的发展，如今的撒尼村寨发生了翻天覆地的变化，人们的价值观、审美观等都在发生着前所未有的转变，这些潜移默化的转变，使一些跤手由于相互之间熟悉等原因，传统的荣誉感以及交流学习的观念逐渐淡薄，产生了较多的摔假跤现象，使彝族撒尼摔跤变得索然无味。加之现代文化生活丰富多彩等原因，现在举行彝族撒尼传统摔跤的村寨正在逐年减少，喜欢摔跤的运动员也在逐年减少。随着老一代摔跤能手的老化，新一代摔跤能手已经出现断代现象，急需加以保护。

已采取的保护措施

为了加强对彝族撒尼摔跤的保护，1990 年 2 月 15 日，县体委制定了《关于改革群众摔跤比赛的意见（试行）》，对石林群众性摔跤规则等进行了相应的改革，促进了传统摔跤的发展。2005 年，为了加强对彝族撒尼摔跤的研究，将其列为了石林县非物质文化遗产保护名录（石政发〔2005〕8 号）；同年，将民族民间故事《摔跤的来历》、"撒尼传统摔跤习俗"，同时申报为昆明市首批民族民间传统文化保护目录（昆政复〔2005〕57 号）。2009 年被公布为云南省第二批非物质文化遗产（云政发〔2009〕152 号）。20 世纪 60 年代以来，为了加强对彝族撒尼摔跤运动员的培养，相继成立了石林业余少体校，圭山、板桥、民族小学、鹿阜镇、维则等摔跤训练点和训练网点，积极努力培养彝族撒尼摔跤运动员。

资金投入情况

2005 年投入资金 25000 元，对撒尼摔跤进行了调查和搜集，将其申报为县级、市级非物质文化遗产保护名录。2009 年投入资金 15000 元，将其申报为云南省第二批非物质文化遗产名录。20 世纪 60 年代以来投入资金数十万元不断完善少体校设施，加强对彝族撒尼摔跤运动员的培养。

保护内容

全面系统地保护彝族撒尼摔跤，主要从三个方面加以保护：一是保护人，保护彝族撒尼摔跤传承人；二是保护彝族撒尼摔跤传统的方法和技巧；三是保护传统的组织形式和习俗，保持彝族撒尼摔跤的民族文化元素。通过调查、搜集、记录等方式，建立完整的档案。用数字化多媒体等手段，对彝族撒尼摔跤进行真实、全面、系统的记录。培养摔跤传承人，培育传统摔跤表演重点自然村，加强对彝族撒尼摔跤的研究和保护。

五年保护计划表

时　间	保护措施	预期目标
2009 年	专题调查、录像等	完成建档工作
2010 年	选定中、青年传承人	承担传承任务
2011 年	加强训练网点建设	输送更多人才
2012 年	成立摔跤协会	完成任务
2013 年	建立摔跤重点村	保护与示范

保障措施

1.将彝族摔跤保护工作纳入经济社会发展规划；2.纳入县财政保护文化遗产经费支出预算；3.纳入体育工作重要内容；4.纳入各级政府的目标责任制；5.制定保护实施方案；6.建立摔跤传统体育学校。

经费预算及其依据说明

经费预算	依据说明	地方配套资金
500 万元	石林县国民经济和社会发展“十二五”规划	100 万元

石林送水记

□□ 刘晓庆/文　李治平/摄影

西南地区又遭遇了百年不遇的大旱灾，唉！我的家乡又在其中。

这是怎么搞的嘛。

总想去灾区看看，想替父老乡亲们做些什么，可是一直不得其门其路而入。

上个礼拜，我做评委主席的上海东方卫视“全家都来赛”节目中的云南选手昂美仙在直播现场宣布退赛，使我们所有人大吃一惊。她是一村之长，不能看见乡亲们处在水深火热之中时自己还在上海舞台上莺歌燕舞，要回去带领大家抗旱。

我提出要去昂村长的家乡看看。

于是，节目组安排剩下的六个选手跟我一起去。我要去送水给村民们。送好多好多的水。

昨天晚上到达昆明。

今天凌晨5点，我们七个人把堆积如山的瓶装水和矿泉水装满了五辆汽车，浩浩荡荡地出发了。

车开了三个多小时，由于干旱，一路上尘土飞扬，我们都灰头土脸的，像个泥猴。来到一条弯弯曲曲的土路，据介绍说，这是昂村长在节目上呼吁起了作用，当地政府出钱给修的。

村民们集中在路边，穿了节日的盛装欢迎我们。每家两个水桶排成整整齐齐的大长队准备接我们送去的水。

干旱确实严重。村民们从春节到现在就没有洗过澡了，更没有洗过衣服，田里全是红土，干得像沙子一样。

我们把桶装水倒在他们的桶里，小狗们跑来跑去，被他们严厉地赶开。

男人们还在地里翻土，辛勤地耕作。

问他们没有水不能种庄稼还挖土干什么?

他们说，等雨。每天翻土，每天做好准备，等雨一下就种上庄稼，明年才有好收成，久不下雨秧苗都快活不成了。如果一个月内种不上秧苗，明年就会颗粒无收，怎么办呀?

听介绍说，没有这条弯曲的土路之前，村民得从几十里外的地方用肩膀把水背回来，要是没有这条路，我们这五大车水也不能够送过来了。

我一直劝昂村长再回到“全家都来赛”的舞台，她说唱歌自己年纪大了，就不再去拼了。我说比赛结果并不是最重要的，最要紧的是你参加了这个节目，传递了信息，才有了

村里的公路，我们也才有了尽微薄之力的渠道。

但我们的能力太渺小了，原以为送来了堆成一座山的水，结果倒到桶里，每家村民只分到两半桶水。我告诉村长肯定还有许多想出钱出力却没有渠道的人，就可以通过她帮到更多的别的村庄的人，这比她一个人回家乡挖地挑水起的作用大得多。

昂村长说现在最需要的是蓄水池。村里砍了许多树卖够了钱，发动村民们自己动手盖了唯一的一个蓄水池。可是没有盖子，池底也是漏的，每天宝贵的水一边蒸发一边漏，水量一直在减少。我看见池底只有一层水，还长满了青苔。我告诉她不用担心，我出钱让他们修一个新的好的蓄水池。

村民们好多都哭了。不知道向我们表达了多少次感谢。其实真的没有做什么，也做不到什么。

我们做的只是杯水车薪。太不算什么了。但是来一趟非常重要。我们可以把灾区情况报告给外界，唤起八方的大力支援。

看看天空，有较厚的云层，我说，哎，好像很有希望下雨。

据开车送我们来的师傅说，前天已经向天空打了三千五百四十四颗人工降雨弹，只有一次下了些零星雨点。

离开时，村民们围在我的汽车旁边，唱起了送别的歌。唱得真是动听。

他们还送给我亲手绣的背包和围巾。太好看了。

我们的汽车徐徐开动。招手，招手，招得我们手酸。

突然天空中有几颗水滴下来。

下——雨——啦——

人们欣喜若狂。

可是雨不够大，只下了短短的二十分钟。

唉。

不过总比不下的好。这点春雨真是贵如油啊。

原文标题：西南旱灾让我心痛

原文发表时间：2010-04-02 00：10：49

（选自刘晓庆的新浪博客，经授权发表，图片有删节）

红土的恩赐

□□ 毛旭辉

本文献给过去十多年里的许多不眠之夜，同在一起喝酒，怀着同样梦想的南方之子们。为了“那个存在”我们曾一道苦苦挣扎在精神无边的深渊里。此文作为我对他（她)们深深的爱。作为对那些躁动年华的纪念。那时我们有太多的激情和勇气去抗拒生存的苍白和平庸。

——大毛

忠实于大地罢，不要信任那些侈谈超大地的希望的人！

健康、完善而方正的肉体，说话当然更忠诚些，更纯洁些，而他谈着大地的意义。

——尼采[①]《查拉斯特拉说》

我的感情开放了，犹如一种宗教，你能领悟这一点吗？任何感觉都是一种无穷尽的“存在”。感觉对于我们来说是一种奇特的刺激。

——纪德[②]《地上的粮食》

你见过真正的红土地吗，新鲜的？
请到老圭山[③]来！

你想喝到香醇的包谷酒吗，没掺过水的？
请到老圭山来！

你想追寻逝去的田园牧歌吗，梦幻般的？
请到老圭山来！

当我写下这类似现代流行广告用语的句子，我是发自心中纯正的情感。就像一个人不能轻易地说出，我爱或我恨。

我的热情便是我的真诚。

我并非是一个撒尼人[④]，一个赶牛车的汉子，但我眷恋红土就是在眷恋孩童时代的梦。这个梦在红土上无数次地诞生。轻柔、粗犷……在我的感觉中，它们以无数的形象在向我呼唤。我听到了各种声音，各种声音混合出的奇特音响。

红土保留了我所有的梦。红土本身就是梦——大地的梦，它充满爱的激情。松涛在山野中震颤的时候，你仰卧的身躯是否感觉到大地的颤动？

麦青，我总觉得这并非是我们第一次来到山野里；也并非是我第一次在红土上散步，享受春天带着凉意的躁动；这个并非是梦幻。人们长期以来对于梦不以为然，认为梦是虚假的。而我始终觉得梦就是一种现实。一种充满温情和魅力的和谐。一种存在。

麦青，你这名字多么美好。你在一天清晨的散步中对我说，这名字是在红土上取的。我相信。那个伟大的孤独散步者卢梭[⑤]也会相信。他在法兰西的乡间和葡萄园漫步，沉思着自然。为遇到一株新草而兴奋。为遇到一种新鲜的感觉而欣慰。凡自然之子都会相信的。在红土中只有真诚。只有爱。

这是一些难忘的日子。我们躺在山脚下，背靠大地，面对晴空。松树在眼前呼呼地摆动。耀眼的阳光穿过针叶洒在脸上，洒在眼睛里。天空忽而白忽而蓝，忽而又是红的。那红里有绿色的深点。白云从我们背靠的山顶上飘过，一朵接一朵。有快有慢。有时就在眼前散开了，像伞那样从一个点撑开，然后瓦解，溶进无穷尽的天幕中。它们散开了，又在另一个时刻，另一个地点聚合，成为一团。永无固定的形状，也无停止的瞬间。

麦青，你喜欢那些用石板铺成的村道。弯曲的，起伏的村道。我也一样。村道两旁用石块垒成高高低低的矮墙。黄昏时，羊群从山里放牧归来，那急促和细碎的脚步踏在石板上的声响和领头羊脖子上挂着的铜铃发出的松散的令人迷醉的叮零当啷的金属声，一阵阵地回荡在静谧而辉煌的夕阳中。牧羊女纯朴的身影缓缓地尾随着羊群。她不时地挥动着手里的绿树枝吆喝着，发出一种和山野异常谐调的声音，那种羊儿能听懂的调子。她在我们眼前走过，就像是法国十九世纪巴比松画派[⑥]笔下的牧羊女，那目光安闲，甚至就是神秘。伟大的米勒[⑦]，我只有在黄昏的红土上，才领悟了您作品的永恒价值。那种永恒的惆怅和庄严曾深深地笼罩着我。

太阳要落山了，大地模糊了起来，天空显得更加绚烂和清晰。当我们站在红土上领略这牧歌式的图景时，我感到一阵不安。当我们被眼前的一切吸引和感动时，我们只是置于那个存在之外。我们仅仅只是一个局外人，一个毫不相干的人。在牧羊女和羊群的目光中，我们这种陶醉也是不可理解的。只有站在“存在”之外，才对“存在”感到兴趣。存在之中的事物并不感觉到存在。它就是那样，天然地呈现着自身。闪光也罢，安闲也罢，一切顺其自然。这是无须思索的。一棵桉树摇曳着，发出声音，或者安静地垂着头，默不作声。这是不假思索的事情。更无须理解和认识。然而它必定是合理的，美丽的。它充满诗意。它本身就是诗，诗的本身。

当我们在感觉着存在时，我们已经在存在之外了。处于另一种存在。

无论我们有意还是无意地去观察和感觉世界，我们都在某种程度上与世界分离了。

麦青，你我都长久地生活在各种观念存在的错乱之中了。

来到老圭山这些山野之中，对我来说无疑是一种逃避。但更像是一次治疗和拯救。当你我面对质朴的存在感到大惊小怪时，已经掩饰不住我们内心的匮乏。

我们长久地生活在都市的人群中，行走在街道两旁排列的树下。被各种喧哗、狂躁、平庸的灰尘覆盖着；被各种荒唐的举止，麻木的面孔以及无内容的笑挤压着。

你我的生活长久地被划在了形式之中。形式主义的生活导致情感千篇一律。那些貌似合理的生活方式导致生命的危机。

于是我们来了，像一次真正的出走！沿着柏油路面走出了都市的城堡，踏进了山野和田间的路径，那些散发着大地芬芳气息的路径。这是三月的日子，梨花和桃花已经过了它们开放的鼎盛时期。不过它们仍保持着银色和桃红的温柔面容，迎接着疲倦的灵魂。

麦青，在山野里，你变得容光焕发。不过你那都市样式的发型，在这里显得多么滑稽。岂止是发型，我们的服装、肤色、表情从头到脚都与这红土大地格格不入。你我就像滑稽的插图拼贴在大自然中，尽管无地自容，我们还是来了。这是改变形象的机会。

这红土有多红，那松林和灌木丛就有多绿。我们坐在紫灰色的石头上，眼睛里灌满了红土的颜色。望着眼前两座锥形小山间的腹地，没有思想。听着风把林涛推过腹地，惊动着在那里吃草的黑山羊和白绵羊。牧羊狗在叫着。撒尼汉子赶着黄牛，扶着铁犁在耕地，在腹地间来来往往。红土上犁出道道排列着的弧线。这就是人类远古生存的图景——伊甸园内的耕耘和牧放图。尽管圣经中的伊甸之园里，亚当和夏娃并不耕耘，只是吃着树上的野果。但眼前这番宁静劳作的图像，更接近我对伊甸之园的想象。劳作发自一种自然本性和一种简朴的希望。这种劳作的节奏与季节的变化融为一体。人的劳作与自然的劳作是同一意义上的劳作。自然运用着阳光、雨露、风和空气；撒尼人使用自制的工具，付出汗水。它们来自同一目的，也走向同一目的。

我们就这样坐着，像一尊原始的木雕。没有时间感。我想起亨利·摩尔[⑧]的青铜雕塑《国王和王后》，正是这样坐在英国乡间的山岗上。人们打他们身旁走过，或者就坐在他们一旁。沐浴着阳光，望着天空和山峦的弧线。太阳在他们脸上划下阴影。风从远方来。

麦青，来到这里，我发现你对声音极为敏感，这使我大为惭愧。当你在聆听大地的声音时，我竟带着一个可笑的"随身听"，耳机里放着流行音乐，自我感觉良好。为此我被你大大地嘲弄了一番。尽管我极力想为自己辩护，但事实上我找不到更充分的理由来对抗你措辞严厉的话：音乐在这里是噪音。我在山野里涨红了脸，带着一副城里人可笑的自尊感。不过从那以后在红土上我再也不听所谓的音乐了。我开始注意真正的音乐。这音乐就在大地上颤动，在山谷间鸣唱。松树林和桉树林是不同的声部；岩石旁的灌木丛是低音部分，各种无名鸟的叫声跳跃、穿插在各声部之间；风把握着节奏。大地音乐伴随着图像不断地进行着，梨花随着音响的震动而落花片片，撒满山谷。这白色的飘落并非伤感也不是哀悼。它没有丝毫令人沮丧的情调。有的只是梦幻般的抚慰；莫名的解脱；催人欲睡的吻。

麦青，我看着你睡在梨树下睡得很甜，嘴微微张着。在睡眠中也没有忘记呼吸这梦幻的境界。你已经在梦幻之中。这是真正的睡眠。没有噩梦和骚乱，说你在尽情享受，毋宁说你在自在之中。你已同永恒之存在挂上了钩。由于我愚蠢的清醒，目睹了牧羊女和黑山羊神性的目光那样，在感觉里占有你们的存在。正是在这个占有之时，我被驱除在这个存在之外。我为自己感到悲哀。我摆脱不掉的正是这么多杂乱的思维运动。无用的运动。它阻碍我进入那个存在。进入自在的境界。我老在一旁观望，而不是自我呈现。像桉树那样发出自己的声音。这声音汇合着自然万物的呼吸。那样均匀，那样谐调。没有一点是多余的或是不足的。所有的一切都恰到好处。

有时我会指责上苍的不公，为何老是将我排除在那个存在之外呢？我的敏感和思维成了我进入那个存在的障碍。而我却无力逾越这个障碍。我只能隔岸相望，忍受孤寂。这好似在印证一个思想者便是一个孤独者那样的说法。我只是用我的意识与那个存在发生联系。我的身心并没有真正投入，与那个存在共享，互相给予。就像阳光和大地；山岗和云雾；松林和草丛；农夫和田野那样的关系。

我的感觉、思维，便是我的敌人。

我只好下这个结论了。因为我的存在与那个永恒的存在尽管只有一步之遥，但有本质的不同。当我渴望成为那个存在时，我只好悲哀。我注定成不了一棵桉树和一个牧羊人。就像我开初说的，我不是一个撒尼人，一个赶牛车的汉子。

夜深了，红土上的红月亮在那些锥形的山顶上走着。我们在空旷的山脚下走着。带着喝了包谷酒后的蒙胧醉意。听着狗吠在旷野中回荡。鸟儿安睡了，虫子微弱的叫声说明大地在酣息。我们朝越来越深的山脚走去，红土上充满了凉意。红色变成了深褐色。它闭上了眼睑。白天的印象成了一团梦幻。梨花灰白透明的调子浮在入睡的红土上尤为奇异。一团团像松软巨大的棉球，诱惑你钻进去。把头枕在上面，仰望群星。

夜空明净，能看见云还在天上移动。星星显得很大很亮。你说好像是人造星星。这又是我们的不幸。长期待在一个远离星光的都市，当我们走近星光时，我们便感到迷惑，便开始用词不当。站在充满寒气的红土上那个存在用它无形的手，将我们携带着都市文明污垢的身躯轻轻托起，漫游了夜空。倾听了星光与大地的夜语；月亮与山岗的抚爱；灌木丛间小动物们的小吵小闹。

我们是如何回去的，已不重要。等我清醒时，天已大白。鸡鸣狗叫，撒尼人忙忙碌碌的脚步踏在石板路上的声音，把我抓回到我住的房间。这不是房间，是老乡堆粮食和杂物的地方。我身边就堆放着收获不久的包谷。我是闻着这红土果实的芳香入睡和醒来的。撒尼人用这包谷酿酒，换来大米。这是红土的恩赐。我起来到外面与两只在栏杆边的黑山羊“闲聊”了一阵。它们那目光始终是神秘的。充满悟性。它们知道些什么。我们曾在山野里相遇，它们嘴里衔着青草和树叶，然后在松树林里消失了。

又是黄昏。我在一片长满紫罗兰色的花海里（撒尼人称为“绿肥”）把麦青打扮成一个花神。她全身缀满了紫罗兰般的植物，只有眼睛、嘴唇可见。太阳在她的身后落下，她的形象模糊起来。在微风下拂动着，扩大着，微微地升腾着。山峦在她身后退缩。岩石也在退缩。地平线被改变了，她的身影与天空构成了新的关系。她溶进黄昏的大地。一条新的地平线形成。这条颤动的模糊的地平线浮着一条金色的光带。一群群的羊从她身下走过，没有声音。那一刻没有声音。她在巨大的宁静中带着倦意和安详。目光没有具体的指向，没有语言，她使思维停顿。只把感觉给了我。我不知道站在何处，在干什么。一切都模糊了，一切具体的概念都从地平线上坠落。

那个存在以单纯奇异的形态，在瞬息之间令我的灵感惊诧、膨胀，然后死灭。此刻我的热血变得凉凉的。不再有任何冲动。我似乎在那个存在之中了。我没有把这种感觉向麦青透露。其实她是知道的。

之后的许多天里，我就像骑着一匹马在山野里缓慢地走来走去。我不再有任何思想了。我时常躺在岩石上昏睡，任松树在我旁边呼啦啦地叫唤。我疲惫不堪，醒了又睡。就这样在山上躺着。一个下午接一个下午地看着太阳光由直射转为斜射，然后悄然落下。我想吃草。想把脚伸进红土里，不再起来，随它怎么长。从我的头顶和手臂上长出像桉树一般椭圆形的蓝灰绿叶子。不过，随便它长什么绿叶，我渴望。

我只想留在旷野上。我没有把这个念头告诉麦青。不过我想她已觉察到了。随它去吧，万物不都是这样的吗？她仿佛在这样说。

我似乎没有了幸福感。也没有烦恼。就像这红土是无所谓幸福和烦恼的。那一套无意义的字眼与它是无关的，无用的，身外之物，随它去吧。

当我变为自身的时候，以前与我相关的许多东西随之失去了意义，变为了局外之物。你不必在观念与观念之间，意义与意义之间纠缠不休了。也不必去做那些“痛苦的选择”。你就是你了。你就成了独立于观念之外与万物相依的一分子。不再死亡和诞生。不再耿耿于怀和梦寐以求。你不再为你的存在开单据，索取发票。这里金钱是什么？艺术又是什么？很多事都免了。伸展你的树枝吧，尽情呼吸。伸开你的绿叶接住早晨的雾和雨滴。无论天阴天晴都坦然相处。是的，我该结束这样的谈话了。我是一个废物。

今天我仍然是那样的废物。我曾苦苦地去感知那个存在。在圭山那些难以忘怀的日子里，某些瞬间我也曾获得过巨大的宁静。有某些片刻我摆脱了强大的包裹着血肉之躯的那些所谓文明的外壳，露出了本性。红土大地赐予了我的灵魂一种不可磨灭的宗教感情。如果内心中没有这种情感的果实，我不知道如何应付漫长的人生面临的无尽的烦恼。我想起童年时在大草坪上放风筝的情形，事隔几十年后的今天，我才感到那番情趣的美妙。童年已经变成一个遥远的梦境。那种无忧无虑，无所作为的时光成了我今天梦寐以求的向往。

某种意义上，我毕竟是自己感受的承受者和获益者。但作为一个南方之子，有一点是肯定的，如果没有红土的存在，今天我仍是一无所知的。

（初稿于1988年昆明和平村2号画室，完稿于1997年棕树营画室）

注释：

①弗里德里希·尼采，德国哲学家，非理性主义者，唯意志论者，是“生命哲学”的创始人之一。

②安德烈·纪德，法国作家，代表作有《地上的粮食》、《田园交响曲》、《窄门》等。

③圭山，在云南省昆明市附近一百多公里处，这片红色土地是撒尼人生活、居住的地方。

④撒尼人，彝族的一个分支，“阿诗玛”是撒尼人著名的民间传说。

⑤让－雅克·卢梭，法国杰出的启蒙思想家和文学家，著有《一个孤独散步者的梦想》等著作。

⑥巴比松画派，法国十九世纪中叶在巴黎附近的枫丹白露森林里聚集了一批专门描绘风景的画家，在美术史上有很大的影响。

⑦米勒，法国巴比松画派的大师之一，代表作有《播种者》、《拾穗者》、《晚钟》等。

⑧亨利·摩尔，英国二十世纪最著名的雕塑家，作品具有抽象和原始的风格。

文　学

冀星霖的诗

□□冀星霖

石林游记（组诗）

旅游方式

用双脚，当然会在林中迷路：
以青春的热情，急遽穿越，
为了根本不存在的旅游终点，甚至横越
“禁止通行”的草地。那些风尘仆仆的
衣裳，会被花枝招展的景物扯破，
留下记忆的伤痕，甚至蛛网裹结。

那么，用双手吧！用手指亲近石林，
亲近她历经风雨之后的沧桑：
冰凉、如芒的锋利，和她的桀骜。
亲近她，如同海浪亲吻岩石，她的沙滩
多么温柔啊！她身姿恍惚，
那偶然的一缕霞光，让你放弃想象。

还把你的心，像影子一样展现。
剪辑你的经历，当点燃收藏中发霉的红烛，
石锋的林阴里吹过的不再是冰冷的风，
风声如笛，是影子受热而吟，
吟诵中有远游的呼吸氤氲。传说中的石林
在洪水毁灭世界之后升起，爱与梦想同时苏醒。

景　点

一再路过这些高傲的石头，偶然的表情，
攀援而上的藤蔓，空中的花朵间，
啼鸣而飞的翠鸟，将转移你的视线：
石径中不时放飞的纸鸢，
也是一朵花，或小小的星星。光明地
欢笑着，你会放弃尘世中如棘的纠缠。

旅游图是一纸记不牢的青春守则。
石头比树叶更多姿多彩，
所有的命名和传说都会在记忆中起雾，
在时光的雨水中消散。当你看到天边的彩虹，
当你浸入夜梦的无序，当你醒来，
景点没变。也许，你会长出翅膀。

“阿诗玛”不是女人的名字，是石头的名字。
顺着石径，一直走下去，在路的尽头，
在野草丛生的深处，那些没有命名的石头，
像记忆中没有刻意追逐过的小鹿。
有一泓清泉，焕发了你的激情；
有一块石头，静心与你相倚。

回忆我的耳聋目盲

石林是我的家，是我远游的极限。
在都市的博物馆里我沉思过石林的标本，
在我的梦里延伸着石林的山麓：
在蝶舞成花的林中，我放弃水晶一般艳丽的欲望，
从而神往拥有自己的羊群，唱自己的牧歌，
挥鞭吆喝着，这里有我的海浪翻滚。

在石林，有我喜爱的水：
山泉和溪边，我的篝火荏苒，二十年炊烟如云。
沿着故乡的小河，我找到大江的源头，
山谷之间，“大叠水”瀑布让我一生耳聋，
除了水声，我充耳不闻人间的喧嚣，
泛舟“长湖”，我却能听到水下三十米的情歌。

那是“三弦”之外的奏鸣，在我的洪荒年代，
徒手摸壁，我穿越了“白云洞”，记住了
溶洞中滴水的声音。还看清了水的形状，
那是一颗心，着陆时，
我目睹了火花四射的盛况，然后目盲，
盲目地想象飞花璀璨，倾听水声悠扬。

二〇〇七年十二月五日午时

石林六韵（组诗）

阿着底的阿诗玛

从阿着底一路进石林，阿诗玛的竹背篓
摇晃着美伊花的手，告别邻家阿娃哥

邻家的阿娃天天去放牛，来年火把节
青牛满心欢喜，在阿诗玛的脚下喝饱水
慢慢反刍溺水的花瓣。憋足了劲
在斗牛会上挂彩夺魁，血珠子闪闪发亮

邻家阿娃牵着牛角上的彩花环，青牛慢悠悠
散着步，在阿诗玛的脚下喝饱水，一路返回
阿着底的山坝子。花环挂在最高的石头上
阿诗玛背着竹背篓，天天站在石林水潭边

剑峰池畔莲花峰

像水一样汇聚石林深处，雪山的猎手
桃源樵夫、深宅家族、读书人，像水一样

我们半遮半露的锋芒，倒映深潭之中
比一帘长发更柔软。在石头缝隙间伸展
苦楝叶子一树金黄，迟迟不肯落下
蓝天的影子更深远，云彩是明亮的鱼

石头的心里发育着自己的根系
踏着亲密的波浪，遥远的记忆中
大海盲目咆哮，盲目在浅湾里沉迷
石头朝着天空生长，绽放自己的莲花

望峰亭上望群峰

在石林，飞禽走兽都是我的族人
蓝色的亲人，一家挨着一家落户

凤凰扭过头来，尖喙迎着晨曦，梳理翅膀
她的冠翎颤动，披着翠绿的藤蔓风衣
向北，观音出水，一池波光。桃花
掩映石林湖，三弦声中谁人击掌起舞

南方飞来的两只鸟，没有望夫石忧郁的神情
掠过石象上空，在高处叽叽喳喳抢食
一直没有谁独自咽下。这一生、一世
石头都是我的亲人，花朵是星光闪烁

血迹斑驳古崖画

最早的人不会写字，他们用手指蘸血
泥地里的血涂在石头上，一壁苍茫

石林崖画笔势粗犷，谶语如谕：
孩子来源于阳具和女阴的交融
镢头让每个人吃饱、长大。刀剑与长棍
捍卫自己家园、扩展富庶的版图

还要在林间大声唱歌，像鸟一样快乐
在草地上起舞，像花一样艳丽
拥有自己喜爱的女人，依恋勇敢的男子
像石头一样，在雨水中洗净身子

天边的万年灵芝

走到天边，才发现自己病患缠身
在人群中，我们互相传染瘟疫

功名酒色、满车的黄金都是人间幽蛊
佛陀、耶和华、安拉的教义里，一再感慨
这无药可救的浮世！万年灵芝远在石林一隅
看见它的人，将会重新返回今生的起点

万年灵芝不是一剂良药，这一攒苍老的石头
站在天边。我的脚下荆棘丛生，找不到
最好的位置一起合影。万年灵芝的背景里
我看见石林像水一样蓝，像蓝天下的波涛

梁祝相会黑松岩

石林的鲜花一年四季盛开，蝴蝶天天飞
黑松岩是蝴蝶飞不出去的石头篱笆

我一直没有辨别左边的是不是梁山伯
常常忽略祝英台是男或是女，忘记他们
故事中的情节。黑松岩的石头细碎
像一则不确切的轶史，很少有人提起

梁祝相会，两双手抬起来，像两个石头
相望，保持合乎情理的距离。黑松岩里
蝴蝶再次混淆性别，向南飞，向北飞
书童固然满腹经纶，却逮不住一只做书签

二〇一〇年十二月三日

影视剧本《池岛的死亡飞行》故事梗概

□□编者 吴克文

一九三八年九月二十八日上午九时，一队日本轰炸机群首次长途轰炸昆明。他们轰炸的目标是大西门的兵工厂。昆明完全笼罩在一片战火硝烟之中。

此时，昆明四城门的高射炮打得震天响，三架中国佩刀式战机不知从何处鬼使神差般钻了出来，左右穿插、上下攻击，完全打乱了轰炸机编队。

轰炸机群匆匆忙忙在凤翥街、大西门苗圃等地胡乱丢下炸弹仓皇逃窜。在后掩护轰炸机的两架日本六九式战机先后被击落，一架轰炸机受重创后坠落于路南（今石林）县西干沟村。

一声撼天动地的巨响，飞机坠地爆炸的同时，引发了残存炸弹的连续大爆炸。让人意想不到的是，同机五人皆死，只领航员池岛神奇地活了下来，成为云南抗日战争中首名日本战俘，也成为世界军事史上的一大奇闻。

池岛是日商府上洋行原大掌柜池岛四郎的大公子，池岛随父亲在昆多年，掌握了这一特务机关不少绝密军情。池岛的被俘，使后任大掌柜的信川心急如焚。他用重金买通昆明义和帮帮主韩建彪，韩派云南有名的快枪手癞头下路南。癞头又勾结地方匪首皮耗子，破坏飞机残骸押运，截杀池岛。

国民党云南省政府、昆明防空司令部对残机及战俘押运十分关注，亲点昆明空军第十修理厂厂长岳佩山出马，与云南省主席龙云的侍卫营长金德有一行人至路南执行战俘及残机护送。

岳佩山是国民党武汉空军高等机械学校的高才生，是兼该校校长蒋介石的得意弟子，又是中共中央董必武同志亲手发展的中共地下党员。不仅懂飞机修理、组装、拆卸，军事上又称智多星。金德有则是省主席龙云一手提拔起来的英勇战将。

在与皮耗子、癞头这帮顽匪的多回合较量中，他们精心策划，发挥大智大勇，多次改变池岛的关押地点，避开狡猾匪徒对池岛的截杀，将他安全送到昆明。金德有则凭着威武神勇，孤身镇群匪，兵不血刃，圆满完成了残机的护送任务。

随后，他们捣毁了日本驻昆特务机关府上洋行，消灭了顽匪皮耗子。

通过不少曲折与惊险，池岛在昆明与参加了日本反战同盟的未婚妻重逢。

就在日本宣布无条件投降时，岳佩山身份暴露，中共云南省工委令其转入滇东北游击区。金德有亦因蒋介石逼龙云下野，就任省主席的卢汉改编了警卫团，他带数百条枪投奔了中国人民解放军滇桂黔边纵队。

本剧是一个既真真实实又近乎神话的故事。编者通过故事情节的阐述描写小人物，突出大场面。同时，剧中融入了昆明及山石冠天下，风情醉国人的石林地方的经典人文地理。所以，既是较有特色的故事片，也是极具观赏价值的风光片。

《池岛的死亡飞行》（节选）

第二章

一

昆明圆通山云南省防空司令部。

司令章成武在听参谋长吴楚天报告："池岛被捉后，敌特电台活动更加频繁。"

章成武："一网捞了吧！"

吴楚天："司令，不忙。这个电台我们还有利用价值。待池岛押送上昆明后收网不迟。"

章成武笑指吴楚天："还是你鬼点子多。好，你可代我全权处理。"

吴楚天："一定不负司令重托。"

章成武："敌台电文破解了吗？"

吴楚天："一个不漏。原来靠大鼻子美国人，现在军统昆明站也完全能破译了。"

章成武一喜："好！知己知彼，百战百胜嘛！敌我双方动态如何？"

吴楚天："据电传，日府上洋行信川已买通昆明义和帮韩建彪。韩建彪人称彪哥，他已派快枪手癞头到了路南。"

章成武："哦，动作和我们同步。好啊！我不信在我们这块地盘上小日本也能像在南京上海一样猖狂。呃，癞头……"

吴楚天："司令，癞头绰号吸血鬼……"

章成武一惊："是他！"

吴楚天："是啊，是个要钱不要命，见色不要钱的亡命徒！而且是全国少见的真正嗜血成性的刽子手。"

章成武："略有耳闻，杀谁吸喝谁的血。我们真还要准备一场恶斗了！"

吴楚天十分自信："放心吧，司令，岳佩山的全套计划还是很周密的。"

章成武："这我不怀疑。我怀疑的是仅凭癞头去救池岛，日本人不是太失算了吗？"

吴楚天："司令说得对!一个虱子顶不起一床被子。但据可靠情报，癞头下路南并非单枪匹马，他用重金收买了地方土匪皮耗子。这支土匪百多号人枪，可不能小看哦！"

章成武一瞟吴楚天，把没吸完的半截香烟狠狠按灭在烟灰缸里："你这情报真可靠？"

吴楚天得意地一笑："司令，请相信无孔不入的军统。"

女机务员送进一份密件。

章成武收签密件，看后又递给吴楚天："这件事龙主席都惊动了，你看看！"

吴楚天吃了一惊："省主席龙云！"他慌忙接过密件扫了一眼："也好啊，龙主席把他的爱将，侍卫营长金德有也派下路南，要他护送飞机和池岛上昆明。"

章成武："杀鸡用牛刀啊！一个日本战俘把昆明和省政府都搅动了。"

吴楚天脸色严肃："龙主席的意思恐怕不仅仅因金德有是路南彝民，熟悉风情及地理吧？"

章成武果断地："这是其一。而且，是我们这次押送日机残骸及战俘的省府钦差和督战大员啊！"

吴楚天笑着点了点头："佩山老弟这次真是如虎添翼，万无一失了！"

二

青松翠柏。茂密的森林覆盖的茶马古道。

随着阵阵的马蹄声，两匹战马急速地穿过多道之字形的曲折山路。

战马越过古老的石拱桥，发出清脆的急促蹄声。蹄声随战马身影的远去渐渐变小至消失。

月光下奔驰的两匹战马，渐渐溶入漆黑的夜色中……

三

朝阳如血。

两匹战马飞一般冲到东城门口，被持枪团丁拦下："站住！"

金德有马鞭一挥冷冷一笑："咦，居然有人敢拦我的马头！"他所骑战马急不可待，响着鼻声扬起前蹄。

一团丁："请问长官，您是……"

"金营长！"城楼箭垛口，欣喜的岳佩山探出半个身子："快快请进吧！兄弟我早就在此恭候了。"

两人骑马入城。

四

城墙上，岳佩山与金德有边走边谈。

岳佩山："德有兄，这是我俩的第二次合作了吧？"

金德有若有所思地："是啊。七年前，龙主席到石林游览，并在路南县城巴盘江边的竹庄下榻，那时的路南城，真是热闹非凡啊……"

旧事重现。

奇峰异境，石峪如城。龙云随从数十，邑绅趋之若鹜。众人忘情于奇景之间，纷纷品题起来。

杨立德："美景须要佳文配。石林是属下故乡一绝景，请龙主席为此奇观题词，使之名传千秋！”

众邑绅兴趣正浓，纷纷附和。

“恭请龙主席为石林题词！”

“龙主席献墨宝是为石林异景增辉！”

“是啊，这将成为石林的千古佳话。”

龙云喜形于色：“哎呀，乡情难违啊。”他稍顿又道：“历年亿兆经沧海，群峰高耸树森森。顺应古人，就依旧叫石林吧！”

众人一通喝彩之声。

一张临时用书桌摆在石林草坪上。

金德有为龙云送上纸笔砚。杨立德为龙云研磨香墨。

龙云：“题词流芳，勒石千古。请钟嶽为我代笔吧！”

戴着小眼镜，身材瘦长的周钟嶽鞠躬微微一笑：“谨遵主席大令！”

周钟嶽书毕“石林”两字，龙云接笔署了名。

龙云放下毛笔：“石林这名从清朝顺治年间至今已有三百年，将来定繁花似锦。”

众人爆发一片掌声。

金德有：“有请省民政厅张厅长、省府侍卫团杨团长几位长官为石林题词！”

杨立德、张维翰相谦相让。

张维翰：“好，恭敬不如从命。”他提笔挥就“天下第一奇观”。随后把笔递给杨立德：“请吧，杨团长。”

杨立德接过笔笑道：“本人一介武夫，喝的墨水太少。”他把笔递给立于身旁身着西装的青年：“请青阳老弟代劳吧！”

布青阳也未谦虚，笑着接过毛笔，看着杨立德：“请杨团长命词！”

杨立德：“南天崆峒！”

县城东门外欢迎龙云的军警及群众，皓月当空，十数条龙灯、六对狮舞、十多个高跷、鹬蚌相争、彝族大三弦舞、细乐、长号等精彩的民间表演。

龙云高兴之余，转身问随行的金德有及岳佩山：“二位说说，今晚龙灯为何特别多？”

金德有和岳佩山：“祝龙主席飞舞升腾。”

龙云笑了起来。龙云的幕宾、侍卫、地方绅士、名人也附和着一起狂笑。

五

金德有：“我们还是转入正题吧。据我所知，日本人派癞头下来的情况你已一手掌握，为何还迟迟不动手？此人不除，必定会破坏我们押送飞机残骸、战俘的全部计划。”

岳佩山自信地笑着：“杀了狼弄不好还有虎来。再说了，德有兄，吃鱼可没有钓鱼过瘾哦！”

金德有：“佩山兄的意思是……”

岳佩山：“猪，养胖再杀！”

六

一卫兵把一张纸条送到了在启明楼向城外眺望的焦开林手中。

焦开林迅速打开纸条，几个毛笔大字令他立即振奋起来：“今晚实施一套方案。岳。”

七

紧急的哨声、追喊声打破小城夜晚的寂静。古城马店、客栈无一幸免地被彻底搜查。不时传来阵阵枪声。

癞头在鹿阜客栈二楼客房内刚吹灯和衣躺下，就被清店的叫喊声惊起。他迅速打开木窗，手握双枪，跳到窗下的围墙上又跳到客栈外的小巷内，消逝在漆黑的夜幕之中。

紧急搜捕的枪声和癞头还击的枪声响成一片，家家户户关门吹灯，只一道木门洞开。追兵已近，癞头不顾一切窜入洞开的木门。

房屋的女主人听见小院内急促的脚步声，她把书房门打开一道缝，露出秀美的脸蛋。门侧边闪出戴礼帽穿对襟衣的癞头。女主人一声惊叫，刚欲关门，但门已被癞头用力撑开。同时，一支黑洞洞的枪口直指她的胸口，一只大手掌将她的口死死蒙住。

癞头凶残地：“要死要活？”

女主人惊恐地点点头。

癞头：“快到门口支走警察和团丁，否则，马上送你见阎王！”随即把女主人向外一推，把书房门半关留了一条缝。

女主人恐慌地向后一看，那支枪从门缝中一直对准自己，只好快步走到大门口。十数名警察和团丁冲到门口，一警察正好和女主人撞了个满怀，女主人被撞倒在地。十数支步枪直指她的胸口。

一个戴圆盘帽别手枪的警察气势汹汹地问：“有人来过吗？”

“没……没有，长官。”她惊慌地回答。

“没有你慌什么？看你的神色，一定心中有鬼。弟兄们，给我搜！”

警察和团丁一拥而入，女主人边哀求边阻止：“长官，真的没……没有。我一个孤身女子，你们进我的卧室成何体统……”

话还未完，早被推倒在地。她呆坐在地，无奈地看着东砸西翻的警察和团丁。

一伙警察提着枪走出书房，和几个已搜查完的团丁在小院内会合。他们七嘴八舌报告没有发现可疑人物的踪迹。

别手枪的警察一脸疑惑：“怪哉，一条肠子通屁股的小巷，只有这道门开着，难道他钻地了不成？撤！”

八

女主人转回书房，一看无人，她奇怪地哼了一声，刚要进房，忽然嘭的一声，癞头从小院中长满浓密树叶的柿树上跳了下来。

女主人急忙上前焦急地对癞头：“吓死人了，你快走吧。”

癞头一声不吭，缓步走进女主人书房问：“这家只有你一人？”

女主人点点头。

癞头：“不要撵我，我会走的，但不是现在。”他呆呆看着女主人秀丽端庄的脸蛋，和那双晶莹的大眼睛：“你救了我一条命，我作为男子汉，不能不报答你。”说着，他把一根闪闪发光的金条啪地放在书桌上：“这是十两，收下吧。”

女主人慌忙谢绝，欲把金条送还癞头。癞头固执地把女主人拿金条的手紧紧握住：“你的心和你的人一样美。叫什么名字?”

女主人：“干嘛?”

癞头：“我总不能到死也不知自己的救命恩人姓甚名谁吧!”

女主人微露笑意：“腊梅。”

癞头：“腊梅，多好听的名字。腊梅，我还会重重报答你的。我想在这里暂住几日，你看……”

“不行，不行!”腊梅急了：“我一个单身女人，你是孤身男子。绝对不行!”

癞头得意地笑了笑：“我癞头天生就喜欢吃罚酒的女人。老天爷注定我俩是天生的朋友，同意不同意我都进来了。请不要多虑，我睡书桌，你回卧室。怎么样，我的大恩人?”

腊梅妩媚地一笑：“癞头，怎么叫癞头？你的名字与你英俊的长相可不相称啊!”

癞头也一笑，他把礼帽揭开，头顶上露出几块生疮后光亮刺眼的疮疤。

腊梅抿嘴而笑：“敢问先生何处发财?”

癞头：“哎呀，不要先生不先生的了。我是一个扁担倒在地上都不知道是什么字的大老粗。以后就叫我癞头好了。财嘛，遍地有财无处发。”

腊梅腼腆地：“癞……癞头这名字有些刺耳!”

癞头：“叫得应，我高兴就行。况且，救命大恩如同再生父母，听你喊我会更高兴。”

九

夕阳西下。

路美邑天主教堂门口，一腰别手枪匪兵模样的人把癞头诡秘地引进教堂。

癞头观察着空荡阴森的教堂四周，十分警惕地问：“皮耗子呢?”

引路人献媚地躬身笑着：“就在前面，我们司令正在后院等你呐!”

癞头犹豫了一下停住脚步：“且慢，你们司令不会是给我摆鸿门宴吧!”

引路人依然一副媚态：“哪能啊，谁敢和你这云南有名的快枪手开这玩笑哦!”

进入教堂后院，一棵棕榈树旁的石桌凳上坐着一个身着黑警官服的人。

癞头一惊，双手急速欲抽腰间双枪，但身后冲出的两个壮汉狠狠地把他的两手反剪过来。

那警官模样的人长着一个尖尖的鹰嘴鼻子，下巴蓄着一撮两寸长的山羊胡子，单跷着左腿，猴子般一对圆溜溜的小眼睛。他冷冷一笑：“干什么的?”

癞头偏了下头傲慢地：“做生意的!”

引路人把刚缴的两支二十响啪地放到石桌上。

那警官更来了兴头，他哈哈笑了起来：“呵呵，做生意的。什么生意啊？军火生意吧！这生意做得可不小啊。”

癞头愤怒地：“你是什么人?”

“焦开林!”一声响亮的回答。耳房门开处，走出了一个高大的警官和几个持枪警察。

那警官审视着癞头，微笑着在癞头面前踱了几步：“癞头先生，没想到吧，我们会在神殿中相见。你杀人无数，血债累累，就不想在神圣的主面前忏悔吗?”

癞头脸色木然，像两把刷子似的粗眉抖动了几下：“告诉你们，我真是做生意的，走吧，不用这多废话。”他冷冷笑道：“脑壳掉了，大不了就碗大个疤!”

警官：“还像个男子汉。我焦开林从来就不喜欢保安团的审讯室。哈哈，在这不引人注目的神殿中，我只用了个小小的计谋，在你还没弄清是什么一回事就落到了我的手中，这就是我焦某人的风格。现在，该你说说了吧!”

癞头高昂着头：“说什么?”

警官恶狠狠地：“姓甚名谁?”

癞头：“张丰。”

警官狡黠一笑：“装疯？何必张冠李戴。你不知道我我却知道你。癞头先生，你是韩建彪手下一员虎将，这次下来是救那个日本俘虏池岛的吧?”

癞头装傻：“我满头雾水，你们，你们肯定认错人了!”

警官一脸严肃：“不会吧。”他把脸凑近癞头右耳：“这可是犯死罪啊!”

癞头把眼一闭：“既然你们都清楚了，要杀要剐随便吧!”

警官：“我们还不想你死。只要你交待与同伙人皮耗子的劫人计划，说出皮耗子的老巢我们立即放了你。”

癞头斩钉截铁地：“你们休想，这不是我癞头的为人!”

“好!”一声高叫，耳房内走出一个身材矮胖，身着黑色唐装，满脸笑容的中年男人。

“皮耗子!”癞头一脸惊喜。

皮耗子一挥手：“弟兄们，松手。”

众人松开被扭拽的癞头。

癞头愤怒不已：“皮耗子，你这狗杂种！你这唱的哪出戏哦?”

皮耗子满脸堆笑，两只小眼成了两条细线。他把石桌上的双枪抓起送到了癞头面前：“兄弟不打不相识嘛！你这朋友我交定了!”

癞头微露笑意：“计划呢?”

皮耗子：“当然照办!”

癞头：“哼！你真是一身匪气。昨天说在尾则天主教堂会面，今天又改在路美邑，相隔四十里之遥。神经病!”

皮耗子：“老弟啊，我怕隔墙有耳。世上难有不透风的墙。我们吃千家的饭，多一个心，就多一条命。”

癞头：“行动时间?”

皮耗子："外甥打灯笼——照旧。"

两人一击掌："君子一言，四马难追！"

十

观音阁三楼。

癞头与腊梅正居高临下观赏路南全景。

与四角阁楼齐顶的古柏上，站着无数嬉戏打斗的白鹭鸶鸟，发出阵阵嘎嘎嘎的鸣叫声。

癞头惊叹："是个小蓬莱啊！"

腊梅："真好吗？"

癞头："山好水好人更好！"

腊梅笑了笑："癞头哥看上谁啦？"

癞头："一朵放着奇香的冬花！"

腊梅会意。但她并没有高兴的样子："腊梅生于严冬，苦寒之命，恐无福消受！"

癞头激动地搂紧腊梅，腊梅甜蜜地微闭双眼，任凭癞头的亲吻与抚摸。

十一

腊梅整洁而雅致的卧室内，癞头与腊梅相拥在罗帐之中。不太明亮的煤油罩灯，照亮了腊梅忽闪忽闪的水灵灵的一双大眼。

腊梅："你不是向我保证过回昆明对我明媒正娶吗，怎么今晚就急不可待上了我的床？"

癞头："你太……你太迷人！"

腊梅笑着用右食指戳了一下他的额头："你们这些男人……小干鱼咋个能做猫枕头！"

癞头认真地："我癞头说话是一言千金。等近几天办完事我就转昆明，筹办我俩的婚事。"

"近几天是几天？"腊梅漫不经心地问。

癞头无奈地："哎，一下跟你说不清道不明。这样吧……明天……"癞头和腊梅亲密耳语。

腊梅一惊："这可是要掉脑袋的哦！"

癞头紧张地一把堵住了腊梅的嘴。

十二

路南东城门。

癞头与腊梅像情侣般挽手出城。

杨如安乞丐打扮在城门口向过路者行乞。两个保安团团丁持枪驱赶。

一张小小的纸票从腊梅手中丢到了杨如安面前。

杨如安拾起钞票，不住哈腰点头："谢谢，谢谢！"

十三

一张钞票落到黄铜盆水中。钞票浸湿后的空白边出现了一行小字：

明天下午五时，癞头与皮耗子在尾则天主教堂密谋。

岳佩山对焦开林："蛇要出洞了！"

焦开林："好，我们提前恭候！"

十四

三岔路口，一条窄窄的，像蟒蛇似的山路蜿蜒在莽莽松林中。

岳佩山与杨如安策马在山道上奔驰。枣红和白色两匹马清脆的蹄子声打破了山林寂静。

在水清如镜，烟波浩森的长湖边，两匹大汗淋漓的骏马被骑手扯缰勒住。它们似兴犹未尽，愤怒地踏踢嘶叫。

半山坡上的杜鹃花火一样红，湖畔的各色野小菊花点缀了秋的灿烂。

岳佩山与杨如安下马，牵马到湖边饮水，惊搅了草丛中群鱼，水面掀起微波。

岳佩山："江水如画啊！难怪今年二月西南联大教授吴晗到此题诗。"

杨如安舒心地一笑："岳长官真不愧是半个云南通。"

岳佩山："看过他的手迹了吗？"

杨如安："看过。"他抬手向东面山峰一指："喏，独石山上。"

岳佩山："还记得诗句吗？"

杨如安十分自信地背诵："独石山上竖将旗，将军雄略妇孺知。我来已历沧桑劫，独傍夕阳觅古碑。"

岳佩山赞许地点了点头："这是吴先生为纪念清朝咸丰年间彝民起义旧址而题。有什么感悟吗？"

杨如安："其实，就两句话吧。帝昏国必乱，官清民自安。"

岳佩山拍手："精辟，精辟。"稍顿问道："离天主教堂不远了吧？"

杨如安："不远了，约两里路吧。"

岳佩山："我们对手的好戏要开场了，我们一定要当好观众哦！"

十五

青油油的山，莽苍苍的林，悄无声息。尾则教堂面山而建。

保安团及县警察局百多号人全隐藏在草木中，或伏卧在坚硬的红地埂上。

焦开林焦急地看了一下落山的残阳，教堂的大钟沉闷地响了七下，他站起来一招手果断命令："撤！"

散乱的队伍刚刚集中，岳佩山及杨如安所骑两匹快马已冲到半山坡的列队前。

焦开林上前报告："报告岳长官，全天无情况，我们刚收队，请长官训示！"

岳佩山语气沉重："真狡猾。我们确是遇到对手了。"他转身向杨如安："是情报不准？"

杨如安："不是情报有误，可能是他们有意改变了接头地点。"

十六

县城西部狮山禅寺。癞头与皮耗子虔诚地叩头。几座金身大佛睁着铜铃般的大眼怒视着他俩。

皮耗子不自觉中打了个寒颤。

在寺门铜香炉内各上了一百香。

皮耗子心存余悸地："癞头兄，昨天如我俩在尾则赴约，可能早进高墙，不久定做枪下鬼魂。"

癞头镇静地："那是有惊无险。自有佛爷保佑！"

皮耗子："路南的军警虽扑了空，但也说明他们清清楚楚知道了我们的行踪！我看，真正的恶战还在后，像吃苦荞粑粑，才动了边啊！"

癞头疑虑满脸："这情报……"

皮耗子压低了声音："你身边的那女人可靠吗？"

"哎呀，我说你这皮耗子！"癞头一脸委屈："宁肯不相信我的亲生爹妈，也不能怀疑到她呀！人家是我的救命恩人，有救了人又置人于死地的吗？"他说着不满地把头一偏："神经病！"

看着癞头不高兴，皮耗子倒笑了起来："癞头兄，一句笑话嘛，何必认真。"稍顿又道："女人嘛，就是祸水……"

癞头更加不满："什么叫祸水？"

皮耗子不作解释，随口念出一首打油诗："美艳女子体如酥，腰间仗剑斩愚夫。虽然不见人头落，暗地叫你骨髓枯。"

癞头火了吼道："放屁，难道你妈是公的！"

十七

路南县城鹿阜镇的赶集天。

赶市的乡下人一群一群拥进城门。他们提着篮，挑着担，或是牵着小孩，一边走一边谈笑。

县政府照壁前是集市中心，分外热闹。

太阳正当顶，几个青年因债务彼此争吵，最后大打出手，双方十数人两败俱伤，头破血流。最后，相互扯到就近的县衙门解决。

县衙门右侧监狱的两名看守，先从门口伸头出来看热闹，看着这伙人边扯边叫边打，索性倒背枪出到门外的场子上挤在人众中观看。看到高兴处，忽然两把尖刀抵在两人腰上，枪被缴械。另外十来人立即停止打斗，人人亮出手枪，直奔三号监室。

为首一人向监室瞄了一眼，见床上一人蒙头大睡。他麻利地从腰间拔下闪着银光的斧头，用力一下劈开铁锁，几人同时冲向犯人床前，他们迅速揭开被子，众人都被惊呆了。

掀开的被下是一条折叠的棉被。众人慌作一团，不知所以。

癞头提着双枪冲进三号监室，看到眼前的一切，他又迅速顺各个监号把所关犯人一一审视了一遍。他咬牙切齿地说："他妈的，我们上当了！"

一小匪着急万分问："癞哥，怎么办？"

癞头怒气未消："怎么办？这还要我说吗！难道你还留下来等死！"

一阵紧急哨声，数十名团丁及警察冲进县监狱……

十八

正在燃烧的篝火，照耀着三个绿色圆顶的军用帐篷。

一座帐篷前，蹲着一条长满长黑毛，躯体雄伟，长相凶恶的彝族猎犬。他狺狺而吠发出低沉浑厚的叫声。

忽闪忽闪的篝火，照亮了石林奇观独有的石景石监狱。这里四面峭壁，猿猴难渡，只有一个刚好可容人钻过的石洞，这使天下第一奇观的夜更增加了神秘和奇异的色彩。

帐篷里，传出一个彝族女郎的歌声和伴奏竹笛悦耳的声调。

农夫的汗啊，雨般呢流，栽出的谷子，官家要收。

农妇的腰啊，酸溜呢溜，栽出的谷子，田主要收。

姑娘的手呀，辣红呢红，种出的包谷，债主要收。

农家一年呀，苦到呢头，拖衣落食呀，没路呀走。

帐篷内，松脂燃烧的火光照红了吹着闷笛的金德有雄俊的脸庞和姑娘秀美的脸蛋。两人都身着撒尼服装，脸上呈现兴奋的神色。

金德有："伊美，重来一段吧，这首歌太悲凉了！"

"好吧，德有哥。"伊美高兴地顺手丢过一个伟尔选玻（绣花挎包）："就唱我送你这个吧。"

乐声和歌声又起：

报晓的雄鸡鸣叫头遍的时候，

快从朝霞中牵出金丝线；

月亮爬上圭山的时候，

快从月亮里摘一颗银针。

精心织啊，

心爱的伟尔选玻，再绚丽的彩虹也比不过。

不绣长湖鲤鱼逐流水，

不绣天空飞鸟戏云朵。

只绣万紫千红百花开，

只绣巴盘碧波银河落。

精心地绣啊，

美丽的伟尔选玻，

绣出我们真诚的爱，

绣出光辉灿烂好山河。

金德有笑意盎然，用手抚摸着伊美刚丢过来的精美的火草挎包。

猎狗凶恶的叫声，惊动了石洞门口站岗的阿欣和帐篷内的金德有和伊美。

池岛悄悄在帐篷四周悠转。篝火把池岛的身影映在高大陡峭的石壁上。大黑猎狗拼命挣着戴在脖子上的套绳狂叫着要扑上去。

金德有狠狠地瞪着池岛。伊美放开狗套绳，在它腰上重重拍了一下："去吧，大熊，把我们的客人领回帐篷。"

大熊飞快窜到池岛面前，池岛惊叫着向石缝中躲藏。引得伊美和金德有一阵大笑。

大熊咬住石缝中高翘屁股惊叫不止的池岛的袖口，死拉活扯把他拖到另一个帐篷门口放下。伊美打了一个呼哨，大熊欢跳着跑了回来，亲昵地围着金德有和伊美打转。

池岛心有余悸地看了一眼大熊，乖乖地钻入了帐篷之中。

十九

金色的太阳，照射着田野里沉甸甸无边无际的谷穗。

蓝悠悠的剑峰池，天水相连。伊美正站在浅水石上漂着衣服。她一身撒尼服饰，更凸显其天生的美艳。一朵鲜红的美伊花插在她七彩包头的帽沿边，一只小蜜蜂绕着她云鬓旁的美伊花飞舞。

一个浑厚的男高音歌声飞了过来，在石丛中回荡：

小小蜜蜂翅膀黄，采花飞到妹胸膛。

轻轻咬妹一小口，问你想郎不想郎？

伊美笑着喘了口气，举着手臂揩了揩脸上的水珠。她刚回身，金德有已背抄双手笑容可掬地站在面前。

“都安排好了吗，德有哥？”伊美笑问。

“那还用说。”金德有信心十足地说：“你跟我们走吗？”

“不去！”伊美佯装不高兴。

“为什么？”金德有不解地问。

“你是龙主席手下的侍卫高官，我只是彝乡一农妇，相配吗？”说完她一转身，背向金德有。

“好吧，不去我可走啦。”他笑着原地跑了起来。

伊美一急，脸上飞过朵朵红云。她急忙转身喊道：“站住，你……”她见金德有是原地跑步，撒娇地跳到金德有面前紧紧搂住他，雨点般的小拳头擂到金德有胸前。

剑峰挺立，池水清清照双影。

图　　书

《石林阿诗玛文化发展史》　《石林阿诗玛文化发展史》是《云南石林史志丛书》中的重点著作之一，刘世生主编，由云南民族出版社 2010 年 10 月出版，图书出版号 ISBN 978-7-5367-4764-7/G·1060，1/16 开，定价 88 元，印数 2000 册。该书共 7 章 33 万字，从文学、艺术、文化、产业、社会、政治、生态等多个角度进入，对在国内外具有较大知名度和影响力的“石林阿诗玛”这一特色文化的形成发展进行了综合研究，在梳理总结以往成果的同时，也提出了不少新颖独到的见解，对国内外广大读者了解石林、了解阿诗玛文化具有重要的指导意义。《石林阿诗玛文化发展史》是省内首部地方民族特色文化发展史，由石林县史志办公室与云南省社会科学院民族文学研究所联合编撰，并有杨福泉等学界名人为之作序，文字质量、图文设计、印装质量均有不俗的表现。图书出版后，引起了各方高度关注，《中国文化报》、《云南日报》分别以《阿诗玛不仅是遗产》、《放大阿诗玛文化的影响力》等为题，对此进行了重点评介。

《石林文物研究》　《石林文物研究》由石林县文化体育局编，云南民族出版社 2010 年 5 月出版，图书出版号 ISBN 978-7-5367-4671-8/K·1263，1/32 开，定价 50 元。该书 8 章 25 万字，从史前文化遗址、古驿道与古驿站、古坝桥、古墓与古建筑、碑刻石刻、民族文物、革命文物、馆藏文物等方面对石林的文物进行了介绍和研究。

《石林彝族自治县政协志》　由政协石林县委员会编，内部出版，云新出（2010）准印字 280 号，大 1/16 开，印数 1200 册。该书有彩图 32 页，正文 8 章 80 万字，由历史沿革、组织机构、会议协商、视察调研考察、政事纪要、表彰奖励、文献辑录、人物等内容构成。

音　　像

《四季歌》　毕有和“男儿情”系列之四，云南音像出版社出版，音像出版号 ISRC CN-G10-10-405-00/V·J6，图书出版号 ISBN 978-7-88589-664-5。收录有“四季歌”、“童年”、“翻天覆地三十年”、“一家之主”、“现代烟农”、“家有儿女”、“欢乐火把照彝乡”、“呀 CC”、“唱到日升跳到月落”、“尼维待客歌”10 首歌舞作品。毕有和作为本土明星，其歌舞贴近生活、朗朗上口，广受人民群众的喜爱，在本县及周边少数民族地区有较大的影响。

《彝乡情之二——火把之乡》　朱绍明音乐作品专辑，云南音像出版社出版，音像出版号 ISRC CN-G10-10-356-00/V·J6，图书出版号 ISBN 978-7-88589-579-2。收录有“月琴弹唱”、“七月火把节”、“热闹的腊月街”、“美酒敬朋茶敬友”、“朋友难相聚”、“父母是儿女的一把伞”、“彝家的树叶帽”、“人人都在想”、“勤劳阿哥妹”、“人生一世过三桥”、“彝家美酒敬宾朋”、“党给人民送温暖”12 首歌舞作品。

人　物

新任县级领导简介

张勤勋 男，彝族，1975年8月出生，云南省禄劝县人，中共党员，西南民族学院法学学士，现任石林县人民政府县长。

1994年9月至1998年7月，在西南民族学院行政管理专业学习；1999年3月至2000年6月，在禄劝县人民法院工作；2000年6月至2001年9月，在禄劝县委办公室工作，任秘书科科长；2001年9月至2003年4月，在禄劝县九龙乡人民政府工作，任党委副书记；2003年4月至2004年1月，在禄劝县双化乡人民政府工作，任党委副书记、代理乡长；2004年1月至2005年10月，在禄劝县双化乡人民政府工作，任双化乡乡长；2005年10月至2007年11月，在昆明市团委工作，任青农部部长；2007年11月至2011年5月，在昆明市团委工作，任团市委副书记；2011年5月至2011年7月，任石林县委副书记、代理县长；2011年7月，任石林县委副书记、县人民政府县长。

张津华 男，彝族，1976年6月出生，云南省寻甸县人，中共党员，山东大学法学学士，现任石林县人民政府副县长(挂职两年)。

1994年9月至1998年7月，在山东大学法学院经济法学专业学习；1998年10月至2006年3月，在寻甸县检察院工作（其间2003年6月任预防科长〈副科级〉，2004年10月至2006年3月主持反贪局工作）；2006年3月至2010年2月，在寻甸县政府办工作，任县政府办副主任（正科级）(其间2009年5月至2010年2月在中国农业发展银行云南省分行营业部挂职，任客户部高级副主管，兼昆明市官渡区支行副行长）；2010年2月至2010年11月，在寻甸县六哨乡工作，任乡党委书记；2010年11月至今，任石林县人民政府副县长。

杨义良 男，汉族，1969年8月出生，重庆市云阳县人，1987年10月入伍，1990年6月加入中国共产党，研究生班毕业（函授），现任石林县人民武装部部长。

1987年10月，在56014部队当战士；1988年1月至1989年3月，参加老山对越防御作战；1989年9月至1991年6月，在长沙炮兵学院学习；1991年7月至1993年2月，在35118部队任排长；1993年3月至2002年3月，在35300部队任排长、副连长、副指导员、指导员，司令部管理股长，政治处干部股长，政治处副主任、二营教导员；2003年8月至2004年12月，在77225部队任科长、二营教导员、政治部副主任；2005年3月至2008年2月，任昆明陆军预备役通信团政治处主任；2008年3月至2011年2月，任玉溪市通海县县委常委、县人民武装部政治委员；2011年3月至今，任石林县人民武装部部长。

王斌宁 男，汉族，1977年12月出生，云南省石林县人，1999年9月参加工作，2003年12月加入中国共产党，大学本科学历，现任云南昆明石林台湾农民创业园副主任（副县级，挂职三年）。

1995年9月至1999年7月，在云南工业大学交通管理学院载运工具运用专业学习，获工学学士学位；1999年9月至2000年2月在石林县公安局鹿阜派出所工作；2000年3月至2001年12月在石林县公安局路美邑派出所工作；2001年12月至2005年9月在石林县公安局办公室工作，2002年10月起任办公室副主任（其间，2004年8月参加石林县公开选拔副科级领导干部考试，经选拔，2004年12月至2005年9月在原路美邑乡阿怒山村委会挂职锻炼，任村委会主任助理）；2005年9月至2006年2月，任石林县板桥乡党委副书记（其间，2004年9月至2006年7月参加云南大学发展研究院区域经济与可持续发展专业研究生进修班学习）；2006年2月至2009年3月，任石林县圭山镇党委副书记、纪委书记、政法委书记，2008年12月晋升为主任科员；2009年3月至2011年2月，任石林县石林镇党委副书记、政法委书记；2010年8月，参加昆明市面向全市公开选拔副县（处）级领导干部考试，经选拔，2010年11月至今，任云南昆明石林台湾农民创业园副主任（副县级，挂职三年）。

周林春 男，汉族，1974年10月出生，云南省石林县人，1994年7月参加工作，1997年12月加入中国共产党，大学学历，现任中共石林县委办公室主任、石林风景名胜区管理局党委书记、局长。

1990年9月至1994年6月，在云南省畜牧兽医学校牧草专业学习；1994年7月至2003年2月，在原亩竹箐乡人民政府工作，历任乡团委书记、宣传干事；2003年3月至2008年10月，在石林县委办公室工作，其间：2004年6月任信息督查政研室主任，2002年9月至2004年12月参加省委党校经济管理专业学习，2007年1月任县委办公室副主任；2008年1月至2010年3月任县委办公室副主任、县委目督办主任；2010年3月至2011年5月，任县委办公室主任；2011年5月至今任县委办公室主任、石林风景名胜区管理局党委书记、局长（副县级）。

万春林 男，彝族，1969年12月出生，云南省石林县人，1992年8月参加工作，1996年4月加入中国共产党，在职研究生（经济管理专业）学历，现任云南昆明石林台湾农民创业园管委会党工委副书记、纪工委书记、石林镇党委书记。

1988年9月至1992年7月，在云南师范大学政教系政教专业学习，获哲学学士学位；1992年8月至1994年7月，在石林县第一中学任教；1994年8月至1995年7月，在石林县教育局办公室工作；1995年7月至1997年12月，在石林县委宣传部工作，任宣教科科长、县委机关团总支书记；1997年12月至2001年10月，任县政府办秘书；2001年11月至2005年11月，任北大村乡副乡长（其间，2002年9月至2005年7月在云南省委党校经济管理专业在职研究生班学习、毕业）；2005年12月至2009年2月，任石林县委宣传部常务副部长、县文明办常务副主任；2009年2月至2010年7月，任石林县文体局党总支书记、局长；2010年7月至2011年2月，任石林镇党委副书记、代理镇长；2011年2月至今，任石林镇党委书记，5月起任云南昆明石林台湾农民创业园管委会党工委副书记（副县级）、纪工委书记。

乡土艺人

黄文舒 男，彝族撒尼人，石林阿诗玛艺术团三级演奏员，昆明市文艺家协会会员，石林彝族音乐的重要创作者。

1949年10月10日，黄文舒出生在圭山海宜村。由于祖父、父亲都会演奏民间乐器，加之海宜村浓厚的彝族撒尼文化氛围，黄文舒从小就与民族民间音乐结下了不解之缘。初中毕业后，1966年2月在海邑铁工厂参加工作，边工作边学习彝族民间乐器和民间音乐。1971年，黄文舒被调到恢复组建的路南彝族自治县文艺工作队，成为专业的文艺工作者。在以后近四十年的时间里，他作为一名演奏员和创作员，经常下乡体验生活，认真向民间艺人学习民族乐器和民间歌曲，较好地掌握了撒尼闷笛、中音笛、高音笛、三胡、三弦、月琴、口弦等民间乐器的演奏，并创作了一批器乐曲和民族风格的歌曲。发表《美丽的圭山我家乡》、《石林胜景留个影》等歌曲。1988年9月，他创作的《悠悠牧羊曲》和《大鼓舞》参加滇东北戏剧节，均获作曲三等奖。1998年10月，他担任词曲整理和伴奏的《阿诗玛叙歌》，参加1998年云南省民族曲艺调演，获云南省群众文化彩云奖入选奖。2001年2月，他作曲的《洛山迷的搓》在2000年昆明市新剧（节）目展演中获作曲二等奖。2009年，到了退休年龄的黄文舒出版了凝集他数十年心血的彝族民间音乐专辑《阿着底迷底》（VCD），包含他创作整理并担任民乐演奏的14首歌曲。2011年5月受聘担任石林阿着底民族文化开发有限公司民族民间音乐指导，主要负责民族民间乐器的教学传授和民族民间音乐的指导编创工作。

金仁祥 男，彝族撒尼人，大专文化，中国少数民族音乐学会会员，中国音乐家协会会员，云南省音乐家协会会员，昆明市音乐家协会常务理事，石林县音协主席。1954年4月出生于长湖镇新海宜村，早年毕业于曲靖师范学校，后参与中国函授音乐学院学习，并到云南省文化厅职工大学进修。1977年8月至1983年2月任教，1983年3月开始一直从事文化行政管理工作，主任科员，曾任县文化体育局文化科科长。

金仁祥从小受彝族撒尼民间文化熏陶，熟悉本民族的民间文化艺术，掌握了大量的撒尼民间文化艺术素材，为后来的音乐创作奠定了良好的基础。19岁开始音乐创作，文章《彝族撒尼人的"公房"》和论文《撒尼民间音乐的传承方式与婚恋习俗》分别发表于云南出版的《民族学》和《云南艺术研究》杂志，歌曲《春风啊，请你捎个信》、《欢欢喜喜跳起来》等发表于《云岭歌声》。近年他着力打造了由王云春、黄跃武、昂建华组成的阿黑组合，使其在云南省范围内有了一定的知名度。原创音乐作品《我爱家乡朦胧美》和改编的民间歌曲《玩月亮》在2003年云南省歌舞乐展演中由阿黑组合演唱获金奖。由他作曲的歌曲《阿细跳月》在2006年全国原创歌词歌曲暨演唱评选活动中获作曲一等奖，他作曲的少儿舞蹈《彝山童趣》参加了"全国新农村少儿舞蹈展演"，并在央视3频道播出。他改编的《阿诗玛叙歌》在1998年云南省民族曲艺调演中获云南省群众文化彩云奖创作二等奖，在2009年云南省歌舞乐展演中获彩云奖铜奖。他的音乐作品《玩月亮》获昆明市第二届茶花奖铜奖；《阿细跳月》获第四届茶花奖三等奖；《阿诗玛叙歌》和《彝山童趣》获第五届茶花奖荣誉奖。他的代表作集体舞曲《欢欢喜喜跳起来》1997年问世后一直在社会广泛流传，深受广大群众喜爱，是石林一年一度的火把节狂欢中几乎少不了的节目，并被省内外一些旅游景区景点饭店作为联欢节目使用。

1992年，他筹款并主持录制石林县第一套盒式录音磁带《远方的客人请您留下来》（内部资料）一套4盘，收入了石林题材的优秀创作歌曲、民歌和乐曲，深受群众喜爱。2000年后出版了个人音乐作品专辑盒式录音磁带《唱给石林的歌》、《祭火神》、《一口闷》、《迪高乐》、《玩月亮》等多盘，出版了个人音乐作品MTV《欢欢喜喜跳起来》（2007年）和《彝家女司机》（2008年）。他长期从事民族民间文化的搜集整理工作，对彝族撒尼剧和石林民间细乐进行了全面的搜集、整理和研究。2000年个人出资在县内第一个成立阿诗文音像工作室，为石林和周边地区群众文化的普及、推广和发展作出了重要贡献。

昆明市非物质文化遗产传承人简介

曾毕开 男，彝族撒尼人，1931年5月出生于石林县圭山镇小糯黑村。伴随着父辈们的钗舞和金钱棒舞长大，从小受到了家庭民间艺术的熏陶。在父亲的言传身教中学会了钗舞和金钱棒舞，还学会了大三弦和月琴的弹奏。在青年时期，曾经参加云南边纵二支队文工队，随军进行革命文艺宣传活动。回乡务农后，他始终没有放弃自己的文艺爱好，与本村的文艺爱好者多次到泸西、弥勒、宜良、师宗、陆良等地交流演出，互相学艺。1956年曾参加在昆明举行的演出活动获第一名。回来后到各乡镇巡回演出，曾轰动一时。现有徒弟何云峰（市级传承人）。

2005年，曾毕开经昆明市人民政府（昆政复〔2005〕57号）批准，被列为第一批昆明市非物质文化遗产传承人。

何云峰 男，彝族撒尼人，1951年10月出生于石林县圭山镇小糯黑村。他16岁时，正是全国人民跳“样板戏”的时候。他对“样板戏”不感兴趣，他要学的是本民族的钗舞、金钱棒舞。但他要学的东西当时被视为“牛鬼蛇神”，是要全面封杀的。于是，他悄悄地拜高文静为师，学会了跳金钱棒舞。后来又拜曾毕开为师学习钗舞。由于当时的政治气氛不允许公开的练习，师徒俩只有在夜深人静时来到村外的空地上练习。“文革”结束后，农村的文艺活动日益增多，何云峰的传统舞蹈也可见天日了。时到今日，他已能熟练地表演金钱棒舞、钗舞等。近年来，他常到邻村、邻县、市、区交流演出。现有高玉贤、高玉明随其学艺。

2005年，何云峰经昆明市人民政府（昆政复〔2005〕57号）批准，被列为第一批昆明市非物质文化遗产传承人。

张凤兴 男，彝族撒尼人，1928年7月出生于石林县石林镇月湖村一个毕摩世家。5岁丧母，由继母养育成人，能说汉语，不懂汉文，精通彝文。其父、爷爷、祖父、曾祖父均为毕摩。张凤兴由于受家庭的熏陶，从小热爱民族民间礼仪活动。为了继承父亲的事业，15岁时跟父亲学习彝文和民俗礼仪的各种套路。但由于自己觉得还年轻，需要好好学习彝族传统文化和各种民俗礼仪，打好基础，直到50岁时才在本村主持第一次丧葬仪式。由于学习时间较长，第一次主持民俗礼仪活动时，他的技能已经到了炉火纯青的地步，获得了乡亲们的高度赞赏。在周边邻村有较高的声望，请他主持民俗礼仪活动、教授彝文的人络绎不绝。目前，他的徒弟有张云有、张云恩、容夸（彝名）、普树德、张凤恩、姜卓元6人，学徒中有他的儿子、女婿，也有其他人。他是一个豁达、开朗、无私的彝族撒尼毕摩。

在不断的学习中，他的民俗礼仪水平不断提高，目前他能主持“尼布姆”、“密塞单”、“促升”、送火神、占卜、叫魂、祭龙、接雨等80余种民俗礼仪活动。他收藏了《尼布姆司》、《占卜书》、《节气推算书》等彝文古籍。能用毕摩调演唱彝族撒尼叙事长诗《阿诗玛》。他收藏的彝文古籍和熟记的传说、长诗等，内容涉及政治、经济、文化、历史、哲学等方面。

张凤兴是石林县著名的毕摩之一，彝文较为精通，能说会道，比较熟悉彝族撒尼人的各种民间风俗礼仪，是月湖村及周边邻村的主要民族民间礼仪传承人之一。

2005年，张凤兴经昆明市人民政府（昆政复〔2005〕57号）批准，被列为第一批昆明市非物质文化遗产传承人。

张志斌 男，彝族撒尼人，1964年10月出生于石林县圭山镇老海宜村。其祖父曾经是一位当地知名的木匠师傅，父亲张国华是一名小学教师。父亲在教学之余喜爱做些木雕小玩艺，张志斌在家庭环境的熏陶下，从小就爱动刀动斧。他在中学时期就能自己动手制作小三弦、小竹笛等。

大学毕业后他被分配到石林县城周税务所，这时有了工资收入，空闲时间也多了起来，他用自己的工资收入购买木雕工具，寻找木材，要做从小就想做的木雕工艺创作。他从小就很爱牛，最喜欢参加各地的斗牛比赛，因此他的作品大都与斗牛有关，“民族乐器系列”都用斗牛图案作装饰。

张志斌的木雕作品有五大系列一共50余件，部分作品曾经参加了石林县木雕、刺绣工艺品展览，深受观众的好评。

2005年，张志斌经昆明市人民政府（昆政复〔2005〕57号）批准，被列为第一批昆明市非物质文化遗产传承人。

毕开明 男，彝族撒尼人，1943年6月出生于石林县西街口镇寨海村。父亲爱弹奏撒尼的民族民间乐器，他在家庭艺术氛围的熏陶下，从小就喜欢民间文艺。十五六岁就能演奏笛子、三胡、月琴、小三弦等民间乐器，是当地演奏民族民间乐器的佼佼者，并掌握本民族民间乐器演奏技艺，能唱、能跳、能吹、能弹、能拉，特别对笛子、月琴、三胡的演奏有一定的独特性。拉三胡的音色饱满、圆润，上下滑音清楚。他还是当地很有名气的民间骨科医生。

他在当地威望极高，现任本村老年协会会长。另外他还组织了一个老年文艺表演队，经常到陆良、泸西、宜良等县交流演出，逢年过节他带领他的老年文艺队，走村串寨，去传播优秀的民族民间艺术。2000 年、2002 年参加县上组织的春节文艺展演获第三名。现有夏海生、毕伟等徒弟，随其学艺。

2005 年，毕开明经昆明市人民政府（昆政复〔2005〕57 号）批准，被列为第一批昆明市非物质文化遗产传承人。

昂文英 女，彝族撒尼人，1947 年 7 月出生于石林县西街口镇绿水塘村委会寨黑村。她从小酷爱民族音乐、舞蹈，伴随着父辈的歌声、舞步逐渐长大。到 16 岁时，她就跟随小伙伴们到公房谈情说爱，互相学习刺绣、织麻、唱民歌、跳舞等。小伙伴们跳的三弦舞、空手舞以及唱的各种民间传统歌曲，她都认真地学习。不管白天干活还是在家做家务活，都能听得到她清脆的歌声。18 岁时，她就是附近村寨中有名的歌手。年轻时，追求她的人络绎不绝，最后她嫁给了一个像她一样爱好唱歌跳舞又能干的本村小伙子。

结婚后，她养育了 3 儿 2 女，由于生活的艰辛和养育子女的辛劳，曾有好些年没有唱歌跳舞。改革开放以后，生活一天比一天好，儿女们也长大成人，老两口又恢复了当年的活泼气息，开始放声歌唱，尽情跳舞，哪里举行摔跤活动，哪里就有他们欢快的歌声和舒缓的舞步。2005 年以来，她组织了一支自娱自乐的老年民族民间文艺队，忙得不亦乐乎。与老年朋友们互相切磋民族民间歌舞演唱和舞蹈技艺，她的民间舞蹈和传统民间歌曲演唱技艺一天比一天好。她曾带领文艺队多次参加了附近村寨及县上举办的民歌比赛和舞蹈比赛。

虽然她没有拜师学过艺，但她凭着自己的悟性，学得了大量的民间舞蹈和民间音乐，是远近闻名的歌手。由于她超强的记忆力和对民族文化的热爱，她不但能唱、能跳，还能说。她知道的故事传说较多，她能口述《过年为何要先喂狗》、《牛为何给人们犁地》、《为什么石头是黑色的》等几十个民间传说。她能演唱彝族撒尼传统民歌哭调、哭叽调（叙事）、骂调、改迷（情歌）、地名调以及表演民间舞蹈等。

2005 年，昂文英经昆明市人民政府（昆政复〔2005〕57 号）批准，被列为第一批昆明市非物质文化遗产传承人。

李黄文 男，彝族撒尼人，1928 年 12 月出生于石林县长湖镇维则村，是当地演奏民族民间乐器的能手，特别是对竹笛、闷笛、中笛、小笛、月琴的演奏较为突出。

他从小就喜欢音乐，特别是本民族的民间音乐，幼年时他看到老人们吹笛子、弹月琴、拉三胡就津津有味地看，跟着老人们比画。到了 12 岁，开始有点懂事，不管是上山放牛、打猎，他都要带上自己做的小笛子、小月琴，抽空独自练习，慢慢地就掌握了好多演奏的技巧。随着年龄的增长，他的演奏水平也不断提高，在当地有了名气，一些小伙伴就跟着他学，拜他为师。

即使已年逾古稀，他还时常和一帮老伙伴聚在一起，自娱自乐。他多次被邀请参加省市县的各种表演活动，2005 年 4 月还被邀请到中央电视台参加“魅力 12”的电视拍摄。通过这次拍摄演出，他更加信心百倍，更加认识到民族民间文化的重要性。他要让自己的笛声、琴声传遍石林的村村寨寨。2009 年 9 月 16 日，李黄文老先生去世。

2005 年，李黄文经昆明市人民政府（昆政复〔2005〕57 号）批准，被列为第一批昆明市非物质文化遗产传承人。

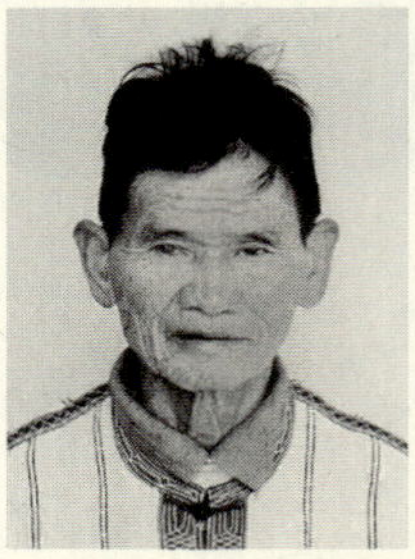

普华昌 男，彝族撒尼人，1932 年 8 月出生于石林县长湖镇宜政村委会阿着底村。他年轻时看到父辈们跳的钗舞、金钱棒舞、刀舞、空手舞等民间舞蹈，觉得很好看，于是就跟父亲普照明学了起来。父亲看到儿子的一招一式后，觉得是学习民间舞蹈的一棵好苗子，于是就把自己的一身本领全部传给了儿子。父子俩经常在田间地头探讨民间舞的创新。普华昌除父亲传给的大鼓舞，还刻苦练习其他民间舞蹈，日积月累，普华昌熟练地掌握了钗舞、空手舞、刀舞、金钱棒舞、大鼓舞、月琴舞的各种舞姿套路，渐渐成了一位民间舞高手。现有毕万功、普光荣等数名民间舞爱好者随其学艺。

2005 年，普华昌经昆明市人民政府（昆政复〔2005〕57 号）批准，被列为第一批昆明市非物质文化遗产传承人。

普照光 男，彝族撒尼人，1947 年 10 月出生于石林县石林镇月湖村。普照光从小聪明好学，特别对木匠活计感兴趣，他爷爷、爸爸制作的木犁、木耙、木牛车等农家生产生活用具对他更具诱惑力，他对爷爷、爸爸制作这些农家生产生活用具的过程有一个打破砂锅问到底的习惯，爷爷、爸爸对他更是言传身教，他慢慢地学会了一些木匠活计。上世纪五六十年代，作为撒尼小伙的他，也是个好玩好跳的年轻人，大小三弦、月琴、二胡、笛子他样样会玩，并对这些民间乐器的制作产生了浓厚兴趣。经过多年的摸索制作，他制作的民间乐器远近闻名。上个世纪九十年代末期，他制作的大小三弦、月琴、二胡、笛子曾经被省市有关单位收购收藏。

2005年，普照光经昆明市人民政府（昆政复〔2005〕57号）批准，被列为第一批昆明市非物质文化遗产传承人。

昂仕和 男，彝族撒尼人，1927年6月出生于石林镇大老挖村。擅长彝族撒尼民间细乐吹奏。他在早年师从弥勒县凤凰乡蚂蚁哨村昂凤林、本村普老伯，掌握了50余首彝族细乐曲目和吐音吹奏、花舌法、花指法、滑音法、鸟叫法等各种高难度吹奏技艺。经他数十年的传帮带，有18人可以独立吹奏近40首唢呐曲目，昂仕和被当地人们誉为石林镇唢呐王。

2010年6月，昂仕和经昆明市文化广播电视体育局（昆文广体〔2010〕39号）批准，被列为第二批昆明市非物质文化遗产传承人。

李保才 男，彝族撒尼人，1947年6月出生于石林县西街口镇雨布宜村。他出身于毕摩世家，掌握彝族古文字，精通彝族撒尼婚姻、丧葬等民间礼俗，能熟练主持彝族撒尼各种礼俗活动仪式。目前有8名民间文化爱好者向他学习民俗礼仪技能，是当地有名的毕摩。

2010年6月，李保才经昆明市文化广播电视体育局（昆文广体〔2010〕39号）批准，被列为第二批昆明市非物质文化遗产传承人。

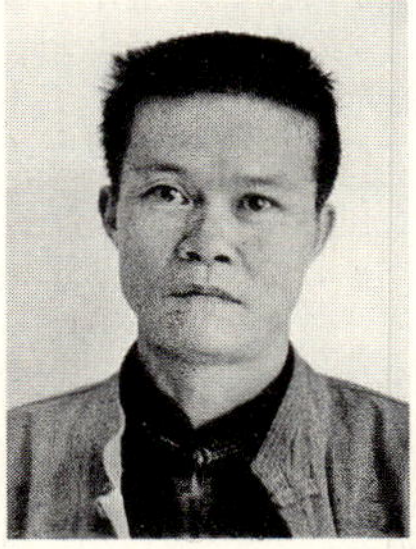

钟　敬 男，壮族，1965年5月出生于石林县鹿阜镇南门社区横街。他自幼爱好美术雕刻，曾师从民间艺人孟培生等师傅学习雕刻技艺，经多年刻苦学习钻研，钻研出了一套独具特色的民间绘画雕刻技艺。擅长雕刻茶具、木雕画、仿古浮雕、门窗等，其作品远销深圳、福建等地，深受消费者喜爱。仿古家具、木雕工艺品等先后被云南茶城、宏达茶城和广州东莞茶城收藏，是石林县传统木雕手工艺的代表性传承人之一。

2010年6月，钟敬经昆明市文化广播电视体育局（昆文广体〔2010〕39号）批准，被列为第二批昆明市非物质文化遗产传承人。

黄文映 男，彝族撒尼人，1932年6月出生于石林县长湖镇维则村。掌握彝族古文字，精通彝族撒尼婚姻、丧葬等民间礼俗，能熟练主持“尼姆”、“尼塞”、“密塞单”、“促升”、“送火神”、“占卜”、“祭龙”等多种彝族撒尼礼俗活动仪式，是当地有名的毕摩。目前，向他学习民间礼俗的有姜福兴、普光学、毕红兴等，徒弟姜福兴已能独立主持完成一些民俗礼仪活动。

2010年，黄文映经昆明市文化广播电视体育局（昆文广体〔2010〕39号）批准，被列为第二批昆明市非物质文化遗产传承人。

2010年石林县取得高级职称专业技术人员名录

序号	单 位	姓 名	专业技术资格名称	取得资格时间
1	石林县石林镇中心学校	毕寒松	中学高级教师	2010-10-30
2	石林县石林镇中心学校	杨永光	中学高级教师	2010-10-30
3	石林县石林镇中心学校	张琼芬	中学高级教师	2010-10-30
4	石林县圭山镇中心学校	王贵荣	中学高级教师	2010-10-30
5	石林县鹿阜中学	毕 武	中学高级教师	2010-10-30
6	石林县鹿阜中学	李智勇	中学高级教师	2010-10-30
7	石林县鹿阜中学	余炳慧	中学高级教师	2010-10-30
8	石林县鹿阜中学	虎桂兰	中学高级教师	2010-10-30
9	石林县鹿阜中学	张保文	中学高级教师	2010-10-30
10	石林县鹿阜中学	陶永林	中学高级教师	2010-10-30
11	石林县鹿阜中学	段晨光	中学高级教师	2010-10-30
12	石林县鹿阜中学	韩云华	中学高级教师	2010-10-30
13	石林县鹿阜中学	汤美玉	中学高级教师	2010-10-30
14	石林县鹿阜中学	李淑艺	中学高级教师	2010-10-30
15	石林县鹿阜中学	朱世祖	中学高级教师	2010-10-30
16	石林县鹿阜中学	马绍云	中学高级教师	2010-10-30
17	石林县民族高级职业中学	黄树祥	中学高级教师	2010-10-30
18	石林县民族高级职业中学	李金梅	中学高级教师	2010-10-30
19	石林县民族高级职业中学	周兴贵	中学高级教师	2010-10-30
20	石林县民族中学	潘李芬	中学高级教师	2010-10-30
21	石林县民族中学	朱 怡	中学高级教师	2010-10-30
22	石林县民族中学	李培红	中学高级教师	2010-10-30
23	石林县民族中学	窦海英	中学高级教师	2010-10-30
24	石林县民族中学	钱 芳	中学高级教师	2010-10-30
25	石林县板桥镇中学	杨尊明	中学高级教师	2010-10-30
26	石林县板桥镇中学	艾增锐	中学高级教师	2010-10-30
27	石林县板桥镇中学	李丽清	中学高级教师	2010-10-30
28	石林县板桥镇中学	王海仙	中学高级教师	2010-10-30
29	石林县板桥镇中学	黄素琼	中学高级教师	2010-10-30
30	石林县第一中学	杨光文	中学高级教师	2010-10-30
31	石林县第一中学	赵灿荣	中学高级教师	2010-10-30
32	石林县第一中学	龙建州	中学高级教师	2010-10-30
33	石林县教育局教研室	邢聪明	中学高级教师	2010-10-30
34	石林县路美邑中学	盛林森	中学高级教师	2010-10-30

续 表

序号	单　位	姓　名	专业技术资格名称	取得资格时间
35	石林县路美邑中学	段云霞	中学高级教师	2010-10-30
36	石林县路美邑中学	孙　彬	中学高级教师	2010-10-30
37	石林县路美邑中学	周恩平	中学高级教师	2010-10-30
38	石林县巴江中学	赵绍华	中学高级教师	2010-10-30
39	石林县巴江中学	李云平	中学高级教师	2010-10-30
40	石林县巴江中学	吴静波	中学高级教师	2010-10-30
41	石林县巴江中学	李　刚	中学高级教师	2010-10-30
42	石林县巴江中学	张晓平	中学高级教师	2010-10-30
43	石林县阿诗玛艺术团	杨荣凤	二级演员	2010-9-20
44	石林县阿诗玛艺术团	李艳兰	二级舞美设计师	2010-9-20
45	石林县阿诗玛艺术团	杞高芳	二级演员	2010-9-20
46	石林县文物管理所	窦光华	副研究馆员	2010-7-30
47	石林县人民医院	李惠芝	副主任医师	2010-8-13
48	石林县人民医院	姜秀兰	副主任护师	2010-8-13
49	石林县农林局农村能源环境保护工作站	娄继辉	高级工程师	2010-9-29
50	石林风景名胜区管理局	陈庆华	副研究馆员	2010-10-22
51	石林风景名胜区管理局	昂波维尔	二级演员	2010-9-20
52	石林风景名胜区管理局	李丛宾	高级工程师	2010-9-15
53	石林县黑龙潭水库工程管理处	徐忠华	高级工程师	2010-9-15

2010年石林县获国家部委及省级表彰奖励登记表

☆☆根据《石林彝族自治县人民政府关于对荣获国家部委及省级表彰事项给予奖励的通知》（石政通〔2011〕6号）编制

序号		表彰项目	表彰单位及依据	表彰时间	受表彰事项牵头单位	协办单位
一、县级受国家部委及省委、省政府表彰项目	1	2010年全国粮食生产先进县	农业部农农发〔2010〕8号	2010年12月	县农林局	
	2	2009年家电下乡工作先进县	国家家电下乡部际联席会议2010年第2号，财政部代章	2010年8月	县财政局	县发改局
	3	云南省集体林权制度主体改革先进集体	省委、省政府云委〔2010〕152号	2010年7月	县委办	县政府办
	4	滇东现代烟草农业示范区建设工作先进集体	省政府云政发〔2010〕108号	2010年7月	县政府办	县委办
	5	云南省第八届双拥先进县	省委、省政府、省军区云委〔2010〕148号	2010年6月	县民政局	县人武部、县委办、县政府办

续 表

序号		表彰项目	表彰单位及依据	表彰时间	受表彰事项牵头单位	协办单位
	6	2009年全省社会治安综合治理维护稳定先进平安县	省委、省政府云委〔2010〕17号	2010年2月	县委政法委	县公安局、县司法局、县法院、县检察局
	7	2009年度县域经济发展先进县	省政府云政办发〔2010〕211号	2010年11月	县政府办	县委办、县统计局、县发改局、县财政局
	8	2010年抗旱救灾先进单位	中国人民解放军总参谋部、总政治部、总后勤部、总装备部政组〔2010〕1号	2010年7月	县人武部	
二、乡镇（县直单位）受国家部委及省委、省政府表彰项目	1	第二次全国经济普查先进集体	国务院第二次全国经济普查领导小组国经普字〔2010〕1号	2010年1月	鹿阜镇政府	县统计局
	2	全国财政系统先进集体	人保部、财政部荣誉证书编号：2010062	2010年12月	县财政局	
	3	云南省集体林权制度主体改革先进集体	省委、省政府云委〔2010〕152号	2010年7月	县农林局	
三、其他奖励鼓励项目	1	全国方志系统先进集体	中国地方志指导小组荣誉证书	2010年11月	县史志办	
	2	全国城乡妇女岗位建功先进集体	全国妇女"双学双比"活动领导小组妇双领字〔2010〕2号	2010年2月	县水务局	
	3	全国第三届中小学生艺术展演活动优秀组织奖	教育部教体艺函〔2010〕6号	2010年5月	县教育局	
	4	全民健身活动先进单位	国家体育总局体群字〔2010〕213号	2010年12月	县旅文广体局	

2010年度石林县先进个人和优秀非公企业名单

☆☆根据《中共石林彝族自治县委、石林彝族自治县人民政府关于命名表彰2010年度先进个人和优秀非公企业的决定》（石发〔2011〕3号）编制

一、优秀科级干部（11名）

朱加智　团县委书记
周林春　县委办主任
毕东红　县纪委副书记、县监察局局长
孟丽芝　县检察院控告申诉检察科科长
尹桂华　县财政局副局长
黄宗祥　石林管理局党委副书记
潘佳良　县农林局党委副书记、局长
毕福祥　县交通运输局党总支副书记、局长
陈永宁　县发改局党委副书记、局长
段维亚　县民政局党总支副书记、局长
张　奕　鹿阜镇党委副书记、镇长

二、优秀公务员（10名）

罗翠萍　县委办
李红仙　县政府办
陈艳华　县财政局
赵丽芬　县交通运输局
马树云　县公安局
桂铸勤　县水务局
陈　洁　县教育局
范云辉　县劳动就业局
方郭彬　大可乡人民政府
昂荣云　石林镇人民政府

三、优秀村（社区）干部（10名）

杨云春　鹿阜镇小乐台旧村党总支书记、主任
杜绍春　鹿阜镇萝卜所村党总支书记、主任
李志德　石林镇林口铺村党总支书记、主任
刘志聪　石林镇北大村村委会主任
谢有兴　板桥镇小屯村党总支书记、主任
明跃清　圭山镇小圭山村党总支书记
毕永光　圭山镇额冲衣村党总支书记
赵映伟　大可乡结胜村党总支书记、主任
金绍锋　长湖镇雨胜村党总支书记
王　林　西街口镇糯衣村委会主任

四、优秀村民小组长（10名）

潘云华　鹿阜镇大屯村委会第三村民小组组长
宋建明　鹿阜镇小乐台旧村委会东山村民小组组长
李存云　鹿阜镇大乐台旧村委会沙地村民小组组长
高自林　石林镇和摩站村委会石板哨村民小组组长
毕志兴　石林镇小箐村委会小箐村民小组组长
李宝祥　圭山镇糯黑村委会大糯黑村民小组组长
李金平　板桥镇叠水村委会洗洒海村民小组组长
毕建才　长湖镇舍色村委会舍色村三组组长
陈小云　西街口镇绿水塘村委会绿水塘村民小组组长
槐可继　大可乡大可村委会大可村民小组组长

五、优秀专业技术人员（10名）

赵吉奎　县农牧局种子站高级农艺师
李从宾　石林风景名胜区管理局副高级工程师
徐立德　县交运局公路管理段工程师
槐可明　县水务局勘测设计处工程师
朱玉高　县人民医院副主任医师
邢聪明　县教育局中学高级教师
黄　为　县环保局助理工程师
昂丽芬　石林电视台记者
娄桂凤　县计生局主治医师
毕黄堡　县委党校助理讲师

六、优秀非公企业（6家）

云南润庄农业科技有限公司
石林县美邑石材石雕厂
石林同创置业有限公司
云南华融融资担保有限公司
石林县鑫旺煤矿
石林彝族自治县幼儿教育集团

石林彝族自治县县管科级领导干部名册

（截至2010年底，全县有科级干部368人，其中：正科147人，副科221人；妇女干部80人，少数民族干部122人，非党干部35人）

单　位	姓　名	岗位职务	性别	民族	政治面貌	职级
县委办	文春燕	县委书记助理	女	彝	中共党员	正科级
县委办	周林春	主　任	男	汉	中共党员	正科级
县委办	黄　丽	副主任	女	彝	中共党员	正科级
县委办	游涯坤	副主任	男	汉	中共党员	正科级
县委办	毕贵荣	信息政研室主任	男	彝	中共党员	副科级
县委办	孙春晖	行政科科长	女	汉	非　党	副科级
县委办	李永福	秘书科科长	男	彝	中共党员	副科级
县委办	赵俊超	综合科科长	男	汉	中共党员	副科级
县委办	赵建平	目督办副主任	男	汉	中共党员	副科级
县委办	吴长军	县“四创两争”办专职副主任	男	汉	中共党员	副科级
县机要保密局	李　学	局长	男	汉	中共党员	正科级
县机要保密局	黄平兴	副局长	男	彝	中共党员	副科级
县接待处	李焰熊	处长	男	汉	中共党员	正科级
县接待处	杨小林	副处长	女	汉	中共党员	副科级
县信访局	李玉华	县委办副主任、信访局局长	男	彝	中共党员	正科级
县信访局	毕文书	副局长	男	彝	中共党员	副科级
县信访局	娄德良	副局长	男	汉	中共党员	副科级
县人大	娄林华	办公室主任	男	汉	中共党员	正科级
县人大	赵存仙	办公室副主任	女	汉	中共党员	正科级
县人大	王宗祥	办公室副主任	男	汉	中共党员	副科级
县人大	杨礼有	财经工委主任	男	彝	中共党员	正科级
县人大	李世雁	财经工委副主任	女	汉	中共党员	副科级
县人大	赵磊明	民工委主任	男	汉	非党	正科级
县人大	张明华	人事代表工委主任	男	汉	中共党员	正科级
县人大	赵景文	法工委主任	男	彝	中共党员	正科级
县人大	窦兴亮	城乡建设环境保护委主任	男	彝	中共党员	正科级
县人大	付建生	县人大教科文卫委主任	男	汉	中共党员	正科级
县政府办	苏健康	副主任、县政府目督办主任	男	汉	中共党员	正科级
县政府办	李劲松	副主任	男	汉	中共党员	正科级
县政府办	黄继斌	副主任	男	彝	中共党员	副科级
县政府办	赵俞智	副主任	男	汉	中共党员	副科级

续表

单位	姓名	岗位职务	性别	民族	政治面貌	职级
县政府办	雷振涛	副主任	男	汉	中共党员	副科级
县政府办	李云梅	副主任	女	汉	中共党员	副科级
县政府办	段顺波	县政府法制办主任	男	汉	中共党员	正科级
县政府办	殷勤	行政后勤科长	女	汉	中共党员	副科级
县政府办	罗燕林	县政府目督办副主任	男	汉	中共党员	副科级
县政府办	李贵平	秘书信息科科长	男	汉	非党	副科级
县政府办	杨泉	综合科科长	女	汉	非党	副科级
县政协	李绍玉	办公室主任	男	汉	中共党员	正科级
县政协	陈永能	办公室副主任	男	彝	中共党员	副科级
县政协	槐丽琼	教文卫史委主任	女	汉	中共党员	正科级
县政协	王松梅	提案联络委主任	女	汉	中共党员	正科级
县政协	张云涛	经济城乡建设和环境保护委副主任	女	彝	中共党员	副科级
县纪委	毕东红	副书记、监察局局长	男	彝	中共党员	正科级
县纪委	蒋开彦	副书记	男	彝	中共党员	正科级
县纪委	马雪娟	副书记	女	汉	中共党员	正科级
县纪委	张永刚	第一纪工委书记	男	汉	中共党员	正科级
县纪委	李昆华	第二纪工委书记	女	汉	中共党员	正科级
县纪委	马院华	第三纪工委书记	男	汉	中共党员	正科级
县纪委	赵文平	第五纪工委书记	男	汉	中共党员	正科级
县纪委	张彪	第四纪工委副书记、正科级纪检监察员	男	汉	中共党员	正科级
县纪委	毕连兴	第五纪工委副书记	男	彝	中共党员	副科级
县纪委	段鹏光	第四纪工委副书记	男	汉	中共党员	副科级
县纪委	王家智	办公室主任	男	汉	中共党员	副科级
县纪委	王丽红	党风廉政建设室主任	女	汉	中共党员	副科级
县监察局	李立宏	副局长	男	彝	非党	副科级
县纪委	李海林	纪检监察室主任	男	汉	中共党员	副科级
县纪委	者云珍	干部人事室主任	女	彝	中共党员	副科级
县纪委	艾世武	信访室主任	男	汉	中共党员	副科级
县纪委	罗建云	执法监察室主任	男	汉	中共党员	副科级
县纪委	李金明	案审室主任	男	彝	中共党员	副科级
县纪委	万勇	副科级纪检监察员	男	汉	中共党员	副科级
县纪委	杨亚妮	副科级纪检监察员	女	彝	中共党员	副科级
县纪委	李林春	副科级纪检监察员	女	彝	中共党员	副科级
县纪委	昂学林	效能监察室主任	男	彝	中共党员	副科级
县纪委	陈云	宣传教育室主任	男	汉	中共党员	副科级
组织部	李韬	副部长	男	汉	中共党员	正科级
组织部	赵蓉	副部长、老干局局长	女	汉	中共党员	正科级
组织部	李宏伟	副部长	男	汉	中共党员	正科级

续 表

单 位	姓 名	岗位职务	性别	民族	政治面貌	职级
组织部	陈晓娟	部务委员	女	汉	中共党员	副科级
组织部	秦 思	副科级组织员	男	汉	中共党员	副科级
老干部局	杨 梅	副局长	女	彝	中共党员	副科级
县直机关党委	高云曦	书记	女	汉	中共党员	正科级
宣传部	毕卫东	常务副部长	男	彝	中共党员	正科级
宣传部	张鹏翔	副部长	男	汉	中共党员	正科级
宣传部	赵振虹	部务委员	女	汉	中共党员	副科级
文明办	昂文强	副主任	男	彝	中共党员	副科级
统战部	黄宏星	副部长、兼工商联党组书记、常务副会长	男	彝	中共党员	正科级
统战部	杨丽华	部务委员	女	彝	中共党员	副科级
政法委	龙贵生	副书记	男	彝	中共党员	正科级
政法委	李何红	副书记	男	汉	中共党员	正科级
政法委	钱琼珍	“610”办主任	女	汉	中共党员	正科级
政法委	周向琨	委务委员、办公室主任	男	汉	中共党员	副科级
政法委	杨 洁	政治处主任	女	汉	中共党员	副科级
县编办	赵永宇	专职副主任	男	汉	中共党员	正科级
县总工会	李静江	常务副主席	男	汉	中共党员	正科级
县总工会	张海斌	副主席	男	彝	中共党员	正科级
县总工会	段云梅	副主席、女工委员会主任	女	彝	中共党员	副科级
团县委	朱加智	书记	男	汉	中共党员	正科级
团县委	高 鸿	副书记	男	汉	中共党员	副科级
县妇联	普向梅	主席	女	彝	中共党员	正科级
县妇联	陈雪梅	副主席	女	彝	中共党员	副科级
县红十字会	符锐冰	副会长	女	彝	中共党员	副科级
县科协	陈永洪	主席	男	汉	中共党员	正科级
县科协	高俊春	副主席	女	汉	中共党员	副科级
党史研究室	董建平	主任	男	汉	中共党员	正科级
党史研究室	李卫萍	副主任	女	彝	中共党员	副科级
县工商联	李琼仙	副会长	女	白	中共党员	副科级
县烤烟办	单用侃	主任	男	汉	中共党员	正科级
县人力资源和社会保障局	杨春宝	组织部副部长、县编办主任、县人力资源和社会保障局书记、局长	男	汉	中共党员	正科级
县人力资源和社会保障局	秦 梅	副局长	女	汉	中共党员	副科级
县人力资源和社会保障局	周震波	副局长	男	汉	中共党员	副科级
县人力资源和社会保障局	刘文华	社保局局长	男	汉	中共党员	副科级
县人力资源和社会保障局	阮星文	医保分中心主任	男	汉	中共党员	副科级

续表

单位	姓名	岗位职务	性别	民族	政治面貌	职级
县人力资源和社会保障局	何茂龙	就业局局长	男	白	中共党员	副科级
县民政局	杨炳学	党总支书记	男	彝	中共党员	正科级
县民政局	段维亚	党总支副书记、局长	男	汉	中共党员	正科级
县民政局	毕金星	副局长	男	彝	中共党员	副科级
县民政局	施丽红	副局长	女	汉	中共党员	副科级
县发展和改革局	陈永宁	党委副书记、局长、县招商局局长	男	汉	中共党员	正科级
县发展和改革局	李贵祥	党委副书记、纪委书记	男	彝	中共党员	副科级
县发展和改革局	杨若平	副局长、县招商局副局长	女	汉	中共党员	正科级
县发展和改革局	段宏波	县招商局副局长	女	汉	中共党员	副科级
县住房和城乡规划建设局	冯正清	党总支副书记、局长	男	汉	中共党员	正科级
县住房和城乡规划建设局	郭兆燕	党总支副书记	女	汉	中共党员	副科级
县住房和城乡规划建设局	普立云	东管会副主任兼县建设局副局长	男	彝	中共党员	正科级
县住房和城乡规划建设局	何道敏	东管会副主任兼县建设局副局长	男	汉	中共党员	正科级
县住房和城乡规划建设局	李福金	副局长	男	汉	中共党员	副科级
县住房和城乡规划建设局	龙志彬	副局长兼防震减灾局局长	男	彝	非　党	副科级
县财政局	马海荣	党支部书记	男	彝	中共党员	正科级
县财政局	钟　涛	党支部副书记	男	汉	中共党员	副科级
县财政局	毕文祥	副局长	男	彝	中共党员	副科级
县财政局	尹桂华	副局长	男	彝	中共党员	副科级
县财政局	冯晓琨	国库支付中心主任	男	汉	中共党员	副科级
县财政局	王月群	国库支付中心副主任	女	汉	中共党员	副科级
县财政局	娄继坤	农开办主任	男	汉	非　党	副科级
县安全生产监督管理局	李金宝	局长	男	汉	中共党员	正科级
县安全生产监督管理局	苏晓松	副局长	男	汉	非　党	副科级
县安全生产监督管理局	念勤生	副主任	男	汉	中共党员	副科级
县安全生产监督管理局	武成香	副主任	男	彝	非　党	副科级
县司法局	李永华	局长	男	汉	中共党员	正科级
县司法局	陈智宏	副局长	男	汉	中共党员	副科级
县人口和计划生育局	毕金兰	局长	女	彝	中共党员	正科级
县人口和计划生育局	戴宏平	副局长	男	汉	中共党员	正科级
县人口和计划生育局	黄丽英	副局长	女	汉	中共党员	副科级

续 表

单 位	姓 名	岗位职务	性别	民族	政治面貌	职级
县审计局	赵良廷	局长	男	汉	中共党员	正科级
县审计局	金玉光	副局长	男	彝	中共党员	副科级
县交通运输局	毕福祥	党总支副书记、局长	男	汉	中共党员	正科级
县交通运输局	槐 伟	党总支书记、县公路路政管理大队大队长	男	汉	中共党员	正科级
县交通运输局	王留云	副局长、县交通战备办副主任	男	汉	中共党员	副科级
县交通运输局	吉光雄	副局长	男	汉	中共党员	副科级
县环境保护局	何建华	副局长	女	汉	中共党员	副科级
县环境保护局	李建春	环境监察大队队长	男	汉	中共党员	副科级
县民族宗教事务局	毕卫华	局长	男	彝	中共党员	正科级
县民族宗教事务局	李毅飞	副局长	男	汉	中共党员	副科级
县农林局	潘佳良	党委副书记、局长、台刨园副主任	男	汉	中共党员	正科级
县农林局	吴剑平	党委书记	男	汉	中共党员	正科级
县农林局	杨明森	副书记	男	彝	中共党员	副科级
县农林局	蒋莉华	纪委书记	女	彝	中共党员	副科级
县农林局	蒋春平	副局长	男	汉	中共党员	副科级
县农林局	牛云祥	台创园副主任、县农牧局副局长（兼）	男	汉	中共党员	副科级
县农林局	张志才	副书记	男	汉	中共党员	副科级
县农林局	虎 亮	副局长	男	彝	中共党员	副科级
县农林局	张永祥	副局长、石林林场场长	男	彝	中共党员	副科级
县农林局	陈元杰	石林县森林公安局局长	男	汉	中共党员	正科级
县水务局	段正平	党委书记、局长	男	汉	中共党员	正科级
县水务局	李彦群	台创园副主任、党委副书记(兼)	女	汉	中共党员	副科级
县水务局	杨林级	纪委书记	男	汉	中共党员	副科级
县水务局	保胜军	副局长	男	汉	非 党	副科级
县水务局	桂 明	台创园副主任、副局长（兼）	男	汉	非 党	副科级
县水务局	岳劲松	副局长	男	彝	中共党员	副科级
县水务局	黄云仙	黑龙潭水库管理处处长	女	彝	中共党员	副科级
县旅游文化广播电视体育局县广电台	张树忠	党总支委员、局长、县广电台台长	男	彝	中共党员	正科级
县旅游文化广播电视体育局县广电台	黄 兴	党总支副书记	男	彝	中共党员	副科级
县旅游文化广播电视体育局县广电台	毕玉珍	副局长	女	彝	非 党	副科级
县旅游文化广播电视体育局县广电台	方跃章	副局长	男	彝	非 党	副科级
县旅游文化广播电视体育局县广电台	韩梅颖	副局（台）长	女	汉	非 党	副科级

续 表

单位	姓名	岗位职务	性别	民族	政治面貌	职级
县教育局	徐永平	党委副书记、局长	女	汉	中共党员	正科级
县教育局	张云涛	党委副书记、纪委书记	男	汉	中共党员	副科级
县教育局	陈贵云	副局长	男	汉	中共党员	副科级
县卫生局	周保能	党委书记、局长	男	汉	中共党员	正科级
县卫生局	赵江庆	党委副书记、纪委书记	女	汉	中共党员	副科级
县卫生局	高炳元	副局长	男	汉	中共党员	副科级
县卫生局	黄文学	副局长	男	彝	中共党员	副科级
县卫生局	李林青	副局长、县爱卫办主任	女	彝	中共党员	正科级
县卫生局	马劲松	县爱卫办副主任	男	汉	中共党员	副科级
县统计局	李建民	局长	男	汉	中共党员	正科级
县统计局	王银丹	副局长	男	汉	中共党员	副科级
县公安局	张永清	党委副书记、副局长	男	汉	中共党员	正科级
县公安局	李红星	副局长	男	汉	中共党员	正科级
县公安局	陈春云	副局长	男	彝	中共党员	正科级
县公安局	娄张祥	副局长	男	汉	中共党员	正科级
县公安局	刘子宏	副政委	男	汉	中共党员	正科级
县公安局	王　云	纪委书记	男	汉	中共党员	正科级
县公安局	杨宏轩	政工监督室主任	女	彝	中共党员	正科级
县公安局	赵荣民	政工监督室副主任	男	汉	中共党员	副科级
县公安局	赵琼珍	政工监督室副主任	女	汉	中共党员	副科级
县公安局	赵志明	指挥中心主任	男	汉	中共党员	正科级
县公安局	王惠珍	指挥中心副主任	女	汉	中共党员	副科级
县公安局	李永振	指挥中心副主任	男	汉	中共党员	副科级
县公安局	范　劲	警务保障室主任	男	汉	非　党	正科级
县公安局	陈福存	法制室主任	男	汉	中共党员	正科级
县公安局	何　勇	法制室副主任	男	汉	中共党员	副科级
县公安局	秦　元	刑事侦查大队教导员	男	彝	中共党员	正科级
县公安局	李润桥	刑事侦查大队副大队长	男	汉	中共党员	副科级
县公安局	赵玲丽	刑事侦查大队情报资料中队中队长	女	汉	中共党员	副科级
县公安局	沈继坤	刑事侦查大队重案中队中队长	男	汉	非　党	副科级
县公安局	董李坤	刑事侦查大队副大队长	男	汉	中共党员	副科级
县公安局	汪保云	经侦大队大队长	男	汉	中共党员	正科级
县公安局	金学亮	国内安全大队大队长	男	彝	中共党员	正科级
县公安局	王家云	交通警察大队大队长	男	彝	中共党员	正科级
县公安局	文　雄	交通警察大队教导员	男	汉	中共党员	正科级
县公安局	普文和	交通警察大队副大队长	男	彝	中共党员	副科级
县公安局	张红光	交通警察大队副大队长	男	彝	中共党员	副科级
县公安局	窦玉英	交通警察大队内勤中队中队长	女	彝	中共党员	副科级

续 表

单 位	姓 名	岗位职务	性别	民族	政治面貌	职级
县公安局	蒋永安	交通警察大队石林中队中队长	男	彝	中共党员	副科级
县公安局	王浏祥	交通警察大队公路巡逻民警中队中队长	男	汉	中共党员	副科级
县公安局	杞佳平	交通警察大队事故处理中队中队长	男	汉	中共党员	副科级
县公安局	沈菊兰	交通警察大队车辆管理中队中队长	女	汉	中共党员	副科级
县公安局	尹庆钢	交通警察大队西石中队中队长	男	汉	中共党员	副科级
县公安局	陈云森	交通警察大队城区中队中队长	男	汉	中共党员	副科级
县公安局	陈立勇	禁毒大队大队长	男	汉	中共党员	正科级
县公安局	李永纯	禁毒大队教导员	男	汉	中共党员	正科级
县公安局	张家友	公共信息网络安全监察大队大队长	男	彝	非 党	正科级
县公安局	娄长生	石林县看守所所长	男	汉	中共党员	正科级
县公安局	王继华	石林县看守所教导员	男	汉	中共党员	正科级
县公安局	高树春	石林县看守所副所长	男	汉	中共党员	副科级
县公安局	董荣华	石林县拘留所所长	男	汉	中共党员	正科级
县公安局	施晓楠	治安管理大队大队长	男	汉	中共党员	正科级
县公安局	昂锦祥	治安管理大队教导员	男	彝	中共党员	正科级
县公安局	李 宝	治安管理大队副大队长	男	汉	中共党员	副科级
县公安局	段茂方	石林风景区派出所所长、石林管理局党委委员	男	汉	中共党员	正科级
县公安局	彭 能	石林风景区派出所副所长	男	汉	中共党员	副科级
县公安局	徐 翔	鹿阜派出所所长	男	汉	中共党员	正科级
县公安局	陈晓明	鹿阜派出所教导员	男	汉	中共党员	正科级
县公安局	杨 斌	鹿阜派出所巡警中队中队长	男	汉	中共党员	副科级
县公安局	娄学林	路美邑派出所所长	男	汉	中共党员	副科级
县公安局	杨家学	北大村派出所所长	男	汉	中共党员	副科级
县公安局	杨永兵	西街口派出所所长	男	彝	中共党员	副科级
县公安局	赵紫波	亩竹箐派出所所长	男	汉	中共党员	副科级
县公安局	李自平	长湖派出所所长	男	汉	中共党员	副科级
县公安局	李树经	板桥派出所所长	男	汉	中共党员	副科级
县公安局	雷树云	大可派出所所长	男	汉	中共党员	副科级
县公安局	杨和平	圭山派出所所长	男	汉	中共党员	副科级
县法院	张国忠	副院长	男	彝	中共党员	正科级
县法院	储 平	副院长	男	汉	非 党	正科级
县法院	劳永宁	副院长	男	汉	中共党员	正科级
县法院	段惠仙	纪检组长	女	彝	中共党员	正科级
县法院	李发文	政治处主任	男	苗	中共党员	正科级
县法院	徐吉昆	民事审判一庭庭长	男	汉	中共党员	副科级
县法院	陈金平	立案庭庭长	男	汉	非 党	副科级
县法院	李家议	行政审判庭庭长	男	汉	非 党	副科级

续表

单 位	姓 名	岗位职务	性别	民族	政治面貌	职级
县法院	李子文	刑事审判庭庭长	男	汉	中共党员	副科级
县法院	赵泳全	办公室主任	男	汉	非 党	副科级
县法院	李树林	法警大队队长	男	汉	中共党员	副科级
县法院	高菊玲	专职审判委员会委员	女	汉	中共党员	副科级
县法院	曹 勇	专职审判委员会委员	男	汉	非 党	副科级
县法院	毕天星	审判监督庭庭长、正科级审判员	男	彝	中共党员	正科级
县法院	昂志忠	板桥人民法庭庭长	男	彝	中共党员	副科级
县法院	唐云龙	圭山人民法庭庭长	男	彝	非 党	副科级
县法院	袁敏生	石林人民法庭庭长	男	汉	非 党	副科级
县检察院	李劲松	副检察长	男	彝	中共党员	正科级
县检察院	毕秀明	副检察长	男	汉	中共党员	正科级
县检察院	王 虹	副检察长	女	彝	非 党	正科级
县检察院	陈咏冰	纪检组长	女	彝	中共党员	正科级
县检察院	周洪涛	政治处主任	男	汉	中共党员	正科级
县检察院	杨云锋	反贪污贿赂局副局长	男	彝	中共党员	副科级
县检察院	昂志学	监所检察科科长	男	彝	中共党员	副科级
县检察院	丁 立	专职检察委员会委员兼公诉科科长	男	汉	非 党	副科级
县检察院	槐丽华	专职检察委员会委员兼人民监督工作办公室主任	女	汉	中共党员	副科级
县检察院	胡天明	反渎职侵权局局长	男	彝	中共党员	副科级
县检察院	王智学	民事行政检察科科长	男	汉	中共党员	副科级
县检察院	孟丽芝	控告申诉检察科科长	女	汉	非 党	副科级
县检察院	赵丽莉	侦查监督科科长	女	汉	非 党	副科级
鹿阜镇	张 奕	党委副书记、镇长	男	汉	中共党员	正科级
鹿阜镇	张春学	人大主席	男	彝	中共党员	正科级
鹿阜镇	赵子华	党委副书记	男	汉	中共党员	副科级
鹿阜镇	李红珍	纪委书记	女	彝	中共党员	副科级
鹿阜镇	赵晓梅	副镇长	女	汉	中共党员	副科级
鹿阜镇	李国兵	副镇长	男	汉	非 党	副科级
鹿阜镇	毕绍军	副镇长	男	汉	中共党员	副科级
鹿阜镇	秦绍林	人武部长	男	汉	中共党员	副科级
鹿阜镇	郭 云	党委副书记（挂职两年）	男	布依	中共党员	副科级
石林镇	李 湖	党委书记	男	汉	中共党员	正科级
石林镇	万春林	党委副书记、副镇长、代理镇长	男	彝	中共党员	正科级
石林镇	赵恒谦	人大主席	男	彝	中共党员	正科级
石林镇	虎志兰	纪委书记	女	彝	中共党员	副科级
石林镇	毕志锋	副镇长	男	彝	非 党	副科级
石林镇	槐树波	副镇长、台创园副主任（兼）	男	汉	中共党员	副科级

续 表

单　位	姓　名	岗位职务	性别	民族	政治面貌	职级
石林镇	岭红芝	副镇长	女	彝	中共党员	副科级
石林镇	张志强	人武部长	男	彝	中共党员	副科级
石林镇	张　燕	党委副书记（挂职两年）	女	蒙古	中共党员	副科级
西街口镇	喻永生	党委书记	男	汉	中共党员	正科级
西街口镇	王光学	党委副书记、镇长	男	汉	中共党员	正科级
西街口镇	吴智强	人大主席	男	汉	中共党员	正科级
西街口镇	灶兴明	党委副书记、纪委书记	男	彝	中共党员	副科级
西街口镇	劳汉霖	副镇长	男	汉	中共党员	副科级
西街口镇	李江辉	副镇长	男	彝	中共党员	副科级
西街口镇	赵　丹	副镇长	女	彝	中共党员	副科级
西街口镇	邓建明	人武部长	男	汉	中共党员	副科级
西街口镇	熊　媛	党委副书记（挂职两年）	女	苗	中共党员	副科级
圭山镇	李雄彬	党委书记	男	彝	中共党员	正科级
圭山镇	姬卫国	党委副书记、镇长	男	汉	中共党员	正科级
圭山镇	王谷明	人大主席	男	汉	中共党员	正科级
圭山镇	赵保祥	党委副书记、纪委书记	男	汉	中共党员	副科级
圭山镇	毕晓红	副镇长	女	彝	非　党	副科级
圭山镇	槐永强	副镇长	男	汉	中共党员	副科级
圭山镇	杨兴有	副镇长	男	汉	中共党员	副科级
圭山镇	王兆生	人武部长	男	汉	中共党员	副科级
圭山镇	杨利华	党委副书记（挂职两年）	男	汉	中共党员	副科级
长湖镇	宗家富	党委副书记、镇长	男	汉	中共党员	正科级
长湖镇	刘春泉	人大主席	男	汉	中共党员	正科级
长湖镇	赵相平	党委副书记、纪委书记	男	汉	中共党员	副科级
长湖镇	张　灿	副镇长	男	彝	中共党员	副科级
长湖镇	杨志华	副镇长	男	彝	中共党员	副科级
长湖镇	刘云芬	副镇长	女	汉	中共党员	副科级
长湖镇	毕志华	人武部长	男	彝	中共党员	副科级
长湖镇	贺　菊	党委副书记（挂职两年）	女	汉	中共党员	副科级
板桥镇	毕少学	党委书记	男	彝	中共党员	正科级
板桥镇	殷　瑕	党委副书记、镇长	女	汉	中共党员	正科级
板桥镇	陈宇杰	人大主席	男	汉	中共党员	正科级
板桥镇	李　勇	党委副书记、纪委书记	男	汉	中共党员	副科级
板桥镇	秦卫强	副镇长	男	汉	中共党员	副科级
板桥镇	毕学林	副镇长	男	彝	中共党员	副科级
板桥镇	余平波	副镇长	男	汉	中共党员	副科级
板桥镇	李春华	人武部长	男	汉	中共党员	副科级
大可乡	普建勇	党委书记	男	彝	中共党员	正科级

续表

单位	姓名	岗位职务	性别	民族	政治面貌	职级
大可乡	李忠华	党委副书记、乡长	男	彝	中共党员	正科级
大可乡	王余秋	人大主席	男	汉	中共党员	正科级
大可乡	李雪梅	党委副书记、纪委书记	女	汉	中共党员	副科级
大可乡	曾跃祥	副乡长	男	汉	中共党员	副科级
大可乡	李云湖	副乡长	男	汉	中共党员	副科级
大可乡	赵志萍	副乡长	女	彝	中共党员	副科级
大可乡	朱树霖	人武部长	男	汉	中共党员	副科级
大可乡	秦　磊	党委副书记（挂职两年）	男	彝	中共党员	副科级
石林管理局	黄宗祥	党委副书记、纪委书记	男	彝	中共党员	正科级
石林管理局	王云龙	副局长	男	彝	中共党员	正科级
石林管理局	李光亮	副局长	男	彝	中共党员	正科级
石林管理局	高云华	石管会副主任、副局长（兼）	男	彝	中共党员	正科级
石林管理局	刘明春	副局长	男	汉	中共党员	正科级
石林管理局	王永乔	副局长	男	汉	中共党员	正科级
石林管理局	毕清林	纪委副书记	男	彝	中共党员	副科级
石林管理局	李　忠	办公室主任	男	汉	中共党员	副科级
石林管理局	徐建平	乃古石林管理处副处长	男	汉	中共党员	副科级
石林管理局	毕德华	长湖管理处副处长	男	彝	中共党员	副科级
县工业经贸和科技信息化局	念晓春	党总支书记、县工管会党工委副书记、副主任	男	汉	中共党员	正科级
县工业经贸和科技信息化局	刘琴龙	党总支副书记、局长、县工管会常务副主任	男	汉	中共党员	正科级
县工业经贸和科技信息化局	史云华	党总支副书记	女	汉	中共党员	副科级
县工业经贸和科技信息化局	毕玉新	副局长	男	彝	中共党员	副科级
县工业经贸和科技信息化局	洪正富	县工管会副主任、县经济局副局长（兼）	男	汉	中共党员	正科级
县工业经贸和科技信息化局	段圳宗	副局长	男	汉	中共党员	副科级
县工业经贸和科技信息化局	孔德卿	县工管会副主任、县经济局副局长（兼）	男	汉	中共党员	副科级
县工业经贸和科技信息化局	李永平	副局长	男	汉	中共党员	副科级
县工业经贸和科技信息化局	刘光伟	副局长	男	汉	中共党员	副科级
县档案局	高凤玉	局长	男	彝	中共党员	副科级
县外宣办	张雪刚	副主任	男	汉	非　党	副科级
县委党校	时月慧	副校长	女	汉	中共党员	正科级
县委党校	金仕明	总务处主任	男	彝	中共党员	副科级
县委党校	张云喜	教务处主任	男	苗	中共党员	副科级

续 表

单 位	姓 名	岗位职务	性别	民族	政治面貌	职级
进修学校	李国昌	党支部书记、校长	男	汉	中共党员	正科级
进修学校	段增平	党支部副书记	男	汉	中共党员	副科级
进修学校	赵荣红	副校长	男	汉	中共党员	副科级
县人民医院	杜 鹏	院长	男	白	中共党员	正科级
县人民医院	黄兴和	副院长	男	汉	非 党	副科级
县人民医院	刘 辉	副院长	男	汉	非 党	副科级
县人民医院	王家龙	副院长	男	汉	中共党员	副科级
县志办	刘世生	主任	男	彝	中共党员	正科级
县残联	徐丽琼	副主席、理事长	女	汉	中共党员	正科级
县残联	李宏鸣	副理事长	男	汉	非 党	副科级
县供销社	何志兴	党委书记、理事会主任	男	汉	中共党员	正科级
县供销社	李光亮	副主任	男	汉	中共党员	正科级
县供销社	袁 宏	纪委书记	男	汉	中共党员	副科级
县供销社	吴自云	副主任	男	汉	中共党员	副科级
县供销社	李孝明	副主任	男	彝	中共党员	副科级
县食品药品监督管理局	张鹏飞	党组书记、局长	男	汉	中共党员	正科级
县食品药品监督管理局	罗金红	副局长	男	汉	中共党员	副科级
县食品药品监督管理局	朱翠萍	纪检组长	女	汉	中共党员	副科级
商业总公司	马继闳	党总支书记、董事长	男	汉	中共党员	正科级

2010年石林县内中学第一批录取到高等院校学生名单

科类	姓 名	性别	民族	文化分	升学分	层次1	层次2	录取院校	专 业
文史	李淑婕	女	汉族	521	521	本科	提前本科	黑龙江大学	法语
文史	高明媚	女	汉族	514	514	本科	提前本科	东北师范大学	小学教育（师范免费）
文史	张冬梅	女	汉族	538	538	本科	提前本科	华中师范大学	思想政治教育
文史	高艳霞	女	汉族	526	526	本科	一本A类	云南大学	日语
文史	梅 仙	女	彝族	515	525	本科	一本A类	西南民族大学	行政管理
文史	陶梅兰	女	汉族	512	512	本科	一本A类	云南师范大学	法学
文史	李艳梅	女	汉族	521	521	本科	一本A类	云南师范大学	英语
文史	韩静蕾	女	汉族	510	510	本科	一本A类	延边大学	法学
文史	高 旭	男	汉族	500	500	本科	一本A类	云南师范大学	行政管理
文史	施彩艳	女	汉族	502	502	本科	一本A类	云南师范大学	教育学
文史	詹卫敏	女	彝族	486	496	本科	一本A类	云南师范大学	思想政治教育
文史	普俊文	男	汉族	498	498	本科	一本A类	云南师范大学	公共事业管理

续表

科类	姓 名	性别	民族	文化分	升学分	层次1	层次2	录取院校	专 业
文史	桑冬文	男	汉族	501	501	本科	一本A类	云南师范大学	市场营销
文史	李婷婷	女	汉族	502	502	本科	一本A类	云南师范大学	公共事业管理
文史	毕 惠	女	彝族	503	523	本科	一本A类	云南师范大学	法学
文史	尹翠萍	女	彝族	485	495	本科	一本A类	云南师范大学	学前教育
文史	毕佳丽	女	彝族	497	507	本科	一本A类	云南师范大学	金融学
文史	赵 睿	女	彝族	497	507	本科	一本A类	云南师范大学	旅游管理（中国与东盟合作方向）
文史	昂 芳	女	彝族	576	596	本科	一本A类	复旦大学	中国语言文学类
文史	杨 燕	女	汉族	509	509	本科	一本A类	云南师范大学	工商管理类（含会计学方向、财务管理方向）
文史	赵 艺	男	汉族	500	500	本科	一本A类	云南师范大学	文秘教育
文史	杨 辰	女	汉族	504	504	本科	一本A类	云南师范大学	国际经济与贸易（中国与东盟合作方向）
文史	薛博文	男	汉族	536	536	本科	一本A类	云南大学	法学
理工	张沄东	男	汉族	548	568	本科	提前本科	第三军医大学	临床医学（高原临床医师）
理工	仲纹琦	男	汉族	514	514	本科	提前本科	西南政法大学	国防生会计学（全军财务管理干部）
理工	孔令斌	男	汉族	522	522	本科	提前本科	云南民族大学	国防教育与管理
理工	段芳芳	女	汉族	579	579	本科	提前本科	中南大学	工科试验班（材料科学与工程）
理工	张菊艳	女	汉族	576	576	本科	提前本科	西南大学	数学与应用数学（师范）
理工	李亚鹏	男	汉族	569	569	本科	一本A类	华北电力大学（保定）	计算机科学与技术
理工	杨正义	男	汉族	546	546	本科	一本A类	长安大学	交通工程（城市轨道交通）
理工	冯 敏	男	汉族	551	551	本科	一本A类	昆明医学院	临床医学
理工	李瑞龙	男	汉族	564	564	本科	一本A类	西北工业大学	软件工程
理工	桂菲菲	女	回族	539	539	本科	一本A类	昆明医学院	临床医学
理工	贾 丹	女	汉族	517	517	本科	一本A类	昆明理工大学	制药工程
理工	孙 远	男	汉族	587	587	本科	一本A类	南京航空航天大学	机械工程及自动化
理工	李志刚	男	彝族	505	515	本科	一本A类	烟台大学	环境工程
理工	保瑞华	男	汉族	520	520	本科	一本A类	西南民族大学	电气工程及其自动化
理工	苗云松	男	汉族	511	511	本科	一本A类	云南师范大学	数学类
理工	董婷婷	女	彝族	513	523	本科	一本A类	西北农林科技大学	园林
理工	韩永强	男	彝族	520	530	本科	一本A类	云南大学	统计学
理工	肖 凤	女	彝族	520	530	本科	一本A类	西南科技大学	电子信息工程
理工	陈旭鹏	男	汉族	600	600	本科	一本A类	哈尔滨工业大学	材料科学与工程
理工	马红兵	男	汉族	517	517	本科	一本A类	烟台大学	机械设计制造及其自动化
理工	雷文欣	女	汉族	522	522	本科	一本A类	华侨大学	通信工程（微波通信方向）
理工	潘奕锦	女	汉族	552	552	本科	一本A类	浙江工商大学	经济学
理工	李春姣	女	汉族	519	519	本科	一本A类	海南大学	应用化学

续 表

科类	姓　名	性别	民族	文化分	升学分	层次1	层次2	录取院校	专　业
理工	韩培雄	男	汉族	531	531	本科	一本A类	重庆交通大学	航运管理
理工	郭星灵	男	汉族	549	549	本科	一本A类	东北大学	电子科学与技术
理工	普春霞	女	彝族	560	560	本科	一本A类	昆明医学院	临床医学
理工	张自云	男	汉族	536	536	本科	一本A类	河北工业大学	风能与动力工程
理工	张　宏	男	汉族	561	561	本科	一本A类	大连海事大学	土木工程
理工	赵晓艳	女	彝族	507	517	本科	一本A类	昆明理工大学	通信工程
理工	朱海斌	男	彝族	514	524	本科	一本A类	昆明理工大学	计算机科学与技术
理工	张文武	男	汉族	522	522	本科	一本A类	昆明理工大学	车辆工程
理工	李　磊	男	彝族	501	521	本科	一本A类	昆明理工大学	制药工程
理工	王利洲	男	汉族	534	534	本科	一本A类	昆明理工大学	制药工程
理工	李　瑾	男	彝族	658	658	本科	一本A类	复旦大学	软件工程
理工	王龙飞	男	汉族	617	617	本科	一本A类	中央财经大学	项目管理
理工	史　丽	女	汉族	533	533	本科	一本A类	昆明医学院	临床医学
理工	李绍刚	男	汉族	536	536	本科	一本A类	北京工商大学	信息与计算科学
理工	资文波	男	汉族	541	541	本科	一本A类	中国矿业大学	工业工程
理工	王秀玲	女	苗族	486	506	本科	一本A类	云南师范大学	生物科学
理工	吴燕娇	女	汉族	568	568	本科	一本A类	中国药科大学	制药工程
理工	黄洪明	男	彝族	553	563	本科	一本A类	中国地质大学（武汉）	勘查技术与工程
理工	陈建红	男	汉族	608	608	本科	一本A类	华中科技大学	计算机科学与技术
理工	毕永红	男	彝族	514	524	本科	一本A类	昆明理工大学	土木工程
理工	张鼎裕	男	彝族	556	556	本科	一本A类	北京交通大学	民族班电气信息类
理工	毕天雄	男	彝族	415	435	本科	提前本科	云南警官学院	民族班侦查学
理工	杨　洋	男	汉族	490	490	本科	提前本科	中国刑事警察学院	刑事科学技术
理工	昂　俊	男	彝族	462	482	本科	提前本科	云南警官学院	民族班治安学
理工	赵　珏	男	汉族	492	492	本科	提前本科	北京师范大学	体育教育
理工	段雪娇	女	汉族	476	476	本科	一本A类	云南师范大学	旅游管理与服务教育
理工	满　鹏	男	汉族	494	494	本科	一本A类	云南师范大学	数学类
理工	赵艳刚	男	汉族	488	488	本科	一本A类	云南师范大学	物理学类
理工	赵金玉	男	汉族	426	426	本科	提前本科	北京师范大学	体育教育

附　录

石林彝族自治县2010年国民经济和社会发展计划执行情况与2011年国民经济和社会发展计划草案的报告

——在石林彝族自治县第十五届人民代表大会第五次会议上

（2011年1月22日）

县发改局局长　陈永宁

各位代表：

受县人民政府的委托，现将石林彝族自治县2010年国民经济和社会发展计划执行情况与2011年国民经济和社会发展计划草案提请县第十五届人大第五次会议审查，并请县政协委员和列席人员提出意见。

一、2010年国民经济和社会发展计划执行情况

2010年是“十一五”规划的收官之年，在县委的正确领导下，在县人大、县政协的监督支持下，县人民政府全面贯彻党的十七届四中、五中全会、中央经济工作会和市委九届六次、县委十届六次全会精神，深入实施“33553”发展战略，按照“抗大旱、保民生、促发展、保稳定”的工作思路，团结和带领全县各族人民，真抓实干，战胜了百年一遇的特大干旱，全面完成了县第十五届人大三次会议确定的国民经济和社会发展计划目标和“十一五”规划发展目标。2010年实现地区生产总值36.81亿元，同比增15%，是“十五”末的223%；其中，一产业增加值10.38亿元，同比增10.1%，是“十五”末的212%；二产业增加值10.46亿元，同比增21.5%，是“十五”末的249%；三产业增加值15.97亿元，同比增13.7%，是“十五”末的217%；三次产业结构由“十五”末的29.8：25.6：44.6调整为28.2：28.4：43.4。全县综合实力显著增强，发展基础不断夯实，社会事业全面进步，人民生活更加殷实，为“十二五”发展奠定了坚实的基础。

（一）旅游提升开创新局面

景区品质进一步提升。中国彝族第一村建成投入使用，五棵树村搬迁工作顺利推进。完成石林饭庄和云林宾馆六号楼拆除工作，乃古石林世界自然遗产展示地环境整治、景前区建设和生态修复，并重新对外开放。4月1日，大、小石林景区、乃古石林世界自然遗产展示地执行票价175元/人。完成5A级景区复核，贯标工作通过监督审核，石林景区被国家旅游局列为全国67个、云南省3个旅游标准化试点单位之一。2010年大、小石林景区接待游客275万人次，同比降4%；全县接待游客350万人次，同比增6%；实现旅游直接收入4.3亿元，同比增17.1%；实现旅游综合收入20亿元。

旅游服务区发展加快。石林生态民族体育运动场试运营；石林狂欢之都餐饮购物中心、石林散客服务中心竣工；云林度假酒店、石林喀斯特地质科研博物馆、新游客接待中心停车场加快建设；苏宁石林旅游项目、上海张江石林旅游项目顺利推进。景区配套服务功能不断增强，产业聚集发展，为石林旅游业快速发展奠定良好基础。

文化产业得到发展。县财政预算安排1000万元资金加大对文化产业扶持。石林书城、彝族第一村斗牛城竣工投入使用，鹿阜旧城改造稳步推进，以阿诗玛休闲会所、撒尼人家为代表的彝族餐饮文化逐步形成，乡村旅游发展进一步加快。石林斗牛品牌不断提升，斗牛活动市场化运作迈出实质性步伐。完成文化产业增加值3.69亿元，占地区生产总值的10.01%。

（二）工业突破迈出新步伐

平台建设明显加快。石林生态工业集中区“一园五片”28.65平方千米的规划通过省级批准，工业发展格局基本形成。园区协议收储土地1000亩，完成“五通一平”1000亩。实施第一条工业大道二期，第二条工业大道路基、核心区排污管网工程；启动110千伏电力改迁、旅游商品加工基地标准化厂房建设。园区新入园项目9个，开工项目5个，新增亿元以上项目6个，工业企业聚集发展，新能源产业初步形成，完成投资1.83亿元。园区规模以上工业增加值2.49亿

元，同比增40%；规模以上工业主营业务收入5.4亿元，同比增42%；工业固定资产投资10.9亿元，同比增116.5%。

工业规模不断壮大。实现工业总产值33.66亿元，同比增29.2%；工业增加值7.46亿元，同比增15.9%，其中，规模以上工业增加值5.02亿元，同比增20.2%。新增规模以上工业企业3户，达到33户。全县开展清洁生产企业11户，推广高效节能灯14.2万只；实现非公经济增加值14.5亿元，同比增18%，工业发展基础更加稳固。

（三）农业稳定持续增长

台创园区快速发展。完成园区土地流转4980亩，培训园区内农村劳动力1440人次，转移1054人；园区累计完成水、电、路、通讯、绿化等基础设施投资2.63亿元；2010年新增入园项目12个，入驻企业21家，其中台资企业7家，投资亿元以上企业7家，项目开工企业8家，投产企业6家。

农业经济持续增长。实现粮食总产1.24亿千克；完成滇东烟草现代农业示范区建设，国家烟叶标准化生产示范区建设通过省级验收。收购烟叶1690万千克，均价14.27元；实现肉类总产量4.13万吨，禽蛋产量2294吨，鲜奶产量1.48万吨，生猪存栏18万头、出栏23.5万头，山羊存栏18.2万只、出栏9.5万只，大牲畜出栏1.34万头，禽出栏1008.56万只，畜牧产值6.6亿元；果菜产值3.4亿元；花卉园艺产值0.8亿元。扶持省级农业龙头企业2户、市级农业龙头企业25户，发展农村专业合作社经济组织36个。农业总产值18.7亿元，同比增11.5%。农民人均纯收入5704元，同比增15.3%，总量是“十五”末的185%。

新农村建设顺利推进。建制村公路路面硬化68.6千米、路基改造85.6千米，建制村公路通达率100%、硬化率90%，行政村公交覆盖率100%，公交出行分担率35%；完成北大村、和摩站、老挖、月湖、北小村、天生关、大、小林口铺和11个新农村省级重点村建设；实施16个扶贫重点村推进项目，减少贫困人口5000人，完成“一池三改”2000户；完成10个行政村和110个自然村有线电视光缆联网，有线电视覆盖率100%。

（四）基础设施更加完善

认真落实中央扩大内需政策，争取中央、省级补助项目333项，资金3.99亿元，同比增34.5%，其中：中央资金1.81亿元，省级资金2.18亿元。一是新增2010年中央扩大内需项目10个，达39个，已竣工31个，完成投资1.56亿元；二是做好中央重点项目推进服务，石锁高速公路石林段完成路基工程，云桂高铁石林段开工建设；三是县级重点项目74个，其中政府投资项目43个，企业投资项目31个，累计完成投资34.4亿元。完成月湖水库除险加固工程、西城区鹿阜小学入口市政道路、县委党校搬迁新建、4所农村中小学标准化建设、第三批廉租住房、圭山镇中心卫生院等项目建设。顺利推进环城东路、狮山路二期、桃源水乡基础设施、县人民医院搬迁新建等项目。四是完成水利工程14458件，新建和改造小水渠71.28千米，铺设小型饮水管道67.43千米，实施月湖中低产田二期、维则复线供水工程、黑龙潭中型灌区节水改造工程，新增和改善灌溉面积1.41万亩，解决1.014万人的饮水问题。完成全社会固定资产投资43.29亿元，同比增56.4%，是“十五”末的635%。

（五）招商引资成效显著

实施招商引资“一把手”工程，将21个招商分局整合为7个产业招商分局，实施招商引资八项制度和“项目观摩”，招商引资实现新跨越。全年包装项目77个，编印《中国石林投资指南》5000余册，举办和参加招商引资推介会14场，签约项目92个，落地项目70个，有资金到位项目140个（含外资项目7个），实际到位国内市外资金29.3亿元，同比增66.3%。实际利用外资1245万美元，同比降11%。

（六）财税金融较快增长

完成地方一般预算收入3.51亿元，同比增35.2%，超额完成了“543”倍增计划财政增收目标，总量是“十五”末的307%。年末全县各项存款余额52.3亿元，同比增20.5%；各项贷款余额48.3亿元，同比增27.9%；储蓄存款26.75亿元，同比增20.4%，年末人均储蓄存款10917元。城镇居民人均可支配收入17883元，同比增14.6%，是“十五”末的183%。

优化政府融资资源，组建石林投资公司，加强银政、银企合作，2010年新增政府性融资12.8亿元,其中：银行贷款融资7.24亿元，其他融资5.56亿元。

城乡市场繁荣，石林财富中心一期、金彩石林商城、阿诗玛旅游小镇开始运营；新建西街口、圭山镇集贸市场；发展万村千乡市场工程农家店10个，创建绿色饭店1个；家电、汽车、摩托车下乡工作顺利推进，兑付汽车、摩托车补贴6618台，金额1001.41万元；家电下乡补助13357件，金额321.16万元；生猪定点屠宰、盐政、酒类流通市场秩序井然。城乡商品流通体系逐步完善，有效地带动了消费需求，社会消费品零售总额15.18亿元，同比增22.4%，是“十五”末的234%。

（七）城乡环境更加优美

生态县创建工作稳步推进，鹿阜镇、西街口镇、板桥镇被授予“国家级生态乡镇”称号。完成退耕还林荒山造林1万亩，巩固退耕还林1.5万亩，城乡绿化1.3万亩，新增辖区面山绿化面积3232亩，“五采区”植被恢复面积150亩;完成村庄绿化150个，绿化面积4260亩；完成全民义务植树75.25万株。县城建成区增绿补绿2.72万平方米，新增绿地18.58万平方米，县城建成区绿地率40.51%，绿化覆盖率45.5%，人均公共绿地面积19.32平方米，全县森林覆盖率42%，成功创建为国家园林县城。万元GDP能耗同比下降9.2%，规模以上工业企业万元增加值能耗同比下降5.5%；城镇垃圾收集率100%；城镇污水集中处理率75%；改造农村无害化卫生户厕2500座；城乡安全饮用水达标率82.6%。

（八）社会事业全面进步

实施县级科技项目16个，申报省、市级科技项目6项。圆满通过“两基”国检，深入推进“九年一贯制”教育，义务教育阶段84.6%的学生集中到县城区和乡（镇）政府所在地就学；大力发展民办教育，民办幼儿教育比重占幼儿教育总量的 90.27%；民办高中教育占高中阶段教育总量的 40.47%；完成 4 所、启动 5 所农村中小学标准化学校建设，完成 2 所中小学校安工程，启动民族中学搬迁新建、民族职业高级中学二期建设。推进全县医药卫生体制改革，完成 3 所卫生院改扩建。继续推行“奖、优、免、补”政策，人口自然增长率 5.47‰。完成了 40 个农家书屋、14 个文化室、5 个农民体育健身工程、1 个挂牌博物馆，启动 3 个乡镇文化站建设。

继续实施“两后双百”工程，做好“零就业家庭”、大中专毕业生、农民工就业、特殊困难群体就业工作，实现城镇新增就业 1023 人，城镇登记失业率控制在 2.1%以内；完成农村劳动力转移培训 20602 人次，转移就业 19693 人；社会保障覆盖面不断扩大，新型农村合作医疗参合率 99.97%；城镇职工基本养老、医疗、工伤、生育、失业保险参保覆盖率分别为 70.73%、99%、85.69%、77.21%、85%；新型农村社会养老保险参保率 91%，城乡低保覆盖率 100%。新建廉租住房 100 套，推进农村民居地震安全及危房改造工程 1100 户。推进殡葬改革，年度火化率 80.5%。

统计、气象、史志、档案、信息、民族宗教等各项工作取得新业绩。

在充分肯定成绩的同时，我们也清醒地看到经济发展中存在的困难和问题，主要表现在：经济总量小，产业结构不优，农民增收和农业增效基础不牢固；工业基础薄弱，产业单一，发展要素受限；旅游配套设施不足，综合效益不高；城乡基础设施滞后，产业支撑力不强；资源环境约束强，开发空间受限；社会就业压力大，改善民生和加快经济社会发展任务艰巨。站在新的历史起点上，面对日趋激烈的区域竞争，我们只有增强忧患意识、风险意识、责任意识，采取有力措施，积极妥善加以解决。

二、2011 年国民经济和社会发展计划目标建议

2011 年是“十二五”开局之年，也是“543”倍增计划的冲刺之年，做好今年的经济社会发展工作，任务艰巨，责任重大，意义深远。我们要抓住加快少数民族地区发展和西部大开发新一轮政策机遇，把加快发展放在更加突出位置，狠抓项目建设，努力推动县域经济跨越发展。

2011 年国民经济和社会发展的总体要求是：以邓小平理论和“三个代表”重要思想为指导，全面贯彻党的十七届四中、五中全会、中央经济工作会和市委九届七次、县委十届七次全会精神，以科学发展观统揽经济社会发展全局，更加注重加快经济发展、重大项目建设、生态环境保护和民生改善，大力推进旅游产业提升、工业发展突破、现代农业推进、城乡一体化加速、文化繁荣发展、生态文明建设和社会事业加强，提高经济发展质量，壮大经济规模，为建设国际旅游胜地和滇中经济区的东南新城奠定坚实基础。

2011 年国民经济和社会发展计划目标建议：

（1）地区生产总值确保增 14%以上，力争 17%；

（2）地方一般预算收入增 16%以上，力争 20%；

（3）全社会固定资产投资增 30%以上；

（4）社会消费品零售总额增 18%以上；

（5）城镇居民人均可支配收入增 10%以上；

（6）农民人均纯收入增 11%以上；

（7）旅游直接收入增 9%以上，旅游综合收入增 19%以上；

（8）人口自然增长率控制在 6.5‰以内；

（9）城镇登记失业率控制在 3.5%以内；

（10）单位生产总值能耗降低 4%以上。

要实现上述目标，重点做好八个方面的工作：

（一）以加快景区建设提升壮大服务经济

强力推进景区建设。继续推进大、小石林景区有碍遗产保护建（构）筑物搬迁拆除和旧址生态恢复工程，完成石林管理局办公楼、老职工宿舍和景区停车场、综合商场、景区工商分局、石林宾馆、避暑园、精舍酒店搬迁拆除和五棵树村整体搬迁；完成中国彝族第一村生态绿化、生态造景工程。启动石林世界自然遗产管理用房建设。实施长湖、大叠水景区保护性开发建设，对乃古石林配套设施进行整体规划，对外招商引资；强化云南精品旅游景区黄金旅游线营销战略合作，加大乃古石林和大、小石林新景点的宣传推介，完善旅游宣传营销奖惩激励机制，实现旅游营销新突破。强化“三标一体”贯标工作，全面开展旅游标准化试点，创建成为全国旅游标准化示范单位。力争石林景区接待游客 293 万人次以上，旅游直接收入 4.6 亿元以上；全县接待游客 388 万人次以上，旅游综合收入 23.3 亿元以上。

加快旅游配套项目建设。规划建设旅游服务区污水和垃圾处理系统，强势推进旅游服务区入园项目建设，提高旅游配套服务功能。一是推进石林狂欢之都“四中心二店”建设，完成展示区建设和南城门改造，开工建设 SPA 区域工程、酒吧街区工程、风情客栈工程、度假酒店和商务酒店工程；二是完成生态民族体育运动场配套设施、散客中心、云林度假酒店、石林喀斯特地质科研博物馆、游客接待中心交通网络及停车场建设并投入使用；三是做好协调服务工作，促进苏宁石林旅游项目和上海张江石林旅游项目顺利推进。

大力发展文化产业。加快彝族第一村斗牛城二期、鹿阜旧城改造、阿诗玛文体中心等项目建设。大力发展乡村旅游，完成乡村旅游发展总体规划，完善阿着底村、小叠水村、糯黑村、万家欢等的乡村旅游服务设施。围绕旅游服务业，用好、用活 1000 万元文化产业专项资金，加强与知名文化集团合作，培育壮大一批以民族工艺、文化创意、广告策划、文化中介、民族特色餐饮、康体休闲、文化娱乐等服务、民族歌舞表演、网络为主体的文化企业，不断提高县域文化软实力，年内至少引进 3000 万元以上项目 3 个，文化产业增加值占地区生产总值的 11%以上。

加快发展商贸服务业。继续实施“万村千乡市场工程”，

抓好家电、摩托车下乡工作；实施"放心食品工程"，规范生猪定点屠宰、盐政、酒类流通市场秩序，加强对成品油市场、报废汽车拆解市场、旧机动车交易市场等市场和民爆物资的监管；编制全县市场规划，大力发展专业市场，完善商贸流通服务体系。调整优化城乡居民需求结构，增强消费拉动力，提升居民消费能力，改善居民消费条件，培育新的消费热点。

（二）以园区建设提速工业发展步伐

强势推进园区建设，促进工业集群发展。按照园区"三年倍增、六年跨越"行动计划，全面实施园区建设大推进、工业总量大扩张。收储土地600亩，基础设施配套500亩，新增建成区面积600亩。完成标准化厂房建设3万平方米、第二条工业大道路面工程及绿化亮化工程、园区供电工程建设；启动巴江俪岛至第一条工业大道巴江河部分区域治理、哨山湖改造、巴江三角洲路网、核心区连接石锁高速立交道路（环城北路）建设。强力推进已入园项目开工、竣工、投产，新增入园项目不少于5个，开工4个，其中亿元以上项目开工3个以上，实现规模以上工业增加值3.6亿元以上，规模以上工业主营业务收入7.8亿元以上，规模以上工业利税总额8400万元以上，规模以上工业企业22户以上，工业固定资产投资4.7亿元以上。

巩固提升传统产业，不断壮大工业经济。强化知识产权管理，完成专利申请和授权30项。实施科技项目10项以上，引进先进技术和设备，改造、整合、提升发展壮大石材、煤炭、食品加工、民族刺绣等重点传统工业，提高产品附加值，巩固工业存量。实现工业总产值39.6亿元以上，规模以上工业增加值增22%以上，规模以上工业企业主营业务收入14.64亿元以上，规模以上工业利税总额1.46亿元以上，非公经济增加值增25%以上。

着力发展新能源产业，培育工业支撑体系。加快推进昆明石林166兆瓦太阳能光伏发电试验示范项目，开工建设龙源石林风力发电一期项目，积极推进四川中汉西街口太阳能光伏并网发电项目前期工作，提高新能源在全县能源结构中的比重。

（三）以园区带动、产业推动促进农业全面发展

加强农业园区建设，打造新兴产业体系。按照"一园多区"的发展思路，编制台创园区用地规划，完善环境评价规划、建设控制性详细规划，积极申报为国家级农业科技园区。加大融资力度，完成投资服务中心、进园区道路5.32千米、中低产田改造4940亩、土地整理12975亩、珠江流域水土保持项目500亩，完成投资1.11亿元以上。培训规划区农村劳动力1250人，转移农村劳动力500人。

强化项目支撑，助推园区建设。一是抓好以微藻养殖、光伏大棚、蓝莓基地等为主的项目续（扩）建工程。二是启动圣火杏林国际养生度假村、春喜科技孵化园、石林王府酒店、云烟印象科技园、石林万家欢生态养生园等重点项目开工建设。三是加强项目包装，引进以台湾风情一条街、创业服务中心为主的园区配套服务项目，以科技研发、生物组培为主的现代农业科技项目，以休闲农庄、婚纱摄影基地为主的时尚休闲文化体验项目，以植物提取、食品加工、高附加值为主的农产品加工项目。新入园企业8户以上。

夯实农业发展基础，提高农业发展能力。继续推进石林地下水库前期工作，完成黑龙潭水库中型灌区节水改造配套工程、北大村海子水库除险加固工程、2010年中央财政小型农田水利工程建设，加快"五小"水利、人畜饮水、节水灌溉、水土保持工作，改善灌溉面积0.25万亩，治理水土流失3平方千米，解决1万人的饮水安全问题。新建及改造2座35千伏变电站，线路12千米，10千伏线路27千米。完成县、乡（镇）、村公路养护967千米，建制村公路路面硬化38千米，公交出行分担率达40%以上。完成寺背后村民族特色村改造，结合新农村建设，启动小东山、沙地等迁村并点试点；加强扶贫开发工作，减少贫困人口5000人；完成"一池三改"1000户。

大力发展特色产业，保持农民持续增收。落实好强农惠农政策，大力实施"4210"都市型现代农业发展工程，积极承接昆明市农业产业转移,调整种植结构，稳步提高农业整体效益，实现农业增加值11.74亿元。实施千亿斤粮食增产工程，播种粮食44万亩，粮食总产1.2亿千克以上；烤烟种植面积11.28万亩，收购烟叶1640万千克，均价15元以上。推进高床养羊、标准化生猪生产基地建设，生猪存栏17.7万头，出栏23.6万头；山羊存栏18万只，出栏肉羊9.3万只，畜牧业实现产值7亿元。巩固提升以甜柿、葡萄、红梨为主的优质水果基地2万亩，实现产值9000万元。推广种植无公害蔬菜6.4万亩,实现产值2.09亿元；完成花卉播种1.2万亩，实现产值1亿元；推进农业标准化生产，认定县级农业龙头企业30户以上。

（四）以规划引领统筹加快城乡建设

突出规划引领，统筹城乡建设。完成《昆明石林城乡一体化先行区发展规划》、农村迁村并点居住区规划，完成巴江河沿岸景观建筑形态规划及生态工业集中区城市设计审批；整合路美邑片区重点地段城市设计、行政中心以南工商局片区规划、石林大道行政中心片区控制性详细规划。加快西城区、南城区、桃源水乡、巴江商贸城、鹿阜旧城等片区开发，推进集镇规划建设。到2011年底，县城建成区面积达11.2平方千米以上，新增县城建成区城镇常住人口5000人以上，城镇化率达33%以上。

加快重大项目建设。重大投资项目不少于88个，总投资不低于52亿元。其中,政府投资项目不少于48个，包括续建13项、中央在石林投资项目2项、新开工33项，计划总投资32.04亿元；企业投资项目不少于40个。重点推进中央扩大内需在建项目扫尾工作，继续推进云桂高铁石林段、石锁高速公路石林段建设；完成环城东路、阿诗玛东路延长线至污水处理厂的市政道路、沙地片区两条市政道路、麻地新片区2号道路、西城区世纪阳光市政道路、巴江商贸城市政道路、桃源水乡市政道路、上海新天地片区市政道路、县城鸽子洞至三元宫雨污管网工程、巴江河治理等项目建设。

积极推进城乡一体化。按照构建一个核心、三个圈层、三级城镇体系建设，统规统建鹿阜、石林、板桥三个镇，极点开发，加速发展要素聚集，培育壮大产业集群。加快实施小集镇“1+4”工程，实施集镇道路、供水、供电、绿化美化、社会事业等方面的基础设施建设。推进电信网、广播电视网、互联网三网融合。

（五）以加强财税金融工作保稳定促发展

保持财政收入稳定增长。加强税收监管，做到应收尽收，确保财政收入持续增收。加大财税目标考核力度，制定新一轮县乡财政管理体制，严格执行《石林彝族自治县税源监控管理实施意见》，继续把各有关单位的协税、护税职责列入全县综合目标考核。落实烤烟生产提质增效各项措施，保持烟产业税收稳定增长。规范非税收入管理，按照“收支两条线”规定，继续实施非税收入增收目标考核责任制，保持预算收入持续稳定增长。优化财政支出结构，压缩一般性支出，厉行节约。鼓励各部门积极向上争取资金，支持全县基础设施建设。

加强政府融资工作。充分发挥金融办职能和各投融资公司平台效应，加强与银行、企业的合作，努力推介融资项目，扩大合作范围，提高合作成效，全力争取银行融资支持县域经济快速发展。注重防范财政金融风险，保持投资拉动经济增长、财税增收良好成效。新增政府性融资8亿元以上。

（六）以招大引强提高招商引资质量

继续实施“一把手”工程，深入推进产业招商；健全和完善招商引资项目包装备案制、招商引资目标责任制、招商引资工作例会制、招商引资项目审查制、重大项目县级领导联系推进制、招商引资重点项目督查制、招商引资项目联动推进制、招商引资考核制度“八项制度”；强化“一个项目、一位责任领导、一个责任单位、一个责任人”的“四个一”责任机制，营造良好投资环境，千方百计促项目落地；强化旅游服务区、生态工业集中区和台创园的载体作用，不断完善园区基础配套设施，为项目落地提供快速、高效平台；在招商方式上坚持突出“请进来”招商、突出产业集聚区招商、突出小分队招商的“三突出”原则，大力开展以商招商、产业链招商、网上招商，到沿海发达地区招商，强化招商引资工作的针对性和成功率。

在保留7个产业招商分局的基础上，调整乡镇单独作为引资牵头部门，由县级领导担任局长和协助领导，形成集团军作战的大格局；通过招商工作培养和打造出一支能招会引的招商引资队伍；继续强化招商引资考核奖惩机制。实现招商引资从数量扩张型向质量效益型转变，提升招商引资质量。完成国内市外资金25亿元以上，外资1200万美元以上。

（七）以城乡园林绿化加快生态文明建设

围绕“四创二争一巩固”创建目标，启动巴江河三期、县城西城区、石林片区污水处理厂及配套管网建设项目前期工作；完成县城雨污分流7千米、黑龙潭水库马石坎截污工程，持续推进县城环境综合治理。加快国家生态县创建，创建国家生态乡镇1个、生态示范村2个，市级生态村75个。继续投入资金1000万元，抓好石林风景区、水源涵养区、县城周边、县城入口范围的面山绿化工程，城镇面山绿化500亩，交通沿线面山绿化300亩；开展石漠化综合治理工作，完成“五采区”植被恢复100亩，全县森林覆盖率达43.65%以上。新增城市绿地18万平方米，苗木基地2000亩，县城建成区绿地率40.51%以上，人均公共绿地19.32平方米，绿化覆盖率46%以上。加强农村生态环境保护，做好农村面源污染治理，城镇生活垃圾清运率、无害化处理率100%，城镇污水收集处理率78%以上，改造农村无害化卫生户厕2500座，创建1～2个省级卫生村。

完成土地开发整理656公顷以上，做到耕地占补有余。大力推行节水、节能、节电，降低单位能耗，建设节约型社会；推广新型能源综合利用。

（八）以改善民生促进社会事业进步

积极推进社会发展领域的科技进步，提高科技对经济增长的贡献率。完成5所农村中小学标准化建设收尾工作，确保鹿阜小学、石林中心完小3月份投入使用；完成县一中校舍安全工程建设，推进民族中学搬迁新建、民族高级职业中学二期建设，新建幼儿园14所。深入医药卫生体制改革，推进公立医院改革试点，加快县人民医院搬迁新建，完善农村医疗卫生设施。新型农村合作医疗参合率99.97%以上。加强文化遗产的保护和开发，推进叙事长诗《阿诗玛》申报世界非物质文化遗产工作，建设1个非物质文化遗产保护传承展示中心；推进2个省级文化惠民示范村创建工作；完成3个乡镇综合文化站、5个农民健身工程建设、6个行政村文化体育活动广场、20个农家书屋。继续实行“奖优免补”政策，稳定低生育水平，提高人口素质，人口自然增长率控制在6.5‰以内。加大殡葬改革政策法规宣传和执法，年度火化率达100%以上。

争取县级劳动就业和社会保障公共服务体系“65·1”工程项目建设，拓宽就业渠道，抓好就业再就业工作,转移培训农村劳动力1.1万人，转移就业9000人以上，增加岗位1000个以上，城镇新增就业人员900人，城镇登记失业率3.5%以内。继续抓好养老、医疗、失业、工伤、生育等社会保障工作，新型农村合作医疗参合率99%以上，社会保险综合参保率80%以上，城镇基本养老保险参保率70%以上，城镇基本医疗参保率99%以上，失业保险参保率85%以上，新型农村社会养老保险参保率92%以上。新建廉租住房315套、公租房204套，农村民居地震安全及危房改造1100户。

继续深化重点行业和领域安全生产专项整治，加大隐患排查力度，采取超常规措施，杜绝重特大事故发生，有效遏制一般性事故。

各位代表、各位委员，2011年是“十二五”规划的开局之年，起好步、开好头十分重要。让我们在县委的坚强领导下，在人民代表和政协委员的监督支持下，统一思想，坚定信心，锐意进取，同心同德，奋力拼搏，全面完成各项目标任务，为全面建设小康社会作出新的贡献！

石林彝族自治县2010年地方财政预算执行情况和2011年地方财政预算草案报告

——在石林彝族自治县第十五届人民代表大会第五次会议上

(2011年1月22日)

县财政局局长　苏云波

各位代表:

受县人民政府委托，现将石林彝族自治县2010年地方财政预算执行情况和2011年地方财政预算草案提请县第十五届人大五次会议审查，并请县政协委员和列席人员提出意见及建议。

一、2010年及"十一五"期间地方财政预算执行情况

2010年，既是全面完成"十一五"规划的决战之年，也是蓄势冲刺"十二五"的关键之年。一年来，在县委的正确领导下，在省、市财政部门的大力帮助和支持下，财税部门深入贯彻落实科学发展观，紧紧围绕全县经济社会发展战略和全面建设小康社会目标，主动参与宏观经济调控，积极应对国家增值税转型和百年不遇特大旱灾影响，克难求进、支持发展、狠抓增收、保障民生、强化监管、提能增效，不断提高财政服务于全县改革与发展大局的能力和水平。提前2个月实现地方一般预算收入三年倍增计划，全年地方一般预算收支分别实现了3.5亿元和9.3亿元历史性突破。财政运行呈现出持续增长、保障有力、管理有方、监管有效等特点。有力促进全县经济社会实现科学发展新跨越。喜获全国财政系统先进集体、全国家电下乡工作先进县等荣誉称号。

(一)2010年地方财政收支预算执行情况

1.地方一般预算收支及平衡情况。全县地方财政总收入51429万元，同比增32.7%。其中：上划中央和省级税收收入16341万元，同比增27.4%；全县地方一般预算收入35088万元，同比增35.2%。

全县地方一般预算总支出93421万元，同比增31.3%。其中：专项转移支付支出35868万元，同比增42.5%；全县地方一般预算支出57553万元，同比增25.1%。

全县地方一般预算收支平衡情况：各项收入合计95745万元，其中：全县地方一般预算收入35088万元、返还性收入2950万元、财力性转移支付收入21040万元、专项转移支付收入35779万元，上年结余871万元，调入资金17万元。各项支出合计95569万元，其中：专项转移支付支出35868万元、全县地方一般预算支出57553万元、转移性支出(专项上解上级支出)2148万元。收支相抵结余176万元(全部为专项转移支付结余结转)。

2.地方基金预算收支及平衡情况。各项收入合计42223万元，其中：地方基金预算收入41472万元，专项转移支付收入526万元，上年结余225万元。地方基金预算总支出41202万元，其中：专项转移支付支出531万元，地方基金预算支出40671万元。收支相抵结余1021万元(全部为县级基金预算结余)。

以上收支和平衡情况均为初步决算数，待与市财政局结算后会有所变化，到时再将变化情况向县人大常委会作专题报告。

(二)"十一五"期间地方财政收支情况

"十一五"期间，全县地方一般预算收入累计为107957万元，比"十五"期间增加47723万元，年均递增25.1%，是"十五"期间年均递增6%的4倍多。其中2008～2010年，地方一般预算收入年均增长达35.1%，连续迈上2亿元、2.5亿元、3.5亿元历史性新台阶。地方一般预算支出累计达196308万元，比"十五"期间增加103620万元，年均递增20.5%。有力支持了全县经济平稳较快发展，社会事业繁荣进步。

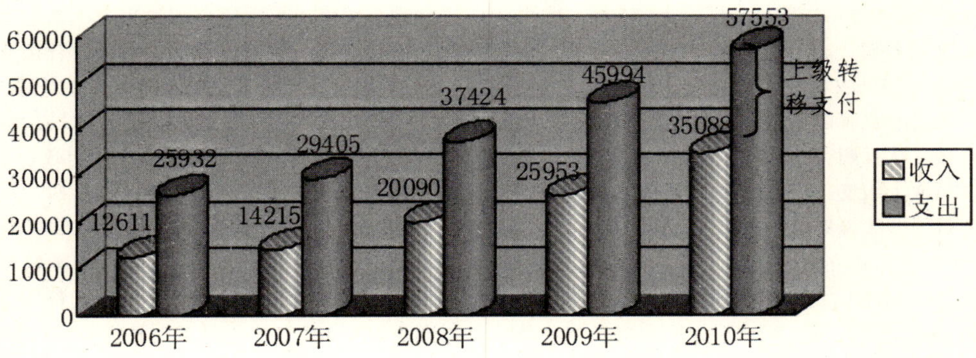

石林县“十一五”期间地方一般预算收支统计图

（三）2010 年工作措施

一年来，全县财政部门坚持依法理财、精细管理、为民服务，切实加强业务基础和基层财政“双基”建设，不断健全财政体制，完善管理机制，提高理财水平，充分发挥财政支持全县经济社会跨越发展的重要职能作用。

1. 强征管严考核，培植财源保增收。坚持以科学发展观统领财政工作，狠抓财税目标管理，加大财源培植力度，强化经济分析预测，针对今年财政增收基数大、目标高，国家政策性减收因素多等实际问题，科学分析、有效应对，及时反映、研究和协调解决财税工作中出现的新情况、新问题，做到“两手抓”：一手抓财税征管，确保收入“分文入库”。大力支持税务部门强征管、抓清缴、细管理，明确有关单位协税、护税职责任务，堵塞税收“跑、冒、滴、漏”，督促各项目实施单位加强建设领域纳税监控，确保税源不流失，努力做到应收尽收。规范非税收入管理，严格执行“收支两条线”规定，制定全县 2010 年部分非税收入上缴国库管理规定，全面实施非税收入增收目标考核责任制，行政事业性收费按照规定纳入预算管理，提高非税收入对财政增收的贡献率，保持预算收入稳定较快增长；一手抓财源培植，夯实财税增收基础。多渠道筹集和争取资金，支持全县基础设施建设和产业结构调整，大力将旅游服务业培育成为全县经济增长和财税增收的主导产业。为全县经济社会跨越发展提供了财力保障。

2. 抓融资争投资，发展经济壮财力。投资是经济发展的源动力。我们高度重视投融资工作，坚持以投资拉动、项目带动全县经济平稳较快发展。一是尽力抓好政府性投融资，保障重点项目建设顺利开展。深化政府投融资体制改革，整合资产、资源，规范政府投融资平台管理，发挥资源优势，提高融资能力。2010 年全县实际新增政府性融资 12.8 亿元，其中：银行贷款 7.24 亿元，BT/BOT 方式融资 5.56 亿元。全力支持全县计划投资的重点项目建设。注重财政金融风险防范，扩大偿债准备金规模，当年提取 6350 万元。开展政府性债务清理，按时归还到期贷款 4.27 亿元，切实维护政府诚信。保持投资拉动经济快速增长、财税迅速增收的良好成效。二是多渠道争取上级资金支持县域经济加快发展。适时分析掌握上级政策导向，大力支持配合好各级各部门依托优质项目积极争取上级资金支持。全年争取上级专项转移支付 36305 万元，同比增 38%，其中财政部门争取到位资金 9885 万元。三是科学编列预算，周密安排招商引资、项目前期可研等专项资金，及时调度拨付资金，保证各项重点工作正常有序推进，提升招商引资成效，支持园区快速发展，不断培植新的经济增长点。四是发挥财政资金引导带动作用，吸引银行资金和非公资本进入，促进社会事业建设。支持新成立 2 家小额贷款公司和 5 家融资担保有限公司，促进非公企业发展，实现经济社会发展投资多元化。

3. 优支出控成本，抗旱救灾保民生。始终把民生摆在财政保障的首位。在确保人员工资按时足额发放和机构正常运转的基础上，财政支出大力向农业、教育、科技、卫生、社会保障及稳定等民生方面倾斜。并做到有保有压，继续推行厉行节约，实施行政成本控制，压缩公用经费和会议费 205 万元。并把压缩节约下来的经费用于抗旱、防火和民生支出，努力推进基本公共服务均等化，构建社会保障安全网。一是公共安全支出 4591 万元，同比增 9%。继续按照政法部门公用经费保障标准安排拨付政法经费，确保社会稳定。二是教育事业支出 22698 万元，同比增 19%，其中投入农村义务教育公用经费保障资金 1245 万元，生活补助 933 万元，为农村义务教育阶段学生免除学杂费、补助生活费、免费提供教科书，惠及全县 3.4 万名农村中小学生。将义务教育全面纳入公共财政保障范围。拨付圭山镇中心小学等农村中小学标准化建设资金 2185 万元，支持农村教育加快发展。三是科学技术投入 1236 万元，同比增 86%，其中县级投入 967 万元，完成财政科技投入占当年同级财政支出 1.5%的目标。四是社会保障和就业支出 10671 万元，同比增 21%。主要用于离退休人员工资和居民最低生活保障。全年发放城镇和农村居民最低生活保障金 1755 万元；投资 409 万元开展农村劳动力转移培训；政府出资 43 万元购买 60 个公益性岗位，用于安置下岗失业人员；安排“两后双百”培训经费 30 万元，坚持以培训带动就业和创业。五是医疗卫生支出 8405 万元，同比增 76%。主要用于建立完善农村和城镇居民基本医疗保障体系。拨付新建县人民医院项目资金 2100 万元。全县新型农村合作医疗基金共补偿参合农民医疗费 2849 万元，其中住院人员平均每次补偿 1149 元，同比增 9.5%，减轻农村居民医疗费用负担。六是住房保障支出3503万元，同比增55%。拨付1100万元建设100套廉租房，着力解决城镇居民低收入家庭及无房家庭住房困难。安排农村民居地震安全工程资金586万元，消除农村民居自然灾害隐患。此外，兑付石油价格改革财政补贴436万元。认真履行财政职能，主动应对百年不遇特大干旱。通过争取上级支持、县级预算安排、银行贷款融资、社会各界捐赠等办法筹集抗旱救灾资金4241.78万元，森林防火资金1068万元。建立资金拨付“紧急通道”，确保抗旱、防火救灾资金在24小时内拨付到账，全力保障全县抗旱、防火救灾工作迅速有序开展。使全县人民共享经济改革与发展成果，把党和政府的阳光工程及惠民政策落到了实处，有力促进了石林和谐小康社会建设。

4. 助“三农”增投入，强农惠农建和谐。切实落实党和国家的各项强农惠农政策，按照“三个明显高于”的要求确保财政支农投入持续稳定增长，全县各项资金投入“三农”支出达31350万元，同比增38%。主要用于：一是整合水利、中低产田改造、新农村建设、一事一议资金5025万元，集中用于石林台湾农民创业园、石林滇东现代烟草农业综合示范区建设，把有限的资金形成合力，集中财力办大事。投入农田水利基础设施资金6803万元，用于石林地下水库、月湖中低产田改造等5件重点工程建设，有力改善全县水利基础设施，增强抵御自然灾害能力。二是投入农业产业化发展及科技措施推广资金2228万元，扶持各类农业龙头企业36家、村集体经济组织1个、农业专业合作社2家，辐射带动周边农户共同致富。三是安排林业生态美县建设与保护资金3209万元，主要用于生态美县建设和石漠化治理及林产业补助等项目，生态美县效果逐年显现。四是投入整村推进扶贫开发资金320万元，整合新农村建设资金98万元，用于20个重点村扶贫项目建设。五是发放省市扶贫到户贷款1924万元，同比增65.9%；清收2009年省市扶贫到户贷款1160万元，有力促进产业扶贫开发。六是争取省级专项资金20万元实施圭山镇矣维哨村革命老区扶贫开发项目；积极争取各项资金229万元，抓好石林镇落水洞村易地扶贫开发项目建设。七是通过惠农“一折通”直接发放农资综合补贴、农作物良种补贴、能繁母猪补贴、油菜种植补贴、退耕还林补助、家电（汽车、摩托车）下乡补贴共计4127万元，受益农户55466户，计21.19万人，受益农民人均直接增收195元。八是投入资金1364万元完成大可乡无公害蔬菜基地等国家、市级农业综合开发项目8个。以上支农投入有力改善了农村生产生活条件，加快社会主义新农村建设，扩大公共财政覆盖农村范围，为实现农业增效、农村发展、农民增收筑牢坚实基础。

5. 抓改革强监管，提能增效促发展。认真践行“为匡理财、为民服务”工作宗旨，坚持依靠改革创新和制度建设来有效强化财政源头防腐治理。制定出规范财政支出预算管理、县级财政追加预算支出审批制度等多项办法措施，督促有关部门制定“五个一千万”资金管理办法，靠制度来管好用活资金。继续推行完善财政专项资金报账制，认真编制部门预算，强化项目前期论证和准备，尽量减少临时动议追加预算，硬化预算约束。不断规范和深化国库集中支付改革，建章立制、明确责任、规范审批，扩大财政直接支付范围，将县一中等13家二级预算单位纳入国库集中支付。科学合理使用和调度财政专户存量资金，加速资金周转，降低融资成本，减少利息支出1000多万元，有效节约财政资金。加快国库单一账户体系建设步伐，开展单位账户年检，清理归并单位银行账户23个，着力减少建设性资金在单位的沉淀。对土地出让、抗旱救灾、新农合等资金进行专项检查，确保资金专款专用，发挥效益。进一步扩大财政投资项目评审范围，坚持以预算评审为主，全年完成财政投资项目评审64个，审减金额达9404万元，有效节约政府性投资。制定民生专项资金投资绩效评价办法，开展财政绩效评价。强化政府采购监管，全年各单位申报采购资金5935万元，通过招标实际采购金额为5476万元，节约率达7.7%。开展行政事业单位国有资产信息统计，制定国有资产出租处置管理规定，切实规范国有资产管理。通过改革创新，强化财政监管，逐步建立起预算制、报账制、集中支付制、评审制、评价制“五位一体”的资金管理新模式。强化业务培训，提高全县财会人员业务能力，充分发挥单位会计监督职能，推行完善会计电算化，对2家事业单位开展会计信息质量检查，提高会计信息质量。对128家行政事业单位、国有企业及社会团体开展“小金库”专项治理。实施行政行为监督制度，加强内部控制，构建相互监督制约的财政惩防体系，有效规范干部职工行政行为，确保财政资金和财政干部“两个安全”。

各位代表，2010年财政工作各项目标任务已圆满完成，财政运行质量显著提高、保障能力明显增强、工作成效日益显著。但是，科学分析财政工作，在充分肯定成绩的同时，我们也要清醒地看到当前及今后一段时期财政工作中存在的困难和问题，主要有：一是财政持续增收基础不牢。由于缺乏大企业、大项目支撑，全县经济发展和财政增收主要依靠政府投资拉动，财政增收后劲不足。二是地方财政总体收支矛盾突出。虽然近年来财政收入增幅高，但由于总量小，提高行政单位和全面实施事业单位绩效工资改革，公共基础设施建设等刚性支出增长较快，建设资金缺口大，全县政府性资金收支平衡困难。三是财政预算约束力还需进一步增强。虽然制定出台了县级财政预算管理等办法制度，但由于项目前期可研深度不够，准备不充分，导致临时动议安排项目、项目超预算和追加预算比较突出，预算约束效果仍不理想。项目实施进度慢，财政融资成本高。四是政府性项目融资难度加大。国家加大政府性融资监管力度，银行信贷管理日趋规范，融资项目难于达到银行贷款要求，各投融资公司职能作用没有充分发挥，融资难以到位。

二、2011年地方财政预算草案

2011年是“十二五”规划的开局之年，开好头、起好步十分重要。我们要按照《石林县国民经济和社会发展第十二个五年规划纲要》的要求，全面分析财政工作面临的机遇和挑战，坚持节俭办事，牢固树立过紧日子的思想，努力抓好增收节支，统筹安排好财力，立足长远，科学谋划“十二五”时期财政发展的目标、任务、思路及措施，通过争项目、加投入、调结构、保民生、细管理、促转变、求效益，拉动县域经济长期保持平稳较快发展。“十二五”期间全县预算安排和财政工作的总体思路是：以科学发展观为统领，紧紧围绕全县“十二五”规划和全面建设小康社会目标，立足石林资源优势，充分发挥财政职能，加快转变经济发展方式，改善财源结构；加大招商引资力度，推进项目建设进度，扩大经济总量；着力培植生财型企业，夯实财税增长基础；完善增收激励机制，依法治税；优化支出结构，保障民生；深化财政改革，规范管理，提高资金使用效益。逐步建立科学化精细化的公共财政管理体制。

根据上述思路和全县“十二五”规划要求，2011 年地方财政预算的主要指标建议安排如下：

（一）地方一般预算收支及平衡情况。全县地方财政总收入 59179 万元，同比增 15%。其中：上划中央和省级税收收入 18477 万元，同比增 13%；全县地方一般预算收入 40702 万元，同比增 16%。

全县地方一般预算总支出 61520 万元。其中：全县地方一般预算支出 61344 万元，同比增 6.6%；上年结转专项转移支出 176 万元。全县预算内新增财力主要用于人员经费、社会保障和服务“三农”等支出。重点项目建设等全县经济社会发展所需资金主要通过引资、争资、融资等渠道来筹集。

全县地方一般预算收支平衡情况：各项收入合计 63398 万元（不含当年专项转移支付收入），其中：全县地方一般预算收入 40702 万元、返还性收入 2999 万元、财力性转移支付收入 19521 万元、上年结余 176 万元。各项支出合计 63398 万元（不含当年专项转移支付支出），其中：全县地方一般预算支出 61344 万元、上年结转专项转移支出 176 万元、转移性支出（专项上解上级支出）1878 万元。收支相抵平衡。

（二）地方基金预算收支及平衡情况。各项收入合计 47259 万元，其中：地方基金预算收入 46238 万元、上年结余 1021 万元。地方基金预算支出 47259 万元。收支相抵平衡。

2011 年的预算安排，体现了“统筹兼顾、积极稳妥、量入为出、收支平衡”的预算编制方针；体现了全面建设小康社会的基本要求；体现了有保有压、集中资金保运转、保重点的原则；更体现了保持全县经济平稳较快发展的各项要求。

三、明确目标，坚定信心，奋力开创“十二五”时期财政工作新局面

为实现上述发展目标，必须坚持以党的十七大精神为指引，紧紧围绕科学发展这一主题，紧扣加快转变经济发展方式这条主线，准确把握国家实施积极的财政政策和稳健的货币政策，进一步认清形势、明确目标，做好“生财、聚财、理财、用财”四篇文章、抓好“争资、引资、融资”三项工作，发挥“引导、促进”两个作用，狠抓财政科学化、精细化管理，做到妙手理毫厘、丹心铸辉煌，一心一意为民理好财、办实事。

（一）完善增收机制，持续保持财政收入较快增长。“培植财源、增收节支”是财政工作永恒的主题。坚持科学发展，紧盯财政收入增长目标，密切关注预算执行进度，加大财税目标考核力度，加大财源培植广度，加强经济分析预测深度，认真研究制定新一轮县乡财政管理体制，协调带动各级各部门共同抓好全县财税工作。全面加大协税、护税工作力度，严格执行《石林彝族自治县税源监控管理实施意见》，坚持先完税后拨款、先完税后办证。完善协同配合机制，把各单位协税、护税职责列入全县综合目标考核，确保税源不流失，努力做到应收尽收。规范非税收入管理，严格执行“收支两条线”规定，继续实施非税收入增收目标考核责任制，保持预算收入持续稳定增长。充分发挥财政职能作用，多方筹集和争取资金，落实优惠政策，扶持地方特色企业，支持非公经济加快发展，促进产业结构调整，大力培植应税企业，努力做大财政收入“蛋糕”。

（二）履行财政职能，持续保持全县经济加快发展。围绕县委、县人民政府制定的继续实施“33553”发展战略，强力推进旅游产业提升、工业发展突破、现代农业推进、城乡一体化加速、文化繁荣发展和社会事业加强，努力把石林打造成为国际旅游胜地和滇中经济区的东南新城的宏伟蓝图，认真履行职能，多方筹集资金，支持全县经济实现科学发展新跨越。一是充分发挥各投融资公司平台效应，加强与各银行的联系和沟通，多渠道推介融资项目，扩大合作范围，提高合作成效，新增政府性融资 8 亿元以上，全力支持县域经济加快发展。同时注重防范财政金融风险，优化政府债务结构，按时归还到期贷款，确保政府投融资可持续发展。二是认真履行财政职能，科学编列预算，及时拨付资金，确保全县机构正常运转，各项重点工作有序推进。积极支持配合好各级各部门向上争取项目，抓紧开工建设项目，确保项目发挥效益。落实烤烟生产“提质增效”各项措施，保持烟叶税稳定增长。按时拨付招商引资经费，提高项目的落地率、开工率，发挥产业招商优势。认真落实支持园区发展政策措施，为园区的快速发展打牢基础。以项目建设、园区发展带动全县经济实现跨越式发展，有力增强财政增收后劲。

（三）优化支出结构，持续保持惠民强农投入不减。牢记公共财政“取之于民、用之于民”的宗旨，强化民本意识，坚持把保障和改善民生作为财政工作的出发点和落脚点，既做大“蛋糕”，更要分好“蛋糕”，全面建设小康和谐社会。在确保人员经费和机构运转的前提下，持续加大对民生公共领域的投入，建立健全财政法定支出增长机制，做到千方百计筹钱、精打细算花钱，提高资金使用效益。认真落实党和国家的各项惠民强农政策，及时兑付各类涉农补贴，按时发放各项社会保障金，加快推进覆盖城乡居民的社会保障体系建设。支持实施更加积极的就业政策，推行新型农村社会养老保险，深化医药卫生体制改革，进一步提高城镇居民基本医疗保险待遇，大力推进保障性安居工程建设。牢固树立

"节支也是增收"的理念，倡导文明、节约、绿色、低碳的生活消费方式。一粥一饭，当思来之不易；半丝半缕，恒念物力维艰。坚持把有限的资金用在支持发展上、用在改善民生上、用在重点项目建设上，继续做好厉行节约，严格控制行政成本，着力构建节约型政府。注重支出预算执行进度，督促部门加快项目建设，及时拨付专项资金，抓好以支促收工作，做到收支"齐头并进"。调整优化支出结构，新增财力向民生及基础设施建设方面倾斜，保持财政对民生的投入稳定增长。

（四）细化财政监管，持续保持财政资金安全有效。继续推进改革创新，与时俱进加强制度建设，坚持依法理财，靠制度管钱、管人、管事，不断推进财政体制、机制创新，为依法理财营造一个良好的制度环境。结合全县财政工作实际，狠抓财政基础工作，建立完善部门基础信息数据库，研究制定新的预算定额，强化部门支出预算编制，明确规定凡要列入财政预算的项目必须经过详细的可研、设计、概预算和立项审批，项目变更和超预算均要上报县人民政府审批，切实增强预算约束力。不断规范和完善国库集中支付改革，进一步细化措施、优化流程、明确职责、扩大范围，实现"纵向到底、横向到边"全覆盖。清理归并单位银行账户，新开工项目原则上不再开设基建专户，逐步将基本建设性资金纳入财政直接支付范围，从管理机制上避免资金在单位沉淀。继续加强财政投资项目评审，选择部分民生项目开展专项资金核查和绩效评价，不断规范项目建设和管理。发挥乡镇财政职能，加强乡镇财政资金监管。管好用活部门结余资金，开展资本运作，加速资金周转，有效降低融资成本，切实提高财政资金使用效益。

（五）加强队伍建设，持续保持优质高效工作作风。牢固树立"人才资源是第一资源"的理念，高度重视全县财会队伍建设。按照"联系实际、适用管用、按需施教"的原则，采取"走出去，请进来"的办法，坚持自己学、集中学、网上学、交流学、培训学、参观学等灵活多样的学习方式，抓好业务技能培训，着力提高全县财会队伍素质。充分发挥财务人员严把单位财务管理"第一道关"作用，加大对单位负责人政策、业务宣传培训力度，切实提高单位财务管理水平。重视基层财政建设。保持昂扬向上、团结干事的良好精神风貌，为推动财政事业跨越发展作出新的贡献。

总之，我们坚信，在县委的坚强领导下，在县人大、县政协的大力监督和支持下，各有关部门通力协作，财税部门紧密配合，深入贯彻落实科学发展观，进一步解放思想、转变作风、提高效能、开拓创新、奋力冲刺，努力完成"十二五"期间财政各项目标任务，为全面建设石林小康和谐社会打下坚实的经济基础。

石林彝族自治县 2010 年地方一般预算总收入构成图

单位：万元

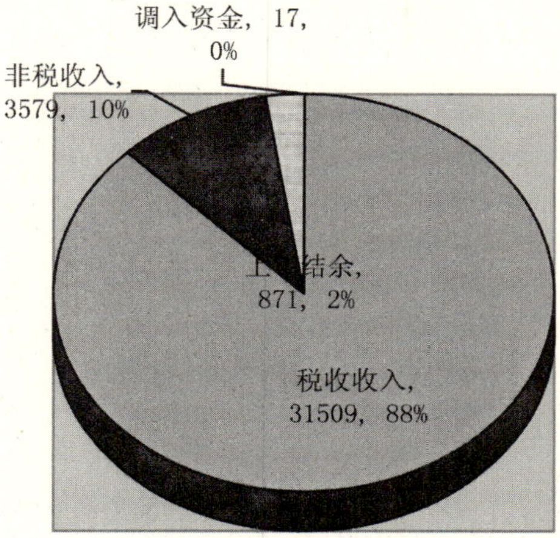

石林彝族自治县 2010 年地方一般预算支出构成图

单位：万元

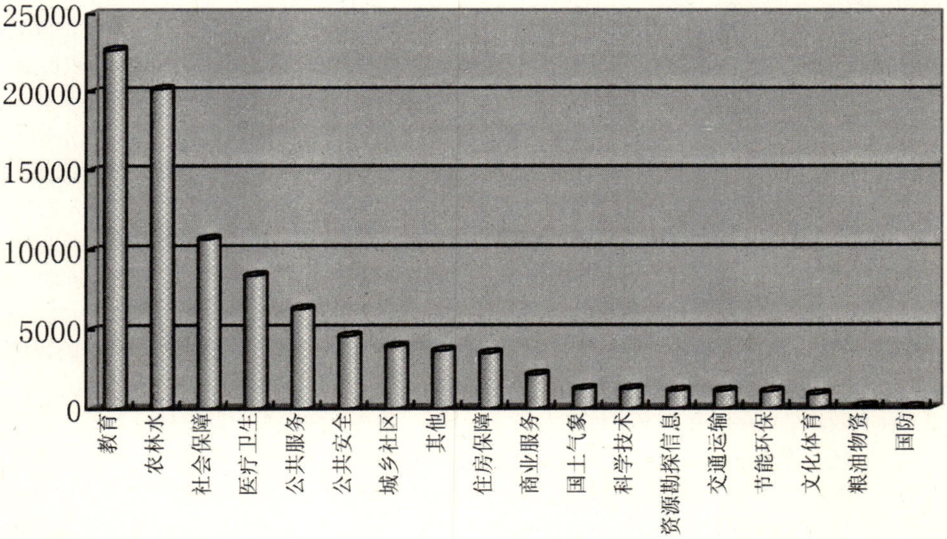

石林彝族自治县人民法院工作报告

——在石林彝族自治县第十五届人大第五次会议上

（2011 年 1 月 22 日）

县人民法院院长　刘珉语

各位代表：

我代表石林彝族自治县人民法院向大会报告工作，请予审议，并请县政协委员和列席人员提出意见。

一、2010 年工作回顾

2010 年，我院以邓小平理论和“三个代表”重要思想为指导，深入贯彻落实科学发展观，认真学习党的十七届四中、五中全会和县委十届六次全会精神，围绕“社会矛盾化解、社会管理创新、公正廉洁执法”三项重点工作，坚持党的事业至上，人民利益至上，宪法法律至上，践行“人民法官为人民”工作主题，按照创先争优、效能石林建设等专项活动的总体要求，以党建促队建，以队建促审判，以审判促发展，着力在司法能力和司法作风建设上取得新突破，为全县经济社会发展提供司法保障。2010 年，全院共受理各类案件 2380 件，比上年收案 2295 件上升 3.7%，结案 2284 件，结案率 95.97%。

（一）围绕中心服务大局，审判水平不断提高

我院在审判实践中正确处理政治与法律，大局与个案的关系，坚持法律效果和社会效果的统一，在个案上体现大局，维护全县社会和谐稳定和经济发展。

坚持宽严相济，突出刑事打击重点。全年共受理刑事案件 234 件 462 人，其中公诉案件 213 件，审结 227 件 438 人，结案率 97.01%。在审结的案件中，判处十年以上有期徒刑 8 人，三年以上十年以下有期徒刑 45 人，三年以下有期徒刑 121 人，拘役 7 人，免予刑事处罚 14 人，自诉案件宣告无罪 11 人。

正确执行宽严相济刑事司法政策，保持“打黑除恶”力度不减。始终把打击锋芒指向严重暴力犯罪、危害环境资源犯罪、破坏社会管理秩序犯罪、“两抢一盗”侵财犯罪和破坏市场经济秩序犯罪。如“2·7”森林火灾的发生，严重影响了全县正常生产生活秩序，耗费了大量的人力、物力、财力，对石林的对外形象造成了不良影响。失火罪的最高刑期为七年，我院依法从严判处被告人罗叶芬有期徒刑六年零六个月。又如，大可乡老黑山村选举过程中，被告人吕庆国、杨家富等人在为选举正副组长造势、拉选票过程中发生吵打，进而双方 13 人持械斗殴的“4·19”聚众斗殴案，致一人受重伤，五人受轻微伤，社会影响恶劣。聚众斗殴罪的上限刑期是三年有期徒刑，为从严惩治村“两委”选举中的违法行为，我院分别判处被告人吕庆国、杨家富等有期徒刑三年至二年不等的刑罚，保障村民自治依法进行。涉及大案要案，院领导亲自担任审判长参与审理，确保了审判质量。对于从犯、未成年人犯罪以及具有自首、悔罪、积极退赃等情节的被告人，坚持教育与惩治相结合，依法给予从轻、减轻处罚，不致再危害社会的，依法判处缓刑。对因婚姻家庭、邻里纠纷引起的刑事自诉和附带民事案件，加大调解力度，尽量化解对抗性矛盾纠纷。如自诉人黄某与被告人朱某因琐事产生矛盾后，朱某乘自诉人不备，将粪便泼在自诉人头上和身上引发诉讼。经调解，被告人当庭向自诉人赔礼道歉，当庭赔偿各项损失；自诉人自愿放弃对被告人的刑事控告，减少了影响社会和谐的消极因素。全年共调解处理刑事附带民事案件、自诉案件 34 件。

坚持调解优先，促进社会和谐。全年共受理各类民商事案件 1540 件，结案 1511 件，收案数比上年同期上升 2.2%，结案率 98.12%。我院的上诉案件中，中院已审结 229 件，改判 44 件，占 19.21%，发回重审 2 件，占 0.87%，维持原判 157 件，维持率达 68.56%，维持率在全市基层法院排名第一。一件案件被昆明中院评为全市指导案例。在民商事审判中，切实贯彻执行“调解优先、调判结合”工作原则，将调解工作贯穿于立案、审判、执行、信访等各个环节。如，在一起兄弟姊妹四人因老人名下征地补偿款分配引发的赡养案中，当事人将 92 岁的老人抬进了法庭，经过承办法官耐心细致地做调解工作，姐弟四人最终达成和解，并对老人以后的生活作了妥善安排。在办案过程中，承办法官还注意去伪存真查明事实真相。如原告李某被黄某、赵某两被告打伤后到某医院住院治疗，原告出示 7000 余元的门诊治疗费收据要求对方赔偿。经核实，该收据并非该医院出具。除该收据外，原告不能提供其他有效证据予以证明，我院因此驳回了该诉求，有效防止了利用诉讼程序取得不当利益。全年共调解案件591件，经调解撤诉350件，调撤率63.24%。

坚持司法便民、利民，把指导人民调解作为人民法庭的工作常态，适时、适地开展巡回审判。如2009年5月，大可乡大波落黑村三位村民进入涵洞关闸不幸遇难。在有关部门的协调下，乡政府为每家垫付了13万元补偿款，死者家属保证“不再为此事到任何单位和部门上访，并从此做到息诉停访”。之后，死者家属又向我院起诉，要求村小组赔偿经济损失。鉴于本案死者家属人数众多、情绪激动，受理该案后，我院决定到事发村委会巡回审理，院领导亲自参加调解、疏导，与相关部门一起做工作。本案虽未调解成功，但我院驳回原告重复赔偿的诉求后，双方均服判息诉，判决结果得到事发地群众的广泛认同。

此外，全年共巡回审理案件49件，在巡回审理中，我院还主动邀请当地治保调解主任旁听庭审、“会诊”案情，与乡（镇）村干部联合调解做好当事人工作，并结合实际安排调解培训。这些做法得到了当地党委政府的充分肯定。

行政首长出庭，促进矛盾化解。在审理原告杨某、陶某不服县人事劳动和社会保障局与第三人石林风景名胜区管理局工伤认定行政行为一案中，人事劳动和社会保障局对法院的出庭应诉建议非常重视，局长亲自出庭应诉，充分体现了对司法权的尊重和对审判工作的理解，体现了当事人诉讼地位平等的法律原则。此外，依法审查非诉申请执行案件34件，行政案件结案率100%。在行政审判中，既遵循法律的具体规定，又善于运用法律的原则和精神解决个案的法律适用问题。对于个案审理、审查中发现的行政执法方面存在的问题，及时向有关行政机关提出改进意见和建议。

执行力度不减，及时兑现权利。县委政府高度重视执行工作，将执行工作纳入社会治安综合治理目标管理考核。我院积极与公安、工商、交通、信用社等单位形成执行联动，如县交通局协助我院对相关工程款予以扣划，全年共协助执行案款600余万元，最大限度实现了权利人的合法权益。为进一步规范执行工作，制定《执行案件流程管理实施细则》等制度，采取常规执行与集中执行相结合的策略，选取有利时机适时开展执行会战，始终保持对躲避执行、赖账不还等违法行为的高压态势，全年司法拘留19人。全年共受理执行案件604件，与去年相比上升16.15%。结案544件，结案率90.07%，其中全案执行的344件，全案执结率56.95%，实现债权1500万余元。对清积活动中已终结现又符合恢复执行条件的37件积案予以重新立案并已执结。在执行过程中，我们打破作息时间，推行执行应急机制，不放过任何有价值的执行线索和时机，如周某某申请执行案，被执行人长期下落不明。一天深夜十点钟，周某某打电话提供被执行人在家的线索，执行干警立即行动，赶到被执行人家中成功执行了案件。我院执行局被授予“全市集中清理执行积案活动先进集体”荣誉称号。

（二）加强党建促进发展，创先争优初显实效

2010年5月20日，我院党总支被昆明市委组织部命名为第二批昆明市基层党建示范点。以此为契机，我院进一步加强党的建设，巩固和深化学习实践科学发展观活动成果，深入开展创先争优活动，全力推进“效能石林”建设。把党建、创先争优、效能建设等工作与审判执行密切融合，提出“三抓三促一满意”创先争优活动载体，即，抓审判，促公正，抓执行，促和谐，抓作风，促廉洁，让人民群众满意，在全院干警中开展每月之星评比活动，每月评出团队之星、党员之星、审判之星、执行之星、写作之星、服务之星、创新之星，树立先进典型，推动创先争优，提高工作效能，市委组织部在全市介绍了我院的经验。

深化学习培训，提高队伍素质。邀请台湾著名法学家为两院干警开展了一场学术演讲活动；安排少数民族法官、审判骨干到北京学习培训，开拓了视野，提高了能力。建成干警学习园地，为干警学习提供了必要的场所和书籍。为实现“立得准、判得明、执得了”的目标，出台《加强立案、审判与执行协调工作的规定》，形成相互分工、相互配合的工作机制。进一步规范审委会工作程序，提高审委会审议案件的质量和效率。

积极参与社会管理创新和全县重点工作，服务经济社会发展大局。积极参与全县社会治安防控体系建设和平安创建活动；派出院领导和干警积极参与全县重点工作；利用《法院要情通报》等载体，向县委政府积极建言献策。逐条整改落实代表、委员提出的意见建议。积极回应人大代表、政协委员对农村选举的关注，通过《以案说法》电视栏目制作两期村（社区）“两委”换届特别节目。《以案说法》电视栏目，现已提升为全县政法机关共同进行法制宣传创新的有效载体。我院成功创建市级文明单位，被县政府评为三星级园林单位、绿色单位。

（三）廉政工作稳步推进，机制创新成效明显

贯彻落实“一岗双责”和党风廉政建设目标责任制，严格执行《廉政准则》，认真开展自检自查，强化源头治理，开展廉政警示教育、廉政承诺、廉政谈话、勤政廉政公示等活动；进一步完善督查工作，由院班子领导担任督查组组长对纪律作风、工作效能、仪表仪容等内容进行督查；创新《绩效监察通报》制度，不仅通报违规违纪问题，也对好人好事进行通报，对督查中发现的问题和不足，采取谈话等方式督促整改。

主动接受审计部门对我院财务进行审计；完善固定资产管理制度；严格执行公车管理规定，杜绝公车私用和违章驾驶。实施《监督意见表》制度和人民群众满意度测评制度，将本院对外委托鉴定、评估、拍卖和变卖工作统一交昆明中院司法技术部门实施，在审判执行部门与相关中介机构间形成“防火墙”。

建成党建示范点文化长廊，已有11批次各级领导前来参观检查，目前正在申报市级廉政文化示范点，云南电视台作为典型经验作了专题报道。创新党员干部公开承诺制，副科以上干部公开进行廉政承诺，党组织、党员公开进行岗位和效能承诺，把兑现承诺的情况作为业绩考核的重要依据。党员和党组织公开承诺制受到上级组织部门肯定，并在全省推广。

各位代表，过去的一年，我院工作取得了一定的成绩，这是县委正确领导的结果，是县人大、县政协有力监督的结果，是县政府和各位代表、委员关心支持的结果。在此，我代表石林县人民法院对关心、支持法院工作的各位领导、各位代表、委员和社会各界人士表示衷心的感谢并致以诚挚的敬意！

各位代表，一年来我院工作虽然取得了一定的成绩，但在服务大局、公正司法上还存在一些问题和不足，主要表现在：审判管理水平不高，个别法律文书说理不够，执行信访仍然突出，服务能力和服务水平仍需提高。对于这些问题和不足，我们将高度重视，认真分析研究，采取有力措施，切实加以解决。

二、2011 年工作意见

2011 年我院工作的指导思想是：以邓小平理论和“三个代表”重要思想为指导，深入贯彻落实科学发展观、党的十七届五中全会、市委九届七次会议、县委十届七次会议精神，围绕全县发展大局，深化“社会矛盾化解、社会管理创新、公正廉洁执法”三项重点工作，开展“发扬传统、坚定信念、执法为民”主题教育实践活动和“三抓三促一满意”活动，扎实有效提高司法能力和司法公信力，为把我县建成国际旅游胜地和滇中经济区的东南新城提供强有力的司法保障。

（一）打击与保障相配合，强力维护社会稳定

正确处理打击犯罪与保障人权的关系，准确把握宽严相济刑事司法政策，继续深入开展“严打”整治斗争和“打黑除恶”专项活动，把暴力犯罪、有组织犯罪和“两抢一盗”等多发性侵财犯罪作为打击重点，全力维护社会和谐稳定。对因婚姻家庭、邻里纠纷引发的刑事附带民事案件，加大调解力度，促使被告人或其亲友及时履行赔偿义务，以取得被害人的谅解，在此基础上促成双方达成协议。探索建立刑事被告人财产清查、登记、保全机制，切实保障被害人的合法权益，最大限度增加社会和谐因素，最大限度减少不和谐因素。全面推进量刑规范化改革，规范刑罚裁量权，实现量刑均衡。加大环境保护刑事司法力度，适时成立环境保护审判庭，集中管辖环境保护刑事案件，促进全县资源节约型、环境友好型社会建设。

（二）调解与判决相结合，实现案结事了人和

坚持“调解优先、调判结合”，树立调解是高水平审判的理念。用群众认同的态度倾听诉求、用群众认可的方式查清事实、用群众接受的语言诠释法理、用群众信服的方法化解纠纷，把司法的过程变为做群众工作、为人民服务的过程，使亲民、爱民、为民成为法院干警的自觉行动。依法妥善审理涉农案件、劳动就业等涉及人民群众切身利益的民生案件。高度重视进入司法领域的招商引资、项目落地案件，融资信贷和房地产案件。密切关注我县经济社会环境的新情况、新变化、新问题，积极向县委政府提出合理化建议。对“三养”案件（赡养、抚养、扶养）、婚姻家庭、邻里纠纷等案件坚持就地巡回审理、诉调对接、当庭执行。继续坚持诉讼指导、司法救助，引导和帮助人民群众理性表达诉求，依法维护权利。

（三）探索协调和解机制，促进保障依法行政

积极参与全县社会管理创新工作，重视城乡一体化过程中的土地流转、征地拆迁等涉及民生的行政案件，探索行政协调和解机制，保障和监督行政机关依法行政。完善行政案件协调处理机制，积极争取各方面的支持，提高解决实质性问题的能力，妥善化解社会矛盾。

（四）穷尽执行措施手段，完善判决实现机制

认真落实执行工作联动机制，努力争取社会各界对执行工作的理解、支持和配合。穷尽一切执行程序、穷尽一切调查手段、穷尽一切强制执行措施、穷尽一切执行制裁措施，最大限度扭转被执行人难找、被执行财产难寻难动的被动局面，努力形成全社会综合治理“执行难”的新局面；坚持立、审、执协调运转、有效对接的审判执行工作运行机制。用群众工作统揽信访工作，着力解决执行工作方法、态度问题，积极化解执行信访，落实信访回告制度，适时开展执行会战。狠抓执行干警政治教育、职业道德教育和业务培训，不断提升执行干警的执法水平和执法能力。继续坚持执行救助制度，为生活困难的执行申请人解决必要的生活保障。

（五）队伍建设扎实推进，创先争优勇做标兵

加强干警的革命传统、理想信念教育和群众观点再教育，深入开展创先争优活动，深化“三抓三促一满意”活动，坚持每月评星活动，争创优秀基层党组织、争当优秀共产党员，争取进入全市一流法院行列，争创省级党建示范点和省级文明单位。

创新审判管理机制，建立健全质量评估、案件评查、流程管理、考核奖惩等一系列审判管理制度，大力推进审判管理的规范化、科学化和信息化。创新社会管理机制，积极参与社会治安综合治理和“平安创建”管理工作，从源头上预防和减少社会矛盾发生。

提升《以案说法》电视栏目质量，满足全县人民群众对法律知识的需求，营造全县加快发展的法制舆论环境，使之成为全县政法机关服务大局、参与社会管理创新的重要载体。办好《法院要情通报》，积极为全县发展大局建言献策。

深化法院文化建设，营造相互欣赏、快乐工作氛围，推行无障碍沟通，最大限度增强队伍的凝聚力和向心力，不断提高服务经济社会发展、维护社会和谐稳定、保障社会公平正义的能力和水平。

（六）纪律作风常抓不懈，公正廉洁警钟长鸣

贯彻好“一岗双责”和党风廉政建设责任制，深化司法公开，在立案窗口开展“四亮四评”工作，主动接受检察机关对各类案件的法律监督。坚持检察长列席审委会制度，深化重要司法环节的风险监督。继续坚持效能监察通报制度，增强忧患意识和风险意识，对纪律作风常抓不懈。深化法院廉政文化建设，建立廉政监督员制度，把反腐倡廉工作融入到队伍管理、审判管理和法院事务管理当中，加强对制度落实情况的监督检查，争创省级廉政文化示范点。深化“个人形象一面旗、工作热情一团火、谋事布局一盘棋”主题实践活动。严格执行最高人民法院“五个严禁”规定，把从严治警的各项纪律要求坚决落实到位，严肃查处违纪违法问题。

各位代表，石林加快发展的美好前景，赋予了人民法院更光荣的使命、更重大的责任。我们相信，在县委的坚强领导下，在县人大常委会的有力监督下，我们一定能做到内强素质、外塑形象，攻坚克难创一流，创先争优做标兵，为实现石林经济社会科学发展新跨越作出新的、更大的贡献！

石林彝族自治县人民检察院工作报告

——在石林彝族自治县第十五届人民代表大会第五次会议上

（2011 年 1 月 22 日）

县人民检察院检察长　王凯石

各位代表：

现在，我代表石林彝族自治县人民检察院向大会报告工作，请予审议，并请县政协委员和列席的同志提出意见。

一、2010 年工作回顾

2010 年，县人民检察院以邓小平理论和“三个代表”重要思想为指导，全面落实科学发展观，认真贯彻落实市委九届六次全会和县委十届六次全会精神以及市检察院的工作部署，深入推进三项重点工作，坚持以检察业务工作为中心，以执法办案为依托，在全面履行检察职能过程中服务全县经济社会发展大局。

（一）强化法律监督，促进经济社会平稳较快发展

我院把认真履行法律监督职责作为服务大局的基本途径，依法打击犯罪，纠正违法，维护公平正义，为经济社会平稳较快发展提供有力的司法保障。

积极履行刑事检察职能，推进平安石林建设。全年受理移送审查批捕案件 175 件 370 人，批准逮捕 160 件 337 人；受理移送审查起诉案件 235 件 508 人，办结 232 件 500 人，其中提起公诉 213 件 440 人，办结率 98.7%。无捕后撤案、绝对不起诉和判无罪的案件，也无超期羁押、超时限办案情况。积极开展“打黑除恶”专项斗争，依法从快办理恶势力犯罪案件 4 件 31 人，切实增强人民群众的安全感。

深入查办和预防职务犯罪，推进反腐倡廉建设。依法严肃查办职务犯罪，全年立案查办职务犯罪案件 10 件 12 人，其中贪污贿赂案件 7 件 8 人，渎职侵权案件 3 件 4 人。办案过程中，坚持党对办案工作的领导，重大问题、重要案件及时向党委请示报告；突出查办大要案，所查案件中，大要案 8 件 9 人，并根据上级检察院的指定，依法查办了昆明市交通局原局长刘永福受贿 194.5 万元一案。通过办案，为国家和集体挽回经济损失 200 多万元；突出职务犯罪的查办重点，重点关注工程领域、民生领域的职务犯罪，立案查办涉农职务犯罪案件 3 件 4 人，工程建设领域案件 3 件 3 人；加大对国家机关工作人员违法行政、侵犯公民人身权利犯罪案件的办理。所办案件侦结率、起诉率、有罪判决率均为 100%，办案质量、办案水平均有明显提高。经过调查，决定对部分被举报的、没有违法犯罪行为的国家工作人员不予立案，从而澄清了事实真相。大力加强职务犯罪预防工作，坚持惩治与预防并重，积极推进侦防一体化机制建设。开展预防调查 40 次，进行职务犯罪案例分析 10 件，发出检察建议 12 份，开展警示宣传教育 48 次，法制宣传 5 次，法律咨询 30 人次，参与招投标现场监督 11 次，全面、充分地发挥了检察机关职务犯罪预防职能。

全面履行法律监督职责，维护社会公平正义。强化立案监督和侦查监督，全年共立案监督 6 件 8 人，针对侦查过程中的违法行为，发出《纠正违法通知书》3 份，适时提前介入引导侦查取证重大、疑难案件 29 件，追诉遗漏罪行 3 件，漏犯 3 人；加强刑事审判、民事行政诉讼监督，确保审判活动的公正性。提出刑事抗诉 2 件 2 人，二审改判 2 件 2 人。在民事行政审判监督中，一手抓维权，一手抓息诉，在维护当事人合法权益的同时，努力维护社会稳定。受理民事申诉案件 19 件，立案 11 件，息诉处理 8 件,成功提起抗诉 4 件，所受理的案件已经全部办结；深化刑罚执行和监管活动监督。强化日常驻所检察和工作监督，加强纠防超期羁押工作。检察出入所人员法律文书 843 份，深入“三大现场”检查 110 余次，进行换押登记检察 740 份，安全防范检察 12 次，对监外执行人员监管及社区矫正工作进行检察 2 次。全年无超期羁押、违法收押及释放情形。

（二）推进三项重点工作，全力维护社会和谐稳定

一年来，坚持把检察工作置于发展大局中来谋划，深入推进三项重点工作，着力维护经济社会发展大局，圆满完成县委交办的各项重点工作。积极参与新农村建设及村“两委”换届选举，为了营造“两委”换届选举的良好法制氛围，与县法院合拍二集法制宣传片在县电视台播出；执法想到稳定，办案考虑发展，重点关注危害生态环境资源案件，积极查办危害人民群众切身利益的案件，提前介入并依法从快办理

“2·7”森林火灾、“3·16”非法盗采原煤瓦斯事故犯罪案件；执法为民，全力为保障和改善民生服务。在春耕生产、烤烟收购、抗旱救灾等工作中，我院干警先后80余人次深入到联系村委会指导工作，为应对特大旱灾，干警们向受灾群众捐款52000余元，此后又自发向支农联系点捐款20000元，为支持农村人口普查，我院从有限的经费中协调出4000元钱送到支农联系点。通过参与重点工作、执法为民保民生，支持了全县工作大局，有力推进了三项重点工作的深入开展。

坚持把化解矛盾贯穿于执法办案的全过程。全面推行“说理式执法”，把执法办案的过程变为释法说理、理顺情绪、化解矛盾的过程，全力维护社会和谐稳定。增强不批捕、不起诉和撤案、抗诉等法律文书的说理性，以人民群众听得懂的语言，讲清事实与证据、结论与理由之间的因果关系，让当事人及群众从内心认可处理结果，心悦诚服地接受司法决定；继续贯彻落实宽严相济刑事政策，注意区别对待，体现刑罚的个别化。对未成年人犯罪坚持教育、感化、挽救的方针；对主观恶性小、社会危害不大的初犯、偶犯、过失犯等，加大教育挽救力度，依法从轻处理。对事实不清、证据不足、没有逮捕必要以及不构成犯罪的案件依法作出不批准逮捕和不起诉处理。在屈林交通肇事一案中，本院举行了体现刑事和解精神的拟不起诉案件听证会，在充分听取人大代表、政协委员、人民监督员以及受害人家属意见的基础上，依法作出不起诉处理，并对受害人家属进行了刑事救助；依法妥善处理信访案件。从维护稳定、服务大局的高度，以公正、爱民之心处理来信来访。对上访有理的，实事求是，有错必纠；对上访无理和久诉不息的，耐心细致地做好息诉罢访工作，以事实明情理，以法律解困惑。全年接待群众来信来访126件172人，所有来信来访均在首办环节作出处理，未出现重复信访。

坚持把社会管理创新作为检察工作的重要职责。在综治维稳工作方面，加强对重点地区、重点类型刑事犯罪和重点行业、重点领域职务犯罪的分析，积极加强农村“三资”管理，为禁止肥水养鱼等工作建言献策；参加县委、政府组织的安全检查，运用《检察建议》等方式，督促、帮助有关部门堵漏建制，预防犯罪；重视法制宣传，积极开展“法律六进”活动，促进崇尚法治的社会风气；在监外执行及社区矫正监督工作方面，加强监外执行检察，及时掌握情况，发现问题；积极协助帮教，配合公安机关对监外执行人员进行法制教育；加强对监外执行及社区矫正监督工作的研究，总结好的经验，提出可行意见建议，促进该项工作的良好开展；在网络虚拟社会的管理工作方面，加强对网络盗窃、网络诈骗、网络赌博、网络色情等网络犯罪问题的研究，依法批捕、起诉利用网络实施的各种犯罪活动。

坚持强化自身监督不断促进公正廉洁执法。积极推行人民监督员试点工作。组织人民监督员加强对“三类案件”“五种情形”的监督，人民监督员通过参加相关会议、旁听庭审、案件听证等形式，了解依法办案情况，促进公正廉洁执法。9月底，县人大常委会视察了我院人民监督员制度试点工作，肯定了试点工作取得的成绩；通过邀请人大代表、政协委员、人民监督员旁听庭审、视察工作、听取汇报以及参加“拟不起诉案件听证”等方式，主动接受监督。今年我院邀请人大代表、政协委员和人民监督员于4月份观摩了本院以多媒体示证的“2·7”特大失火案法庭审理，6月份视察了我院的反渎职侵权工作并进行座谈，11月份参加了一起拟不起诉案件听证会。

（三）提升执法公信力，业务水平再上新台阶

加强检察队伍建设，不断提高队伍整体素质和法律监督能力。以“政治坚定、业务精通、作风优良、执法公正”作为队伍建设目标，紧紧围绕党风廉政建设积极开展“恪守检察职业道德、促进公正廉洁执法”主题实践活动、“反特权思想、反霸道作风”专项教育活动、“效能石林”建设活动和“创先争优”活动，进一步提升工作效能，改进工作作风；积极推进学习型检察院创建活动，开展“读三本好书”活动，出台学习激励机制5项，承担省市调研课题3个，组织参加各级培训29期142人次，业务部门参加了检察系统岗位大练兵活动，3人参加司法考试培训并全部通过考试，超过全省平均过关率58个百分点。干警学历水平明显提升，全院干警具有本科以上学历者达97.1%，其中博士1人，硕士1人，在读硕士研究生2人。努力学习，钻研业务，提升自我，成为全院干警的共同追求。创先争优活动取得明显成效，年初我院成功再创“省级文明单位”，被评为市级“爱国卫生先进单位”和县级“绿色单位”，并荣获城乡园林绿化及生态建设二等奖，群众来信来访接待室被评为市级“文明接待室”，1本专著获省政府颁发的云南省哲学社会科学优秀成果三等奖和市政府颁发的优秀成果一等奖，5篇调研文章分别获得省委政法委、省检察院、市委政法委颁发的一、二、三等奖，多名干警分别获得“全国检察业务专家”、“全国检察理论研究人才”、“云南省和谐家庭”、昆明市“十佳办案能手”、“优秀控告申诉接待员”等荣誉称号。

深化工作机制创新，不断推进检察工作发展和执法公信力建设。立足于公信力建设，不断深化检务公开。全面整合、优化办案工作流程和办案规范，进一步规范自侦案件办案程序，加强对自侦案件侦查活动的监督；规范法律文书的制作，增强释法说理，规范执法人员的行为；实行自侦案件联合办理机制，在整合检察资源提高办案实效的同时，强化内部监督，规范办案行为；实施办案安全巡查制度，合理引入外部监督，加强了办案人员的安全意识、责任意识和人权意识；立足于机制创新，推动检察工作进一步发展。坚持创新不止步，继续探索并完善工作体制机制：一是建立民行检察科与法律工作者联系机制，进一步拓宽了民行案件监督渠道；二是全面推行量刑建议机制，强化公诉法律监督属性，把量刑工作置于检察监督之下；三是整合人才资源，成立核心写作组，进一步强化宣传工作。全年本院有20多篇工作报道在《检察日报》等省级以上媒体报刊上发表；四是建立干警在职学历提升奖励制度，提高干警素质；五是健全完善从优待检制度，进一步增强干警的荣誉感、归属感；六是健全车辆管理规定，提高车辆利用效率。

各位代表，一年来，县人民检察院以“提质增效”和“进位争先”为目标，我院的检察工作在全市14个基层检察院的绩效考评中获得了前3名的好成绩，这是县委的正确领导和县人大及其常委会依法监督的结果，是县政府、县政协及社会各界关心、支持的结果！在此，我谨代表县人民检察院向关心、支持检察工作的各位领导、各位代表、各位委员表示衷心的感谢！

在看到成绩的同时，我们也清醒地认识到，检察工作还存在一些不足：一是法律监督能力还有待进一步提升；二是检察队伍专业化建设还需进一步加快；三是推进三项重点工作的能力有待进一步提高；四是依法延伸检察职能服务发展大局的主动性还有待进一步增强。对这些问题，我院将认真研究，采取有效措施，切实加以解决。

二、2011年工作重点

2011年，县人民检察院的工作思路是：以邓小平理论和“三个代表”重要思想为指导，以科学发展观为统领，学习贯彻党的十七届五中全会、市委九届七次全会及县委十届七次全会精神，主动服务加快转变经济发展方式这条主线，不断深入推进三项重点工作，进一步强化法律监督，强化自身监督，强化高素质检察队伍建设，以检察业务工作为中心，以执法办案为依托，在全面履行检察职能过程中服务全县经济社会发展大局，为把石林打造成国际旅游胜地和滇中经济区的东南新城提供有力的司法保障。

（一）牢固树立大局意识，努力服务中心工作

坚持把服务石林经济社会发展作为检察工作的根本任务，围绕县委重大部署和中心工作，努力找准服务经济平稳较快发展的切入点和结合点，抓好各项工作、措施的落实，进一步发挥打击、预防、监督、保护的职能，为全县经济社会又好又快发展提供法律保障。积极组织开展“发扬传统、坚定信念、执法为民”主题教育实践活动，筑牢理想信念，增强宗旨意识，将民生意识融入各项工作之中，切实做到在执法观念上为民，在执法效果上利民，在执法方式上便民，为保障和改善民生服务。

（二）积极履行批捕起诉职能，打击严重刑事犯罪

认真履行批捕、起诉职能，与公安、法院等部门密切配合，依法惩治各类刑事犯罪，维护社会和谐稳定。重点打击严重暴力犯罪、黑恶势力犯罪、有组织犯罪，特别是突出打击故意杀人、故意伤害等侵犯人身权利犯罪和“两抢一盗”等侵财型犯罪，切实增强人民群众的安全感；严厉打击暴力抗法犯罪，维护国家机关正常办公秩序；依法严惩扰乱和破坏社会主义市场经济秩序犯罪，打击破坏环境资源犯罪，维护市场公平竞争，营造经济社会发展的优良环境。

（三）大力预防查办职务犯罪，推进党风廉政建设

继续加大查办职务犯罪力度，满足人民群众的殷切期盼。集中力量查办大要案，重点查办民生领域的案件，确保办案质量和办案安全，严格执行《讯问犯罪嫌疑人全程同步录音录像工作实施办法》，拓展案件线索来源，注重初查工作，进一步加强横向之间的密切协作，加强人员配备和物资保障。将职务犯罪预防工作提高到与查办工作同等重要地位来抓，贯彻打防并重的原则，推动预防工作不断向前发展。加强预防调查分析，抓好检察建议的落实，配合开展行贿犯罪档案查询工作，结合办案开展犯罪预防，坚持并完善法制副校长制度，建立和完善预防职务犯罪的长效工作机制，建成反腐倡廉警示教育基地，开辟电视台、公诉庭审等警示教育新基地，努力在提升职务犯罪预防实效上取得新突破。

（四）全面强化法律监督，维护社会公平正义

加强刑事立案监督，完善对有案不立、有罪不究、以罚代刑、裁判不公及不该立案而立案等违法问题的监督；加强刑事侦查活动监督，完善提前介入引导侦查取证制度，进一步规范检察机关自侦案件办案程序，加大对刑讯逼供、暴力取证等违法犯罪行为的查处力度；加强刑事审判监督，加大抗诉力度；加强刑罚执行和监管活动监督，依法严厉打击“牢头狱霸”，完善监外执行监督制度；加强民事、行政诉讼监督，运用好再审检察建议，做好息诉罢访工作；加强控告申诉检察和再审监督，深化检务公开，健全信访首办责任制。

（五）继续深入推进三项重点工作，维护社会和谐稳定

继续推进量刑建议改革，加强刑事和解工作，完善未成年人犯罪案件办理机制，探索附条件不起诉等办案方式，落实宽严相济刑事政策；坚持公正执法，提高办案质量，努力从源头上化解矛盾；以化解社会矛盾为主线，加强控告申诉及民事行政检察工作，建立检调对接工作机制，落实涉检信访风险评估预警机制，完善领导干部大接访大下访工作机制，积极化解涉法涉检案件。积极参加社会管理创新工作，落实检察环节综治维稳工作措施，积极参与农村“三资”管理及石林景区安全管理“大综治”格局，推进平安石林建设；密切关注社会治安动态及对策研究，结合办案加强法制宣传工作。

（六）努力创新体制机制，促进检察工作健康发展

完善检察权配置，进一步理顺检察官同部门负责人、检察长和检委会的关系；完善检委会建设，充分发挥检委会作用；继续推进人民监督员制度，加强人民监督员制度规范化、法制化建设；完善绩效考核机制，促进各项检察工作全面发展，再上新台阶；完善激励机制，建立健全与检察人才地位和作用相适应、与检察人才业绩相联系的激励机制。

（七）狠抓队伍建设，不断提高队伍素质和能力

完善检察人才选拔任用机制，以优秀公诉人、优秀侦查员、优秀侦查监督能手等业务尖子、办案能手为重点，大力培养中青年业务骨干，健全培养、使用、管理和激励机制。加强培训轮训，重视政治思想、专业理论、业务能力和综合素养等的教育培训，抓好少数民族“双语”检察人才培养工作；加强检察能力建设，通过多种途径和形式，不断提高检察人员发现问题的能力、收集证据、证实违法犯罪的能力、运用法律政策的能力、排除阻力干扰的能力以及与有关部门沟通协调的能力。

（八）加强检察文化建设，树立良好社会形象

努力营造一个优美、和谐、健康、充满活力的环境；强化检察职业道德、纪律作风和行为规范化教育，加强检察宣传工作，树立检察人员的良好社会形象；把促进检察人员个人素质提升和检察机关科学发展结合起来；树立终身学习的理念，大力培养“专业化、专家型”检察官，争创“学习型检察院”，推行学习工作化、工作学习化；加强理论研究，突出研究重点，服务经济社会发展。

各位代表，“十二五”的号角已经吹响，新的发展蓝图已经绘就，新的伟大征程已经开启，历史赋予我们的使命艰巨而光荣。在新的一年里，我们决心在县委和市检察院的领导下，自觉接受县人大及其常委会的监督，在政府的支持和政协的民主监督下，牢记全县人民的重托，振奋精神，开拓进取，进一步开创检察工作的新局面，以优异的成绩，服务石林科学发展！

有关用语说明

1.提前介入侦查：人民检察院在办理批捕、起诉案件之前参与侦查机关（部门）的侦查活动，围绕追诉犯罪、保障人权的目标，对侦查机关（部门）发现、搜集、固定、保全、完善证据等工作提出意见和建议，并对侦查活动进行法律监督的一种机制。

2.大案：贪污贿赂数额在5万元以上、挪用公款数额在10万元以上；滥用职权致人死亡2人以上，或者重伤5人以上，或者轻伤10人以上或者造成直接经济损失50万元以上的案件。

3.立案监督：人民检察院依法对侦查机关的刑事立案活动是否合法进行的法律监督。主要包括对应当立案而不立案的监督和对不应当立案而立案的监督。

4.刑事审判监督：人民检察院依法对人民法院的刑事审判活动是否合法及所作的刑事裁判是否正确进行的法律监督。

5.民事行政诉讼监督：人民检察院依法对人民法院的民事审判和行政诉讼活动进行的法律监督。监督手段主要包括办理抗诉案件和非抗诉案件。抗诉案件即对已经发生法律效力的民事、行政判决、裁定，按照审判监督程序提出抗诉的案件；非抗诉案件即执行监督、支持起诉、督促起诉、调解监督、刑事附带民事诉讼的案件。

6.量刑建议：检察机关对提起公诉的刑事案件，按照被告人所实施的犯罪行为的性质和危害程度，依据刑法规定的刑罚幅度，对其应当受到的刑事处罚向法院提出具体的量刑意见。推行量刑建议，是强化刑事公诉法律监督属性和强化审判监督的必然要求。

7.“法律六进”活动：普法宣传中，通过深入基层开展法制宣传教育、提供法律咨询、法律帮助等，实现法律进机关、进乡村、进社区、进学校、进企业和进单位的活动。

8.拟不起诉案件听证：人民检察院对刑事案件作出不起诉决定之前举行听证会，邀请与案件无利害关系的社会人士担任听证员，听取案件承办人汇报拟作不起诉决定的事实和理由、法律依据和被害人及其家属的意见，根据已查明的案件事实和参与听证人员的意见，提交检察委员会依法作出处理决定的机制。

9.附条件不起诉：人民检察院对一些应当负刑事责任的犯罪嫌疑人，规定一定的期限，设定一定条件进行考察，期限届满，对符合条件的犯罪嫌疑人依法决定不起诉的工作机制。该机制主要针对轻微犯罪对象。

10.三类案件：人民监督员对检察机关直接侦查的职务犯罪案件拟作撤案、不起诉处理和犯罪嫌疑人不服逮捕决定的案件进行监督。

11.五种情形：人民监督员对检察机关侦查职务犯罪过程中的下列情形进行监督：（1）应当立案而不立案或者不应当立案而立案；（2）超期羁押；（3）违法搜查、扣押、冻结；（4）应当给予刑事赔偿而不依法予以确认或者不执行刑事赔偿决定；（5）检察人员在办案中有徇私舞弊、贪赃枉法、刑讯逼供、暴力取证等违法违纪情况。

12.刑事和解：犯罪行为发生后，在刑事诉讼活动中，以司法机关职能为依托，在中立调解人的主持下，被害人和加害人进行协商，加害人以认罪、赔偿、道歉等方式求得被害人的宽恕，达成协议，协商结果影响刑事处分措施的机制。

石林彝族自治县2010年国民经济和社会发展统计公报

石林彝族自治县统计局

（2011年4月28日）

2010年，全县各族人民在县委、县政府的领导下，按照“抗大旱、保民生、促发展、保稳定”的工作思路，坚定信心，团结一致，积极应对国际金融危机的后续影响，战胜百年不遇特大干旱，实现了全年经济平稳较快增长，各项社会事业取得新的进步，人民生活水平继续提高。

一、综合

全年实现生产总值（GDP）368141万元，比上年增长15.0%。分产业看，第一产业实现增加值103853万元，比上年增长10.1%；第二产业实现增加值104593万元，比上年增长21.5%；第三产业实现增加值159695万元，比上年增长13.7%。三次产业结构为28.2：28.4：43.4。全县人均GDP达到15020元。

二、农业

全县实现农林牧渔业总产值187130万元，比上年增长11.50%，其中：农业产值105459万元，增长6.8%；林业产值4972万元，下降0.32%；畜牧业产值65937万元，增长19.70%；渔业产值4578万元，增长12.12%，农林牧渔业服务业产值6184万元，增长17.78%。

全年粮食总产量123564.2吨，比上年增长0.63%。烤烟收购数量1605万千克，烤烟收购总值2.34亿元，均价14.60元。

全年肉类总产量41342.5吨，增长26.07%；禽蛋产量2294.4吨，增长43.08%；羊奶产量11436.2吨，增长19.58%。

蔬菜产量151500.9吨，比上年增长40.17%；水果产量32877.3吨，增长20.57%；鲜切花产量为5061.9万枝，增长461.68%。

2010年主要农林牧渔业产品产量及其增长速度

产品名称	单位	产量	比上年增长±%
粮食总产量	吨	123564.2	0.63
# 稻谷	吨	28726.2	-14.93
玉米	吨	72819.3	36.51
小麦	吨	3023.8	-70.65
蚕豆	吨	1992.3	-69.41
油料	吨	868.0	-22.77
烤烟	吨	16920.4	1.28
蔬菜	吨	151500.9	40.17
水果	吨	32877.3	20.57
肉类总产量	吨	41342.5	26.07
# 猪肉	吨	19331.6	-5.79

续 表

产品名称	单位	产量	比上年增长±%
牛肉	吨	1590.3	8.55
羊肉	吨	2332.4	-6.69
禽肉	吨	17824.4	121.36
牛奶产量	吨	3404.7	118.83
羊奶产量	吨	11436.2	19.58
水产品产量	吨	2093.0	-16.64
猪出栏数	头	235444	1.80
牛出栏数	头	11139	7.86
羊出栏数	只	94948	2.00
家禽出栏数	万只	1008.56	139.80
禽蛋产量	吨	2294.4	43.08
猪年末存栏数	头	180041	2.78
牛年末存栏数	头	51705	0.15
羊年末存栏数	只	183497	-0.02

三、工业和建筑业

全县实现工业总产值 336640 万元，其中：规模以上工业实现产值 148345 万元。工业增加值 74593 万元，比上年增长 15.9%，其中：规模以上工业增加值 50206 万元，增长 20.2%。

建筑企业完成总产值 74549.5 万元，比上年增长 36.66%。建筑业实现增加值 30000 万元，比上年增长 39.8%。建筑业完成房屋建筑施工面积 613745 平方米，增长 12.7%；竣工面积 227079 平方米，下降 7.5%。

2010 年石林县主要工业产品产量

产品名称	单位	产量	比上年增长±%
原煤	万吨	61.3	-13.8
焦炭	万吨	16.3	-12.4
发电量	万千瓦小时	1695	136.4
自来水生产量	万吨	768	47.4
水泥	万吨	26.3	22.3
大理石板材	万平方米	209	8.3
砖	万块	11381	-1.8
铁矿石原矿量（实物量）	万吨	16	6.7
耐火材料制品	吨	787	28.2
卤腐	吨	2316	6.5
饮料酒	吨	2807	20.5
糕点	吨	482	5.7
复烤烟叶	万吨	3.1	3.3

四、固定资产投资与房地产开发

全社会固定资产投资432920万元，比上年增长56.4%，其中：城镇固定资产投资358557万元，增长70.2%；农村及农村私人投资8050万元，下降25.3%；房地产开发投资66313万元，增长19.7%。房地产开发房屋施工面积651446平方米，增长7.5%。

在全社会固定资产投资中，第一产业完成投资42209万元，占9.7%，比上年增长164.6%；第二产业完成投资108749万元，占25.1%，增长116.5%；第三产业完成投资281962万元，占65.1%，增长33.9%。

五、交通运输、邮政和电信

营运汽车总数4766辆，增长17.9%，其中：营运载客汽车946辆，下降2.5%；营运载货汽车3820辆，增长24.3%。

全年完成邮政业务收入434万元，增长13.0%。年末本地电话用户21329户，移动电话用户201898户。

六、国内贸易

社会消费品零售总额151810万元，比上年增长22.41%，其中非公有制经济实现零售额116274万元，占全县零售总额的76.59%。按行业分，批发零售业零售额95813万元，增长19.36%；住宿餐饮业零售额55997万元，增长28.01%。按地域分，城镇实现消费品零售额92217万元，增长25.07%；乡村实现消费品零售额59593万元，增长18.51%。

七、旅游

石林景区接待游客277.79万人次，比上年增长3.1%，其中：境内旅游261.95万人，增长2.6%；境外游客15.84万人，增长11.3%。实现旅游直接收入4.32亿元，比上年增长17.1%。

八、财政、金融

全县财政总收入96984万元，比上年增长60%。县级财政收入76560万元，比上年增长68%，其中：地方一般预算收入35088万元，增长35%；基金预算收入41472万元，增长112%。财政支出总计134623万元，比上年增长46.53%，其中：一般预算支出93421万元，增长31.28%；基金预算支出41202万元，增长98.94%。

年末金融机构人民币各项存款余额502432万元，比年初增长20.95%，其中：企业存款余额122408万元，比年初增长0.42%；储蓄存款余额267477万元，比年初增长20.41%。金融机构人民币各项贷款余额482983万元，比年初增长27.93%，其中：短期贷款77889万元，比年初增长12.20%；中长期贷款405094万元，比年初增长31.47%。

九、社会事业

职业中学招生1161人，在校生2138人，毕业生432人，专任教师104人。普通高中招生1176人，在校生3436人，毕业生956人，专任教师232人。初中招生3968人，在校生11733人，毕业生3314人，专任教师695人。普通小学招生3748人，在校生22700人，毕业生3968人，专任教师1471人。幼儿园在园幼儿8858人，专任教师288人。小学学龄儿童入学率达99.80%，小学毕业生升学率达100%，初中毕业生升学率达63.10%。

全县有文化馆1个，图书馆1个。年末电视节目综合人口覆盖率99%，广播节目综合人口覆盖率100%。

全县共有各类卫生机构165个，卫生床位827张，卫生技术人员1143人，其中执业医师和执业助理医师334人。城镇职工基本医疗保险参保人数14099人，新型农村合作医疗参合率99.97%。

全县基本养老保险参保人数7482人，其中：在职职工6304人，退休人员1178人。年末被征地人员基本养老保险参保人数5598人。年末农村低保实际保障人数9368人，城镇低保实际保障人数1890人。年末城镇登记失业率1.9%。

十、人口、人民生活

年末全县常住人口24.65万人，人口自然增长率5.47‰，城镇人口比重为32%。年末户籍人口242573人，其中：农业人口214261人，非农业人口28312人，农业人口占全县总人口的88.33%。男性人口121949人，女性人口120624人，男女性别比为101.10：100。彝族82637人，占全县总人口的34.07%。

全县城镇在岗职工年平均工资28708元，比上年增长11.61%，其中：城镇国有经济单位在岗职工年平均工资30152元，增长12.42%；城镇集体经济单位在岗职工年平均工资26249元，增长7.20%；城镇其他经济单位在岗职工年平均工资为24630元，增长7.91%。城镇居民人均可支配收入17883.32元，比上年增长14.64%。农村居民人均纯收入5704.10元，比上年增长15.3%。

说　明：

1.地区生产总值、分产业增加值绝对值按现价计算，增长速度按可比价计算。

2.人均GDP按常住人口计算。

3.规模以上工业企业是指年主营业务收入500万元及以上独立核算工业企业。

索 引

本索引按重要词语的音序排序，重要词汇来自于条目标题及部分二级目。为方便集中检索，少数重要词汇使用了主题索引。其编制方法为：（1）按照行文规范确定索引词语，同时兼顾日常口语和思维习惯；（2）按所列词语首字汉语拼音音序（同音字按音调）排列，首字相同的按第二字排列（音序及音调相同，但不是同一字的，按《现代汉语词典》的方式排列），以此类推；（3）村委会名称的读音以《地名志》的标注为准；（4）首字为阿拉伯数字或英文字母的，作“非音序”排在本索引末尾；（5）黑体字表示二级目，页码后的 a、b、c 表示该词语在页码上的栏别（从左至右）。

G

H

J

K

L

图书在版编目（CIP）数据

石林年鉴．2011 / 石林彝族自治县史志办公室编．—昆明：云南民族出版社，2011.10

ISBN 978-7-5367-5056-2

Ⅰ.①石… Ⅱ.①石… Ⅲ.①石林彝族自治县—2011—年鉴 Ⅳ.①Z527.44

中国版本图书馆 CIP 数据核字（2011）第 209893 号

责任编辑	张海英
特邀校对	李　明
装帧设计	沈　慧　朱晓虹

出版发行	云南民族出版社 （昆明市环城西路 170 号云南民族大厦五楼　邮编：650032） ynbook@vip.163.com
印　　制	昆明鹰达印刷有限公司
开　　本	889mm×1194mm　1/16
印　　张	29.5
字　　数	880 千字
版　　次	2011 年 10 月第 1 版
印　　次	2011 年 10 月第 1 次
印　　数	1 ~ 1000 册
定　　价	260.00 元
书　　号	ISBN 978-7-5367-5056-2/K·1358